제2판

GIS

Geographic Information Systems

지리정보학

/이론과 실습/

이희연·심재헌

법문사

머 리 말

GIS는 지난 40여 년 동안에 획기적인 발전이 이루어졌다. 1960년대에 GIS 개념이 등장한 이래로 1980년대까지는 지도 제작과 환경 분야 및 공공기관에서 사용되어 왔으나, 1990년대에는 다양한 데이터베이스를 접목시키면서 실생활의 문제를 해결하고 의사결정을 지원하는 데까지 GIS가 활용되고 있다. 특히 통신기술과 인터넷의 영향으로 GIS는 일반인에게도 다양한 서비스를 제공하면서 그 사용범위가 광범위해지고 있다. 웹을 통해 일반인들도 GIS에 보다 쉽게 접근하여 전 세계의 지리정보를 제공받을 수 있으며, 인터넷 GIS를 통해 교통혼잡이나 환경 관련정보, 지역정보 등의 각종 정보를 실시간으로 취득할 수 있게 되었다. 최근에는 무선 인터넷의 등장과 이동통신기술이 발달하면서 위치기반서비스도 크게 늘고 있는 추세이다.

우리나라의 경우 1995년 국가 GIS 사업이 시작된 이후 상당히 많은 공간 데이터가 구축되었으며, 각 지자체나 공공기관에서는 구축된 공간정보를 보다 적극적으로 활용하려고 노력하고 있으며, 지난 10여년 동안 GIS는 다양한 학문분야에서 폭넓게 활용되고 있다. 뿐만 아니라 GIS 소프트웨어들도 사용자들이 사용하기 쉽도록 인터페이스도 향상되어 큰 어려움 없이 GIS 소프트웨어를 사용할 수 있게 되었고, 이용가능한 공간정보들도 비교적 풍부하며 다양해졌다. 이렇게 우리나라에 GIS가 널리 보급되면서 우리나라 GIS 교육환경도 매우 양호해졌으며 GIS 소프트웨어의 사용을 위한 교육도 활발하게 이루어지고 있다. 그러나 GIS를 활용하여 보다 고부가가치의 정보와 지식을 창출하거나 이해관계가 복잡한 문제나 도시계획을 수립하는 데 있어서 계획에 대한 시뮬레이션을 통해 사전에 계획에 대한 평가를 할 수 있는 차원에는 이르지 못하고 있는 실정이다.

지리정보학(GISc: Geographic Information Science)이라는 이름으로 이 책이 발간된 지 벌써 8년이 지나고 있다. 처음 이 책을 집필할 당시 공간정보과학으로서 GIS가 공간상에서 일어나는 문제들을 해결하는 데 필요한 고부가가치의 정보나 지식을 창출하여 궁극적으로 인간의 삶의 질을 향상시키고 지속가능한 개발을 위해 도움을 줄 수 있는 학문분야로서 성장해나가기를 기대하는 마음을 갖고 있었다. 이러한 기대는 지리정보학 「제2판」을 집필하면서도 마찬가지이며, 따라서 제2판에서는 GIS를 보다 폭넓게 활용할 수 있는 분석방법론과 적용 분야에 초점을 맞추었다.

「제2판」은 총 5개 편 15개 장으로 구성되었다. 제1편은 GIS란 무엇이며, 어떠한 발달과정을 겪어왔으며, 또 앞으로 어떻게 발달해나가야 하는가를 전망하였다. 제2편에서는 GIS를 학습하는 데 있어서 선수적으로 이해하여야 하는 내용들을 다루었다. 특히 지도의 개념과 지도 투영법, 그리고 좌표체계에 대한 이론들을 소개하였고 공간 데이터를 획득하는 방법과 데이터를 입력하는 기초적인 방법들을 소개하였다. GIS가 기본적으로 수치지도를 이용한다는 관점에서 볼 때 수치지도가 어떻게 구축되는가에 대한 전반적인 이해를 하는 데 도움이 될 것이다.

제3편에서는 GIS를 활용하는 데 있어서 반드시 필요한 부문인 GIS 데이터 모델과 데이터베이스 및 구축된 데이터의 품질관리와 표준화에 대한 내용을 다루었다. GIS 데이터 모델의 가장 전형적인 벡터 데이터 모델, 래스터 데이터 모델, 수치지형모델에 대하여 살펴보았으며, 속성 데이터에 대한 다양한 데이터베이스시스템 및 최근에 새롭게 등장하고 있는 객체-관계형 데이터베이스시스템 및 지오데이터베이스 모델도 소개하였다.

지리정보학 「제2판」에서 가장 크게 바뀌고 새로워진 부분은 제4편과 제5편이다. 제4편은 GIS의 공간분석과 공간통계를 다루었다. GIS의 기초적인 공간분석 기법에서부터 고차적인 공간분석 기법들에 대해 고찰하였다. 또한 GIS가 다루는 공간 데이터의 특성을 이해하고 공간 데이터들의 분포 양상과 공간 패턴을 탐색하는 다양한 분석기법들에 대해서도 소개하였다. 특히 점 데이터의 패턴 분석과 공간적 자기상관성을 측정하고 검정하는 방법들도 다루었다. 뿐만 아니라 공간 데이터들이 가지고 있는 공간 효과(공간적 의존성과 공간적 이질성)를 고려할 수 있는 공간계량모델의 개념 및 활용에 대해서도 살펴보았다.

제5편은 GIS 모델링과 의사결정지원시스템에 대하여 폭넓게 고찰하였다. GIS의 다양한 분석기능들을 통합한 GIS 모델링을 통해 고부가가치의 정보나 지식을 창출하는 사례들을 통해 GIS가 실제 세계에서 어떻게 활용될 수 있는가를 쉽게 이해할 수 있도록 정리하였다. 한편 공간적 의사결정지원시스템의 개념과 목적 및 이론에 대해 상세히 소개하였고, 다기준 평가기법을 통한 의사결정에 필요한 정보나 지식을 어떻게 창출할 수 있는가를 살펴보았다. 최근 GIS는 복잡하고 상충적인 공간 문제를 다루는 데 있어서 이해관계자들과 지역주민들이 참여하여 합의를 도출해나가는 공공 참여적 GIS와 협력적 GIS를 지향해나가면서 GIS의 활용분야 및 패러다임의 변화를 주도해나가고 있다. 여기서는 주로 외국에서 활용되고 있는 공공 참여적 GIS 사례와 협력적 GIS가 어떻게 발달해왔는가를 고찰하였다. 마지막 단원에서는 계획지원시스템의 개념과 특성 및 활용사례를 살펴보았다. 계획지원시스템은 계획목표들 간에 상충성이 크고 이해관계 당사자들 간에 합의를 도출하기 어려운 계획들을 수립하는 경우 다양한 시나리오에 따른 시뮬레이션 과정을 통해 과학적 분석과 예측 관련 정보를 제공해주는 접근방법으로 알려져 있다.

GIS를 이론으로만 학습하여서는 학습효과가 낮으며 활용 능력도 떨어지게 된다. 따라서 반드시 실습을 통해서 이론에서 배운 개념과 기법들을 숙달하여야 한다. 그리하여 이 책에서는 전 세계적으로 가장 많이 사용되고 있으며, 우리나라에서도 보편적으로 사용되고 있는 ArcGIS 10.0 버전을 이용한 GIS 실습을 통해 GIS 소프트웨어와 데이터를 직접 조작하고 그 결과물을 산출하여 해석하는 능력을 신장시키고자 하였다. 전체 13개 실습으로 구성되어 있으며, 실습 내용들은 앞의 이론 부분에서 학습하였던 개념들과 기능들을 순차적으로 실습하도록 구성하였다. 따라서 사전에 ArcGIS를 다루어본 경험이 없는 독자들도 누구나가 실습을 따라서 학습하면 충분히 ArcGIS 소프트웨어를 사용할 수 있을 것이다.

끝으로 지리정보학 「제2판」을 펴낼 수 있도록 도와주신 법문사의 배효선 사장님과 출판 담당자들께도 깊은 감사를 드린다. 또한 지난 5년 동안 서울대 환경대학원에서 GIS를 통해 과연 무엇을 할 수 있는가를 함께 고민하며, GIS를 배우는 독자들에게 흥미를 유발할 수 있도록 실습의 내용 구성 및 데이터 수집을 위해 수고해준 심재헌 박사에게도 감사드린다. 그리고 무엇보다도 이 책을 집필할 수 있도록 지혜와 건강을 허락해주시고 그림을 직접 그리면서 너무 많은 노동시간으로 힘들 때마다 은혜를 베풀어주신 하나님께 무한한 영광을 돌린다.

2011년 8월

관악산 연구실에서

이희연 씀

차 례

제 1 편 GIS 개념과 발달과정

제 1 장 | GIS 특성과 활용분야

제 2 장 | GIS의 등장 배경과 발달과정

제 2 편 지도의 이해와 공간자료의 입력

제 3 장 | 지도의 이해와 지리좌표체계

제 4 장 | 공간 데이터 수집과 데이터 입력

제 3 편 GIS 데이터 모델과 데이터베이스

제 5 장 | 공간 데이터 모델

제 6 장 | 표면 모델링과 수치지형모델

제 7 장 | 데이터베이스관리시스템

제 8 장 | 데이터의 질과 데이터의 표준화

제 4 편 GIS의 공간분석과 공간통계

제 9 장 | 기초적 공간분석 기법

제10장 | 고차적 공간분석 기법

제11장 | 공간패턴 분석

제12장 | 공간계량모델

제 5 편 GIS 모델링과 의사결정지원시스템

제13장 | GIS 모델링

ArcGIS 10.0을 이용한 GIS 실습

제 1 편

GIS 개념과 발달과정

GIS
Geographic Information Systems

제 1 장
GIS의 특성과 활용분야

제 1 절　GIS의 개념적 정의와 특성
제 2 절　GIS의 기초학문 분야와 GIS의 구성요소
제 3 절　GIS의 활용범위와 응용분야

제 1 절

GIS의 개념적 정의와 특성

[1] GIS의 정의와 GIS와 연관된 명칭들

(1) GIS에 대한 다양한 정의들

21세기에 들어오면서 급속한 산업 발전과 기술 개발 등을 통해 많은 변화가 이루어지고 있으며, 지식기반사회가 진전되면서 정보의 중요성은 더욱 더 커지고 있다. 이에 따라 사적 부문에서의 정보의 구축·공유·활용 뿐만 아니라, 국가 차원에서도 정보 구축과 공유를 적극적으로 주도하면서 많은 비용과 시간 절감과 함께 정보의 효율적 활용이 이루어지고 있다. 또한 정보통신기술이 발달하면서 인터넷이나 인공위성 등 다양한 매체를 통해 실 시간적으로 지리정보가 수집되고 있다. 특히 지리정보를 분석하고 처리하는 과정에서도 상당히 많은 기술진보가 이루어지면서 고부가가치의 정보를 생성하여 공간상에서 야기되고 있는 복잡한 문제를 해결하는데 필요한 정보를 제공하는 단계까지 이르고 있다.

이렇게 다양한 기술혁신과 분석방법, 그리고 여러 학문 분야의 결합으로 이루어진 지리정보시스템(GIS: Geographic Information System)의 활용 및 응용 범위가 매우 폭넓기 때문에 GIS에 대한 정의를 한마디로 요약하는 것은 매우 어렵다. 1970~80년대 까지만 해도 GIS를 정의내리는 것이 비교적 용이하였다. 그러나 1990년대 이후 인터넷의 등장과 함께 GIS 환경이 급속도로 변화되고 GIS 사용자가 확산되면서 사용자의 관점과 사용 목적에 따라 GIS에 대한 인식도 달라지게 되었다. 이에 따라 사용 목적과 용도에 따라서 GIS에 대한 다양한 정의들이 내려지고 있어, GIS에 대한 합의된 정의를 내리는 것 자체가 큰 의미가 없을 정도이다. 여기서는 네가지 서로 다른 관점에서의 GIS에 대한 정의를 살펴보고자 한다(Clarke, 2011; Lo & Yeung, 2007; Longley, et al., 2011).

첫째, GIS란 실세계의 다양한 형상들에 대한 공간자료를 수집, 생성, 갱신, 검색, 저장, 변환, 분석, 표현을 위해 필요한 다양한 도구들이 모여진 도구상자(toolbox)로 보는 관점이다(Burrough, 1986; Parker, 1988; Clarke, 1995). 여기서 공간자료란 좌표체계에 의해서 지리적 위치를 나타내고 있는 실세계의 형상을 말한다(그림 1-1 참조).

둘째, GIS를 GISystem, 즉, 정보시스템(information system)의 하나로 보는 관점이다. GIS란 지리좌표체계에 의해 참조된 데이터를 다루기 위한 목적으로 고안된 정보시스템으로, 의사결정지원 등과 같은 특정 목적을 위하여 공간 정보와 다른 유형의 정보를 하나의 데이터베이스 시스템으로 통합하여, 데이터를 분류하고 주어진 특정 질문에 대한 해

그림 1-1 GIS를 도구상자(toolbox)로 보는 관점

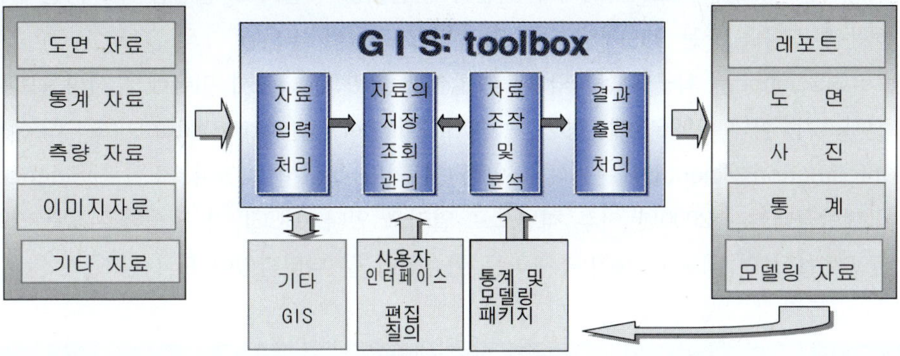

답을 찾아 정보를 추출하는 시스템이라는 것이다(Ducker, 1979; Smith et al. 1987; Star & Estes, 1990). 여기서 의미하는 시스템이란 특정한 문제를 해결하기 위해 지리정보를 처리하고 관리하기 위해 고안된 하드웨어와 소프트웨어를 모두 포함하는 것이다(그림 1-2 참조).

그림 1-2 GIS를 정보시스템(information system)으로 보는 관점

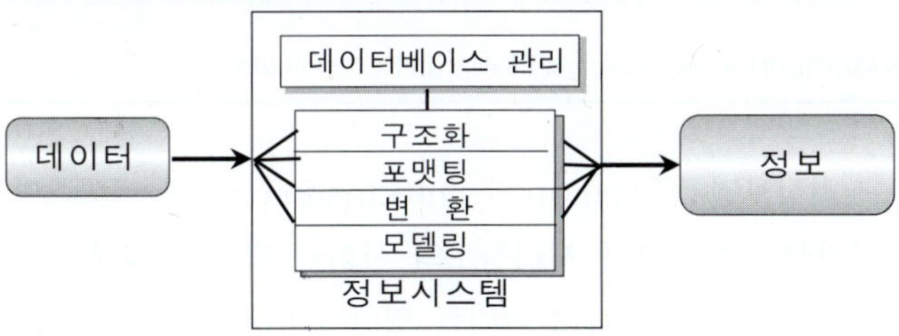

출처: Lo, C.P. and Yeung, A.K.W. (2007), *Concepts and Techniques of GIS*(2nd ed.), p. 3.

셋째, GIS를 지리정보과학(GISc: Geographic Information Science)으로 인식하면서 GIS를 정보과학의 한 분야로 보는 관점이다(Goodchild, 1992). 정보과학이 정보의 창출, 처리, 저장 및 사용과 관련된 논제들을 다루는 것이라면 GIS는 지리정보의 창출과 처리 및 사용과 관련하여 연구하는 학문이라는 것이다. 즉, GIS가 지리적 문제를 해결하기 위한 시스템이고 이러한 시스템이 지리정보기술에 의해서 구성된다면, 결국 GIS란 이러한 지리정보기술을 개발하고 발전시키는 개념과 원리들을 연구하는 하나의 지리정보과학이라고 볼 수 있다. 바꾸어말하면 GIS란 실세계의 현상을 표현하는 수단으로 디지털 정보기술

을 이용하여 지구표면을 연구하는 정보과학이라는 것이다. 이와 같이 GIS는 지리정보를 사용하는 정보과학으로서 세계와 인간과의 관계를 기술하고 설명함으로써 실세계를 이해하는데 도움을 주는 학문분야라는 것이다.

GIScience는 최근에 들어와 더욱 발전하고 있으며, 특히 미국에서 지리정보과학을 발전시키기 위해 1996년에 형성된 UCGIS(University Consortium for Geographical Information Science)에는 약 60여개의 대학이 참여하고 있다. 또한 GIScience를 위한 국제학술대회가 2000년 이후 격년으로 열리고 있다. UCGIS가 제시하고 있는 2002년 연구과제를 보면 GIScience가 추구하는 이슈들이 잘 나타나있다(표 1 참조).

표 1-1 GIScience 관점에서 추구하고 있는 연구과제와 관심영역

UCGIS가 제시하는 장기 연구과제	UCGIS가 제시하는 단기 연구과제의 일례
1. 공간적 온톨로지	1. GIS와 의사결정
2. 지리적 재현	2. LBS의 사회적 함의
3. 공간데이터의 획득과 통합	3. 지리정보 리소스의 관리
4. 스케일	4. 응급상황과 관련된 데이터 획득과 분석
5. 공간 인지	5. 지리공간 데이터의 융합
6. 공간분석 및 시공간 분석과 모델링	6. SDI의 제도적 측면
7. 지리정보에서의 불확실성	7. 지오컴퓨테이션
8. 시각적 표현	8. 글로벌 재현과 모델링
9. GIS와 사회	9. 지리적 데이터 마이닝과 지식 발견
10. 지리정보공학	10. 동적 모델링

출처: www.ucgis.org/priorities/research/2002researchagenda.htm

넷째, GIS를 지리정보연구(Geographic Information Studies)로 보는 관점이다. 지리정보연구에서는 광의적인 차원에서 지리정보의 사회적 활용에 대해 많은 관심을 두고 있으며, 특히 지리정보의 사용이 사회에 어떠한 영향을 미치는가에 초점을 두고 있다. 또한 앞에서 살펴본 GIS에 대한 관점과 견해들의 경우 GIS가 우리의 삶을 어떻게 변화시키며, 사회에 어떠한 영향을 주고 있는 가를 무시하고 있다는 점을 비판하고 있다(Carter 1989; Curry, 1998; Pickles, 1993). 지리정보연구에서는 GIS가 전반적으로 사회와 특히 제도와 조직에 어떻게 부합되며, GIS가 의사결정과정에 어떻게 사용되는가 등 주로 GIS 기능이 사회에 미치는 영향 및 구축된 데이터의 유통과 관련된 윤리적, 법적 문제들에 관심을 두고 있다. 지리정보연구의 관점에 따르면 GIS는 인간사회의 필요성에 의해 발달되기 보다는 시장성과 기술에 의해 주도되는 경향이 있다는 것이다. 따라서 지표상의 특정 현상들은 부각되는 반면에 또 다른 현상들은 무시되며, 또 사회 전반에 걸쳐 누구에게 나 GIS가 도움을 주는 것이 아니라는 입장도 피력하고 있다. 더 나아가 GIS는 논리실증주의적 접근방법에 따른 것으로, 다른 접근방법에서 실세계를 보는 다양한 견해가 무시되고 있다는 점도 GIStudies에서는 논의되고 있다.

그림 1-3 GISystem, GIScience, GIStudies 간의 상호 연관성

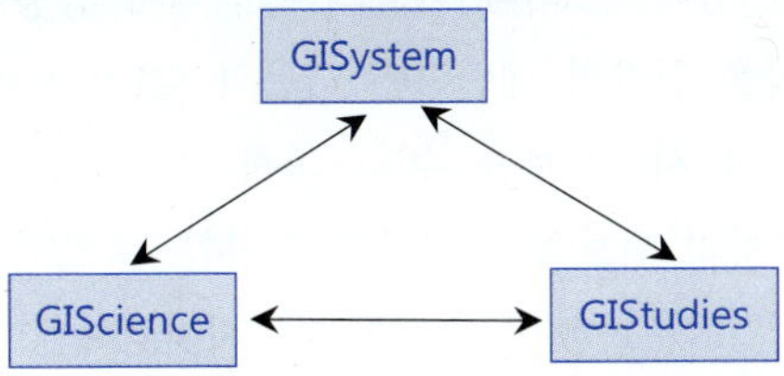

출처: Longley, P.A., et al. (2005), *Geographic Information Systems & Science*(2nd ed.), p. 472.

이렇게 GIS에 대한 관점이 서로 다르지만, GISystem, GIScience, GIStudies 간에는 상호연관성이 매우 크며 서로 간에 영향을 주는 것으로 알려져있다(Longley,et al., 2011). 특히 GISystem과 GIScience 간에는 공생적 관계를 맺고 있다. 즉, GISystem의 발달이 GIScience를 지원하고 응용 분야의 폭을 넓히는 견인차 역할을 하고 있으며, GISystem은 GIScience에서 나타나고 있는 새로운 문제들을 해결하기 위해 기술적인 관점에서 발전해나가고 있다. 뿐만 아니라 최근 GIStudies는 기존에 GIS가 기술과 과학에 치우쳐왔던 점을 비판하면서 GIS의 기술과 과학적 발전 방향에 대해 영향을 미치고 있다. 즉, GISystem의 기술이 사회의 다양한 부문과 계층에게 어떠한 영향을 미치고 있으며, GIScience에서의 응용과학을 통한 가치 창출이 사회 발전에 어떠한 역할 및 문제점을 가져오고 있는 가에 보다 많은 관심을 두고 있다. 따라서 GIStudies도 GISystem과 GIScience의 발달에 영향을 미치고 있다(그림 1-3 참조).

그림 1-4 GIS에 대한 개념적 정의

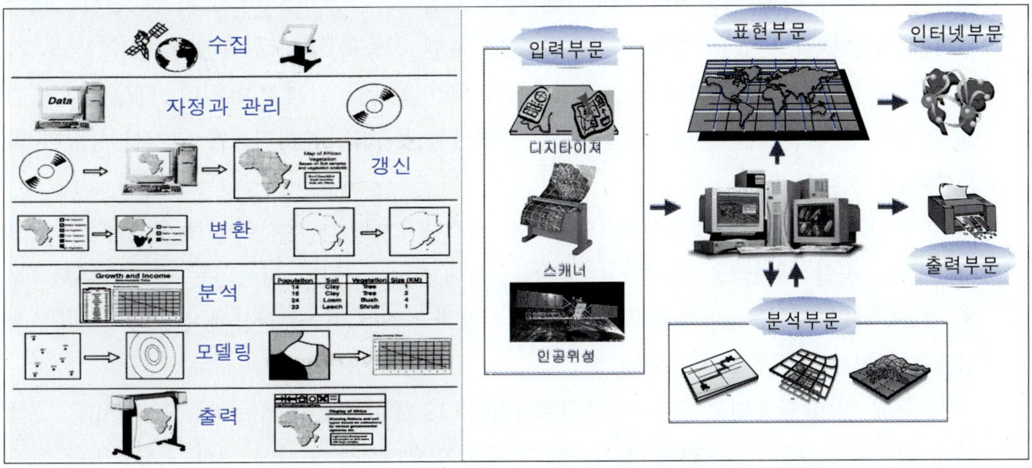

이상에서 살펴본 바와 같이 GIS에 대한 관점이 차이가 나고 있으며, 그에 따른 정의도 다소 다르게 나타나고 있다. 그러나 이들의 관점에서 공통적으로 나타난 점을 바탕으로 하여 GIS에 대한 정의를 간략히 내린다면 다음과 같다. 지리정보시스템이란 공간적 문제를 해결하기 위해 다양한 지리정보를 수집, 구축, 유지, 관리, 편집하고 분석과 모델링을 통해 추출된 고부가가치의 정보를 표현하고 출력할 수 있게 고안된 종합적인 정보처리 시스템이라고 볼 수 있다(그림 1-4 참조). 여기서 지리정보란 자연이나 인문의 여러 형상들이 점, 선, 면적, 부피 등으로 표현되고 위치 좌표를 갖고서 도면에 나타나는 자료들을 가리킨다.

(2) GIS와 연관되어 사용되는 명칭들

GIS는 흔히 지리정보체계, 지형정보시스템, 수치지도 제작, 맵핑 시스템 등 여러 명칭들과 혼용되고 있으며, 이용 목적과는 상관없이 도형정보와 속성정보를 복합적으로 취급할 수 있는 모든 시스템에서 GIS와 관련된 명칭들이 사용되고 있다. GIS가 공간 데이터를 처리하고 분석하는 일종의 컴퓨터 시스템이라는 관점에서 볼 때 GIS와 관련되어 사용되고 있는 유사한 명칭들을 보면 AM(Automated Mapping), CAM(Computer-Assisted Mapping), CAD(Computer-Aided Drafting), AM/FM(Automate Mapping/Facilities Management), LIS(Land Information System), UIS(Urban Information System) 등이 있다.

흔히 도면 자동화(AM)와 컴퓨터 지도화(CAM)는 지도를 제작하기 위한 하나의 시스템으로, 지리적인 해석이나 공간분석은 거의 수행될 수 없다. 캐드(CAD)는 토목공학이나 기계공학, 그밖의 다른 공학적인 디자인에 주로 사용되는 시스템이다. CAD는 흔히 GIS와 유사한 특성을 갖고 있는 것으로 간주될 만큼 표현 기능과 데이터 계산과 처리기능도 가지고 있다. 그러나 주로 지형적인 묘사와 구조적인 설계를 위해 사용되며, 대상물의 속성을 서로 연관시켜주지 못하고 중첩기능을 수행하지 못하며, 분석기능에 있어서 상당히 많은 한계를 지니고 있다.

한편 도면 자동화-시설물 관리(AM/FM) 시스템은 GIS와 유사한 기능을 가지고 있으나, GIS는 공간 데이터를 해석하고 모델링하는데 있어서 많이 사용되는 반면에 AM/FM은 공공단체나 시설물 관리 업체에서 많이 사용하고 있으며, 공간상에 분포되어 있는 시설물을 관리하는데 주로 사용된다.

최근에 많이 활용되고 있는 토지정보시스템(LIS: Land Information System)은 그래픽과 텍스트를 포함하는 데이터베이스를 가지고 있으며, 각 필지에 대한 소유권이나 토지세, 세금 평가, 토지 경계 등을 나타내는데 사용된다. GIS의 특별한 형태 중의 하나로 인식되고 있는 LIS는 정부에 의해서 관리, 유지된다. 또한 도시정보를 취급하는 도시정보시스템(UIS: Urban Information System)은 도시의 전반적인 현황 파악과 도시계획, 도시정비, 도시기반시설 관리, 도시 행정 및 도시방재를 목적으로 이용되고 있으며, 지자체마다 종합적인 도시정보시스템을 구축하고 있다.

이와 같은 정보체계의 공통점은 공간정보를 생성.기록.저장.분석.처리 및 출력하는 기능을 갖고 있는 것이다. 최근에는 이들 공간정보활동 분야들을 통합하여 발전시키려는 노력이 전개되고 있으며, 이에 따라 유럽에서는 공간정보체계(SIS: Spatial Information System), 미국에서는 통합지리 정보체계(IGIS: Integrated Geographic Information System), 캐나다에서는 지형측정학(geomatics)이란 용어들이 사용되고 있다. 공간적(spatial)이란 용어는 지리적(geographical)이란 용어와 혼용되고 있으며, 최근에는 지리공간(geo-spatial)이라는 용어로도 사용되고 있다. 일례로, 미국의 경우 NGA(National Geospatial-Intelligence Agency)로 개칭되거나 미연방정부의 데이터 포털사이트의 명칭도 GOS(Geospatial One-Stop)으로 불리워지고 있다. 우리나라에서도 GIS, LIS, UIS, AM/FM 등 관련 분야를 상호 연관성 및 의존성을 고려하여 하나의 정보체계로 통일한 지형공간정보체계(GSIS: Geo-Spatial Information System)라는 용어도 사용되고 있다.

[2] GIS의 특성

(1) 공간 데이터와 지리정보시스템의 특이성

'공간 데이터는 비공간 데이터들과는 다르며 특이하다(Spatial is special)'고 인식되고 있으며, 따라서 지리정보시스템도 정보시스템 가운데 매우 특이한 시스템으로 인식되고 있다(Anselin, 1988; Lo & Yeung, 2007; Longley, et al., 2011). 공간 데이터가 다른 비공간 데이터들에 비해 특이성을 갖는 것은 아마도 지리학의 제 1 법칙인 '모든 것은 서로 연관성을 갖고 있지만 가까이 있는 것일수록 멀리 있는 것들보다 더 연관성이 크다'라는 공간적 자기상관성 때문일 것이다(Tobler, 1970).

이러한 공간 데이터의 본질적 특성은 통계학에서 전통적으로 가정하고 있는 독립성의 원칙에 위배된다. 뿐만 아니라 공간적인 이질성으로 인해 지역경계를 어떻게 설정하느냐에 따라서 분석 결과가 상당히 달라질 수 있다는 문제점도 안고 있다. 바꾸어 말하면 개개의 독특한 형상들이 각각의 커버리지로 표현되는 GIS 분석에서는 각 커버리지로 표출된 형상들이 상호 연관성을 지니고 있다는 점을 전제로 하고 있으나, 통계 분석에서는 각 커버리지에 나타난 형상들은 독립적인 것으로 간주된다. 이러한 공간 데이터의 자기상관성은 시계열적으로 뿐만 아니라 국지적으로도 이러한 특성을 보이고 있다.

그림 1-5 정보 시스템의 유형화

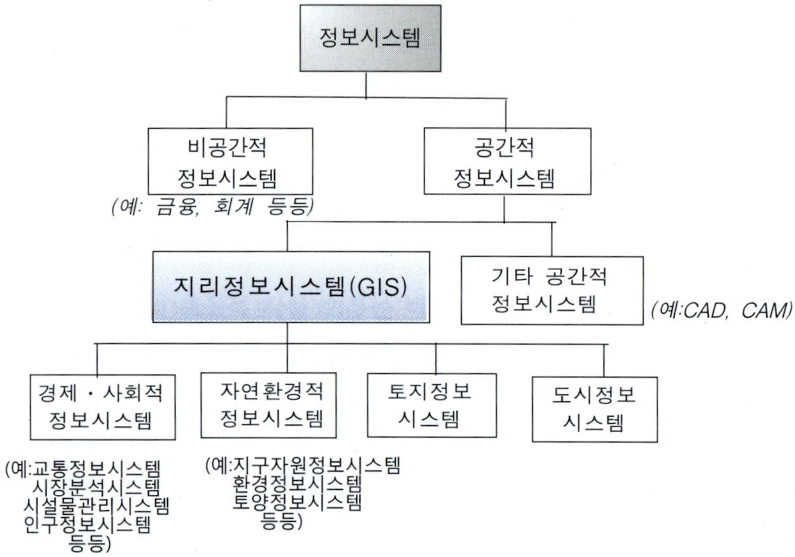

출처: Lo, C.P. and Yeung, A.K.W. (2007), *Concepts and Techniques of GIS* (2nd ed.), p. 4.

지리정보시스템은 지리적(geographic)이라는 단어가 첨가됨으로써 다른 정보시스템(information system)들에 비해 독특성을 나타낸다. 정보시스템은 공간적 정보시스템과 비공간적 정보시스템으로 구분될 수 있다(그림 1-5 참조). 비공간적 정보시스템은 지리공간상에서의 위치와는 전혀 관계없는 데이터(예를 들면 금융, 회계, 인적자원 관리, 상품재고 등)를 처리하기 위해 고안된 시스템이다. 그러나 공간적 정보시스템이라고 해서 모두 지리정보시스템이 되는 것은 아니다. 앞에서 살펴본 바와 같이 CAD나 CAM은 지리적인 위치를 갖고 있는 대상물을 다루지만 지리정보시스템과는 다르다.

지리정보시스템이 다른 정보시스템들에 비해 독특성을 지니는 것은 이 시스템 내의 모든 데이터들이 인적, 물적 자원을 포함한 지표면의 형상들을 다룰 수 있다는 점과 시스템이 개발되고 활용되는 목적과 문제 해결을 위한 분야가 지리좌표체계를 통해 위치정보가 주어지는 형상들의 입지, 분포, 패턴, 상호관계 등을 다루기 때문이다. 다시 말하면 공간상에서 야기되는 문제들을 해결하기 위해 고안되었기 때문에 공간 데이터를 활용하는데 초점을 두고 있으며, 지리적 위치관계를 갖고 있는 공간 데이터와 속성 데이터를 서로 연관시켜서 데이터로부터 보다 부가가치가 높은 정보와 지식을 창출하는데 목적을 둔 시스템이라는 특성을 갖고 있다.

여기서 데이터(data), 정보(information), 지식(knowledge)과의 관계를 살펴볼 필요가 있다. 가장 낮은 수준의 데이터는 실세계의 다양한 공간 현상과 관련되어 수집되는 것으로, 디지털 형태로 입력된다. 그러나 데이터 자체로는 사실 자체의 확인에 그친다. 그러나 이들 데이터에 이용자의 가치가 부여되고 관련된 공간분석 및 처리과정이 적용되면 질적인 변환을 통해 고부가가치의 공간 정보(information)가 생성된다. 이렇게 특정 목적을 위해 데이터의 분석 및 가공을 통해 부가가치가 창출된 정보를 토대로 하여 모델링 및 전문가 시스템을 적용하는 경우 보다 높은 수준의 지식(knowledge)을 창출할 수 있게 된다(그림 1-6 참조). 이와 같이 데이터로부터 복잡한 분석과정과 모델링 과정을 통하여, 목적에 부합되는 고부가가치의 공간정보를 추출하고, 더 나아가 공간적 의사결정을 지원하는데 도움을 주는 지식을 창출할 수 있는 가능성을 지닌 것이 지리정보시스템의 독특성이라고 볼 수 있다. Longley, et al.(2011)은 의사결정지원을 위한 인프라를 위계적으로 설명하고 있다. 즉, 가장 하위의 데이터로부터 정보를 추출하고, 다양한 정보들을 결합하여 증거를 내세우게 되며 더 나아가 경험과 전문성을 갖춘 사람들에 의해 다양한 정보들은 암묵적 지식을 창출하게 된다. 그러나 의사결정과정의 최상위에 위치하는 지혜는 모든 증거와 지식에 기반하면서도 고도로 개인화된 경험과 연륜에 의해 지식을 가장 정확하고 공정하게 활용하는 능력이라고 볼 수 있다(표 1-2 참조).

그림 1-6 데이터로부터 정보와 지식의 추출

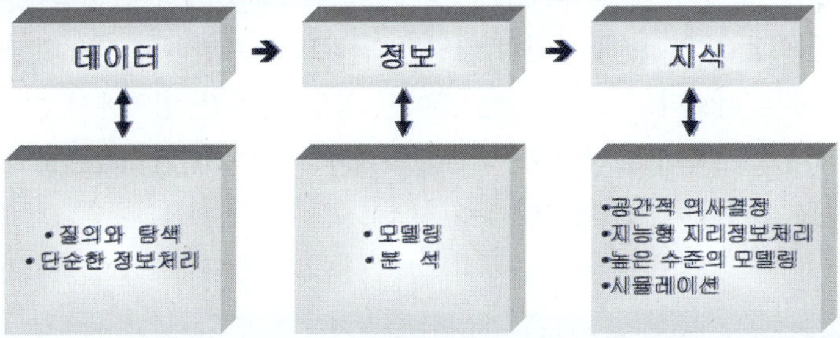

표 1-2 의사결정을 위한 지원 인프라의 위계

의사결정 지원인프라	모든 사람들과의 공유 용이성	GIS의 예
지혜	불가능	의사결정자에 의해 개발, 채택된 정책들
↑		
지식	어려움(암묵지는 특히 더 어려움)	특정 장소나 이슈에 대한 개인적 지식
↑		
증거	일반적으로 용이하지 않음	데이터나 시나리오에 따른 GIS 분석 결과
↑		
정보	용이함	지리적 사실로부터 수집·정리된 데이터베이스 내용
↑		
데이터	용이함	실세계 지리적 사실(raw geographic facts)

출처: Longley, P.A., et al. (2011), *Geographic Information Systems & Science*(3nd ed.), p. 12.

(2) 지리정보시스템의 주요 기능과 특성

다른 정보시스템들과 비해 지리정보시스템이 갖고 있는 특성을 보면 크게 네가지 측면으로 살펴볼 수 있다. 첫째, 효율적인 수치지도(digital map)를 제작할 수 있다. GIS의 초창기에는 주로 종이지도 제작 방식에서 수치지도를 제작할 수 있는 기술 발전이 이루어졌다. 즉, 종이지도 제작 방식에서 발생하는 여러 가지 문제점을 해결하기 위해서 컴퓨터 기술 및 지도제작 소프트웨어를 개발하여 보다 효율적으로 지도를 제작할 수 있게 되었다. 디지타이저, 스캐너 등의 입력 장비를 이용하여 손쉽게 지도를 제작하게 되었다. 또한 한번 구축된 수치지도는 다양한 심볼 표현방식을 통해 다양하게 시각적으로 표현할 수 있고, 여러 가지 데이터를 연결하여 분류하고, 분석한 다양한 결과물과 지도를 플롯터, 프린터 등의 출력 장비를 통해 손쉽게 출력할 수 있게 되었다. 이에 따라 기존에 수동적인 방식으로 지도를 제작하는데 소요되는 인력, 시간, 비용을 획기적으로 절감시킬 수 있는 동시에 지도의 내용과 활용성을 한 단계 더 높일 수 있게 되었다.

둘째, 효율적인 GIS 데이터 모델을 적용할 수 있다. GIS 분야는 단순 이미지 처리 분야나 CAD 분야와는 목적, 절차, 내용 등에서 차이가 난다. 일반 사용자들이 보기에는 동일하게 보이는 지도라도 단순히 지도를 스캐닝을 한 데이터나 또는 CAD 프로그램을 통해 제작된 데이터와 GIS 데이터와는 차별화된다. 즉, GIS 데이터 모델은 실제 세계의 다양한 공간적 현상들을 0, 1, 2 차원의 다양한 형상으로 표현하는 데이터 모델과 구조면에서 CAD와는 매우 다르다. 또한 GIS는 주어진 동일한 공간 영역에서 나타나는 현상들을 각각의 커버리지로 구축하고 공간 데이터와 속성 데이터를 연계시킴으로써 다양한 분석기능 및 모델링을 수행할 수 있다(그림 1-7 참조).

그림 1-7 정보시스템으로서의 GIS: 효율적인 데이터 모델 구축

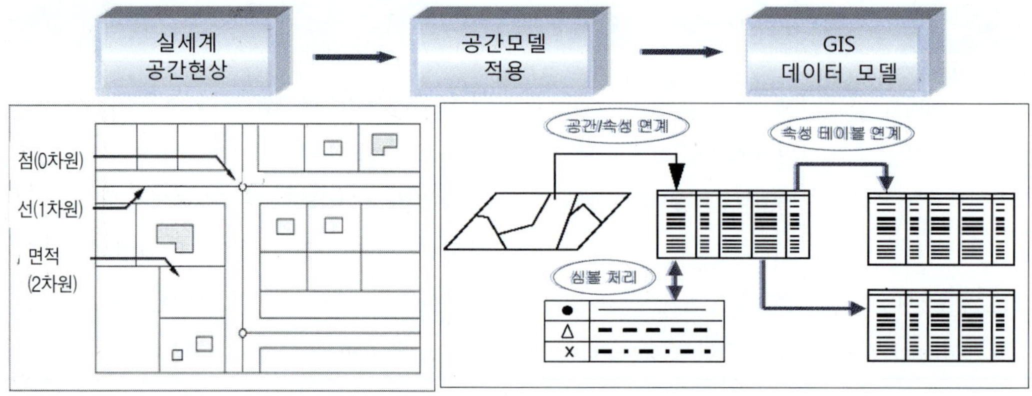

셋째, 다양한 공간분석 기능과 모델링을 통해 고부가가치의 정보를 추출하고 더 나아가 공간상에서 나타나는 문제들에 대한 의사결정을 지원할 수 있는 정보나 지식을 창출할 수 있다. GIS는 단순한 지도 제작과 표현을 목적으로 하는 것이 아니며, 수치화된 데이터들은 다양하고 강력한 공간분석 기능을 통해 고부가가치의 정보를 제공하여 실제 세계에서 야기되고 있는 문제들에 대한 의사결정에 필요한 정보를 추출할 수 있다. 현재 GIS를 통해 수행되는 공간분석 기능을 보면 여러 후보지 중에서 다양한 요인들을 고려하여 적합한 입지를 추출하는 입지분석, 수계 및 하천 유역과 하계의 상·하류를 추적하고 자동적으로 하계망을 산출해주는 하천분석, 교통 분야에서 출발지와 목적지 간에 최단 거리 및 최적 경로를 선정해주는 네트워크 분석, 한 지점에서 주변지역의 가시권을 산출해주는 가시권 분석, 환경오염 원인을 산출하는 환경 분석, 상권 산출 및 수요를 예측하는 상권분석 등이 있다. 뿐만 아니라 최근에는 GIS 기능을 토대로 하면서 의사결정에 필요한 다른 기능들을 추가한 공간의사결정지원시스템(SDSS: Spatial Decision Support System)이 활용되고 있으며, 더 나아가 도시 및 지역계획분야에서도 GIS를 활용하면서도 계획에 필요한 다양한 모델들을 추가하여 계획 수립 시에 필요한 정보를 제공해주는 계획지원시스템(PSS: Planning Support System)도 개발되고 있다(이 부분에 대한 자세한 내용은 14장과 15장에서 고찰하게 됨).

넷째, 다양한 데이터 유형들의 통합과 표현이 가능하다. GIS는 공간 데이터와 속성 데이터 이외에도 다양한 데이터 유형을 통합하여 사용가능하다. 특히 최근의 GIS의 기술 발전을 통해 다양한 데이터 유형과의 통합이 가능해졌으며, GPS를 통해 실시간으로 측정, 생성되는 데이터를 직접 받아들일 수도 있게 되었다. 또한 음성 데이터, 동영상 데이터 등을 통합하는 GIS 시스템 구현도 가능하며, 더 나아가 3차원 기술이 발전하면서 GIS의 분석 결과들을 3차원으로 시각적인 효과를 한층 더 높이고 있다.

제 2 절

GIS의 기초학문 분야와 GIS의 구성요소

[1] GIS의 기초학문 분야

지리정보시스템은 전통적인 학문분야와 신기술 분야가 통합된 것으로, 지리정보시스템이 원활하게 구현되고 효율적으로 운용되기 위해서는 지리정보시스템을 구성하고 있는 관련 학문분야와 기술 통합을 필요로 한다. 또한 GIS 발달에 공헌하고 있는 학제간의 연계가 긴밀하게 이루어져야 한다. GIS의 구현 및 운용과정과 관련된 주요 학문분야로는 지리학, 지도학, 원격탐사, 사진측량법, 측량학, 측지학, 통계학, 전산학, 수학, 토목공학, 멀티미디어 등을 들 수 있다.

지리학은 실제 세계에서 일어나고 있는 인간활동과 활동장소를 이해하는데 관심을 둔 학문이기 때문에 GIS 구현에 있어서 가장 기본적인 분야라고 볼 수 있다. 특히 지리학은 공간분석 기법의 오랜 전통을 갖고 있으므로 공간상에서 일어나고 있는 각종 문제들을 해결하는데 있어서 다양한 공간분석 기법을 활용하여 필요한 정보를 추출하는데 공헌할 수 있는 분야이다.

지도학은 지리학의 하나의 영역으로서 오랫동안 공간정보를 표현하는데 관심을 두고 있는 분야로, GIS의 데이터 구축 시에 입력 자료의 기본이 되는 지도를 제작하고 표현하는 기법들을 발달시켜왔다. 특히 컴퓨터를 이용한 자동 지도 제작이 이루어지면서 GIS 발달에 크게 공헌한 분야이다. 지리정보시스템에서 지도학 분야는 다양한 주제도의 제작과 분석된 결과물을 효과적으로 시각화하고 디자인하여 표현하는데 필요한 지식을 제공하고 있다. 또한, 컴퓨터를 이용한 수치지도학의 개념도 활용되어 수치적 표현을 통한 각종 지리적 특징의 지도화 방법과 축척의 변화에 따른 정보의 일반화, 시각화를 위한 기법 등에 대한 정보를 제공해준다.

한편 사진측량학과 원격탐사, 측량학, 측지학 등은 지리정보를 수집하거나 생성하는데 이용되는 필요한 지식과 기술들을 제공한다. 오늘날 지리자료의 중요한 출처로 인공위성과 항공기로부터 얻어진 이미지 자료들을 활용하게 되면서 원격탐사(Remote Sensing) 분야는 더욱 중요해지고 있다. 특히 원격탐사기술이 발달하면서 비교적 저렴한 비용으로 가장 최신의 정보를 얻을 수 있게 되고 영상처리를 위한 시스템의 발달로 인해 고도의 해석능력이 가능해지면서 항공사진이나 인공위성 영상에 대한 판독이 매우 정확하게 되었다. 그 결과 영상자료들은 GIS에서 다른 자료들과 통합되고 있으며, 영상분석을 통해 다양한 지리정보를 추출하는데 공헌하고 있다.

측량학은 지표상에 존재하는 여러 형상물들의 위치에 대한 정확한 자료의 제공과 위치 기준점을 관리해준다. 또한 GIS에 필요한 데이터 입력 시에 측량학은 정확도가 높은 지형지물이나 각종 경계의 정확한 위치를 제공하는데 도움을 주고 있다. 측지학은 지구의 형상, 크기, 운동, 지구내부의 특성 등을 해석하는 학문으로, 지표면의 지형과 중력의 변화를 파악하는 측지측량시에 측지학의 지식이 요구되고 있다. 또한 사진측량학은 항공사진을 이용하여 지형을 측량하는 분야로서 지리정보시스템에 사용되는 지형데이터에 대한 중요한 자료를 제공하고 있다. 최근 범지구 위치측정시스템(GPS)을 통해 정확한 지표면의 위치를 파악하게 되면서 주요 위치정보를 비롯한 실시간 정보 취득의 수단으로 활용되고 있다.

한편 전산학은 수집되거나 생성된 공간정보를 컴퓨터에 입력시켜 관리하고 저장하는 분야에서 사용되는 기술 부문을 담당하는 분야로, 특히 지리정보의 저장 및 관리를 위해

그림 1-8 GIS의 구축과 운용단계에서 필요로 하는 기초 학문분야의 지식과 기술의 활용

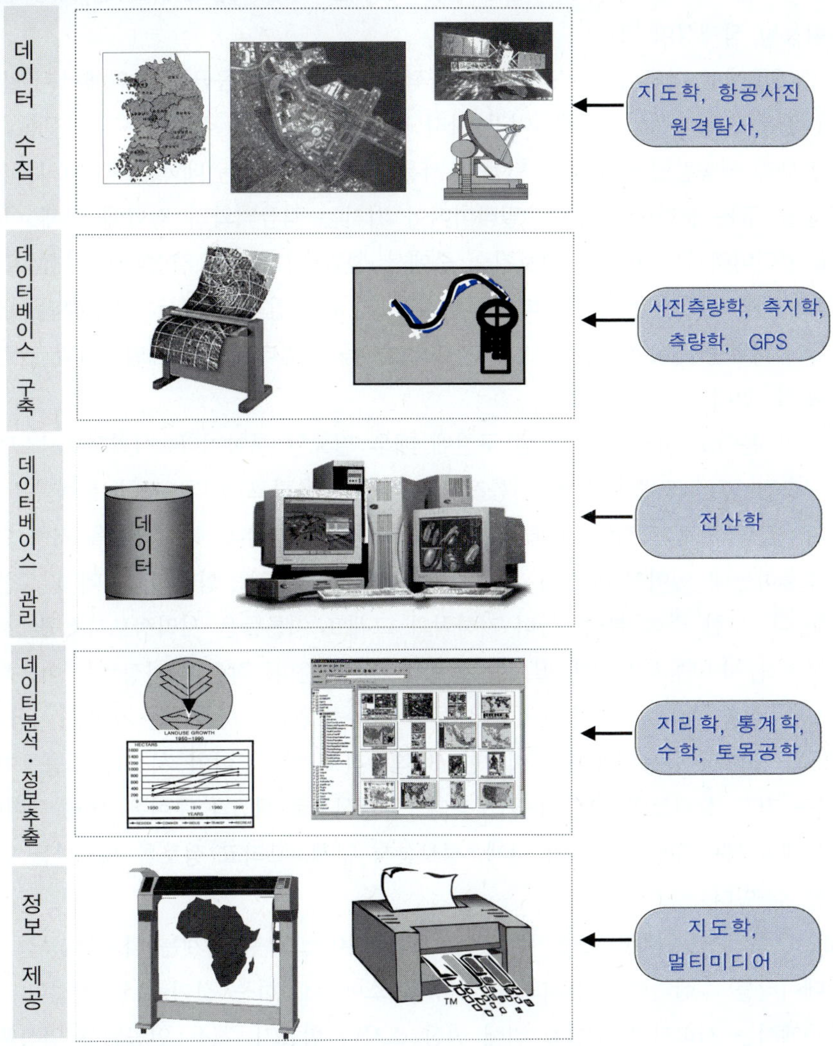

데이터베이스관리시스템(DBMS: DataBase Management System)을 구축하는 기술 개발에 공헌하고 있다. 또한 전산학은 수치화과정에서 자료의 표현과 시스템 디자인 및 대량 정보의 저장, 조작 및 접근, 갱신하는 방법론에 관한 전반적인 지식을 제공한다. 3차원적인 자료 입력, 출력, 표현 및 시각화에 관한 기술을 제공하는 CAD의 발달은 GIS 발달에 견인차 역할을 하였다. 또한 컴퓨터그래픽 기술의 발전을 통해 그래픽의 대상을 조작하고 표현하는 기술을 위한 하드웨어와 소프트웨어를 제공하고 있다. 최근에는 인공지능(AI: Artificial Intelligence)을 활용하여 컴퓨터가 인간의 지식과 의사결정을 보조해 줄 수 있

도록 시도하고 있다. AI기법은 컴퓨터가 거대한 공간정보의 효율적 관리를 위한 전문가 시스템으로서, 그리고 지도의 특성을 일반화시키는 지도 자동설계기능을 제공하는 데 있어서 활용될 잠재성이 크다.

한편 GIS에서 다루어지는 정보를 효율적으로 검색하고 공급하기 위해서는 멀티미디어 기술의 활용도 필수적이다. 즉, 여러 가지 다양한 매체에서 주어지는 정보들을 유기적으로 결합시켜 생동감있는 정보로 만들어 사용자에게 제공하는 데 필요한 지식을 제공하는 데 도움을 주는 분야이다. 모든 멀티미디어 기기는 컴퓨터와의 결합에 의해 이루어지기 때문에 멀티미디어는 기존의 정보기술 중에서 점점 더 GIS와 결합하여 가장 효율적으로 이용되고 개발되고 있는 분야이다. 특히, GIS 자료의 압축 및 저장 기술뿐만 아니라, 다량의 GIS 자료를 송수신 할 수 있는 전송기술 등도 멀티미디어 개발기술과 관련되어 있다고 볼 수 있다.

통계학 분야도 지리정보시스템 구현에 매우 필요한 분야이다. 지리정보시스템을 이용하여 구축된 많은 모델들이 많은 통계적 기법을 활용하고 있다. 또한 통계학은 GIS에서 사용되는 각종 정보가 지닌 오차, 정확도 등을 판단하고 추후 분석과정을 거쳐 필요한 정보를 추출하는데 있어서 오차의 확산을 파악하고 신뢰도를 향상시키는데 필요한 지식을 제공해준다. 또한 수학 분야, 특히 기하학과 그래프 이론들은 지리정보시스템에서 공간자료의 분석과 시스템 디자인에 필요한 정보를 제공해준다. 각종 지리정보를 이용하여 필요한 정보를 추출하는데 수학과 통계학은 물론 토목공학에서 사용되는 기법도 사용된다.

GIS의 구축과 운용단계에서 이러한 GIS의 기초 학문분야의 지식과 기술들이 어떻게 연계되는 가를 살펴보면 그림 1-8과 같다. 일반적으로 GIS의 구현은 크게 데이터베이스 구축 단계와 데이터베이스 관리 단계, 정보분석 단계, 그리고 정보를 제공하는 단계로 나누어 볼 수 있다.

GIS 구축의 첫 단계라고 볼 수 있는 데이터베이스 구축 단계는 다양한 공간 데이터와 속성 데이터를 수집하여 컴퓨터의 데이터베이스에 저장하는 것이 주된 작업이다. 따라서 이 단계에서는 지리자료 수집을 위해 현장 조사나 항공기, 혹은 인공위성 영상을 이용한 공간 데이터의 구축과 이와 관련된 속성 데이터를 수집한다. 이러한 자료의 수집 및 생성 단계에서 필요한 지식과 기술 분야는 지리학, 원격탐사, 측지학, 측량학 및 사진측량학 분야가 연관된다.

두 번째 단계는 컴퓨터에 입력된 공간 데이터와 속성 데이터의 데이터베이스를 관리하는 것으로, 데이터의 검색과 수정, 보완 등의 관리가 주된 작업이다. 또한 공간 데이터와 속성 데이터를 연계시키는 작업도 이루어지게 된다. 이 단계에서 데이터베이스 관리 작업은 전적으로 전산학 관련 지식을 필요로 하게 된다.

세 번째 단계는 구축된 데이터베이스로부터 GIS 사용목적에 부합되는 정보나 또는 필요한 정보를 추출하기 위해 관련 데이터들을 선택한 후 각종 수학적 분석, 통계적 처리, 공간분석이 이루어지는 정보분석 단계이다. 이 단계에서는 지리학, 통계학, 수학, 토목공학 분야의 지식과 기법들을 필요로 하게 된다.

마지막 단계인 정보제공 단계는 이전 단계에서 추출한 고부가가치의 정보들을 사용자에게 제공하게 된다. 이 단계에서 정보의 효율적 표현과 적정한 매체의 선정을 위하여 컴퓨터 지도학과 멀티미디어 분야의 지식을 필요로 하게 된다.

[2] GIS의 구성요소

지리정보시스템은 다양한 분야의 지식과 기술이 결합되어 이루어지며 또한 다양한 분야에서 사용되기 때문에 각 분야 및 시스템 성격에 맞는 구성요소를 필요로 한다. 여기서는 GIS 분야의 주요 구성요소라고 볼 수 있는 하드웨어, 소프트웨어, 데이터, 인적 자원, 방법(절차), 네트워크에 대해 살펴보고자 한다(그림 1-9 참조).

(1) 하드웨어

하드웨어는 GIS가 운영되는 기본 토대로서, 크게 자료 입력과 자료 처리 및 관리, 그리고 자료 출력의 세 부문으로 나누어 볼 수 있다(그림 1-10 참조). 먼저 자료 입력장치로는 디지타이져와 스캐너가 주로 이용되고 있으며, 그밖에도 CD, 테이프 등의 매체나 키보드를 통해 입력되기도 한다. 디지타이져와 스캐너 등은 입력 도면 크기(예 A_4, A_0 등), 해상도(resolution), 처리 속도 등에 따라서 비용과 성능이 달라진다.

그림 1-9 GIS의 구성요소

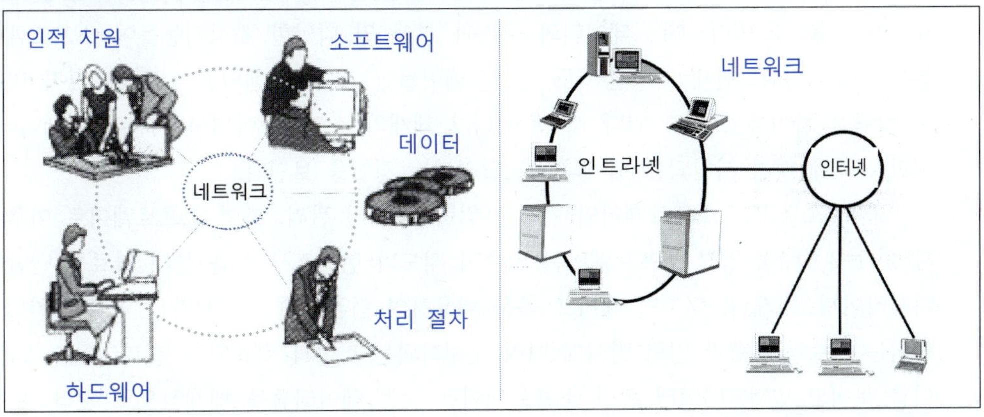

그림 1-10 GIS의 구성요소: 하드웨어

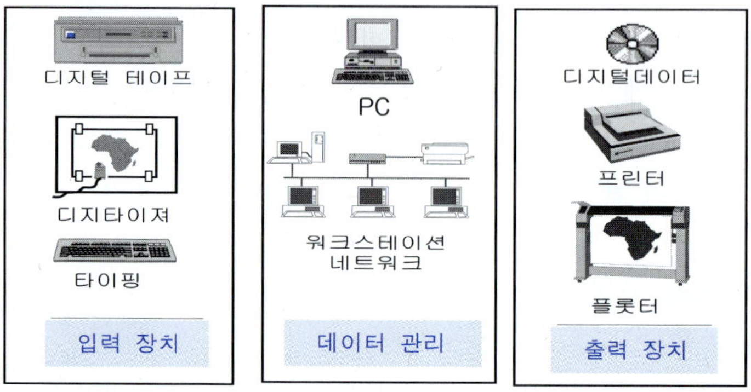

데이터를 저장하고 분석, 처리하는 중추적 역할을 하는 자료 처리와 관리 장치에는 데스크탑 PC, 워크스테이션 등이 있다. 1960년대 초기에는 대형 컴퓨터가 사용되어 왔으나, 1980년대 후반 이후 PC가 등장하고 하드웨어 장비 비용이 크게 낮아지는 반면에 성능은 매우 향상되어 일반 사용자들이 좀더 GIS에 쉽게 접근할 수 있게 되었다. 최근에는 데스크탑 PC 뿐만 아니라 노트북, PDA, 스마트폰에서도 까지 GIS 기능이 수행되고 있다. 특히 인터넷의 등장 이후 컴퓨터 전송망을 이용한 분산형 시스템이 구축되면서 서버와 클라이언트 방식의 운영체제가 이루어지고 있다. 한편 출력장비로는 플롯터나 프린터 등이 사용되며, 이들도 출력 도면의 크기와 해상도 및 처리 속도 등에 따라 가격의 차이가 있으며 출력물의 질도 달라진다.

(2) 소프트웨어

GIS를 운용하고 구현하는데 필요한 구성요소 중 소프트웨어는 데이터와 함께 핵심적 요소라고 볼 수 있다. GIS 데이터의 구축과 분석 및 다양한 조작기능들이 소프트웨어를 통해 이루어진다. 현재 다양한 GIS 소프트웨어들이 개발, 판매되고 있으며, 가격 면에서도 상당한 차이를 보이고 있다. 뿐만 아니라 개개의 소프트웨어에서 지원하는 데이터 모델과 구조에 따라 지원되는 데이터들도 달라지는 경향을 보인다.

일반적으로 GIS 소프트웨어의 기능은 입력, 데이터 관리, 출력 소프트웨어로 이루어진다(표 1-3 참조). 입력 소프트웨어는 기존의 지도나 현장조사 등을 통해 자료를 단말기나 디지타이져, 스캐너, 디지털 테이프 등을 이용하여 컴퓨터에 입력시키는 역할을 한다. 입력되는 자료의 유형과 입력 방식에 따라 수치화되는 과정과 적용되는 알고리즘은 많은 차이를 보이고 있다. 데이터 관리 소프트웨어는 각종 데이터들을 체계적으로 관리, 보관하는 기능을 수행하는 것으로, 이는 사용자가 필요한 데이터를 검색, 변환, 수정, 갱신, 분

표 1-3 소프트웨어의 다양한 기능들

소프트웨어의 주요 기능 유형	주요 기능
데이터 입력(구축)	· 공간 데이터 입력 : 디지타이징, 스캐닝, 데이터 변환 등등 · 속성 데이터 입력 : 키보드 입력, 데이터 변환 등등 · 데이터 통합 : 연속 도면 통합, 레이어 통합, 좌표체계 통합 · 구조화 편집 : 데이터 오류 편집, 일반화 등
데이터 유지관리	· 시간 추이별 유지관리 · 다중 사용자 관리
데이터 조작	· 데이터 질의 및 검색 : 공간 검색, 속성 검색 등등 · 데이터 분류 · 좌표체계 적용 및 조작
공간 분석	· 다양한 공간 분석 적용 : 입지선정, 하계망 분석, 최단거리 산출, 가시권 분석 등등
모델링 및 시뮬레이션	· 상권 분석, 하천 분석, 교통 분석, 환경 분석 등등
디스플레이 및 출력	· 다양한 심볼화 기능을 이용한 디스플레이 · 모니터상의 디스플레이 : GIS 시스템상의 디스플레이 · 플롯터, 프린터를 이용한 지도 출력 : 결과 출력

석할 수 있도록 여러 가지 기능을 지원하는 역할을 한다. 그리고 출력 소프트웨어는 수집된 지리정보나 분석된 결과물을 단말기나 프린터, 플롯터, CD 등의 매체를 통하여 지도나 도표로 출력시키는 역할을 한다.

최근에는 GIS의 소프트웨어도 사용자의 특성과 지원 기능 및 사용 목적에 따라 매우 다양하게 구성되고 있다. GIS 소프트웨어는 사용 대상자의 범주에 따라 전문가 중심의 GIS 소프트웨어와 일반 사용자를 위한 GIS 소프트웨어로 나누어질 수 있다. 일반적으로 전문가 중심의 소프트웨어는 다양하면서 높은 수준의 공간분석을 목적으로 하기 때문에, 하나의 처리과정보다는 다양한 처리과정들이 복합적으로 연결되어 있다(예: ArcGIS, Smallworld 등). 반면에 일반 사용자를 위한 소프트웨어는 보다 손쉽게 사용자들이 GIS를 사용할 수 있도록 하기 위해 기본적이면서 핵심 기능들만을 탑재함으로서 짧은 시간내에 사용방법을 습득할 수 있다(예: ArcView, MapInfo 등).

한편 소프트웨어의 지원기능 측면을 보면 필수기능만을 지원하는 GIS 소프트웨어와 거의 모든 기능을 지원하는 GIS 소프트웨어로 유형화 할 수 있다. 이는 소프트웨어의 크기 및 수행능력과 관련되며, 또한 사용자의 사용 범위 및 소프트웨어 비용과 관련된다. 일반적으로 데스크탑 환경에서 구동되는 GIS 소프트웨어는 GIS 운용과 관련된 필수적이거나 기본적인 기능만을 가지는 경우가 많은 반면에 UNIX 환경에서 구동되는 전문가용 GIS 소프트웨어는 GIS의 복잡한 기능을 갖고 있는 경우가 많다. 또한 기존의 GIS 소프트웨어의 대부분은 개발회사에서 패키지화된 완성품 상태(turnkey)로 공급되었다. 따라서 GIS 소프트웨어는 소프트웨어 프로그램 자체를 변경하기보다는 제공된 GUI(graphic user interface)에서 제공되는 기능들을 익히는 것이 중요하였다. 그러나 1990년대 후반에 들어오면서 GIS의 환경 변화가 나타나면서 GIS 기능과 다른 정보기술 분야의 기능이 통합되는 추세와 함께 개개의 사용자가 자신의 업무에 적합한 기능들만을 요구하게 되었다. 이에 따라 기존의 소프트웨어 형태도 점차 바뀌어가고 있다. 즉, 프로그램 개발환경에서 각 기본 요소기능들을 컴포넌트(component) 형태로 제공하며, 사용자는 각 업무에 최적인 기능들만을 조합하여 프로그래밍을 통해 결합하고 있는 추세이다(이 부분은 다음 장에서 자세히 설명될 것임).

(3) 데이터

GIS의 구성요소 중 데이터는 GIS 운용에 기반을 이루는 핵심 요소라고 볼 수 있으며, GIS 시스템 구축 및 과제 수행 시에 데이터 구축과 관련된 부분이 70% 이상을 차지할 정도로 비중이 크다. 실세계에서 나타나는 형상들에 대한 정확한 위치를 컴퓨터를 통해서 나타내고, 그 형상에 대한 여러 가지 속성을 컴퓨터를 통해 표현하는 것이다. GIS를 구현하는데 있어서 데이터가 없이는 아무런 작동도 할 수 없다. 아직까지 데이터 모델과 구조에 대한 표준화가 완전히 이루어지지 않았기 때문에 GIS 소프트웨어에 따라 다양한 데이터 모델 및 구조가 나타나고 있다. 각 데이터 유형마다 입력 방식 및 모델 구조가 다르며 구축된 데이터 유형에 따라 처리, 분석되는 방식이 다양하지만, 데이터 모델의 표준화 작업이 상당히 진행되고 있고 서로 다른 데이터 유형 간에 호환성이 높아지고 있어 데이터 구축 및 활용 문제는 별로 어려움을 겪지 않는다.

공간상에 위치하고 있는 형상물들은 일반적으로 점, 선, 면으로 추상화되어 표현되며, 이들 형상물의 속성은 문자나 숫자 등으로 표현된다. 따라서 지표면의 형상물에 대한 자료는 공간적인 위치를 나타내는 공간 데이터(spatial data)와 형상물의 속성을 나타내주는 속성 데이터(attribute data)로 이루어진다(그림 1-11 참조). 현재 GIS 분야에서 중요시되는 부분은 공간 데이터의 구축이다. 속성 데이터의 경우 기존에 구축되어 있는 경우도 많으며, 또한 구축방식이 상대적으로 쉽기 때문에 많은 기술이 요구되지 않는다. 이에 반해 공간 데이터는 데이터 유형에 따라 세분화되며, 데이터 특성에 따라 분석 및 처리과정도 달라질 수 있기 때문에 공간 데이터는 매우 중요하다.

공간 데이터는 크게 벡터 데이터(vector data)와 래스터 데이터(raster data)로 구분된다. 벡터 데이터는 공간 형상물을 점(point), 선(line), 면(polygon)으로 표현한다. 반면에 래스터 데이터는 공간 형상물을 일련의 셀들의 집합으로 표현한다. 즉, 평평한 데카르트 평면의 격자형의 영역에서 (X, Y) 축을 따라서 균등하게 분할된 셀(cell)의 배열로 나타내는 것이다. 각 셀들은 속성 값을 가지고 있으므로 이들 값에 따라 셀들을 분류하거나 다양하게 표현하게 된다. 가장 대표적인 래스터 데이터는 인공위성 이미지나 항공사진을 통하여 획득된다. 한편 속성 데이터는 데이터베이스에 저장되며 데이터베이스관리시스템

그림 1-11 GIS의 구성요소: 데이터 유형

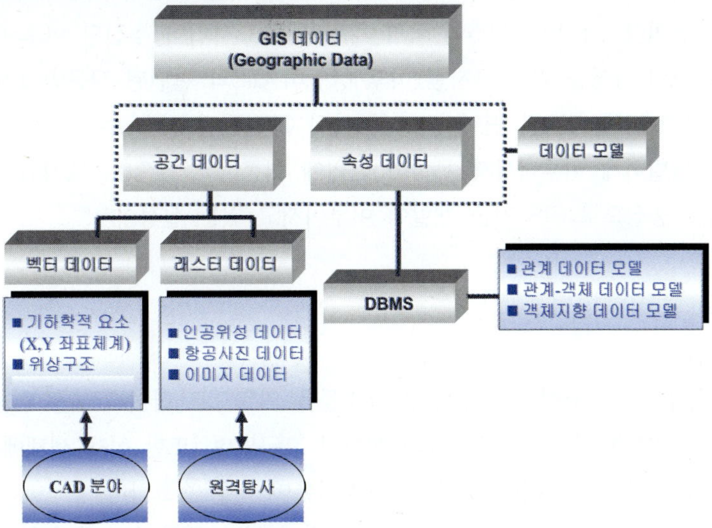

에서 다양한 데이터들을 통합, 관리하고 있다.

최근에는 실세계의 형상물을 객체지향적 관점에서 표현하려는 노력이 이루어지고 있다. 공간 데이터와 속성 데이터를 갖고 있는 형상물을 객체(object)로 인식하며, 다양한 객체들은 실제로 서로 다른 행동방식(behavior)을 갖는다는 전제 하에서 데이터를 구축하는 것이다. 이러한 관점에서 보면 같은 점(point) 형태로 표현된 데이터라도 서로 행동방식은 다를 수 있으며, 이렇게 다른 객체의 행동방식을 정의함으로써 형상물을 가장 적합하게 표현할 수 있다(이에 대한 상세한 설명은 제 4장에서 다루게 됨).

(4) 인적 자원

인적 자원은 GIS 구성요소에서 매우 중요하다고 볼 수 있다. 여기서 말하는 인적 자원이란 단순히 GIS 사용자를 지칭하는 것이 아니라, 시스템 구축, 유지 관리, 활용 단계를 통해 데이터 제작자, 시스템 관리자, 프로그래머, 시스템 엔지니어, 사용자 등 다양한 업무를 수행하는 사람들을 포함한다. 점차 GIS가 복잡해지고 다양한 목적으로 활용됨에 따라서 GIS 분야에서 필요로 하는 인적 자원도 다양해지고 있다. GIS가 제대로 운용되고 작동되기 위해 각 과정에서 요구되는 인적 자원은 숙련도가 낮은 수준에서 부터 높은 수준의 기술력을 가진 인적 자원으로 구분될 수 있으며, 운용조직과 개발자, 관리자 등으로도 구분할 수 있다. 또한 GIS가 적용되는 분야에 따라 지리학, 환경, 교통, 통신, 토목, 비즈니스 분야 등에 종사하는 인적 자원으로도 유형화할 수 있다.

우리나라의 경우 미국, 호주, 캐나다, 영국 등 GIS 분야의 선진국에 비해 GIS가 도입된 지 불과 20여년정도 밖에 되지 않았기 때문에 인적 자원이나 기술수준이 뒤떨어져있는 편이다. 하지만 1995년 국가 차원의 GIS 사업이 추진된 이후 GIS 관련 전문가 및 기술 인력 양성을 위해 투자한 이후 상당히 GIS와 관련된 전문인력이 확충되었으나, 아직은 수요에 비해 부족한 편이다. 또한 아직 GIS 관련 기술 수준이 낮아 GIS 소프트웨어 개발이 활발하게 이루어지지 못하여 해외에 의존하고 있으며, 대기업 중심의 시스템 통합 부서를 중심으로 GIS 기술 개발이 이루어지고 있는 실정이다.

(5) 절차와 방법

앞에서 언급한 GIS의 구성 요소들을 바탕으로 하여 GIS를 효율적으로 수행하기 위해서는 일정한 순서와 방법 등의 절차가 요구되며, 또한 실제 세계에서 야기되는 공간적 문제를 해결하기 위해서는 GIS 이용방법론이 매우 중요하다.

GIS는 사용 목표 및 구체적인 목적에 따라 적용되는 방법론이나 절차, 구성 내용 등이 달라지게 된다. 또한 GIS가 적용되는 분야 자체가 매우 다양하며, 적용되는 GIS에 토대를 둔 시스템은 각 분야에 적합한 업무 분석, 목적, 그리고 내용을 토대로 수행되므로 이에 따른 적합한 방법이 요구된다. 공간상에서 발생되는 문제를 해결하고 지역 및 공간 관련 계획수립에 대한 해결방안을 도출하기 위해서는 목표 및 구체적인 목적에 따른 방법론이나 절차, 구성 내용 등이 달라져야 하며, 더 나아가 각 분야에 적합한 업무 분석과 내용 등을 토대로 시스템을 구축하여야 보다 효율성을 높일 수 있다.

(6) 네트워크

1990년대 후반 이후 GIS의 구성요소 중의 하나로 네트워크가 추가되었으며, 현재는 가장 필수적인 구성요소로 간주되고 있다. 1990년대 초 웹(World Wide Web)이 등장한 이후 인터넷이 확산되고 조직 간/조직 내의 인트라넷 기반의 응용 시스템들이 주목받으면서 GIS의 응용 환경도 인터넷과 인트라넷으로 통합되고 있다. 특히 최근에는 인터넷을 통한 GIS 서비스가 매우 활성화되면서 GIS의 구성요소로서 네트워크의 중요성은 더욱 커지고 있다. 이렇게 많은 다양한 사용자들 간에 네트워크를 통한 GIS가 발전되면서 시스템 자체가 서버-클라이언트 구조로 바뀌어가고 있다(그림 1-12 참조). 즉, 강력한 GIS 서버가 시스템을 구축하고 있으며, 다양한 네트워크 상에서 수많은 사용자들이 클라이언트로 연결되고 있다. 뿐만 아니라 모바일, 랩탑 등의 하드웨어의 발달로 무선 네트워크를 통한 GIS의 활용도 점차로 높아지고 있다. 웹기반의 GIS는 원격접속 및 분산접속이 가능하고

그림 1-12 GIS의 구성요소로서 점차 중요해지고 있는 네트워크

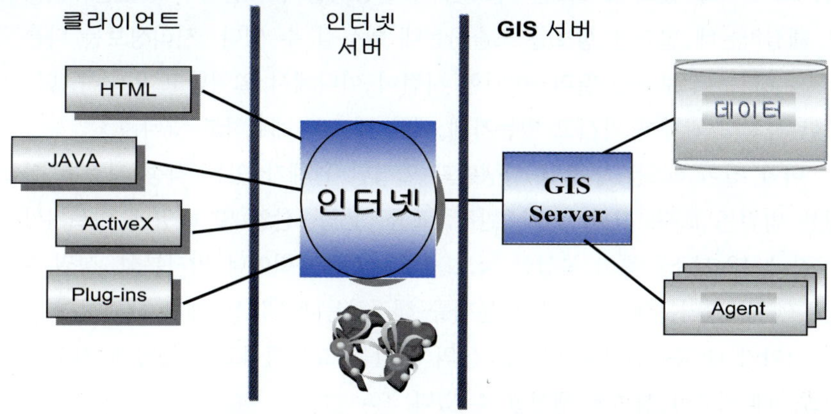

사용이 편리하며, 여러 사용자가 연결하여 이용할 수 있다는 장점을 가지고 있으며 유지보수가 편리하고 멀티미디어의 지원이 가능하여 앞으로도 활성화될 전망이다. GIS 기능을 장착한 모바일 폰이나 PDA, 넷북을 이용하여 인터넷에 접속하여 위치정보, 경로 선택 및 필요한 각종 지리정보를 이용하고 있을 뿐만 아니라 다양한 콘텐츠를 제공하는 포털사이트에 접속하여 각종 생활의 편익을 누리거나 비즈니스를 수행하고 있다.

제 3 절

GIS의 활용범위와 응용분야

[1] GIS의 사용자와 GIS의 활용범위

인간생활의 모든 일은 특정한 장소에서 발생하게 되며, 일상적인 사건이나 특정한 사건들이 일어나는 '장소'는 특정한 위치(location)를 갖고 있다. 즉, 일상생활 가운데서 일어나는 문제들은 특정 장소에서 일어나는 지리적 문제라는 특성을 갖는데, 실제로 오늘날 세계가 직면하고 있는 과잉인구, 저개발, 공해, 산림파괴, 자연재해 등과 같은 많은 문제들은 지리적 차원의 성격을 가지고 있다. 또한 신규 점포 개설을 위한 적지 분석, 특정 농작물 재배에 적합한 최적지 탐색, 응급차량 출동을 위한 실시간 도로정보 획득, 신도시 개발 등과 같은 지역계획이나 지역개발 등도 지리적인 요소를 내포하고 있다.

뿐만 아니라 소방차나 구급차는 가능한 가장 빠른 경로를 선택하여 이동하여야 하며, 공공시설물은 인구이동과 인구의 변화를 반영하여 적정하게 배치되어야 한다. 또한 전염병은 기원지로부터의 확산경로를 알 수 있어야 하며, 환경변화를 야기하는 활동들에 대해

서는 환경영향평가가 이루어져야 한다. 이와 같이 실제생활의 많은 부분들이 지리정보를 기반으로 하고 있으며, GIS는 바로 우리 일상생활에서 일어나고 있는 각종 지리적 문제들을 해결하는데 필요한 정보를 도출하는데 활용될 수 있다. 지리정보는 다른 정보시스템에서 사용되는 정보와는 달리, 어떠한 사건이 어디에서 일어나고 있으며, 다른 현상들과 어떠한 공간적 관계를 가지고 있는가에 대한 정보를 내포하고 있다.

이와 같이 GIS는 인간의 실생활과 밀접한 관계가 있는 각종 자료를 취급하기 때문에 활용 범위는 토지, 자원, 도시, 환경, 교통, 농업, 산업 및 해양에 이르기까지 광범위하다(그림 1-13 참조). 특히 복잡한 국토, 도시, 지역계획이나 입지분석, 상권 분석, 그리고 자원보전 및 관리문제 등의 제반 문제를 해결하는데 GIS는 매우 요긴하게 사용될 수 있다. 더 나아가 GIS는 인간의 터전인 삶의 공간을 효율적이고 아름답게 가꾸어 나갈 수 있게 만드는데 필요한 정보를 생성할 수 있다.

GIS의 활용범위가 매우 넓기 때문에 GIS의 사용자도 다양하고 차별화될 수 있다. GIS 사용자는 세 집단으로 분류할 수 있다. 첫 번째 집단은 단순히 정보를 찾아보는 일반 GIS 사용자이다. 이들은 교통정보나 기상정보를 알기 위해서나, 자신의 부동산과 토지 자산에 대한 가치를 알기 위해, 또는 여행 계획을 수립하는 경우 필요한 여행지에 대한 정보를 찾기 위해서, 또는 자신들이 원하는 각종 서비스업체나 위락시설들의 위치를 알기 위하여 GIS에 접근하는 경우가 많다. 뿐만 아니라 자동차 안에서 인공위성 수신을 통해 자신의 위치 및 목적지까지의 최적 경로를 전자지도를 이용하여 쉽게 파악한다. 또한 GIS 서비스

그림 1-13 GIS가 활용되는 다양한 현실생활

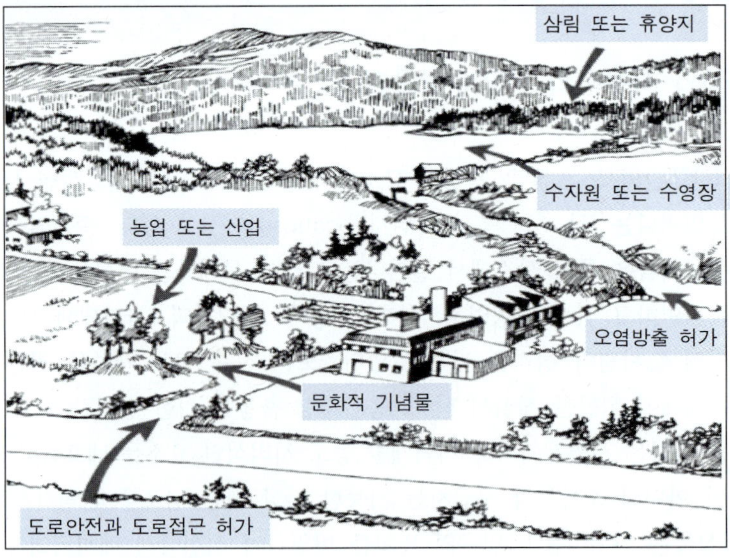

출처: Bernhardsen, T.(2002), *Geographic Information Systems: An Introduction*, p. 13.

를 통하여 여행자들은 낯선 도시에서 그들이 공항으로 가는 길에 대한 정보나 또는 호텔에 대한 정보를 제공받을 수 있다. 이러한 GIS 사용자의 대부분은 주로 많은 지리정보들 가운데서 자신들이 원하는 정보를 추출하려는 것이 목적이므로, 가능하면 쉽게 정보에 접근하여 간편하게 시스템을 사용하기를 원한다. 비록 이들이 GIS의 디자인이나 운용에 있어서는 수동적인 사용자이지만, 이들이 GIS 사용자의 대다수를 차지하기 때문에 GIS 특정 기술에 대한 이들의 수용/거절 반응은 GIS의 발전에 상당한 영향을 미치기도 한다(그림 1-14 참조).

두 번째 집단은 GIS 활용가로서 이들은 기업 활동, 전문 서비스 공급, 그리고 의사결정을 위한 목적으로 GIS를 사용한다. 이 집단에 속한 사람들은 주로 시설물 관리자, 천연자원 계획수립가나 관리자, 과학자, 공학자, 토지행정가, 기업주 등이다. 이들은 GIS를 활용하여 토지이용, 자원, 교통, 소매, 해양 정보 등과 같이 공간적으로 분포하는 현상들에 대한 정보를 처리하고 분석하여 의사결정에 도움을 주는 정보를 추출하려고 한다. 또한 경영, 운영, 조사, 분석, 복잡한 계획이나 운영상의 문제들을 해결하는데도 GIS를 활용하게 된다. 예를 들면, 시설물 관리자들은 주요 시설물의 입지를 어느 위치에 어떠한 방식과 비용으로 투자할 것인가를 결정해야하는 경우나 상하수도, 가스등과 같은 주요 시설물의 관리 등 다양한 문제들을 해결하는데 GIS를 활용한다. 보건 관련자는 새로운 병원을 입지시키고자 할 때, 배송회사 관련자는 배송일정에 따라 경로와 운송수단을 결정하고 조정하려는 경우, 교통 관련부서에서는 새로운 고속도로를 건설하기 위해 교통로와 경로를

그림 1-14 GIS 사용자의 세가지 유형

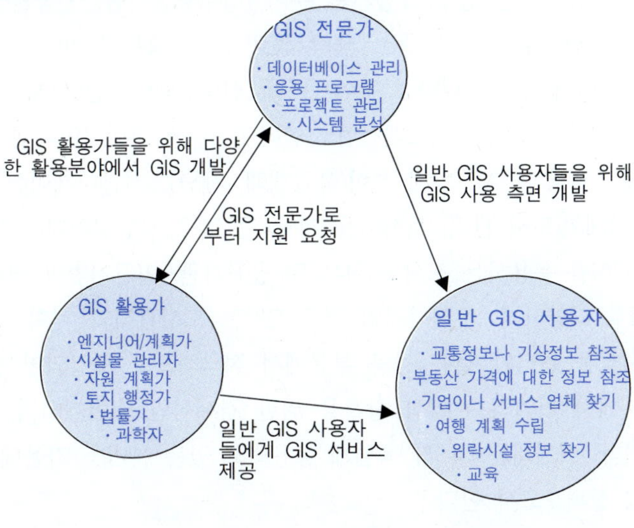

출처: Lo, C.P. and Yeung, A.K.W. (2007), *Concepts and Techniques of GIS*(2nd ed.), p. 14.

결정하는 경우, 산림 관계자는 산림을 잘 관리하기 위해 어느 곳을 벌채할 것이며, 혹은 어디에 길을 만들고 또한 새로운 수종을 어느 곳에 어떻게 심는가를 결정하는 경우에 GIS를 활용하고 있다.

이와 같이 GIS 활용자들에 따라 GIS를 사용하는 목적이 매우 다르며, 이들이 필요로 하는 GIS 기능도 매우 차별화되어있다. 즉, 단순한 질의를 사용하는 경우에서부터 매우 복잡한 시·공간적 모델링을 요구하는 경우까지 매우 다양하다. 이에 따라 이들 사용자들의 기술수준도 상당한 차이를 보이고 있으며, 원하는 정보를 추출하기 위해 GIS 개발업체로 하여금 필요한 기능을 추가 개발하도록 유도함으로써 GIS 발달에 있어서 능동적인 역할을 한다. 따라서 GIS의 효율적 사용 여부는 바로 GIS의 활용자들에 의해서 결정된다고도 볼 수 있다.

세 번째 집단은 GIS 전문가로 실제로 GIS가 구현되도록 일하는 사람들이다. 여기에는 GIS 관리자, 데이터베이스 처리자, GIS의 응용 전문가, 시스템 분석가, 프로그래머 등등이 속한다. 이들은 앞의 두 집단의 사용자들에게 기술적인 도움을 제공하고 지리정보들을 관리하는데 책임을 지고 있는 사람들이다. 이들은 또한 다양한 공간분석과 모델링을 통해 응용 목적에 부합되는 정보들을 추출하여 다른 사용자들에게 제공하기도 한다. 다른 두 집단에 비해 GIS 전문가의 수는 훨씬 작지만, 이들은 GIS의 발달과 구현 및 운용에 지대한 영향을 미치면서 가장 역동적인 역할을 수행한다.

[2] GIS의 응용분야

GIS의 응용분야는 정부/공공기관 분야 (정부공공기관, 공공안전, 치안) 시설물 분야 (전기, 가스, 상하수도, 통신 등) 국방/정보 분야, 교통 분야(교통계획 및 교통시설 관리, 교통정보 모니터링), 자원/환경 분야 (농업, 산림, 해양, 광업/지구 과학, 환경), 비즈니스 분야(은행/보험, 부동산, 도소매사업), 인터넷솔루션 분야 (인터넷 맵핑), 건강/복지 분야 (질병 확산, 질병 경로), 방재 분야(응급재해, 재난), 커뮤니케이션 분야 (위치기반서비스, 통신), 도시계획(도시 관리, 토지이용 계획) 등 매우 광범위하다(그림 1-15 참조).

또한 GIS를 응용하는 조직도 정부 및 공공기관, 민간기업과 영리 단체, 학교와 연구기관 등 매우 다양하다. 우리나라의 경우 GIS는 도시관리와 계획, 도로, 전력, 가스, 수도 등등의 시설물 관리와 같은 공공 부문에서 적극적으로 도입되어 활용하기 시작하였으며, 민간 부분에서 기업의 수익성 창출을 위한 경제적인 측면에서의 활용분야는 상대적으로 적은 편이다. 여기서는 GIS가 폭넓게 응용되고 있는 분야들 가운데 대표적인 분야들에 대해 간략히 살펴보고자 한다.

그림 1-15 GIS의 다양한 응용 분야

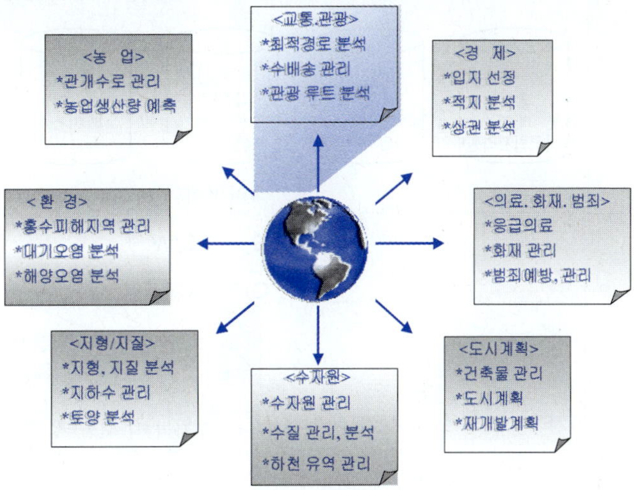

(1) 정부 및 공공기관에서의 응용

정부 및 기타 공공기관에서 행정과 국민 복지와 관련하여 각종 공공정책을 수립하고 결정하는데 GIS가 점차 많이 활용되고 있다. 공공정책은 모든 국민에게 혜택이 골고루 미칠 수 있어야 하며, 이러한 정책을 결정하는 과정에서도 국민의 합의를 최대한 반영할 수 있도록 유도해야 한다. 일반적으로 공공정책의 결정과정은 문제인식, 분석, 검토, 최종 결정의 4단계로 구분된다. GIS는 주로 공공정책의 분석 및 검토단계에서 활용되고 있다.

국토계획을 수립하거나 경제개발, 도시 및 지역개발계획 등과 같이 각종 공간계획을 수립하기 위해 필요한 자연과 인문환경의 다양한 자료들, 예를 들면 인구분포, 산업단지, 토지이용, 환경관리 등의 다양한 공간 데이터가 요구된다. 이러한 공간정보를 관리하고 분석하여 미래지향적인 국토공간계획을 수립하고 국토정책을 평가하는데 있어서 GIS는 필수적이다.

공공부문에서 GIS의 활용은 농·임·수산, 토지, 도시정보, 시설물, 교통, 문화. 복지, 재난. 재해, 환경 등 매우 다양하다. 또한 각 정부 부처에서 필요한 각종 정책을 수립하고 일선 행정업무에 활용할 수 있는 GIS에 기반을 둔 응용시스템을 개발하여 행정의 생산성을 향상시키고 국민에게 다양한 정보를 제공하며, 더 나아가 공공 서비스의 질적 향상을 도모하고 있다. 공공부문에서의 GIS 활용을 위한 시스템 구축과정을 간단하게 나타내면 그림 1-16과 같다.

그림 1-16 공공 부문에서의 GIS의 활용

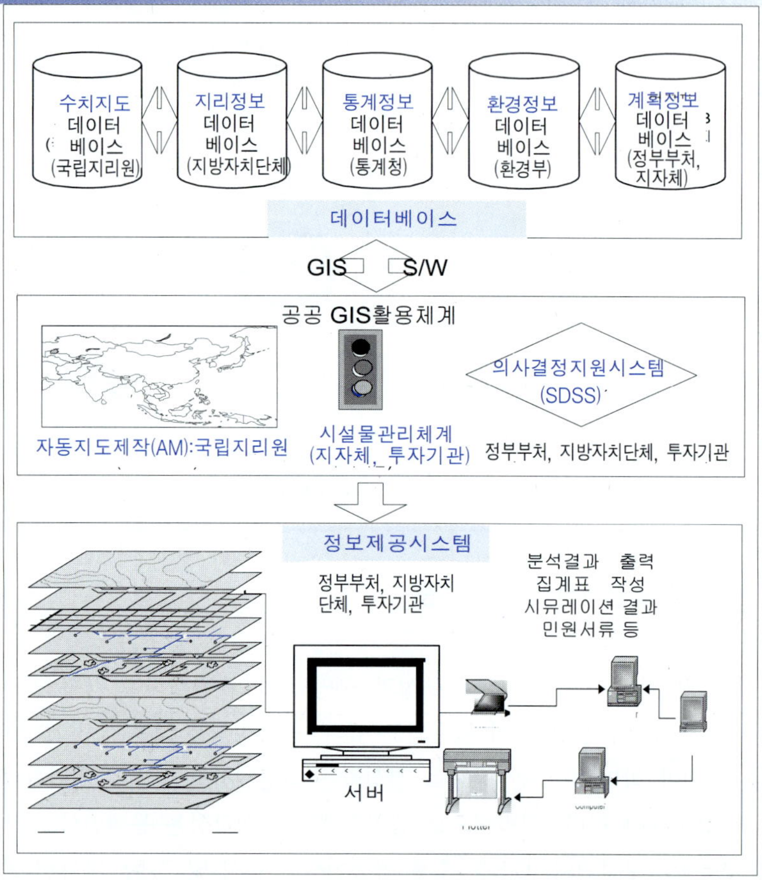

최근에는 각 지방자치단체에서도 도시정보시스템(UIS: Urban Information System)을 구축하여 도로, 공원, 상·하수도 등의 도시 시설물 관리업무와 건축허가, 개발허가 등의 각종 신고 및 신청처리 업무 등을 처리하고 있으며, 다양한 도시정보를 통합적.체계적으로 관리하고 있다. 도시의 경우 인구, 토지, 환경이 지속적으로 변화하기 때문에 종래의 지도나 도면으로는 도시에 관한 제반 정보를 관리하고 이용하는데 어려움이 있다. 특히 도로, 상수도 등의 도시기반시설과 같이 복잡하고 수시로 변화하는 정보들을 종래의 도면으로 관리하기에는 상당한 한계가 있다. 이와 같은 문제점을 해결하기 위해 도시정보시스템을 구축하여 도시현황 파악, 도시계획, 도시정비, 도시기반시설 관리, 도시행정, 도시방재 분야에 폭넓게 활용할 수 있다. UIS는 현행 도시계획에 필요한 다량의 도면과 자료를 전산화하여 노동력을 절감하고 도시계획 지구내의 모든 정보를 쉽게 파악할 수 있어 도시계획 사업의 시행, 차기 계획 수립, 도시 행정업무를 지원해줄뿐만 아니라 도시 환경복지

표 1-4 지방정부에서 GIS의 활용분야의 예시

분야	인벤토리 적용분야 (예: 부동산 소유자와 재산세액과 같은 부동산 관련정보를 지도를 클릭하여 파악함)	정책분석 적용분야 (예: 면적당 지형지물 수와 근접성, 토지이용, 인구 특성과 지질 특성간의 상관성 등)	관리/정책수립 적용분야 (예: 효율적 경로선택, 대안적 모델링, 미래수요예측, 작업 스케쥴)
경제개발	주요 기업체와 이들의 주요 자원 수요의 입지	자원 수요와 지방의 잠재적 공급자 분석	기업체에게 지방 공급자로부터의 가용성에 대한 정보 제공
교통 및 서비스 경로	쓰레기 수거트럭의 경로, 용량 관할구역당 직원수 확인, 쓰레기 매립장, 재활용센터 확인	특정지역 개발에 따른 잠재용량 부하량 분석; 특정 자소유형별 사고패턴 분석	기존에 건설된 교통용량을 기준으로 한 이상적고밀지역 식별
주택	주택재고, 상태, 점유형태(공공, 민간, 임대주택 등), 내구성, 인구통계 등의 목록	지역별 공공주택지원 분석, 저소득 지역에서 필요한 공공시설로의 접근시간	주택개량을 위한 재정 및 관련 공공시설의 입지분석; 인구성장추계에 따른 소요주택을 위한 자본 투자 계획
인프라	도로, 인도, 교량, 갓, 상하수도, 통신 시설물의 목록(입지, 이름, 상태, 최근 정비시점 등)	소득과 인구변화와 같은 인구학적 변수에 대한 인프라 여건 분석	시설 유지와 확장을 위한 스케줄 분석
보건	특정 질병을 가진 사람들의 위치	질병확산에 대한 시공간적 분석, 환경상태가 질병에 미치는 영향력	질병 발생지점 식별을 위한 분석
과세지도	필지별 소유자 자료 목록	도심으로부터 거리에 따른 용도별 재산세액 분석	토지이용 변화로 인해 예상되는 재산새 변화 예측
복지서비스	사회적 위험도 지수로 본 근린지구 목록; 사회적 위험에 대처하기 위해 지정된 시설과 서비스 위치	서비스 시설과 이를 이용하는 근린 주민의 수 및 요구되는 수요와의 균형 및 조화	복시서비스 시설 입지, 교통경로, 장소기반의 복지정책, 프로그램 계획
법 집행	경찰서, 범죄발생, 범인체포, 피해자의 위치 목록, 순찰구역과 춘찰차 이동경로, 보안 시스템의 위치	치안 가시성과 범죄 현존 분석. 범죄밀도와 경찰관수 관계; 주민과 피해자 프로파일, 순찰 의무	효율적인 치안 자원과 시설의 분배(순찰의 예측 가능성을 줄이기 위한 임의순찰 경로지도 제작)
토지이용 계획	용도지역 내 필지 특성, 범람원, 산업단지, 토지이용, 식수, 녹지 등에 대한 목록	토지이용 범주별 비율, 근린지구의 인구밀도, 주거 어메니티의 위험요소들, 혐오용도지에 대한 근접성	근린지구의 인구학적 특성에 기반한 토지이용계획 평가(호흡기질환 병원과 공장의 굴뚝의 입지 간의 관계 적합성)
공원, 여가	공원 시설물, 놀이경관, 공원 내 소로유형 등에 관한 목록	근린지구별 공원 및 레크리에이션 시살로의 접근성; 연령층별 관련 놀이경관으로의 접근성 분석	인구성장추세에 따른 미래 레크리에이션 및 놀이경관 수요 모델링
환경 모니터링	환경위험요소(특히 지하수와 같은 치명적인 근원지) 목록; 비점 오염원의 레이어 구축	누적오염수준과 확산율 분석; 환경위험요소로 인해 특정지역에서의 생물의 멸종하게 될 잠재연수 분석	특정지역에 대한 잠재적 환경재해 모델링; 특정 장소에 기반한 다층적 오염 저감 계획 분석
응급관리	비상재해시 주민 대피경로 위치, 각 경로별 통행흐름 용량, 위험 발생지(예: 지진발생시 파괴위험이 높은 교량) 분석	다양한 수준의 비상재해가 주민의 대피경로, 통행흐름 등에 미치는 잠재적 영향력 분석	방재시설의 위치와 특정 지점별 대응능력에 대한 모델링
정보/지역 인구특성	특정한 인구학적 특성에 따른 입지 패턴(예: 선거, 서비스 이용과 선호, 통근경로, 직업 등)	특정 지역의 선거 성향 분석	특정 지점에 안내소를 설치하는 경우의 효과에 대한 모델링

출처: O'Looney, J.(2000), *Beyond Maps: GIS and Decision Making in Local Government,* Redlands: ESRI Press.

부문에서도 효율적으로 사용되고 있다. 그밖에도 GIS는 재해관리, 국토공간관리, 대민 서비스 등의 국가 정책 및 행정에서 다방면으로 활용되고 있으며, 보다 국민이 편리하고 안전한 생활을 누릴 수 있도록 각종 사회기반시설을 효율적으로 관리하는데도 GIS가 활용되고 있다. 이상에서 살펴 본 지방정부 차원에서 활용되고 있는 다양한 분야와 GIS의 활용 범위를 요약하면 표 1-4와 같다.

(2) 천연자원 관리와 환경 분야

GIS는 환경을 이해하고 보전하는데 있어서 중요한 도구로 인식되고 있다. 특히 환경 개발과 보전을 동시에 수행할 수 있는 계획을 수립하는데 도움을 주는 것으로 인지되어 1960년대 이후부터 천연자원 관리와 환경 보존 및 관리를 위해 환경정보시스템(EMI: Environmental Information System)이 활용되고 있다. 하천, 범람원, 습지, 농경지, 대수층, 삼림, 야생 동물 등과 같은 자연환경을 관리하는데 있어서 GIS의 활용은 매우 효과적이며, 수자원, 삼림, 어족 등과 같은 천연자원을 보다 효과적으로 관리하도록 돕는다. 예를 들면, 희귀하고 멸종 위기에 놓인 생물종의 서식지 보호나 황무지 관리에 GIS가 이용되고 있으며, 환경의 질을 관리하고 환경 오염원의 출처와 오염 확산을 방지하는데도 GIS가 활용되고 있다. 그밖에도 폐기물 처리를 위한 시설물의 입지를 선정하는 경우, 수질 관리와 지하수 모델링 및 오염원을 추적하는 경우, 야생동물 생태 분석과 이주 경로를 파악하고 설계하는 경우 등등 환경 분야에서의 GIS의 응용분야는 매우 많다.

한편 자원 관리 분야는 최근 자원고갈에 대한 관심이 높아지면서 GIS 뿐만 아니라 인공위성 등의 첨단장비를 이용하여 자원 상태를 모니터링하고 자원의 분포와 변화에 대한 데이터를 지속적으로 구축하고 있다. 자원정보시스템(Resource Information System)을 구축하여 농수산자원, 삼림자원, 수자원, 에너지 자원을 관리하는데 활용한다. 특히 천연자원에 관한 관리를 위해 생태계와 관련된 각종 자료의 변화를 생태계와 관련된 주제도별로 커버리지를 생성하고 동적인 자료는 인공위성을 이용하여 수집, 분석하고 그 결과를 커버리지에 저장한다. 저장된 자료를 주기별로 비교함으로써 보다 효율적으로 자연 생태계 변화를 감지할 수 있다. 농지개발 계획 및 농업생산 모델링, 농지 정리, 적합한 작물 선정, 토지 경사도를 분석하는 경우에도 GIS가 활용될 수 있다. 특히 농작물 수확량 관리, 농작물 윤작기술 모니터링, 토양 유실과 관개시설 관리 등을 비롯하여 삼림자원 관리, 벌목 및 식목계획, 연안 어업 및 양식업 분석, 관개 및 수자원 잠재력 평가, 지하수 개발과 관리 등등 수질과 토양, 대기, 삼림, 야생식물 등등과 같은 재생자원 관리에서도 GIS가폭넓게 응용되고 있다.

(3) 민간사업 분야

민간사업(business) 부문에서도 GIS는 소비자의 구매 패턴, 새로운 고객 확보, 판매권역 구분, 새로운 점포 입지, 배송경로 선정 등의 분석에 활용될 수 있다. 특히 고객과 경쟁자에 대한 정보를 바탕으로 하여 GIS의 다양한 분석기능과 모델링 기법을 활용하여 기업의 시장 경쟁력과 영업 전략을 수립하는데 GIS는 매우 효율적으로 응용될 수 있다(그림

1-17 참조). 일례로, 상품과 서비스에 대한 소비자, 경쟁자, 공급위치, 소비지와 생산지의 거리, 시장정보 등을 지리적으로 파악하고 분석하여 상품에 대한 수요와 공급의 균형을 맞추어 최적의 입지를 선정하고자 할 때 GIS를 활용하고 있다. 뿐만 아니라 특정 점포의 입지에 영향을 주는 요인들을 추출하여 합리적으로 점포의 입지를 선정하거나, 잠재적인 점포입지 후보지를 추출하는 경우에도 GIS가 응용된다.

뿐만 아니라 시장경쟁이 더욱 치열해지면서 서비스업이나 소매업의 마켓팅 조사와 상권 분석, 신규 점포의 입지 선정이나 점포간의 경쟁력 분석 시에 GIS가 널리 활용되고 있다. 특히 체인점의 신설점포의 입지 선정이나 신설점포가 기존 상점의 상권에 미치는 영향력 분석, 그리고 점포들을 병합하거나 폐쇄해야 하는 경우 해당되는 점포를 선정하는데도 GIS가 활용되고 있다. 또한 각 점포의 상권 및 시장 잠재력 분석 등에도 널리 활용되며, 의료시설이나 공공 서비스 시설의 적정 배분에 관한 분석 등에서도 활용된다. 특히 마켓팅 분야에서 새로운 시장의 위치나 상권에 대한 여러 가지 분석된 내용들을 의사결정자나 시장분석가가 쉽게 이해할 수 있도록 가시화하여 지도로 표현하는데도 GIS가 사용된다(그림 1-18 참조).

특히 최근에는 금융업이나 보험업에서도 GIS를 응용하여 업무를 처리하고 있다. 금융업의 경우 GIS는 잠재 고객의 추출이나, 현재의 고객과 새로운 고객을 유치하는데 중요한 은행지점의 입지 선정, 은행 지점과 현금 인출기의 위치 결정, 그리고 대리점과의 서비스

그림 1-17 상권 정보를 바탕으로 기업의 영업 전략의 수립

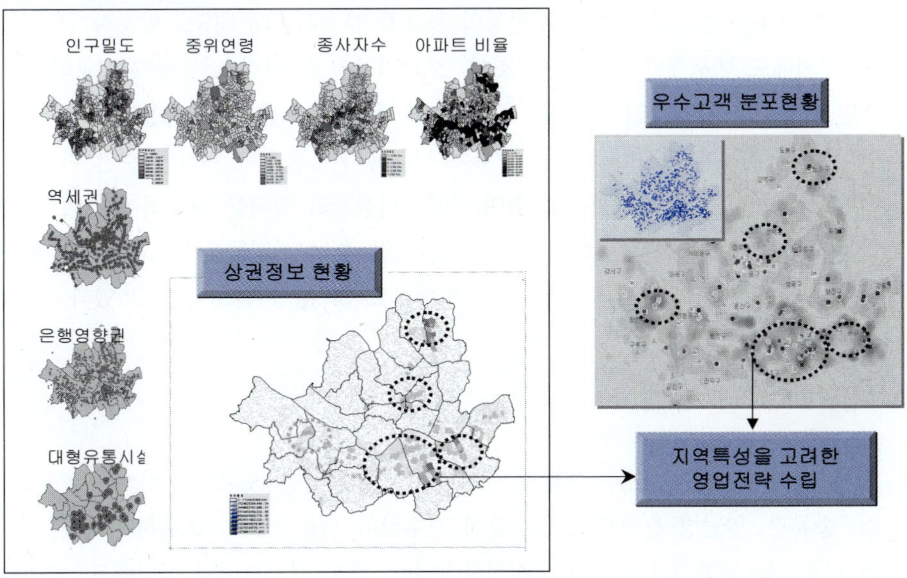

그림 1-18 마케팅 분야에서의 GIS의 활용의 일례

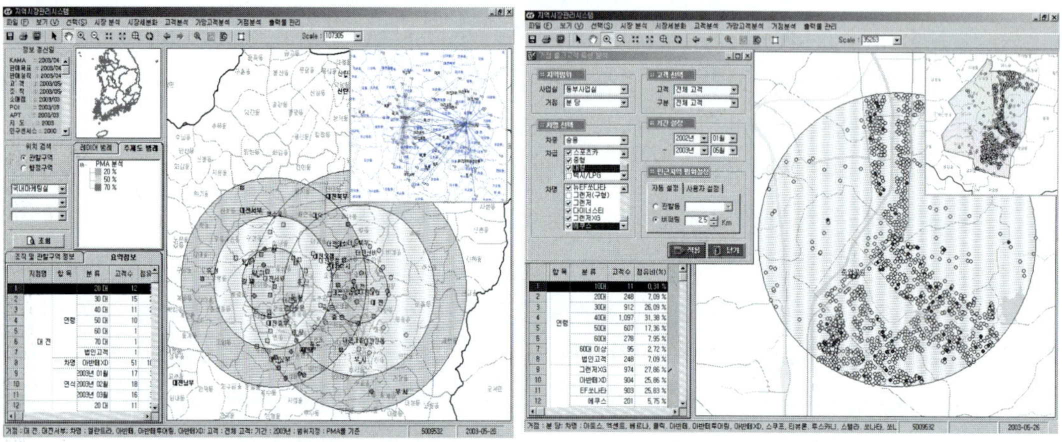

관리 계획 등에도 이용된다. 뿐만 아니라 무인점포와 같이 현금 인출기의 위치에 따라서 고객 유치의 성공여부가 결정되기 때문에 현금 인출기를 최적의 장소에 설치하기 위한 정보를 추출하여 의사결정에 필요한 정보를 제공하는데도 GIS가 활용된다.

또한 각종 보험회사들과 각종 보험을 대행하는 업체, 중개인, 그리고 서비스업체들도 GIS를 응용하고 있다. 생명보험의 경우 건강과 주변환경과의 관계, 또는 응급실과의 접근도 등에 대한 정보는 매우 중요하다. 또한 보험회사는 집에 있는 동안에 발생한 절도 사건과 직장으로 통근하는 동안에 발생하는 사건을 파악하기 위해 범죄 수준과 범행 장소에 관한 정보들을 수집하고 발생 지점들의 분포를 분석하는데 GIS를 활용하기도 한다.

이외에도 택지개발, 산업단지 조성, 쓰레기처리장, 발전소 등의 시설물의 입지는 지역 주민들의 일상생활 뿐만 아니라 지역개발 측면에서도 상당한 영향을 준다. 이들 시설물들이 적정한 위치에 입지하지 않을 경우 토지이용의 효율성이 저하될 뿐만 아니라 환경오염이나 지역 불균형을 초래하기도 한다. 이들 시설물의 입지를 과학적이고 합리적으로 선정하는데 GIS를 활용하고 있으며, 여러 대안적인 후보 지점들을 비교, 분석하여 가장 바람직한 입지를 선정하는 다기준 의사결정방법론도 GIS를 기반으로 하고 있다.

(4) 시설물 관리

지방자치단체나 공공기관에서 관리하는 시설물들은 도로, 상·하수도, 전기, 통신, 가스, 송유관, 열난방 등으로 주민생활에 필수적이지만, 관리가 소홀하게 되면 곧바로 재난과 직결되는 안전성이 요구되는 시설물들이다. 특히 가스관이나 상하수도, 통신시설물, 배수관 및 케이블 매설과 같은 지하시설물들의 경우 무엇보다도 시설물의 위치에 대한 정확

그림 1-19 시설물 관리 분야에서 GIS 응용 사례

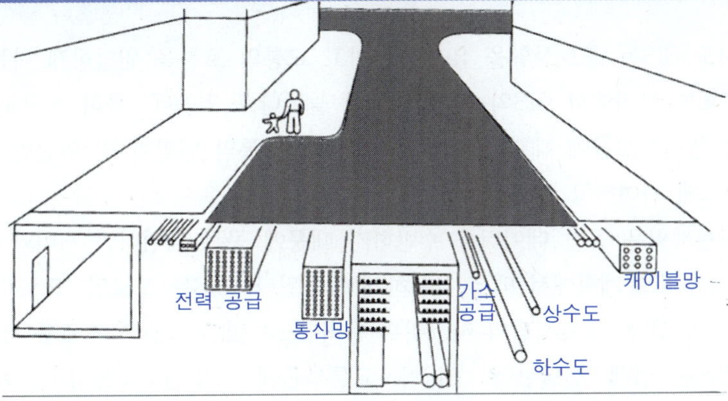

한 정보가 필수적이다. 전력, 가스, 교통, 상하수도 등의 시설물 관리를 위해 GIS를 도입함으로써 보다 체계적이고 효율적인 시설물의 관리가 가능하다(그림 1-19 참조).

GIS는 이러한 시설물 자료를 데이터베이스화하여 시설물 관리와 복구 등에 활용하고 있으며 특히, 안전사고의 위험이 높거나 집중관리가 필요한 시설물들에 대한 자료를 관리하고 갱신하며, 만일 사고가 발생하는 경우 피해규모를 최소화하는데도 GIS가 활용되고 있다. 시설물 관리가 소홀하게 되면 도시가스 폭발사고, 교량 붕괴, 상하수도관 파열 등과 같은 사회적인 안전사고로 이어지게 된다. 시설물에 대한 관리는 인간이 밀집하여 사는 도시에서 보다 중요시되는 분야로, 시설물 관리가 소홀하면 도시 재난으로 직결된다.

이에 따라 가스, 전화, 전기, 수자원 등등 시설물 관련 기업들은 수많은 소비자와 수백 킬로미터의 전선과 파이프, 관망 등을 관리하는데 보다 효율성을 기하기 위하여 GIS를 기반으로 하는 시설물 관리시스템을 구축하여 운영하고 있다. 특히 지하시설물은 도시민의 생활에 안전을 요하는 중요한 시설물의 하나로, 지하시설물들의 안전사고를 방지하기 위해서 지하시설물에 대한 관리가 철저히 이루어져야 한다. 최근에는 지하에 매설된 각종 시설물(상 · 하수도, 전력, 통신, 가스, 송유관, 지역 난방열관 등)의 현황을 전산화하여 지하시설물도를 구축하고 이들 시설물을 체계적으로 관리하기 위한 지하시설물 관리시스템이 운영되고 있다. 이와 같은 시설물 관리 시스템을 구축, 운영함으로써 향후 발생할 수 있는 각종 문제들을 사전에 도출하여 해결방안을 모색할 수도 있다.

우리나라의 경우 GIS를 기반으로 하는 시설물 관리 시스템이 구축되어 있는데, 한국통신의 TOMS사업, 포항제철의 시설물 관리시스템, 가스관련회사들의 가스안전관리시스템, 한국전력의 시설물 관리시스템 등의 대단위 시설물 관리를 위한 시스템이 사용되고 있다.

(5) 교통과 물류 분야

교통 부분에서도 GIS는 도로상황을 유지·관리하고 교통의 흐름을 원활하게 하는데 도움을 준다. 최근 교통 분야에서 GIS의 활용이 크게 늘어나고 있는데, 특히 첨단교통정보체계와 각종 도로 관련시설물에 대한 GIS의 활용은 교통소통의 원활화 및 안전한 도로환경을 조성하는데 크게 기여하고 있다.

일반적으로 교통계획은 공간 데이터를 수반하기 때문에 공간 데이터의 처리와 지도를 결합하는 GIS 기능은 교통계획에서 매우 유용하게 활용된다. GIS는 도로망, 도로폭, 차량수, 차량속도, 도로의 상태, 도로지점의 사고횟수 등의 도로 및 교통관련 자료를 체계적으로 처리하며 정보를 쉽게 전달한다. GIS를 교통부문에 도입한 교통지리정보시스템(GIS-T)은 교통계획, 교통운영, 교통공학을 다루는 교통정보시스템을 GIS와 연계시킴으로서, 기존의 교통정보시스템에서는 다루기 힘들었던 네트워크 데이터의 처리 및 분석에 GIS 기능을 활용하여 교통계획, 교통관리, 도로건설, 도로관리 및 교통영향평가, 경로분석 등의 분야에서 폭넓게 응용되고 있다. 특히 교통기반시설인 도로시설 관리를 위한 GIS의 활용은 도로의 정비상황, 교통상황, 교통혼잡, 병목현상 등을 포함하는 도로 관리에 있어서 매우 유용한 것으로 평가되고 있다.

수송과 배달업체는 GIS를 이용하여 수송회사는 주어진 물품에 대한 배송이 어떻게 이루어지고 있는지 파악할 수 있으며 효율적인 배송 경로를 계획할 수 있으며, 더 나아가 서비스 지역을 확대하는데도 사용된다. 많은 회사들은 판매, 유통, 서비스로 이어지는 물류흐름을 원활하게 하기 위해 GIS를 활용한다. 주어진 배달물류를 지역별로 할당하고 차량사용 계획을 수립하는 배달계획의 수립 시에도 GIS를 활용하며, 쓰레기를 포함하는 각종 폐기물 수거를 위한 차량 배치와 수거 권역 설정 및 수거 경로를 구축하는 경우에도 GIS를 응용할 수 있다. 또한 소방서나 경찰 당국에서는 GIS를 사용함으로서 긴급차량을 재빨리 파송할 수 있다. 이와 같이 교통지리정보시스템이 구축되면서 이동시간 계산과 경로 이동 정보를 추출하여 운전자들로 하여금 도로 장애물과 교통체증 지역을 피하고 적시에 물류의 흐름이 이루어지도록 하는데 크게 기여할 수 있다.

우리나라의 경우 종합도로관리정보시스템이 구축되어 교통량 분석, 차량 항법, 교통체계 분석, 노선 계획, 접근도 향상을 위한 분석, 배송경로 분석, 최단경로 분석 등등 교통과 물류 분석 전반에 걸쳐 다양하게 활용되고 있다.

(6) 토지이용과 토지적성평가 분야

토지구획 및 대지분할 계획을 입안하고 토지거래 등 토지 자체의 복잡한 변동사항 및 토지 소유권 관련 정보 등의 토지에 관한 제반 정보를 전산화하여 관리하기 위해 토지정보시스템(LIS: Land Information System)이 활용되고 있다. LIS는 지적 등 토지관련 재산권 정보의 효율적 관리를 위해 필지(parcel)를 단위로 지적공부를 전산화한 시스템이다. 이 시스템을 구축함으로써 토지이용 분석, 토지이용의 적합성(suitability) 평가, 지가 분석 및 지가 변화 추세, 토지이용 변화 예측 등의 토지이용계획 수립, 지형분석, 경관정보 추출, 토지 부동산 관리 등에 활용될 수 있다(그림 1-20 참조). 토지정보시스템 구축을 통하여 합리적인 토지정책이 수립될 수 있으며, 아울러 토지와 관련된 정보를 전산화, 통합함으로써 국민의 편익을 도모할 뿐만 아니라 토지 업무의 효율화에 기여하게 된다.

토지와 건축과 관련된 정보를 가장 활발하게 이용하는 업종은 부동산 업종이다. 부동산 업종은 건설개발회사, 소유자, 임차인, 은행, 보험회사, 기업, 개인 등 매우 다양한 조직들이 포함되며, 중개업자, 건축가, 계획가, 회사, 토목공학자, 회계사, 변호사 등의 종사자를 포함한다. 부동산 부문에서 GIS가 가장 많이 활용되는 분야는 부동산 투자와 부동산 개발, 부지 선정, 시장 분석과 감정 평가 등이다. 특히, 특정 목적을 위해 적합한 부지를 선정하려는 경우 부지의 경쟁성, 주변여건, 교통량, 대중교통 수단과의 근접성 등과 같은 수많은 요소들이 고려되며, 이에 따라 많은 지리정보가 필수적으로 요청된다. 또한 부동산 투자 및 개발에서도 반드시 재산가치의 증감요소, 성장 추세, 일반 제한사항과 환경적인 제한사항, 사회간접자본에 대한 접근비용 등 다양한 지리정보들이 요구된다. 더 나아가 주어진 토지에 어떤 용도의 건물이 세워지는가, 또 주어진 용도에 가장 적합한 지가는 어떤 지역이며, 또한 주어진 입치가 경제적인 면에서 얼마나 적합한지, 주변에 유해 요소나 범람하는 지구의 존재 여부 등과 같이 주변 환경에 대한 세부적인 정보를 추출하는데 GIS를 활용하게 된다.

한편 우리나라의 경우 토지적성평가제도가 시행되면서 토지의 적성등급과 등급별 토지특성과 주변지역과의 연관성 등을 분석하여 계획 수립에 필요한 기초정보로 활용하고 있다. 토지적성평가는 토지가 가진 물리적, 공간적, 생태 환경적 특성을 종합적으로 검토하여 토지의 이용 가능성과 보전 필요성을 평가하여 토지이용 계획 수립에 필요한 기초정보를 제공하기 위한 목적으로 시행되고 있다. 토지의 적성을 평가하기 위해 사용되는 다양한 지표별 영향력을 가중치를 부여하여 토지의 적성을 분석하고 있다. 특히 토지적성평가를 위해 구축한 데이터베이스는 지형과 지적정보를 결합시킨 필지 단위의 공간정보에 다양한 토지의 속성정보를 연계시켜 개별 필지별 토지의 다양한 특성을 종합적으로 파악할 수 있다. 그림 1-21은 토지적성평가를 통해 분류된 토지적성등급을 나타낸 사례이다. 이와 같은 토지적성평가를 통해 등급을 분류하고 부여된 토지등급에 부합하는 용도로 이용함으로서 토지를 보다 효율적으로 이용·관리하는데도 GIS가 활용되고 있다.

그림 1-20 토지정보시스템의 일례

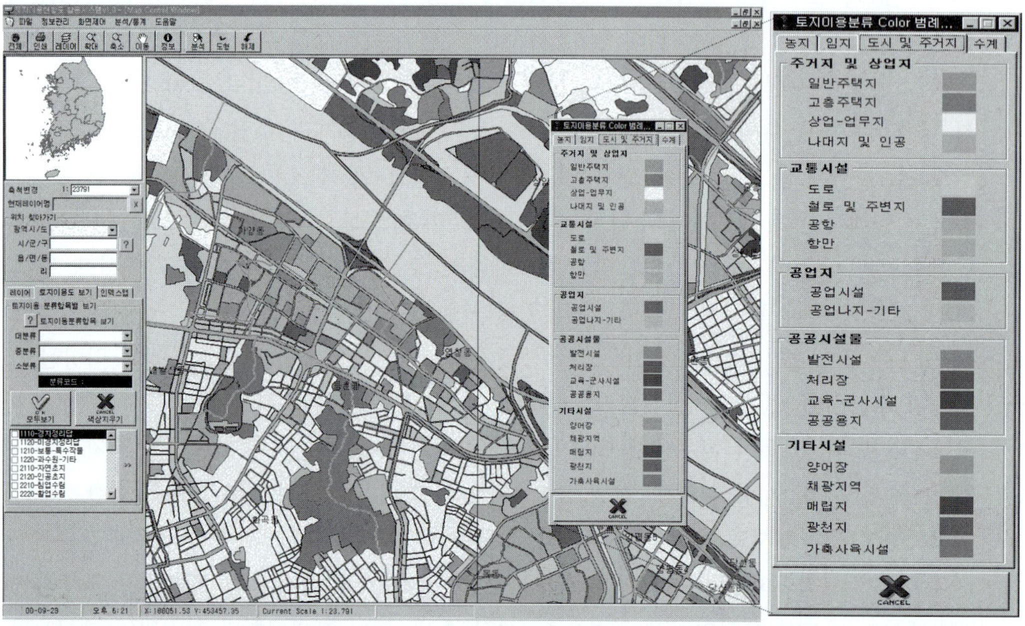

그림 1-21 토지적성평가 결과의 사례

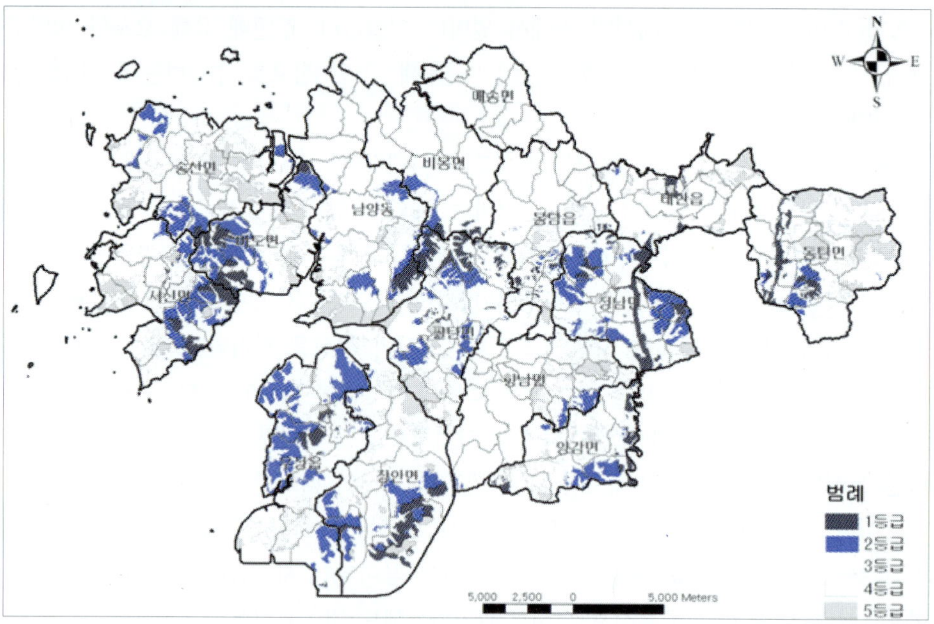

제2장

GIS의 등장 배경과 발달과정

제 1 절

GIS의 등장 배경

GIS는 지난 40여년에 걸쳐서 수많은 사람들과 조직들에 의해 획기적으로 발달해왔기 때문에 GIS의 등장 배경도 여러 측면에서 설명될 수 있다. 여기서는 GIS가 발달하게 된 직접적인 요인이라고 볼 수 있는 주제도 제작과 컴퓨터의 발달, 그리고 공간분석 기법의 발달에 대해 살펴보고자 한다.

[1] 주제도 제작

GIS가 지표면에서 나타나는 형상물들을 기하학적 특성에 따라서 개개의 커버리지(coverage)로 표현한다는 점에서 GIS가 등장하게 된 기원은 18세기 중반 주제도가 제작되면서부터라고 볼 수 있다. 18세기 지도학의 발달과 함께 기본도(base map)가 정확하게 구축되자 주어진 지역에 대한 속성을 등치선이나 유선도로 표현하려는 시도들이 나타났다. 특히 유사한 기본도를 이용하여 다양한 특성을 지도화하여 서로 다른 커버리지로 표현하려는 시도들이 GIS가 태동하게 된 계기라고 볼 수 있다(Parent and Church, 1987).

주제도 제작의 시초는 프랑스의 지도제작자인 Louis-Alexander Berthier가 미국 혁명시에 뉴욕타운을 포위 공격하기 위하여 뉴욕타운 지도위에 군대의 이동 경로를 하나의 새로운 커버리지로 중첩시켜서 나타낸 것이라고 볼 수 있다. 그 후 석판 인쇄술이 발달하면서 데이터를 보다 정확하게 표현할 수 있는 기법이 발달되자 주제도 제작은 더욱 활성화되었다. 그에 따라 1811년에 파리 지역의 지질도가, 1815년에는 런던 지역의 지질도가 제작되었다. 또한 산업혁명 이후 도시화가 진전되면서 사회기반시설에 대한 필요성이 증대되자 교통로 건설을 위해 1838년에 수행된 "아일랜드 철도위원회의 제 2차 보고서에 수록된 지도첩(The Atlas to Accompany the Second Report of the Irish Railway Commissioners)"은 GIS 개념이 도입된 최초의 지도첩이라고 볼 수 있다. 축척과 행정경계선이 동일한 기본도를 이용하여 인구수, 교통량, 지질, 지형의 특성을 나타내는 일련의 지도들을 수작업으로 제작한 이 지도첩은 주어진 지역의 서로 다른 특성을 각각의 커버리지로 나타낸 후 중첩시켜 최적의 교통로 입지를 선정하는 일종의 의사결정 지원도구로 활용되었다고 볼 수 있다.

그 후 주제도 제작은 매우 활성화되었으며 다양한 분야에 적용되었다. 1854년 영국의 Snow교수는 런던 중심부 지역을 대상으로 하여 콜레라로 인해 사망한 사람들의 위치를 지도화하고, 콜레라의 근원지로서 오염된 우물의 위치를 지도화한 후 중첩시키는 일종의

그림 2-1 수동적 공간분석 기능의 사례: Snow의 콜레라 발생 근원지와 사망자 분포

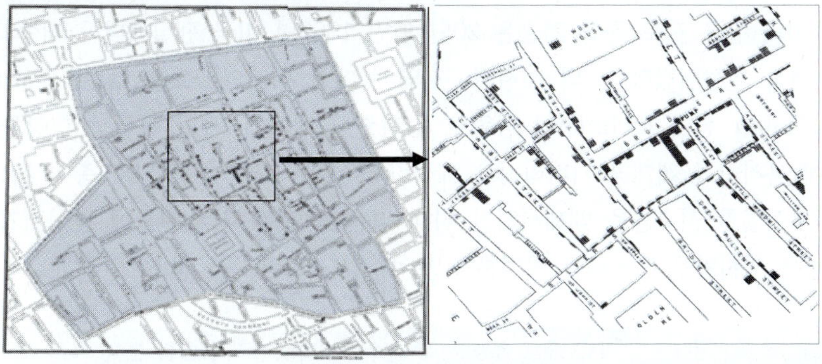

출처: http://www.ph.ucla.edu/epi/snow.html

그림 2-2 지역계획에서의 지도 중첩의 활용 사례: Tyrwhitt의 토지이용 분석

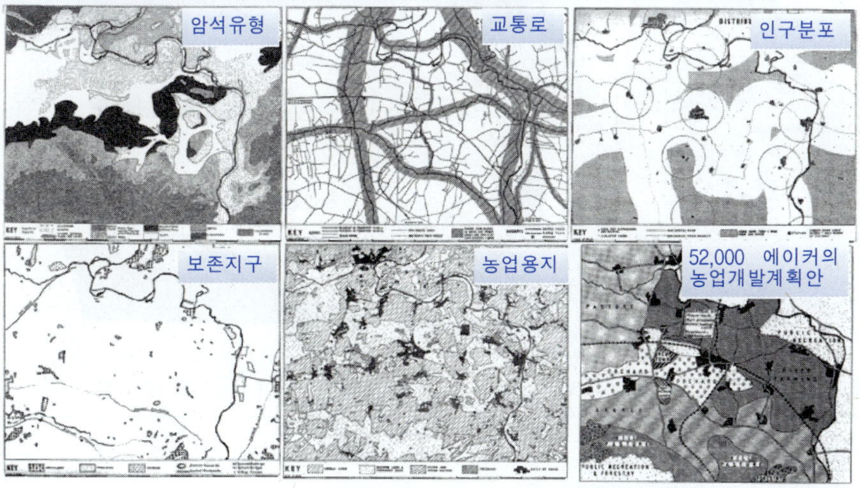

출처: Clarke, K.C. (2011), *Getting Started with GIS* (5th ed.), p. 14.

공간분석 기법의 활용을 통해 공중위생 문제를 해결하고자 하였다. 이러한 분석방법은 수작업을 통해 GIS의 공간분석 기능을 활용한 최초 사례라고 볼 수 있다(그림 2-1 참조).

이러한 주제도 제작의 발달과 함께 항공사진술이 발달하면서 항공사진을 이용한 지도 제작이 활성화되었으며, 2차 대전 이후에는 대축적지도들이 제작되었다. 그러나 오늘날 GIS 소프트웨어들에 포함되어 있는 가장 공통적인 기능이라고 볼 수 있는 지도 중첩(map overlay) 기술방법은 1950년 영국의 Tyrwhitt에 의해 저술된 "도시와 국토계획 기본서(Town and Country Planning Textbook)"에서 처음 나타났다고 볼 수 있다. 그는 지역계획을 수립하기 위해 필요한 다양한 주제도들을 중첩시켜서 최종적으로 원하는 결과물을 추출하려고 시도하였다. 그림 2-2에서 볼 수 있는 바와 같이 주제별로 각각의 지도

들을 투명한 종이 위에 복사한 후에 이들을 모두 중첩시켜서 토지이용 분석을 위해 활용하였다.

이와 같은 지도 중첩 기술은 20년 뒤인 1969년 미국 펜실베니아 대학의 McHarg교수가 더욱 발전시켰다. 그의 저서인 "자연에 대한 디자인(Design with Nature)"에서 뉴욕의 Staten 섬에 Richmond 공원로 입지를 선정하기 위해 공간적 형상물들을 투명종이 위에 복사하여 개개의 커버리지로 제작하였다. 이렇게 각각의 투명종이 지도 위에서 입지에 부적절한 지구들을 배제시키기 위해 검은 색으로 나타낸 후에 중첩시켜서 최종적으로 원하는 입지만을 선정하는 방법론을 보여주었다(그림 2-3 참조).

그림 2-3 입지선정에서의 지도 중첩 활용 사례: McHarg의 커버리지 중첩 분석

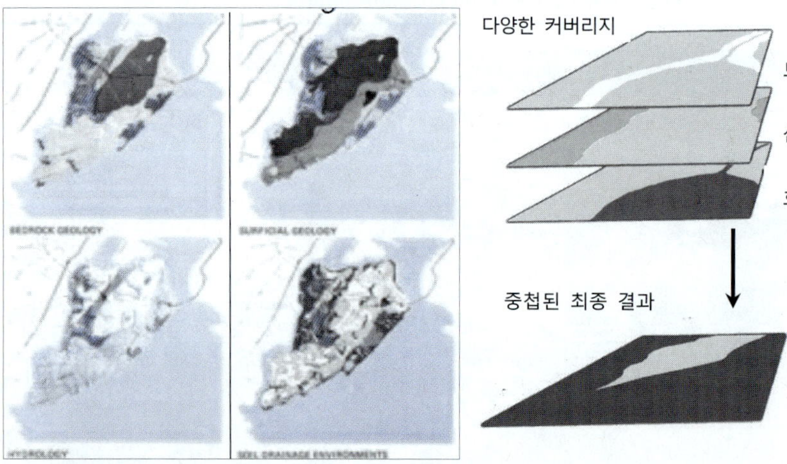

출처: Clarke, K.C. (2011), *Getting Started with GIS* (5th ed.), p.14를 편집함.

[2] 컴퓨터 기술의 발달

계산기가 처음으로 발명된 시기는 1642년이지만, 많은 양의 데이터를 자동으로 처리할 수 있게 된 것은 1890년으로, 미국에서 인구센서스 자료를 처리할 때 카드에 펀치로 구멍을 내어서 전자적으로 읽는 방법이 고안되면서 부터였다.

20세기에 들어서면서 이러한 방법은 상당한 발전을 이루게 되었으며, 20세기 중반에는 제 1세대 컴퓨터라고 불리우는 ENIAC(Electronic Numerical Integrator and Calculator)가 발명되었다. 이것은 기계식 전기 회로 대신에 진공관을 사용한 전자회로로 만든 세계 최초의 전자계산기로, 제2차 대전 중에 비행체의 궤도를 예측하는데 있어서 필요한 자료들을 처리하기 위한 군사적 목적으로 개발된 것이다. 그 후 1953년에 첫 전자

식 컴퓨터인 IBM 650모델이 개발되었다. 그러나 ENIAC, Whirlwind, IBM 650과 같은 1세대 컴퓨터는 진공관을 사용하였기 때문에 상당한 열이 방출되어 수명이 매우 짧았으며 사용시간이 한정되었다. 이러한 단점에도 불구하고 미국 정부기관에서는 컴퓨터를 활용하여 방대한 자료를 처리할 수 있었다.

이렇게 1950년대 까지는 진공관 컴퓨터가 사용되었으나, 1960년대에 들어서면서 제 2세대 컴퓨터라고 불리우는 트랜지스터를 사용하는 컴퓨터가 개발되었다. 트랜지스터의 발명으로 더욱 빠르게, 더욱 쉽게, 더욱 값싸게, 그리고 더욱 많은 자료들을 저장하고 처리할 수 있게 되었다. 이렇게 제 2세대의 컴퓨터가 등장하면서 화학, 물리, 수학 분야에서도 방대한 계산을 포함하는 다방면에서 컴퓨터를 사용하게 되었다. 뿐만 아니라 1964년에 IBM 360/65 대형컴퓨터가 개발되면서 숫자 자료들만을 처리하는데 활용되었던 컴퓨터는 기상학자, 지질학자 및 지구물리학자들에 의해 지도를 제작하는데도 컴퓨터를 사용하게 되었다. 비록 알파벳으로 서로 다른 형상과 패턴을 나타내었기 때문에 그래픽 표현 자체는 매우 조잡하였지만, 지리자료를 지도화하여 표현하는데 컴퓨터를 사용하였다는 점에서 상당한 발전이라고 볼 수 있다.

[3] 공간분석 기법의 발달

컴퓨터를 이용하여 방대한 자료의 처리가 가능하여지자 통계기법과 모델링 기법 및 공간분석 기법들이 발달하게 되었다. 1952년 Hägerstrand의 공간확산 모델을 선두로 하여 다양한 공간분석 기법이 개발되었다. 특히 미국의 디트로이트에서는 1955년에 향후 교통량 증가에 따른 고속도로 건설과 입지 분석을 위해 디트로이트 대도시권역을 1/4 mile^{2}의 셀로 나눈 뒤에 각 셀에 교통량을 기록한 뒤 통계분석을 통하여 미래의 교통량을 추정하는 새로운 방법론을 개발하였다. 4년 후에 시카고에서도 유사한 연구가 이루어졌다. 특히 Armour 연구재단에서 개발한 Cartographatron 이란 기계를 활용하여 도로망에 실제 교통의 흐름과 교통량을 그래프로 나타내어 지도화하는 방법을 고안하였다. 이는 교통분야에서 최초로 GIS 기법을 활용한 사례라고 볼 수 있다.

공간분석에 관한 연구는 1950년대 말부터 1960년대 초에 걸쳐 대학을 중심으로 하여 이루어졌다. 가장 대표적인 대학은 미국 시애틀에 있는 워싱톤 대학으로, 컴퓨터를 이용한 통계분석과 공간분석을 위한 컴퓨터 프로그램의 개발 및 컴퓨터 지도화 방법에 대한 연구들이 주축을 이루었다. 당시 지리학과 교수였던 Garrison과 대학원 학생들은 계량적 기법과 컴퓨터 프로그래밍, 교통분석을 위한 모델링 개발에 초점을 두고 연구하였다. 그 외에도 공간적 개념을 수립한 Nystuen, 지도 투영법을 위한 컴퓨터 알고리즘의 개발과 컴퓨터 지도학을 중점적으로 연구한 Tobler, 지리학에서의 기하학적 기초를 마련한

Bunge, 지역연구에서 각 지점에 대한 속성을 지리적 메트릭스로 표현하여 시계열적 변화를 서로 다른 레이어로 나타내어 중첩하여 비교하는 방법을 제시한 Berry 등의 많은 학자들이 공간분석 연구에 공헌하였다. 특히 Tobler는 MIMO(map in-map out)라는 시스템을 구축하여 지도학에서 컴퓨터를 활용하는 첫 계기를 마련하였다. 이 시스템은 지오코딩, 데이터 수집과 분석 및 표현을 위한 시초라고도 볼 수 있다(Clarke, 2011).

또한 도시공학과의 Horwood교수와 그 제자들은 'ROMTRAM' 이란 시스템을 개발하였다. 이 시스템은 도시재개발이 요구되는 특정 지구를 파악하기 위해 컴퓨터를 활용하여 통계지도를 제작하려는 목적으로 구축된 것이었다. 이와 같이 워싱톤 대학은 공간분석 이론과 통계 기법을 바탕으로 지리적 자료를 컴퓨터를 활용하여 처리하는데 선두 주자역할을 수행한 대표적인 대학으로 오늘날 GIS의 비젼을 제시하는데 크게 기여하였다.

제 2 절

GIS의 발달과정

앞에서 살펴본 바와 같이 GIS가 태동하는 데는 여러 요인들이 영향을 주었다. 이러한 등장 배경을 통하여 오늘날과 같은 GIS가 발달해온 과정을 여기서는 주로 GIS를 발전시키는데 공헌한 미국을 비롯한 캐나다, 영국 및 유럽의 국가들을 대상으로 하여 살펴보고자 한다.

GIS의 발달과정은 크게 4 단계로 나누어볼 수 있다. 첫 번째 GIS의 개척기는 1960년대 초부터 1970년까지의 시기로, 주로 특정 개개인에 의해 GIS가 발달하게 되는 단계이다. 두 번째 GIS의 성장기는 1970년부터 1980년대 초까지의 시기로, 다양한 컴퓨터 관련 기술혁신이 일어나면서 국가나 지방 자치단체 및 관련 기관 및 연구기관들에 의해서 GIS가 본격적으로 도입되고 시행되는 단계이다. 세 번째 GIS의 확산기는 1980년대 초부터 1980년대 말까지의 시기로, GIS가 확산되는데 가장 큰 영향력을 미친 상업적 부문에서의 성장과 시장의 확대로 인해 GIS가 확산되는 시기이다. 마지막 네 번째는 GIS의 성숙기라고 볼 수 있는데, 1990년대 이후부터 현재까지로 다양한 사용자들이 GIS의 주축을 이루면서 GIS 시장에서도 경쟁이 치열해지고 인터넷의 등장과 더불어 GIS의 패러다임도 변화하는 시기이다. 그럼 각 시기별로 GIS의 발달과정에 대하여 간략히 살펴보자.

[1] GIS의 개척기(1960년대 초~1970년)

GIS의 개척기라고 볼 수 있는 1960년대에는 주로 개개인에 의해 독자적으로 GIS가 태동되었다. 이 시기에 GIS를 주도한 사람들로는 1963년에 세계에서 최초로 캐나다 지리정보시스템(CGIS)을 구축한 Tomlinson, 미국의 하버드 대학에서 연구소를 이끌어온 Fisher, ESRI(Environmental Systems Research Institute)의 창업자인 Dangermond, 영국의 ECU(Experimental Cartography Unit)의 Bickmore 등을 손꼽을 수 있다. 여기서는 GIS의 개척기에 상당한 공헌을 한 CGIS와 하버드 대학의 연구소에서 이루어진 과업에 대해 구체적으로 살펴본 후, 환경 분야와 토지 및 도시 분야에 적용을 위해 개발된 GIS 프로그램들에 대해 간략히 살펴보고자 한다.

(1) 캐나다 지리정보시스템 (CGIS)

CGIS(Canada Geographic Information System)는 Tomlinson의 제안에 의해 이루어진 최초의 지리정보시스템이라고 볼 수 있다. 당시 캐나다 정부는 천연자원의 효율적 이용과 주어진 지역에 대한 서로 다른 토지이용 간에 야기되는 문제 등을 해결하기 위하여 캐나다 전역에 걸친 토지특성 자료를 수집하고 지도화하는 과업을 필요로 하게 되었다. 당시 캐나다 전역에 걸친 토지이용 현황 자료는 1/50,000 크기의 약 3,000장 분량에 달하는 방대한 것으로, 토지이용도와 토지특성 현황 관련 자료를 수집하여 지도를 구축하는데 최소한 3년의 시간이 소요되고 800만불의 비용과 500명 이상의 기술자를 필요로 하는 과업이었다.

Tomlinson은 자신이 이미 동부 아프리카의 삼림을 조사할 때도 수치지도(digital map)에 대한 필요성을 절실히 깨달았기 때문에, 컴퓨터를 기반으로 하는 캐나다 토지조사(CLI: Canada Land Inventory)의 필요성을 주장하였다. 즉, 방대한 양의 자료를 수집, 분석하고 이를 토대로 하여 토지관리를 위해 필요한 다양한 통계분석 기법을 포함하는 지리정보시스템의 구축이 비용-편익 측면에서 훨씬 효과적임을 강력하게 제안하였다.

캐나다 정부는 그의 제안을 받아들여서 토지조사를 실시하는데 GIS를 이용하게 되었다. CGIS가 시작된 후 캐나다 전역에 걸친 수치지도와 토지기반 속성들이 입력되었으며, 토양 특성을 바탕으로 한 농업, 위락, 야생 서식지, 산림 용도 등에 적합한 토지특성도가 제작되었다. 또한 토양도에는 토양의 질을 부호화하여 1등급에서부터 7등급으로 분류하여 나타낸 지도들이 1:50,000 축척의 지도로 제작되었다. 이러한 일련의 과업을 통해 GIS는 데이터가 일단 입력되면 다양한 분석기능을 수행할 수 있음을 확인시켜 주었다.

이 시스템은 자료의 저장과 검색 및 속성들을 재분류하고 축척을 변화시키며, 폴리곤을 합병하고 새로운 폴리곤을 생성하는 작업을 수행할 수 있도록 구축되었다. 현재도 이 시스템은 여전히 운영되고 있으며, 미국의 TIGER 파일 다음으로 세계에서 가장 많은 7,000여장의 지도를 축적하고 있으며, GIS의 개념과 기술 분야에 매우 큰 공헌을 한 시스템이다.

CGIS는 당시 기술 분야에서 새로운 혁신을 불러 일으켰다. 그 당시 방대한 양의 종이 지도들을 수치지도로 구축하는데 필요한 입력도구와 방법이 존재하지 않았었다. 아마도 필요에 의해 발명된 것이라고 풀이할 수 있을 정도로 수치지도화하는데 필요한 팬 형태의 디지타이징 시스템의 개발, 고밀도 지역의 자료를 입력하기 위한 스캐닝 기법과 드럼 스캐너의 사용, 스캔된 래스터 이미지를 벡터라이징하여 벡터로 변환하는 방법, 입력된 자료를 연속적인 지도로 만들기 위한 인접도엽 병합(edge match), 일정한 축척의 지도로 만들거나 타일 형태로 제작하는 방법, 선형의 형상을 표현하는데 체인 코드 방식으로의 표현, 폴리곤 형상의 경계를 아크(arc)로 코딩함으로써 위상관계를 나타낸 점, 기술적 자료(descriptor dataset)와 영상자료(image dataset)를 분리시켜서 파일을 만든 점, 그리고 폴리곤의 중첩 기능을 수행할 수 있었다. 이와 같이 CGIS는 GIS에서 해결하여야 하는 가장 기본적인 기술적 문제의 상당 부분을 해결하였다고 볼 수 있으며, 이 시스템은 1980년대 초까지도 기술적인 탁월성을 인정받을 정도였다.

이렇게 CGIS를 통하여 여러 가지 기술이 개발되고 컴퓨터를 활용한 다양한 기법이 소개되었지만, 시스템 자체에 대한 문제점들도 야기되었다. CGIS는 1970년대 중반에 이르러서야 데이터베이스 구축이 완료되어 다양한 주제도를 결합한 각 지역에 대한 통계 결과물과 그 결과들을 지도로 표현하게 되었다.

(2) 하버드 실험실 (Harvard Laboratory)

Tomlinson이 CGIS를 운영하고 있을 무렵 미국의 Fisher는 1964년 하버드 대학의 디자인 대학원에서 컴퓨터 그래픽 및 공간분석 실험실(Harvard Laboratory for Computer Graphics and Spatial Analysis)을 운영하면서 라인 프린터를 사용하여 컴퓨터 지도화 프로그램을 개발하는 등 GIS의 선구적 역할을 수행하였다. 그는 건축가였으나 컴퓨터 지도화 시스템 개발에 흥미를 갖고서 처음에는 노스웨스턴 대학과 시카고 대학에서 연구를 수행하였다. 그러나 후에 포드 재단의 후원을 받고 하버드 대학으로 옮긴 후에 본격적으로 컴퓨터 지도 제작을 위한 소프트웨어 개발에 착수하여 1965년에 SYMAP (Synagraphic Mapping System)을 탄생시켰다. 이 프로그램은 등치선도, 단계구분도를 제작할 수 있는 프로그램으로 사용하기 간단하였으나, 라인 프린터로 출력되었기 때문에 해상도가 낮고 질이 매우 떨어졌으나, 컴퓨터 지도 제작의 가능성을 확인시켜주었다.

1960년대 후반에는 SYMAP의 결과물은 펜 플롯터로 출력할 수 있게 되었으며, 보다 정교하게 단계구분도를 제작할 수 있는 CALFORM도 개발되었다. 또한 SYMAP의 결과물을 3차원으로 표현하는 방법(SYMUV)과 래스터로 출력하는 방법 및 래스터 자료들을 서로 중첩시키는 기능을 수행하는 프로그램(GRID)들도 개발하였다.

포드 재단으로부터의 지원이 끝나자 이 실험실은 개발된 프로그램의 판매 수익을 기반으로 하여 새로운 전문가들을 확충하면서 지속적인 연구를 수행하였다. 그 결과 벡터 데이터를 기반으로 하는 GIS 소프트웨어 원형이라고 볼 수 있는 ODYSSEY를 1970년대 중반에 개발할 수 있게 되었다. 이 프로그램은 포맷 변환 기능뿐만 아니라 폴리곤 중첩 기능을 수행할 수 있는 알고리즘을 포함하는 다양한 분석기능을 수행할 수 있을 만큼 상당히 진보된 프로그램이었으며, 공간 데이터의 처리와 분석 기능에 대한 폭넓은 가능성을 제시해주었다. ODYSSEY 프로그램은 후에 ArcInfo가 탄생하는 기초를 마련하였다고 볼 수 있다.

하버드 실험실에서 개발된 프로그램들은 널리 활용되었으며, 컴퓨터 지도 제작만이 아니라 GIS의 개념을 확대시켰으며 활용분야도 넓혀주었다. 그러나 불행히도 이 연구소는 1980년대 말경에 폐쇄되었다. 하지만 이 실험실에서 다양한 프로그램을 개발하는데 참여한 Chrisman, Dangermond, Morehouse, Pencker 등은 이 연구소가 폐쇄된 이후에 각기 다양한 분야에서 GIS를 발달시키는데 중추적인 역할을 수행하였다.

(3) 기타 GIS 관련 프로그램의 개발

1960년대 후반부터 1970년초 까지 다양한 GIS 프로그램들이 개발되었다. GIS 발달에 상당히 많은 영향을 미친 대표적인 프로그램으로는 MIADS와 DIME을 손꼽을 수 있다. MIADS(Map Information Assembly and Display System) 시스템은 미국 산림청의 Amidon에 의해 개발된 것으로, 산림에 대한 서비스를 제공하기 위한 목적으로 이루어졌다. 이는 천연자원과 환경관리 목적으로 개발된 이전의 다른 프로그램과는 달리 상당한 수준의 GIS 분석기능을 포함한 그리드를 기반으로 하는 프로그램이었다. 단순히 각 셀의 속성을 저장하고 검색하는 기능뿐만 아니라 중첩기능과 수학적 연산 및 시간의 흐름에 따른 변화를 시뮬레이션을 통해 분석하는 기능을 수행할 수 있도록 구축된 상당히 진보된 프로그램이었다. 또한 결과물은 라인 프린터를 이용하였으나 지도학적 이미지를 제공하기 위해 위상적으로 배열시켜 출력하였다. 이와 같이 MIADS는 천연자원 환경을 위해 최초로 정부주도에 의해 개발된 프로그램이라고 볼 수 있다.

1960년대 개발된 GIS 프로그램들은 입·출력 주변기기의 부족으로 그리드를 기반으로 하는 프로그램들이 대부분이었다. 벡터를 기반으로 하는 프로그램의 시초는 1967년 미국의 통계국에서 개발한 DIME(Dual Independent Map Encoding)이라고 볼 수 있다. GBF-DIME이라 불리우는 이 프로그램은 DIME을 사용한 지리기반파일(GBF: Geographic Base File)이라고 한다. DIME 시스템은 1970년 인구센서스의 지오코딩을 자동화하기 위한 목적으로 개발된 것으로 GIS 발달사에서 빼놓을 수 없는 기술적인 발달이라고 볼 수 있다.

DIME 시스템의 시초는 1966년에 소지역자료자문회(Census Small Area Data Advisory Committee)에서 1970년 센서스에 대비하여 시범연구를 위한 CUS(Census Use Study)를 설립하여 뉴헤븐 지역을 대상으로 하여 GBF를 구축한 것이 계기가 되었다. 이 프로그램의 기본 목적은 주어진 주소를 정확한 지리적 위치에 나타내는 것으로, 구축된 도로망에 주소를 지오코딩시키는 것이었다. DIME 시스템의 가장 큰 기술적 혁신은 위상관계를 구축한 것이다. 즉, 사각형의 도로망을 나타내는데 교차하는 도로와 블럭마다 노드의 번호를 부여하고, 블록의 왼편과 오른편의 도로구획과 도로구획의 시작점과 끝점을 부호화함으로써 각각의 도로구획 내에 주소의 범위를 정함으로써 보다 정확하게 주어진 주소를 지오코딩할 수 있게 하였다. 1970년대에 걸쳐 미국 전체 도시들에 대한 DIME 파일이 구축되었으며, 이는 20년 뒤인 1990년 완전한 위상구조를 갖춘 TIGER (Topographically Integrated Geographic Encoding and Referencing) 시스템 탄생의 토대가 되었다. 특히 DIME 파일은 도로망에 대한 데이터베이스를 구축함으로서 자동차 항법 시스템과 수송 및 배달, 물류 및 수송경로와 응급차량의 경로선정 등 교통부문에서 GIS를 활용하는데 크게 기여하였다.

이상에서 살펴본 바와 같이 GIS의 개척기라고 볼 수 있는 1960년대와 1970년 초에 이루어진 성과로는 컴퓨터를 이용한 지리자료의 분석기틀이 확립된 시기라고 볼 수 있다. 그러나 GIS를 수행하는데 드는 엄청난 비용으로 인해 이 시기에는 주로 정부와 공공기관에서 업무 수행을 위해 GIS가 도입되고 실행되었다. GIS 개척기에 개발된 대부분의 프로그램들(SYMAP, MIADS, MIADS2, GEOMAP, GRIDS 등)은 그리드 방식의 데이터 모델이었으며, 주로 대규모 자원 데이터를 구축하고 저장하는 목적으로 개발되었다. 벡터 자료모델의 개발은 CGIS와 DIME이 대표적인 프로그램으로, CGIS는 GIS의 초기 시스템이라는 점에서 많은 기술적인 공헌을 하였으며, DIME은 위상관계를 갖춘 데이터 구조 모델을 개발하였다는 점에서 GIS 발달에 크게 기여하였다고 볼 수 있다. 그밖에도 컴퓨터를 활용한 지도제작 프로그램도 등장하였다(Oxford Cartographic System, AUTOMAP 등).

한편 GIS와 관련된 분야에 종사하는 사람들의 모임이라고 볼 수 있는 URISA(Urban and Regional Information Systems Association)가 1963년에 이루어졌다. 이 모임은 도시계획, 공공시설, 응급 서비스 및 시설물 관리 분야에서 직면하는 문제들을 해결하기 위하여, 주로 정보기술에 관심을 두고 있거나 정보기술을 활용하고 있는 사람들끼리 모인 비영리 전문가 협회라고 볼 수 있다. 또한 현재 미국의 가장 대표적인 GIS 업체라고 볼 수 있는 ESRI 회사와 Integraph 회사(원래 시작은 M&S 컴퓨팅 회사였음), 그리고 영국의 Laser-Scan 회사들도 이 시기에 설립되었다. GIS의 개척기에 나타난 중요한 사건들과 변화를 시계열적으로 살펴보면 그림 2-4와 같다.

그림 2-4 GIS 개척기에 나타난 주요 사건들과 변화

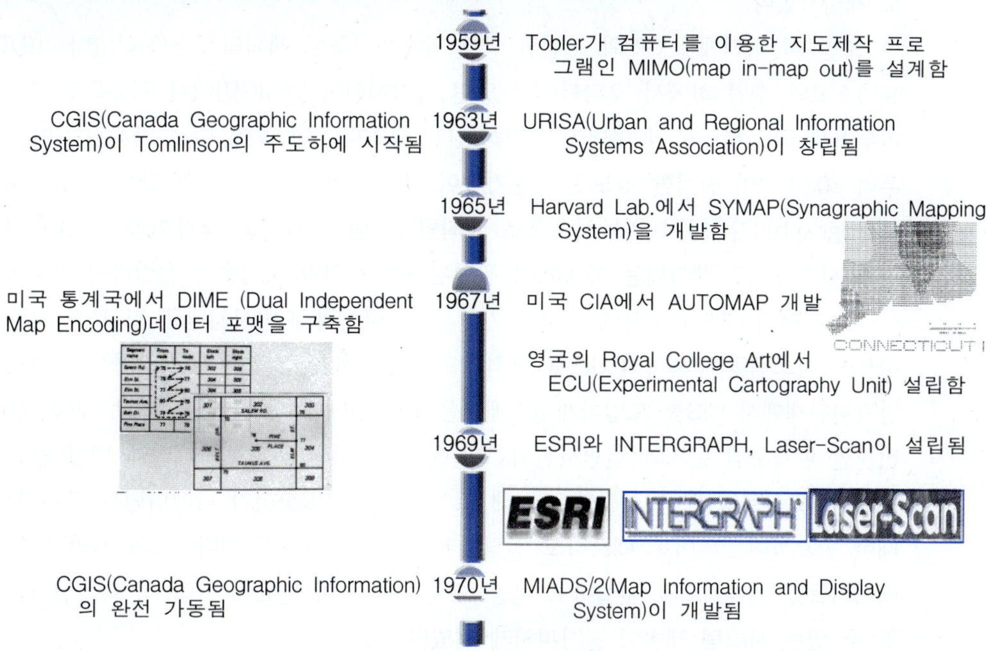

출처: www.casa.ucl.ac.uk/gistimeline/

[2] GIS의 성장기(1970년대 초~1980년대 초)

1970년대는 GIS의 성장기라고 볼 수 있을 만큼 컴퓨터 기술의 발전에 따라 GIS가 급속히 성장하였다. 컴퓨터 메모리 용량이 커지면서 자료의 저장 용량과 처리 속도가 상당히 빨라졌으며, 특히 제 3세대 컴퓨터의 등장을 가져오는 계기가 되었던 마이크로프로세서(microprocessor)가 1972년에 개발되어 많은 양의 정보를 처리할 수 있게 되었다. 일례로 1960년대 CGIS에서 이용하였던 IBM 기종의 메모리가 512킬로바이트였던 것에 비해 메가바이트의 메모리를 이용할 수 있게 되었다.

더 나아가 제 4세대 컴퓨터라고 불리는 데스크탑 컴퓨터가 만들어졌으며, 1980년대 초에는 마이크로프로세서를 기반으로 하는 개인용 컴퓨터(PC: personal computer)가 등장하였으며, 그래픽 처리기술도 획기적으로 발전하였다. 이러한 기술발전과 더불어 GIS가 급성장하게 된 또 다른 중요한 요인은 하드웨어 가격의 하락이라고 볼 수 있다. 이에 따라 정부와 공공기관뿐만 아니라 대학에서도 GIS 실험실을 갖출 수 있게 되었다. 특히 하드웨어의 가격 하락은 혁신적인 소규모 업체들도 GIS 사업에 참여할 수 있는 기회를 제공해줌으로서 GIS 관련 인력들도 양성되기 시작하였다. 미국을 비롯한 영국, 캐나다의 여

러 대학에서는 GIS 실험실 운영뿐만 아니라 GIS 인력 양성을 위한 훈련 과정도 프로그램도 개설하였다.

또한 이 시기에는 GIS와 관련된 국제 학술회의들이 개최되기 시작하였다. 1970년에는 유네스코의 후원 하에서 오타와에서 열린 세계지리학대회(IGU)에서 처음으로 GIS 모임이 이루어져 GIS 관련자 40여명이 참가하였다. 그러나 2년 후에 다시 개최된 GIS 회의에는 무려 300여명이 참석할 정도로 전문가들이 늘어났다. 또한 AUTOCARTO(automation of cartography)가 1974년에 처음으로 개최되었으며, AM/FM 국제회의도 1970년대 후반 이후 지속적으로 개최되는 등 GIS와 관련된 학술회의와 모임들이 활발하게 이루어졌다.

이 시기에 GIS의 성장에 박차를 가한 것은 국가와 지방자치단체 및 관련 기관들이 앞다투어 시스템을 구축하여 GIS를 본격적으로 활용하였기 때문이다. 국가 정부기관이나 지방자치단체에서 GIS를 도입하게 된 배경은 1970년대에 급속한 공업화로 인해 대기오염을 비롯한 환경오염 문제와 천연자원의 고갈에 따른 자원 관리 및 개발에 대한 관심이 높아졌으며, 도시로의 인구 집중화로 인해 토지이용의 고밀도화가 나타나면서 토지이용계획에 대한 필요성이 그 어느 때보다도 심각하게 부각되었기 때문이다. 이에 따라 다양한 공간 데이터들을 체계적으로 수집하고 이를 조작, 분석하여 필요에 따라 적절한 결과물로 출력할 수 있는 시스템 개발이 불가피하게 되었다.

GIS 성장기에 GIS가 주로 활용된 분야는 크게 두 분야로 나누어볼 수 있다. 가장 주축을 이룬 분야는 천연자원 관리 및 환경 분야이며, GIS 개척기에 구축된 래스터 데이터를 기반으로 하는 프로그램들이 주로 사용되었다. 또 다른 분야는 토지와 공공 시설물의 관리 분야에서 주로 벡터 데이터를 기반으로 하는 GIS 프로그램이 사용되었다.

이 시기에 개발된 대표적인 시스템의 예로는 1973년 미국의 USGS에서 토지 자원 데이터를 처리하고 분석하기 위한 목적으로 개발한 GIRAS(Geographic Information Retrieval and Analysis System)와 1976년 미네소타 주정부에서 개발한 토지관리정보시스템인 MLMIS(Minnesota Land Management Information System)을 들 수 있다.

GIRAS는 미국 전역의 토지이용에 대한 정보와 토지피복 현황에 대한 자료를 처리하기 위한 목적으로 구축되었다. 이를 위해 항공사진에 의해 수동적으로 제작된 1:25,000의 도엽들이 입력 자료로 투입되었다. 폴리곤 형태로 입력된 데이터들을 저장, 조작, 분석하기 위해 설계된 이 시스템은 처음에는 배치처리 시스템으로 구축되었으나, 후에는 상호작용적 처리 시스템으로 발전하였다. 또한 이 시스템은 폴리곤 데이터를 그리드 데이터로 변환하는 기능도 갖고 있었으며, 결과물을 통계나 그래픽 형태로 출력할 수 있었다.

한편 1960년대 말 미네소타 대학교의 CURA(Center of Urban and Regional Affairs)와 미네소타주 기획국과의 공동연구로 시작된 MLMIS는 1976년에 이르러서야 비로소 체계적인 시스템으로 운영될 수 있었다. 이 시스템에서 활용된 수치화된 토지이용도

그림 2-5 GIS 성장기에 나타난 주요 사건들과 변화

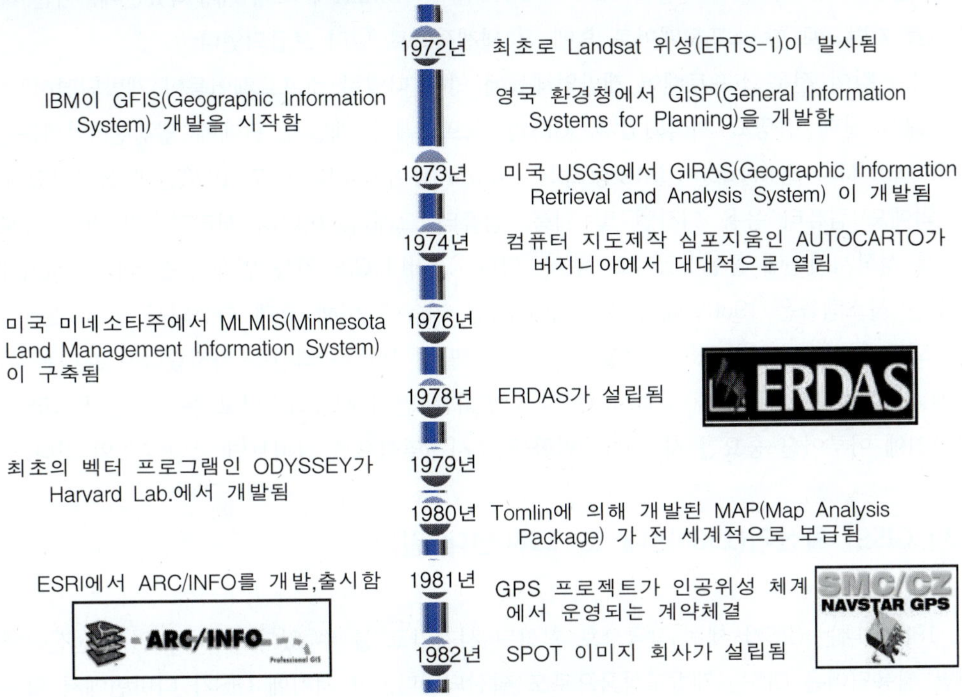

출처: www.casa.ucl.ac.uk/gistimeline/

는 래스터 데이터 모델로, 한 셀의 크기가 40에이커 정도의 면적을 나타내는 해상도를 지녔다. 이 시스템은 1970년대 말 경에는 200개 이상의 기관에 토지정보 서비스를 제공할 정도로 성공적인 시스템으로 자리잡았다. 특히 수천 개의 호수와 넓은 삼림면적을 갖고 있는 미네소타주의 경우 호수가에 별장을 가진 소유주나 목재업체로부터 매우 좋은 호응을 받을 정도로 사용자들이 원하는 서비스를 제공하였다.

GIS의 성장기에는 개개인의 영향력은 GIS 개척기에 비해 다소 감소하였지만, 지역적 수준에서 GIS를 수행하는 데는 여전히 소수의 개인들이 중요한 역할을 하였다. 1970년대 중반 이후 GIS와 관련된 시스템은 53개가 운영되고 있었으며, 공간 데이터를 조작하는 GIS 관련 소프트웨어의 수도 600여개에 달하였다. 그러나 이들은 서로 유사하거나 중복된 유형도 많았으며, 1960년대에 개발된 프로그램들에 비해 특별한 기술적 혁신은 이루어지지 않은 것으로 평가되고 있다. 이렇게 유사하거나 중복된 프로그램들이 개발되었다는 점을 미루어 보아 이 당시 소프트웨어 개발자들 간에 상호 접촉이 없이 독자적으로 개발되었음을 말해준다. 특기할만한 점은 그리드를 기반으로 하는 프로그램들이 위주를 이루었던 시기에 벡터를 기반으로 하는 ODYSSEY 프로그램이 1979년에 하버드 실험실에서

개발되었으며, 이를 바탕으로 한 Arc/Info가 1981년에 ESRI에서 개발하였다. 또한 상용화에 상당히 성공한 프로그램인 MAP이 1980년에 Tomlin에 의해 개발되었는데, 이는 래스터를 기반으로 한 소프트웨어로 후에 전 세계적으로 널리 보급되었다.

이와 같이 전문 소프트웨어 개발업체들에 의해 다양한 소프트웨어들이 개발되면서 소프트웨어 판매 경쟁도 시작되었다. GIS의 소프트웨어 개발과 판매에 앞장선 업체들은 ESRI, GIMMS, Synercom, Intergraph, Calma 등이며 ERDAS도 1978년에 설립되었다. 그 외에도 컴퓨터 응용 디자인 및 제품, 컴퓨터 그래픽, 이미지 처리기술의 발달 등도 GIS를 성장시키는데 공헌하였다고 볼 수 있다. 그러나 GIS 기능 면에서 볼 때 이 시기에 구축된 시스템들은 1960년대의 시스템이 지닌 기능에 비해 크게 향상되지 못한 것으로 평가되고 있다. 따라서 GIS의 성장기는 GIS 발달에 새로운 혁신을 가져왔다기 보다는 이전에 개발된 프로그램들을 강화시키거나 합병하는 면에 치중하였다고 볼 수 있다. GIS의 성장기에 이루어진 중요한 사건들과 변화들을 시계열적으로 살펴보면 그림 2-5와 같다.

[3] GIS의 확산기(1980년대 초~1980년대 말)

1980년대는 GIS가 세계 각국으로 확산된 시기라고 볼 수 있다. 북미와 일부 선진국에서만 활용되어온 GIS는 개발도상국으로도 확산되었다. 이 시기에 GIS가 다방면에서 활용되었던 나라들을 보면 영국, 독일, 프랑스, 노르웨이, 스웨덴, 네덜란드, 이스라엘, 오스트레일리아, 남아연방, 소련, 일본, 중국 등이다. 일부 개발도상국의 경우 한정된 재원으로 효율적 투자를 위하여 적극적으로 GIS를 활용하게 되었다. 1970년대 말부터 찾아온 세계경제의 침체와 함께 천연자원의 한계성과 재생자원의 효율적 이용과 관리를 위한 필요성이 국제적인 논제로 등장하면서 GIS의 활용이 더 이상 한 국가나 지방정부 차원이 아닌 국제적인 차원에서 요구되었다.

이에 따라 국제적 차원의 연구가 추진되기 시작하였으며, 대표적인 국제 프로젝트의 예로는 세계식량기구(FAO)에서 실시한 아프리카 북부의 사막화 현황과 사막화 방지를 위한 환경 프로그램을 들 수 있다. 이 프로그램을 통해 아프리카 북부의 10여개 국가들에 대한 각종 데이터베이스가 구축되면서 대대적인 GIS 프로젝트가 이루어졌다. 또한 세계은행(World Bank)에서도 개발도상국가들의 농업관련 프로젝트 사업에 상당히 많은 예산을 투자하면서 GIS의 활용 범위를 넓히는데 공헌하였다. 또한 자메이카의 경우 미국의 도움으로 1981년부터 JAMGIS가 이루어지기 시작하였으며, 태국도 세계은행의 자금과 오스트레일리아로부터의 기술적 도움으로 토지정보시스템 프로젝트가 시작되었다. 중국의 경우 다른 개발도상국가와는 달리 국가 자체적으로 디지털 지도제작에 관한 연구를 시작하면서 인공위성 이미지를 획득하고 GIS를 발달시켜왔다.

한편 지구 차원에서의 환경문제에 관심이 높아지면서 1984년에 열린 국제과학협회(ICSU)에서 세계 환경변화를 체계적으로 모니터링하고 관리하기 위해 GIS를 활용한 시스템 구축에 대한 논의가 이루어졌다. 특히 인공위성 데이터를 효과적으로 이용하는 방법과 이를 지도화하는 방법들에 대한 관심이 집중되었다. 또한 미국에서는 국립과학재단(NSF: National Science Foundation)에서 약 천만 달러의 기금을 제공하여 NCGIA(National Center for Geographic Information and Analysis)가 설립되었다. 이 연구소는 1988년에 메인대학, 산타바바라 대학, 버팔로대학의 컨소시엄으로 이루어진 것으로 지리정보 구축과 분석에 관한 연구를 담당하는 센터로, 지리정보과학 관련 기술을 교육하고 연구하며 GIS를 확산시키는데 큰 공헌을 하였다.

이와 같이 1980년대 초반에는 지방자치단체, 국가, 다국적, 그리고 세계적인 차원에서 GIS에 대한 수요가 증가하였으며, 이에 따른 기술적 진보와 다양한 학술회의가 개최되면서 GIS 확산이 이루어진 시기라고 볼 수 있다. 뿐만 아니라 GIS의 활용과 수행력에 대한 기대가 확산되면서 지역, 국가, 세계적인 차원에서 GIS를 활용하는 사람들이나 기관들이 더욱 확대되었고, GIS 관련 기술을 지닌 인력을 양성하는데도 많은 자원을 투자하였다..

한편 이 시기에는 GIS의 신기술 혁신도 상당히 나타난 시기라고 볼 수 있다. 1970년대 GIS 성장기는 GIS의 여러 기술적인 부분들이 통합되는 시기였다라고 볼 때 1980년대 GIS 확산기에는 GIS를 원활하게 수행할 수 있도록 여러 부문에서 기술혁신이 이루어진 시기라고 할 수 있다. 이 시기에 나타난 기술혁신 가운데 컴퓨터 관련 기술의 혁신의 대표적인 것으로는 워크스테이션의 등장을 손꼽을 수 있다. 워크스테이션의 도입은 기존의 메인 프레임의 설비에 비해 훨씬 더 저렴한 가격으로 GIS의 복잡한 작업을 수행할 수 있는 능력을 갖출 수 있게 되었다.

또한 1980년대 초까지 광범위하게 이용되었던 미니 컴퓨터(VAX 780)에서 32비트의 IBM360/60의 컴퓨터의 등장으로 메모리 용량의 증가와 더불어 가격의 하락을 가져왔다. 특히 데스크탑 마이크로프로세스 컴퓨터의 등장은 GIS를 확산시키는데 크게 공헌한 컴퓨터 기술의 발전이라고 볼 수 있다. 마이크로프로세서가 등장하면서 여러 가지 GIS 관련 분야의 혁신을 가져왔으며, 위성이미지의 처리가 가능하여지고 각종 측량도구와 GPS, 디지타이징, 스캐너 및 플롯터, 레이저 프린터 등의 주변기기의 발달을 가져왔다. 뿐만 아니라 이러한 하드웨어 기능의 증가는 정교한 그래픽 사용자 인터페이스(GUI)를 발달시켰으며, 공간분석 시에 자료의 탐색과 시각화를 원활하게 지원해줄 수 있게 되었다. 1980년대 후반에는 메인 프레임과 PC, 그리고 미니 컴퓨터의 세 가지 유형의 컴퓨터에서 GIS가 작동되었다.

이 시기에 GIS 발전에 커다란 변화를 가져온 또 다른 기술혁신은 위상관계를 가진 공간 데이터 구축과 관계형 데이터베이스 시스템의 등장이다. 이 시기에 개발된 데이터베이스 시스템으로는 dbase와 Oracle을 들 수 있는데, 이러한 프로그램들은 키필드(id)를 연계하여 많은 다양한 데이터들을 연결하여 처리할 수 있게 되었다. 또한 GIS 프로그램들이 모듈화되기 시작하여 사용 목적에 부합한 모듈만을 선택적으로 구축할 수 있는 여건이 마련되어 GIS의 상업화와 다용도화를 가져오는데 크게 기여하였다. 뿐만 아니라 이 시기에는 인공지능(AI: Artificial Intelligence)이 등장하면서 지식기반 전문가 시스템(KBES: Knowledge Based Expert System)의 구축도 이루어지면서 지식기반을 위한 노력도 한층 활기를 띄우게 되었다.

이와 같이 GIS 확산기에는 공간 데이터의 위상관계 구축, 데이터베이스 시스템의 구축, 스캐닝에 의한 자료입력의 기술 혁신이 이루어졌으며, 또한 디지타이징 과정에서 나타나는 오차 문제와 데이터의 수정, 포맷의 변환 등의 문제들이 어느 정도 해결된 시기였다. 또한 GIS의 확산과 보급을 위해 해결되어야 할 많은 문제들이 거론되는 가운데 서로 다른 데이터들 사이에 호환성 문제가 대두되면서 표준화된 포맷이나 교환가능한 포맷을 위한 연구들이 수행되었으며, GIS는 점차 정보기술과 정보과학의 한 분야로 인식하게 되었다.

한편 이 시기에는 GIS와 관련된 업체들이 GIS 사업을 벌이면서 시장경쟁이 본격화되어 GIS의 기업화(GIS in Business)가 이루어진 시기라고 볼 수 있다. 일례로, 1980년대 초에 약 1,000개 정도의 GIS와 자동 지도제작 시스템들이 개발, 운영, 판매되고 있었던 것으로 나타났으나, 1980년대 말에는 그 수가 약 4,000여개로 증가하였다. 그러나 GIS 시장 경쟁은 미국이 주도하는 가운데 GIS의 개척기에 활동하던 개인들이 설립한 기업체들이 대형 프로젝트를 수행하면서 내부 시장을 확대해 나갔으며, 이들은 다른 나라들의 시장에서도 상당한 지배력을 발휘하였다.

이 시기에 GIS 소프트웨어의 개발과 판매에 가장 선두를 달리면서 주도해나간 업체는 ESRI(Environmental System Research Institute)이다. ESRI는 1969년에 하버드 실험실에서 SYMAP 개발에 참여하였던 Dangermond에 의해 설립된 회사로, 초기에는 환경 분야의 자문기관으로 비영리단체로 시작하였다. 초창기에는 미국뿐만 아니라 호주, 캐나다, 프랑스, 일본, 베네스웰라의 도시계획 분야와 폐수 관리, 매립지 입지, 범람원 관리 및 레크리에이션 계획 등의 여러 분야의 프로젝트에 참여하여 기술력을 향상시켰다. 이 업체는 1982년 Arc/Info를 개발하기 이전까지는 주로 래스터 데이터를 이용하는 GRID를 사용하였으며, GRID TOPO라 불리우는 3차원의 표현 기법을 발전시켰다. 1970년대 중반에는 벡터 데이터를 기반으로 하는 PIOS(Planning Information Overlay System)도 개발하였다. 그 이후 영리 단체로 바뀌면서 본격적인 소프트웨어의 개발에 박차를 가하여 Arc/Info를 출시하게 되었다. 이 소프트웨어는 CGIS에서 내세운 속성 데이터와 공간 데이터를 분리시킨 데이터 구조와 관계형 데이터베이스를 도입하였으며,

그림 2-6 GIS 확산기에 나타난 주요 사건들과 변화

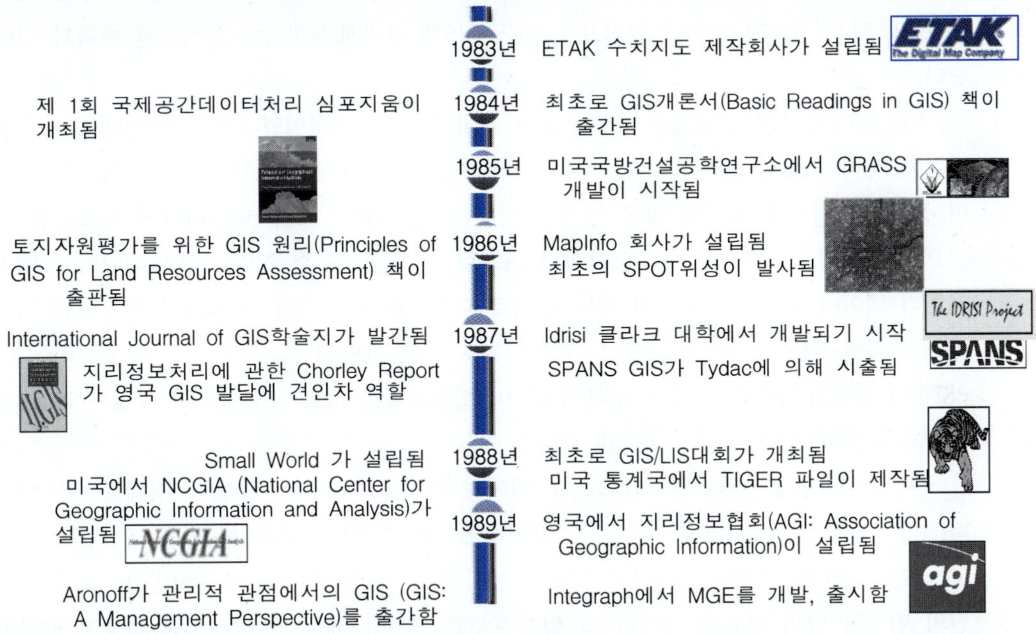

출처: www.casa.ucl.ac.uk/gistimeline/

명령어를 기반으로 하는 모듈형으로 프로그램으로 개발하여 사용자들이 원하는 모듈을 필요에 의해 구축할 수 있도록 하였다. 뿐만 아니라 이 소프트웨어는 특정한 플랫폼이나 운영체계와는 독립적으로 운영되도록 구축되었다. 현재도 ESRI는 ArcGIS를 비롯한 다양한 프로그램들을 개발하여 판매하고 있으며, 지속적으로 다양한 자료들을 효과적으로 처리하는 방법과 GIS 분석기능을 높이기 위한 연구를 수행하여, 매년 기존의 소프트웨어들을 갱신하거나 신제품을 개발하여 출시하고 있다. GIS의 확산기에 이루어진 중요한 사건들과 변화를 시계열적으로 살펴보면 그림 2-6와 같다.

[4] GIS의 성숙기(1990년대 초~현재)

1990년대는 GIS의 기술이 보다 성숙해지고 응용분야에서도 GIS가 상당히 폭넓게 발전한 시기라고 볼 수 있다. 컴퓨터 하드웨어의 기술혁신이 이루어지면서 GIS가 광범위한 운용체계로 발전하게 되었으며, 특히 PC 성능의 급속한 향상은 GIS가 보다 대중화되는데 견인차 역할을 하였다. 또한 GIS 발전에 큰 걸림돌이 되어왔던 데이터 입력부문에서의 상당한 기술 발전이 이루어짐에 따라 데이터 입력도 어느 정도 자동화되었다. 또한 범지구

측위시스템(GPS: Global Positioning System)의 도입으로 실 시간의 데이터 입력이 가능해졌으며, 그래픽 사용자 인터페이스(GUI: Graphic User Interface), 멀티미디어, 인터넷 등의 최신 컴퓨터 기술의 발전으로 인해 GIS의 운용체계에서도 획기적인 변화가 나타났다.

1970년대와 1980년대에는 소프트웨어 개발이 주된 영역이었다면 1990년대에는 컴퓨터 하드웨어 기술이 급속히 발전하게 되면서 이에 발맞추어 소프트웨어 기술혁신도 이루어져 GIS의 활용에 있어서 많은 변화를 가져온 시기이다. 1990년대 나타난 두드러진 특징으로는 우선 데이터 모델의 통합화와 표준화 추세를 들 수 있다. 벡터 데이터 모델과 래스터 데이터 모델의 호환뿐만 아니라 서로 다른 데이터 유형을 처리하고 통합하는 기능이 강화되었으며, 이미지 데이터의 처리 기능도 크게 보완되었다(그림 2-7 참조). 이에 따라 벡터 모델과 래스터 모델의 구분이 더 이상 필요없을 정도가 되었으며, Vaster라는 용어까지 등장하였다(Longley, et al., 2011).

뿐만 아니라 공간 데이터와 비공간 데이터 처리의 프로그램 구별과 경계도 모호해졌다. 데이터베이스 프로그램이나 통계 패키지에서도 이미지 데이터를 다룰 수 있게 되었고, 스프레트시트 프로그램에서도 지도를 제작할 수 있는 기능이 도입되었다. 특히 다차원의 방대한 양의 자료를 처리할 수 있는 관계형 데이터베이스관리시스템 기술이 발달하면서 기하학적 자료와 비기하학적 자료를 저장하는 GIS 소프트웨어 프로그램들이 표준화 되었다. 최근에는 객체지향의 데이터베이스 구축 기술이 도입되면서 객체-관계형 데이터베이스관리시스템을 통해 더욱 더 다양하고 복잡한 자료형태를 상호운용할 수 있도록 표준화를 지향하는 단계에 이르고 있다.

한편 1990년대 중반 이후 인터넷의 등장과 확산은 GIS에 큰 변화를 가져오게 되었다. GIS가 독립성이 강하고 중앙집중형 컴퓨팅 방식에서 네트워크 기술이 발달하면서 '서버-클라이언트'라는 분산화된 컴퓨팅 환경으로 점차 전환되게 되었다. 또한 인터넷을 이용하

그림 2-7 GIS 데이터베이스관리시스템의 통합화

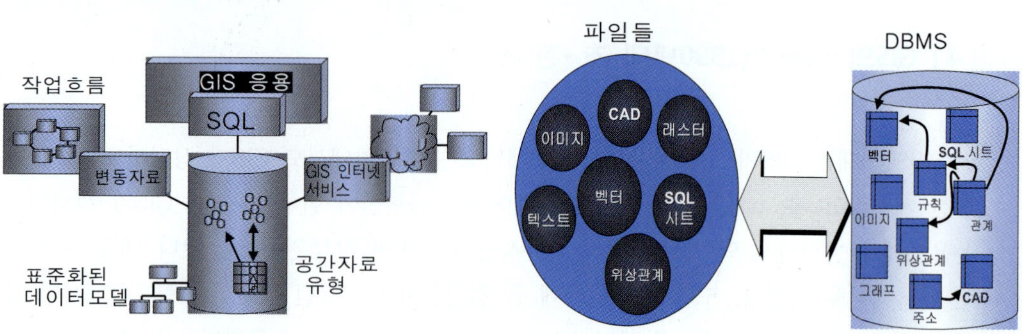

하여 언제, 어디서든지 지리정보에 접근하고 통신망을 통해 데이터를 검색 또는 분석할 수 있게 되었다. 이와 같이 인터넷과 GIS 기술이 접목됨으로써 전통적인 GIS 기능(입력, 수정, 조작, 분석, 출력 등등)과 GIS 서비스의 제공이 네트워크를 통해 가능해면서 인터넷 GIS라는 용어도 등장하였다. 즉, 인터넷의 웹 구현 기술을 GIS와 결합하여 인터넷 또는 인트라넷 환경에서 지리정보의 입력, 수정, 조작, 분석, 출력 등의 작업을 처리하여 네트워크 환경에서 서비스를 제공할 수 있는 인터넷 GIS가 등장하게 되었다.

이러한 인터넷 GIS가 운용되기 위해서는 이질적인 하드웨어 간에 효과적으로 통신할 수 있는 통신 표준화와 공간 데이터에 대한 표준화 기술이 필수적으로 요구되었다. 이러한 요구는 1994년에 100개 이상의 기업과 공공기관, 대학들이 개방형 GIS컨소시엄(OGC: Open GIS Consortium)을 형성하게 되는 계기를 마련하였다. 이 컨소시엄에서는 개방형 지리자료 상호운용성 사양(OGIS: Open Geodata Interopeability Specification)을 통해 각각 다른 GIS시스템 간의 연계가 이루어져 상호운용될 수 있는 표준화된 모듈 개발을 목적으로 하고 있다. 또한 서로 다른 환경에서 만들어져 분산, 저장되어있는 다양한 지리정보에 사용자들이 접근하여 자료를 처리를 할 수 있도록 하는 기술개발에 초점을 두고 있다. 특히 OGIS에서 핵심을 둔 부문은 개방적 분산환경에서 운용되는 GIS 소프트웨어의

그림 2-8 OGC 홈페이지에 나타난 OGIS 개념

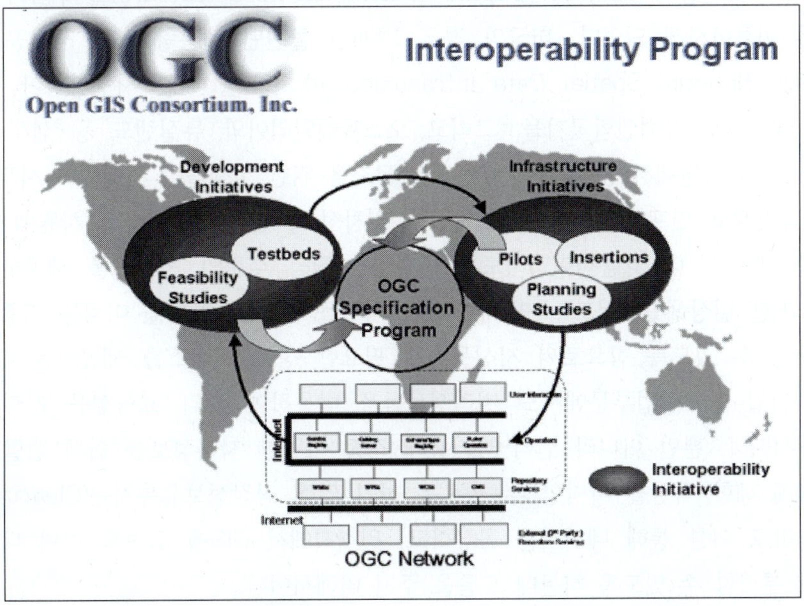

출처: http://www.opengis.org/

기본 구조를 개발하고, 개방형 GIS 컴포넌트 인터페이스 사양표준을 제정하려는 것이다. 현재 이 컨소시엄에는 20여 개국의 190여개 기관이 참여하고 있다(그림 2-8 참조).

한편 1990년대 말경 GIS는 교육기관과 기업들에서도 커다란 성장을 하게 되었다. 기업체, 학회, 연구자 그룹 등 많은 단체들이 생겨나면서 다양한 회의나 학회도 빈번하게 개최되고 있다. 특히, OGC가 GIS 소프트웨어의 상호운용에 대한 표준을 만들어낸 이후 많은 나라를 대표하는 세계적 조직단체인 ISO(International Standard Organization)와 유럽 조직단체인 CEN(Comite Europeen de Normalization) 및 여러 단체들에서 메타데이터에서 데이터베이스 인터페이스에 이르기까지 GIS의 모든 부문을 표준화하는 방법을 모색하고 있다. 또한 서로 다른 업체들에서 개발된 GIS 소프트웨어가 서로 다른 나라에서 제조된 서로 다른 하드웨어에서 운영되고, 서로 다른 데이터 포맷을 혼합해서 사용하게 되면서 더 이상 전통적 개념의 GIS가 점차 사라지게 되었다.

이러한 경향은 소프트웨어에도 상당한 영향을 주었다. 모든 사용자가 획일적이고 총괄방식(turn key)의 패키지로 시스템을 구축하는 것이 비용 부담도 크며, 때로는 비효율적인 것으로 인지되면서 보다 사용자의 요구에 따라 소프트웨어가 모듈화 또는 컴포넌트화하는 추세를 보이게 되었다.

이렇게 1990년대 중반 이후부터 인터넷을 통해 GIS의 다양한 기능을 수행할 수 있게 되면서 지리정보를 철도, 도로 통신망 등과 같은 사회기반시설로 인지하게 되었으며, 이에 따라 지리정보인프라(Geographic Information Infrastructure)를 구축하기 위한 노력들이 이루어지게 되었다. 미국의 경우 1994년 클린턴 대통령 당시 국가공간자료인프라(NSDI: National Spatial Data Infrastructure) 구축을 위한 시행방침이 구체화되었으며, 캐나다와 유럽연합국가들, 그리고 오스트레일리아와 뉴질랜드 등 선진 GIS 국가들도 국가적 차원에서 공간 데이터 인프라 구축을 위한 정책들이 시행되기 시작하였다.

공간정보 인프라를 구축하는 목적은 일차적으로는 정부나 국가 차원에서 공공 서비스를 제공하는데 효율적이면서도 보다 높은 질적 수준의 서비스를 제공하기 위해서이다. 또한 일상생활에서도 국민 누구나가 자신들의 삶에 영향을 미치는 각종 지리정보에 접근할 수 있도록 함으로써 자신들에게 필요한 정보 서비스를 제공받을 수 있도록 하고, 기업이나 산업부문에서도 지리정보들을 활용하여 보다 효율성을 가져오도록 하기 위해서이다. 뿐만 아니라 인터넷을 통해 각종 다양한 지리정보를 쉽게 접할 수 있고 그 정보에 대한 특성을 파악할 수 있도록 하기 위해 공간정보유통기구(Clearing House)를 구축하고 이를 통해 데이터를 공유하고, 원격지에서 GIS에 접속을 하여 데이터를 검색하고 분석할 수 있도록 하는데 도움을 주기 위해서이다.

이와 같이 GIS 성숙기에 나타난 가장 큰 특징으로는 인터넷 GIS가 새롭게 등장하여 클라이언트-서버가 통합된 시스템으로 운용되고 있다는 점이다. 즉, 클라이언트에서 데이터 처리를 위해 서버 쪽에다 질의하면 서버 쪽 시스템에서는 그 결과를 클라이언트에 넘겨주고 클라이언트에서는 그 질의를 처리하는 것이 가능하여진 것이다. 더 나아가 인터넷 GIS는 전통적인 GIS의 기능뿐만 아니라 GPS나 혹은 휴대단말기 등을 통하여 실시간으로 위치를 추적할 수 있는 기능까지 통합되면서 인공위성 이미지나 도로의 통행량이나 사고 정보 등을 실시간으로 정보 시스템에 접속하여 볼 수 있게 되었다. 이에 따라 인터넷 GIS에서는 서비스 개념으로서의 GIS 기능이 부각되고 있다. GIS의 성숙기에 이루어진 중요한 사건들과 변화들을 시계열적으로 살펴보면 그림 2-9와 같다.

그림 2-9 GIS 성숙기에 나타난 주요 사건들과 변화

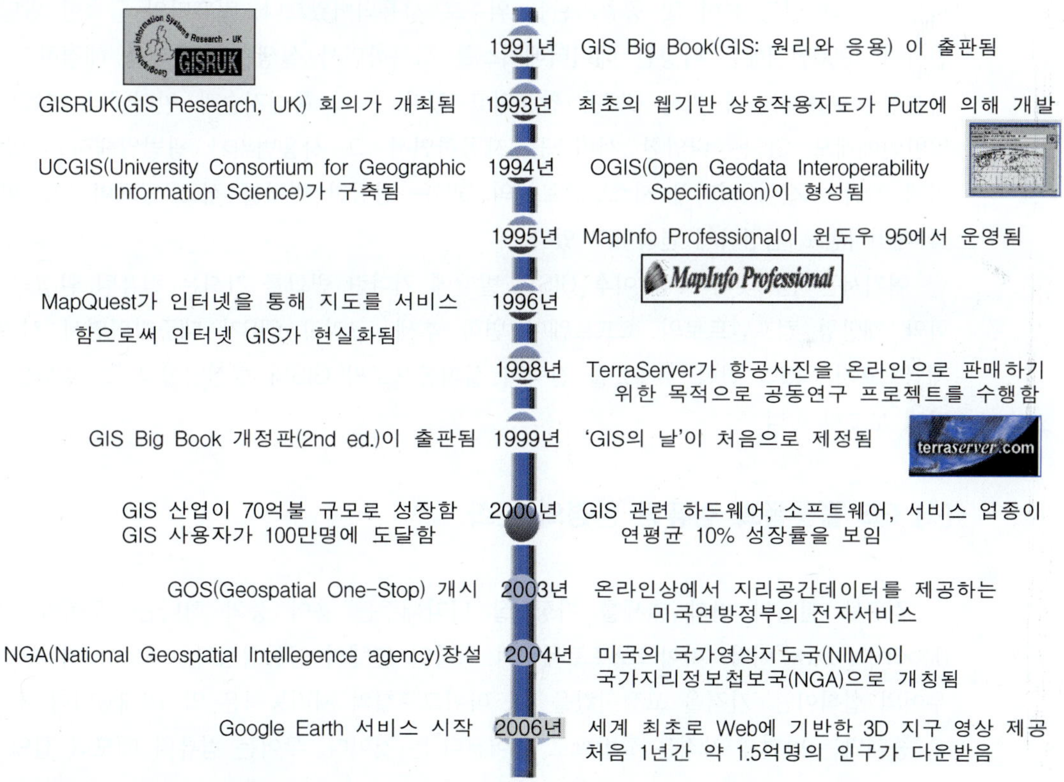

출처: www.casa.ucl.ac.uk/gistimeline; Longley, P. A., et. al., (2011), p. 21.

제 3 절

GIS 환경 변화와 발전 방향

앞에서 살펴본 바와 같이 GIS는 짧은 기간 동안에 엄청난 변화를 겪어왔다. 컴퓨터 기술과 정보기술 분야의 기술혁신이 GIS 분야에 적용되면서 GIS 성격과 모습이 달라지게 되었다. 특히 최근의 데이터베이스관리시스템 기술, 인터넷 등을 중심으로 한 네트워크 기술 발전, 클라이언트-서버로 인한 다중 사용자 환경 등의 기술은 GIS 분야에 지대한 영향을 미치고 있다.

또한 GIS의 활용범위도 크게 확대되고 있다. 1960년대에 GIS 개념이 등장한 이래 지도 제작과 환경 분야 및 공공기관을 위주로 사용되어왔으나, 컴퓨터의 급속한 발달로 인하여 1990년대에는 다양한 데이터베이스를 접목하면서 실생활의 문제를 해결하고 의사결정을 지원하는데 까지 GIS가 활용되고 있다. 특히 통신기술과 인터넷의 영향으로 일반인에게도 GIS는 다양한 서비스를 제공하면서 그 사용범위가 광범위해지고 있다. 이에 따라 고전적 의미의 시스템으로서의 GIS는 상당한 변화를 겪고 있으며 GIS 환경과 패러다임도 엄청나게 변화하고 있다.

여기서는 인터넷의 등장 이후 GIS의 발달에 커다란 변화를 가져온 컴퓨팅 환경의 변화와 개방형 컴포넌트로의 소프트웨어 변화 추세, 그리고 GIS가 대중화되면서 서비스 개념으로서 GIS의 변화 추세들을 간략히 살펴봄으로써 GIS의 발전방향과 그 추세를 전망해 보고자 한다.

[1] GIS 플랫폼과 컴퓨팅 환경의 변화

컴퓨팅 환경의 변화 추세를 가장 잘 나타내주는 용어 중의 하나는 '무어의 법칙(Moore's Law)'이다. 마이크로프로세서의 회사인 인텔의 공동창립자인 Moore가 제시한 무어의 법칙이란 '가격을 고정시켰을 때, 마이크로칩의 처리능력은 약 18개월마다 두 배로 증대되는 반면에 가격은 절반으로 줄어든다'는 것이다. 무어는 컴퓨터 메모리 칩의 기술 혁신 과정을 계속 지켜본 결과 3년마다 칩의 성능이 약 4배씩 향상되고 있는데 비해 그 비용은 1년 반만에 50%씩 줄어 들어가는 실증적 경험을 토대로 하여 이 법칙을 제시하였다.

무어가 예측한 바와 같이 지난 30년 동안 컴퓨팅 환경은 엄청나게 변화하였으며, GIS 시스템도 예외는 아니었다. GIS의 컴퓨팅 환경과 그에 따른 플랫폼에서 나타난 가장 큰 변화는 메임프레임 기반의 중앙집중식 컴퓨팅 환경이 인터넷으로 플랫폼이 전환되면서 클라이언트-서버의 분산화된 컴퓨팅 환경으로 바뀌어가고 있다는 점이다(그림 2-10 참조).

그림 2-10 GIS 컴퓨팅 플랫폼의 변화

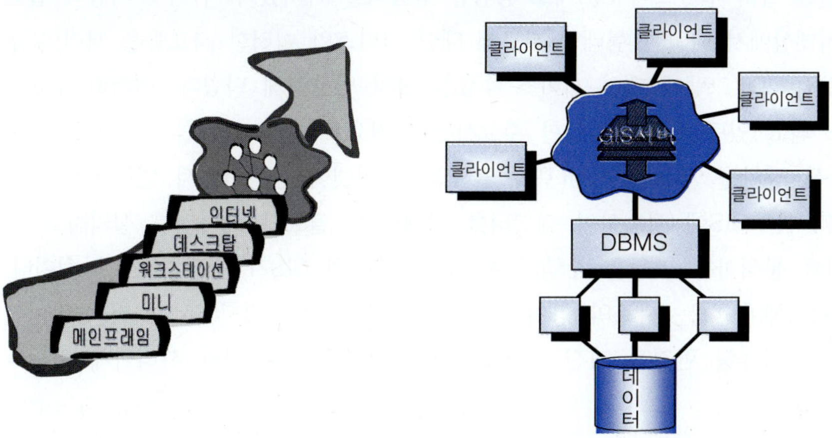

GIS의 초창기에는 메인 프레임의 중앙집중식 컴퓨팅 환경이 주도하여왔으나, 1980년대에 UNIX 운영체계를 가진 워크스테이션이 GIS의 주된 플랫폼으로 자리잡았다. 이는 워크스테이션을 통해서 방대한 양의 자료 처리뿐만 아니라 복잡한 연산을 필요로 하는 자료 처리도 가능하게 되었기 때문이다.

그러나 1990년대 들어오면서 데스크탑이 GIS의 주된 플랫폼으로 등장하게 되었다. 이러한 변화가 나타나게 된 이유는 PC의 발달과 더불어 마이크로소프트의 윈도우 운영체계와 인텔 마이크로프로세서가 통합된 Wintel이 등장하면서 데스크탑 컴퓨터의 혁신이 이루어졌기 때문이다. 또한 기존의 GIS 소프트웨어들은 다양하고 복잡한 공간분석 기능을 탑재하고 있는 총괄(turn key) 방식의 패키지로 제공되었다. 그러나 GIS 소프트웨어의 실제 사용 측면을 보면 복잡한 공간분석 기능보다는 간단한 공간적 질의를 통한 빠르고 직관적인 검색 기능을 사용하는 경우가 많아지면서 보다 단순한 기능들을 탑재하고 있는 소프트웨어에 대한 수요가 부각되어 소프트웨어가 모듈화되는 추세를 나타내게 되었다. 이에 따라 PC상에서도 어느 정도 GIS의 분석기능을 수행할 수 있는 소프트웨어들이 개발되었다. 그 결과 PC 상에서도 손쉽게 지리정보의 처리와 갱신과 공간분석 작업을 수행할 수 있게 되었으며, 이에 따라 데스크탑이 GIS의 중심적인 플랫폼으로 자리잡게 되었다.

한편 공간정보 인프라 구축에 따라 지형도를 비롯한 각종 주제도들이 제작되었고 이러한 공간정보에 일반인들이 보다 쉽게 접근할 수 있게 되면서 데스크탑 GIS에 대한 수요는 더욱 증가되었다고 볼 수 있다. 윈도우 환경의 데스크탑 컴퓨터가 컴퓨팅 환경을 주도하게 된 또 다른 이유는 PC에서는 GIS 작업만이 아니라 문서 작업 및 기타 다른 작업도 병행할 수 있기 때문이다.

이와 함께 인터넷 기술의 발전과 인터넷 사용자의 엄청난 증가는 수많은 정보통신 분야에 새로운 길을 열어 주었으며 GIS에도 상당한 영향력을 가져왔다. 인터넷 사용의 급격한 증가는 인터넷상에서 다양한 형태의 자료에 대한 서비스와 이러한 자료들을 처리할 수 있게 해주는 응용 프로그램에 대한 서비스 수요를 불러 일으키게 되었다. 이러한 수요는 보다 전문성을 띄고 있던 GIS를 다양한 수요자들이 필요로 하는 정보를 제공해주는 서비스로의 기능적 전환을 가져왔다. 바꾸어 말하면, 인터넷이 등장하면서 인터넷을 이용하여 언제 어디서든 GIS에 접속하여 데이터를 검색하고, 필요한 데이터를 질의하고 더 나아가 데이터를 분석하는 기능을 수행할 수 있는 인터넷 GIS가 등장하게 된 것이다. 뿐만 아니라 처리해야 하는 자료의 양이 증가하고 업무가 복잡해지면서 서버-클라이언트라는 분산형의 컴퓨팅 환경을 가진 인터넷이 GIS 플랫폼으로 점차 자리잡게 되었다(그림 2-11 참조).

그림 2-11 인터넷 GIS의 등장과 분산 컴퓨팅 환경으로의 변화

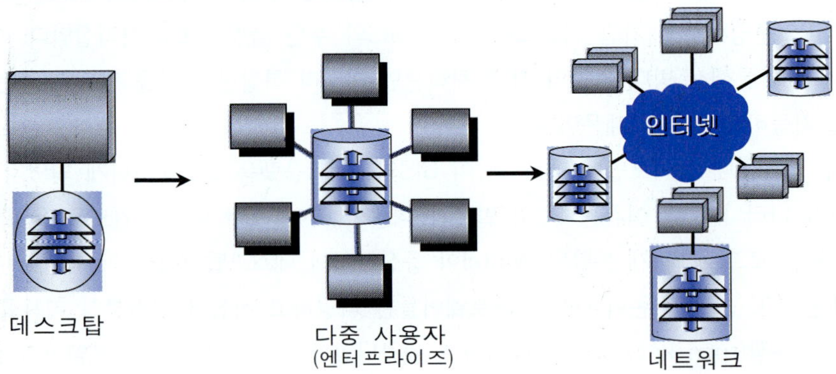

분산 컴퓨팅 환경이란 네트워크 환경을 기반으로 원격지에 있는 시스템 간에 서로의 자원을 공유하거나, 필요한 정보를 주고 받는 것으로, 독립적인 중앙 집중식 컴퓨팅 환경과 대조를 이루는 것이다. 분산 컴퓨팅 환경은 클라이언트-서버 구조를 바탕으로 하여, 서버용 컴퓨터 사양은 하향 조정하면서 다양한 플랫폼에 적합한 유연한 응용 프로그램을 구성하여 클라이언트용 PC는 네트워킹으로 묶어 상향 조정하는 방향으로 시스템을 구축하여 컴퓨팅을 분산화하는 것이다. 뿐만 아니라 서버로의 다중 사용자의 동시접근을 구현하는 동시에 네트워크상에서의 소통을 효율적으로 배분하는 것이다.

이와 같은 분산된 컴퓨팅 환경은 다중 사용자 GIS 또는 엔터프라이즈(enterprise) GIS를 가져왔다. 엔터프라이즈 GIS의 초창기에는 인트라넷을 통해 조직 간의 자료를 공유하기 위해 이루어졌다. 즉, 특정 부서에서 GIS를 이용하여 많은 공간정보를 수집하고,

이를 가공.처리하여 새로운 정보가 생성되면 이러한 정보를 조직 간에 원활히 공급하고, 조직 내의 많은 부서가 공동으로 필요로 하는 다양한 지리정보를 네트워크로 연결시켜 손쉽게 접근할 수 있도록 하기 위하여 도입되었다.

이러한 엔터프라이즈 GIS는 인터넷의 등장과 함께 인터넷 GIS로 전환되면서 더욱 분산화된 컴퓨팅 환경으로 변화되었다. 즉, 정보 처리와 저장의 주체인 컴퓨터와 정보의 분배 수단인 네트워크가 결합되면서 컴퓨팅 영역이 분산화된 환경으로 크게 확대되면서 인터넷 GIS가 등장하게 된 것이다. 인터넷 GIS는 클라이언트-서버 시스템간의 자원을 공유하는 가운데 자료 공급이나 방대한 자료 처리 수행은 서버에서, 그리고 분석과 응용기능의 수행은 클라이언트 PC나 워크스테이션에서 운영하는 체제이다. 클라이언트는 데이터나 분석 도구 또는 모듈을 서버로부터 요청하고, 서버는 그 작업을 자체적으로 수행하거나 그 결과를 클라이언트에 보내는 분산화된 컴퓨팅 기술로 인해 GIS 활용 시에 작업의 흐름이 향상되며, 자료의 공유가 용이하게 되었다. 뿐만 아니라 소프트웨어와 자료 구입에 들어가는 비용을 줄이고 특정한 지리자료의 처리와 분석 도구에 더욱 편리하게 접근할 수 있게 되었다. 다 나아가 인터넷 GIS는 분산 시스템으로서 데이터베이스와 응용 프로그램의 관리자가 이를 갱신하면 새로이 변경된 내용이 인터넷상의 모든 사용자가 이용할 수 있다. 또한 인터넷 GIS는 비디오, 오디오, 지도, 텍스트, 방송 등의 다양한 형태의 자료를 동일한 웹 페이지로 통합할 수 있는 기능을 제공해줌으로써 GIS의 내용과 표현을 더욱 풍부하게 생성할 수 있게 되었다.

[2] GIS 소프트웨어 패러다임의 변화

미래사회 변화의 핵심은 정보화라고 볼 수 있으며, 컴퓨터의 발달로 모든 분야에서 정보화가 빠르게 추진되면서 다양한 소프트웨어가 개발되고 있고, 소프트웨어의 기술 발전도 급속도로 이루어지고 있다. 그러나 다양한 분야에서 소프트웨어의 수요는 증폭되고 있는데 비해 아직까지 소프트웨어의 개발과 기술은 뒤따라오지 못하고 있는 실정이다. GIS 소프트웨어도 예외는 아니어서 비용을 절감하면서도 효율성을 제고시킬 수 있는 소프트웨어에 대한 요구가 높아지고 있다. 이러한 요구는 소프트웨어 패러다임의 변화를 가져오는 계기가 되었다.

이러한 요구는 특히 1990년대에 들어오면서 네트워크 환경 하에서 컴퓨터를 활용할 수 있게 되자 더욱 크게 부각되었다. 지리정보의 급속한 증대와 수요자 중심의 소프트웨어 개발에 대한 욕구와 함께 분산 컴퓨팅 환경이 구축되면서 소프트웨어의 패러다임이 변화되기 시작하였다. 즉, 기존의 총괄 방식의 소프트웨어는 수요자에게 불필요한 부분을 포함하는 고가의 패키지 형태의 시스템 전체를 구입하여야 했으며, 하나의 시스템이 모든 업무를 수행하는 경우 새로운 업무를 확장하려면 전체 시스템을 수정해야 하는 고비용-저효율성을 지녔다. 따라서 수요자가 필요한 부분만을 구입하거나 소프트웨어가 업그레이드되는 경우 변경된 부분만을 대치하고 나머지 부분은 다시 재활용하여 쓸 수 있도록 하며, 만일 새로운 업무를 추가하는 경우 새로운 컴포넌트나 그 부분만을 추가하고, 또는 같은 기능을 갖는 컴포넌트는 중복하여 구입하지 않고 기존의 것을 사용하며, 서로 교환하여 사용할 수 있는 보다 통합성을 지닌 소프트웨어 개발에 대한 욕구가 드높아졌다. 이에 따라 저비용-고효율성을 높이려는 개방형 컴포넌트를 지향하는 소프트웨어 개발로 패러다임이 바뀌어가게 되었다.

이와 같이 컴포넌트형 소프트웨어 개발에 대한 수요가 증가된 것은 기존의 사용자 시스템은 모든 기능을 수행하는 하나의 거대한 통합 시스템으로 구축되어 있는데 비해 필요한 컴포넌트들만 사용자가 추출하여 사용자 위주의 시스템을 구축하는 것이 효율적인 것으로 인식되었기 때문이다. 또한 업무환경이나 새로운 기술변화에 대처하는 경우 시스템을 구축하는 비용을 절감시키고 아울러 시스템을 유지하는 비용도 저렴해지기 때문이다.

컴포넌트형 소프트웨어 개발이란 하드웨어 플랫폼과 특정한 운영체제에 구애받지 않고 개별적으로 동작가능한 조작 단위로 소프트웨어를 개발하는 것이다. 여기서 컴포넌트란 정의된 인터페이스를 통하여 특정 서비스를 제공할 수 있는 소프트웨어의 최소 단위로, 각각의 컴포넌트는 다른 컴포넌트와는 독립적으로 작동하며, 어떤 응용 시스템과도 독립적이고 재사용이 가능하며 뛰어난 확장성을 가진 부품이라고 볼 수 있다. 따라서 사용자는 필요한 컴포넌트만을 필요시에 뽑아서 조립함으로써 각 컴포넌트를 재사용할 수 있으며, 소프트웨어의 크기를 줄이고 비용을 절감할 수 있게 된다. 컴포넌트형 소프트웨어는 다양한 환경에서 운용가능하며, 응용 프로그램의 생산성을 향상시킬 뿐만 아니라, 분산 컴퓨팅 환경에 적합한 통합 작업형태로 작동할 수 있다.

이와 같이 소프트웨어의 컴포넌트화가 지속적으로 요구되면서 GIS 시장에서도 이러한 추세를 반영하여 컴포넌트 형태의 소프트웨어 개발에 힘을 기울이고 있다. 특히 공간 데이터에 대한 변환, 분석, 모델링, 지도 제작 등의 다양한 작업을 수행하는 GIS 소프트웨어들은 컴포넌트 기술을 적극적으로 도입하면서 상당한 변화를 겪고 있다. 컴포넌트 기술은 1990년대 초부터 발전하고 있는 소프트웨어 엔지니어링 방법론으로, 컴포넌트 자체를 다시 사용할 수 있는 기본 단위로 취급하면서 표준화된 개발환경에서 사용할 수 있는 소프트웨어를 개발하는 방법이다. 이와 같은 컴포넌트 기술은 응용 프로그램 개발기간을 단축시키고, 소프트웨어의 개발과 유지를 위한 비용을 최소화시킬 수 있다. 또한 Visual C, Visual Basic, Power Builder와 같이 고급 단계의 프로그래밍 환경

그림 2-12 컴포넌트형 소프트웨어의 개발 추세

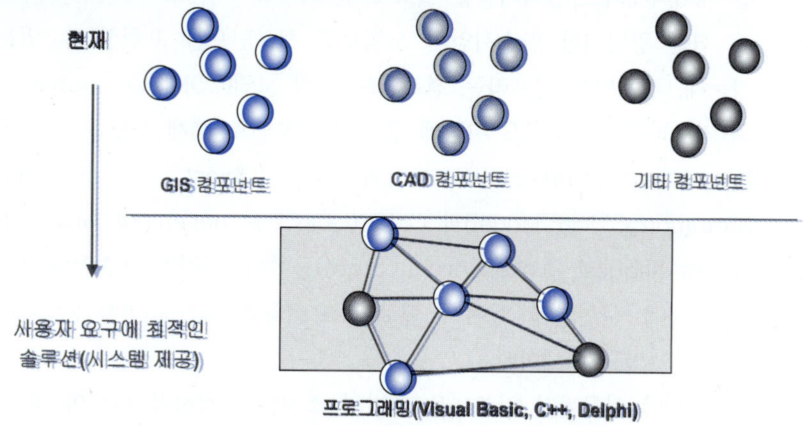

을 이용하게 됨에 따라서 표준 인터페이스 윈도우 환경에도 적용하는 것이 가능하게 되었다(그림 2-12 참조).

이에 따라 GIS 소프트웨어 개발 추세는 특정 목적을 가진 응용 프로그램을 개발하는데 있어서 기존에 개발된 코드나 다른 종류의 컴포넌트를 유용하게 재사용함으로써 응용 프로그램을 더욱 확장시키는 방향으로 전개되고 있다. 따라서 GIS에 대한 특정한 지식이 없는 프로그래머도 GIS 개발에 참여할 수 있게 되었으며, 컴포넌트형 소프트웨어의 활용은 더욱 더 광범위하게 확산될 전망이다.

이와 같이 운영체계나 하드웨어 플랫폼에 구애받지 않고 다양한 환경에서 적용되며 개별적으로 작동 가능한 조각 단위로 소프트웨어를 개발하는 기술은 소프트웨어 개발에 있어 혁신적인 방법이라고 볼 수 있다. 이러한 변화를 이끌어오는데 주축이 된 것은 물론 컴퓨터 기술이며, 따라서 향후 GIS의 발달은 컴퓨터 기술의 발달 및 정보통신 기술에 의해 상당히 영향받을 것이다.

한편 소프트웨어의 부품화 추세가 나타나면서 컴포넌트 인프라 구축과 관련된 기술도 발달하고 있다. 컴포넌트 인프라 구축을 위한 가장 중점적인 기술은 작은 소프트웨어 조각들의 조립을 통한 분산적 응용구조를 기술하기 위한 표기법의 개발이다. 즉, 동일한 기능을 제공하는 컴포넌트의 인터페이스를 표준화시켜야 하며, 서로 다른 플랫폼 및 시스템 간의 분산 처리와 상호 운용성이 이루어져야 한다. 이를 위해서 개방형 컴포넌트를 구축하기 위한 연구들이 이루어지고 있다. 개방형 GIS 컴포넌트는 다차원, 대용량, 복잡한 특성을 갖는 공간 데이터를 처리하기 위해 GIS의 세부 기능별로 분화하여 가능한한 소프트웨어의 최소 단위로 개발하려는 방향으로 나가고 있다. 기존의 GIS 소프트웨어에 비해 개방형 GIS 컴포넌트는 공간 색인과 공간 데이터의 관리와 관련된 특수한 기술이 요구되고 있으며, 공간 데이터와 다양한 멀티미디어 정보, 그리고 속성 데이터를 처리하기 위한 공간 데이터베이스 관리기술을 필요로 한다.

최근 광범위한 컨소시엄의 노력으로 컴포넌트를 표현할 수 있는 표기법이 개발되고 있는데, 컴포넌트 인프라는 컴포넌트 객체 모델(COM: Component Object Model)을 통해 가능하다. 현재 GIS 시장에 출시된 컴포넌트 객체 모델은 Sunsoft의 EJB(Enterprise Java Beans), 마이크로소프트사의 OLE (Object Linking and Embedding)/COM (Common Object Model)과 OMG (Object Management Group)의 CORBA (Common Object Request Broker Architecture)들이다. 이러한 표준화된 기술들은 컴포넌트 기반의 응용을 구현함에 있어서 필요한 요소들로 소프트웨어 산업에서 그 중요성이 점차 부각되고 있는 추세이다.

그러나 지금까지 컴포넌트 개발의 초점은 개발자가 자신이 원하는 시스템 개발을 편리하게 하기 위한 컴포넌트이며, 최종 사용자가 부품을 사서 조립하듯 사용할 수 있는 컴포넌트의 개념은 아니다. 따라서 향후 사용자가 원하는 GIS 응용 프로그램을 빠르고 쉽게 구축할 수 있도록 운영환경과 기틀을 자동적으로 생성해주고, 이 기틀 위에서 어떠한 컴포넌트를 적용해야 하는 가를 알려주는 형식으로 제공될 것이다. 이러한 기술이 개발된다면 컴포넌트 방식의 소프트웨어는 앞으로 상당히 보편화되고 널리 활용될 수 있을 것이다.

[3] GIS의 대중화와 서비스 기능의 확대

GIS와 네트워크 기술이 발달하면서 인터넷 GIS는 상호운용이 가능하며 어떠한 컴퓨터 기종이나 운영체계에서 사용가능한 중립적인 시스템으로 구축되고 있으며, 분산 컴퓨팅 환경에서 GIS 데이터와 분석기능을 처리하기에 이르고 있다. 이와 같이 인터넷을 통한 GIS 기능 구현과 서비스 제공은 기존 GIS의 시스템의 구현방식 및 제공되는 GIS 기능, 요구되는 기술 등 GIS 전반에 걸쳐 패러다임의 전환을 가져오고 있다. 즉, 통신 네트워크를 통한 데이터 이용 및 처리, 그리고 공간분석을 통한 GIS 서비스 제공은 GIS 시스템 구축의 구조적인 변화를 가져오게 되었다.

수치화된 공간정보가 구축되지 않았던 GIS의 초창기에는 GIS 개념은 주로 데이터베이스 구축에 관심이 모아졌었다. 그 후 GIS는 자료 입.출력과 자료를 처리.분석하는 기능들이 모여진 도구박스(tool box)로 발전되었다. 점차 공간정보가 구축되고 강력한 GIS 소프트웨어가 개발되면서 GIS는 보다 응용적인 관점에서 인지되었고 활용되었다. 그러나 실제 세계에서 다양한 공간적인 문제들이 일어나면서 이들 문제를 해결하기 위한 목적으로 각종 시스템들이 구축되면서 GIS는 시스템의 관점으로 발달해나갔다. 그

그림 2-13 GIS 발전과정에 따른 GIS 개념의 변화

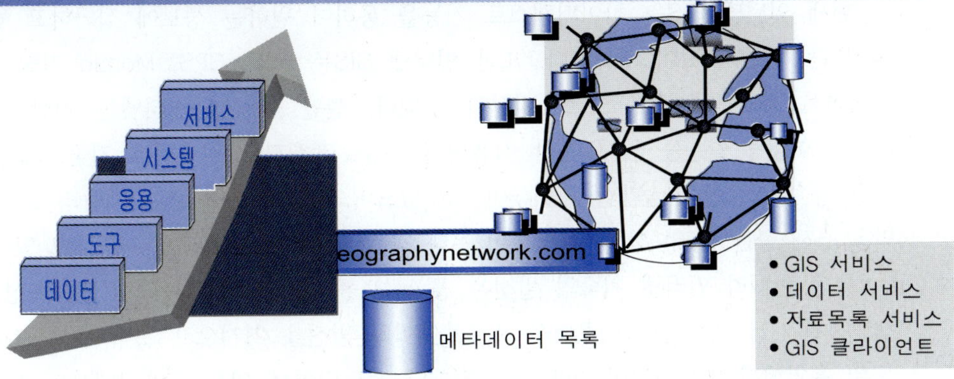

러나 인터넷 GIS가 등장하면서 GIS는 새로운 서비스를 제공하는 관점으로 GIS에 대한 패러다임이 크게 변화되고 있다(그림 2-13 참조).

컴퓨터, 컴퓨터 운용체계, 그리고 통신부문에서의 급속한 기술혁신은 이처럼 GIS발달과정에 큰 영향력을 미쳤다. 하드웨어의 발달은 컴퓨터 수행능력을 증가시켰으며, 소프트웨어의 발달은 막대한 양의 데이터 전송 및 저장을 가능하게 하였다. 빠른 네트워킹과 위성통신기술의 급속한 성장과 이들의 통합은 소프트웨어와 데이터, 이용자가 동시에 같은 장소에 있을 필요가 없게 만들었으며, 인터넷은 자료를 연계시키는 수단이 되었다. 즉, 각각 달리 존재하던 GIS 소프트웨어와 하드웨어, 공간 데이터가 네트워크상에서 서로 연계되고 있다. 또한 디지털 자료의 급증으로 GIS 사용자들은 온라인으로 메타데이타에 접근하여 어떤 데이터가 있는지, 또는 데이터의 품질은 어느 정도인가에 대한 각종 정보 및 서비스를 제공받을 수 있게 되었다. 앞으로 공간정보에 대한 전자도서관이 구축된다면 공간정보의 관리와 정보의 공유가 보다 더 효율적으로 이루어질 수 있을 것이다.

뿐만 아니라 하드웨어의 기능과 수행능력의 향상은 사람과 컴퓨터가 보다 대화를 편리하게 할 수 있는 정교화된 GUI(Graphical User Interface)의 발전을 가져왔다. 이에 따라 사용자 환경이 크게 개선되어 컴퓨터 화면에 나타난 아이콘 또는 메뉴를 보고 난 후 어떤 명령을 내릴 것인가를 선택할 수 있게 되었다. 이러한 GUI 기술의 발전은 GIS 소프트웨어 개발에도 상당한 영향을 미쳤다. 즉, 먼저 명령어를 생각한 후 키보드를 통해 입력하는 방식(think-and-type)에서 벗어나 전체적인 외양(look)과 느낌(feel)을 고려하면서 소프트웨어가 개발되기 시작하였다. 특히 화면 디스플레이와 단어들의 영상적 배열, 화면의 회화적인 특징 등 전체 외적 스타일과 사용자들이 컴퓨터의 기능을 수행할 때 어떻게 느끼면서 상호작용하는가에 대한 인지를 고려하여 소프트웨어가 개발되어가고 있다. 이에 따라 GIS 비전문가들도 점차 단기간 내에 큰 어려움 없이 어느 정도 소프트웨어의 기능

을 활용할 수 있게 되었다.

현재 인터넷 GIS는 하이퍼텍스트 기능을 통하여 원하는 정보에 접근하고 웹페이지를 통한 하이퍼링킹이 가능하다. 또한 인터넷 GIS는 ASP, GPS, Mobile 기술 등이 접목되면서 보다 더 진보적으로 발전하고 있다. 뿐만 아니라 인터넷을 기반으로 하는 GIS의 효율적 활용을 위해 분산 컴퓨팅의 기술, 객체지향 컴포넌트 기술, 개방형 GIS 기술 등 다각적인 기술개발이 이루어지고 있으며, 인터넷 GIS 관련 기술과 표준 및 규약을 통해 공간정보의 검색 및 유통이 보다 더 원활히 이루어지도록 시도되고 있다.

뿐만 아니라 인터넷 기술의 발전은 공간정보를 분배할 수 있는 객체의 특성을 가진 캡슐화된 GIS 객체들로 이루어진 소프트웨어의 발전을 가져오고 있다. 이런 GIS 객체들은 운영체제의 제약없이 어떤 컴퓨터에나 전달되어져 어느 컴퓨터에서도 실행 가능하다. 인터넷 GIS는 데이터베이스와 웹과의 상호 연결로 데이터베이스에 접근할 수 있는 사용자를 점차 인터넷 환경 전체로 확산시키고 있다. 또한 서로 다른 기종 간의 플랫폼이나 서로 다른 데이터베이스시스템에 쉽게 연계될 수 있는 기술을 개발해나가고 있는데, 이는 자바의 등장으로 인해 더욱 가속화되고 있다. 이와 함께 웹의 하이퍼링크 기능과 통합적으로 구축됨으로써 다양한 유형의 자료들에 대한 서비스의 제공도 가능해지고 있다.

인터넷 상에서 GIS 기능을 수행하기 위해서는 웹 서버 이외에도 흔히 GIS 서버라고 불리우는 또 다른 소프트웨어가 추가되어야 한다. 이 GIS 서버는 HTTP 서버와 공간 데이터베이스를 접속시켜주는 인터페이스라고 볼 수 있다. 즉, 클라이언트로부터 GIS와 관련된 요구들을 지리적 구성요소들로 해석해주고, 클라이언트 요구에 따라 수행된 공간 데이터들에 대한 질의나 열람 및 분석된 결과들을 다시 HTTP 서버가 인식할 수 있는 유형으로 되돌려보내는 역할을 한다(그림 2-14 참조). 현재 GIS 소프트웨

그림 2-14 인터넷 GIS의 아키텍쳐

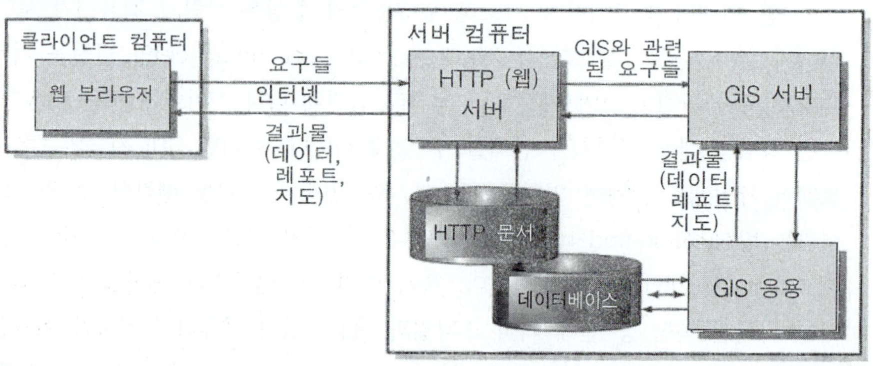

출처: Lo, C.P. and Yeung, A.K.W. (2007), *Concepts and Techniques of GIS*(2nd ed.), p. 470.

어 개발업체마다 서로 다른 이름으로 GIS 서버들을 출시, 판매하고 있다. 일례를 들면 ESRI 업체에서는 Mab Objects Internet Map Server(IMS)라는 소프트웨어를, Intergraph 업체에서는 GeoMedia Web Server를, MapInfo 업체에서는 MapXtreme을, Autode나 업체에서는 MapGuide를 출시하고 있다.

이와 같이 인터넷 GIS가 등장하면서 인터넷 사용자들은 GIS 소프트웨어를 사지 않고도 브라우저 등을 통해 GIS 응용 기능과 분석 기능을 사용할 수 있게 되었다. 뿐만 아니라 웹을 이용해 일반인들도 GIS에 보다 쉽게 접근하여 전세계의 지리정보를 제공받을 수 있게 되었으며, 인터넷 GIS를 통해 교통혼잡이나, 환경 관련정보, 지역정보 등등의 각종 정보를 쉽게 수집할 수 있게 되었다.

현재 인터넷 GIS는 여러 사람들이 별도의 비용 없이 쉽게 인터넷에 접속을 할 수 있다는 장점은 가지고 있지만 아직까지는 다양한 GIS의 분석기능을 제공하지 못하고 있다. 또한, 네트워크을 사용하기 때문에 데이터를 처리하는 시간이 오래 걸리며, 보안 문제와 비용분담에 대한 문제도 남아 있다. 이러한 문제들이 해결된다면 인터넷 GIS는 브라우져만으로도 현재 일부 전문가들만이 접근하던 GIS를 일반인들도 쉽게 접근하게 되면서 GIS의 대중화 추세는 더욱 가속화될 전망이다. 이러한 추세는 다양한 GIS의 수요를 더욱 불러일으킬 것이며, 인터넷 GIS로 각종 지리정보를 제공하는 서비스 기능은 더욱 확대될 것이며, 이를 통해 정보의 시너지 효과도 한층 더 높아질 것이다(그림 2-15 참조).

급속도로 발전하는 컴퓨터 및 통신망에 따른 인터넷 GIS의 등장에 따른 GIS의 대중화와 다양한 서비스 제공을 지향하는 GIS의 패러다임 변화는 어쩌면 예측가능한 당

그림 2-15 인터넷 GIS 등장과 GIS의 대중화

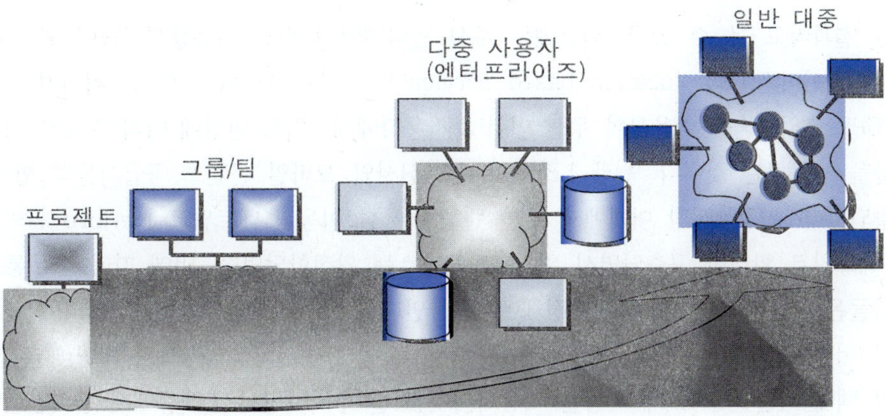

그림 2-16 위치기반서비스를 가져온 세가지 기술영역과 위치기반서비스에서의 정보 흐름

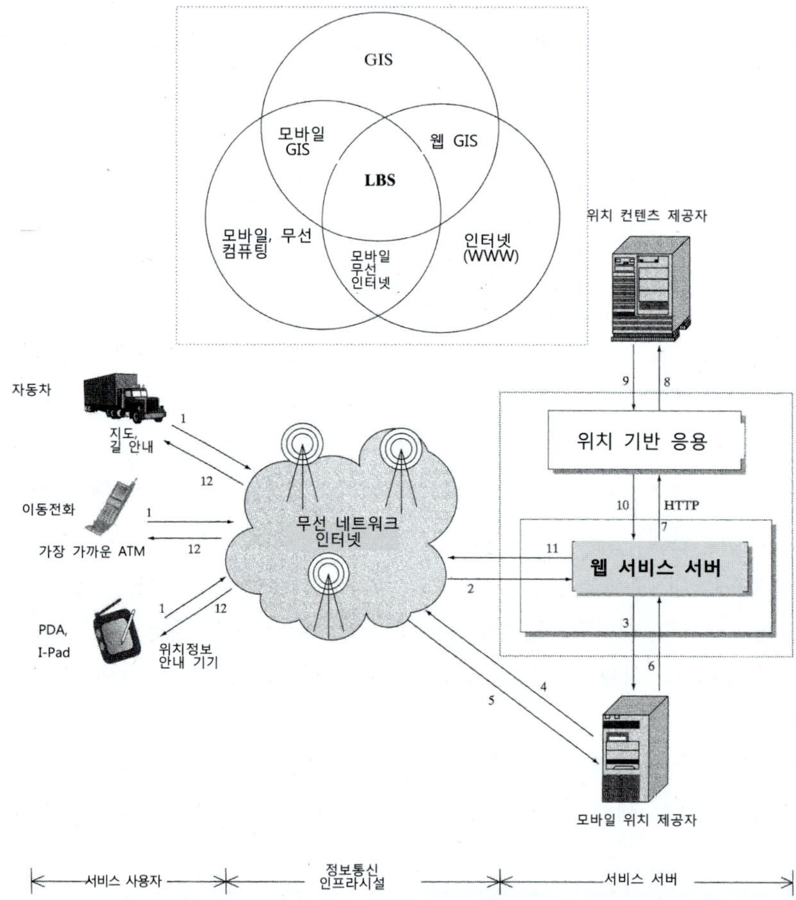

출처: Lo, C.P. and Yeung, A.K.W. (2007), *Concepts and Techniques of GIS*(2nd ed.), pp. 479-480.

연한 결과라고 볼 수 있다. 최근에는 무선 인터넷의 등장과 이동통신기술이 발달하면서 위치기반서비스(LBS: location-based services)가 크게 늘어나고 있다. 위치기반서비스는 GPS 측위기술을 이용하여 무선 인터넷 사용자에게 위치 변경에 따라 필요로 하는 정보들을 제공하는 것이다. 원래 LBS는 이동통신사와 모바일 콘텐츠 공급사들의 협력으로 개발되었다. 이동통신망 이외에도 무선 랜을 이용한 이동식 네트워크나 Wibro 등의 이동식 네트워크 환경이 구축되면서 위치기반서비스는 활성화되었다. 이에 따라 이동통신 가입자들은 자동차 주행 시에 도로정체에 대한 안내나 가장 가까운 현금출납기나 식당 등의 위치 서비스나 시설 정보를 조회하는 일을 아주 쉽게 할 수 있다. 특히 최근에는 수화물이나 택배 화물들도 RF태그 등을 이용하여 위치를 추적하면서 고객들에게 실시간적인 정보를 제공한다(그림 2-16 참조).

개별 사용자들은 위치응용 프로그램과 위치처리 플랫폼과 통신하여 실 시간적으로 가공된 콘텐트를 제공받거나 위치정보 서비스를 받는다. 위치응용 서버는 'LBS 플랫폼'이라고 일컬을 정도로 이동통신 네트워크에서 기본적인 위치기반 부가서비스 제공과 외부 콘텐츠 서비스를 위한 게이트웨이 역할을 동시에 담당한다.

이렇게 앞으로 GIS는 점점 더 대중화되어 나가면서 사용자가 다양해지고 그에 따라 필요로 하는 공간정보들도 상당히 늘어나게 되며, 특히 실시간적인 긴급한 정보나 위치정보 및 다양한 여가활동에 필요한 서비스 수요도 늘어나게 될 것이다. 따라서 앞으로 전개될 지리공간(geospatial) 정보가 갖게 되는 도메인은 새로운 방향으로 지향해 나가게 될 것이다. 지리공간정보 도메인의 구성요소는 정보과학, 공간정보 기술 및 관리, 그리고 공간정보 응용과 서비스로 구성되며, 이들 간에는 상호 유기적인 관계를 가지고 있다(그림 2-17 참조). 향후 지리공간정보의 활용과 정보 서비스에 대한 수요가 늘어나고 다양화되

그림 2-17 지리공간정보 도메인의 구조

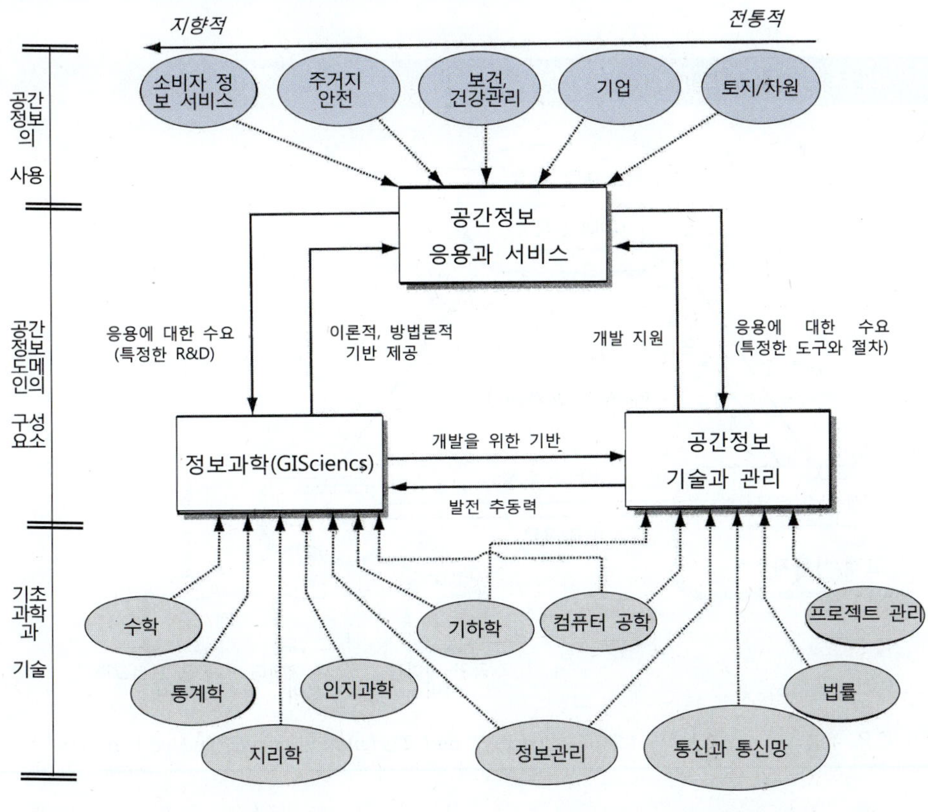

출처: Lo, C.P. and Yeung, A.K.W. (2007), *Concepts and Techniques of GIS*(2nd ed.), p. 457.

면서 특정한 수요가 더 발생하게 되면 이들 수요를 충족시키기 위해 정보과학 및 공간정보기술 영역에서 연구와 개발이 이루어지게 된다. 이렇게 새로운 수요에 대한 서비스가 이루어지지면서 정보과학 분야에서의 새로운 연구와 공간정보 기술 분야에서의 신기술이 등장하게 되는 상호 역동성을 가지면서 GIS 환경은 공간정보에 대한 수요자 지향적인 방향으로 움직여나가게 될 것이다.

더 나아가 인터넷을 통해 다양한 지리공간정보(geospatial information)를 다루는 지오포털(geopotal) 사이트도 다른 일반 포털 사이트와 같이 상당히 활성화될 것이다. 수요자가 많을수록 보다 다양한 지오포탈 사이트가 등장하게 될 것이다. 그림 2-18에서 볼 수 있는 바와 같이 다양한 공간정보를 웹(www)을 통해 서비스를 받고자 하는 수요자들이 늘어날수록 웹서버의 기능도 더욱 다양해지고 있으며, 이를 제공하는 지오포탈 사이트도 많아져 이들에 대한 목록도 구축되고 있다. 지오포탈은 사용자들에게 지오포탈 서비스에 대해 널리 알리고, 확산시키며 공유하는 기능과 사용자들에게 제공되는 지오포탈 웹서비스에 대한 목록을 홍보하고 널리 알리는 동시에 지오포탈 웹서비스를 탐색하고 접근이 용이하도록 표준화된 언어와 프로토콜을 사용하고 있다.

그림 2-18 공간정보 웹서비스의 아키텍쳐

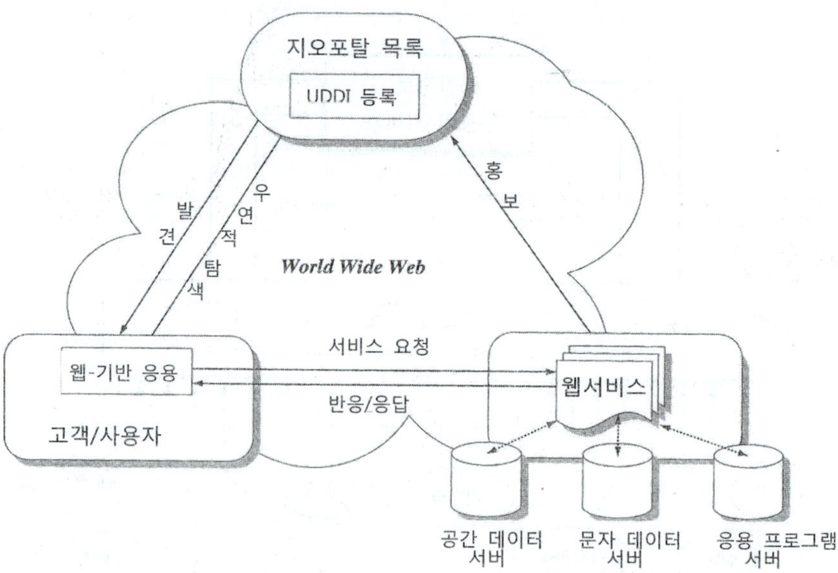

출처: Lo, C.P. and Yeung, A.K.W. (2007), *Concepts and Techniques of GIS*(2nd ed.), p. 478.

제 2 편

지도의 이해와 공간자료의 입력

GIS

Geographic Information Systems

제3장
지도의 이해와 지리좌표체계

제 1 절

지도의 개념과 지도의 분류

[1] 지도의 개념과 지도의 유용성

(1) 지도의 개념

GIS가 다른 정보시스템들에 비해 독특성을 갖는 것은 공간 데이터를 이용한다는 것으로, 여기서 공간 데이터란 우리가 살고 있는 지리공간에 고유한 위치를 점하고 있는 대상물(object) 또는 객체(entity)들을 말한다. GIS에서 흔히 탐색되는 문제들의 대부분은 지표상의 특정한 위치나 장소와 관련되어 있다. 예를 들면, 그것은 어디에 있는가? 어디서 발생하는가? 그곳에 무엇이 있는가? 왜 그곳에 있는가? 왜 다른 곳에는 없는가? 그곳에 있게 된 이유는 무엇 때문인가? 다른 곳에도 입지할 수 있는가? 그 위치에 얼마나 많이 있는가? 왜 다른 곳보다 그곳에만 더 많이 밀집해있는가? 왜 특별한 형태나 구조를 나타내는가? 그것이 만드는 분포패턴의 특징은 어떠한가? 그것의 분포에는 규칙이 있는가? 왜 공간분포 패턴은 규칙을 나타내고 있는가? 거기에는 그 현상과 공간적으로 관련된 다른 어떤 현상들이 있는가? 이것은 다른 현상들과 연계되어있는가? 최초로 그것이 출현하거나 명백하게 나타난 것은 언제였는가? 공간적으로 어떻게 변화되어왔는가? 등 공간상에서 나타나는 현싱들에 대한 질문들이다.

이와 같은 문제들에 대한 해답을 얻기 위해서는 연구 대상이 어디에 있는지, 그리고 왜 특정지역에 있으며, 어떻게 존재하는지를 파악해야 한다. 지도는 지표면상에 대상물 또는 형상들의 위치를 보여주는 가장 효율적인 방법이다. 즉, 지도를 통해서 장소와 사물들의 위치를 알게 되며, 지리적인 지식을 얻을 수 있기 때문에 지도는 지표상에서 나타나는 현상들의 공간적인 관계를 나타내주는 의사소통수단으로 사용되어왔다. 일반적으로 지도란 자연환경과 인문환경을 도면으로 표현한 것으로, 실제 세계의 다양한 형상들을 단순화, 일반화, 축소시킨 추상적인 모델이다. 바꾸어말하면 지도란 지표상에 분포되어있는 자연현상과 인문현상들의 상호관계, 입지 등에 관한 정보를 저장, 전달, 분석하기 위한 수단으로 고안된 것이라고 볼 수 있다. 따라서 GIS의 기초가 되는 공간 데이터를 수집하고 이를 분석하기 위해서는 지리학의 독톡한 의사소통 언어인 지도에 대한 이해가 필수적이다.

지도를 통해 공간정보에 대한 의사소통이 보다 용이하게 이루어지는 이유는 인간은 수치보다는 그림이나 그래프와 같은 공간 이미지로부터 많은 양의 정보를 빠르게 추출해낼 수 있기 때문이다. 또 지도에는 비공간적이거나 인지하기 어려운 정보도 잘 표현되며,

지도는 다양한 축척으로 나타낼 수 있고, 마치 조감적인 관점으로 실세계를 볼 수도 있다. 이와 같이 지도를 통해 공간정보를 교환할 수 있으며, 더 나아가 지도는 공간상에서 나타나는 문제들을 해결하는데 도움을 줄 수 있다.

(2) 지도의 유용성과 한계성

지도란 실세계를 이해하는데 필요한 기초적인 지식을 제공해준다. 흔히 지도를 통해 환경에 대한 정보를 습득하게 되므로, 지도의 본질적인 속성을 이해하고 지도의 장점과 지도가 안고 있는 한계성을 이해할 필요성이 있다.

지도가 널리 사용되고 있는 이유를 보면 크게 다섯가지로 볼 수 있다. 첫째, 지도는 작은 평면상의 종이 위에 실세계에 대한 정보를 크게 손상시키지 않고 나타내주며, 사용하기 편하고 다루기도 쉽다. 둘째, 지도는 우리 주변환경의 복잡성과 세부적인 속성들을 단순화시켰기 때문에 이해하기 쉽다. 지도상에 표현되어진 정보들을 봄으로써 우리는 세계에 대해 보다 쉽게 이해할 수 있게 되며 환경에 대한 지식을 얻게 된다. 셋째, 지도를 통해 우리는 사물들의 현재 모습을 그대로를 볼 수 있다. 지도상에 표기된 기호와 실제 대상물은 동등하기 때문에 우리는 지도를 통하여 실제 주변환경을 인지하게 된다. 또한 인쇄된 문자보다 지도는 훨씬 더 사람들에게 환경을 인지하는데 효과적이다. 넷째, 지도는 시각적으로 강한 영향력을 준다는 점이다. 지도의 도안적인 형태가 직접 우리의 시각을 통해 들어오게 되므로 의사전달에 있어 훨씬 효과적이다. 다섯째, 지도는 표현되어진 모든 정보들을 동시적이며 총괄적인 이미지로 제공해주기 때문에 우리는 지도를 통해 속성들의 공간적인 패턴을 쉽게 파악할 수 있게 된다. 지도의 유용성을 한마디로 요약한다면 지도는 환경에 대한 이미지와 공간적 관계에 대한 정보를 제공하는데 있어서 다른 어떤 수단들보다 훨씬 더 효과적이라고 볼 수 있다.

그러나 지도의 유용성을 높이고 지도를 올바르고 현명하게 사용하기 위해서는 지도의 한계점은 무엇이며, 지도제작 과정에서 야기되고 있는 문제점들을 알아야만 한다. 지도가 갖고 있는 가장 큰 한계성은 지도를 통해서 우리는 쉽게 환경에 대한 인공적인 이미지를 갖게 되므로 지도제작 과정에서 야기되는 문제점들로 인해 실세계와는 다른 왜곡된 이미지를 갖게 될 수도 있다는 점이다. 또한 단순화된 지도를 통해 쉽게 정보를 얻을 수 있으나, 그 이면에는 지도란 단지 주변환경을 단순화시킨 모델이기 때문에 우실제로 존재하는 환경의 복잡성과 세부성을 이해할 수 없다는 점이다. 더 나아가 지도제작 과정에서 발생하게 되는 왜곡성, 오차, 자료 선택의 변별성, 그리고 디자인 능력에 따라서 지도에 대한 신뢰성이 달라질 수 있다.

뿐만 아니라 지도의 시각적 효과에 대해서도 너무 과대평가해서는 안된다. 생생한 실세계에 대한 이미지를 제공하기 위해서 지도는 대상물들의 지표상의 배열을 정확하게 있는 그대로를 잘 나타내야 한다. 그러나 대부분의 주제도는 지상의 많은 대상물들을 희생시키고 단지 몇 가지의 대상물들만을 강조해서 표현하고 있다. 또한 아무리 시각적으로 잘 표현된 지도라 할지라도 실제 현상들의 특성을 생생하고 의미있게 나타낼 수 없으며, 특히 대상물을 기호화하여 나타낼 경우 우리는 지도상에 나타난 기호를 그 대상물로 동일하게 인지할 수 없다. 아무리 시각적으로 잘 조화를 이룬 지도라 할지라도 그 지도를 통해 공간적 패턴이나 관계를 이해하기 어렵거나 혼돈을 일으키기도 하며, 때때로 너무 단순화하여 해석하는 경향도 있다.

따라서 지도의 제작방법과 지도의 왜곡성을 알고 있어야만 지도를 통해 환경에 대한 지식을 보다 올바르게 가질 수 있다. 최근에 들어와 컴퓨터를 이용하여 지도를 제작할 수 있는 응용 프로그램들이 많이 보급되면서 비전문적인 사람들도 쉽게 지도를 만들어 낼 수 있게 되면서 지도가 갖고 있는 한계성에 대한 문제는 더 심각해지고 있다. 왜냐하면 지도가 외형적으로는 그럴듯하게 보기 좋게 제작되었지만 의사소통수단으로서 지도의 기능을 발휘하는 데는 상당히 문제시되는 경우가 많다. 특히 지도학적 추상화와 일반화 과정에서 필요로 하는 전문적인 지식이 부족할수록 제작된 지도는 보다 인공적이며 진실성을 잃어버리게 될 확률이 높다.

이상에서 살펴본 바와 같이 의사소통과정의 도구로서 지도는 인간에 의해 영향 받게 되며 지도 제작자나 지도 사용자 모두 잘못을 범하기 쉽다. 인간은 직관, 판단, 통찰력 등 여러 가지 면에서 편견을 갖고 있으며, 지도화 과정은 이러한 속성을 가진 인간에 의해 이루어지고 있다는 점을 인식해야 한다. 따라서 모든 지도는 지도 제작자의 동기와 지각에 의해서 여과된 실세계에 대한 유사한 모델일 뿐 실제세계를 축소.복사한 것이 아니라는 점도 인식해야 한다.

지도화 과정 가운데 추상화, 일반화 과정이 갖고 있는 본질적 특성 때문에 지도는 사용자들에게 오류를 범하게 하는 결과를 가져온다. 따라서 지도를 사용하는데 있어서 오류를 범하지 않으려면 지도의 한계성을 잘 인식하고, 지도는 실세계와 같은 것이 아니라는 점을 부각시켜야 한다. 뿐만 아니라 인간의 특정한 욕구를 충족시켜줄 수 있도록 지도를 제작하는 것은 거의 불가능하다. 대부분의 지도란 어떤 특정한 목적을 위해서 제작되고 있기 때문에 지도 사용자는 자신의 목적에 맞는 지도를 잘 선택하는 것이 중요하며, 각 지도마다 갖고 있는 장.단점을 이해할 수 있어야 한다. 각각의 지도는 나름대로 실제세계를 보는 다양한 관점들 중에 한 방법을 보여주는 것이며 최적의 지도란 존재할 수 없다는 사실도 인식해야 한다. 이와 같이 지도는 많은 한계점을 갖고 있지만 지도란 실세계를 이해하는 데 매우 유용한 도구로 널리 활용되고 있다.

[2] 지도화 과정과 지도의 분류

(1) 지도화 과정

실세계를 지도로 제작하기 위해서는 먼저 사용자들의 요구와 특별한 프로젝트에서 요구되는 사항들을 고려하여 지도 제작을 위한 계획을 수립하여야 한다. 그리고 이러한 계획에 따라 필요한 자료를 수집하여 지도를 제작한 후, 최종적으로 사용자의 목적에 부합되었는가를 점검한다. 만일 제작된 지도가 사용자의 요구나 목적에 부합되지 않는 점들이 있으면 다시 수정하여 최종적인 지도를 제작하게 된다(그림 3-1 참조).

지도화 과정의 첫 단계에서는 지도제작 목적이 설정되고 이에 부합된 지도화에 대한 사양과 표준이 정해지게 된다. 두 번째 단계에서는 수립된 계획에 따라서 필요한 자료들을 수집하게 된다. 이 때 수집되는 자료들은 수치로 계량화할 수 있는 현상들에 관한 자료뿐만 아니라 수치화할 수 없는 질적인 현상들에 대한 자료도 포함한다. 자료원

그림 3-1 지도화 과정

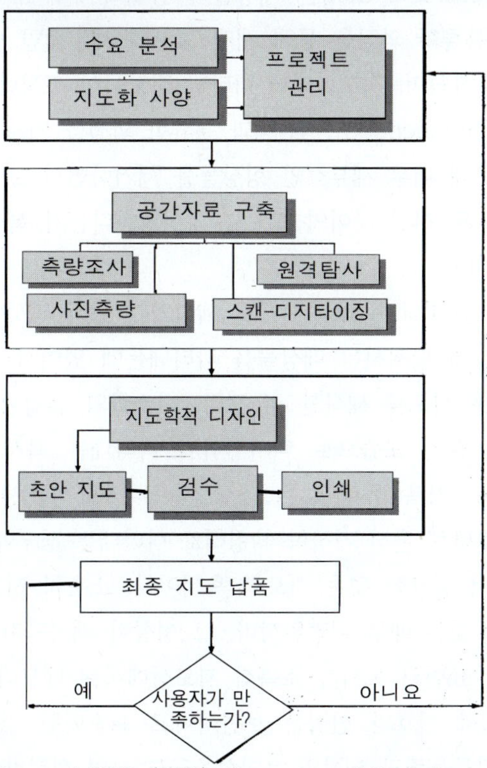

출처: Lo, C.P. and Yeung, A.K.W. (2007), *Concepts and Techniques of GIS*(2nd ed.), p. 25.

은 크게 둘로 나눌 수 있는데 첫째는 측지학, 측량학, 사진측량 등의 분야에서 제공되는 자료들로 주로 지구 자체와 자연적 특징에 관한 자료들이다. 또 다른 출처로는 지표상에 나타나고 있는 현상들에 관한 자료들로, 이는 자연과학자와 사회과학자들에 의해서 제공되는 여러 유형의 자료들이다. 지도학자들은 자연현상과 인문현상을 다루는 다양한 전문분야에서 제공되는 자료들을 충분히 잘 이해할 수 있어야 한다. 또한 이 자료들을 어떻게 표현하여야 정보가 잘 전달되고 이해되는가에 대해서도 알아야 한다. 지도화하기 위한 기초 자료를 구축하는 데 있어서 무엇보다도 가장 중요한 것은 수집된 자료의 정확성이다.

지도 제작자들은 이렇게 수집된 자료를 토대로 하여 목적에 맞는 지도를 제작하게 되는데, 지리적인 각종 현상들을 추상화시켜서 지도로 표현하는 과정을 흔히 지도학적 추상화와 일반화라고 한다. 지도 제작의 추상화, 일반화과정의 첫 단계라고 할 수 있는 선택(selection)에서는 지도로 나타내야 될 지리적 공간, 지도의 축척, 지도 투영법 등을 고려하면서 지도 제작목적에 맞는 적절한 자료와 변수들을 선정한다. 이 선택과정은 지도학자들이 지도의 내용, 즉 지도에 어떤 대상들이 표현되어야 하는가를 결정하는 매우 중요한 단계이다.

두번째 분류화(classification)는 대상들이 동일하거나 유사할 경우 그룹으로 묶어서 표현하는 것이다. 분류화 과정을 통해 개개 요소의 세부적인 면은 손실되지만 지도 이미지의 복잡성은 단순화되며, 지도화되어 나타날 정보들이 조직화된다.

세번째 단순화(simplication)는 선택과 분류화 과정을 거쳐 선정된 자연경관이나 인공경관의 형상들 가운데 너무 세부적인 형상들을 제거하면서 보다 매끄럽게 형상을 표현하는 것이다. 일례로 두 지점 사이의 도로를 직선화한다든가 복잡한 해안선을 보다 단순화시켜 나타내는 것이다.

네번째 기호화(symbolization)는 지도 제작의 추상화 과정에서 가장 복잡한 단계라고 볼 수 있다. 공간상에 펼쳐지는 대상물을 나타내는데 있어서 기호화는 필수적이며, 기호를 사용하지 않고는 지도를 제작할 수 없다. 기호화의 유형에는 두 종류가 있는데 하나는 실제 대상물과 같은 모습으로 디자인하여 나타내는 복사적 기호화 방법으로, 주로 해안선, 나무, 철도, 가옥 등과 같은 대상물을 나타낼 때 사용되는 방법이다. 또 다른 하나는 추상적 기호화로 흔히 기하학적 형태로 나타내는 경우에 해당된다.

기호화 과정에서 중요한 것은 지도의 축척이다. 소축척 지도일수록 실제 모습과 같은 형상으로 나타내는 것은 매우 어려워지며, 그 형상이 왜곡되기도 한다. 일례로 대축척 지도상에서 면적으로 표현된 도시가 소축척 지도상에서는 네모나 또는 점으로 나타나게 된다. 기호화 과정에서 기호의 선정은 보편적이고 표준화된 것을 사용하여야 하며, 지도 사용자들의 기호 판독능력과 제작의 용이성을 고려하여 선정하여야 한다.

이러한 과정을 거쳐서 지도가 디자인되고 지도가 제작되면 최종적으로 사용자의 요구를 충족시켰는가를 점검하는 단계를 거치게 된다. 만일 수정해야할 부분이 발견되면 다시 처음 단계로 되돌아가서 다시 지도화 과정을 밟으면서 지도를 수정하게 된다.

(2) 지도의 기능과 축척에 따른 분류

지도는 사용 목적과 기능에 따라서 매우 다양한 형태로 제작된다. 그러나 지도제작자의 목적과 지도 사용자의 관점이 다르기 때문에 같은 지도라 할지라도 사용자들에 따라 다른 반응을 보일 수도 있다. 따라서 지도의 목적과 용도에 따라서 지도를 분류하는 것 보다는 지도의 기능에 따라 분류하는 것이 일반적이다. 지도의 기능에 따라서 지도는 일반도와 주제도로 구분된다.

일반도(general maps)는 참조도(reference maps)라고도 불리우는데, 이는 다양한 지리적 현상들의 공간적 관계를 나타내는 것을 목적으로 제작된 지도이다. 따라서 일반도에는 도로, 취락, 행정경계, 수계망, 고도, 해안선, 하도 등이 수록되어 있다. 일반도에서는 사물이나 형상들의 위치를 나타내기 위해 기호가 사용되고 있으나, 어떤 특정한 사물이 다른 사물들보다 더 강조되거나 무시되는 경우는 없으며, 모든 사물들의 시각적 중요성은 동일하다. 일반도는 주로 수문과 지형, 그리고 여러 인문환경 요소들의 위치를 정확하게 알고자 하는 경우에 사용된다. 일반도의 대표적인 예로는 지형도(topographic maps)와 소축척의 지도첩(atlas)을 들 수 있다. 지형의 고도와 형상을 보여주는 지형도는 그 어원인 topos(장소), graphien(기술하다)을 통해 알 수 있는 바와 같이 장소에서 펼쳐지는 가시적 경관을 있는 그대로 기술한 것이며, 지형도와 유사한 특징을 지닌 수심측량도(bathymetric maps)는 바다 속의 지형 형상과 물의 깊이를 보여주는 지도이다.

지형도는 사진측량법에 의해 각 지역에 대한 지리적 환경에 대한 정보를 수집하고 지상측량법을 동원하여 사물들의 위치를 정확하게 나타낸 지도로, 일반적으로 각 국가마다 정부기관에서 주도하여 전국의 모든 지역을 포함하는 연속적인 대축척의 지형도를 발행하고 있다. 한편 소축척의 지도첩은 국가 전체나 대륙을 나타내는 지도들로써, 대축척의 지형도와 유사한 현상들을 수록하고 있으나 소축척이기 때문에 기호화나 표현방식에 있어 훨씬 일반화 수준이 높다. 그밖에 항공사진도 일종의 일반도라고 볼 수 있다.

18세기 중엽까지는 주로 일반도가 제작되어 사용되어 왔으며 지리학자, 탐험가, 지도학자들은 세계 각 지역의 다양한 현상들을 지도화하여 정확한 위치를 표현하는 데 초점을 두어 왔다. 그러나 19세기에 접어들면서 과학적, 사회적 자료들의 공간적 분포특성을 나타내는 주제도(thematic maps)가 작성되면서 기후도, 식생도, 지질도, 무역도 등이 제작되기 시작하였다. 주제도란 특정된 주제에 대한 공간적 차이와 지역 간의 다양성에 관한 정보를 제공하는 데 초점을 둔 지도로, 주제도의 제작 목적은 어떤 특정한 현상에 관한 공간적 분포패턴을 나타내고자 하는 것이다. 따라서 주제도는 그 주제의 특성에 따라 지질도, 삼림도, 토양도, 토지이용도, 강수도, 기온도, 인구분포도, 경제지도, 관광지도, 교통도, 도시계획도 등으로 구분할 수 있다. 주제의 선정에는 제한이 없으며 대개 자연적, 사회.경제적, 역사.문화적인 현상들의 지역 간 분포특성을 비교하기 위해 사용된다.

일반도와 주제도의 구분은 다소 모호한 면이 있다. 왜냐하면 일반도의 대표적인 지도인 지형도 자체도 자연현상의 공간적 분포를 나타내는 일종의 주제도라고 볼 수 있다. 그러나 주제도와 일반도의 가장 큰 차이점은 주제도의 경우 기본도(base map)위에 특정한 주제에 대한 공간적 정보를 표현하는 것으로, 특정 현상에 대한 공간분포를 나타내는데 목적을 두고 있기 때문에 상대적으로 소축적 지도로 제작되는 경향이 있다.

한편 지도 제작에 있어서 축척의 선택은 매우 중요하다. 지도의 목적에 부합되는 축척을 선택하는 것은 매우 중요하며, 축척의 크기는 지도상에 나타나는 정보에 대한 일반화와 기호화 과정에 지대한 영향을 미치게 된다. 또한 축척의 선택은 의사소통수단으로서 지도의 효율성에도 큰 영향을 주게 된다. 일반적으로 축척이란 실세계를 지도상에 어느 정도로 축소시켰는가를 나타내는 것으로 지도의 크기와 포함되는 면적과는 반비례하고 있다. 즉 대축척 지도일수록 지표상의 매우 좁은 면적만을 포함하게 되며, 소축척 지도일수록 넓은 면적을 포함하게 된다. 지도의 축척에 따라 대축척, 중축척, 소축척 지도로 구분하고 있으나 엄격한 규정이 있는 것은 아니다. 일반적으로 1/50,000 이하일 경우를 대축척 지도라고 하며 1/1,000,000 이상을 소축척 지도라고 한다.

지도의 축척에 따라 지도상에 표현되는 세부적인 정보와 이에 대한 기호화도 달라진다. 소축척 지도의 경우 포함되는 면적은 넓으나, 그 넓은 면적에서 나타나는 모든 현상들을 세부적으로 지도상에 나타낼 수가 없기 때문에 단순화, 일반화 수준이 상당히 높다. 반면에 대축척 지도의 경우 포함되는 면적은 좁은 대신에 지도상에 매우 세부적이고 자세한 정보를 나타낼 수 있다. 그림 3-2는 지도 축척에 따른 정보의 양과 기호화의 일반화 정도를 나타낸 것이다. 이 그림에서 알 수 있는 바와 같이 지도의 축척은 기호화에 영향을 주며, 또한 기호로 나타내져야 하는 대상물의 일반화 정도에도 상당히 영향을 준다. 따라서 목적에 맞는 지도를 제작하는 데 있어 적절한 지도 축척의 선정은 매우 중요하다.

일반도와 주제도의 경우 지도 축척에 있어서 대조적인 면을 보인다. 주제도는 소축척 지도로 구축하는 경우가 많으며, 일반도는 대축척 지도로 구축하는 경우가 많다. 즉, 주제도를 제작하는 지도학자들은 일반적으로 소축척의 지도에서 작업을 하며, 일반화시키는데 초점을 두고 지도를 디자인하고 있다. 반면에 대부분의 일반도는 거리와 방향, 장소의 위치적 정확성을 표현하는 데 목적을 두고 있기 때문에 대축척을 선택한다.

그림 3-2 지도 축척에 따른 포함 면적, 정보의 양과 일반화 수준

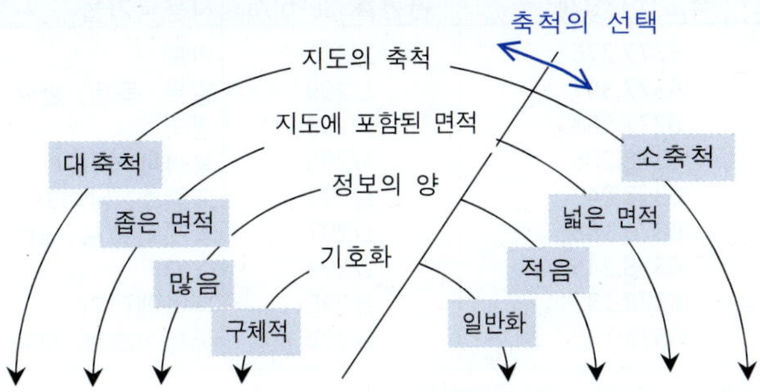

축척은 도상거리(map distance)에 대한 지상거리(ground distance)의 비율을 말한다. 일례로 지도상에서 4 cm로 나타난 두 지점간의 실제 거리가 1 km이라면 축척은 1/25,000이 된다. 축척은 보통 분수 형식으로 표현되기 때문에 분모가 크면 클수록 지도의 축척(축소율)은 점점 작아진다. 1/25,000 지도에서 실제 거리가 25m인 두 지점간의 거리는 1mm로 나타나며, 1/50,000 지도에서는 50m가 1mm로 나타내진다.

제 2 절

지구의 형상과 데이텀

[1] 지구의 형상

지구가 완전한 구형이라는데 대해서 처음으로 의문이 제기된 것은 17세기에 들어오면서 부터였으며, 지구 타원체설은 18세기 말 프랑스 학술원에서 파견한 측량대에서의 실제 관측을 통해 입증되었다. 우리가 지구의 한 경선을 따라서 적도로부터 극으로 이동하면서 위도 1°에 해당하는 호의 길이를 측정해보면 지구가 타원체임을 알 수 있다. 즉 위도 0°~1°에서 호의 길이는 110.57km이며, 45°~46°에서는 111.14km, 89°~90°에서는 111.70km로 고도가 증가할수록 호의 길이가 점차 증가하고 있어 지구는 적도쪽으로 부풀어오른 타원체임을 알 수 있다. 이렇게 지구가 남-북 축의 반경이 동-서축의 반경보다 짧은 타원체의 형상을 나타내는 것에 대해 Newton은 지구의 자전효과 결과 때문인 것으로 해석하고 있다.

이렇게 지구의 형상이 타원체임이 입증되자 지구 타원체의 크기를 측정하려는 연구들이 많이 이루어졌다. 학자들에 따라 적도 반경과 극 반경을 바탕으로 산출되는 타원

표 3-1 지금까지 사용되어온 지구타원체와 그 편평률

지구타원체의 이름	적도 반경(km)	편평률: (a-b)/a	사용국가들
Everest (1830)	6377.276	1/301	인도
Bessel (1841)	6377.397	1/299	일본, 독일, 한국
Airy (1844)	6377.563	1/299	영국
Clarke (1866)	6378.206	1/295	북아메리카
Clarke (1880)	6378.249	1/293	프랑스, 남아프리카
International (1924)	6378.388	1/297	국제적으로 채택
Krasovsky (1938)	6378.245	1/298	소련
IUGG (1979)	6378.137	1/298	북아메리카
GRS80 (1980)	6378.135	1/298	국제적으로 채택하기로 결정

출처: Cambell, J. (1991), *Introductory Cartography*(2nd ed.), p.13.

그림 3-3 WGS 84 지구타원체와 3차원 직각좌표

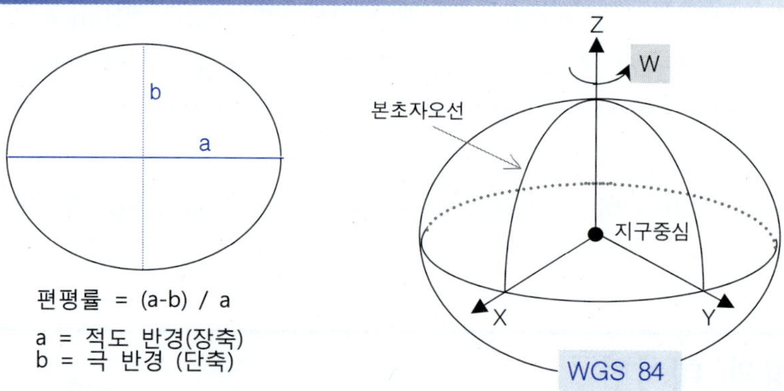

체의 편평률(flattening)은 약간씩 다르게 산출되고 있으며, 또한 국가마다 채택하고 있는 편평률도 다르다(표 3-1 참조). 우리나라는 베셀 타원체를 우리나라의 준거타원체로 채택하고 있다.

최근 인공위성을 이용하여 보다 정확하게 지구를 측정할 수 있게 되면서 각 국가마다 서로 다른 지구 타원체 사용에 따른 문제점을 줄이기 위해 국제적으로 WGS 84(World Geodetic System 1984) 지구 타원체를 채택하고 있다. WGS 84의 편평률는 1/298.257이며 적도 반경은 6378.137km, 극 반경은 6356.752km이다(그림 3-3 참조).

한편 지구가 만일 완전한 기하학적 타원체라면 각 자오선의 원호에서 결정되는 편평률은 모두 동일하여야 한다. 그러나 앞에서 살펴본 바와 같이 측정자들이 각 지점에서 측정한 편평률은 약간씩 차이가 나고 있다. 이는 지구의 형상이 완전한 기하학적 타원체가 아니라 굴곡이 있는 지표면임을 암시해준다.

지구의 정확한 형상을 나타내는 지구형(地球型)을 지오이드(geoid) 라고 한다. 지오

그림 3-4 지오이드와 지구타원체

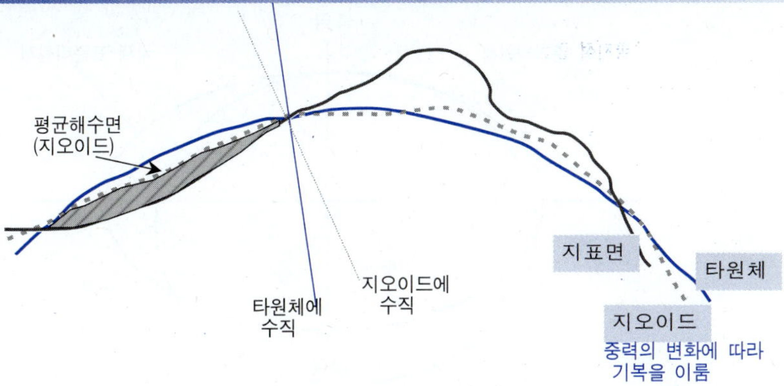

이드는 모든 점에서 중력 방향에 수직하여 나타나는 가상의 면으로, 조석, 파도 등이 없는 상태에서 평균 해수면을 이용하여 지오이드면을 추정하고 있다. 지각의 구성요소와 밀도가 장소에 따라 다르기 때문에 지오이드면은 상당히 불규칙하게 나타난다.

최근 인공위성을 통해 지구 중력을 관측할 수 있게 되면서 지구의 형상을 정확하게 측정할 수 있게 되었고 따라서 지구타원체의 굴곡면을 보다 정확하게 알 수 있게 되었다. 지오이드면은 지구 타원체에 비해 다소 굴곡된 형태로 나타나고 있는데, 일반적으로 해양의 경우 지오이드면이 지구 타원체면보다 낮으며, 대륙의 경우 지오이드면이 지구 타원체면보다 높게 나타난다.

지오이드와 지구 타원체가 모두 지형의 고도를 측정하는 기준이 될 수 있으며, 그림 3-4에서 볼 수 있는 바와 같이 높이를 관측할 수 있는 기준이 타원체에 대한 수직선과 지오이드에 대한 수직선의 두 가지가 있다. 우리가 지표면상에서 지오이드를 감지할 수 있는 것은 아니지만, 지형의 고도를 측정할 때 지오이드는 매우 중요한 기준면이 된다. 또한 지오이드가 각 지역마다 조금씩 다르기 때문에 이로 인해 측량오차가 발생할 수도 있다.

[2] 데이텀과 측지 기준체계

앞에서 살펴본 바와 같이 지구 타원체와 지오이드는 서로 약간씩 차이가 나고 있으며, 그 차이는 지역에 따라 다르다. 따라서 지역에 따라 지오이드면과의 차이가 가장 작도록 지오이드면에 가장 근접하는 타원체를 구축하고자 하는데, 이러한 수학적 모델을 준거타원체(reference ellipsoid)라고 한다. 준거타원체는 사용가능한 측량 기술(과거에는 삼각측량, 현재는 삼변측량 및 위성측량), 지구 타원체에서 측지 대상지역의 범

그림 3-5 국지적 준거타원체와 국제 표준 타원체

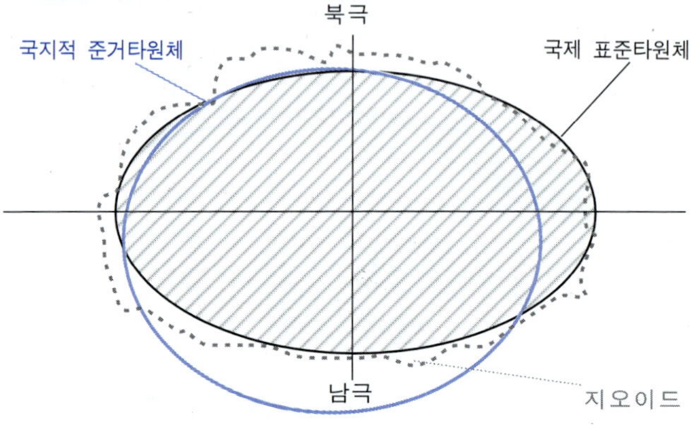

위(국가 단위나 대륙), 정치.군사적인 문제(예: NATO는 작전을 위해 통일된 지구타원체 사용) 등에 의해 달리 정의될 수 있기 때문에 여러 가지 준거타원체가 존재할 수 있으며, 실제로 국가들마다 서로 다른 준거타원체를 사용하고 있다. 따라서 각 국가에서 채택한 준거타원체는 국제적으로 채택한 표준 타원체와는 적도 반경이나 편평률이 다를 수 있다 (그림 3-5 참조).

각 지역마다 준거타원체뿐만 아니라 측지원점이 되는 데이텀(datum)도 그 지역에 부합되게 선정되어야 하므로, 주어진 위치에 대한 좌표체계도 상이하게 나타날 수 있다. 이는 모든 측량이 주어진 데이텀을 기준으로 하여 상대적인 위치를 결정하기 때문이다. 지표면상에서 좌표와 표고를 측정하고자 할 때 위치와 표고가 매우 정밀하게 측정된 특별한 점을 원점(기준점)이라고 하며, 이 점을 기준으로 하여 다른 점의 위치와 높이를 결정하게 된다. 이렇게 위치를 측량하는데 기준이 되는 점을 측지데이텀(geodetic datum) 또는 수평 데이텀이라 한다. 또한 표고(높이)는 흔히 평균해수면이 기준이 되는데, 이를 수직 데이텀(vertical datum)이라 한다. 즉, 지표 높이의 기준은 지오이드면이 되며, 이 기준선을 따라서 각 지점의 높이를 산출하게 된다.

일반적으로 데이텀은 원점(기준점)의 위치(경위도 또는 다른 좌표계), 측지망의 방향(예: 다른 지점에 대한 방위), 준거타원체의 파라미터(적도 반경과 편평률), 원점에서의 지오이드 기복 등으로 정의되어진다. 따라서 지구의 형상과 크기를 나타내는 준거타원체와 측지데이텀은 지표상의 위치를 결정하는 좌표체계의 기준이 된다. 현재 많이 사용되고 있는 데이텀의 예로는 NAD(North American Datum), AGD(Australian Geodetic Datum), EGD(European Geodetic Datum), TD(Tokyo Datum) 등이 있다. 일례로 NAD27과 WGS84 데이텀을 비교해보면 표 3-2와 그림 3-6과 같다. NAD27 데이텀의 경우 측지원점이 캔사스주의 Meades Ranch이고 준거타원체로 Clark 1866을 채택하고 있

그림 3-6 국지적 데이텀과 세계적 데이텀

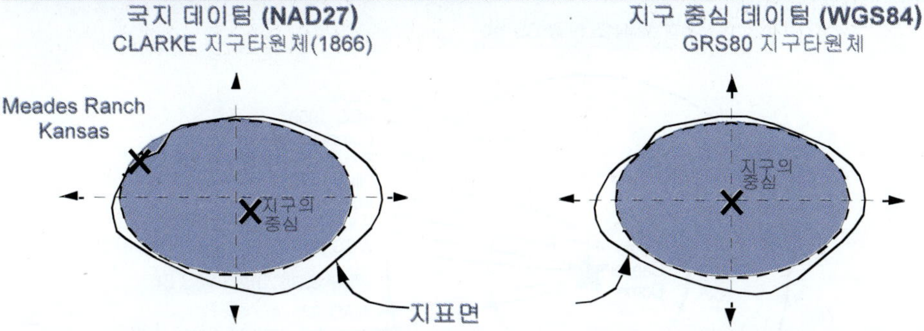

표 3-2 NAD 27과 WGS 84의 데이텀 요소들간의 비교

데이텀 요소	NAD 27	WGS 84
준거타원체	Clark 1866 적도반경(a)=6378.204 km 편평률 = 1/294.979	GRS 80 적도반경(a)=6378.137 km 편평률 = 1/298.257
데이텀 원점	Trig. Station Meades Ranch, Kansas	지구 중심
경도 원점	그리니치(본초자오선)	그리니치(본초자오선)
방위 방향	남쪽으로 부터	북쪽으로 부터
조정	25,000 측지기준점, 수백개의 기준선, 수백개의 방위	250,000 측지기준점, 30,000 EDM 기준선, 5,000개 천체-방위
대상지역	북아메리카	전세계

다. 반면에, WGS84 데이텀의 경우 측지원점이 지구중심에 위치하고 있으며, GRS80 준거타원체를 채택하고 있다. 또한 WGS84는 GPS 좌표체계의 기준이 되고 있으며 세계적으로 사용되는 데이텀이다.

이와 같이 지구상의 위치는 데이텀에 의해서 결정되며, 따라서 데이텀이 다를 경우 동일 위치에 대한 좌표값도 상이하게 나타날 수 있다. 그림 3-7에서 볼 수 있는 바와 같이 WGS84 좌표계에 의해 나타난 미국 텍사스주 의사당 돔의 위치는 다른 데이텀들에 의해 나타난 위치와는 차이가 나고 있음을 알 수 있다. 현재 수백 개의 데이텀이 세계적으로 사용되고 있으며, 각 국가마다 위치체계와 항법체계에 필요한 정확한 위치화(positioning)를 위해 상이한 데이텀을 사용하여 좌표체계의 기준을 마련하고 있다.

이렇게 각 나라나 지역마다 상이한 준거타원체와 데이텀을 채택함으로써 전세계적 수준의 표준이 없으며, 또한 각 국가마다 사용하는 지구 타원체가 상이하기 때문에 동일한 위치에 대한 좌표값이 다르게 나타날 수도 있다. 또한 다른 타원체를 기준으로 하여 제작된 지도들은 경계선들이 서로 일치하지 않는 경우가 발생한다. 이러한 문제점들을 해결하고 전 세계적으로 표준화된 좌표체계를 구축하기 위해 WGS84가 국제 표준 타원체로 채택되었다.

그림 3-7 다양한 데이텀에 의한 텍사스주 의사당의 위치

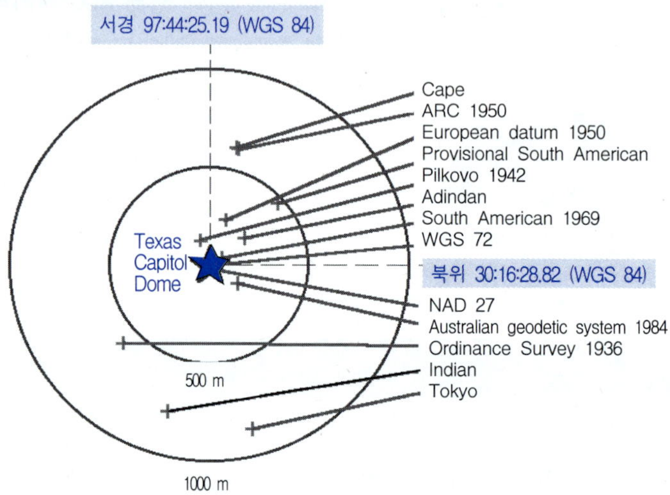

1984년 세계 측지측량연맹에서 인공위성을 이용해 정확한 위치와 높이를 계산하기 위한 새로운 3차원의 좌표체계를 만들었다. WGS84라고 하는 이 좌표체계는 지구질량의 중심에서 중력이 0이 되는 등중력면을 지구 표면의 위치와 높이를 측정하는 기준점으로 정한 것이다. WGS84는 지구중심좌표계를 사용하는데, 이는 타원의 단축을 중심으로 회전시킨 회전타원체와 일치되는 지구 타원체를 고정하여 그 타원체상의 위도, 경도, 고도를 사용하여 지구상의 위치를 3차원으로 표현하는 것으로 타원체의 중심과 지구의 중심을 일치시킨 좌표계를 말한다(그림 3-3의 WGS84 타원체 참조).

이상에서 살펴 본 바와 같이 지표상에 존재하는 다양한 형상물을 위치화하는 것은 GIS의 공간 데이터를 관리, 처리, 분석, 표현하는데 있어서 매우 중요하다. 특정한 형상물의 위치를 나타내는데 경·위도와 같은 전 지구적인 좌표체계로 나타낼 수 있으나, 특정 지역에만 적용되는 지역적인 좌표체계로 나타낼 수도 있다. 때때로 GIS 프로젝트에서 사용되는 특정 대상물의 위치를 나타내는 좌표체계는 두 가지 이상의 데이텀에 의해 구축되어서 서로 다르게 나타나는 경우도 있다. 따라서 주어진 좌표체계를 구축하고 있는 준거타원체와 측지데이텀을 알아야하며, 더 나아가 서로 다른 데이텀과 투영법에 의해 구축되어 좌표체계가 서로 다른 공간 데이터들을 동일한 좌표체계로 일치시키기 위해 한 좌표체계에서 다른 좌표체계로의 변환시키는 작업을 수행하여야 한다. GIS는 서로 다른 투영법과 좌표체계 간의 변환을 가능하게 하는 기능을 갖고 있다. 경위도 좌표체계는 공식에 의하여 평면좌표계로 변환할 수 있으며 그 반대의 변환도 가능하다. 그러므로 GIS 사용자는 다양한 준거타원체와 데이텀 및 투영법에 따른 좌표체계에 대한 지식을 갖는 것이 필요하며, 필요한 경우 좌표체계의 변환과정을 수행할 수 있어야 한다(그림 3-8 참조).

그림 3-8 좌표체계의 변환 과정

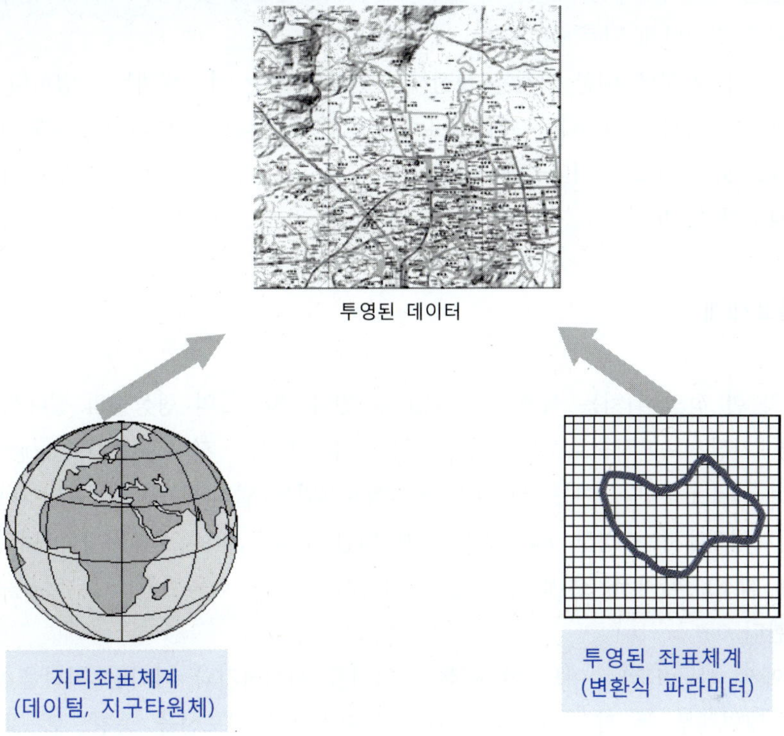

제 3 절

좌표체계와 GPS

[1] 좌표체계

위치란 주어진 좌표체계에 있어서 다른 점들과 어떤 기하학적인 상관관계를 갖는가를 지칭하는 것으로, 일반적으로 그 좌표체계의 특정점 또는 특정선으로부터의 길이와 방향을 기준으로 하여 나타내게 된다. 위치를 설정하는 준거체계를 만드는데 공헌한 사람은 17세기 프랑스의 수학자인 데카르트이다. 그는 대수학적인 관계를 기하학적으로 해석하는 체계를 고안하였다. 그는 평면상에 X축, Y축을 주축으로 하여 서로 등간격으로 수직.교차하는 선들로 이루어진 좌표계(cartesian coordinate system)를 구축하였다. 따라서 이 평면상에 있는 어느 지점이라도 그 위치는 $P_i(x_i, y_i)$로 나타낼 수 있으며, 각 지점들은 유일하며 그 위치는 좌표체계에 정확하게 나타난다(그림 3-9-가 참조). 이러한 데카르트식 좌표체계 개념은 지표면상의 위치를 결정하는데 도입되었으며, 우리가 컴퓨터 상에서 도면을 디지타이징할 때 바로 데카르트식 좌표체계에 맞추어 지도에 나타난 형상물들의 위치를 입력하게 되는 것이다.

지표상의 지형지물에 대한 위치를 설정하는 기준이 되는 좌표체계는 다양하다. 여기서는 구면상에서의 위치를 나타내는 지리좌표체계와 전 세계적으로 널리 공용화되어 사용되는 UTM 좌표계, 그리고 우리나라에서 채택하여 사용되고 있는 TM좌표계에 대하여 간략하게 살펴보고자 한다.

(1) 지리좌표체계

지구상의 한 점의 위치는 좌표로 나타낼 수 있다. 지구상의 형상물의 절대적 위치를 나타내는데 가장 보편적으로 사용되고 있는 좌표체계는 지리좌표체계(geographical coordinate system)이다. 이는 2차원의 평면좌표계와는 달리 3차원의 구면 좌표체계이다. 지리좌표체계에서는 경도 λ와 위도 φ에 의한 좌표(λ,φ)로 수평위치를 나타낸다(그림 3-9-나 참조). 따라서 3차원 위치를 표시하려면 지구 타원체면으로부터 높이를 추가하여야 한다.

지구상에서 지구표면의 어느 한 지점의 위치를 지시하거나 지시된 지점을 찾기 위하여 지구 타원체를 동-서방향의 위도선과 남-북방향의 경도선을 종횡으로 일정한 간격을 두고 인위적으로 설정하고 특정 지점의 위치를 도, 분, 초로 표시한 것을 지리좌표체계라고 한다. 적도선 0°를 기준으로 하여 남북으로 각각 90°씩 적도에 평행하게 그은 선을 위선이라 하며 적도를 중심으로 북쪽으로는 북위, 남쪽으로는 남위라고 한다.

그림 3-9 대상물의 위치를 나타내는 지리좌표체계의 원리

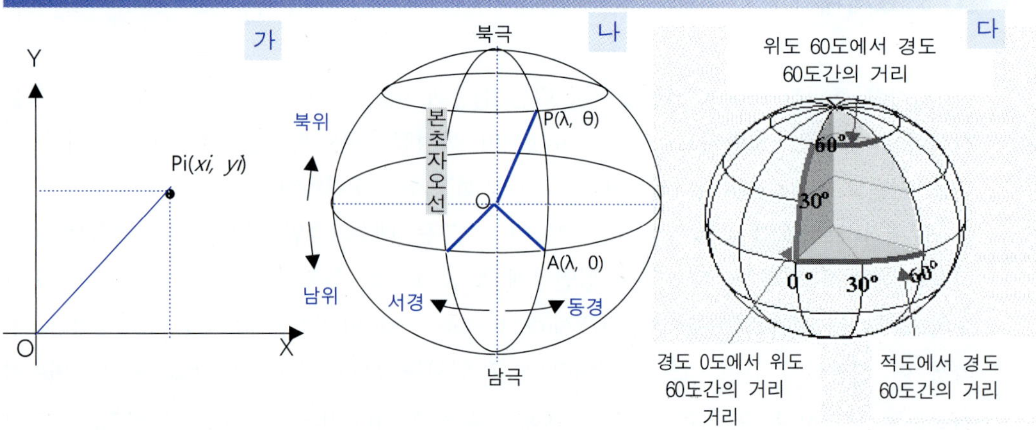

또한 경도선은 일명 자오선이라고도 하는데 영국의 그리니치 천문대를 통과하는 본초 자오선을 0° 기준으로 하여 동쪽으로 180°까지를 180등분한 선을 동경이라고 하며, 서쪽으로 180등분한 선을 서경이라고 한다.

구형인 지표면상에 설정된 경·위선의 지리좌표체계의 특징과 지표에 나타나는 거리적 관점에서 경.위도가 의미하는 것을 이해하는 것은 중요하다. 모든 위선들은 등간격으로 되어있으며, 위선 간에 거리는 모두 같다. 경선들의 길이는 대권의 절반으로 모두 같으며 남-북 방향을 나타낸다. 모든 경선은 극에서 수렴하며 적도에서 경선간의 간격이 가장 넓다. 대권(great circle)은 지구의 정확한 중심을 지나가면서 자전축과 교차할 때 이루어지는 원으로, 지표에서 그려질 수 있는 가장 큰 원이다. 이 대권상에 놓여있는 두 지점간의 거리는 최단거리가 되기 때문에 대권을 따라서 항공로가 개설된다. 하나의 대권은 또 다른 대권을 양분하며, 모든 대권을 만들어내는 가상적인 평면은 지구 중심을 통과하면서 지구를 양분한다.

지구는 타원체이고 지구 반경이 적도에서 극으로 갈수록 감소되기 때문에 위도 1°의 길이는 극으로 갈수록 점차적으로 길어지는 반면에 경도 1°의 길이는 적도에서 최대가 되고 고도가 높아질수록 감소하며 극에서는 0이 된다(표 3-3 참조). 따라서 경선 간의 거리는 위도에 따라 달라지며 주어진 위도(λ)에서 경도 1°간의 길이는 cos(λ) x 위도 1°의 길이(111.321km)에 의해 산출된다. 따라서 위도 60°에서 경도 1°의 길이는 적도에서의 길이의 절반이 된다(그림 3-9-다 참조). 또한 같은 경도 상에 남북으로 두 점이 위도 1° 간격으로 떨어져 있다면 두 점의 거리는 지구 원주의 1/360인 약 111 km에 해당한다. 따라서 위도 1′는 1.86km에 해당하며 위도 1″는 30m에 해당한다.

표 3-3 각 위도상에서 위도 1°와 경도 1°의 길이(GRS80 타원체 기준)

위도 (°)	위도 1°의 길이(km)	경도 1°의 길이(km)
0	110.574	111.319
5	110.583	110.899
10	110.608	109.639
15	110.649	107.551
20	110.704	104.647
25	110.773	100.950
30	110.852	96.486
35	110.941	91.288
40	111.035	85.394
45	111.132	78.847
50	111.229	71.696
55	111.324	63.994
60	111.412	55.800
65	111.493	47.176
70	111.562	38.187
75	111.618	28.902
80	111.660	19.393
85	111.685	9.735
90	111.694	0.000

(2) TM 좌표계

TM(Transverse Mercator) 좌표계는 평면직각좌표계의 하나로, 측량범위가 넓지 않은 지역의 측량을 위해 주로 사용되는 좌표계이다. 일반적으로 평면직각좌표계에서는 측량지역에 한 점을 택하여 좌표 원점으로 정하고 평면상에 원점을 지나는 경선을 X축(북을 +로 표시함), 위선을 Y축(동을 +로 표시함)으로 하여 각 지점의 위치를 직각좌표값($x_{i,}$ y_i)로 표시하는 것으로 수학에서의 좌표축과는 다르다.

TM 좌표계는 횡축 메르카토르 투영법, 흔히 가우스 크뤼거(Gauss- Krŭger) 라고 불리우는 투영법에 기초하고 있다. TM 투영법은 크뤼거가 가우스 상사이중 투영법을 개량, 발전시킨 것으로 1912년 Postdam 측지연구 보고서에서 '타원체면의 평면에서의 등각사상'이라는 제목으로 이 방법을 최초로 발표하였다. 그 이후, 1927년부터 독일의 측지망을 가우스-크뤼거 방법으로 통일하였으며, 미국과 영국에서는 이 도법을 TM 투영법이라고 명명하였다. UTM 투영법도 이 투영법에 기초한 것이다. TM 투영법은 지구위를 투영하기 위해 원통을 적도와 접하는 대신 90도 회전시켜 원통면이 지구 타원체의 임의의 자오선과 접하도록 하여 투영하는 방법이다.

TM 투영법의 경우 원통면과 접하는 기준경선의 축척계수(SF)는 1.0이지만, 중앙경선으로부터 멀어질수록 왜곡성이 커지므로 대축척 또는 측량 좌표체계용으로 이 도법을 사용하는 경우, 기준 경선을 중앙에 놓고 그 양측에 투영하는 범위를 매우 좁게 한정한다. 따라서 TM 좌표계는 원통면과 접하는 자오선에서는 실제거리와 동일하고 경도의 폭이 6˚씩 되는 구역 내에서는 비교적 오차범위가 적기 때문에 왜곡을 최소화하기 위해 지구 타원체를 6˚ 폭 간격으로 나누어 지구 전체를 60개의 구역으로 구분하고 각 구역의 기준 경선이 원통면과 접하도록 하여 투영하는 횡축 메르카토르 도법에 의해 구축된다.

특히 6˚의 구역 내에서 전체적인 왜곡치를 보다 줄이기 위해 기준 경선이 원통면과 접하는 대신 기준 경선과 평행한 원통면상의 두선이 지구 타원체와 접하도록 하여 투영시킨다. 따라서 기준 경선에서의 축척계수(SF)는 0.9996인데 비해 기준 경선 양측에서 원통면과 만나는 두 경선에서의 축척계수는 1.0000이며 양쪽으로 3˚씩 떨어진 경선에서의 축척계수는 1.00158을 유지하게 된다. 이렇게 기준 경선이 원통을 분할하여 지나가게 하는 투영법이 기준 경선이 원통면과 접하게 하여 투영하는 경우보다 6˚구역 내에서의 전체적인 왜곡도를 줄이고 축척의 정확도를 높일 수 있게 된다(그림 3-10 참조). TM 좌표체계는 가로로 눕힌 원통을 이용하여 투영하는 것으로 자오선이 원통에 접하기 때문에 접하는 자오선에서 왜곡이 없다. 따라서, 남북 방향으로는 왜곡이 적고, 접하는 자오선에서 멀어질수록 왜곡이 많아지게 되므로, 남북으로 접하는 면적이 많은

그림 3-10 TM 좌표체계의 원리: 축척계수와 왜곡도

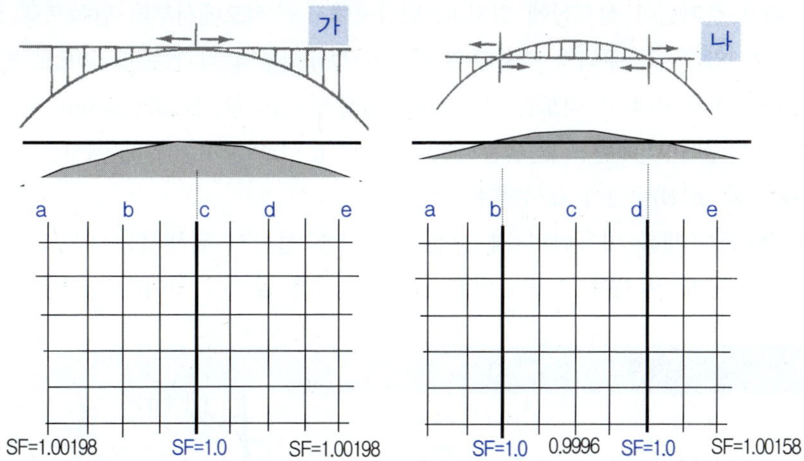

나라에서는 이 투영법을 이용하는 경우 전체적으로 왜곡도가 낮은 지도를 구축할 수 있어 매우 유용하다.

(3) UTM 좌표체계

UTM(Universal Transverse Mercator) 좌표체계는 전 세계적으로 사용되는 표준화된 횡축 메르카토르(TM) 투영법이다. 지리좌표계가 각 지점의 위치를 경.위도로 나타내는 데 비해 구역(zone)의 고유번호 숫자와 가상적인 준거기준으로부터 북과 동으로 각각 떨어진 거리를 m로 나타내는 좌표체계이다. 본래 UTM 좌표는 1950년대 군사적인 목적으로 지도를 제작하면서 고안된 좌표이지만, 오늘날에는 지형도 제작, 토지측량, 천연자원 탐사, 고속도로 건설 등등 다양한 용도로 활용되고 있다.

UTM 좌표체계는 직사각형의 모양을 그대로 유지하므로 면적, 거리, 방향 등을 나타내는데 매우 편리하다는 장점을 지니고 있다. UTM 좌표체계는 왜곡성을 줄이고 가장 정확하게 투영되도록 원통에 지구본이 접하는 부분을 6˚씩으로 하여 이를 60개의 구역으로 나누어 전세계가 다 포함되도록 투영한 것이다. 북위 84˚~남위 80˚사이 지역을 6˚의 폭으로 된 구역으로 나누되 각 구역을 0.5˚씩 중첩시킴으로써 각 구역의 경계 가까이에 있는 지점들을 쉽게 참고하도록 하였다. 이렇게 남북으로 긴 사각형을 60개 구역으로 나누고 각 구역은 180˚에서 시작하여 서쪽에서 동쪽으로 각각의 고유번호를 부여하였다. 각 구역은 그 구역의 중앙을 지나는 자오선과 적도와의 교차점에 그 기준을 두고 있다. 따라서 그림 3-11에서 볼 수 있는 바와 같이 구역 1은 180˚W~174˚W, 구역 2는 174˚W~

168°W로 서열화되며, 각각의 구역은 남북으로 양분된다. 가상적인 허구 준거점은 각 UTM 구역의 중앙경선에서 서쪽으로 500,000m 떨어져 있는 적도상에 있으며, 북반구에서는 허구 준거점이 적도상에 있지만, 남반구에서는 적도에서부터 남쪽으로 10,000,000m로 떨어져 있다. 각 구역의 격자망은 이 준거점에서부터 각각 동과 북으로 떨어져있는 거리로 나타낸다. 따라서 적도는 UTM 좌표계에서 (0m N, 10,000,000m N)으로 나타나게 되며, 북반구에 위치한 지점들은 (500,000m E, 0m N), 남반구에서는 (500,000m E, 10,000,000 m N)내에서 표시된다.

UTM 좌표계를 이용하여 각 지점의 위치를 정하기 위해서는 우선 그 지점이 속해 있는 구역이 몇 번이며, 북반구인가 남반구인가를 알아야 한다. 그 다음으로 특정 지점

그림 3-11 UTM 좌표체계의 구축

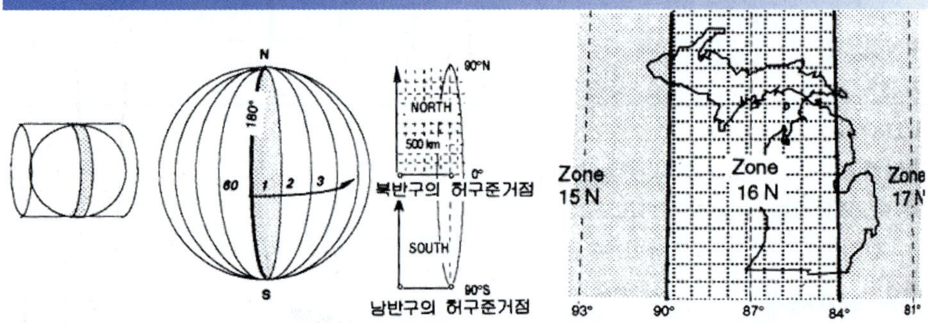

그림 3-12 UTM 좌표체계의 구역 분포

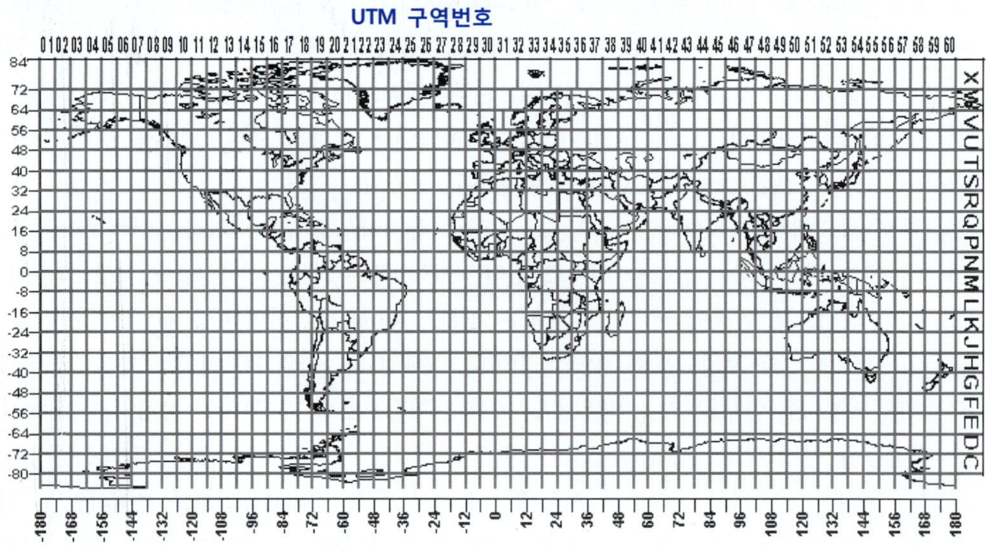

이 가상적인 준거점에서 동쪽과 북쪽으로 어느 정도 거리에 있는가를 측정하여야 한다. 따라서 UTM좌표계에서는 (xxxx m E, xxxx m N), 구역번호, N(또는 S)으로 나타난다. UTM좌표는 일반적으로 각 나라에서 발행되는 지형도의 가장자리에 표기되어 있으며, UTM좌표계의 격자망은 지리좌표 격자와는 일치하지 않는다. 단지 각 구역의 중심에서 남-북의 경선이 각 구역의 중앙자오선과 일치한다(그림 3-12 참조).

한편 지리좌표를 UTM좌표로, 또는 그 반대로 변환시킬 수 있다. 어느 지점의 경도를 알고 있는 경우 만일 그 지점이 그리니치(본초자오선)의 서쪽에 위치할 경우 180˚에서 경도를 뺀 후 6으로 나누면 UTM구역의 번호가 산출되며, 만일 동쪽에 위치한 경우에는 그 경도에다가 180˚를 합한 후에 6으로 나누면 UTM 구역번호를 알게 된다. 반대로 UTM 구역번호를 알 경우에 동쪽에 있는 지점의 경우 구역번호에 6을 곱한 값을 180˚에서 빼면 구역의 경도를 알 수 있다. 우리나라는 51과 52, 그리고 T와 S구역에 포함되어 있다.

(4) 우리나라의 측지기준과 좌표체계

측지기준체계는 위치정보의 기준이 되는 것으로서, 한 국가의 측지기준체계는 일반적으로 법령에 기초하여 국가가 정의하고 유지·관리하고 있다. 측지기준체계의 골격이 되는 측지기준점(삼각점, 수준점)은 지도제작, 지적측량, 각종 건설공사 등 국토개발이나 방제사업 시에 정확한 위치 기준을 제공하여 주며, 토지정보에 대한 기초정보로도 활용된다.

현재 국립지리원에서 유지.관리하고 있는 우리나라의 기준점 성과는 1910년대에 일제에 의해 토지 및 조세제도의 확립을 기한다는 명목으로 실시된 조선토지조사사업의 성과를 근간으로 하고 있다. 수평 기준점인 삼각점은 삼각측량 방식에 의하여 기선 13개소, 일본의 2등 삼각점에 상당하는 대삼각본점 400점, 대삼각보점 2,401점, 일본의 3등 삼각점에 상당하는 대삼각점 31,646점을 측량하였으며, 수준노선은 6,629 km를 측량하였고, 검조장 5개소를 설치하였다. 실제 측량은 1910년부터 1918년까지 8년이라는 짧은 기간동안에 기선, 삼각, 수준, 세부측량이 모두 실시되었고, 1914년부터 1918년까지 총 722도엽의 1/50,000지형도가 완성되었다.

조선토지조사 사업이 완료된 후, 1930년대에 이르러 일본 군부는 중국으로 진출하기 위하여 우리나라의 측량을 일본과 동일한 정확도와 기준으로 통일하기 위하여 새로운 측량을 실시하였으나, 1943년 이후에 측량은 중단되어 우리나라에서의 1등 삼각측량은 10점의 관측으로 끝났다.

이렇게 구축된 측지기준점은 지난 80여년의 기간을 지나오면서 6·25 전쟁과 지형 변화로 약 85%이상이 파손되었다. 1960년대 경제개발계획을 추진하면서 국토개발사업의 확장으로 대축척 지형도의 제작과 건설공사를 위한 기준점에 대한 수요가 급증하게 되면서 기준점의 복구사업이 실시되었으나 정확도 측면에서 많은 문제점을 발생시키고 있다. 이에 따라서 국립지리원에서는 우리나라 삼각점의 실용성과 부정확성 등의 문제점을 해결하고, 보다 정확한 기준점 성과를 확립하여 제공하기 위해 1975년부터 기존의 1, 2등 삼각점을 기초로 정밀 1차 기준점 측량사업을, 1986년부터 3, 4등 삼각점을 기초로 하여 정밀 2차 기준점 측량사업을 실시하고 있다. 1994년에 최초로 정밀 1차 기준점망의 동시망 조정에 의한 동질성을 가진 국토의 기본 골격을 확보하게 되어 우주 개발, 지구환경조사, 대축척 수치지도 제작, 지적 재조사 사업 및 공공측량의 새로운 정확도 기준을 제공할 수 있게 되었다.

최근에 들어와 측량기술의 급속한 발전 및 정보통신망 구축에 따라 인공위성을 이용한 GPS측량이 가능해지면서 고정밀도의 측량성과를 얻기 위해서 국립지리원은 한국 측지망을 국제기준좌표계와 결합, 지구중심좌표계의 도입 등을 위하여 일본 국토지리원과 함께 공동사업을 벌이고 있다. 1995년부터 GPS의 연속관측사업을 추진하였으며 GPS의 실용화를 위한 연구사업 추진과 함께 1997년부터는 전국 20여개소에 GPS 상시 관측소 설치를 추진하고 있다. 또한 세계 측지계에 따른 우리나라의 모든 측량 및 위치결정의 기준을 규정하여 새로운 측지계의 효율적 구현을 도모하고자 1995년 10월부터 VLBI(Very Long Baseline Interferometry) 관측을 실시하여 2002년 경위도 원점의 세계측지계 좌표를 산출하였다. 이렇게 정밀천문측량과 관측을 통해 산출된 우리나라의 경위도 원점, 수준원점 및 중력원점은 표 3-4와 같다.

표 3-4 우리나라 경·위도 원점과 수준 원점

대한민국 경·위도 원점	대한민국 수준 원점	대한민국 중력원점
위치-경기도 수원시 원천동 111 번지 국립지리원 內 경위도: 북위 37°16'33.3659" 죄표 동경 127°03'14.8913"	위치-인천광역시 중구 용현동 253번지 인하대학교 內 원점값-인천만 평균 해면상 26.6871m	소재지: 국립지리원 내 경위도 경도 127°3'21.979"E 좌표: 위도 37°16'21.576"N 중력값(mgal): 979918.775±0.0001 표고(m): 56.5273

출처:국립지리원 홈페이지(http://www.ngii.go.kr)

우리나라 지도 좌표계는 준거타원체로 Bessel 타원체를 사용하며 경위도는 지리좌표계를 사용하고 있다. 평면직각좌표계의 경우 국가기본도는 TM좌표계를, 군사용 지도는 UTM좌표계를 사용하고 있다. 우리나라의 평면직각좌표의 원점은 통일원점 3개, 기타원점 11개로 구성되어 있다. TM 좌표 계에서의 좌표 기준점으로 서부 원점(125° E, 38° N), 중부 원점(127° E, 38° N), 동부 원점(129° E, 38° N)의 3개 원점을 사용한다. 투영법으로는 지구타원체를 상사형의 구체에 투영하여 평면상으로 재투영하는 가우스 상사 이중투영법을 사용하였고, 투영되는 원점에서의 축척계수는 1.00으로 하였다.

평면직각좌표에서 좌표 원점을 지나는 자오선을 X축으로 북쪽 방향이 양의 값을 나타내게 되고, 좌표원점을 지나는 위도선을 Y축으로 동쪽 방향이 양의 값을 나타낸다. 평면직각좌표에서 음수값의 좌표가 나타나지 않도록 하기 위해 각 구역의 좌표원점에서 X 좌표는 500,000m N이고(단, 제주도는 550,000m), Y좌표는 200,000m E로 정한다. 즉 중부원점인 127도를 기준으로 동쪽으로는 1,000m단위로 201, 202, 203,…으로 표기하고 서쪽으로는 199, 198, 197,…의 순으로 표기한다. 또한 38도를 기준으로 북쪽으로는 501, 502, 503,…이고 남쪽으로는 499, 498, 497 …으로 표기한다.

그러나 우리나라의 경우 GPS 측량이 도입되는 경우 좌표체계와 표고값에 여러 가지 복잡한 문제점을 야기시킬 수 있다. 우선 우리나라가 현재까지 준거타원체로 채택하였던 베셀 타원체와 도쿄 데이텀에서 새로운 WGS84 준거타원체와 지구중심 데이텀으로 전환하는 경우 WGS84 좌표체계와 기존의 준거 좌표계간의 좌표변환 문제 및 정밀한 지오이드의 결정 문제 등이 야기된다. 실제로 WGS84 좌표체계는 우리나라에서도 1999년 5월 GPS 상시 관측시스템을 설치하여 운영하고 있으나, GPS 측량성과를 우리나라의 기준점 성과로 사용하기 위해서는 WGS84 타원체에서 Bessel 타원체로의 변환, Bessel 타원체와 TM좌표간의 변환이 이루어져야 한다. 이상에서 살펴본 현재 우리나라의 지도 좌표체계와 중부원점과 동부원점이 적용되는 지역분포를 보면 표 3-5와 같다.

표 3-5 우리나라의 현재 지도체계와 중부원점과 동부원점이 적용되는 지역 분포

구분	현 지도좌표계
기준계	Tokyo Datum (한국 경위도 원점)
타원체	베셀 타원체(Bessel 1841)
투영 원점	서부 (38°125°) 중부 (38°127°) 동부 (38°129°) 울릉 (38°131°) 제주 (38°127°)
좌표체계	이원화 삼각점 (0m, 0m) 가상원점 (500,000m N, 200,000m E) 단 제주도는 550,000 m
중앙자오선의 축척계수	1.0000

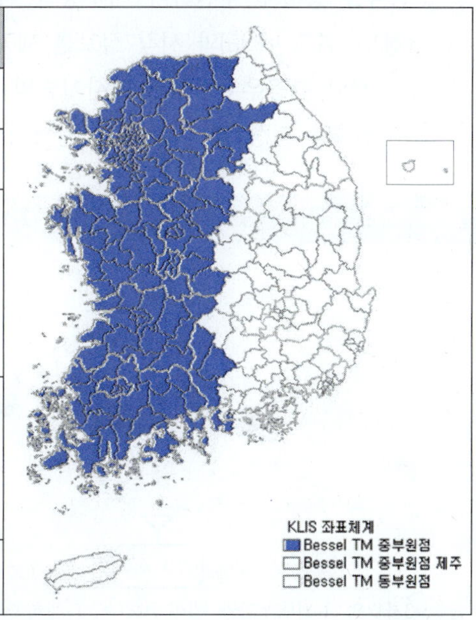

[2] 범지구측위시스템(GPS)

(1) GPS의 개념과 특성

범지구측위시스템(GPS: Global Positioning System)의 시초는 1950년대 후반과 1960년에 걸쳐 미 해군이 위성에 기초한 측량 및 항해 체계를 위한 시스템을 구축한 것이 계기가 되었다. 이러한 위성 항해를 위한 시스템이 Navstar(Navigation System with Timing And Ranging) GPS로 발전되었다. 그 이후 1977년에 Navstar 위성인 NTS-2(Navigation Technology Satellite 2)가 발사되어 위성에 기초한 항해 이론이 타당함을 입증하였고 1978년 2월 Block I 위성이 발사되었다. 1979년에 2단계로 9개의 Block I 위성이 6년 동안 추가로 발사되었다. 이렇게 GPS는 1970년대 들어와 활발하게 개발이 이루어지면서 1995년에 Block II 위성이 실용화되면서 본격적으로 운영되기 시작하였다.

이와 같이 GPS는 미국 국방성이 군사적 목적으로 개발한 항법지원 시스템이었으나 1983년 소련에 의한 한국 항공기 KAL-007기의 격추 사건을 계기로 1984년 레이건 대통령이 GPS 신호의 민간 수신을 공식 선언하면서부터 신호체계의 일부를 민간에 허용하면서 전세계적으로 사용되고 있다. GPS는 미국 국방성에서 관리하는 지구 주변의 6개의 궤도를 떠다니는 24개의 위성 가운데 가장 수신하기 쉬운 3~4개 GPS용 위성으로부터 전파를 동시에 수신하여 지구상의 어느 지점에 있는 사용자들이라도 3차원의 위치정보(경도, 위도, 고도)와 시각 정보를 제공받을 수 있는 시스템이다(그림 3-13 참조).

첨단 항공우주산업과 전자기술의 발달에 의해 이루어진 GPS는 위성으로부터 송신되는 신호를 지상에서 수신하여 관측지점의 위치를 측정하는 정밀 측위시스템이라고 볼 수

그림 3-13 위치 정보를 제공하게 위해 사용되는 4개의 GPS용 위성

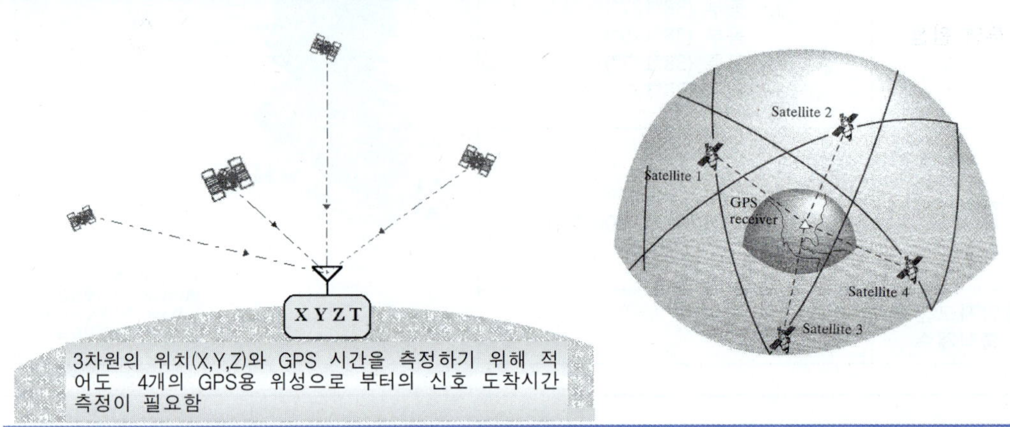

있다. GPS는 기존 항법 시스템에 비해 정확성이 높고 사용이 간편하며 시간과 장소 그리고 기상 상황에 관계없이 사용할 수 있다는 장점을 갖고 있다. 위치정보는 WGS84 기준좌표로, 시간은 GPS 기준으로 통일되어 제공된다. 따라서 사용자는 GPS 수신기만 있으면 자신의 위치에 대한 정보를 어디서나 쉽게 얻을 수 있다. 이와 같이 GPS는 사용자에게 3차원의 위치와 속도, 정밀한 시각정보를 제공하므로 많은 분야에서 사용되고 있는데 특히, 자동차, 선박 및 항공기의 항법과 측량분야에서 주로 사용되고 있다.

GPS 원리를 개념적으로 보면 매우 간단하다. 근본적으로 GPS는 삼각측량의 원리를 사용한다. 그러나 전통적인 삼각측량에서는 알려지지 않은 지점에 대한 위치 결정은 그 점을 제외한 두 각의 크기와 그 사이 변의 길이로 측정하는데 비해, GPS에서는 알고 싶은 점을 사이에 두고 있는 두 변의 길이를 측정함으로 미지의 점의 위치를 결정한다.

인공위성으로부터 수신기까지의 거리는 각 위성에서 발생시키는 부호 신호의 발생 시점과 수신 시점의 시간 차이를 측정한 다음 여기에 빛의 속도를 곱하여 계산한다(거리 = 빛의 속도 x 경과시간). 실제로 위성의 위치를 기준으로 수신기의 위치를 결정하기 위해서는 거리 자료 이외에도 위성의 정확한 위치를 알아야 하는데, 이 위성의 위치를 계산하는데는 GPS 위성으로부터 전송되는 궤도력을 사용한다.

GPS에 의해 제공되는 측량과 항법의 정밀도는 사용하는 신호와 자료 처리방법에 따라 큰 차이가 난다. 정밀도가 낮은 단독측위 방법은 주로 항법에 쓰이며, DGPS, 후처리 상대측위 기법 그리고 실시각 이동측위(RTK) 기법은 정밀도가 높아 측량에 이용된다. GPS 수신기 1대를 사용해서 위치를 측정하는 단독측위 방법은 코드를 이용하며 C/A와 P코드를 사용하는데 정밀도가 낮다. 일반적으로 민간 이용자들은 SPS(Standard Positioning System)를 무료로 제한없이 수신받을 수 있다. 대부분의 수신기는 SPS 신

그림 3-14 GPS의 원리

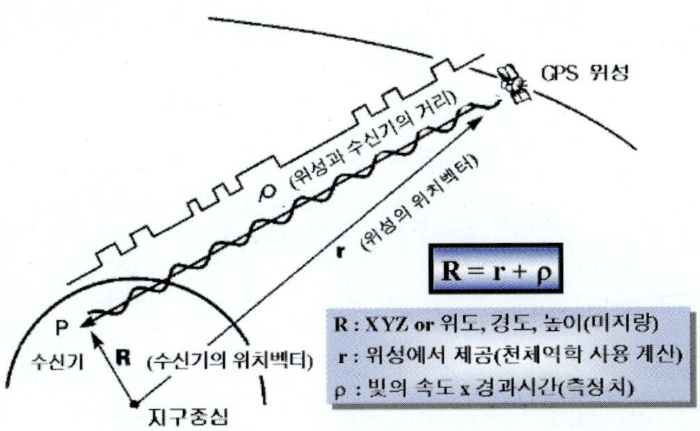

호를 받을 수 있도록 되어있으며 SPS의 정밀도는 수평 100m, 수직 156m, 시간 167 nanosecond이며, 이 수치는 95% 정밀도 내의 오차를 말한다. 한편 암호 해독장치를 갖춘 허가된 사용자들은 특별히 고안된 수신기를 이용하여 PPS(Precise Positioning System)를 수신할 수 있다. 미군과 연합군, 일부 미국 정부기관, 기타 미국 정부로부터 허가된 민간 사용자들이 사용 대상이 되며, PPS를 사용할 경우 정밀도는 수평 17.8m, 수직 27.7m, 시간 100 nanosecond이다.

일반 사용자들이 수신받을 수 있는 SPS에 따른 위치정보는 보다 정확한 위치를 파악하여야 하는 응용분야에서는 사용하기 어렵다. 따라서 보다 정확한 위치정보를 얻기 위한 다양한 방법이 개발되고 있는데 이중 DGPS (Differential GPS)가 가장 널리 쓰이는 방법으로 현재 미국에서는 상용 서비스가 제공되고 있다. DGPS란 GPS 신호의 오차를 보정하여 단독 측위시 보다 정밀도가 훨씬 더 개선된 위치를 얻는 측위방식이다(그림 3-15-참조). DGPS에서는 위치가 알려진 기준국에서 추적가능한 모든 위성의 의사거리 보정치를 계산한다. 즉, 현재 위성에서 보내오는 정보에 의한 의사거리 측정값에 있는 오차성분을 계산해 이를 주변의 사용자에게 알려주어 보다 향상된 위치결정을 가능하게 하는 시스템이다. 정확한 위치가 결정되어 있는 기준국(reference station)에서 연속적으로 관측하고

그림 3-15 GPS의 측위과정과 거리 보정 방법

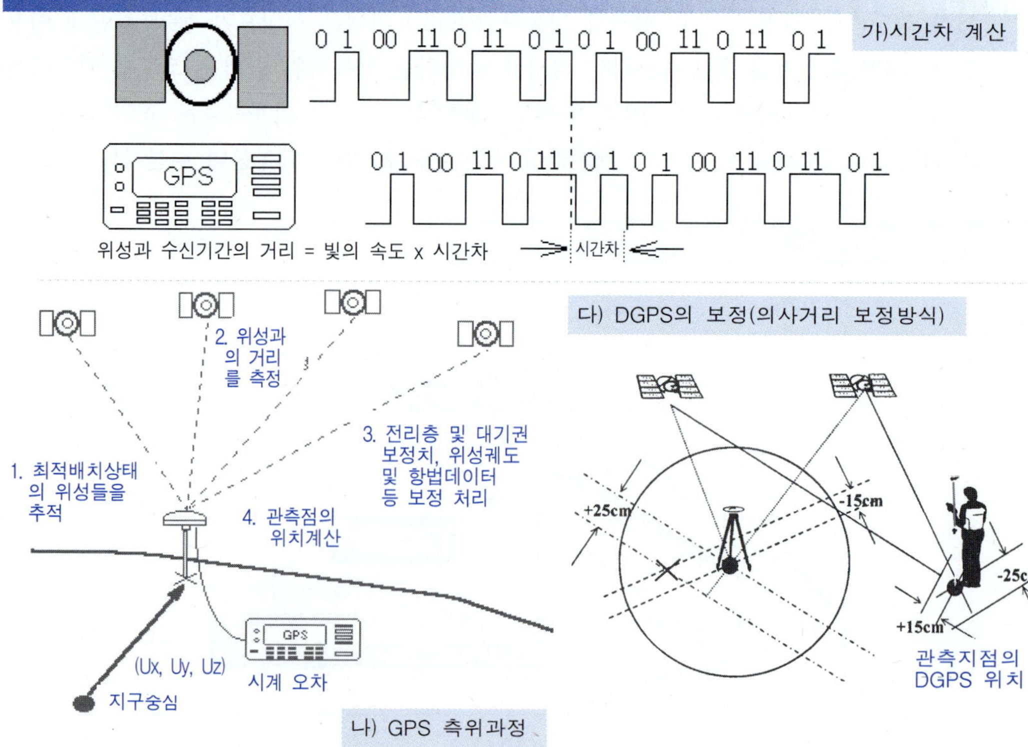

이 자료를 이용하여 위치를 보정하는 방법이다.

단독측위와 DGPS에 비해서 후처리 상대측위나 실 시각 이동측위(RTK) 방법은 훨씬 높은 정밀도를 보여준다. 상대측위의 방법은 실 시각 감시가 불가능한 반면에 1년 이상의 장기적인 측정을 할 경우 수 mm의 정밀도로 측정할 수 있다. 실 시각 이동측위의 경우 1-2cm의 정밀도로의 측정이 가능하다.

GPS 측량은 정확한 위치 파악이 가능한 GPS용 위성에서부터 발사한 전파를 관측점에서 수신하여 위성에서 관측점까지 전파가 도달하는데 걸린 시간을 계산하여 관측점의 3차원 위치를 구하는 원리이기 때문에 위치와 시간 정보를 요하는 모든 분야에 응용 가능하다. 특히 고도의 정밀성이 요구되는 측지측량 분야에서 GPS 측량은 오차의 보정이 가능하고 정밀하며 체계적인 정보관리가 가능하다는 특징 때문에 측지, 측량망 보정에 매우 효과적으로 이용되고 있다.

이와 같이 GPS 측량의 장점은 직접적인 관찰이 가능하지 않은 측량지점 간의 측량이 가능하며, 방식에 따라 정밀도를 수십 미터로 선택할 수 있고, 위치뿐 아니라 높이도 얻을 수 있다. 그리고 장거리에서도 용이하게 측위할 수 있으며, 기후에 좌우되지 않으며 야간측량도 가능하다. 그러나 위성에 의한 전파를 이용한 방식이므로 건물 사이, 수중, 숲속에서의 측량은 불가능하며, 고정밀도 측위를 위해서는 별도로 기준국을 필요로 한다. 또한 지형지물에 의해 위성이 보이지 않는 경우 위성신호가 수신되지 않아 위치계산이 불가능하게 된다. 이러한 문제는 특히 도심지역을 운행하는 차량의 위치를 측정하여야 하는 경우에 자주 발생한다.

(2) GPS의 구성요소

GPS는 우주 부문(space segment), 관제 부문(control segment), 사용자부문(user segment)의 3개 부문으로 구성되어있는 종합적인 위성항법시스템이다. GPS 우주 부문은 모두 24개의 위성으로 구성되는데 이 중 21개가 항법에 사용되며 3개는 예비위성이다. 모든 위성은 고도 20,183~20,187km 상공에 위치해있고 적도면과는 55도의 각도를 이루고 있다. 모두 6개의 궤도는 60도씩 떨어져 있고 한 궤도면에는 4개의 위성이 위치한다(그림 3-16 참조). 이렇게 6궤도에 총 24개 위성이 약 12시간을 주기로 회전하고 있다. GPS 위성을 지구 궤도상에 배치하는 것은 지구상 어느 지점에서나 동시에 5개에서 최대 8개까지 위성을 볼 수 있게 하기 위함이다. 지구상 어디에서나 항상 4개 이상의 위성의 신호추적이 가능한데 민간에 허용된 신호는 L1, C/A코드가 있다. 송신한 C/A코드를 이용하면 전세계 어디에서나 측위가 가능하며 수평의 정확도는 100m정도 된다.

그림 3-16 GPS 위성의 궤도 배치

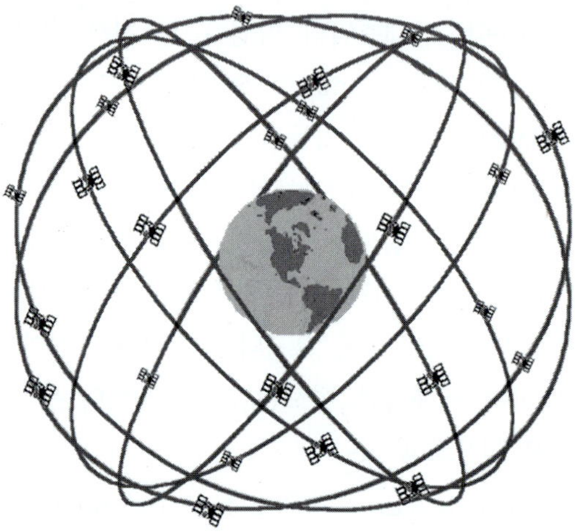

고도 약 20,200km, 55도 기울기로, 6개의 궤도(각 궤도에 4개의 위성)를 갖고 있는 GPS 우주부분

GPS의 관제 부문은 위성궤도를 모니터링하고 감시하는 하나의 주 관제국(MCS: Master Control Station)과 무인으로 운영되는 네개의 부 관제국(Monitor Station)으로 구성된다. 주 관제국은 미국 콜로라도 스프링의 팰콘 공군기지에 위치해있는데, 주로 위성의 위치 계산 및 궤도 예측, 궤도 정보 및 작동상태를 감독하고 GPS 시각의 유지 및 제어 역할을 수행하고 있다. 나머지 부 관제국들은 위성 추적 지상국(monitor station)으로, 적도 부근의 Diego Garcia, Ascension Island, Kwajalein, Hawaii에 있으며, 위성

그림 3-17 GPS 관제국의 위치

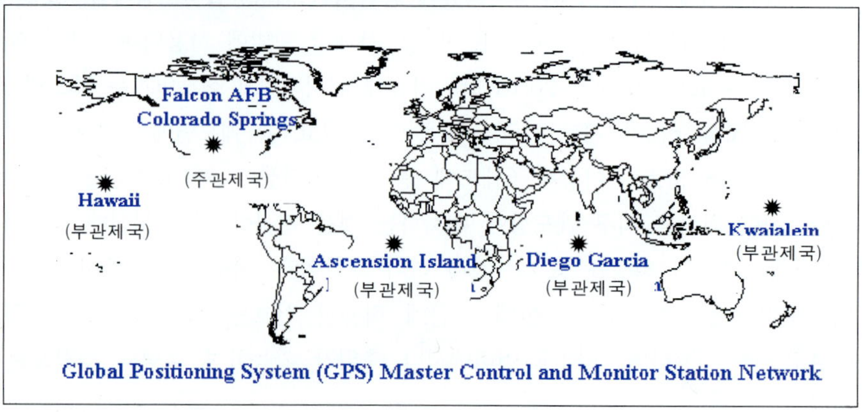

으로 부터의 정보(위성의 위치, 시각보정, 제어명령 등)를 송신하는 전송국 역할을 한다(그림 3-17 참조). 한편 이들 관제국 이외에도 적도면을 따라 일정한 간격으로 위치하고 있는 3개의 지상 안테나를 운영하고 있으며 유사시 주 관제국을 대신할 수 있는 두개의 예비 주관제국을 하나는 캘리포니아의 써니베일에 또 다른 하나는 메릴랜드의 락빌에 두고 있다.

무인으로 운영되는 부 관제국들은 주어진 시간에 관측할 수 있는 모든 GPS 위성의 신호를 추적, 신호를 저장한 다음 주 관제국으로 전송하게 되는데, 이 통신시설을 DSCS(Defense Satellite Communication System)이라고 부른다. 이렇게 여러 부 관제국에서 보내온 자료를 주 관제국에서는 방송 궤도력과 위성에 있는 원자시계 오차를 추정하는데 사용하며 결과를 주기적으로 GPS 위성으로 전송하게 된다. GPS의 사용자 부문은 GPS 수신기와 더불어 안테나 및 처리 소프트웨어 등등의 다양한 형태의 사용기법 일체를 일컫는다. GPS 수신기는 위성으로부터 수신받은 신호를 처리하여 수신기의 위치와 속도, 시간을 계산하는데 4개 이상 위성의 동시관측을 필요로 한다. 이것은 3차원 좌표와 시간이 합쳐져 4개의 미지수를 결정해야 하기 때문이다. GPS 수신기는 응용분야에 따라 구조가 크게 달라질 수 있다. 정적인 사용자와 항공기나 차량 같은 동적인 사용자를 위한 수신기가 있으며, 코드 추적(code tracking)을 이용하는 수신기와 위상 추적(phase tracking)을 이용하는 수신기, 그리고 한번에 하나의 위성만 추적하는 수신기에서 여러 개의 위성을 추적할 수 있는 다채널 수신기에 이르기 까지 다양하다. GPS의 위성국 및 관제국은 미국에 의해 운영되므로 사용자들은 이에 맞게 수신기를 개발, 사용할 수 있다. 수백 종의 수신기 모델이 제작, 판매되고 있고 수신기의 가격은 기능에 따라 다양하다. 일반적으로 GPS수신기를 이용해 위성으로부터 전파신호를 수신하는데 소요되는 시간을

그림 3-18 GPS 사용자의 위치정보 수신과 GPS 항법

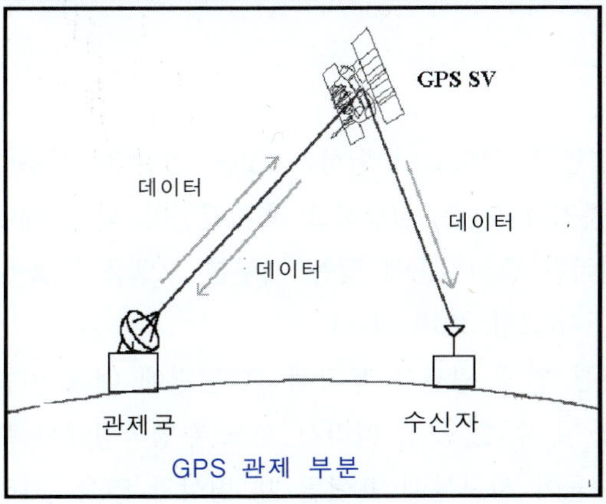

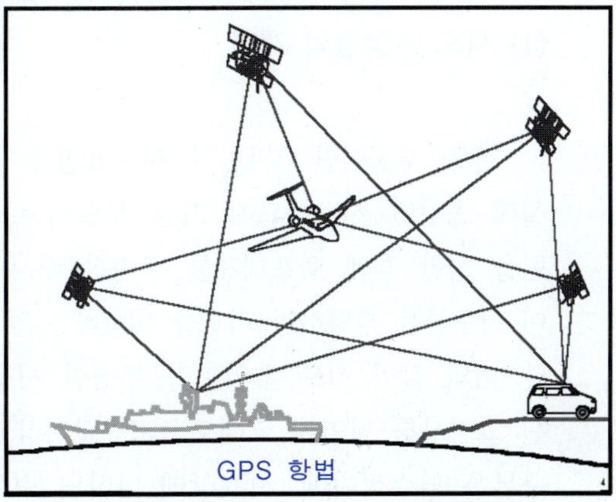

측정하여 위치, 속도, 시간 정보를 취득할 수 있다. GPS 수신기는 현재 항해와, 위치 측량, 시간보정 등 다양한 분야에 이용되고 있다(그림 3-18 참조).

이상에서 살펴본 바와 같이 GPS는 기존의 어떤 시스템보다 정확한 위치 측정이 가능하기 때문에 많은 분야에서 활용되고 있다. 특히 GPS의 가치는 걸프전에서 소형 군용 GPS 수신기를 사용하여 전투기의 항법, 정밀한 포격, 사막에서의 장비 설치 및 이동 등에 적용하여 엄청난 효과를 보았다. 우리나라의 경우 무선데이터 통신망, GIS, 수치지도 등 관련 기간시설이 갖추어지지 않아서 그동안 본격적으로 활용되지 못하였지만 최근에 들어와 이러한 것이 구축되고 있어 GPS, 통신망, 지도 데이터 등을 이용한 다양한 응용 시스템이 개발되고 있다. 한국통신에서는 물류망 사업을 위해 무선데이터 모뎀, 무궁화위성, DGPS, 수치지도를 이용한 화물차량 관제시스템을 개발해 시범사업을 하고 있다. 서울시에서도 역시 무선데이터 모뎀과 GPS를 이용한 버스 위치결정 시스템을 사용해 버스 정류장에서의 도착시간 자동안내시스템 사업을 시행하고 있다. 여러 기업들도 차량 관제시스템을 개발하고 있는데, 자동차 관련 기업들은 GPS와 최근 자동차부품연구원이 개발한 항법용 수치도로지도를 이용한 차량항법 장치들을, 선박용 전자통신기기 제작업체들은 전자해도와 GPS를 이용한 선박항법 시스템들을 각각 개발하고 있다.

제 4 절

지도 투영법

[1] 지도 투영법의 개념과 특성

(1) 지도 투영법의 개념

지도 투영이란 3차원의 지구표면을 평면의 지도로 변환하는 것을 말한다. 지구의 실제 형상인 지오이드에 가장 부합되는 준거타원체를 설정하고 측지원점이 되는 데이텀을 정한 후에 좌표체계를 구축한 후 이러한 준거기준에 맞는 지구본 모델을 만들어, 이 지구본을 투영하여 지도를 제작하는 것이다(그림 3-19 참조).

이와 같이 지도 투영이란 투명한 지구본 안에 광원을 두고서 그 광원에 대해 비춰진 그림자를 평면에 그대로 옮긴 것이라고 할 수 있으며, 따라서 지도 투영과정에서 지구본은 필수적이다. 지표상에 나타난 형상들이 지구본에 표현될 때 형상과 면적, 거리와 방향 등은 실제와 같이 정확하게 보여진다. 그러나 투영과정에서 지구본이 갖고 있

그림 3-19 지도투영법의 개념화

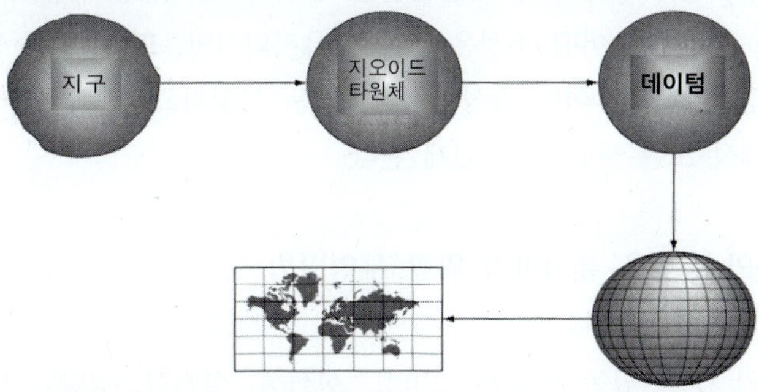

그림 3-20 3차원의 지구본을 2차원의 평면으로 전개하는 방법

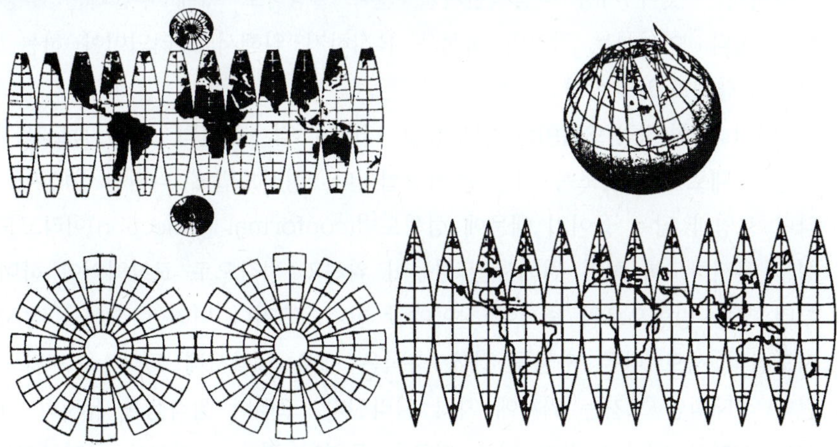

는 이러한 특성들은 왜곡되어 나타나게 된다. 따라서 지구본을 평면상의 지도로 투영하는 과정에서 나타나는 다양한 왜곡성에 대하여 이해하여야 한다.

지구본을 평면상의 지도로 나타낸 형태는 마치 오렌지를 조각으로 나누어 껍질을 벗긴 모습과 같다(그림 3-20 참조). 오렌지를 더 많은 조각으로 나누어 전개시킬수록 적게 끌어 잡아당기게 되므로 왜곡의 정도가 줄어들게 된다. 이와 같이 3차원의 지구본을 가능한 한 많은 조각으로 나눠 마치 지구의 모습과 유사하도록 평면상에 지도화할 경우 왜곡도는 상당히 줄어들게 되지만, 조각으로 분할되어 있기 때문에 연속되어 있는 실제 지표면의 모습으로 나타낼 수 없다는 문제점을 갖고 있다.

따라서 어느 정도의 왜곡성은 갖더라도 한 장의 지도에 연속된 형상으로 나타낼 수 있는 투영법을 고안하게 되었다. 둥근 표면을 평면화하기 위해서는 절개하거나 베거나 압축해야 하며, 이런 과정에서 경위선의 좌표체계가 왜곡되어 나타나게 된다. 특히 지구본이 갖고 있는 네가지 속성인 정형성(지구상에서의 모양과 닮은 꼴을 지님), 정적성(지구상에서의 실제 면적과 같은 비례로 나타남), 정거성(지점들간의 거리가 지구상에서와 같은 관계를 유지함), 정방위(각 지점들간의 방위가 지표면상에서의 방위와 같음)가 평면으로 변환되는 과정에서 어떤 속성은 그대로 유지되지만, 또 다른 속성은 잃어버리게 된다. 따라서 투영된 지도가 어떤 속성을 유지 또는 상실하고 있는가를 잘 알아야만 목적에 맞는 지도를 제작 또는 사용할 수 있게 된다.

(2) 지구의 속성을 유지하기 위한 투영방법

지구가 갖고 있는 속성인 정형성, 정적성, 정거성, 정방위의 조건을 다 갖춘 지도를 제작하는 것은 불가능하다. 따라서 지도 제작 시에 사용목적을 고려하여 어떠한 속성을 유지시키는 것이 가장 바람직한가를 먼저 결정하고 이에 부합되는 투영방법을 선정하여야 한다. 여기서는 각각의 속성을 유지하기 위해서 고려되어야 하는 조건들에 대해 자세히 살펴보고자 한다.

먼저 정형(정각)도법이란 지도상에 나타난 경 ·위선의 교차 각도가 지구본상에서와 같이 그대로 유지되도록 하는 투영방법이다. 정각도법에 나타난 형상이 지구본에서 나타난 모양과 닮은 꼴이기 때문에 정형도법(conformal projection)이라고도 부른다. 정각성을 유지하도록 하기 위해서는 경선이 위선과 정각으로 교차되어야 하며, 한 지점에서부터 모든 방향으로의 축척이 같아야만 한다. 그러나 이러한 속성을 유지하기 위해서는 지도상의 서로 다른 지점들 간에 축척은 매우 달라지게 된다. 즉, 지도상에서 지점들 간의 상대적인 크기는 위치에 따라 달라진다. 그러나 정각성을 유지하도록 한 투영법에서도 실제로 대륙과 같이 넓은 지역을 투영할 경우 정형성을 유지하기는 어려우며 그 모양이 왜곡되게 된다. 따라서 정형도법이라고 하더라도 좁은 지역을 나타낼 경우에만 정형성이 유지된다. 따라서 정형도법은 지표상의 어떤 대상물의 움직임을 위치화하거나 분석하는데 적합하며, 특히 해도나 기상도 등을 제작할 때 적합한 투영법이다.

정형도법의 대표적인 것으로 Mercator도법을 들 수 있으며 그밖에도 Lambert의 정형원추도법, 정사도법, 그리고 횡축 Mercator도법을 들 수 있다. Mercator도법의 투영체계는 기하학적인 방법에 의해서 된 것이 아니라 수학적으로 고안한 것으로 남-북 방향으로의 축척의 변화와 똑같은 비율로 동-서 방향의 축척을 변화시킨 것이다. 따라서 지도상의 어떤 지점에서도 모든 방향으로의 축척이 다 같게 만들어서 정각성을 유지하게 한 것이다. 그 결과 고위도로 올라갈수록 지구본상에서는 동·서 간격이 좁아지는데 비해 이 도법에서는 그 간격이 적도에서와 같이 그대로 유지되므로 투영된 지도상에서의 축척과 지구본에서의 축척 비율을 나타내는 축척요인(SF: Scale Factor)은 상당히 커지고 왜곡도가 심해진다.

한편 정적도법(equal-area projection)은 지구상에서의 모든 지역 간의 면적 관계가 지도상에서도 그대로 유지되도록 한 투영법이다. 따라서 정적도법상에 나타난 지역의 면적 비율은 지구상에서와 같다. 이러한 정적성을 유지시키기 위해서는 경선과 위선을 따라서 축척이 조정되어야 한다. 즉 어떤 지점에서 동-서 방향으로 확대되었다면 반드시 남-북 방향으로 축소시켜서 SF=1.0이 되도록 해야 한다. 따라서 경선과 위선이 정각으로 교차할 수 없으며, 그 모양이 압축되거나 길게 늘어나거나 휘어지거나 왜곡된다. 형상, 거리, 방향의 왜곡도는 지도의 주변부로 갈수록 더 심하게 나타난다.

정적도법은 어떤 현상들의 밀도(인구, 식생 등)를 나타내거나 면적의 관계가 중요시되는 지도를 제작할 때 적합하다. 흔히 정각성, 정거성, 정방위를 유지하는 도법들에 비해 면적을 그대로 유지하는 정적도법이 더 보편적으로 다방면에서 활용되고 있다. 정적도법의 대표적인 예는 Sinusoidal도법을 들 수 있으며, 그밖에도 Alber의 정적원추도법, Mollweide의 정적원추도법, Goode의 Homolosine도법 그리고 Bonne도법 등을 들 수 있다. Sinusoidal도법의 경우 중앙경선과 각 위선을 따라서만 진축척을 나타내며, 투영된 지도의 주변부로 갈수록 경선과 위선의 교차각이 예각화되어가므로 지도 주변부에 나타난 지역의 모양은 상당히 왜곡된다.

정거도법(equi-distance projection)이란 지구상에서와 같은 거리관계를 지도상에서도 그대로 유지하도록 투영하는 도법을 말한다. 정거성을 유지하기 위해서는 대권상의 거리를 유지하도록 해야 하며, 지도상에서 두 지점간의 직선거리가 지구상에서의 두 지점간에 대권상의 호를 나타내도록 해야 한다. 그러나 정거성을 유지한다는 것은 모든 지점에서 다 해당되는 것이 아니라 한 지점에서부터 모든 다른 지점까지의 거리 또는 두 지점으로부터의 다른 지점들까지의 거리가 지구상에서와 같다는 것이다. 즉 정거성의 속성은 지도상에 나타난 모든 지점들에 다 충족되는 것은 아니다. 정거성을 나타내는 선을 따라서 축척이 동일하게 나타나며 서로 다른 방향에서는 SF가 다르게 나타난다.

정거성을 유지하는 도법의 대표적인 것이 방위정거도법이다. 이 도법에서 모든 지점은 투영의 중심에서부터 정거성을 유지하며, 또한 중심으로부터 모든 지점까지의 방향도 정방위를 나타내게 된다. 일례로 서울을 중심으로 한 정거방위도법을 보면 서울로부터 같은 거리에 위치한 지역이 잘 나타나 있다. 그러나 정적성과 정형성은 어느 지점에서도 유지되지 않으며, 중심에서 멀어질수록 왜곡도가 크게 나타나고 있다.

한편 방위도법(azimuthal projection)은 지도상에 나타난 두 지점을 직선으로 연결하였을 때 직선의 방향이 진방위가 되도록 투영한 도법이다. 방위도법도 한 중심지점에서 모든 다른 지점까지의 방위가 지구상에서와 같도록 유지하는 것이며, 중심지점이 아닌 지점에서부터 다른 지점들 간에 방향이 실제 지구상에서와 같다는 것은 아니다. 그러나 방위도법의 경우 정적성이나 정형성 또는 정거성을 함께 유지하도록 투영할 수 있다.

표 3-6 지구본의 속성을 동시에 만족시킬 수 있는 투영법

	정형도법	정적도법	정거도법	방위도법
정형도법	-	x	x	o
정적도법	x	-	x	o
정거도법	x	x	-	o
방위도법	o	o	o	-

이상에서 살펴본 바와 같이 정형성, 정적성, 정거성, 정방위의 네가지 속성을 다 함께 지닌 지도는 없으며, 이 네 가지 속성 가운데 어느 한 속성만을 지닌 지도를 제작할 수 있다. 경우에 따라서는 이들 속성 중 두 가지를 동시에 만족시킬 수 있는 지도를 제작할 수 있다. 그러나 정형성과 정적성을 동시에 갖춘 지도는 제작할 수 없다. 따라서 어떤 경우에는 정형성과 정적성을 갖추지는 않았지만 어느 정도의 형상과 면적을 실제 지구상에서와 유사하게 나타나도록 제작하는 경우도 있다.

[2] 투영법의 분류기준과 종류

(1) 투영법의 분류기준

지도 투영법이란 평평한 종이 위에 경위선의 좌표체계를 체계적으로 구축하는 것으로, 개념적으로는 경위도 좌표가 그려진 투명한 지구본을 투시하여 비춰진 그림지로부터 지도를 만드는 것이라고 볼 수 있다. 그림자가 비춰지는 면을 투영면이라고 하는데, 투영면에 따라서 크게 세 가지 유형으로 투영법을 분류할 수 있다. 그림 3-21-가에서 볼 수 있는 바와 같이 전개시킨 투영면에 따라서 원통도법, 원추도법, 그리고 투영면이 평면인 방위도법으로 구분될 수 있다.

그러나 모든 투영법들이 이렇게 실제로 광원을 투시하여 그림자를 투영면에 나타내는 방법에 의하여 지도를 구축하는 것은 아니다. 오히려 많은 투영법들은 수학적인 방법에 의해서 경위선의 좌표체계를 구축하고 있다. 이렇게 순수히 수학적인 방법에 의한 투영법들도 어느 정도 전통적인 투영법에 의해서 이루어진 좌표체계와 유사한 점을 보이고 있어 가상적인 원통(pseudo-cylindrical), 또는 가상적 원추도법 등으로 일컬어지고 있다.

또한 지도 투영시에 광원이 놓여지는 위치에 따라서도 투영법이 세 가지 유형으로 구분될 수 있다. 광원의 위치가 지구본의 중심에 있는 심사도법(gnomonic projection), 광원의 위치가 투영면이 접하는 지점과 정반대되는 위치에 있는 평사도법(stereographic projection), 그리고 광원의 위치가 무한대 지점에 있다고 보는 정사도법(orthographic projection)으로 분류된다. 이와 같이 광원의 위치가 변화됨에 따라 투

그림 3-21 투영면과 광원의 위치에 따른 지도 투영법의 분류

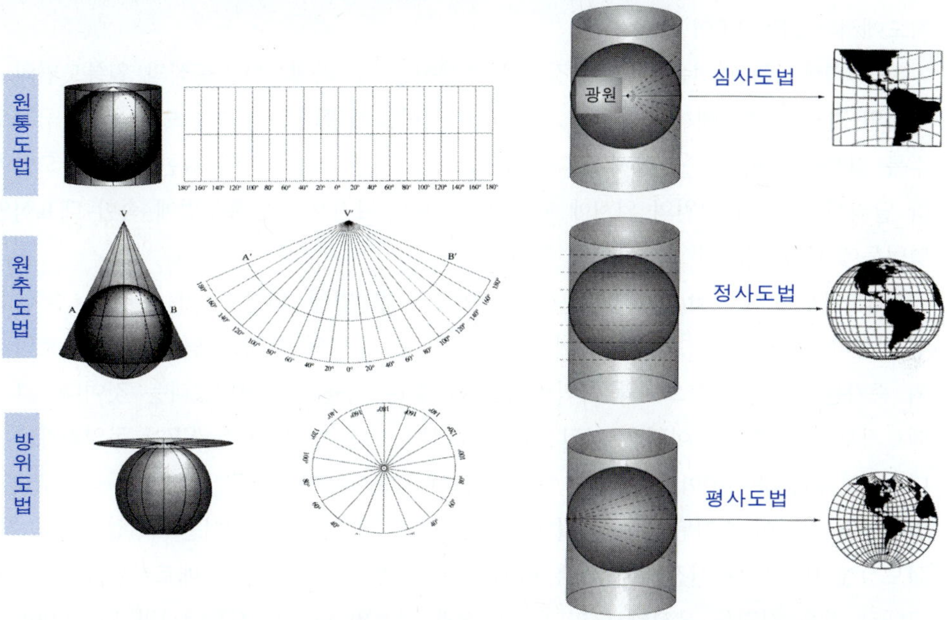

영된 격자망의 특성이 달라진다. 즉, 같은 투영면에 적도를 중심점으로 두고 투영하였다고 하더라도 광원이 어느 지점에 위치하였는가에 따라 그 결과는 달라진다.

뿐만 아니라 투영면의 중심이 어느 지점과 접하는가에 따라서도 지표면의 이미지가 상당히 다르게 나타난다. 투영면이 적도에 위치한 특정 지점에 중심을 두거나 또는 투영면의 중심이 극과 접하는 경우가 일반적이지만, 경우에 따라서는 투영면의 중심이 지표면의 임의 지점에 접하는 경우도 있다. 일반적으로 원통도법은 적도 중심이지만, 90도 회전한 경선이 투영면의 중심이 되는 횡축 중심(transverse aspect) 투영법도 사용되고 있다. 그 대표적인 예가 횡축 메르카토르 도법(TM)이다. 이와 같이 중심이 어느 지점과 접하는가에 따라서 같은 투영법이라고 하도라도 경위선의 격자망 체계가 매우 다르게 나타난다. 그러나 주어진 투영법의 속성은 접하는 지점에 상관없이 그대로 유지된다.

(2) 투영법의 분류

① 원통도법

지구본을 원통으로 둘러싼 후에 광원을 지구본의 중심에 두고 투영하여 원통을 전개함으로써 지도를 제작하는 방법을 원통도법이라고 한다. 원통도법의 가장 보편적인 유형

은 투영면의 중심이 적도와 접하도록 하는 적도 중심 투영법이다. 이렇게 투영되었을 경우 경선과 위선이 정각으로 교차하며 사각형의 격자망을 이루게 된다. 적도 중심일 경우 적도에서의 SF= 1.0이 된다.

지구상에서는 경선은 극으로 갈수록 수렴하는 데 비해 적도 중심의 원통도법의 경우 경선의 간격은 적도에서의 간격과 동일하며 경선들이 평행선을 이루므로 SF는 극으로 갈수록 경선을 따라서 증가하게 된다. 위선간의 간격은 원통도법에 속한 각각의 도법에 따라 달라지며, 특히 광원의 위치에 따라 달라진다. 여기서는 원통도법에 속한 대표적인 투영법들에 대해 간략히 살펴보고자 한다.

메르카토르(Mercator)도법은 기하학적인 투영방법에 의한 것이 아니라 수학적으로 경·위선의 격자체계를 고안한 것이다. 메르카토르 도법의 특징은 남-북 방향으로의 축척의 증가는 동-서 방향으로의 축척의 증가와 같은 비율로 고안되었다는 것이다. 그 결과 메르카토르 도법상의 어떤 주어진 지점으로부터 모든 방향으로는 SF가 동일하게 나타난다. 그렇다고 SF=1.0이라는 것은 아니며 단지 적도에서만이 SF= 1.0이며, 극으로 갈수록 위선간의 간격이 증가된다. 남북위 60˚인 지점일 경우 지구상에서는 두 경선간의 거리가 적도상에서의 두 경선간의 거리에 비해 /2로 줄어드는 데 비해 메르카토르 도법에서는 그대로 같은 간격을 유지하고 있다. 그 결과 남북위 60˚인 지점에서의 SF=2.0이 된다. 이와 같이 메르카토르 도법의 경우 위도에 따라 SF가 달라진다.

투영면상에서의 투영법에 따른 정각과 정적의 왜곡치를 이론적으로 고찰하기 위해 Tissot이 고안한 지시타원(indicatrix)을 통해 메르카토르 도법의 왜곡 정도를 보면 그림 3-22와 같다. 지표면상의 각 지점들이 단위반경(SF=1)을 갖는 원으로 표시된다는 점을 고려해볼 때 메르카토르 도법은 남북위 고위도로 올라갈수록 Tissot의 지시타원이 형상은 유지하면서 크기만 달라지는 것을 알 수 있다. 이와 같이 메르카토르 도법은 정형성 또는 정각성을 유지하고 있으나, 면적은 고위도로 올라갈수록 크게 확대되어 나타난다.

메르카토르 도법의 경우 주어진 지점에서부터 모든 방향으로 SF가 같으며 경선과 위선이 정각으로 교차하여 정각성을 유지하는 특성으로 인해 항해용으로 가장 많이 이용된다. 출발 지점으로부터 목적 지점까지 항해하는 경우 그 경로상에 있는 경선과 항시 일정한 각도로 교차되기 때문에 나침반의 방향을 그대로 유지하면서 항해할 수 있기 때문이다. 이와 같이 일정한 방향을 그대로 유지하고 있는 선을 항정선(rhume 또는 loxodrome)이라고 한다. 그림 3-22에서 볼 수 있는 바와 같이 서울에서 브라질의 상파울로까지의 항정선을 따라 가는 항로가 직선으로 나타나고 있다. 이 항정선을 따른 경로는 두 지점간의 최단거리는 아니며 다소 곡선상의 항로를 따라 항해하게 되지만, 항해할 경우 경선을 교차할 때마다 매번 나침반의 방향을 조정하면서 뱃머리를 움직일 필요가 없기 때문에 매우 편리하다

한편 횡축 메르카토르 도법은 원통과 접하는 부분이 적도가 아니라 적도에서 90도 회전된 경선과 접하도록 하여 투영시켜 전개한 것이다. 따라서 표준선이 적도가 아니라

그림 3-22 메르카토르 도법의 특징

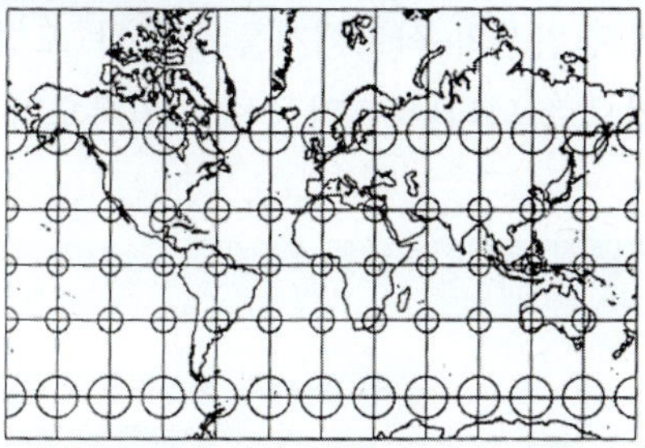

(가) Tissot의 지시타원을 통해 본 왜곡도

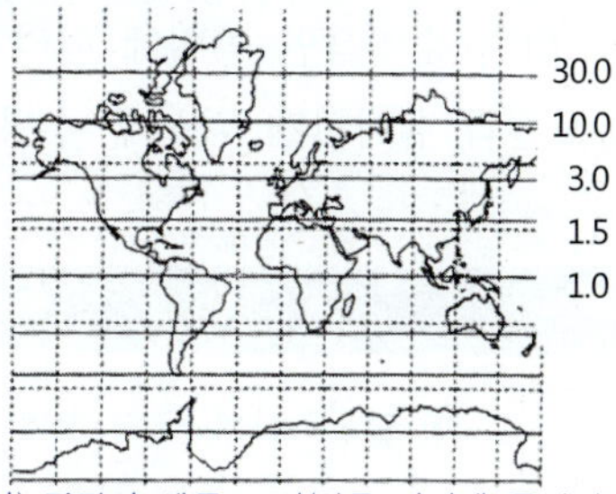

(나) 정적의 왜곡 크기(S)를 나타낸 등치선도

(다) 항정선이 직선으로 나타나는 메르카토르 도법

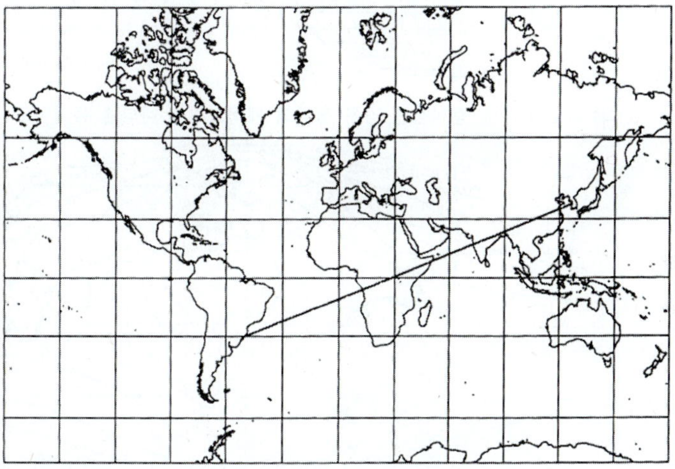

그림 3-23 횡축 메르카토르 도법의 특징

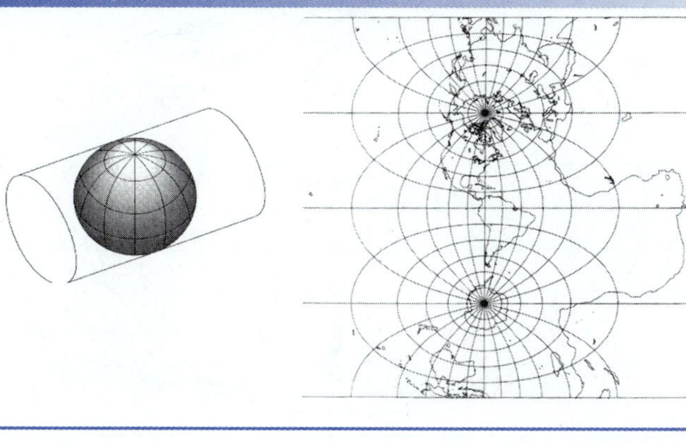

90도의 경선이 된다. 이 도법도 정형성을 유지하지만 대부분의 경선과 위선이 직선으로 나타나는 것이 아니라 곡선으로 나타나고 있다(그림 3-23 참조). 앞에서 살펴본 바와 같이 이 도법의 특징은 기준이 되는 경선을 따라서 펼쳐지는 좁은 구역에서는 왜곡도가 매우 적기 때문에 대축척지도인 지형도를 제작할 때 널리 활용되는 도법이다.

한편 수학적인 방법에 따라서 경위선의 좌표체계를 구축한 도법들 가운데 마치 원통도법과 유사하게 위선이 수평선으로 나타나는 가상적인 원통도법으로 정적성을 유지

그림 3-24 몰와이데 도법의 특징

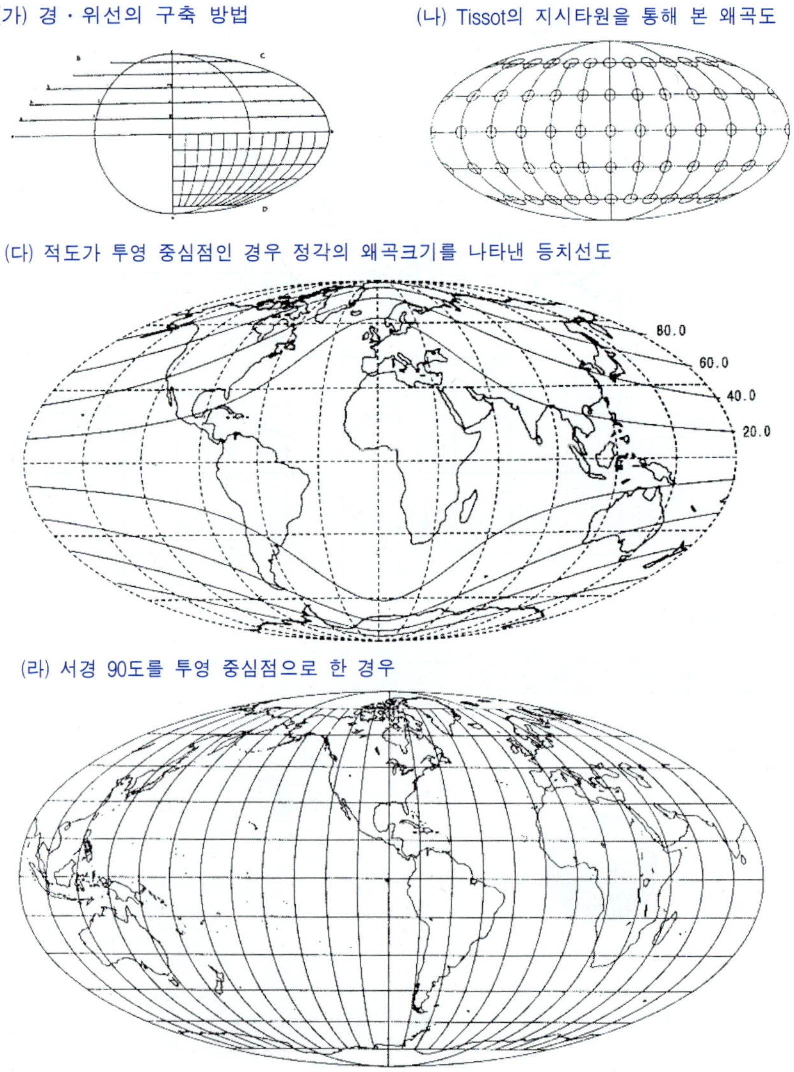

하고 있는 대표적인 도법으로 몰와이데(Mollweide)도법을 들 수 있다. 이 도법은 위선이 적도와 수평하는 직선이나 위선간의 간격은 등간격이 아니다. 적도에 가까울수록 실제 지표상에서 보다 간격이 더 넓은 반면에 극으로 갈수록 실제 지표상에서 보다 간격이 좁게 나타난다. 두 위선과 두 경선에 의해 이루어지는 면적이 지표상에서와 같도록 정적성을 유지하게 위해 위선의 간격이 조정되었기 때문에 이 도법에서는 남.북위 40도 40분에서만이 위선의 길이가 지표상에서와 같다. 몰와이데 도법에서 Tissot의 지시타원을 통해 정각성의 왜곡도를 보면 그림 3-24와 같다.

② 원추도법

원추도법은 지구본을 원추에 투영시켜서 원추를 전개한 것으로 원추가 투영면이다. 극중심 원추도법의 경우 모든 원추 투영면에는 극에서 발산되는 등간격의 직선으로 된 경선이 나타나게 되며, 위선은 극에 중심을 둔 동심원의 호로 나타난다. 원추도법은 표준위선이 하나인 단원추도법에서부터 두개의 표준위선을 갖는 원추도법, 그리고 다원추도법이 있다.

원추도법 가운데 가장 많이 활용되고 있는 도법으로는 두개의 표준위선을 갖고 있는 람베르트(Lambert)의 정형원추도법과 알베르트(Albert)의 정적원추도법이다. 이 두 도법 모두 원추가 지구본을 분할하면서 두 지점과 접하도록 하는 두개의 표준위선을 설정함으로써, 전반적으로 축척의 왜곡도가 상당히 적다.

람베르트의 정형원추도법은 북위 20도와 60도를 표준위선으로 설정하여 원추의 투영면에 투영시킨 것으로, 정각성을 유지하는 도법이다. 경선은 극으로 수렴되는 등간격의 직선으로 나타나며, 위선은 동심원의 호로 나타나는데 남-북 방향의 SF가 동-서 방향의 SF와 서로 같도록 각각의 경선에 따라 위선들 간의 간격을 조정함으로써 정각성을 유지하도록 고안하였다. 따라서 두 개의 표준위선을 따라서는 진축척이며 표준위선 사이에서는 축척이 작아지는 반면에 표준위선에서 주변부로 갈수록 축척은 상당히 커지고 있다(그림 3-25-가 참조). 그러나 어떤 주어진 위선을 따라서는 축척이 일정하며 주어진 지점에서부터 모든 방향으로도 축척이 모두 같은 정각도법의 특성을 갖고 있다. 따라서 모든 경선과 위선은 정각으로 교차하고 있다. 이 도법은 그림 3-25-다에서 볼 수 있는 바와 같이 미국과 같이 두 표준위선 사이에 동-서로 넓게 펼쳐진 지역의 대축척 지도를 제작할 때 유용한 도법이다. 서울을 중심점으로 하고 북위 30도와 45도를 표준위선으로 하였을 경우 람베르트의 정형원추도법을 보면 그림 3-25-라와 같다.

한편 정적원추도법도 두개의 표준위선을 설정하고 위선들 간의 간격을 조절함으로써 정적성을 유지하도록 제작한 도법이다. 정적원추도법의 경우 위선은 동심원의 호로

그림 3-25 람베르트의 정형원추도법의 특징

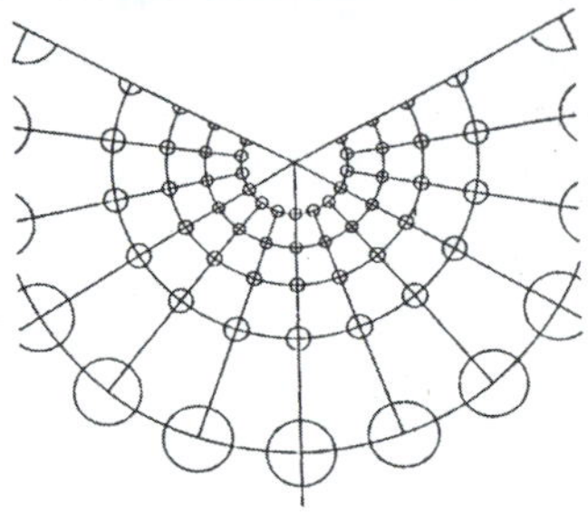

(가) Tissot의 지시타원을 통해 본 왜곡도

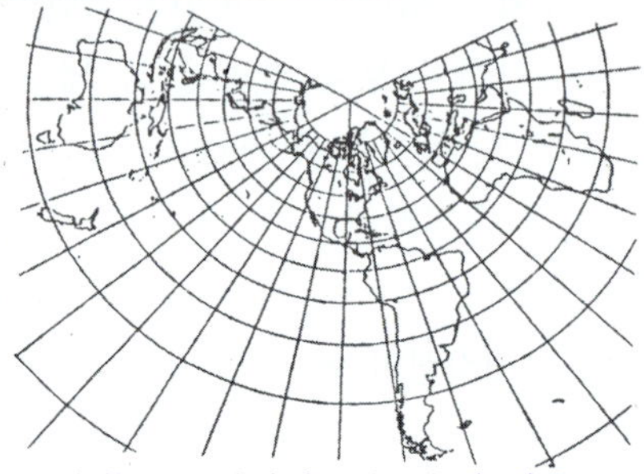

(나) 표준위선이 20°, 60°N인 경우

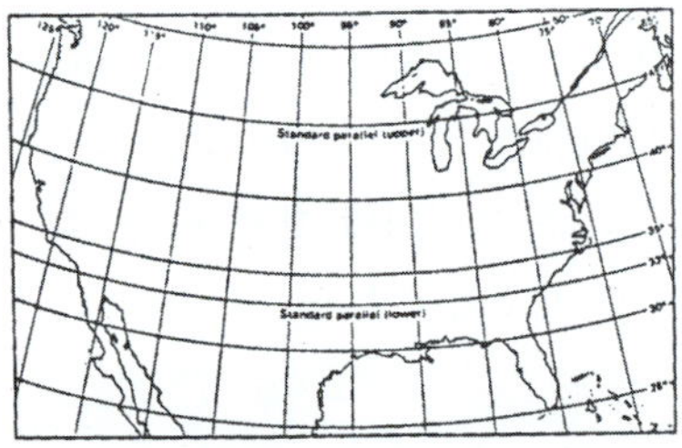

(다) 두개의 표준위선을 이용하여 SF가 2% 미만으로 제작된 미국지도

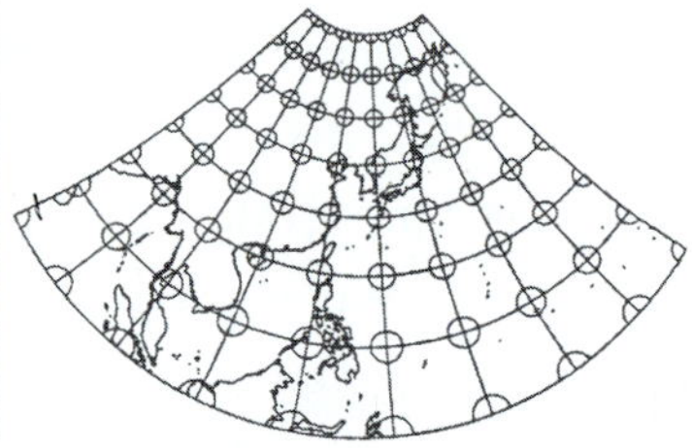

(라) 서울을 투영중심으로 하고 30° 45°N인 경우

나타나고 경선은 등간격으로 극에 수렴하는 방사상의 직선으로 나타난다. 알베르트 도법에서는 위선간의 간격이 경선간의 축척의 변화를 상쇄하도록 조정함으로써 정적성을 유지시키고 있다. 이 도법도 미국과 같이 두개의 표준위선 사이에 널리 동-서로 펼쳐진 면적을 지닌 지역을 지도화할 경우 축척의 오차가 적어서 매우 유용하다.

③ 방위도법

지구본을 평면에 투영하여 지도를 만드는 도법을 방위도법이라고 한다. 이 도법은 앞에서 살펴본 바와 같이 광원의 위치에 따라서 심사, 평사, 정사도법으로 세분된다. 또한 직접 투영하지는 않았지만, 정거방위도법과 정적방위도법도 방위도법에 속하는 대표적인 도법이다. 여기서는 방위도법 가운데 실용적인 목적에서 많이 활용하는 심사도법에 관하여 간략히 살펴보고자 한다.

심사도법(gnomonic projection)은 지구본의 중심에 광원을 두고 투영면에 투영하는 도법으로 위선 간격은 투영면의 중심에서 멀어질수록 증가된다. 광원의 위치가 지구 중심에 있기 때문에 지도상에 반구 이상을 나타내는 것은 불가능하다. 또한 중심점에서부

그림 3-26 심사도법의 사례

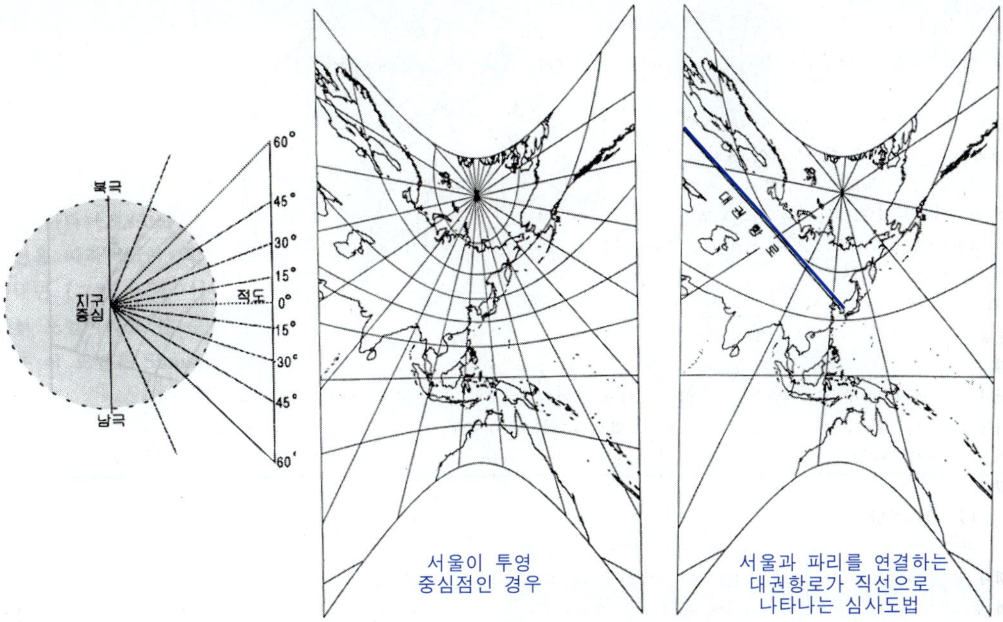

터 멀어질수록 축척이 크게 과장되므로 심사도법은 지표면의 1/4 이상을 나타내는 데는 유용하지 못하다. 심사도법에서는 중앙경선과 중앙위선이 교차하는 지점에서만 진축척이다. 심사도법에서 가장 중요한 특성은 모든 대권이 직선으로 나타난다는 점이다. 심사도법에서 두 지점간의 최단거리인 대권이 직선으로 나타나기 때문에 항해에 매우 유용한 도법이다. 그러나 대부분의 대권항로(적도나 경선을 따른 경로를 제외함)는 나침반의 방향을 끊임없이 바꾸어야 되므로 항해 시에 어려운 점이 있다. 그러나 심사도법은 정각성이나 정적성을 유지하지 못한다. 서울을 투영중심으로 하는 심사도법과 서울에서 파리까지의 대권항로의 일부를 나타내면 그림 3-26과 같다.

한편 평사도법은 광원을 지구본과 접하는 투영면의 중심점과 정반대되는 지점에 두고서 투영한다. 접점이 어느 지점이든지간에 관계없이 지구본상에서 원호로 나타난 것(대권, 소권 등)은 지도상에서도 그대로 원호로 나타난다는 것이 평사도법의 독특한 특징이다. 그 결과 모든 경선과 위선들은 원의 호로 그려지며 단지 극 중심 평사도법에서만 경선이 직선으로 나타난다. 평사도법은 위선과 경선이 서로 정각으로 교차하며 한 지점에서부터 모든 방향으로의 축척이 동일하기 때문에 정형성을 갖춘 지도이다. 극 중심 평사도법의 경우 경선은 극에서 발산되는 등간격의 직선이며, 위선은 극에 중심을 둔 동심원으로 나타나는데 위선간의 간격은 극에서 멀어질수록 점진적으로 증가한다.

그림 3-27 평사도법의 사례

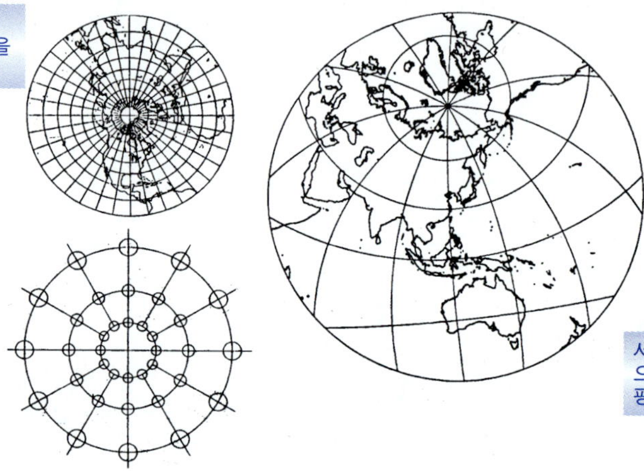

극 중심의 경우 Tissot의 지시타원을 통해 본 왜곡도

서울을 투영 중심점으로 하여 전개한 평사도법의 사례

따라서 왜곡도는 지도의 주변부로 갈수록 커진다. 서울을 투영 중심점으로 하여 전개한 평사도법의 사례를 보면 그림 3-27과 같다.

[3] 투영법의 선정기준과 활용

(1) 사용목적에 따른 투영법의 선택

지금까지 다양한 투영법의 특성들에 대하여 살펴보았다. 지구본이 갖고 있는 네 가지 속성인 정형성, 정적성, 정거성, 진방위를 다 갖춘 지도는 제작될 수 없으며, 한가지 속성을 유지하기 위해서는 다른 속성들을 희생시켜야 하는 상대적인 관계를 가지고 있다. 따라서 지도를 사용하거나 GIS의 기본도를 선택하는 경우 다음과 같은 점들을 고려하여야 한다.

첫째, 지도의 사용목적에 따라서 투영법을 선택하여야 한다. 그러나 대축척지도인 지형도와 항공도, 항해도 등은 정부기관에서 제작되므로 지도 사용자들은 어떤 투영법을 선택하여야 하는가를 결정하여야 할 필요는 거의 없다. 보편적으로 해도(항해도)는 두 지점간을 항해하는데 나침반의 방향을 일정하게 맞추어놓고 항해할 수 있는 장점이 있기 때문에 메르카토르 도법을 사용한다. 그러나 이 두 도법에서는 두 지점간의 거리를 측정하는 것이 매우 어렵다. 왜냐하면 이 도법에서는 축척이 계속적으로 변하기 때문이다. 따라서 두 지점 간에 거리를 측정하는 목적으로 지도를 선택해야 할 경우에는 정거방위도법을 사용하고 있다. 그러나 사용자가 원하는 특정한 도시를 중심점으로 하여 제작된 정거방위도법을 구하는 것이 쉽지 않을 경우도 있다. 이런 경우에는 지도 투영법을 위한 GIS 소프트웨어에서 제공하는 투영법을 통해 지도 사용자가 직접 구축하여야 할 것이다.

중위도의 항공도에는 람베르트의 정형원추도법이 많이 활용되고 있다. 그 이유는 이 지도상에서는 대권항로가 거의 직선에 가깝게 그려지기 때문이다. 따라서 정형원추도법을 이용할 경우 원하는 목적지까지의 경로설정과 거리를 쉽게 알 수 있다. 또한 최근에 들어와 횡축 메르카토르 도법은 지형도를 제작하는 데 많이 활용되고 있다. 특히 TM좌표체계를 통해서 지도사용자들은 가까운 지점들 간의 거리와 방향, 면적 등을 쉽게 측정할 수 있다. 한편 항공도는 람베르트 정형원통도법을, 대권항로의 경우 심사도법을, 다양한 통계지도를 구축하는 경우에는 정적도법인 몰와이데 도법을 사용하는 것이 바람직하다.

둘째, 기본도 작성을 위해 투영법을 선택하는 경우 먼저 투영법의 특성을 고려해야 한다. 각 투영법들은 나름대로의 특성을 갖고 있다. 따라서 GIS 프로젝트를 수행하기 위해 필요한 지도를 구축하는데 있어서 정적성, 정형성, 정거성, 진방위 가운데 어떠한 속성을 유지해야만 하는 가를 먼저 결정한 후에 투영법의 종류를 선택한다. 그리고 하나의 속성을 유지하고 있는 경우 다른 속성들은 왜곡되어 변형된 모습으로 나타나는데, 이 변형된 측면들이 지도화하려고 하는 지역을 나타내는데 과연 수용할 수 있는 정도의 왜곡인가를 조사해야 한다.

또한 투영의 중심점에서의 왜곡성은 거의 없으므로 투영법을 선택할 때 각 투영법들이 투영 중심점을 옮겨서 투영하는 것이 어느 정도 용이한가에 대해서도 조사해야 한다. 뿐만 아니라 경.위선의 격자망의 모습이 독도자들에게도 익숙하며 친근감을 주는 투영법인가를 살펴보아야 한다. 만일 경.위선의 격자망이 보편적으로 활용되지 않는 패턴이라면 지도를 디자인하는 데 있어서도 문제가 된다.

(2) 지역크기에 따른 투영법의 선택

투영법을 선정할 때 고려되어야 할 요소로는 기본도에 포함되는 지역의 크기이다. 만일 지도화되어야 하는 지역의 크기가 매우 작을 경우, 예를 들면 우리나라나 유럽의 국가 또는 미국의 하나의 주를 대상으로 하는 경우에는 투영법의 선택이 별로 큰 문제가 되지 않는다. 왜냐하면 어떤 투영법을 선택하든지 왜곡의 정도가 매우 작아서 기본도를 작성하는 데는 큰 차이가 없다. 따라서 일반적으로 정형도법이 보다 바람직하기는 하나 쉽게 구할 수 있는 지도를 선택하면 될 것이다.

그러나 지도화되어야 할 지역의 면적이 매우 큰 나라이거나 대륙 또는 세계 전체일 경우 왜곡도가 매우 심하게 되기 때문에 투영법의 선택은 더 어려워지며 더 중요하게 된다. 일반적으로 세계 전역을 대상으로 하는 기본도를 작성하는 데 있어서 투영법의 선정은 가장 크게 문제시 된다. 한 장의 지도에 세계 전 지역을 나타내는데 있어서 가장 중요한 지도의 속성은 정적성을 유지하고 있는 지도이어야 한다. 특히 지역적인 분포나 특정한 현상의 지역 간 분포패턴을 비교하여 나타내어야 하는 경우 정적도법을 통해 기본도를 구축하여야 한다. 그러나 정적도법의 경우 정형성을 잃어버리게 되므로 정적성을 유지하면서도 형상의 왜곡이 심하지 않은 몰와이데 도법이나 에케르트 IV 도법이 바람직하다. 이밖에도 정적성이나 정각성을 유지하지 않지만 이 두 가지 속성을 절충하여 모양이나 면적에 있어서 왜곡이 심하지 않아 보기 좋은 지도로 인정받는 도법으로는 로빈슨 도법도 있다.

그러나 경·위선망이 격자망으로 나타나는 원통도법은 세계 전 지역을 나타내는 기본도로는 부적합하다. 앞에서 살펴본 바와 같이 원통도법의 경우 고위도로 올라갈수록 축척이 과장되어 면적이 확대되므로 육지의 크기가 상당히 왜곡된 지도를 제공하게 된다.

한편 위도에 따라 달리 나타나는 현상들(예를 들면 기후, 식생 등)을 지도화할 경우 기본도는 위선이 등간격의 직선으로 나타나는 도법을 선택하는 것이 바람직하며, 만일 시간의 차이와 같이 경선의 중요성이 부각되어야 하는 경우에는 경선이 직선으로 나타나는 도법을 선택하여야 할 것이다.

세계전도를 나타내는데 적합한 투영법이 대륙을 나타내는데 반드시 좋은 것은 아니다. 정적상이나 정형성을 갖춘 중축적지도를 작성하는 경우 본느도법, 람베르트 방위도법, 알베르트 도법, 그밖에 시뉴소이달 도법, 몰와이데 도법도 많이 활용된다. 그러나 대륙의 위치와 형상에 따라서 선택되는 투영법이 달라진다. 아시아 대륙이나 북아메리카 대륙을 나타내는데 적합한 도법은 정적성을 갖춘 지도로 본느 도법이나 람베르트 방위도법이 적합한 것으로 평가되고 있다. 그러나 아프리카와 남아메리카 대륙을 나타내는데 적합한 도법은 몰와이데 도법이나 시뉴소이달 도법이 적합한 것으로 알려져 있다. 이런 도법들이 대륙을 나타내는데 적합한 이유는 중앙경선이나 표준위선이 그 대륙의 중심부를 지나가게 되어 왜곡도가 매우 적게 되기 때문이다.

한 국가를 나타내는데 적합한 투영법을 선택하는 경우 그 국가가 위치한 위도와 그 국가의 형상이 먼저 고려되어야 한다. 왜냐하면 도법에 따라서 진축척이 나타나는 위도와 표준위선으로부터 멀어질수록 왜곡도가 크게 달라지기 때문이다. 예를 들면 원통도법의 경우 적도가 표준위선이 되지만 원추도법은 흔히 중위도 지역이 표준위선이 된다. 또 극중심의 방위도법은 극지방을 나타내는 데는 유용하나 저·중위도 지역으로 갈수록 왜곡도가 커진다.

한편 국가의 형상도 투영법의 선택에 영향을 준다. 왜냐하면 왜곡이 없는 구역이 도법에 따라서 남-북 방향이 될 수도 있고 동-서 방향이 될 수도 있기 때문이다. 따라서

표 3-7 다양한 투영법들의 속성과 용도

투영법		종류	속성						적합한 대상지역 규모						일반적 용도				
			정형성	정적성	정거성	진방위	절충형	투시형	세계	반구	대륙	국가	중축척	대축척	지형도	지질도	주제도	표현용	항법용
메르카토르 도법	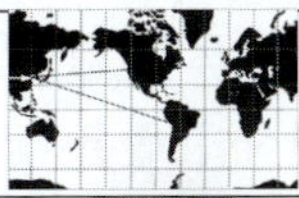	원통도법	●									●			●	●			●
횡축 메르카토르 도법		원통도법	●								●	●	●	●	●	●			
로빈슨 도법		가상적 원통도법					●		●								●	●	
시뉴소이달 도법		가상적 원통도법		●	○				●		●						●		
심사 도법		방위도법					○	●				○						●	●
정사 도법	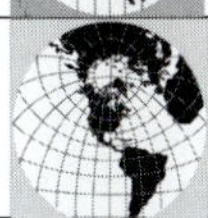	방위도법				○		●		○									
평사 도법		방위도법	●			○		●		●	●	●	●	●		●	●		●
정거 방위 도법	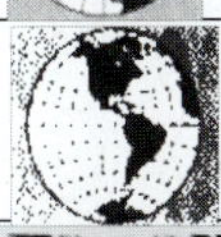	방위도법			○	○			○	●	●	●			●				
알베르의 정적원추 도법	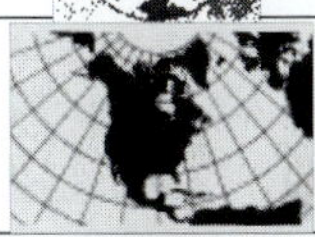	원추도법		●							●	●	●				●	●	
람베르트 정형원추 도법	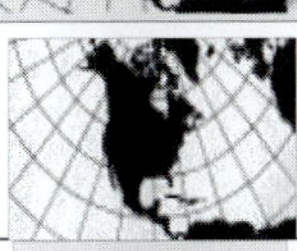	원추도법	●			○					●	●	●	●	●	●		●	●
다원추 도법		원추도법					●												
본느 도법		원추도법		●															

● 전반적으로 해당됨 ○ 부분적으로 해당됨

국가의 모양이 남-북으로 길게 뻗어 있고 동-서의 폭이 좁은 국가의 경우에는 다원추, 본느, 시뉴소이달, 횡축 메르카토르 도법이 보다 바람직하다. 반면에 국가의 모양이 동-서로 넓게 펼쳐진 국가의 경우에는 원추도법 가운데 람베르트 정형도법이나 알베르트의 정적도법이 바람직하다. 일반적으로 중위도에 위치한 넓은 면적을 가진 미국, 소련, 중국 등과 같은 나라들을 나타내는데 적합한 도법으로는 정형성을 지닌 람베르트의 정형원추도법이 바람직한 것으로 평가되고 있다. 그러나 중위도 지역에 위치한 면적이 좁은 국가들의 경우에는 정적성을 지닌 알베르트의 정적원추도법과 본느 도법이 추천되고 있다.

지금까지 투영법의 선택에 대해서 살펴보았지만, 어떤 투영법을 선택하여 제작된 지도이든지간에 면적, 각도, 방향, 거리에 있어서 어느 정도 왜곡성을 갖고 있다. 따라서 투영법을 선택할 때 기본 원칙은 지도화되어야 할 지역의 왜곡도가 가장 적게 나타나는 투영법을 선택하는 것이 가장 바람직하다. 다양한 투영법들 가운데 보편적으로 많이 사용되고 있는 투영법들의 특성과 주요 용도를 도표화하여 나타내면 표 3-7과 같다.

제4장

공간 데이터 수집과 데이터 입력

제1절 공간 데이터의 획득과 수집 방법

제2절 데이터의 입력과 입력 방법

제3절 입력된 데이터의 수정과 좌표 변환

제 1 절

공간 데이터의 획득과 수집 방법

[1] 공간 데이터의 출처원과 자료 수집

우리나라에 GIS가 처음 도입되면서 GIS에 필요한 데이터를 구축하는 비용은 GIS 프로젝트 전체 비용의 약 70~80%를 차지할 정도로 데이터의 구축 여부가 GIS 응용분야에 지대한 영향을 미쳤다. 실제로 GIS가 선진화된 국가들에서도 1980년대 중반까지 GIS에 사용되는 자료를 수집하고, 이를 수치 지도화하는데 총 비용의 60~80%가 소비되었으며, GIS 데이터를 구축하여 활용하는데도 수 년이 걸렸다.

GIS에서 사용되는 다양한 데이터들의 출처(data source)는 그림 4-1에서 볼 수 있는 바와 같이 많은 유형이 있다. 이 중에서 지도는 가장 기본적인 GIS의 출처원이다. 국립지리원에서 제작하고 있는 지형도뿐만 아니라 관련 기관에서 다양한 유형의 지도들을 만들어내고 있으며, 이들 가운데는 이미 수치화된 지도들도 있다. 때때로 GIS 프로젝트를 수행하는 경우 야외조사를 수행하여 직접 데이터를 수집하고 이를 입력하여 사용하기도 한다. 이러한 기초 자료를 흔히 원시 자료(raw data)라고 불리워진다.

표(tabular) 형식의 자료는 각종 통계자료나 마켓팅 정보와 같이 책자 형태로 제공된다. 이런 자료들은 키보드를 통해 GIS 데이터로 입력되거나, 스캐너를 통해 자료를 인식한 후 컴퓨터의 변환과정을 거쳐 GIS 데이터로 입력되기도 한다. 이 데이터들은 다양한 방식으로 공간 데이터로 활용될 수 있으며, 이러한 자료의 수집과 디지털 데이터로의 입력은 GIS의 공간분석에 중요한 영향을 미치게 된다. 특히 최근에 들어오면서 판매 및 유통 관련 서비스 업체들이 고객의 특성과 구매 행태 등에 관한 고객관리에 관심이 높아지면서 고객 정보 자료를 GIS와 연계시키려는 노력이 활발하게 이루어지고 있다. 이미 미국과 영국의 경우 1990년부터 디지털 형태의 센서스 자료가 제공되면서 사용자들의 데이터 입력시간과 비용이 크게 줄어들게 되었으며, 이에 따라 많은 사용자들이 다양한 분야에서 센서스 자료를 활용하고 있다. 우리나라도 최근에 들어와 통계청에서 센서스 자료를 온라인으로 제공하면서 다양한 분야에서 센서스를 활용하고 있다.

한편 레포트의 내용들, 예를 들면 지도나 표 등의 자료도 GIS 데이터로 활용될 수 있다. 문자(text)나 토론 자료들은 GIS 데이터 포맷으로 쉽게 전환되지 않지만, 그 내용에 포함된 정보들이 중요하기 때문에 사용자들에 의해 GIS 데이터로 변환된다. 전문가들에 의한 아이디어나 결정사항도 GIS 데이터에 포함될 수 있다. 이는 전문가들의 지식에 기반한 새로운 자료, 판단, 해석 등은 야외조사 자료만큼 원시자료로서 가치있기 때문에 GIS 데이터의 원시자료로 활용될 수도 있다.

그림 4-1 데이터의 획득과 입력 방법

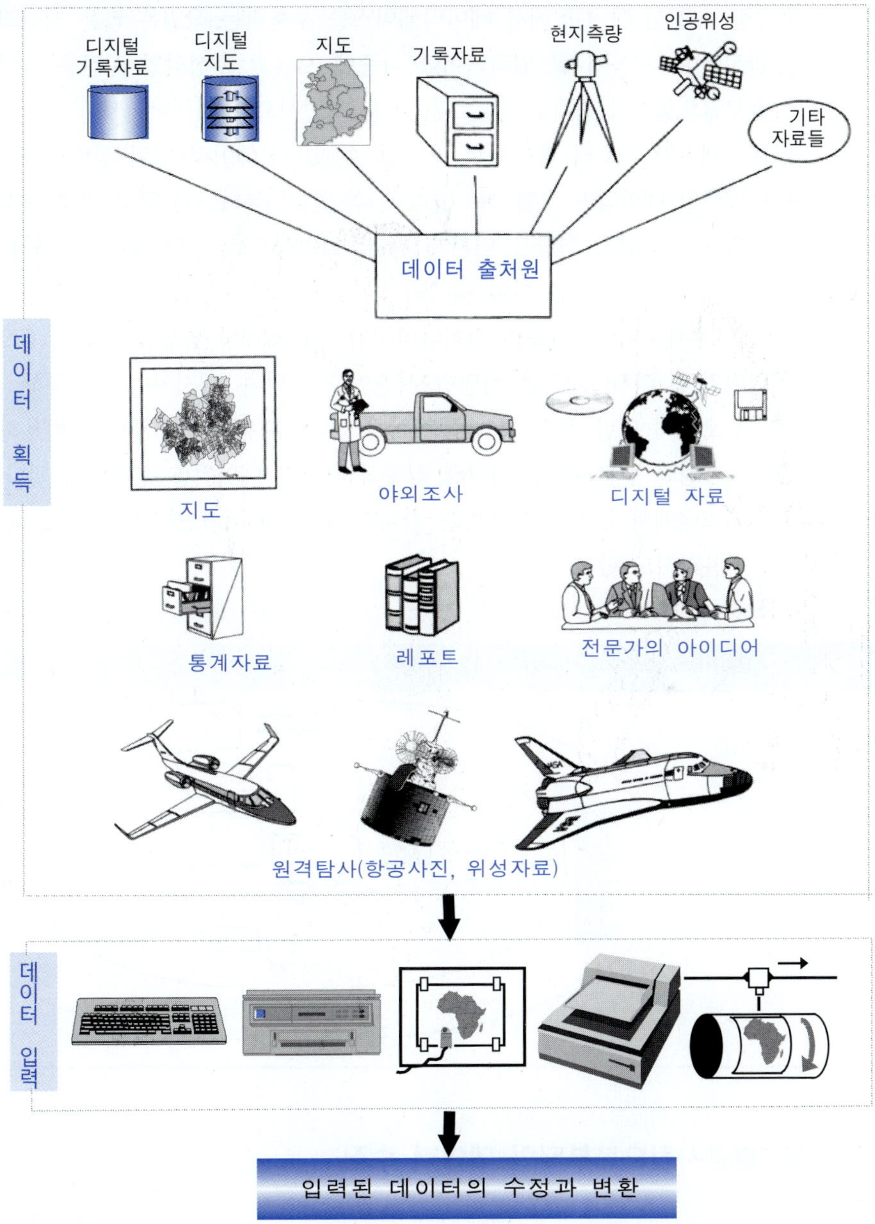

원격탐사(remote sensing) 자료에는 저고도 비행탑재 카메라, 고도비행 탑재 전문 전자감지기, 그리고 특수한 영상 처리장치를 장착한 인공위성 등에 의해 획득된 경관자료 및 기타 자료들이 있다.

공간 데이터는 사용자들의 사용목적에 따라 요구되는 데이터의 형태 및 정확도가 각기 다르다. 따라서 데이터의 획득과 데이터 입력 시에는 이러한 점들을 고려하여야만 한다(그림 4-2 참조). GIS에서 데이터베이스를 구축하는 작업은 많은 시간과 비용이 소요되는 과정이며, 처음에 잘 입력되어야 나중에 오류의 수정작업 시간을 줄일 수 있다. 다양한 출처원으로부터 획득한 공간 데이터는 일반적으로 디지타이저나 스캐너 입력장비를 사용하여 벡터와 래스터 데이터로 구축될 수 있다. 데이터 입력 장비와 데이터 취득방법에 따라 입력된 데이터의 정확도는 달라질 수 있다. 특히 사용된 도면의 축척이 공간 데이터의 정확도에 상당히 영향을 미치게 된다. 일반적으로 가장 많이 사용되는 공간 데이터로는 손쉽게 구할 수 있는 이미 제작되어 있는 지형도 및 도로망도, 토지이용도, 지번도 등의 각종 주제도이며, 이들은 디지타이징되거나 스캐닝 방법을 통하여 GIS의 공간 데이터로 변환된다. 디지타이징은 상당한 시간이 소모되며, 디지타이징을 통해 구축된 데이터는 반드시 오류에 대한 검증 과정을 거쳐야 한다. 자동화된 스캐너를 이용하는 경우에도 데이터의 수정과 변환과정을 거쳐서 최종적인 공간 데이터를 구축하게 된다. 그밖에도 다른 정보 시스템에서 구축된 자료들을 가져오는(importing) 경우 데이터를 수정 또는 변환시켜서 활용하기도 한다.

그림 4-2 데이터 입력시 고려되어야 하는 사항

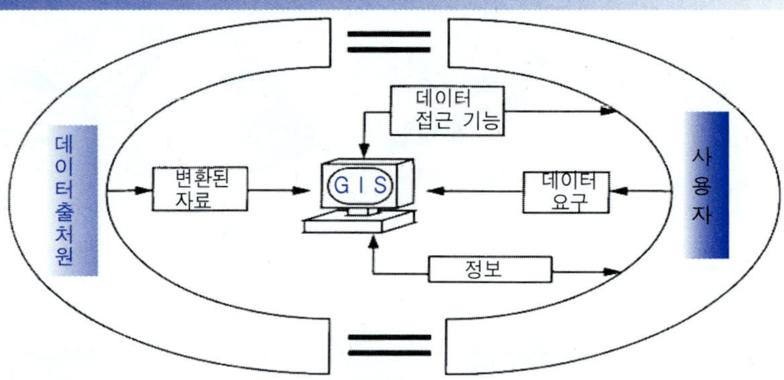

[2] 항공사진으로부터의 데이터 수집

(1) 항공사진의 개념과 특성

항공사진 측량은 지형도 제작의 가장 대표적인 방법이다. 우리나라는 1966년 네덜란드와 협동으로 항공사진 측량 사업협정을 체결하면서 항공사진을 이용한 지형도 제작이 이루어지기 시작하였다. 현재 거의 모든 국가의 기본도는 항공사진 측량에 의해서 편집 또는 제작되고 있다. 이 방법은 항공기에 항공사진 측량용 카메라를 탑재하여 대상지역을 촬영한 후, 도화기를 이용하여 대상물의 지리적 위치관계를 해석하는 것이다.

항공사진 측량의 장점으로는 무엇보다도 단시간에 넓은 지역에 대한 정보 수집이 가능하며, 대상지역에 대한 여러 가지 정보를 종합적으로 구축할 수 있으면서도 측량 정확도가 균일하다는 점이다. 예를 들면 1/5,000 지형도를 제작하는 경우 보통 사용하는 항공사진의 축척은 1/20,000이며, 이때의 촬영고도는 약 3,000m이다(152㎜ 렌즈를 사용하는 경우). 이 경우 평면위치의 정확도는 20-60㎝, 표고의 정확도는 30-60㎝가 된다. 또한 정량적 측정뿐만 아니라 정성적 측정이 가능하며, 축척 변경이 비교적 용이하다. 일정범위 내에서 요구되는 축척에 따라 도화가 가능하며 소축척일수록 지상측량에 비해 50% 정도 경비를 절감할 수 있다. 뿐만 아니라 해석도화기를 사용할 경우 수치지도를 직접 제작할 수 있으며, 접근하기 어려운 대상물의 측정이 가능하며 분업화에 의한 능률성도 높다.

그러나 항공사진 측량의 단점으로는 항공기를 사용하므로 기상 및 태양고도에 좌우되고, 상대적인 판별이 불가능하며 현지조사 또는 그에 대응하는 다른 기준이 되는 정보를 필요로 하며, 비용이 많이 들기 때문에 소지역 측정에는 비경제적이다. 또한 항공사진 판독은 사진의 색조와 모양, 패턴을 통해 판독하므로, 이런 방식을 통하여 인식되지 않는 대상물은 판독하기 어려우며, 음영 등에 의한 피사체 식별이 어려운 경우 현장 작업을 통한 보완이 요구된다.

항공사진 촬영 시에 사용되는 카메라는 렌즈 왜곡이 극히 적고 해상력 및 선명도가 높아야 하며, 사진 기준점이 있어 필름의 왜곡을 정밀 보정할 수 있어야 한다. 일반적으로 사용되는 카메라는 광각 카메라로서 렌즈 피사각이 90˚, 초점거리가 152㎜, 사진크기가 23㎝ x 23㎝, 필름길이가 60-120m 이다.

항공사진 판독에 사용되는 사진은 전정색사진(panchromatic photo), 천연색사진(natural colour photo), 적외선사진(infrared photo), 적외선색사진(infrared colour photo), 파노라믹 사진(panoramic photo), 주사식사진(scanning photo), 다중파장대사진(multi-spectral photo), 위색사진(false colour photo) 등이 있다. 이러한 사진필름들의 판독 특징을 보면 표 4-1과 같다. 천연색사진은 판독이 가장 우수하나 가격이 비싸고 높은 고도의 촬영에는 적합하지 않은 결점이 있어 주로 전정색사진이 보편적으로 사용되고 있다.

항공사진은 먼 거리에서 촬영하게 되므로 지표면을 덮고 있는 구름이나 분산광에 의한 영향도 받게 된다. 이러한 영향력을 제거하기 위해 필터를 사용하여 촬영하면 사진판독의 효과를 높일 수 있다. 또한 불필요한 광파를 제거하고 필요한 광파에만 감광할 수 있게 촬영하기 위해서도 필터의 사용은 필수적이다. 필터는 색유리를 그대로 사용하는 경

표 4-1 항공사진 판독에 쓰이는 사진 필름의 특성

종류	성질	주된 용도
전정색사진	가시광선의 흑백상	판독요소: 형태 (지질, 식물)
적외선사진	근적외선의 흑백상	식물과 물의 판독
천연색사진	가시광선의 천연색상	판독요소: 색
적외선색사진	가시광의 일부와 근적외선을 색으로 나타낸 상	식물의 종류와 활력의 판독
다중파장대사진	가시광과 근적외선을 대역별로 동시에 촬영한 흑백상	광범위한 이용, 식물의 판독
열영상	표면온도의 흑백상	판독요소: 온도

우와 염색한 젤러틴을 유리 사이에 넣어 만드는 경우가 있다. 필터의 색에 따라 황색, 연황색, 중황색, 진황색, 녹색, 적색, 농적색 등의 필터들이 있는데 항공사진 촬영에는 진황색(dark yellow)의 필터가 가장 많이 사용된다. 식생의 판별을 위해서는 녹색필터를, 적외선만을 촬영하고자 할 때는 농적색(deep red)필터를 사용한다.

항공사진 촬영을 위한 과정은 ① 계획 준비 ⇒ ② 촬영 계획 ⇒ ③ 지상 기준점 측량 ⇒ ④ 사진 기준점 측량 ⇒⑤ 해석 도화 ⇒ ⑥ 현지 조사 ⇒ ⑦ 항측 보완 측량 ⇒ ⑧ 정위치 편집의 단계를 거치게 된다. 지도를 제작하기 위한 목적으로 항공사진을 촬영하는 경우 비행계획과 촬영장비가 잘 마련되어 있어야만 좋은 질의 사진을 얻을 수 있다. 또한 촬영시에 다음과 같은 몇 가지 점에 대해 주의해야 한다.

항공사진 촬영에 있어서 연속적으로 사진을 찍는 경우 각 사진은 그 다음 사진과 중첩되게 찍어야 하는데 이를 내중첩(endlap)이라고 하며 60-65% 중첩시켜서 찍어야 한다. 따라서 각 사진은 평균 40%정도의 진전을 보이는 이미지를 갖게 된다. 또한 비행선간의 사진의 중첩을 말하는 옆중첩(sidelap)은 보통 20-35%가 중첩되도록 찍어야 한다(그림 4-3 참조). 항공사진을 입체적으로 볼 수 있고 또 원하는 지역을 완전하게 다 나타내도록

그림 4-3 항공사진 촬영시에 내중첩과 옆중첩

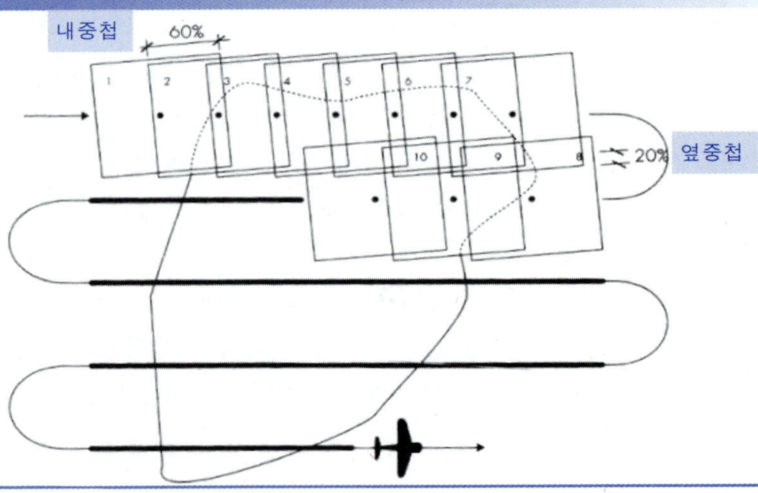

그림 4-4 항공사진 촬영시에 크랩과 드르프트 비행의 영향

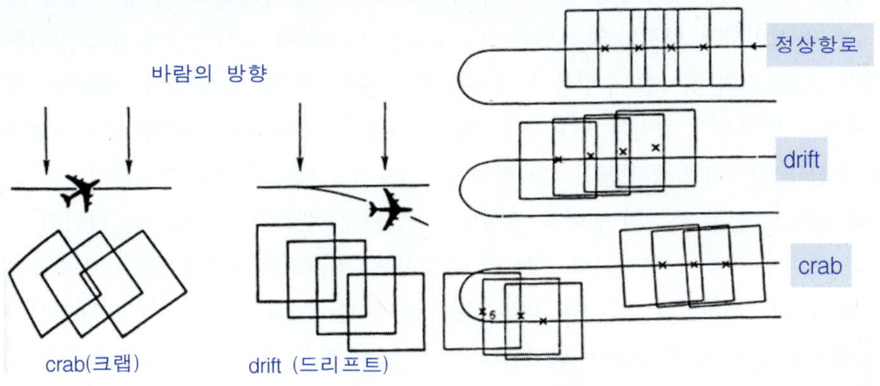

하기 위해서는 사진 촬영 시에 중첩이 잘 이루어지도록 해야 한다.

또한 사진을 촬영하는 순간에 항공기가 동요되어 카메라 축이 움직여서 수직선에서 벗어나게 되는 것을 틸트(tilt)라고 한다. 틸트는 항공기의 좌우가 상하로 움직여져서 카메라축이 수직에서 벗어나게 되는 경우 옆중첩에 영향을 주게 되며, 만일 항공기의 전후가 상하로 움직여서 카메라축이 수직에서 벗어났을 경우에는 내중첩에 영향을 준다. 만일 바람이 비행선과 직교 방향으로 강하게 불어오게 되면 항공기는 예정된 방향으로 비행하지 못하고 표류하게 되는데, 이 때 촬영된 사진을 드리프트(drift)라고 한다. 또한 바람이 강하게 불게 되면 조종사는 예정된 항로로 비행하기 위하여 비행 방향을 바람부는 방향으로 약간 돌려서 비행하게 된다. 이렇게 비행기가 비스듬하게 비행하면서 촬영한 사진을 크랩(crab)이라고 한다. 크랩이 생길 때는 사진촬영사가, 드리프트가 생길 때는 비행사가 주의하여야 하나 바람이 강하게 불어서 예정 항로와의 각도가 10도 이상을 넘어가게 된다면 촬영을 하지 않는 것이 좋다(그림 4-4 참조).

한편 항공사진은 중심투영으로, 피사체의 상이 렌즈 중심을 지나 필름면에 투영되므로, 지도처럼 평행광선에 의해 투영되는 정사투영과 차이가 있으며, 특히 기복이 있는 지형에서는 사진과 지도가 다르게 나타난다. 항공사진의 이미지가 지도와 근본적으로 차이가 나는 것은 투영방식이다. 지도는 정사투영인데 비해 사진은 렌즈의 중심을 통한 원근투영이다(그림 4-5 참조). 따라서 사진의 투영에서는 평행선이 어느 한 지점에서 만나게 된다. 따라서 지표면의 기복이 있는 경우 이미지의 차이가 나타나게 되는데, 이를 편위(displacement)라고 한다. 편위는 사진 주점(principal point)에서부터 대상물까지의 거리에 따라 달라지므로 사진 주점을 중심으로 하여 방사상의 패턴으로 나타난다. 따라서 같은 높이를 가진 물체가 중심점으로부터 얼마나 떨어져 위치하고 있는가에 따라 편위의

크기와 방향이 다르게 나타난다. 만일 틸트가 있는 경우 지표면의 기복에 의한 편위는 틸트의 윗쪽에서는 중심에서 더 멀리, 아랫쪽에서는 중심쪽으로 더 들어와서 편위된다.

한편 촬영시에 틸트되거나 항공기의 고도를 일정하게 유지하지 못하고 촬영된 사진의 경우 항공사진의 경사를 수정하여 왜곡이 없는 수직 사진으로 만들기 위해서는 평면에 투영시키는 편위수정 작업이 필요하다. 편위수정을 위해 고안된 편위수정기(rectifier)는 자동 초점 조정장치와 투영판의 경사장치를 갖는 사진 확대기이다. 편위수정기는 틸트나 고도의 차이로 인한 축척의 변이를 수정할 수 있는데, 렌즈와 투영테이블 사이의 간격이 고도의 변이에 맞추어 변화되며, 틸트만 조정하는 경우에는 투영테이블을 비스듬하게 경사지게 하여서 조정한다. 그러나 편위수정 사진에서는 여전히 인화된 지역내에서 지형고도의 변이로 인해 평면 편위는 남아있게 된다. 또한 항공사진은 기복변위를 갖는다. 중심투영의 성질 때문에 지표면에 기복이 있을 경우, 사진 상에서는 연직점에서 멀어질수록 방사방향으로 변위가 크게 발생한다. 이러한 기복 변위량으로부터 건물 및 탑 등의 높이를 구할 수 있다.

한편 항공사진의 입체시를 통해 지형의 위치관계를 알 수 있다. 일정거리 간격(촬영기선)에서 동일 대상물을 중복 촬영하면 보는 시점의 위치변화에 따른 대상물의 상대적 위치변화가 생기며 이것을 시차(視差: parallax)라고 한다. 이러한 중복 사진을 촬영 당시의 기하학적 관계가 같도록 놓고 좌우 눈으로 보면 지형기복이 재현되어 입체감을 느낄 수 있고, 각 지점의 시차차(視差差: parallax difference)를 비교하여 표고를 구하게 된다.

그림 4-5 항공사진에서의 편위 발생

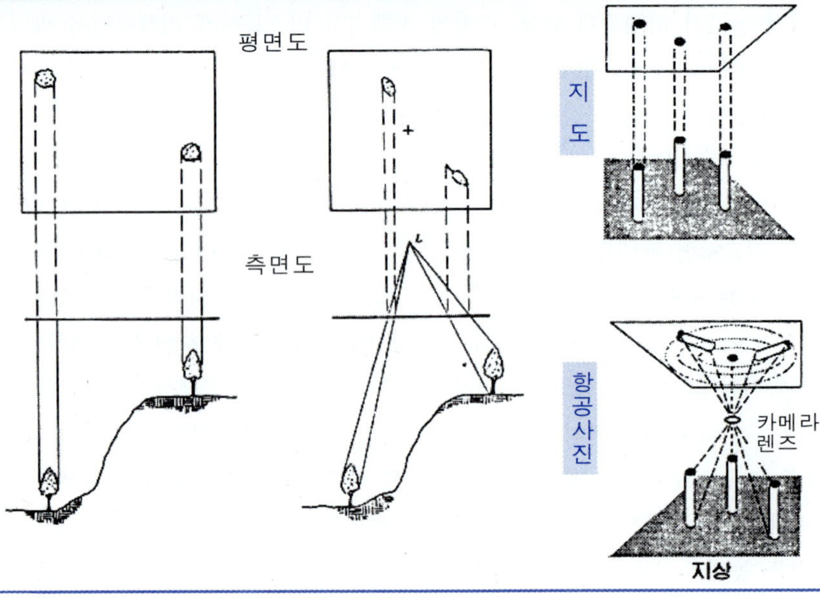

(2) 항공사진의 판독

항공사진 판독은 항공사진면으로부터 얻어진 여러 대상물의 특성들을 목적에 따라 적절하게 해석하고, 이를 토대로 분석함으로써 대상물의 형상, 지질, 식생, 토양 등에 대한 정보를 획득하는데 이용되고 있다. 항공사진 판독은 항공사진 상에서 지형도 제작에서와 같이 논과 밭의 구분, 도로의 포장상태, 식생 등과 같이 직접 판독하여 정보를 얻어내는 경우도 있고, 때로는 지질 판독과 같이 보다 전문적인 지식과 경험을 바탕으로 하여 간접적인 관측으로부터 귀납적 혹은 연역적 방법을 통해 필요한 정보를 판정 또는 추정하는 경우도 있다.

항공사진 판독은 사진영상에 피사된 도로, 철도, 하천, 가옥, 지질, 수림 등의 대상물에 대한 특성을 판별하기 위해 위치, 크기, 형상 등을 결정하는 정량적인 사진판독과 자원 및 환경 등의 정보조사에 이용되는 정성적인 사진판독으로 구분될 수 있다. 항공사진 판독시에 고려되는 요소로는 사진영상의 크기, 모양, 음영, 색조, 질감, 패턴의 기본 요소와 부가적으로 상호위치 관계, 과고감(vertical exaggeration) 등의 요소들이 조합되어 판독하게 된다.

항공사진상에 나타난 형상물의 크기와 모양은 판독에서 매우 중요한 요소이다. 크기는 단일 형태 또는 단일 색조가 갖는 입체적, 평면적인 넓이나 길이를 말하며 모양은 개체나 목표물의 윤곽, 구성, 배치 및 일반적인 형태 등을 말한다. 사진상의 실제 크기는 사진촬영 고도와 사진기 렌즈의 초점거리를 이용하여 계산이 가능하다. 항공사진 영상은 지표면 바로 위로부터 촬영한 형상이므로 일반적으로 지상에서 옆으로 보는 시각과는 다르므로, 수직으로 보았을 때의 형태에 보다 익숙하여야 판독하기가 용이하다.

사진판독에서 음영은 높은 탑과 같은 지물의 판독, 주위 색조와의 대조가 어려운 지형의 판독 시에 중요한 요소가 된다. 사진을 판독할 때 광선의 방향과 촬영시의 태양광선의 방향을 일치시키면 음영의 관계로부터 입체감이 얻어지고 반대로 하면 반대의 느낌이 얻어지므로, 북반구의 항공사진을 볼 때는 일반 지도와는 반대로 남쪽을 위로 보는 편이 좋다. 그러나 일반적으로 사진에서 그림자 부분은 상세한 판독에 저해가 되므로 항공사진 촬영에 있어서는 태양의 고도는 매우 중요하다.

한편 사진의 색조는 주로 태양광선의 반사율에 의한 것으로 식생의 군락 등의 대상물 판별에 이용된다. 흑백사진에서는 색과 명암이 백색으로부터 흑색까지의 단일색조로 기록된다. 사진의 색조는 또한 태양에 대한 피사체의 위치, 각도, 촬영시기와 기후, 필름의 감광성, 필터의 성질, 인화 처리법, 인화지의 종류 등에 영향을 받는다. 이와 같이 동일한 대상물에 대해서도 색조가 여러 가지로 변화하기 때문에 사진농도의 절대값보다는 색조의 차이에 중점을 두는 것이 바람직하다. 특히 항공사진의 축척이 작을 경우 입체시를 통하여도 세부사항을 정확하게 알 수 없으므로 판독에 있어 색조의 중요성은 더욱 부각된다. 흑백사진이 흰색에서 검은색까지 단일색조로 나타내는 것에 비해 천연색사진은 대상물의 색을 그대로 재현하므로 흑백사진보다 판독범위가 넓다고 할 수 있다.

항공사진의 질감은 크기, 음영, 형상, 색조 등의 여러 요소가 모여 표현되는 영상면의 세밀하고 거치른 정도를 나타내는 것으로 개개의 상태로는 식별하기 어려운 작은 대상물의 집합이 사진상에 나타나는 미세한 색조 변화이다. 질감의 표현은 거칠거나 조밀함, 또는 울퉁불퉁하거나 평평함으로 구분되며, 축척에 따라서 질감의 판독대상이 달라진다.

항공사진상에 나타난 식생, 지형 또는 지표면 색조 등의 공간적인 배열상태도 중요하다. 인공 또는 자연적인 여러 물체는 기본적인 형상의 반복 또는 관련성을 갖고 있어 판독에 도움이 된다. 또한 대상물의 구조와 성질, 종류, 용도 등은 그 배치상태에 의해 판독할 수 있다. 예를 들면 수계모양이나 공장의 규모 및 배치형태 등은 쉽게 판독된다.

그밖에도 어떤 영상이 주위 영상과 어떤 관계가 있는가를 파악하는 것은 항공사진 판독에서 중요하다. 한 영상은 일반적으로 주위의 영상과 연관되어 있으므로 어느 특정한 영상만을 보고 다른 사진과의 관련사항을 고려하지 않으면 올바르게 판독하기 어려운 경우도 있다. 특히 항공사진의 축척이 작아서 각각의 사진에 대한 관찰이 어려울 때는 특히 대상물의 상호간의 관계를 이용하는 것이 좋다.

또한 항공사진을 입체시하여 얻은 입체상의 높이가 실제보다 산지는 돌출하여 높게 보이고 기복이 심하게 보이며, 계곡은 실제보다 깊고 경사면은 실제 경사보다 급하게 보이게 된다. 이러한 과고감은 판독에 사용된 렌즈의 초점거리, 중복도 등에 의해 변한다. 과고감은 지표의 기복을 과장하여 나타나기 때문에 낮고, 평탄한 지역에서의 지형판독에 크게 도움이 되는 반면, 사면의 경사가 실제보다도 급하게 보이기 때문에 오판하지 않도록 주의해야 한다.

사진판독 방법은 다음과 같은 3단계로 나눌 수 있다. 제1 단계는 관찰, 확인의 과정, 제2 단계는 분석, 분류의 과정, 제3 단계는 해석의 과정이다. 첫 번째 단계인 관찰, 확인 과정은 지형적인 차이, 색조나 색조구조, 수계모양, 선의 형상, 또는 식생의 밀도 등의 단순한 관찰 및 확인과정이다. 이 단계에서는 판독을 통해 사진으로부터 정확한 정보를 얻어내기 보다는 전체적인 형상에 대한 개략적인 정보를 수집한다. 두 번째 단계는 관찰, 확인한 사항을 분류하고 분석하는 과정으로 첫 단계 과정보다는 고차원의 정보를 얻을 수 있으나, 보다 판독자의 주관이 개입되어 판독오차가 다소 커질 수도 있다. 마지막 단계인 해석과정에서는 판독자의 경험과 전문지식을 기초로 하지만 보다 정밀한 판독을 통해 고급 정보를 추출하게 된다. 예를 들면 지질구조, 지층 상하관계, 지반침하, 사태 등의 동태적 과정에 대해 추측할 수 있는 보다 높은 차원의 정보를 얻을 수도 있다.

항공사진 판독은 실제로 극히 짧은 시간 내에 이루어지므로 첫 단계에서부터 각종 대상물을 구분하기 위해 판단의 기준이 되는 판독요소를 사진에서 찾도록 해야 한다. 사진 판독시 주의할 점은 높은 정확도로 얻은 정보라 할지라도 추정에 불과하므로 현지조사, 지형도 등을 통해 검토한 후에 판독하는 것이 바람직하다. 그러나 항공사진의 판독에는 한계가 있다. 물론 사진 자체가 갖는 렌즈왜곡, 필름수축 오차, 사진기 오차 등으로 인한 한계는 판독 시에는 거의 무시되고 있다. 그러나 항공사진이 대축척이어서 산의 이면이 찍히지 않는 경우나, 사진촬영 시간이 좋지 않아 음영이 강하게 나타난 경우, 눈이 내린 지역을 촬영한 경우, 구름이 낀 경우 등에는 판독이 매우 어렵다. 사진 상에서 육안판독이 가능한 크기는 판독대상의 형태와 주위와의 대조 또는 입체시했을 때의 눈의 높이 등에 좌우되지만 일반적으로 최소 0.02mm라 할 수 있다. 육안에 의한 원근판독의 정확도는 대상물까지의 거리의 제곱에 반비례한다. 이러한 사진판독이 갖고 있는 한계성을 가능한 줄여서 보다 정확한 판독을 하도록 하여야 한다.

(3) GIS에서 항공사진의 활용

항공사진은 주로 지형도 제작에 이용되지만, 그밖에도 사진판독에 의한 산림조사, 불법 건축물 단속, 교통조사, 재해조사, 지질조사 등에 이용된다. 또한 사진판독을 통하여 임상도, 지질도, 토지이용도 등의 각종 주제도를 제작할 때도 직접 혹은 간접적인 자료로 이용된다. 더 나아가 항공사진을 스캐닝하여 공간 데이터에 대한 보조적 자료로 활용할 수도 있다.

항공사진에 내포되어 있는 기복변위에 대해서는 디지털 영상처리 기법에 의하여 이를 소거한 정사투영 영상을 제작할 수 있으며, 이 경우 스크린 디지타이징 기법을 이용하여 최신의 데이터베이스 구축을 위한 업데이트 수단으로 활용될 수도 있다. 특히 변동상황이 광역적이 않을 경우 간단히 최근의 항공사진과 비교함으로서 공간 데이터를 최신의 정보로 수정할 수 있다. 종래의 기계식 도화기는 해석결과를 종이 위에 플로팅하여 인쇄된 형태로 제공되었기 때문에 이 자료를 GIS에서 사용하기 위해서는 다시 디지타이저를 통해 자료변환을 해야 되었다. 그러나 최근의 해석 도화기는 그 결과를 벡터형의 데이터로 컴퓨터에 직접 저장하기 때문에 GIS 공간 데이터로 쉽게 활용할 수 있게 되었다. 따라서 앞으로 항공사진은 공간 데이터의 자료원으로 각광을 받으며 다양하게 활용될 전망이다.

항공사진에 의하여 수치지도의 작성이 이루어지는 부문은 주로 지형도이며, 항공사진은 세부적인 정보를 얻을 수 있는 대축척의 정보 획득에 보다 적합한 반면에, 인공위성은 넓은 지역의 정보를 얻기 위한 소축척의 정보 획득에 보다 더 적합하다고 볼 수 있다.

[3] 위성영상으로부터의 데이터 수집

(1) 위성영상의 발달과 주요 인공위성의 특성

위성영상은 인공위성에 탑재된 탐지기(sensor)에서 지표의 대상물이 반사 또는 방사하는 전자파에너지를 탐지하여 이를 디지털 형태로 기록한 것으로서, 이러한 데이터를 처리하여 대상물 또는 현상에 대한 정보를 얻고 해석하는 기술을 원격탐사(Remote Sensing) 라고 한다. 원격탐사는 항공기나 위성에 탑재된 센서를 통해 자료를 수집하기 때문에 비용이 많이 들지만 시간 및 노동이 많이 드는 지상 작업에 비하면 오히려 단위비용이 적게 들기 때문에 GIS의 중요한 자료원이 된다. 특히 위성영상은 GIS 공간 데이터에 대한 자료원이 부족한 나라들에게는 매우 유용한 자료가 되고 있다.

위성영상의 장점은 가시광선 영역뿐만 아니라 적외선 및 자외선 영역에 대한 정보도 취득할 수 있으며, 정보를 여러 개의 파장대별로 분할하여 취득하기 때문에 물체의 분광특성을 이용하여 다양한 분석을 할 수 있다는 점이다. 또한 인공위성은 주기적으로 지구를 회전하면서 데이터를 취득하기 때문에 현재의 정보를 쉽게 얻을 수 있으며, 관측 영역도 항공사진의 수백 배에 이르는 광대한 영역을 한 번에 관측할 수 있다.

인공위성을 이용하여 지구를 탐사하게 된 것은 지구자원과 환경보전에 대한 관심이 커지고 우주개발에 대한 진전이 이루어지면서 부터였다. 1957년 10월 소련의 Sputnik-1호가 인류 최초의 인공위성으로 발사되었다. 그 이후 우주공간에서 지구의 표면 탐사와 지구자원개발을 위한 지구자원관측위성(EROS: Earth Resources Observation Satellite) 계획이 발표되고 1973년에 Apollo 계획의 일환으로 미국의 최초 우주작업실인 Skylab이 발사됨으로써 지구자원조사에 대한 응용연구가 본격화되었다. 또한 미항공우주국(NASA)에서 계획하여 오던 지구자원기술위성(ERTS: Earth Resources Technology Satellite)이 1972년 발사되면서 지구자원 탐사는 본격적으로 이루어지게 되었다.

1975년 ERTS는 Landsat으로 이름을 바뀌면서 ERTS도 Landsat-1호로 소급하여 이름을 바꾸었고 Landsat-2호가 발사되었다. 연이어 1978년에 Landsat-3호, 1982년에 Landsat-4호, 1984년에 Landsat-5호가 발사되었고, Landsat-6호는 1993년에 발사되었으나 실패하여 현재 Landsat-5호가 운행되고 있다. Landsat은 고도 약 900-950km 상공을 운행하면서 지구를 관측하고 있다. Landsat 1-3호에는 텔레비젼 카메라 방식의 RBV(Return Beam Vidicon)센서와 라인주사(line scanning)방식의 MSS(Multi-Spectral Scanner) 센서가 탑재되었다(표 4-2 참조). Landsat-1호는 적도와 81˚의 각을 유지한 채 거의 완전한 원형의 궤도를 그리면서 18일 주기로 같은 지역을 관측하면서 지표면의 185km x 185km 면적 넓이의 사진을 촬영하여 수신국에 보내고 있다. 한편 MSS 센서에

표 4-2 Landsat과 SPOT의 특성 및 성능

구분	Landsat		SPOT	
	MSS	TM	P모드 (panchromatic)	XS모드 (multispectral)
밴드수	**4개** band 4: 0.5~0.6 μm band 5: 0.6~0.7 μm band 6: 0.7~0.8 μm band 7: 0.8~1.1 μm (Landsat-3호에는 band 8:10.4~12.6μm (thermal IR 밴드추가)	**7개** band 1: 0.45~0.52 μm band 2: 0.52~0.60 μm band 3: 0.63~0.69 μm band 4: 0.76~0.90 μm band 5: 1.55~1.75 μm band 6: 10.4~12.5 μm band 7: 2.08~2.3 μm	**1개** 0.51~0.73 μm (녹색)	**3개** band 4: 0.5~0.6 μm (녹색) band 5: 0.6~0.7 μm (적색) band 6: 0.7~0.8 μm (근적외선)
공간해상력	80m x 80m (1픽셀의 지상면적: 57m x 57m	30m x 30m (1픽셀의 지상면적: 28.5m x 28.5m	10m x 10m	20m x 20m
탐지기수	24개 (4밴드x 6라인 동시주사)	100개 (밴드 1-5,7 x 16 라인 동시주사, 밴드 6은 4라인 주사)	6000개	9000개 (3000개 x 3밴드)
축척	1: 15만	1: 15만	1: 5만	1: 5만
영상도엽당 면적	185km x 185 km	185km x 185 km	60km x 60 km	60km x 60 km
주사방식	whisk-broom방식 (위성 이동방향의 직각방향으로 스캐닝반사경을 회전시키면서 순차적으로 데이터를 탐지)	whisk-broom 방식 (스캐닝반사경 회전시 양방향으로 데이터를 탐지함으로써 공간해상력 향상시킴)	push-broom 방식 (한라인의 픽셀수만큼의 탐지기를 선형으로 배열함으로써 해상력을 훨씬 향상시킴)	push-broom 방식 (한라인의 픽셀수만큼의 탐지기를 선형으로 배열함으로써 해상력을 훨씬 향상시킴)

TM(Thematic Mapper) 센서가 추가로 탑재된 Landsat 4-5호는 705km의 높은 상공에서 16일마다 반복하여 185㎞의 관측 폭으로 같은 지점을 돌면서 관측하고 있다. 관측기록은 지상에 수신국에 전송되어 영상이나 전산용 마그네틱 테이프에 입력되어 배포된다.

한편 프랑스에서 개발한 SPOT(Systeme Probatoire de Observation de la Terre)는 1986년에 1호가 처음 발사된 이후 1990년에 SPOT-2호, 1993년에 SPOT-3호가 발사되었다. SPOT-1호는 고도 832km에서 태양과 동위의 극 궤도로 운행되고 있으며, SPOT-2호는 SPOT-1호와 180°각도를 이루면서 돌고 있다. SPOT 위성에는 HRV(High Resolution Visible) 센서 2대가 탑재되어 있으며, 각각의 센서는 P(Panchromatic) mode 또는 XS (Multi-spectral) mode로 작동될 수 있다. SPOT 위성의 특징은 기존의 MSS가 whisk-broom 방식의 회전 반사경을 부착한 것에 비해 HRV는 push-broom 주사방식을 채택한 것이다. 이 방식은 훨씬 진보된 선형 탐지기가 스캐닝 선을 따라서 모든 지점들의 자료를 기록하며, 매초마다 한 장면씩 만든다는 점이다. 이것은 한 라인의 픽셀수만큼의 탐지기(CCD: Charge Coupled Device)를 선형으로 배열함으로써, 각 탐지기들이 오직 한 픽셀만 담당하므로 한 픽셀에 오래 머무를 수 있어, 상대적으로 작은 면적을 관측해도 필요한 에너지를 얻을 수 있게 되므로 따라서 해상력을 상당히 향상시킬 수 있다(그림 4-6 참조).

그림 4-6 Landsat과 SPOT의 주사방식과 공간해상도의 차이

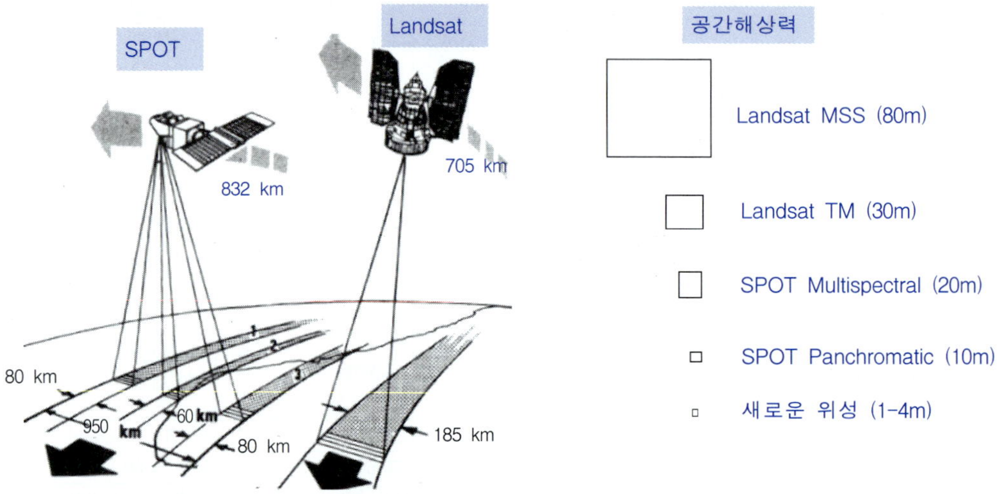

출처: Bernhardsen, T. (1999), *GIS: An Introduction*(2nd ed.), p. 168.

또한 SPOT 위성의 관측 주기는 26일이며, 각 HRV 센서의 관측폭은 약 60km이지만 경사관측을 할 경우 26일 동안에 적도 지역의 경우 7회, 위도 45°지역의 경우 11회를 관측할 수 있으며, 관측 폭도 최대 경사시 약 80km가 된다. SPOT 위성은 센서를 ±27°까지 회전시켜 경사관측이 가능하며, 항공사진과 같은 입체영상을 얻을 수 있다. 따라서 사진측량의 원리를 이용한 표고 추출과 1/50,000의 지형도 제작까지 가능한 것으로 알려져 있다. 이와 같이 SPOT는 Landsat 훨씬 높은 해상도를 갖고 있어 보다 우수한 데이터를 제공함으로써 상업적으로 성공하였다고 볼 수 있다.

그림 4-7 공간해상도가 매우 좋은 IKONOS 위성의 장치 및 특징

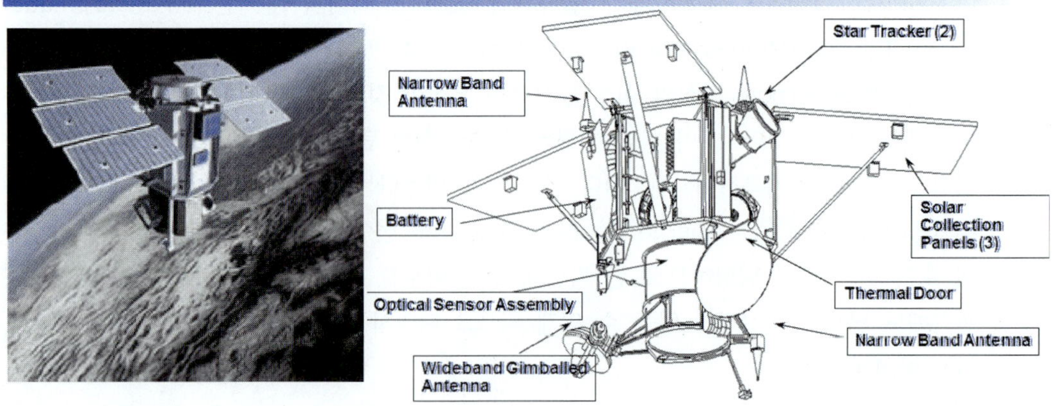

한편 IKONOS(그리 4-7 참조) 위성은 1999년 9월 발사한 미 군사용 위성으로 2000년부터 상용화되었다. 고도 681Km, 수명 최대 7년, 경사각 98.1°로 공간해상도는 흑백(panchromatic) 영상의 경우 1m이며 다중분광 영상의 경우 4m이다. 따라서 기존 위성들에 비해 매우 공간 해상도가 높아서 최근 가장 많이 활용되고 있다.

우리나라의 경우 1992년 8월에 최초의 과학위성인 우리별 1호(KITSAT-1)를 발사한 이후 1993년에 우리별 2호(KITSAT-2), 1995년에 통신위성인 무궁화 1호(KOREASAT-1), 1996년에 무궁화 2호(KOREASAT -2)가 발사되었다. 1997년부터 2015년까지 우주개발중장기계획을 수립하고 1단계 세부 실천계획에 따라 우리별 3호가 발사되었고, 무궁화 3호도 1999년에 발사하여 수명이 끝나가는 무궁화 1호의 중계기능을 연계시켰다. 또한 지구관측을 목적으로 하는 다목적 위성시리즈인 아리랑 1호(KOMPSAT-1)를 1999년에 발사하여 운영 중이다. 아리랑 1호에 탑재된 EOC(Electro-Optical Camera)센서는 고해상도 영상을 취득할 수 있으며, 촬영시에 위성체를 최대 45° 까지 기울여 경사영상을 얻을 수 있다. EOC는 510-730nm 파장대역에서 지상의 흑백영상을 수집하며 지상 해상도는 6.6m이고 수직촬영시 관측 폭은 17km이며, 한 궤도당 800km의 지상길이에 대한 연속촬영이 가능하다.

한편 2006년 7월 국내 기술진이 개발한 아리랑 위성 2호가 성공적으로 발사됨에 따라 우리나라는 미국, 러시아, 독일, 이스라엘, 일본, 인도에 이어 세계 7번째 고행상도 위성 보유국이 되었다. 저궤도 지구관측 위성인 아리랑 위성 2호는 고행상도 카메라를 탑재하여 흑백 1m, 컬러 4m의 영상을 취득할 수 있다. 특히 아리랑 2호는 1m의 고해상도 광학 카메라를 이용한 영상을 취득하는데 목적을 두고 있다. 아리랑 2호는 본래 당초 목표였던 3년간의 정상 운영업무를 완수하고 현재 1차 연장업무를 수행하고 있다. 2010년 6월 기준으로 연료 잔여분이 92.7%가 남아있어 앞으로도 수 년간 연장업무가 가능하다. 앞으로 2012년에 발사예정인 아리랑 위성 3호도 이미 국내외 지상기준점을 구축하였다. 아리랑 3호는 고행상도의 광학 카메라뿐만 아니라 열적외선 카메라를 탑재함으로써 국토관리에 필요한 지리정보 구축 및 환경, 농업, 해양 분야의 활용을 위한 정밀 광학 영상을 제공할 계획이다.

우리나라 첫 통신해양기상복합위성인 천리안 위성(GOCI: Geostationary Ocean Color Image)도 2010년 6월에 발사되어 정지궤도에서 해양관측 위성을 운영하게 되었다. 이 위성은 한반도를 중심으로 2500km x 2500km 영역을 500m해상도로 하루에 8번씩 촬영하면서 정지궤도에서 운영된다. 기상 및 해양관측을 지속적으로 수행하는 정지궤도 기상위성은 1966년부터 미국 NASA에 의해 실험위성 ATS 및 SMS 시리즈가 운영되었으며, 1970년대 중반에 GOES(Geostationary Operational Environmental Satellite) 시리즈로 발전되었다. 미국의 GOES 1~3호가 개발된 이후 일본의 GMS, 유럽의 METEOSAT,

인도의 INSAT의 개발이 시작되었고 우리나라도 독자적으로 정지궤도 기상위성을 운영하고 있다. 그러나 전남 고흥군에 위치한 나로 우주센터에서 한국 최초 우주 발사체인 나로호를 발사하였으나, 아직까지 성공을 거두지 못한 채 다시 나로호 발사를 위해 준비 중에 있다.

(2) 원격탐사의 기본 원리와 위성영상 자료의 처리과정

원격탐사는 대상물에서 반사 또는 방사되는 전자파 또는 다파장을 감지하고 대상물의 분광특성에 기초하여 정보를 추출하고 해석하는 것이다. 즉, 서로 다른 대상물들은 전자파의 각 파장대에서 고유의 반사 및 방사 특성을 나타내기 때문에 똑같은 현상을 여러 개의 파장대로 나누어 관측함으로써 원격탐사 데이터로 부터 많은 정보를 추출할 수 있다. 따라서 전자파 스펙트럼에서 원격탐사에 쓰이는 파장대를 알아야 한다. 전자파 에너지중 0.4μm 에서 0.7μm 까지를 가시광선영역이라 하며, 0.7μm 보다 긴 파장을 적외선(infrared)이라고 한다. 적외선은 다시 0.7μm에서 약 2μm까지를 근적외선(near-infrared), 2μm ~ 5μm를 중적외선(mid-infrared), 8μm ~ 15μm를 열적외선(thermal-infrared)으로 분류된다. 그림 4-8에서 보면 중간에 파장대가 비워있는데, 이는 대기가 이 부분의 파장대 에너지를 거의 흡수하기 때문이다. 대기가 전자파 에너지를 투과시키는 파장대를 대기의 창(atmospheric window)이라 하며 원격탐사는 바로 이 대기의 창에 해당되는 파장대만 관측할 수 있다.

그림 4-8 원격탐사에 이용되는 전자파 스펙트럼

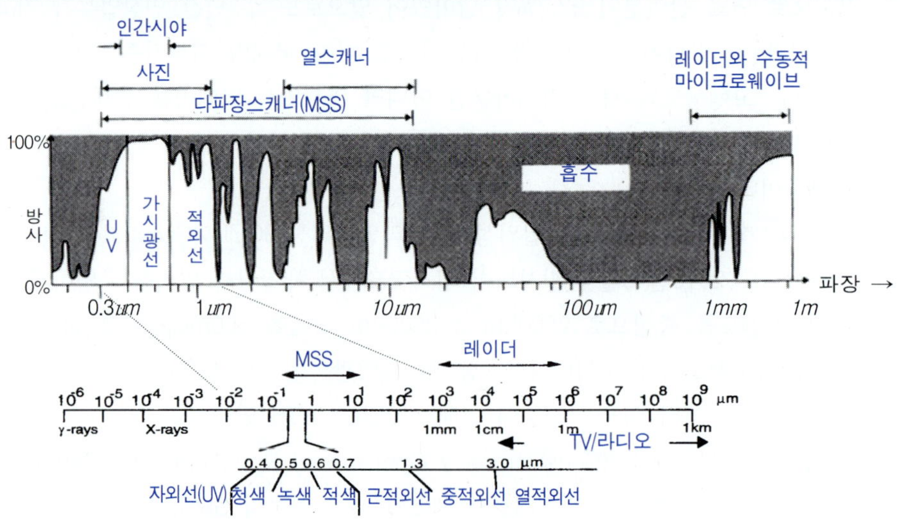

근적외선 영역은 식물 색소의 분광 특성 및 잎의 함수량 등에 매우 민감하여, 식생의 양, 종류에 대한 정보를 얻고자 하는 경우나 식생이 지표면의 다른 특성과 밀접한 관계가 있는 경우에 효과적인 조사 수단이 된다. 또한 근적외선 영역의 반사율과 적색영역의 반사율의 비를 이용하면 녹색식물에 대한 세밀한 정보를 취득하는데 매우 효과적이다. 근적외선 및 중적외선 영역은 지질학적 연구에도 유용하다. 많은 광물들이 파장대에서 독특한 반사율을 보이며, 원격탐사로 관측한 물체의 반사율을 실험실에서 분석한 수치와 비교해 봄으로써 많은 광물들을 서로 구별해낼 수 있다. 열적외선 영역은 물체의 온도를 측정하는데 이용되는데, 원격탐사 방법으로 지표면의 온도를 상당히 정확하게 측정할 수 있는것으로 입증되고 있다.

마이크로 파장대(microwave) 영역은 일반적으로 0.1㎝에서 200㎝까지의 파장으로, 능동적 원격탐사 시스템(active system)은 이 파장대를 사용한다. 능동적 시스템이란 마이크로파 에너지를 안테나를 통하여 발사한 후 반사되어오는 에너지를 다시 안테나로 받아들이는 것이다. 마이크로파 시스템의 공간 해상력은 안테나 시스템에 의해 좌우되며, 안테나의 길이가 길수록 해상력이 좋아지지만 실제 여건상 매우 긴 안테나를 설치하기는 곤란하다. 그러나 이러한 시스템은 밤낮에 관계없이 거의 모든 기상조건에서 관측할 수 있다는 장점을 지니고 있다.

인공위성 영상을 GIS에 사용할 수 있는 형태의 자료로 만들기 위해서는 복잡한 작업과정을 거쳐야 한다(그림 4-9 참조). 먼저 인공위성으로부터 지상 수신소로 보내진 영상은 위성과 지표면간의 대기 중에서 발생되는 산란과 반사 그리고 규칙적으로 발생하는 계

그림 4-9 위성영상 처리과정

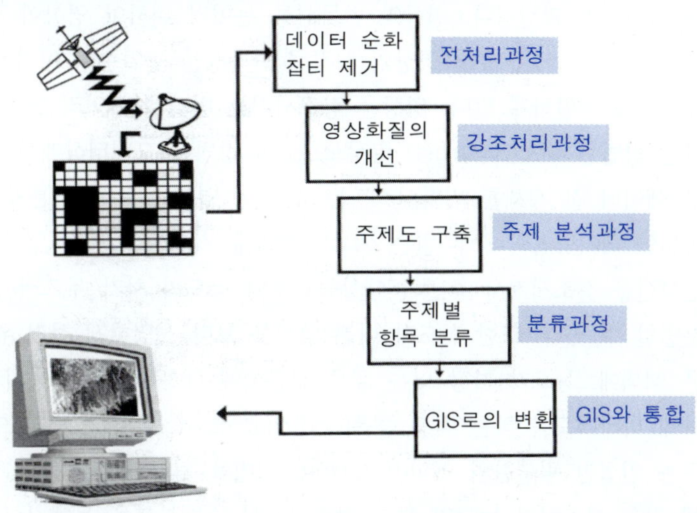

출처: Davis, B.E. (2001), *GIS: A Visual Approach*(2nd ed.), p. 120

통적인 잡음(systematic noise)과 우주공간의 특성상 발생하는 우연적인 잡음(random noise) 등을 지니고 있다. 이렇게 원격탐사를 통해 수집된 위성영상자료는 위성과 지구의 움직임, 센서의 흔들림, 대기 조건에 의해 발생하는 기하학적인 오류나 방사오류를 제거하여야 한다. 전처리과정(pre-processing)이란 전자파 소음을 제거하고 오류를 바로잡음으로서 자료를 순화시키는 것이다.

전처리과정은 방사보정(radiometric correction)과 기하보정(geometric correction)으로 나눌 수 있다. 방사보정이란 주로 탐지기들 간의 미세한 감도차의 영향을 보정하는 것으로 대부분 수신소에서 사용자에게 데이터를 공급할 때 처리되며, 이외에 서로 다른 시기에 관측된 데이터를 모자이크할 때 태양고도의 영향을 보정하는 것도 여기에 포함된다. 방사오류에 대한 보정은 대부분의 이미지 처리 소프트웨어를 이용하여 쉽게 보정 가능하다.

위성영상은 기하학적 왜곡과 오차가 생기기 때문에 위치를 보정하여 지상의 지도 좌표체계와 일치시켜야 한다. 기하보정이란 데이터 취득 당시의 지구자전의 영향, 지구곡률 등의 영향을 보정하여 일반 지도의 투영과 같도록 하는 것이다. 위성영상의 기하학적 왜곡은 영상에서의 각 픽셀 위치좌표와 지도좌표계에서의 대상물 좌표와의 차이로 나타낼 수 있는데 이런 기하학적 왜곡을 보정하기 위해서는 영상에서 확실히 식별되는 지상통제점(GCP: Ground Control Point)들을 먼저 선정하여야 한다. 이 점들에 대한 영상좌표와 지상좌표를 구하고, 두 좌표계간의 변환식을 설정하여 보정하게 된다. 변환식으로는 주로 일차식인 affine 변환식이 사용되지만, 대상영역이 넓을 경우에는 2차 이상의 고차 다항식이 사용된다. 변환과정을 통해 픽셀의 재배열(resampling)이 이루어지게 된다.

그 다음 단계는 위성영상을 통해 보다 나은 정보획득을 위해 영상의 화질를 강화시키는 강조처리 과정이다. 영상의 판독성을 높이기 위하여 영상이 갖고 있는 특징을 강조시키는 것으로, 이를 통해 영상의 시각적 판독성을 높일뿐만 아니라 다음 단계인 분석과 분류작업을 원활하게 한다. 영상을 강조시키는 방법에는 여러 방법이 있다. 가장 많이 활용되는 방법은 대조(contrast) 확장으로, 이 방법은 모니터상에서 시각적 강조를 위한 것으로 데이터 값 자체를 변화시키지는 않는다. 영상의 농도를 분할하여 농담을 강조하는 농담분할 처리방법의 경우 밝은 색부터 어두운 색조로 나타난 영성에서 특정의 농도를 가진 영상만을 강조시켜서 주변의 대상물로부터 농도의 차가 두드러지게 하여 그 경계를 쉽게 분별할 수 있다. 또한 휘도가 나쁜 영상을 보다 선명하게 하기 위해 농도가 가장 높은 것은 백색에, 농도가 가장 낮은 것은 검은색에 대응하도록 증폭시켜서 영상의 화질이 뚜렷하게 나타나도록 하는 휘도 증폭(contrast stretching) 방법도 이용된다. 또 다른 방법으로는 인접한 픽셀간의 여과((filtering) 기법을 활용하여 각각의 픽셀에 대하여 주변의 픽셀 값을 참조하여 농담의 차를 강조시켜서 경계부분을 눈에 두드러지게 하여 가장자리나

경계선 등을 추출하는 특징 추출법과 두개 이상의 밴드 데이터에 대해 연산처리를 하여 영상자료를 구축하는 영상 간 연산처리 방법도 있다.

세번째 단계는 주제별 분석(thematic analysis) 단계로, 여기서는 강조처리된 데이터를 선정한 주제들(themes)로 분석하는 것이다. 예를 들면, 경관을 나타낸 영상은 다양한 토지 피복요소(여러 유형의 식생과 토지용도에 따른 특성)를 포함하고 있다. 주제별 분석이란 이렇게 서로 다른 피복유형을 개개의 주제도로 분리시키는 것으로, 그룹화시키는 통계분석을 통하여 래스터 셀로부터 공통적인 주제들을 찾아낼 수 있게 된다.

네번째 단계는 지표면의 정보를 추출하기 위한 후처리과정(post-processing)이다. 이는 뚜렷한 범주로 주제를 분류하는 것으로, 예를 들면 식생 주제도는 전체 토지피복(삼림, 초지, 농경지, 불모지)으로부터, 군락 수준(활엽수림, 침엽수림, 혼합림), 그리고 개별 종(species)의 면적으로 분류될 수 있다. 지표면의 정보를 추출하는 방법으로는 감독분류(supervised classification)와 무감독분류(unsupervised classification)가 있다.

감독분류는 판별하고자 하는 대상물의 전자파 특성을 알고 있거나 또는 그 대표적인 위치의 픽셀을 명백하게 아는 경우 그 값을 기준으로 하여 그 픽셀의 특성과 같은 대상물을 추출하는 방법이다. 여기서 판별의 기준이 되는 픽셀들을 각 항목별로 참조지(training field)로 정하고, 각 항목별로 데이터를 입력하여 판별의 기준을 만든다. 이를 바탕으로 하여 각각의 픽셀들이 어느 항목에 속하게 되는가는 연산판별방법(최대우도법, 평균치 거리비교법, 최단거리법, 최근린법 등)에 의해 식별되어 가장 근접한 항목에 포함된다. 만약 어떠한 참조지 자료에도 만족할만큼 유사하지 않다면 미상(unknown)으로 처리한다.

감독분류의 결과는 참조지의 영향을 많이 받으므로 참조지의 선정이 매우 중요하다. 따라서 분류된 결과에 대해서는 현지 조사 등을 통하여 분류 정확도를 검증해야 하며, 시행착오적 반복 분석으로 진행되는 것이 보통이다. 일반적으로 최대우도법이 분류 정확도가 가장 높은 것으로 알려져있다. 이 방법은 각 항목별 참조지의 평균값과 공분산행렬로부터 확률밀도함수를 설정한 후 가장 확률이 높은 항목으로 분류하는 방법으로, 가장 정확하지만 연산시간이 많이 소요된다.

한편 무감독분류는 참조할 지상자료가 없는 경우에 활용되는 방법으로 단순히 컴퓨터 자체의 데이터 분석에만 의존하는 것이다. 무감독분류는 대상물의 분광특성을 이용하여 비슷한 그룹끼리 유형화하게 되는데, 서로 다른 군집을 형성하는 군집화 방법에는 순차적 군집화(sequential clustering), 통계적 군집화, ISODATA, RGB 군집화 등이 있다. 무감독분류를 시행하는 경우 컴퓨터가 임의로 각 군집의 중심을 설정한 후 최적 중심을 찾을 때까지 반복적인 계산과정을 거쳐서 분류하게 된다.

(3) GIS에서 위성영상자료의 활용

인공위성 영상은 연속적으로 지구표면의 영상을 획득할 수 있으므로, 자료의 획득이 쉽지 않은 지역이나 시기적으로 잦은 변화가 나타나고 있는 현상들에 대한 데이터를 획득하는 수단으로서 그 활용가치를 인정받고 있다. 특히 최근에 들어와 인공위성 영상의 해상도가 1m 크기로 공급될 정도로 공간 해상력이 높아지면서 GIS 분야에서도 위성영상의 활용도는 더욱 커지고 있다.

앞에서 살펴본 바와 같이 위성영상 처리과정을 거친 최종 데이터는 최신의 공간 데이터로서 GIS의 데이터로 활용되며, 다른 공간 데이터들과 결합하여 다양한 분석을 할 수 있다. 특히 상업용 인공위성 Landsat을 필두로 하여 시작된 인공위성을 이용한 원격탐사는 항공사진에 의한 방법으로는 할 수 없었던 넓은 지역을 동시에 주기적으로 관측할 수 있고 컴퓨터로 데이터를 곧바로 처리할 수 있는 디지털 형태라는 점에서 매우 각광을 받고 있는 추세이다. 특히, 신속한 자료 갱신이나 대규모 지역에 대한 자료를 구축하여야 하는 경우 원격탐사 자료는 GIS의 자료원으로 매우 효율적이다.

위성영상 데이터는 래스터 데이타 구조로 처리되고 저장되므로, 래스터 GIS 시스템을 사용하는 경우 데이터 호환은 매우 쉽게 이루어진다. 또한 군집화 및 벡터라이징 등의 처리를 통해 벡터 GIS 시스템으로도 호환가능하다. 위성영상의 판독과 해석의 정확도를 높이기 위하여 다른 보조적인 데이터를 활용함으로써 정보의 정확도를 더욱 높여가고 있다.

GIS가 공간 데이터를 다루는 총체적 시스템이라고 볼 때 원격탐사와 위성영상처리 시스템은 GIS의 특수한 형태로 보다 더 특성화된 기술이라고 볼 수 있다. GIS를 활용하는데 있어서 데이터 취득시기의 적합성 또는 현시성이 매우 중요한 경우 원격탐사 기술을 결합함으로서 더 많은 고부가가치의 정보를 추출할 수 있다. 이에 따라 위성영상 데이터로부터 가장 최신의 토지이용 현황, 농작물의 작황, 지표면 온도분포 등 다양한 분야에서 필요한 정보를 추출하기 위한 기술들도 상당히 개발되고 있다. 점차적으로 많은 분야에서 원격탐사에 의해 데이터를 취득 및 모니터링하고, GIS를 이용한 체계적 접근 및 해석 기법을 통하여 당면한 문제를 해결해나가고 있다. 즉, 원격탐사는 변화를 탐지하는데 훌륭한 수단으로, GIS는 그 변화 과정을 정량화하는데 적합한 해석 수단으로의 역할을 담당하면서 시너지 효과를 누리면서 기술력을 더 높여가고 있다.

앞으로 이와 같은 원격탐사와 GIS의 결합을 통해 공간상에서의 단순한 현상 분석에서 벗어나 복잡한 문제 해결을 위한 목적으로 그 활용범위를 넓혀가며, 소규모 지역의 조사에서 범 지구적 차원에서 시계열적인 현상들에 대한 연구에도 더 많은 관심을 가지게 될 것이다.

제 2 절

데이터의 입력과 입력 방법

[1] 데이터의 입력과정

앞에서 살펴본 바와 같이 다양한 출처원으로부터 수집한 자료들을 GIS에서 활용할 수 있는 공간 데이터, 즉 수치지도로 제작하기 위해서는 수집한 자료들을 입력해야 한다. 수치지도를 제작하기 위한 입력과정은 종종 프로젝트 기간의 절반 이상의 많은 시간과 노력이 소요되는 단순 작업과정이지만 매우 중요한 과업이라고 볼 수 있다. 일반적으로 GIS에서 바로 사용될 수 있는 수치지도가 구축될 때까지의 데이터 입력과정은 그림 4-10과 같은 단계를 거쳐서 이루어진다.

① 계획과 조직: GIS에서 활용되는 수치지도를 제작하기 위해 가장 기본적인 데이터 입력 작업을 수행하기 위해서는 무엇보다도 최종 결과물을 염두에 두고 입력과정의 모든 단계를 효율적으로 진행시키도록 계획을 잘 세워야 한다.

② 공간 데이터 입력: 공간 데이터를 입력하는 데는 상당히 많은 시간과 노동을 필요로 하는 힘든 과정이지만 처음에 입력할 때 정확하게 입력이 되어야 나중에 오류를 수정하는 작업 시간을 줄일 수 있다. 데이터를 입력하는 방법은 수동으로 하는 디지타이징 방

그림 4-10 수치지도 제작을 위한 데이터 입력과정

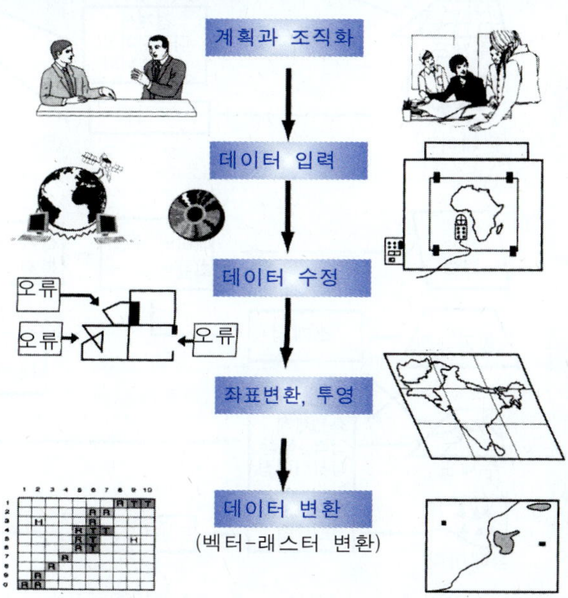

법과 스캐너를 이용하는 방법이 일반적이다. 때때로 타이핑, 테이프나 CD-ROM에서 자료를 가져오거나 위성영성자료를 이용할 수도 있다.

③ 수정작업: 데이터가 입력되고 나면 반드시 입력된 데이터가 정확한가를 검증하여야 하며, 발견된 오류는 수정되어야 한다. 입력 방법이나 입력 기술에 따라 입력된 수치자료의 오류 수준이 달라지며, 그에 따른 수정 작업의 양도 달라진다.

④ 좌표변환과 투영: 입력된 수치지도는 경위도와 같은 실세계의 좌표체계와 연관되어져야만 한다. 또한 디지타이징 과정에서 부여된 좌표를 실세계 좌표로 변환되어야 한다. 투영법에 따라 좌표체계가 달라지므로 좌표변환시에 투영법도 고려하여야 한다.

⑤ 공간 데이터 변환: 디지타이징된 자료는 GIS 사용목적과 소프트웨어에 따라서 래스터 또는 벡터와 같은 특정한 데이터 모델로 변환되어야만 한다. 래스터 데이터 모델로 공간 데이터를 구축하는 경우와 벡터 데이터 모델로 공간 데이터를 구축하려는 경우 입력과정은 거의 유사하며, 입력장치가 스캐너인지 또는 디지타이저인가에 따라서 공간 데이터 모델이 래스터 데이터 모델 또는 벡터 데이터 모델이 된다(그림 4-11 참조).

그림 4-11 벡터와 래스터 데이터 모델 수치지도 제작을 위한 데이터 입력과정

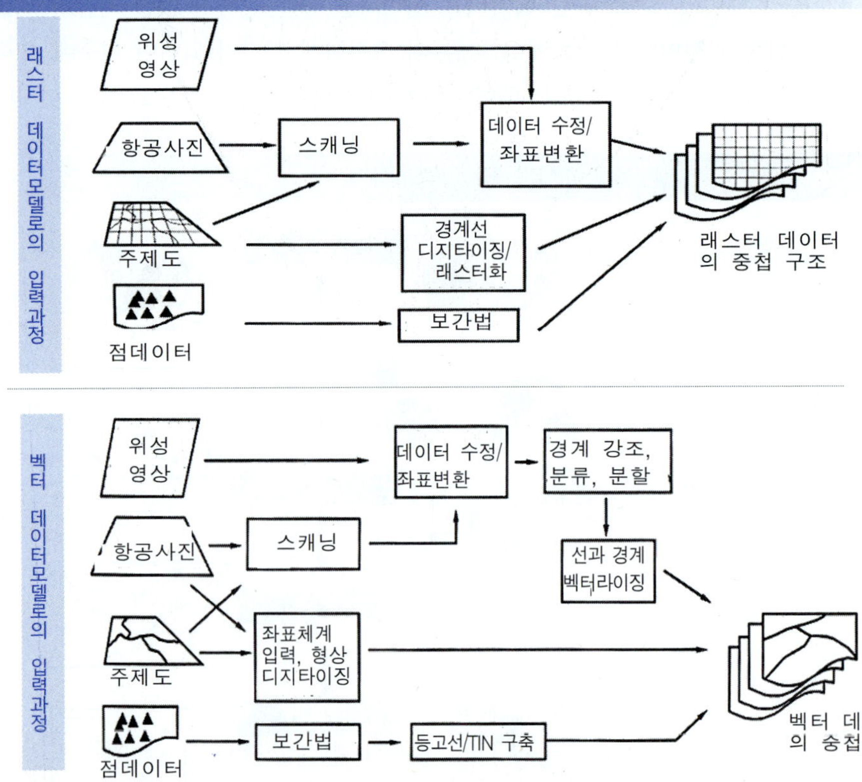

출처: Burrough, P. A. and McDonnell, R.A. (1998), *Principles of GIS*, p. 85.

[2] 데이터 입력 장치와 입력 방법

(1) 데이터의 입력 장치

수치지도를 제작하기 위해서 다양한 자료원으로부터 수집한 데이터를 목적에 맞는 데이터 모델로 입력하는 데는 여러 유형의 입력장치들이 사용되고 있다. 그 가운데 가장 많이 사용되는 입력 장치는 디지타이저와 스캐너이다.

공간 데이터를 수동(손)으로 입력하는 장치인 디지타이저는 비교적 정확한 입력장치로서, 마우스를 이동하면 마우스 내의 센서에 의해 위치정보가 기록된다. 이 마우스를 퍽(puck)이라고 하는데, 버튼을 움직이면서 개별적인 형상들에 대한 정보를 입력하게 된다. 퍽은 디지타이저의 판(tablet)에 연결되어 있으며 판에 부착된 지도 위에서 판을 따라 움직인다(그림 4-12 참조). 디지타이징 판의 크기와 모양은 여러 종류가 있으며, A_0, A_1, A_2, A_4 등의 크기가 있으며, 입력하는 종이지도들의 크기나 예산에 따라 결정된다. 디지타이징 테이블이 클수록 정확도가 높으며 mm 단위까지 위치 기록이 가능하다.

디지타이저를 선택하는 경우 고려되어야 할 기준은 안정성, 반복성, 선형성, 해상도, 왜곡도이다. 안정성은 기계의 움직임의 변화에 따른 디지타이저의 정확성 문제를 말한다. 반복성은 정밀도와 유사한 개념으로 동일한 위치에 퍽을 위치시켰을 때 얼마나 측정치가 일치하는가의 문제다. 선형성은 퍽이 어느 정도 거리를 이동했을 때 그 정확한 값에 대한 허용오차(tolerance)내에 있는지를 의미한다. 또한 해상도는 공간이 증가하는 정도를 기록하는 디지타이저의 성능으로, 측정단위가 작을수록 해상도가 좋으며, 왜곡도는 디지타이저의 네 모서리의 좌표가 정사각형이 되는지에 관한 문제다.

스캐너는 보다 진보된 입력 장치로 사용자의 약간의 개입을 통해 입력 작업이 수행되므로 자동화된 입력 장치라고 볼 수 있으며, 기술이 발달되면서 거의 완전 자동화 수준에 이르고 있다. 스캐너는 간단한 핸드 스캐너에서부터 드럼 스캐너에 이르기까지 성능과 가

그림 4-12 디지타이저 입력 장치

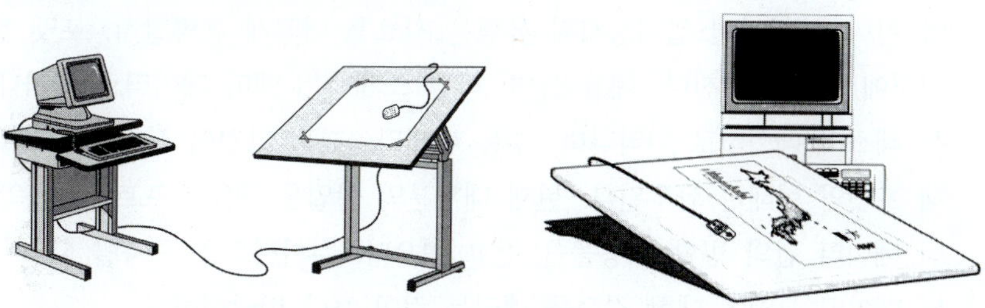

그림 4-13 다양한 스캐너 구조

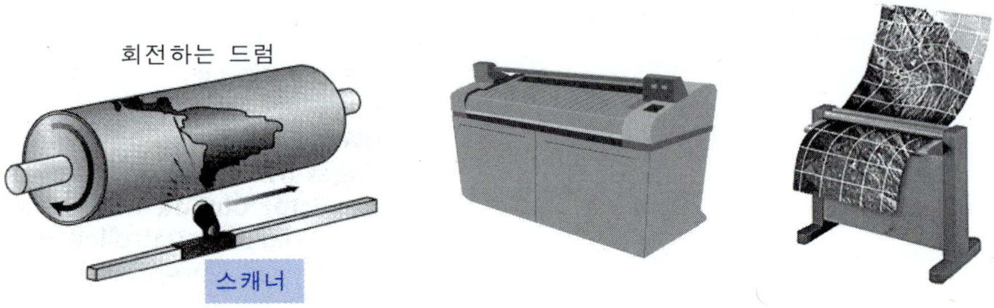

격 면에서 다양하다. 라인 스캐너(line-following)는 지도 형상을 선 추적(tracing)하는데 레이져를 이용하는 장치로, 매우 정확하고 빠르지만, 가격이 비싸며 의사결정을 위해 사람의 개입을 필요로 한다. 라인 스캐너는 주어진 선을 따라 작은 바퀴가 움직이면서 레이저에 의해 읽혀지며, 간격(시간이나 거리)이 달라지면 컴퓨터에 신호를 보낸다. 이 스캐너는 스캐닝이 진행되는 동안 새로운 선위에 수동으로 위치시켜줘야 하기 때문에 사용자의 개입이 필요하다.

반면에 드럼 스캐너는 실제 형상에 보다 가까운 래스터형으로 입력이 가능한 장치이다. 드럼 스캐너는 드럼을 회전시키면서 스캐너를 움직이는 크고 값비싼 최상의 지도 스캐너라고 볼 수 있다(그림 4-13 참조). 큰 지도도 짧은 시간에 정확한 스캐닝이 가능하다. 지도는 동일한 시간에 따라 회전하고 센서가 회전방향에 직각으로 있는 판(frame)을 따라 움직이는 드럼 위에 고정되어 입력된다. 지금까지는 대부분 흑백으로만 표현하고, 컬러를 표현하는데 문제가 있었지만, 기술이 빠르게 발전함에 따라 컬러로도 표현되고 있다.

한편 비디오 스캐너는 드럼 스캐너에 비하면 가격이 저렴하며, 일반 비디오 카메라와 마찬가지로 지도를 스캐닝해서 숫자로 변환할 수 있는 색조를 수집하는 장치이다. 그러나 이 장치는 입력 자료를 일반화하는 경향이 있으며, 때때로 지도 형상을 인지하는데 문제를 일으킨다. 따라서 비디오 스캐너는 단순한 지도 입력에는 유용하지만, 복잡한 지도를 입력하기에는 적합하지 않다.

수치지도를 제작하기 위한 입력 방법으로 어떤 입력장치를 선택할 것인가를 결정하여야 한다. 왜냐하면 입력장치의 유형은 자료를 어떻게 운영할지, 포맷 전환이 필요한지 아닌지에 영향을 미친다. 예를 들면, 라인 스캐너는 벡터 데이터로 나타내지고, 드럼 스캐너는 래스터 데이터로 나타나며, 수동 디지타이저는 그것이 장착된 소프트웨어 시스템에 의해 포맷의 형태가 좌우된다. 현재 대부분의 상업용 GIS 소프트웨어들의 경우 래스터와 벡터 데이터 간의 변환 기능들을 갖고 있으나. 수치지도를 구축할 때 미리 벡터 또는 래스터 데이터 모델에 대한 결정을 내리는 것이 보다 바람직하다.

(2) 디지타이징 방법

디지타이징을 시작하려면 먼저 투영법이나 좌표체계 등에 대한 정보를 가지고 GIS 소프트웨어를 선택하여야 한다. 디지타이징은 매우 지루한 작업이기 때문에 지도를 한번에 디지타이징하기보다는 부분적으로, 여러 차례에 걸쳐서 나누어 입력하게 된다. 따라서 가장 먼저 등록점(registration point)이나 틱(tick mark)으로 지도 범위와 좌표를 컴퓨터에 등록해 놓아야 한다. 또 다른 준비과정으로는 디지타이징하고자 하는 순서를 명확하게 정해놓는 것이다. 각 단계에서 디지타이징해야 할 부분을 정해놓거나, 디지타이징이 끝난 부분을 표시해 놓는 것도 하나의 방법이다.

대부분의 디지타이징 소프트웨어는 실수를 확인해주는 편집 기능을 제공해주며, 손떨림에 의해 일어날 수 있는 허용오차(fuzzy tolerance)를 가지고 있다. 허용오차는 디지타이징을 하기 전에 정해 놓을 수 있다. 너무 적은 허용오차는 서로 연결해야 할 점을 공백으로 인식하며, 반대로 너무 큰 허용오차는 떨어져 있어야 하는 점들을 연결시키는 결과를 가져온다. 디지타이징되어야 할 종이지도는 온도와 습도의 변화에 민감하여 일기에 따라서 종이지도가 수축하거나 팽창하는 경우가 발생하며, 이로 인해 디지타이징 오류가 발생된다. 따라서 디지타이징 오류를 줄이기 위해 일기 조절을 통해 수축/팽창하는 것을 피하고 원상태를 유지시킬 수 있는 환경을 만드는 것이 필요하다.

또한 종이지도의 내용이 많고 복잡한 경우 디지타이징되어야 할 형상들 가운데 중요한 것을 특징화시켜 놓으면 훨씬 효과적으로 입력될 수 있다. 예를 들면, 지도에 표시된 도로를 부각될 수 있는 다양한 색상으로 나타낸다면 자료를 입력할 때 도로의 판별이 보다 용이하여 입력하기 쉽다. 디지타이징할 수 있는 준비가 갖추어진 후에 가장 중요한 것은 지도에 있는 많은 내용들 중에 무엇을, 어떻게 표현하며, 그리고 GIS 분석을 위한 공간 데이터를 구축하는데 필요한 지침을 마련하는 것이다.

지도의 모든 내용을 입력하는 것은 비효율적이다. 따라서 어떠한 GIS 데이터베이스를 구축하는지를 결정함으로써 적어도 사용하지 않게 될 커버리지를 입력하는 문제는 피할 수 있다. 또한 커버리지를 선택하기 전에 가능한 상세하게 목표를 정하여야 한다. 지형도와 같은 전형적인 데이터가 사용 가능한 경우라면 익숙하지 않은 데이터의 사용은 피하며, 만약 특정 주제나 커버리지를 위해 다양한 자료원이 사용되어야 한다면 가장 사용하기 좋고 작업에 필요한 정확한 데이터를 사용한다.

입력되어야 할 지도의 내용이 많거나 지도가 복잡하여 입력하는 양이 많을수록 그것이 전달하는 정보도 많아진다. 그리고 점, 선, 면이 많이 모여 있을수록 그 지도가 포함하는 정보가 많다. 정보양이 많을수록 필요로 하는 추출율(sampling rate)은 높아진다. 표본추출은 지도에 표현된 면적의 양과 입력에 필요한 자료의 사용에 달려 있다. 넓은 공간을 나타내는 소축척 지도는 지표면이 보다 추상화된 지도를 의미한다. 심볼이 가지고 있는 오류의 양은 지도의 축척과 관련된다.

디지타이징 작업은 지도를 전자감지 테이블(digitizer table)상에 올려놓고, 퍽(puck) 또는 커서(cursor)라고 불리는 마우스 모양의 도구를 사용해 지도 형상을 따라 선추적(tracing) 하는 것이다. 퍽에 있는 숫자와 문자를 가지고 노드(node), 버틱스(vertex), 그리고 그 형상에 대한 라벨 등을 입력한다. 디지타이징은 지도 형상을 트레이싱하는 것이지만, 직접 선을 그리는 것이 아니라 실제로는 노드와 버틱스를 입력하는 것이다. 따라서 노드와 버틱스를 정확하게 위치시키는 것이 디지타이징 과정에서 가장 중요하다. 개개의 점들은 각각의 X, Y 좌표값을 갖는다. 선은 양 끝점에는 노드를 갖고, 선의 변화가 있는 중간에 버틱스를 가진다. 폴리곤은 시작과 끝이 동일한 한 점과 여러 개의 버틱스로 구성된다. 디지타이징의 구체적인 단계를 알려주는 소프트웨어도 있고 그렇지 않은 것도 있다. 또 점의 위치, 선의 시작과 끝, 폴리곤의 폐합을 숫자키로 알려주게 되어 있는 것도 있다. 많은 디지타이징 오류는 숫자 버튼을 잘못 눌러서 발생하기도 한다. 각각의 형상들은 디지타이징하는 중이거나 그 후에 라벨을 부여하여 ID(identity)를 갖도록 한다. 대부분이 GIS 소프트웨어들은 각 형상에 자동적으로 연속적인 ID를 할당한다.

기하학적 형상은 입력하는 것이 비교적 단순하지만, 곡선은 부정확할 가능성이 많다. 선형 대상물을 디지타이징하는 것은 작업자의 숙련된 기술을 요한다. 특히 토양도나 도로의 곡선부 같은 것을 나타내는 경우 정확하게 디지타이징하기 어렵다. 입력하는 선이 곡선일 경우, 분할 직선을 사용해서 곡선을 나타내어야 하며 손으로 완벽하게 트레이싱하기란 매우 어렵다. 곡선 경로를 따라 버틱스를 입력하면 서로 연결되는 직선이 만들어지며, 실제로 곡선은 그 선상의 모든 점을 따라 트레이싱되지 못하고 그림 4-14에서 볼 수 있는 바와 같이 실제 선과 디지타이징된 선과는 차이가 나타나게 된다. 이러한 부정확성 문제에 대한 해결책은 두 버틱스 간의 곡선을 조절하여 그릴 수 있는 디지타이징 패키지에서 제공되는 곡선 생성 루틴(routine program)을 사용하는 것이다. 이것은 작업자에게

그림 4-14 디지타이징을 통한 곡선의 입력

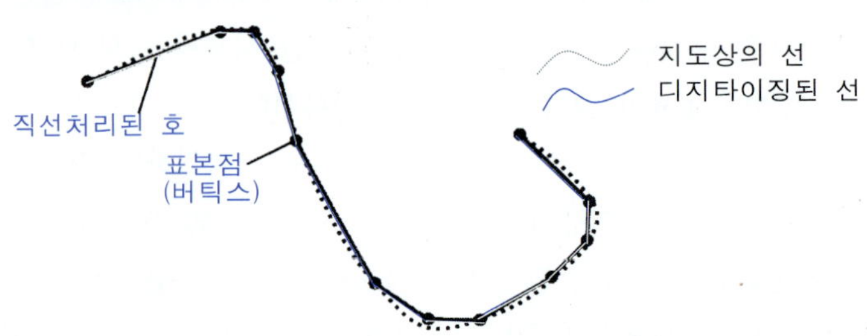

많은 주의를 요구하는 작업이지만 정확성을 높이기 위해서는 필요하다. 또한 이 경우에는 보다 많은 버틱스를 생성하게 되지만, 손으로 하는 것보다는 신뢰할만한 방법이다.

이상에서 살펴본 바와 같이 디지타이징은 종이지도를 수치지도로 변환시키는 입력방법으로, 노동집약적인 작업과정과 많은 시간과 주의를 필요로 한다. GIS 초기에는 수치지도가 구축되어 있지 않았기 때문에 데이터의 입력이 전체 프로젝트 기간의 60-70%를 차지할 정도로 많은 비중을 차지하였다. 수작업의 디지타이징을 통한 자료 입력은 부정확하며 오류없이 지도를 디지타이징 한다는 것은 불가능하기 때문에 입력이 다 이루어진 후 오류를 수정 작업이 필히 요구되며, 경우에 따라서는 처음 디지타이징했을 때보다 오류를 수정하는데 더 많은 시간이 걸릴 수도 있다.

(3) 스캐닝 방법

스캐너를 이용한 자동 디지타이징은 공간 데이터를 입력하는 주된 방법이다. 스캐너는 광학주사기를 이용하여 레이져 광선을 지도에 주사하여 반사되는 값에 수치값을 부여하여 레스터 데이터의 영상자료를 만드는 것이다. 그리고 이 영상자료는 GIS 소프트웨어를 이용하여 벡터라이징을 통해 수치지도로 제작된다(그림 4-15 참조). 스캐닝에 가장 적합한 지도는 깨끗하고 단순하며, 문자나 그래픽 심볼과 같은 부수적 정보를 많이 포함하지 않은 지도를 입력하는데 적합하다. 또한 지도에 나타난 폴리곤이 적어도 1,000개 이상이거

그림 4-15 스캐너 입력 장치를 이용한 자동 디지타이징 과정

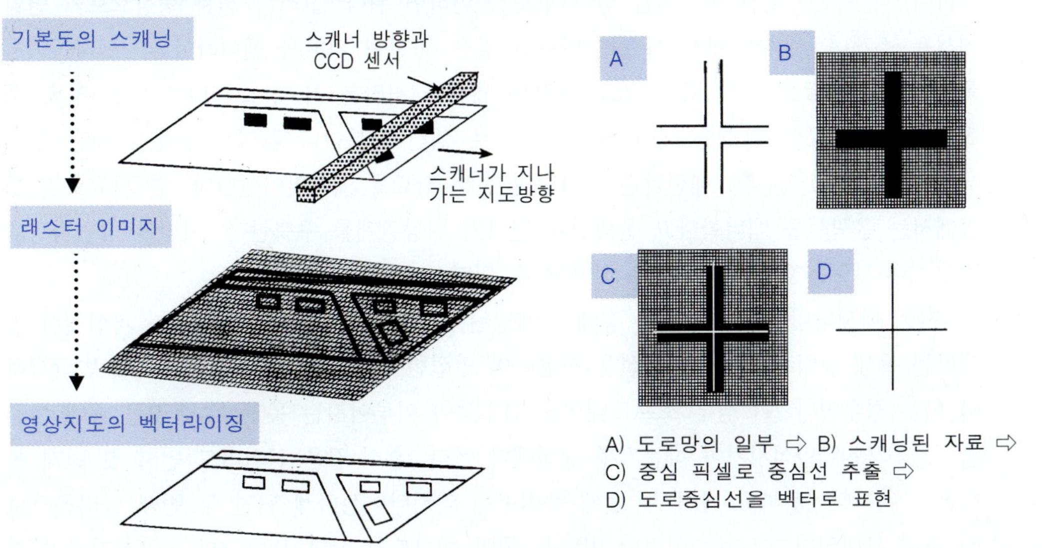

나 불규칙하고 복잡한 폴리곤을 많이 가진 지도를 입력할 때 스캐닝의 장점을 최대한 살릴 수 있다. 그러나 트레이싱되어야 할 지도 요소의 선택과 트레이싱 방향 선택에 있어서는 사람이 개입하는 것이 더 효과적이므로 대부분 반자동으로 디지타이징 작업이 진행되는 것이 일반적이다. 자동 디지타이징 작업을 수행하기 위한 시스템 구축은 비용와 인력면에서 디지타이저보다 더 많은 비용이 든다.

스캐너는 적색, 녹색, 청색 필터를 사용하여 동일한 대상을 세 번 스캐닝하여 색 정보를 기록한다. 영상의 질을 증진시키기 위해 전산기로 격자형 영상이 처리되고, 작업자는 그 격자형 영상을 편집, 조사한다. 만일 자료의 선추적 형식이 요구되면, 부가적으로 격자형에서 선추적형으로의 변환처리가 행해진다. 편집처리 중이나 선추적 형식으로의 변환된 후에 각 셀에 고유번호가 할당된다.

자동 디지타이징 입력 방법을 통해 수치지도를 제작하는 과정은 그림 4-16과 같다. 스캐닝을 통해 선명한 영상을 얻기 위해서는 입력할 원본 지도의 상태가 깨끗해야 한다. 이를 위해 잡티를 제거하고 외부적인 요소가 없이 깨끗하도록 준비하는 전처리과정이 필요하다. 스캐닝하는 경우 선은 0.1 mm 이상이 되어야 한다. 선이 두껍고 크기가 큰 영상을 스캐닝 할 때에는 영역을 세분하여 차례로 스캐닝 하는 것이 좋다.

자동 디지타이징을 통해 래스터 데이터로 구축하는 경우 우선 각 셀이 차지하는 면적을 얼마로 할 것인지 결정해야 하며, 또한 자료 압축방법과 부호화 방법도 결정해야 한다. 자료 압축방법은 자료량과 입력시간을 줄이는 문제와 관련해서 아주 중요하다. 이 방법이 결정되면 각각의 그리드로 상이한 주제를 어떻게 표현할지를 결정해야 한다.

스캐닝된 레스터 이미지를 벡터화할 때, 점으로 나타나는 형상으로의 변환은 매우 간단하다. 대응하는 셀의 중심점을 점 자료로 변환하면 된다. 그러나 선분 형상으로의 변환에서는 스캐너로 읽은 영상 자료를 다음과 같은 과정을 거쳐서 벡터화할 수 있다. 먼저 폭이 큰 셀 자료를 단위 폭의 셀로 바꾸는 세선화 처리를 하고, 스캐너로 읽은 자료 중 잡음이나 불필요한 기호를 제거하거나, 임의로 생긴 선분이나 끊어진 선분을 잇는 잡음 제거처리를 하고 난 후, 세선화된 격자형의 선분 자료를 벡터라이징한다. 면 자료로의 변환에서는 윤곽선을 벡터화하고 윤곽선과 면과의 위상관계를 구축한다. 이러한 작업과정을 거친 수치지도는 GIS에서 곧바로 사용될 수 있다.

자동 디지타이징 입력방법을 통해 스캐닝된 래스터 이미지를 백터화하는 과정에서 발생하는 문제 중의 하나는 벡터 선을 사용하여 인접한 면적을 두개의 폴리곤으로 변환시켜야 하는 경우이다. 이 경우 소프트웨어는 선추적이 이루어지는 동안 두 폴리곤 중에 어떤 폴리곤을 셀에 인식시켜야 하는가를 결정해야 한다. 흔히 같은 선이라도 먼저 첫 번째 폴리곤을 디지타이징하고 나서 두 번째 폴리곤을 디지타이징하게 되면 두 번째 폴리곤으로 셀 값이 부여된다. 그러나 이러한 방법은 셀의 해상도가 상당히 큰 경우 두 폴리곤의 경

그림 4-16 자동 디지타이징 입력방법을 통한 수치지도 제작 과정

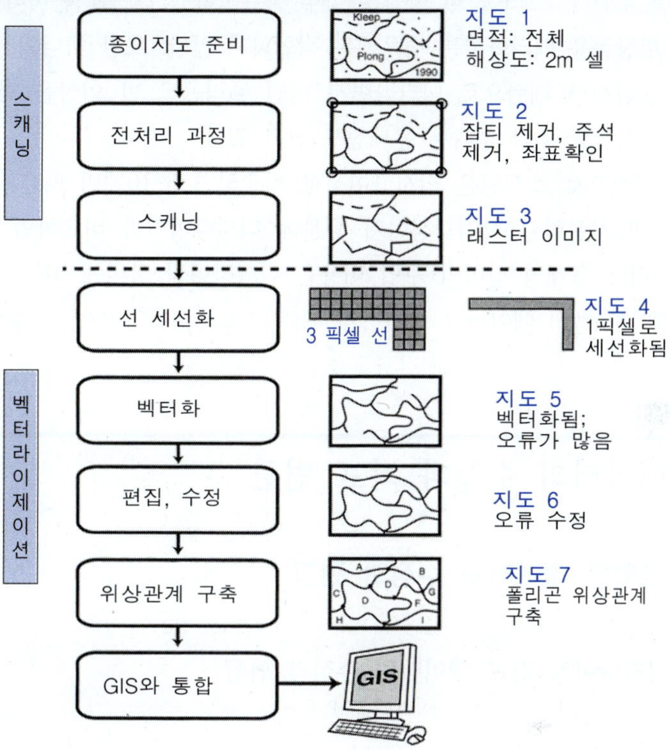

출처: Davis, B.E. (2001), *GIS: A Visual Approach*, p. 148.

계를 따라 상당한 오차를 발생시키게 된다. 이와 같이 벡터화하는 과정에서 발생되는 셀에 대상물의 속성을 수치로 부여하는 경우 세 가지 입력 방법이 사용될 수 있다.

첫번째 방법은 블린방식처럼 주어진 셀 내에 대상물이 있는지 없는지를 결정하는 현존유무(presence/absence) 방법이다. 이 방법의 장점은 셀에 값을 부여하는 결정이 비교적 쉬우며 별도의 측정이 필요없다는 점이다. 이 방법은 특히 셀의 상당한 부분을 차지하지 않는 점과 선을 벡터화하는데 유용하다. 예를 들면 도로가 셀을 통과하여 지나가면 셀에 값(1)을 부여하고, 지나가지 않으면 값을 부여하지 않는 것이다.

두번째 방법은 중심 셀(centroid of cell) 방법으로, 셀의 중심점을 차지하고 있는 대상물에 대해 셀 값이 부여된다. 각 셀의 중심점을 정하고 그 중심점에 해당되는 대상물을 인식하는데 상당한 계산이 요구된다. 점과 선은 주어진 셀의 중심을 직접 지나가는 경우에만 인식되기 때문에 선과 점의 벡터화에는 부적절한 반면에 다각형의 벡터화에는 매우 효과적이다.

세번째 방법은 지배적 유형(dominant type) 방법으로 폴리곤을 벡터화하는데 가장 보편적으로 사용된다. 셀의 50% 이상을 차지하는 대상물이 그 셀 값에 부여된다. 이 방

법은 합리적이며 각 셀들이 하나의 범주 값만으로 부여되어야 하는 경우 매우 논리적인 것처럼 보인다. 그러나 이 방법은 아주 불규칙하고 긴 폴리곤이나 강과 같이 길고 구불구불한 형상들을 벡터화하는 경우에는 적합하지 않다. 또한 하나의 셀에 3가지 이상의 폴리곤이 불규칙한 패턴으로 나타나면서 어떤 폴리곤도 반 이상을 차지하지 않을 경우 50% 기준을 적용할 수가 없다는 문제점도 안고 있다.

일반적으로 스캐닝은 디지타이징과 비교하면 5-10배의 빠른 속도로 작업이 이루어지며, 거의 자동화된 작업과정이기 때문에 디지타이징과 비교하면 기술 숙련도 수준도 낮다. 그러나 스캐닝 장비의 구입 비용은 디지타이징 장비에 비하여 적어도 3-4배 더 비싸며, 격자를 벡터 데이터로 전환하기 위한 소프트웨어의 사용이 수반된다.

제 3 절

입력된 데이터의 수정과 좌표 변환

[1] 입력된 데이터의 수정과 편집

(1) 디지타이징 입력 데이터의 수정과 편집

디지타이징 방법으로 데이터를 입력하여 구축된 수치지도에는 여러 가지 유형의 오류들이 나타나게 된다. 여기서는 흔히 많이 나타나는 오류를 살펴보고자 한다. 폐곡된 폴리곤이 디지타이징되고 나면, 흔히 sliver 폴리곤이 생성되는 오류가 발생한다. 이는 하나의 경계선으로 두개의 폴리곤이 접하여 있는 경우 정밀하게 디지타이징하지 못하고 경계선을 두번 디지타이징하는 경우에 sliver 폴리곤이 형성된다. 또한 교차점을 지나쳐서 선이 끝나는 overshoot나 그 반대로 교차점을 못미쳐서 선이 끝나는 undershoot, 그리고 교차점에서 두 선이 만나는 과정에서 spike가 생기기도 한다. 또한 폴리곤을 형성하는 경우에도 여러 가지 유형의 오류가 발생한다. 예를 들면 폴리곤이 폐곡되지 않은 경우, 라벨이 이중으로 입력되는 경우, 또는 호수와 같이 다른 폴리곤 내에 포함되어 있는 폴리곤에 라벨이 누락되어있는 경우 등이 있다.

이러한 디지타이징 오류는 형태에 따라 일괄적으로 소프트웨어 기능을 이용하여 자동수정이 가능한 것도 있지만, 각각의 오차에 대해 수작업을 통해서만 수정이 가능한 경우도 있다. 이러한 오류 수정작업은 때때로 시간이 많이 소요되고, 엄청난 노동이 요구되지만, 정확한 수치지도 제작을 위해 디지타이징된 입력 자료에 대한 수정은 필수적으로 거쳐야만 하는 작업과정이다. 일반적으로 많이 나타나는 디지타이징 오류를 수정하는 방법을 간략히 살펴보면 다음과 같다.

① Undershoot and Overshoot: 그림 4-17에서 볼 수 있는 바와 같이 두 선이 목표지점을 벗어나거나 못미치는 오류를 수정하기 위해서는 선분의 길이를 늘려주거나 줄여야 한다. 일반적으로 잘못된 선분을 선택한 다음, 교차점 또는 목표 선분까지 끌고 간 다음 그것을 적절하게 연결해주는 수정 프로그램을 실행시킨다.

② 라벨 오류: 폴리곤의 라벨 입력은 디지타이징하는 중이나, 입력한 후에 붙일 수 있다. 어떤 폴리곤에는 라벨이 없거나, 또는 여러 개의 라벨이 붙어 있거나 잘못된 라벨이 붙는 오류들이 나타난다. 라벨 오류 문제는 비교적 간단하게 해결할 수 있다. 즉, 잘못된 라벨을 선택해서 지우거나 첨가하거나 제 위치로 옮겨주면 된다.

③ 선의 중복: 입력 내용이 복잡한 경우 같은 선이 두번씩 입력되는 경우가 일어난다. 이렇게 선이 중복되어 있는 경우 하나의 선을 제거함으로서 쉽게 오류를 수정할 수 있다.

④ sliver 폴리곤: sliver 폴리곤의 형성되는 것은 복잡한 지도에서 디지타이징하는 경우에 흔히 나타나는 오류이다. Sliver 폴리곤이 만들어진 이유도 다양하기 때문에 이를 수정하는 방법도 발생한 오류에 따라 달라질 수 있다. 폴리곤이 겹치지 않게 적절하게 위치를 이동시킴으로서 제거될 수 있는 경우도 있고, 폴리곤을 형성하고 있는 부정확하게 입력된 선분을 만든 버틱스들을 제거함으로서 수정될 수도 있다.

그림 4-17 디지타이징 입력에 따른 수치지도의 오류 유형들

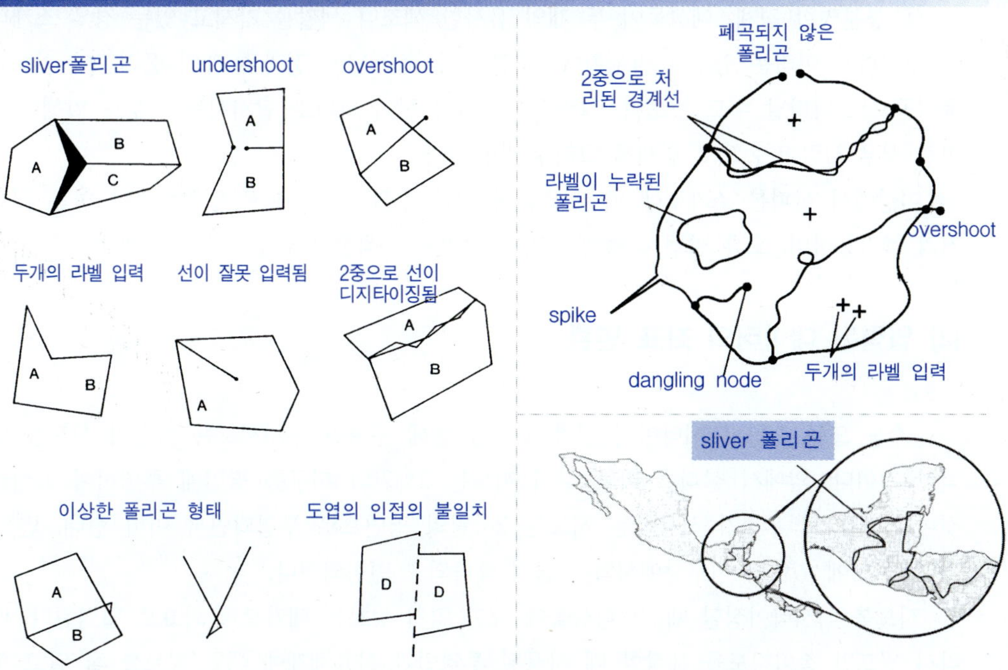

(2) 자동 디지타이징된 데이터의 수정

스캐너를 이용하여 자동 디지타이징 방법으로 수치지도를 제작하는 경우 수동 디지타이징 방법에 비해 오류의 발생빈도가 훨씬 낮다. 하지만 스캐닝하는 과정에서도 몇 가지 오류가 나타날 수 있다. 자동 디지타이징 작업과정에서 발생하는 전형적인 오류나 문제점들을 보면 다음과 같다.

① 선의 단절: 사람의 눈으로는 조그만 선의 끊어짐은 발견하지 못하지만, 만일 선의 단절이 생기면 선을 따라가던 장치는 멈추게 된다. 이런 경우 모니터링하는 사람이 단절된 부분의 선을 수작업으로 연결해주어야 한다.

② 주기와 대상물과의 혼돈: 스캐너는 문자로 나타난 주기를 읽지를 못하기 때문에, 문자를 형상으로 인식한다. 예를 들면 seoul의 'o'는 폴리곤으로 보일 수 있으며, 다른 글자는 선으로 해석될 수 있다. 이런 오류는 사람의 판별에 의해서만이 수정가능하다.

③ 방향의 혼돈: 스캐너의 이동방향이 왼쪽으로부터 오른쪽으로 이동하다가 T자형의 수직선을 만나면, 어떤 방향으로 이동하여야 하는지 정확하게 판단하지 못하고 오류를 범하는 경우가 있다. 이런 경우 스캐너가 이동을 멈출 수 있으며, 사람이 방향을 결정해줘야 한다. 특히 수직선이 형상을 나누는지, 폴리곤의 어느 변인지, 또는 두 폴리곤의 변으로서 두 부분으로 나누어지는 가 등에 대해 수동적으로 판별해주어야 한다.

④ 불분명한 경계: 대상물이 두 개의 유사한 색조나 색깔을 가지고 있는 경우 스캐너가 구별하기 어려운 경우가 발생한다. 이런 경우 스캐닝한 결과두 개의 폴리곤이 하나의 폴리곤으로 나타날 수도 있으며, 나란한 두 개의 선이 하나로 합쳐지는 경우도 발생한다. 이런 경우 사람이 손으로 경계를 그려주어야 한다.

이상에서 살펴본 스캐닝에 따른 오류에 대한 수정도 자동으로 일괄적으로 하는 것은 거의 불가능하며, 오류 발생 유형에 따라 수작업으로 적절하게 수정하여야 한다.

[2] 입력된 데이터의 좌표 변환

수동 또는 자동 디지타이징 입력 방법을 통해 구축된 수치지도는 기존의 지도를 입력한 것이다. 앞에서 살펴본 바와 같이 지도는 3차원의 지구를 평면에 투영하여 표현한 것이다. 따라서 우리가 사용하는 지도는 2차원의 평면으로 투영되면서 이미 형태, 면적, 거리, 방향에 있어서 지구상에서와는 달리 왜곡되고 변형되었다.

지도를 디지타이징할 때 각 형상물에 대한 위치 정보는 데카르트 좌표로 입력된다. 따라서 원도인 종이지도를 제작할 때 사용된 투영법과 좌표체계에 대한 정보를 잘 알고 있어야 한다. 디지타이징 과정을 통해 구축된 수치지도가 GIS에서 사용되기 위해서는 실세계의 좌표체계로 변환시켜주어야 한다. 이러한 과정을 통해 입력된 수치지도는 원래의 투영법에 맞는 좌표체계를 갖게 된다. 이와 같이 디지타이징을 통해 입력된 수치지도의 좌표를 실세계 좌표계로 맞추는 것을 좌표변환이라고 한다(그림 4-18-가 참조). 또한 역 지도투영법(inverse map projection)을 통해 2차원의 지도를 3차원의 경위도 좌표로 변환하는 것도 가능하다. 좌표변환은 서로 다른 좌표계를 갖고 있는 커버리지들을 같은 좌표계로 변환시키는 경우에도 활용된다.

좌표변환에서 가장 중요한 것은 좌표변환의 기준이 되는 등록점 또는 기준점을 정하는 것이다. 일반적으로 디지타이징 작업을 시작할 때 반드시 적어도 네 개 이상의 기준점(tick mark)을 정하게 되며, 이 기준점 좌표를 토대로 하여 다른 대상물들의 위치가 좌표로 인식되는 것이다. 따라서 기준점의 갯수는 많을수록 좋으며, 가장 중요한 것은 기준점의 좌표값이 정확하고 정밀하게 측정되어야 한다(그림 4-18-나 참조).

그림 4-18 GIS에서의 좌표 변환과 이를 위한 기준점의 좌표 변환

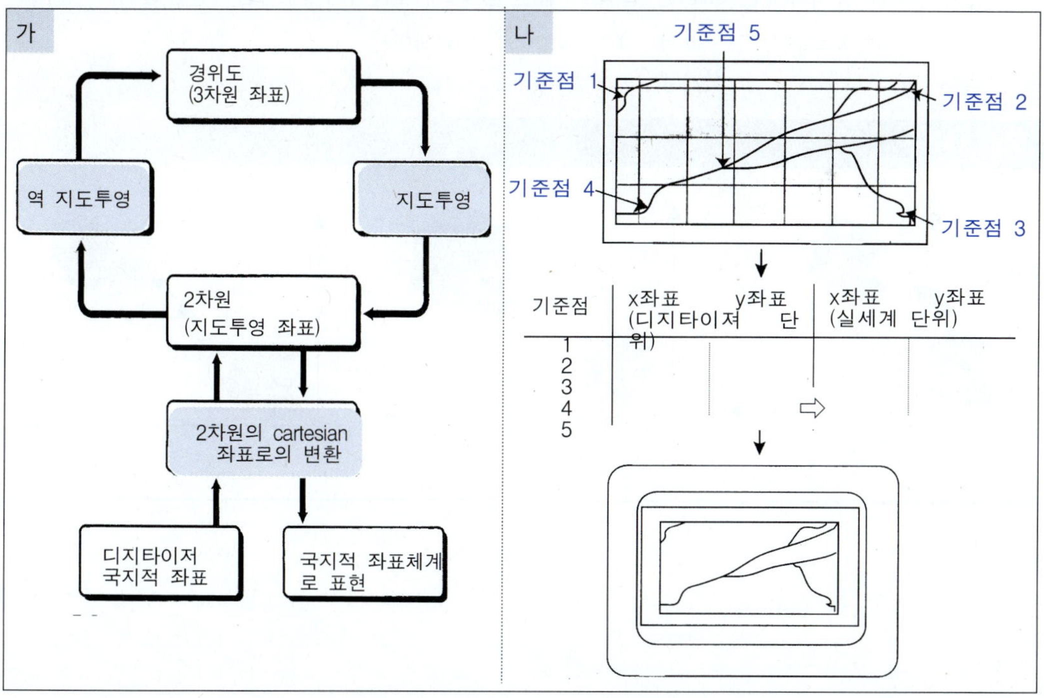

출처: DeMers, M.N. (1997), *Fundamentals of GIS*, p. 132.

대부분의 GIS 프로그램에서 좌표변환에 사용되는 알고리즘은 일차식의 변환식을 이용하는 Affine 변형방법과 2차식의 변환식을 이용하는 Conformal 변환방법이 있다. Affine 변형에는 변환(translation), 회전 (rotation), 축척 변화(scale change), 왜곡(skew) 과정이 발생한다(그림 4-19 참조). 여기서 변환이란 데카르트 좌표평면 위의 다른 위치로 대상물 개체의 전체나 일부를 이동시키는 것으로 개체의 X, Y 좌표에 필요한 좌표 값을 더하거나 빼는 과정을 통해 이루어지며 다음 식과 같다.

$$X = Ax + By + C, \quad Y = Dx + Ey + F$$

여기서 x,y는 입력 좌표, X,Y는 변환된 새 좌표, A, B, C, D, E, F는 변환계수이다.

한편 축척 변화란 축척이 서로 다른 지도를 비교하거나 서로 다른 축척으로 결과물을 산출할 필요가 있는 경우에 사용되는 방법이다. 이 경우 축척의 변화비율인 축척요소(sx, sy)를 곱하면 된다($X = x \cdot sx$, $Y = y \cdot sy$). 회전은 투영과 역투영과정에서 흔히 사용되는 방법으로, 삼각함수를 사용해서 이루어진다. 즉, 회전되는 각도를 θ라고 하면 X좌표에는 cosθ를, Y좌표에는 sinθ를 곱하여 합친 값으로 바뀌어지며, 다음 식과 같다.

$$X = x\cos\theta + y\sin\theta, \quad Y = -x\cos\theta + y\sin\theta$$

그림 4-19 좌표 변환의 유형들

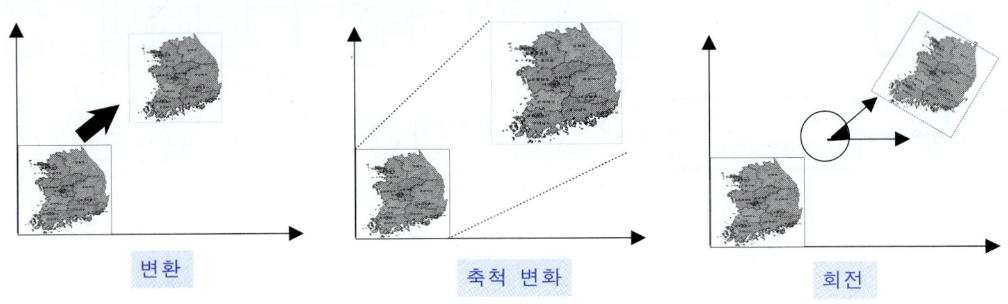

제 3 편

GIS 데이터 모델과 데이터베이스

제 5 장 공간 데이터 모델

제 6 장 표면 모델링과 수치지형모델

제 7 장 데이터베이스관리시스템

제 8 장 데이터의 질과 데이터의 표준화

GIS

Geographic Information Systems

제5장
공간 데이터 모델

제 1 절

데이터 모델의 개념과 유형

[1] 데이터 모델의 개념

GIS의 핵심은 실세계에서 나타나는 다양한 대상물과 현상들을 컴퓨터의 디지털 환경에서 인지될 수 있도록 표현하는 데이터 모델링이라고 볼 수 있다. GIS 사용자들이 컴퓨터에서 다양한 질의와 공간분석을 수행하는 것은 실세계가 어떤 방식으로 모델화되었는가에 따라서 상당한 영향을 받으며, 어떤 데이터 모델을 채택하는가에 대한 결정은 GIS 프로젝트의 성공을 좌우할 정도로 매우 중요하다(그림 5-1-가 참조). 또한 실세계의 다양한 현상들을 인지하고 관찰한 것을 측정하고 이를 데이터 모델화하여 컴퓨터에서 작동가능한 데이터베이스로 구축한 후, 이를 지속적으로 갱신해나가거나 다양한 분석기법을 적용하고 그 결과를 표현하는 모든 과정은 GIS 사용자와 시스템 구축자들에 의해서 주도되고 있다(그림 5-1-나 참조).

실세계는 매우 복잡하지만 이를 나타내는 컴퓨터 환경은 매우 한정적이다. 따라서 실세계의 다양한 현상들 가운데 무엇을 어떻게 나타내어야 하는가에 대한 선택은 필수적이다. 또한 GIS 사용목적이 사용자들에 따라 다르며, 그들이 관심을 두고 있는 대상물과 현상들도 서로 다르다. 이는 모든 상황에 다 적합한 데이터 모델이란 존재할 수 없음을 시사해주며, 실제로 GIS에서 사용되는 데이터 모델도 여러 가지 유형으로 나타나고 있다.

그림 5-1 GIS에서 데이터 모델의 개념

(가)

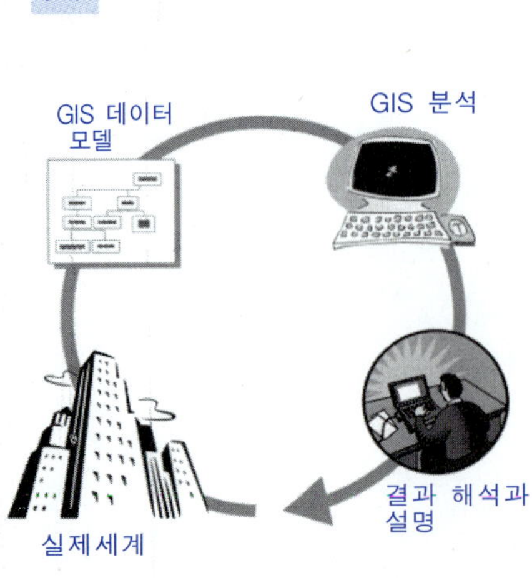

(나)

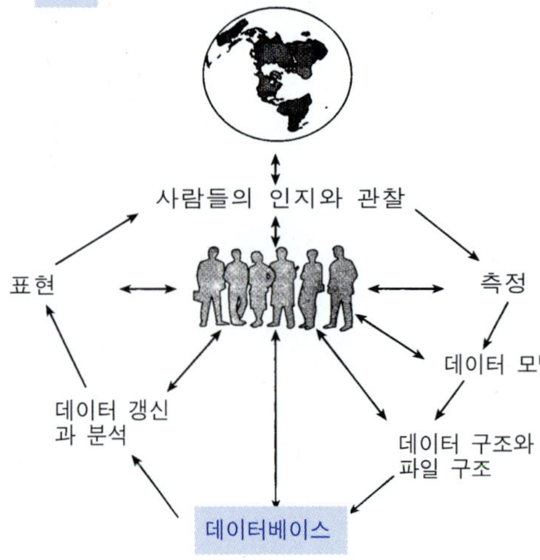

그림 5-2 실세계의 현상들을 데이터 모델링하는 과정과 단계

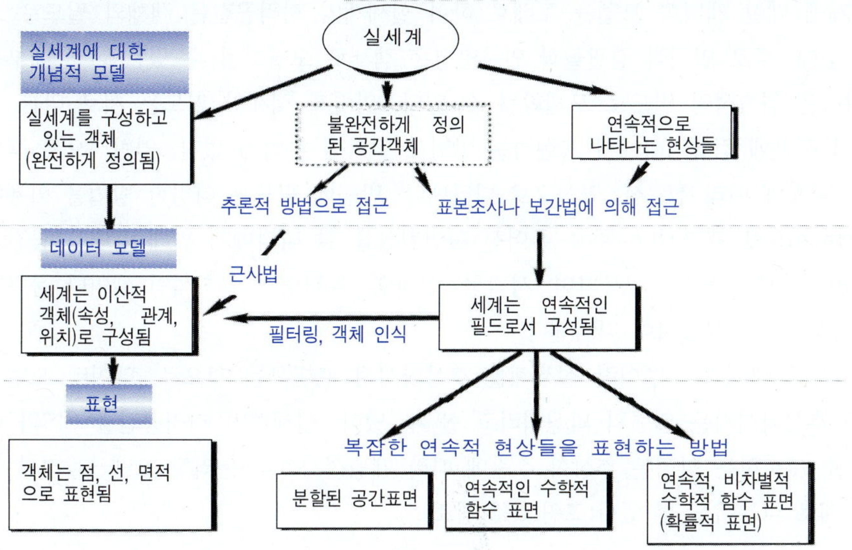

출처: Burrough, P. A. and McDonnell, R.A. (1997), *Principles of GIS,* p. 26.

실세계에서 나타나는 대상물이나 현상들이 디지털 형태로 코드화시켜 공간 데이터를 구축하는데 있어서 가장 중요한 것은 실세계의 지리공간을 데이터 모델로 표현하는 방법이다. 실세계에서 나타나는 현상들을 데이터 모델로 표현하는 과정을 보면 그림 5-2에서 볼 수 있는 바와 같이 실세계의 지리공간을 어떻게 인지하고 개념화하느냐가 중요하다.

일반적으로 지리공간은 가옥, 건물, 도로, 공장, 필지 등과 같이 분명하게 하나의 실체(entity)로 인식될 수 있는 객체들과 기온, 압력, 고도 등과 같이 공간상에 연속적으로 나타나면서 변이를 보이는 장(필드: field)로 구성되어 있다고 본다. 즉, 지리공간은 분명하게 경계가 구별되고 이산적인 객체(objects)들과 공간적인 변이를 나타내면서 연속적으로 공간상에 분포된 현상인 필드로 구분될 수 있다. 여기서 객체란 이산적이며 뚜렷한 속성을 가지고 있고 좌표체계로 그 위치를 나타낼 수 있으며, 그 경계가 뚜렷하게 구분되는 실체라고 정의할 수 있다. 그러나 객체 가운데는 야생 서식지나 토양 유형, 삼림 등과 같은 천연자원의 경우 불연속적이지만 경계가 뚜렷하지 못하고 점이적인 특성을 띄고 있어서 완전한 객체라고 구별하기 모호한 객체들도 있다.

한편 필드로 나타나는 공간적 현상가운데는 분명한 범위가 없이 넓은 공간에 걸쳐 연속적으로 나타나는 경우도 있다. 이와 같은 현상들에 대한 자료는 몇 가지 방법으로 수집할 수 있다. 표본지점(sample point)들을 정하여 측정하는 방법, 횡단 절개하는 방법, 지형도처럼 윤곽을 그려내는 방법들이 있다. 이런 방법들을 통하여 연속적인 필드도 점, 선,

면과 같은 추상적인 객체로 변형될 수 있으며, 흔히 표본지점으로부터 얻은 자료는 보간법을 통하여 표면 데이터로 변환될 수 있다.

실세계에 대한 개념적 모델을 토대로 하여 실세계의 지리공간은 객체와 필드로 모델화될 수 있다. 주로 인위적 경관들과 인문환경은 객체로 모델화될 수 있는 한편 대부분의 자연경관들은 연속적인 필드로 모델화될 수 있다. 이렇게 객체와 필드는 서로 다른 특성을 지녔기 때문에 컴퓨터상에서 표현하는 방법도 달라질 수밖에 없다. 일반적으로 객체는 특성이나 규모에 따라 점, 선, 면적으로 나타낸다. 반면에 필드는 다양한 방법을 이용하여 표면(surface)으로 표현된다. 주로 주어진 자연현상을 잘 나타내기 위해 표면을 공간분할(tessellation)하는 방법을 사용하며, 사각형, 삼각형, 육각형의 규칙적인 셀이나 불규칙한 세모나 다각형으로 분할하여 나타낸다.

이와 같이 데이터 모델이란 실세계를 추상화시켜 표현하는 것으로, 데이터 모델링은 실세계를 추상화시키는 일련의 과정이라고 볼 수 있다. 실세계의 지리공간을 GIS의 데이터베이스로 구축하는 과정은 추상화 수준에 따라 개념적 모델→논리적 모델→물리적 모델의 세 단계로 나누어질 수 있다(그림 5-3 참조).

그림 5-3 추상화 수준에 따른 데이터 모델링 단계

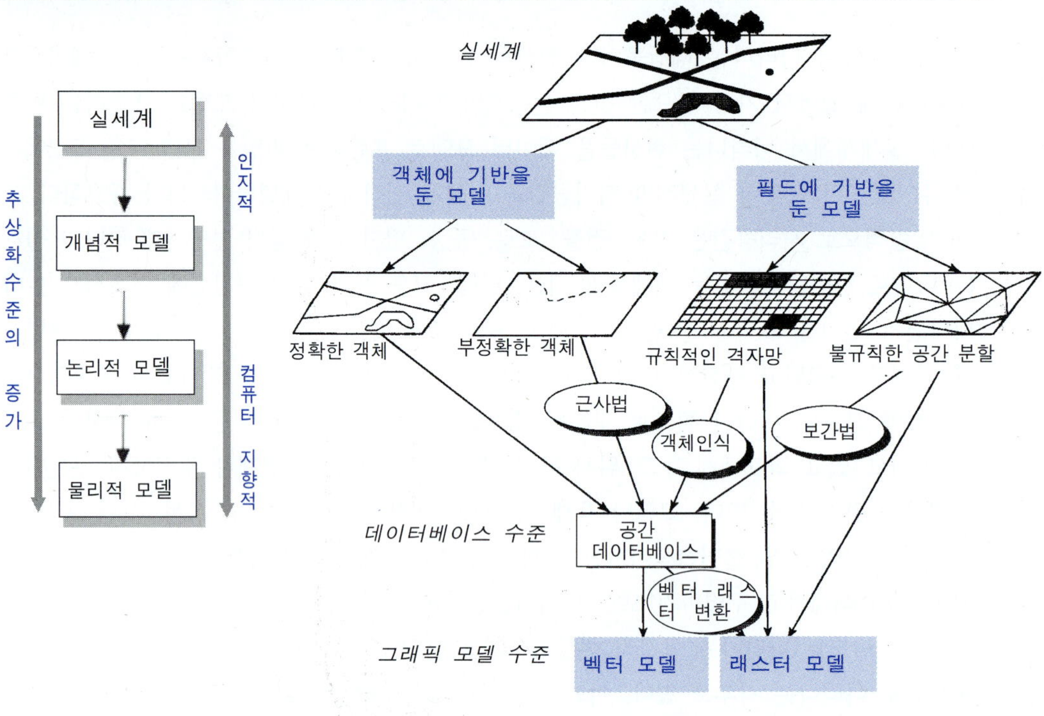

출처: Lo, C.P. and Yeung, A.K.W. (2007), *Concepts and Techniques of GIS*(2nd ed.), p. 68.
Longley, P. et al.(2011), *Geographic Information Systems and Science*(3rd ed.), p. 208.

추상화 단계가 가장 낮은 수준인 개념적 모델은 인간의 인지적 관점에서 실세계를 보는 것이다. 따라서 사용자의 견해와 관점에 따라서 동일한 지역도 다르게 개념화될 수 있다. 예를 들면 같은 도시를 인지하는 관점도 엔지니어, 개발자, 도시지리학자에 따라 다를 것이다. 엔지니어의 경우 도로나 건물에 대한 물리적 환경을 조사하기 원하며, 개발자의 경우 잠재적 개발지역이나 재개발지역의 입지를 찾으려고 하고, 도시지리학자의 경우 토지이용의 공간적 패턴에 보다 관심을 가질 것이다. 이렇게 개념적 모델이란 실세계에 대한 사람들의 인지를 나타낸 것으로, 이 단계에서 데이터의 추상화란 실세계에 대한 사람들의 인지수준에 관한 정보를 담는 것이다.

개념적 모델링도 데이터베이스 디자인 과정의 일부이지만, 컴퓨터에서의 실행 여부와는 관련없으며 데이터베이스와도 독립적이다. 개념적 데이터 모델로 가장 공통적으로 사용하는 것의 하나는 실체-관계(E-R: entity-relationship) 데이터 모델이다. 여기서 실체란 실세계에서 개별적으로 인식될 수 있는 것으로, 흔히 데이터베이스에 저장되는 데이터의 대상으로 속성을 갖고 있다. 이러한 실체와 실체간의 논리관계의 집합을 데이터 모델로 표현하며, 일반적으로 실체관련도(entity-relationship diagram)로 나타낸다. 이 모델은 실체, 속성, 관계를 어떻게 개념화하는 가를 나타내주는 것으로, 데이터들이 어떻게 실세계를 나타내는가에 관심을 두고 있다.

추상화의 두 번째 단계는 논리적 데이터 모델링이다. 논리적 데이터 모델은 데이터베이스의 실행을 염두에 두고 보는 관점이다. 따라서 논리적 모델에서는 실세계를 다이아그램, 리스트, 테이블로 나타내며, 여기에는 데이터가 보다 공식화된 언어로 기록되어진다. 따라서 논리적 모델은 개념적 모델과는 달리 특정한 소프트웨어에 의존적이다. 최근에 논리적 모델의 하나로 등장한 대표적인 모델이 객체-지향모델이다. 논리적 모델은 흔히 데이터베이스 모델 또는 수행모델(implementation model)이라고 불리워진다.

추상화의 마지막 단계인 물리적 데이터 모델은 컴퓨터에서 실제로 운영되는 형태의 모델로, 컴퓨터에서 데이터의 물리적 저장을 의미한다. 즉, 데이터가 기록되는 포맷, 기록되는 순서, 접근경로 등을 나타내는 것으로 하드웨어와 소프트웨어 의존적이다. 따라서 물리적 데이터 모델은 시스템 프로그래머나 데이터베이스 관리자들에 의해 의도되어진다. 실제로 물리적 모델은 매우 길고 기술적으로 매우 복잡한 문서이며, 데이터베이스에 기록된 각각의 데이터 요소들이 컴퓨터 메모리에 물리적으로 어떻게 저장되는가를 나타낸다.

이상에서 살펴본 바와 같이 개념적, 논리적, 물리적 데이터 모델은 데이터베이스 디자인과 개발에 사용되는 데이터 모델링 과정에서 추상화 수준에 따른 분류로서, GIS 사용자들은 데이터 모델링에 대한 기초적인 지식을 이해하는 것이 필요하다.

[2] 공간 데이터 모델의 유형

앞에서 살펴본 바와 같이 실세계는 매우 복잡한 객체와 필드로 구성되어 있기 때문에 하나의 데이터 모델로 모든 것을 나타내는 것은 불가능하다. 또한 GIS 사용자들의 사용목적에 따라 다른 데이터 모델을 요구하고 있다. 일반적으로 GIS에서 사용되는 공간 데이터 모델은 CAD, 그래픽, 이미지, 래스터, 벡터, 네트워크, TIN, DEM, 객체 모델 등이 있다. 그러나 CAD, 그래픽, 이미지 모델은 간단한 지도화나 이미지 처리 및 매우 단순한 그리드 분석에 사용되는 모델이며, GIS에서 대표적으로 가장 많이 사용되는 모델은 벡터 모델과 래스터 모델이다. 또한 연속적인 필드로 나타나는 현상들 가운데 지형의 고도를 나타내기 위해 TIN 모델이나 DEM 모델이 사용된다. 또한 최근에는 객체지향모델도 시설물 관리를 위한 데이터베이스 구축 시에 많이 사용되고 있다. TIN 모델과 DEM 모델 및 객체 모델에 대해서는 다음 장에서 자세히 살펴보고, 여기서는 공간 데이터 모델의 가장 대표적인 유형인 벡터 데이터 모델과 래스터 데이터 모델에 대해 살펴보고자 한다.

실세계의 공간상에서 나타나고 있는 객체와 필드는 개념적 모델링 단계에서부터 동질적인 기하학적 특성에 따라 각각의 레이어(layer) 또는 커버리지(coverage)로 구축하게 된다. 레이어란 동질적인 기하학적 유형(예: 점, 선, 면적 등)을 나타내는 객체들을 각각

그림 5-4 실세계의 객체들에 대한 래스터 데이터 모델과 벡터 데이터 모델

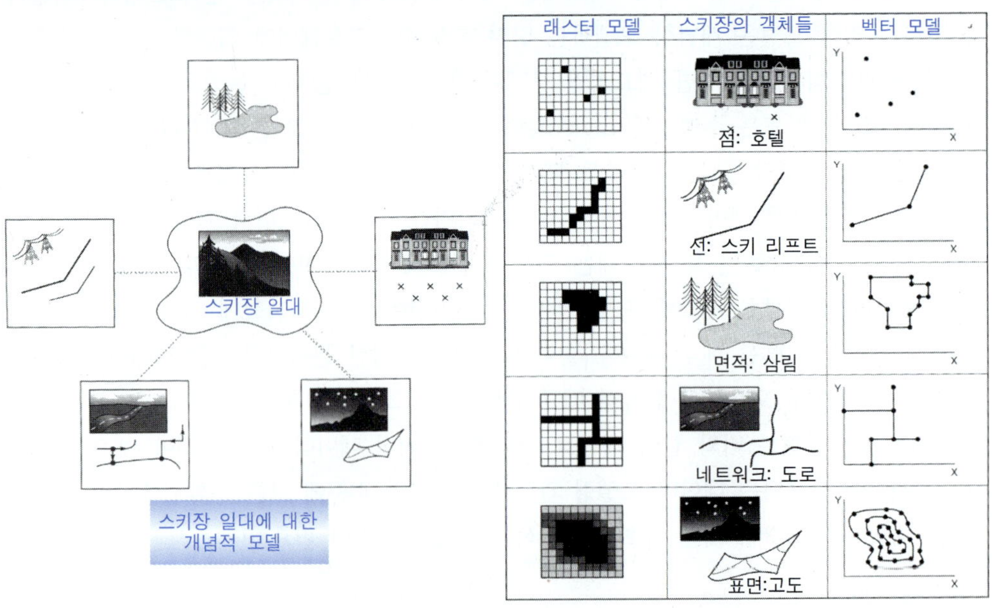

출처: Heywood, I., Cornelius, S. and Carver, S., (1998), *An Introduction to GIS*, pp. 45, 48.

분리하여 나타낸 것이라고 할 수 있다. 일례로 그림 5-4에서 볼 수 있는 바와 같이 스키장 일대에 대한 데이터 모델을 구축하는 경우 호텔은 점으로, 스키 리프트는 선, 삼림은 면적으로 나타내며, 도로망은 네트워크로 그리고 지형의 고도는 표면으로 각기 다른 레이어로 구축된다. 이렇게 스키장 일대에 대한 개념적 모델링이 이루어지면 그 다음 단계로 이러한 객체들을 컴퓨터에서 인식될 수 있는 데이터 모델로 변환시켜야 한다. GIS에서 객체들을 저장하고 표현하는데 사용되는 가장 대표적인 데이터 모델은 래스터 데이터 모델과 벡터 데이터 모델이다.

래스터 데이터 모델의 경우 그리드 셀이 객체의 이미지를 나타내는 블록쌓기의 기본 단위가 된다. 즉, 점, 선, 면적으로 표현되는 객체들은 셀들의 집합으로 그 형상을 표현하게 되며, 따라서 객체들이 어떤 모양으로 어떻게 나타나는가는 그리드 셀의 크기에 따라 달라질 수 있다. 고도를 나타내어야 하는 경우 높이에 따라서 명암으로 구분하여 표현할 수 있다. 한편 벡터 데이터 모델의 경우 2차원상에 점(x, y)이 객체의 형상을 나타내는 블록쌓기의 기본 단위가 된다. 즉, 선과 면적은 점들의 집합체로 표현되며, 점들이 체인을 이루면서 객체의 형상을 표현하게 된다.

제 2 절

벡터 데이터 모델

[1] 벡터 데이터 구조

벡터 데이터 모델은 실세계에서 나타나는 다양한 대상물이나 현상을 점, 선, 다각형을 사용하여 표현하는 것으로, 벡터 데이터의 구조(data structure)는 객체들의 지리적 위치를 방향성과 크기로 나타낸다(그림 5-5 참조). 각 객체들은 그들의 지리적 위치와 속성에 의해서 데이터 구조가 설계된다. 예를 들면 유정(oil well)은 하나의 점 좌표(x,y)와 라벨로 표현되며, 송유관은 시작되는 노드(x, y)와 끝나는 노드(x, y) 그리고 라벨로 구성된 선형으로 표현될 수 있다. 또한 정유공장은 일련의 점 좌표(x, y)와 라벨을 포함하는 폴리곤으로 표현될 수 있다.

이렇게 점, 선, 폴리곤으로 표현되는 객체들의 데이터 구조를 좀 더 자세히 살펴보자. 점으로 나타나는 객체의 경우 하나의 (x, y) 좌표에 의해 위치가 정해지는 그래픽 실체와 더불어, 점의 종류를 명시하기 위한 정보가 저장된다. 선으로 나타나는 객체의 경우 둘 또는 그 이상의 좌표와 선분으로 구성된다. 직선으로 나타나는 객체의 경우 시작과 끝나는 점(두 개의 X, Y 좌표쌍)으로 구축된다. 그러나 연속적인 복잡한 선으로 나타내어야 하는 객체의 경우 노드(node)와 버틱스(vertex)를 통해 나타내며, 굴곡이 심한 경우 더

그림 5-5 벡터 데이터의 구조

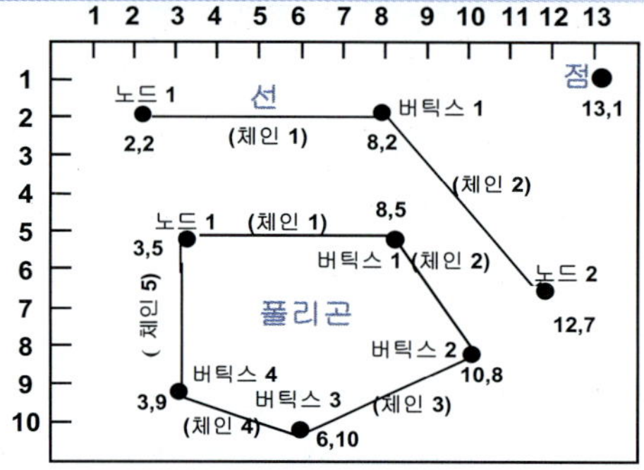

짧은 선들의 집합으로 더 많은 체인을 통해 표현된다. 즉, 굴곡이 심한 복잡한 객체는 일련의 체인(string, chain, arc 등으로 불리움)으로 곡선 형상을 직선의 집합으로 나타낸다. 또한 지류들의 합류점이나 도로 교차점과 같이 선과 선들이 만날 경우 노드(node)라고 불리우는 점에 의해 결합된다. 만약 선들이 노드에 의한 만남이 없이 서로 교차한다면, 컴퓨터상에서는 다리, 지하도, 또는 교차로에 대한 구분을 할 수 없게 된다. 노드는 또한 폴리곤을 폐합시키는데도 중요하다. 체인의 시작점과 체인의 끝점이 하나의 노드에서 만나야만 폐합 다각형이 구축된다.

벡터 데이터 모델에서 폴리곤은 다양한 방법으로 구조화된다. 모든 폴리곤은 각각 독특한 모양, 둘레, 면적을 가지며, 대부분의 경우 폴리곤은 하나의 독립된 객체로 나타나는 것이 아니라 다른 폴리곤과 이웃하고 있는 경우가 많다. 또한 폴리곤 내에 마치 섬이나 호수와 같이 또 다른 폴리곤을 포함하는 경우도 발생한다. 따라서 이러한 경우 폴리곤에 대한 데이터 구조화는 매우 중요하며, 이러한 데이터 구조를 토대로 하여 객체들 간의 공간관계에 대한 정보를 알 수 있다.

[2] 벡터 데이터 구조에서 위상관계 구축

(1) 스파게티 데이터 구조

스파게티(Spaghetti) 데이터 구조는 구조화되지 않은 그래픽 모형으로, 그림 5-6에서 볼 수 있는 바와 같이 객체가 단지 일련의 (X, Y)좌표에 의한 그래픽 형태(점, 선, 면적)로 저장된다. 즉, 점, 선, 다각형이 구조화되지 못한 채 단순히 일련의 좌표들의 목록으로 저장되기 때문에 객체들 간의 공간 관계에 대한 정보를 갖지 못하고, 마치 국수 가락처럼 좌표들이 길게 연결되어 있다는 의미에서 스파게티 데이터 구조라고 불리운다.

그림 5-6 스파게티 데이터 구조

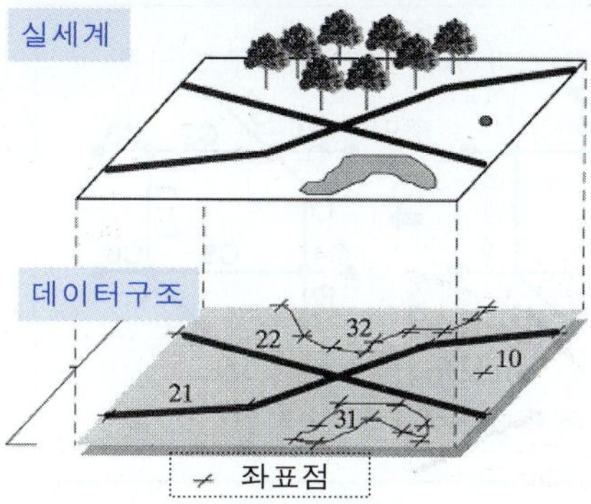

객체 ID	객체 유형	위치
10	점	x, y
21	선	x_1y_1, x_2y_2, x_3y_3······x_ny_n (체인)
22	선	x_1y_1, x_2y_2, x_3y_3······x_ny_n (체인)
31	폴리곤	x_1y_1, x_2y_2, x_3y_3······x_1y_1 (폐합)
32	폴리곤	x_1y_1, x_2y_2, x_3y_3······x_1y_1 (폐합)

스파게티 데이터 구조의 경우 인접하고 있는 다각형을 나타내기 위해서는 경계하는 변(체인)은 두 번씩 저장하게 된다. 즉, 인접 다각형을 나타내는 경계선은 각각의 다각형을 구축할 때 한 번씩 입력되므로 경계선은 중복되어 기록될 수 밖에 없다.

이와 같이 스파게티 데이터 구조는 객체의 기하학적 특징을 나타낼 수는 있지만, 객체들 간의 공간관계에 대한 정보는 입력되지 않으므로, 공간관계를 파악하기 위해서는 계산에 의해 정보를 생성하여야 하므로, 공간분석 시에는 비효율적이다. 그러나 스파게티 데이터 구조는 매우 간단하고 이해하기 쉬우며, 수치화 과정에서 위상구조를 구축하기 위한 정보가 저장되지 않기 때문에 간단한 수치지도를 제작하고 갱신하는 경우에는 오히려 효율적이다.

(2) 위상적 데이터 구조

위상구조(topology)는 GIS에서 매우 유용한 데이터 구조로, 위상구조를 통해 점, 선, 폴리곤으로 나타난 객체들 간의 공간관계를 파악할 수 있다. 즉, 점, 선, 폴리곤으로 나타낸 객체들이 위상구조를 갖게 되면 객체의 위치뿐만 아니라 주변 객체들과의 공간상에서의 관계를 인식할 수 있다.

이렇게 위상관계(topological relationship)란 객체들의 공간관계를 명시적으로 정의하는 것으로, 객체들이 위상관계에 대한 정보를 갖고 있는 경우 유사한 성격을 갖는 다각형을 결합할 수도 있고, 중첩을 비롯한 다양한 공간분석 기능을 수행할 수 있다. 일반적으로 위상구조는 수동 디지타이징 방법에 의해 데이터가 입력되고 입력된 데이터에 대한 수정이 이루어진 후, 주어진 커버리지에 대한 '위상구조 구축(build topology)'이라는 명령어의 실행을 통해 위상구조가 구축된다(그림 5-7 참조). 만일 GIS 소프트웨어가 이러한 기능을 포함하고 있지 않을 경우에는 벡터 데이터의 위상구조를 구축할 수 없다.

그림 5-7 벡터 데이터에 대한 위상구조 구축

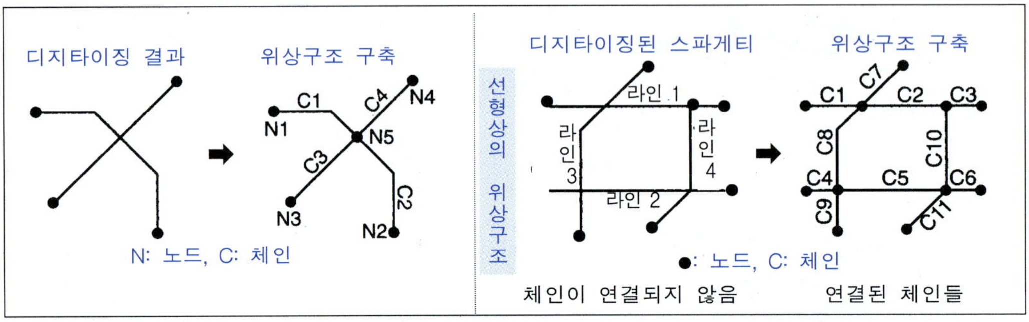

위상구조가 구축되면 선과 선들이 교차하는 지점에 노드가 자동적으로 형성되는 것이다. 이렇게 자동적으로 생성된 노드는 좌표 값으로 그 위치가 자동적으로 인식되며, 각 노드의 좌표 정보를 상대적 위치로 저장하게 된다. 보다 자세하게 수동 디지타이징 방법에 의해 입력된 점, 선, 폴리곤이 위상구조를 구축하게 되면 어떻게 데이터 구조가 바뀌게 되는가를 ArcGIS 소프트웨어의 위상구조를 토대로 하여 살펴보면 그림 5-8과 같다. 이 그림을 통해 알 수 있는 바와 같이 폴리곤의 위상구조는 점에 비해 훨씬 복잡하다. 선형으로 나타난 객체의 경우 위상구조가 구축되면 선들의 교차점에 노드가 생성되고 노드와 아크에 대한 내부 ID가 부여되면 아크의 위상구조가 구축된다. 그 결과 아크 속성테이블이 생성되며, 이 테이블에는 각 아크의 방향성과 연결성(from node-to node)에 대한 정보가 담겨져 있다(그림 5-8-나 참조).

한편 폴리곤의 경우 노드가 생성되면서 노드와 아크에 대한 ID가 부여되고 폴리곤에 대한 ID가 부여된다. 또한 노드와 아크 위상구조가 따로 따로 구축되므로, 폴리곤의 속성 데이블은 세 가지 유형으로 구축된다. 폴리곤에 대한 위상구조가 구축되고 나면 스파게티 구조와는 달리 인접하는 두개의 폴리곤에서 경계를 이루는 체인은 한번만 디지타이징하여 입력하더라도 각각의 폴리곤이 구축된다. 즉, 주어진 아크를 중심으로 하여 왼쪽과 오른쪽의 폴리곤을 인식할 수 있게 된다(그림 5-8-다 참조).

이와 같이 벡터 데이터의 위상구조가 구축되고 나면 객체들 간의 인접성, 연결성, 포함성에 대한 정보를 파악하기 매우 쉽다. 단순한 예시를 통해 각각의 개념에 대해 살펴보자. 먼저 인접성(adjacency)에 대한 개념을 보면 그림 5-9-가에서 볼 수 있는 바와 같이 체인 1은 방향성(from node-to node)을 갖고 있으므로 좌측과 우측의 다각형을 관리할 수 있다. 즉, 공통적 위상요소가 되는 체인 1을 통해 폴리곤 A는 폴리곤 B와 인접하고 있다는 정보를 세공해준다.

그림 5-8 위상구조의 구축 후에 생성된 노드와 속성 테이블

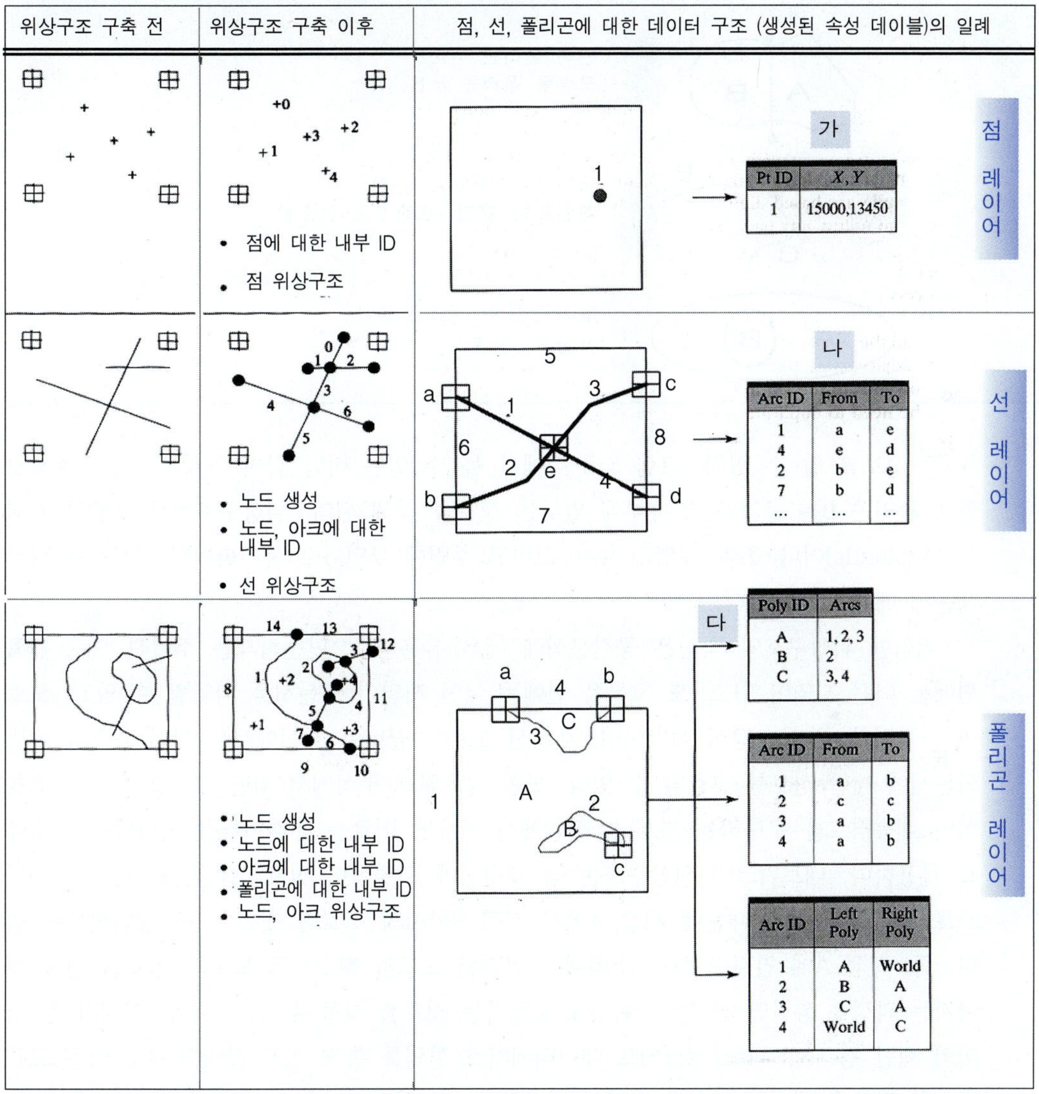

또한 연결성(connectivity)에 대한 개념을 보면 노드로 연결된 모든 체인들이 각각 어떻게 다른 체인들과 연결되어 있는가에 대한 정보를 갖게 된다. 노드 1과 연결되어 있는 체인 A, B, C에 대한 정보가 기록되기 때문에 체인 A의 연결성을 알게 된다. 즉, 체인 A는 노드 1에 의해 체인 B나 체인 C와 연결되어 있음을 알 수 있다(그림 5-9-나 참조).

포함성(containment)의 개념은 표현하기 다소 어려운 데이터 구조라고 볼 수 있다. 그러나 위상구조가 구축되고 나면 주어진 특정 폴리곤 내부에 무엇이 포함되어 있는가에

그림 5-9 위상구조를 통해 생성되는 객체들간의 인접성, 연결성, 포함성

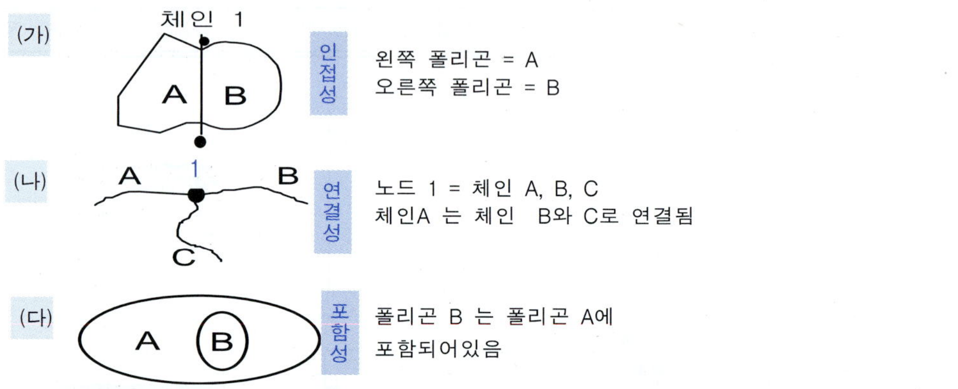

대한 정보를 알 수 있다. 그림 5-9-다에서 볼 수 있는 바와 같이 위상구조의 구축으로 인해 폴리곤 B는 폴리곤 A 내부에 있다는 정보를 갖게 된다. 위상구조에서 포함성 개념은 섬(islands)이나 호수, 구멍(holes), 그리고 주변에 무언가로 둘러싸여진 형상들을 나타내는데 매우 효과적이다.

이러한 위상구조의 특성은 공간분석에 매우 유용하다. 단순하게는 주어진 도로 왼쪽 편에는 어떤 지역이 있고, 또 오른쪽 편에는 어떤 지역이 있는지를 파악할 수 있고, 도로의 시작점과 끝나는 점이 어디이며, 주어진 도로가 끝나는 지점에서는 어떤 도로와 연결되는지에 대한 정보를 추출할 수 있다. 또한 네트워크 분석에서 최단 경로를 찾거나 효율적인 배송경로를 구축하는 경우나, 상류에서 하류에 이르는 연결지류를 찾아내는 경우에도 유용하다. 네트워크의 위상구조는 각 교차점에 결절점이 있고, 결절점들 사이는 체인으로 연결되어 있기 때문에 지점 A에서 지점 B까지의 경로를 찾는 것은 상대적으로 쉽다. 즉, 지점 A에 연결된 선을 조회해서 연결된 노드를 찾고, 그 노드와 연결된 선을 찾아가는 과정을 통하면 궁극적으로 B에 도달하는 경로를 찾을 수 있다. 뿐만 아니라 점 사이의 최단 경로(shortest path)도 데이터베이스 질의를 통해 쉽게 찾아지는데, 이는 모든 가능한 경로에 대해 총길이를 간단히 비교함으로서 최단거리를 선택할 수 있다.

이상에서 살펴본 바와 같이 벡터 데이터에서 위상구조가 구축되면 무엇보다도 다양한 공간분석 기능을 수행할 수 있다. 노드와 아크의 위상구조를 통해 항시 그들의 주변에 대한 공간정보를 파악할 수 있으며, 객체들 간의 공간관계가 좌표 값의 연산을 통하지 않고도 자동으로 인식되므로 빠르고 쉽게 다양한 공간분석이 이루어질 수 있다.

그러나 위상구조를 구축하기 위해 많은 속성 테이블이 생성되기 때문에 새로운 노드가 추가되거나 변경하여야 하는 등 데이터가 갱신될 때 마다 새로운 위상구조가 구축된다. 이러한 경우 반복적인 작업이 이루어지기 때문에 많은 시간이 소요되므로 공간분석을

요구하지 않는 단순한 수치지도를 제작할 때 위상관계를 구축하는 것은 비효율적이다. 일반적으로 위상구조를 구축할 수 있는 소프트웨어의 가격은 비교적 고가이며 객체들의 관계가 위상구조를 구축하기 매우 복잡한 경우 상당한 시간이 소요된다. 따라서 단순한 수치지도 제작을 목적으로 데이터베이스를 구축하는 경우에는 위상구조를 구축하지 않고 있으며, GIS의 분석에서 위상관계가 구축되어야할 필요성이 있는 경우에만 위상구조를 구축하여 사용하고 있다.

위상구조를 완벽하게 갖춘 벡터 데이터로 가장 대표적인 것은 TIGER (Topologically Integrated Geographic Encoding and Referencing)이다. TIGER는 미국 인구조사국(통계청)에서 1990년 인구센서스 조사를 위해 구축한 수치지도로써, 위상구조를 갖춘 자동화된 데이터베이스이다. 원래 DIME 파일에서 시작된 것으로 TIGER는 도로와 구역과 블록 단위 지역에 주소별로 수집된 인구조사 데이터를 할당하기 위한 도구로서 개발되었다. TIGER 시스템을 US GIS 1:100,000 DLG 파일로부터 얻어진 모든 기본도 데이터와 완전히 통합되도록 설계되었다. TIGER 시스템에서 위상구조를 구축하기 위해 위상의 이론과 원칙은 수학분야의 기술을 도입하였으며, TIGER 화일을 구축하는 과정은 지도 스캐닝, 수작업 디지타이징, 표준 데이터 입력, 정교한 컴퓨터 화일 매칭 등을 통해 이루어졌다. 그림 5-10은 TIGER 파일의 일례로, zero cell은 노드에 대한 정보를, one cell은 센서스 단위 조사구역인 Track의 경계선인 아크에 대한 정보를, 그리고 two cell은 폴리곤 형상인 block에 대한 정보를 각기 나타내고 있다.

그림 5-10 위상관계를 갖고 있는 TIGER 데이터 구조

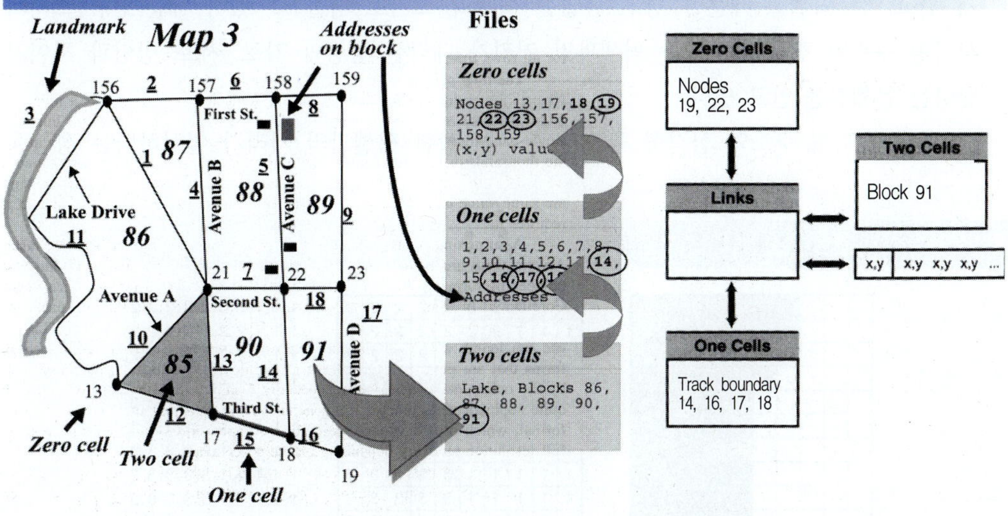

출처: Clarke, K. C. (2011), *Getting with GIS*(5th ed.), p. 100.

제 3 절

래스터 데이터 모델

[1] 래스터 데이터 구조

래스터 데이터 구조는 실세계의 객체를 흔히 그리드(grid), 셀(cell) 또는 픽셀(pixel)이라고 불리우는 '최소지도화단위(minimum mapping unit)' 들의 집합으로 나타내는 것이다. 래스터 데이터 구조의 경우 셀이 객체의 형상을 나타내는 최소 크기이다. 이와 같이 규칙적인 공간배열로 표현되는 래스터 데이터는 전체 면을 일정크기의 단위 셀로 분할하고, 각 셀에 속성값을 입력하고 저장하여 연산하는 구조이다. 래스터 데이터 구조는 도면자료를 스캐닝하거나 인공위성을 통해 수신하여 얻은 위성영상자료들이 그 대표적이다.

래스터 데이터 구조는 매우 간단하여 GIS 발달 초기부터 주로 활용되어왔다. 각 셀별로 정보의 유무에 따라 '1' 또는 '0'으로 주어진 객체의 이미지를 저장하며, 위치정보는 행과 열에 의해 자동적으로 결정되는 매우 단순한 구조라고 볼 수 있다(그림 5-11 참조). 이와 같이 래스터 데이터의 구조는 실세계를 규칙적인 모양으로 공간분할하여 나타내는 것으로, 모든 객체는 분할된 한 픽셀에 의해 표현되기 때문에 공간분할(tessellation) 방식이 매우 중요하다. 공간분할방식에는 사각형(rectangular), 육각형(hexagonal), 삼각형(triangular) 등이 있으나, 사각형의 공간분할이 가장 보편적으로 사용되고 있다. 이는 그리드 방식의 사각형 구조의 경우 데이터의 저장형태가 행렬방식이므로 좌표체계를 정의하기 쉽고, 각 픽셀을 세분할 경우 동일한 형태와 크기로 나눌 수 있기 때문이다. 그러나 사각형 구조의 경우 이웃하는 픽셀과의 거리가 대각선 방향과 가로, 세로 방향과 차이가 난다는 문제점을 안고 있다.

한편 육각형 구조와 삼각형 구조는 모든 인접한 픽셀과의 거리가 일정하다는 장점은

그림 5-11 실세계를 래스터 데이터 구조로의 변환

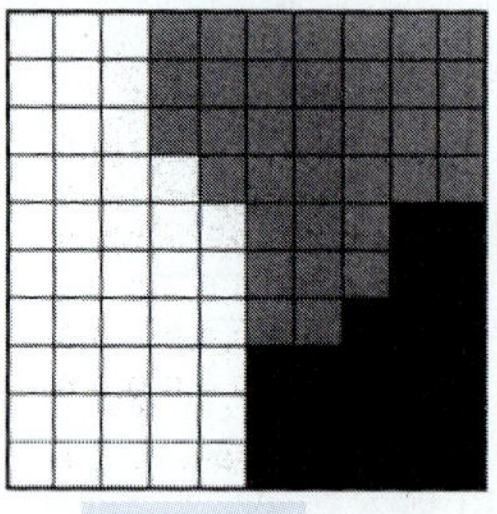

객체 모델

1	1	1	2	2	2	2	2	2	2
1	1	1	2	2	2	2	2	2	2
1	1	1	2	2	2	2	2	2	2
1	1	1	1	2	2	2	2	2	2
1	1	1	1	1	2	2	2	3	3
1	1	1	1	1	2	2	2	3	3
1	1	1	1	1	2	2	3	3	3
1	1	1	1	1	3	3	3	3	3
1	1	1	1	1	3	3	3	3	3
1	1	1	1	1	3	3	3	3	3

셀의 수치

10,10,3
1,1,1,2,2,2,2,2,2,2
1,1,1,2,2,2,2,2,2,2
1,1,1,2,2,2,2,2,2,2
1,1,1,1,2,2,2,2,2,2
1,1,1,1,1,2,2,2,3,3
1,1,1,1,1,2,2,2,3,3
1,1,1,1,1,2,2,3,3,3
1,1,1,1,1,3,3,3,3,3
1,1,1,1,1,3,3,3,3,3
1,1,1,1,1,3,3,3,3,3

파일 구조

그림 5-12 삼각형과 육각형으로 공간분할하는 데이터 구조의 예

있으나, 각 픽셀을 세분할 경우 동일한 형태와 크기로 하위 픽셀을 구축하기 힘들고, 좌표체계를 정의하는 것도 상당히 어려워 파일 구조가 매우 복잡해진다는 문제점이 있다(그림 5-12 참조). 따라서, 특별한 경우가 아니면 사각형의 그리드 공간분할 방식이 주로 사용되고 있다. 분할된 각 셀의 위치는 열과 칼럼 번호에 의해서 규정된다.

래스터 데이터 구조가 가지는 가장 큰 문제는 객체의 형상이 인위적인 셀 형태로 표현되기 때문에, 객체의 형상이 사각형이나 각이 진 모양인 경우를 제외하고는 대부분의 객체의 형상과 크기가 부정확하게 나타나게 된다는 점이다. 일례로 그림 5-13-가에서 볼 수 있는 바와 같이 기존 지도가 래스터 데이터 모델로 구축되면서 공간적 정확성이 얼마나 떨어지는가를 알 수 있다. 왼쪽의 토지이용도의 경우 1~4까지 토지용도별로 코드화하는 경우 주어진 단위 셀에 의해 용도지역의 경계가 결정된다. 이 경우 용도 1, 2, 3 사이의 울퉁불퉁하고 굴곡있는 경계선은 부호화되면서 울퉁불퉁한 선이 래스터 셀로 변환되면서 1~3까지의 토지이용은 직각형의 형상으로 곡선이 상당히 일반화되었다. 그러나 토지이용 4는 원도에서 직사각형의 모양이었기 때문에 래스터 데이터로 변환되었어도 모양이 거의 변화되지 않았다. 이와 같은 공간적인 부정확성에 따라 발생한 오차는 래스터 데이터를 단계구분도(choropleth map)로 음영 또는 패턴으로 지도화하여 시각적으로 나타내면 더욱 뚜렷하게 볼 수 있다.

선 모양의 객체는 래스터 데이터로 변환되면서 공간적 부정확성에 더욱 노출된다. 선형의 도로가 래스터 데이터 구조로 변환되면서 모양의 변화와 최소단위 셀 크기로 인해 선의 굵기가 증가되었고, 경로는 계단형식으로 변화되었음을 알 수 있다. 이와 같이 래스터 데이터 구조는 객체의 형상을 일반화시키고 공간적 부정확성과 분류의 부정확성을 가져온다. 이러한 오차는 경우에 따라 크게 문제시되지 않을 수도 있으나 데이터의 사용목적에 따라서는 이러한 오차는 상당히 심각할 수도 있다. 이러한 오차를 줄이는 해결방법은 공간 해상도(spatial resolution)를 높여서 셀의 수를 증가시키는 것이다. 그림 5-13-나에서 볼 수 있는 바와 같이 8 x 12 그리드 셀로 데이터가 구축된 경우 16 x 24 그리드 셀로 구축된 경우에 비해 단위 셀의 면적이 훨씬 크기 때문에 공간적 정확성이 크게

그림 5-13 래스터 데이터의 지도화와 해상도에 따른 공간적 부정확성의 일례

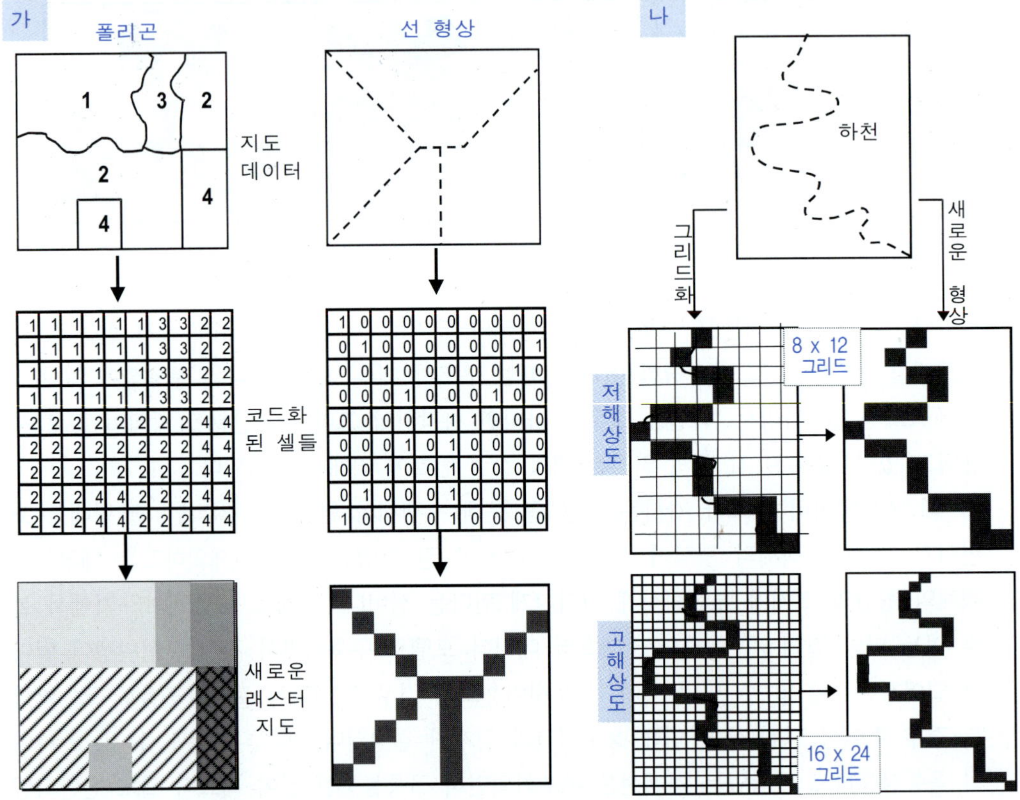

출처: Davis, B.E. (2001), GIS: A Visual Approach (2nd ed.), p. 70, 74.

떨어짐을 알 수 있다. 그러나 상대적으로 작은 수의 셀을 사용하는 장점은 데이터 처리 시간이 빠르며 분석이 쉽게 수행된다는 점이다. 따라서 빠른 분석이 요구되고 실제 모양이 중요하게 고려되지 않는 프로젝트에서는 공간적 해상도가 낮게 데이터를 구축하는 것이 효과적일 수도 있다. 공간해상도가 높을 경우 객체의 형상을 보다 정확하게 나타낼 수 있으므로 지도화와 공간분석 시에 선호되고 있다. 그러나 많은 수의 셀을 처리하는데 드는 시간과 큰 저장 용량을 필요로 하게 된다.

이와 같이 래스터 데이터 구조의 경우 단위 픽셀의 크기와 형태를 결정하는 것이 매우 중요하다. 픽셀의 크기가 작을수록 객체의 형상을 보다 정확하게 나타낼 수 있으나 데이터의 양은 기하급수적으로 증가하게 되어, 데이터의 저장과 처리의 효율성을 감소시키게 된다. 반면에 픽셀 크기가 커질수록 데이터의 양은 작아져 저장과 처리의 효율성은 증가하나, 객체에 대한 정확성은 떨어지게 되며 상대적으로 세밀한 정보를 잃어버릴 위험이 커진다.

그림 5-14 공간 객체의 다양한 속성값을 각각의 레이어로 나타내는 방법

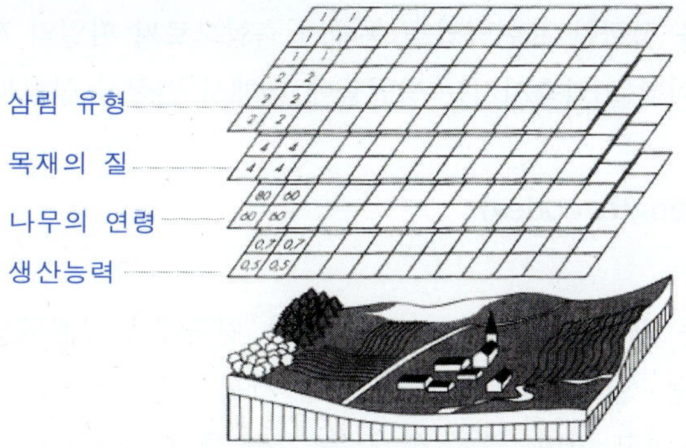

출처: Bernhardsen, T. (2002), *GIS: An Introduction*(3nd ed.), p. 70.

일반적으로 래스터 데이터 구조에서 각 셀은 지리적 위치를 나타내는 속성값을 갖게 된다. 예를 들면 숫자로 입력된 셀의 값은 삼림, 가옥, 도로, 하천 등이 지리공간상에 어디에 위치하고 있는 가를 나타내는 고유한 수치이다. 그러나 경우에 따라서는 특정한 객체가 갖고 있는 속성을 나타낼 필요가 있다. 이런 경우 객체에 대한 비위치적 속성값을 입력하기 위해서는 그림 5-14에서 볼 수 있는 바와 같이 객체의 특성을 나타내는 다양한 속성값을 서로 다른 레이어로 구축하여 각 레이어의 셀에 특성을 나타내는 속성값을 입력하여야 한다. 이렇게 입력된 데이터를 토대로 하여 명암, 패턴, 색상으로 레스터 주제도를 만들 수 있다.

래스터 데이터 구조의 경우 셀 위치 자체가 지리적 위치에 대한 정보를 가지고 있다. 일반적으로 좌상점(upper-left corner)과 우하점(lower-right corner)이 지리적 위치를 나타내는 기준점이 된다. 이러한 (x, y)좌표와 셀의 크기는 임의의 셀의 지리적 위치를 결정하는 데 사용된다. 래스터 데이터 구조에서 모델링이나 중첩과 같은 공간분석이 용이하게 이루어지는 것은 바로 동일하게 공간분할된 구조 하에서 각 셀은 동일한 좌표계를 가지게 되며, 주제별로 구축된 레이어는 정확하게 중첩될 수 있기 때문이다.

[2] 래스터 데이터의 압축 방법

래스터 데이터 구조의 경우 공간해상도가 높을 경우 셀의 수가 엄청나게 많기 때문에 파일이 차지하는 용량은 상당히 크다. 일례로 하나의 레이어가 5,000개의 셀로 구성되어 있고 200개의 레이어를 필요로 하는 경우 전체 저장되어야 하는 셀의 수는 백만 개에 달하게 된다. 실제로 하나의 Landsat 위성영상의 경우 700만 픽셀을, Landsat TM 이미지

의 경우 3,500만개의 픽셀을 포함하고 있다. 래스터 데이터의 경우 하나의 레이어 내에 동일한 속성 값을 갖는 셀의 수가 상당히 많은 부분을 차지하는 사례가 많다. 따라서 같은 속성 값을 갖는 셀들을 적절한 표현방법을 통해 압축함으로써 파일의 저장용량을 크게 줄일 수 있다. 래스터 데이터를 압축시키는 방법들에 대해서 간략히 살펴보자.

(1) 런-랭스 코드(Run-length codes)

Run length codes는 래스터 데이터를 각 행마다 왼쪽에서 오른쪽으로 진행하면서 처음 시작하는 셀과 끝나는 셀까지 동일한 수치 값을 가지는 셀들을 묶는 방법이다. 같은 셀 값을 갖는 것을 run이라고 하며, 같은 셀 값을 가진 셀의 수를 length라고 한다. 이 압축 방법은 동일한 속성값을 갖는 셀을 개별적으로 저장하는 대신에 하나의 run에 속성값이 한번만 저장되고 대신에 run의 길이와 위치를 저장하는 것이다. 일반적으로 정수로 저장되지만, 8-bit 단위 수준에서 더 세부적인 정수로도 저장이 가능하다. Run-length codes의 저장방식의 일례를 보면 그림 5-15-가와 같다. A지역에 대한 run-length codes의 저장방식을 보면, A지역이 시작되는 9열에서부터 코딩이 시작되어 9열의 2행과 3행, 6행, 그리고 8행에서 11행 까지 A지역임을 기록하고 있다. 이러한 저장방식을 통해 A지역을 나타내는 69셀은 22개의 숫자에 의해 코드화되므로 데이터를 저장하기 위한 필요한 공간을 줄여주게 된다. 또한 5-15-나의 경우 36개 셀의 값이 그 절반인 18개 셀의 값으로 저장될 수 있다. 이와 같이 run-length codes는 방대한 래스터 데이터베이스를 구축하는 경우 매우 효과적이지만, 셀의 값의 변화가 심한 경우 연속적인 변화를 코드화하여야 하므로 자료 압축이 용이하지 않아 효과적인 방법이라고 볼 수 없다.

그림 5-15 Run-length code 방법에 따른 래스터 데이터 압축방법

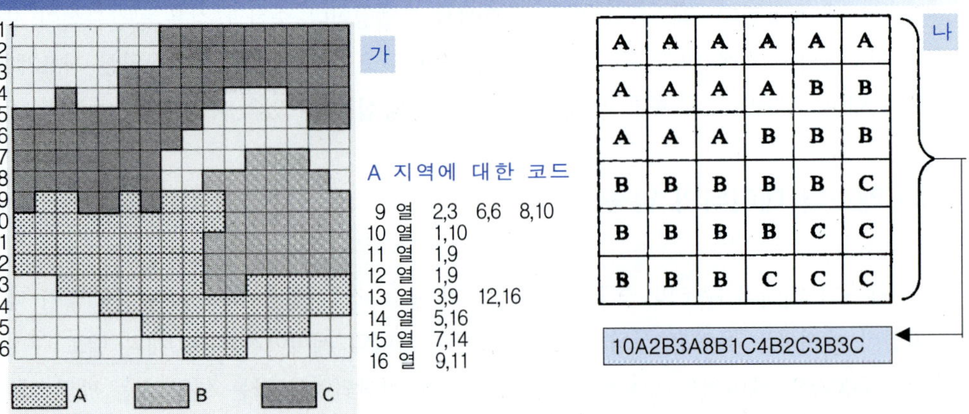

(2) 쿼드트리(Quadtree)

Quadtree(사지수형) 방법은 run-length codes 방법과 함께 널리 활용되는 압축방법의 하나이다. 이 방법은 공간을 4개의 정사각형으로 계층적으로 분할하는 위계적인 데이터 구조라고 볼 수 있다. 즉, 실세계의 공간을 보다 정확하게 표현하기 위해 정보의 조밀 여부에 따라 공간을 세분하여 분할해나가는 방법이다.

실세계의 공간을 압축시켜 표현할 수 있는 가장 효과적인 방법은 2n x 2n 행렬로 연속적, 계층적으로 공간을 분할하는 것이라는 전제하에서, 하나 이상의 속성이 존재하는 경우 전체 지역을 4개의 동일한 면적으로 분할한다. 이렇게 분할된 1/4면을 사분면(quadrant)이라고 한다. 이렇게 분할된 사분면 내에 두개 이상의 속성이 존재하는 경우 다시 4등분하게 된다. 이러한 4등분의 분할과정은 사분면이 단지 하나의 속성값만을 가질

그림 5-16 Quadtree 방법에 따른 래스터 데이터의 압축방법

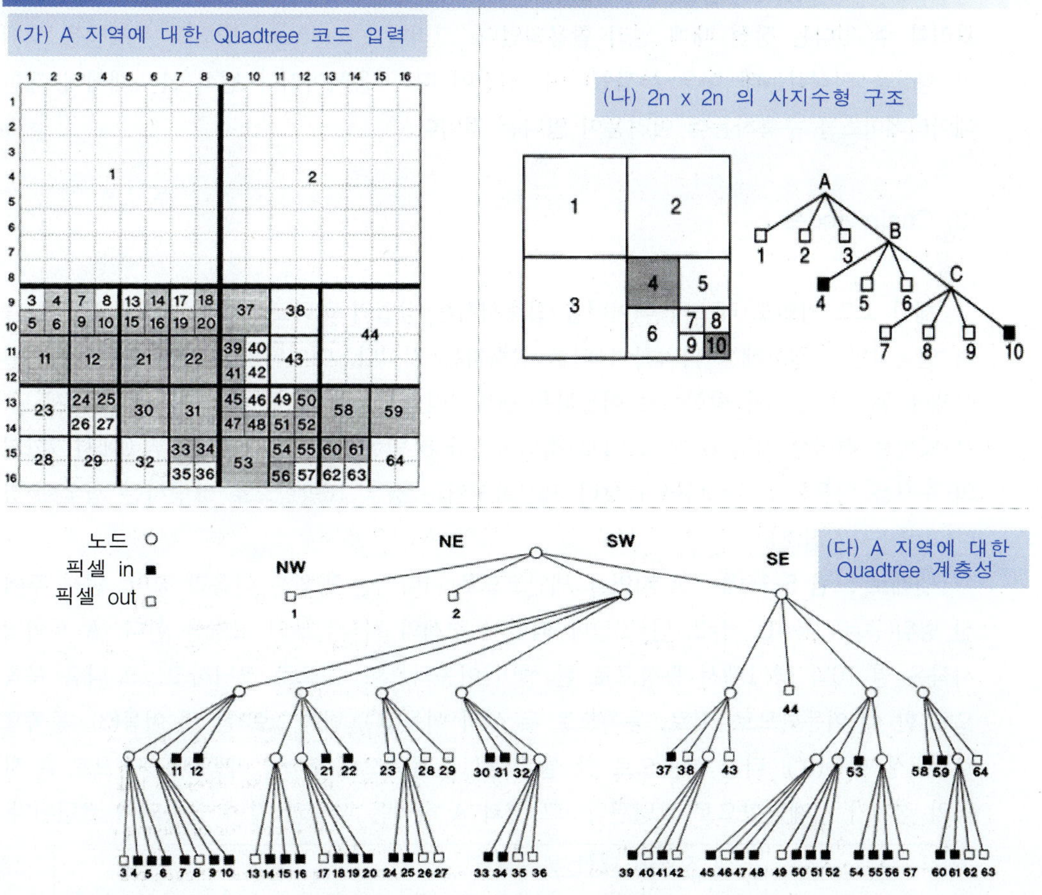

출처: Burrough, P.A. and McDonnell, R.A., (1998), *Principles of GIS*, p. 55.

때 까지 반복된다(그림 5-16-나 참조). 이렇게 함으로써 보다 복잡한 지역을 좀 더 세밀하게 공간분할하여 나타내는 반면에 단순한 지역은 개략적으로 공간분할함으로서 데이터의 크기를 줄이는 방법이다.

그림 5-16-가는 A지역이 사분면 블록으로 어떻게 계층적으로 분할되는가를 보여준다. 이 블록구조는 4-quadtree로 알려진 4단계의 사지수로 나타낼 수 있다(그림 5-16-다 참조). 즉, 2n x 2n의 전체 행렬은 나무의 뿌리인 노드로부터 시작되며, 나무의 높이는 n 단계로 나타난다. 각 노드는 4개의 자손이라고 볼 수 있는 NW, NE, SW, SE 사분면을 가진다. 또한 나뭇잎 노드의 경우 더 세분되어야 할 필요가 없는 경우 더 이상 공간분할을 하지 않게 된다.

1980년대 GIS에서 Quadtrees의 사용은 많은 기술적 진보를 이루었다. 이 방법은 공간분할에 사용되는 단위 크기를 달리하여 데이터베이스를 구축할 수 있기 때문에 넓은 지역에 대한 데이터베이스를 구축하는데 적용되었다. 또한 원시자료의 정보를 그대로 저장하고 있으며, 다른 압축방법에 비해 해상도가 가변적이기 때문에 저장 공간을 효율적으로 관리할 수 있다는 장점 때에 널리 활용되었다. 그러나 Quadtrees 방법의 문제점은 객체의 형상을 인식하는데 매우 부적합하며, 시간에 따라 움직이거나 변화하는 객체에 대한 데이터베이스를 구축하는데 어려움이 많다는 것이다.

(3) Chain codes

체인 코드 방법도 래스터 데이터를 압축시키는 방법의 하나로, 이 방법의 특징은 셀들의 연속적인 연결상태를 파악하여 이를 압축하는 것이다. 데이터의 시작점에서부터 연결상태를 동, 서, 남, 북 방향으로 이동하는 단위거리를 통해서 표현하게 되는데, 동, 서 남, 북 방향을 편의상 각각 0, 2, 3, 1로 정의하거나 8 방향으로 정의하는 경우 0에서 7까지의 숫자를 이용한다. 더 나아가 보다 세분화시키는 경우 16방향으로 코딩하는 경우도 있다(그림 5-17 참조).

일례로 그림 5-15에서 A 지역을 체인코드로 나타내는 방법은 다음과 같다. 먼저 주어진 방위(동=0, 북=1, 서=2, 남=3)값에 따라서 경계의 시작점부터 코딩을 한다. A 지역의 시작은 열 10과 행 1에서 동쪽으로 한 셀이 이동되므로 '0'으로 코딩하고, 그 다음 북쪽으로 한 셀 이동하므로 '1'로, 동쪽으로 두 셀의 이동(0^2), 남쪽으로 한 셀 이동(3), 동쪽으로 두 셀 이동(0^2), 다시 북쪽으로 한 셀 이동(1), 동쪽으로 한 셀 이동(0), ---으로 A 지역의 경계가 시계방향으로 코딩된다. 그 결과 A 지역은 다음과 같이 압축되어 코딩된다.

A 지역에 대한 체인코드
0, 1, 0^2, 3, 0^2, 1, 0, 3, 0, 1, 0^3, 3^2, 2, 3^3, 0^2, 1, 0^5, 3^2, 2^2, 3, 2^3, 1, 2^2, 1, 2^2, 1, 2^2, 1, 2^2, 1^3

그림 5-17 Freeman-Hoffman에 의해 재정의된 체인코드

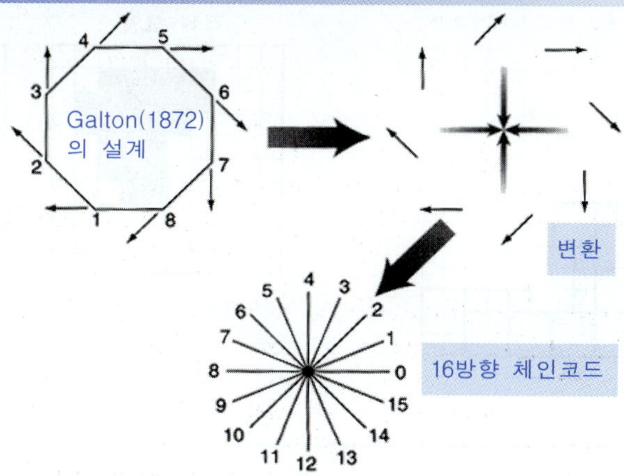

출처: DeMers, M. N. (1997), *Fundamentals of GIS*, p. 114.

체인 코드 방법은 데이터 압축에 매우 효과적일뿐만 아니라 지역의 면적과 둘레 계산, 곡선의 변곡점이나 오목한 면의 탐색 등의 연산도 가능하다. 그러나 인접하는 폴리곤의 모든 경계선이 두 번씩 중복되어 기록된다는 문제점을 안고 있다.

(4) Block codes

블럭 코드 방법은 run-length codes 방법에 기반을 둔 것으로 2차원의 정방형 블럭으로 분할하여 객체에 대한 데이터를 구축하는 방법이다. 블럭 코드의 데이터 구조는 각각의 블럭에 대하여 블럭의 중심과 왼쪽 하단의 시작점의 좌표, 그리고 각 정방형의 반경으로 구성된다. 그림 5-15에서 나타난 A지역에 대한 블럭 코드 방법을 보면 그림 5-18-가와 같다. A지역은 1개 셀로 구성된 17개 블럭 + 4개 셀로 구성된 9개의 블럭 + 16개 셀로 구성된 1개의 블럭으로 저장된다. 따라서 A지역은 57개의 숫자(중심 좌표를 위한 54개 숫자와 셀 크기를 위한 3개 숫자)로 표현될 수 있다.

그림 5-18-나의 경우 블럭 크기는 세 가지로 나타난다. 즉, 1개 셀로 구성된 7개 블럭과 4개 셀로 구성된 2개 블럭, 그리고 9개 셀로 구성된 1개 블럭으로 23개 숫자로 객체의 형상이 기록될 수 있다.

이 방법도 run-length codes 방법과 마찬가지로 많은 양의 데이터를 저장하여야 하는 경우에 효과적이며, 특히 정방형의 블럭으로 표현하기 좋은 형상을 가진 객체에 대한 데이터베이스를 구축하는데 가장 유용한 방법이라고 볼 수 있다.

그림 5-18 Black codes 방법에 따른 래스터 데이터 압축 방법

가)

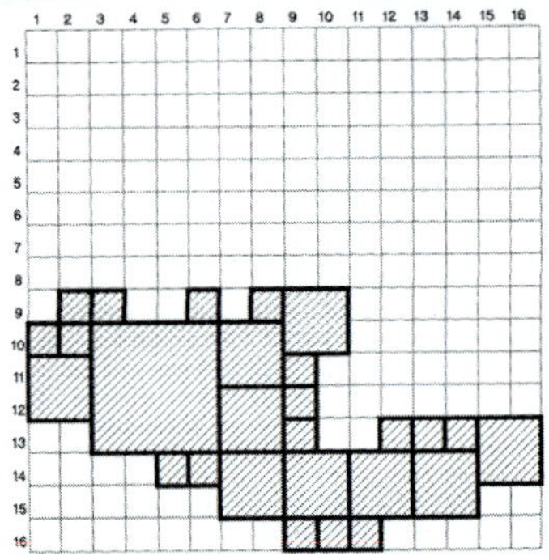

나)

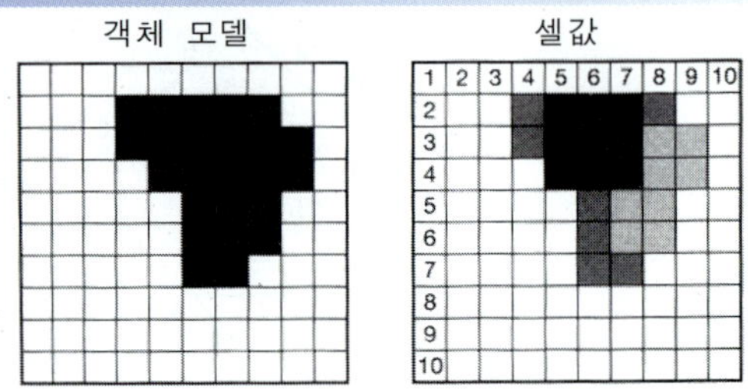

파일구조

블록크기	개수	셀 좌표
1	7	4,2 8,2 4,3 6,5 6,6 6,7 7.7
4	2	8,3 7,5
9	1	5,2

[3] 래스터 데이터 구조에서 공간필링곡선의 활용

(1) 공간을 통과하는 일차원의 경로

만일 보다 적은 정보로 필요한 욕구를 충족시킬 수 있도록 데이터가 저장되고 처리될 수 있다면 매우 경제적일 것이다. 2차원으로 나타나고 있는 실세계의 지리공간을 1차원으로 표현할 수 있다면 저장되는 데이터의 양은 상당히 축소될 것이다. 2차원에서의 상대적인 위치를 1차원 체계로 나타내는 방법이 바로 공간을 통한 일차원의 경로를 구축하는 것이다. 그림 5-19에서 볼 수 있는 바와 같이 16개의 그리드 셀은 가장 하단의 왼쪽에서부터 열을 따라서 한 셀씩 횡단할 수 있다.

셀로 분할된 2차원 공간의 모든 셀을 다 통과하는 일차원의 경로는 여러 가지로 가능한 방법들이 있다. 지그재그식으로 통과하는 방법, 컴퓨터 프린터처럼 양방향으로 오가는 방법, 대각선의 방향이나 나선형 방법으로 통과하는 방법 등이 있다. 이와 같이 2차원의 공간을 통과하는 1차원의 경로에는 서로 다른 순차적 과정을 거쳐 지나갈 수 있지만, 어느 경로를 선택하든지 분할된 하나의 셀은 한번만 지나가게 된다. 어떤 경로가 가장 이상적인가를 정하기는 어렵지만 일반적으로 경로의 전체 길이, 순서에 따라 한 지점에서 다른 지점으로 가는데 단위 길이의 종류 수, 한 셀에서 이웃하는 4개 셀까지의 평균 이동거리에 의해서 각 경로 유형의 특징을 비교할 수 있다. 일례로 2차원의 16개 셀(단위 크기=1)을 대각선 방향으로 순차적으로 통과하는 경우 그림 5-19-다에서 볼 수 있는 바와 같이 전체 경로의 길이는 22가 되며, 한 셀에서 다른 셀로 이동하는데 단위거리의 종류는 2가지로 나타나고 셀의 평균 이동거리는 18이 된다. 한편 그림 5-19-가와 같이 열을 따라

그림 5-19 2차원의 공간을 통과하는 일차원의 경로 유형

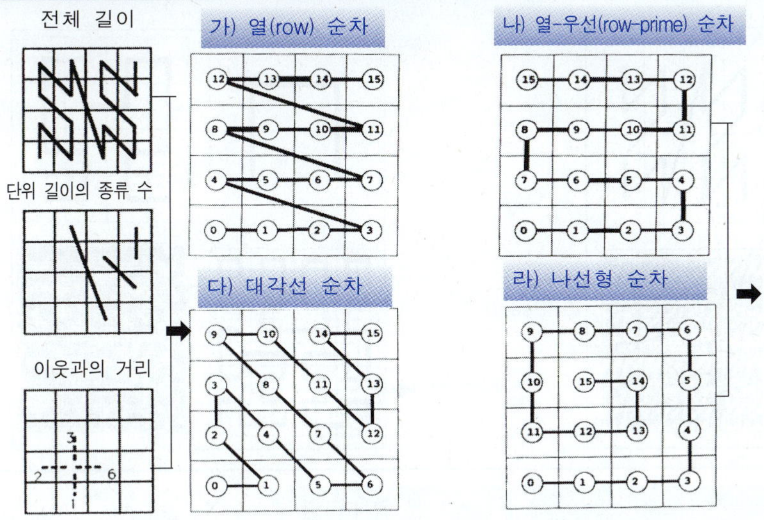

경로 유형에 따른 비교

구분	전체 길이	종류 수	평균 거리
가	22	2	10
나	15	1	10
다	18	2	18
라	15	1	13

서 지그재그로 이동하는 경우 전체 경로 길이는 가장 길지만, 이웃하는 셀로의 평균 이동 거리는 상대적으로 짧게 나타난다.

(2) 공간필링곡선의 활용

공간을 통과하는 1차원의 경로 개념은 GIS에서 데이터의 압축과 공간 인덱스를 구축하는데 유용하게 적용될 수 있다. 점을 0차원의 객체라고 볼 때 무한한 점들을 통과하는 1차원의 곡선을 찾는 것은 불가능하다. 그러나 점을 한 변의 길이가 거의 제로에 가까운 2차원의 사각형이라고 한다면 2차원의 공간을 채우는 곡선을 찾아낼 수 있다.

앞에서 살펴본 공간을 통과하는 일차원의 경로 개념을 발전시킨 것이 공간필링곡선(space-filling curve)이라고 할 수 있다. 1890년 이탈리아의 수학자인 Peano가 처음 제시한 것으로, 그의 이름을 따서 Peano 또는 필링하는 경로가 마치 'N'모양이라는 의미에서 N 순차라고 불리우게 되었다. 때로는 Hilbert 곡선이라고 불리우는데, 이는 그리스 문자인 파이(π)형으로 필링이 진행되기 때문이다(그림 5-20 참조).

Peano-Hilton 공간필링곡선은 각 사분면 내에서 순환적인 경로를 거치면서 각 픽셀을 색인화하기 때문에 데이터베이스에서 질의하는 작업을 수행할 때 상당한 시간을 절약할 수 있으며, 특히 Quadtree 구조와 같이 그리드의 단위 크기가 상이한 경우 위치를 코딩하는데 매우 효과적이다(그림 5-21 참조).

그림 5-20 서로 다른 해상도 수준에서 데이터를 코딩하는 다양한 방법

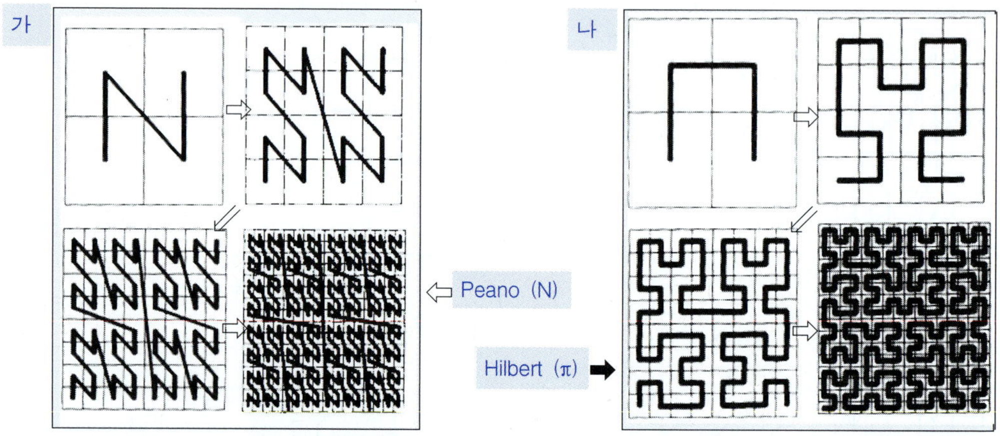

그림 5-21 Quadtree 데이터 구조에서 Peano형 순차에 따른 위치 코딩

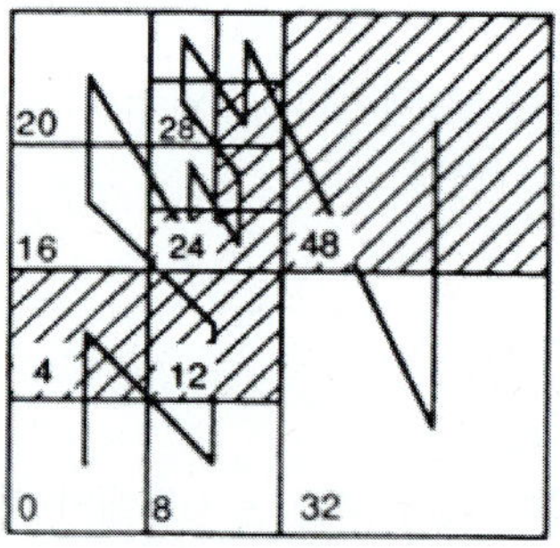

출처: Laurini, R. and Thompson, D. (1992), *Fundamentals of Spatial Information Systems*, p. 241.

이와 같은 공간필링곡선 유형에 따라서 필링의 순차적 방법은 다르지만, 2차원의 셀 위치나 면적의 위치를 1차원의 좌표로 축소시킬 수 있기 때문에 Quadtree나 다른 픽셀의 위치 정보를 구축하는데 자주 활용될 수 있다. 특히 이 방법은 GIS에서 사용되는 알고리즘을 단순화시켜주고 컴퓨터 디스크 저장과 메모리 용량을 줄여주기 때문에 다양한 분야에서의 활용 가능성은 점점 더 높아지고 있다.

제 4 절

벡터 데이터와 래스터 데이터의 호환

[1] 벡터 데이터 모델과 래스터 데이터 모델의 장·단점

GIS의 데이터베이스 구축시에 벡터 데이터 모델과 래스터 데이터 모델의 선택은 매우 중요하다. 두 데이터 모델은 근본적인 차이점을 갖고 있기 때문에 어느 데이터 모델이 보다 더 우수한가를 비교하는 것은 의미가 적으며, 사용목적에 부합되는 데이터 모델을 선택하는 것이 보다 더 중요하다. 따라서 두 데이터 모델의 장·단점을 이해한 후 수치지도의 제작 목적과 활용에 가장 적합한 데이터 모델을 선정하는 기준들을 이해하여야 한다.

(1) 래스터 데이터 모델의 장·단점

래스터 데이터 모델은 다음과 같은 장점을 갖고 있다. 첫째, 상대적으로 데이터 구조가 단순하다. 각 셀에 하나의 숫자(코드로 기록됨)를 가진 그리드 셀로 표현되므로, 초보자들도 이해하기 쉽고 사용가능하다. 둘째, 각 셀에 속성값이 코드화되었기 때문에 지도 중첩이나 근접 등의 공간분석 기능을 쉽고 빠르게 처리할 수 있다. 셋째, 인공위성 영상자료와 연계가 용이하며, 영상자료는 래스터 데이터 구조를 가지고 있기 때문에 GIS로 쉽게 통합된다. 넷째, 래스터 데이터 모델은 다양한 모델링 작업을 쉽게 수행할 수 있다. 래스터 데이터의 셀 값은 다양한 공식에서 입력자료로 사용된다.

예를 들어, 만일 주어진 지역에서 예상되는 토양 침식은 경사와 토양 유형과의 함수관계로 나타나는 경우 토양 특성 커버리지의 각 셀에 그 셀의 경사값를 연산한 후에 침식 가능성을 평가하는 수치인 2.5를 곱하는 간단한 모델링 작업을 쉽게 처리할 수 있다(그림 5-22 참조). 마지막으로 래스터 데이터 모델은 상대적으로 단순한 구조이기 때문에, 요구되는 컴퓨터 사양은 저가이며 배우기도 쉽고 기술의 발달속도도 빠르다.

반면에 래스터 데이터 모델의 단점은 다음과 같다. 첫째, 래스터 데이터 모델은 시각적 효과도 떨어지며 공간적으로 부정확하다. 둘째, 일반화(generalization)에 의해 발생한 공간적 부정확성이 발생하며, 래스터 데이터 구조는 주어진 위치에 무엇이 있는지를 정확하게 말해주지 못한다. 셋째, 벡터 데이터 모델과 비교해볼 때 상대적으로 해상력이 낮다. 해상력을 높이기 위해 아주 많은 숫자의 셀을 사용하는 경우 해상력은 좋아질 수 있지만 자료의 양이 훨씬 많아져 많은 저장용량이 요구되면서도 만족할만한 정확도는 제공하지 못한다. 넷째, 각 셀들은 아무것도 존재하지 않더라도 코드화되기 때문에 많은 컴퓨터 저장용량을 필요로 한다. 특히 고해상도의 그리드의 경우에 더욱 많은 용량을 필요로 한다.

그림 5-22 래스터 데이터 모델의 장·단점

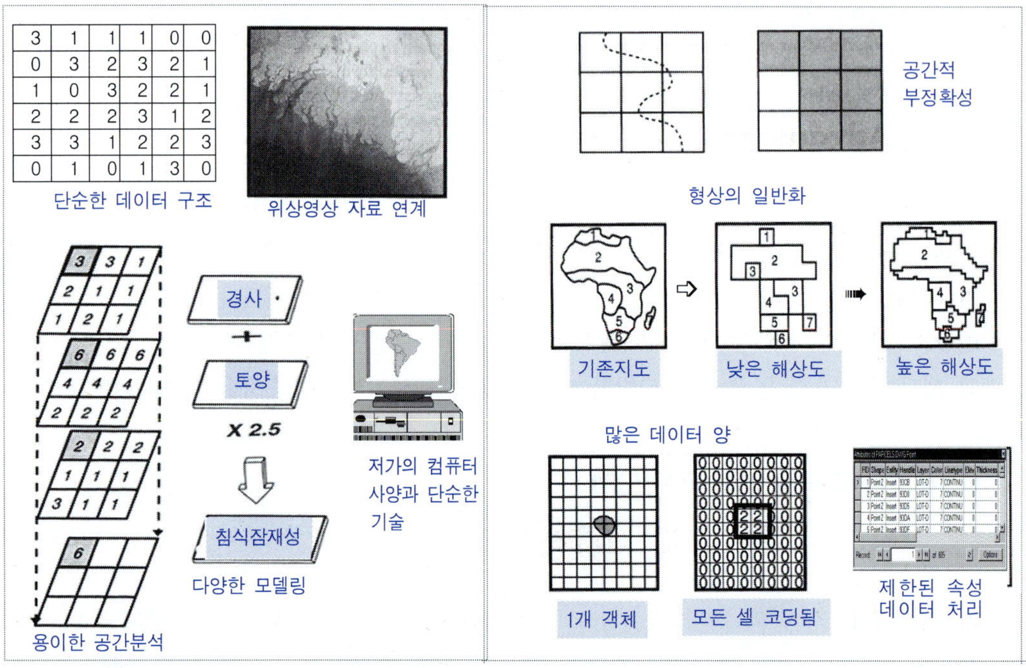

출처: Davis, B.E. (2001), *GIS: A Visual Approach*(2nd ed.), pp. 84-86 재편집.

(2) 벡터 데이터 모델의 장·단점

일반적으로 래스터 데이터 모델이 지닌 장점은 벡터 데이터 모델이 안고 있는 단점이 되는 반면에, 래스터 데이터 모델이 갖고 있는 단점은 벡터 데이터 모델이 지닌 장점이 된다. 벡터 데이터 모델의 장점을 살펴보면 다음과 같다. 첫째, 좀 더 지도와 비슷하고 (maplike), 시각적 효과가 높으며, 실세계의 묘사가 가능하다. 둘째, 벡터 데이터 모델은 고해상력을 지원하기 때문에 결과물을 보다 상세하게 표현할 수 있으며, 높은 공간적 정확성을 제공한다. 셋째, 벡터 자료는 위상관계를 나타낼 수 있다. 위상구조는 래스터 데이터 모델에서 제공하지 못하는 고유한 장점이다. 넷째. 벡터 데이터 모델은 저장 공간을 적게 차지하며, 래스터 데이터 구조에 비해 저장 능력이 우수하다. 이는 벡터 데이터가 노드와 버틱스로 정의되고 저장되는 반면, 래스터 데이터는 항상 모든 셀이 코드값을 가져기 때문이다. 다섯째, 공간객체에 대한 속성정보의 추출, 일반화, 갱신이 매우 용이하다. 이러한 장점 때문에 벡터 데이터 모델은 GIS 사용자들에게 보다 더 선호되고 있으며, 특히 데이터의 공간적 정확성이 요구되는 프로젝트에서는 더욱 선호되는 데이터 모델이다 (그림 5-23 참조).

그림 5-23 벡터 데이터 모델의 장·단점

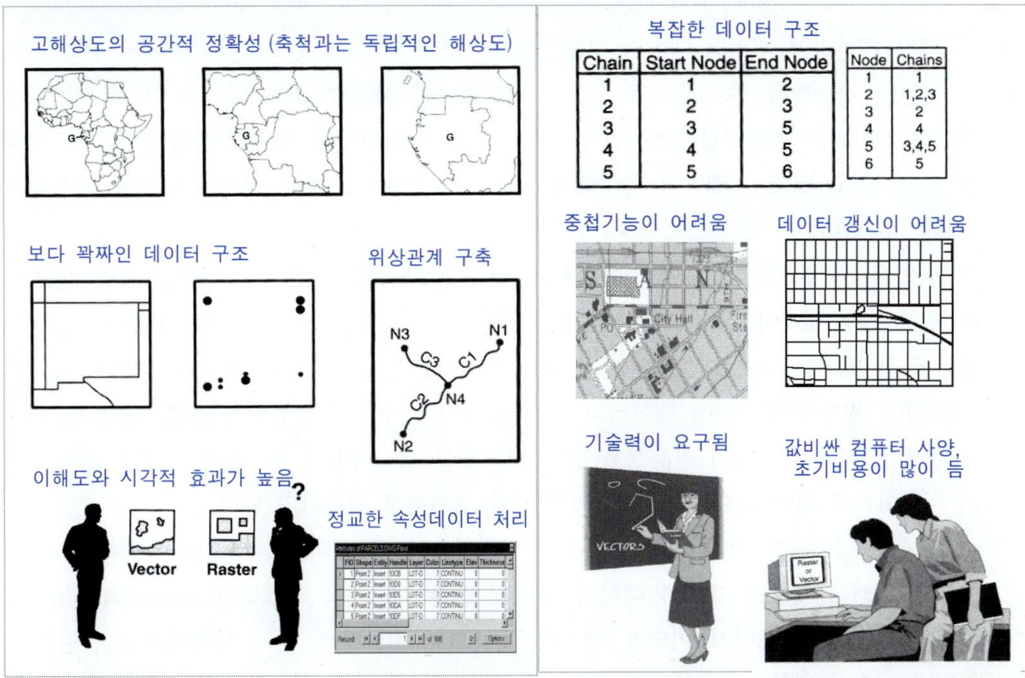

출처: Davis, B.E. (2001), *GIS: A Visual Approach*(2nd ed.), pp. 88-90을 토대로 재편집함.

반면에 벡터 데이터 모델은 다음과 같은 단점을 가지고 있다. 첫째, 벡터 데이터 구조는 복잡하며, 래스터 데이터 구조보다 관리하기가 어렵다. 둘째, 래스터 데이터의 경우 데이터를 수정하는 경우 특정 셀의 값을 지우고 새로운 값을 입력하면 되지만, 벡터 데이터의 경우 노드와 버틱스 좌표의 긴 배열로 저장되어 있기 때문에 좌표값과 연결성 등을 수정하여야 하며, 보다 기술적인 지식을 요구한다. 셋째, 래스터 데이터 모델을 기반으로 하는 GIS는 매우 간단하고 비교적 저렴하게 프로그램을 이용할 수 있는 반면에, 벡터 데이터 모델을 기반으로 하는 GIS는 보다 값비싼 하드웨어와 소프트웨어가 요구되므로 초기 비용이 많이 든다. 넷째, 벡터 데이터 모델은 중첩을 비롯한 다양한 공간분석 기능을 수행하는 경우 래스터 데이터에 비해 공간연산이 상대적으로 어렵고 시간이 많이 소요된다. 이러한 이유 때문에 초기 GIS 사용자들은 보다 단순하고 비용이 적게 드는 래스터 데이터 모델에 기반을 둔 GIS를 선호하는 경향이 있었다.

이상에서 살펴본 바와 같이 벡터 데이터 모델의 장점은 래스터 데이터 모델의 단점이 되고 있으며, 벡터 데이터 모델의 단점은 래스터 데이터 모델의 장점이 되고 있다. 최근에는 두 데이터 모델 구조를 서로 호환하여 사용하는 경우도 종종 나타나고 있으며, 실제로 대부분의 GIS 소프트웨어들은 두 모델의 호환을 가능하게 하는 기능을 갖고 있다.

[2] 벡터 데이터와 래스터 데이터간의 호환

벡터 데이터와 래스터 데이터 구조는 근본적으로 차이가 있으나 두 데이터 구조 간에는 호환이 가능하다. 즉, 래스터 자료를 벡터화하여 사용할 수도 있으며, 벡터 데이터를 래스터 데이터로 변환시킬 수도 있다. 또한 두 데이터 모델은 필요에 따라 통합해서 사용할 수도 있다. 일례로 래스터 데이터를 배경으로 하여 그 위에 벡터 데이터를 중첩시켜 사용할 수 있다.

이와 같은 두 데이터 모델 간의 호환은 1970년대까지만 하더라도 불가능하였으며, 상호 호환될 수 없었다. 워낙 벡터 데이터와 래스터 데이터의 구조가 근본적으로 차이나기 때문에 두 데이터 구조를 통합하거나 호환하는 것은 상당히 어렵다고 인식되었다. 그러나 1980년대 들어서면서 벡터 데이터와 래스터 데이터 구조의 장점만을 취할 수 있는 새로운 혼합형 데이터 구조의 가능성을 일부 학자들이 제시하면서 두 데이터 간의 호환이 점차 이루어지게 되어 현재는 두 데이터를 서로 호환하여 사용하고 있다.

래스터 데이터를 벡터 데이터 구조로 변환하는 것을 벡터화(vectorization)라고 하며, 반대로 벡터 데이터를 래스터 데이터 구조로 변환하는 것을 래스터화(rasterization)라고 한다. 일반적으로 벡터 데이터를 래스터 데이터로 변환하는 것은 상대적으로 간단하다. 그러나 이러한 변환으로 인해 데이터의 손실이 발생하고 무엇보다도 공간적 정확성이 떨어지게 된다. 반면에 래스터 데이터를 벡터 데이터 구조로 변환하는 경우 데이터의 손실이나 정확도가 크게 떨어지지는 않지만, 변환과정이 훨씬 복잡하고 시간도 많이 걸리며 정교한 작업이 요구된다. 뿐만 아니라 변환 알고리즘 유형에 따라 결과물이 다르게 나타나는 경우도 발생한다.

래스터화하는 방법은 먼저 벡터 데이터를 동일한 격자로 분할한 후에 각 셀의 중심점에 벡터 데이터의 속성 값을 부여하면 래스터 데이터 구조로 변환된다(그림 5-24-가 참조). 한편 벡터화하는 방법은 각 셀이 가지고 있는 속성을 토대로 하여 동일한 속성을 갖는 셀들을 합하여 동일한 벡터 형상(예: 점, 선, 폴리곤)을 구축한 후에 각각의 형상에 부합되는 속성 값을 부여하면 된다(그림 5-24-나 참조).

래스터 데이터를 벡터 데이터 구조로 변환하기 위해 벡터라이징을 하는 경우 일반적으로 셀의 중심점을 연결한다. 이는 객체 형상이 셀 내부의 어느 곳에 실제로 있었는지에 대한 정보를 알 수 없기 때문에 셀 중심점에 버틱스가 입력된다. 이러한 객체 형상의 위치에 대한 불확실성은 결과적으로 공간적 부정확성의 문제를 야기시킨다. 벡터라이징한 최종 결과는 벡터 데이터 모델로 구축되기 때문에 객체의 형상이 정확한 것처럼 보인다. 그러나 새로 만들어진 벡터화된 객체는 셀의 중심점을 택하여 입력한 점(버틱스)들을 연결한 것이므로 상당한 오차를 가져오게 된다. 그림 5-25는 래스터 데이터를 벡터 데이터

그림 5-24 벡터 데이터와 래스터 데이터간의 호환

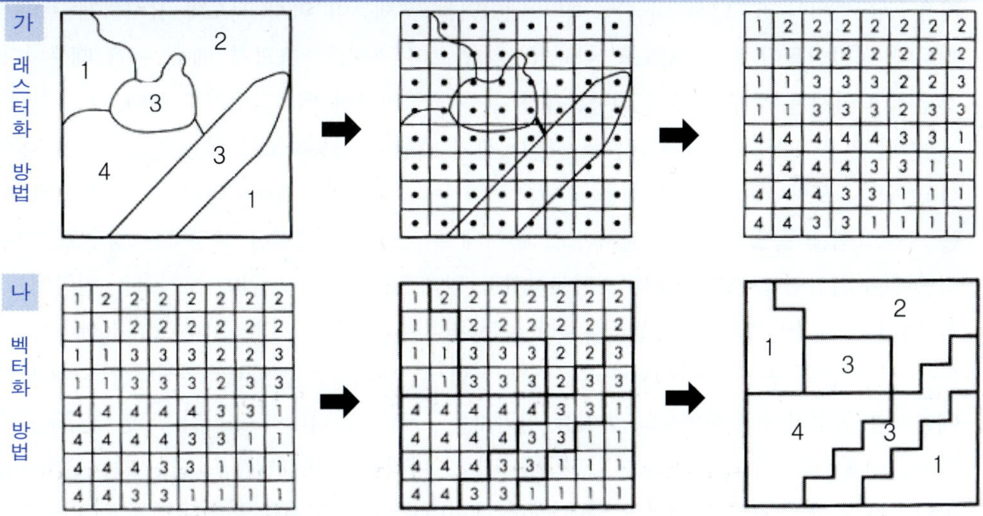

출처; Bernhardsen, T. (2002), *GIS: An Introduction*, pp. 74-75.

그림 5-25 래스터 데이터를 벡터 데이터로 변환하는 과정

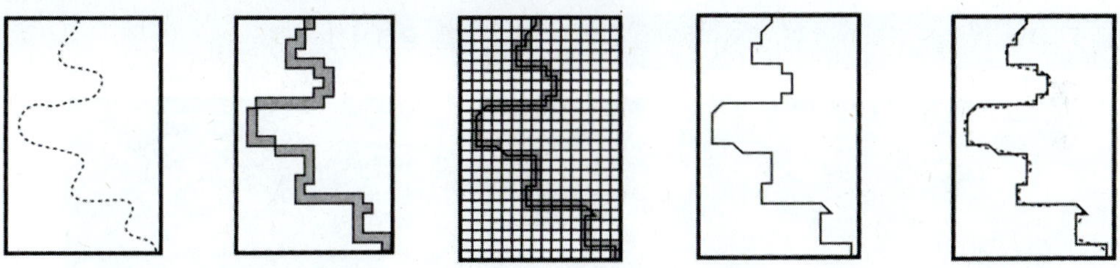

출처: Davis, B.E. (2001), *GIS: A Visual Approach*, p. 82.

로 변환하는 경우 발생되는 공간적 부정확성을 나타낸 것이다. 기존 지도에서 나타난 하천을 래스터 데이터로 구축한 레이어로부터 벡터라이징하는 과정을 나타낸 것이다. 셀 중심을 연결하여서 벡터 데이터로 변환된 하천의 형상은 원래 하천의 형상과는 다소 차이가 나타나고 있다. 뿐만 아니라 원래 디지타이징한 하천은 거의 정확한 모양과 위치를 가지지만 그것이 다시 래스터화되면 객체의 형상이 공간적으로 부정확하게 된다. 래스터화된 하천을 다시 벡터라이징한다고 해서 원래의 정확성을 가지지는 못한다.

이와 같은 문제점에도 불구하고 래스터 데이터는 종종 벡터 데이터로 변환하여 사용하는 경우가 많다. 특히 지도를 플롯터를 이용하여 출력하는 경우에는 반드시 벡터화하고 있다. 이는 플롯터 자체가 벡터 데이터를 지원하기 때문이며, 플롯터는 프린트보다 빠르

고 쉽고 선명하게 벡터화된 그래픽 데이터를 정확하게 출력해내기 때문이다. 래스터 데이터를 벡터화하는 또 다른 이유는 벡터 데이터는 객체들이 마치 지도와 유사하게 보이기 때문에 일반인들이 쉽게 지도를 이해할 수 있으며, 시각적 효과가 매우 높기 때문이다. 경우에 따라서는 객체들 간의 위상관계를 구축하기 위하여 벡터화하기도 한다.

현재 많은 GIS 프로그램들이 두 데이터간의 호환이 가능하도록 하는 알고리즘을 내장하고 있다. 또는 래스터 데이터를 기반으로 하는 프로그램과 벡터 데이터를 기반으로 하는 프로그램을 동일한 PC에 설치하고, 동시에 두개의 프로그램을 운영하는 경우도 있다. 최근에는 위성영상자료의 해석을 향상시키기 위해 영상 이미지 위에 토지이용 현황에 대한 벡터 데이터인 필지를 중첩시켜 사용하는 경우가 매우 흔하다. 특히 Google에서 제공하는 실 시간의 영상 이미지를 자유롭게 사용할 수 있게 되면서 구글 위성영상 위에 필지 데이터를 중첩하여 토지이용의 변화를 파악하는 사례들도 나타나고 있다. 그림 5-26은 수원시의 1종 주거지역의 일부를 나타낸 사례로, 아직까지 미개발지로 남아있는 필지들을 확인하기 위하여 구글 위성영상 위에 벡터 데이터로 구축된 폴리곤 형태의 필지 커버리지를 중첩시킨 결과이다. 이렇게 필지 커버리지를 래스터 데이터와 중첩함으로서 어떤 위치에 있는 필지들이 아직까지 개발되지 않은 채 남아있는 가를 정확하게 파악할 수 있다.

그림 5-26 구글 영상 이미지 위에 벡터 데이터인 필지 커버리지를 중첩시킨 사례

제6장
표면 모델링과 수치지형모델

제 1 절

표면 모델링 개념과 수치지형모델링

[1] 표면 모델링의 개념

지리공간상에 나타나는 현상들 가운데 지형이나 기온, 강수량, 대기 중의 공해물질 농도 등과 같이 지표상에 연속적으로 분포되어 있으며, 단지 그 양의 크기나 높이가 다르게 나타나는 현상들이 있다. 이렇게 지표면상에 연속적으로 나타나는 현상들의 경우 점, 선, 또는 면적으로 나타내기는 매우 어려우며, 일반적으로 표면(surface)으로 나타낸다. 표면이란 일련의 (x, y) 좌표로 위치화된 관심 대상지역에서 z값(높이)의 변이를 가지고 연속적으로 분포되어 나타나는 현상을 말한다. 주어진 지역에서 연속적으로 분포되어 표면으로 나타나는 현상을 컴퓨터상에서 표현하기 위한 방법을 표면 모델링(surface modeling)이라고 한다.

표면 모델링에서 표현되는 현상은 그 특성에 따라서 두 가지 유형으로 분류될 수 있다. 지형이나 지질과 같이 표면의 고도를 실제로 관찰할 수 있는 자연적 표면(physical surface)을 모델링하는 경우와 주어진 지역에서 나타나는 비가시적인 현상을 통계 수치를 통해 표면으로 나타내는 추상적 표면(abstract surface) 모델링이 있다. 자연적 표면의 가장 대표적인 지형모델은 수문학적 분석, 토목공학, 토양 분석, 경관의 시각화 등 다양한 분야에서 사용된다. 한편 추상적 표면은 인구밀도나 소득분포 등과 같은 사회·경제 분야에서 활용된다.

표면 모델링은 본질적으로 관심 대상지역의 모든 지점들에 대한 현상들을 나타내어야 하지만, 수집되는 데이터의 특성과 표현 방법에 따라 완전한 표면과 불완전한 표면으로 구분된다(그림 6-1 참조). 불완전한 표면은 주로 수집되는 데이터 자체가 관측지점에서 실측한 데이터이거나 야외에서 표본지점의 추출을 통해 측정된 데이터로 표현되는 경우로, 점 표본 표면과 선 표본 표면으로 나누어질 수 있다. 점 표본으로 나타난 불완전한 표면은 불규칙적이거나 혹은 규칙적인 점들의 분포로 표현된다. 대부분의 점 표본의 불완전한 표면은 규칙적인 그리드에 의해 나타나며, 따라서 격자 간격과 (x, y)좌표는 알려져 있으므로 각 지점에 대한 z값만 기록되면 된다. 한편 선형으로 나타나는 불완전한 표면은 등고선과 등치선에 의해 표현되는 것이 가장 일반적인 형태이다. 이들은 대부분 규칙적이거나 불규칙적인 점 표본으로부터 보간법에 의하여 수동 혹은 자동으로 생성되는 경우가 많다. 또 다른 선형의 불완전한 표면은 산등성이나 계곡, 경사 등과 같은 구조적인 선(structure line)으로 나타나는 경우이다.

그림 6-1 표면을 나타내는 다양한 방법들

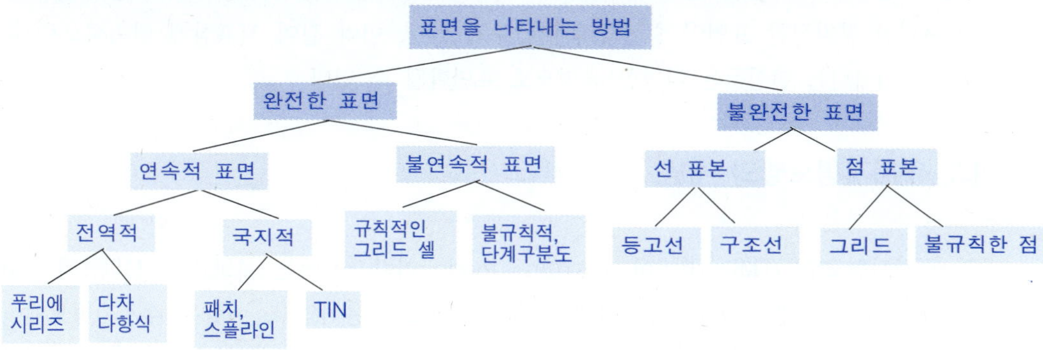

출처: Jones, C. (1997), *GIS and Computer Cartography*, p. 199.

한편 완전한 표면은 관심 대상지역이 분할되어 있고 분할된 각 구역별로 하나의 z값을 갖고 있거나, 수학적인 함수에 의해 대상지역의 모든 지점들이 z값을 갖고 있는 경우에 표현되는 표면이라고 볼 수 있다. 완전한 표면이라도 표현하는 방법과 수집되는 데이터의 유형에 따라 불연속적인 표면과 연속적인 표면으로 구분된다. 불연속적인 표면의 대표적인 유형은 구역으로 분할된 폴리곤에 의해 나타나는 표면으로, 구역 간 경계가 급격하게 변화하거나 각 구역이 명목적 범주를 갖고 있는 경우이다. 이런 경우 단계구분도나 범주형 지도로 표현되는 경우가 많으며, 주로 토양도나 지질도, 토지이용도는 불규칙한 폴리곤으로 나타나는 불연속적 표면이라고 볼 수 있다. 연속적 표면은 주로 점 데이터를 보간법에 의해 생성되는 표면으로 연속적 표면에 대해서는 제 4절에서 자세히 살펴보게 될 것이다.

일반적으로 지형은 같은 고도의 점들을 연결한 등고선(contour line)으로 불완전한

그림 6-2 연속적 표면 위에 불완전한 표면(등고선)을 중첩하여 나타낸 지형의 조감도

표면으로 표현되지만 연속적인 표면으로도 나타낼 수도 있다. 그림 6-2는 기복이 심한 지형을 원근감까지 표현된 연속적인 표면으로 나타낸 것으로, 연속적 표면위에 등고선에 의해 표현된 불완전한 표면이 중첩되어 나타나고 있다. 이와 같이 지표상에 연속적으로 분포되어 나타나는 현상들은 다양한 유형으로 표면화될 수 있다.

[2)] 수치지형모델의 개념

수치지형모델(DTM: digital terrain model)이란 용어는 1958년 Miller와 La Flamme(MIT 공대교수)가 도로 설계 시에 처음으로 사용하였다. 이들은 수치지형모델이란 (x, y, z) 좌표를 갖고 있는 선정된 수많은 점들에 의해 형성된 연속적 표면을 통계적으로 표현하는 것이라고 정의하였다. 그 이후 1960년대에는 각종 보간법을 이용한 수치지형모델 프로그램들이 개발되었고 1970년대에는 택지 조성, 교통망 노선, 댐 계획 및 설계 분야에서 수치지형모델이 많이 활용되었다. 흔히 수치지형데이터를 구축하는 방법과 과정을 나타내는 수치지형모델은 수치표고모델(DEM: digital elevation model) 또는 수치지형표고모델(DTED: digital terrain elevation model)이라는 용어로도 사용되고 있다. 이들 가운데 수치표고모델이 GIS에서 가장 보편적으로 사용되고 있으며, 수치표고모델의 경우 표고의 측정기준은 데이텀이 되며, 흔히 해수면으로부터의 높이를 측정하고 있다. 그러나 지형의 상태를 수치화하여 나타내는 것이기 때문에 수치지형모델이란 용어가 보다 포괄성을 갖고 있다.

수치지형모델은 지표면에 일정한 간격으로 분포된 지점의 높이를 수치화하였기 때문에 컴퓨터를 이용한 다양한 분석이 용이하다. 실제로 수치지형모델은 최대경사와 방향 및 경사 단면 등의 계산을 통해 음영기복, 침식 및 강수 유출량을 계산하거나 3차원 지형표현(비행사 모의훈련, 적지분석 등)과 경관분석과 설계, 그리고 도로설계 시에 절토 및 성토와 토목공사 등의 공학적 프로젝트 등 다양한 분야에서 사용되고 있다.

수치지형데이터를 취득하고, 취득한 데이터를 GIS에서 사용할 수 있도록 하기 위한 데이터 처리과정과 이를 바탕으로 하는 다양한 분석 및 응용을 포함하는 일련의 과정을 수치지형모델링(digital terrain modeling)이라고 한다(그림 6-3 참조). 여기서는 수치지형모델링의 각 단계에 대해 간략히 살펴보고자 한다.

실세계로부터 수치지형데이터를 획득하는 과정을 수치지형데이터 샘플링이라고 한다. 일반적으로 야외조사, 사진측량, GPS, 기존 지도로부터의 디지타이징 등의 방법을 통해 수치지형데이터를 취득하고 구조화한다. 이렇게 데이터가 취득되고 나면 수치지형데이터를 GIS에서 활용할 수 있도록 데이터베이스로 구축하는 데이터 처리과정을 거쳐야 한다. 이러한 과정을 거쳐 구축된 수치지형데이터는 다양한 알고리즘을 이용한 분석을 통해 보

그림 6-3 GIS에서 수치지형모델링의 주요 수행기능

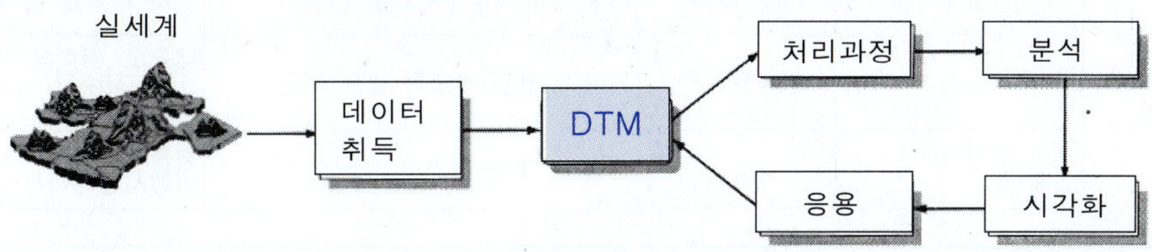

출처: Lo, C.P. and Yeung, A.K.W. (2007), *Concepts and Techniques of GIS*(2nd ed.), p.329.

다 고차적인 정보를 추출하게 되며, 다양한 분야에서 특정 목적에 따라 수치지형데이터를 응용하게 된다. 특히 수치지형데이터는 알고리즘을 통하여 지형을 효과적으로 시각화하여 표현함으로써 다양한 공간적 문제나 의사결정에 도움이 되는 정보를 제공하게 된다.

수치지형데이터는 점, 선, 면적으로 표현되는 전통적인 공간 데이터의 처리와는 매우 다르다. 이는 지형을 나타내는 모델링 자체가 본질적으로는 3차원이므로 특별한 데이터 구조를 갖게 되며, 따라서 이러한 데이터를 처리하고 분석할 수 있는 기능을 가진 특정한 소프트웨어를 필요로 한다. 대부분의 소프트웨어들은 수치지형모델을 확장모듈(extend module)로 제공하거나, 수치지형모델 분석만을 위한 기능을 가진 특정한 소프트웨어 형태로 제공된다.

제 2 절

수치지형데이터의 취득방법과 표본추출 방법

[1] 수치지형데이터의 취득방법

수치지형데이터는 다양한 방법에 의해 취득될 수 있으며, 수치지형데이터의 정확도, 적용범위, 생성기간 및 비용을 고려하여 적합한 방법을 선택하여야 한다. 일반적으로 수치지형데이터의 취득방법은 관심 대상지역의 크기, 지형 모델링의 목적, 가용한 기술자원 등에 따라서 달라질 수 있다(표 6-1 참조).

첫째, 지상측량을 통해 현장에서 데이터를 획득하는 방법으로, 현장에서 주로 토탈스테이션(Totalstation)을 이용하여 직접 데이터를 취득하는 것이다(그림 6-4-가 참조). 이 방법은 좁은 면적을 대상으로 하는 대축척의 지형모델링을 위해서 가장 적합한 방법이라고 볼 수 있다. 정확도가 매우 높은 데이터를 획득할 수 있으나, 시간과 경비가 많이 소

표 6-1 수치지형데이터를 취득하는 방법들

방법	기술	정확도	포함되는 면적	응용분야
현지 측량	토탈스테이션	매우 높음	대축척의 특정구역으로 한정	입지 계획과 설계
항공사진 측량	해석도화기	높음	기복이 심한 비교적 넓은 지역	대규모 공학적 프로젝트 (댐, 저수지, 고속도로, 노천광 등)
기존지도의 디지타이징	수동 디지타이징, 스캐닝,	낮음	소축척, 또는 전국적	경관가시화, 지형연구, 비행시뮬레이션

그림 6-4 수치지형데이터를 취득하는데 사용되는 기구들의 예

가

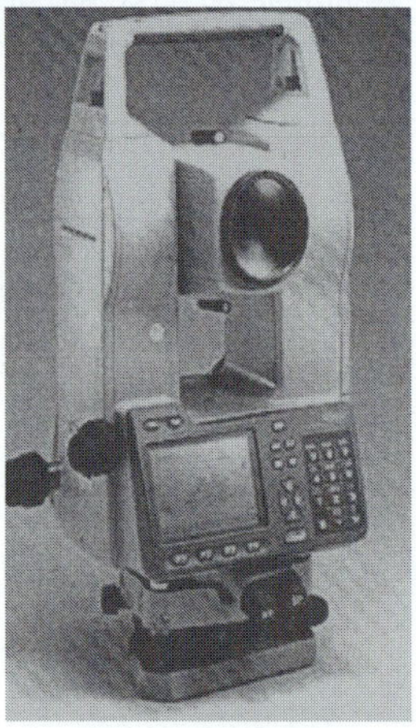

토탈스테이션

나

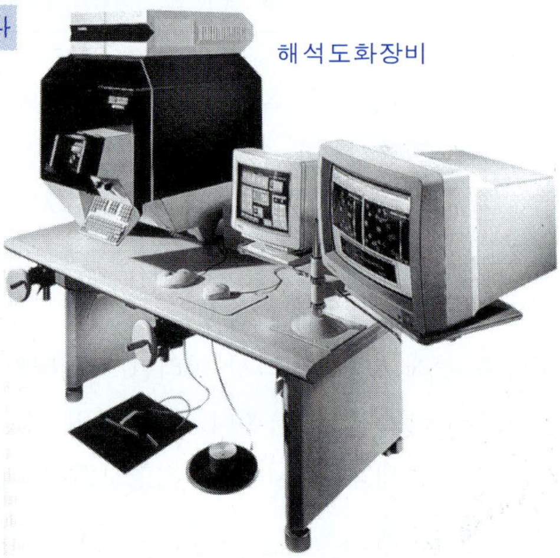

해석도화장비

요된다. 최근에는 정확한 고도자료를 얻는 방법으로는 현장에서 GPS 장비를 이용한 측량 방법도 활용되고 있다.

둘째, 항공사진을 이용하여 데이터를 획득하는 방법으로, 이 방법은 넓은 면적을 대상으로 하는 소축척의 지형모델링을 위해서 가장 적합한 방법이라고 볼 수 있다. 사진측량에 의한 수치지형데이터를 취득하는 방법은 해석도화장비를 이용하여 지형을 판독하여 등고선을 수치지형데이터 (x,y,z) 형식으로 측정하여 컴퓨터에 입력하는 방법이다(그림 6-4-나 참조). 항공사진기로 촬영된 입체 항공사진을 이용하여 해석도화기와 도화사의 작업을 통해 수치지형데이터를 추출하는 방법과 항공사진을 스캐닝하여 수치 도화기를 이용하여 자동으로 수치지형데이터를 추출하는 방법이 있다. 이와 같이 항공사진 측량은 해석도화장비를 이용하여 수치지형데이터가 직접 입력되기 때문에 많은 비용 절감과 더불어 시간 단축과 높은 정확도를 유지할 수 있다는 장점을 갖고 있어 많이 활용되고 있다.

사진측량에 의해 수치지형데이터를 취득하는 경우 미리 표본추출 전략을 수립하는 것이 바람직하다. 해석도화기는 한 지점에서의 표고가 측정되고 나면 자동적으로 그 다음

그림 6-5 사진측량을 통한 수치지형데이터 취득에서 표본추출 방법

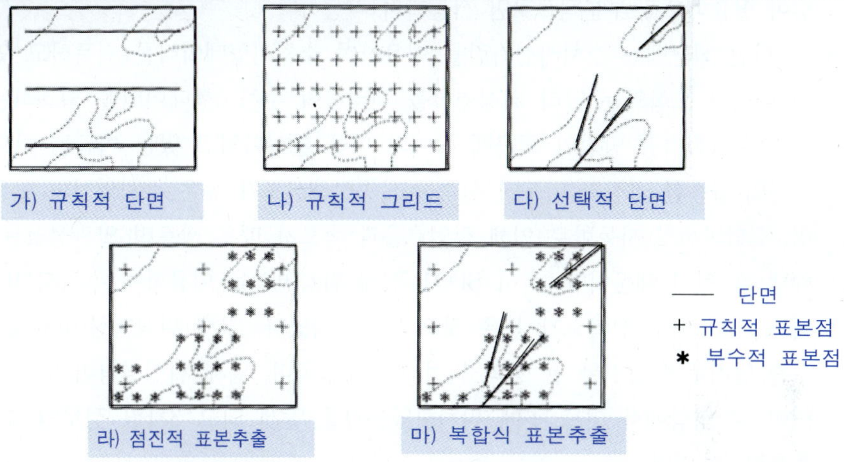

출처: Lo, C.P. and Yeung, A.K.W, (2007), *Concepts and Techniques of GIS*, p. 337

표본지점으로 이동하여 측정된다. 따라서 지형의 기복과 국지적인 지형의 특성을 잘 표현할 수 있는 표본지점들이 추출될 수 있도록 표본추출 방법을 사전에 수립하는 것이 좋다. 따라서 규칙적 간격으로 단면을 따라서 표본지점을 추출하거나(그림 6-5-가), 규칙적인 간격의 그리드 형태로 표본지점을 추출하는 방법(그림 6-5-나)은 지형의 특성을 고려하지 않고 표본지점들이 추출되므로, 지형의 기복 변화가 심하지 않는 지역에서는 과다하게 많은 표본지점이 추출될 수 있는 반면에 기복의 변화가 심한 지역에서는 지형의 기복을 정확하게 표현할 수 없다는 문제점을 안고 있다.

이에 따라 점진적 표본추출(progressive sampling) 방법이 선호되고 있다(그림 6-5-라 참조). 이 방법은 Makorovic(1973, 1977)이 제안한 것으로, 지형의 기복이 심한 곳일수록 표본지점의 수를 늘려서 점의 밀도를 높이는 방법으로, 표본지점의 밀도는 지형의 복잡성에 비례한다고 볼 수 있다. 이 방법은 먼저 낮은 밀도의 표본추출 방법을 적용한 후, 그에 따른 정확도를 분석한 다음 점진적으로 고밀도의 표본추출 방법을 연속적으로 수행해나가는 것이다. 따라서 단위 표본밀도는 한 단계씩 고밀도로 진행될 때마다 두 배로 증가된다. 그러나 이 방법의 경우 지형의 단절된 부분을 정확하게 표현하기 위해서는 너무 많은 점들을 필요로 한다. 따라서 지형의 불연속성이 심한 지역에서는 지형의 단절된 부분만을 선택적으로 추출하는 방법이 선호된다(그림 6-5-다).

한편 구조적 지형의 경우 선택적 표본추출 방법과 점진적 표본추출 방법을 복합한 표본추출 방법이 효과적이다(그림 6-5-마). 이 방법은 지형의 기복 변화가 심한 지역은 선택적 표본추출 방법을 적용하고, 나머지 지역에는 점진적 표본추출 방법을 적용하는 것이

다. 이 방법의 경우 비교적 높은 정확도를 가진 데이터를 획득할 수 있으나, 인위적인 조정이 필요하므로 부분적으로만 자동화가 가능하다.

한편 최근에는 수치사진측량을 이용하여 수치지형데이터를 획득하고 있다. 이는 기존의 해석식 도화와는 달리 위성영상을 처리하여 수치지형데이터를 획득하는 것이다. 이러한 수치사진측량 방법이 최근에 들어와 더욱 활성화되고 있는 이유는 하드웨어와 소프트웨어의 급속한 발전과 더불어 신속하고 공간해상도가 높은 수치영상의 활용이 가능해졌으며, 작업과정의 자동화로 인해 작업효율과 속도가 매우 빠르며 일관성있는 결과물을 생성해낼 수 있기 때문이다. 특히 SPOT 입체 위성영상을 이용하여 수치지형데이터를 생성하하는 경우 매우 정확도가 높은 것으로 알려져있다. 입체 위성영상이란 동일한 지역을 각도를 달리하여 촬영한 한 쌍의 위성영상을 말하며, 입체 위성영상이 있을 경우 동일한 지역이 각 영상에서 어느 곳에 위치하였는가를 알게 되고 3차원 정보인 수치지형데이터를 추출할 수 있다.

그림 6-6 지형도의 디지타이징을 통한 수치지형 데이터 취득과 수치지형모델링

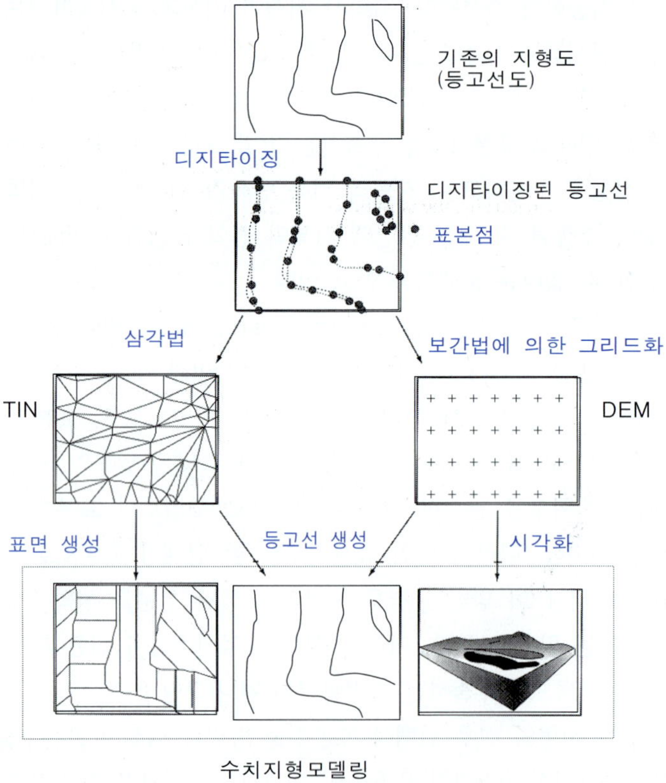

출처: Lo, C.P. and Yeung, A.K.W. (2007), *Concepts and Techniques of GIS*(2nd ed.), p. 341.

셋째, 보다 전통적으로 사용되는 방법으로, 기존에 국가기관에서 제작된 지형도를 디지타이징하여 수치지형데이터를 취득하는 방법이다. 이 방법은 사진측량이나 지상측량에 비해 비용이 적게 들어 경제적이다. 그러나 기존의 제작된 지형도의 등고선을 따라서 표본지점을 디지타이징하여 구축된 수치지형데이터의 정확도는 다른 측량방법들에 의해 획득된 데이터와 비교해볼 때 정확도는 상당히 떨어지는 편이다. 특히 소축척 지도를 기본도로 사용하는 경우 수치화된 등고선들의 정확도는 매우 낮은데, 이는 소축척 지도를 제작하는 과정에서 상당한 수준의 일반화과정이 이루어져서 등고선 자체에 오차가 내재되어 있기 때문이다.

또한 디지타이징에 의해 등고선을 따라 수치화된 점 데이터는 표면을 생성하는 데이터로 GIS에서 직접적으로 사용될 수 없다. 디지타이징된 데이터가 수치지형모델링을 위한 데이터로 이용되기 위해서는 표본지점들이 수치표고모델(DEM)이나 부정형의 삼각형네트워크(TIN) 데이터 구조로 변환되어야 한다. 즉, 등고선을 따라서 디지타이징된 점 데이터들은 보간법에 의해 규칙적인 간격의 래스터 데이터 구조를 지닌 DEM으로 변환되거나 불규칙한 삼각법에 따라 구축된 TIN으로 변환되어야 한다. 이렇게 DEM이나 TIN 데이터 구조를 통해 표면을 생성하게 되며, 이를 3차원으로도 시각화할 수 있다(그림 6-6 참조).

[2] 수치지형데이터의 표본추출 방법

연속적으로 분포되어 나타나고 있는 지표면상의 모든 지점에 대한 데이터를 수집할 수 없기 때문에 수치지형데이터의 획득은 표본추출에 의해서 이루어진다. 일반적으로 수치지형데이터 획득을 위한 표본추출 방법은 크게 계통적(systematic) 표본추출 방법과 적응적(adaptive) 표본추출 방법으로 유형화할 수 있다. 계통적 표본추출 방법은 표본지점이 규칙적인 간격으로 측정되는 경우이다. 즉, 표본지점을 규칙적인 간격으로 추출하는 것으로, 그 결과 표고값들이 행렬을 이루게 되는데, 그 대표적인 형태가 수치표고모델(DEM)이다. 표면을 나타내기 위해 추출된 표본지점들이 규칙적인 간격을 갖고 있는 데이터를 래티스(lattice)라고 한다. 흔히 표면을 표현하는 경우 고도값은 각 셀에 기록되지만, 엄밀히 말하면 이 경우 셀의 전체 값을 나타내는 것이 아니라 셀 중심점의 값만을 표현하는 것이다.

그리드 내의 이러한 셀에 대한 중심점의 집합을 래티스라고 한다. 래티스는 그리드와 동일한 데이터구조를 갖고 있어 래티스를 그리드와 동일시하기도 한다. 래티스와 그리드의 차이점은 그리드는 각 셀을 가리키며, 래티스는 그리드 셀의 중심점을 지칭하며, 셀의 중심점을 래티스 메쉬 점(mesh point) 이라고 한다. 그림 6-7에서 볼 수 있는 바와 같이 그리드 셀의 크기는 래티스 내의 메쉬 점들 간의 거리와 같다. 그리드 셀들은 면적을 가

그림 6-7 그리드와 래티스의 비교

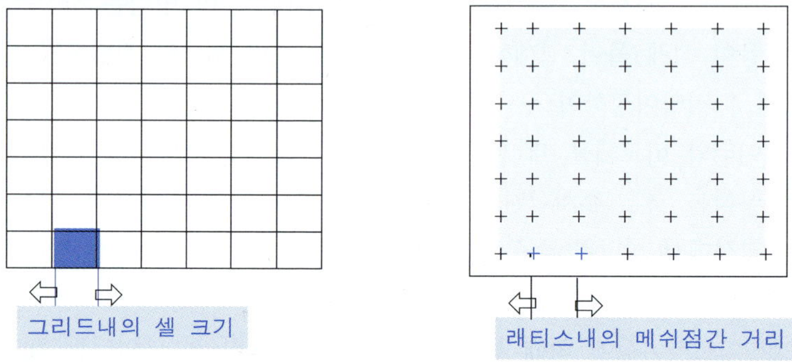

지지만, 래티스 내의 메쉬 점들은 연속된 표면상에 위치하는 점이라고 볼 수 있다.

래티스는 공통적인 원점을 가지며, X, Y방향으로 일정한 간격의 거리로 되어있는 메쉬점의 배열로 표면을 표현하게 된다. 각 메쉬점에는 z값(고도)이 포함된다. 즉, 래티스에서 메쉬점은 표면상의 (x,y,z) 위치를 나타내며, 메쉬점 사이의 지점에 대한 z값은 보간법을 사용하여 근사치를 구하고 이를 바탕으로 연속적인 표면을 생성하게 된다.

그러나 이와 같이 규칙적인 간격으로 표본 추출이 이루어지는 경우 표면을 표현하는데 문제점이 발생하는 경우가 있다. 만일 표면이 매우 불규칙하게 거친 표면과 완만한 표면으로 혼재되어 있는 경우 규칙적인 간격으로 표본지점이 추출된다면 표면의 특성을 정확하게 표현할 수 없다. 실제로 래티스는 (x,y,z) 위치의 간격이 일정하므로 표면의 형태를 구별짓는 형상들, 예를 들면 해안선, 산의 능선, 단층, 움푹 함몰된 곳, 뾰족하게 튀어나온 곳 들을 표현하기 어렵다. 이와 같이 Z 값에 있어서 급속한 변화를 나타내는 경우 표면 상태에 따른 고도의 변화 때문에 각 단위 지역당의 좀 더 많은 정보가 요구된다. 이러한 경우 불규칙한 표본지점의 추출이 보다 효과적이다.

적응적 표본추출 방법은 지형을 보다 잘 표현하기 위해 표본지점을 선택적으로 채택하는 것이다. 따라서 표본지점과 고도 값이 불규칙하게 분포된 결과를 얻게 된다. 이렇게 불규칙하게 추출된 표본지점들에 대한 수치지형데이터는 반드시 적절하게 구조화되어야만 표면을 표현할 수 있게 된다. 적응적 표본추출 방법에 의해 수집된 수치지형데이터는 삼각법에 의해 부정형 삼각형 네트워크 구조(TIN)로 변환된다.

이와 같이 수치지형 데이터를 표본추출하는 접근방법에 따라 구축되는 DEM과 TIN은 상호 배타적인 성격을 갖고 있는 것은 아니다. DEM과 TIN모델은 서로 호환이 가능하며, 대부분의 수치지형모델링 시스템은 두 가지 포맷을 입력 데이터로 받아들이고 있다. 실제로 DEM과 TIN 모델 가운데 어느 모델을 선택하는가는 다음과 같은 기준들을 고려하여 선택하는 것이 바람직하다.

그림 6-8 수치지형데이터의 표본추출 방법에 따른 표면 모델링 유형

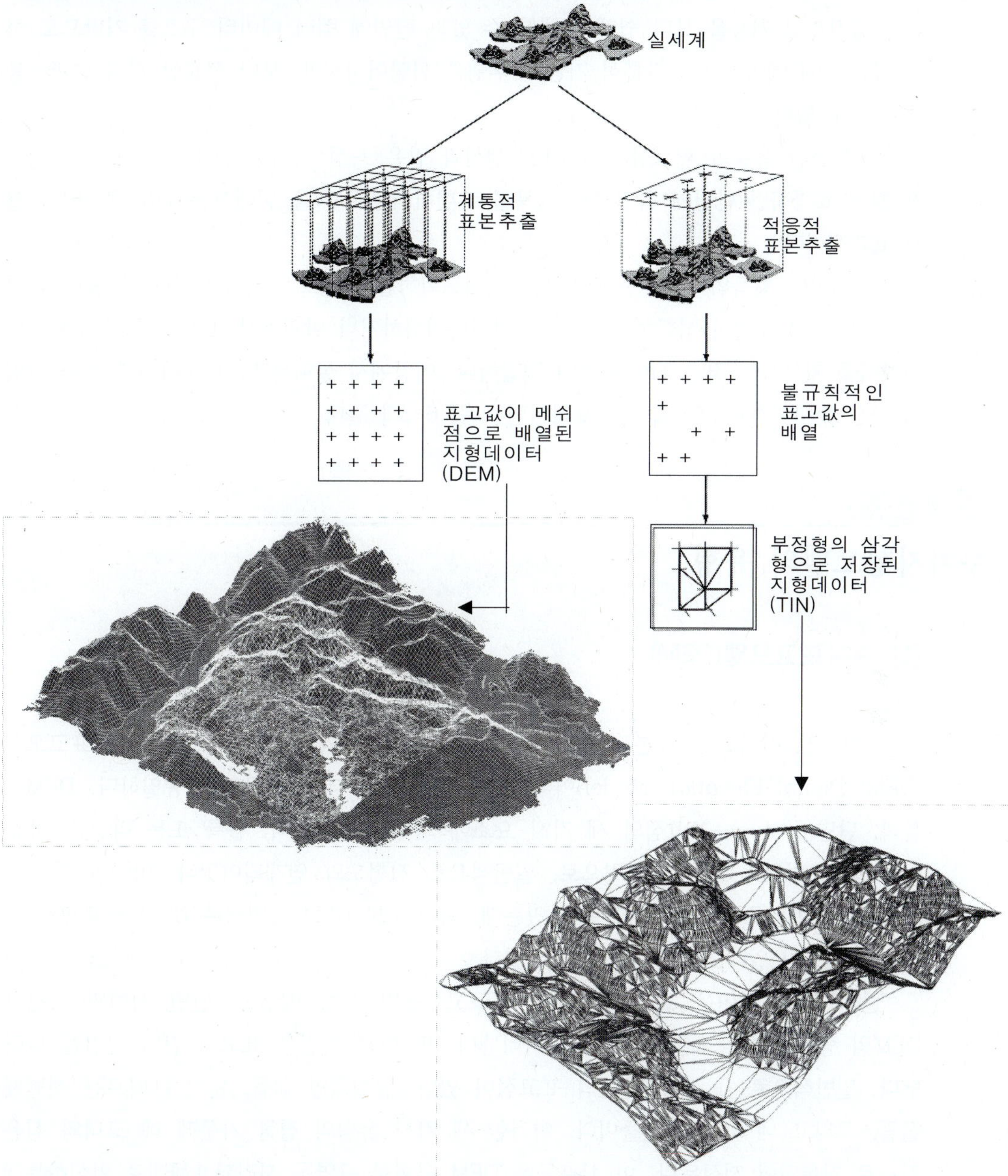

출처: Lo, C.P. and Yeung, A.K.W. (2007), *Concepts and Techniques of GIS*(2nd ed.), p. 330.

① 지형의 특성: 불규칙한 적응적 TIN 표본추출 방법은 국지적 변이가 심한 복잡한 지형을 표현하는데 보다 적합하며, 규칙적인 DEM 표본추출 방법은 보다 단순한 지형을

표현하는데 적합하다.

② 모델링의 목적: 래스터 데이터 구조를 기반으로 하고 있는 DEM 데이터는 중첩과 같은 공간분석 기능을 보다 쉽게 수행할 수 있는 반면에 벡터 데이터 구조를 기반으로 하고 있는 TIN 데이터는 공간분석 기능의 수행은 뒤떨어지지만, 보다 정교한 지형 결과물을 생성할 수 있다.

③ 특정한 응용의 필요성: 정사사진 생성과 같은 특정 목적을 위해서는 DEM 데이터가 훨씬 효과적인 반면에 음영으로 기복을 표현하려는 목적을 위해서는 TIN 데이터가 훨씬 효과적이다.

④ 데이터 획득의 방법: 사진영상을 해석도화하는 방법으로 수치지형데이터를 획득하는 경우 DEM 방법이 적합하며, 지도를 디지타이징하거나 야외조사 방법을 통해 수치지형데이터를 획득하는 경우 TIN 방법이 적합하다. 이상에서 살펴본 바와 같이 표본추출 방법에 따른 수치지형모델링 과정을 요약하면 그림 6-8과 같다.

제 3 절

수치지형모델의 유형

[1] 수치표고모델(DEM)

규칙적인 간격으로 표본지점이 추출된 래티스 형태의 데이터 모델이 수치표고모형(DEM: Digital Elevation Model)이다. DEM은 래스터 데이터 구조와 동일하다. DEM은 블록, 단면(profile), 표고점의 세 가지 요소에 의해 나타내진다. 블록 또는 타일은 DEM의 지리적 범위를 나타내는 것으로, 일반적으로 지형도와 연계되어있다. 미국의 경우 °1 DEM 사변형과 7.5' DEM 사변형이 있는데, 특히 7.5' DEM 사변형은 UTM 좌표계로 구축된 지형도와 일대 일 관계를 가지고 있다.

일반적으로 단면은 표본으로 추출된 표고점들의 선형 배열을, 단면 사이의 공간은 DEM의 공간적 해상도를 1차원으로 나타낸다. 또 다른 차원은 표고점 간의 공간을 나타낸다. 일반적으로 세 가지 유형의 표고점이 있다. 규칙적인 점들, 단면을 따르는 첫번째 점들, 그리고 네 코너의 점들이다. 이러한 세 가지 유형의 점들 가운데 네 코너의 점은 좌표로 기록되어 저장된다. 이 좌표들은 DEM 사변형 구역을 지리좌표체계로 인식하는데 필요한 정보를 제공한다. 또한 이들은 규칙적인 표고점의 좌표와 단면의 간격(△x, △y)을 계산하는데 사용되기도 한다(그림 6-9-가 참조).

DEM 데이터가 잘 구축되어 활용되고 있는 미국의 경우 USGS에서 제공하고 있는 7.5' DEM은 USGS 1: 24,000 축척지도의 사변형의 영역과 거의 일치하며 UTM 좌표계

그림 6-9 USGS의 DEM 블럭의 요소와 7.5'DEM 사변형의 특징

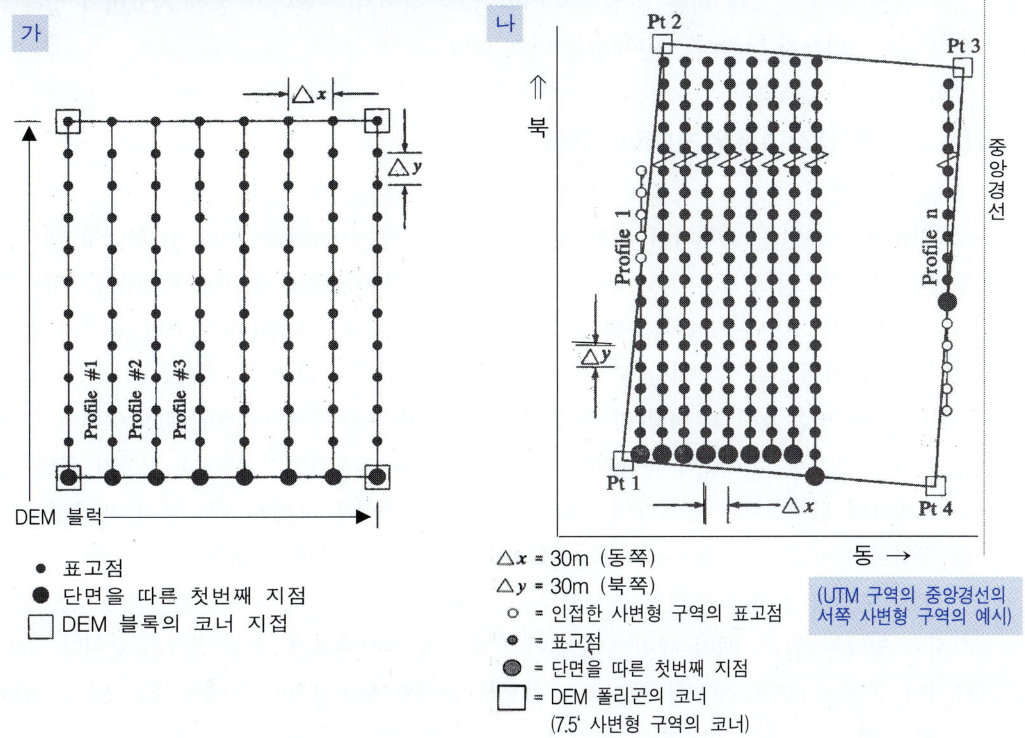

출처: Lo, C.P. and Yeung, A.K.W. (2007), *Concepts and Techniques of GIS*(2nd ed.), pp. 331-332.

로 등록되어 있다. 7.5' 수치표고모델의 특성을 보면 각 도엽은 여러 개의 단면으로 구성되어 있으며, 각 단면 내에 표고점이 위치한다. 각 단면은 서쪽에서 동쪽 방향으로 진행되며, 각 단면내의 표고점은 남쪽에서 북쪽으로 진행되며, 각 단면 내에서의 표고점 간의 거리와 단면 간의 간격은 각각 30m이다. 즉, DEM에는 일정한 값을 가지는 30미터 간격의 메쉬점에 대한 표고값이 들어있으며, 표고는 평균해수면을 기준으로 미터로 표현된다(그림 6-9-나 참조).

다른 래스터 데이터와 마찬가지로 DEM은 아스킬 형태로 저장된다. 수치 지형데이터 구조가 그리드를 기반으로 하기 때문에 데이터를 처리하고 다양한 분석을 수행하기 매우 용이하다. 그러나 규칙적인 간격의 표본지점의 배열로 인해 복잡한 지형을 표현하는데 부적합하다. DEM의 단점은 표면을 표현하는데 있어서 동일한 밀도의 동일한 크기의 격자를 사용한다는 점이다. 즉, 복잡한 지형에서는 보다 더 밀도가 높게 추출된 데이터가 필요하고 단순지형에서는 밀도가 낮은 데이터가 요구되지만, 격자방식으로 제공되는 데이터로는 복잡한 지형의 특성을 반영하는 데이터의 획득이 불가능하다. 뿐만 아니라 표본지점들 간의 간격을 조밀하게 추출하는 경우 상대적으로 데이터의 양이 늘어나기 때문에 비교적 단

순한 표면을 나타내는 경우 필요 이상으로 많은 데이터 용량을 갖게 된다. 반면에 표본지점들 간의 거리를 크게 하는 경우 데이터의 양은 적어지나 변이가 심한 지표면의 상태를 정확하게 나타내지 못한다는 문제점을 안고 있다.

[2] 부정형삼각네트워크(TIN) 모델

연속적인 표면을 표현하기 위한 또 다른 접근방법은 Pewker 등이 1978년에 제시한 부정형 삼각네트워크(TIN: Triangulated Irregular Networks) 데이터 모델이다. TIN 데이터 모델에서 표면은 표본추출된 표고점들을 선택적으로 연결하여 형성된 겹치지 않는 부정형의 삼각형으로 이루어진 모자이크 식으로 표현된다(그림 6-10 참조).

TIN에서 변은 선형의 형상(예: 단절 선, 능선, 하천 등)을 나타낸다. TIN 데이터 모델은 지형의 특성을 고려하여 불규칙적으로 표본지점을 추출하였기 때문에 경사가 급한 곳은 조밀하게 삼각형으로 둘러싸여 나타난다. 이러한 특징은 구축된 TIN 모델 위에 등고선을 중첩시켜 보면 더욱 잘 나타나고 있음을 알 수 있다(그림 6-11 참조).

TIN 모델의 가장 두드러진 특징으로는 DEM과는 달리 추출된 표본점들은 x,y,z 값을 가지고 있다는 점과, 벡터 데이터 모델이기 때문에 위상구조를 갖고 있다는 점이다. TIN 데이터 구조는 TIN의 생성을 제어하는 일종의 삼각형 분할규칙에 토대를 두고 있다. 상당히 많은 점(x,y,z)들을 연결하여 삼각형을 구축하는 방법은 상당히 다양할 수 있으며, 그 결과 생성되는 등고선도 달라질 수 있다(그림 6-12 참조). 따라서 TIN 데이터 모델의 경우 주어진 일련의 표본점들로부터 구축되는 TIN 생성에 대한 분명한 절차와 시행이 요구된다. TIN 모델은 mass point라고 하는 점(노드)의 집합을 통해 삼각형이 만들어지지만, 삼각형을 구축하는데 모든 노드를 다 사용할 필요가 없으며, 만일 필요한 경우 노드는 규칙에 따라 추가될 수도 있다. Lee(1991)는 TIN 구성 방법을 비교하면서, 발견적 방법에

그림 6-10 TIN의 특징과 구조

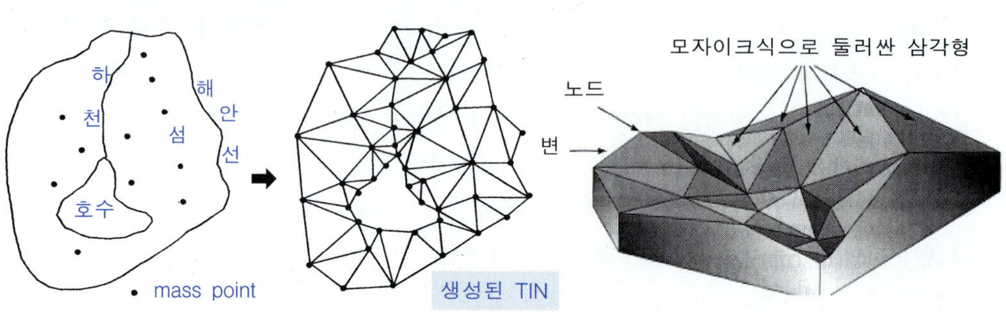

그림 6-11 TIN 모델과 등고선을 통한 지형 기복의 표현

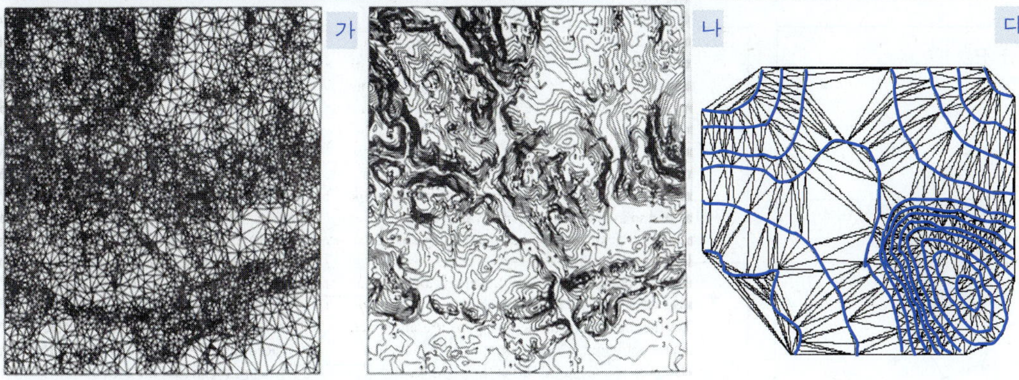

그림 6-12 표본지점들을 통해 구축되는 다양한 삼각법

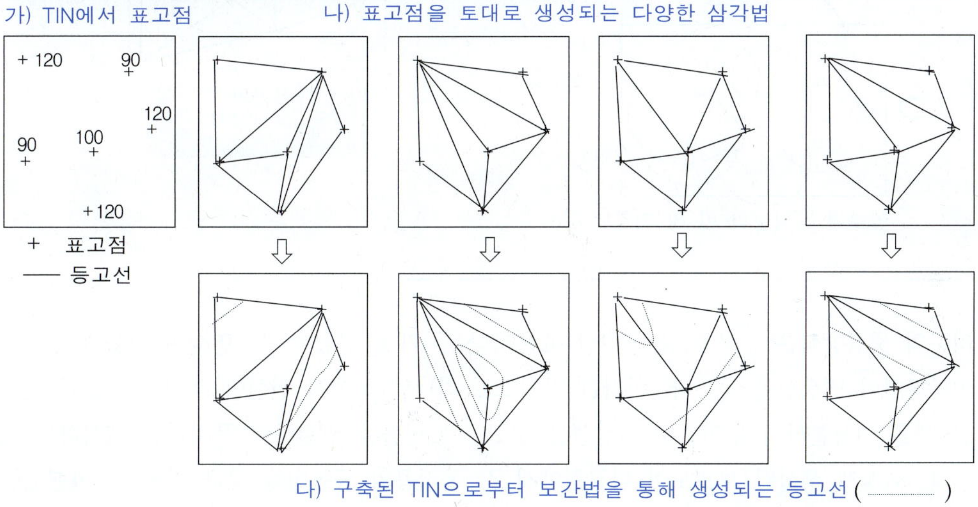

따라 표본지점을 소거하는 방법을 소개하였다. 이 방법은 삼각형의 모든 점을 평가하여 반드시 필요하지 않은 점을 소거하고 선택하는 방법이다. 소거하는 점을 선택하는 기준은 다른 점에 비하여 가장 오차가 적은 점을 소거한다. 여기서의 오차의 의미는 다른 점과의 수직적인 고도 차이를 말한다.

표본점으로부터 삼각형의 네트워크를 생성하는 방법으로 가장 널리 사용되고 있는 방법은 델로니(delaunay) 삼각법이다. 델로니 삼각법은 티센(thiessen) 다각형 또는 보로노이(voronoi) 폴리곤이라고 불리우는 최근린지역(proximal region)의 개념을 토대로 하고 있다. 여기서 최근린지역은 일련의 점으로 구성되는 지리적 영역을 다각형으로 분할하여 생성되는 폴리곤이다. 티센 폴리곤, 보로노이 폴리곤, Dirichlet 분할이라고 불리우는 폴

그림 6-13 티센 폴리곤 구축을 통한 델로니 삼각법 생성

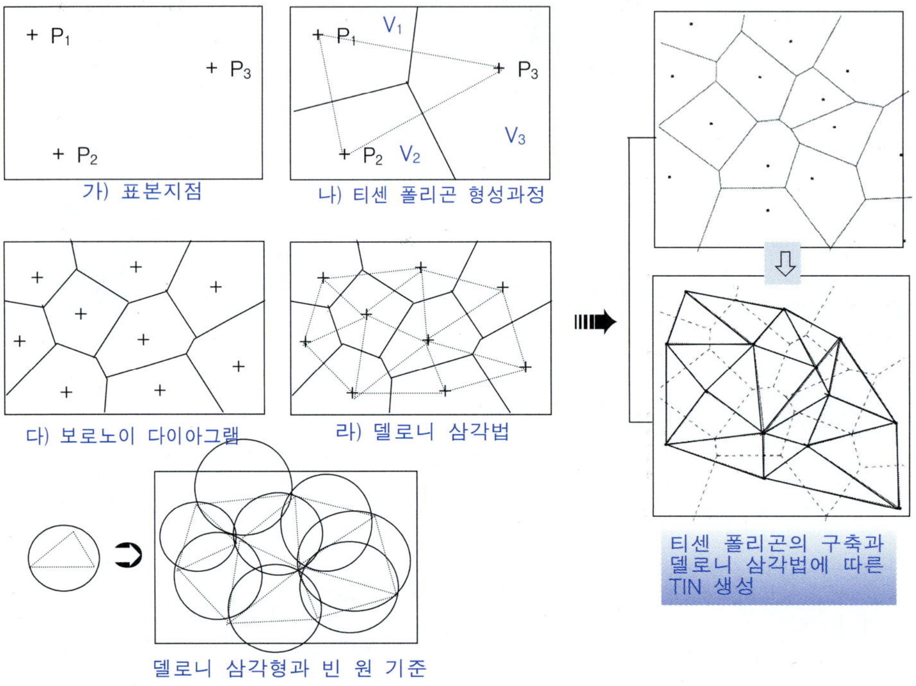

리곤의 생성방식은 먼저 가장 근접한 표본지점 두 개를 연결한 후, 연결된 선을 수직으로 이등분하여 연장선을 긋는다. 이러한 방식으로 하나의 점에서 인접한 주위의 점들과 연결한 선을 이등분하여 수직으로 연장선을 긋고, 그 선들을 연결하여 폴리곤을 생성하는 것이다. 이렇게 생성된 보로노이 다각형에서 각 폴리곤의 공통변을 갖고 있는 각 표본점을 꼭지점으로 하여 서로 연결하면 삼각형망이 구축된다. 이와 같은 방법으로 삼각형망을 구축하는 것을 델로니 삼각법이라고 한다. 이 방법에 의해 구축된 삼각형은 독특한 특성을 지니게 된다. 즉, 델로니 삼각형은 세 꼭지점을 포함하는 외접하는 원안에는 삼각형의 꼭지점 외에는 어떤 점들도 포함하지 않는다는 점이다. 이 특성을 빈원 기준(empty-circle criterion)이라고 부르며, 이와 같은 기준에 따라서 주어진 표본점들로부터 TIN이 형성된다(그림 6-13 참조).

일반적으로 TIN의 데이터 구조는 삼각형과 노드, 변으로 구성된다. 노드는 (x,y,z) 좌표값으로 정의되고, 삼각형은 이웃하는 각 노드를 연결하여 구축된다. TIN은 간격이 불규칙한 (x,y,z) 위치를 연결하며, 각각의 위치는 표면상의 변화를 나타낸다. TIN의 위상구조는 지형 분석에서 매우 중요한 역할을 한다.

그림 6-14 TIN 데이터 구조와 위상관계

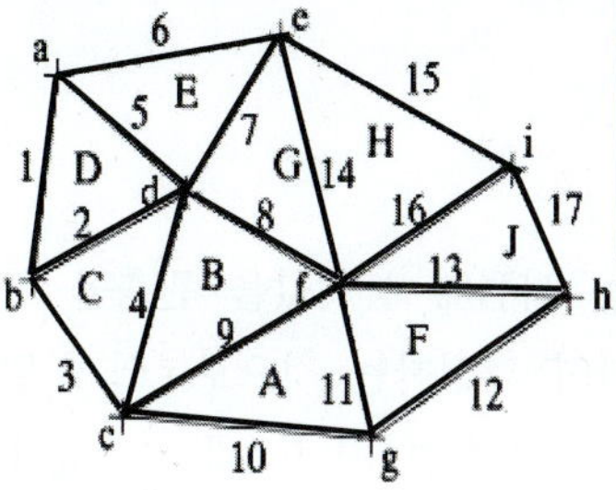

변 ID	길이	from-node	to-node
1	124	b	a
2	108	b	d
3	119	c	b
4	178	c	d
5	120	d	a
--	--	--	--
--	--	--	--

노드 ID	X	Y	표고
a	780,005	33.036	105
b	780,003	33,020	92
c	780,016	33,005	85
d	780,021	33,028	120
e	780,048	33,040	95
--	--	--	--
--	--	--	--

삼각형 ID	면적	변 1	변 2	변 3	이웃하는 삼각형
A	7800	9	10	11	B, F, -
B	8210	9	4	8	A, G, C
C	6504	2	4	3	D, -, B
D	6890	1	2	5	-, E, C
E	7650	5	6	7	G, D, -
--	--	--	--	--	--
--	--	--	--	--	--

TIN 데이터는 기본적으로 3개의 속성 테이블을 포함하게 된다. 즉, 아크 속성 테이블과 노드 속성 테이블, 그리고 폴리곤 속성 테이블이다. 폴리곤 속성 테이블에는 각 삼각형을 구축하고 있는 변들과 인접한 삼각형에 대한 정보를 갖고 있으며, 아크 속성 테이블에는 모든 변은 연결성과 방향성을 알려주는 노드(from node-to node)에 대한 정보를 갖고 있다(그림 6-14 참조).

이와 같이 TIN 데이터는 위상관계를 갖고 있기 때문에 각 면의 경사도나 경사의 방향을 쉽게 산출할 수 있으며, 복잡한 지형을 표현하는데도 매우 효과적이다. 예를 들면 산 정상에 인접한 점은 경사방향이 아래를 향하며, 하류의 지점을 제외한 하천에 인접한 점은 경사방향이 위를 향한다. 이와 같은 지형의 특성들을 TIN 데이터 구조를 바탕으로 분석할 수 있다.

TIN 모델을 구축하는데 있어서 지형의 기복을 보다 세밀하게 나타내거나 지형의 형상을 보다 정확하게 표현하기 위해서는 mass point의 위치 선정이 매우 중요하다. 일반적으로 산의 정상부, 계곡의 바닥, 절벽의 가장자리 등 표면의 형태 변화가 심한 곳일수록 mass point를 많이 지정하는 것이 좋다. 반면에 표면이 상대적으로 완만하고 균일한 지역을 표현하는 데는 적은 수의 표본지점으로도 지형의 형상을 나타낼 수 있다. 이와 같이 TIN 모델은 표본지점의 위치와 표본지점의 수를 선택할 수 있기 때문에 기복이 심한 지형이나 절단면들을 표현하는데 적합하다.

제 4 절

점 데이터로부터 연속적 표면의 생성

[1] 보간법의 개념과 방법

공간 보간법(spatial interpolation)이란 구하고자 하는 지점의 높이값을 관측을 통해 얻어진 주변지점의 관측값으로 부터 보간함수를 적용하여 추정하는 것으로, 쉽게 말하면 실측되지 않은 지점의 값을 합리적으로 어림짐작하는 계산법이라고 할 수 있다. 공간 보간법은 Tobler의 공간적 자기상관의 개념을 토대로 하고 있다. 즉, 공간상에서 근접해있는 지점들일수록 멀리 떨어져있는 지점들보다 유사한 값을 가지는 강한 긍정적 자기상관성에 따라 보간법을 통해 실측되지 않은 지점의 값을 추정하는 것이다.

공간 보간법은 주로 표본추출한 지점들의 데이터를 토대로 하여 관심 대상지역 전체의 표면을 표현하기 위해 규칙적인 그리드 셀을 구축하려는 경우에 주로 활용된다. 즉, 표본지점을 통해 얻어진 불연속적인 데이터로부터 연속적인 표면을 표현하기 위해 보간법을 사용하여 규칙적인 간격의 데이터를 구축하는 것이다. 이렇게 보간법은 연속적인 표면을 보다 잘 표현하기 위한 알고리즘이라고 볼 수 있으며, 보간법을 통해 수치지형모델링의 결과를 크게 개선할 수 있다. 또한 래스터 데이터들이 서로 다른 해상도와 셀의 크기를 갖고 있는 경우 이들 데이터를 동일한 그리드 셀로 변환시키는 경우에도 활용된다.

공간 보간법은 크게 두 가지 방법으로 대별된다. 모든 기준점을 하나의 연속함수로 표현하는 전역적(global) 보간법과 대상지역 전체를 작은 도면(patch)이나 한 구획으로 분할하여 각 구획별로 부합되는 함수를 산출하는 국지적(local) 보간법이 있다.

전역적 보간법은 관심 대상지역 전체를 하나의 함수로 표현하기 때문에 한 지점의 입력값이 변하는 경우 전체 함수에 영향을 미치게 된다. 전역적 보간법은 지형의 기복이 심하지 않은 완만한 표면을 생성하는데 적합한 방법이라고 볼 수 있다. 또한 전역적 보간법은 각 지점에 대한 고도값(Z_i)을 정확하게 추정하는 것이라기 보다는 대상지역의 전반적인 표면의 경향을 나타내는 것이다. 따라서 정밀한 보간법이라기 보다는 근사치적 보간법(approximate interpolation)이라고 할 수 있다. 근사치적 보간법은 많은 표본지점들에서 전역적인 경향을 보이고 있으며, 이러한 전역적 경향은 완만하게 변화한다는 전제하에서 이루어지고 있다. 일반적으로 인구나 오염 등과 같은 현상들의 경향을 분석하는데 전역적이며 근사값을 추정하는 보간법으로 다항의 경향면 분석(polynomial trend surface)나 푸리에 급수법(fourier analysis)을 사용한다.

한편 국지적 보간법은 실제 표면의 특성을 보다 세부적으로 표현하기 위해 전체 지역을 분할한 후에 분할된 각 구역들을 대상으로 반복적인 알고리즘을 이용하여 추정치를 산출하는 방법이다. 국지적 보간법의 경우 한 지점의 입력 값의 변화는 추정하는 반경 또는 참조 창(window)내에만 영향을 미친다. 국지적 보간법에 의해 추정된 고도 값은 이웃하는 표본지점들의 고도값에 의해서만 영향받기 때문에 지형의 연속성이나 전 체 지역에 대한 기복적인 특징을 나타내지 못한다. 그림 6-15에서 볼 수 있는 바와 같이 국지적 보간법에 의해 추정된 값과 전역적 보간법에 의해 추정된 값은 차이를 보이게 된다. 그림 6-15-가의 경우 국지적 보간법에 따를 경우 P지점의 높이는 이웃하는 점 3과 점 4의 값만을 토대로 하여 h_1값이 추정된다. 그러나 전역적 보간법에 의해 P지점의 높이를 추정하는 경우 모든 점(1~6 까지)을 고려하여 산출되며, 그 결과 h_2값은 국지적 보간법에 의해 추정된 값보다 약간 높게 추정되었다(그림 6-15-나). 그러나 만일 표면이 그림 6-15-다와 같은 경우 국지적 보간법을 사용할 경우 추정되는 P의 값은 변함이 없으나 전역적 보간법에 의해 추정된 P의 높이 h_3값은 h_1값 보다 훨씬 낮게 산출된다. 이와 같이 국지적 보간법의 경우 전체 지역의 표면의 경향을 정확하게 나타내주지 못한다는 단점을 갖고 있지만, 지형의 기복이 매우 심한 경우 전역적 보간법에 의해 생성된 표면은 실제 표면과는 상당한 오차가 발생하게 된다. 따라서 보다 정밀한 지형 기복에 대한 정보를 필요로 하는 경우 국지적 보간법을 적용하는 것이 바람직하다.

일반적으로 국지적 보간법은 정밀 보간법(exact interpolation)이라고 지칭되는데, 정밀 보간법의 경우 생성되는 표면이 모든 표본지점을 통과하기 때문에 정밀하다는 의미를 내포한다. 국지적이면서 정밀한 보간법은 DEM 추출이나 지질 탐사 시에 많이 활용된다. 국지적이면서 정밀 보간법으로는 spline 방법이나 공간통계를 통해 실측되지 않은 지점의 값을 추정하는 크리깅(kriging) 방법이 널리 활용된다.

그림 6-15 전역적 보간법과 국지적 보간법의 차이

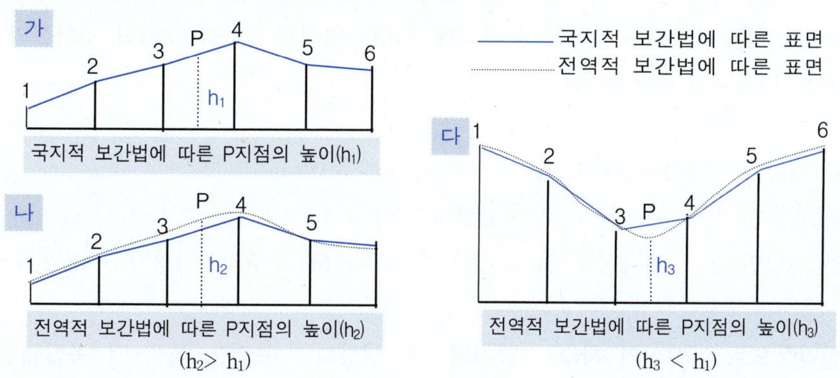

출처: Lo, C.P. and Yeung, A.K.W. (2007), *Concepts and Techniques of GIS*(2nd ed.), p. 349.

[2] 전역적·근사 보간법의 유형

앞에서 살펴본 바와 같이 전역적 보간법은 관심 대상지역의 모든 점 자료를 다 활용하여 전체 지역의 기복에 대한 경향을 표현하는 것이다. 따라서 일반적으로 전역적 보간법을 통해 생성된 표면이 추출된 표본지점 모두를 지나가지 않는 경우도 나타나며, 국지적인 지형의 변화를 정확하게 나타낼 수 없으므로 근사적 보간법이라고 볼 수 있다. 여기서는 전역적 보간법의 대표적인 경향면 분석에 대하여 간략히 살펴보고자 한다.

경향면 분석(trend surface analysis)은 주어진 지역 내에 분포되어 있는 현상은 전역적 경향과 국지적 잔차로 구성되어있다는 전제하에서 국지적으로 나타나는 비체계적이고 우연적인 변화를 제외시키고 전역적으로 나타나고 있는 체계적이고 규칙적인 변화 패턴을 분석하는 방법이다. 이 방법의 경우 전역적 경향은 매우 완만하며 규칙적인 표면으로 나타나게 된다고 보고 있는데, 이를 경향면(trend surface)이라고 부른다. 이 방법은 주어진 표본지점들의 고도값(Z_i)을 전역적 성분과 국지적 성분으로 분리한 후 전역적 경향을 다항회귀모델로 나타내어 최소자승법에 의해 가장 적합한 경향면을 설정하는 것이다. 표본지점인 평면상의 위치점($X_i,\ Y_i$)에 높이(Z_i)를 연관시키게 되며, 경향면은 다음과 같은 식으로 나타낼 수 있다.

$$Z_i = f(X_i,\ Y_i) + \epsilon_i$$

여기서 $f(X_i,\ Y_i)$는 전역적 경향성분을 나타내며, 따라서 표면의 높이는 전체 경향을 나타내는 함수를 통해 추정되고 국지적 변이는 잔차로 나타내게 된다.

경향면 분석에서 가장 중요한 것은 경향성분에 대한 함수를 결정하는 것으로, 생성되는 표면이 일차원인지 또는 이차원인지 아니면 보다 다차원 표면인가를 결정하는 것이다. 경향성분에 대한 적정한 함수를 정하는 것은 어느 정도 임의성을 지니며, 차수가 올라갈수록 계수의 수는 상당히 늘어나게 된다. 일례로 1차식, 2차식, 3차식의 경향면을 함수로 나타내면 다음과 같다.

1차 경향면: $Z = a + bX + cY$
2차 경향면: $Z = a + bX + cY + dX^2 + eXY + fY^2$
3차 경향면: $Z = a + bX + cY + dX^2 + eXY + fY^2 + gX^3 + hX^2Y + iXY^2 + jY^3$

일반적으로 다항식의 차수가 증가될수록 생성되는 표면은 점점 더 복잡해진다(그림 6-16 참조). 그러나 표면을 나타내는 함수가 차수가 높은 다항식일수록 반드시 더 정확한 표면을 생성해내는 것만은 아니다.

경향면은 최소자승법을 이용하여 선형 다항식을 산출하는 것으로, Z_i값의 예측치와 실측치간의 차이에 대한 제곱의 합을 최소화시키는 함수를 추정하는 것이다. 경향면 분석에서 표면의 전반적인 경향은 각 표본지점에서 나타나는 잔차와는 독립적이라는 가정 하에서 이루어진다. 이와 같이 표본추출된 모든 지점의 데이터는 다항함수를 산출하는데 사용되고 산출된 경향면 함수를 토대로 실측되지 않은 지점들에 대한 Z_i값을 추정해낸다.

경향면 분석의 장점은 표면 생성을 이해하기 쉽고 주어진 데이터가 방대한 경우에도 낮은 차원의 경향면을 통해 모델화될 수 있다는 점이다. 그러나 추출된 표본지점 모두를 사용하여 전체 지역을 하나의 함수로 표현하고 주어진 격자점들에 대한 값들을 추정해야 하기 때문에 차수가 높을수록 함수의 계수가 많아지므로 계산시간이 많이 걸린다.

또한 경향면 분석방법을 통해 추정된 표면은 전 지역에 걸친 표면의 경향을 가장 잘 나타낼 수 있는 함수에 의해 생성되기 때문에, 생성된 표면이 추출된 표본지점들을 정확하게 통과하는 경우가 드문 근사치적 보간법이며, 국지적인 변이를 나타내지 못하므로 정확도가 낮은 편이다. 뿐만 아니라 전역적 경향면이 추정되는 경우, 데이터의 이례지점(outlier)에 의해 상당한 영향을 많이 받게 되고 가장자리 효과(edge effect) 문제도 심각하며 상당한 왜곡을 가져올 수도 있다.

그림 6-16 경향면의 차원에 따른 표면의 다양한 형상

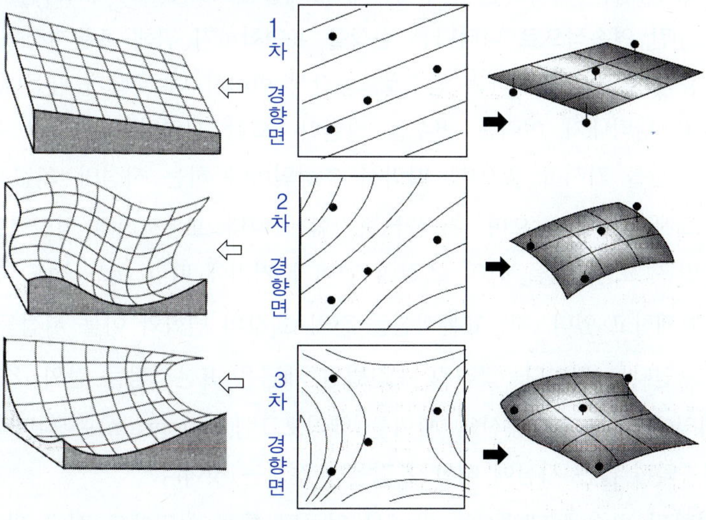

[3] 국지적·정밀 보간법의 유형

국지적 보간법은 전체 지역을 효과적으로 전산처리하기 위하여 구역으로 분할하고 (이를 patch라고 함), 이 패치 내에 있는 표본지점들을 토대로 하여 관측되지 않은 지점들의 고도값를 추정하는 방법이다. 표본지점의 실측값으로부터 실측되지 않은 지점의 값을 추정하는 경우 보다 정밀한 추정을 위해 지리통계(geostatistics) 기법을 도입하여 표면을 생성하는 경우가 대부분이다. 국지적 보간법이면서 정밀 보간법의 가장 대표적인 것은 크리깅 방법이며, 그밖에도 스플라인 방법도 사용된다. 한편 국지적 보간법이지만 정밀 보간법이 아닌 근사적 보간법으로는 이동평균 방법이 있다.

(1) 크리깅 보간법

크리깅(kriging) 보간법은 원래 지리통계에서 광산의 부존량을 추정하기 위해 개발된 것이지만, 현재는 DTM 소프트웨어 패키지에서 널리 사용되고 있는 보간법이다. 크리깅은 프랑스의 공간수학자인 Matheron과 남아프리카공화국의 광산기술자인 Krige에 의해 고안된 것으로 이 사람의 이름을 따서 크리깅이라고 부르고 있다. 최근 크리깅 방법은 토양이나 지질, 수문과 관련된 현상의 공간적 변이의 크기를 정량화하는데 활용되고 있다.

크리깅 방법은 지역화된 변수이론에 토대를 두고 있다. 지역화된 변수(regionalized variables)란 연속적으로 나타나는 현상을 표면화하기 위해 표본지점들의 값으로부터 보간법을 통해 추정되어야 하는 변수로, 공간적 변이가 너무 크기 때문에 경향면처럼 하나의 함수로 나타내기 어려운 변수를 말한다. 또한 지역화된 변수의 특징은 강한 양적(+) 자기상관을 가지고 있으며, 따라서 추정되어야 하는 지점의 Z_i값은 표본지점들과의 거리에 크게 영향을 받으며, 거리가 증가함에 따라 표본지점의 영향력은 줄어든다. 크리깅 보간법은 표본지점들 간의 Z_i값의 변이가 거리에 따라 어느 정도 방향성을 갖는다는 것으로 전제하고 있다. 즉, 표본지점들 간의 Z_i값의 변화와 이들 지점들의 거리는 공분산 관계를 보인다는 것이다. 크리깅 보간법의 개념은 표본지점들 간의 Z_i값과 이들 지점들 간의 거리에 대한 평균분산의 차이를 베리오그램(variogram)로 나타내고, 이를 토대로 하여 실측되지 않은 지점에 대한 Z_i값을 추정하는 것이다.

지역화된 변수에 대해서는 앞에서 언급된 특성 이외에도 서로 다른 가정들을 전제로 하고 있으며, 그에 따라 크리깅 방법도 단순(simple) 크리깅, 정규(ordnary) 크리깅, 범용(universal) 크리깅, 블록(block) 크리깅 등으로 세분된다. 단순 크리깅의 경우 특정 위치에서 지역화된 변수에 대한 기대값은 전체지역에서의 평균값과 같다고 가정하

그림 6-17 지역화된 변수 이론에 따른 공간적 변이의 구성요소

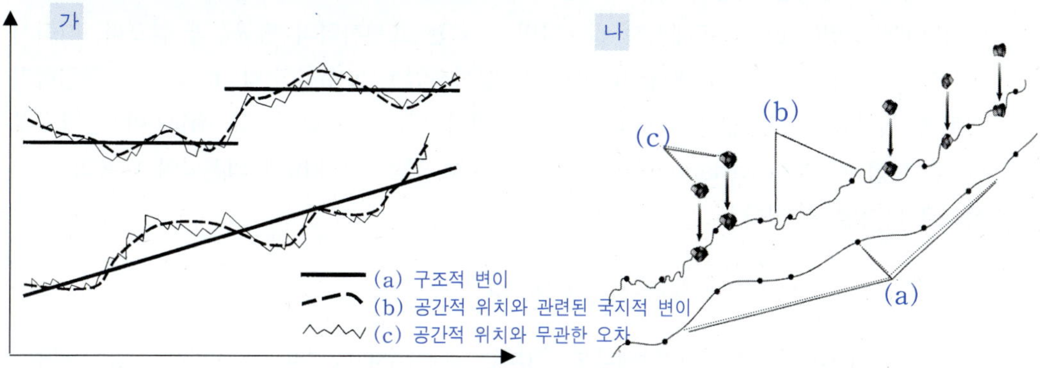

출처: Burrough, P.A. and McDonnell, R.A. (1998), *Principles of GIS*, p. 134; De Mers, M.N. (1997), *Fundamentals of GIS*, p. 269.

고 있다. 그러나 단순 크리깅에서 지역화된 변수에 대한 가정은 현실적이 아니므로 흔히 정규 크리깅 방법을 많이 사용한다. 이 방법은 알려지지 않은 국지적 평균값은 각 국지적 구역 내에서 완만하게 변화하며, 이러한 국지적 경향을 선형, 원형, 지수 등의 함수로 나타내고 있다.

지역화된 변수 이론에서는 어떤 변수의 공간적 변이는 세 가지 구성요소로 이루어진다고 가정한다. 첫째, 일정한 평균값 또는 경향을 나타내는 구조적 요소(**a**), 둘째, 임의적이지만 공간상의 위치와 상관성을 가지고 변하는 지역화된 변수의 국지적 변이 요소(**b**), 셋째, 잔차 또는 오차 요소(**c**)로 공간적 위치와는 무관하게 발생되는 오차나 잡음을 말한다(그림 6-17-가 참조). 이러한 세 가지 구성요소 개념을 산을 등반할 때 전개되는 경관에 비유하여 기술하면 그림 6-17-나와 같다. 구조적 요소란 등반을 시작하는 지점에서 산 정상으로 올라가는 방향으로 나타나는 지형변화의 경향을 말한다. 국지적 변이요소란 임의적으로 나타나지만 고도와 상관성을 가지면서 울퉁불퉁한 기복이 중간 중간에서 나타나는 부분들을 말한다. 여기서 고도와 상관성을 갖는다는 것은 고도의 변화에 영향을 주는 표면 구조(예: 지질구조나 암석 유형)와 연관되어 있다는 의미이다. 마지막으로 오차 요소란 고도와는 상관없는 잡음이라고 볼 수 있으며, 산에 오르다가 만나게 되면 비켜지나가는 바윗돌들이라고 볼 수 있다.

따라서 **x**지점이 1차, 2차 또는 3차원 상에 위치하고 있다면 **x**지점에서 지역화된 변수 Z값은 $Z(\mathbf{x}) = m(\mathbf{x}) + \varepsilon'(\mathbf{x}) + \varepsilon''$로 나타낼 수 있다. 여기서 $m(\mathbf{x})$는 **x**지점에서 Z에 대한 구조적 요소이며, $\varepsilon'(\mathbf{x})$는 지역화된 변수 $m(\mathbf{x})$로부터 공간적으로 의존된 잔차라고 볼 수 있는 국지적인 변이 요소이며, ε''는 공간적 독립성을 갖고 있으며, 정규분포하고 있는

오차를 말한다.

크리깅 보간법을 적용하기 위해서는 먼저 m(**x**)를 위한 적정한 함수를 결정해야 한다. 만일 어떤 경향(drift)이 존재하지 않는다면 m(**x**)는 표본지역의 평균값과 같으며, 따라서 두 지점(**x**지점과 이 지점에서 **h**거리만큼 떨어져있는 **x+h**지점)의 m(**x**)값은 동일하기 때문에 기대되는 차이값은 0이라고 볼 수 있다. 즉, E[Z(**x**) - Z(**x+h**)]=0이 된다. 또한 두 지점 간 분산(variance)의 차이는 두 지점 간의 거리(**h**)에 의존되며 다음과 같은 식으로 나타낼 수 있다.

$$E[\{Z(\mathbf{x}) - Z(\mathbf{x+h})\}^2] = E[\{\varepsilon'(\mathbf{x}) - \varepsilon'(\mathbf{x+h})\}^2] = 2\gamma(\mathbf{h})$$

여기서 2Y(**h**)는 분산을 나타내므로, Y(h)는 반분산(semi-variance)이라고 불리운다.

지역화된 변수이론의 가정에 따르면 일단 구조적 영향력이 설명되면 나머지 공간적 변이는 등질적이며 두 지점 간의 거리에 따라서 분산이 달라지므로, ε'(**x**)와 Y(**h**)는 동일시될 수 있다. 따라서 **x**지점에서 지역화된 변수 Z값은 Z(**x**)= m(**x**)+Y(**h**)+ ε"로 나타낼 수 있다. 이런 조건이 충족된다면 세미 베리오그램(semi-variogram) Y(**h**)는 주어진 표본지점 데이터로부터 다음과 같은 식에 의해 산출될 수 있다.

$$\gamma(h) = \frac{1}{2n}\sum_{i=1}^{n}\{Z(x) - Z(x+h)\}^2$$

여기서 n은 거리 h만큼 떨어져있는 표본지점 쌍들의 수를 말한다. 실제로 표본지점 데이터를 이용하여 거리(**h**)에 대한 Y(**h**)값의 변화를 그래프로 나타낼 수 있다. 이를 실험적 베리오그램(experimental variogram) 이라고 하며, 여기서 거리(**h**)는 간격(lag)이라고 볼 수 있다. 실험적 베리오그램은 각 표본간의 거리 및 이들 관측값의 상관성을 나타낸 것으로, 각 표본들을 나열한 후 추정이 필요한 지점을 기준으로 거리가 가장 가까운 표본지점부터 가장 먼 표본지점에 이르기까지 주어진 거리에 포함된 표본들 간의 상관관계를 나타낸 것이다.

베리오그램을 구축하기 위해서는 먼저 주어진 전체 관심지역을 대상으로 하여 거리를 0에서부터 최대거리까지 등간격으로 거리 범위를 세분한다(예: 0, 10, 20, 30, 40 ----). 그 다음 표본지점의 모든 쌍들을 대별하여 거리와 두 지점의 Z값 차이를 제곱한 값(분산)을 계산한 후에, 분산값을 각 쌍이 떨어진 거리 범위에 위치시킨다. 이렇게 모든 쌍들을 주어진 거리 범위에 할당한 후에 각 거리 범위 내에서의 전체 분산값을 계산하여, 각 거리 범위의 평균 분산값을 산출한다. 마지막으로 각 거리 범위의 중간 지점에 평균 분산값을 위치화시키면 베리오그램이 구축된다(그림 6-18-가 참조).

실험적 베리오그램의 정보를 이용하여 공간 데이터를 추정하기 위해 주어진 점 패턴에 부합되는 이론적 베리오그램 모델을 설정해야 한다. 그림 6-18-나는 세미 베리오그램(semi-variogram) 모델을 나타낸 것으로, 이 모델은 크리깅 보간법에 필요한 세

그림 6-18 실험적 베리오그램과 이론적 베리오그램 및 추정된 베리오그램 비교

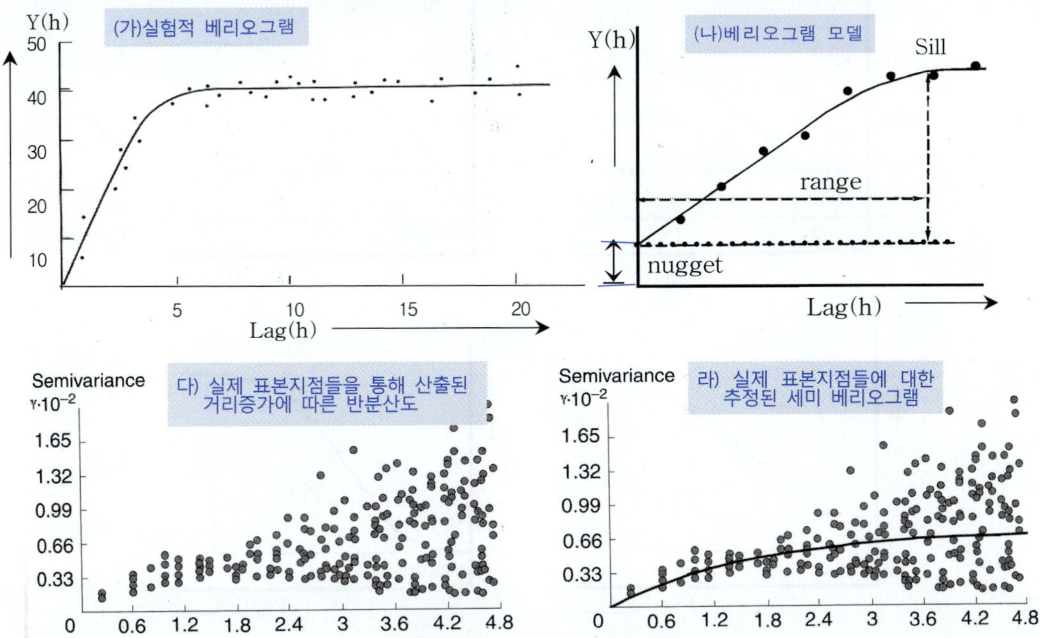

출처: Burrough, P.A. and McDonnell, R.A. (1998), *Principles of GIS*, p. 136.

가지 중요한 정보를 제공한다. 이 그림에서 볼 수 있는 바와 같이 이론적 베리오그램은 nugget, sill, range같은 모수들에 의해 모형이 구축된다. Nugget 효과는 동일한 위치에 있는 표본지점 간에 존재하는 분산을 말한다. Sill은 거리[(lag(**h**)]가 증가되어도 더 이상 분산값이 증가하지 않고 점차 수평을 이루게되는 지점을 말한다. Sill 지점 이후 거리가 증가하여도 세미 베리오그램이 거의 변화되지 않는 것은 Sill 지점을 넘어선 거리에서는 공간적 자기상관성이 나타나고 있지 않음을 말해준다. Range(범위)는 Sill이 나타나는 점까지의 수평 거리로, 표본지점들 간의 공간적 의존성이 어느 정도 거리 범위 내에서 나타나는 가에 대한 정보를 제공한다. 즉, Range 내에서는 두 지점간의 거리가 근접할수록 두 지점은 그만큼 유사한 특성을 나타내게 될 것임을 말해준다. 이러한 정보는 가중이동평균을 산출하는 경우 이동창(moving window)의 크기를 결정하는데 필요한 정보를 제공해준다. 즉, 범위는 너무 거리가 멀어서 공간적 의존성이 나타나지 않는 표본지점들을 선별할 수 있는 기준이 되며, 이러한 기준은 보간법을 적용하는데 중요한 단서로 활용될 수 있다. 그림 6-18-라는 실제 표본지점들로부터 추정된 세미 베리오그램을 추정한 모델을 예시한 것이다.

베리오그램 모델의 유형은 주어진 지역에서 나타나는 공간적 변이의 유형에 따라

그림 6-19 일반적으로 사용되는 베리오그램 모델들

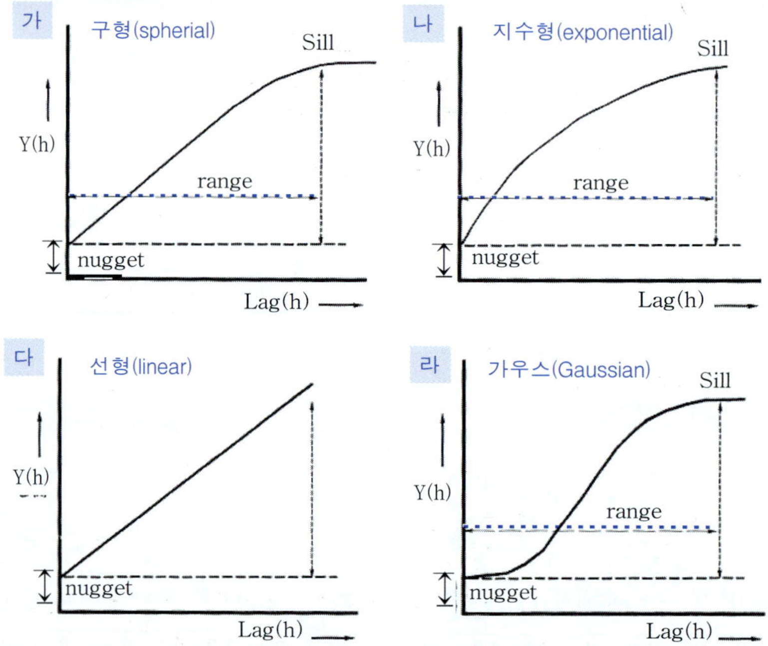

출처: Burrough, P.A. and McDonnell, R.A. (1998), *Principles of GIS*, p. 136.

결정되며 일반적으로 네 가지 모델 유형이 사용된다(그림 6-19 참조). Nugget과 Range와 Sill이 명확하게 나타나는 경우에는 구형(spherial)의 모델을 선택하는 것이 좋으며, Nugget과 Sill은 명확하게 나타나지만 Range가 점진적으로 나타나는 경우에는 지수(exponential) 모델을 선택한다. 한편 변이가 상당히 완만하며 공간적으로 의존된 국지적 변이에 비해 Nugget 분산이 비교적 작을 경우에는 가우시안(Gaussian) 모델을 사용하는 것이 바람직하며, 주어진 대상지역 내에서 Sill이 거의 나타나지 않는 경우 선형 모델을 사용한다.

이와 같은 방법을 통해 추출된 베리오그램 모델은 크리깅 보간법을 수행하는데 중요한 단서로 사용된다. 주어진 구역 내에서 실측되지 않은 지점에 대한 추정치를 산출하기 위한 보간법을 수행할 때 일반적으로 가중치를 필요로 한다. 크리깅 보간법의 경우 이동평균/역거리 가중치 방법에서 가중치를 부여하는 방법과는 달리 분산값을 최소화시키는 가중치를 선택하게 되며, 이 분산값은 앞에서 구축한 세미 베리오그램을 통해 산출된다. 정규 크리깅(ordinary kriging)의 보간법 공식을 보면 다음과 같다.

$$Z(X_0) = \sum_{i=1}^{n} \lambda_i \cdot Z(X_i) \quad \text{여기서} \sum_{i=1}^{n} = 1 \text{이다.}$$

그림 6-20 베리오그램 추정을 위해 사용되는 탐색 창의 유형

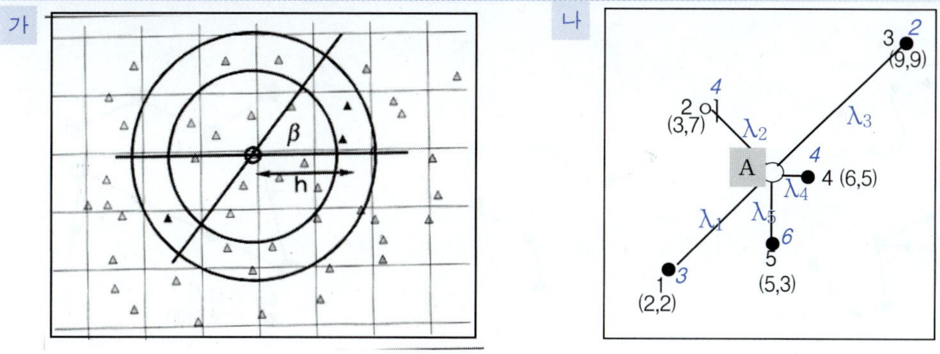

출처: Burrough, P.A. and McDonnell, R.A. (1998), *Principles of GIS*, p. 138.

이 식을 통해 알 수 있는 바와 같이 실측되지 않은 지점(Xo)의 Z값의 추정은 탐색창 내에 있는 표본지점들의 Z값과 점(Xo)와의 거리에 따른 가중치들의 합에 의해 추정된다. 이 경우 가중치(λi)는 추정치인 Z(Xo)가 편기되지 않고 분산값이 최소화되는 경우를 선택한다.

크리깅 보간법을 적용하는 경우 주어진 표본지점의 특성과 분포패턴을 고려하여 탐색창 설정 방법과 탐색창의 크기도 다양하게 선택할 수 있다. 표본지점이 불규칙하게 분포되어있는 경우 마치 자전거의 바퀴처럼 중심점(**h**)로 부터 주어진 반경 내에 놓여있는 표본지점을 참조하여 베리오그램을 구축하거나 특정한 방향(β)에 대한 베리오그램을 구축할 수도 있다(그림 6-20-가 참조). 또는 그림 6-20-나와 같이 가장 가까운 5개의 표본지점들로부터 베리오그램을 구축하여, 가중치를 산출한 후 A지점에 대한 Z값을 추정하는 경우도 있다.

(2) 스플라인(Splines)

스플라인은 표본추출된 지점을 정확하게 통과하는 완만한 표면을 생성하는 2차원의 최소곡률 보간법이라고 볼 수 있다. 스플라인 방법은 표면을 불규칙하지만 면적이 거의 같은 패치(patch)로 나누고 패치의 면을 하나씩 하나씩 실제 지형에 근사화시키는 방법이라고 볼 수 있다. 이 방법은 연속적인 1차, 2차 도함수를 가지는 표면을 만들어내는 일련의 패치를 제공하기 위해 3차 구분(piece-wise) 다항함수를 사용한다. 즉, 여러 구간으로 나누어진 연속적인 스플라인 함수를 이용하여 선형 방정식 체계를 형성함으로써 스플라인 보간법을 적용하게 된다.

스플라인(spline)이란 컴퓨터 프로그램이 도입되기 전에 도안가들이 주어진 점 데이

그림 6-21 스플라인 보간법의 특성의 일례

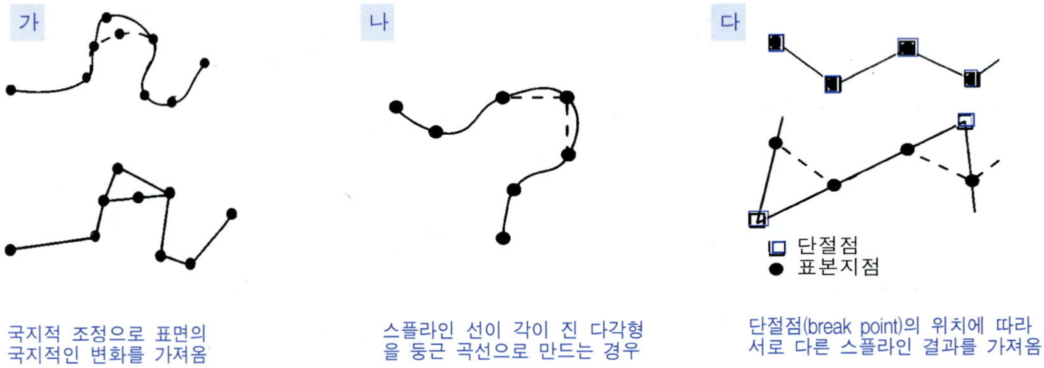

출처: Burrough, P.A. and McDonnell, R.A., (1998), *Principles of GIS*, p. 119.

터를 지나는 가장 부합되는 곡선을 그리기 위해 사용해온 다양한 굴곡면을 가진 운형자(spline ruler)를 지칭하는 것이다. 운형자를 따라 그려나가는 선은 연속적인 3차 구분함수의 선을 만들어낼 수 있다. 스플라인 함수는 바로 운형자를 수학적으로 표현한 함수라고 볼 수 있다.

이렇게 연속적으로 서로 다른 곡선들을 연결시키는 특성을 가진 스플라인 곡선함수는 전체를 다시 계산하지 않고도 곡선의 일부분을 수정할 수 있다. 즉, 스플라인 방법은 최소허용범위에 기초하여 선택된 선을 완화하거나 일반화시키기도 하므로 굴곡이 매우 심한 호의 형상을 완만하게 만들기도 한다(그림 6-21-가 참조). 그러나 그림 6-21-나의 경우와 같이 스플라인선이 예리한 모퉁이나 각이 진 사각형 표면을 매끄럽고 구불구불한 선으로 바꾸어 놓는 문제점을 야기시키기도 한다. 뿐만 아니라 보간법을 적용할 때 스플라인 선을 이용하여 구간으로 나누는 기준점인 단절점(break point)의 위치를 표본지점으로 선택하느냐, 또는 표본지점들 사이로 위치를 정하느냐에 따라서 보간된 스플라인 결과가 상당히 달라진다(그림 6-21-다 참조).

스플라인 보간법은 한번에 적은 수의 표본지점의 데이터를 사용하여 구분함수를 구축하고 이를 토대로 하여 보간값을 추정하기 때문에 경향면이나 이동가중평균 방법에 비하면 매우 신속하게 연산이 가능한 국지적이며 정밀한 보간법이다. 이 방법은 기복이 완만한 표면을 나타내는데 적합하지만, 기복의 변동이 많은 표면을 나타내는 데는 매우 부적합하다. 그러나 스플라인 보간법은 GIS에서 보편적으로 사용되는 공간보간법은 아니며, 실제로 이 방법을 활용하는 경우 패치를 어떻게 정의하고 분류하여 3차원의 표면을 구축하느냐에 따라서 오류의 정도가 달라지게 된다.

(3) 이동평균/역거리 가중치 (Moving Average/ Inverse distance weighting)

국지적 방법이지만 근사적 보간법으로 많이 활용되는 보간법은 표본지점들의 평균값으로 보간하는 이동평균(moving average) 방법이 있다. 이 방법은 구하고자 하는 격자점으로부터 일정한 거리 또는 가장 근접한 몇 개의 표본지점의 Z값들을 사용하여 가중평균에 의해 값을 산출하는 방법이다. 따라서 주어진 반경 내에 있는 모든 표본지점이나 이웃하는 표본지점들을 선택하기 때문에, 선택되는 점들이 많으면 많을수록 그 평균값은 더 정밀해질 수 있다.

일반적으로 이동평균 방법을 적용하는 경우 표본지점과의 거리를 가중치로 채택한다. 이는 서로 가까이에 위치한 지점들은 멀리 떨어져 있는 지점보다 더 유사한 경향이 있기 때문이며, 따라서 표본지점과 보간되어야 하는 지점간의 거리를 가중치로 부여한다. 즉, 관측되지 않은 지점의 Z값은 관측되지 않은 지점의 이동창(moving window) 내에 있는 표본지점의 가중된 거리평균을 통해 추정된다.

가중된 이동평균 방법의 가장 일반적인 형태는 거리에 반비례하여 가중치를 부여하는 역거리 가중치(inverse distance weighting) 방법이며, 역거리 가중 이동평균 보간법은 다음과 같은 식에 의해 산출된다.

$$Z(X_o) = \frac{\sum_{i=1}^{n} Z(X_i) d_{ij}^{-p}}{\sum_{i=1}^{n} d_{ij}^{-p}}$$

여기서 $Z(X_o)$는 추정되어야 하는 지점 X_o의 Z값이며 $Z(X_i)$는 보간시에 참조되는 이동창 내의 표본지점 X_i의 Z값이다. d_{ij}는 추정되어야 하는 지점 X_o와 표본지점 X_i와의 거리이며, p는 거리조락계수이다.

공간 보간법에서 거리가 증가함에 따른 가중치(W_{ij})의 감소 비율은 다양한 함수관계로 나타낼 수 있다. 거리조락(distance decay)함수에서 감소율을 나타내는 계수(b) 값이 작을수록 거리 증가에 따른 가중치가 서서히 감소하며, b값이 커질수록 거리 증가에 따른 가중치가 급격하게 감소한다. 거리조락함수의 선정은 주어진 데이터의 특성을 반영하여 결정하는 것이 바람직하며, 일반적으로 세 가지 유형의 거리조락함수가 많이 활용되고 있다(그림 6-22 참조). 첫째, 가장 단순한 거리조락함수는 직선형 함수로 거리가 증가함에 따라 가중치가 직선적 비율로 감소된다. 둘째, 가장 많이 사용되는 거리조락함수인 거듭제곱함수이다. 일반적으로 거리 자승에 반비례하여 가중치가 감소되는 것으로 간주하는 경우가 많다. 셋째, 보다 정밀하게 거리조락 관계를 나타내기 위해 지수함수를 사용하기도 한다.

그림 6-22 거리조락함수의 유형

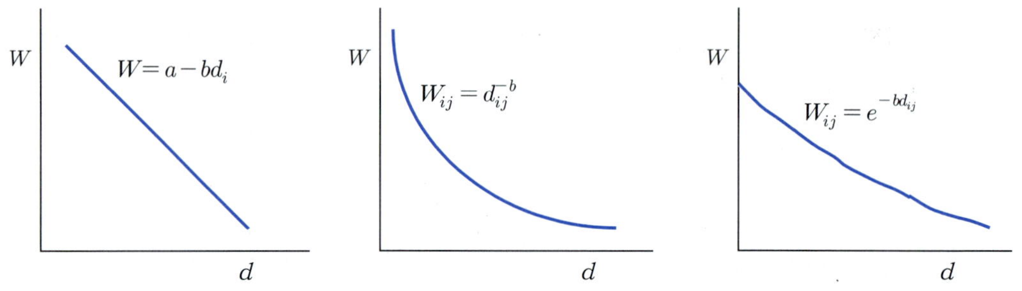

거리조락관계를 나타내는 어느 함수를 적용하든지 간에 실측되지 않은 지점에 대한 Z 값은 가장 가까이에 있는 표본지점의 영향을 가장 많이 받게 되며, 거리가 떨어져있는 표본지점의 영향력은 상대적으로 적게 받게 된다.

역거리 가중치 이동평균법의 경우 이동 창의 크기는 추정치 값에 상당한 영향을 미친다. 이동 창의 크기가 적을수록 참조되는 표본지점의 수가 작아지므로 가까운 표본지점의 영향을 상대적으로 많이 받게 된다. 한편 이동 창의 크기가 커질수록 가까운 거리에 위치한 표본지점의 영향력을 상대적으로 적게 받는다(그림 6-23 참조). 또한 이 방법은 가중치 거리의 평균이기 때문에 평균값이 최고 입력값보다 크거나 최저 입력값보다 작을 수는 없다. 따라서 이례적인 지점이나 지형의 형상을 나타내는데 꼭 필요한 지점들이 표본지점으로 추출되어 있지 않는 경우 이동 창 내에서의 평균값은 능선이나 계곡과 같은 형상을 나타내기 매우 어렵다. 따라서 역거리 가중치 이동평균 보간법을 통해 보다 정밀한 표면을 생성하기 위해서는 표본지점의 수가 많을수록 좋다. 반면에 표본지점들이 매우 불규칙하게 분산되어 있거나 선형과 같은 패턴을 형성하고 있는 경우라면 이 방법을 통해 실제와 부합하는 표면을 생성하기는 매우 어렵다.

그림 6-23 이동평균/역거리 가중치 보간법에서의 이동창

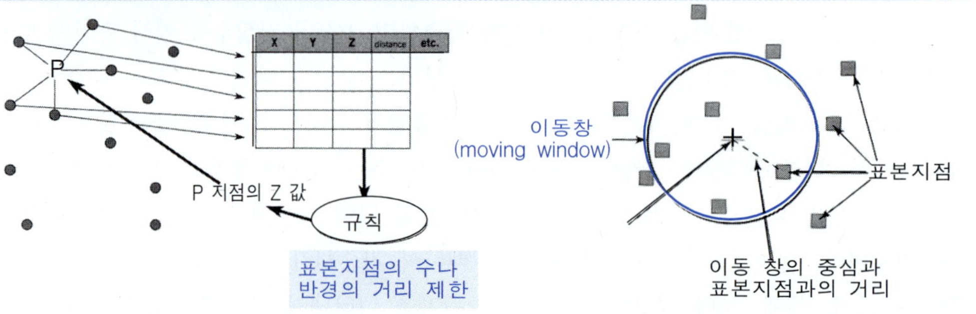

제 7 장
데이터베이스관리시스템

제 1 절 데이터베이스 개념과 데이터베이스관리시스템
제 2 절 데이터 모델링과 개체-관계모델
제 3 절 관계형 데이터베이스관리시스템
제 4 절 객체지향형 데이터베이스관리시스템
제 5 절 객체-관계형 데이터베이스관리시스템

제 1 절

데이터베이스 개념과 데이터베이스관리시스템

[1] 데이터베이스 개념과 데이터의 저장

(1) 데이터베이스의 개념

데이터베이스란 관심을 가지고 있는 데이터를 모아둔 것으로, 우리가 가장 흔하게 접할 수 있는 데이터베이스의 일례로 은행을 이용하는 고객에 대한 데이터베이스, 학교에서 학생들에 대한 데이터베이스, 도서관에서 소장하고 있는 도서 데이터베이스 등을 들 수 있다. 데이터베이스에는 서로 관련된 데이터들이 컴퓨터가 처리할 수 있는 형태로 저장되어 있다.

이렇게 저장된 데이터는 사용자들의 요구나 질문에 대한 대답을 제공할 수 있어야만 의미를 가질 수 있다. 예를 들면 도서 데이터베이스에는 현재 도서관에 있는 책들에 대한 데이터, 즉, 저자, 출판년도, 저서명 등에 대한 데이터들이 저장되어 있어야만 사용자들이 자신이 찾고자 하는 책에 관한 정보를 데이터베이스로부터 추출해낼 수 있다. 이와 같이 데이터베이스란 관심이 되는 데이터를 저장, 보관하여 사용자가 질의하는 경우 그에 대한 대답을 제공할 수 있어야 한다.

일반적으로 데이터베이스에 저장된 데이터는 지속적으로 갱신된다. 도서관의 경우 새로운 책이 들어올 때마다 새로운 도서에 대한 데이터가 저장되고, 책이 대출되거나 반납되었을 경우에도 대출과 반납에 대한 정보가 갱신된다. 이와 같이 데이터베이스는 새로운 데이터를 저장하거나 기존의 데이터를 삭제, 변경시키는 작업을 통해 저장된 데이터는 항상 일관성을 유지하고 있다.

GIS를 활용하는 기관에서는 그들이 필요한 데이터베이스를 구축하는데 상당한 시간과 비용을 투자하기 때문에 그들이 보유하고 있는 데이터베이스는 매우 값진 자산으로 간주된다. 또한 지속적으로 데이터를 갱신하여 최신의 데이터베이스를 유지, 관리하는데도 상당한 비용이 들기 때문에, 많은 양의 데이터를 취급하는 경우 같은 정보가 중복되지 않도록 효율적인 데이터베이스를 구축하기 위해 노력하고 있다. 데이터베이스를 구축하는 과정에서 새로운 데이터 유형을 추가시키거나 데이터베이스의 구조를 변화시켜야 하는 경우도 발생한다.

데이터베이스는 여러 다양한 사용자들의 질문에 대한 대답을 제공하여야 하므로, 다양한 사용목적을 고려하여 데이터베이스를 구축하여야 한다. 특히 데이터베이스는 다양한 사용자들에 의해 응용되는 분야도 매우 넓다. 개인적인 용도로 구축된 단순한 데이터베이스에서부터 많은 플랫폼에서 다양한 사용자들에 동시에 접근하여 사용되는 데이터베이스 및 이미지와 영상매체 데이터베이스와 GIS에서 사용되는 공간 데이터베이스까지 매우 다양하다.

데이터베이스 구축과정은 크게 세 단계로 나누어 볼 수 있다. 첫 단계는 데이터베이스를 정의하는 단계로, 데이터베이스의 개념과 논리적 조직과 더불어 데이터베이스를 계획하는 것이다. 두 번째 단계는 데이터베이스를 저장하는 방법에 대해 정의하는 것이다. 즉, 데이터베이스의 물리적 구조 기술, 예를 들어 파일위치와 색인(index) 방법을 설계하는 것이다. 세 번째 단계는 데이터베이스를 관리하고 조작하는 것으로, 데이터베이스로 부터 데이터를 추가하고 수정하며, 갱신, 삭제하는 일을 수행하는 것이다.

사용자들은 이렇게 구축된 데이터베이스에 대해서 신뢰성을 가질 수 있어야만 한다. 이를 위해서 데이터베이스 시스템은 정전과 같은 예상 밖의 사건이 발생하는 경우에 대비하여 이중 안전장치를 가져야 하며, 여러 다양한 계층의 사용자들이 데이터베이스로 접근하는 경우 이에 대처하는 충분한 유연성을 가져야만 한다. 그러나 은행 데이터베이스와 같이 특정고객은 다른 고객의 계좌에 접근할 수 없고, 자신의 계좌에만 접근할 수 있는 독립성도 지녀야 한다. 한편 데이터베이스 인터페이스는 동일한 요구로 일상적으로 접근하는 사용자뿐만 아니라 단시간 동안만 사용하는 예측할 수 없는 사용자들의 다양한 요구에 대하여도 신속하게 반응할 수 있는 충분한 유연성과 강한 수행력을 갖고 있어야 한다.

이상에서 살펴본 바와 같이 데이터베이스를 구축하는 목적은 다양한 요구를 가진 다중 사용자들이 동시에 데이터에 접근하여 그들이 원하는 정보를 추출할 수 있도록 하는데 있다. 그러나 모든 사용자들이 데이터베이스에 대해 똑같은 요구를 하는 것은 아니기 때문에, 사용자 지향적인 데이터베이스에 대한 고려는 데이터베이스를 설계하는 개념적 윤곽(schema) 단계에서 매우 중요하다.

그러나 데이터베이스를 설계하는 과정에서 이러한 사용자 관점에서의 개념적 윤곽은 데이터가 구조화되고 실제적으로 컴퓨터에 저장되는 내부적, 물리적인 윤곽과는 매우 다르다. 데이터베이스의 설계 과정은 층화된 데이터베이스 구조모델로 설명될 수 있다 (Tsichritzis and Klug, 1978). 그림 7-1에서 볼 수 있는 바와 같이 데이터베이스는 사용자들의 요구들이 반영되는 외부적 관점을 토대로 하여 설계되는 개념적 스키마와 데이터베이스의 논리적 표현과 데이터의 물리적인 저장을 담당하는 내부적 스키마는 서로 독립성을 띄고 있다. 사용자들은 데이터베이스의 외부적 관점에서 상호작용하거나 또는 질의어를 통하여 직접 상호작용하는 경우도 있으나, 구체적으로 데이터를 구조화하고 최종적으로 물리적 저장소인 디스크에 데이터가 저장되는 내부적 설계에는 아무런 영향을 미치지 못하는 상호 독립적인 특성을 갖고 있다.

그림 7-1 데이터베이스의 층화된 구조

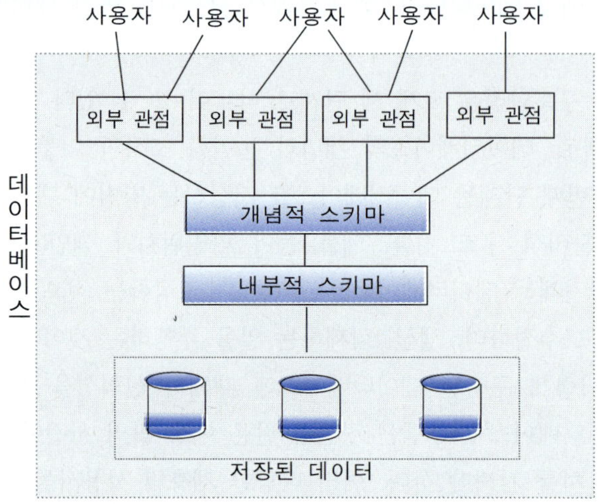

출처: Worboys, M. F. (1995), *GIS: A Computing Perspective*, p. 50.

(2) 데이터의 저장

데이터베이스는 대부분의 경우 많은 양의 데이터를 가지고 있기 때문에 이들을 저장하기 위해 비교적 값이 싸면서도 많이 저장할 수 있는 하드 디스크와 같은 매체에 저장된다. 디스크에 데이터를 쓰거나 디스크로부터 데이터를 읽는 작업은 내부 메모리에서의 작업에 비해 훨씬 많은 시간이 걸리므로, 디스크에서 읽거나 쓰기 작업을 최소화하는 것이 데이터베이스에서 매우 중요하다. 디스크에 데이터가 저장될 때 데이터들은 관련된 것들끼리 묶여서 저장되는데, 이러한 데이터의 묶음을 레코드라고 한다. 예를 들어 대학교의 학사관리 데이터베이스의 경우 한 학생에 대한 데이터는 학번, 이름, 학과, 학점 등으로 구성된 레코드로 저장된다. 이와 같이 레코드는 데이터가 저장되는 기본단위로, 데이터베이스의 저장된 모든 데이터들은 레코드 단위로 저장된다. 일례로 학생 데이터를 레코드로

그림 7-2 학생들에 대한 레코드의 예

이름	학번	소속학과	학점
김 XX	973255	지리학과	3.9
박 XX	987654	전산학과	3.5
최 XX	970234	지리정보학과	3.1
이 XX	967123	통계학과	2.9

나타내면 그림 7-2와 같다.

레코드의 각 부분은 숫자로 될 수도 있고, 이름과 같이 문자열로 나타낼 수도 있다. 또한 하나의 레코드는 서로 다른 형태의 값을 가질 수 있으며, 레코드를 정의하는 경우 프로그래밍 언어에서 사용하는 방법으로 나타낼 수 있다. 일례로, 학생에 대한 레코드를 정의하면 다음과 같다.

```
type 학생레코드 = {
      이름       : 문자열
      학번       : 정수
      소속학과   : 문자열
      학점       : 소수
                 }
```

이러한 레코드들이 모여서 하나의 파일을 이루게 되며, 파일은 레코드들이 배열된 형태에 따라 여러 가지 종류로 분류될 수 있다. 아무런 순서없이 배열되어 있거나, 또는 레코드의 특정한 값에 따라 순서대로 정렬되는 경우도 있다. 또한 이미 구축된 파일에서 필요한 레코드를 찾거나 새로운 레코드를 추가 또는 삭제할 수 있다.

파일에서 필요한 레코드를 찾을 경우 색인(index)을 이용하여 검색하는 것이 전체 파일을 찾는 것보다 훨씬 효율적이다. 데이터베이스에서 원하는 데이터를 찾을 때 디스크에서 읽어오는 시간을 줄이기 위해서는 디스크를 직접 읽어나가는 작업을 줄여야 한다. 하나의 레코드를 찾기 위해 처음부터 전체 파일을 읽어나간다면 상당한 시간이 걸릴 것이므로, 이런 경우 색인을 이용하면 쉽고 빠르게 검색할 수 있다. 예를 들어 학생 이름으로 레코드를 검색하는 경우 학생 이름에 대해서 색인을 만들어 놓는다면 전체 레코드 데이터를 찾는 대신에 학생 이름의 색인만을 찾으면 빠르게 원하는 레코드를 찾을 수 있다. 이와 같이 색인에는 실제 레코드보다 훨씬 적은 양의 데이터가 들어가므로 레코드 전체를

그림 7-3 디스크의 저장 관리기에서 레코드의 입·출력 과정

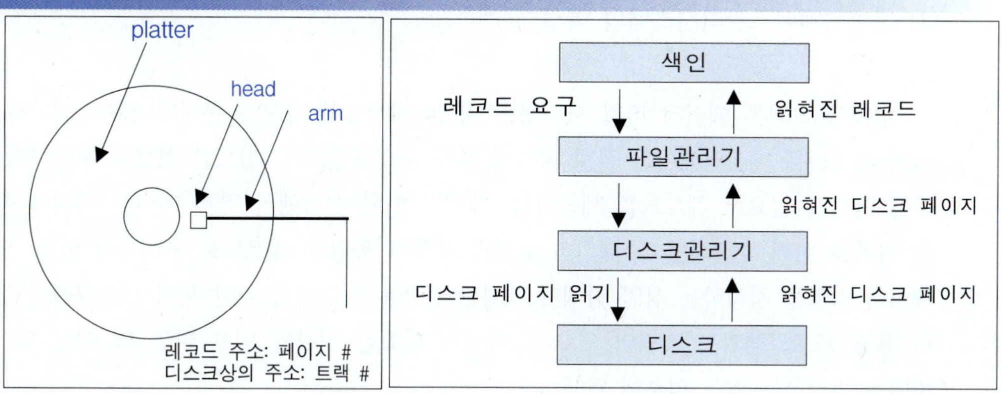

검색할 때보다 빠르게 탐색할 수 있으며, 따라서 레코드를 효율적으로 찾을 수 있다(그림 7-3 참조). 이러한 색인은 데이터베이스에 데이터 파일과 별도로 저장되며, 색인이 가리키는 레코드가 추가되거나 삭제될 경우 색인도 이에 맞게 추가되거나 삭제되어야 한다.

색인 방법에는 역파일(inverted file), B-tree, 해싱(hashing) 등이 있다. 역파일 방법은 원하는 대상을 색인으로 만드는 것으로, 이렇게 만든 파일은 마스터 파일에 비해 크기가 훨씬 작다. 따라서 레코드의 정렬과 탐색 작업을 효율적으로 수행할 수 있는 매우 간단한 방법이다(그림 7-4 참조).

그러나 레코드 수가 많을 경우 역파일의 크기가 증가되므로, 이런 경우에 보다 효과적인 탐색을 위해 역파일 구조를 개선한 것이 B-tree 방법이다. 이 방법은 하나의 노드에 하나의 디스크 페이지를 할당하고 각 값에 해당 레코드의 디스크 주소를 저장하는 것이다. B-tree방법에서는 순차적 탐색과 구간 탐색이 가능하기 때문에 레코드 수가 많아도 신속하게 탐색이 이루어질 수 있다.

그림 7-4 학생 이름에 대한 색인(역파일 방법)의 일례

[2] 데이터베이스관리시스템의 특성과 발달과정

(1) 데이터베이스관리시스템의 특성

앞에서 살펴본 데이터 파일 시스템은 데이터베이스의 가장 기본적인 유형으로, 각 데이터 파일들은 데이터베이스 설계 방식에 따라 구축되었으며, 필요한 정보를 저장하고 요구에 따라서 필요한 레코드를 제공한다. 데이터 파일 시스템의 경우 데이터 자체가 특정한 목적을 위해 수집되었고, 데이터 유형과 포맷이 동일한 레코드로 구성되어 있다. 또한 데이터 파일을 처리하는 작업 자체가 특정한 문제를 해결하기 위한 목적으로 구축된 컴퓨터 응용 프로그램과 연결되어 있으며, 따라서 필요한 정보를 얻고 나면 더 이상 데이터 파일을 관리하는 일은 멈추게 된다.

파일 시스템은 특정한 목적에 부합되는 특정한 데이터 형식을 갖고 있기 때문에 데이터베이스 자체의 독립성이 없으며, 일반적인 목적으로 사용되지 못한다. 이와 같은 단점을 보완하여 개발된 것이 데이터베이스관리시스템(DBMS: Database Management System)이다. DBMS란 데이터베이스를 지원하는 물리적인 시스템으로, 데이터베이스를 생성하고 관리하며, 데이터로부터 사용자의 물음에 대한 대답을 추출하는 프로그램의 집합이라고 할 수 있다. 즉, 다양한 응용분야에서의 사용을 위해 데이터베이스를 정의하고, 데이터베이스를 구축하고 조작하는 기능을 수행하는 소프트웨어들의 집합이라고 볼 수 있다. DBMS는 데이터를 저장하고, 이 데이터로부터 유용한 정보를 얻어낼 수 있는 효율적이고 편리한 방법을 사용자에게 제공하는데 그 목적이 있다. 따라서 DBMS의 주요 기능은 데이터를 안정적으로 관리하고 데이터에 대한 효율적인 검색을 지원하며, 각종 데이터베이스의 질의 언어를 지원하는 것이다.

따라서 DBMS은 파일 시스템보다 한 단계 진보된 데이터베이스 기술의 발전이라고 볼 수 있다. 현재 DBMS를 취급하고 구축할 수 있는 소프트웨어 패키지들이 많이 나와 있으며, 각각의 패키지들은 나름대로의 특징을 갖고 있지만, 공통적으로 DBMS의 핵심적 구성요소는 질의 처리기와 저장 관리기라고 볼 수 있다(그림 7-5 참조).

데이터베이스관리시스템에서 데이터를 관리하기 위해서는 먼저 저장될 데이터의 구조를 정의하여야 하며, 정의된 구조에 따라 효율적으로 데이터를 저장해야 한다. 그리고 저장된 데이터로부터 좀더 빠르게 정보를 추출할 수 있는 방법들을 제공해야 한다.

그림 7-5 데이터베이스관리시스템의 구성요소

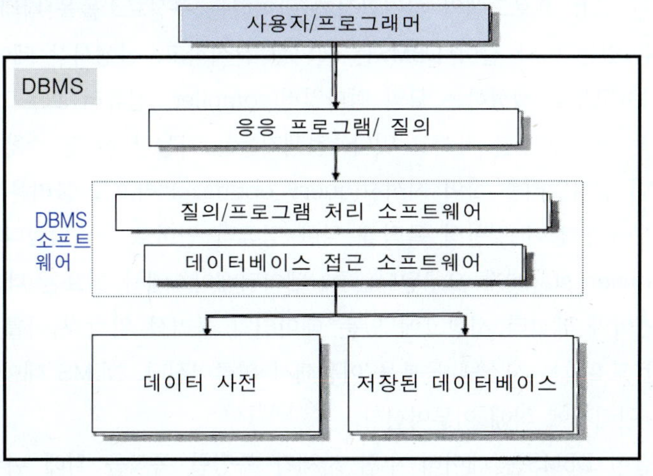

출처: Lo, C.P. and Yeung, A.K.W. (2007), *Concepts and Techniques of GIS*(2nd ed.), p. 80.

그림 7-6 사용자 질의 처리과정과 관련된 DBMS 구성요소

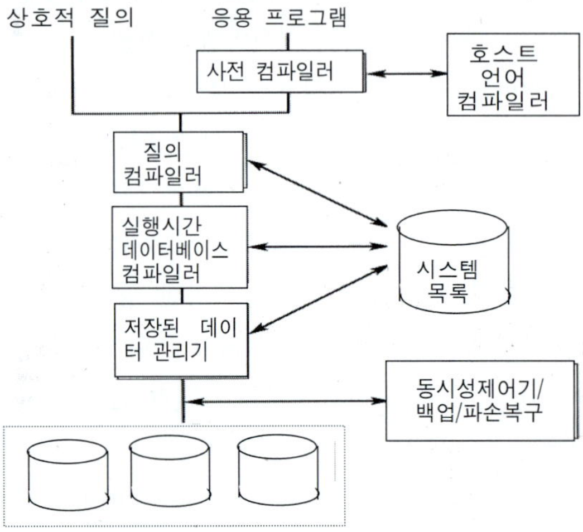

출처: Worboys, M. F. (1995), *GIS: A Computing Perspective*, p. 50.

데이터베이스를 사용할 경우 데이터베이스관리시스템에 명령을 전달하게 되는데, 이때 사용되는 언어가 데이터베이스 관리언어이다. 이 언어는 데이터베이스에 저장될 데이터의 구조를 정의하고, 이 구조에 따라 데이터를 저장하고, 삭제하는 역할과 사용자의 복잡한 질문을 전달하는 역할을 수행한다.

데이터베이스관리시스템에서 사용자가 원하는 질의에 대한 대답을 제공해주는 과정에 대해 간략히 살펴보자. 그림 7-6은 사용자의 질의나 데이터베이스로의 접근 명령어를 포함하고 있는 응용 프로그램의 처리과정에 관여하는 구성요소들을 나타낸 것이다. 이 그림에서 볼 수 있는 바와 같이 DBMS는 질의를 분석하고, 실행시간 데이터베이스 컴파일러로 전달되는 코드를 생성하는 질의 컴파일러(compiler: 컴퓨터 프로그래밍 언어를 기계어로 번역하는 프로그램)를 가지고 있다. 검색기능을 가능한 한 잘 수행하도록 코드를 최적화하므로 이 컴파일러를 질의 최적자(query optimizer)라고도 불리운다. 데이터베이스 언어표현이 C++과 같이 일반적 목적을 위한 컴퓨터 언어로 구축되었다면 사전컴파일러 단계(precompiler stage)가 요구된다. 즉, 데이터베이스에서 필요한 데이터를 검색하기 위한 질의 언어와 데이터 저장고에 있는 데이터의 물리적 위치 사이를 도표화해주어야 한다. 이러한 도표화는 시스템 목록을 이용해서 이루어진다. DBMS 데이터로의 접근은 저장된 데이터 관리기에 의해 이루어진다.

이와 같이 DBMS는 데이터 수집 자체가 특정한 목적을 위해 이루어진 것이 아니라 다양한 기관이나 조직에서의 수요를 감안하여 이루어진 것이므로, 서로 다른 데이터 유형과 포맷으로 구축된 데이터 파일 내에서 서로 연관된 레코드들로 이루어져 있다. 또한

DBMS에서 데이터베이스 처리과정은 연속적인 사용 또는 매일 정규적으로 사용하는 경우를 주된 목적으로 하고 있다. 따라서 데이터베이스관리시스템은 은행과 같이 매일 매일 항시적으로 이루어지는 거래(transaction)를 처리하기 위해서 사용되며, 더 나아가 의사결정 지원을 위해서도 사용되고 있다.

데이터베이스관리시스템을 파일 시스템과 비교해볼 때 여러 가지 장점을 갖고 있다. 데이터베이스관리시스템은 데이터베이스와 응용프로그램 혹은 데이터베이스와 사용자간의 모든 자료의 흐름을 조정하는 중앙제어의 역할을 수행한다. 데이터베이스시스템 자체가 중앙제어기능을 갖고 있으므로, 한 사람의 감독자나 그룹에 의하여 일괄적으로 시스템이 통제되어 일정수준으로 데이터의 신뢰도를 유지할 수 있으며, 또한 보안을 위한 각종 통제 기능도 갖고 있다. 또한, 데이터베이스관리시스템의 경우 데이터의 저장방식이나 물리적인 표현방식이 외부 응용분야와는 독립적이어서 데이터 및 응용프로그램의 공유가 가능하다. 뿐만 아니라 직접 사용자와의 연계를 위한 기능을 갖고 있기 때문에 프로그램을 별도로 개발하지 않고도 복잡하고 높은 수준의 분석이 가능하다.

한편 파일 시스템 방식의 경우 데이터 파일이 사용목적에 따라 분리되어 사용되기 때문에, 데이터의 중복저장과 함께 많은 저장공간을 필요로 한다. 이에 비해 데이터베이스관리시스템은 데이터 저장의 중복을 최대한 감소시키며, 동일한 데이터를 필요로 하는 사용자들 각각의 요구에 부합하도록 적절한 포맷으로 정보를 제공함으로써 데이터의 중복성도 줄일 수 있다.

그러나 데이터베이스관리시스템은 데이터베이스의 소프트웨어와 시스템 구성에 수반되는 하드웨어로 구성되므로, 가격이 비싸며 파일 시스템에 비해서 상대적으로 시스템의 구성이 복잡하다. 또한 데이터의 관리 및 저장이 중앙집중적으로 이루어지므로, 응용프로그램을 사용함으로써 데이터의 손실이나 시스템의 작동이 어려워질 수도 있다. 그에 따라 데이터베이스 시스템의 경우 데이터 손실에 따른 위험 부담을 최소화하기 위해서 백업과 회복기능을 잘 갖추고 있다.

(2) 데이터베이스관리시스템의 발달과정

데이터베이스관리시스템은 데이터의 분류, 삽입, 레포트 생성과 같은 기본적 파일처리를 수행하는 파일관리시스템에서 발달하였다. 데이터를 어느 한 응용프로그램에 종속시키지 않고 다양한 목적을 가진 여러 사용자들이 데이터를 공유하여 사용할 수 있도록 하기 위한 노력이 기울여지면서 지난 30여년 동안 데이터베이스 기술은 상당히 발전되어왔다. 데이터베이스 기술은 파일 시스템 기술에서 출발하여 지금은 객체-관계형 기술로까지 발전되고 있다(그림 7-7 참조).

그림 7-7 데이터베이스 시스템의 기술 발전

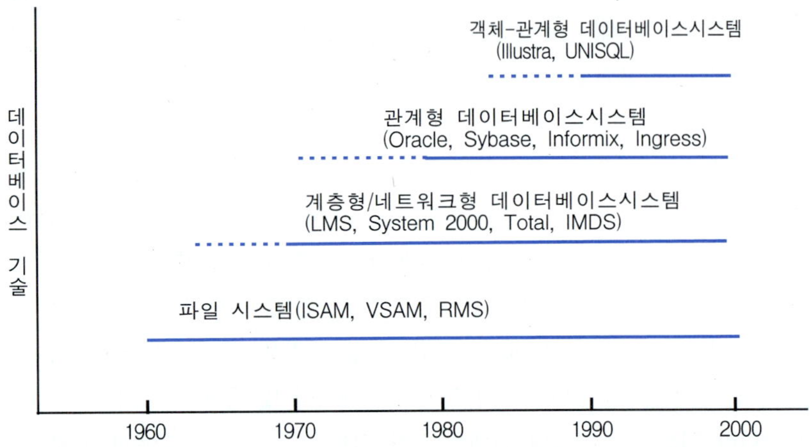

출처: 국토연구원, (1996), 지리정보시스템 구축을 위한 데이터베이스 시스템 비교연구, p. 33.

1960년대에는 인덱스 순차접근방법(ISAM: Index Sequential Access Method)과 가상기억공간 접근방법(VSAM: Virtual Storage Access Method)등과 같은 파일 시스템 기술이 발달하였다. 그러나 점차 파일이 복잡한 구조로 이루어지게 되자 데이터를 정의하는 프로그래밍 언어가 이용되기 시작했다. 1960년에 개최된 데이터 시스템과 언어에 관한 회의(CODASYL: Conference on Data System and Languages)에서 COBOL(Common Business-Oriented Language)이 표준언어로 제정되었다.

1969년 CODASYL의 데이터베이스 과제팀은 데이터를 기술하고 정의하는 언어를 정립하기에 이르렀으며, 그 결과 1970년대에는 계층적 데이터베이스 모델과 네트워크 데이터베이스 모델을 지원하는 데이터베이스관리시스템이 등장하게 되었다. 즉, 계층형 데이터베이스 시스템인 IMS(Information Management System), System 2000과 네트워크형 데이터베이스 시스템인 TOTAL, ADABAS가 개발되었다. 그 결과 일반관리업무를 위해 파일 시스템보다는 데이터베이스시스템이 주로 사용되게 되었다. 이러한 데이터베이스 시스템은 통합된 데이터베이스를 다수의 사용자가 공유하는 응용환경을 제공하는 데 성공하였지만, 데이터의 독립성이 없었고 데이터베이스에 대한 접근이 용이하지 못하였다.

현재 가장 많이 활용되고 있는 관계형 데이터베이스 모델은 Codd(1970)에 의해 제안되었으며, 1970년대에는 SQL, SEQUEL, QUEL과 같이 사용하기 쉬운 관계형 데이터베이스 질의 언어들이 개발되었다. 또한 INGRESS, Informix와 같은 프로토타입의 관계형 데이터베이스관리시스템이 등장하였다. 1980년대에 들어오면서 관계형 데이터베이스관리시스템의 사용이 데이터베이스 시스템에서 주축을 이루게 되면서, Oracle, Informix, SQL 등 상용 시스템이 출현하였으며, 관계형 데이터베이스관리시스템은 재고관리, 급여, 재무 등과 같은 업무처리에 본격적으로 응용되었다.

그러나 CAM, CAD, GIS와 영상, 비디오, 음성, 텍스트와 같은 다중매체를 처리하는 대중 매체시스템과 프로그래밍 언어 시스템 등의 분야에서 관계형 데이터베이스를 이용하는 경우 데이터 처리과정에서 여러 가지 불편한 점들이 나타나게 되었다. 이에 따라 이러한 복잡한 데이터 유형을 지원하는 데이터베이스 시스템에 대한 요구가 대두되었고, 그 결과 객체지향 데이터베이스 기술이 등장하게 되었다. 객체지향 데이터베이스 시스템은 데이터베이스의 프로그래밍 언어로부터 발달하였고 O2, ORION과 같은 프로토타입의 객체지향 시스템이 개발되었다.

1990년대에는 관계형 데이터베이스관리시스템 뿐만 아니라 객체지향형 데이터베이스 시스템이 병존하여 사용되고 있을 정도로 객체지향형 데이터베이스 시스템은 데이터베이스 시장에서 확고한 자리를 차지하고 있다. 현재는 객체-관계형 데이터베이스 시스템의 개발이 이루어지고 있다. 이에 따라 표준질의어 SQL은 국제표준 SQL-92와 SQL3으로 더욱 발전되고 있다.

제 2 절

데이터 모델링과 개체-관계 모델

[1] 데이터 모델링의 개념

데이터베이스를 설계하는 과정에서 가장 먼저 해야 할 일은 사용자가 관심이 있는 데이터는 무엇이며, 그 데이터로부터 얻고자 하는 정보는 무엇인가를 조사하는 것이다. 즉, 사용자 요구를 분석하는 것으로, 이 단계에서 사용자가 요구하는 실세계의 데이터를 분명하고 이해하기 쉽게 개념적으로 잘 나타내어야만 다음 단계에서 사용자의 요구에 부합되는 데이터베이스를 구축할 수 있다.

실세계의 수많은 데이터 가운데서 관심 대상이 되는 데이터만을 추출하여 추상적인 형태로 나타내는 것을 데이터 모델링이라고 한다. 즉, 데이터 모델링은 실세계의 정보를 데이터베이스화하기 위한 분석 작업이라고 볼 수 있다. 데이터베이스 설계에 있어서 실세계를 잘 반영할 수 있도록 데이터를 표현하여 저장하는 것은 매우 중요하다.

데이터 모델링의 목적은 데이터베이스가 보다 정확성을 가지면서도 사용자가 이해할 수 있는 논리성을 지니고 있고, 데이터의 관리와 확장이 가능한 쉽게 이루어지도록 데이터베이스를 설계하는 것이다. 따라서 데이터 모델링의 내용은 실세계에서 필요한 정보항목을 추출하고, 각 항목별 필요한 데이터를 분석한 후에 각 항목사이의 연관성과 제약성

그림 7-8 데이터 모델링의 개념

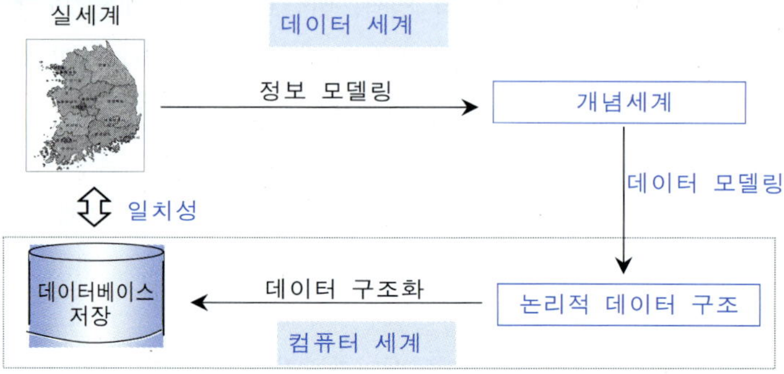

을 파악하는 것이라고 볼 수 있다. 바꾸어말하면 데이터 모델링이란 데이터를 정의하고 데이터들 간의 관계를 규정하며, 데이터의 의미와 데이터에 가해지는 제약조건을 나타내는 개념적 도구라고 볼 수 있다(그림 7-8 참조).

데이터 모델링 과정은 실세계를 표현하는 가장 추상화 수준이 높은 개념적 데이터 모델에서 가장 구체적인 물리적 데이터 모델로 단계화할 수 있다(그림 7-9-가 참조). 개념적 데이터 모델이란 관심대상이 되는 데이터의 구성요소를 추상적인 개념으로 나타낸 것으로, 흔히 속성들을 나타내는 개체 집합과 이들 개체집합들 간의 관계를 표현하는 개체-관계모델(entity-relationship model)이 가장 대표적인 유형이다. 개념적 데이터 모델에서는 개념적 윤곽을 정의하기 위해 데이터정의언어(DDL: data definition language)를 사용하게 된다.

한편 추상화 수준이 중간 단계에 해당하는 내부적 또는 논리적 데이터 모델은 데이터의 구성요소를 논리적인 개념으로 나타내는 것이다. 내부적 데이터 모델에서는 데이터 유형과 데이터 유형들 간의 관계를 표현하는 접근방법에 따라서 여러 가지 모델로 분류된다. 지금까지 개발된 논리적 데이터 모델로는 계층형, 네트워크형, 관계형, 객체지향 데이터 모델 등이 있다.

추상화 단계가 가장 낮은 마지막 단계인 물리적 데이터 모델에서는 관심대상에 대한 데이터의 정보가 컴퓨터에 저장되는 것으로 저장단위(예: 바이트나 블럭)로까지 구체적으로 정의된다. 이와 같은 단계를 거쳐 데이터 모델링이 이루어지고 나면 이에 따른 데이터베이스에 대한 설계를 하고 실제로 데이터베이스를 생성하게 된다. 이렇게 생성된 데이터베이스를 응용프로그램과 연계시키면 데이터베이스관리시스템이 구축되는 것이다(그림 7-9-나 참조).

그림 7-9 데이터 모델링의 단계와 데이터베이스관리시스템 구축과정

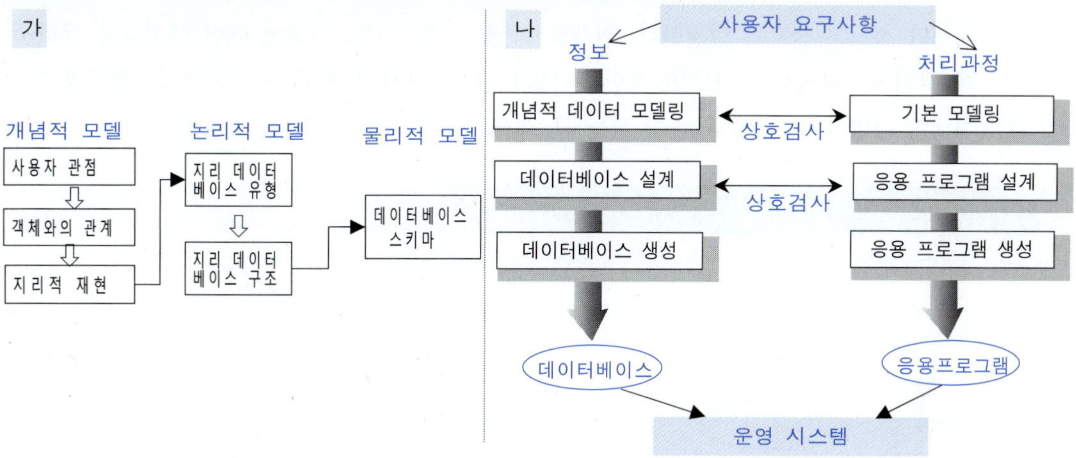

[2] 개체-관계 데이터 모델

데이터베이스를 설계하는 과정에서 가장 중요한 것은 데이터베이스에 어떤 데이터를 저장할 것인지를 결정하는 것이며, 데이터베이스에 저장된 데이터들 간의 관계를 명확한 형태로 표현하는 것이다. 학사관리시스템을 예로 든다면 학생, 교수, 강좌 등에 대하여 필요한 데이터를 서로 연관시켜서 나타내어야 한다. 학생의 데이터를 보면서 그 학생이 수강하는 교수에 대한 정보를 얻기 원할 수 있으며, 교수의 데이터를 보면서 그 교수가 가르치는 강좌에 수강하는 학생들에 대한 정보를 원하는 경우도 있다. 이와 같이 데이터들 간에 서로 복잡한 관계를 가지고 있는 경우 보통의 언어로 표현하면 한 눈에 알아보기 어려울 뿐만 아니라 그 관계를 이해하기 쉽지 않다.

이와 같이 데이터베이스에 저장하고자 하는 데이터를 형식화되지 않은 형태로 나타냈을 경우 의미가 모호할 뿐만 아니라 서로 중복되는 관계들 때문에 실제로 표현하고자 하는 데이터를 명확하게 나타내기 어렵다. 이런 어려움을 해결하기 위하여 보다 형식화된 방법들이 고안되었는데, 그 대표적인 모델이 개체-관계(entity-relationship) 모델이다.
개체-관계 모델은 개체, 속성, 그리고 관계의 개념을 이용한다. 개체(entity)는 독립적으로 존재하는 기본적인 대상으로, 예를 들면 학생, 교수 등과 같이 물리적으로 존재하는 대상일 수도 있으며, 강좌, 학과 등과 같이 개념적으로 존재하는 것일 수도 있다. 물리적이든 개념적이든지 간에 개체는 자신의 특성을 가지고 있는데, 이러한 특성을 개체의 속성(attribute)이라고 한다. 예를 들면 학생이라는 개체는 이름, 학번, 학과, 학점 등의 속성을 가지고 있으며, 강좌의 경우 강좌이름, 시간, 장소, 수강생수 등의 속성을 가지고 있

다. 이러한 개체의 속성 값이 데이터베이스에 저장되는 중요한 요소이다. 개체-관계 모델은 다이어그램으로 표현되는데, 개체는 직사각형으로, 개체의 속성은 타원으로 나타내며 개체와 속성은 선으로 연결한다. 일례로 학생, 교수, 강좌, 학과에 대한 데이터를 개체-관계 다이아그램으로 나타내면 그림 7-10과 같다. 개체의 속성들 가운데 그 개체를 다른 개체와 구별할 수 있게 되는 속성을 그 개체의 키(key)라고 한다. 일례로 학생의 경우 학

그림 7-10 개체-관계 모델에서 개체와 속성을 나타낸 다이아그램

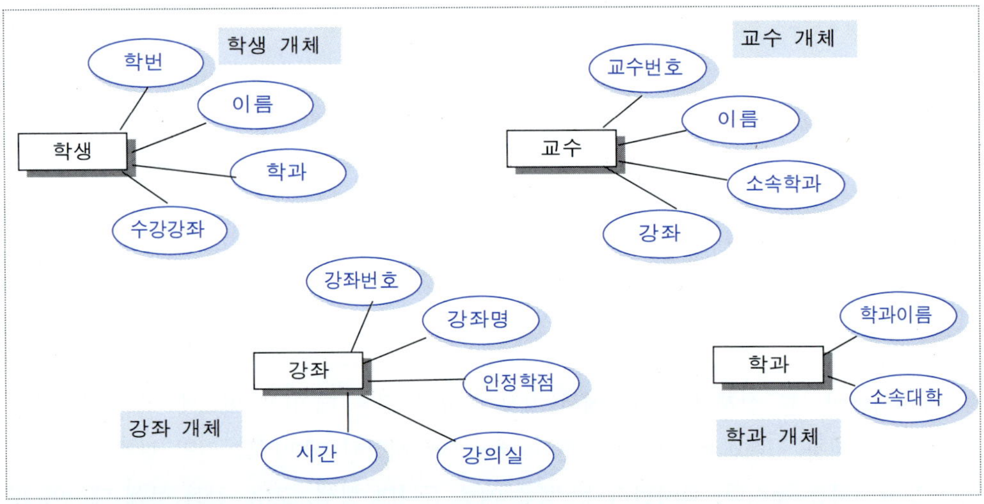

그림 7-11 개체-관계 모델에서 개체, 속성, 관계를 나타낸 다이아그램

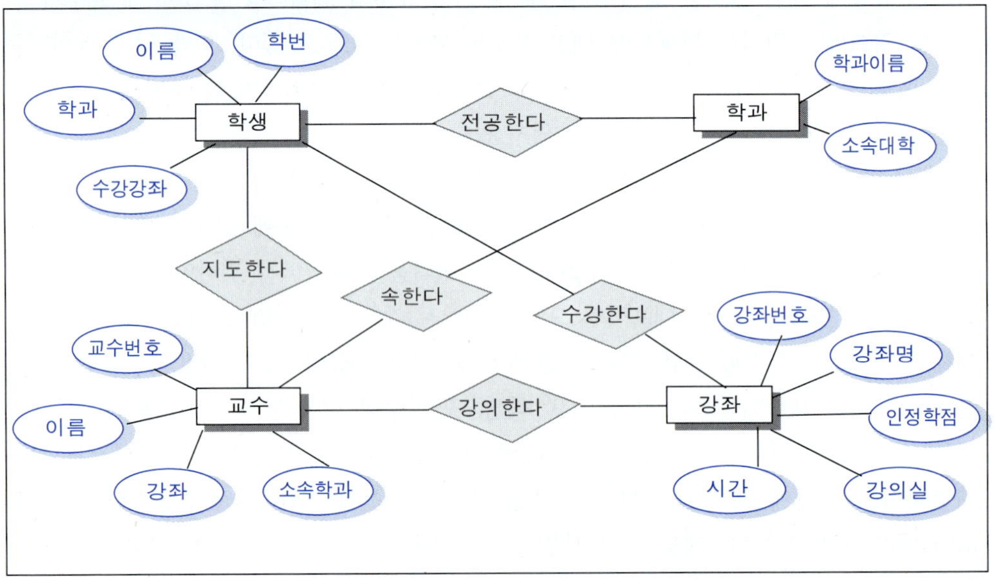

번은 모든 학생들 사이에 고유한 값을 가지므로 키라고 할 수 있다. 그러나 이름의 경우는 동일한 이름을 가진 학생들이 있을 수 있기 때문에 키가 될 수 없다.

개체들 간에는 서로 연관성을 갖고 있는 경우가 많다. 일례로 학생은 강좌를 수강하고, 교수는 강좌를 강의하는 경우에 교수와 학생과는 강좌를 통해 서로 관계를 맺고 있다. 이러한 개체들 간의 관계는 개체-관계 다이아그램에서 마름모로 나타낸다(그림 7-11 참조). 이러한 개체들 간의 관계는 1:1의 관계뿐만 아니라 1:N(다수)의 관계를 갖는 경우도 많다. 지도교수와 학생과의 관계는 1:N의 대표적인 예이며, 학생과 강좌의 관계는 N:N의 관계를 갖게 된다. 이러한 개체들 간의 관계에 대해서도 특성을 부여할 수 있다. 예를 들면 학생의 강좌와 수강이라는 관계에서 수강은 그 학생의 학점을 속성으로 가지게 되며, 학점이라는 속성은 학생이 어떤 강좌를 수강하는 경우에만 정의될 수 있으므로 수강 관계의 속성이 될 수 있다. 개체간의 관계에 대한 속성도 개체의 속성과 마찬가지로 타원으로 나타내게 된다.

[3] 논리적 데이터 모델

개체-관계 모델은 데이터베이스관리시스템을 구축하는 데 있어서 개념적 데이터 모델로 개발된 도구이며, 이러한 개체-관계 모델로 정의된 데이터들은 내부적 또는 논리적 데이터 모델로 변환된다. 개념적 모델에서 정의된 데이터의 구성요소를 나타내기 위하여 사용되고 있는 논리적 데이터 모델에는 계층적 데이터 모델, 네트워크형 데이터 모델, 관계형 데이터 모델, 객체지향형 모델로 분류될 수 있다. 여기서는 논리적 데이터 모델로 초기에 개발된 계층형 데이터 모델과 네트워크형 데이터 모델에 대하여 간략히 살펴본 후 다음 절에서는 가장 많이 활용되는 관계형 데이터 모델과 객체지향형 데이터 모델에 대하여 자세히 살펴보고자 한다.

(1) 계층형 데이터 모델

계층형 데이터 모델(hierarchical data model)은 나무줄기와 같은 구조를 가지고 있다. 일례로, 학사관리시스템을 계층형 시스템으로 구축하는 경우를 생각해보자. 먼저 계층성 관점에서 학사관리시스템을 구성하는 다섯가지 개체들(학교, 학과, 학생, 교수, 강좌)간의 관계를 정의한다. 그리고 각각의 계층에 속한 레코드의 필드에는 각 개체들의 속성을 나타내도록 하며, 이들 속성들 가운데 하나를 키필드로 설계한다.

계층형 모델에서 가장 상위의 계층을 뿌리(root)라고 하는데, 학사시스템의 경우 대학이 가장 상위의 계층이라고 볼 수 있다. 뿌리도 레코드를 갖는다. 뿌리를 제외한 모든 계

그림 7-12 계층형 데이터 모델의 예

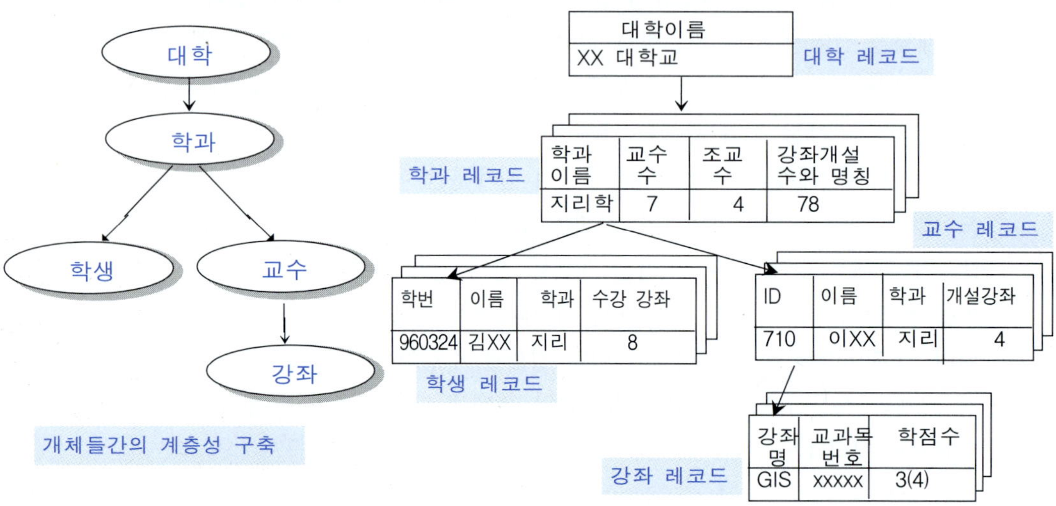

층들의 경우 모든 개체들은 부모-자녀와 같은 관계를 갖게 된다. 하위 개체는 단지 하나의 부모를 가질 수 있지만 상위 개체에 속하는 부모는 여러 명의 자녀를 가질 수 있다. 계층형 모델에서 모든 정보는 나무줄기 구조에 의해 갱신된다. 따라서 그림 7-12에서 볼 수 있는 바와 같이 학생들에 대한 데이터의 갱신과 교수에 대한 정보 갱신은 효과적으로 이루어질 수 있다. 그렇지만 해당 학과의 수강 과목을 파악하기 위해서는 두 단계의 검색이 필요하다. 첫 단계에서는 학과에 소속되어 있는 교수를 파악한 후, 그 다음에 각각의 교수가 가르치는 과목에 대한 현황이 파악되어야 비로소 해당 학생들이 수강할 수 있는 과목들을 파악할 수 있다.

계층형 데이터 모델의 단점은 속성 필드로는 검색이 불가능하다는 것이다. 예를 들면 학년에 대한 속성을 키필드로 지정하지 않는 경우 정의된 특정 학년 학생을 제외하고는 다른 학년에 대한 정보의 검색은 불가능하다. 이러한 검색이 가능하기 위해서는 특별하게 고안된 포인터와 같은 각각의 객체를 연결하는 수단이 사용되어야 한다. 또한, 동일한 계층에서의 검색은 부모 레코드를 거치지 않고는 불가능하다. 따라서 계층형 데이터 모델의 경우 필요한 정보의 추출을 위한 질의 유형이 사전에 결정되어야만 하며, 이러한 기대되는 질의 유형을 반영하여 데이터베이스를 구축하여야만 한다는 어려움을 안고 있다.

(2) 네트워크형 데이터 모델

네트워크형 데이터 모델(network data model)은 계층형 데이터 모델이 지니고 있는 문제점을 보완한 모델로, 하나의 개체는 여러 개의 부모 레코드와 자녀 레코드를 가질 수 있도록 하였다. 따라서 계층형 데이터 모델과는 달리 모든 상위 계층의 데이터를 검색하지 않고도 필요한 개체에 대한 데이터의 검색이 가능하다. 그림 7-13에서 볼 수 있는 바와 같이 강좌 레코드는 두 개의 부모 레코드를 가지고 있다.

해당 학과에서 개설된 과목의 검색도 계층형 모델과는 달리 교수에 관한 레코드를 검색하지 않고 보다 직접적이고 간편하게 이루어질 수 있다. 학생은 여러 개의 강좌를 등록할 수 있고 하나의 강좌는 여러 학생에 의하여 수강될 수 있다. 그러나 이와 같은 관계를 나타내기 위해서는 별도의 등록레코드를 생성해야하며, 이러한 방식으로 생성된 레코드를 교차 레코드(intersection record)라고 한다. 네트워크형 데이터 모델은 계층형 모델에 비하여 데이터 저장에 있어서 중복성은 적은 편이나 상대적으로 보다 많은 연결성에 관한 정보가 저장되어야 한다. 따라서 복잡한 구조를 가진 데이터베이스의 관리에 있어서 연결성에 관한 정보의 저장 및 관리는 별도의 비용과 노력이 필요하며, 연결성에 변화가 생길 경우 갱신을 위해 시간이 많이 소요될 수 있다.

개체들 간의 관계가 복잡한 구조로 이루어져있는 경우 계층형 데이터 모델보다는 네크워크형 데이터 모델로 표현하는 것이 검색에 있어서 용이하다. 그러나 네크워크형 데이터 모델도 데이터 간의 관계성을 데이터베이스 내에 저장하기 때문에 신속한 데이터의 검색은 가능하나 데이터 간에 이루어지는 관계를 수정하는 것은 매우 어렵다. 네트워크형 데이터 모델은 계층형 데이터 모델에 비해 융통성은 크게 보완되었지만 복잡한 연결성을 나타내주는 별도의 레코드를 저장하고 관리해야 하는 단점을 갖고 있다.

그림 7-13 네트워크형 데이터 모델

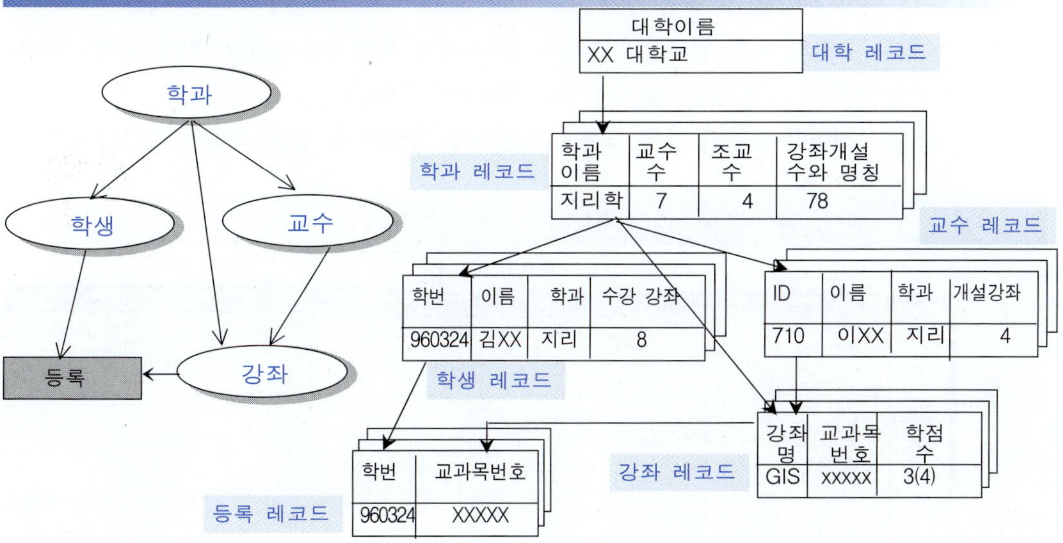

제 3 절

관계형 데이터베이스관리시스템

[1] 관계형 데이터베이스 개념

관계형 데이터 모델은 모든 데이터들을 테이블과 같은 형태로 나타내는 것으로, 데이터베이스를 구축하는 가장 전형적인 모델이라고 볼 수 있다. 흔히 일상생활에서도 데이터를 표로 나타내는 것이 보편화되었기 때문에 관계형 데이터 모델은 사용자들이 이해하기 매우 쉽다. 예를 들어 학사관리시스템의 경우 학생들에 대한 데이터를 표로 정리하는 경우 각 행은 개개 학생에 대한 데이터들의 묶음이 되고 각 열은 학생들에 대한 여러 가지 속성을 나타내는 이차원의 표로 구성된다. 이와 같이 나타내고자 하는 대상의 속성들을 묶어 하나의 행을 만들고, 행들의 집합으로 데이터를 나타내는 것이 관계형 데이터베이스이다.

관계형 데이터베이스에서 대상의 속성을 나타내는 각 열들은 속성의 특성에 따라 다른 형태로 정의될 수 있지만, 테이블의 각 열에는 포함되는 값의 범위와 종류는 정의된 유형만을 받아들이게 된다. 관계형 데이터베이스에서는 개체의 속성을 나타내는 필드 모두를 키필드로 지정할 수도 있다.

관계형 데이터 모델에서 데이터 구조는 릴레이션(relation)으로 표현된다. 릴레이션이란 테이블의 열과 행의 집합을 말하며, 테이블에서 열은 속성(attribute), 행은 튜플(tuple)이라고 부른다(그림 7-14 참조). 테이블의 각 칸에는 하나의 속성값만 가지며, 이 값은 더 이상 분해될 수 없는 원자값(atomic value)이다. 이렇게 하나의 속성이 취할 수 있는 같은 유형의 모든 원자값의 집합을 그 속성의 도메인(domain)이라고 하며, 정의된 속성값은 반드시 그 도메인으로부터 값을 취하여야 한다.

관계형 데이터 모델의 경우 튜플을 유일하게 식별할 수 있는 속성의 집합인 키(key)

그림 7-14 관계형 데이터 모델에서 기본키와 외부키

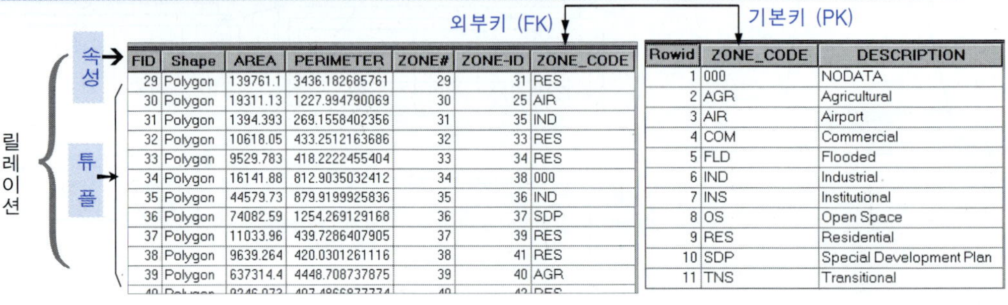

FID	Shape	AREA	PERIMETER	ZONE#	ZONE-ID	ZONE_CODE
29	Polygon	139761.1	3436.182685761	29	31	RES
30	Polygon	19311.13	1227.994790069	30	25	AIR
31	Polygon	1394.393	269.1558402356	31	35	IND
32	Polygon	10618.05	433.2512163686	32	33	RES
33	Polygon	9529.783	418.2222455404	33	34	RES
34	Polygon	16141.88	812.9035032412	34	38	000
35	Polygon	44579.73	879.9199925836	35	36	IND
36	Polygon	74082.59	1254.269129168	36	37	SDP
37	Polygon	11033.96	439.7286407905	37	39	RES
38	Polygon	9639.264	420.0301261116	38	41	RES
39	Polygon	637314.4	4448.708737875	39	40	AGR

Rowid	ZONE_CODE	DESCRIPTION
1	000	NODATA
2	AGR	Agricultural
3	AIR	Airport
4	COM	Commercial
5	FLD	Flooded
6	IND	Industrial
7	INS	Institutional
8	OS	Open Space
9	RES	Residential
10	SDP	Special Development Plan
11	TNS	Transitional

에는 두 종류의 키가 있다. 테이블의 각 열을 정의하는 행들의 집합을 기본키(PK: primary key)라고 하는데, 모든 테이블은 기본키를 가져야 한다. 또한 같은 테이블이나 다른 테이블의 기본키를 참조하는 키를 외부키(FK: foreign key)라고 한다(그림 7-14 참조). 외부키는 참조하는 테이블의 기본키와 연결되어나 영(null)이 된다.

관계형 데이터베이스에서는 레코드의 검색이 하나 혹은 여러 개의 테이블을 대상으로 이루어질 수 있다. 서로 다른 테이블에 저장되어 있는 정보를 검색하는 경우 두 개 혹은 그 이상의 테이블을 연계시켜 공통적으로 지닌 속성을 근거로 검색이 가능하다. 두 개 이상의 테이블을 연계시켜서 이루어지는 정보의 검색 작업은 관계성을 바탕으로 서로 다른 테이블을 결합하는 과정을 포함하므로 관계성 결합이라고도 한다. 관계형 데이터 모델은 그 구조가 간단하여 이해하기 쉽고 데이터 조작적 측면에서도 매우 논리적이고 명확하다는 장점을 가지고 있다.

[2] 개체-관계 모델에서 테이블로의 변환

앞에서 살펴본 바와 같이 개체-관계 모델은 데이터베이스를 설계하는 과정에서 저장하려는 데이터들을 명확한 형태로 표현하여 데이터베이스의 사용자들이나 설계자들이 필요한 데이터가 무엇인가를 정의한 것이다. 이러한 개체-관계 모델의 결과를 관계형 데이터베이스로 구현하기 위해서는 개체-관계 모델에서 정의된 데이터에 대한 요구를 관계형 데이터베이스에서 정의되는 형태, 즉, 테이블로 나타내어야 한다.

개체-관계 모델에서 관계형 데이터베이스에서의 테이블을 정의하는 과정은 우선 각각의 개체를 하나의 테이블로 구축하고, 그것들 사이의 관계를 별도의 테이블로 만들거나 또는 개체 테이블에 항목을 추가하여 만들어야 한다. 개체-관계 모델에서 하나의 개체는 몇 개의 속성을 가지고 있으며, 개체의 속성들이 테이블의 각 항목을 이루게 된다. 또한 하나의 개체가 테이블의 한 행이 되며 이러한 개체들의 집합이 테이블을 구성하게 된다.

그림 7-15 개체-관계 모델을 테이블로 변환한 경우의 사례

개체-관계 모델

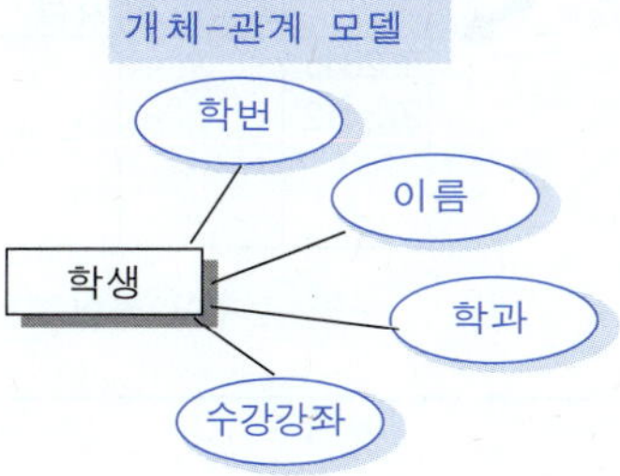

관계형 데이터모델의 테이블

학번	이름	학과	수강강좌
962345	김 XX	지리학	7
973412	이 XX	전산학	8
--	--	--	--
--	--	--	--

따라서 테이블을 정의하기 위해서는 테이블의 열을 이루는 각 항목을 정의해야 한다. 예를 들어 학생이 학번, 이름, 학과, 학점의 속성을 가지고 있는 경우, 테이블로 변환시켜 나타내면 그림 7-15와 같다. 이렇게 테이블로 변환하는 경우 개체의 키는 테이블로 변환시켰을 때에도 그대로 유지된다. 이렇게 데이터베이스에서 필요한 테이블에 대한 스키마가 다 이루어지면 전체 데이터베이스 스키마가 구축된다.

한편 개체-관계 모델에서 개체들 사이의 관계는 두 개체들이 가지고 있는 관련성을 나타내지만, 관계 자체에도 관계의 속성을 가질 수 있다. 예를 들면 수강관계는 학생과 강좌가 가지고 있는 관계를 나타내며, 이는 학점이라는 속성을 가지고 있다. 따라서 학생과 강좌라는 수강관계를 테이블로 나타낸다면 수강이라는 관계에 관련된 학생과 강좌를 나타내는 항목인 학점이라는 열이 필요하게 된다. 즉, 개체-관계 모델에서의 관계를 하나의 테이블로 나타내기 위해서는 테이블에는 관련된 개체들이 무엇인지를 나타내는 항목이 필요하다.

이렇게 관계의 테이블에서 하나의 관계와 관련된 개체를 표시하기 위해서는 각 개체를 구별할 수 있는 값, 즉 개체의 키 속성을 사용해야 한다. 예를 들면 수강관계의 테이블을 만들기 위해서는 학생 개체의 키인 학번과 강좌 개체의 키인 교과목 번호를 사용하여 테이블을 만든다. 이와 같이 하나의 관계에는 관련된 개체들뿐만 아니라 관계 자체의 속성이 있으며, 이러한 속성들도 관계 테이블의 하나의 항목이 된다. 예를 들어 수강관계를 테이블로 나타내면 그림 7-16과 같다. 이러한 개체들 간의 관계는 데이터가 삽입되거나 수정되거나 삭제되는 경우 관계 자체도 변화될 수 있으며, 그런 경우에는 관계 테이블을 다시 수정하거나 생성하여야 한다.

그림 7-16 개체들의 관계를 테이블로 변환시켜 나타낸 사례

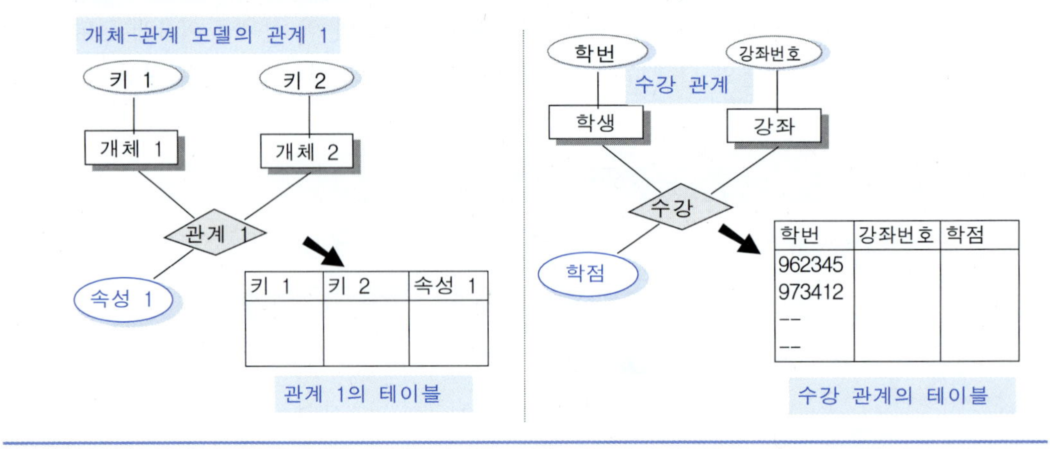

[3] 관계형 데이터베이스시스템에서 데이터 추출 방법과 SQL

(1) 데이터의 추출

관계형 데이터베이스시스템의 경우 개체-관계 모델을 테이블로 변환시켜서 데이터베이스를 구축하는 방식과 사용자들이 원하는 데이터를 추출하는 방식은 표준화된 언어로 정의되고 있다. 즉, 데이터베이스를 테이블로 나타내고, 구축된 테이블로부터 필요한 데이터를 추출하기 위한 연산을 같이 정의함으로써 보다 일관성있게 데이터베이스를 조작할 수 있다. 관계형 데이터베이스관리시스템에서 사용되는 일반적인 집합 연산자로는 합집합(UNION), 교집합(INTERSECTION), 차집합(DIFFERENCE) 등이 있으며, 관계 연산자로는 조건을 만족하는 행을 고르는 SELECTION, 필요한 속성만 뽑아내는 PROJECTION이 있으며, 두 테이블을 연결하는 JOIN 등이 있다.

관계형 데이터베이스의 경우 합집합, 교집합, 차집합 등의 연산 결과 새로운 테이블이 생성된다. 합집합의 연산은 두 개의 테이블의 행들을 합쳐서 새로운 테이블을 만들어내며, 교집합은 두 개의 테이블에 공통으로 있는 행들을 뽑아서 새로운 테이블을 만든다. 이러한 집합 연산이 가능하기 위해서는 연산의 대상이 되는 두 집합이 같은 속성, 즉 같은 열을 가지고 있어야 하며, 연산의 결과로 생성되는 테이블도 같은 속성을 갖게 된다.

SELECTION의 예를 살펴보면, 학생의 테이블에서 학과가 지리학과이고 학번이 99학번 이전인 학생을 찾을 경우, 학생의 테이블의 속성들 중에서 학과가 지리학과이면서 학번이 99학번 이전인 학생의 행을 찾아서 조건을 만족하는 행을 모아 새로운 테이블을 만들 수 있다. 이와 같이 테이블의 행들 중에서 주어진 조건을 만족하는 행을 뽑아서 새로운 테이블을 만드는 연산을 SELECTION이라 하며, 이 연산의 결과 새롭게 생성된 테이블은 원래 테이블의 모든 속성을 그대로 가지고 있게 된다. 만일 학생의 전체 속성이 다 필요하지 않고 단지 이름과 학번만이 필요한 경우 PROJECTION 연산을 이용하면 된다. 즉, 주어진 테이블에서 원하는 속성들만을 뽑아서 새로운 테이블을 만들어내는 것이 PROJECTION 연산이다.

한편 두 테이블을 연결하는 JOIN은 각 테이블의 행들을 합쳐서 공통된 부분은 한번만 나타내도록 테이블을 생성하는 것이다. 일례로, 학생이 수강한 강좌와 그 과목의 성적을 알고 싶을 경우 하나의 테이블만 검색해서는 원하는 정보를 추출할 수 없다. 이런 경우 두 개 또는 그 이상의 테이블을 같이 사용해야 하는데, JOIN은 이렇게 두 테이블 사이를 연결시키는 연산이다. JOIN 연산의 경우 두 테이블에서 공통된 속성(키)을 토대로 하여 두 테이블이 연결된다. 최근에는 대부분의 데이터베이스관리시스템의 경우 SQL을 사용하여 이러한 연산들을 정의하고 있다.

(2) 관계형 데이터베이스 언어

실제로 데이터베이스를 컴퓨터를 이용하여 구축하려면 사람들이 이해할 수 있도록 만들어 놓은 테이블들을 컴퓨터가 알 수 있는 형태로 바꾸어 입력하여야 한다. 또한 데이터가 입력된 후에도 데이터를 변경하고 테이블 자체를 수정하는 등 컴퓨터와 지속적으로 상호작용하게 되므로, 인간과 컴퓨터 사이의 상호작용을 매개해주는 언어가 필요하다. 데이터베이스관리시스템에서 사용되는 언어에는 데이터 정의언어(DDL: Data Definition Language)와 데이터 조작언어(DML: Data Manipulation Language)가 있다. 이러한 언어들 가운데 가장 널리 사용되며, 특히 관계형 데이터베이스를 위한 대표적인 언어로는 SQL(Structured Query Language)을 들 수 있다.

SQL은 관계형 데이터베이스를 위한 산업표준으로 사용되고 있으며, ISO(국제표준화기구)에서 표준으로 사용하고 있다. 현재 SQL 표준은 SQL의 단점을 보완한 SQL2(1992년에 제정되었으므로 SQL-92라고도 불리움)가 사용되고 있는 가운데 SQL3의 개발도 이루어지고 있다. SQL의 특징은 C언어와는 달리 비절차적 언어이며, 처리단위가 집합적인 언어(set-at-a-time)로, 모든 관계를 대수식으로 표현할 수 있다는 장점을 갖고 있다. 뿐만 아니라 SQL은 데이터베이스로 직접적 상호작용의 수단으로 이용되기도 하고 일반 프로그래밍 언어에 이용되기도 한다.

일단 데이터베이스를 만들려면 테이블을 생성하는 것부터 시작해야 한다. SQL에서 테이블의 생성은 'CREATE TABLE ( )'이란 명령어를 사용하여 실행한다. 실제로 학생의 테이블을 만든다면 아래와 같은 명령어를 사용한다.

```
CREATE TABLE 학생(학번 CHAR[15], 이름 CHAR[20], 주소 CHAR[20], 출생년도CHAR[25], 학과
CHAR[20], 지도교수 CHAR[20])
```

이렇게 하면 학번과 이름, 주소, 생년월일, 학과, 지도교수의 속성을 가진 학생의 테이블을 만들 수 있다. 학번 다음의 CHAR[15]는 그 속성의 유형을 지정해주는 것으로, 이는 학번은 길이가 15인 character 배열임을 의미한다. 이와 같은 원리에 따라 강좌 테이블도 다음과 같은 명령어를 통해 만들 수 있다.

```
CREATE TABLE 강좌(과목명 CHAR[15], 과목이름 CHAR[20], 인정학점 CHAR[5], 강의실
CHAR[20], 시간 CHAR[20], 교수 CHAR[20])
```

이렇게 만들어진 테이블의 구조도 실세계의 변화에 따라 조정되는 경우도 있다. 이미 존재하는 테이블에 새로운 속성을 추가하거나 삭제하려면 'ALTER TABLE' 명령어를 사용한다.

```
ALTER TABLE < Table name > ADD <Attribute name > <Attribute list>
ALTER TABLE < Table name > DROP <Attribute name > CASCADE
```

테이블에 새로운 속성을 추가하기 원할 때에는 'ADD'문을 사용하며, 반대로 기존의 속성을 삭제하고 싶다면 'DROP'문을 이용한다. 실제로 학생 테이블에 새로운 속성 상태를 넣고 싶다면 다음과 같은 명령어를 사용한다.

```
ALTER TABLE 학생 ADD 상태 CHAR[10]
```

CREATE TABLE로 만들어진 테이블에는 아직 의미있는 정보들이 들어있지 않은 빈 테이블이다. 여기에 데이터를 넣어주려면 INSERT 문장을 사용한다.

```
INSERT INTO 학생
VALUES(962532, ----)
```

이러한 명령어는 속성에 들어가는 값(value)을 모두 지정하는 것이다. 그러나 원하는 속성에만 값을 지정하고 싶은 경우에는 다음과 같이 하면 된다.

```
INSERT INTO 학생(학번, 이름, 학과)
VALUES(962532, "이XX", "지리학과")
```

이렇게 하면 학생 테이블에 지리학과, 학번 962532, 이름 이XX의 튜플이 테이블에 입력된다. 적어주지 않은 부분은 null이나 테이블 생성 시에 정해준 default값이 들어가게 된다. 시간이 지나서 데이터베이스에 기록된 튜플들의 내용을 갱신하여야 하는 경우 'UPDATE'명령어를 사용하여 원하는 속성값을 변경하면 된다.

이와 같이 테이블을 생성하는 명령문들을 이용하여 만든 데이터베이스에서 실제로 유용한 정보를 취하는 방법에 대하여 살펴보자. SQL은 SELECT문 언어를 사용하는데, 가장 기본적인 형태는 다음과 같다.

```
SELECT 이름, 학번
FROM 학생
WHERE 학과 = 지리학과 AND 출생년도 = 73년
```

SELECT절은 학생 관계에서 검색되는 속성을 말하며, WHERE절은 제한조건을 말한다. WHERE 절에는 튜플을 선택하는 조건이 들어가게 되는데, 여기에는 AND나 OR, NOT을 이용할 수 있다. 그외에도 키워드로 between이나 not between 등이 있다.

만일 GIS 개론을 수강하거나, 지리학과에 속한 학생들의 이름을 알고 싶을 경우에는 다음과 같은 명령어를 사용하면 된다.

```
(SELECT 이름
FROM 학생
WHERE 학과 = "지리학과")
UNION
(SELECT 이름
FROM 수강
WHERE 과목명 = GIS개론
```

이상에서 살펴본 바와 같이 관계형 데이터베이스관리시스템은 데이터 검색 시에 사용자들에게 융통성을 제공하며, SQL과 같은 표준적인 질의 언어사용으로 복잡한 질의도 간단하게 표현할 수 있다. 또한 데이터 독립성이 보장되어 있어 데이터베이스 구조를 변화시키는 경우 비용이 감소되며, 데이터 보안과 데이터 복구도 용이하다.

그러나 관계형 데이터베이스관리시스템은 정수, 실수, 문자열, 시간 등과 같이 한정된 원자(atomic) 데이터 유형만을 지원하며, 고정된 길이의 데이터를 대상으로 하기 때문에 공간 데이터와 같이 (x, y) 좌표쌍의 집합으로 구성되는 선이나 면적 등과 같이 가변적인 수많은 (x, y) 좌표쌍들로 구성되는 데이터들을 효과적으로 다룰 수 없다. 또한 SQL에서 질의대상이 속성데이터에만 제한되어 있어 공간 데이터를 대상으로 한 질의를 수행할 수 없다. 특히 관계형 데이터 모델은 도형, 이미지, 음성, 화상 등의 복잡하고 긴 비정형 데이터(멀티미디어 데이터)를 관리하기 어려우며, 일반화나 집단화 개념을 표현하기 위한 데이터의 추상화가 어렵다. 또한 컴퓨터를 이용한 설계에서 사용되는 시뮬레이션과 프로그래밍 언어 환경에서와 같이 계산을 주로 하는 응용분야에서도 관계형 데이터베이스 시스템의 성능은 매우 불만족스러운 것으로 나타나고 있다. 이와 같은 관계형 데이터베이스관리시스템의 단점과 불편함을 극복하기 위해 새로운 데이터베이스 기술로 등장한 것이 객체지향 데이터 모델이다.

제 4 절 객체지향형 데이터베이스관리시스템

[1] 객체지향형 데이터 모델의 특성

관계형 데이터 모델의 단점을 보완할 수 있는 새로운 데이터 모델로 등장한 객체지향형 데이터 모델은 CAD와 GIS, 사무정보시스템, 소프트웨어 엔지니어링 등의 분야에서 데이터베이스를 구축할 때 주로 사용된다. 객체지향형 데이터베이스를 구축하는데 가장 기초 단위가 되는 객체(object)는 데이터(또는 상태(state)라고 불리움)와 그 데이터를 작동시키는 메소드가 결합하여 캡슐화(encapsulation)된 것으로 정의된다. 여기서 캡슐화라는

그림 7-17 객체지향형 데이터 모델에서 객체의 구조

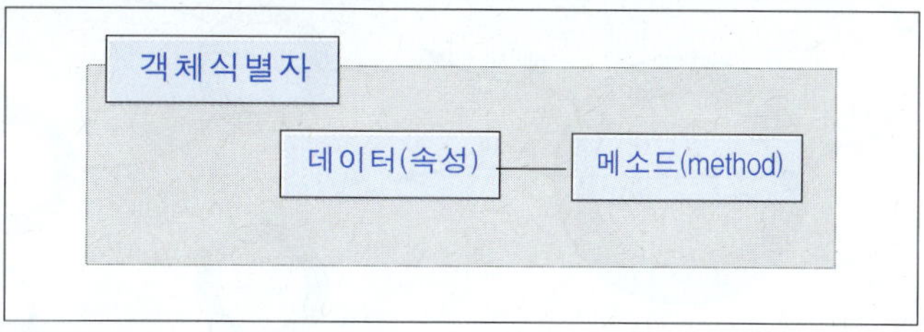

단어는 객체 자체가 객체의 상태와 객체의 작동을 결합시켜서 캡슐처럼 둘러싸고 있다는 의미에서 사용된 것이다.

객체의 구조는 그림 7-17에서 볼 수 있는 바와 같이 크게 데이터, 메소드, 객체식별자로 되어있다. 데이터란 객체의 상태를 말하며 흔히 객체의 속성을 가리키는 것으로, 관계형 데이터 모델의 속성과 동일하다. 그러나 관계형 데이터 모델에 비해 보다 다양한 데이터 유형을 지원한다. 즉, 집합체, 복합객체, 멀티미디어 등의 자료도 데이터로 구축된다. 객체의 상태를 나타내는 데이터 항목을 읽고 쓰는 것은 메소드(method)에 의해 이루어진다. 즉, 메소드는 객체를 형성할 수 있는 방법이나 조작들이라고 할 수 있다. 메소드는 객체의 속성 데이터를 처리하는 프로그램으로 C++과 같은 고급언어로 정의된다. 한편 객체식별자(Oid: object identifier)는 객체를 식별하는 ID로 사용자에게는 직접 보이지 않는다. 이것은 관계형 데이터 모델의 키(key)에 해당하는 것으로, 두 개의 객체의 동일성을 조사하는데 이용되며, 접근하고자 하는 데이터가 기억되어있는 위치 참조를 위한 포인터(pointer)로 이용되기도 한다.

객체에 대한 일례로 삼림을 들어 살펴보자. 객체의 상태란 주요 수목종, 수종의 평균 연령, 토양 산성도 등으로 나타낼 수 있으며, 삼림 객체에 있어 메소드는 create, delete, draw, query, split, merge 등의 연산기능을 수행하는 것이라고 볼 수 있다. 만일 삼림 면적의 일부 구역을 매매를 위해 두 부분으로 나누어야 하는 경우 메소드는 삼림영역을 두 개의 폴리곤으로 자동적으로 분할하는 기능을 수행한다. 이와 같이 캡슐화된 패키지 속에서 객체의 상태와 객체 자체 내에서 필요한 작업을 수행하는 메소드를 결합시킨 것이 객체라고 볼 수 있다.

이와 같이 객체는 캡슐로 싸여있기 때문에 사용자는 객체 내부를 보지 못하는 대신에 메시지(message)를 통하여 객체에 접근할 수 있다. 즉, 객체의 내부적 작동은 알 수 없지만, 객체가 이해하고 처리할 수 있도록 하는 일련의 정의된 메시지를 보냄으로써 객체간의 의사소통이 가능하게 된다(그림 7-18 참조). 이러한 객체의 구조와 작동을 자동차에 유추하여 보자. 우리가 차를 운전할 때 우리는 자동차 본넷 내부의 상태(본넷 내부에 다

그림 7-18 객체지향형 데이터 모델링에서 객체와의 관계를 나타내는 메세지

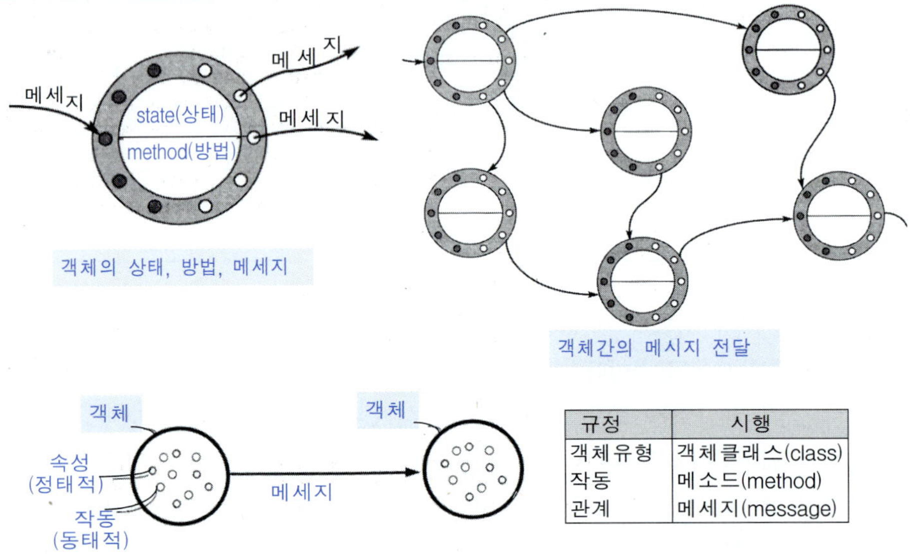

규정	시행
객체유형	객체클래스(class)
작동	메소드(method)
관계	메세지(message)

출처: Worboys, M.F.(1999), Relational Database and Beyond, p. 379;
Worboys, M.F.(1995), *GIS: A Computing Perspective*, p. 86.

양한 객체 클래스의 상태)에는 별 관심없이 단지 가속기의 패달을 밟으면(메세지를 보냄) 자동차 속도가 증가된다(내부 상태의 변화가 관찰될 수 있는 객체 특성(property)에 변화를 가져옴).

이와 같이 객체지향형 데이터 모델의 기초 단위가 되는 객체는 데이터베이스에 저장되는 데이터로, 관계형 데이터 모델의 레코드와 같다고 볼 수 있다. 그러나 객체지향형 데이터 모델에서 실제 데이터베이스의 조작과 수행기능을 주도하는 것은 객체 자체보다는 객체 클래스(class)라고 볼 수 있다. 클래스란 동일한 유형의 객체들의 집합을 말한다. 객체 클래스는 관계형 데이터 모델의 스키마와 같은 것으로, 같은 특성을 가진 객체는 객체 클래스로 그룹화된다. 객체지향형 데이터 모델의 경우 실세계는 캡슐로 싸여있는 객체들의 집합인 클래스와 그들 간의 관계로 표현되며, 객체지향형 데이터 모델을 구축할 때 설계자는 클래스와 그들 간의 관계를 기반으로 하여 데이터베이스를 설계한다.

일례로 유정(oil well) 객체 클래스를 구체적으로 살펴보자. 각각의 유정 객체는 자신의 상태를 나타내는 연간 생산량, 소유주 이름, 건설 날짜, 주어진 스케일에서 표현되는 기하학적인 형태 등에 대해 정의된 특성을 내포하고 있다. 유정 객체는 아마도 소축척지도에서는 점으로 나타나고 대축척 지도에서는 폴리곤으로서 나타나게 될 것이다. 이러한 유정 객체는 자신이 무엇을 할 수 있는가를 정의하는 메소드를 갖고 있다. 예를 들면 자

신이 컴퓨터 스크린상에 어떻게 표현되며, 어떻게 생성되고 삭제되며, 파이프라인과 스냅을 이용하여 연결되는 방식 등을 갖고 있다. 이러한 유정 객체의 특성을 지닌 객체들은 유정 클래스로 구축된다. 이와 같은 유정 클래스는 원유를 정제하기 위해 운반되는데 이용되는 파이프라인 클래스와 연결 관계를 갖게 된다.

객체 클래스는 데이터베이스 테이블 형태로 저장되며, 열은 객체로, 행은 객체의 속성으로 구성된다. 일례로 클래스를 정의하면 다음과 같다.

```
Class Rectangle {
          Attributes
                    Point p1;
                    Point p2;
          Method
                    Method1(..);
                    Method2(..);
                    };
```

이와 같이 같은 특성을 가진 객체들의 집합인 객체 클래스가 객체지형형 데이터베이스를 구축하는 기본이 된다. 객체지향형 데이터 모델에서 클래스의 주요한 특성은 계승 또는 상속성(inheritance)의 구조를 가지고 있다는 점이다. 즉, 상위 클래스의 속성과 메소드를 하위 클래스가 그대로 상속받는 다는 것이다. 바꾸어말하면 하나의 부모 클래스에는 여러 개의 자녀 클래스가 있으며, 자녀 클래스는 상위 클래스인 부모 클래스의 특성을 그대로 물려받는 상속성을 지니게 된다. 이와 같은 상속성으로 인해 기존의 클래스를 상위 클래스로 하여 새로운 하위 클래스를 쉽게 생성할 수 있다.

하나의 객체가 지닌 부분적 또는 모든 특성들을 다른 객체에서 재이용할 수 있는 상속성 기능은 시설물관리시스템에서 데이터베이스를 구축하는 경우에 매우 유용하다. 예를 들어 급수시설의 객체 데이터 모델을 살펴보자. 급수시설은 본 상수도관과 지관, 펌프와 물의 흐름을 통제하는 벨브와 급수전, 그리고 물 소비를 측정하는 계량기로 구성된다(그림 7-19 참조). 한편 급수시설의 객체는 크게 토지에 기반하는 객체인 펌프장, 주택, 도로와 급수시설 객체(상수도관, 관이음새, 밸브, 급수전)로 구성된다. 모든 객체는 물 흐름을 추적하도록 네트워크 위상관계를 갖도록 구축된다.

이렇게 급수시설 객체 데이터 모델에서 주요 객체 유형을 파악한 후에는 이 객체들이 서로 어떻게 관련되었는 가를 구현하도록 메소드를 구축하여야 한다. 그림 7-19에서 볼 수 있는 바와 같이 각 객체 클래스와 각 클래스가 상위 계층에 있는 클래스의 일부를 어떻게 상속하고 있는 가를 볼 수 있다. 또한 이탤릭체와 푸른 색상으로 되어 있는 클래스는 추상 클래스이며, 그 나머지 클래스는 실제로 객체 인스턴트를 생성하는데 사용된다. 일례로 급수관이라는 추상 클래스와 펌프장과 주택을 포함하는 건물 클래스, 도로와 급수관을 선 클래스로 별개로 구분한다. 여기서 삼각형은 한 클래스가 다른 클래스의 일종임

그림 7-19 급수시설을 나타낸 객체데이터 모델

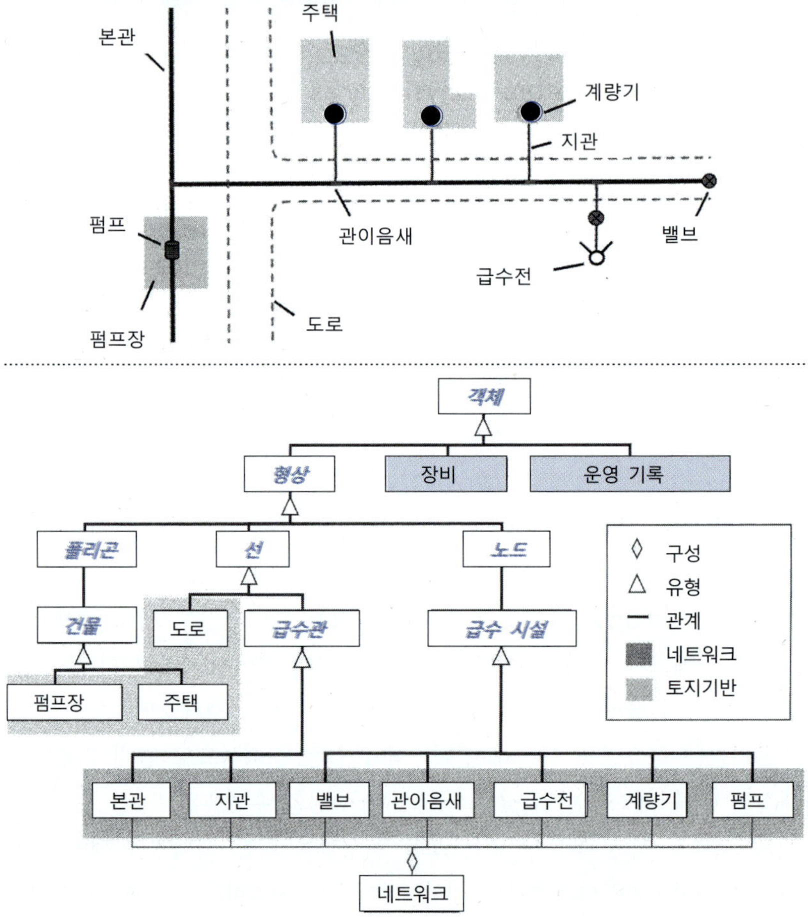

출처: Longley, P.A., et al.(2011), *Geographic Information Systems and Science*(3rd ed.), pp. 224-225.

을 나타낸 것이다. 또한 다이아몬드는 전체 네트워크의 구성을 의미한다.

객체지향형 데이터 모델에서 클래스의 상속성과 더불어 중요한 개념은 다형태성(polymorphism)이다. 만일 폴리곤으로 표현된 객체가 상위 클래스라고 하면 삼각형, 사각형은 하위 클래스가 되며, 이 경우 하위클래스는 상위 클래스의 모든 특성을 상속받는다. 그러나 삼각형과 사각형의 경우 면적을 산출하는 알고리즘은 특이하며 서로 다르다. 이와 같이 동일한 이름을 가진 메소드가 서로 다른 클래스에서 각 클래스에 맞는 기능을 수행하는 것을 메소드 다형태성이라고 한다.

이렇게 같은 이름의 메소드에서도 각각의 객체 클래스들이 자신을 표현하거나 생성 또는 삭제 등등의 작동과정에서 자신만의 특유한 기능을 수행하는 다형태성으로 인해 객체지향형 데이터 모델은 객체 클래스 유형에 따라 특정한 방식으로 처리되는 객체들을 생성할 수 있다. 일례로, 가스 파이프, 밸브, 공급 라인 등과 같이 각기 달리 정의된 클래스들이 같은 이름의 메소드를 가지고 있으면서 하나의 메시지에 대해 각기 다른 기능으로 그 메소드를 수행하기 때문에 시설물관리시스템에서는 객체지향형 데이터 모델을 사용하는 것이 매우 효율적이다. 이상에서 살펴본 바와 같이 클래스의 다형태성과 상속성으로 인해 객체지향형 데이터 모델에서 새로운 클래스의 생성이 매우 용이하게 이루어진다.

한편 객체 복합은 복잡한 내부구조를 가진 객체 모델링을 가능하게 한다. 객체들을 집합하여 새로운 객체를 구성하는 방법은 여러 가지가 있다. 가장 일반적인 방법은 집합(aggregation) 구성으로, 객체 클래스를 수집하여 집합적으로 클래스를 구성하는 것이다. 두번째 방법은 동일한 클래스로부터 연관된 클래스를 만드는 연관(association) 그룹 객체방법이다. 이러한 방법에 의해 생성되는 복합객체의 예를 연관성을 가지고 있는 국가 객체 클래스와 폴리곤 객체 클래스를 통해 살펴보자. 다소 추상적인 클래스로 삼각형으로 표현된 국가 객체 클래스는 이름, 인구, 면적의 세 가지 속성을 가지고 있다. 이름과 인구는 문자열로 참조되며 타원으로 표현되며, 면적은 폴리곤이라는 추상화된 클래스로 나타난다. 한편 폴리곤 클래스는 선분(segment)이라는 클래스와 연관된 경계 속성으로 참조되어 있다. 여기서 선분 클래스와의 연관성은 별모양과 원으로 나타나고 있다. 각 선분은 시작점과 끝점을 가지고 있으며, 각 점은 (x, y) 좌표 클래스의 집합체(십자형과 원으로 나타남)인 위치를 가지고 있다(그림 7-20 참조).

그림 7-20 복합 객체의 일례

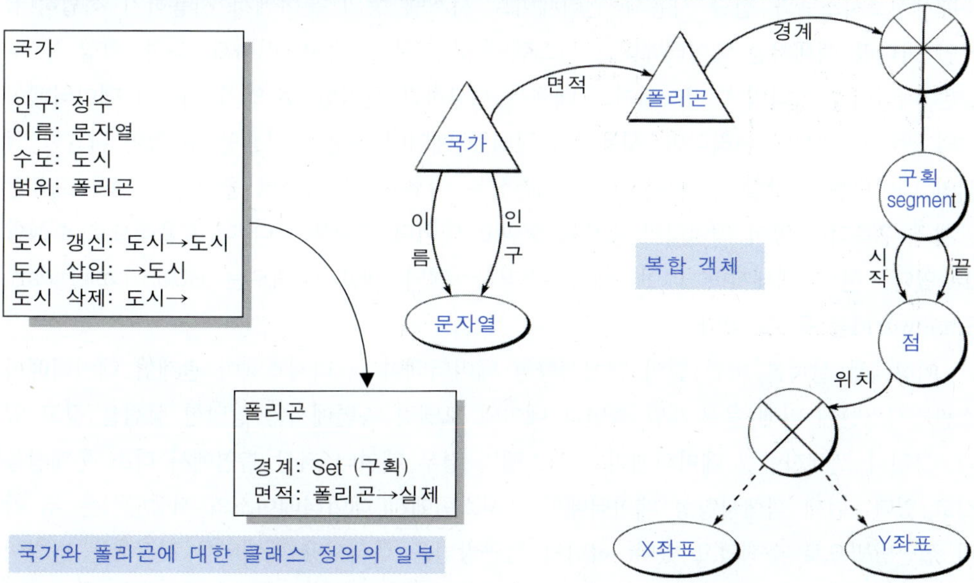

출처: Worboys, M.F.(1999), Relational Database and Beyond, p. 381.

이상에서 살펴 본 바와 같이 객체지향형 데이터 모델에서는 복합 객체의 생성이 가능하다. 하나의 객체에 다른 객체를 연관시키는 복합 객체는 관계형 데이터 모델에 비해 표현능력이 상당히 향상된 것이라고 볼 수 있다.

[2] 객체지향형 데이터베이스관리시스템의 특성

관계형 데이터베이스관리시스템과 마찬가지로 객체지향형 데이터베이스관리시스템(OODBMS: Object-OrientedDatabase Management System)은 객체지향 데이터베이스를 정의하고 조작할 수 있는 데이터베이스 시스템이다. 객체지향형 데이터베이스관리시스템은 객체지향 프로그래밍 언어를 데이터베이스 시스템에 적용시킨 것이다. C++이나 Smalltalk와 같은 객체지향 프로그래밍 언어는 객체의 생성, 유지, 삭제, 분류, 계층성, 상속성 등을 포함하는 객체지향형 데이터베이스 시스템을 지원한다. 이와 같은 지원기능들 이외에도 객체지향형 데이터베이스관리시스템은 객체조작, 객체검색을 위한 비절차상의 질의언어, 질의 적합성, 접근방법을 포함한 효과적인 질의 조정 등의 기능을 수행할 수 있게 한다.

객체지향형 데이터베이스 시스템은 객체들 간의 관계들을 정의하고 조작할 수 있는 사용자 인터페이스를 제공하기 때문에 응용 프로그래머들이 객체들 간의 관계를 직접 프로그래밍하고 관리할 필요가 없다. 특히 객체지향 데이터베이스 시스템은 객체 클래스의 일반화, 그룹화, 집단화 등이 가능하고 복합객체를 생성할 수 있기 때문에 CAD/CAM, 다중매체정보시스템과 첨단 사용자 인터페이스 시스템 등의 분야에서 사용하기 적합하다. 뿐만 아니라 객체지향 데이터베이스 시스템의 경우 문자, 숫자, 이미지, 음성, 화상 등 다양한 데이터를 하나의 데이터베이스 내에서 저장하고 관리할 수 있기 때문에 데이터베이스의 관리와 갱신이 편리하며, 사용자가 정의한 데이터 유형을 사용할 수 있어 다양한 형태의 데이터를 저장할 수 있다. 또한 계층성을 이루고 있는 객체 클래스들 간의 고유한 관계가 구축되어 있어 데이터의 중복을 줄이고 데이터 검색을 보다 더 효율적으로 수행할 수 있다. 현재 객체지향 데이터베이스관리시스템의 대표적 예로는 GDS, Laserscan, Smallworld를 들 수 있다.

이상에서 살펴본 바와 같이 객체지향형 데이터베이스관리시스템이 관계형 데이터베이스관리시스템에 비해 응용.개발 측면과 데이터 모델링 측면에서는 상당한 장점을 갖고 있다. 그러나 객체지향형 데이터베이스 시스템의 경우 데이터 저장 측면에서 다소 문제점을 갖고 있다. 현재 객체지향형 데이터베이스 시스템에서 데이터베이스의 저장방식은 두 가지 접근방법으로 수행되고 있다. 하나의 접근방법은 객체지향 데이터를 저장하는 방법이고, 다른 하나는 관계형 데이터베이스의 최상위에서 객체를 저장하는 메커니즘을 구축하는 것이다. 그러나 순수한 객체 데이터를 저장할 수 있도록 하는 상용 객체 지향형 데이터베이스의 표준 질의어는 아직까지 정의되지 못한 상태이다. 현재 객체관리그룹(OMG)은 하드웨어와 소프트웨어 기업체들의 컨소시엄으로 여기서는 객체지향형 데이터시스템에서 인터페이스 정의 언어를 표준화하려는 노력을 기울이고 있다.

또한 객체지향형 데이터베이스 시스템의 경우 질의를 최적화하는 메커니즘이 미약하며, 관계 대수와 같은 적절한 연산 기능을 수행하기 어렵다. 더 나아가 객체지향형 데이터베이스 시스템에서는 객체 특성상 색인을 구축하는 것이 어려우며, 속성값이 아닌 메시지 검색방법으로 접근하여야 한다.

제 5 절

객체-관계형 데이터베이스관리시스템

1980~90년대에 걸쳐 공간 데이터와 속성 데이터를 함께 효율적으로 관리하려는 접근방법에 대한 노력들이 이루어지면서 GIS와 DBMS 분야의 통합화 추세가 나타나게 되었다. GIS 분야의 경우, 엔터프라이즈 GIS로 점차 패러다임이 옮겨가는 추세였으며, DBMS 분야에서는 복합 데이터 유형에 대한 통합화 요구가 높아지게 되었다. 이에 따라 앞에서 살펴본 객체지향형 데이터 모델 이외에도 혼성 데이터베이스 모델과 통합 데이터베이스 모델이 등장하게 되었고, 최근에는 객체-관계형 데이터 모델에 대한 기술개발이 활발하게 이루어지고 있다(그림 7-21 참조). 여기서는 혼성 데이터베이스 모델, 통합 데이터베이스 모델, 그리고 객체-관계 데이터베이스 모델에 대하여 살펴보고자 한다.

그림 7-21 GIS와 DBMS 분야의 통합적 접근방법에 따라 등장한 데이터 모델

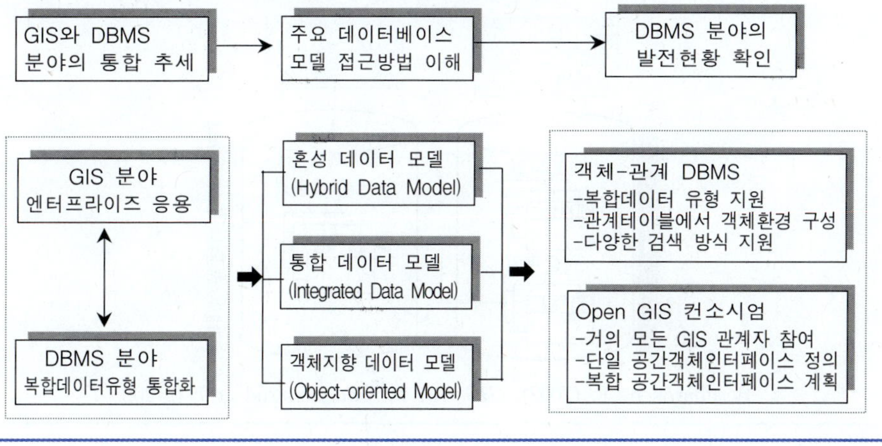

[1] 혼성 데이터 모델

혼성 데이터 모델(hybrid data model 또는 geo-relational model)은 공간 데이터와 속성 데이터의 저장 메커니즘을 동시에 최적화할 수 없다는 전제하에서, 공간 데이터와 속성 데이터를 각각 독립된 방식으로 데이터베이스를 구축하는 것이다. 따라서 혼성 데이터 모델의 경우 좌표 데이터와 위상 데이터를 포함하는 파일들로 구성된 공간 데이터베이스와 속성 테이블로 이루어진 속성 데이터베이스로 구성된다. 그리고 공간 형상을 표현하는 각 개체는 해당 파일부분과 테이블의 열을 연결하는 고유 식별자(identifier)를 갖고 있다. 공간 데이터베이스는 공간 데이터를 관리하는 특정한 소프트웨어를 사용하며, 속성 데이터베이스는 상용 데이터베이스관리시스템에 의해 작동된다(그림 7-22 참조).

공간 파일 시스템과 외부 데이터베이스 간의 관계를 연계시키는 소프트웨어를 개발하려는 노력이 지속적으로 이루어지면서 혼성 데이터베이스 시스템은 오늘날 상업적으로 가장 성공한 GIS 데이터베이스 시스템이라고 볼 수 있다. 이들은 높은 수준의 공간분석 기능을 수행할 뿐만 아니라, 우수한 표현능력과 프로젝트의 효율적 수행, 부서단위의 속성 데이터의 공유 및 접근 기능들을 효과적으로 수행한다. 이러한 혼성 데이터베이스 시스템의 대표적인 예로는 ESRI의 ArcGIS, Intergraph사의 IGDS, MGE, Benuey사의 Microstation 등이다. 이들 제품들은 특정한 유형의 데이터베이스관리시스템의 인터페이스뿐만 아니라, Oracle, Ingress, Informix, Sybase 등과 같은 산업 표준관계 데이터베이스를 지원하는 일반 유형의 인터페이스까지도 지원하고 있다.

그림 7-22 혼성 데이터 모델(hybrid data model)

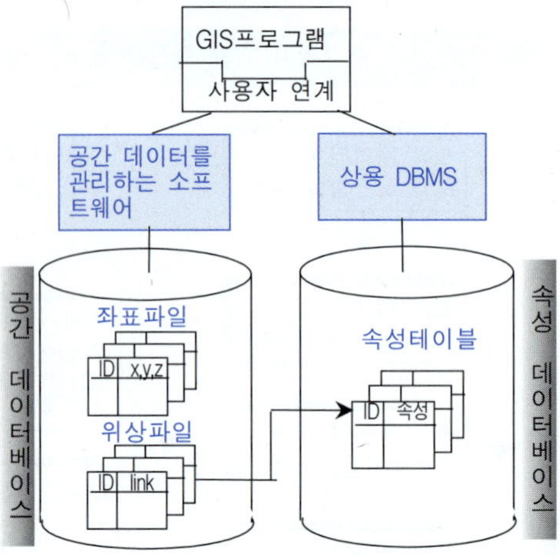

출처: Bernhardsen, T. (2002), *GIS: An Introduction*(2nd ed.), p. 208.

혼성 데이터베이스 시스템은 데이터 저장 메커니즘 측면에서 CAD 기반 시스템과 위상구조 시스템으로 분류될 수 있다. CAD 기반 시스템에서 개체는 위상관계와 관련된 어떠한 정보도 가지고 있지 않으며, 따라서 공간분석을 위해서는 추가적인 연산(위상관계를 생성하는 과정)이 요구된다. CAD 기반 시스템의 프로그램으로는 IGDS와 Microstation을 들 수 있으며, CAD 기반 시스템은 일반적으로 표현능력이 뛰어나며, 데이터 편집이 매우 용이하다는 특징을 갖고 있다.

반면 위상구조 시스템은 개체들 간의 공간관계인 위상관계(topology) 정보를 갖는다. 즉, 아크의 시작 점과 끝 점, 아크의 왼쪽 폴리곤과 오른쪽 폴리곤 등에 대한 정보를 구축한다. 저장된 위상관계 정보로 인하여 위상구조적 시스템은 네트워크 추적 및 폴리곤 중첩과 같은 분석 기능을 효율적으로 수행할 수 있다. 위상구조 시스템의 대표적인 예로는 ArcGIS와 MGE를 들 수 있다.

이러한 혼성 데이터베이스 시스템은 많은 양의 데이터를 갖고 있는 공간 데이터를 다루거나, 사용자가 스크린 상에서 신속한 검색과 레코딩 작업에 의존하는 경우 보다 빠른 시간에 처리되고 응답되기 때문에 선호되고 있는 데이터베이스 시스템이다. 특히 탐색과 레코드 속도를 증가시키기 위하여 공간 데이터들을 서로 다른 레이어와 지역 단위(예: 도엽단위)로 분할하여 저장되기도 한다. 그러나 이러한 분할은 사용자들에게는 나타나지 않기 때문에 연속적(seamless) 데이터베이스로 느껴지게 된다. 공간 데이터를 저장하는 경우 어떤 혼성 데이터베이스 시스템에서는 사지수(quadtree)기법도 도입되고 있다.

[2] 통합 데이터 모델

1980년대에 순수 관계형 데이터베이스 플랫폼에 기반하여 GIS 소프트웨어를 개발하려는 노력이 이루어졌다. 이러한 노력의 결과 동일한 데이터베이스에 속성 데이터와 공간 데이터를 결합시킨 통합 데이터 모델(integrated data model)이 등장하였다. 이 모델은 기존에 알려진 상용 관계형 데이터베이스 시스템에 공간 데이터와 속성 데이터를 일괄적으로 관리하는 접근방법을 시도하거나, 또는 기존의 상용 데이터베이스관리시스템을 사용하지 않고 공간 데이터와 속성 데이터를 관리할 수 있는 새로운 데이터베이스 관리시스템을 개발하여 사용하고 있다(그림 7-23 참조). 공간 데이터와 속성 데이터를 같이 저장할 수 있는 데이터베이스관리시스템은 전문화된 것으로, 공간 데이터와 속성 데이터의 고유 링크(link) 알고리즘 대신에, 표준적 관계연결(relational join) 메커니즘을 이용하고 있다.

통합 데이터베이스 시스템에서 공간 데이터와 속성 데이터는 하나의 데이터베이스에 결합되는데, 대부분의 경우 위상정보를 가진 점과 아크 데이터는 관계형 데이터베이스로 나타낸다. 즉, 좌표체계와 위상관계 정보는 관계형 테이블에 저장되며, 속성 데이터는 별

그림 7-23 통합 데이터 모델(integrated data model)

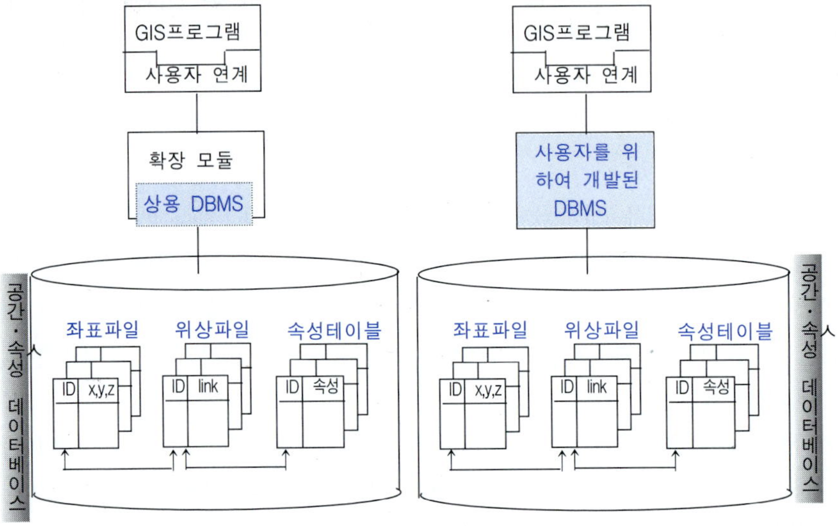

출처: Bernhardsen, T. (2002), *GIS: An Introduction* (2nd ed.), p. 209.

도의 테이블에 저장된다. 그러나 이 방법의 경우 선이나 면적으로 나타나는 객체들이 많은 점으로 표현되기 때문에 객체들의 탐색과 분석기능을 수행하려면 좌표들을 벌크 형태로 저장할 수 있는 넓은 열에 좌표들을 저장해야 하는 문제점을 갖고 있다. 또한 통합 데이터베이스 시스템은 데이터베이스 구조가 관계 데이터베이스이므로 질의, 불러오기, 데이터 무결성 메커니즘의 이점을 갖고 있지만, 관계형 데이터베이스관리시스템에서 사용가능한 데이터 유형만을 다룰 수 있다는 한계점도 갖고 있다.

[3] 객체-관계형 데이터 모델

현재까지 혼성 데이터베이스시스템이 알고리즘의 세련성과 우월한 수행능력으로 GIS 시장에서 가장 큰 점유율을 차지하고 있다. 한편 통합 데이테베이스시스템은 공간 데이터와 속성 데이터를 동일한 데이터베이스 환경에서 다루고 있다는 이점은 갖고 있지만 관계형 데이터베이스시스템에서 지원하지 않는 다양한 데이터 유형을 다룰 수 없다.

최근 데이터베이스 기술의 발전은 관계형 데이터베이스 기술과 객체지향형 데이터베이스 기술을 수용한 새로운 데이터베이스 기술인 객체-관계(object-relational) 데이터베이스시스템의 등장을 가져왔다. 객체-관계 데이터베이스는 멀티미디어(이미지, 비디오, 그래픽, 오디오 등)의 빠른 확산과 인터넷의 발전을 통해 보다 손쉽게 복합 데이터 유형을 데이터베이스가 관리하도록 하는데 기술개발의 역점을 두고 있다. 관계형 데이터베이스 개발업자들은 복합 데이터 유형을 지원하기 위해 관계형 데이터베이스시스템에 확장기능을 추가시킨 새로운 시스템을 개발하기에 이르렀다. 이들 시스템은 복합 데이터 유형을 수용하고, 사용자 정의에 따른 데이터 유형의 정의도 수용한다. 객체-관계 시스템은 비원소적(non-atomic) 데이터 유형을 지원한다. 복합적인 데이터 유형을 지원하기 위해 관계형 모델은 포섭적 관계를 가능하도록 확대되었다. 즉, 포섭적 관계에서 속성값은 원자를 필요로 하지 않으나 그들 스스로가 관계를 형성한다. 객체-관계 데이터베이스는 표준질의어로 SQL3를 사용할 것으로 보이지만, 아직 인증되지 못한 상태이다.

이와 같이 객체-관계 데이터베이스관리시스템은 관계형 데이터베이스시스템에 객체지향형 데이터베이스의 기능을 추가한 것이라고 볼 수 있다. 따라서 객체-관계 데이터베이스는 객체 클래스를 생성할 수 있다. 이들 객체는 관계 테이블에서 열(row)로 나타내진다. 또한 객체-관계 데이터베이스는 상속성을 지니고 있어 모 객체(parent object)의 속성과 메소드를 자 객체(child object)가 상속한다.

또한 기존의 관계형 데이터베이스시스템의 경우 B-tree 색인을 사용한 검색방법을 사용하고 있는데, 이 방법은 1차원의 데이터 검색에는 잘 적용되지만 2차원 이상의 데이터를 색인화하는데는 적합하지 못하다. 이에 따라 객체-관계형 데이터베이스 시스템에서는 R-tree와 Quadtree와 같이 공간 데이터를 색인하는데 더 적합한 인덱스 메커니즘을 지원한다. 따라서 관계-객체 데이터베이스시스템에서는 넓은 공간 영역 내에서 분할된 작은 지역에 접근하여 검색할 수 있기 때문에 검색이 신속하고 용이하게 이루어질 수 있다. 뿐만 아니라 객체-관계 SQL 확장이나 C 또는 C++과 같은 컴파일 언어로 작성하는 경우 사용자 정의기능을 완벽하게 지원해준다.

이와 같이 객체-관계형 데이터모델은 관계형 데이터 모델에 객체형 데이터 모델의 특징인 캡슐화와 상속성을 확장시켰으며, 임의의 데이터 유형과 계층적 구조 지원이 가능하도록 구조화한 모델이다. 따라서 객체-관계형 데이터베이스시스템의 경우 데이터 모델링과 관리적인 측면에서는 관계형 데이터베이스시스템이 수행하는 모든 기능을 수행할 수 있도록 하는 한편, 객체지향형 데이터베이스 시스템이 가지고 있는 특성을 추가함으로써 관계형 데이터 모델이 갖고 있는 한계성을 극복하였다고 볼 수 있다. 이에 따라 데이터 모델링과 관리적 측면에서 객체-관계형 데이터베이스시스템은 관계형 시스템이 적합한 응용들과 객체형 시스템이 적합한 응용의 두 분야에 폭넓게 활용될 수 있다.

한편 ESRI사에서 ArcGIS 8.0에서부터 사용하기 시작하여 널리 이용되는 지오데이터베이스 모델(geodatabase model)은 객체제향모델을 기반으로 한 지리공간 데이터를 구조화시켜 다양한 데이터 유형을 포함하는 최상위 수준의 데이터 모델이라고 볼 수 있다. 지오데이터베이스의 구성요소를 보면 첫째, 다양한 데이터 셋트의 집합(벡터 데이터, 래스터 데이터, 표면모델링 데이터 등), 둘째, 객체 클래스들(실세계 형상들과 관련된 객체들

그림 7-24 지오데이터베이스 모델(geodatabase model)의 구성 요소

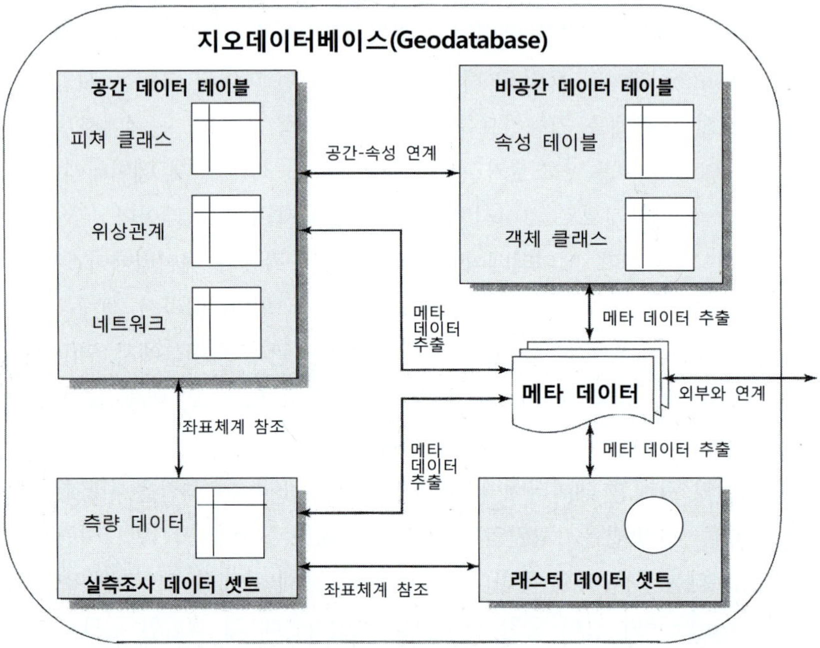

출처: Lo, C.P. and Yeung, A.K.W. (2007), *Concepts and Techniques of GIS*(2nd ed.), p. 104.

에 대한 기술적 속성, 셋째, 피쳐 클래스들(점, 선, 면적 등의 기하학적 형태로 묘사된 객체들), 넷째, 관계 클래스들(서로 다른 피쳐 클래스를 가진 객체들 간의 관계)이다.

지오데이터베이스 모델의 경우 모든 데이터 셋트와 클래스들이 하나의 단일한 데이터베이스 시스템 안에 테이블 형태로 저장된다는 특징을 가지고 있다(그림 7-24 참조). 이렇게 통합된 데이터베이스 구조를 지니기 때문에 많은 GIS 사용자나 개발자들이 다양한 데이터들을 인덱싱하는데 매우 편리하고 데이터들 간의 연계, 거래, 관리 면에서 장점을 가지고 있다. 뿐만 아니라 메타 데이터가 있기 때문에 모든 데이터들에 대한 이력을 상세히 알 수 있으며, 다른 데이터베이스시스템의 기능들을 지리공간 데이터베이스로 통합시켜 사용하기 때문에 GIS의 기능 및 다양한 서비스를 제공하는데 있어서 비용 대비 효율성이 상당히 크다고 평가되고 있다.

제 8 장
데이터의 질과 데이터의 표준화

- 제 1 절 데이터의 질에 대한 개념과 평가요소
- 제 2 절 오차의 발생원과 오차에 대한 관리
- 제 3 절 데이터의 표준화
- 제 4 절 공간 데이터의 교환 표준과 메타데이터

제 1 절

데이터의 질에 대한 개념과 평가요소

[1] 데이터의 질에 대한 개념적 정의

데이터는 GIS를 실행하는데 가장 기초가 되는 것으로, GIS의 발달 초기에는 공간 데이터를 획득하고 구축하는데 엄청난 시간과 비용을 들여왔다. 그러나 1990년대 이후 어느 정도 데이터베이스가 구축되면서 데이터의 질적 수준에 대한 관심이 높아지게 되었다. 특히 특정한 응용목적에 부합되는 수준의 질적 요건을 갖춘 공간 데이터에 대한 수요가 증대되었다.

일반적으로 데이터의 질(quality)이란 의도된 목적을 위해서 사용된 데이터 적합성(fitness)을 의미한다(Chrisman, 1984). 즉, 특정한 목적을 위해 사용된 데이터가 질적인 면에서 어느 정도 적합한가를 가리킨다. 그러나 구축된 일련의 데이터가 사용목적에 얼마나 부합한가에 대한 판단은 다소 주관적이라고 볼 수 있다. 따라서 데이터의 질을 평가하는데 기준이 되는 개념과 그들에 대한 정의가 먼저 이루어져야 할 것이다.

흔히 데이터의 질을 평가할 때 사용자의 관점에서 가장 크게 요구되는 것은 데이터가 신뢰할만하고 정확해야 한다는 것이다. 이는 데이터가 사용자들이 나타내려고 하는 실세계와 일치되어야 함을 시사한다. 또한 사용자들은 가능한 최신의 데이터를 원하며, 정밀하고 불확실성이 적은 데이터를 사용하기 원한다. 여기서는 데이터의 질을 평가하는 경우 가장 일반적으로 사용되는 데이터의 정확성, 정밀성, 오차, 불확실성의 네 가지 개념에 대해서 간략히 살펴보고자 한다.

(1) 데이터의 정확성

정확성(accuracy)이란 데이터가 사용자들이 표현하고자 하는 실세계 형상을 어느 정도 일치하여 나타내주는가를 말한다. 즉, 정확성이란 데이터가 얼마나 참값(true value)과 근사한 가를 평가하는 것이다. 그러나 공간 데이터의 경우 실세계의 형상을 측정하여 나타내는 것이기 때문에 참값을 정확하게 알 수 없거나 결정하기 어려운 경우가 많다. 이런 경우에는 여러 차례 반복 측정한 후에 측정값에 대한 평균값을 참값으로 인정하고 있다.

정확성의 개념을 일례를 통해서 살펴보자. 그림 8-1-가에서 볼 수 있는 바와 같이 UTM 좌표체계에서 그리드 셀의 넓이는 그리드 선에 따른 좌표값을 사용하면 정확하게 계산되므로 1000m^2임을 알 수 있다. 이 면적을 만일 구적계를 사용하여 측정한 결과 첫번째 측정값은 1,012.5m^2로 나타났으며, 두번째는 985.7m^2로 측정되었다면, 이런 경우

그림 8-1 데이터의 정확성에 대한 일례

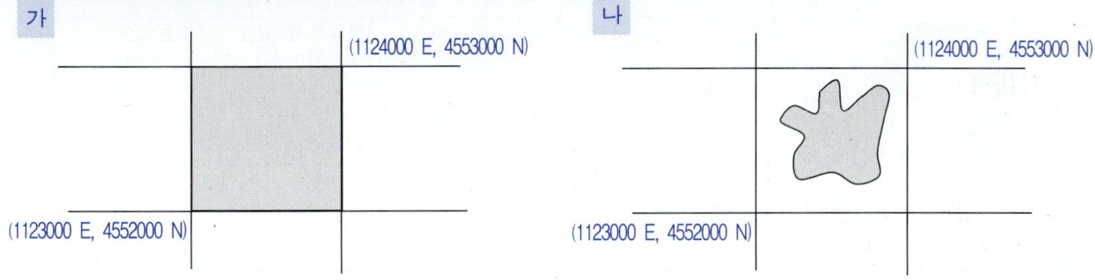

첫번째 측정치 값이 참값에 더 근사하므로 더 정확하다고 판정할 수 있다. 한편 그림 8-1-나의 경우 형상이 불규칙한 호수의 면적에 대한 참값은 수차례의 측정치를 통하여 산출된 평균값을 참값으로 간주하게 된다. 호수 면적에 대한 평균값이 584.5m^2로 추정된 경우, 만일 첫번째 측정값이 592.5m^2, 두번째 측정값이 580.7m^2로 나타났다면 두번째 측정값이 평균치와 더 근사하므로 더 정확하다고 판정할 수 있다.

일반적으로 정확도가 높은 데이터를 수집하는데 상당한 시간과 비용이 들게 되며, 정확성은 데이터 구축 비용을 결정하는 매우 중요한 요소 중의 하나이다. GIS 프로젝트를 수행하는데 있어서 응용목적에 부합되는 수준의 정확도를 지닌 데이터를 사용하는 것이 무엇보다도 중요하다. 만일 요구되는 수준보다 정확도가 낮은 데이터를 사용하는 경우, 사용자들이 데이터로부터 유용한 정보를 추출하는데 어려움을 겪을 수 있다. 반면에 필요한 수준보다 높은 정확도를 가진 데이터의 사용은 비용적 측면뿐만 아니라 인적자원과 기술자원을 낭비하게 될 수도 있다. 이와 같이 데이터의 정확성에 대한 기준은 응용목적에 따라서 달라질 수 있으며, 특정 분야에서 사용하는데 정확하다고 인정된 데이터가 또 다른 특정한 응용분야에 사용될 경우 부정확하다고 판정될 수도 있다.

(2) 데이터의 정밀성

데이터의 정확성 개념이 실세계의 참값과 데이터가 어느 정도 근사한가를 말하는 것이라면 데이터의 정밀성(precision)은 어떻게 데이터가 측정되고 저장되는가를 가리킨다. 즉, 정밀도란 관측시에 생기는 편차로, 관측할 때의 소수점 자릿수 또는 유효자릿수로써 정의될 수 있으며, 실제적으로 데이터의 정밀도는 데이터가 저장되는 자리수에 의해 표현된다.

정밀도와 정확도는 다른 개념이며 정밀도가 높은 데이터가 반드시 정확도가 높은 것은 아니다. 예를 들어 각을 잘못 측정하고서 각의 값을 정밀도 수준이 매우 높은 '초' 단위로 나타내었다고 해서 정확한 데이터는 아니다. 마찬가지로 정확도가 높은 데이터가 반

그림 8-2 데이터의 정밀성에 대한 일례

포맷	저장용량(비트)	정밀도의 유효 자리수	부동소수점 유/무
긴 정수	16	9	아니요
단일 정밀도의 부동소수점	16	7	예
두배 정밀도의 부동소수점	32	13	예

정밀하게 시간(초)을 측정하여야 하는 경우 사용되는 시계가 달라짐
(1/100 초 측정시에는 스텝워치가 사용; 1/1,000,000 초의 측정시에는 원자시계 사용)

드시 높은 정밀도로 표현되는 것은 아니다. 예를 들어 어떤 지점을 위치를 UTM 좌표로 나타내는 경우 물론 정확하게 측정되어야 하지만, UTM 좌표를 mm 단위로까지 정밀하게 나타낼 필요는 없다. 일반적으로 32비트 정수를 사용하여 지구 전체에 대한 좌표를 나타내면 대략 정밀도가 2cm수준으로, 이러한 수준의 정밀도는 지구 전체를 나타내는 경우에 요구되는 정밀도 수준을 훨씬 능가한다. 그림 8-2에서 볼 수 있는 바와 같이 정밀도가 높아질수록 저장용량이 커지며, 유효자릿수도 많아짐을 알 수 있다.

한편 정밀도의 개념이 명목 데이터에 적용되는 경우 다른 의미를 갖게 된다. 명목척도로 측정된 데이터는 계량화될 수 없는 특성을 갖고 있는 것으로, 예를 들면 토지이용 유형(주거, 상업, 공업용 등등), 소득수준(상, 중, 하), 환경자원(양호, 보통, 나쁨)과 같이 정량화될 수 없는 속성을 지니고 있다. 이런 경우 컴퓨터상에 저장되는 자릿수로서의 정밀도란 의미가 없으며, 데이터가 관찰되고 기록되는 분류의 상세도 수준에 따라 정밀도가 평가된다. 만일 분류의 범주가 많아서 상세하게 분류되는 경우 보다 정밀한 데이터라고 볼 수 있다. 예를 들어 토지이용의 경우 중분류로 분류하는 경우 주거지역으로 분류되는 지역이 세세분류로 나누는 경우 주거지역은 단독, 다세대, 아파트 주거지역으로 보다 정밀하게 구분된다.

공간 데이터의 정확성과 정밀성의 차이를 예를 들어 비교해보자. 그림 8-3-가의 경우 데이터의 측정값이 실세계의 참값에 보다 근사하므로 정확도는 더 높지만, 정수로만 표현하였기 때문에 정밀도는 상대적으로 낮다. 반면에 그림 8-3-나의 경우 정확도는 낮지만 보다 상세하게 측정하여 나타냄으로써 정밀도는 상대적으로 높다. 이와 같이 정밀도와 정확도는 데이터의 서로 다른 측면을 가리키며, 이들은 데이터가 나타내는 축척수준(소축적 또는 대축척)과 응용 목적에 따라 달리 해석될 수 있다.

또 다른 예를 보자. GPS 수신기가 동일한 지점의 고도를 6차례 반복하여 측정한 경우 8-3-라와 같이 유사한 측정 결과가 나타났을 경우 GPS 기기가 매우 정밀하다고 말할 수 있다. 그러나 모든 측정치가 약 5m 가량 높았다고 한다면 참값으로 부터 편향되어 있어 부정확성하다고 판정된다. 반면에 그림 8-3-다의 경우 비록 정밀성은 낮지만 참값에 보다 가깝기 때문에 정확성은 상대적으로 더 높다.

그림 8-3 데이터의 정확성과 정밀성의 비교

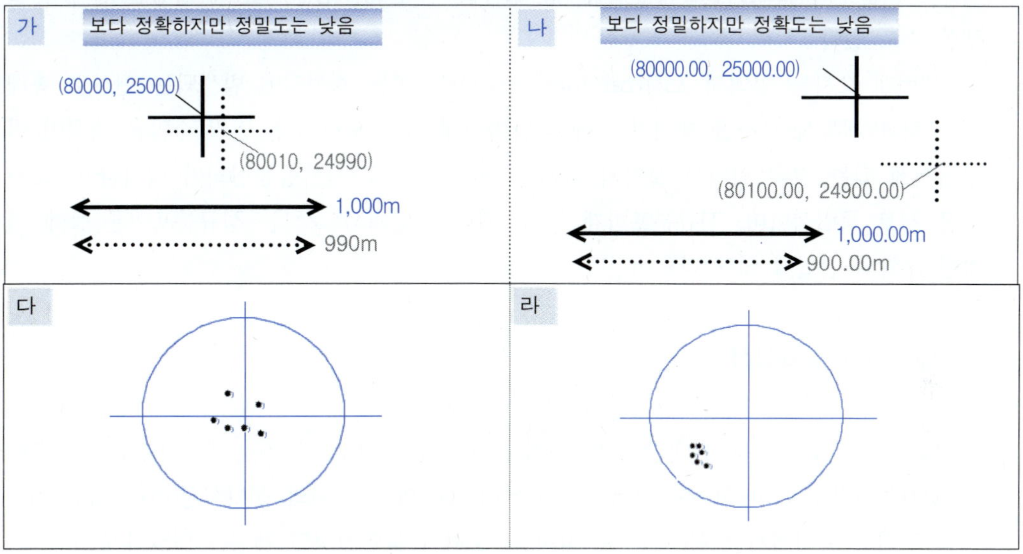

(3) 데이터의 오차

데이터에 대한 오차의 측정은 정확도와 연관되어 있다. 정확도가 높은 데이터일수록 오차가 적게 발생한다. 그러나 실제로 GIS에서 정확도와 오차는 서로 다른 문맥으로 사용된다. 일반적으로 정확도는 실세계 형상의 참값과 측정된 데이터의 값이 어느 정도 근사한가를 말하는데 비해, 오차는 두 값사이의 편차를 나타낸다. 즉, 오차는 통계적 용어로 변이(variation), 또는 편차(deviation)의 개념을 내포한다.

일반적으로 참값 또는 참값으로 인정한 값과 측정치와의 차이를 나타내는 편차의 존재는 데이터의 정확성과 정밀성이 떨어지는 것을 의미하며, 일반적으로 데이터의 질은 정확도 또는 정밀도의 표현보다는 오차로써 계량화되어 표현된다. 데이터를 측정하고 관찰하는 과정에서 발생하는 오차에는 세가지 유형의 오차가 있다.

첫번째 오차는 총체적 오차(gross error)로, 대부분의 경우 총체적 오차는 측정하는 과정에서 실수에 의해 나타난다. 따라서 총체적 오차는 데이터를 검사하는 과정에서 쉽게 발견된다. 총체적 오차는 데이터 수집시에 숙련된 데이터 수집원을 동원하고 데이터 수집의 표준 규칙과 절차를 강화시킴으로써 피할 수 있다.

두번째 오차는 계통적 오차(systematic error)로, 이는 다양한 요인들에 의해 발생된다. 계통적 오차는 실측 시에 인간에 의해 이루어지는 측정의 편기성(bias)과 측정도구의 기계적인 문제로 인해 발생되기도 하며, 때로는 지상측량 시에 온도와 습도의 기상변화로 인해 발생하기도 한다. 계통적 오차는 반복된 측정을 통하여 탐지될 수 있는 것이 아니며, 오차가 누적적으로 전달되기 때문에, 오차를 무시하는 경우 나중에 상당한 문제가 발생할 수도 있다.

세번째 오차는 임의적 오차(random error)로, 이는 측정시에 발생되는 편차로 총체적 오차와 계통적 오차를 제거한 후에도 남아있게 되는 오차이다. 만일 수많은 측정이 이루어지게 되는 경우 임의적 오차의 크기는 작아지며, 오차는 등분산되어 나타나고, 오차들은 서로 독립적이며, 정규분포하게 된다. 따라서 임의적 오차는 정규분포이론 등에 기초한 수학적 방법에 의해 다루어진다.

(4) 데이터의 불확실성

데이터의 질적 수준에 대한 정보가 제공되지 않을 경우, 주어진 데이터로부터 추출해낸 정보의 타당성(validity)도 불확실하게 된다. GIS에서 오차와 불확실성(uncertainty)의 개념은 거의 동의어처럼 사용되기도 하지만, 오차와 불확실성의 개념은 엄밀하게 보면 다르다. 오차는 데이터의 수집과정에서 발생되는 것으로, 아무리 조심스럽게 측정하고 관찰한다고 하더라도 완전히 오차를 없애는 것은 것의 불가능하다. 따라서 데이터의 질을 높이기 위한 방법은 오차를 제거하려고 노력하는 것이 아니라 가능한한 오차를 작게 하고 오차의 크기에 대한 신뢰도 수준을 측정하는 것이다. 이와 같이 데이터의 오차를 명시하고 될 수 있는 한 오차의 크기를 작게 하는 것이 불확실성을 최소화하는 길이 된다.

실세계의 형상을 완벽하게 표현하는 것은 불가능하며, 따라서 데이터의 불확실성은 불가피한 것이라고 볼 수 있다. 데이터의 관측과 측정 시에 발생하는 측정오차는 불확실성을 만들어내는 대표적인 요인이며, GIS에서 불확실성의 개념은 디지털로 표현하는 경우에 특히 흔하게 대두되는 문제이다.

불확실성에 대한 개념적 관점은 다음과 같은 세 단계로 구분해볼 수 있다(그림 8-4 참조). 첫단계의 불확실성은 공간적인 현상들을 개념화하는 과정에서 나타나는 불확실성(U1)이다. 실세계의 현상들은 자연적인 구역을 엄밀하게 구분하는 단위가 존재하지 않는 경우도 많으며, 구역의 경계를 뚜렷하게 정의할 수 없거나, 주어진 구역의 속성도 불확실한 경우가 많다.

두번째 단계의 불확실성은 지리적 현상을 표현하고 측정하는 과정에서 나타나는 불확실성(U2)이다. 일례로, 1:2,000,000 축척지도에서 나타나는 해안가의 형상과 해안선의 위치는 상당한 정도의 불확실성을 내포한다. 실세계를 표현하기 위해 사용되는 벡터 데이터와 래스터 데이터 구조는 공간 데이터를 조작할 수 있는 편리성으로 인해 매력적인 것으로 받아들여지고 있지만, 실제로 연속적인 현상(필드)과 불연속적인 객체들을 데이터 구조

그림 8-4 불확실성에 관한 개념적 관점

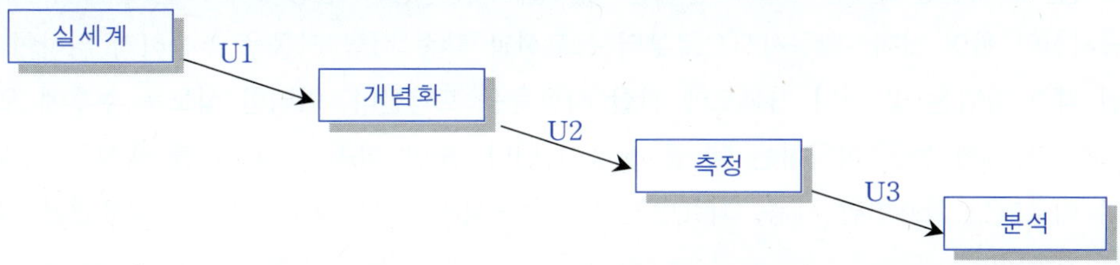

출처: Longley, P.A., et al. (2011), *Geographic Information Systems & Science*(3nd ed.), p. 149.

로 표현하는 과정에서 상당한 정도의 불확실성이 내재된다.

세번째 단계의 불확실성은 지리적 현상을 분석하는 경우에 나타나는 불확실성(U3)이다. 지리적 현상들을 분석하는 개념과 사용되는 알고리즘은 본질적으로 불확실성을 지니고 있다. 이와 같이 실세계를 데이터 모델로 나타내는 과정에서부터 생성된 데이터로의 다양한 분석을 통해 최종 결과물을 산출하는 과정까지 불확실성은 항시 존재한다고 볼 수 있다.

이와 같이 불확실성은 오차보다도 훨씬 더 많은 문제를 내포하고 있다. 특히 이용가능한 디지털 데이터의 양과 디지털 데이터로의 접근성이 매우 좋아짐에 따라 실세계를 디지털로 나타내는 데이터의 질에 대한 관심이 높아지면서 불확실성에 대한 문제도 더욱 확대되고 있다. 현재 GIS가 지니고 있는 심각한 문제점은 점점 더 컴퓨터에 의존할수록 디지털로 표현되는 데이터에 대한 불확실성이 더 커가고 있다는 점이다.

[2] 데이터의 질에 대한 평가지표

미국의 수치지도데이터 표준화 위원회(NCDCDS: National Committee for Digital Cartographic Data Standards)에서는 1988년에 공간 데이터의 질을 평가하는데 기준이 될 수 있는 5개의 지표를 제시하였다. 즉, 데이터의 질은 데이터의 이력, 위치 정확성, 속성 정확성, 논리적 일관성, 완결성의 5개 평가지표들을 통하여 평가하는 방법론을 제시하였다. 또한 국제지도학협회(ICA: International Cartographic Association)에서는 시계열적 정확성과 의미 정확성의 2개 평가지표를 더 추가하였다. 이러한 평가지표들은 현재 세계 여러 나라에서 공간 데이터의 질을 평가하는데 활용되고 있다.

(1) 데이터의 이력

데이터의 이력(lineage)이란 데이터 구축 과정에 대한 역사를 기록한 것으로, 원시 자료로부터 최종 결과물까지 각 단계에서 사용된 모든 정보를 기록하는 것이다. 데이터를 구축하는데 사용된 원시 자료와 관련된 내역들, 예를 들면 현장에서의 실제 조사 시기, 항공사진의 촬영 날짜, 항공사진으로부터 등고선과 각종 지형 지물을 추출하기 위하여 사용된 각종 방법론 및 기타 기본도에 관한 사항들을 포함한다. 이러한 정보는 추후에 오차의 크기와 유형 등을 파악하는 데 큰 도움이 된다. 또한 최종 수치지도를 생성하는 과정에서 이루어진 좌표변환 내용, 좌표변환시의 등록점의 위치 정보, 그리고 좌표변환 방법 등도 기록된다.

데이터의 이력을 통해 사용자는 원본 데이터의 생성 날짜, 데이터의 변경, 갱신 날짜 등을 알 수 있으며, 여러 출처로부터 구축된 각각의 데이터를 병합하여 새로운 데이터베이스를 생성하였을 경우에는 그 데이터베이스를 이루고 있는 파일 내의 각 요소들의 출처도 정확하게 파악할 수 있다. 일반적으로 데이터의 이력은 다음과 같은 질문에 대한 답을 제공하기 위해 디자인되어야 한다.

- 누가 데이터를 수집하였는가?
- 언제 데이터가 수집되었는가?
- 데이터가 어떤 방법으로 수집되었나?(지상 측량, 항공사진 측량, 원격탐사 등)
- 왜 데이터가 수집되었나?(지형도 구축 또는 특별한 목적 등)
- 데이터가 어떻게 생성되었는가?(수동 디지타이징, 이미지 스캐닝과 자동 벡터화, 이미지 해석과 분석 등)
- 데이터의 좌표변환을 위해 사용된 알고리즘은 무엇이며, 데이터의 좌표조정에 사용된 기준점과 이를 위해 사용된 좌표체계는?
- 컴퓨터 연산에서 정밀도는 어느 정도였나?

일반적으로 데이터 이력에 관한 사항은 사용자 지침서의 형식이나 내부 문서 양식으로 보관되며, 데이터와 함께 사용자에게 이력에 관한 사항 전부가 제공되지는 않는다. 대부분의 경우 사용자로 하여금 데이터가 지닌 오차에 관한 사항을 나름대로 판단할 수 있도록 일부 오차에 관한 사항만을 제공하고 있다.

(2) 위치 정확성

위치의 정확성이란 실세계에서의 참 위치와 수치화된 공간데이터에 나타난 위치가 어느 정도 근사한가를 말하는 것이다. 위치정보의 정확성에 대한 기록은 공간 데이터의 기준점이나 좌표체계의 절대 좌표값과 비교하여 데이터가 얼마나 정확한 좌표값을 가지고 있는가에 대한 제반 정보를 포함한다. 뿐만 아니라 위치 정확성 평가를 실시한 날짜까지도 기록된다. 위치 정확성에 대한 평가방법은 각 생성단계에서 오차를 확인하는 품질 검사 방법과 원시 자료와의 비교를 통해서 허용오차를 구하는 방식이 있다.

벡터 데이터로 구축된 지도에 있어서 가장 작은 객체는 최소 매핑단위(minimum mapping unit)로서 표현되는데, 일반적으로 최소매핑단위가 선의 넓이 또는 0.5 mm 정도이면 정확하다고 인정한다. 이는 점이나 선형 대상물 위에 디지타이저 커서의 십자선을 위치화시켰을 경우의 정확도를 말한다. 0.5mm 정확도란 1:10,000 지도의 경우 지상에서의 거리가 5m를 나타내며, 1: 250,000 지도의 경우 125m 거리가 최소매핑 단위가 되는 셈이다. 이와 같이 공간 데이터의 잠재적 정확도 수준은 지도의 축척에 비례하여 차이가 나고 있다. 즉, 위치 정확도는 축척에 반비례하여, 대축척일수록 구축되는 위치 정확도는 높아지며, 소축척일수록 정확도는 낮아진다(표 8-1-가 참조).

위치의 정확도에 대한 평가기준으로 대표적으로 참조되는 것은 미국의 항공사진과 원격탐사학회(ASPRS: Amercan Society for Photogrammetry and Remote Sensing)에서 제정한 것으로, RMSE(root mean square error)값이 지도의 축척에 따라 달라짐을 알 수 있다(표 8-1-나 참조). 즉, 대축척일수록 허용되는 측정오차는 매우 작으며, 소축척으로 구축하는 경우 허용되는 측정오차는 다소 증가하고 있다. 이러한 기준을 참조하여 데이터를 구축하는 과정에서 위치 정확도에 대한 검증이 이루어져야 한다.

표 8-1 지도 축척에 따른 지상거리와 지도 축척에 따른 지상측량의 정확도

가

축척	0.5mm 도상거리에 대응하는 지상거리(m)
1: 2,500	1.25
1: 10,000	5
1: 24,000	12
1: 50,000	25
1: 100,000	50
1: 250,000	125
1: 500,000	250
1: 1,000,000	500
1: 10,000,000	5000

나

지상측량에서 X 또는 Y좌표의 정확도(RMSE: m)	지도 축척
0.00125	1: 50
0.025	1: 100
0.05	1: 200
0.125	1: 500
0.25	1: 1,000
0.50	1: 2,000
1.00	1: 4,000
1.25	1: 5,000
2.50	1: 10,000
5.00	1: 20,000

출처: Lo, C.P. and Yeung, A.K.W. (2007), *Concepts and Techniques of GIS*(2nd ed.), pp.114-115.

(3) 속성 정확성

공간 데이터에 대한 위치의 정확성과 함께 속성에 대한 정확성도 매우 중요하다. 과거

에는 주로 속성에 대한 정확성 평가는 수작업에 의하여 이루어졌다. 즉, 원시 자료와 구축된 속성 데이터베이스를 비교, 검토 과정을 통해 평가하였다. 그러나 최근에 들어오면서 속성에 대한 정확성을 평가하는 방법도 점차 다양해지고 있다.

속성 데이터에 대한 정확성은 공간 데이터의 위치 정확성 평가와는 달리 여러 가지 방법에 의해 평가될 수 있다. DEM이나 TIN과 같이 미터 단위로 속성이 표시되는 경우 정확도는 측정오차로 나타낼 수 있다. 그러나 토양의 유형과 같이 폴리곤의 형태로 범주형으로 나타나는 속성에 대한 정확도는 분류한 범주에 대한 스키마나 상세도를 통해서 평가하며, 데이터 수집과정에서 잘못 분류된 총체적 오차를 평가한다. 속성에 대한 정확성을 평가할 때, 전수조사가 어려운 경우 표본조사를 통한 검사가 이루어지게 되는데, 이런 경우 전체 속성 가운데 잘못 분류된 속성의 비율로서 속성의 정확도를 평가하게 된다.

(4) 논리적 일관성

논리적 일관성(logical consistency)이란 실세계와 데이터 구조로 코드화된 공간 데이터와의 관계에 대한 신뢰성을 말하는 것으로, 데이터의 구성요소들 간의 논리적 관계를 의미한다. 공간 데이터에서 논리적 일관성은 다음과 같은 요소들을 포함하여야 한다.

- 데이터 모델이 실세계의 공간 형상을 적절하고 일관성 있게 나타내고 있는가?
- 실세계와 비교하여 볼 때 위치와 속성 데이터가 어느 정도 근사하게 일치되고 있는가?
- 단순한 데이터 저장 포맷으로부터 복잡한 형상을 구축할 수 있도록 시스템 내에서 일관성을 갖고 있는가?
- 지도의 경계선을 따라서 서로 다른 도엽들이 일치될 수 있는가?
- 서로 다른 레이어로 구축된 데이터 파일들이 서로 일치하는가?

논리적 일관성을 자동적으로 검사하는 방법은 위상관계를 구축하는 것이다. 데이터의 위상구조를 구축함으로써 상당한 정도의 논리적 비일관성에 따른 오류를 제거할 수 있다. 논리적 일관성을 검사하는 일례를 다음과 같은 사항들을 점검할 수 있다. 선이 단지 의도된 곳에서만 교차되었는가? 두 번 입력된 선은 없는가? 모든 폴리곤이 완전히 폐합되었는가? overshoot/ undershoot된 선이 있는가? 폴리곤이 너무 작거나 또는 선들이 너무 가까이 붙어있지 않은 가? 등을 검사하게 된다.

이상과 같이 논리적 비일관성을 검사하게 되면 위치 정확성이나 속성 정확성에 영향을 미치는 오차를 제거하는데 도움을 주게 되며, 따라서 논리적 일관성 개념은 공간 데이터의 위치 정확성과 속성 정확성에 대한 연장이라고도 볼 수 있다.

(5) 완결성

공간 데이터에서 완결성(completeness)이란 개념은 가능한 모든 항목을 다 이용할 수 있을 정도로 데이터가 완전히 구축된 정도를 말한다. 데이터의 완결성에 대한 평가는 GIS를 의사결정을 지원하는 응용 분야에서 중요하다. 왜냐하면 불완전한 데이터로부터 추출된 정보는 의사결정시에 상당한 문제를 야기시킬 수 있기 때문이다.

일반적으로 공간 데이터의 완결성은 공간적 완결성(spatial completeness)과 주제적 완결성(thematic completeness)의 두 가지 요소를 포함한다. 공간적 완결성이란 데이터가 관심 대상지역 전체를 포함하고 있는 것을 말하며, 주제적 완결성은 데이터가 응용에 필요한 모든 레이어를 포함하고 있는 것을 가리킨다. 이와 같이 완결성이란 관심 대상지역에 대한 모든 정보들이 완전하게 데이터베이스로 구축된 것을 말한다.

그러나 실제적인 상황들을 보면 관심 대상지역이 넓은 경우 그 지역에 대한 데이터가 일괄적으로 제작되는 경우보다는 시차적으로 계속 제작되고, 갱신되며, 관리되고 있는 경우가 많다. 이런 경우 색인 지도(index map)를 통하여 데이터 제공이 가능한 지역에 대한 정보를 제공하고 있다. 사용자의 입장에서는 최근의 정보를 제공받는 것도 중요하지만 일관성있는 정보를 더욱 필요로 하는 경우가 많다. 즉, 관심 대상지역에 대한 최신의 일부분에 대한 데이터를 제공받는 것보다는 과거 시점의 데이터라도 동일시점에서의 전체 지역에 대한 데이터를 제공받기를 원한다. 따라서 사용자 수요를 충족시킬 수 있는 데이터 구축과 관리가 매우 중요하다.

[3] 데이터의 질에 대한 평가방법

앞에서 살펴본 데이터의 질을 평가하는 지표들 가운데 공간 데이터 사용의 적합성을 결정짓는데 중요한 영향을 미치는 지표는 위치 정확성과 속성 정확성이라고 할 수 있다. 일반적으로 위치 정확성과 속성 정확성 수준에 대한 평가는 대축척 데이터, 지상 검증, GPS 등을 통해 구축된 매우 정확도가 높은 참조 데이터(reference data)를 기준으로 하여 구축된 데이터의 정확도를 비교, 평가한다.

(1) 위치 정확성에 대한 평가

위치 정확성은 평면 정확성(planimetric accuracy)과 고도 정확성(height accuracy)의 두 가지 요소로 구성되지만, GIS 응용시에는 주로 평면 정확성에 초점을 둔다. 위치 정확도는 공간 형상물의 정확한 위치를 확인하는 것으로, 위치 정확도가 낮은 데이터의 사용은 상당한 오차를 발생시키게 된다.

위치 정확성에 대한 평가는 지도상에 표본지점의 좌표(x,y)와 참조 데이터에서 표본지점과 같은 위치에 있는 지점의 좌표(x,y)를 비교하는 것이다. 그러나 대부분의 경우 참조 데이터에서 위치가 정확하게 밝혀진 지점들(예를 들면 지상 측량의 기준점, 벤치 마크, 도로의 교차점 등)을 표본지점으로 추출하여 참조 데이터 상에서의 위치와 구축된 데이터 상에서의 위치를 비교한다.

각 지도에서 표본지점의 수와 공간 분포는 사용자의 재량과 판단에 의해 결정되지만, 일반적으로 적어도 20개 이상의 표본지점을 추출하여야 하며, 표본지점의 분포는 적어도 지도의 사분면 안에 20%에 해당되는 표본지점이 분포하도록 하여야 한다. 표본지점들의 좌표값과 이와 대응하는 참조지점의 좌표값 간의 편차는 제곱근평균제곱오차(RMSE)로 나타나며, 이 값이 위치 정확도 수준을 평가하는 기준이 된다. RMSE는 편차제곱의 합에 대한 평균값에 제곱근을 씌운 수치이다. X좌표와 Y좌표들 간의 편차를 나타내는 RMSE는 다음과 같은 식에 의해 계산된다.

$$s_x = \sqrt{\frac{X^2}{n}}, \quad s_y = \sqrt{\frac{Y^2}{n}}$$

$$X^2 = dx_1^2 + dx_2^2 + dx_3^2 + dx_4^2 + \cdot\cdot\cdot\cdot dx_n^2$$

$$Y^2 = dy_1^2 + dy_2^2 + dy_3^2 + dy_4^2 + \cdot\cdot\cdot\cdot dy_n^2$$

여기서 dx 는 X좌표값의 편차로, $dx = X_{참조좌표} - X_{표본좌표}$ 이며, n은 표본지점 수이다. 따라서 표본지점 전체에 대한 위치정확도 수준을 나타내는 rms_p는 다음과 같은 식에 따라 산출된다.

$$rms_p = \sqrt{(rms_x)^2 + (rms_y)^2}$$

(2) 속성 정확성에 대한 평가

속성 정확성에 대한 평가도 위치 정확성의 평가방법과 유사하다. 속성 정확도는 보다 높은 정확성을 가진 참조 데이터의 값과 표본단위구역에 나타난 값을 비교하여 평가된다. 표본단위구역은 래스터 셀이나, 표본지점, 선, 폴리곤 등이 될 수 있다. 평가방법은 속성 데이터가 기록된 측정 척도에 따라 달라지게 된다. 등간척도와 비율척도로 측정된 속성 데이터의 경우 앞에서 살펴본 위치 정확성 평가방법을 그대로 도입하여, 참값과 측정값 사이의 편차를 비교하면 된다. 그러나 서열척도나 특히 명목척도로 측정된 속성 데이터의 경우 RMSE를 통하여 정확성을 평가할 수 없다. 여기서는 명목척도로 측정된 속성 데이터의 정확성을 평가하는 방법에 대하여 살펴보고자 한다.

토지이용 분류와 같이 명목척도로 속성 데이터가 구축되는 경우 주거용을 상업용으로 잘못 분류하는 분류상의 오차나 속성을 잘못 기입하는 기록상의 오차, 판독하는 사람에 따라 발생할 수 있는 판독 오차 등 다양한 형태로 오차가 발생하게 된다. 이런 경우 속성 데이터의 정확성을 평가하기 위해서는 먼저 오차행렬(error matrix)을 구축하여야 한다. 오차행렬이란 표본단위구역들에 대한 실제값과 코딩된 값이 다르게 나타나는 경우가 어느 정도 빈번하게 나타나는가를 보여주는 것이다. 오차행렬은 위성영상 이미지의 분류 정확성을 평가할 때도 사용된다.

오차행렬은 분류오차행렬(classification error matrix) 또는 혼돈행렬(confusion matrix)이라고 하며, 이 행렬은 무작위로 추출된 위치에서 수치지도에 기입된 속성 값을 확인한다. 그 다음 현장 검사에 의한 속성의 참값을 파악하고 그 결과를 행렬로 구축한다. 오차행렬에서 행렬의 열은 평가대상 데이터에서 분류된 범주를 나타내고 행은 참조 데이터에서 분류된 범주를 나타낸다. 따라서 오차행렬에서 C_{ij}는 참조 데이터에서 j로 분류된 범주가 평가되어야할 데이터에서는 i로 분류된 경우를 가리킨다. 오차행렬에서 대각선 방향의 셀($i = j$)들은 분류의 범주가 서로 일치하는 경우를 나타내며, 대각선 방향이 아닌 그밖의 셀($i \neq j$)들은 분류의 범주가 일치하지 않는 경우로 속성 데이터의 오차를 말한다.

오차행렬은 공간 데이터의 속성에 대한 정확도를 평가하는 매우 효과적인 방법이다. 오차행렬에서 대각선 방향의 셀이 '0'이 아닌 값을 나타내면 분류상의 오차가 없음을 나타내게 되며, 잘못 분류된 경우가 발생하면 그 오차는 잘못 입력된 것으로 제거되어야 함을 말해준다. 잘못 입력된 분류의 경우는 크게 두 가지 오차로 나타난다. 하나는 수행오차(error of commission/ error of inclusion)로써 표 8-2에서 볼 수 있는 바와 같이 1열에 수행오차가 2개가 있다. 즉, $C_{1,2}$의 값 2는 나지로 분류되어야 할 2곳이 잘못 분류되어 농경지에 포함되는 오차가 나타났음을 말해준다. 마찬가지로, 2열에 $C_{2,4}$ 과$C_{2,5}$에 나타난 2와 3은 초지로 분류되어야 할 2곳과 삼림으로 분류되어야 할 3곳이 모두 농경지에 포함되는 오차가 발생되었음을 말해준다. 5열과 6열에는 잘못 분류된 경우가 없음을 말해준다.

또 다른 오차는 누락오차(error of ommission/error of exclusion)로, 행을 따라서 나타나는 오차를 말한다. 표 8-2에서 볼 수 있는 바와 같이 2행에는 5군데의 오차가 있음을 보여주고 있다. 즉, $C_{1,2}$와 $C_{3,2}$에서 나타난 2와 3은 농경지로 분류되었어야 하는데 2곳은 나지로, 3곳은 방목지로 잘못 분류되었음을 말해준다.

오차행렬은 속성 데이터의 정확성을 계량화하는 지표로 총체적 정확도, 생산자 정확도, 사용자 정확도의 세 가지 지표를 통해 평가된다. 총체적 정확도 지표(PCC: Percent Correctly Classified)는 데이터 전체에 대한 정확도를 나타내는 지표이다. 이는 전체 표본구역 수(n)에 대한 대각선 방향 셀의 숫자의 합(Sd)에 대한 비율(%)로 측정된다. 즉, PCC= (Sd/n)·100(%)이다. 표 8-2의 경우 총체적 정확도는 (20/35)·100= 57.1%임을 알 수 있다. 이 지표는 간단하게 속성 정확도를 산출할 수 있는 지표이지만, 만일 특정한 하나의 범주가 표본구역에 지배적으로 나타나는 경우 PCC 수치가 상대적으로 높게 나타나며, 이 지표로는 수행오차와 누락오차를 구분하지 못한다. 이에 따라 생산자 정확도 지표와 사용자 정확도 지표를 사용하기도 한다.

한편 생산자 정확도 지표는 표본구역들이 정확하게 분류되었는가를 나타내는 지표로 누락오차(error of omission)를 측정하는 것이다. 생산자 정확성이라고 일컫는 것은 데이터가 생산된 시점에서 얼마나 정확하게 분류되었는가를 측정하기 때문이다. 생산자 정확도 지표=(C_i/C_t)·100(%)로 나타낼 수 있다. 여기서 C_i는 열(column)에서 정확하게 분류된 표본지점 수이며, C_t는 열에서 표본지점 전체의 수이다. 누락오차는 100에서 생산자 정확도를 빼면 된다.

한편 사용자 정확도 지표는 지도상에 분류된 표본구역들이 실제 지표상의 분류를 어느 정도 정확하게 나타내주고 있는가를 측정하는 지표로, 수행오차(error of commision)를 측정하는 것이다. 이 지표를 사용자 정확성이라고 일컫는 이유는 생산자보다는 사용자 입장에서 더 관심을 갖기 때문이다. 사용자 정확도 지표 = (R_i/R_t)·100(%)로 나타낼 수 있다. 여기서 R_i는 행(row)에서 정확하게 분류된 표본지점 수이며, R_t는 행에서 표본지점 전체의 수이다. 수행오차는 100에서 사용자 정확도를 빼면 된다.

이와 같은 지표 이외에도 보다 분석적 기법으로 속성 정확성을 측정하는 지표들이 개발되었다. 가장 대표적인 지표가 Kappa 계수이다. Kappa 계수는 수행오차와 누락오차의 크기를 감안하여 전체 분류의 정확도를 산출한 것이라고 볼 수 있다. Kappa 계수가 1인

표 8-2 속성 정확도를 측정하기 위한 오차행렬과 속성

표본 데이터	참조 데이터						합계
	A	B	C	D	E	F	
A (나지)	1	2	0	0	0	0	3
B(농경지)	0	5	0	2	3	0	10
C(방목지)	0	3	5	1	0	0	9
D (초지)	0	0	4	4	0	0	8
E (삼림)	0	0	0	0	4	0	4
F (수계)	0	0	0	0	0	1	1
합계	1	10	9	7	7	1	35

총체적 정확도(PCC) = (1+5+5+4+4+1)/35 *100
= 57.1%

생산자 정확도
A= 1/1 = 100% B= 5/10 = 50%
C= 5/9 = 55.6% D= 4/7 = 57.1%
E= 4/7 = 57.1% F= 1/1 = 100%

사용자 정확도
A= 1/3 = 33.3% B= 5/10 = 50%
C= 5/9 = 55.6% D= 4/8 = 50%
E= 4/4 = 100% F= 1/1 = 100%

출처: Lo, C.P. and Yeung, A.K.W. (2007), *Concepts and Techniques of GIS*(2nd ed.), p. 122.

표 8-3 속성 정확도를 측정하는 Kappa 계수의 산출방법

표본 데이터	참조 데이터						합계 $(i+)$
	A	B	C	D	E	F	
A (나지)	1	2	0	0	0	0	3
B(농경지)	0	5	0	2	3	0	10
C(방목지)	0	3	5	1	0	0	9
D (초지)	0	0	4	4	0	0	8
E (삼림)	0	0	0	0	4	0	4
F (수계)	0	0	0	0	0	1	1
합계$(+i)$	1	10	9	7	7	1	35

Pc = (열의 합/N) * (행의 합/N)

A= 3*1 = 3　B= 10*10 = 100
C= 9*9 = 81　D= 8*7 = 56
E= 4*7 = 28　F= 1*1 = 1
합계: A+B+C+D+E+F= 269
Pc = 269/ (35*35) = 0.2196
Po = 20/ 35 = 0.5714
Kappa = (Po-Pc)/(1-Pc)
= (0.5714-0.2196)/(1-0.2196)
= 0.3518/0.7804 = 0.451

출처: Lo, C.P. and Yeung, A.K.W. (2007), *Concepts and Techniques of GIS*(2nd ed.), p. 122.

경우는 100%의 분류의 정확도를 나타낸다. Kappa 계수는 Cohen(1960)에 의해 처음으로 개발되었으며, 다음과 같은 식으로 표현된다.

$$K = \frac{P_o - P_c}{1 - P_c}$$

$$P_o = \sum_{i=1}^{m} P_{ij} = \frac{1}{N}\sum_{i=1}^{m} n_{ij}$$

$$P_c = \sum_{i=1}^{m} P_{i+}P_{+i} = \frac{1}{N^2}\sum_{i=1}^{m} n_{i+}n_{+i}$$

여기서 P_o는 총체적 정확도(PCC)로 n_{ij}는 오차행렬의 대각선 방향을 따라 정확하게 분류된 지점의 수이며 N은 전체 표본지점 수이다. P_c 값과 Kappa 계수의 값을 간단한 예를 들어 산출해보면 표 8-3과 같다.

제 2 절

오차의 발생원과 오차에 대한 관리

[1] 공간 데이터의 오차 발생원

(1) 오차의 발생원과 오차 유형

앞에서 살펴본 바와 같이 절대적인 정확성과 정밀성을 지닌 공간 데이터란 존재하지 않으며, 공간 데이터에서 오차의 발생은 불가피한 것이며 당연히 내재하는 것이라고 볼

수 있다. 공간 데이터를 수집하는 과정은 여러 단계와 많은 사람들에 의해서, 또한 다른 기술을 이용하여 구축되며, 또한 서로 다른 데이터 모델로 표현되기도 한다. 따라서 공간 데이터에서 나타나는 오차의 발생원과 출처는 여러 유형으로 나타날 수 있다.

일반적으로 공간 데이터에서 나타나는 오차는 크게 세 가지 발생원으로 나누어 볼 수 있다(표 8-4 참조). 첫번째 오차의 발생원은 주로 원시 자료와 관련된 것이다. 기존 지도를 이용하는 경우 지도를 제작하는 과정과 관련된 지도 투영법, 지도축척, 지도의 일반화, 지도의 시각화, 형상의 분류와 코딩화 과정에서 오차가 발생될 수 있다. 특히 지도자체에 내재되어 있는 위치오차, 측지기준망의 오차, 지도 제작 장비의 오차, 지도 출력장비의 오차 등은 사용자가 피할 수 없는 내재되어 있는 오차들이다. 또한, 지도를 제작하기 위해 실시되는 지상측량, 항공사진측량, 이미지 분석, 표본추출 방법 등에서도 오차가 발생된다. 지상 측량과 현지 조사에서 측량관련 장비 사용 시에도 오차가 발생할 수 있다. 그밖에도 기존 지도를 확대 또는 축소하여 지도를 제작하는 경우 상당한 오차가 발생된다. 일례로 기존 지도를 확대하는 경우 발생되는 오차를 보면 그림 8-5와 같다. 이 그림에서 볼

표 8-4 공간 데이터에서 나타나는 오차의 발생원과 오차의 유형

오차의 발생원	내재적 오차	작동적 오차
1. 원시 자료(기존 지도)		
지도투영법	X	
지도 축척	X	
지도학적 일반화	X	X
지도학적 시각화	X	X
형상의 분류와 코딩	X	X
지상측량 측정	X	X
항공사진 측량	X	X
위성영상 분석	X	X
표본 디자인	X	X
기존지도의 수명	X	
2. 데이터 수치화와 지도 편집		
디지타이징	X	X
속성 데이터 입력	X	X
포맷 변환	X	
지도 투영법 변환	X	
래스터 데이터의 벡터화	X	
3. 데이터 처리과정과 분석		
계산과정에서 숫자의 반올림	X	
중첩 분석	X	
분류와 재분류	X	
일반화와 집합화	X	
보간법	X	
부적절한 알고리즘의 사용		X

출처: Lo, C.P. and Yeung, A.K.W. (2007), *Concepts and Techniques of GIS*(2nd ed.), p. 113.

그림 8-5 기존 지도를 확대하여 사용하는 경우에 발생되는 오차

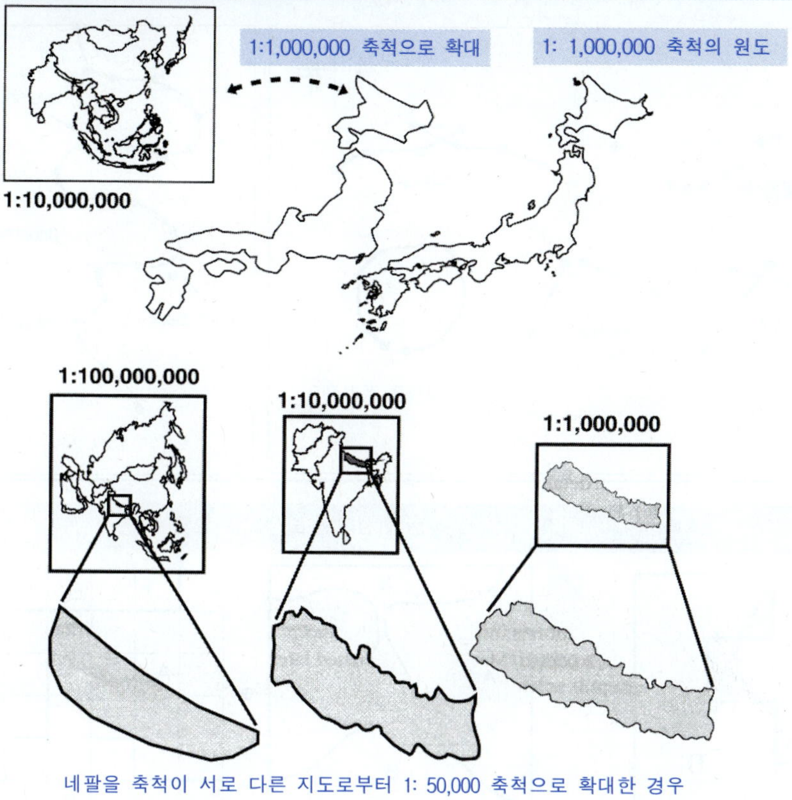

출처: Davis, B.E, (2001), *GIS: A Visual Approach,* p. 168.

수 있는 바와 같이 소축척지도를 확대하는 경우 형상이 상당히 일반화되는 과정에서 오차가 발생함을 알 수 있다.

두번째 오차의 발생원은 수치 데이터를 생성하거나 편집하는 단계에서 발생하는 오차이다. 예를 들면 디지타이징 과정에서 발생하는 오차를 비롯하여 속성 데이터를 입력하는 과정, 포맷을 변환하는 과정, 지도 투영법을 변환하는 과정, 래스터 데이터와 벡터 데이터들의 변환 과정에서 발생하게 되는 오차들이다. 데이터를 입력하는 과정에서 발생되는 오차는 장비에 의한 것과 작업자에 의한 것으로 나눌 수 있다. 하드웨어의 발달에 따라 장비에 의해 발생되는 오차는 크게 줄어들고 있는 추세이다. 그러나 작업 자세가 중요시되는 수동 디지타이징에 의해 데이터를 입력하는 경우 작업자의 숙련도에 따라서 입력 오차가 크게 달라지며, 따라서 작업자의 기술과 경험이 오차를 줄이는데 매우 중요하다. 수동입력의 경우 작업자가 디지타이저의 퍽 버턴을 누를 때마다 선의 형태를 결정짓는 좌표값이 입력된다. 이러한 작업과정에서 작업자의 숙련도에 따라 오차의 발생정도가 달라지므

그림 8-6 디지타이징 과정에서 발생하는 오차의 유형

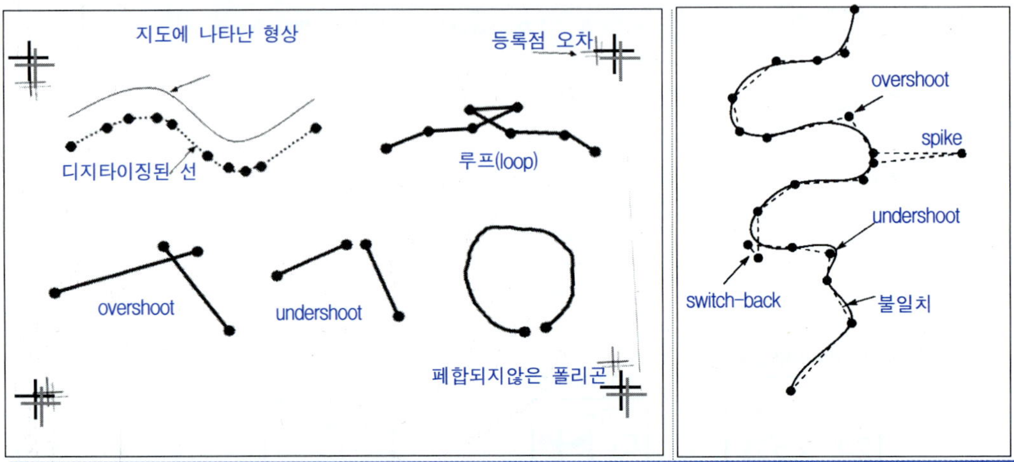

그림 8-7 벡터 데이터를 래스터 데이터로 변환하는 과정에서 발생되는 오차

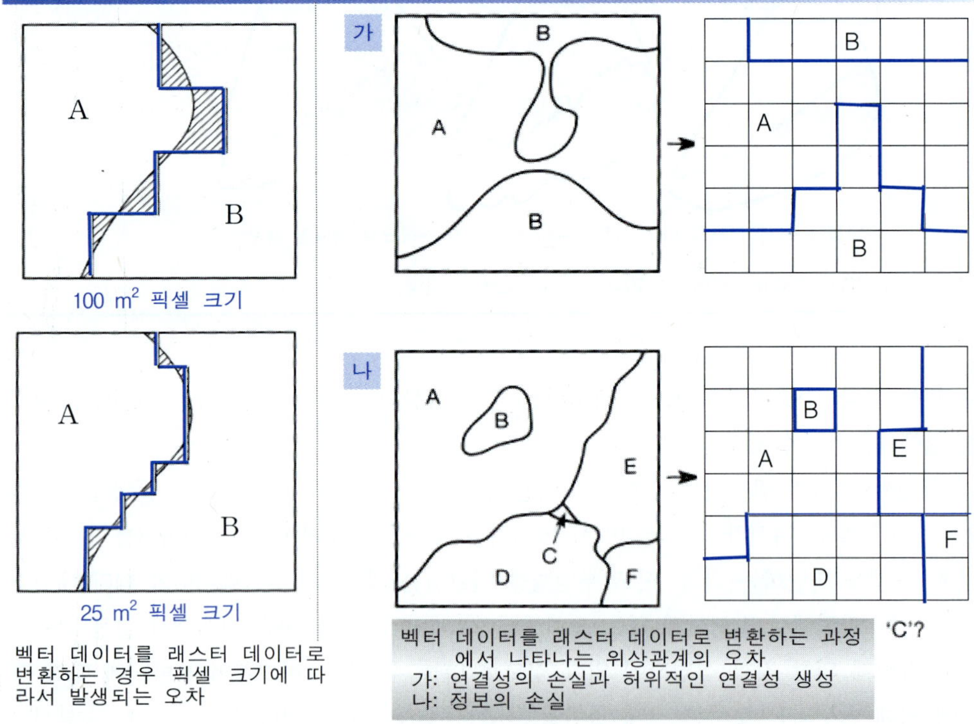

출처: Heywood, I., Cornellius, S. and Carver, S. (1998), *An Introduction to GIS*, p. 188.

로, 작업자의 기술과 경험이 오차를 줄이는데 매우 중요하다. 디지타이징 과정에서 발생되는 오차 이외에도 지도가 열이나 습기에 의하여 축소되거나 늘어나는 경우에도 오차가 발생된다. 무엇보다도 정확도가 낮게 기준점이 입력된 경우 좌표변환 시에 상당한 오차를 초래하게 된다. 좌표변환 시에 발생되는 오차는 특히 원시 데이터의 투영에 관한 정보가 불충분하거나 지도의 수평 정확도가 낮을 경우 더욱 문제시된다. 디지타이징 과정에서 발생되는 오차의 유형을 보면 그림 8-6에서 볼 수 있는 바와 같이 등록점의 입력 시에 발생되는 오차와 형상물을 디지타이징하는 과정에서 작업자의 실수에 의해 일어나는 다양한 종류의 오차가 나타나게 된다. 뿐만 아니라 그림 8-7에서 볼 수 있는 바와 같이 벡터 데이터를 래스터 데이터로 변환하는 과정에서 발생되는 오차도 상당히 문제시된다.

세번째 오차의 발생원은 중첩 분석, 분류와 재분류 과정, 일반화와 집합화, 보간법, 부적절한 알고리즘의 사용 등을 포함하는 데이터 처리과정과 공간분석 시에 발생하는 오차들이다. 특히 일반화나 집합화, 또는 선의 형태를 완만하게 수정하거나 너무 붙어있는 선을 이동시키는 경우 여러 형태의 오차가 발생하게 된다. 또한 잘못 정의된 객체와 객체들의 분류에 의한 오차, 객체 간의 불분명한 경계에서 오는 경계오차 등이 있다. 특히 GIS 기능들 가운데 고부가가치의 정보를 추출하기 위해 수행되는 중첩분석이나 버퍼기능을 수행하는 경우에도 다양한 유형의 오차가 발생된다.

(2) 오차의 범주화

앞에서 살펴 본 오차 발생원과 오차 발생유형의 특성을 토대로 하여 볼 때 오차는 원래부터 잠재적으로 지니고 있는 내재적 오차(inherent errors)와 데이터를 구축하는 과정에서 발생하는 작동적 오차(operational errors)로 범주화해 볼 수 있다(Viteket et al., 1984).

내재적 오차란 공간적 데이터의 특수한 본질 때문에 발생하는 오차라고 볼 수 있다. 즉, 공간 데이터란 실세계를 데이터 모델로 표현한 것이기 때문에 자연히 불완전하고 일반화될 수 밖에 없다. 실세계는 너무나도 복잡하기 때문에 데이터 모델에 의해 충분히 표현될 수 없으며, 축척에 따라서 공간 데이터의 수집은 선택, 일반화, 기호화 과정을 거치게 된다. 이러한 여과과정을 통해 실세계의 세부적인 지리적 변이는 제거되지만, 공간 데이터는 결과적으로 내재적인 오차를 지니게 된다. 뿐만 아니라 측정치를 얻는데 사용된 도구와 기술의 한계로 인해서, 그리고 컴퓨터에서 절대적인 정밀도로 좌표를 나타낼 수 없기 때문에 오차가 발생될 수도 있다. 또한 구면의 지구를 평면으로 투영하여 지도화하는 과정에서도 오차가 발생된다. 더 나아가 서로 다른 투영법에 따라 생성된 좌표체계의 변환과정 및 서로 다른 포맷으로 변환하여 저장하는 경우에도 오차가 발생된다.

이상에서 살펴본 다양한 오차의 발생원은 데이터의 수집과 표현을 위해 어떤 도구와 절차를 사용하더라도 공간 데이터 생성 시에 자연적으로 발생되기 때문에 내재적이라고 불리워진다. 이러한 내재적 오차도 총체적, 계통적, 또는 임의적 오차의 유형으로 나타나게 된다.

한편 작동적 오차란 공간 데이터를 수집하고, 관리하거나 조작하는 과정에서 발생하는 오차를 말한다. 이러한 오차는 공간 데이터의 처리하는 과정 동안에 발생되므로, 사용자 오차 또는 절차적 오차라고도 불리운다. 작동적 오차란 공간 데이터의 수집, 관리, 응용에 사용된 도구나 방법의 불완전성으로 인해 발생된다. 또한 작동적 오차는 지상측량 측정, 지점 관측 및 조사, 키보드로 데이터 입력, 항공사진 판독, 위성영상 분석, 수동 디지타이징 및 공간분석에서 부적절한 알고리즘의 사용 등등 주로 인간에 의한 편기성이나 실수에 의해 발생하는 오차이다. 작동적 오차도 총체적 오차, 계통적 오차와 임의적 오차 유형으로 나타날 수 있다.

실제적으로 내재적 오차와 작동적 오차는 거의 동시에 일어난다. 또한 데이터 수집 단계에서 발생한 오차는 그 다음 단계로 옮겨지며 누적된다. 따라서 최종 결과물로 생성된 지도는 공간 데이터가 구축되는 단계마다 발생된 오차들이 연속적, 누적적으로 축적된 오차를 내포하고 있다고 볼 수 있다.

수동으로 지도를 제작하거나 공간 데이터를 생성하는 경우 오차와 관련된 많은 문제들이 눈에 띄게 되며, 그 때마다 수정가능한 오차는 제거된다. 그러나 GIS 환경에서 사용자들은 데이터의 오차에 대해 잘 인지하지 못한다. 서로 다른 출처와 서로 다른 포맷, 서로 다른 축척, 서로 다른 정확도 수준의 수치 데이터들이 하나의 시스템 환경에 통합되어 작동되기 때문에 상당한 오차가 내재되어 있음에도 불구하고 특별한 경우가 아니면 사용자들은 오차로 인한 문제점을 거의 알지 못하게 된다. 따라서 서로 다른 출처와 서로 다른 축척의 데이터들을 사용하여 분석한 최종 결과물은 불확실성을 지니고 있으며, 이러한 결과를 토대로 공간적 의사결정을 내리는 경우 오류를 범할 수도 있다.

[2] 데이터 오차에 대한 관리

앞에서 살펴본 바와 같이 공간 데이터를 구축하고 데이터를 조작, 관리하고 분석하는 과정에서 오차의 발생은 당연한 것이라고 볼 수 있다. 따라서 오차를 제거하려고 노력하는 것 보다는 불확실성을 최소화하면서 오차를 관리하는 방법을 모색하는 것이 바람직하다. 공간 데이터의 오차를 관리하는 방법은 세 가지 관점에서 고려해볼 수 있다. 첫째, 데이터를 취득하는 과정에서 데이터의 질을 통제하고 질적 확신성을 높이는 것이며, 둘째, 데이터를 사용하면서 오차의 전달과 오차의 행태를 이해하는 것이며, 셋째, 데이터의 질에 대한 평가를 문서화하여 사용자가 데이터 사용 시에 불확실성 수준을 충분히 알 수 있도록 하는 것이다.

GIS에서 공간분석을 수행하는 경우 서로 다른 출처로부터 생성된 다양한 데이터들을 사용하게 된다. 따라서 입력된 데이터 자체가 오차를 지니고 있다면 분석기능을 통해 산출된 결과물도 오차를 갖게 되며, 이런 경우 오차는 누적화되며 각 데이터들이 갖고 있는 오차들이 결합된 형태로 나타난다. 이와 같이 공간분석을 수행하는 과정에서 오차의 영향력이 누적되어 나타나는 것을 오차증식(error propagation)이라고 부른다. 오차증식은 비교적 이해하기 쉬우며 실증될 수 있다. 일례로, 그림 8-8-가에서 토양도(지도 1)에서 점토로 분류된 폴리곤 A의 사용자 정확도가 0.8이고, 식생도(지도 2)에서 관목으로 분류된 폴리곤 B에 대한 사용자 정확도가 0.6이라면 두 지도를 중첩시켜 생성된 새로운 지도 3의 폴리곤 C의 정확도는 0.8 x 0.6 = 0.48이 된다. 이러한 정확도를 지닌 경우 만일 폴리곤 C구역에 대한 농경지로의 적합성을 결정하려는 경우 폴리곤 C에 대해 약 50%의 불확실성을 가지고 작업하는 것이라고 풀이할 수 있다. 그러나 지도 3에 또 다른 데이터가 중첩되는 경우 불확실성 수준은 달라지게 된다.

GIS에서 오차를 관리하는 관점에서 볼 때 공간분석 과정에서 오차가 어떻게 전달되는가를 아는 것은 매우 중요하다. 오차 전달의 행태는 개개의 오차가 누적적으로 합쳐지는 것만은 아니며, 상당히 복합적이며 확률적으로 오차가 전달된다. 이는 서로 다른 데이터

그림 8-8 GIS에서 오차증식과 중첩과정에서 생성되는 sliver 폴리곤

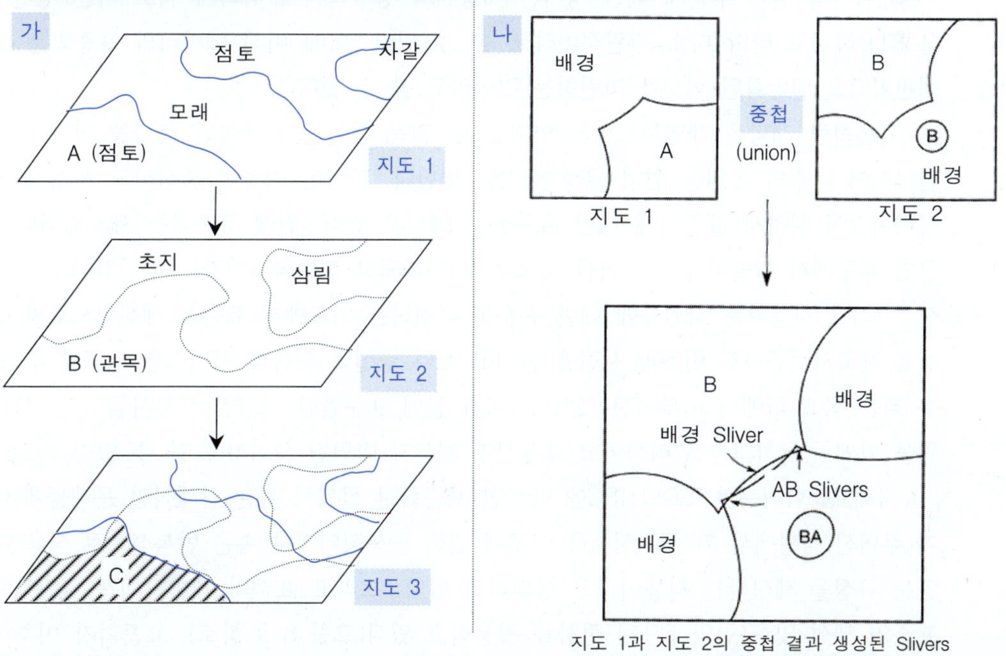

출처: Lo, C.P. and Yeung, A.K.W. (2007), *Concepts and Techniques of GIS*(2nd ed.), p. 126; Heywood, I., Cornellius, S. and Carver, S. (1998), *An Introduction to GIS*, p. 190.

들에서 나타나는 오차의 특성이 다르며, 그에 따른 불확실성과 오차의 공간적 변이도 다르게 나타나기 때문이다.

뿐만 아니라 두 개 이상의 레이어를 중첩(교차 또는 결합)시키는 경우 오차가 증식되는 방법에 따라 서로 다른 영향력을 발휘하게 되며 발생되는 오차도 달라진다. 일반적으로 두 레이어를 교차(intersect)시키는 중첩기능을 수행하는 경우 불확실성은 더 증가되며, 반면에 두 레이어를 합치는(union) 경우 불확실성은 줄어들게 된다. 그러나 그림 8-8-나에서 볼 수 있는 바와 같이 두 레이어를 중첩시키는 경우 허위적 폴리곤이나 또는 sliver 폴리곤이 생성되는 결과를 가져오기도 한다.

제 3 절

데이터의 표준화

[1] 표준화의 개념과 GIS에서 표준화 유형

(1) 표준화의 개념적 정의

데이터의 질적 수준에 대한 평가는 사용자와 응용목적에 따라서 서로 다른 평가기준을 적용하기도 하며 다소 주관적이라고 볼 수 있다. 이에 비해 데이터의 표준화는 보다 객관화되고 일반화된 척도를 마련하는 것이라고 볼 수 있다.

표준화란 개념은 개별적으로는 얻어질 수 없는 것들을 공통적인 특성을 바탕으로 일반화하여 다수의 동의를 얻어 규정한 것을 말한다. 다양한 기술이 등장하고 사회가 복잡화되어감에 따라서 표준화에 대한 요구는 증대되고 있다. 원래 표준화는 제조업이나 3차 산업 부문에서 활발하게 이루어진 것으로, 다양화되고 전문화되어가는 생산양식과 공정과정, 그리고 사용하는 자원들에 대한 규준을 마련하는 의도에서 표준을 제정함으로써 생산성을 제고시키면서도 비용과 시간을 줄이고 보다 양질의 제품과 서비스를 제공할 수 있도록 하는 목표 하에서 이루어진 것이다. 이와 같이 표준화란 다양한 사용자들이 다양한 자원을 함께 공유하려는 합리적이고 효율적인 의도가 반영된 것이라고 볼 수 있다.

국제표준화기구인 ISO와 IEC에 따르면 표준화란 실제적 혹은 잠재적인 문제들에 대하여 주어진 상황에서 최선의 질서를 이루기 위해 공통적이거나 혹은 반복적으로 적용할 수 있는 규정을 제정하는 활동이라고 정의하고 있다. 그리고 표준의 개발단계는 일반적으로 표준의 제정 및 구현의 5단계 절차를 활용하고 있다(그림 8-9 참조). 표준화가 이루어지는 과정과 방법, 그리고 표준화가 어느 정도 법적/규제의 비중을 갖느냐에 따라서 세 가지 범주로 분류될 수 있다. 첫번째 범주는 사실상의 표준화(de facto standards)로, 산업

그림 8-9 표준화의 일반적 추진체계

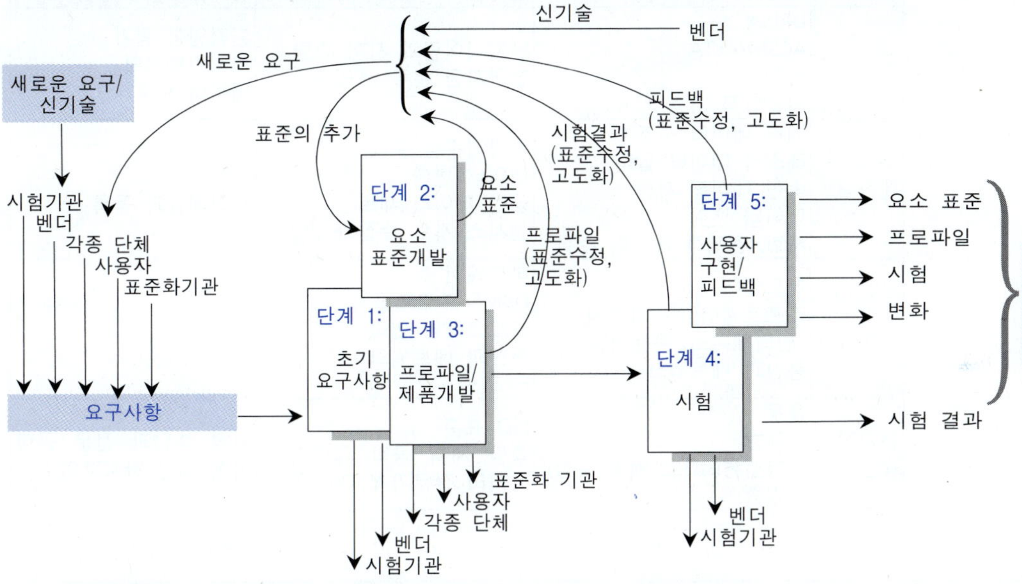

출처: 한국전산원(1996), GIS기술동향 및 표준화 발전방안에 관한 연구, p. 111.

표준화와 같이 대중적인 사용을 통해 자연스럽게 수용되어진 표준화이다. 두번째 범주는 법률상의 표준화(de jure standards)로, 표준화를 만들어내는 권위기관들에 의해서 제정된 것이다. 세번째 범주는 규정적 표준화(regulatory standards)로 이는 주로 정부기관에 의해 제정된 법률적 표준화로 그 협약 뒤에는 법적인 힘을 가지고 있다.

(2) GIS에서의 표준화 유형

GIS에서 표준화는 기능적 측면에서 보면 크게 네 가지 유형으로 분류할 수 있다(Ventura, 1993). 즉, 표 8-5에서 볼 수 있는 바와 같이 기능적인 관점에서 보면 응용 표준화, 데이터 표준화, 기술 표준화, 전문적 숙련 표준화로 분류될 수 있다.

첫째, 응용 표준화는 GIS 사용을 위한 지침을 제공하는 것이다. 응용 표준화는 특정한 법률적 필요(예를 들면 환경영향평가, 토지이용계획 등)나 또는 응용분야에서 상당한 통제와 관리를 필요로 하는 정부기관에 의해 마련된 것이다. 때로는 응용 표준화가 URISA(Urban and Regional Information Association)나 ACSM/ALTA(American Congress on Surveying and Mapping/American Land Title Association) 등과 같은 전문적인 관련기관이나 협회들에 의해 이루어지기도 한다. 응용 표준화의 대표적인 예로

표 8-5 GIS의 표준 유형과 구성요소

표준	사실상(de facto)	법률상(de jure)	규제상(regulatory)
응용	URISA ACSM/ALTA ASPRS 지도학적 기호	엔지니어링과 지형 측량 천연자원 분류 코드	환경영향 평가 토지이용계획 데이터 보호
데이터	벡터 데이터 구조 래스터 데이터 압축 속성 데이터 저장 데이터 변환 사회, 경제적 데이터 수집	측량기준점 통제 데이터 변환 공간 데이터 세트 센서스 자료 수집과 관리	지적 토지대장과 등록
기술	하드웨어 소프트웨어(OS, 그래픽 인터페이스, 응용개발 툴) 통신과 네트워크	하드웨어 DBMS 프로토콜 프로그래밍 언어 통신과 네트워크 FIPS	
전문적 숙련	**응용** 개발 방법론(소프트웨어 포함) 검증	ISO 표준 측량, 계획, 공학, 데이터 처리 전문가에 대한 인증	지적 측량과 전문 공학자에 대한 자격부여

출처: Lo, C.P. and Yeung, A.K.W. (2007), *Concepts and Techniques of GIS*(2nd ed.), p. 130.

는 지도 투영법, 지도학적 기호화, 천연자원 분류코드화, 지형지물 측량 등을 들 수 있다. 응용 표준화는 관할구역에 따라서 사실상 표준화, 법률상 표준화, 또는 규제상 표준화로 제정될 수 있다.

둘째, 데이터 표준화는 가장 널리 인식되는 표준화로서 현존하는 많은 표준들이 이 유형에 해당된다. 데이터 표준화 가운데 데이터 모델 부분은 데이터가 의미있는 방식으로 적용될 수 있는 정의 방식과 구조화 방식을 규정하고 있다. 데이터 표준화는 특히 데이터 교환 표준과 메타 데이터의 표준화를 마련하고 있다. 데이터 표준은 주로 정부 기관들, 예를 들면 지적측량, 토지등록, 측지기준점 관리 등의 업무를 취급하는 기관과 데이터 변환 포맷, 센서스 자료를 취급하는 기관 등에서 주도한다. 데이터 표준화는 GIS에서 가장 중요한 부문으로 다음 절에서 자세히 살펴보게 될 것이다.

셋째, 기술 표준은 GIS에서 컴퓨터 기술사용의 다양한 측면들을 포함한다. 예를 들면 하드웨어, 소프트웨어(OS, 프로그래밍 언어, 그래픽 인터페이스, DBMS 등), 시스템 프로토콜 등과 같은 것들을 포함한다. 기술 표준은 정보기술 규약으로도 불리며 데이터 표준을 제작, 조작, 유지관리, 조직화, 제공하는 역할을 수행한다. 이러한 표준은 GIS 분야에서 표준화하는 경우도 있지만, 많은 경우 정보기술 분야의 표준화 결과를 GIS 표준으로 통합시켜 사용하고 있다. OGIS의 CORBA, ODBC, SQL 등과 관련한 표준은 정보기술분야의 주요 표준 결과와 GIS 표준을 결합시킨 대표적인 사례이다.

넷째, 전문적 숙련 표준은 GIS와 관련된 과업을 수행하고 기술을 사용하는 사람의 전문적 능력에 대한 인증과 자격 부여 및 GIS에서 학술적 프로그램에 대한 권한과 관련된 규칙들이 포함된다. 이 표준에는 기업이나 산업에서 응용개발기술과 질적 관리에 대한 표준도 포함되며, 그 대표적인 것으로는 ISO 9000을 들 수 있다. 따라서 GIS 소프트웨어 벤더나 컨설팅 업체의 경우 ISO 9000에 등록되어 있어야만 GIS 관련 프로젝트를 수행할 수 있도록 규정하는 경우도 많다.

[2] 공간 데이터의 표준화 영역

GIS의 표준화 유형 가운데 가장 큰 비중을 차지하고 있는 데이터의 표준화는 크게 7가지 유형으로 분류할 수 있다(그림 8-10 참조). 이 가운데 데이터 모델 표준, 데이터 내용 표준, 메타데이터 표준은 데이터 내부의 내용적 측면에 대한 표준화하며, 데이터 품질 표준, 데이터 수집 표준, 위치참조 표준은 데이터 외부 측면에 대한 표준화라고 볼 수 있다. 한편 데이터 교환 표준은 데이터의 내부적 측면과 외부적 측면을 함께 다루는 것이라고 볼 수 있다. 여기서는 간략하게 7가지 데이터 표준 유형에 대하여 살펴보고, 다음 절에서 데이터 표준화에서 가장 큰 비중을 차지하고 있는 데이터 교환 표준과 메타 데이터에 대하여 자세히 살펴보고자 한다.

첫째, 데이터 모델(data model)의 표준화는 공간 데이터의 개념적, 논리적 틀을 정의한다. 즉, 데이터 개념화, 모델화 방식, 논리적 구성방식을 정의하는 표준화된 데이터 모델을 정함으로써 데이터 표준의 아키텍쳐, 교환, 서비스 방식 등이 결정된다. SDTS, DIGEST, OGIS, ISO/TC 211 등의 데이터 교환표준들은 각각의 표준에 기초하여 데이터

그림 8-10 GIS에서 데이터 표준화 유형

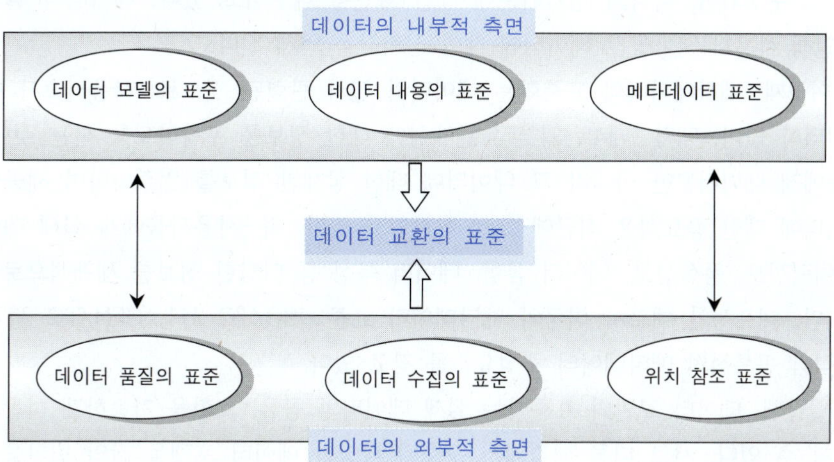

모델을 정의하고 있다.

둘째, 데이터 내용의 표준화는 GIS 사용자들이 GIS 업무를 수행할 때 다양한 공간형상에 대해 서로가 사용할 수 있는 공통의 정의를 말한다. 만일 공간 형상에 대해 각기 서로 다른 용어와 정의를 사용한다면, 데이터 교환을 통해 필요한 데이터를 얻더라도 어떠한 내용인지 알 수 없게 되며, 모호성과 불일치성을 수반하게 된다. 따라서 데이터 내용측면에서 표준화되고 공통되는 용어에 대한 정의를 마련하는 것이다. 대표적인 데이터 내용표준은 미국의 연방지리데이터 위원회(FGDC: Federal Geographic Data Committee)가 각 주제도와 관련된 내용표준을 개발하여 사용하도록 하고 있으며, GIS 용어 표준으로서 SDTS Part 2, DIGEST Part 4 등이 사용되고 있다.

셋째, 데이터 수집의 표준화로, 공간 및 속성 데이터를 수집하는 방식과 관련된 표준을 설정하는 것이다. 데이터 수집과정은 데이터를 수집, 생성하는데 사용되는 하드웨어와 소프트웨어 및 그와 관련된 지침들을 포함한다. 특히 항공사진 측량, 스캐닝, 디지타이징 등의 과정에서 가능한 오차를 제한하면서, 특정 데이터 품질에 알맞는 규격화된 데이터를 구축하는 표준을 설정하고 있다.

넷째, 위치참조의 표준화는 공간 데이터를 구축하는데 필수적으로 고려되어야 하는 좌표체계를 구성하는 투영법, 기준점, 타원체, 좌표변환 방법 등에 대해 정의하는 것이다. 이러한 표준화를 통해 공간 데이터의 정확성, 신뢰성, 품질 보증이 가능하게 된다. 측지, 측량 부문, 지도학 부문에서 좌표체계 등의 올바른 적용 및 표준화 작업이 데이터 표준에서 중요한 위치를 차지한다.

다섯째, 데이터 품질의 표준화는 데이터 구축시 데이터의 질적 수준에 대한 표준을 설정한 후 이에 대한 정보를 실제 데이터와 함께 사용자들에게 제공하도록 하는 것이다. 데이터 질에 대한 정보는 위치 정확도, 속성 정확도, 논리적 일관성, 완결성, 데이터의 이력 등으로 구성되며, 각각의 평가기준에 대한 표준을 마련하고 있다. 데이터의 질적 표준화로 인해 사용자들은 공간 데이터에 대한 신뢰감을 얻게 된다.

여섯째, 메타데이터의 표준화는 데이터의 질과 관련된 것으로, 사용하고자 하는 공간 데이터의 의미, 맥락, 내부, 외부적 관계성에 대한 정보를 포함하도록 하는 것이다. 사용자들에게 데이터뿐만 아니라 그 데이터에 대한 상세한 정보를 범주화하여 제공하는 메타데이터에 대한 중요성은 최근에 크게 부각되고 있다. 즉, 사용자들에게 실제 데이터에 대한 이력정보, 품질정보, 데이터 유형, 데이터 특성 등 다양한 정보를 체계적으로 제공하는 것이다. 대표적인 예로서 미국의 메타데이터 표준, ISO/TC 211, CEN/TC 287 표준 등은 각각 공통적인 메타데이터 구성요소를 갖고 있다.

일곱째, 데이터 교환의 표준화는 실제 데이터의 공유, 호환을 가능하게 하는 표준이라고 할 수 있다. 서로 다른 환경에서 구축된 다양한 데이터 포맷들 간의 변환을 가능하게 하도록 하기 위해서 데이터 모델, 구조, 변환방식 등에 대한 표준을 마련하고 있다. 데이터 교환의 표준화는 매우 다양한 변환기능을 통해 데이터 손실이나 왜곡을 막는 방법으로, 주요한 데이터 교환 표준으로는 STDS와 DIGEST 등이 있다.

제 4 절

공간 데이터의 교환 표준과 메타데이터

[1] 공간 데이터의 교환 표준

GIS 데이터 교환 표준에는 여러 가지 다양한 유형이 있으며, 이러한 다양한 표준화 유형들은 표준 담당 주체의 성격과 표준 특성, 사용 범주 등에 따라 분류될 수 있다. 현재 가장 널리 알려져 있는 데이터 교환 표준으로는 미국, 한국, 뉴질랜드, 오스트레일리아 등의 국가에서 GIS 데이터 교환 표준으로 채택하고 있는 SDTS(Spatial Data Transfer Standard)와 주로 국방 분야의 GIS 데이터 교환 표준으로서 사용되고 있으며, 미국을 비롯한 NATO 국가들이 채택하고 있는 DIGEST(DIgital Geographic Exchange STandard)를 들 수 있다.

(1) SDTS(Spatial Data Transfer Standard)

GIS 데이터 교환 표준화를 위한 노력은 미국을 중심으로 활발히 진행되어 왔다. 데이터 교환의 표준화가 이루어지는 경우 다양한 소프트웨어 사용자들이 업무에 가장 적합한 GIS 데이터를 표준화된 방식으로 얻는 것이 가능해지므로 데이터 변환 시에 많은 시간과 노력을 줄일 수 있게 된다.

이러한 목적을 위해 데이터 교환표준으로 제정된 미국의 국가 수치지도 포맷인 SDTS는 9년 동안의 개발과정을 거쳐서 1992년에 승인된 대표적인 교환표준이다. SDTS는 미국의 국가지도제작기관인 USGS(U.S. Geological Survey)를 중심으로 다양한 이해관계를 가진 국가 기관, 연구소, 학계, 업계 등이 모여서 가장 일반적이고 합리적인 방안을 수렴하여 데이터 교환표준을 마련한 것이다. 1993년 공간 데이터 교환표준으로 제정된 SDTS는 단순한 데이터 교환을 위한 표준만이 아니라 국가 수치지도 제작 및 유지 관리, 유통, 사용에 이르는 광범위한 기능과 역할을 담당하고 있다. 미국의 경우 USGS에서는 이미 구축된 국가 수치지도 자료형식을 SDTS 형식으로 변환하고 있으며, 현재 미국 국가 기본도 수치지도로서 제공되는 1:24,000, 1:100,000, 1:2,000,000 DLG 데이터는 SDTS 포맷으로 변환하여 인터넷으로 제공되고 있다.

표 8-6 SDTS의 부문별 구성 내용

SDTS 구성	내 용
Part 1 : 논리 규약	▪ 크게 3부분으로 구성(개념 모델과 공간객체유형, 데이터 품질, 모듈 규약)
Part 2 : 데이터 사전	▪ SDTS 전환에 사용되는 공간 용어와 속성 정의 및 리스트
Part 3 : 전환 인코딩	▪ SDTS 전환의 물리적 규약, ISO 8211 표준을 그대로 사용
Part 4: 위상 벡터 프로파일	▪ Part 1,2,3의 일반 규약을 토대로 구체적인 데이터 전환 목적, 위상구조 벡터 데이터 전환규약
Part 5: 래스토 프로파일	▪ 래스터 데이터 규약 파일

SDTS는 쉽게 말하면 공간 데이터에 관한 정보를 서로 전달하는 언어라고 볼 수 있으며, 서로 다른 하드웨어, 소프트웨어, 운영체제를 사용하는 응용시스템 들 사이에서 공간 데이터를 공유할 수 있도록 개발된 공간 데이터의 교환에 대한 표준을 말한다. 즉, SDTS는 모든 유형의 공간 데이터를 교환, 전환하는 것이 가능하도록 구성되어 있으며, 최상위 수준의 개념적 모델링에서부터 최하위 수준의 가장 구체적인 물리적 코딩까지의 표준의 전반을 다루고 있다. SDTS의 핵심부문은 Part1, 2, 3이며, Part 4는 Part 1, 2, 3규약을 보다 구체적이고 물리적인 수준에서 교환하도록 설계한 프로파일이다(표 8-6 참조).

Part 1은 공간 데이터 교환의 개념적, 논리적인 규약에 관한 내용으로, 크게 세 부분으로 구성되었다. 첫째는 공간 데이터 모델부분으로 실세계를 공간현상(필드)과 공간 객체 모델로 구분하고 있다. 둘째는 데이터의 사용 적합성을 평가하기 위한 데이터의 질적 수준에 대한 규약이다. 셋째는 상세한 논리적 교환포맷의 구조와 SDTS 교환 데이터 집합들에 대한 기술이다. SDTS는 총 34개 모듈로 정의되며, 모듈, 레코드, 필드, 하위필드의 위계적인 구조로 이루어져 있다. 이외에도 각 모듈 정의 규약, 좌표체계, 데이터 사전, 그래픽 표현 등에 대한 규약도 마련되어 있다.

Part 2에서는 공간 형상과 속성에 대한 정의를 제공하는 모델로, SDTS의 데이터 내용을 다루고 있다. 주로 데이터 교환에 사용되는 약 200여개의 공간 형상들과 약 250개의 속성들, 1,200여개의 표준 용어에 대한 리스트를 제공하고 있다. SDTS 전환과 관련하여 사용되는 공간 데이터 용어와 속성 데이터 용어는 고정된 것이 아니라, 상황, 조건, 내용 측면에 따라 알맞은 데이터 사전의 사용이 가능하다.

Part 3은 Part 1에서 규정한 개념적, 논리적인 규약을 물리적인 수준으로 전환하는 내용들을 담고 있다. 즉, SDTS에서 논리적 모듈은 파일이라는 물리적 형태를 가지며, 모듈 레코드 또한 레코드라는 구체적 형태로 저장된다. 일반적인 데이터 교환표준(ISO/ANSI 8211)을 이용하여 SDTS Part 1의 논리적인 규약들을 구체적으로 수행할 수 있도록 하는 규약이다.

그림 8-11 GIS에서 데이터 표준화 유형

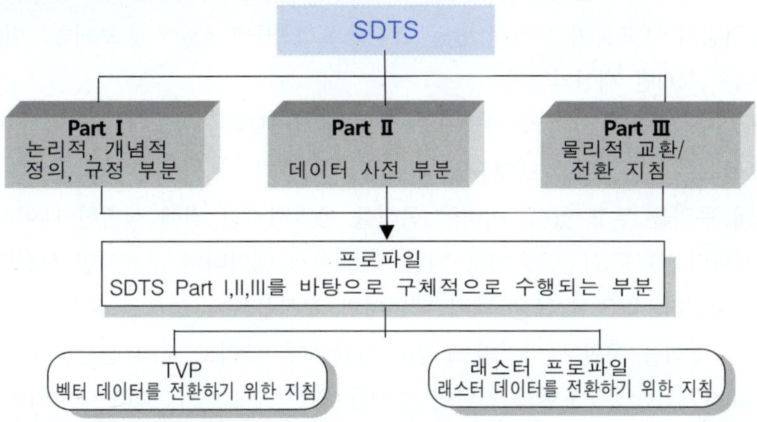

이와 같이 특정한 공간 데이터 시스템과 이에 상응하는 SDTS 교환 사이의 전환은 SDTS의 3 parts 모두를 사용하며, 개념적인 모델에서부터 물리적인 모델에 이르기까지 여러 수준들을 통하여 이루어진다. 공간 데이터는 Part 2의 개념으로 표현되고, 이것은 다시 공간 객체로 나타내진다. <Part 1>에서 정의된 공간 객체들은 관련 속성과 메타데이터를 가지며, <Part 1>에서 규약한 논리적 구조를 이용하여 전환된다. 이러한 구조는 ISO 8211/ FIPS 123의 규약을 따르는 물리적인 형태이다.

또한 SDTS는 GIS 데이터 교환표준을 구체적으로 사용 가능하도록 규정하고 설계한 프로파일을 제공한다. 이러한 프로파일을 통해서 다른 데이터 포맷들과 교환이 가능하게 된다. TVP(Topological Vector Profile) 프로파일은 지리적 표현을 위한 2차원의 그래프 위상구조를 가진 벡터 데이터를 사용하기 위해 개발된 것이다. 또한 래스터 데이터 사용을 SDTS내에서 가능하도록 구현된 래스터 프로파일은 이미지 데이터, 수치지형모델, 그리드로 구성된 레이어 및 그밖의 일반 그리드 데이터를 수용할 수 있도록 개발되었다. 그밖에도 0차원 데이터에 초점을 맞추어 사용가능하도록 구현된 점 프로파일과 교통 분야의 적용을 위한 프로파일, 다른 교환 표준과의 호환을 가능하게 하기 위해 개발되는 프로파일 등이 있다. 이와 같은 SDTS의 구성을 간략히 나타내면 그림 8-11과 같다.

(2) DIGEST (DIgital Geographic Exchange STandard)

SDTS와 더불어 GIS 데이터 교환표준인 DIGEST는 원래 미국의 국방분야 지도제작기관(Defense Mapping Agency)이 주도적으로 개발한 데이터 교환 포맷(VPF: Vector Product Format)이 발전된 것이다. 현재 미국뿐만 아니라 NATO 국가들에서 통일된 규약에 따라 공간 데이터를 제작하고 사용하는 표준으로 채택되고 있다. DIGEST는 NATO 기구 산하의 DGIWG(Digital Geographic Information Working Group)에서 9개국 군사 지도제작위원회 대표들이 모여서 만든 표준으로 1991년 6월에 공포되었으며, DIGEST 1, 2 버젼판은 1993년 개정되었다.

DIGEST는 데이터 교환의 목적에 초점을 두기 보다는 단일한 공간 데이터 포맷을 제정함으로써 통일된 규정과 포맷들의 데이터를 사용함으로써, 데이터 공유를 보다 편리하게 하는데 목적을 두고 있다. 이러한 목적을 충족시키기 위해 적합한 데이터 전환방식을 채택한 것이다. DIGEST는 래스터, 벡터, 매트릭스 데이터의 구체적인 전환방식과 교환표준을 마련하였다. ISO 8211은 벡터 데이터의 교환을 순차적으로 지원하며, ISO 8824는 원거리 통신방식을 통한 데이터의 교환을 지원한다. 그리고 자체 전환방식인 VRF(Vector Relational Format)는 표현과 간단한 검색을 위한 구조로서, 벡터 데이터의 교환을 지원한다. DIGEST는 또한 군부대 응용에 적합한 지리정보의 복잡한 선택을 제공하는 형상, 속성, 속성값의 포괄적인 목록(FACC: Feature and Attribute Coding Catalog)을 포함하고 있다.

DIGEST는 크게 네 부분으로 구성되어 있다. Part 1은 교환표준의 논리적 규약을 명시하였는데, 여기에는 ① 영역, 목적, 적용분야 ② 적합성 ③ 참고문헌 ④ 용법 ⑤ 유지관리 ⑥ 일반개념 ⑦ 요약으로 구성되어 있다.

이러한 일반 규약을 토대로 하여 Part 2에서는 교환표준에 대한 개념적 모델과 교환구조, 전환방식을 정의하고 있다. Part 2는 세 부문으로 되어 있는데, 하나는 이론적 모델로서 벡터 데이터 구조, 래스터 데이터 구조, 공간 형상과 속성의 코딩, 데이터의 질, 지도 텍스트에 대한 규약이다. 또 하나는 교환의 물리적 구조에 대한 규정으로 벡터, 래스터, 혼합 데이터 포맷으로 규정하고 있으며, 이에 대한 코딩에 대해서도 언급하고 있다. 마지막 세 번째는 구체적인 전환방식에 대한 규약으로, 전환방식의 채택과 미디어 사용, 채택에 대한 규정을 포함한다. 또한 별첨으로 구체적인 전환방식과 프로파일(VRF)이 규약되어있다.

Part 3은 교환표준에 사용되는 코드, 패러미터, 태그들의 규약 리스트로 구성되어 있으며, 각 리스트는 투영 코드, 패러미터, 그리드 코드, 타원체 코드, 기준점 코드, 측정단위 코드, 국가 코드, ISO 8211 태그, ISO 8824 태그 리스트 등이 포함되어 있다.

Part 4는 SDTS의 Part 2에 해당되는 부분으로, 공간 형상과 속성을 코드화하여 리스트한 것이다. 공간형상과 속성코딩 목록(FACC)를 규약하고, 이 규정에 의한 리스트를 별첨에서 A는 공간형상코드를, B는 속성코드를, C에서는 공간형상과 관련 속성 리스트를 제공하고 있다.

DIGEST의 데이터 모델은 공간 데이터 구성, 데이터 모델 구조, 공간 데이터 모델을 정의한다. VPF 포맷 구조는 물리적 수준에서부터 데이터 구문, 캡슐화, 데이터 구조, 데이터 모델 정의를 가지며, 서로 연계되어 규약이 정립된다. 이러한 포맷 구조는 데이터 모델로서의 VPF 구조 수준을 정의하는 토대가 된다.

VPF는 가장 낮은 수준인 공간형상 클래스(feature class)에서부터 최상위 수준인 데이터베이스(database)에 이르기까지 위계적 구조를 가진다. 가장 낮은 수준에서는 다양한 공간 현상을 추상화하는 공간형상 클래스로서 점, 선, 면적, 텍스트 등을 정의하며, 이들을 통해 표현된 공간형상들이 모여 상위 수준인 커버리지(coverage)를 구성한다. 커버리지는 0~3까지 수준의 위상구조(spaghetti, non-planar graph, planar graph, full topology)를 가지며, 이를 통해 레이어로서의 공간 정보를 가지게 된다. '0'수준은 어떠한 위상구조도 가지지 않는 스파게티, '1'수준은 완전한 교차점을 포함하지 않는 비평면 그래프, '2'수준은 완전한 교차점을 포함하는 평면 그래프, 그리고 '3'수준은 완전한 위상구조를 갖는다. 이러한 다양한 레이어 또는 인접 도면들이 모여서 상위 수준인 라이브러리(library)를 구성하며, 라이브러리들이 모여서 최상위 수준인 데이터베이스를 구성한다.

그밖에도 세계해도표준(DX-90), GDF 및 세계 각국에서 제정한 다양한 데이터 교환표준 유형들이 많다. 예를 들면 영국의 NTF, 러시아의 DEMTS, 프랑스의 EDIGEO, 남아프리카의 NES, 캐나다의 SAIF 등등이 있다. 이와 같이 다양한 주체들에 의해 GIS 데이터 교환표준이 개발되었기 때문에 데이터 교환표준 제정의 목적처럼 데이터 공유와 호환이 원활하게 이루어지지 못하고 있다. 특정한 데이터 교환표준 그 자체가 하나의 새로운 GIS 데이터 포맷과 같이 다른 데이터 교환표준과의 호환이 어렵게 되어있다. SDTS는 모든 데이터 포맷과 호환이 가능하도록 설계된 반면에 NTF, DX-90 등은 다른 데이터 포맷과의 변환이 번거로운 동시에 다른 교환표준과의 연계가 어렵다.

[2] GIS 기본 모델의 표준화

앞에서 살펴본 바와 같이 데이터 교환표준화는 데이터 공유를 목적으로 우선 데이터에 초점을 맞추어 SDTS, DIGEST 등이 개발되었다. 이러한 데이터 교환표준을 통하여 서로 다른 환경에서 구축된 다른 포맷과 특성을 가진 데이터들 간에 상호운용성이 가능해질 수 있게 되었다.

그러나 1990년대에 들어오면서 GIS 환경이 변화되면서 인터넷 GIS로 패러다임이 바뀌어가는 가운데, 분산 컴퓨팅 환경으로 점차 전환되자 새로운 표준화에 대한 요구가 대두되었다. 즉, GIS의 특정 분야나 특정 기능에 대한 표준화뿐만 아니라, GIS 기본 모델에 대한 표준화 필요성이 부각되었다. 그에 따라 데이터 교환 측면뿐만 아니라 분산 컴퓨팅 환경에서 네트워크를 통한 표준화된 데이터 포맷과 컴포넌트화를 위한 각종 서비스 기능을 제공하기 위한 표준화 노력들이 이루어지고 있다. 이러한 노력의 일환으로 국제표준화 기구인 ISO에서는 지리정보 표준으로 ISO/TC 211 표준(ISO 15046)을 제정하였으며, OGC(Open Geodata consortium)에서는 GIS 기본모델의 표준화인 OGIS(Open Geodata Interoperability Specification)를 제정하였다.

(1) ISO/TC(International Standards Organization/Technical Committee) 211표준

ISO/TC 211은 1994년 ISO에서 지리정보 분야의 표준화를 위해 구성된 기술위원회로서 현재 20개국의 정회원국(P-member)과 참관자국(O-member)으로 구성되어 있다. 정회원국의 경우 위원회 업무에 적극 참여하고 국제 규격안에 대해 투표할 의무를 갖는다. 반면에 참관자국의 경우 위원회 업무에 관여하며, 문서를 받아볼 수도 있고 의견을 제출할 권리를 갖는다. 이 기구는 지리정보분야의 유일한 국제표준화 기구로서, 현재 ISO/TC 211은 산하에 있는 5개의 실무 그룹에서 각 주요 분야의 표준화 작업을 수행하고 있다. 작업 범위는 지리적 위치와 직접 또는 간접적으로 관련이 되는 사물이나 현상에 대한 정보표준규격을 수립하는 활동을 하고 있다.

ISO/TC 211 표준화는 크게 4가지로 나누어 볼 수 있다. 즉, 각종 정보기술 표준의 수용 및 연계강화, 개방형 시스템 환경에 적합한 표준개발, 시스템 간의 상호운용성, 이식성, 호환성 강조, 표준들 간의 구조화된 접근 및 연관성의 지속적 발전이다. ISO/TC 211에서의 표준화 개발은 ISO 15046에 나타나고 있는데, 자세한 표준규약 내용들은 표 8-7

표 8-7 ISO/TC 211 표준 구성 내용

Working Group	표준 영역	
WG 1 지리정보 표준 참조 모델	15046-1 지리정보 - Part 1 : 참조모델	15046-2 지리정보 - Part 2 : 개요
	15046-3 지리정보 - Part 3 : 개념 스키마 언어	15046-4 지리정보 - Part 4 : 용어
	15046-5 지리정보 - Part 5 : 적합성 및 테스트	
WG 2 지리공간 데이터 모델	15046-7 공간 스키마	15046-8 시간 스키마
	15046-9 애플리케이션 스키마 규칙	15046-10 공간형상 카탈로그 방법론
	15046-20 공간 연산	
WG 3 지리공간 행정	15046-11 좌표에 의한 공간 참조	15046-12 지리 확인자에 의한 공간 참조
	15046-13 데이터 품질 원리	15046-14 데이터 품질 평가 절차
	15046-15 메타데이터	
WG 4 지리공간 서비스	15046-16 측위 서비스	15046-17 표현
	15046-18 인코딩	15046-19 서비스
WG 5 기능 표준	15046-6 프로파일	15854 기능 표준

과 같다. 이 표준은 수치 지리정보 분야를 표준화하기 위해 규약된 것으로, 지표상의 공간 객체나 현상과 관련된 정보에 대한 구조화된 표준을 구축하는데 목적이 있다. 이 표준은 서로 다른 사용자, 시스템 간에 수치 데이터를 획득, 처리, 분석, 접근, 표현, 전환하는 방법, 툴, 서비스 등에 대한 규약들이다.

(2) CEN/TC(Comite Europeen de Normalisation/Technical Committee) 287 표준

CEN/TC287은 ISO 활동이 시작되기 이전에 유럽 표준화 기구를 중심으로 추진된 유럽의 지리정보 표준화 기구로, 22개 멤버 국가와 4개 컨소시엄의 참관국으로 구성되었다. 현재 국제지리정보 표준 개발은 CEN/TC287과 ISO/TC211를 주축으로 하여 이루어지고 있다. ISO/TC 211과 CEN/TC 287은 기술 위원회 수준에서 서로 표준활동을 공유하고 공동작업 등을 통해 얻은 결과를 활용하고 있다.

CEN/TC 287에는 표준화 작업을 위해 4개의 작업분과와 5개의 프로젝트 팀을 운영하고 있다. 표준화 작업은 표 8-8에서 볼 수 있는 바와 같이 개요 부분(overview), 데이터 기술 부분(data description), 참조 부분(referencing), 처리 부분(processing)으로 구성되어 있다.

표 8-8 CEN/TC 287의 표준 구성 내용

주요 작업 프로그램	주요 영역	
개요 부분	Work Item 287001 : 참조 모델	Work Item 287002 : 개요
	Work Item 287003 : 정의	Work Item 287004 : 공통 용어 사전
데이터 기술 부분	Work Item 287005 : 기술	Work Item 287006 : 애플리케이션 스키마규칙
	Work Item 287007 : 공간 스키마	Work Item 287008 : 데이터 품질
	Work Item 287009 : 메타데이터	Work Item 287010 : 전환
참조 부분	Work Item 287011 : 위치	Work Item 287012 : 시간
	Work Item 287014 : 간접 측위 시스템	
처리 부분	Work Item 287013 : 질의 및 갱신	

(3) OGIS(Open Geodata Interoperability Specification)

새로운 GIS 환경에서 상호운용성을 도모하기 위해 1994년 OGC(Open Geodata Consortium)가 결성되었으며, 이 모임을 통해 이루어진 표준화 규약은 OGIS로 나타나고 있다. OGC는 94개 이상의 GIS 관련분야의 조직 및 기관, 업체들이 구성원으로 참여하고 있으며, 컨소시엄 위원들의 기금, 개발 참여, 연방정부의 공동협의에 의해 지원되는 비영리 법인체이다. OGC가 결성된 초기에는 주로 공간 데이터와 지리정보처리를 위한 자원들을 분산된 형태로 접속하기 위하여 객체지향의 프레임워크인 OGIS(Open Geodata Interoperability Specification)를 개발하는데 있었다. 즉, OGIS의 목적은 서로 다른 기종들 간에 공간 데이터의 분산처리를 위한 상호운용에 관한 표준을 개발하려는 것이었다.

GIS의 상호운용성을 위해 OGC는 세 가지 주요 목적을 가지고 있다. 첫째, 상호운용 가능한 공간 데이터 처리 기술 규약을 공동개발하고, 상호운영 가능한 제품을 보다 많이 제공하는 것이다. 둘째, 개방 시스템, 분산 컴퓨팅 및 컴포넌트 환경의 프레임워크를 토대로 현재 또는 향후의 정보기술과 데이터 처리기술을 동등한 위치에 놓도록 하는 것이다. 셋째, 분산 컴퓨팅 처리와 관련된 협력 비즈니스 개발 노력을 증진시키는 포럼을 제공하는 것이다.

OGC에는 OpenGIS 안내를 제작, 발표하였으며, 단순 공간형상, 복합 공간형상, 이미지 데이터의 접근 및 처리를 위한 규약 작업을 수행하고 있다. 이러한 OGIS의 구현은 CORBA, DCE, OLE와 같은 인터페이스 상에서 수행된다. OpenGIS는 상호운용성 있는 인터페이스와 메커니즘을 개발하여 제공하는 것으로, 여기에는 공간 데이터, 공간분석, 그리고 처리에 대한 세 가지 모델이 포함되어 있다. 즉, 개방적 공간 데이터 모델(Open Geodata Model), OGIS 서비스 모델(OGIS Services Model), 정보 공동체 모델(Information Communities Model)이 이에 해당된다.

앞에서 살펴본 GIS 기본모델 표준은 최근 수년 동안에 일어난 패러다임 변화에 따라 이루어진 것이다. 그러나 새로운 패러다임으로서 네트워크 기술의 획기적인 발전, DBMS 기술변화, 분산 환경의 보편화에 따라 마련된 것이기 때문에 GIS의 다른 표준과의 연계가 잘 이루어지지 않고 있다. GIS 기본모델 표준은 GIS 분야의 근간이 되는 데이터 모델 및 서비스 모델에 대한 표준을 제공하고 있지만, 현재 기본모델 표준이 확정되어 사용되고 있지 못하며, 구체적으로 구현되기 까지는 시간이 소요될 것이며, 이를 수용하는 기본모델 표준의 안정성과 확장성 측면이 검증되어야 할 것이다.

[3] 메타데이터의 개념과 표준

GIS에서 사용가능한 공간 데이터의 양이 많아지고 다양해짐에 따라, 수치 데이터를 효과적으로 공유하고 관리해야 할 필요성이 커지게 되었으며, 이러한 의도에서 공간 데이터와 관련된 일련의 정보를 제공해주는 메타데이터(metadata)라는 용어가 등장하게 되었다. 메타데이터란 데이터베이스, 레이어, 속성, 공간 형상 등과 관련된 정보를 제공하는 것으로, 데이터에 대한 데이터(data about data)를 의미하며, 네트워크를 통하여 정보를 공유하고자 하는 온라인을 활용하는 분야에서 사용되는 공통어이다. 메타데이터는 데이터베이스에 저장된 데이터의 내용에 관한 포괄적이고 체계적인 정보를 갖고 있으므로, 메타

데이터를 통하여 어떠한 유형의 공간 데이터가 언제 구축되었으며, 어떻게 데이터가 수집되었고, 데이터가 변환된 방법들과 더불어 데이터를 가지고 있는 기관이나 사람 등을 포함하는 데이터의 특성과 질적 수준에 대한 정보를 얻을 수 있다.

메타데이터가 점점 더 중요해지고 있는 이유는 보유하고 있는 공간 데이터에 대한 목록을 체계적으로 표준화된 방식으로 제공함으로써 데이터의 공유화를 촉진시키고, 대용량의 공간 데이터를 구축하는데 드는 엄청난 비용과 시간을 절감할 수 있기 때문이다. 이미 구축된 공간 데이터를 효율적으로 공유하기 위해서는 기존에 구축된 공간 데이터 집합에 대해 정확하게 기술하고 목록화하여 누구나 쉽게 사용할 수 있는 정보를 제공해주어야 한다. 특히 메타데이터에 나타난 공간 데이터 집합을 점검하여 특정한 분야에 응용하는데 부합되는 데이터가 현존하는가의 유무를 미리 확인할 수 있다. 이와 같이 데이터의 공유를 위해 메타데이터를 구축하기 위해서는 무엇보다도 메타데이터 내용이 표준화되어야 한다. 즉, 공간 데이터 제작자와 사용자 모두 표준용어와 정의에 동의하고 이를 사용하여야만 한다. 메타데이터의 표준을 통해 누구나가 쉽게 공간 데이터에 대한 질적 수준을 알 수 있으며, 표준화된 정의, 이름, 내용들을 쉽게 이해할 수 있게 된다. 이와 같은 메타데이터의 필요성에도 불구하고, 1990년이 되어서야 미국의 경우 FGDC가 결성되어 수치 공간 데이터에 대한 내용 표준화 작업을 시작하게 되었다. FGDC 표준은 1995년부터 모든 연방기구에서 사용하고 있다. 현재 미국의 FGDC 표준, ISO/TC 211 표준, CEN/TC 287 표준 등이 메타데이터의 표준으로 사용되고 있다.

미국의 메타데이터에 대한 표준화는 FGDC(Federal Geographic Data Committee)의 주도 하에서 이루어지고 있다. 이 표준은 수치화된 공간 데이터에 대한 메타데이터 내용을 정의하며, 메타데이터와 관련한 공통적인 내용과 정의를 제공하고 있다. FGDC는 1992년 메타데이터에 대한 포럼을 통해 메타데이터의 표준화 작업을 시작하였다. 메타데이터 표준은 수년 동안의 심의 및 수렴과정을 거치고 FGDC 표준화 과제팀에 의해 최종 수정된 후, 1995년부터 모든 연방기구에서 사용되기 시작하였고, 1997년에는 수정된 메타데이터안이 발표되었다. FGDC의 메타데이터 표준은 ISO/TC 211의 지리정보 표준인 ISO 15046 중 메타데이터 부분인 Part 15를 마련하는데 기초적인 토대로 활용되었다. 따라서 ISO 표준안은 미국 메타데이터 표준과 상당한 일관성을 보이고 있다. 메타데이터 내용은 10개 항목으로 구성되어있다(표 8-9 참조). 각 항목은 항목의 정의, 요소, 유형, 값들에 대한 목록과 각 목록들에 대해 필수, 선택적 필수, 선택의 유형으로 나누어 정보를 기록, 유지 및 관리하도록 하고 있다.

한편 CET/TC 287에서 메타데이터의 표준은 CEN 287009의 표준안 형태로 존재하며, 주요 항목들이 위계적으로 구성되어 있다. 이들 항목들은 필수 또는 선택의 유형으로 정의되고 있으며, 주요 내용 구성을 보면 표 8-10과 같다.

표 8-9 미국의 FGDC에서 제정한 메타데이터의 주요 항목과 정의 내용

주요 카테고리	정의
데이터 연혁 정보 (Identification Information)	데이터에 대한 기본적이고 개관적인 정보로서, 제목, 지리적 영역, 데이터 획득방법 등을 포함
데이터 품질 정보 (Data Quality Information)	데이터 품질 평가 정보로서, 위치정확성, 속성정확성, 일관성, 처리이력 정보 등이 포함
공간 데이터 조직 정보 (Spatial Data Organization Information)	데이터의 공간 정보를 표현하는 메커니즘으로, 직,간접으로 공간위치를 표현하는 방법, 공간 객체의 수 정보 등을 포함
공간참조정보 (Spatial Reference Information)	공간 데이터의 참조틀, 인코딩, 좌표수단을 기술하며, 예로서 투영법, 좌표체계, 타원체, 좌표체계 정보 등을 포함
공간/속성 정보 (Entity and Attribute Information)	개체 유형과 이와 관련된 속성 및 관련 내용을 포함
제공 정보(Distribution Information)	데이터 유통 방법에 대한 정보로서, 데이터 배포자, 사용가능한 포맷, 데이터 획득방법(미디어 또는 통신수단등)을 포함
메타데이터 참조 정보 (Metadata Reference Information)	메타데이터를 제공하는 조직 및 메타데이터 관련 정보를 포함
인용 정보(Citation Information)	공간 데이터와 관련된 인용 정보
시간 정보(Time Period Information)	공간 데이터 제작 및 갱신 날짜 및 주기에 대한 정보를 포함
연락 정보(Contact Information)	데이터 유통에 필요한 contact person 및 관련 정보를 포함

표 8-10 CEN/TC 287의 메타데이터의 표준 항목과 계층적 구조

주요 카테고리	구성 하위 카테고리
데이터 집합 연혁	데이터 집합 제목, 대체 제목
데이터 집합 개요	개요, 제작 목적, 사용법, 공간 하위 스키마 유형, 공간 참조 체계 유형, 데이터 집합 용어, 샘플, 관련 데이터 집합
데이터 집합 품질 요소	출처, 위치 정확도, 주제 정확도, 시간 정확도, 논리적 일관성, 완결무결성
공간 참조 체계	간접 공간 참조체계, 간접 공간 참조 체계 유형, 참조일, 직접 공간 참조체계, 데이텀, 타원체, 투영법, 고도 참조 체계
공간 범위	데이터의 공간 범위, 범위 정보일, 범위 상태, 평면 범위, 경계 xy, 최소 xy, 최대 xy, 경계 영역, 제약, 지리적 영역, 간접 공간 참조체계 유형, 영역 단위 명, 영역 단위의 확인자 코드, 커버리지, 수직 범위, 최소 등고 값, 최대 등고 값, 시간 범위
데이터 정의	애플리케이션 스키마 확인자, 애플리케이션 스키마 텍스트, 객체 유형, 객체 유형명, 객체 유형 정의, 객체 유형 코드, 발생, 위치 정확도, 주제 정확도, 완전무결성, 속성 유형, 속성 유형명, 속성 유형 정의, 속성 유형 코드, 속성 유형 도메인, 연계 유형, 연계 유형명, 연계 유형 정의, 시작 객체 유형, 중요도, 제약, 공간 특성, 기하학 원소 유형, 위상 원소 유형
분류	색인, 색인명, 색인자, 색인요소, 용어, 정의, 유사어, 관련 용어, 광의 용어, 협의 용어, 픽쳐
행정 및 연락 정보	조직 및 조직 역할, 조직 명, 약식 조직명, 조직 주소, 조직 역할, 대체 조직명, 조직 기능, 연락처, 연락자, 연락 주소, 연락자 역할, 배급, 사용시 제약, 소유권, 가격 정보, 배급 단위, 데이터 미디어, 포맷, 온라인 억세스, 주문, 지원 서비스
메타데이터 참조	입력일, 최종 확인일, 최종 갱신일, 향후 검토일, 메타데이터의 공간참조 체계
메타데이터 언어	메타데이터 언어

지금까지 살펴본 바와 같이 메타데이터는 공간 데이터를 목록화하여 다양한 사용자들 간의 이해와 데이터 공유를 위해 데이터에 대한 항목을 정의하고 데이터를 구축하기 까지의 작업 단계를 기록하고 사용된 데이터 구조와 수행된 데이터 모델, 그리고 물리적인 데이터베이스 스키마를 기록하도록 표준화한 것이라고 볼 수 있다.

그러나 이렇게 메타데이터에 대한 표준은 마련되어 있지만, 메타데이터와 수치지도와의 연계 방안은 아직 마련되어 있지 못하다. 메타데이터 표준에 의거하여 메타데이터를 구축하는 경우 단순히 메타데이터 측면만을 고려하는 것이 아니라, 관련 수치지도 제작, 유지관리, 유통, 활용의 제반 과정을 고려하여 이루어져야 한다. 따라서 수치지도 측면을 고려하여 메타데이터 구축 시점, 주체, 포맷 및 방식이 선정되어야 하며, 메타데이터 구축은 유지관리, 유통 측면까지 고려해서 이루어져야 한다.

메타데이터 활용 측면에서 볼 때, 구축된 메타데이터의 검색, 정보 제공 등의 기능은 수치지도 유통 측면과 직접 관련되는데, 즉 제작된 수치지도를 사용자에게 제공하는 방식으로서 유통기구(clearing house) 설립 및 이를 통한 메타데이터 활용이 가능하도록 해야 한다. 여기서 말하는 유통기구란 인터넷, PC 통신 등의 온라인 통신방식을 통해 실시간으로 사용자들이 메타데이터 정보에 접근할 수 있는 정보 상점이라고 볼 수 있다. 즉, 유통기구는 누가 어떠한 정보를 가지고 있는가를 지속적으로 갱신하고, 그 정보를 유통하기 위한 서비스를 제공해주는 역할을 수행하는 기구라고 볼 수 있다.

그밖에도 각 국가마다 공간데이터인프라(National Spatial Data Infrastructure)를 구축하기 위하여 많은 노력을 기울이고 있다. 미국, 캐나다, 호주, 영국 등에서는 국가 차원에서 공간정보 인프라를 구축하기 위한 노력이 1990년대 들어와 매우 활발하게 이루어졌다. 특히 미국의 경우 공간 데이터의 공공 부분 및 사적 부문에서의 활발한 활용을 위해 NSDI 사업을 추진하기 위한 특별기구인 FGDC가 설립되었다. FGDI 조직을 보면 가장 상위에 연방지리정보위원회가 있어서 NSDI 전체의 방향과 일정, 사업계획 및 전략을 수립한다. 그 아래 주제별(기본도, 수심 측량, 지적, 문화와 인구, 측량, 지질, 육상교통, 국제경제, 토양, 식생, 수자원, 습지)로 소위원회가 있다. 또한 실무그룹(working group)은 표준, 클리어링하우스(지리데이터의 제공, 전달을 위한 유통체계), 프레임워크(지리데이터의 기반이 되는 기본 레이어, 레이어의 구성 내용 등의 정보 구성), 지구피복, 시설물, 자연자원 및 환경 샘플목록과 모니터링으로 구성되어 있다.

[4] 우리나라 GIS 계획과 표준화 현황

(1) 국가 GIS 계획

우리나라의 GIS 계획은 1995년에 처음 시작되었는데, 이는 국가 기반시설에 대한 정보 구축 및 공간정보의 활용 및 관리를 위한 목적이었다. NGIS 사업에는 당시의 건설교통부, 행정자치부, 정보통신부, 산업자원부, 농림부, 해양수산부, 환경부 등의 중앙부처와 공공기관이 참여하였다. NGIS의 1단계 사업은 1995년~2000년이며, 데이터베이스 구축의 기본 표준안 제공과 정보 호환 및 유통을 위한 기본구조 연구를 목표로 하였다. 그리고 2단계 사업은 2001년~2005년까지로 정보 호환 및 유통을 위한 표준 개발 및 데이터베이스 구축방법의 개선 및 데이터베이스의 효율성 향상을 목표로 하였다. 마지막으로 3단계 사업은 2006년~2010년으로 신기술의 표준화로 기술 영역을 확대하고, 관련 정보화 사업과의 연계 및 이용지원을 목표로 하였다. 이렇게 NGIS 사업을 통해 국가 공간정보기반을 확충하여 디지털 국토를 실현하기 위하여 노력해왔다. 특히 2006년~2010년까지 유비쿼터스 국토기반 조성을 위한 제3차 국가 GIS 기본계획에는 총 10개 분야(교통, 해양, 수자원, 시설물, 행정경계, 지적, 지형, 기준점, 공간영상, 통계)에 걸쳐서 국가적으로 기본이 되는 지리정보를 전국적으로 구축 완료하며, 구축된 지리정보의 품질 향상을 목표로 하였다. 뿐만 아니라 U-GIS를 선도하는 GIS 분야의 차세대 핵심기술을 개발하고 실용화를 최우선적으로 고려한 GIS 기술개발도 추진하며, 더 나아가 기존에 구축된 GIS 자료가 적극 활용되도록 하였다. 이와 동시에 지자체의 개별 GIS 응용시스템의 연계·통합 구축을 통하여 전자정부와 연계시키는 계획을 제시하는 등 GIS의 활용가치를 극대화하며, 국가 GIS 관련 표준체계를 정립하여 지리정보 간의 상호운용성을 확보하며, 궁극적으로 국제표준과 연계되도록 추진하려고 하였다.

이와 같이 NGIS 사업이 시행된 이후 양적·질적으로 비약적인 성장을 이루었으나, GIS 시스템이 조직과 업무 별로 구축되어 시스템 간 자료를 공유할 수 없고 공간 데이터의 중복 구축이라는 문제점이 발생되었다. 이에 따라 국토해양부는 「국가공간정보 통합체계 구축사업」을 2010년 7월에 발표하였다. 이 사업은 중앙부처와 지자체 등 여러 행정기관에 산재해 있는 공간정보를 체계적으로 통합하고 연계, 공유함으로써 중복 투자로 인한 예산 낭비 요인을 차단하고 공간정보의 통합적 활용을 극대화하기 위한 것이다. 이에 따라 국토해양부(한국토지정보, 연안관리정보, 갯벌정보), 농림수산식품부(농지종합정보), 환경부(국토환경정보, 생태자연정보), 산림청(산림지리정보), 문화재청(문화재정보) 5개 기관 9개 공간정보시스템을 국가공간정보통합체계에 연계시키고 2012년까지 각 부처별로 데이터베이스 구축 및 통합을 추진하려는 계획이다(표 8-11 참조).

표 8-11 국가공간정보통합체계가 이루어지는 9개 시스템

부처	관련 시스템	작성·이용목적
국토해양부	한국토지정보시스템	- 국토해양부의 토지종합정보시스템, 행정안전부의 필지중심 토지정보시스템을 통합, 국토 전반에 대한 정보 제공
	토지이용규제정보시스템	- 용도지역별 행위제한 사항 제공 및 규제안내서 작성
	연안관리정보 시스템	- 체계적이고 과학적인 연안환경 정보를 구축
	갯벌정보시스템	-갯벌생태계조사 결과 축적되는 각종 정보를 제공하고 우수갯벌의 생태지도
환경부	국토 환경성 평가지도	- 국토환경정보를 종합·평가하여 환경적 가치에 따라 구분하고 지형도에 표시
	생태자연도	- 자연환경조사 결과를 토대로 식생도, 멸종위기 야생 동식물 분포도, 자연경관도 등을 작성·제작
농림부	농지종합정보시스템	- 우량 농지의 보전과 농지관리업무의 능률향상 도모
산림청	산림지리정보시스템	- 합리적 산지보전·이용을 위하여 지역·지구를 설정하여 관리
문화재청	문화재기본지리정보시스템	- 지정문화재 등 전국 문화재 관련 GIS 기반 DB구축으로 과학적인 문화재 관리에 활용

출처: 국토해양부 보도자료(2008.7.14)

국가공간정보통합체계란 각 기관에서 필요로 하는 공간정보를 직·간접적으로 활용할 수 있게 해주는 국가공간정보의 허브라고 볼 수 있다. 이렇게 국가공간정보의 연계 및 통합이 이루어지면 자료의 정확성 확보 및 중복 투자가 방지되며, 국가와 지방자치단체는 국가공간정보통합체계를 통하여 언제, 어디서나, 원하는 공간정보와 서비스를 제공받을 수 있게 된다, 더 나아가 보건위생, 문화관광, 지역개발 등 지방자치단체에서 수행되는 행정업무처리에 공간정보의 활용이 가능해지며, 다양한 자료의 체계적이고 합리적인 공간분석과 이에 기반을 둔 공간의사결정지원시스템을 통하여 국가 및 지방자치단체가 수립하는 각종 개발계획의 투명성을 높이는데도 도움이 될 것이다.

(2) 우리나라의 GIS 표준화

우리나라 GIS 사업 가운데 중요한 사업과제로 수행된 표준화는 수치지도 제작 분야뿐만 아니라, GIS 기술개발사업 등 다양한 부문에 적용되었다. NGIS 사업이 1995년에 시작되면서 핵심 사업의 하나인 GIS 표준화는 수치지도를 공동 활용하고 구축된 수치지도의 다목적 활용을 위하여 관련 과정과 내용 및 항목에 대한 표준화 계획을 수립하여 추진하였다. 당시 정보통신부 산하 한국정보통신기술협회가 주관이 된 표준화 분과에서 공간데이터 구축 관련 표준, 정보유통 관련 표준, GIS 시스템 활용 관련 표준에 대한 사업을 추진하였다. 특히 정보통신부와 한국전산원이 중추적인 역할을 수행하면서 국가 기본도, 주제도, 지하시설물도 등에 대한 표준을 제정하였다.

국가지리정보체계 표준화 분과에서 수행하고 있는 표준화 과업은 표 8-12에서 볼 수 있는 바와 같이 다섯가지 범주로 나누어 볼 수 있다. 표준화 3단계 추진안에 따르면 표준과제 분야는 'DB구축 표준 분야', '정보교환 및 유통지원 분야', '국가 GIS 기본모델 분야', '기타 관련 분야 표준화 분야'의 4부문으로 구성되었다. 2001년부터 시행된 NGIS 사업 2단계에서는 GIS 데이터의 공유와 활용을 위한 표준화 작업에 초점을 두었다. 표준화 작업을 원활하게 수행하도록 하기 위하여 표준화분과위원회 아래 4개 팀을 구성하여 기반정보 구축 및 관리, 공간정보 유통 및 응용, 개방형 GIS 및 관련 기술, 해양정보 표준에 관한 활동을 펼쳤다. 현재까지 추진된 국가 GIS 관련 표준은 정보통신 표준 2건과 한국산업표준 16건, 단체 표준 30건 등이 있다.

표 8-12 우리나라의 표준화 추진 내용

주요 카테고리	구성 내용
기본모델 연구	-국가 GIS를 활용하는 기본모델 및 프레임워크 제시 -각종 정보기술 표준과의 관계 및 운영관계 조망
정보구축 표준화	-국가가 구축하는 수치지도 DB와 관련된 표준화 수행 -여러 기관이 구축하는 GIS간에 상호 연관성을 위한 지침 제공
정보유통 표준화	-구축된 각종 수치지도 및 속성자료 정보 검색 및 내용물 인식 가능한 표준개발 -이기종 시스템, 이기종 DB간에 정보유통 방식의 표준 제정
정보활용 표준화	-GIS 응용시스템들간의 연계를 위한 표준 제공 -각종 기간망 및 정보망과의 연계를 위한 표준 제정
관련기술 표준화	-GIS 분야의 신기술 보급 및 사용촉진을 위한 표준화 수행

제 4 편

GIS의 공간분석과 공간통계

GIS
Geographic Information Systems

제9장
기초적 공간분석 기법

제 1 절

GIS의 공간분석 개념과 기능

[1] 공간분석의 개념

GIS와 다른 정보시스템과의 가장 큰 차이점은 다양한 공간 데이터를 분석하여 부가가치가 높은 유용한 정보를 추출해내는 공간분석 기능이라고 볼 수 있다. GIS에서 이루어지는 분석은 공간 데이터를 대상으로 하기 때문에 공간분석이라고 일컬어진다. 공간분석이란 데이터베이스로부터 유용한 정보를 추출하기 위해 사용되는 기법으로, 공간 데이터에 가치를 부여하거나 공간 데이터를 유용한 정보로 바꾸는 과정이라고 할 수 있다.

이와 같이 공간분석은 데이터베이스 내에 들어있는 공간 데이터와 속성 데이터를 이용하여 현실세계에서 발생하는 각종 문제를 해결하는 데 도움을 줄 수 있는 정보를 생성하는 매우 중요한 기법이다. 또한 공간분석은 이전에 인식되지 못했던 패턴이나 발견되지 않은 일반성과 법칙 등을 발견하는 과학적인 목적으로도 이용될 수 있다. 더 나아가 데이터베이스로부터 실세계의 문제를 해결하는데 필요한 정보뿐만 아니라 앞으로의 현상을 예측하거나 시뮬레이션하는 GIS 모델링의 토대를 이루기도 한다.

GIS가 점차 확산되면서 데이터베이스의 생성과 지리정보시스템 구축 목적도 공간분석과 모델링을 통해 부가가치가 높은 정보와 더 나아가 지식을 추출하려는 방향으로 전환되어가고 있다. 지난 20여년 동안 구축된 데이터베이스를 기반으로 여러 가지 모델링과 공간분석을 통해 실세계에서 일어나는 다양한 문제를 해결하고 의사결정에 도움을 주는 유용한 정보를 생성하는데 초점이 모아지고 있다. 즉, GIS 자체가 실세계에서 일어나는 다양한 문제 해결에 대한 접근방법으로 인식되고 있으며, 공간 데이터로부터 새로운 지식과 이론들을 생성해낼 수 있는 새로운 접근방법의 하나로 부각되고 있다.

GIS의 공간분석 기능이 중요해지면서 GIS를 활용하는 사용자들의 능력도 한층 중요해지고 있다. GIS가 실세계에서 일어나는 각종 문제들에 대한 해답을 주기 위해서는 다양한 공간분석 기법을 활용하는데 숙달되어야 한다. GIS를 사용하는 능력과 효과적인 공간분석의 기술은 강력한 컴퓨터가 수행하는 것이 아니라 지적 능력을 가진 GIS 사용자의 기술을 통해 이루어지는 것이다.

공간분석이 수행되면 부가가치가 높은 정보를 추출하게 되는데, 일반적으로 공간분석은 두 가지의 접근방식으로 분류될 수 있다. 첫번째, 귀납적 접근방식으로, 질병 발생의 분포 패턴과 같은 경험적인 자료를 통하여 정보를 추출하는 방법이다. 두번째, 연역적 접근방식으로, 데이터에 대하여 알려진 이론이나 원리 등을 검증해보는 것을 통하여 정보를 추출하는 것이다.

[2] 공간분석의 기능과 유형

GIS 기술이 지속적으로 발전함에 따라서 공간분석 기능도 더욱 다양해지고 정교화되어가고 있다. GIS의 기본적인 분석 기능은 크게 세 가지 범주로 나누어 볼 수 있다(그림 9-1 참조). 즉, 공간 데이터의 관리와 분석, 속성 데이터의 관리와 분석, 공간 데이터와 속성 데이터의 통합적 분석의 세 가지로 분류될 수 있다. 그러나 이와 같은 분류는 명확한 기능적 기준에 의한 것이 아니며, 어느 정도는 임의적인 기능상의 분류라고 볼 수 있다. 또한 이러한 분류는 주로 기본적인 공간분석 기법들에 대한 것이다.

공간 데이터의 관리와 분석에는 포맷의 변환, 기하학적 변형, 서로 다른지도 투영법간의 변환, 융합, 동형화, 선 좌표의 간략화, 도형 요소의 편집 등의 분석기법을 들 수 있다. 한편 속성 데이터의 관리와 분석에는 속성 데이터의 편집 기능과 속성 데이터에 대한 질의 기능을 들 수 있다. GIS에서 가장 중요한 분석기능인 공간 데이터와 속성 데이터의 통합분석 기능에는 갱신, 분류, 측정의 단순한 기능을 비롯하여 중첩, 근접 분석, 연결성 분석 등이 포함된다. 근접분석은 자료의 탐색, 공간 질의, 티센 폴리곤 생성, 보간법, 등고선 생성 등의 기능이 있으며, 연결성 분석에는 인접성과 근접성 정도의 측정, 네트워크 분석, 확산 및 탐색, 조망적 관점 등의 분석기능이 있다.

그림 9-1 GIS의 기초적인 공간분석 기능 유형

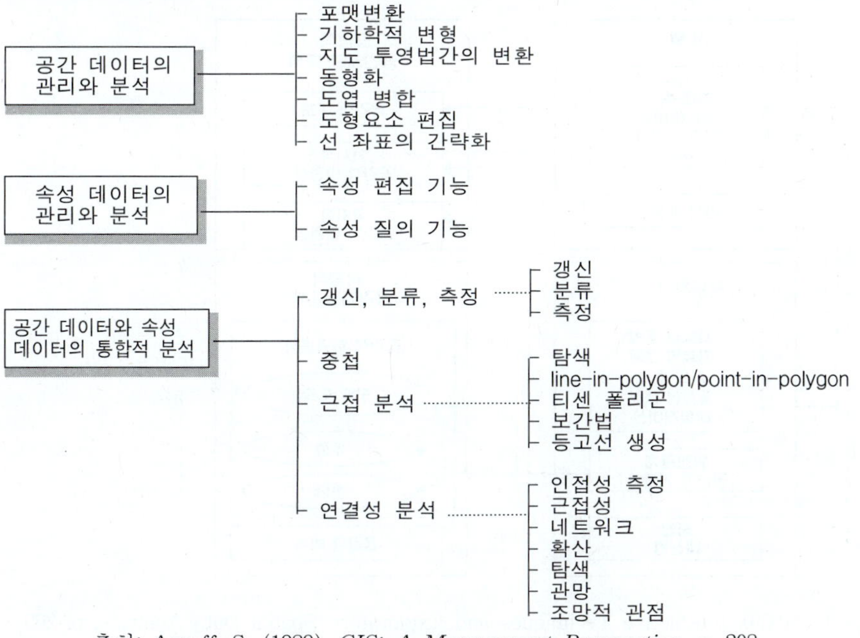

출처: Arnoff, S. (1989), *GIS: A Management Perspective,* p. 208.

GIS의 분석기능은 데이터 구조(벡터 데이터와 래스터 데이터 등등), 하드웨어, 시스템의 성능 등에 의하여 영향을 받는다. 또한 GIS 소프트웨어들이 제공하는 분석기능들도 다소 차이가 나고 있다. 따라서 가장 중요한 것은 GIS 사용목적에 맞는 유용한 정보를 추출하기 위해 가장 적합한 공간분석 기법들을 습득하는 것이다.

한편 GIS 기술이 계속 발전함에 따라 GIS의 공간분석 기능도 더욱 다양해지고 있으며 복잡한 문제해결을 지원할만큼 정교화 되어가고 있으며, GIS의 공간분석 기법이 여러 분야에서 활용되면서 복잡한 공간분석과 모델링을 GIS환경에서 수행하려는 시도가 나타나고 있다. 특히 공간 데이터로부터 공간패턴 및 공간관계를 탐색하는 보다 고차적인 공간분석 기능들도 활용되고 있다. 데이터로부터 새로운 형태의 정보를 탐색적 방법을 이용하여 추출해내는 분석방법에서 더 나아가 공간회귀모형을 이용하여 확증적으로 공간관계를 분석하고 예측하려는 노력도 이루어지고 있다. 그림 9-2는 GIS에서 수행가능한 공간분석 기법을 포괄적으로 나타낸 것으로, 공간데이터를 단순히 선택하여 정보를 추출하는 단순 기능→공간 데이터를 처리하는 기능→탐색적 공간자료 분석 기능→확증적 공간자료 분석 기능 까지 활용분야가 넓어져 가고 있다. 그러나 공간분석 기능이 고차원적으로 갈수록 현재까지 개발되어 상용되고 있는 GIS 소프트웨어를 이용하여 그 기능을 완전하게 수행할 수는 없다.

그림 9-2 GIS 환경에서 수행할 수 있는 공간분석 기능들

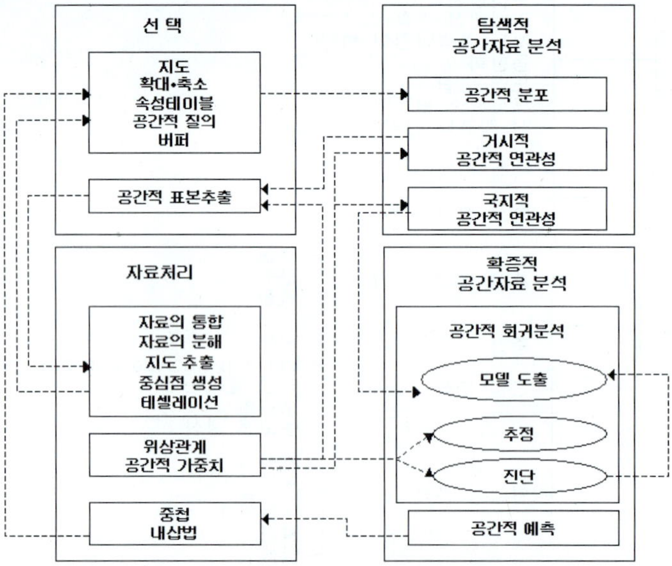

출처: Anselin, L. (1999), Interactive Techniques and Exploratory Spatial Data Analysis, p. 263.

제 2 절

커버리지의 조작·질의·재부호화

[1] 커버리지의 조작

GIS의 공간분석 기능 가운데 가장 기본적인 것은 이미 구축된 커버리지를 주어진 목적에 따라서 다양하게 조작하는 것이다. 커버리지의 조작 기능으로는 커버리지의 분리와 면적 분할, 도엽 결합, 삭제, 갱신 등 매우 다양하다(그림 9-3 참조). 여기서는 이러한 커버리지 조작 기능들에 대하여 간략히 살펴보고자 한다.

GIS에서 사용되는 기본도(base map)가 넓은 지역을 포함하고 있는 것이 일반적이지만, 경우에 따라서는 부분적인 연구를 위해 전체 지역이 아닌 일부 지역만 필요할 때가 있다. 예를 들면, 브라질만 연구하는 경우 남아메리카 전체 지도를 기본 커버리지로 사용한다면 상당한 작업시간과 저장용량을 필요로 하게 된다. 이런 경우 브라질만을 분리해서 새로운 커버리지로 구축하여 사용한다면 컴퓨터 작업 시간과 저장용량을 줄이게 될 것이다. 이와 같이 특정한 목적을 위해 사용자가 기본 커버리지에서 원하는 지역만을 추출해 내는 것을 분리(split)라고 한다. 그림 9-4-가는 남아메리카 지도를 세 개의 분리된 새로운 커버리지로 생성한 사례를 나타낸 것이다. 브라질만 선택하여 분리하려는 경우 객체 선택 툴이나 명령어를 통해 하나의 폴리곤 형상을 선택하면 된다. 분리 기능이 수행되고 나면 데이터베이스는 분리된 새로운 커버리지인 브라질에 대한 속성만을 재구성하게 된다. 왼쪽에 북서부의 3개 국가를 선택하여 분리하는 경우 도형이 분리되고 그들의 레코드도 새로운 속성 데이블로 저장된다.

한편 광범위한 지역에 대한 기본도를 구축하여야 하는 경우 몇 개의 소지역으로 분리하여 구축하는 것이 효율적인 경우도 있다. 전체 대상지역을 작은 소지역으로 분할하여 관리하면 사용이 편리하고 빠르게 다양한 연산을 수행할 수 있다. 이와 같이 각각의 작은 면적으로 분할된 지도를 타일(tile)이라고 한다. 그림 9-4-나에서 볼 수 있는 바와 전체

그림 9-3 GIS의 커버리지 조작 기능 유형

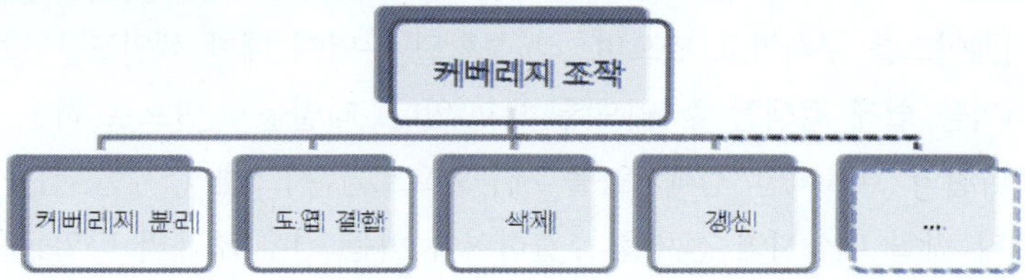

그림 9-4 커버리지의 분리, 분할, 접합, 첨부 기능들의 예

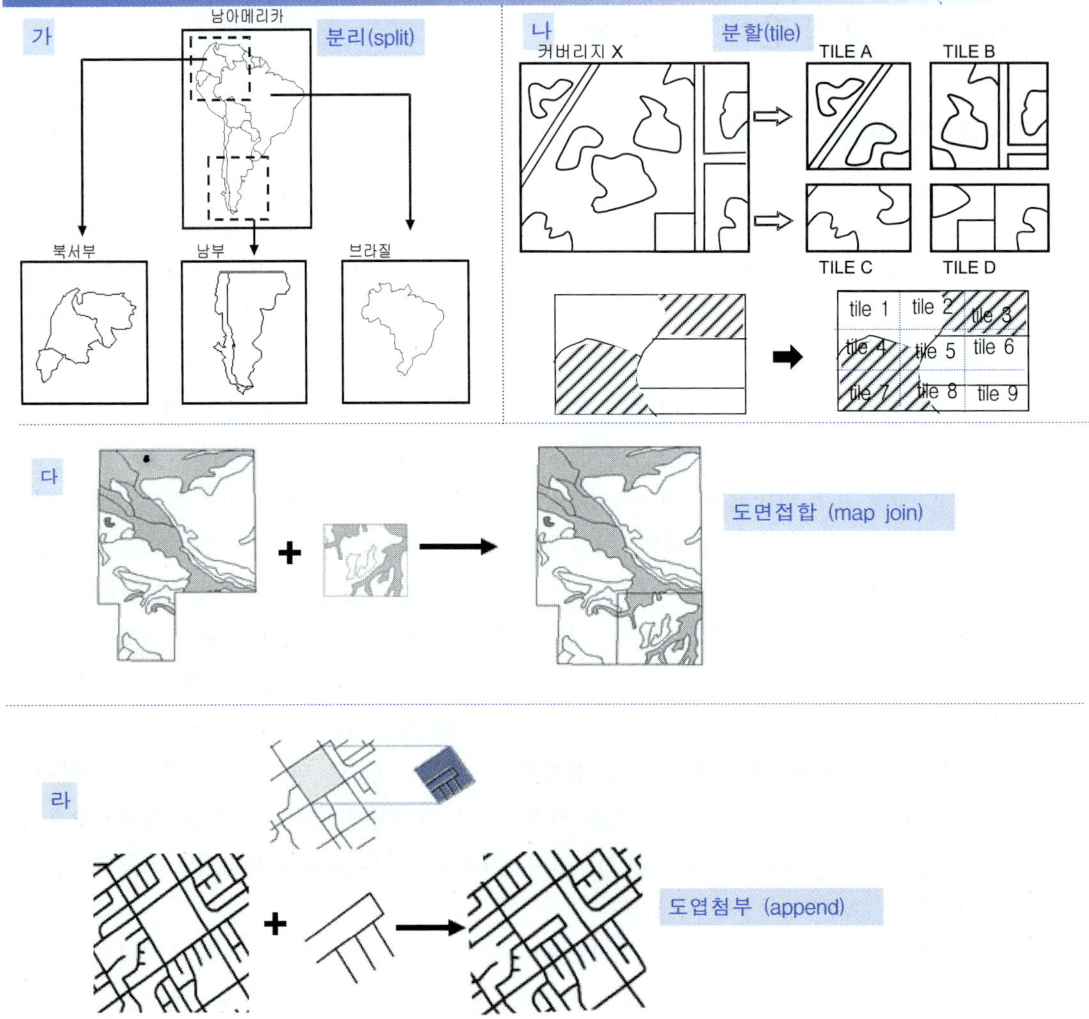

커버리지 X가 포함하는 면적이 너무 넓은 경우 작업을 효율적으로 수행하기 위해 4개의 면적으로 분할하여 구축한다. 이렇게 타일 방법으로 지도를 구축하는 경우 목적에 따라서 분할된 구역의 커버리지만을 사용할 수 있으며, 필요한 경우 전체 지역으로 다시 통합할 수 있다. 일반적으로 국가 전체를 커버하는 기본도의 경우 일정한 축척의 단위 크기로 분할하여 데이터베이스를 구축하고 있으며, 각 분할된 구역에 대한 색인도를 같이 구축하여 필요한 대상지역을 쉽게 검색할 수 있도록 하고 있다. 타일을 기반으로 하는 데이터의 관리는 데이터 파일의 효율적인 검색기능을 제공함으로써 시스템의 제반 성능을 향상시킬 수 있다. 그러나 만일 대상지역 전체를 추출하여야 하는 경우 개개의 타일들을 모두 결합시켜야 하기 때문에 시간이 많이 소요되고 처리 속도도 늦어지는 수도 있다.

그 외에도 도면을 접합하거나 도면을 첨부할 수도 있다. 그림 9-4-다에서 볼 수 있는 바와 같이 지도를 합쳐서 하나의 지도로 만드는 것을 도면 접합(map join)이라고 한다. 특히 여러 장의 지도를 접합하여서 한 장으로 만드는 경우 인접한 도엽 간의 경계를 부합(edge match)시켜야 한다. 인접한 도엽을 접합하는 경우 인접 도엽 간에 경계면이 서로 부합되지 않는 경우가 종종 나타난다. 이런 경우 동형화(conflation) 기능 또는 러버쉬팅(rubber shooting) 기능을 이용하여 불부합으로 인한 오차를 최소화시키면서 도엽들을 결합시키도록 해야 한다. 동형화란 서로 다른 커버리지 간에 나타나는 동일한 객체를 크기와 형태를 일치시키도록 보정하는 기능이며, 러버쉬팅은 지정된 기준점에 대해 지도의 일부분을 맞추기 위한 기하학적 과정으로, 지정된 기준점을 중심으로 지도를 잡아 늘이거나 줄이는 것이다. 이러한 기능을 이용하여 하나의 커버리지에서 나타난 객체가 지닌 경계를 표준 형태로 삼아서 또 다른 커버리지에 나타난 경계를 수정하여 경계선을 일치시키는 것이다(그림 9-5 참조).

그림 9-5 인접한 도엽의 결합과정에 요구되는 경계선 부합

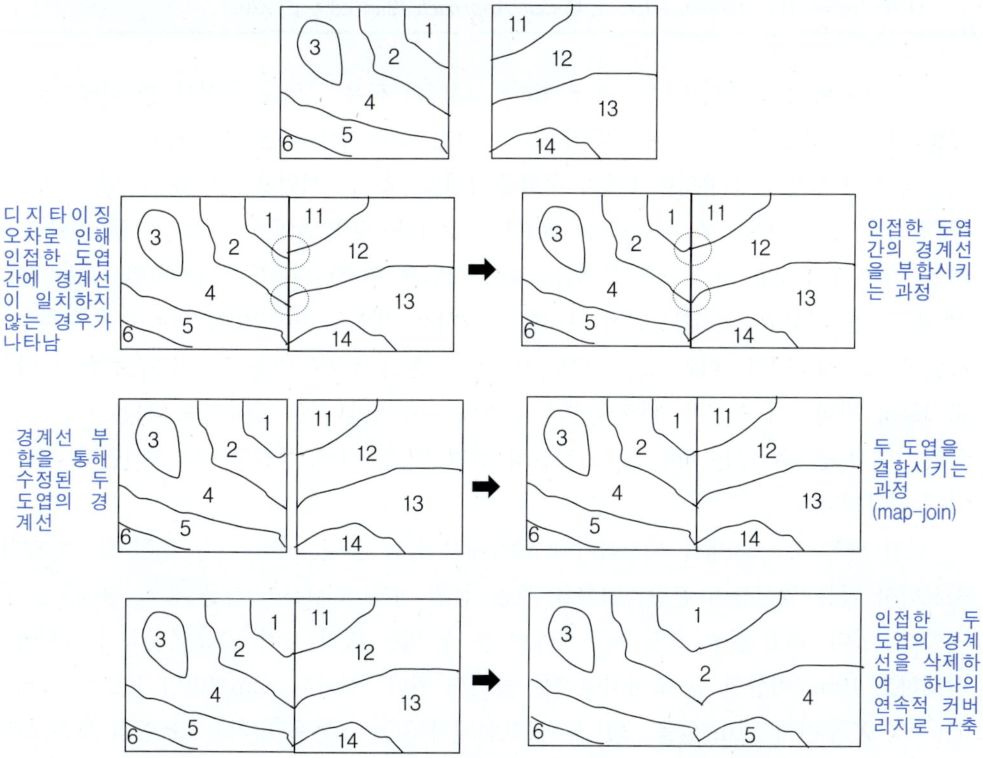

출처: Lo, C.P. and Yeung, A.K.W. (2007), *Concepts and Techniques of GIS*(2nd ed.), p. 206.

그림 9-6 삭제와 병합을 통한 커버리지의 수정

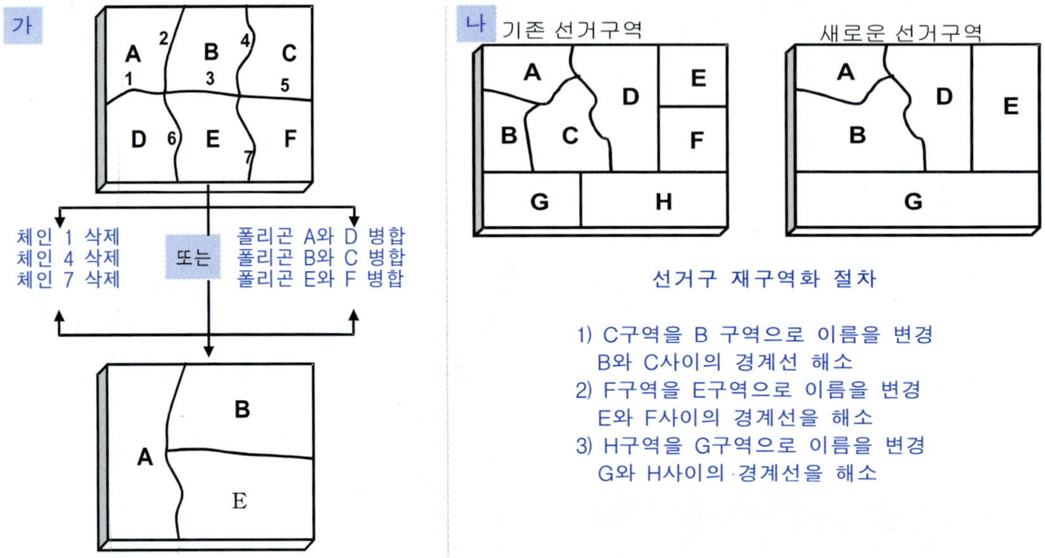

출처: Davis, B.E. (2001), *GIS: A Visual Approach* (2nd ed.), p. 220.

한편 GIS에서는 때때로 하나의 커버리지 내에서 작은 구역을 묶어서 큰 지역으로 형상을 합치는 작업이 요구되는 경우가 있다. 그림 9-6-가에서 볼 수 있는 바와 같이 두 개의 유사한 방법을 사용하여 6개의 구역을 3개의 새로운 지역으로 만들 수 있다. 첫 번째 방법은 특정 경계선을 해소(dissolve)하는 것이다. 구역 A와 D는 체인 1을, B와 C는 체인 4를, E와 F는 체인 7을 삭제함으로서 하나로 합쳐진다. 또 다른 방법으로는 선택한 폴리곤을 병합(merge)함으로서 구역을 통합하는 것으로, 이 방법을 이용하면 경계선은 자연적으로 삭제된다. 이와 같은 병합 기능은 기존의 선거구역을 인구수의 변화나 다른 조건들이 변화되어 새롭게 재조정하여 구역을 나누어야 하는 경우에도 사용된다. 그림 9-6-나에서 볼 수 있는 바와 같이 기존의 선거구역들 간에 병합이 이루어지면서 재구역화된 경우이다.

한편 형상 또는 지역을 제거하거나 잘라내기 등을 통해 커버리지를 수정 할 수 있다. 중요하지 않은 형상들이 혼란스러움을 주는 경우 삭제(delete) 기능을 통해 형상들을 제거할 수 있다. 예를 들면 그림 9-7-가에서 볼 수 있는 바와 같이 10ha미만의 삼림지역은 삭제하고 10ha 이상인 큰 임야지역만을 남기게 된다. 길이가 5km미만의 도로를 삭제하거나 점 X 주변에 5km 원을 그린 후에 포함되지 않는 것만을 남기고 그 안의 모든 취락을 삭제하는 작업도 쉽게 이루어진다.

또한 그림 9-7-나에서 볼 수 있는 바와 같이 공간 객체들을 추가하거나 삭제하거나

그림 9-7 객체의 삭제와 추가, 갱신을 통한 커버리지의 조작

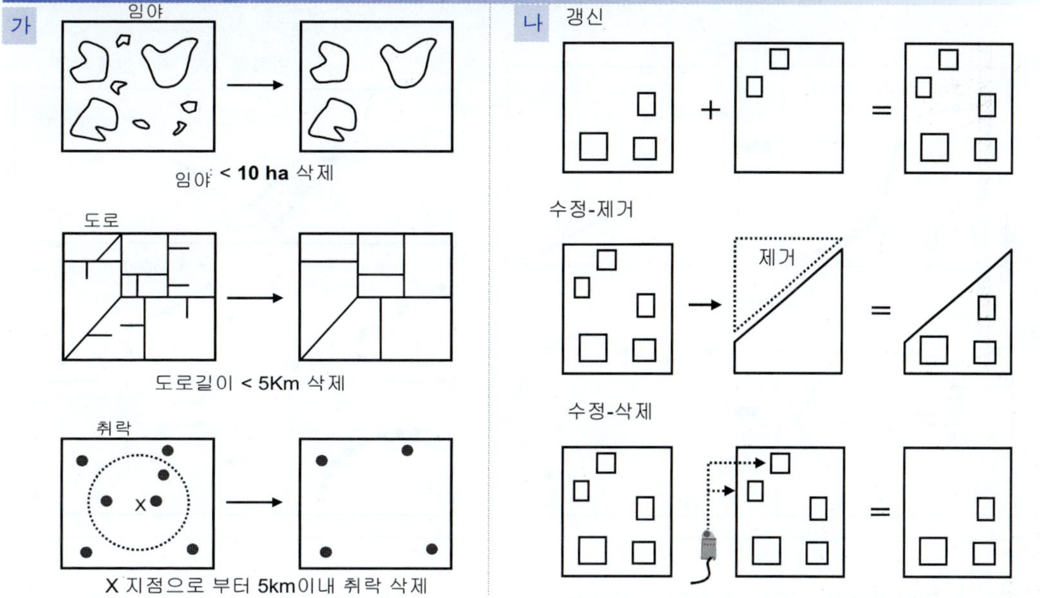

또는 불필요한 구역을 삭제하는 등의 커버리지 수정을 쉽게 수행할 수 있다. 예를 들어 새로운 아파트 단지가 건설되는 경우 기존의 아파트 단지 커버리지에 새롭게 추가하여 갱신할 수 있으며, 또는 그 반대로 객체를 삭제할 수도 있다. 그 외에도 선 좌표를 간략화하거나 반대로 등고선이나 선형 대상물의 경우 선을 유연하게 만드는 기능도 있다. 디지타이징을 통해 선이나 폴리곤의 객체를 입력하는 경우 때때로 필요한 좌표들 보다 많은 좌표를 입력하는 경우가 있다. 이런 경우 벡터의 형상을 변화시키지 않는 범위내에서 적절하게 좌표수를 줄임으로써 공간 데이터의 양을 줄일 수 있다. 이와 같은 방법을 선 좌표의 간략화(thinning)라고 한다. 이와 같은 선 좌표의 간략화는 데이터의 효율성과 저장능력을 높여주며, 결과물의 출력 속도도 증가시켜준다. 어떤 경우에는 데이터의 크기가 60%이상 줄어들기도 한다. 간략화시키는 가장 간단한 접근방법은 모든 n번째의 점을 지우는 것이지만, GIS 소프트웨어에서 일반적으로 제공하는 방법은 사용자가 필요로 하는 표현의 정확도에 따라 설정해놓은 허용한계(tolerance)에 따라서 점을 제거하는 방법이다 (그림 9-8-가 참조).

이와는 반대로 선형 대상물을 점으로 연결하는 경우 연결된 선 형상이 매끄럽지 못하고 각이 지는 경우가 있다. 특히 등고선이나 유연한 선으로 표현되는 선형 대상물의 경우 선을 유연하게 해주어야 정확도를 높일 수 있다. 이런 경우 선을 표시하는 점(좌표)들의 수를 추가함으로서 선을 유연하게 하는데, 이를 선의 유연화(line smoothing)라고 한다 (그림 9-8-나 참조).

그림 9-8 선의 유연화(line thinning/line smoothing)을 통한 커버리지의 조작

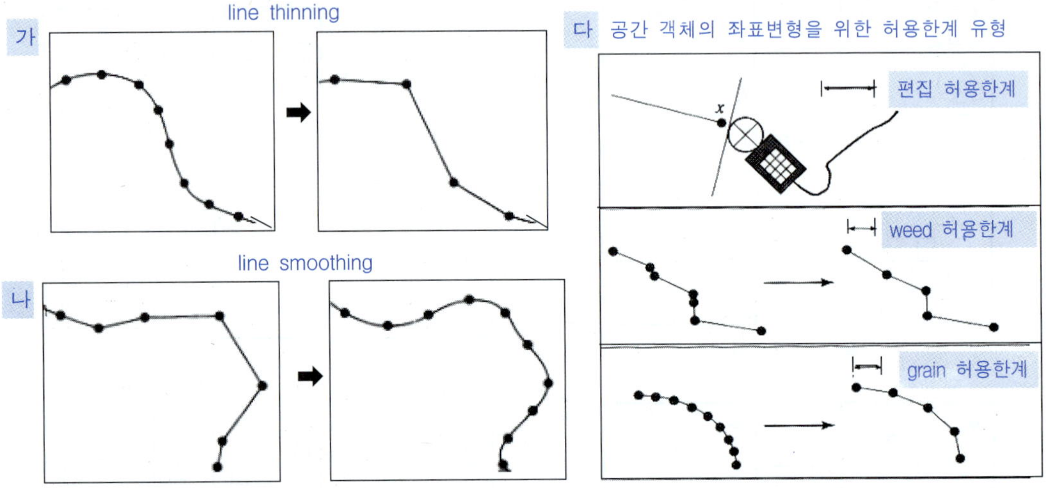

일반적으로 공간 객체를 편집하는데 사용되는 허용한계에는 두 종류가 있다. Weed 허용한계는 두 버틱스(점)간에 허용될 수 있는 아크의 최소 거리를 말한다. Weed 허용한계는 아크상의 좌표 수를 줄이는데 사용되며, 정해놓은 최소 거리보다 짧은 거리 내에 있는 디지타이징된 아크는 삭제된다. 한편 Grain 허용한계는 주로 곡선으로 나타나는 형상을 수정하는 경우에 사용되며, 버틱스 간의 거리와 아크의 버틱스 수를 제어한다. Grain 허용한계가 작을수록 버틱스들이 더 가까워질 수 있으며, 정해진 허용한계의 거리보다 짧은 거리 내에 디지타이징 된 점들은 제거된다(그림 9-8-다 참조).

[2] 질의

질의(query)는 가장 기본적인 분석 기법으로 사용자에 의해 던져지는 질문에 대한 답을 찾는 것으로, 질의하는 동안 데이터베이스의 변화나 새로운 데이터가 만들어지는 것은 아니다. 즉, 질의란 사용자가 어떤 조건을 제시하면 데이터베이스에서 그 조건에 맞는 지역을 찾아내는 것이다. 테이블과 연관된 데이터베이스를 질의하는 표준 언어인 SQL 기술의 발전으로 더욱 복잡하고 다양한 질의가 가능하게 되었다.

SQL의 가장 기본적인 3가지 유형의 질의 조작어는 다음과 같다.

- SELECT: 테이블의 특정한 행에서 데이터 항목을 추출하는 명령어
- PROJECT: 테이블의 특정한 열에서 데이터 항목을 추출하는 명령어
- JOIN: 테이블의 공통 행에서 나타나는 값을 기준으로 두 테이블을 병합하는 명령어

SQL 질의의 전형적인 통사(syntax)는 다음과 같다.

SELECT <속성 이름> FROM <테이블 명> WHERE <조건 진술>

SQL은 관계적 연산(GT, LT, EQ, GE, LE)과 수학적 연산(=, +, -, *, /), 그리고 부울 연산(and, or, not, exclusive)을 사용할 수 있다. 질의 유형으로 GIS에서 흔하게 사용되는 유형의 하나는 부울 질의(Boolean Queries)로, 이는 1980년대 중반 Boole에 의해 개발된 것이다. 부울 논리로 알려진 이 방법은 기본적으로 참-거짓, 예-아니오, 또는 객체의 유-무(presence-absence)를 결정하는 것으로, 둘 중의 하나를 선택하는 이진법 결정(binary decision)이다.

부울 질의방법은 주어진 형상에 대해, and, or, and/or, not 그리고 기타 조합언어를 사용하여 부울 속성의 둘 또는 그 이상의 집합을 비교할 수 있다. 일례로, 주어진 센서스 지역 내에서 문맹률과 소득수준에 대한 데이터에서 부울 질의 방법을 살펴보자. 그림 9-9에서 각 단위구역은 문맹률의 높고 낮음(HL 또는 LL)과, 소득의 높고 낮음(HI, LI) 중 하나를 나타내고 있다. 세 개의 음영도는 특정 조건에 따른 부울 질의에 대한 결과를 나타낸 것이다. 첫번째 커버리지는 모든 구역에서 고소득이 아닌 구역을 찾는 것이며, 두 번째 커버리지는 문맹률 수준이 높고 소득수준이 낮은 구역을 선택하는 것으로, 이 조건에 만족한 두 개의 구역이 선택되었음을 알 수 있다.

그림 9-9 부울 논리 연산을 통한 질의의 일례

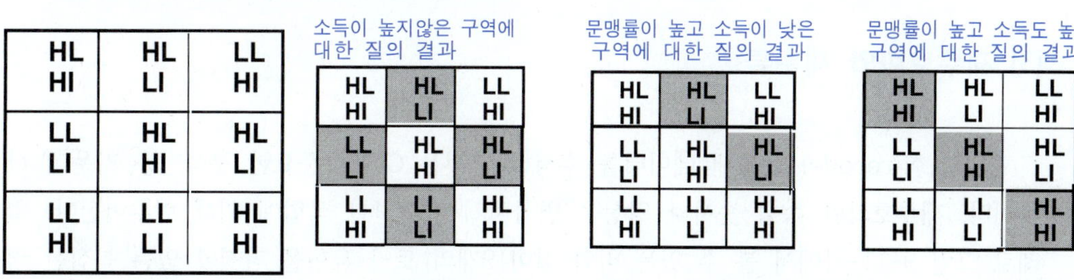

HL:높은 문맹률 LL: 낮은 문맹률 HI: 높은 소득 LI: 낮은 소득

또한 속성 데이터로부터 SELECT, NONSELECT, ADD-SELECT 와 같은 질의 명령어를 사용하면 원하는 데이터와 항목을 추출할 수 있다(그림 9-10 참조).

그림 9-10 속성 데이터로부터 원하는 레코드와 항목에 대한 질의 과정

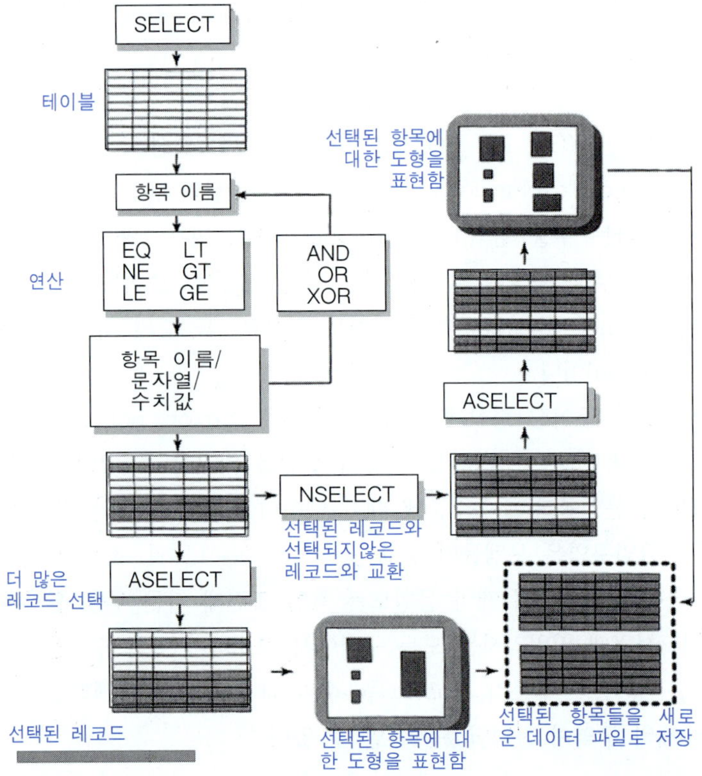

출처: Lo, C.P. and Yeung, A.K.W. (2007), *Concepts and Techniques of GIS*(2nd ed.), p. 211.

[3] 재부호화와 재분류

재부호화(recode)를 통해 데이터를 수정하는 것은 GIS의 중요한 분석기능 가운데 하나이다. 재부호화란 속성 숫자나 명칭을 변화시키는 간단한 작업에 의해 이루어진다. 일례로 그림 9-11-가에서 볼 수 있는 바와 같이 9개의 토양 유형을 가지고 있는 복잡한 커버리지에서는 토양의 분포패턴은 알아보기 매우 어렵다. 그러나 데이터베이스를 보면 A, B, C의 세 가지 토양 유형으로 분류되어 있다. 이런 경우 9개의 토양 유형을 첫 글자를 따라 재분류함으로서 주요 토양 유형을 더 쉽게 알 수 있다. 재부호화된 결과의 토양 커버리지를 통해 공간관계를 쉽게 이해할 수 있다. 토양 유형은 그룹으로 함께 나타나고, 자료를 일반화시킨 결과 공간분포 패턴이 명백하게 드러난다. 이러한 재부호화 기능은 벡터 데이터나 래스터 데이터에 관계없이 쉽게 수행된다.

또 다른 일례로, 그림 9-11-나에서 A와 B를 모두 농경지로, C에서 E까지를 비농경지로 재부호화한 결과 농업에 적합한 토양의 분포를 보다 쉽게 알 수 있다. 이렇게 재부호화는 데이터를 일반화시켜서 재분류하려는 경우에 주로 활용되는 기능이라고 볼 수 있다(그림 9-11-다 참조).

그림 9-11 재부호화를 통한 커버리지의 수정

가

속성 코드	토양 유형	속성 재부호화	새로운 코드
1	A1Z	1	A
2	A2Z	1	A
3	A3Z	1	A
4	A3Y	1	A
5	B1Y	2	B
6	B2Y	2	B
7	C6H	3	C
8	C6J	3	C
9	C7J	3	C

토양 커버리지의 변화

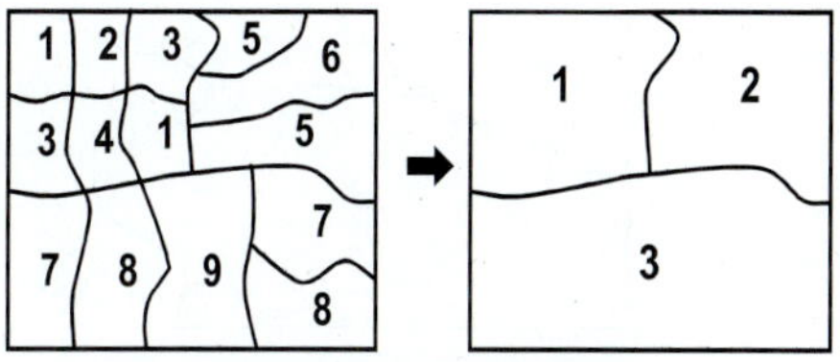

나

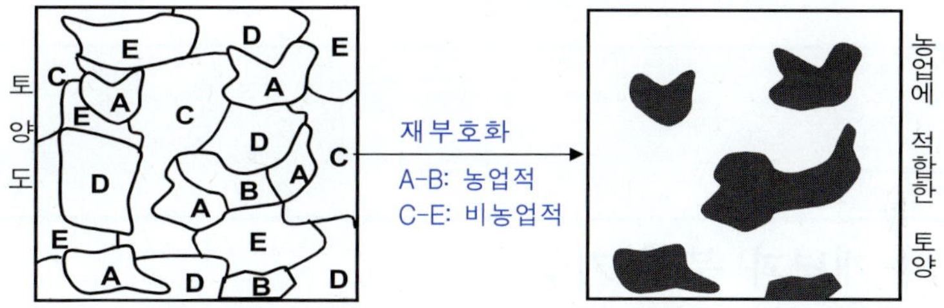

다

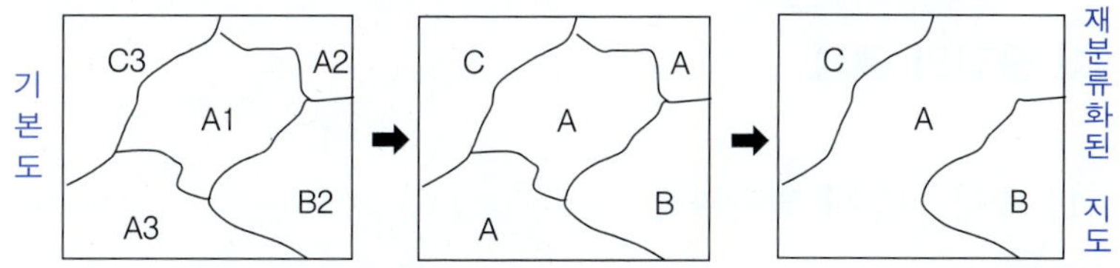

일반적으로 재분류(reclassification)는 재부호화를 통하여 이루어진다. 재분류는 속성 데이터의 범주의 수를 줄임으로써 데이터베이스를 간략화시키는 기능이라고 볼 수 있다. 재분류 과정은 두 단계를 거쳐서 수행된다. 첫번째 단계는 속성 데이터를 중심으로 특정 값을 질의하여 선택한 후에 새로운 분류기준에 따라 새로운 속성값을 입력하는 것이다. 이러한 재분류가 이루어지면 두 번째 단계는 같은 속성값을 가진 인접하는 폴리곤들을 병합하는 것이다. 즉, 같은 속성값을 가진 인접하는 폴리곤들을 병합하기 위해 경계선을 융합하여 다시 위상구조를 구축하는 것이다(그림 9-12 참조).

그림 9-12 재분류를 통한 커버리지의 수정

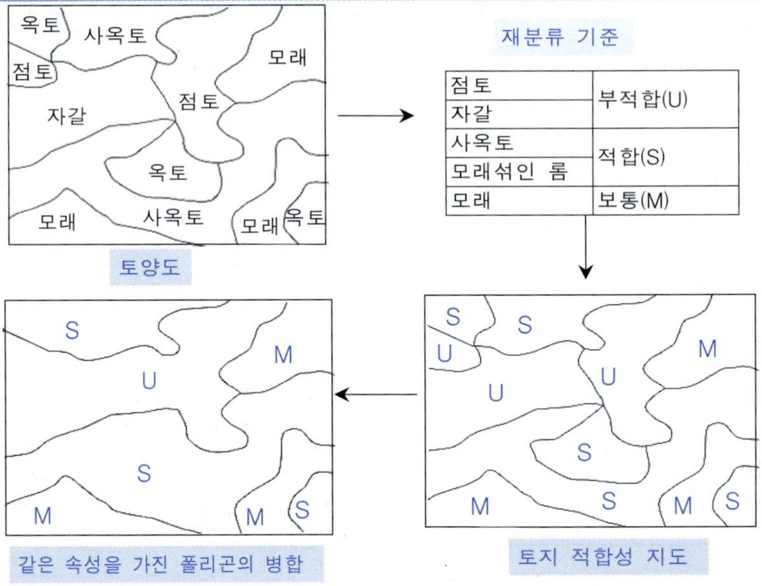

제 3 절

중첩의 개념과 분석 기능

[1] 중첩의 개념

(1) 중첩 기능의 발달과정

GIS의 분석기능 가운데 가장 중요한 기능 가운데 하나는 다른 주제도 위에 또 다른 주제도를 이용하여 두 주제 간의 관계를 분석하고 이를 지도학적으로 표현하는 중첩(overlay) 기능이다. 중첩 가능은 매우 직관적이며 유용하여 지리정보시스템의 출현 이전부터 사용되어져온 기법이다. 중첩 기능의 최초 적용은 1781년 뉴욕타운에서 벌어진 미국 독립전쟁에서 뉴욕타운 지도위에 군대의 이동 경로를 하나의 레이어로 중첩시켜서 나타내었다. 이러한 중첩을 통해 미국과 영국 군대의 상대적 위치에 대한 정보와 이를 토대로 한 군대의 이동경로를 결정하는데 활용하였다.

그 이후 주제도 제작은 매우 활성화되었으며 다양한 분야에 적용되었다. 1854년 영국의 Snow교수는 런던의 중심부 지역을 대상으로 하여 콜레라로 인해 사망한 사람들의 위

그림 9-13 McHarg의 아날로그식 중첩과정

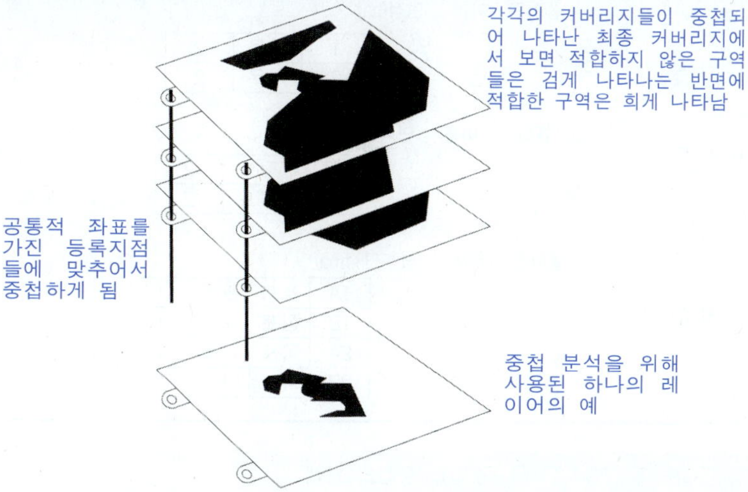

치를 지도화하고, 콜레라의 근원지로서 오염된 우물의 위치를 지도화한 후 중첩시키는 일종의 공간분석 기법을 적용하였다.

중첩 기능을 발전시키는데 가장 큰 공헌을 이룬 사람은 McHarg(1969, 1971)이다. 그는 아날로그 방법을 사용하였지만, 한 지역의 환경적 민감성을 평가하기 위해 환경적 현상들을 나타낸 지도들을 중첩시켰다. 흑백으로 표현된 지도에서 보다 어둡게 표현된 지역은 보다 더 높은 민감성을 나타낸다. 다양한 환경 현상에 대한 민감도를 나타낸 도엽들이 여러 장 중첩되어 쌓이게 되면, 높은 환경적 민감성을 나타내는 지역은 누적적으로 점점 더 어둡게 나타나게 된다. 이렇게 중첩되어 나타난 최종 결과를 재지도화하여 표현하면 민감도가 더 높은 곳으로부터 낮은 곳으로 등급화되어 나타나게 되고, 의사결정자는 이 최종 결과를 토대로 대안을 평가하는데 활용한다(그림 9-13 참조).

(2) 중첩의 개념과 기능

중첩의 개념은 매우 간단하게 설명될 수 있다. 중첩이란 하나의 커버리지 위에 다른 커버리지를 올려놓고 두 커버리지에 나타난 형상들 간의 관계를 분석하는 것이다. 간단한 일례를 들어 중첩 기능을 살펴보자. 토양도와 식생도 커버리지를 중첩하면 두 주제도 사이의 관계가 새로운 산출 커버리지로 생성된다. 토양 유형(1: 점토, 2: 옥토)과 식생 유형 (A: 관목, B: 나무)을 중첩시킨 결과 1A, 2A, 1B, 2B로 이루어진 새로운 커버리지를 생성하게 된다. 또한 속성 데이터도 공간 데이터와 마찬가지로 새롭게 생성된

그림 9-14 중첩에 대한 개념

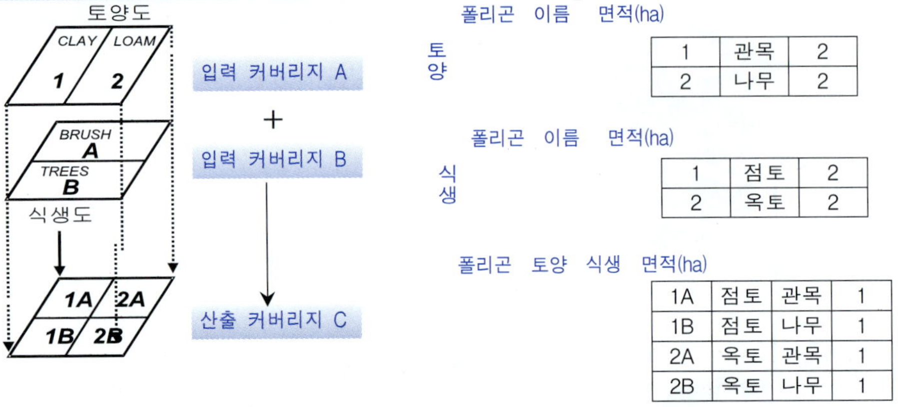

그림 9-15 형상들간의 공간관계를 파악하기 위해 사용되는 중첩의 일례

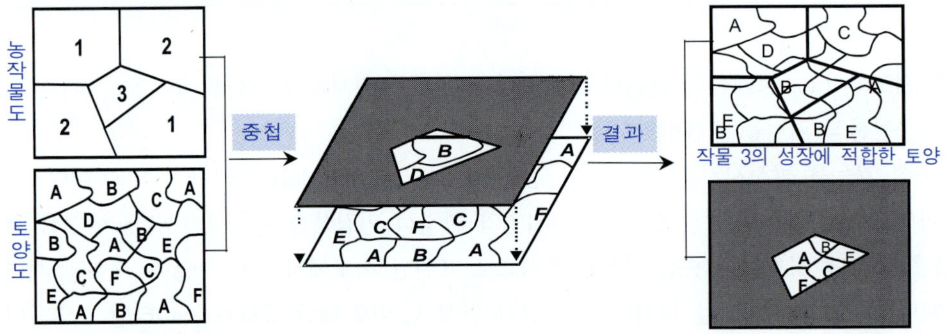

다. 입력된 속성 데이터들도 혼합된 결과로 나타나는데, 최종 결과물의 데이터 파일에는 각 폴리곤을 정의하고 그와 관련된 속성 이름과 면적을 보여준다(그림 9-14 참조).

중첩의 기능은 크게 세 가지로 나누어 볼 수 있다. 첫째, 중첩을 통해 형상들 간의 공간관계를 파악할 수 있다. 간단한 예로서 어떤 토양에 특정 작물이 성장하기에 적합한가를 분석하기 위해 작물도과 토양도를 중첩함으로서 해답을 찾을 수 있다. 그림 9-15에서 볼 수 있는 바와 같이 작물 3이 재배되고 있는 구역의 토양이 어떤 토양인가를 커버리지 중첩을 통해 알 수 있다. 그 외에도 특정지점의 주변 환경에 대한 정보를 얻는 경우에도 사용될 수 있다. 일례로, 역사적으로 보존되어야 하는 지점이 위치하고 있는 주변 환경에 대한 정보를 추출하기 위해 중첩기능을 이용하면 쉽게 역사적 지점의 주변 환경에 대한 정보를 알 수 있다.

이와 같이 공간상에서 대응(correspondence) 관계를 갖고 있는 형상들 간의 관계, 특히 인과관계도 중첩을 통해 어느 정도 파악할 수 있다. 즉, 중첩을 통해 나타난 결과를 토대로 하여 지금까지 관찰되지 않았던 대응적인 공간패턴에 대해 보다 많은 지식을 습득할 수 있다. 독특한 공간패턴을 토대로 하여 점차 인과관계에 대한 진술을 합리적으로 내릴 수 있게 된다. 일례로 주요 도로의 교차점과 정유소의 입지, 역세권 주변의 각종 서비스업종의 입지를 통해 인과적 대응관계를 파악할 수 있다. 이와 같이 중첩 기능을 이용하여 공간 형상들 간의 대응관계를 통해 형상물의 공간패턴의 유사성과 더 나아가 공간상에 나타나는 현상들 간의 인과관계를 파악할 수 있다.

둘째, 중첩 기능을 통해 다양한 데이터베이스로부터 분석적인 정보를 추출할 수 있다. 중첩 기능을 수행하는 경우 단순하게 두 커버리지를 중첩하는 경우보다는 목적에 따라 각 커버리지의 속성값에 가중치를 부여하여 특정 커버리지를 변환시켜 중첩 연산을 수행할 수 있다. 이 때 변환함수는 곱셈, 나눗셈, 뺄셈, 제곱, 제곱근, 최소화, 최대화, 평균 등 수학적 연산이 가능한 함수들이며, 이러한 변환과정을 통해 새로운 정보를 추출할 수 있다. 일례로, 농경지 개발을 위해 주어진 대상지역에 대한 고도와 토양, 그리고 경사를 나타내는 커버리지를 구축한 후, 농경지 개발에 보다 적합한 구역을 선정할 수 있다. 그림 9-16-가에서 볼 수 있는 바와 같이 농경지로 개발하기 위해서는 토양이 고도나 경사보다 더 중요하므로 토양 커버리지에 2배의 가중치를 부여하고 중첩 연산을 수행한 결과 가장 높은 수치값을 보인 구역이 농경지로 개발하는데 더 적합하다고 풀이할 수 있다.

그림 9-16 가중치를 사용하여 데이터로부터 정보를 추출해내는데 사용되는 중첩기능

가

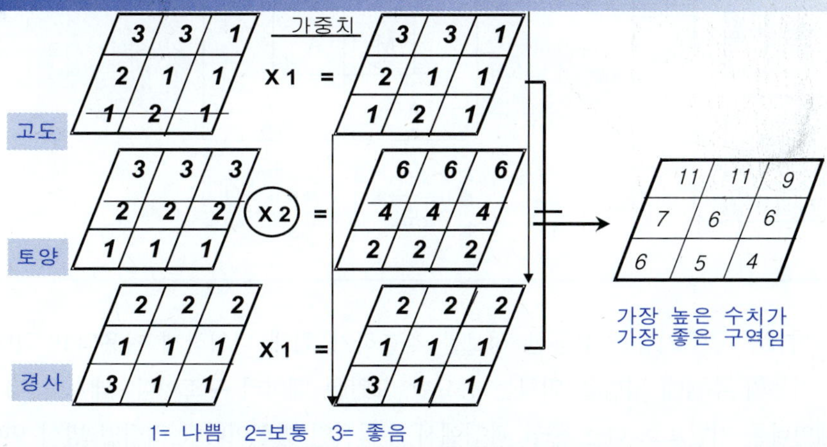

나

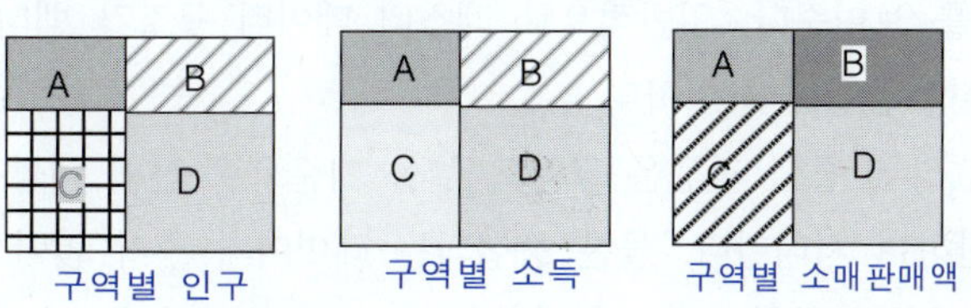

구역	인구	소득	판매액수	시장잠재력
A	2.2	11.2	22	7
B	1.0	9.8	51	9
C	1.7	10.1	41	5
D	2.1	11.1	50	5

또 다른 일례로, 주어진 대상지역의 각 구역별로 인구수와 소득, 그리고 소매 매출액 자료를 중첩하여 각 지구별 시장 잠재력에 대한 정보를 추출하는 경우 소매 매출액과 소득, 인구수에 각기 서로 다른 가중치를 부여한 후에 중첩 연산하여 가장 시장 잠재력이 높은 구역을 추출해낼 수 있다(그림 9-16-나 참조).

셋째, 중첩 기능을 통해 새로운 가설이나 이론 및 시뮬레이션을 통해 만일 어떤 사건이 일어난다면 그 결과가 어떻게 될 것인가에 대한 정보를 추출하는 모델링 작업을 수행할 수 있다. 일례로 홍수에 취약하고 매우 민감한 지구를 선정하기 위한 민감도 모델링을 설정하고 중첩기능을 활용하는 방법을 살펴보자. 민감도는 강수량과 인구밀도, 그리고 경사와의 함수 관계에 있다는 가설 하에서 주어진 대상지역의 강수량 지도와 경사도, 인구밀도도를 서로 중첩함으로써 강수량이 많고 경사가 급하며 인구밀도가 높은 구역이 가장 민감도가 높아서 홍수에 취약한 지구임을 알 수 있다(그림 9-17 참조).

그림 9-17 민감도 모델링에 따른 커버리지의 중첩 연산

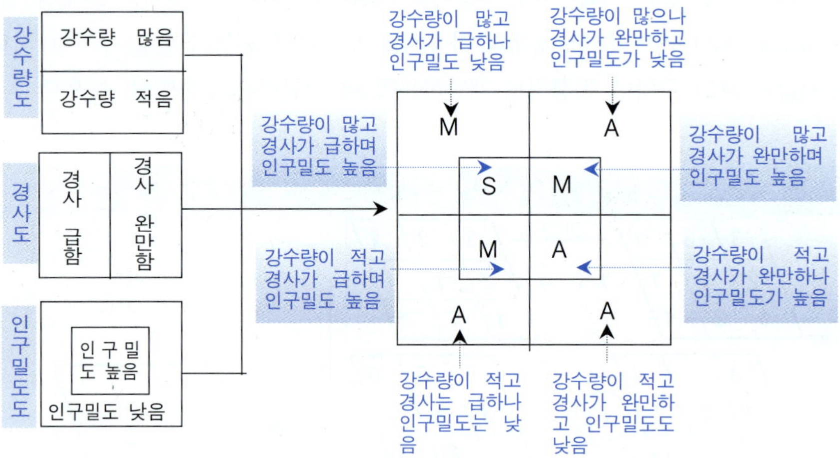

그밖에도 중첩기능은 유용한 정보를 추출하기 위해 다양하게 활용되고 있다. 이러한 중첩 기능의 수행에 영향을 미치는 중요한 요인은 데이터 구조이다. 래스터 데이터와 벡터 데이터를 기반으로 하는 중첩 과정에서 수학적인 방식이나 논리적인 방식 면에서 중첩 과정은 상당히 많은 차이를 보여준다. 일반적으로 래스터 데이터 구조가 벡터 데이터 구조에 비해 중첩 연산의 수행이 훨씬 용이하다.

래스터 데이터 모델의 경우 중첩 과정은 그리드 셀을 기준으로 전체 대상지역에 대한 속성값을 수학적으로 연산하여 처리한다. 물론 중첩되는 레이어의 수가 많아질수록 연산이 복잡해지지만, 벡터 데이터의 중첩보다는 훨씬 간단하며 빠르게 연산된다.

벡터 데이터의 경우 중첩 과정이 이루어지면, 폴리곤과 관련된 속성값은 별개의 테이블에 저장되며, 중첩과 함께 두 개의 커버리지가 합쳐짐에 따라 많은 수의 다양한 형태의 폴리곤이 형성된다. 아울러 각각의 폴리곤과 관련된 속성값이 합쳐져서 데이터 테이블에 새로이 저장된다.

래스터 데이터 구조에서 행과 열에 의하여 표시되는 공간상의 위치는 동일한 그리드 셀 크기를 사용하는 만큼 파일 내에서 그리드의 위치를 손쉽게 결정할 수 있다. 또한 중첩 과정은 데이터 파일 내에서 서로 동일한 위치에 존재하는 데이터 값들을 추출하여 합치는 작업을 포함한다. 동일한 크기를 가진 격자인 만큼 경계선의 교차점을 계산한다든지 수정을 가할 필요는 상대적으로 적다. 그러나 일정 간격의 래스터 데이터 방식의 운영은 중첩대상이 되는 객체의 형상이 매우 단순하거나 아주 적은 수의 객체만이 중첩과 연관되더라도 공간상에 포함되어 있는 모든 그리드 셀에 대하여 연산처리가 이루어져야 한다는 번거로움도 있다.

반면에 벡터 데이터 모델의 경우는 중첩 대상이 되는 객체에 대한 연산만이 이루어지게 되므로, 중첩 대상이 되는 객체의 수가 적거나 모양이 단순하면 중첩 연산처리는 매우 빠르게 이루어질 수 있지만, 중첩이 이루어지는 과정은 상대적으로 복잡하다. 또한 벡터 데이터의 경우 중첩이 속성만을 대상으로 하는 경우 공간 데이터와 속성 데이터가 별개로 저장된 데이터베이스 구조의 이점 때문에 상대적으로 유리하다. 즉, 하나의 커버리지는 각각의 객체에 다수의 속성을 제공하는 속성 테이블을 가질 수 있으며, 이러한 테이블에 대한 중첩 연산작업은 도형자료와는 독립적이어서 효율적으로 수행될 수 있다.

많은 GIS에서 두 가지 데이터 구조의 이점을 모두 활용하기 위해 변형된 접근방식을 쓰고 있다. 벡터 데이터를 기본으로 하는 시스템에서는 벡터 데이터에서 래스터 데이터 구조로의 변환을 통해서 래스터 데이터 구조에서 사용 가능한 기능을 적용한 후, 다시 래스터 데이터에서 벡터 데이터로의 변환한다. 또한 래스터 데이터 구조를 기본으로 하는 경우에는 데이터 압축방법을 사용하여 동일 속성을 갖는 지역의 데이터를 효율적으로 압축, 저장할 수 있다.

[2] 중첩의 유형과 기능적 분류

(1) 중첩의 유형

일반적으로 중첩 기능은 폴리곤과 폴리곤으로 표현되는 대상물들을 위주로 수행되지만 때로는 점과 폴리곤(point-in-polygon)이나 선과 폴리곤(line-in-polygon) 형태로 이루어지는 수도 있다. 중첩의 기능을 적용하는 유형은 크게 세 가지로 나누어 볼 수 있다.

첫번째 유형으로 점과 폴리곤의 중첩의 일례를 들어 살펴보자. 야생 생물학자는 갈색 머리를 가진 특정한 새가 서식하는 특정한 식생이 있는가를 파악하고자 하는 경우 생물학자는 식생을 분류한 폴리곤 커버리지 위에 새들의 서식지를 위치화한다. 이러한 중첩을 통해 특정한 새가 특정 유형의 식생을 선호하는지에 대한 정보를 파악할 수 있다. 이런 경우에 점과 폴리곤(point-in-polygon)의 중첩 기능을 수행하게 된다. 다각형의 식생도 위에 새들의 위치를 점으로 보여주는 중첩 지도를 생성함으로써 이 두 객체들 간의 관계를 가시화할 수 있다.

또 다른 예로, 특정 범죄가 일어나는 지점이 주변의 공간적 환경과 어떠한 관계가 있는가를 파악해보고자 하는 경우 폴리곤으로 구축된 각 구역위에 범죄가 발생한 지점들을 중첩하면 어떤 구역에서 범죄가 많이 발생하는가를 파악할 수 있다. 절도죄가 많이 발생하는 지점이 소득수준이 높은 특별히 부유한 구역에서 나타나고 있다면 그 구역에 대한 순찰을 강화할 필요성이 있음을 알게 된다. 경찰관들은 점과 폴리곤 간의 대응관계를 살펴봄으로서, 특정한 폴리곤에서 보다 많은 점들이 밀집되어 나타남을 발견할 수도 있다.

두번째 유형으로 선 형상과 폴리곤(line-in-polygon)의 중첩의 예를 살펴보자. 특정 도시의 시가지 성장에 관심을 갖고 있는 역사 지리학자는 다양한 시기 동안에 형성된 경관(조형물)들을 토대로 하여 분석하고자 한다. 이를 위해 먼저 폴리곤으로 표현된 다양한 조형물들의 건축시기를 나타내는 커버리지를 구축한다. 이렇게 구축된 조형물의 분포 패턴을 보면 시간의 흐름에 따라 거주지 확장이 도심부에서 주변부로 확산되면서 시가지가 형성되어나감을 파악할 수 있었다. 그러나 폴리곤들이 선형의 패턴을 이루면서 나타나고 있음을 알게 된다. 조형물들이 선형으로 나타나는 이유를 파악하기 위해 지리학자는 선형으로 나타나는 일련의 교통망도(오랜 전차노선, 철도와 고속도로, 도로망 등)를 중첩시키고자 할 것이다. 같은 축척으로 구축된 조형물 지도와 교통망도를 중첩시켜서 두 객체들 간의 대응적 관계를 통하여 분석해보면, 시가지 발달 초기에는 철도 노선을 따라 시가지가 성장하였음을 알게 된다. 그 다음 시기에는 시가지의 성장이 전차노선을 따라 성장해왔음을 알게 되었다. 마지막으로, 주요 간선도로와의 중첩 후에는 교통 네트워크와 시가지 확장과의 강한 공간적 관계를 파악하게 되었다. 이와 같이 선과 폴리곤의 중첩을 통해 시가지 확장 패턴과 관련된 가설을 수립할 수 있다.

세번째 유형은 가장 전통적이고 일반적인 폴리곤과 폴리곤의 중첩이다. 앞에서 살펴본 바와 같이 중첩에 대한 전통적인 접근은 폴리곤으로 표현된 하나의 커버리지 위에 또 다른 커버리지의 폴리곤을 중첩시키는 것이다. 오늘날 GIS 시스템에서 수행되는 폴리곤 중첩은 캐나다의 지리정보시스템(CGIS)에서 처음 시작되었다고 볼 수 있다.

폴리곤과 폴리곤의 중첩의 사례는 상당히 많으며 다양하다. 일례로 증가하는 인구를 수용하면서도 가능한 한 농업을 위해 최고의 토양 질을 보존하도록 단지 계획과 토지이용

계획을 수립하려고 하는 경우 폴리곤과의 중첩을 이용하는 대표적인 사례라고 볼 수 있다. 먼저 주택 건설을 위한 토양의 질을 나타낸 상세한 지도를 구축하고, 토양도로부터 높은 농업적 잠재력을 가진 구역과, 기존의 농업 지역, 고고학적 유적지, 특정한 종의 서식지 등 토지이용계획을 위해 필요한 상세한 지도를 구축한다. 또한 각종 규제로 인해 주택을 건설할 수 없는 모든 지구들도 블럭화한다. 이와 같이 폴리곤으로 구축된 모든 커버리지들을 중첩시키면 주택을 건설할 수 없는 토양을 가지는 지구, 농업 활동에 적합한 상당히 좋은 토양을 지닌 지구, 혹은 기존의 농장이나 특정 종에 대한 서식지로 인해 주택을 건설할 수 없는 지구 등등이 중첩을 통해 추출된다. 이들 각 요인들에게 적합/보통/부적합의 범주로 재부호화하여 처리하면 택지 개발을 위한 지구를 추출하게 된다.

중첩 과정이 point-in-polygon이든, line-in-polygon이든, 폴리곤 중첩이든지 간에 특정한 레이어(변수)에 가중치를 부여하고 커버리지의 중요성에 차이가 나타나고 복잡한 수학적 함수를 적용하여 결합시킬 수 있다.

(2) 중첩의 연산 기능에 따른 분류

중첩시킬 때 두 커버리지 간에 연산하는 방법은 여러 가지 유형이 있으며, 연산방법에 따라 산출되는 결과물도 매우 달라진다. 따라서 중첩 기능을 수행할 때 주된 관심사는 각 커버리지상의 형상을 서로 어떻게 관련시켜 나타내고자 하는 가를 결정하는 일이다. 두 커버리지를 결합하는 합집합(union)과 두 커버리지를 교차하는 교집합(intersection)이 일반적으로 사용되고 있으며 그밖에도 다양한 기능 상에 따른 중첩 연산이 가능하다. 이러한 연산 기능의 특성을 보면 다음과 같다(그림 9-18 참조).

- 교차(Intersect: A and B): 첫 번째 커버리지 A 형상에 두 번째 커버리지 B 형상을 교차시키는 경우로, 그 결과 커버리지 B 형상은 그대로 유지되지만, 커버리지 A 형상은 커버리지 B 안에 있는 형상들만 나타나게 된다.
- 결합(Union: A or B): 커버리지 A와 커버리지 B를 결합시키면 두 커버리지 간에 겹치거나 부분적으로 교차하는 모든 형상들이 포함된 산출 커버리지가 생성된다.
- 동일성(Identity): 첫번 째 입력 커버리지 A의 모든 형상들은 그대로 유지되지만, 커버리지 B의 형상은 커버리지 A안에 있는 형상들만 나타나게 된다.
- 자르기(Clip): 두번 째 커버리지 B를 이용하여 첫번 째 입력 커버리지 A를 잘라내는 것이다.
- 지우기(Erase): 두번 째 커버리지 B를 이용하여 첫번 째 입력 커버리지 A의 일부분을 지우는 것이다.

그림 9-18 중첩 연산 기능에 따른 분류 유형

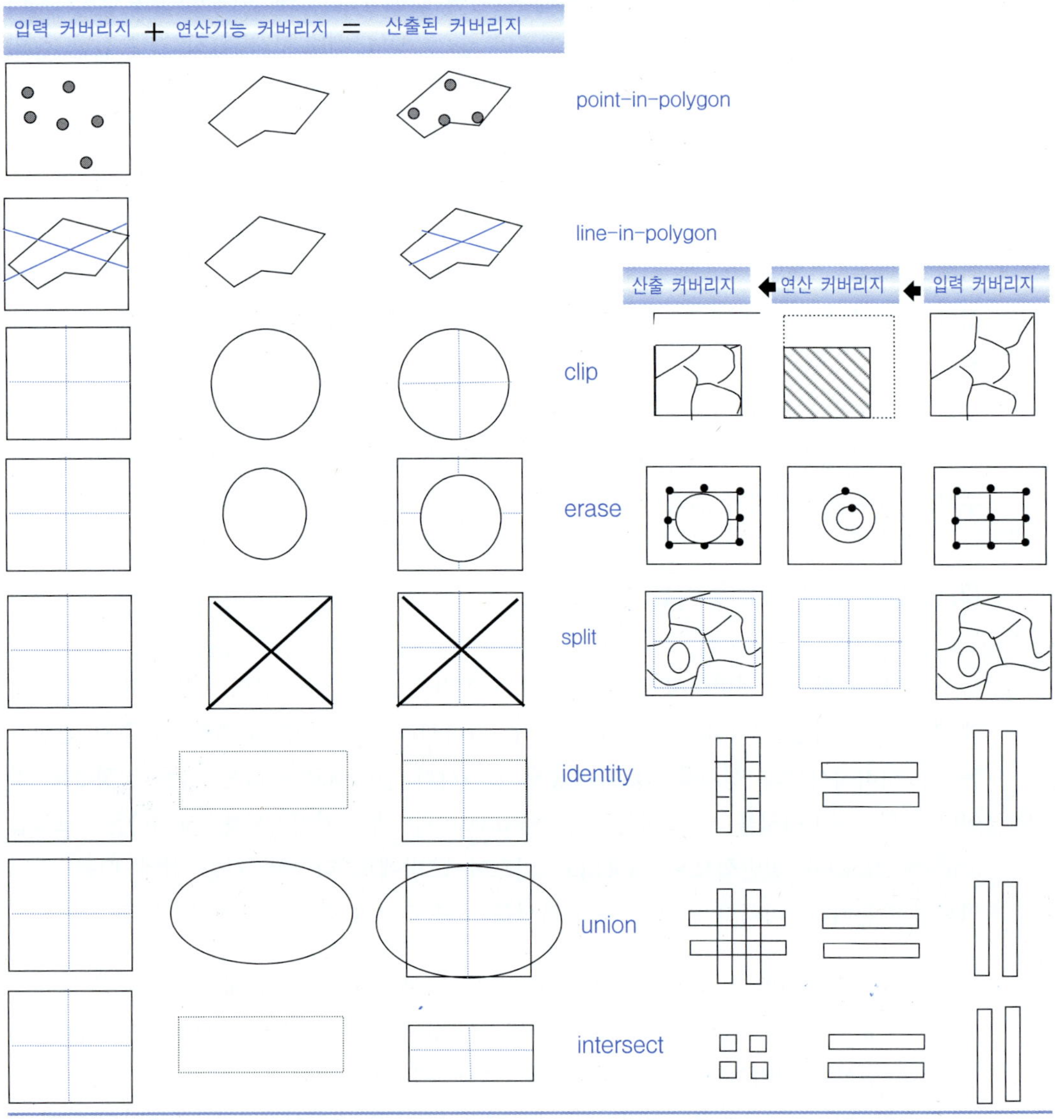

- 조각내기(Split): 첫번 째 카버리지 A를 두번 째 커버리지 B를 토대로 하여 작은 구역으로 면적을 분할하여 조각으로 분리하는 것이다.

이와 같은 중첩 기능 가운데 클립(clip)과 마스크(mask)의 기능에 대하여 보다 상세히 살펴보자. 클립은 별도의 커버리지를 생성하지 않고 목적에 부합되는 분석을 위해서 입력 커버리지의 일부분을 제거하는 연산을 수행하게 된다. 따라서 클립 기능은 기존의 커버리지 중 일부분만을 필요로 하는 경우에 유용하다. 즉, 클립은 주형(mold)이

그림 9-19 클립과 마스크의 중첩 기능

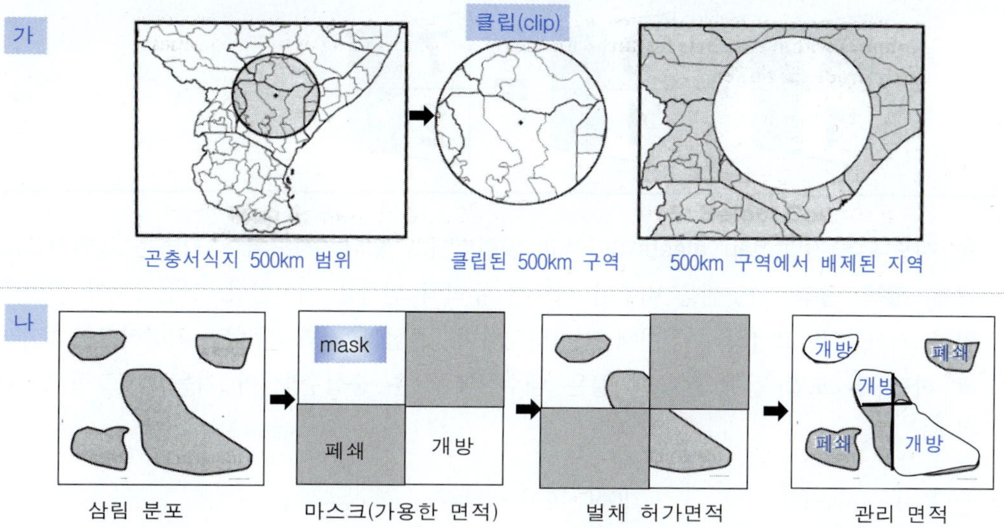

출처: Davis, B.E. (2001), *GIS: A Visual Approach*, pp. 238, 240.

나 판박이(cookie cutter) 처럼 원하는 모양의 커버리지 일부만을 추출할 때 사용한다. 이렇게 커버리지의 일부가 필요할 경우 필요한 형상을 분리시키기 위해 재부호화하는 과정없이 간단하게 필요한 지역에 박스를 그려서 도려내는 기능이 클립핑이다. 그림 9-19-가에서 볼 수 있는 바와 같이 북부 케냐의 위험한 곤충의 서식지가 특정 지점으로부터 500km이내라고 할 때 500km 이내 지역을 원으로 클립해낼 수 있다. 뿐만 아니라 곤충 위험지역이 아닌 지역들을 추출해내는데도 클립 기능이 사용될 수 있다.

한편 마스크(mask)는 클립의 한 유형으로 원하는 구역은 마치 투명한 창으로 데이터를 그대로 통과시키는 반면에 다른 구역들은 불투명한 부분으로 데이터가 가리워지는 것이다. 즉, 마스크 기능의 중첩 결과 투명한 창 내에 속한 형상만이 보이는 결과를 가져온다(그림 9-19-나 참조). 클립의 경우 잘라내고 나면 원래 카버리지의 형상들이 다 제거되는데 비해 마스크의 기능은 커버리지에서 가리워질 뿐이며 형상들은 그대로 유지된다.

[3] 래스터 데이터의 지도대수기법

래스터 데이터 구조를 기반으로 하는 중첩 분석은 크게 두 가지 연산에 의해 이루어진다. 하나는 앞에서 살펴본 바와 같은 부울 논리연산을 포함하는 논리적 연산과 또 다른 하나는 산술적 연산이다. 흔히 래스터 데이터에서의 산술적 연산을 통한 중첩과정

그림 9-20 래스터 데이터의 지도대수 방법의 일례

을 지도대수 기법(map algebra)이라고 일컬어지고 있다. 지도대수 기법은 일반적으로 덧셈, 뺄셈, 곱셈, 나눗셈을 비롯한 다양한 수학적 연산을 의미한다. 만일 [A]가 첫번째 입력 커버리지이고 [B]가 두번째 커버리지이며, 중첩의 결과 산출된 커버리지를 [O]라고 하면 두 도엽 간에 다음과 같은 대수식에 따른 중첩 연산이 가능하다(그림 9-20 참조).

[Oa] = [A] + [B]　　　　[Ob] = ([A] + [B])/2
[Oc] = [A] - [B]　　　　[Od] = [A] * [B]
[Oe] = [A] / [B]　　　　[Of] = [A] if [A] > [B]
[Og] = [A] if [A] < [B]
[Oh] = [B] if [B] > 0; 만약 그렇지 않다면 [Oh] = [A]

래스터 데이터의 지도대수 연산의 경우 새롭게 생성되는 커버리지는 입력 커버리지와 같은 위치의 셀에서 단지 연산에 의해 산출된 값만 할당된다. 즉, 입력 커버리지와 산출 커버리지에서 각 셀들의 위치는 동일하며, 산출 커버리지의 각 셀에는 연산된 새로운 값이 부여된다(그림 9-21 참조).

그림 9-21 래스터 데이터의 중첩시에 셀의 동일한 위치

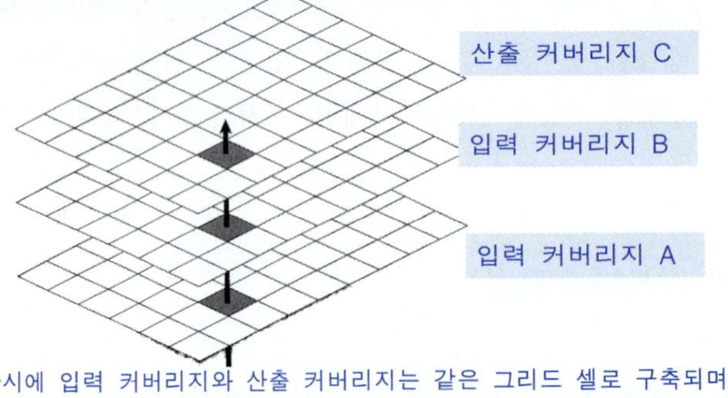

지도대수 연산시에 입력 커버리지와 산출 커버리지는 같은 그리드 셀로 구축되며, 또한 입력 커버리지와 산출 커버리지에서의 각 셀의 위치는 정확하게 서로 일치됨.

그림 9-22 래스터 데이터의 재샘플링 과정

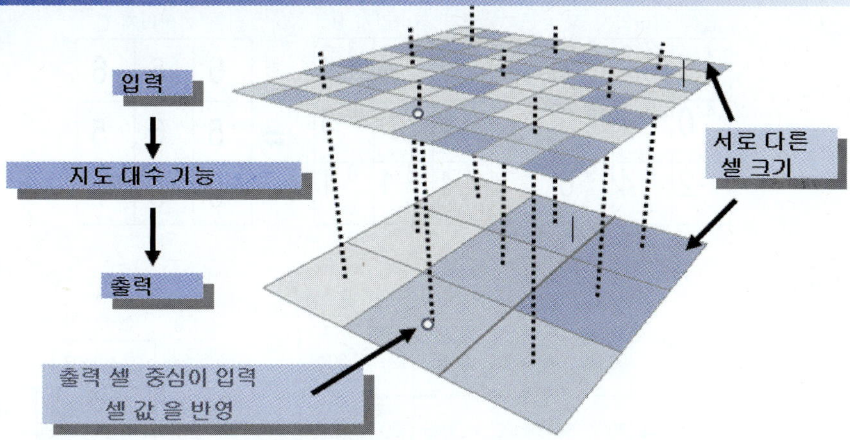

그러나 지도대수 기능을 통해 입력 레이어 셀의 크기를 다르게 생성할 수 있다. 만일 입력 커버리지의 셀 크기와 출력 커버리지의 셀 크기를 다르게 생성하고자 하는 경우 출력 커버리지 셀의 중심값은 입력 셀값을 반영하는 연산기능을 수행하여야 한다. 래스터 커버리지의 셀이 서로 결합하여 새로운 크기의 셀로 구축되는 과정을 재샘플링(resampling)이라고 한다(그림 9-22 참조).

이러한 재샘플링 과정을 수행하기 위해서는 각 셀의 중심좌표(X, Y)가 가급적 최근린되어야 한다 즉, 입력 커버리지의 각 셀의 중심은 서로 상응하는 출력 커버리지 각 셀의 중심과 가장 가깝게 인접하도록 배치되는 과정을 수행하게 되는데, 이러한 방법을 최근린 재샘플링(nearest-neighbor resampling)이라고 불리운다.

보다 상세하게 래스터 데이터의 지도대수 기법의 예를 들어보자. 그림 9-23-가는 9개의 셀을 가진 두 개의 커버리지의 덧셈 연산을 나타낸 것이다. 입력 커버리지 A의 코드값에 커버리지 B의 코드값이 더해져서 그 합이 산출 커버리지의 각 셀에 부여되고 있다. 즉, 커버리지 A 셀 '1' + 커버리지 B 셀 '1' = 산출 커버리지 셀 '1'로 연산이 수행된다. 여기서 각 셀의 왼쪽에 쓰여진 작은 숫자는 셀의 번호이며, 큰 숫자는 셀이 가진 속성값을 말한다. 이와 같이 래스터 데이터의 지도대수 기법은 단지 동일한 위치의 각 셀의 값을 더하는 것이기 때문에 매우 빠르고 쉽게 연산이 가능하다. 두 커버리지 간의 뺄셈 연산도 마찬가지 방법으로 이루어진다.

곱셈 연산의 경우를 예를 들어 보자. 그림 9-23-나는 고도를 피트(feet)로 나타낸 DEM 데이터를 미터(m)로 변환시키려는 경우 스칼라 커버리지로 각 셀이 0.3048 값을 갖고 있다. 따라서 두 도엽을 중첩시키는 경우 곱셈 연산을 수행하면 산출된 커버리지에는 미터로 변환된 DEM 데이터가 생성된다.

그림 9-23 래스터 데이터의 지도대수 기법

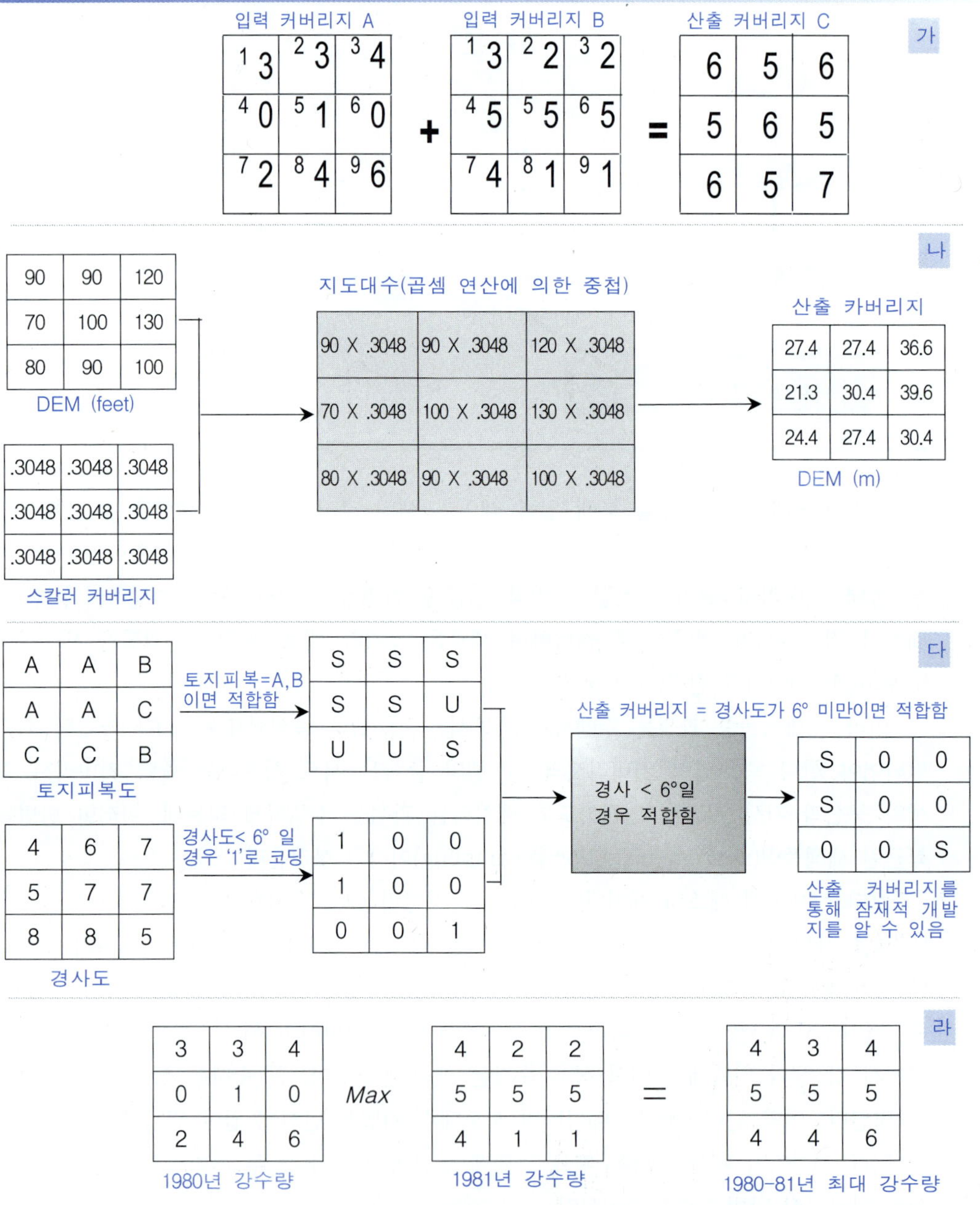

뿐만 아니라 지도대수 기법에는 할당(assignment) 연산도 가능하다. 그림 9-21-다에서 볼 수 있는 바와 같이 토지피복유형과 경사도의 두 커버리지에서 개발에 적합한 구역을 추출하기 위해 커버리지 A의 각 셀에 주어진 기준에 따라 값을 재부호화한 후 두번째 경사 커버리지에서 경사도가 6도 미만인 구역을 '1'로, 경사도가 6도 이상인

구역을 '0'으로 할당한 후에 중첩하여 잠재적 개발지를 추출할 수 있다.

또한 두 개 또는 그 이상의 셀 중에서 최대값을 선택하는 중첩 기능도 가능하다. 일례로 그림 9-23-라에서 볼 수 있는 바와 같이 9개의 셀로 이루어진 1980년 강우량 커버리지와 1981년 커버리지에서 두 기간 중에 최대 강우량을 알아보려는 경우 중첩된 두 셀에서 최대값을 선택하는 것이다. 그밖에도 중첩을 하는데 있어서 한 요소가 다른 요소보다 더 중요할 경우 속성값에 가중치(weight)를 부여하여 커버리지를 재부호화한 후에 중첩 연산을 수행할 수도 있다.

한편 래스터 데이터를 기반으로 하는 지도대수 기법은 산술적인 연산기능 이외에도 주어진 조건에 맞추어서 재부호화됨으로서 새로운 정보를 추출할 수 있다. 일례로 두 시점의 토지이용도를 구축한 후, 두 시점사이에 토지이용 분류에서 변화가 있었는가를 쉽게 파악할 수 있다. 즉, 두 커버리지에서 서로 상응하는 각 셀의 토지이용 분류 코드가 같은 경우와 다를 경우를 각각 재부호화함으로서 토지이용 변화가 일어난 셀인 '0'으로 재부호화된 지역이 어디인가를 파악할 수 있다(그림 9-24 참조).

그림 9-24 래스터 데이터의 재부호화

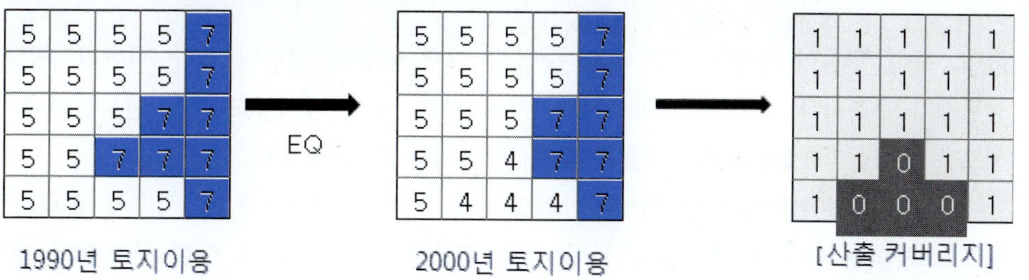

이상에서 살펴본 바와 같이 래스터 데이터의 지도대수 기법은 매우 단순하면서도 중첩 기능의 유연성을 상당히 향상시킨다. 각 그리드 셀은 수치로된 속성값을 가지고 있으므로, 거의 무제한적인 일련의 논리적, 조건적, 또는 수학적 연산을 통하여 새로운 셀의 값을 가진 산출 커버리지를 생성할 수 있다.

[4] 위상적 벡터 데이터의 중첩

위상적 중첩 연산(topological overlay operation)은 벡터 데이터의 처리과정에서 매우 중요한 기능이다. 그러나 기술적으로는 위상적 중첩과정은 매우 복잡하고 많은 계산을 필요로 한다. '위상적 중첩'이란 반드시 입력 커버리지들이 위상적으로 구조화되어야

그림 9-25 벡터 데이터의 위상적 중첩

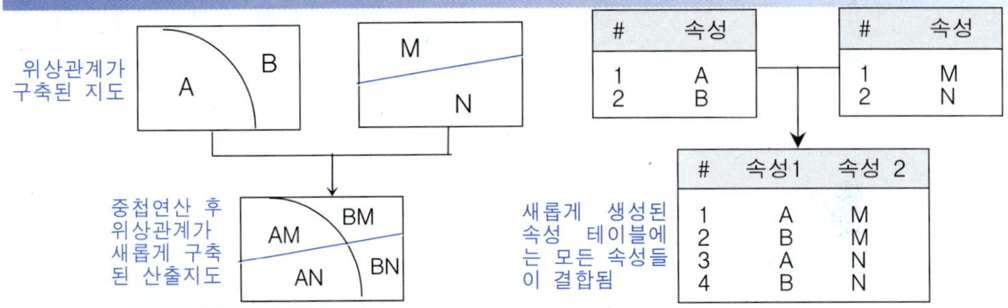

그림 9-26 벡터 데이터의 폴리곤 중첩에서의 좌표 연산 과정

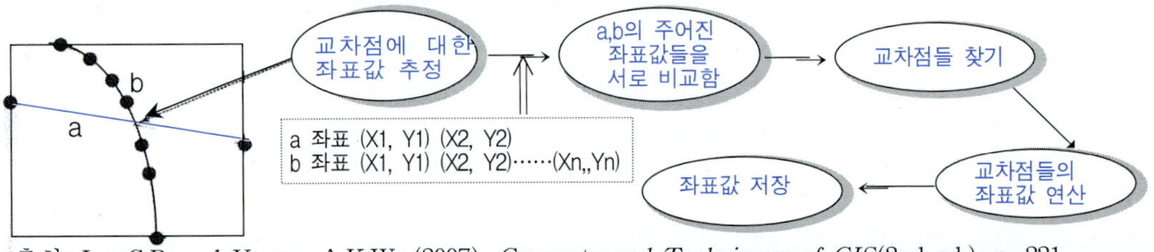

출처: Lo, C.P. and Yeung, A.K.W. (2007), *Concepts and Techniques of GIS*(2nd ed.), p. 221.

하며, 중첩 연산이 수행된 이후에도 중첩에 의해 새롭게 생성된 산출 커버리지들도 위상관계가 구축된다. 또한 새롭게 생성된 커버리지의 속성 테이블도 중첩 연산결과에 따른 새로운 속성값과 이전의 속성값들을 갖게 된다(그림 9-25 참조).

위상적 중첩과정에서 상당한 계산과정이 요구되는 이유는 중첩과정에서 폴리곤들이 서로 교차되는 경우나 폴리곤과 선이 서로 교차하는 교차지점에 대한 좌표값이 생성되어야 되기 때문이다. 그림 9-26에서 볼 수 있는 바와 같이 이미 알려진 좌표값들을 참조하여 중첩시에 새롭게 생성된 교차점에 대한 정확한 위치(좌표값)를 추정하여야 하는데, 복잡한 형상들을 중첩시킨 결과 많은 새로운 교차점이 생성되는 경우 각 교차점을 위치화시키기 위한 좌표값을 추정하는 데는 엄청난 계산시간을 필요로 하게 된다.

위상적 중첩 과정은 네 단계를 거쳐서 이루어진다. 첫번째 단계에서는 중첩의 목적과 데이터 분석의 기준을 설정하며, 두번째 단계에서는 위상적 중첩 연산을 적용한다. 세번째 단계에서는 중첩 이후 처리과정과 결과를 해석하는 단계이며, 마지막 네번째 단계에서는 중첩 결과 의도되지 않게 생성된 sliver 폴리곤을 제거하는 것이다. 이와 같은 위상적 중첩과정을 간단한 예를 들어 살펴보자.

위상적 중첩의 첫 단계에서는 중첩 기능을 사용하는 목적과 분석에 필요한 기준을 마련한다. 만일 농경지 개발을 위한 적합한 토지를 선정하는 것이 목적일 경우 아마도 토양도, 지형도(고도 데이터), 토지피복도를 필요로 하게 될 것이다. 또한 농지 개발을

그림 9-27 벡터 데이터의 위상적 중첩 연산의 일례

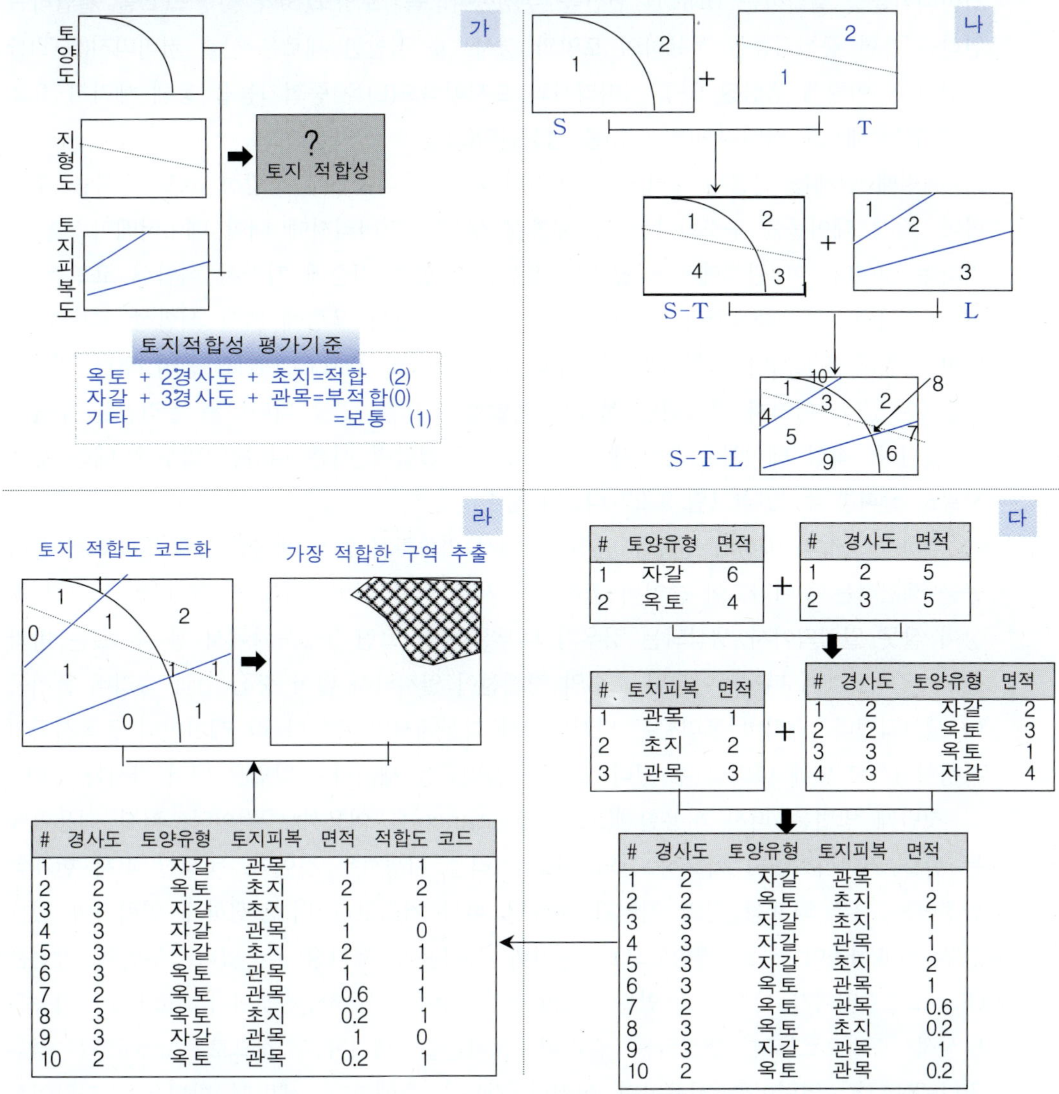

#	토양유형	면적
1	자갈	6
2	옥토	4

#	경사도	면적
1	2	5
2	3	5

#	토지피복	면적
1	관목	1
2	초지	2
3	관목	3

#	경사도	토양유형	면적
1	2	자갈	2
2	2	옥토	3
3	3	옥토	1
4	3	자갈	4

#	경사도	토양유형	토지피복	면적
1	2	자갈	관목	1
2	2	옥토	초지	2
3	3	자갈	초지	1
4	3	자갈	관목	1
5	3	자갈	초지	2
6	3	옥토	관목	1
7	2	옥토	관목	0.6
8	3	옥토	초지	0.2
9	3	자갈	관목	1
10	2	옥토	관목	0.2

#	경사도	토양유형	토지피복	면적	적합도 코드
1	2	자갈	관목	1	1
2	2	옥토	초지	2	2
3	3	자갈	초지	1	1
4	3	자갈	관목	1	0
5	3	자갈	초지	2	1
6	3	옥토	관목	1	1
7	2	옥토	관목	0.6	1
8	3	옥토	초지	0.2	1
9	3	자갈	관목	1	0
10	2	옥토	관목	0.2	1

출처: Lo, C.P. and Yeung, A.K.W. (2007), *Concepts and Techniques of GIS*(2nd ed.), pp. 221-222.

위한 토지적합성(land suitability) 기준을 마련하기 위해 세 가지로 적합도 수준을 구축할 수 있다. 즉, 토양이 옥토이고, 경사도는 2도이며, 초지로 피복된 지역은 농지 개발에 가장 적합한 지역으로 판정하여 적합성 코드 '2'를 부여한다. 반면에 자갈 토양으로 경사도가 3도 이상이며, 관목으로 덮여있는 지역은 농지 개발로는 부적합하다고 판정되어 적합성 코드 '0'을 부여한다. 그리고 그 외의 지역은 농지 개발로는 보통이라고 판정되어 적합성 코드 '1'을 부여한다(그림 9-27-가 참조).

두번째 위상적 중첩 연산을 수행하는 단계에서는 적합한 토지를 선정하는 것이므로 커버리지들을 결합하는 UNION 연산을 수행한다. 즉, 토양도(S)와 지형도(T)를 결합하는 연산을 통한 중첩기능을 적용하여 토양과 경사도를 결합한 새로운 산출 커버리지(S-T)를 생성한다. 이렇게 생성된 S-T 커버리지와 토지피복도(L)을 중첩기능을 통해 세가지 요소가 결합된 새로운 커버리지(S-T-L)를 생성한다(그림 9-27-나 참조).

세번째 단계는 산출된 S-T-L 커버리지의 도형 테이블에 적합성 코드 항목을 추가하며, 속성 테이블을 구조화하는 등 새롭게 생성된 커버리지에 대한 데이터베이스를 관리하는 것이다. 이 단계에서는 앞에서 설정한 적합성 기준에 따라서 적합성 코드를 입력하는 것이 가장 중요하다. 토양과 고도, 피복의 결합 유형에 따라 적합성 코드를 부여하기 위해 SQL이나 속성 테이블로부터 RESELECT, CALCULATE 등의 명령어를 사용할 수 있다. 여기서 궁극적인 목표는 적합성 코드가 '2'로 나타나는 폴리곤을 추출하는 것이다. 속성 테이블로부터 세 가지 요인의 결합에 따른 다양한 범주에 대한 통계자료도 살펴볼 수 있다(그림 9-27-다, 라 참조).

위상적 중첩의 마지막 단계는 중첩과정에서 의도하지 않게 생성된 슬리버(sliver) 폴리곤을 제거하는 것이다. 이 슬리버 폴리곤은 서로 다른 커버리지에서 나타나는 동일한 형상이 잘못 일치되어서 생성되는 경우가 대부분이다. 그림 9-28-가에서 볼 수 있는 바와 같이 두 지도에서 디지타이징된 호수의 경계선이 일치하지 않아 중첩 결과 슬리버 폴리곤이 생성되었다. 슬리버 폴리곤은 디지티이징 과정에서의 오차나 각 레이어의 등록지점의 부정확성으로 인해 나타날 수 있다. 슬리버 폴리곤을 제거하는 방법은 여러 가지가 있다.

첫번째 방법은 퍼지 허용한계(fuzzy tolerance)를 이용하는 것이다. 퍼지 허용한계는 산출 커버리지에서 좌표점 간의 최소 거리를 지정하는 것이다. 적정한 퍼지 한계를 설정하는 경우 좌표점 간의 거리가 허용된 퍼지 거리보다 더 밀접하게 입력되어 있는 경우 좌표점들이 서로 병합되므로 슬리버 폴리곤이 제거될 수 있다. 두번째 방법은 GIS 소프트웨어가 내장하고 있는 'built-in' 기능을 사용하는 것이다. Built-in 기능은 위상적 중첩으로부터 생성되는 슬리버 폴리곤을 제거하는 것으로 ArcGIS의 경우 'ELIMINATE' 명령어를 사용하면 이러한 기능을 수행한다. 세번째 방법은 디지타이징하는 과정에서 형판 또는 틀(template)을 사용하는 것이다. 앞의 두 가지 방법은 중첩과정이 다 이루어지고 난 후에 생성된 슬리버 폴리곤을 제거하는데 비해, 이 방법은 예방적 차원에서 중첩 시에 슬리버 폴리곤이 생성되지 않도록 예방하는 것이다. 예를 들면 모든 입력 커버리지에서 공통적으로 나타나는 대상물에 대해 동일한 디지타이징 템플릿을 사용하는 것이다. 이렇게 동일한 대상물을 미리 디지타이징해 놓은 템플릿을 이용하면 중첩과정에서 완벽하게 서로 일치하게 되므로, 중첩과정에서 발생되는 슬리버 폴리곤의 생성을 원천적으로 막을 수 있게 된다(그림 9-28-나 참조).

그림 9-28 중첩 연산 결과 생성되는 슬리버 폴리곤을 줄이기 위한 템플렛의 사용

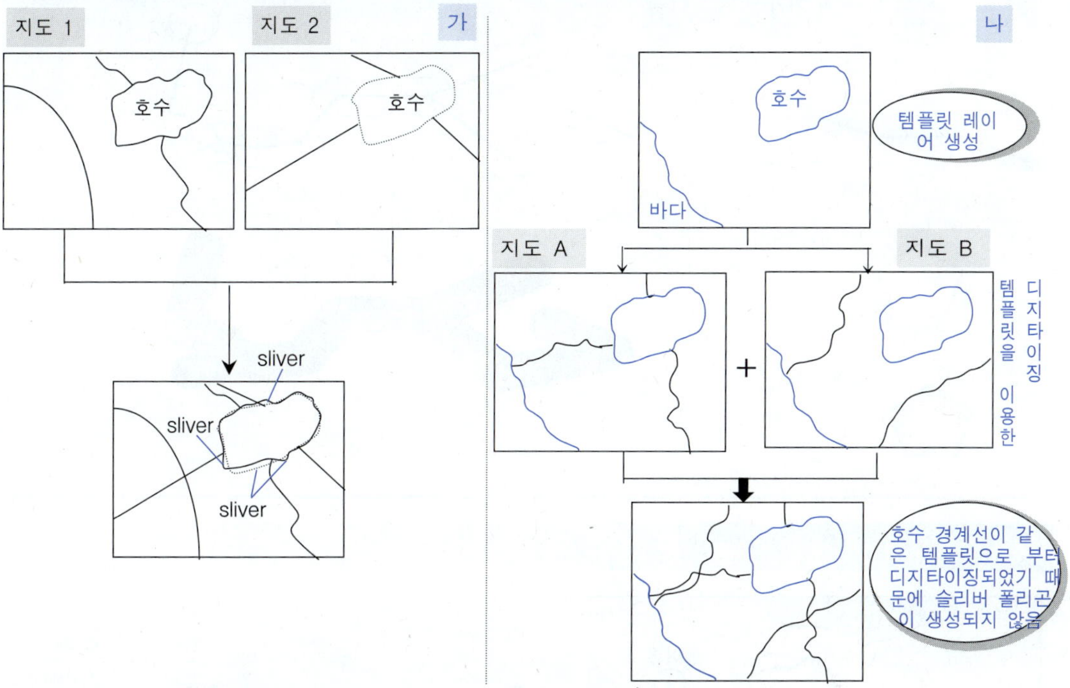

출처: Lo, C.P. and Yeung, A.K.W. (2007), *Concepts and Techniques of GIS*(2nd ed.), p. 223.

제 4 절

버퍼의 개념과 분석 기능

[1] 버퍼의 개념과 버퍼의 형성

버퍼(buffer)란 공간 형상의 둘레에 특정한 폭을 가진 구역(zones)을 구축하는 것으로, 버퍼를 생성하는 과정을 버퍼링(buffering)이라고 한다. 버퍼링은 점, 선, 폴리곤 형상 주변에 생성할 수 있으며, 버퍼링한 결과는 모두 폴리곤으로 표현된다. 그림 9-29-가에서 볼 수 있는 바와 같이 점 버퍼의 경우 점 주변에 특정한 반경(버퍼 거리)을 가진 원으로 버퍼가 형성된다. 선 버퍼의 경우 선의 굴곡과 일치하면서 선의 양쪽으로 특정 거리만큼 밴드모양으로 버퍼가 형성된다. 폴리곤 버퍼의 경우 폴리곤 둘레에 그 형상을 따라서 폴리곤의 변 주변으로부터 일정 거리만큼의 벨트가 형성된다. 폴리곤 버퍼의 경우 버퍼존은 폴리곤 경계의 내부에도 구축될 수 있는데, 이런 경우를 setback이라고 부른다.

그림 9-29 점, 선, 폴리곤 형상에 대한 버퍼링 과정

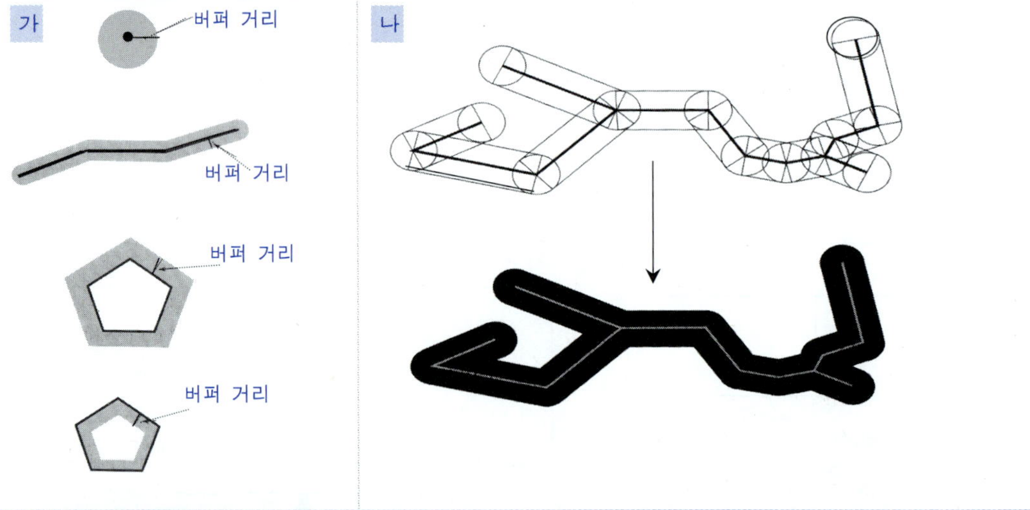

그림 9-30 실세계 공간 형상에 대한 버퍼링의 일례

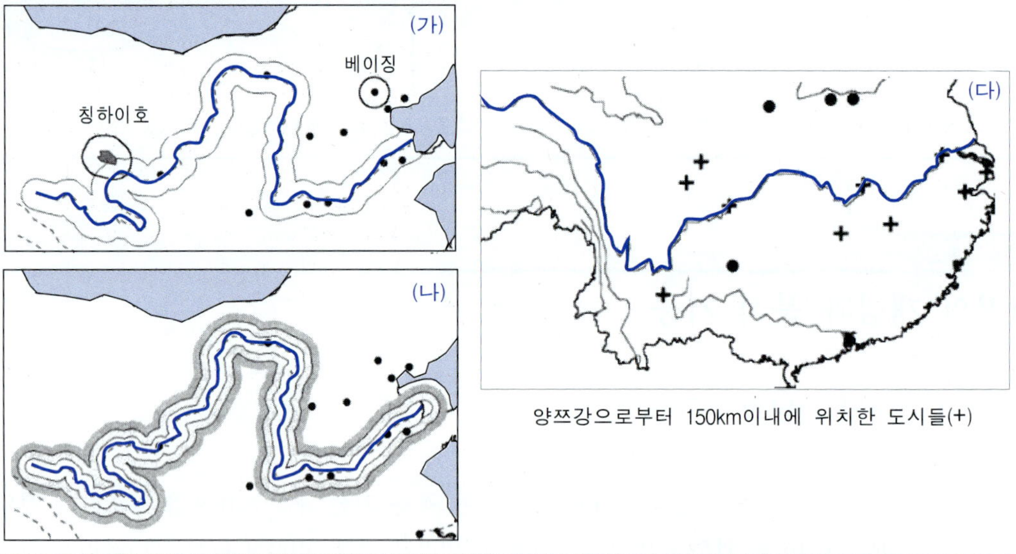

버퍼를 구축하는 과정은 매우 간단하다. 대부분의 GIS 소프트웨어에서 버퍼링은 사용자가 특정한 형상을 선택한 후에 원하는 거리를 입력하면 자동적으로가 버퍼가 형성된다. 만일 선형 대상물이 구불구불한 굴곡이 매우 심한 형상이거나 소용돌이 모양일 경우 또는 폴리곤의 형상이 매우 복잡한 경우 버퍼죤은 중첩되어 생성된다. 그러나 중첩된 버퍼죤 내의 경계선들은 자동적으로 삭제되어 전체 형상에 대한 단일한 버퍼죤을 구축하게 된다(그림 9-29-나 참조).

버퍼링 기능을 실제 사례를 통해 살펴보자. 그림 9-30-가는 중국의 도시 베이징과 황허강, 그리고 칭하이호로 부터 각각 100km의 버퍼를 수행한 결과이다. 버퍼링은 선택한 형상의 주변에만 버퍼죤이 형성된다. 그림 9-30-나는 황허강 주변에 각각 3개의 50km 버퍼죤을 생성한 후 색상으로 구분해 나타낸 것이다. 이런 경우 황허강으로 부터 50-100 km사이에 있는 도시들이 어떤 도시인가를 알 수 있다. 그림 9-30-다는 위장 버퍼에 따른 선택이라고 볼 수 있다. 양쯔강으로부터 150km이내에 있는 지점들을 선택하라는 명령어를 내리면(select within 150km from river) 마치 버퍼죤을 형성한 것과 같은 결과를 가져오게 된다. 즉, 버퍼죤은 형성되지 않았지만, 150km 이내에 있는 도시들이 선택된다.

일반적으로 버퍼 거리는 단일한 거리로 일정한 밴드로 생성된다. 그러나 경우에 따라서는 버퍼 거리가 일정하지 않은 가변적인 버퍼죤을 생성할 수도 있다. 특히 선형으로 나타나는 주어진 공간 형상의 특징이 서로 이질적인 경우 버퍼 거리도 이러한 특징을 반영하여 가변적인 버퍼 거리를 적용하여 가변적인 버퍼죤을 생성할 수 있다. 일례로는 Xiang(1993)이 고안한 강기슭 버퍼 거리(riparian buffer distance)를 들 수 있다. 그는 수질 관리를 위한 하천 주변의 버퍼죤을 설정하기 위해 가변적인 버퍼 거리를 적용하였다. 주어진 대상지역의 자연적, 생태적, 사회.경제적 조건을 반영하여 가변적으로 버퍼 거리를 결정하는 것이다. 강기슭에 버퍼 거리의 산출방법은 토양, 수문학적 형 상, 토지 피복, 지형적 요소들을 감안하여 강 기슭 주변의 특성을 고려하면서 서로 다른 버퍼 거리를 계산하는 것이다. 실제로 그는 하천으로부터 805m 이내 구역에 대한 토양도, 수문도, 지형도를 추출한 후 이들 커버리지를 중첩시킨 후에 가변적인 버퍼죤을 생성하였다. 이러한 방법을 통해 생성된 하천 주변의 버퍼죤의 폭은 그림 9-31에서 볼 수 있는 바와 같이 서로 다르게 나타나고 있다.

그림 9-31 하천을 따라 가변적 거리에 따른 버퍼링 생성

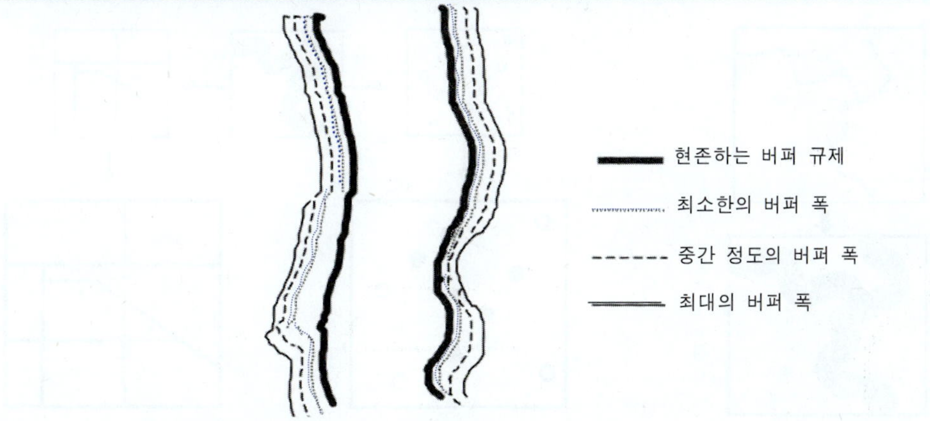

출처: Lo, C.P. and Yeung, A.K.W. (2007), *Concepts and Techniques of GIS*(2nd ed.), p. 218.

[2] 버퍼의 기능과 활용

버퍼 기능은 중첩 기능과 재부호화 기능과 마찬가지로 중요한 GIS의 분석기능 가운데 하나이다. 특히 벡터 기반의 버퍼링은 근접분석을 수행하는데 매우 중요한 것으로, 특정 지점 또는 선형으로 나타나는 공간 형상 주변지역의 특징을 평가하는데도 활용된다. 버퍼링의 목적은 근접분석 시에 관심 대상지역을 경계짓는 것으로, 관심 대상지역과 경계하고 있는 내부와 외부 지역의 공간적 특성과 상호관련성을 분석하는데 매우 필수적인 기능이다. 버퍼 기능은 또한 환경 규제 시에도 많이 사용된다. 일반적으로 생태학자들은 특정 동식물의 서식지를 보호하기 위해 그 주변에 버퍼죤을 만들어 보호하고 있다.

버퍼 기능이 활용되는 분야는 매우 다양하다. 예를 들면 도시개발에 있어서 일정 거리 내의 용도구역이 변경되는 필지를 선정하는 경우나 천연자원 관리를 위해 인간의 각종 활동을 규제하기 위해 자연보호 구역을 설정하는 경우 및 유해 물질의 확산이나 이동의 영향권을 설정하는 등 관심 대상지역 주변에 대한 경계를 설정하는 데 사용된다.

또한 버퍼 기능은 홍수 범람과 같은 재해로부터 취약한 지역을 하천으로부터의 버퍼 거리를 산출하여 홍수로부터의 재해 예방을 줄이는 데도 활용될 수 있다. 특히 실제로 홍수가 나기 전에 다양한 수위 수준을 가지고 일련의 '가정(what-if)'을 시험해 볼 수 있다. 마을 및 도로가 어떠한 조건 하에서 범람으로 인해 피해를 받게 되는가를 예측하는 것은 재해예방을 위해 매우 중요하다. 뿐만 아니라 실제로 홍수가 발생하였을 경우 버퍼 거리를 정하여 버퍼죤을 생성하여 취약지구에 위치한 사람들의 생명과 재산을 보호하고 피해를 줄일 수 있다.

그림 9-32 버퍼 기능을 이용하여 홍수상습 취약지구의 추출

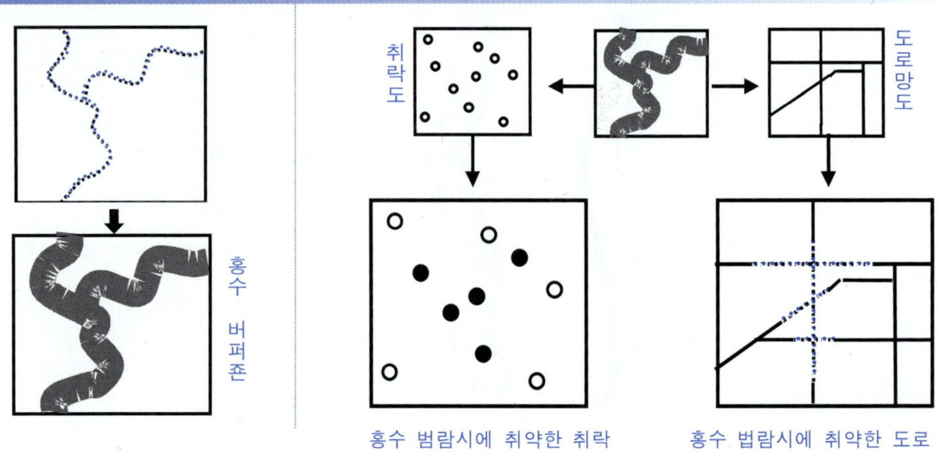

그림 9-32는 주어진 하천에 대한 버퍼 거리를 이용하여 홍수범람 버퍼를 생성한 후에, 홍수 재해가 발생하였을 경우 홍수피해를 자주 받게 되는 상습지역(flood prone)에 속하는 촌락과 도로가 어느 구역인가를 파악하기 위해 취락도와 도로망도를 중첩하여, 홍수범람 상습지역에 대한 새로운 커버리지를 구축한 것이다. 위의 그림에서 홍수 버퍼죤 내부에 속한 지역은 재해로부터 영향받는 취락과 도로들이다. 반면에 홍수 버퍼죤 외부에 있는 지역들은 홍수 범람 시에 별다른 재해의 영향을 받지 않는 지역들이다.

한편 버퍼는 주어진 특정한 형상으로부터 외부로 버퍼죤이 형성되므로 동심원 지대(concentric zones)를 쉽게 구축할 수 있다. 예를 들어, 만약 중심으로부터 10km의 버퍼죤을 생성한 다음 10km내의 모든 셀들이나 구역은 버퍼죤 코드로 재부호화하고, 나머지 셀들이나 구역은 다른 코드로 재부호화한다. 이와 같은 동심원을 통한 거리의 측정은 다양한 분야에 응용될 수 있다. 그림 9-33-가는 중심점으로부터 버퍼죤이 증가함에 따라 우편비용이 증가하는 우편비용 지대를 보여준다. 동심원의 반경이 증가함에 따라 거리가 증가됨으로 2구역에 속한 A지점의 우편비용이 3구역에 속한 B지점보다 적게 든다.

또 다른 예로 두 오염원(X)으로부터 거리에 따라 점차로 오염의 피해가 감소하는 오염지대 분포를 나타낸 것이다. 습지 B가 습지 A보다 더 피해가 많을 수 있음이 알 수 있다(그림 9-33-나 참조). 이는 중심지로부터 거리가 증가함에 따라서 그 영향력이 감소하는 거리마찰(distance decay)의 일례라고 할 수 있다.

버퍼 기능을 이용하여 버퍼죤에 속한 다양한 공간 정보를 획득하고자 하는 경우의 예를 보자(그림 9-34 참조). 니제르강의 종합적 관리를 위해 하천정보시스템을 구축하고자 니제르강으로 부터 150km이내의 버퍼죤을 설정하고, 다양한 공간 데이터를 중첩시켜서 버퍼죤 내에 속한 지역에 대한 정보를 추출하는 것이다. 니제르강은 기후적으로나 문화적으로 취약한 하천이다. 이 하천은 가장 건조한 사헬을 통과하여 기니아만으로 유입한다. 이 하천을 초국가적으로 관리하기 위해 니제르강 주변 150km에 속한 나라들과 지역들을 추출하고, 버퍼죤에 속한 행정구역도를 통해 쉽게 파악할 수 있다.

그림 9-33 버퍼 거리를 이용한 동심원적 버퍼죤의 생성

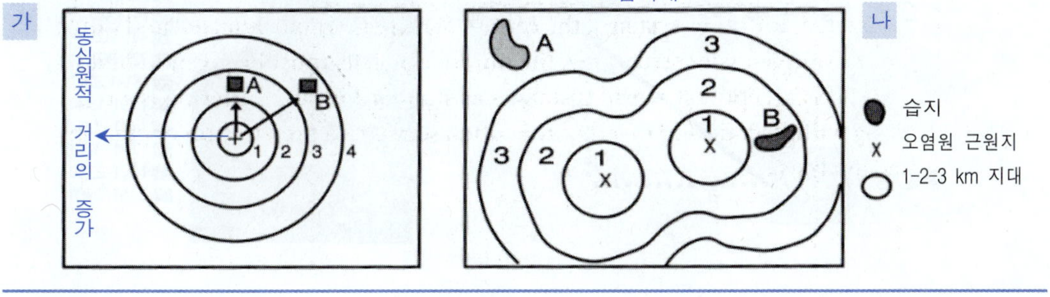

그림 9-34 버퍼죤을 이용한 니제르강 관리시스템의 구축

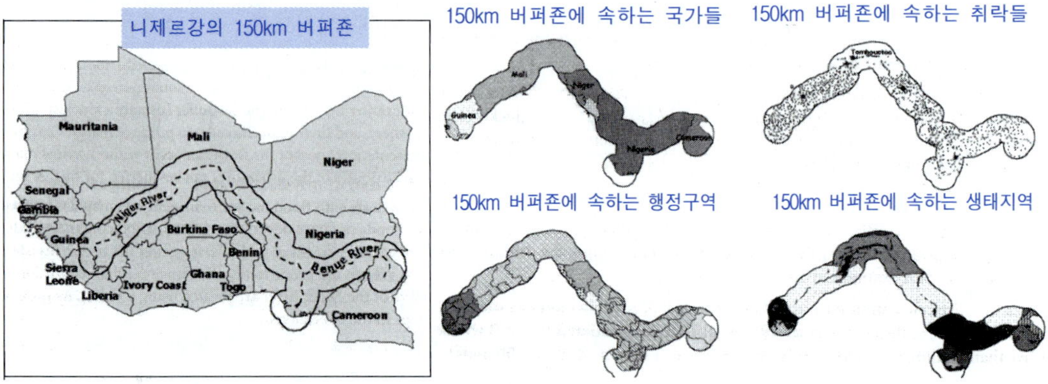

출처: Davis, B.E. (2001), *GIS: A Visual Approach*, p. 262.

또한 150km 버퍼죤 내에 위치하고 있는 도시와 촌락에 대한 정보와 이 버퍼죤에 어떠한 생태구역이 포함되고 있는가에 대한 정보도 쉽게 얻을 수 있다.

[3] 버퍼 연산에서 거리의 측정

버퍼 기능에서 가장 중요한 것은 버퍼 거리를 측정하는 것이다. 거리의 측정은 데이터 모델에 따라 달라진다. 벡터 데이터 모델의 경우, 거리는 주어진 각 좌표점으로 부터 수직 거리로 측정된다. 그러나 래스터 데이터 모델의 경우 그리드 셀의 간격이 거리 측정의 기본 단위가 된다. 선택된 셀로부터 다른 셀까지의 거리는 직접적으로 측정될 수 있다. 선택된 객체의 셀은 거리가 '0'으로 정의되고 거리 계산은 각 셀의 값에 인접

그림 9-35 래스터 데이터에서 이웃하는 셀과의 거리 계산 방법

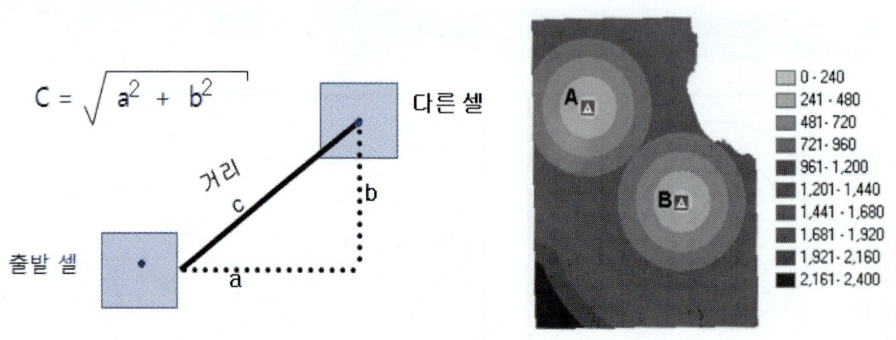

한 셀의 폭을 더해서 증가되며 대각선 방향과 가로, 세로 방향으로의 거리 계산은 똑같은 알고리즘을 반복, 적용하여 거리를 계산하게 된다(그림 9-35 참조).

이러한 반복적인 방법은 확산(spreading) 알고리즘을 통해 이루어진다. 이 알고리즘은 시작 셀로부터 외부로의 연속적인 거리 표면을 만들어낸다. 벡터 데이터 모델이 버퍼 거리의 고정된 영역을 생성해내는데 비해서, 래스터 데이터 구조에서는 연속적인 거리의 측정이 가능하다. 래스터 데이터에서 거리를 산출하는 과정을 보면 그림 9-36과 같다. 이 그림에서 볼 수 있는 바와 같이 셀과 셀과의 간격이 '1'이므로 대각선 방향으로의 거리는 셀의 폭에 $\sqrt{2}$(1.414)를 곱한 값이 된다. 이러한 거리 계산법을 토대로 하여 버퍼 거리를 산출하여 버퍼존을 형성한다.

그림 9-36 래스터 데이터에서 이웃하는 셀과의 거리 계산 방법

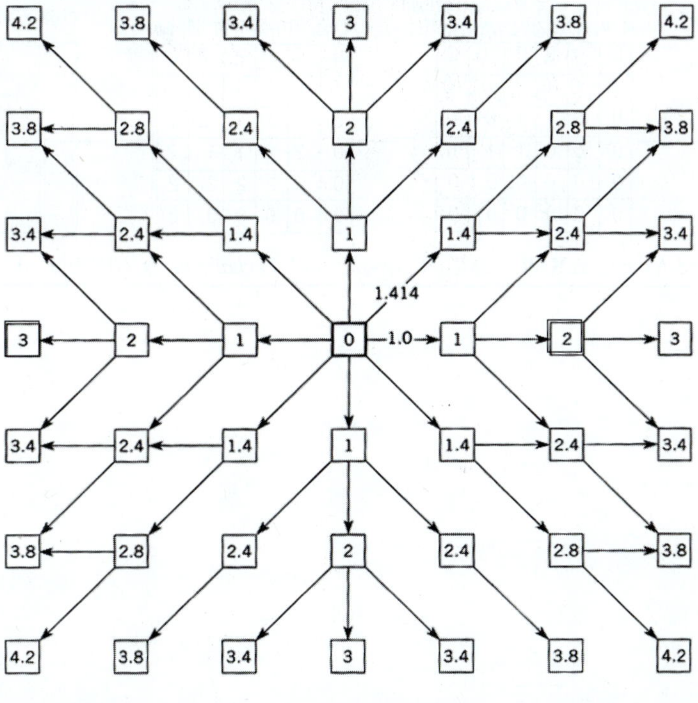

출처: Chrisman, N. (2002), *Exploring GIS* (2nd ed.), p. 161.

래스터 데이터로 표현된 점, 선, 또는 폴리곤 형상에 대한 버퍼링 과정의 가장 간단한 방법은 버퍼 대상의 형상으로부터 위상적 관계를 이용하여 인접한 셀들에 주어진 버퍼 거리('1')만큼 값을 더해서 코딩화하는 것이다(그림 9-37-가). 그러나 보다 일반적인 방법으로는 버퍼되어야 할 셀로부터 모든 셀들까지의 거리를 먼저 계산한 후에

주어진 버퍼 거리 내에 있는 셀들에게는 '1'의 값을 부여하고 나머지 셀들에는 '0'의 값을 부여하는 재부호화 방법을 통해 재분류하는 것이다(그림 9-37-나 참조).

그림 9-37 래스터 데이터 모델에서 버퍼링의 방법

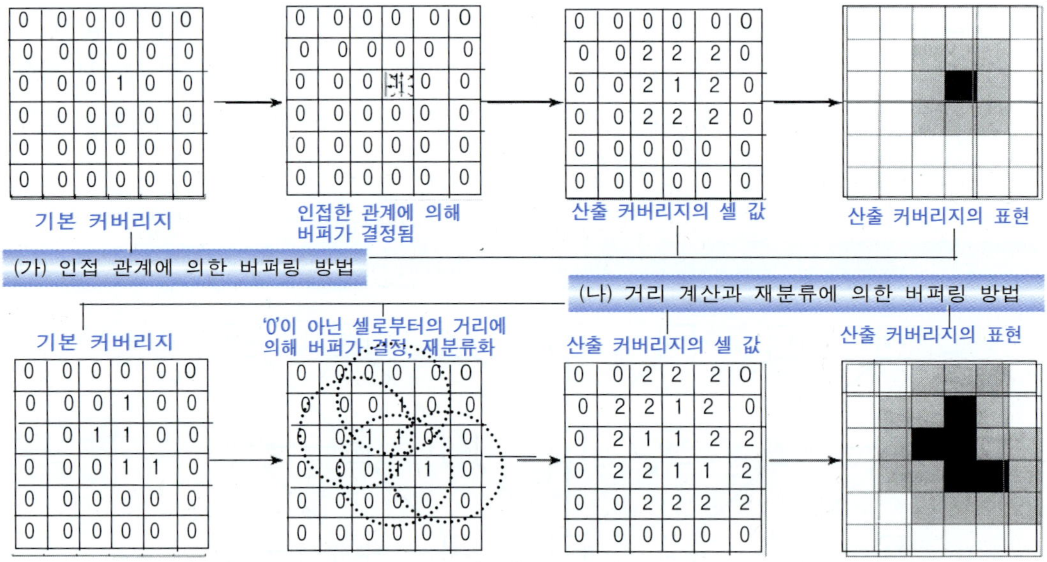

출처: Lo, C.P. and Yeung, A.K.W. (2007), *Concepts and Techniques of GIS*(2nd ed.), p. 171.

제 10 장

고차적 공간분석 기법

제 1 절

근접분석의 개념과 기법

[1] 근접분석의 개념

근접분석(neighborhood analysis, proximity analysis)이란 주어진 특정한 지점을 둘러싸고 있는 주변 지역의 특성을 평가하는 기능으로, 공간상에서 주어진 지점과 주변의 객체들이 얼마나 가까운가를 파악하는데 활용된다. 일례로 소방서로부터 반경 5km이내에 거주하는 주택의 수가 얼마나 되는가? A지점에서 B지점까지의 거리는 얼마나 되는가? 계획 지점으로부터 3km이내에는 마을이 몇 개나 있는가? 계획 지점으로부터 5km 이내에 인구 500명 이상인 마을이 있는가? 등은 근접분석을 통해 해답을 얻을 수 있다.

그림 10-1 근접분석에서 이동 창을 이용한 산출 커버리지의 셀의 값의 계산방법

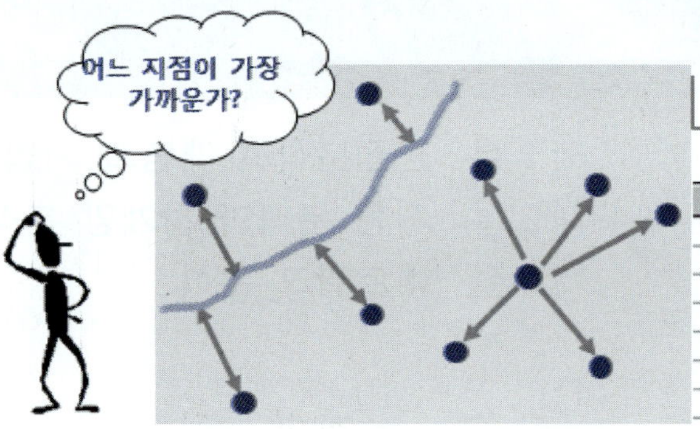

I10COV	DISTANCE
5	337.1078
23	255.0729
28	5.382586
38	396.2828
51	2754.623
34	1501.335
29	149.5207

근접분석은 학교 주변의 주거지역이나 공원, 쇼핑센터의 근접지역의 특성을 파악하는데도 활용된다. 뿐만 아니라 야생동물의 서식지를 위한 적합성을 판정할 때 서식지의 근접지역 내의 식생이나 물을 얻기 위한 지형적 요소와 주변의 은신처의 현존 등 인접지역에 대한 각종 정보를 추출하는데도 활용될 수 있다.

근접분석 기능을 응용하는 또 다른 일례로, 만일 해상에서 유조선으로부터 기름이 누출되어서 해양을 오염시키게 되었을 경우 오염 방지를 위해 유조선의 위치로부터 응급 출동할 수 있는 가장 가까운 항구를 찾는 경우이다. 이런 경우 응급출동 시 소요되는 시간을 기준으로 평가될 수 있으며, 또한 적절한 응급대처를 할 수 있는 장비를 가지고 있는가의 여부도 평가기준이 될 수 있다.

근접분석 기능을 수행하기 위해서는 세 가지 조건이 명시되어야 한다. 즉, 목표 지점

의 설정, 목표 지점의 근접지역에 대한 명시, 근접지역내에서 수행되어야 할 기능의 명시이다. 앞에서 예시한 소방서의 경우 '소방서 위치, 소방서로부터 5km, 그리고 5km 이내에 있는 주택의 수'의 세 가지 조건을 명시해야 한다. 모든 GIS 소프트웨어는 근접분석을 수행하는 기능들을 가지고 있으며, 소프트웨어에 따라서 언급된 세 가지 조건이 정의되고 분석되는 면에서 유연성과 정교성에서 차이를 보이고 있다.

근접분석에서 얼마나 가까운가를 파악하는데 일반적으로 거리의 단위로 측정되지만, 거리는 통행에 소요되는 시간 또는 비용으로도 측정될 수 있다. 일반적으로 근접분석은 관심 대상지점으로부터 연속적인 거리를 측정하여 분석되므로 래스터 데이터를 기반으로 한다. 벡터 데이터 구조의 경우 래스터 데이터로 변환하여 분석한 후에 다시 그 산출 결과를 벡터 데이터로 변환하는 방법이 도입되기도 한다.

근접분석은 분석 목표에 따라서 검색 기능과 확산 기능, 공간적 집적 기능, 그리고 경사도 분석 등으로 구분될 수 있다. 여기서는 근접분석의 가장 보편적인 기능이라고 볼 수 있는 검색 기능과 확산 기능에 대해 살펴보고, 경사도와 경사면 방향에 대해서는 다음 절에서 살펴보고자 한다.

[2] 검색 기능

검색(search) 기능은 근접분석의 가장 보편적인 기능이라고 볼 수 있다. 검색 기능의 예로서 대도시의 공원 주변의 5㎞ 이내 입지해있는 주택가격에 대한 정보를 추출하고자 하는 경우를 들어보자. 공원에 관한 데이터는 시설물 커버리지를 통해서 얻을 수 있고, 주택에 관한 데이터는 또 다른 커버리지에서 추출될 수 있다. 또한 주택가격에 관한 것은 별도의 부동산 가격을 나타내는 속성 테이블을 이용할 수 있다. 공원으로부터의 근접지역들의 경계는 반경 5㎞ 이내의 주거용 건물로 한정되며, 검색된 주거용 건물의 주택가격을 파악을 위하여 속성 테이블을 결합시켜서 주택가격에 대한 정보를 추출하게 된다. 속성 테이블에서 얻어진 주거용 건물의 가격은 합산되어 최종적으로 평균가격을 산정하게 된다. 또한 이러한 분석 결과는 공원으로부터 반경 5㎞ 이내에 위치한 주택들의 가격이 거리에 따라서 어떻게 차이가 나는가를 서로 다른 색상을 사용하여 표현될 수 있다.

일반적으로 검색 기능은 위에서 언급된 분석 대상의 위치, 근접지역의 설정, 분석 대상의 세 가지 기본 변수와 더불어 질의 기능을 포함하여 보다 폭넓은 검색 기능을 할 수 있다. 반경 5km 이내에 있는 주택들 가운데 5년 이내 세워진 주택이면서 가격이 5억원 이상인 주택만을 검색할 수도 있다. 근접분석의 검색 기능을 수행하는 경우 규칙적인 근접지역을 설정하는 경우도 있으나, 불규칙적이고 다양한 형태의 경계를 설정해야 하는 경우도 발생한다. 시나 구, 또는 군 경계와 같은 행정구역이 경계가 될 수도 있고, 도로나 철도 등의 특정 시설물을 따라서 경계가 설정될 수도 있다.

연산 대상이 하나의 셀이 되는 로칼(local), 하나의 셀과 인접하는 셀들이 참조되어 연산이 되는 포칼(focal), 동일한 값의 셀 집합이 연산에 사용되는 조널(zonal), 그리고 연산에 레이어 전체가 사용되는 글로벌(global) 등이 있다(그림 10-2 참조). 이러한 공간 영역 가운데 검색 기능을 위해 가장 많이 사용되는 것은 포칼 함수이다. 포칼 연산의 경우 산출 커버리지의 그리드 셀 값들은 입력 커버리지의 각 셀에서 인접한 셀들의 연산을 통해

그림 10-2 근접분석에서 검색을 위해 참조되는 셀의 유형

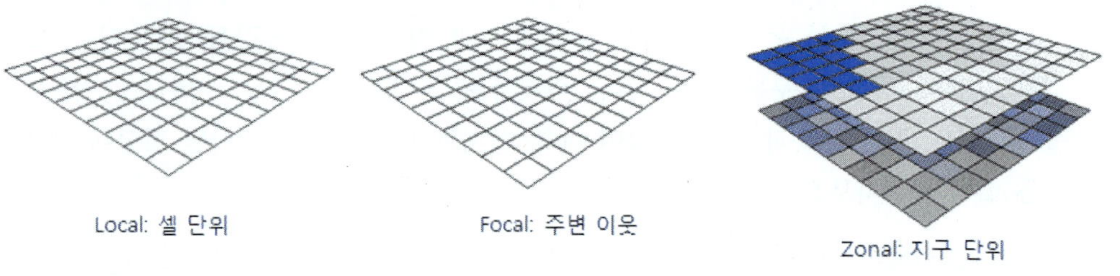

그림 10-3 포칼연산의 경우 이동 창을 이용한 산출 커버리지의 셀의 값의 계산방법

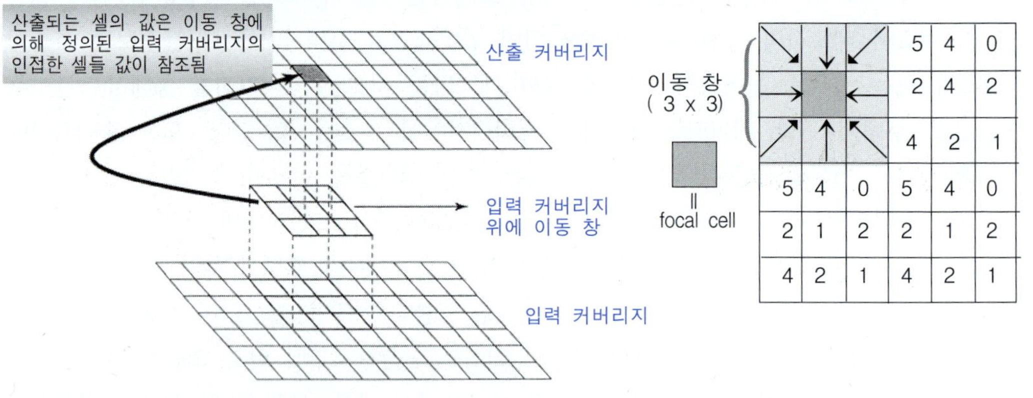

그림 10-4 근접분석에 사용되는 이동창의 유형

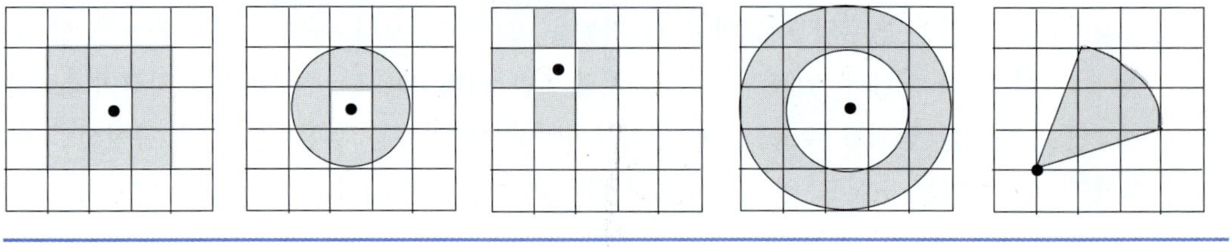

부여된다(그림 10-3 참조). 그러나 연산의 경우 참조하는 기하학적 형상에 따라 산출되는 셀의 값이 달라질 수 있다. 셀들 간의 인접성 관계는 흔히 이동창(moving window)으로 불리우는데, 이동창은 일반적으로 3 x 3으로 정의되지만, 경우에 따라서는 도우넛형, 원형, 쐐기형, 직사각형의 형태로 검색이 이루어지는 경우도 있다(그림 10-4 참조).

이동창으로 사용되는 폴리곤은 그 형상이 복잡할 수도 있다. 하나의 병원을 중심으로 응급 구급차의 주행시간이 20분 이내의 거리에 해당하는 지역을 검색하는 경우 도로

그림 10-5 근접분석에 사용되는 포칼함수의 연산자에 따라 달리 산출되는 셀 값

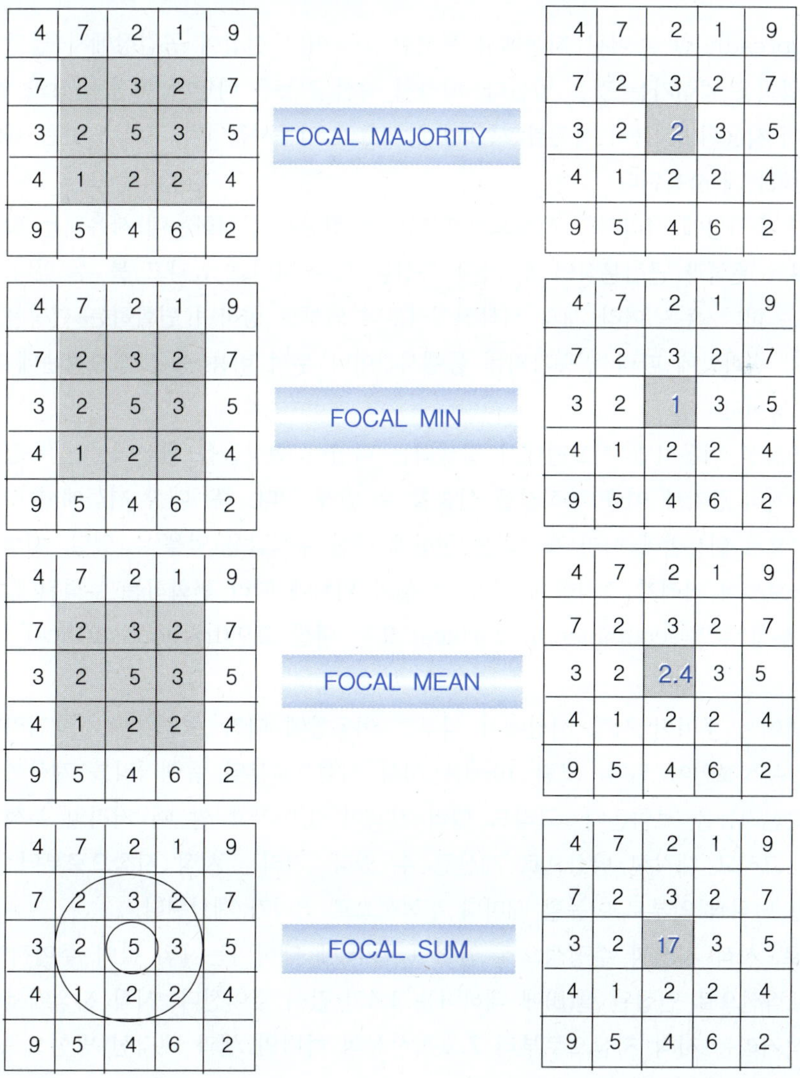

의 노폭과 도로에 밀집되는 교통량에 따라 앰뷸런스의 주행시간은 변화되므로 이동창은 매우 복잡한 형상을 가질 수도 있다. 또한 인접 셀 값들의 연산은 미리 정의된 연산자에 의해 이루어지게 되는데, 보편적으로 적용되는 연산자는 평균, 중위값, 최소값, 최대값, 합계, 최대(소)빈도수 등등이 있다(그림 10-5 참조). 이와 같이 각각의 이동창이 움직일 때마다 이동창에 포함되는 셀의 값들을 참조하여 주어진 연산자에 따라 새로운 값이 계산되어 산출 커버리지의 동일한 셀의 위치(focal cell)에 저장된다.

[3] 확산 기능

확산(spread)이란 주어진 지점에서 특정한 기능이나 현상이 공간상에서 일정 방향으로 그 영향력을 넓혀가는 것을 말한다. 따라서 확산 기능은 다양한 특정 현상의 영향력을 분석하는데 사용되며, 특히 복잡한 지표면 상으로의 이동시간이나 그와 관련된 제반 비용 등을 계산하는데 사용된다.

거리가 증가함에 따라서 누적적으로 나타나는 현상을 분석하는데 사용되는 확산 기능은 네트워크 분석과 근접분석의 두 가지 특성을 모두 지니고 있다고 볼 수 있다. 따라서 확산기능은 하나 혹은 여러 개의 시작점에서부터 외부로 향하여 변화하는 현상을 표현하고, 거리가 변화함에 따라서 증가되는 통행시간이나 누적 비용 등을 산출하는데 매우 효율적인 기능이다.

확산기능을 이용하면 지표면에서 발생되는 다양한 현상들을 관심대상인 특정한 지점에서부터 거리 증가에 따른 누적값을 산출할 수 있게 된다. 즉, 대상 지점에서 다른 공간상의 지점으로 이동함에 따라 축적되는 현상에 대한 누적값을 얻을 수 있다. 이렇게 주어진 지점으로부터 거리가 증가함에 따라 각 셀의 위치에 따라 변화하는 누적된 값을 나타낸 것을 누적 표면(accumulation surface) 또는 마찰 표면(friction surface) 이라고도 한다.

지표면에서 주어진 시작 지점에서 외부로 이동함에 따라 소요되는 통행거리의 합을 나타내면 누적표면이 된다. 그림 10-6은 시작 지점으로부터 통행거리를 계산하는데 사용되는 확산기능을 보여준다. 그리드 셀의 간격이 '1'이라고 할 때 거리의 누적 표면은 행과 열, 그리고 대각선 방향으로 계산될 수 있다. 거리는 시작 지점으로부터 모든 방향으로 한 단위씩 외부로 이동할 때마다 누적적으로 거리가 계산된다.

일례로, 시작 지점과 수평적으로 인접된 셀(A)에 대하여는 1의 값이 주어지며, 시작 지점과 대각선으로 인접된 셀(B)에 대하여는 1.4의 값이 주어진다. 시작 지점에서 셀 C까지의 누적거리는 시작 지점으로부터 2.2(직선상의 하나의 셀과 대각선 방향으로 하나의 셀을 합침)라는 거리를 통해 이동되거나, 또는 옆으로 한 셀을 이동하고 수직선 방향으로

그림 10-6 시작 지점으로부터 거리의 증가에 따른 누적 표면의 생성 과정

5.7	5	4.5	4.1	4	4.1	4.5	5	5.7
5	4.2	3.6	3.1	3	3.4	3.6	4.2	5
4.5	3.6	2.8	C 2.2	2	2.2	2.8	3.6	4.5
4.1	3.1	2.2	1.4	1	1.4	2.2	3.1	4.1
4	3	2	1	0	A 1	2	3	4
4.1	3.1	2.2	B 1.4	1	1.4	2.2	3.1	4.1
4.5	3.6	2.8	2.2	2	2.2	2.8	3.6	4.5
5	4.2	3.6	3.1	3	3.4	3.6	4.2	5
5.7	5	4.5	4.1	4	4.1	4.5	5	5.7

거리 범위는 회색조로 구분하였음

거리 범위			셀의 수 (누적수)
0.0	-	0.999	1
1.0	-	1,414	5
1.414	-	1.999	9
1.9999	-	2.236	13
2.236	-	2.828	21
2.828	-	2.999	25
3.0	-	3.162	29
3.162	-	3.606	37
3.606	-	3.999	45
4.0	-	4.123	49
4.123	-	4.243	57
4.243	-	4.472	61
4.472	-	4.999	69
5.0	-	5.7	81

두 개의 셀을 위로 이동하여 3이라는 거리로 통행할 수도 있다. 만일 도보로 이동한다고 가정할 때 포장된 길을 따라 이동할 경우는 지표면의 마찰이 적은 관계로 누적 표면에서의 값이 적어진다. 만약 비포장도로를 따라 이동할 경우 마찰이 커지므로 통행시간이 상대적으로 많아짐으로 누적표면의 값이 많아진다. 따라서 통행시간에 영향을 미치는 도로의 포장상태는 마찰값으로 변환되어 이동에 따른 마찰값이 누적된 마찰 표면으로 구축된다. 이런 경우 통행시간을 나타내는 누적 표면과 도로에서의 마찰값을 보여주는 마찰표면과는 정비례의 관계가 있다고 볼 수 있다.

누적 표면의 값은 여러 가지 요인들이 고려되는 경우 매우 복잡하게 나타날 수 있다. 확산기능에서 거리의 증가에 따라 누적적으로 나타나는 값들은 상대적으로 작은 공간상의 단위에 대하여 누적되는 관계로 불규칙하게 공간상에 분포되어 있는 여러 가지 제한요소들의 영향을 받게 된다.

누적 표면의 값을 산출하는 경우 그리드 셀로 값을 산출하는 방법 이외에도 같은 값을 나타내는 동심원으로 거리에 따른 누적 값을 표시할 수도 있다. 그림 10-7-가에서 보는 바와 같이 등거리(km 단위) 이동구역으로 나타낸 누적 표면에서 시작 지점 A에서 B까지의 최단거리는 두 점을 연결하는 선으로 표시될 수 있다.

한편 그림 10-7-나는 장애물의 영향을 보여주는 것으로 자동차가 누적 표면을 따라 통행할 때 절대 장애물(예를 들면 호수나 산맥 등)을 만나는 경우 이동하는 경로를 나타낸 것이다. 이렇게 절대 장애물이 놓여있는 경우 최단 경로는 A와 B를 연결하는 직선이 아니라 두 지점 사이에 존재하는 장애물을 최대한 짧은 거리로 우회하는 것이다. 이런 경우 확산 기능은 장애물 사이의 거리를 단계적으로 계산하며, 장애물의 우회에 따른 거리를 누적적으로 계산하게 된다. 이러한 장애물이 존재할 경우 거리의 계산은 단순한 근접분석 방법으로는 산출될 수 없다.

그림 10-7 동심원으로 나타낸 누적 표면과 장애물의 영향에 따른 경로

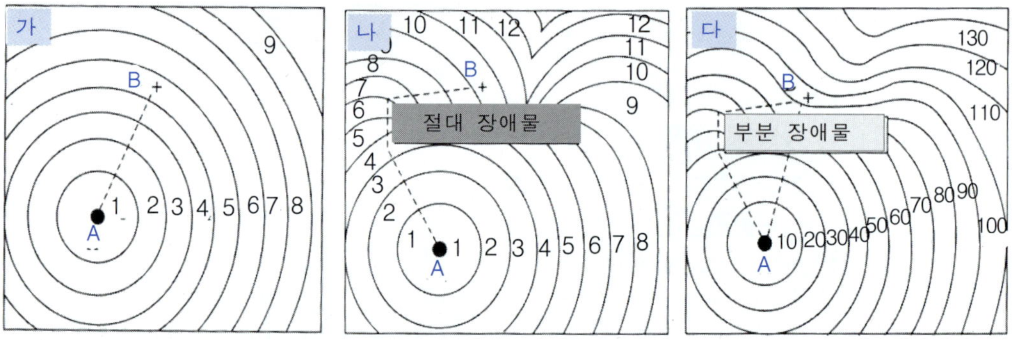

출처: Aronoff, S. (1989), *GIS: A Management Perspective*, p. 241.

확산 기능의 또 다른 예로는 그림 10-7-다에서 볼 수 있는 바와 같이 부분적인 장애물이 놓여 있는 경우에도 적용될 수 있다. 비포장도로와 같은 부분적인 장애물은 속도에 영향을 주는 장애물이기는 하나 통행 자체를 불가능하게 하는 절대적인 장애물은 아니다.

확산 기능은 물리적인 거리를 측정하는 대신에 통행에 소요되는 시간을 측정하여 어느 방향으로 이동하는 것이 시간이 덜 걸리는 효율적인 방향인가를 파악할 수 있게 한다. 이 그림에서 볼 수 있는 바와 같이 A지점에서 B지점까지 가는 경로는 두 가지 경로의 선택이 가능하다. 통행속도는 빠르지만 보다 장거리를 통행하는 경우와 장애물을 통과하면서 다소 속도는 느리지만 거리가 짧은 경로를 통하여 목적지까지 이동하는 경우이다.

확산 기능을 이용한 거리의 누적 표면의 활용은 응급 출동을 위해 주어진 소방서로부터 응급을 요하는 도착 지점으로까지의 최소 통행시간을 산출하는데 매우 도움을 줄 수 있다. 또한 확산 기능은 군대에서의 이동경로를 선정하는 경우에도 적용될 수 있다. 만일 지형적인 요소들로 인해 지표면으로의 이동이 일정하지 않는 경우 먼저 단위 거리를 이동하는데 지형적 요소를 고려하여 산출한 마찰률을 산출한다. 이 마찰률에 거리를 곱함으로써 주어진 단위거리를 이동하는데 소요되는 시간이 계산된다.

래스터 데이터를 기반으로 하는 GIS 소프트웨어에서 거리를 연산하는 수행방법은 유클리디안 거리 함수를 이용하고 있다. 유클리디안 거리 그리드의 생성은 각 셀에서부터 가장 가까운 소스 셀 까지의 거리를 나타낸다. 즉, 유클리디안 거리는 소스 셀의 중심으로부터 주위에 있는 각 셀의 중심까지 계산된다. 각 소스 셀까지의 거리는 각 셀에 대하여 (x, y)를 밑변과 높이로 하는 삼각형의 빗변을 계산하는 방법을 통해 산출된다(그림 10-8 참조).

한편 거리-비용을 통한 누적표면을 생성하는 경우는 가중치 거리함수를 활용한다. 이 방법은 유클리디안 거리함수와 유사하나, 한 지점에서 다른 지점까지의 실제 거리를 계산하지 않고 각 셀에서 소스 셀 집합 내의 가장 가까운 셀까지의 최단 가중치 거리(누적된 이동 비용)를 결정하는 것이다. 측정 단위도 실제 거리가 아닌 비용 단위로 거리를 적용하는 것이다. 비용-거리 함수는 각 셀에서 가장 가까운 소스 셀에 대한 누적비용이 할당되는 그리드를 생성하는 알고리즘을 통해 누적 비용표면이 구축된다. 예를 들면 셀 '1'에서 셀 '2'로의 이동이 수평 또는 수직 방향의 경우 각 그리드 셀의 비용은 각 셀의 비용을 평균한 값으로 부여된다. 비용-경로함수에서 한 셀로부터 인접 셀로 이동할 때의 비용은 각 셀에 할당된 비용의 평균값으로 부여된다. 즉, 비용 a_1 = (셀 '1'의 비용 + 셀 '2'의 비용)/2 이다. 또한 셀 '2'로부터 셀 '3'으로의 이동에 따른 비용도 마찬가지 방법으로 계산된다. 즉, 비용 a_2 = (셀 '2'의 비용 + 셀 '3'의 비용)/2 이다(그림 10-9 참조). 이러한 방식으로 수평 또는 수직 방향으로의 누적적 비용은 $a_1 + a_2 + a_3 \cdots a_n$이 된다. 대각선 방향으로의 비용은 피타고라스의 정리를 이용하여 $\sqrt{2}$의 값을 더 곱해주면 된다. 따라서 셀 '1'에서 대각선 방향으로 셀 '3'까지로 이동하는 경우 누적 비용은 다음과 같은 식을 통해 산출된다.

누적 비용 = a_1 + 1.414 x (셀 '2'의 비용 + 셀 '3'의 비용)/2

그림 10-8 유클리디안 거리 산출 방법을 이용한 누적 표면의 생성

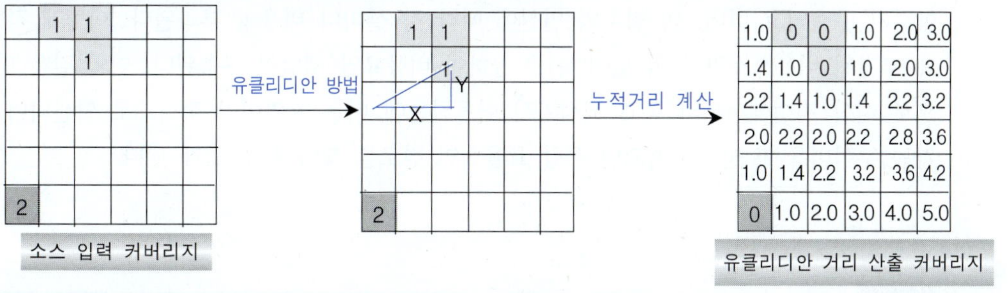

그림 10-9 비용-경로 함수를 이용한 누적 비용 표면의 생성 과정

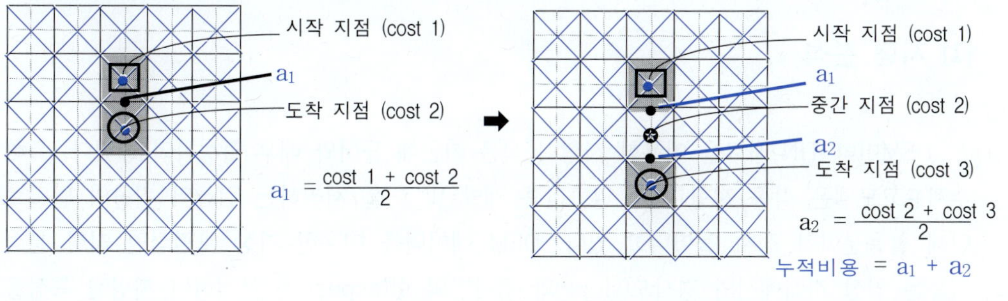

그림 10-10 비용 요소들을 고려하여 누적 비용-경로 표면을 생성하는 과정

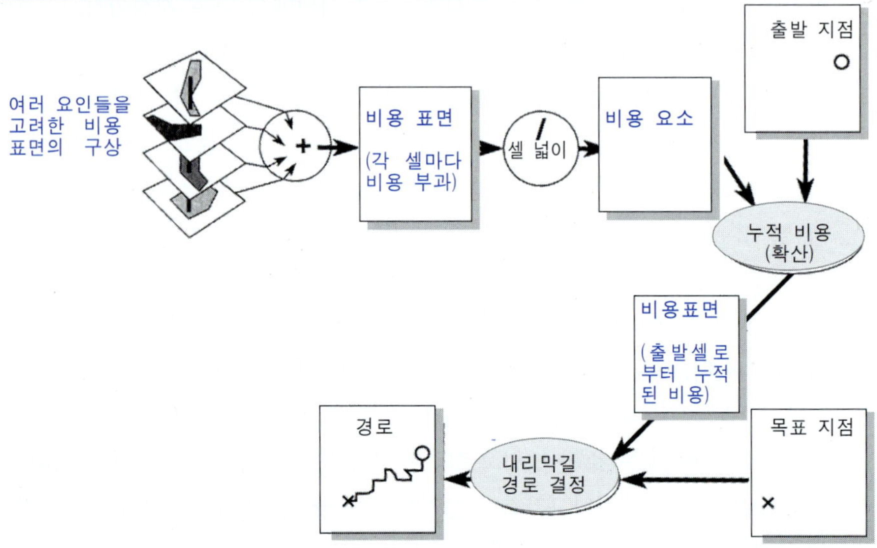

출처: Chrisman, N. (2002), *Exploring GIS*, p. 205.

이와 같이 비용 누적 알고리즘은 시작 지점에서 초기값이 주어지면 연속적으로 외부로 확산되면서 비용값이 누적적으로 증가된다. 이러한 비용 누적 과정을 자세히 살펴보면 그림 10-10과 같다. 통행에 영향을 주는 비용요소들을 고려하여 비용 표면을 생성하는 함수가 구축되고 나면, 이 함수의 연산에 따라 각 셀마다 비용이 부과된다. 이렇게 각 셀에 부과된 비용요소와 셀의 넓이(폭)를 곱하여 비용요인 행렬이 구축된다. 이와 같은 방법으로 시작 지점에서부터 목표 지점까지 이동하는데 비용 표면이 누적적으로 확산되어 나가는 누적비용 표면이 구축되면 가장 효율적인 경로를 찾아낼 수 있게 된다.

제 2 절

지형 분석과 하계망 분석

[1] 지형 분석

DEM이나 TIN 자료를 이용한 지형 분석은 최근에 들어와 매우 활성화되고 있다. 특히 수치표고모델은 각종 지형 분석 알고리즘 개발 및 이를 처리하는 컴퓨터 기술의 발달로 인해 활용분야가 점차 늘어나고 있다. DEM 데이터를 이용한 가장 보편적인 지형 분석 기능은 일정 지점에서의 경사도(slope)와 경사면의 향(aspect)을 분석하여 지형적 특성을

나타내는 것이다. 그 외에도 지형의 단면도(cross-section)를 생성하거나 3차원으로 시각화하여 지형을 표현하는 다양한 분석 기법들이 사용되고 있다.

경사와 경사면의 향 분석은 강수량의 유출에 대한 시뮬레이션 모델을 구축하는 경우나 유역면적을 추출하는데 매우 유용하다. 경사는 경관 상에서 지형 변화를 계산하는 것으로, 래스터 데이터 구조에서 경사는 한 셀과 그 주변 셀들과의 고도 변화를 통해 산출되며, 두 지점간의 고도의 차가 클수록 경사도 커지게 된다. 일반적으로 경사도는 각 셀에서 인접 셀까지의 변하는 값에 대한 최대 비율을 나타내며, 경사도는 백분율이나 도(degree)로 계산된다. 경사도(θ)는 rise/run으로 나타내며, 경사도가 45°일 경우 백분율로 나타내면 100이 되며, 만일 경사각이 수직에 가까워질 때 백분율 경사도는 무한대에 가까워진다(그림 10-11-가 참조).

DEM으로부터 경사도를 계산하기 위해서는 이웃하는 셀들의 고도값을 참조하게 되는데, 일반적으로 3 x 3 이동창의 데이터를 토대로 하여 이동창의 중심 셀의 값을 결정하기 위한 최적 평면을 추정한다. 8개의 이웃하는 지점을 통과하는 최적 평면의 추정은 다음과 같은 식에 의해 산출된다. 즉, 주어진 그리드 간격 S를 가진 Z 메트릭스에서 Zij 지점(윈도우의 중심에 위치한 셀의 고도)에 적합한 평면을 찾는 식은 Z = a + bx + cy이다.

여기서 $a = (Z_{i-1,j-1} + Z_{i-1,j} + Z_{i-1,j+1} + Z_{i,j-1} + Z_{i,j} + Z_{i,j+1} + Z_{i+1,j-1} + Z_{i+1,j} + Z_{i+1,j+1})/9$

$b = [(Z_{i-1,j+1} + 2\ Z_{i,j+1} + Z_{i+1,j}) - (Z_{i-1,j-1} + 2\ Z_{i,j-1} + Z_{i+1,j-1})] / 8S$

$c = [(Z_{i+1,j-1} + 2\ Z_{i+1,j} + Z_{i+1,j+1}) - (Z_{i-1,j-1} + 2\ Z_{i-1,j} + Z_{i-1,j+1})] / 8S$

한편 경사면의 향(aspect)의 분석 방법도 경사도를 산출하는 방법과 마찬가지로 3 x 3 이동 창에서 이웃하는 8개의 셀을 토대로 하여 주향을 결정하게 된다. 일반적으로 위쪽이 북쪽이고 아래쪽이 남쪽을 가리킨다(그림 10-11-나 참조). 경사면의 향은 각 셀에서 인접 셀까지의 값이 최대로 변화하는 내리막의 방향을 말한다. 즉, 8개 방향에 대해 경사각을 계산한 후에 최대의 경사각이 계산되고 나면, 최대의 경사면의 향을 경사면에 대한 방향으로 결정하게 된다. 경사면의 향에 대한 분석은 식생과 농작물의 성장 및 생태계와 환경계획 분야에서 유용하게 활용된다. 왜냐하면 경사면 방향이 북쪽인가 또는 남쪽인가에 따라 태양 일사량이 달라지며, 온도와 습도도 달라지기 때문이다.

주어진 DEM 데이터로부터 경사도와 경사의 향을 분석하여 산출된 결과를 간단한 예를 들어 살펴보자. 그림 10-12의 DEM 데이터에서 각 셀의 간격은 100m이며, 각 셀의 표고값은 해발고도를 나타낸 것이다. 그림 10-12-가는 3 x 3 이동창을 통해 각 셀마다 경사도를 산출하는 알고리즘을 통해 계산된 각 셀의 경사도를 백분율(%)로 나타낸 것이다. 산출된 경사도를 통해 알 수 있는 바와 같이 인접한 셀들과의 고도값의 차이가 클수록 경사도 수치가 높아서 급경사 구역임을 알 수 있으며, 반면에 인접한 셀과의 고도값이

그림 10-11 DEM으로부터 경사도와 경사면의 향 분석

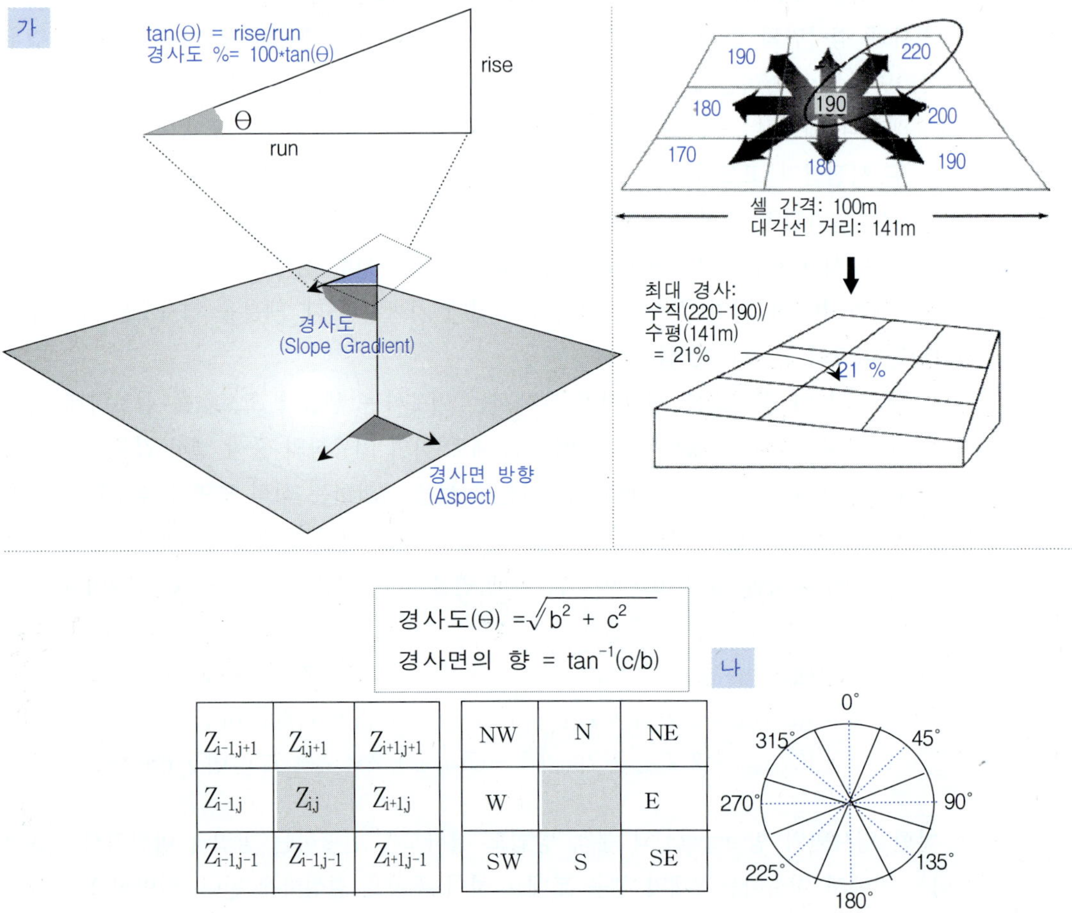

출처: Chrisman, N. (2002), *Exploring GIS*, p. 175.

같은 경우 경사도는 '0'으로 산출된다.

한편 경사면의 향에 대한 분석도 마찬가지 방법을 통해 이루어지는데, 처리되는 셀의 경사면의 향은 3 x 3의 인접한 셀들을 참조하여 최대 경사면 방향으로 결정된다. 산출된 수치는 경사면의 방향을 0°~360°로 나타낸 것이다. 여기서 '0'은 북쪽을 가리키며, '45'는 북동쪽, '90'은 동쪽, '180'은 남쪽을 각각 나타낸다. 한편 '-1'의 값은 경사도가 '0'인 셀의 경우로 경사도가 '0'이기 때문에 당연히 경사면의 방향을 갖지 않게 됨을 알려준다.

이와 같이 DEM 데이터를 이용한 지형 분석의 가장 기본적인 기능은 경사도와 경사면의 향을 분석하는 것이다. 이렇게 생성된 경사도와 경사면의 향 결과를 토대로 하여 지형을 시각화하여 표현하는 방법도 활용되고 있다. 힐쉐이딩(hillshading) 분석은 표면을 가

그림 10-12 DEM 데이터로부터 경사도와 경사면 향 분석 결과의 일례

DEM 데이터

100	100	100	100	200	300	300	200	200	100
100	100	100	100	200	300	300	300	200	100
100	100	100	100	200	300	300	300	200	100
100	100	100	100	200	300	300	300	200	100
100	100	100	100	200	300	300	300	200	100
500	500	500	500	200	300	300	300	200	100
1000	1000	1000	1000	200	300	300	300	200	100
1500	1500	1500	1500	500	500	500	500	500	100
2000	2000	2000	2000	500	500	500	500	500	100
3000	3000	3000	3000	500	500	500	500	500	100

(가) 경사도 산출

0.00	0.00	0.00	39.53	75.00	39.53	0.00	39.53	75.00	39.53
0.00	0.00	0.00	50.00	100.00	50.00	0.00	50.00	100.00	50.00
0.00	0.00	0.00	50.00	100.00	50.00	0.00	50.00	100.00	50.00
0.00	0.00	0.00	50.00	100.00	50.00	0.00	50.00	100.00	50.00
158.11	200.00	200.00	150.00	70.71	50.00	0.00	50.00	100.00	50.00
337.73	450.00	450.00	374.58	159.10	50.00	0.00	50.00	100.00	50.00
375.00	500.00	500.00	549.15	395.28	118.59	100.00	118.59	160.08	95.20
375.00	500.00	500.00	677.54	571 .18	113.19	100.00	113.19	201.56	166.77
565.96	750.00	750.00	988.24	833.85	0.00	0.00	0.00	0.00	0.00
395.28	500.00	500.00	1064.34	833.85	0.00	0.00	0.00	0.00	0.00

(나)경사면의 향 산출

−1	−1	−1	288	270	252	−1	108	90	72
−1	−1	−1	270	270	270	−1	90	90	90
−1	−1	−1	270	270	270	−1	90	90	90
−1	−1	−1	270	270	270	−1	90	90	90
342	0	0	0	315	270	−1	90	90	90
358	0	0	26	45	270	−1	90	90	90
0	0	0	41	55	342	0	18	51	67
0	0	0	52	66	354	0	6	60	77
354	0	0	55	77	−1	−1	−1	90	90
18	0	0	50	103	−1	−1	−1	72	108

그림 10-13 DEM 데이터로부터 힐쉐이딩 분석 방법

가

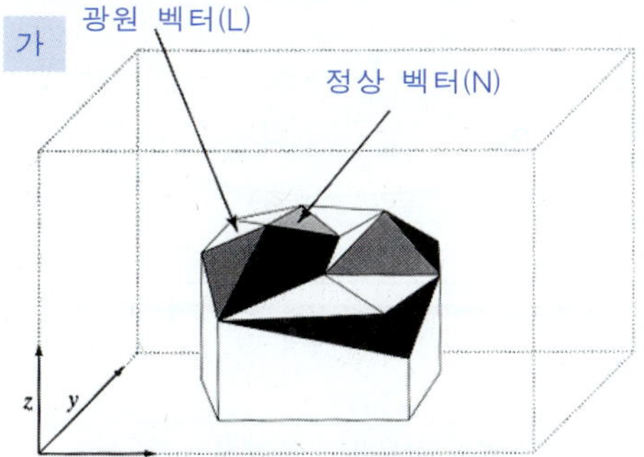

삼각면의 조도값은 L과 N에 의해 계산되어 회색조로 변환되어 표현됨(광원은 북서 방향으로 45각도에 놓여짐)

L x N = 0.0 < 조도값 < 1.0

나

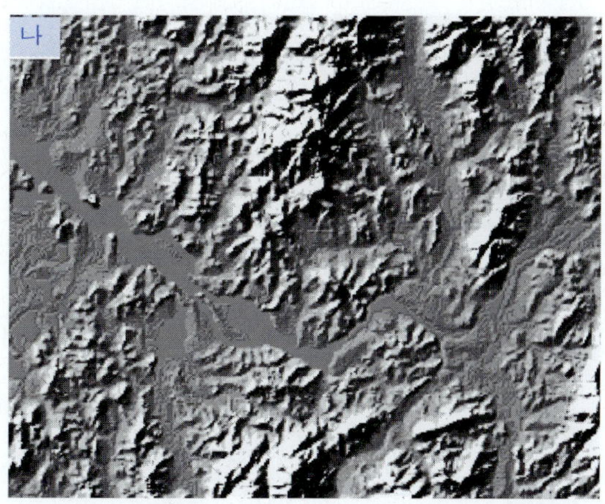

출처: Lo, C.P. and Yeung, A.K.W. (2007), *Concepts and Techniques of GIS*(2nd ed.), p. 355.

상의 광원으로 부터 조명한 상태를 계산하여 시각적으로 표현하는 방법이다. 이 방법은 어떤 주어진 위치에서 태양빛의 강도와 시간의 길이를 결정하는데도 사용될 수 있다. 경사도와 경사면에 대한 정보를 이용하여 slope-aspect 지수를 계산하여, 이 지수를 음영도 파일을 이용하여 지형 표면의 기복을 음영 상태로 표현한다.

TIN으로부터 힐쉐이딩 분석 방법은 산출된 경사도 벡터(정상 벡터: normal vector)와 관찰자의 관점에서 광원을 나타내는 조명 벡터(light vector)와의 관계로 부터 구축된다. 그림 10-13-가는 광원으로부터 각각의 삼각면들이 어떻게 서로 다른 조도를 갖게 되는가를 나타낸 것이다. 그림 10-13-나는 서울을 포함하는 DEM 데이터로부터 힐쉐이딩 분석 방법을 통하여 지형의 기복을 음영도로 나타낸 것이다. 이 그림에서 볼 수 있는 바와 같이 북한산과 관악산 주변의 고도가 높고 경사가 급한 구역들과 한강 유역의 경사가 낮은 구역들이 대조적으로 나타나고 있음을 엿볼 수 있다.

한편 시계(viewshed)는 관찰자의 시야에서 주변 지형이나 기타 장애물이 주어진 상태에서 관망할 수 있는 지역들을 파악하는데 사용된다. 예를 들면, 산불 화재 감시탑에서 얼마나 멀리까지 보이는가를 파악하는 것은 중요하다. 가장 최대로 보일 수 있는 지점은 어디이며, 식생높이, 눈높이(감시초소의 높이)에서의 시계를 분석하는 것이다. 관찰지점보다 높은 주변지형이 있다면 시계는 상당히 제한적이며 비가시지역이 상당히 많을 것이다. 그림 10-14-가는 관찰지점에서 보이는 가시 구역과 비가시 구역을 나타낸 것이며, 그림

그림 10-14 시계 분석(가시 구역과 비가시 구역의 명시)

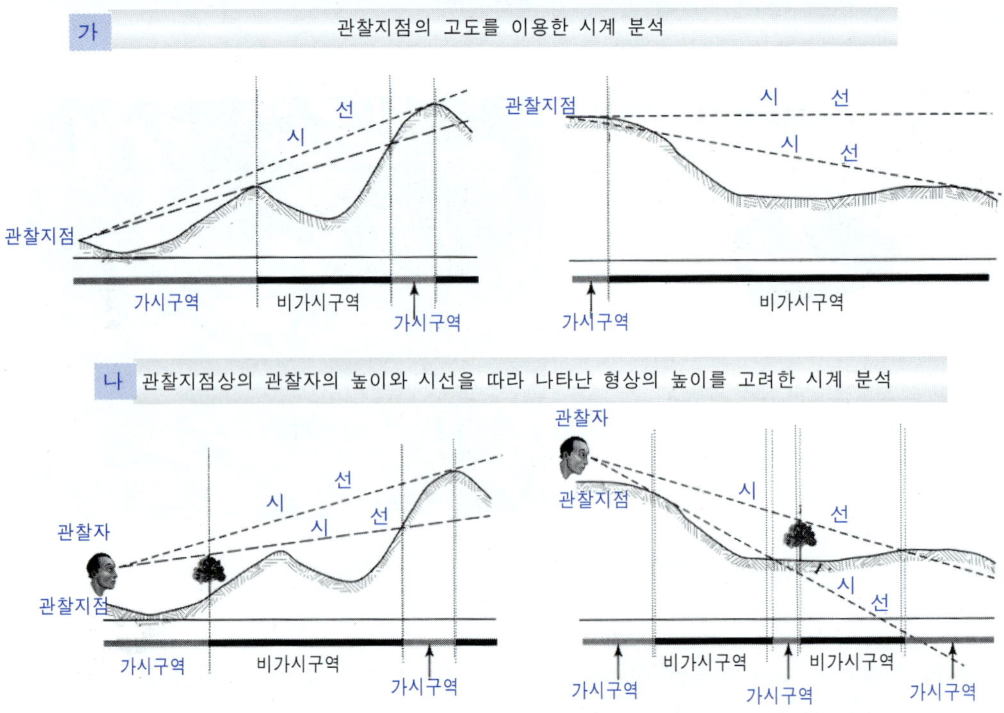

출처: Lo, C.P. and Yeung, A.K.W. (2007), *Concepts and Techniques of GIS*(2nd ed.), p. 172.

10-14-나는 관찰지점뿐만 아니라 관찰지점에 실제로 서있는 관찰자의 키와 시야를 가리우는 형상물들을 고려하여 보다 더 정확한 가시구역과 비가시구역을 분석한 것이다.

[2] 하계망 분석

DEM 데이터는 경사도와 경사면의 향을 분석하는 지형 분석뿐만 아니라 물의 흐름 방향 결정, 유역 면적과 하천의 수로, 최장수로 추출 등과 같은 수문학적 분석에도 활용된다. 특히 DEM을 활용한 유역 및 하천 추출방법은 대부분의 GIS 프로그램에서 사용자들이 쉽게 활용할 수 있도록 확장 프로그램으로 제공하고 있다. DEM 분석기법 가운데 수자원 분야에서 가장 중요한 유역 면적과 하천 수로를 추출하기 위한 알고리즘도 여러 학자들에 의해 개발되었으며, 최근에는 완경사 지역에서 하천 수로를 추출해내는 정교한 알고리즘까지 개발되고 있다.

이와 같이 수문학적 분석에 필수적인 입력 데이터인 DEM은 대부분 지형도의 등고선으로 생성된다. 일례로, 1/25,000 지형도에서 주곡선과 계곡선을 추출하여 먼저 TIN을 구축한다. 이렇게 구축한 TIN으로부터 10m 셀 크기의 DEM을 생성한다. 이와 같이 생성된 DEM으로부터 분수령과 하계망을 추출할 수 있다.

지표면에서 흘러내리는 하천 유출량은 중력의 영향을 받아 높은 곳에서부터 낮은 곳으로 이동하게 된다. 각 하천은 소유역으로부터 유출량을 공급받게 되며, 그 유출량은 보다 더 큰 하천에 전달된다. 이와 같이 하계망은 하천의 차수를 가진 네트워크로 구축되며, 하천 분기점과 유역경계에 의해 하천의 차수를 구분하게 된다. 일반적으로 물이 시작되는 지점에서 하구까지 물이 흘러가는 통로를 배수 시스템(drainage system)라고 하며, 유역분지 또는 유역면적(watershed, basin, catchment)은 물들이 집수되는 배수구라고 볼 수 있다. 즉, 유역분지는 주어진 배수구(pour point, outlet)로 흘러가는 전체 영역이라고 정의할 수 있다. 이러한 두 유역분지 간의 경계는 분수형(watershed boundary) 또는 배수 분할(drainage divide)이라고 한다. 물이 배수구로 이동하는 네트워크는 나무의 형태로 나타낼 수 있는데, 배수구는 나무의 밑부분에 해당된다. 가지 부분은 하천 수로에 해당되며, 두 하천의 수로가 만나는 곳은 분기점(junction)이 된다(그림 10-15-가 참조).

하천의 흐름 방향은 각 지점의 경사면에 의해 결정되는데, 앞에서 살펴본 바와 같이 경사면의 방향은 각 셀에서 고도값이 최대로 변하는 방향을 가리킨다. 경사가 급할수록 흐름의 에너지는 높아지며, 하천의 에너지가 높아지면 더 많은 입자를 운반하게 된다. 이렇게 물의 흐름은 가장 급한 경사방향으로 진행되기 때문에 일단 셀의 방향을 알고 나면 어떤 셀과 얼마나 많은 셀이 주어진 셀로 흘러들어가는가를 알 수 있다. 이러한 정보를 토대로 하여 유역 경계(분수령)와 하계망을 추출할 수 있다(그림 10-15-나 참조).

그림 10-15 하계망의 구조와 DEM으로부터 흐름 방향을 추출하는 과정

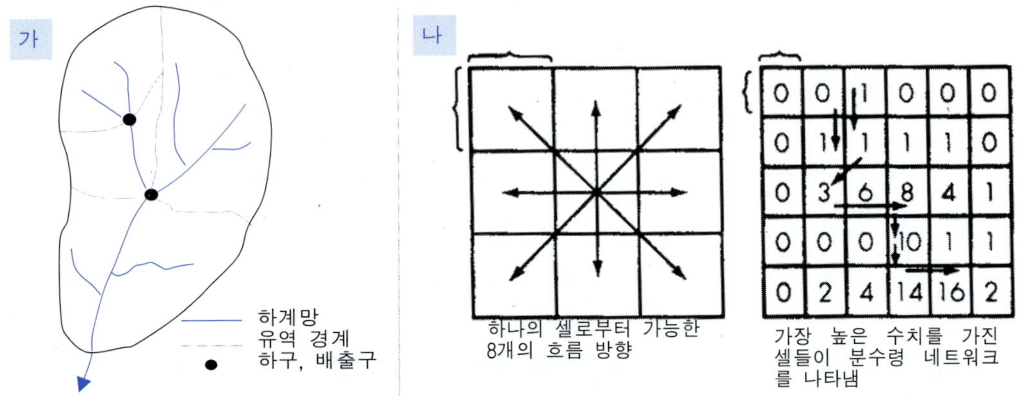

그림 10-16 DEM으로부터 유역 경계와 하천 수로를 추출해내는 과정

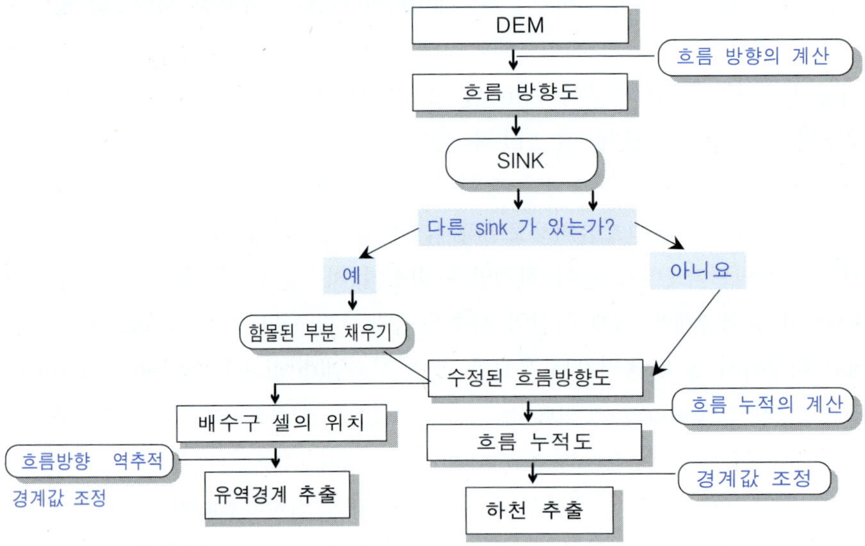

DEM으로부터 유역 경계와 하천 수로를 추출하는 일반적인 과정을 보면 그림 10-16과 같다. DEM 데이터를 토대로 하여 하계망을 분석하는 경우 주위가 높은 고도값으로 둘러싸여 있는 움푹 들어간 함몰된 곳(sink)이나 반대로 더 낮은 고도값으로 둘러싸인 뾰족한 산꼭대기 같은 곳(peak)을 정확하게 인식하지 못하여 오류가 발생하게 된다. 특히 sink와 같은 오류는 내부 배수 영역으로 인식되어 흐름의 방향을 계산하는 경우 잘못된 결과를 가져올 수도 있다. 그러므로 흐름의 방향 그리드를 구축하기 전에 sink의 유·무를 확인하고, 만약 sink가 있는 경우에는 이를 수정하여야 한다.

그림 10-17 DEM으로부터 하천의 수로망을 추출해내는 과정에서 발생하는 sink 문제

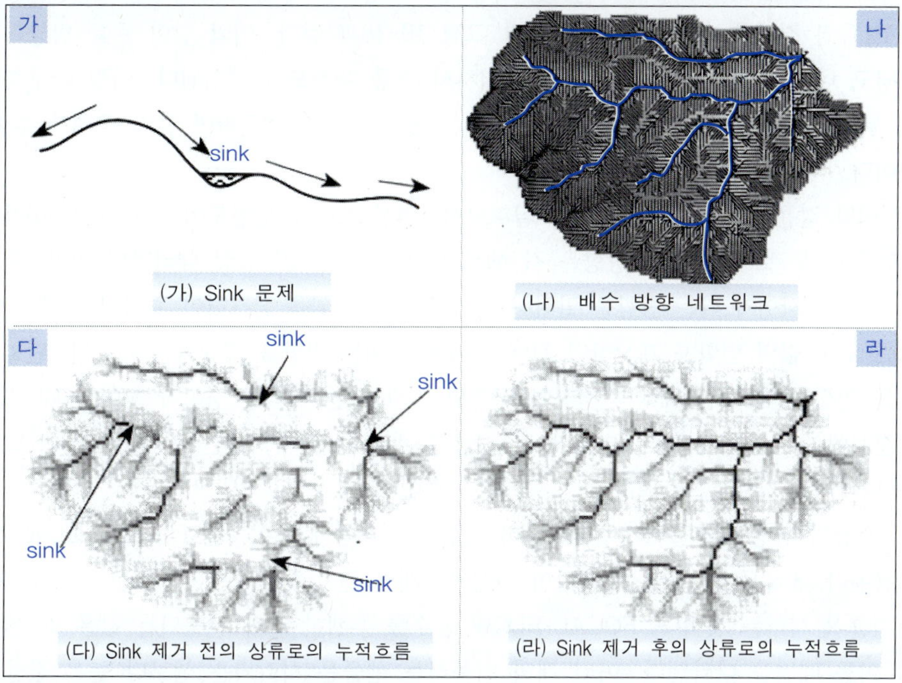

(가) Sink 문제

(나) 배수 방향 네트워크

(다) Sink 제거 전의 상류로의 누적흐름

(라) Sink 제거 후의 상류로의 누적흐름

출처: Burrough, P. A. and McDonnell, R.A. (1998), *Principles of GIS* p. 196.

그림 10-18 완경사지역에서 DEM으로부터 하천과 유역경계를 추출해내는 과정

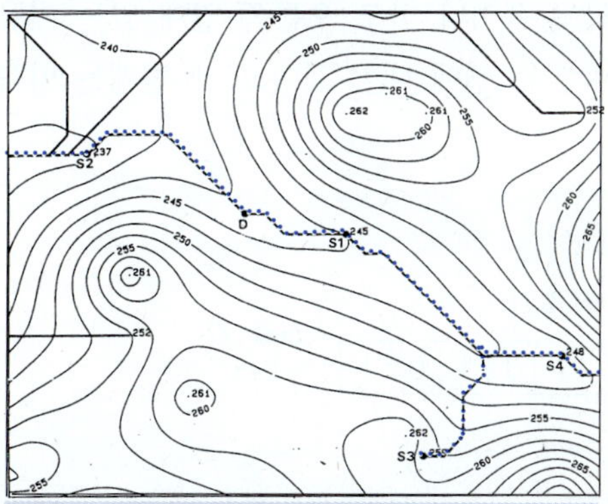

DEM을 이용한 유역경계 추출시 Sink를 제거하여 완경사지역의 유역경계를 추출하는 사례

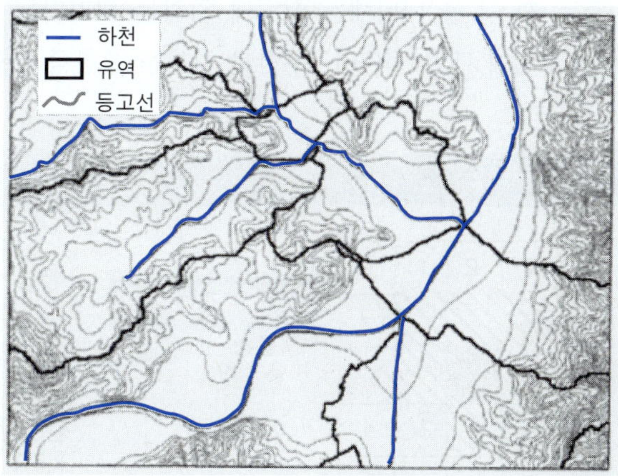

일반적으로 DEM 데이터에서 발생하는 오류인 sink는 주위 셀의 표고값으로 할당하는 채우기(filling) 방법을 통해 수정된다. 만일 sink 오류가 수정되지 않을 경우 하천의 수로

는 단절되는 형상을 나타내게 되며(그림 10-17-다), 함몰된 부분이 채워져야 하천의 수로가 연속적인 형상으로 나타나게 된다(그림 10-17-라 참조). Sink를 수정하여 완경사 지역에서 유역 경계를 추출한 사례를 보면 그림 10-18과 같다. 이와 같이 흐름 방향도가 생성되고 나면 흐름 누적의 연산과정을 거쳐서 흐름 누적도가 생성된다. 이렇게 구축된 흐름 누적도로부터 하천의 수로가 추출되며, 흐름 방향을 역추적하여 유역 경계가 추출되는 것이다.

이와 같은 과정을 보다 자세히 살펴보자. 먼저 흐름의 방향도(flow direction)가 산출되는 과정을 보자. 흐름의 방향은 각 셀로부터 가장 경사가 급한 내리막의 방향, 즉 최대로 경사의 차이가 나는 방향을 말하며, 인접한 8개의 셀을 참조하여 결정된다. 즉, 거리에 따른 고도 값의 변화를 계산하여 최대 차이를 보이는 방향을 결정하는 것이다. 만일 모든 모든 인접 셀에 대한 내리막 경사가 같으면 가장 급한 내리막 경사가 찾아질 때 까지 근접분석이 이루어지게 된다. 이렇게 가장 급한 내리막 경사가 발견되면 출력 셀이 그 방향을 나타내는 값으로 코드화된다.

흐름의 방향을 추출하기 위해 흔히 근접분석 기능에서 살펴본 FOCAL FLOW 기능이 사용된다. 3 x 3 이동창을 사용하여 인접한 8개의 셀이 처리되는 셀(focal cell)로 이동하는가를 분석하는 것이다. FOCAL FLOW 함수를 수행한 결과 산출되는 값은 각 셀에 대한 이동 패턴을 나타낸다. 여러 개의 이웃하는 셀들은 처리되는 셀보다 높은 값을 가질 수도 있다. 처리되는 셀의 이웃으로부터 그 셀로의 이동에 대한 조합을 나타내기 위한 패턴은 이진법 형식으로 저장된다. 즉, 그림 10-19에서 볼 수 있는 바와 같이 처리되는 셀의 이웃에 있는 각 셀의 위치는 8비트 정수로 비트 위치에 할당된다. 제일 오른쪽에서 숫자 '1'을 나타내는 첫번째 위치는 처리되는 셀의 동쪽이나 바로 오른쪽 옆에 있는 이웃셀에 대한 것이다. 두번째 위치는 오른쪽 하단에 있는 셀에 대한 것이고 세 번째는 남쪽

그림 10-19 DEM으로부터 흐름의 방향을 추출해내는 과정

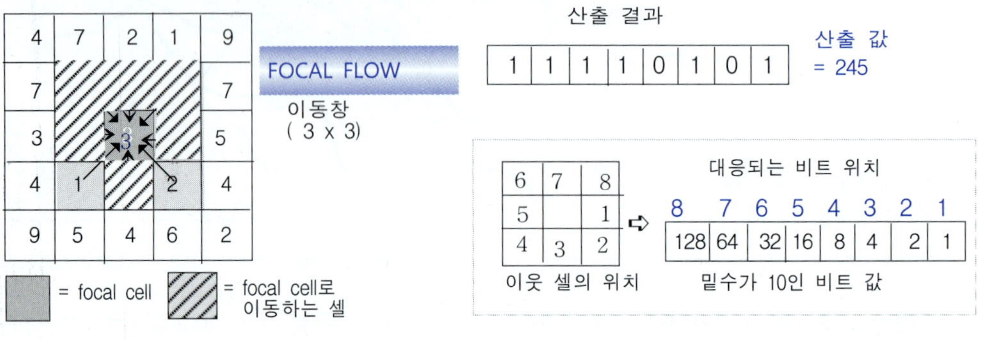

출처: DeMers, M.N. (2002), *GIS Modeling in Raster*, p. 68.

에 있는 셀에 대한 것으로 시계 방향으로 순서대로 출력값을 갖게 된다. 이웃 셀이 더 높은 값을 가지는 셀이어서 이동하게 된다면 비트에는 '1'이 할당되며, 이웃 셀이 더 낮은 값을 가지는 경우에는 비트에는 '0'이 할당된다. 이런 방법으로 이웃하는 모든 셀이 평가되어 값이 할당될 때 이진 숫자는 밑이 10인 값과 산출 커버리지에서 처리되는 셀의 해당위치에 대한 출력으로 변환된다. 주어진 사례에서 1번, 3번, 5번, 6번, 7번, 8번 셀이 1로 할당되었으며, 이 비트 위치에 해당하는 밑이 10인 값을 이용하여 계산된 245 (1+4+16+32+64+128)라는 값이 focal cell에 산출값으로 부여된다.

흐름의 누적도(flow accumulation)는 각 셀에서 누적된 흐름을 각 내리막 경사로 흘러가는 모든 셀에 대한 누적 가중치를 통해 산출된다. 흐름의 누적이 높은 셀은 흐름이 집중되는 영역이며, 이를 토대로 하천의 수로를 인식하게 된다. 반면에 흐름의 누적이 '0'인 셀은 능선을 나타낸다. 하천 수로는 흐름의 누적도가 생성되면 이를 바탕으로 하천의 순위, 지류의 수 등의 하천 유형을 분류하게 되며, 하천의 길이도 측정될 수 있다. 또한 흐름 방향 그리드로부터 역추적하여 분수령 또는 유역분지의 경계도 추출할 수 있다. 이상에서 살펴본 DEM으로부터 하계망을 추출해내는 수문학적 접근방법을 개념화하여 나타내면 그림 10-20과 같다. 이 그림에서 볼 수 있는 바와 같이 DEM의 각 셀의 고도값으로

그림 10-20 DEM으로부터 하계망을 추출해내는 수문학적 접근방법에 대한 개념

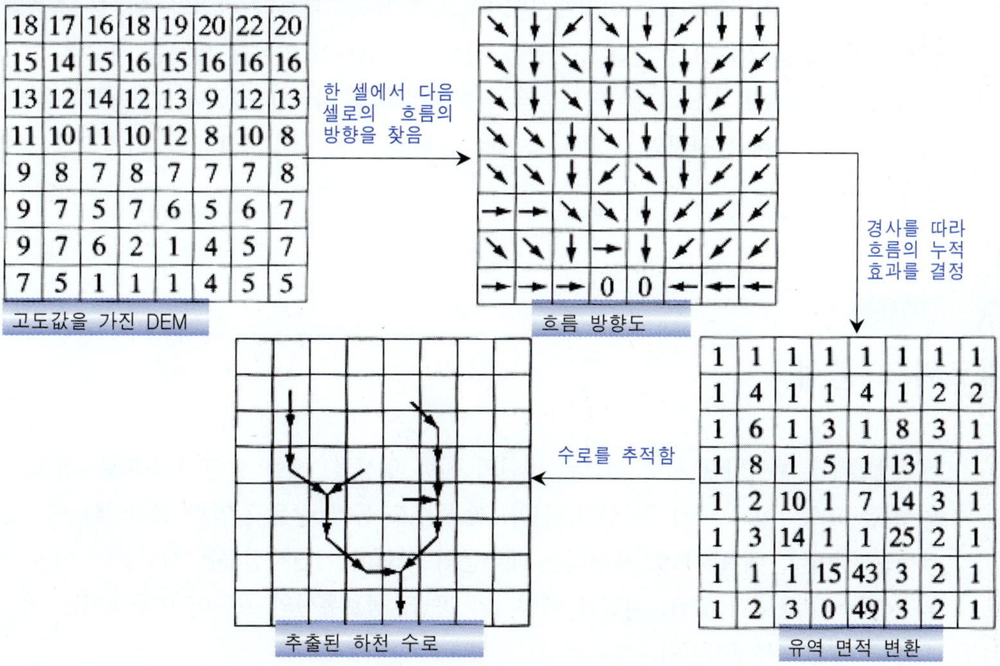

출처: Lo, C.P. and Yeung, A.K.W. (2007), *Concepts and Techniques of GIS*(2nd ed.), p. 353.

그림 10-21 섬진강의 압록을 하구로 하여 추출된 유역경계와 하천

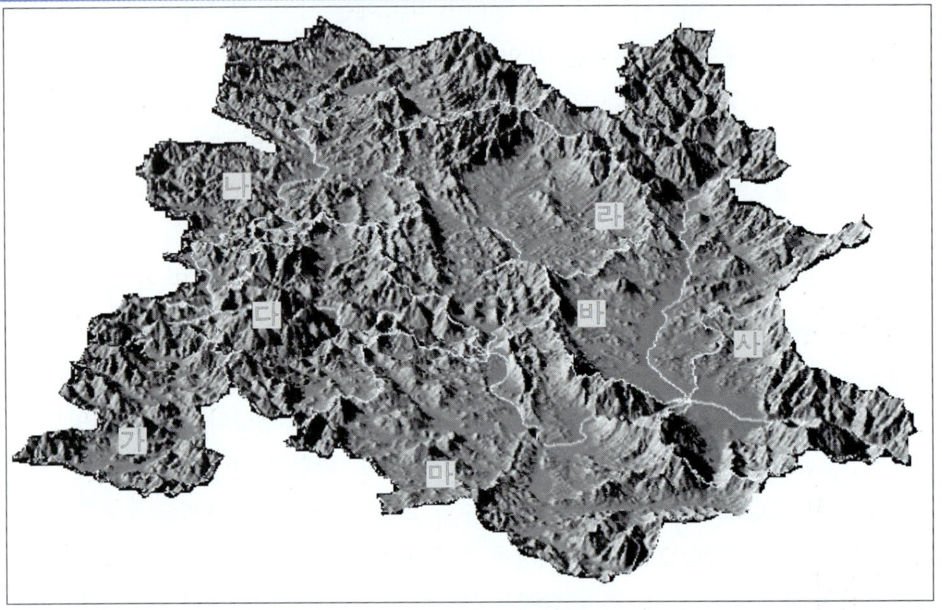

부터 이동 창을 이용하여 처리되는 셀의 흐름 방향이 결정되면, 최대 경사를 가진 방향으로 흐름 누적도가 구축된다. 이렇게 생성된 흐름 누적도로부터 하천의 수로를 추출할 수 있게 된다. 그림 10-21은 전남 구례군을 지나가는 섬진강 가운데 압록을 하구로 한 유역경계와 하천 수로를 DEM 데이터로부터 추출한 결과를 나타낸 것이다. 가~사의 유역분지의 분수령의 경계와 하천의 수로는 앞에서 살펴본 흐름 방향도과 흐름 누적도를 통하여 추출한 것이다.

제 3 절

네트워크 분석

네트워크 분석이란 서로 연관된 일련의 선형 형상물, 예를 들면 고속도로, 철도, 도로와 같은 교통망이나 하천 및 전기, 전화, 상.하수도 등과 같은 관망의 연결성과 경로를 분석하는 것이다. 네트워크로 표현되는 대부분의 사회적 기반시설들은 사람들의 이동, 재화와 서비스의 운송과 공급, 자원과 에너지의 공급, 정보통신의 흐름이 이루어지는 매우 중요한 도시의 하부구조이다.

이렇게 네트워크를 통하여 다양한 물자와 서비스가 유통되고 경제활동에 상당히 영향

을 미치고 있음에도 불구하고 현재 GIS 소프트웨어에서는 네트워크 기반의 데이터를 분석할 수 있는 다양한 기능들이 개발되지 못한 상황이다. 일반적으로 GIS 소프트웨어에서 제공하는 기능들은 폴리곤을 기반으로 하는 자원이나 환경 분야의 적용에는 상당히 발달된 반면에, 네트워크를 기반으로 하는 분석과 응용을 위한 기술 개발은 많이 이루어지지 못한 편이다. 그러한 이유는 대부분의 소프트웨어가 일반적인 공간 데이터 모델과 달라서 네트워크 데이터 구조를 구축하는 것이 쉽지 않으며, 네트워크 분석은 매우 정교한 과정과 복잡한 알고리즘이 포함되기 때문이다.

네크워크 분석은 크게 다섯가지로 유형화할 수 있다. 첫째, 최단 경로나 최소 비용 경로를 찾는 경로 탐색(path finding) 기능, 둘째, 시설물을 적정한 위치에 할당하는 배분(allocation) 기능, 네트워크상에서 연결성을 추적하는 추적(tracing) 기능, 지역 간의 공간적 상호작용(spatial interaction), 그리고 수요에 맞추어 가장 효율적으로 재화나 서비스 시설을 입지시키는 입지-배분 (location-allocation) 기능으로 구분해 볼 수 있다(그림 10-22 참조). 이러한 네트워크 분석 기능들은 주로 벡터 데이터를 기반으로 하는 분석 기법이다.

그림 10-22 네트워크 분석의 기능들

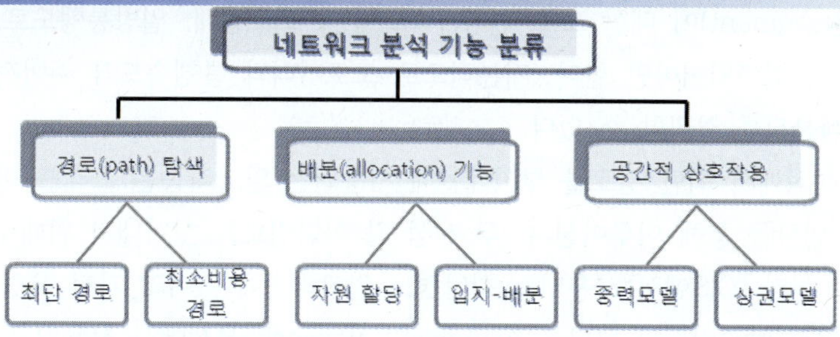

[1] 경로 탐색

네트워크 분석의 목적은 서로 연결된 경로를 따라 사람, 물자, 정보의 유동이나 또는 파이프 라인, 통신망, 가스, 전력 등과 같이 관망을 통해 이동되는 경로를 표현하고 분석하는 것이다. 네트워크 분석의 가장 전형적인 활용분야는 두 지점사이의 최소 비용 또는 최단 거리를 찾아내는 경우나, 주어진 일련의 지점들을 통과하면서 최소 비용 또는 최단 경로를 추출해내는 경우, 그리고 특정 지점으로부터 주어진 비용 내에 있는 지점들을 찾아내는 등의 경로를 탐색(path finding)하는 기능이다.

이러한 경로 탐색을 위해서는 무엇보다도 먼저 네트워크 데이터 구조가 구축되어야 한다. 일반적으로 네트워크 데이터는 선분, 교차점, 회전의 세가지 구성요소가 위상적으로 구축된다. 흔히 아크라고 불리우는 링크(link)는 네트워크를 구성하는 기본 단위이다. 개개의 링크는 각각의 ID와 도로명, 길이, 도로 번호, 제한 속도 등등과 같은 속성을 지니고 있으며, 시설물의 경우 선분 번호와 길이, 수송 용량 등의 속성을 나타낸다. 한편 교차점은 흔히 노드(node)라고 불리우는데, 링크들이 서로 만나는 지점이다. 노드는 개개의 ID와 선분의 시작점과 끝점에 대한 정보를 갖고 있다. 회전(turn)은 교차점을 통해 이동하는데 요구되는 시간이나 비용을 명시해주는 수치이다. 예를 들면 5초로 나타난다면 특정한 교차점에서 멈춤(stop) 신호인 경우 소요되는 시간은 5초임을 말해준다. 만일 15초라면 신호등이 15초로 할당되어 있음을 말해준다. 이러한 수치는 일상적인 도로망에서 주어진 도로에서 원하는 도로까지 가는데 거치게 되는 신호등에서 소요되는 시간을 알려주는데 도움이 된다.

경로 탐색에서 가장 많이 활용되는 기능은 네트워크 상에서 여러 지점을 경유하여야 할 때 최단거리를 탐색하는 것이다. 주어진 출발 지점에서 목적 지점까지 이동하려는 경우 최단경로(shortest path)를 찾는 일은 모든 가능한 경로를 탐색하여 그 가운데 가장 짧은 거리를 나타내는 경로를 찾아내는 것이다. 이러한 작업을 수행하기 위해서는 각각의 네트워크 선분(segment)에 대한 도로 연장, 속도제한, 도로상태, 일방통행도로, 도로명과 같은 속성정보가 입력되어야만 한다. 기본적으로 도로거리와 통행속도가 주어져야만 어느 도로가 가장 빠른지를 결정할 수 있다.

네트워크 분석에서 최단 경로를 찾아내는데 사용되는 알고리즘은 그래프 이론에 토대를 둔 수학적 연산을 통해 이루어진다. 두 지점 간 최단경로를 찾아내기 위해서는 상당한 계산을 필요로 한다. GIS에서 사용되는 최단경로 알고리즘에는 여러 가지 유형이 있으며, 가장 널리 알려진 알고리즘의 하나로 ArcView의 Network 분석에서 사용되고 있는 것은 Dijkstra(1959)에 의해 개발된 알고리즘이다. 이 알고리즘은 출발 지점과 목적 지점간의 최단경로를 찾기 위하여 노드로 연결된 모든 두 지점사이에서 가능한 경로를 모두 검색하여 최단거리를 탐색하여 최적의 경로를 선택하는 것이다.

이 알고리즘은 출발 지점을 기준점으로 하여 분석되기 시작하는데, 출발지점과 도착지점으로 지정하여 도착 지점 테이블에 입력한다(그림 10-23-가 참조). 그리고 이 지점과 연결되는 모든 교차점들을 스캔하여 찾은 스캔된 지점(scanned node)들 가운데에서 가장 가까운 지점인 R이 다시 도착 지점 테이블에 추가된다(그림 10-23-나 참조). 다시 R지점과 연결되는 모든 교차점을 스캔하여 찾은 지점들 가운데 가장 가까운 지점인 N지점이 다시 도착 지점 테이블에 추가된다. 이와 같이 스캔된 지점 테이블로부터 출발지점과 가장 가까운 지점이 다시 도착지점 테이블로 입력되는 방법을 반복적으로 시행하여 최종

그림 10-23 Dijkstra의 최단경로 알고리즘을 이용한 최단경로의 탐색과정

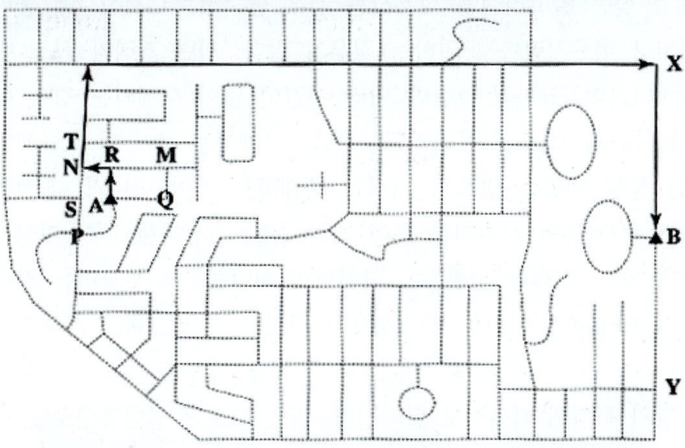

(가) 최단경로 연산의 시작

도착지점 테이블

노드	누적적 거리	이전 노드
A	0	--

스캔지점 테이블

노드	누적적 거리	이전 노드
A	0	--

(나) A로부터 P,Q,R까지의 거리

R지점이 더 가까우므로 도착지점으로 선정됨

도착지점 테이블

노드	누적적 거리	이전 노드
A	0	--
R	80	A

스캔지점 테이블

노드	누적적 거리	이전 노드
P	120	A
Q	105	A
R	80	A

(다) R로부터 M, N까지의 거리

N지점이 더 가까우므로 도착지점으로 선정됨

도착지점 테이블

노드	누적적 거리	이전 노드
A	0	--
R	80	A
N	130	R

스캔지점 테이블

노드	누적적 거리	이전 노드
P	120	A
Q	105	A
M	184	R
N	100	R

(라) X,Y로부터 B까지의 거리

B지점이 더 가까우므로 도착지점으로 선정됨

도착지점 테이블

노드	누적적 거리	이전 노드
A	0	--
R	80	A
N	130	R
T	180	N
--		
--		
B	1250	X

스캔지점 테이블

노드	누적적 거리	이전 노드
B	1250	X
B	1565	Y

출처: Lo, C.P. and Yeung, A.K.W. (2002), *Concepts and Techniques of GIS* p. 215.

목적지에 도착할 때까지 이루어진다. 주어진 사례의 경우 N 지점이 다시 출발 지점이 되고, N 지점으로부터 가장 가까운 지점인 T 지점이 선정되는 반복적인 연산과정을 거쳐서 최종 목적지인 B지점까지의 경로를 찾아내는 것이다(그림 10-23-다, 라 참조). 이 알고리즘의 특징은 최단의 누적 거리를 가지는 스캔된 지점을 선택하여 도착 지점 테이블에 차례차례로 추가하는 것이다. 즉, 출발 지점과 도착 지점까지의 최단경로는 스캔된 지점들 가운데 가장 짧은 거리 지점을 선택하여 누적적인 거리 연산을 통해 최단경로를 구축하는

것이다.

그러나 실제로 최단경로를 찾는 알고리즘을 적용하는 경우 단순히 두 지점간에 물리적인 거리가 아니라 시간거리나 비용거리를 도입하는 경우가 많다. 최단 거리와 최소 비용거리나 최소 시간거리와는 다르며, 교통의 흐름에 따라 시간이 많이 지체되는 경우 최단 거리보다는 통행시간에 토대를 둔 최소 시간거리의 경로를 찾아내는 것이 더 효율적인 경우가 많다. 통행 시간이나 통행 비용은 반드시 거리와 비례하는 것이 아니기 때문에, 각 도로선분에 대한 제한속도, 신호등의 지체시간 등에 따라 출발 지점에서 도착 지점까지 소요되는 시간은 달라지게 된다. 이러한 상황들을 고려하여 최단경로를 찾으려는 경우 네트워크 데이터를 구축 시에 이러한 상황들에 대한 정보가 입력될 수 있도록 위상구조를 구축하여야 한다.

최단경로의 선정은 도로망의 특성에 따라서도 달라진다. 만일 도로가 일방통행로일 경우나 공사 중인 도로를 경유하여야 하는 경우에는 그림 10-24-가에서 볼 수 있는 바와 같X지점에서 Z지점까지의 최단경로는 달라지게 된다. 뿐만 아니라 통행속도는 대개 전체 네트워크 상에서 일정하지 않으며 많은 요인으로 인해 지체되기도 하고 원활하게 소통되기도 한다. 통행에 장벽을 주는 도로 공사중이나 도로가 폐쇄되는 경우와 같이 마찰표면

그림 10-24 마찰표면이 존재하는 경우의 경로 탐색

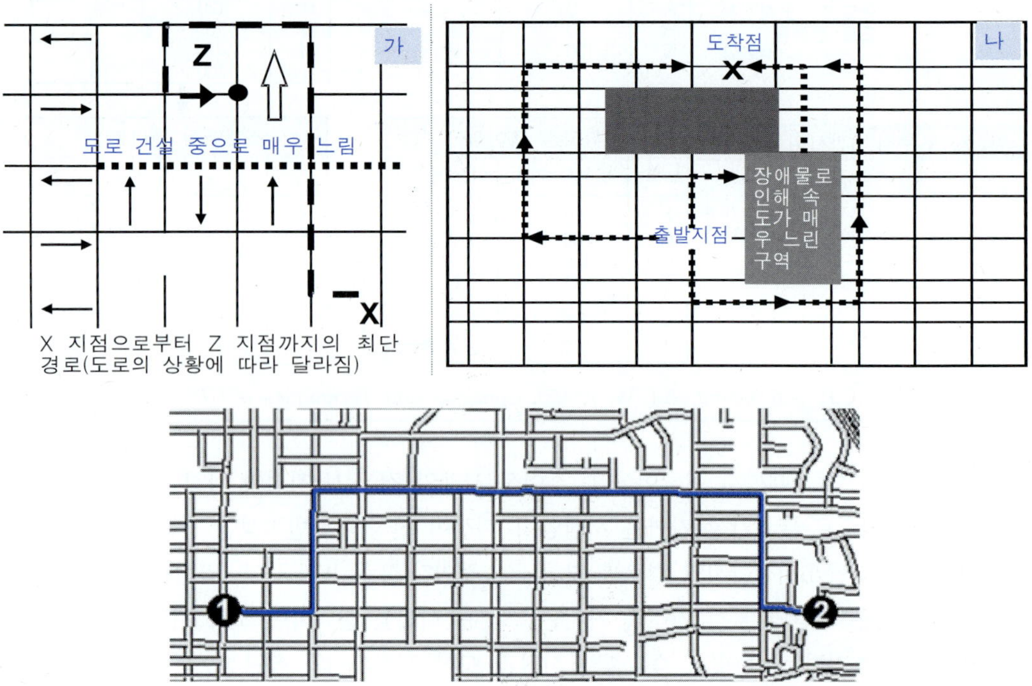

그림 10-25 최적 경로를 탐색하는 사례

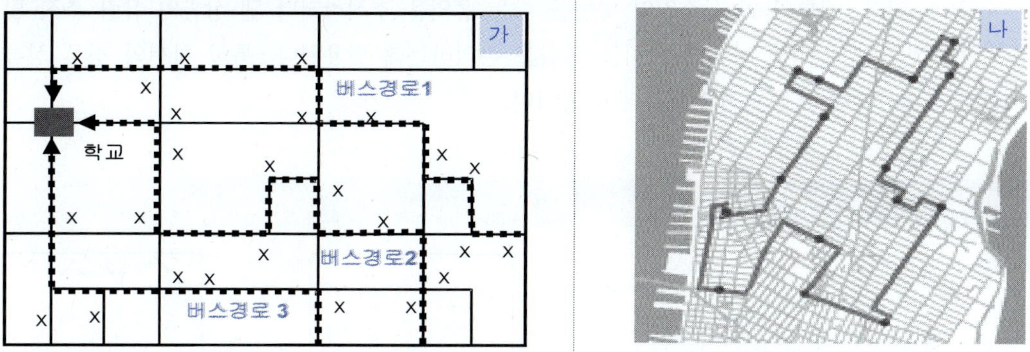

제안된 통학버스 경로
x 학생들의 거주지

주어진 체인점에 물자를 배송하는 최적 경로의 선정

(friction surface)이 존재하는 경우 출발 지점에서 도착 지점까지의 다양한 경로가 고려될 수 있다. 즉, 그림 10-24-나에서 볼 수 있는 바와 같이 우회하여 통행하는 것이 보다 빠른 경우도 있다. 이와 같이 네트워크 분석을 통한 효율적인 경로선정은 많은 사업과 서비스, 특히 응급출동과 같은 서비스에서 아주 중요하다. '시간은 돈'이라는 말이 있듯이, GIS를 통해 비용을 절약할 수 있는 최단경로의 선정은 매우 중요하다.

경로 탐색기능을 활용하는 또 다른 예로는 효율적인 통학버스 경로선정을 결정하는 경우이다. 학교 주변에 여기저기 흩어져 거주하고 있는 학생들을 가장 효율적으로 통학버스를 운영하려는 경우 버스 노선은 사용가능한 자원을 최대화할 수 있도록 각각의 노선버스에 대한 최적 경로를 탐색하여야만 한다. 학생들에 대한 최적의 서비스뿐만 아니라 통학에 소요되는 시간과 연료 비용도 고려되어야 한다. 그림 10-25-가는 어떠한 학생도 반블럭 이상을 걷는 일이 없도록 하면서 시간을 최소한으로 줄일 수 있도록 세개의 노선을 최적 경로로 선택하여 통학 버스가 운행되는 사례를 나타낸 것이다. 그림 10-25-나는 체인점들이 필요한 물자를 효율적으로 배송하는 최적 경로를 추출한 또 다른 예를 나타낸 것이다. 이와 같이 GIS의 네트워크 분석을 통한 최적 경로 탐색기능은 복잡한 주어진 상황들을 고려하여 효율적 경로를 추출하는데 유용하다.

최적 경로의 선정은 화재나 응급환자가 발생할 경우 소방차나 구급차, 경찰 차량의 운전 경로에서부터 항공기의 운항 경로를 결정하는데 사용될 수 있다. 또한 대중교통을 위한 버스의 운행 경로, 긴급 우편물의 배달이나 지방자치단체의 폐기물 수거 차량의 적정한 수거노선을 결정하는 경우 등을 포함하여 다양하게 활용될 수 있다.

그밖에도 네트워크 분석기능 가운데 추적(tracing) 기능도 활용되는 사례가 있다. 추적이란 네트워크 상에서 연결된 지점과 경로간의 흐름을 밟아가는 것이다(그림 10-26 참조). 네트워크 상의 경로를 추적함으로서 네트워크 하부구조 의 유지보수 및 관리에 활용될 수 있다. 예를 들면 상수원의 영향을 주는 유역을 추적하거나 댐 상류의 유량 추적 및 오염 발생으로 인해 하류에 미치는 영향을 분석하는데 활용된다. 특히 하천의 경우 상류 또는 하류로의 흐름을 추적하는데 유용하다.

그림 10-26 네트워크 분석에서 사용되는 추적 기능

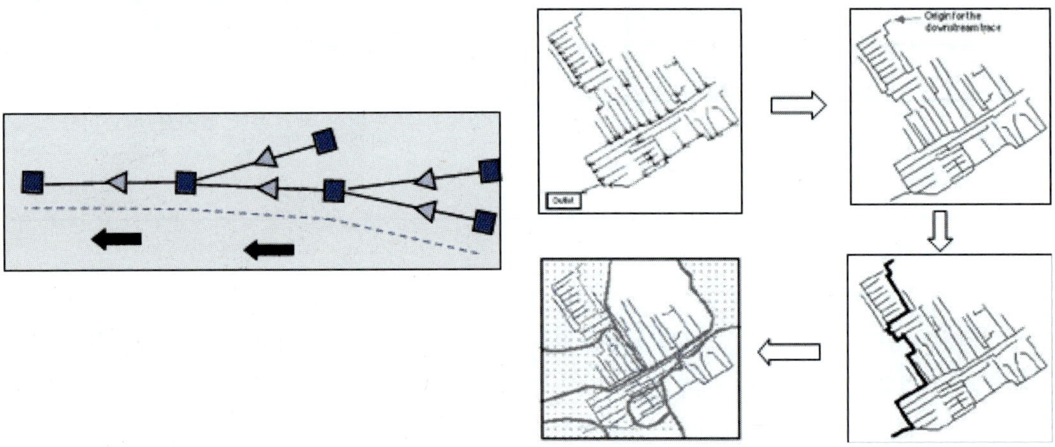

[2] 자원의 배분

자원의 배분 기능은 네트워크상에서 흩어져있는 고객들에게 공급지로부터 자원을 합리적이고 효율적으로 배분하는 것을 말한다. 배분(allocation) 기능은 네트워크 시스템에서 수요와 공급을 모델링하는 것이라고 볼 수 있다. 여기서 공급이란 공급지에서 갖고 있는 자원이나 상품의 양을 말하며, 수요란 공급지 주변에서 이러한 자원이나 상품을 필요로 하는 양이다. 따라서 자원 배분이란 공급지로부터 제공되어야할 재화나 서비스가 제한적일 경우, 수요가 공급을 초과하지 않는 적정 범위를 찾아내는 것이다.

자원 배분의 대표적인 예를 들면 심한 폭설이 내린 후에 모래와 자갈 공급지로부터 도로에 모래를 공급하는 경우, 관개수로로부터 물을 공급하는 우물의 위치, 학생들을 학군내의 학교로 배정하는 경우, 전력 발전소에서 전력을 공급하는 수요자의 범위 등등 다양하게 활용될 수 있다. 자원을 배분하는 경우 자원이 다 고갈되거나 또는 네트워크상에서 수요가 충족될 때 까지 반복적으로 수행된다. 즉, 수요의 합계가 공급량과 같아지게 되면 배분 작업이 중단된다.

그림 10-27 학생들을 학교에 배정하는 자원 배분의 사례

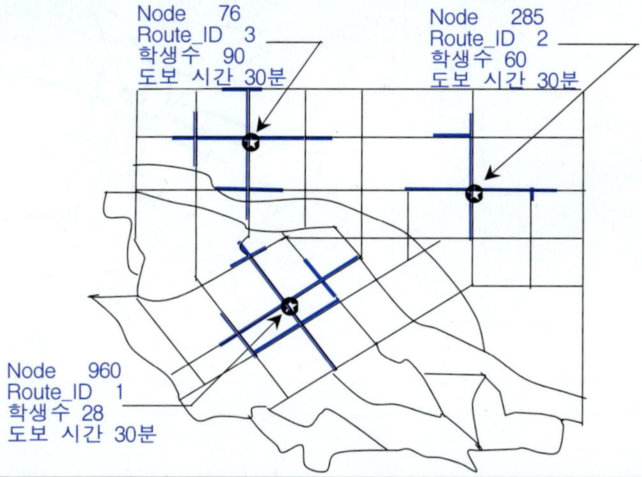

학교-ID	경로-ID	최대 시간	수용 학생수	할당 학생수	통학시간
960	1	30	30	28	30
285	2	30	60	60	30
76	3	30	90	90	30

네트워크상에서 자원 배분의 기능을 수행하는 경우 일반적으로 임피던스(impedance)를 정하게 된다. 임피던스란 공급지로부터 수요지로 이동하는데 방해가 되는 요소로, 흔히 이동하는데 걸리는 시간이나 비용을 말한다. 예를 들어 소방서의 관할 구역을 설정하는 경우 소방서로부터 10분 이내에 있는 구역으로 한정하거나, 학생을 학교에 배정하는 경우 통학시간이 30분 이상의 학생은 그 학교에 배정하지 않는다는 기준 등이다.

자원배분의 일례로 신입생을 배정하는 경우를 살펴보자. 통학하는 시간이 30분을 넘지 않도록 학생들을 주어진 세 곳의 학교에 배정하는 경우 각 학교의 수용인원을 고려하여 'allocate' 명령어를 수행하면 그림 10-27에서 볼 수 있는 바와 같이 각 학교의 수용인원을 고려하면서 전체적으로 가장 가까운 학교에 학생들이 배정될 수 있다. 자원배분의 기능은 수요량과 공급량을 고려하지 않고 단지 최대 제약요소(impedance)만을 기준으로 하여 권역을 할당할 수도 있다.

또 다른 예를 들어 119 소방서나 구급차의 경우 비상 차량의 이동 시간이 최대 20분 이내에 도착할 수 있도록 제약요소를 정하는 경우가 많다. 이는 심장마비 환자들이 20분 이내에 응급처치를 받으면 소생할 수 있는 확률이 높기 때문이다. 이에 따라 소방서의 서비스 권역은 소방서의 위치에서 20분 이내의 출동거리에 속하는 구역들로 배분하고 있다. 이런 경우 서비스 권역은 네트워크를 기준으로 하여 탐색되므로 시간 거리를 기준으로 하여 서비스 권역에 속한 도로들이 선택된다(그림 10-28 참조).

그림 10-28 자원 배분 기능을 통한 서비스 권역의 설정의 일례

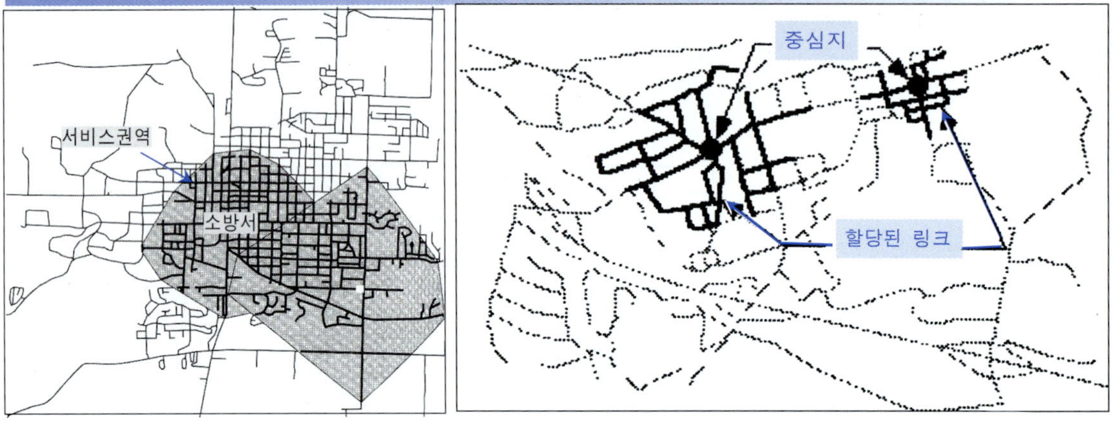

[3] 공간적 상호작용 모델

공간적 상호작용 분석은 중력 모델에 기반을 둔 것으로, 서로 다른 입지사이에서 일어나는 상호작용과 입지의 접근성을 파악하는데 목적을 두고 있다. 공간적 상호작용 모델은 두 지점간의 거리가 가까울수록 상호작용이 활발하게 일어나며, 두 지점 간에 거리가 멀수록 상호작용이 적게 일어나며, 방문하고자 하는 지점으로의 접근성이 높고 매력도가 높을수록 상호작용이 증가한다는 전제하에서 이동시간이나 통행 비용을 기준으로 하여 여러 입지 간에 일어나는 상호작용을 파악하는 것이다.

공간적 상호작용 모델은 상점이나 소방서, 학교, 병원 등의 시설물의 최적 입지를 선정하는 의사결정시에 필요한 정보를 추출하는데 사용된다. 거리와 통행 비용과 시설물에 대한 수요 수준을 고려하여 사람들이나 재화의 흐름을 예측하는데도 활용된다. 또한 대형할인점이나 백화점 등의 상점을 새롭게 입지시키려는 경우 가장 잠재적인 고객을 많이 유도할 수 있어 수익성이 크리라 예상되는 곳을 선정하는 경우에도 사용된다. 특히 공간적 상호작용 모델은 서로 경쟁하고 있는 기존의 업체들을 고려하면서 새롭게 상점을 입치시키려고 하는 경우 최대 수익을 올릴 수 있는 대안적인 지점들을 평가하는데도 활용된다.

공간적 상호작용 모델은 시설물이나 상점을 목표지로 보고 잠재적인 수요자인 고객들을 기원지로 간주한다. 개개의 목표지는 매력도에 따라 가중치가 부여될 수 있다. 상점의 경우 매력도는 매장면적, 주차 공간, 상점에 대한 이미지 등등으로 측정될 수 있다. 학교나 병원의 경우 학생수나 병실수 등으로 매력도를 측정할 수 있다. 한편 기원지, 즉 수요지점도 가중치를 부여할 수 있는데, 예를 들면 거주자수, 소득 수준, 시설물을 이용하려는 성향 및 고객의 사회·경제적 요인이나 연령이나 성별 등의 인구학적 요인들에 따라 가중

치를 부여할 수 있다.

공간적 상호작용 모델은 초기에는 단지 거리에 따라 상호작용이 감소되는 것으로 중력모델을 그대로 적용하였으나, 두 지점간의 이동거리는 단지 물리적인 거리보다는 교통망이나 이용수단에 따라 달라지므로, 주로 접근성의 개념을 도입하고 있다. 접근성이란 한 장소에서 다른 장소에 어느 정도 용이하고 편리하게 도착할 수 있는 정도를 종합적으로 측정하는 것으로, 일반적으로 접근성은 거리에 따른 비용이나 시간으로 측정될 수 있다. 공간적 상호작용 모델은 기원지와 목표지간의 통행도 중요하기 때문에 여러 경로간의 최적 경로를 추적하고 하나의 목표지로 가장 가까운 수요자들을 할당시키는 작업을 동시에 수행하는 것이라고 볼 수 있다.

최근 소매환경의 변화에 따라 대형할인점이나 편의점과 같은 새로운 업태들이 등장하면서 기존의 경쟁 상점들에 어떠한 영향을 미치는가에 대한 분석과 새로운 체인점의 최적입지를 선정하기 위한 분석 방법으로 공간적 상호작용 모델이 이용되고 있다. 소비자들의 점포선택과 소매상권의 크기를 예측하는데 가장 널리 이용되어 온 공간적 상호작용모델의 하나는 Huff 모델(1964)이다. Huff는 각 점포의 상권의 범위를 설정하기 위해 일종의 확률모델을 제시하였다. 즉, 소비자가 동일 지역의 여러 상점들 가운데 특정상점을 선택할 확률은 그 점포로부터 얻을 수 있는 효용과 이윤에 의해 결정되며, 이 확률은 특정 지역내의 모든 점포가 제공하는 총효용의 합계 중에서 특정 점포에 의해 제공되는 효용의 크기가 차지하는 비율과 같다고 보고 있다. 근본적으로 Huff의 모델은 한 점포가 차지하는 소비자의 점유율은 거리에 반비례하고 상점의 매력과 직접적으로 관계가 있다는 중력모델에 기초하고 있다. Huff 모델을 간략히 나타내면 다음과 같다.

$$P_{ij} = \frac{C_j / D_{ij}^{\alpha}}{\sum C_j / D_{ij}^{\beta}}$$

P_{ij} : i 지점에서 j상점을 이용할 확률
C_j : 상점의 매장면적
D_{ij} : i지점에서 j지점까지의 거리

Huff의 연구는 이후 많은 수정을 거치면서 지속적으로 연구가 이루어지고 있으며, 상점의 매력으로 매장면적 이외에도 상품의 구색이나 매장 분위기, 주차시설, 점원의 친밀도, 서비스의 질, 가격, 제품의 다양성, 편의성, 휴식공간 등 점포의 이미지로 측정하려는 노력과 함께 교통비용과 교통 편리성을 포함하는 접근성 개념의 도입과 소비자의 효용함수를 평가하기 위한 모델들도 등장하였다.

공간적 상호작용 모델은 잠재적 상점의 최적입지를 체계적으로 평가하고, 각 상점에 소비자를 할당하여 상점의 매출액을 예측하는 경우에도 활용되고 있다. 현재 GIS상에서 구현될 수 있는 공간적 상호작용모델은 개개인의 소비행태와 관련된 요인들은 고려할 수는 없으며, Huff모델에 기반을 둔 중력모델을 바탕으로 하고 있다. ArcGIS의 Network 모듈에 내장되어 있는 공간적 상호작용 모델은 거리 변수와 기원지와 목적지와 관련된 흡

그림 10-29 공간적 상호작용 과정과 대형할인점을 이용하는 고객들과의 상호작용의 예

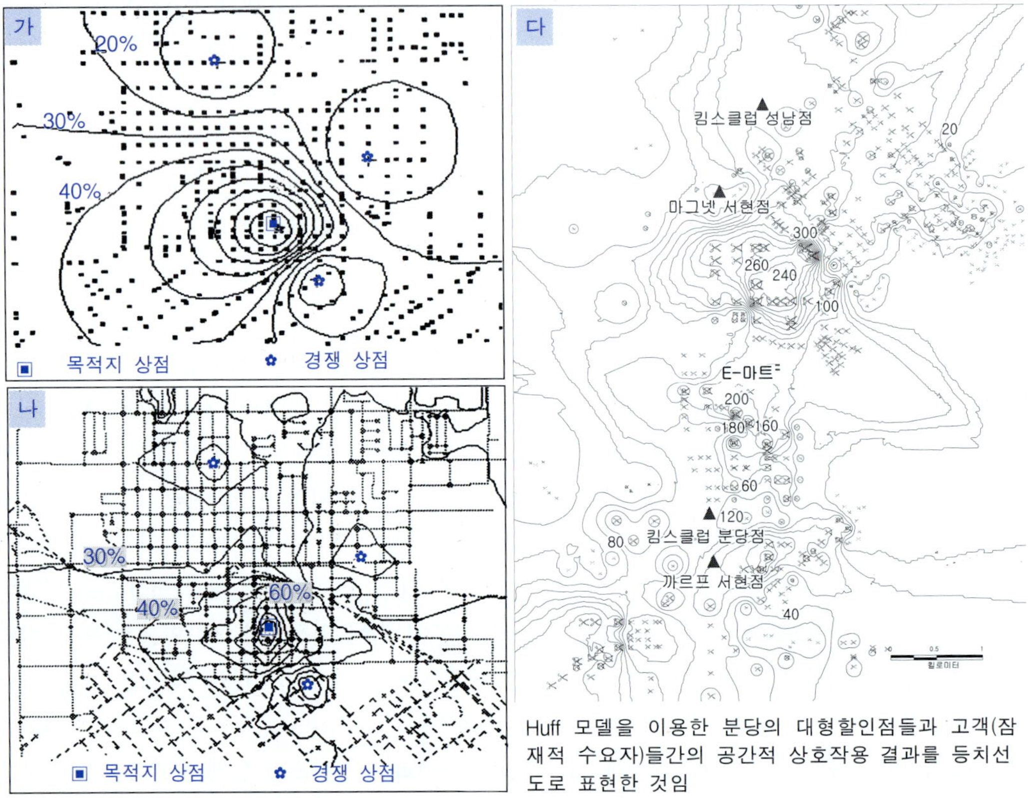

Huff 모델을 이용한 분당의 대형할인점들과 고객(잠재적 수요자)들간의 공간적 상호작용 결과를 등치선도로 표현한 것임

인력과 배출력을 반영할 수 있도록 되어 있다. 또한 이 모델은 거리조락함수의 거리계수를 유연적으로 대체할 수 있다. 즉 거리조락계수의 값에 따라 점포와의 거리가 소비자의 행태에 미치는 영향은 달라질 수 있다. 이 모델에서는 통행을 유발하는 기원지의 유출력과 고객을 유인하는 목적지인 상점의 흡인력 간에 일어날 상호작용 값을 산출한다. 중력모델에 기초를 두고 있기 때문에 상호작용의 크기는 흡인력과 배출력이 크고 거리가 가까울수록 크게 나타난다. 그림 10-29-가에서 볼 수 있는 바와 같이 주어진 잠재 고객들이 목적지 상점을 이용할 확률은 목적지와 가까울수록 높게 나타나며, 목적지 상점으로부터 거리가 멀어질수록 낮아짐을 알 수 있다.

공간적 상호작용 모델을 GIS상에서 구현시키면 각 상점의 흡인력과 잠재적 소비자의 배출력이 반영된 각 교차점에서의 상호작용 값이 계산된 결과가 테이블 형태로 산출된다. 즉, 각 교차점(잠재적 소비자)은 모든 가능한 상점에 대한 상호작용 값을 갖게 되는데, 여기서 가장 큰 상호작용 값을 갖는 상점이 각 수요지점인 교차점에 할당된 잠재적 고객들

이 주로 이용하는 목적지로 선정하게 된다. 이와 같은 방법에 의해 동일한 상점을 목적지로 선택한 수요지점들을 등치선으로 연결하면 각 상점의 상권을 설정할 수 있다(그림 10-29-나 참조).

실제로 분당에 입지한 대형할인점들과 성남에 거주하는 잠재 고객들과의 공간적 상호작용을 Huff 모델을 이용하여 산출한 결과를 나타내면 그림 10-29-다와 같다. 잠재적 고객의 위치와 대형할인점과의 모든 공간적 상호작용을 산출한 값을 토대로 등치선도로 표현한 것이다. 이 그림에서 볼 수 있는 바와 같이 잠재적 고객수가 많은 수요지점과 대형할인점의 매출액이 크고 매장 면적이 넓은 할인점간의 상호작용이 훨씬 크게 나타나고 있는 반면에 잠재적 고객수가 적고 대형할인점의 매출액이 상대적으로 적고 매장면적이 좁은 할인점과의 상호작용의 크기는 작게 나타남을 엿볼 수 있다.

[4] 입지-배분 모델

입지-배분 모델은 네트워크 분석 가운데 가장 복잡한 분석이라고 볼 수 있다. 이 모델은 네트워크상에 위치한 다수의 시설물의 입지에 대한 잠재적 수요에 대해 서비스를 공급하기 위한 시설물의 수와 시설물의 적정한 입지를 추출하는데 사용된다. 즉, 입지-배분 모델이란 서비스나 재화를 가장 효율적으로 공급하기 위해 시설물에 대한 최적의 입지를 결정함과 동시에 각 시설물에 수요를 할당함으로써 효율성을 최적화하려는 것이다. 따라서 입지-배분 문제에서는 두 가지를 동시에 고려한고 볼 수 있다. 시설물을 어디에 입지시킬 것이며, 또한 입지시킨 각 시설물에서 제공할 서비스 권역을 주어진 수요를 바탕으로 하여 배분하는 것이다.

입지-배분 모델은 도서관, 학교, 병원, 우체국, 탁아소, 공원 등과 같은 공공 시설물의 적정한 입지 선정이나 소방서나 긴급 출동을 요하는 비상시의 보호를 위해 제공되는 공공 서비스 시설물을 입지시키고 그 관할 구역을 할당하는데도 활용된다. 이러한 공공 시설물의 입지와 수요 배분뿐만 아니라 소매상점이나 제조업체의 공장의 입지 선정 시에도 사용된다. 이와 같이 입지-배분 모델의 적용분야는 상당히 다양하다. 고객수를 최대화할 수 있는 소매점의 입지 선정, 선적 비용을 최소화할 수 있는 공장의 입지, 주어진 인구에 대한 서비스의 질을 최대화할 수 있는 공공 서비스 시설물의 입지 선정 등등 다양하다. 이렇게 서로 다른 유형의 입지 문제와 각 시설물에 수요를 배분하는 문제를 해결하기 위해 입지-배분 모델을 사용하는 경우 가장 효율적인 모델의 선택과 사용이 중요하다.

입지-배분 모델을 수행하기 위해서는 수요지점, 잠재적 네트워크 지점, 교통망, 목적함수와 제약조건, 배분에 대한 규칙의 5가지 요소들이 명시되어야 한다. 특히 목적함수의 설정은 입지-배분 모델에서 매우 중요하다. 여기서 의미하는 목적함수란 공간적 효율성 관점에서 총 이동거리의 최소화, 포함하는 수요의 최대화, 형평성의 최대화, 포함면적의 최대화 등으로 구분될 수 있다. 이러한 목적함수의 적용은 제공하는 서비스가 공공 서비스인가 또는 민간 서비스인지, 또는 긴급 서비스 시설인가에 따라서 달리 적용된다.

현재 GIS 소프트웨어를 이용하여 입지-배분 모델을 적용할 수 있는 범위는 매우 한정적이다. 주어진 문제를 해결하기 위해 활용되는 입지-배분 모델과 각 모델을 적용하는 경우 다양한 제한적 요소들을 고려해야 하므로 사용자가 주어진 모델을 수정하고 보완하여 사용하여야 한다. ArcGIS에서 제공하고 있는 입지-배분 모델의 범주는 세 가지로 나누어 볼 수 있다.

첫째, 민간 시설물(예: 소매업)의 입지 선정 시에 비용을 최소화하고 효율화를 최대화하기 위한 경우, 즉 P-median 문제를 해결하려는 경우에는 모든 수요지점으로부터 가장 가까운 공급지점까지의 총 이동거리를 최소화하는 MINDISTANCE 모델을 적용한다. 이 모델의 경우 p개 시설물을 이용하는 수요자들의 총 이동거리를 최소화할 수 있는 시설물에 대한 최적 입지를 결정하는 것이다. 이 모델은 주로 도서관, 학교, 공공기관에 대한 입지를 선정하는 경우 서비스 시설을 이용하는 이용자들의 총 거리를 최소화하여 입지를 선

그림 10-30 입지-배분 모델의 유형

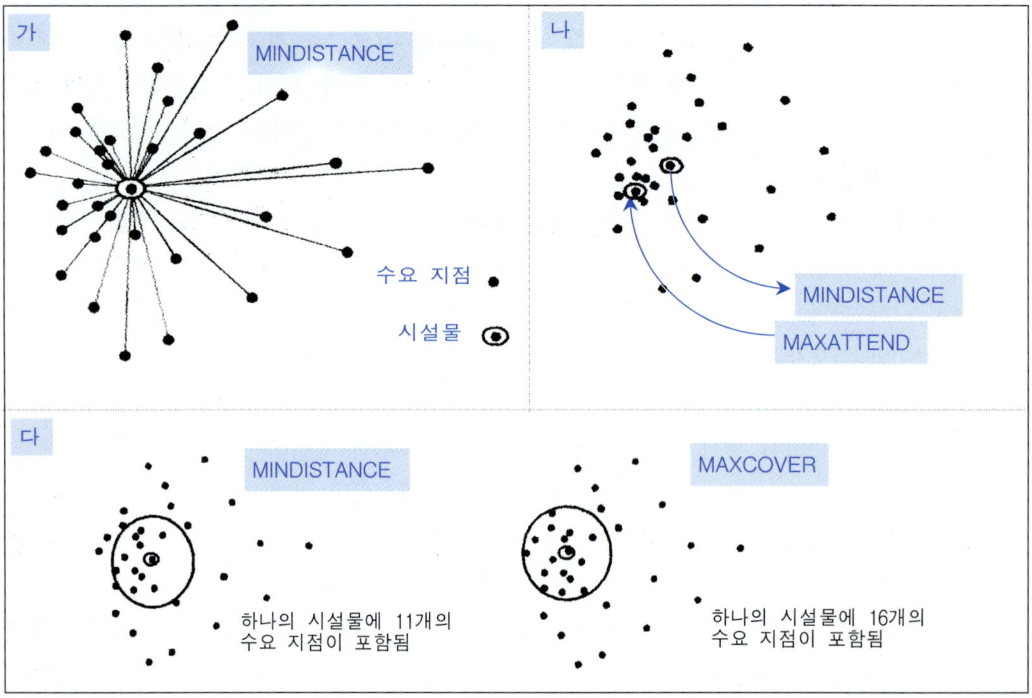

정하는 것이다(그림 10-30-가 참조). 이 모델은 민간 시설물 입지 선정에서 운반비용을 최소화하기 위해 소매점이나 창고시설의 입지를 선정하는데도 활용된다.

둘째, 공공 시설물의 입지 선정시에 수요를 최대화하는 목적함수를 이용하는 모델로, 서비스 시설을 이용하는 사람들에게 균등한 서비스를 제공하면서도 효율성을 최대화하기 위한 MAXATTEND 모델을 사용한다. 즉, 공급지점에서 수요를 최대화할 수 있는 지점을 선정하여 서비스 권역으로 설정하는 것이다. 따라서 이 모델은 MINDISTANCE 모델과는 반대로 수요 밀도가 높은 영역 내에 시설물을 입지시키게 된다(그림 10-30-나 참조). 이 모델은 수요가 거리에 따라 선형으로 감소하는 경우 시설물이 지정된 거리내에서 서비스를 제공하는 수요의 양을 최대화하게 된다. 그러나 이 거리를 벗어난 지역에서의 수요는 영향을 받지 않는 것으로 간주되는데, 이를 흔히 수요의 최소요구치(threshold)라고 일컫는다.

셋째, MAXCOVER 모델은 특정한 시간과 거리 내에서 수요의 최대화를 목적함수로 하는 모델로서, 고정된 수의 시설물에 대한 입지를 정하되, 필요로 하는 거리 또는 시간 내에 서비스를 제공받을 수 있는 인구를 최대화하는 경우에 적용된다. 즉, 시설물의 수용능력을 고려하여 해당되는 인구를 최대화할 수 있는 곳으로 입지가 선정된다. 응급 서비스의 입지를 선정하는 경우 주어진 시간이나 거리 내에서 가능한 많은 사람들에게 서비스를 제공하여야 하는 경우 MAXCOVER 모델을 사용한다. MAXCOVER 모델의 대표적인 예로는 응급 시설물의 입지로, 적절한 응급 서비스를 위해서는 비상 출동 시에 필요로 하는 시간 내에 도착할 수 있는 최대한의 수요 지점들을 관할하게 된다.

MINDISTANCE 모델의 경우 총 이동거리를 최소화하는 시설물은 11개의 수요 지점을 포함하게 되는데 비해, MAXCOVER 최대의 수요를 포함하게 되므로 16개의 수요 지점이 주어진 시설물의 공급권으로 나타남을 알 수 있다(그림 10-30-다 참조).

이상에서 살펴본 입지-배분 모델에서 목적에 맞는 해법을 찾아내기 위해 사용하는 알고리즘은 상당히 다양하고 복잡하다. 가장 일반적으로 사용되는 알고리즘은 발견적(heuristics) 알고리즘이며, GIS 소프트웨어에서 제공되고 있는 입지-배분 모델의 유형을 요약하면 표 10-1과 같다.

입지-배분 모델을 적용한 사례를 간략히 살펴보자. 은행 점포의 입지는 주어진 잠재고객들의 수요를 고려하면서 가장 적정한 수의 은행점포를 입지시키는 것이라고 볼 수 있다. 이런 경우 목적함수의 설정은 수요적 측면에서 보면 가능한 고객들의 총 이동거리를 최소화시키는 것인데 비해 공급적 측면에서 보면 각 은행점포의 이윤을 최대화하기 위하여 가능한 수요를 최대화하려고 할 것이다. 강남구를 사례로 하여 은행점포와 잠재고객을 대상으로 두 가지 유형의 입지-배분 모델을 적용하였다. 설문조사 결과를 토대로 하여 거리조락함수의 기울기를 -0.77로 설정하고 은행 점포를 방문하는 고객들의 최소 요구치 거

표 10-1 입지-배분 모델의 유형화

모델 유형	목적함수	거리 측정 방식	제한요소 적용
MINDISTANCE	총 이동거리의 최소화	선형	없음
MAXATTEND	수요를 최대화	거리감소함수	없음
MINDISTPOWER	총 이동거리의 최소화	거리제곱함수	없음
MINDISTANCE (constrained)	총 이동거리의 최소화	선형	거리 제한(수요가 할당된 시설물로부터 지정된 거리에 있어야 함)
MAXCOVER	포함 영역을 최대화	선형	포함영역 제한(수요가 시설물의 최소요구치 내에 있어야 포함됨)
MAXCOVER (constrained)	포함 영역을 최대화	선형	두개의 포함영역 제한(수요가 시설물의 지정된 거리내에 있지 않는 경우 두 번째의 거리내에 있어야 함)

리를 300m를 설정하였다. 그 결과 MINDISTANCE 모델의 경우 은행점포의 상권은 작고 비교적 점포가 골고루 분포되어 있는데 비해, MAXATTEND 모델의 경우 상권이 매우 크고 은행점포의 입지가 상대적으로 밀집되어 나타났다. 이와 같이 입지-배분 모델의 경우 목적함수를 어떻게 설정하는가에 따라 산출되는 시설물의 입지와 그에 따른 수요 배분이 달라질 수 있다.

제 11 장
공간패턴 분석

제 1 절

공간 데이터의 특성과 공간패턴 분석

[1] 공간 데이터의 특성

지리학에서 매우 중요하게 고려되고 있는 것은 특정한 현상에 대한 공간분포이다. 공간패턴(spatial pattern) 분석이란 특정한 현상이 공간상에 분산되었는지 또는 집중되어 있는 가를 파악하는 것이다. 이러한 공간패턴을 밝히는 것은 그러한 공간패턴을 형성하는데 영향을 미친 공간과정(spatial process)을 밝히는데 기초가 되는 정보를 제공하기 때문이다. 일반적으로 특정한 현상의 공간분포와 공간적 상호작용패턴을 분석하기 위해 대상지역들에 대한 속성 데이터를 수집하게 된다. 일반적으로 공간패턴을 분석하기 위해 수집되는 데이터는 집합적인 공간단위이며, 우리나라의 경우 일반적으로 구·시·군 단위이다. 물론 공간단위의 스케일에 따라 보다 미시적 단위(읍·면·동 또는 센서스 집계구)가 될 수 있으며 보다 거시적 단위(광역시·도)도 될 수 있다.

흔히 '공간적인 것은 특별하다'라고 간주되는 것은 절대적 위치나 상대적 위치를 가지고 있는 공간 데이터가 독특한 본질적 속성을 갖고 있기 때문이다. 일반적으로 지표상에 공간 형상물의 위치는 점이나 면적으로 나타난다. 일례로 기상관측소와 같은 경우 경위도 좌표라는 절대적 위치와 속성 데이터로 표현된다. 그러나 센서스 구역과 같이 면적으로 참조되는 현상의 경우 주어진 행정구역을 단위로 하여 속성 데이터가 집계된다. 이러한 공간 데이터의 특징을 가장 잘 나타내주는 것은 Tobler(1970)의 지리학 제1법칙(the first law of geography)이다. '모든 것은 그 밖의 다른 모든 것과 관련되어 있지만, 서로 가까이 있는 것들이 멀리 있는 것들보다는 더 높은 관련성을 보인다'는 이 법칙은 이미 많은 사람들의 일상의 행태 및 인식에서도 잘 드러나고 있다. 이러한 현상을 공간적 자기상관(spatial autocorrelation, spatial dependence, spatial association)이라고 불리운다. 즉, 공간상의 한 위치에서 발생하는 사건과 그 주변 지역에서 발생하는 사건과는 높은 상관관계를 보이고 있는데, 이는 자료의 집계(aggregation)로 인해서 발생하거나 또는 공간상에 인접함으로서 나타나는 파급효과(spillover effect)로 풀이할 수 있다.

이렇게 주어진 행정구역으로 집계되어 수집된 공간 데이터의 경우 공간적 자기상관성을 갖고 있는 사례가 상당히 많으며, 이미 이러한 현상들은 널리 인지되고 있다. 예를 들면 부동산 가격의 공간분포, 대학생 비율의 공간분포, 특정 정당에 대한 지지도 분포, 인구성장률 분포, 전입·출지 분포 등이다. 이렇게 공간 데이터가 공간적 자기상관을 보이는 것은 공간상에서 자유롭게 이동하고 있는 사람들에 의해서이다. 사람들은 자신의 사회·경제적 지위에 따라서 주거지와 직장을 선택하면서 이동하게 되며, 그 결과 유사한 특성을 지닌 지역이 공간상에 집적하는 결과를 가져온다.

공간상에서 나타나고 있는 현상들에 대한 자료가 행정구역 단위로 수집되기 때문에 공간패턴을 분석하는데 있어서 공간적 자기상관성은 매우 중요하다. 왜냐하면 단순한 공간패턴을 분석하는데 그치는 것이 아니라 공간패턴 분석을 통하여 연구가설을 수립하고 이에 대한 검증을 통하여 공간패턴을 만들어내는 공간과정을 이해하고자 하기 때문이다. 더 나아가 특정 현상의 공간패턴 분석의 형성과정에 영향을 미친 요인을 추출하고 공간 연관성을 분석한다. 공간 데이터의 경우 자료의 측정과정에서 발생하는 오차뿐만 아니라 지역 간 공간적 상호작용으로 인해 공간적 자기상관성이 있는 경우 공간패턴에 영향을 미치는 요인을 설명하는데 있어서 공간을 설명변수로 고려하여야 한다.

1970년대 초부터 많은 지리학자들은 공간 데이터가 갖고 있는 공간적 자기상관성을 무시해왔다는 점을 비판하고 이러한 공간 데이터가 갖고 있는 문제들을 해결하려는 많은 노력들이 이루어졌으며, 특히 공간 효과를 분석하려는데 초점이 맞추어졌다(Anselin, 1990, Anselin & Getis, 1992). 공간 데이터가 가지고 있는 공간 효과는 공간적 의존성(spatial dependence)과 공간적 이질성(spatial heterogeneity)으로 구분할 수 있다.

공간 데이터가 갖고 있는 본질적인 공간적 의존성(spatial dependence)을 고려하는 방법은 두 가지로 고려될 수 있다. 첫째, 공간 데이터로부터 통계적 추론(가설 검증, 모델 예측)을 하고자 할 때 공간적 의존성이 골치거리(nuisance)로 나타나는 경우 샘플의 크기를 늘리거나 회귀모델의 잔차 구조(error structure)에 통합하여 모델을 추정한다. 반면에 공간적 상관관계를 분석하거나 공간구조나 공간과정에 관심이 있는 경우 공간 의존성이 실재적(substantive)으로 나타난다면 통계모델에 공간적 의존성을 변수로 투입시킨다. 즉, 공간적 래그모델(spatial lag model)에서 공간 효과를 하나의 설명변수(독립변수)로 투입하는 것이다(Anselin, 1998, Anselin & Bera, 1998).

한편 공간 데이터가 가지고 있는 또 다른 공간효과인 공간적 이질성(spatial heterogeneity)은 지역이 가진 서로 다른 입지적 특성으로 인하여 공간상에서 차이를 보이는 것이다. 공간적 이질성은 공간 데이터로 측정된 변수들 간의 관계가 공간단위 자체가 가지고 있는 특성(예: 도시와 농촌, 대도시와 소도시, 수도권과 비수도권 등)으로 인해 차이를 나타내고 있는 경우이다. 더 나아가 세계적인 차원에서 보면 극지방, 열대지방, 건조지역, 서안해양성 기후 지역 등과 같이 서로 다른 기후지역 간에는 공간적 특성이 엄청나게 차이가 있다. 이러한 공간적 이질성 문제는 모델을 구축할 때 각 지역별 특성을 통제할 수 있는 다양한 매개변수나 구조적 변화 형태 등을 고려하여 이러한 유형의 문제를 해결하고 있다.

한편 공간 데이터가 안고 있는 심각한 문제 가운데 하나는 가변적 공간단위 문제(MAUP; Modifiable Areal Unit Problem)이다. 이는 공간패턴을 분석하는데 있어서 속성 데이터가 집계되는 공간 단위가 실제 나타나고 있는 특정한 현상의 공간패턴과 불일치하는 경우에 특히 문제가 된다. 이런 경우 행정경계를 변경한다면 특정 현상에 대한 공간패턴은 상당히 달라질 수도 있다. 이렇게 연속적으로 나타나는 지리적 현상에 대한 데이터가 임의적 또는 인위적으로 나누어진 행정구역이라는 공간 단위로 집계되면서 MAUP 문제가 발생하는 것이다(Openshaw, 1983). 이렇게 공간 데이터와 속성 데이터가 불부합하는 경우가 가장 대표적인데, 일례로 인구 증감이나 인구전출·입 등과 같은 사회·경제적 환경 변화에 영향을 받아 행정구역이 신설되거나 행정구역의 경계가 변동되는 경우 공간 단위(areal unit)가 변화된다. 이렇게 인위적인 공간 단위로 속성 데이터가 집계된 경우 특정한 현상에 대한 공간패턴 분석 시에 공간 단위의 영향을 반드시 고려해야 한다. 이러한 가변적 공간 단위의 문제를 해결하기 위해서는 공간 단위의의 변동에 영향을 받지 않는 기본 공간 단위(grid) 또는 소지역으로 데이터를 구축하는 것이 바람직하다. 즉, 공간 단위의 가변성을 고려하여 가장 최소 단위에서 데이터를 집계하여 집계되는 공간단위의 유연성을 높이는 것이다. 일례로 미국의 경우 센서스 조사 시에 TIGER(Topologically Integrated Geographic Encoding and Referencing system) 시스템을 구축하여 최소 공간 단위에서 데이터를 집계하고 있다. 우리나라도 2005년부터 센서스 조사 시에 기초단위구(집계구)를 설정하여 최소 공간 단위로 데이터를 집계하고 있으나, 아직 일반인에게 집계구 단위의 데이터는 제공되지 않고 있다.

[2] 공간패턴 분석의 개념

앞에서 살펴본 바와 같이 공간패턴을 분석하는 경우 공간적 자기상관성이 가장 핵심이 된다. 공간적 자기상관성 분석은 어떤 현상의 공간패턴을 기술하고 설명하는데 있어서 그 현상의 공간적 배열이 우연적인 것인지 또는 어떤 체계를 따라 같은 변량을 가진 지역끼리 집적되어 패턴을 형성하고 있는지를 파악하는 것이다.

최근 GIS 기술이 상당히 발달하면서 탐색적 공간 데이터 분석(ESDA: Exploratory Spatial Data Analysis) 방법을 활용한 연구들이 활발하게 이루어지고 있다. 즉, 공간 데이터의 공간패턴의 특징을 파악하기 위해 우선적으로 기술적 통계 및 귀납적 접근방법에 토대를 두고 있는 탐색적 분석기법을 사용하고 있다. 이 방법의 경우 먼저 공간분포를 기술하고 시각화하여 공간적 변이나 불규칙적인 위치 및 거리 효과나 공간적 이례지점(outliers)을 찾아낸다. 더 나아가 탐색적 분석방법을 통해 공간적 상관성, 군집성(cluster, 또는 hot spot) 패턴도 발견한다. ESDA의 가장 큰 장점은 공간적 상관성의 국지적인 패턴을 시각화하고, 국지적 불안정성을 확인하고 공간 이질성의 고립지역을 탐색할 수 있다는 점이다(Anselin, 1999). 예를 들면 교통사고가 자주 발생하는 지점들의 특징이나 질병이 자주 발생하는 지점들을 ESDA를 통해 쉽게 찾아낼 수 있다.

Cressie(1993)는 공간적 자기상관성을 갖고 있는 공간 데이터를 3가지로 분류하였다. 첫째, 지리통계 데이터(geostatistical data)로 표본 관측지점들로 부터 속성값이 측정되지만 공간상에서 연속적인 표면을 갖기 때문에 거리 함수를 이용한 보간법을 통해 구하고자 하는 지점의 속성값이 산출되는 경우이다(6장에서 이미 설명되었음). 대표적인 예로 기상관측소에서의 강수량이나 오염 관측소에서 측정하는 오염도 자료들이다.

둘째, 레티스(lattice data) 또는 지역 데이터(regional data)로 래티스와 같이 격자상의 지역이거나 불규칙한 형상을 가진 지역을 공간 단위로 하여 수집되는 데이터로 일반적으로 공간상에서 이산적인 특징을 갖는다. 래티스 데이터의 경우 점과 변으로 형상이 측정되며 지점에 대한 정보는 흔히 중심점으로 참조되기도 한다. 이와 같은 데이터의 경우 공간적 인접성을 공간가중행렬(spatial weights matrices)로 나타낸다. 공간가중행렬은 인근지역과의 인접성을 기준으로 하며, 인근지역과 속성값이 유사한 경우에는 정적(positive)인 자기상관이 존재하는 반면에 인접지역의 속성값과는 달리 낮거나 높으면 부적인(negative) 자기상관적인 특징을 갖는다.

셋째, 연구지역 내에서의 고정된 위치를 가진 많은 관측치들로 구성된 공간 점 패턴 데이터(spatial point pattern data)이다. 대표적인 예로는 특정 도시에서의 교통사고 방생지점이나 범죄 발생지점 또는 질병 발생 등의 데이터이다. 점 패턴 데이터의 경우 주어진 공간상에 점들의 분포가 임의적인지 또는 군집을 이루고 있는 가에 초점을 두고 있다. 또한 관측치들의 발생 위치와 빈도 수에 따른 관계와 특정한 패턴(cluster, hot spot)을 분석하여 인근 지역과의 상관성을 분석한다.

제 2 절

점 데이터의 패턴 분석

[1] 점 데이터의 기술 통계

점으로 나타나는 특정한 현상에 대한 분석은 관심 대상이 되는 현상이 어디에서 발생하고 있으며, 발생하는 지점의 분포가 임의적인지 또는 규칙성을 갖고 있는 가를 분석하고, 더 나아가 그러한 현상이 나타나는 공간패턴이 집적되어 있는 가를 밝히는 데 목적을 두고 있다. 점으로 나타나는 현상에 대한 공간패턴의 특징을 탐색하기에 앞서서 먼저 점 데이터를 기술하는 기술통계를 살펴보고자 한다. 점 데이터의 분포 특성을 기술하기 위해 일반적으로 두 가지 지표가 활용된다. 즉, 중심점과 중심점으로 부터의 분산도를 나타내는 표준거리이다.

(1) 중심점

중심점은 기술통계에서 사용하는 평균값이라고 볼 수 있으며, 이차원의 평면 좌표상에서 중심점(mean center)을 산출하는 것이다. 중심점은 모든 지점(x_i, y_i)에서부터 중심점까지의 거리(편차)의 자승의 합이 최소되는 지점이다($\min\sum dis^2$). 이 방법을 이용하는 경우 거리에 따라서 상당히 민감하게 중심점이 움직이게 되며, 특정 지점이 상당히 멀리 떨어져 있는 경우 중심점의 위치에 큰 영향을 미치게 된다. 중심점을 산출하는 식은 아래와 같다.

$$\overline{m} = (\mu_x, \mu_y) = \left(\frac{\sum_{i=1}^{n} x_i}{n}, \frac{\sum_{i=1}^{n} y_i}{n} \right)$$

한편 각 지점의 특성을 나타내기 위하여 가중치를 부여하여 중심점을 산출하게 되는데, 이를 무게 중심점(gravity center)이라고도 한다. 무게 중심점을 산출하는 공식은 다음과 같다.

$$\overline{X} = \frac{\sum w_i X_i}{\sum w_i}, \quad \overline{Y} = \frac{\sum w_i Y_i}{\sum w_i}$$

가중치를 고려한 무게 중심점(gravity center)는 그림 11-1에서 볼 수 있는 바와 같이 평균 중심점과는 다른 위치에 입지하게 된다.

무게 중심점을 이용한 대표적인 사례는 시간의 흐름에 따른 인구 중심점의 변화를 보고자 하는 경우이다. 예를 들어, 중심지를 점으로 표현하고 각 중심지의 인구를 가중치로 부여한 후 각 시기별로 인구 중심점과 표준거리를 산출하여 인구분포의 분산도와 집중도를 측정하고, 이를 시기별로 비교하면 인구분포의 변화 특성을 시기별로 파악할 수 있다. 즉, 시간의 흐름에 따라 지리공간상에 인구가 어떻게 분포되어가는 가를 한 눈에 시각적으로 잘 나타낼 수 있다.

그림 11-2는 미국의 인구 중심점의 변화를 나타낸 것으로 메릴랜드가 중심점이었던 것이 점차 서부로 이동하고 현재 인구 중심점은 미주리 주에 위치하고 있다. 이는 미국의 인구 증가추세가 주로 캘리포니아와 텍사스 지역을 중심으로 이루어지고 있는 최근의 추세를 반영하고 있음을 엿볼 수 있다.

또 다른 일례로 용인시의 인구 중심점을 1985년부터 5년 간격으로 분석해보면 대규모 택지개발이 이루어진 시점 이후 용인시의 북서쪽 방향, 즉 죽전과 신갈 방향으로 인구 중심점이 계속 이동하고 있음을 보여준다(그림 11-3 참조). 또한 표준거리도 점차 줄어들고 있어 인구분포가 중심점으로부터 오히려 집중되고 있음을 시사해준다.

그림 11-1 점 데이터로부터 중심점과 무게중심점의 산출

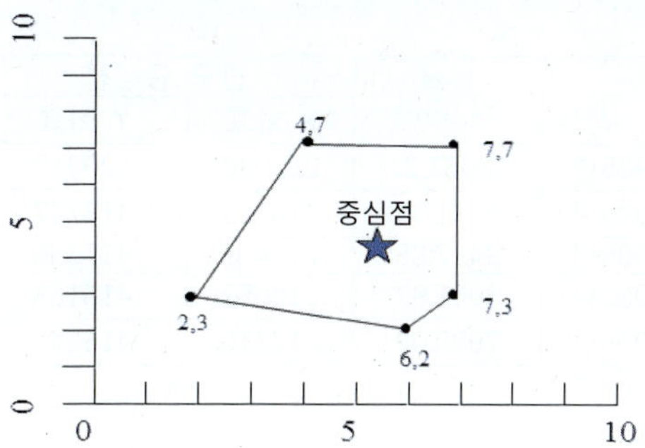

점	x 좌표	y 좌표
1	2	3
2	4	7
3	7	7
4	7	3
5	6	2
계	26	22
중심점	**5.2**	**4.4**

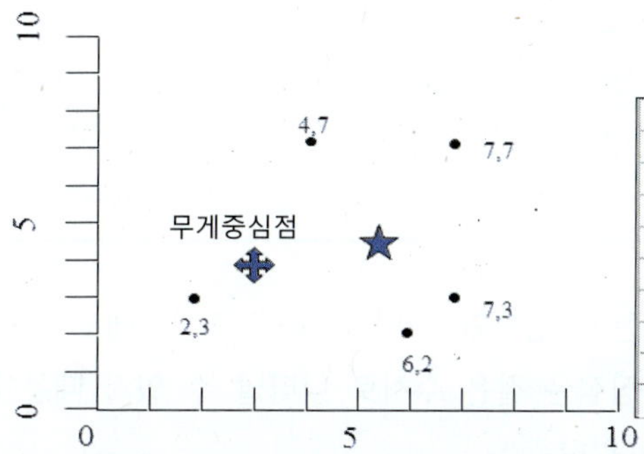

i	X	Y	weight	wX	wY
1	2	3	3,000	6,000	9,000
2	4	7	500	2,000	3,500
3	7	7	400	2,800	2,800
4	7	3	100	700	300
5	6	2	300	1,800	600
계	26	22	4,300	13,300	16,200
무게중심				**3.09**	**3.77**

그림 11-2 미국의 인구중심점의 변화, 1790-1990

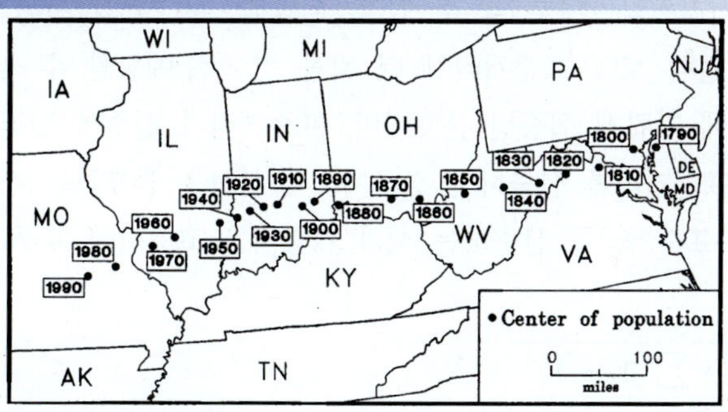

출처: U.S. Bureau of the Census.

(2) 표준 거리와 분산도

표준 거리(standard distance)는 기술 통계에서 표준편차와 같은 의미를 가지며 중심점으로부터 각 지점들이 얼마나 분산되어 있는 가를 나타낸다. 표준 거리는 다양하게 활용될 수 있다. 예를 들어, 사업자서비스와 소매업체의 분포를 비교해보자. 법률, 광고, 컨설팅 등과 같은 사업자서비스는 중심업무지구에 밀집되어 있고 도시 주변부에서는 거의

그림 11-3 용인시의 인구중심점과 표준거리의 변화, 1985-2005

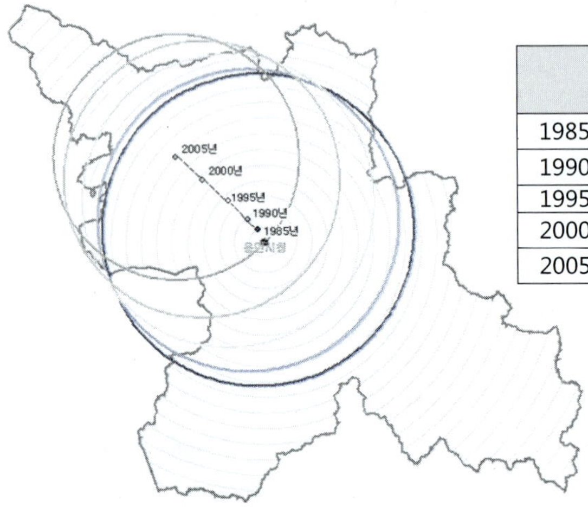

	표준 거리(m)	인구 중심점	
		X 좌표	Y 좌표
1985년	10061.21	212080	420210
1990년	9731.95	213725	418777
1995년	9437.85	215418	417396
2000년	8911.97	216652	416168
2005년	7920.02	217310	415548

나타나지 않는 반면, 슈퍼마켓 등의 소매업체는 도심뿐만 아니라 도시 주변부에도 널리 분포되어 있다. 사업자서비스와 소매업체의 중심점은 같은 수치로 나타날 수 있기 때문에 중심점만 가지고는 분포상의 분산도를 알 수는 없다.

그러나 표준거리를 측정하면 분산도뿐만 아니라 중심부로부터 거리가 증가함에 따라 사업체 수가 감소하는 거리조락관계를 알 수 있다. 일반적으로 사업자서비스는 도심부에 집중되어 있으므로 소매업체 보다 표준거리가 더 짧을 것으로 예상할 수 있다. 즉, 표준거리가 짧을수록 중심점에 가깝게 집중된 분포이며, 표준거리가 길수록 널리 분산되어 있는 분포임을 말해준다. 표준거리를 산출하는 경우에도 중심점을 산출하는 경우와 같이 가중치를 부여할 수 있다. 표준거리를 산출하는 식과 가중치를 고려하여 표준거리를 산출하는 식은 다음과 같다.

$$SD=\sqrt{\frac{\sum(X_i-\overline{X})^2+\sum(Y_i-\overline{Y})^2}{N}}$$

$$SD=\sqrt{\frac{\sum w_i(X_i-\overline{X})^2+\sum w_i(Y_i-\overline{Y})^2}{\sum w_i}} \quad \text{(가중치를 부여하는 경우)}$$

그러나 표준거리를 기준으로 시간에 따른 점 패턴 분포의 분산도를 비교하는 경우 대상지역의 경계가 시간에 따라 변화하고 자료 자체의 속성이 변화하기 때문에 유의하여야 한다. 또한 표준거리는 지역 크기에 민감하기 때문에 해석에 주의하여야 한다. 예를 들어, 같은 현상이라도 대도시의 표준거리가 소도시보다 더 큰 값을 나타내는 경우가 일반적인 데, 단지 표준거리만을 가지고 대도시에서 더 분산되어 분포한다고 풀이하여서는 안된다. 또한 표준거리는 상당히 멀리 떨어진 이례적인 지점이 있는 경우 매우 민감하게 영향을 받기 때문에 분산도를 분석하기 전에 자료값의 특성을 먼저 파악하여야 한다.

[2] 점 데이터의 공간패턴 분석

점 데이터의 공간패턴 분석이란 공간상에 나타난 점 개체에 대한 공간분포 패턴을 분석하는 것을 말한다. 일반적으로 점 개체의 분포는 빈도와 밀도, 군집도 등으로 표현될 수 있다. 공간상에서 점으로 나타내는 현상들은 공간에서의 정보의 확산과정나 범죄의 공간 분포, 소매업체의 분포 패턴, 공공서비스 시설의 분포 패턴 등을 들 수 있다.

실세계에서 점(point) 개체로 표현되는 현상들의 공간패턴이 형성되는 과정은 1차 효과와 2차 효과의 두가지 관점에서 해석될 수 있다. 1차 효과(first order effect)는 각 점 개체들이 독립적으로 위치하지만 주어진 면적 내에서 점 개체의 밀도에 따라 군집될 수 있다. 이런 경우 점 개체의 절대적인 위치가 중요하며 주어진 면적에서의 밀도를 통해 파악된다. 예를 들면 콜레라 발생지점들이 오염된 우물 주변에 밀집되어 나타나는 것이다. 한편 2차 효과(second order effect)는 점 개체들 간의 상호작용을 통해 유인 또는 배척이 나타나면서 분포패턴이 형성되는 것이다. 따라서 2차 효과가 상당히 강하다면 점 개체 간의 상호작용이 매우 활발한 것이므로 점 개체들 간의 거리와 상대적 위치가 매우 중요하다. 그러나 공간상에 점 개체들이 군집형으로 나타나는 것이 1차 효과에 따른 것인지 아니면 2차 효과에 의해서 형성된 것인가를 구분하는 것은 다소 어렵다.

점 개체의 분포패턴은 규칙적(regular), 임의적(random), 군집적(clustered) 패턴으로 분류할 수 있다(그림 11-4-가 참조). 규칙적 패턴은 점과 점 사이의 간격이 규칙적으로 배열된 분포를 나타내며, 군집적 패턴은 점들이 밀집되어 있는 상태로 점들 간의 간격이 매우 좁다. 임의적 패턴은 점 사이의 간격이 규칙성이 없이 임의적으로 분산되어 있다. 그러나 임의적 패턴과 규칙적 패턴은 시각적으로 판단하기 어려운 경우가 많기 때문에(그림 11-4-나 참조) 분포패턴 유형을 구분하기 위해서 통계적 분석방법이 사용된다.

그림 11-4 점 데이터의 분포 패턴 유형

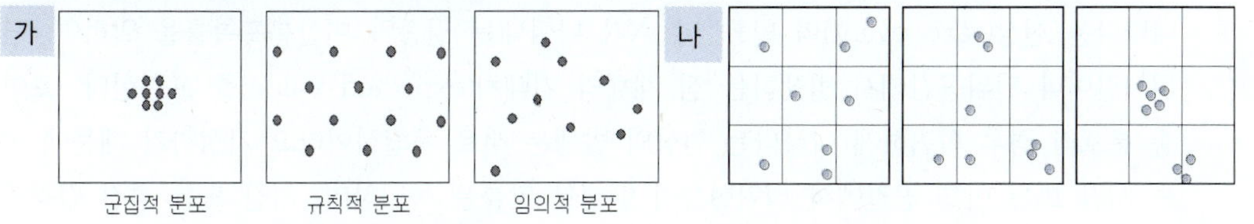

점 패턴 분석은 크게 두가지 방법을 통해 파악된다. 첫 번째 방법은 점 밀도(point density)를 통해 패턴을 분석하는 방법으로, 가장 대표적인 분석기법이 방안 분석이다. 이는 주어진 격자 내에서 점의 밀도와 점의 빈도를 측정하여 분포 패턴을 파악하는 것이다. 두 번째 방법은 점 개체들 간의 거리를 기준으로 하여 최근린분석을 통해 점 개체 간의 상호작용(point interaction)을 측정하는 것이다.

(1) 점 개체의 밀도 분석

① 방안분석(quadrat analysis)

점 개체의 분포패턴을 파악하는 방법 중의 하나는 단위면적당 점의 수를 파악하는 점 개체의 밀도에 대한 분석이다. 점의 밀도가 지역에 따라 차이가 없을 경우 규칙적인 분포라고 할 수 있으며, 지역에 따라 점 밀도의 차이가 클 경우는 군집적 분포라 할 수 있다. 이와 같이 점 개체의 분포 특성을 일정한 단위 공간에서 나타나는 점의 수를 측정하는 가장 일반적인 방법이 방안(方眼)분석이다.

방안분석(quadrat analysis) 방법은 대상지역을 등간격의 격자로 나누고 각 방안에 있는 점의 수를 세어 점의 분포유형을 파악하는 것이다. 이를 위해 먼저 점의 수를 도수분포표로 정리하고 점 분포의 평균과 분산을 산출하여 어떠한 분포유형인가를 파악한다. 연구지역을 일정한 크기와 모양을 가지는 방안으로 나누는 경우 방안은 원, 삼각형, 사각형 등의 다양한 모양을 가질 수 있으나, 계산과 이해하기 쉬운 격자형의 방안을 이용하고 있는데, 이는 연구지역을 방안으로 나눌 때 중복되면 상호독립의 가정을 위반하게 되므로 중복되지 않는 격자형을 주로 사용한다.

방안분석 방법에 따라 점 개체의 분포패턴을 분석하는 경우 점 개체들 간의 거리보다는 빈도를 기준으로 분포를 파악한다. 즉, 점 개체의 분포를 바둑판 모양(방안)으로 구분하고 각각의 방안에 분포하는 점 개체의 수를 산출하여 분포패턴을 측정하는 것이다. 쿼드랫(quadrat)은 일정한 크기의 격자망을 의미하는 것이지만 서로 다른 크기, 모양을 가질 수 있으며 지도상에 무작위 또는 규칙적 모양으로 구축될 수도 있다.

점 개체의 분포패턴에 대한 해석은 동질 평면상에서 나타나는 포아송(homogeneous planar Poisson) 분포를 기준으로 한다. 포아송 분포란 지리공간상에서 매우 희귀하게 나타나는 현상(rare event)의 확률변수 X가 나타내는 일종의 이산분포확률을 말하며, 단위시간이나 단위공간에서 발생하는 점 개체의 기대치(expected value)를 표현한다. 포아송 분포의 경우 희귀하게 나타나는 현상의 발생은 서로 독립적이라고 가정하기 때문에 어느 시간 또는 어느 공간에서 희귀현상이 발생할 확률은 동일하며, 시간 또는 공간 간격이 증가하면 그에 비례하여 발생확률은 증가한다.

포아송 분포는 연구대상지역에서 모든 점들의 입지 확률이 같고 점의 입지는 상호독립적(IRP: Independent random process)이며, 점 개체는 공간적으로 완전히 임의적인 분포(CSR: complete spatial randomness)를 하고 있다고 전제한다. 따라서 방안분석은 점 개체들이 포아송 분포에 의해 완전하게 임의적으로 분포되어있다는 귀무가설(Ho)에 기초한다.

방안분석을 하기 위해서는 먼저 연구대상지역을 m개의 방안으로 나눈 후에 각 셀 당 점의 개수의 평균치를 산출한다. 평균 개수는 전체 점 개수를 방안의 수로 나눈 값으로 평균 밀도와 셀 당 점의 개수에 대한 분산을 구한다. 이렇게 방안 당 평균과 분산이 산출되면 분산과 평균의 비율(VMR: Variance-mean ratio)을 계산한다.

$$VMR = \frac{s^2}{\bar{x}}$$

여기서 VMR이 1보다 작을 경우에는 분산이 평균값보다 작고, 0에 가까울수록 셀 간의 점의 수가 동일하여 점 개체가 연구지역에 균등하게 분포하고 있음을 말해준다. 그러나 VMR이 1보다 크면 분산이 평균값보다 크며, 셀 간의 변동이 심하고 소수에 점이 집중되어 있어 군집된 패턴이 나타난다고 해석할 수 있다. 만약 점의 분포가 무작위 분포라면 방안 당 점 개수의 평균과 분산은 거의 일치한다. 방안마다 점 개수의 변동 폭이 크다면 어떤 방안은 점이 없는 반면에 다른 방안에 점이 몰려 있는 군집된 형태를 가지며, 반대로 방안마다 점 개수의 변동 폭이 적다면 규칙적인 패턴이라고 풀이할 수 있다.

VMR < 1 ➜ 규칙적 (등질적)
VMR = 1 ➜ 임의적(무작위적)
VMR > 1 ➜ 군집적

그러나 산출된 VMR 값에 대한 통계적 유의도를 검증하여야 한다. 완전히 임의적으로 분포하는 경우에 기대되는 분포패턴에 대한 실제 분포패턴을 카이자승(χ^2) 검정을 통해 통계적 유의도를 판정하여야 한다. 여기서 완전한 임의적 분포패턴은 포아송 분포패턴을 말한다. χ^2 검증은 관측 빈도와 예측 빈도의 차이를 산출하는 것이다.

$$\chi^2 = \sum (O_i - E_i)^2 / E_i$$

여기서 O_i: 실제 발생한 현상의 빈도(observed frequency)

E_i: 예측 빈도(expected frequency)

χ^2의 값은 방안 개수에서 1을 뺀 (m-1)의 자유도를 가지며, χ^2 테이블에서 유의도 0.05 수준에서의 기각역의 값을 찾아, 귀무가설의 기각여부를 판단할 수 있다. 만약 계산된 χ^2 값이 기각역의 값보다 크면 귀무가설을 기각하고 연구가설을 받아들이며, 기각역의

그림 11-5 점 데이터 분포에 대한 방안분석의 예

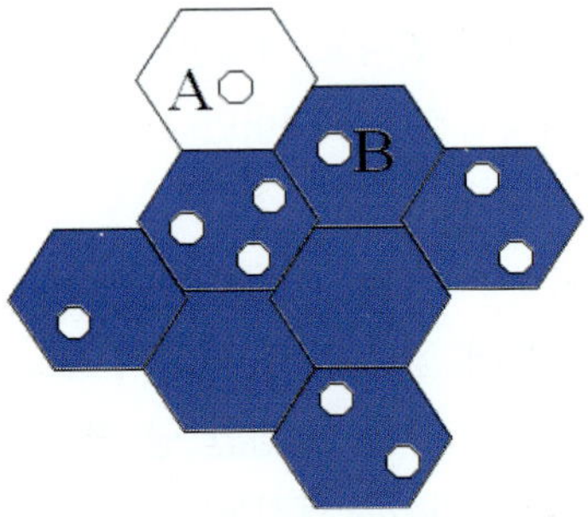

$$\mu = n/x \qquad \sigma^2 = \frac{\sum_{k=0}^{n} x_k (k-\mu)^2}{x}$$

$$k=0: \quad 2 * (0 - 1.25)^2 = 3.125$$

$$k=1: \quad 3 * (1 - 1.25)^2 = 0.1875$$

$$k=2: \quad 2 * (2 - 1.25)^2 = 1.125$$

$$k=3: \quad 1 * (3 - 1.25)^2 = 3.0625$$

$$\sigma^2 = \frac{3.125 + 0.1875 + 1.125 + 3.0625}{8} = 0.9375$$

값보다 작으면 귀무가설을 받아들이게 된다. 귀무가설은 기각되는 경우 대상지역에서 나타나고 있는 점 분포패턴은 무작위형이 아닌 다른 분포임을 말해준다. χ^2 산출식은 다음과 같다.

$$\chi^2 = \frac{(m-1)\, s^2}{\bar{x}} = (m-1) * \text{VMR}$$

m : 방안의 수, $\bar{x}$: 방안 당 점 개수(λ)의 평균,

s^2 : 방안 당 점 개수의 분산

방안분석 방법을 간단한 예를 들어 살펴보자. 그림 11-5와 같이 육각형의 격자로 나누어진 8개 셀에 점 개체가 10개 분포되어 있는 경우의 분포패턴을 분석해보자. 이 경우 방안 하나당 평균 개수는 10/8=1.25가 된다. 또한 방안당 점 개수에 대한 분산은 0.9375로 산출되었다. 따라서 VMR=0.9375/1.25=0.75이다. VMR<1이므로 점 데이터의 분포패턴은 임의적이라고 볼 수 있다. 그러나 이 값에 대한 통계적 유의도를 검정하여야 한다.

실세계의 사례로 런던 중심가의 템즈강 주변에 입지해있는 커피숍의 분포패턴을 분석해보자(그림 11-6 참조). 시각적으로도 커피숍이 군집해있음을 알 수 있다. 방안분석을 시행하기 위해 연구대상지역을 40개의 격자로 구분하였다. 연구대상지역에 입지한 커피숍은 47개이다. 이러한 분포패턴과 포아송 분포패턴을 귀무가설로 하여 검증하면 표 11-1과 같다. 방안분석에서 기본 가정으로 삼고 있는 포아송 분포의 확률 산출식은 다음과 같다.

$$P(k) = \frac{\lambda^k e^{-\lambda}}{k!}$$

여기서 λ : 방안당 평균 점의 개수, k: 방안당 점의 개수, 1, 2, ..., e : 자연대수.

그림 11-6 커피숍의 분포패턴 분석

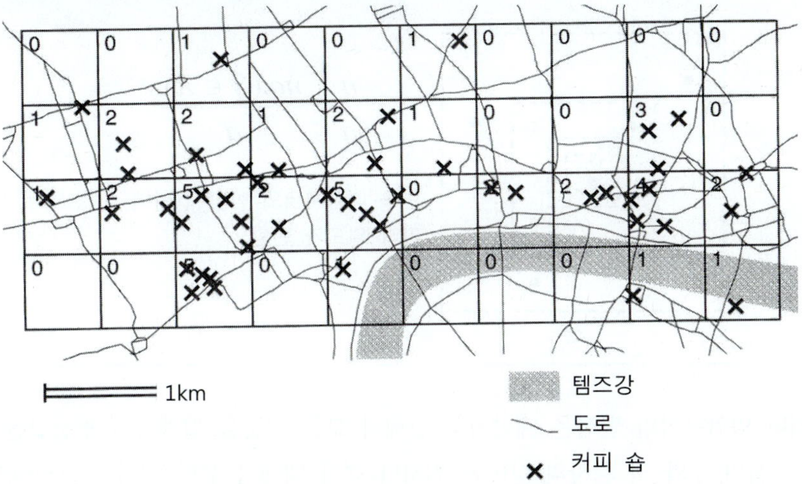

출처: O'Sullivan, D. & Unwin, D.(2010), *Geographic Information Analysis*(2nd ed.), p. 129.

표 11-1 커피숍 분포패턴에 대한 기술통계

방안의 점 개체수: 밀도 (x)	관측된 방안의 갯수	포아송 확률 P(x)	예측치 Ei	$(Oi-Ei)^2/Ei$	분산$(K-\mu)^2$
0	18	0.3088	12.35	2.5817	24.85
1	9	0.3629	14.51	2.0951	0.275
2	8	0.2132	8.52	0.0326	5.445
3	1	0.0835	3.33	1.6393	3.331
4	1	0.0245	0.98	0.0004	7.981
5 이상	3	0.0071	0.28	25.9123	43.891
전체	40	1.0000	40.00	32.2614	85.775

포아송 분포에서 기대되는 값과 실제값 간의 차이를 산출한 χ^2 값은 32.26으로 산출되었다. 여기서 자유도는 (6-1)이 되며, χ^2=32.26은 P<0.0000으로 매우 유의적이다. 따라서 귀무가설을 기각하고 커피숍의 분포패턴은 임의적이 아니며 군집된 패턴이라고 판정할 수 있다. 실제로 3개의 셀의 경우 커피숍이 5개 이상 밀집되어 있는 것으로 나타났다.

또 다른 검정방법으로 VMR에 대한 통계적 유의성을 검증할 수 있다. 커피숍의 경우 평균밀도는 47/40=1.175, 표준편차=85.775/(40-1)=2.199로 산출되었다. 따라서 VMR=2.199/1.175=1.8718로 산출되었다. 이렇게 산출된 값은 통계적 유의성을 검정하여야 한다. 실제 관측치에 대한 $\chi^2=(m-1)\cdot VMR$ 이므로 (40-1)•1.8718=73.0이다. χ^2=73.0은 P< 0.0001에서 매우 유의하므로, 커피숍의 분포패턴은 임의적이 아님을 말해준다.

그림 11-7 방안분석에서 방안의 크기에 따라 달라지는 점의 분포

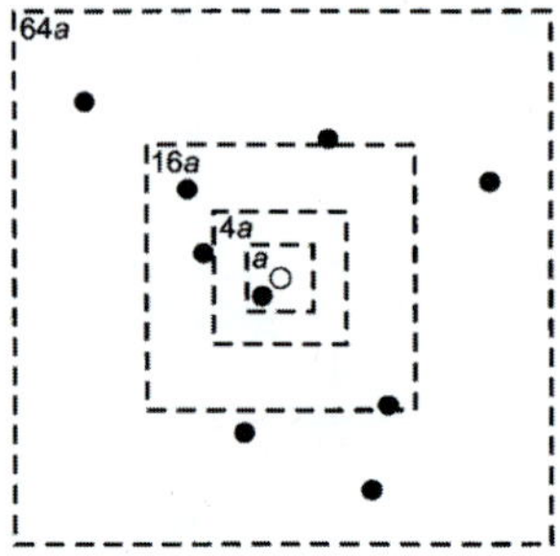

$$\lambda = \frac{n}{a} = \frac{no.(S \in A)}{a}$$

연구 대상지역의 방안 크기에 따라 밀도가 변함

그러나 방안분석의 단점은 대상지역 전체의 모든 점들을 합계하여 평균값을 산출하기 때문에 격자의 수와 각 격자의 상대적 위치나 격자 내에서 점의 위치를 고려하지 못한다. 그림 11-7에서 볼 수 있는 바와 같이 방안분석에서 방안의 크기는 점의 패턴을 결정하는 주요 인자이다. 만약 방안의 크기가 작다면 셀 간의 점 개수의 차이가 크지 않기 때문에 무작위 분포패턴에 가깝게 나타나게 되며, 반대로 방안의 크기가 너무 크면 셀 안에 패턴이 모두 포함되기 때문에 패턴을 명확하게 분류하기 어렵게 된다.

일반적으로 방안의 크기를 결정하는 방법은 여러 방법이 있으나, 방안의 크기를 점 하나가 차지하는 단위 면적의 2배를 취하는 방법이 가장 많이 사용된다. 이 때 격자형 방안 한 변의 길이(Q)는 다음과 같이 구할 수 있다.

$$Q = \sqrt{\frac{2A}{N}}$$ A: 면적, N: 점의 개수

이밖에 한 방안에 점이 2개씩 분포하도록 방안을 나누는 방법과 방안 당 평균 점 개수가 1.6 정도가 되도록 크기를 정하는 방법 등이 있다(Bailey and Gatrell, 1995).

방안분석의 또 다른 문제점은 점 개체의 분포패턴 분석에서 점 개체의 빈도수만 측정하기 때문에 방안 내에서의 공간 분포는 고려되지 않는다. 따라서 그림 11-8과 같이 두

그림 11-8 동일한 방안분석 결과를 보이지만 실제적으로 점 분포 패턴이 상이한 경우

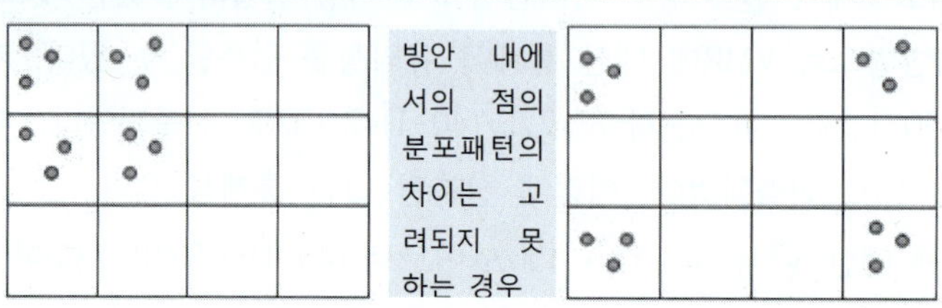

가지 점 개체의 분포패턴은 구별하지 못한다. 또한 전체적으로 보면 분산된 패턴이지만 국지적으로 보면 군집화된 클러스터도 나타나는 경우도 있으나, 방안분석에서는 이러한 분포패턴의 특성을 파악할 수 없다는 단점도 있다.

② 커널 분석

커널(kernel) 분석은 대상지역의 점 개체의 분포를 토대로 하여 대상지역 전체에 걸친 공간밀도를 추정하는 것이다. 밀도 추정은 격자들의 중심점 간의 거리가 증가할수록 공간적 연관성이 감소한다는 지리학의 제1 법칙 하에서 특정 격자로부터 일정한 크기의 대역폭(bandwidth)을 설정하고, 해당 대역폭 내에 포함된 점 개체들을 기준으로 하여 격자들의 밀도를 조정한다. 즉, 커널밀도의 추정 자체가 점 개체가 발생하는 점과의 거리에 따른 가중치가 고려되기 때문에 거리에 따른 조락현상이 나타나게 된다.

일반적으로 밀도를 추정을 위해 가우시안 커널밀도함수가 많이 사용되고 있으며, 특정 지점 p에서의 밀도는 다음과 같은 식에 의해 추정된다.

$$\hat{\lambda}=\frac{n}{a}=\frac{no.[S\in A]}{a} \quad \Rightarrow \quad \hat{\lambda}_p=\frac{no.[S\in C(p,r)]}{\pi r^2}$$

여기서 $C(p,r)$은 특정 지점 p를 중심으로 반경 r에 해당되는 커널이다(그림 11-9 참조). 커널함수의 경우 밀도가 추정되어야 하는 지점에서의 반경이라고 볼 수 있는 대역폭에 따라 큰 영향을 받는다. 대역폭이 너무 크거나 작을 경우 국지적인 차원에서 밀도가 추정되기 때문에 상당히 다른 결과를 가져올 수 있다. 만일 대역폭이 너무 작을 경우 점 개체가 발생한 국지적인 지역에 초점을 두게 되며, 거리가 증가함에 따라 밀도가 급격하게 감소하기 때문에 점 개체가 발생하지 않은 지역의 밀도는 '0'으로 산출된다. 반면에 대역폭을 너무 크게 하는 경우 넓은 반경을 가진 지역에서 나타나는 점 개체의 분포를 참조하여 밀도가 산출되기 때문에 군집적인 패턴이 약하게 나타나게 된다(그림 11-10 참조).

그림 11-9 커널분석의 개념과 커널함수를 이용한 점 패턴에 대한 밀도 추정방법

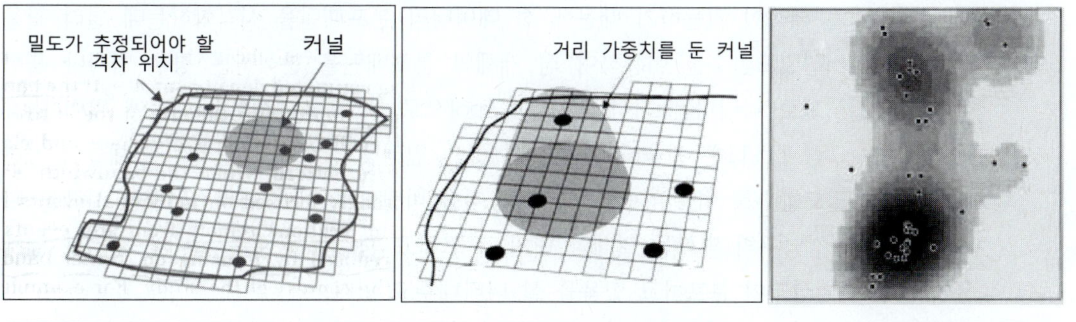

그림 11-10 커널밀도함수에서 대역폭에 따라 달라지는 밀도 추정결과

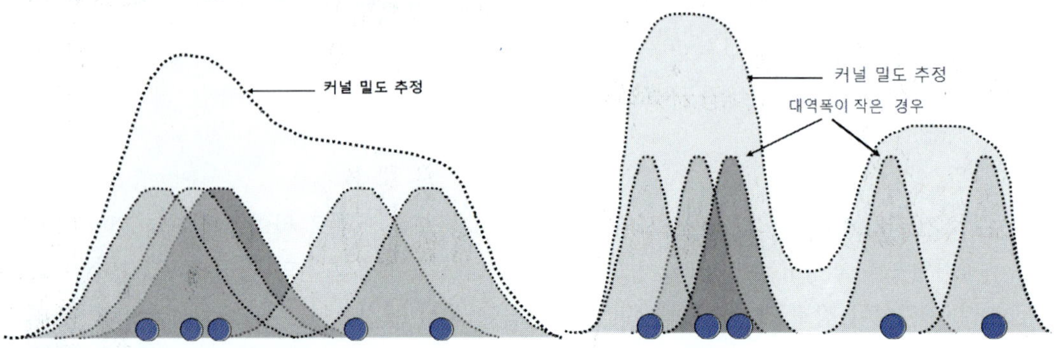

그림 11-11 서울시를 대상으로 하여 인터넷 업체들의 분포패턴에 대한 커널밀도 추정 결과의 예시

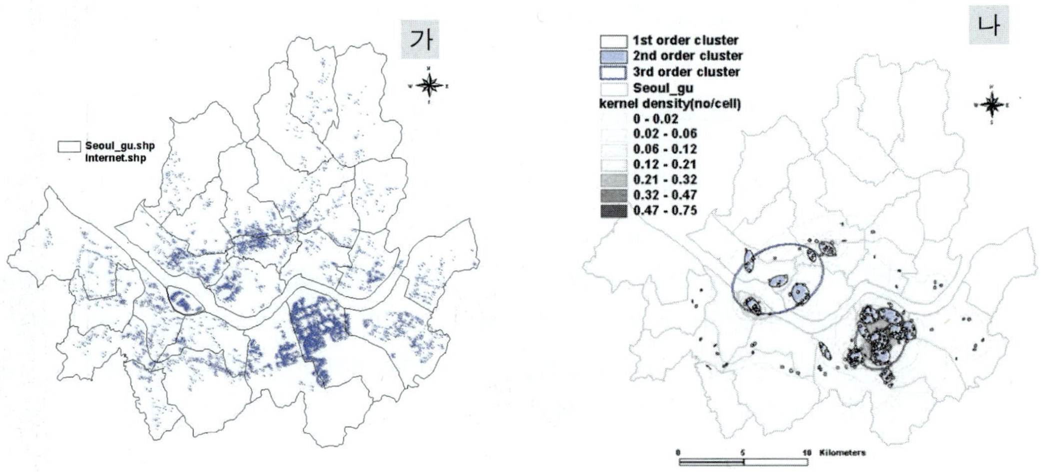

출처: 이희연(2005), 인터넷산업의 입지적 특성과 공간적 집적화, p. 40.

커널밀도함수는 국지적인 공간밀도를 시각적으로 표현할 수 있고, 개념적 이해가 용이하여 직관적인 해석이 가능하기 때문에 점 데이터의 분포패턴을 시각화하는데 널리 활용된다. 특히 커널밀도함수를 이용하여 점 개체의 분포패턴을 분석하는 경우 범죄나 특정 현상이 군집적으로 나타나는 지점들을 hot spot으로 잘 표출시켜주기 때문에 많이 활용되고 있다. 그림 11-11은 서울시에 분포되어있는 인터넷 산업에 종사하는 업체들의 공간분포를 커널밀도함수를 이용하여 분석한 후, 이를 바탕으로 하여 클러스터링한 사례를 나타낸 것이다. 강남구의 역삼동 일대와 여의도, 그리고 중구와 종로구 일대에 인터넷 업체들이 상당히 밀집되어 분포하고 있음을 잘 나타내주고 있다.

(2) 최근린지수 (Nearest Neighbor Index)

점 개체의 분포패턴은 점 개체들이 특정 지역에 군집되어 있는지 또는 공간 전체에 고르게 분산되어 있는 가에 관심을 둔다. 최근린지수(NNI: Nearest Neighborhood Index)는 이런 점 개체의 분포패턴을 객관적으로 측정할 수 있는 분석 방법의 하나로, 공간패턴이 이론적으로 볼 때 나타나는 임의적(random) 분포와 비교하여 어느 정도 차이가 있는가를 측정하는 지수이다. 즉, 최근린지수는 각 점에서 가장 가까운 이웃 점까지의 평균거리를 산출하여, 이를 무작위 패턴에서 예상되는 평균 거리와 비교하는 것이다.

점 분포패턴은 클러스터형에서 무작위형까지 점 개체들 간의 군집도가 점차 감소하는 특성을 가진다. 이 때 군집도라는 것은 어떤 점 개체와 그 주변 점 개체들 간의 거리로 측정될 수 있으며, 만약 군집도가 높다면 주변 점 개체들과의 거리는 매우 짧게 나타난다. 반대로 군집도가 낮다면 주변 점 개체들과의 거리는 멀게 된다. 따라서 각 유형을 구분하는 척도로 점 개체들 간의 평균 거리를 사용할 수 있으며, 최근린지수는 바로 이러한 측정지표이다.

이와 같이 최근린지수는 주어진 대상지역에서 점 개체들 간의 최소 간격 또는 근린 거리에 기초하여 점 분포패턴을 측정하기 때문에 최근린지수 값을 산출하기 위해 모든 점 개체들이 인접하고 있는 점들을 인식하고, 점 개체들 간의 거리가 계산되어야 한다. 만약 d_i가 i점으로부터 가장 근접한 점까지의 거리라고 한다면 이때 점 개체들 간의 평균거리는 다음과 같이 구할 수 있다(그림 11-12 참조). 여기서 $\overline{d_{min}}$은 각 점에서 가장 가까운 점까지의 평균거리, n은 연구대상지역의 점의 총 개수이며, 이는 실제 산출된 거리 A(d)이다. 한편 E(d)는 임의적 분포일 경우 예상되는 점들 간의 기대거리로, 다음과 같은 식에 의해 산출된다. $E(d) = \frac{1}{2\sqrt{\lambda}}$ (여기서 λ는 점 밀도임).

그림 11-12 최근린지수를 산출하는 방법의 예시

$$d(s_i, s_j) = \sqrt{(x_i - x_j)^2 + (y_i - y_j)^2}$$

$$d_{\min}(s_i) = \min_{j \in (1,n)\ j \neq i}(d_{ij})$$

$$\bar{d} = \frac{\sum d_{\min}(s_i)}{n}$$

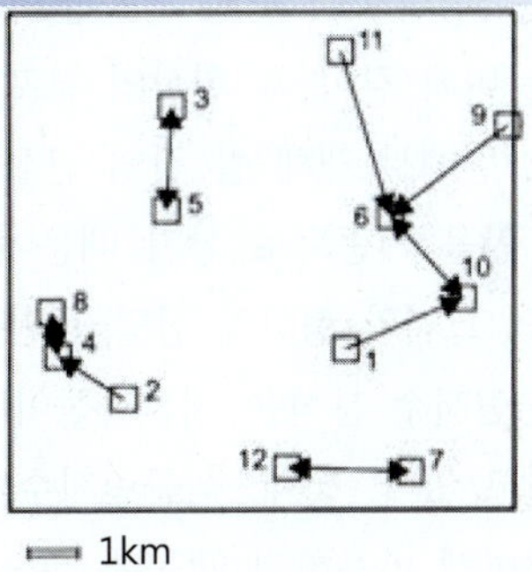

그림 11-13 최근린지수 값에 따른 점 분포패턴의 유형 구분

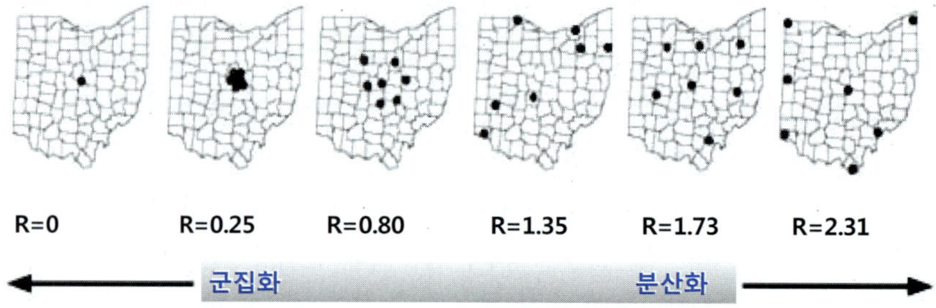

최근린지수(R)은 실제 산출된 거리와 이론상 임의적 패턴일 경우 기대되는 거리를 비교하는 것이다($R=\frac{\overline{d_{\min}}}{E(d)}$). 일반적으로 R값이 작을수록 클러스터형 패턴에 가까워지고, R값이 커질수록 분산형 패턴에 가까워진다. R값의 범위는 0에서 2.1491까지의 값을 가진다. R=0 일 경우 각 점에서 가장 가까운 이웃 점까지의 거리가 '0'이라는 것으로, 이는 모든 점이 한 곳에 모여 있음을 의미한다. R=2.1491은 이론적으로 점들이 완전하게 분산되며 정육각형과 같이 규칙적인 패턴을 나타낼 경우에 해당된다. R=1은 실제 최근린 점들의 거리가 임의적 분포패턴과 일치하는 경우를 가리킨다. 경험적 연구에 따르면 R값에 따른 분포패턴을 보면 그림 11-13과 같다. 예를 들면 R=1.35은 무작위 패턴 (random pattern)과 가까우며, R=2.31은 분산된 패턴 (dispersed pattern), 그리고 R=0.25는 군집된 패턴 (clustered pattern)을 보이고 있다고 풀이할 수 있다.

R값에 대한 통계적 유의성은 표준 정규분포(z)에 따른 검정방법을 이용하며, 다음과 같은 식($Z=\frac{\overline{d_{\min}}-E(d)}{\sigma_{\bar{d}}}$)에 의해 산출된다. 따라서 Z값이 ±1.96보다 크거나 작게 산출되면 군집된 패턴에 가까움을 말해준다.

그러나 최근린지수 분석방법은 각각의 점 개체 별로 가장 가까운 개체까지의 거리를 측정하는 방법으로 전체 공간분포 패턴은 고려되지 않는다. 따라서 그림 11-14에서 볼 수 있는 바와 같이 두 현상의 분포 패턴은 서로 같은 최근린지수 값을 가지게 되는데, 이는 두 패턴에서 개체 쌍 간의 근접거리가 같기 때문이다. 이렇게 최근린지수는 단지 평균 거리값 만을 기준으로 삼기 때문에 국지적인 분포 패턴을 고려하지 못하게 되며, 연구대상지역의 크기와 형상에 상당히 민감하다.

최근린지수 분석은 계산과정이 쉽고 이해하기 쉽다는 장점이 있지만, 몇 가지 문제점을 가지고 있다. 첫째, 최근린지수에 대한 통계적 유의성 검증이 연구지역의 형태(shape)에 민감하게 반응하기 때문에 신중을 기해야 한다. 길고 좁은 직사각형 형태의 연구지역

그림 11-14 동일한 최근린지수 값을 갖는 서로 다른 점 분포 패턴

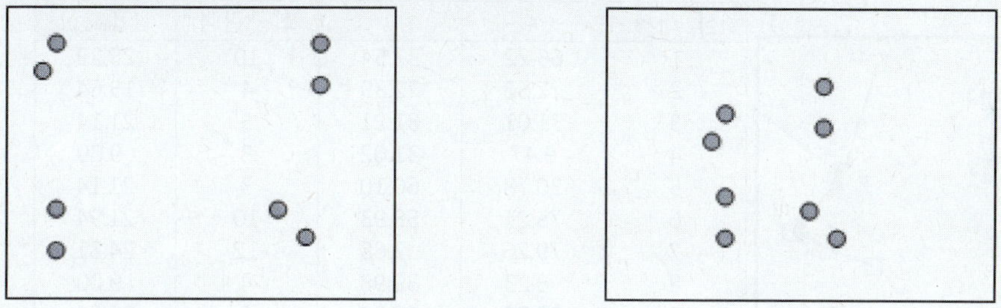

에서는 점들이 위치가 서로 근접하게 되므로 R값이 적게 나오는 경향이 있다.

둘째, 경계선이 최근린지수 값에 영향을 미친다. 경계부에 가깝게 점들이 위치해 있으면 실제보다도 평균거리가 과소 또는 과대평가되기 때문에 연구지역 내에 버퍼 존(buffer zone)을 설정하고 버퍼 존 내에서 최근린거리를 계산하는 방법을 사용하는 것이 바람직하다.

셋째, 최근린거리만을 사용할 경우에 군집패턴이 상대적으로 소규모의 공간 스케일에서만 발견될 위험이 있다. 이것을 방지하기 위해 두 번째 가까운 점과의 거리(이차 근린거리)를 이용하거나 고차 근린거리(higher-order nearest neighbors)를 사용하는 경우도 있다.

(3) G함수, F함수, K 함수

앞에서 살펴본 문제점을 해결하기 위한 대안으로 활용되는 것이 G함수와 F함수이다. 이 함수들은 최근린거리의 누적 분포를 산출하여 분포패턴을 파악하는 것이다. 또한 K함수는 모든 지점 간의 거리를 고려하여 분포패턴을 산출하는 가장 세밀한 방법으로 거리를 산출하는 방법이라고 볼 수 있다.

G함수는 최근린 점과의 거리에 대한 누적분포 빈도를 나타낸 것이다. 따라서 G함수의 형상은 점 개체들이 클러스터되어 있는 가를 판별해준다. 만일 점 개체들이 클러스터되어 있다면 짧은 거리에서 G(d)값이 급속하게 증가한다. 반대로 점 개체들이 균등하게 분포되어 있다면 G(d)값도 서서히 증가된다. G함수는 최근린거리가 나타나는 점들 간의 거리인 G(d)에 대해 점 개체가 차지하는 누적비율을 기준으로 하여 구축된다(그림 11-15 참조).

그림 11-15 점 분포패턴을 분석하는 G함수의 구축 과정

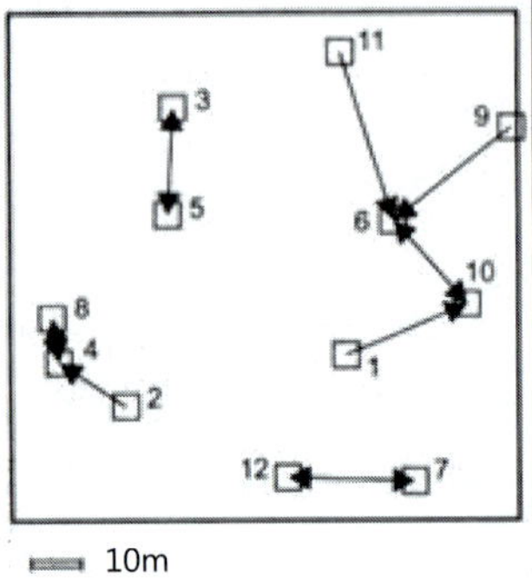

점 개체	x	y	최근린점	d_{min}
1	66.22	32.54	10	25.29
2	22.52	22.39	4	15.64
3	31.01	81.21	5	21.14
4	9.47	31.02	8	9.00
5	30.78	60.10	3	21.14
6	75.21	58.93	10	21.94
7	79.26	7.68	12	24.81
8	8.23	39.93	4	9.00
9	98.73	42.53	6	21.94
10	89.78	42.53	6	21.94
11	65.19	92.08	6	34.63
12	54.46	8.48	7	24.81

$$G(d) = \frac{no.[d_{\min}(s_i) < d]}{n}$$

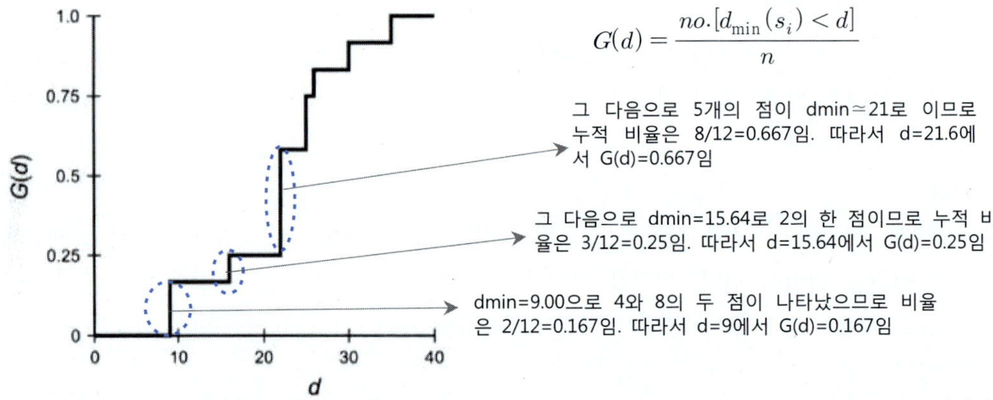

출처: O'Sullivan, D. & Unwin, D.(2010), *Geographic Information Analysis*, pp. 131-132를 편집함.

한편 F함수는 G함수와는 달리 m개의 점을 임의적으로 분포시킨 후에 임의적으로 분포한 점들과 실제 점 개체들 간의 최근린거리를 측정한 후 F(d)를 산출하는 것이다. G(d)와의 차이점은 m개의 임의적인 점들이 추가되었기 때문에 새로운 최근린거리가 산출된다는 점이다. F함수의 장점은 표본 점들이 많기 때문에 누적빈도 곡선이 G함수에 비해 상당히 완만하게 나타난다.

특히 점 개체가 클러스터되어 있는 경우 F함수의 경우 처음에는 서서히 증가하다가 점차 거리가 길어질수록 더 급격하게 증가하게 된다. 이는 연구대상지역의 상당 부분은 점 개체들이 발생하지 않는 빈 공간이기 때문이다. 만일 점 개체들이 상당히 분산되어 있는 경우 F함수는 처음에는 급격히 증가하다가 보다 거리가 길어질수록 서서히 증가하는 대조적인 양상을 나타낸다(그림 11-16 참조).

그림 11-16 점 분포패턴을 분석하는 F함수의 구축 과정과 G함수와의 비교

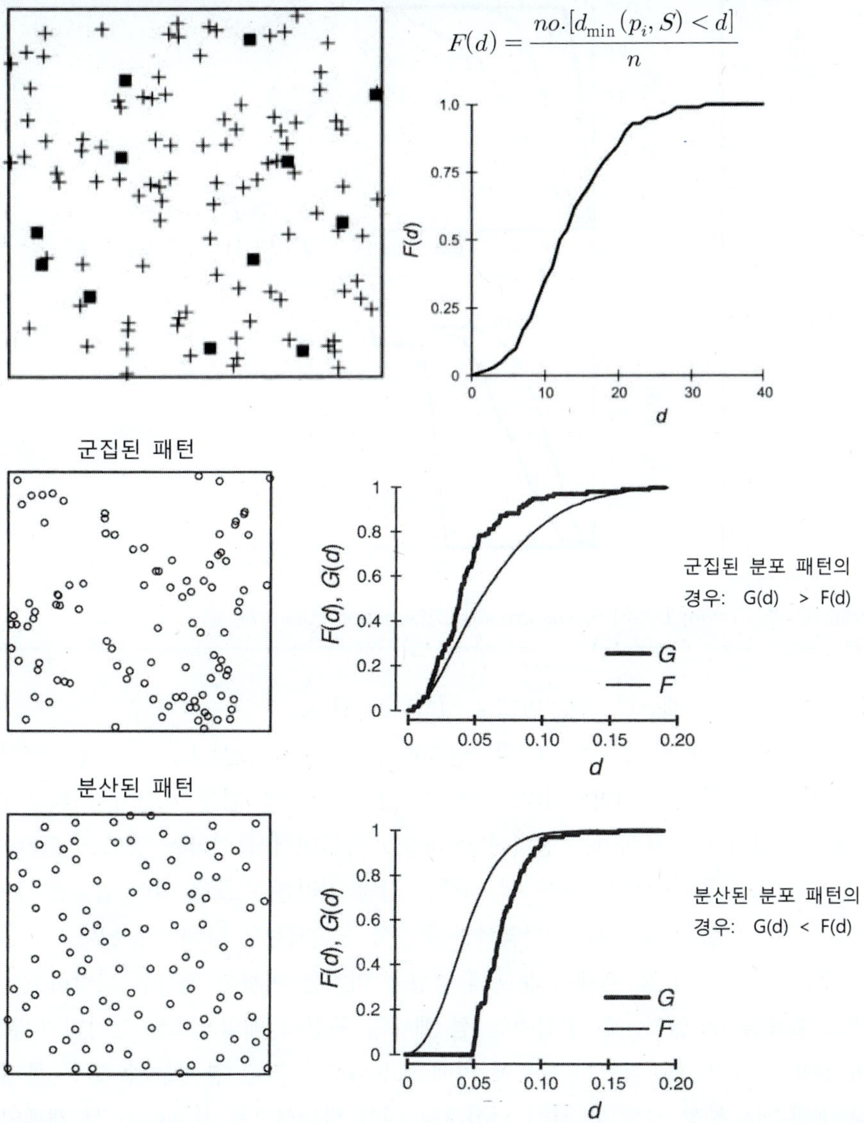

출처: O'Sullivan, D. & Unwin, D.(2010), *Geographic Information Analysis*, pp. 134-135를 편집함.

G함수와 F함수의 측정치에 대한 통계적 유의성은 공간상에서 점 개체의 발생할 확률은 상호독립적이고 완전히 임의적으로 분포하는 경우에 기대되는 패턴(귀무가설)에 비추어서 관찰된 분포패턴을 검정하게 된다. 귀무가설 하에서의 기대함수는 G함수와 F함수의 중간에 위치하고 있다. 만일 점 개체들이 군집화되어 있는 경우 G함수는 기대함수보다 위에 위치하는데 비해 F함수는 기대함수 보다 아래에 위치하게 된다. 그러나 점 개체들이

그림 11-17 점 분포패턴을 분석하는 G함수, F함수와 기대함수와의 비교

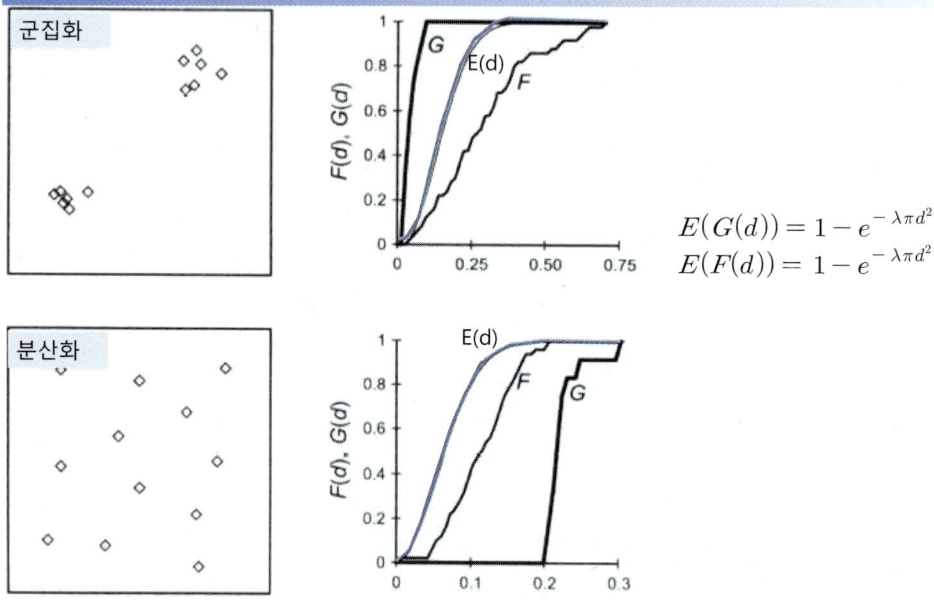

출처: O'Sullivan, D. & Unwin, D.(2010), *Geographic Information Analysis*, pp. 136, 146.

임의적이면서 분산된 패턴일 경우 반대로 나타나게 된다.

그러나 G함수나 F함수는 여전히 최근린점과의 거리만을 대상으로 하여 분포패턴을 분석하는 다소 국지적인 분석방법이라고 볼 수 있다. 이러한 점을 보완하기 위해 Ripley (1976)는 점 개체의 분포패턴을 전역적(globally) 차원에서 분석하는 방법을 고안하였다. K함수는 특정 점 개체와 다른 모든 점 개체들 간의 거리를 기초로 하여 함수를 구축하는 방법으로, 각각의 점 개체에 대한 전역적인 공간적 군집패턴을 탐색하게 된다.

K함수는 더 나아가 점 개체의 분포에 영향을 미치는 이차적 속성을 파악하고자 하는 경우에도 활용할 수 있다. 즉, K함수는 점 개체의 공간적 배열상태를 평가하기 위해 점 개체의 분포 상태가 공간적 상호작용에 의해 형성되었는 가를 분석할 수 있는 통계적 기법이다. K함수는 특정 지점으로부터 일정거리 내의 실제적으로 분포하는 점 개체의 수와 이론적으로 규칙적인 분포일 경우의 점 개체의 수를 비교함으로서 점 개체의 분포가 임의적인가의 여부를 판정할 수 있다. 임의적 패턴의 경우 각 지점에서 점 개체가 발생할 확률은 동일하며 독립적이다. k(d)는 임의로 선택한 점에서 주어진 거리(d) 내에 위치하는 점의 기대수를 단위면적당 점의 밀도로 나눈 값이다. K함수를 산출하는 과정은 4단계를 거치게 된다, 먼저 특정한 점 개체가 발생한 점을 중심으로 반경(d)를 가진 동심원을 구축한다. 그리고 그 원 안에서 관찰된 다른 점 개체 수를 측정하여 모든 점 개체의 평균 개수를 산출한다, 이렇게 산출된 평균 개수를 전체 연구대상지역의 평균밀도로 나누어서

그림 11-18 점 분포패턴으로 부터 K함수를 추정하는 과정과 K(d) 산출식

$$K(d) = \frac{\sum no.[S \in C(s_i, d)]}{n\lambda}$$

$$K = \frac{n}{a} \cdot \frac{1}{n} \sum no.[S \in C(s_i, d)]$$

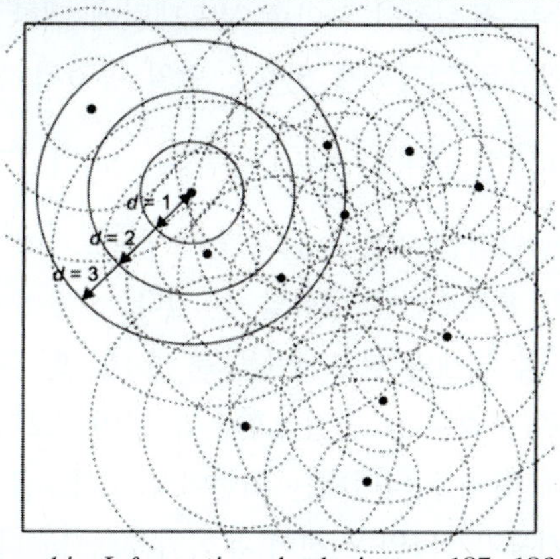

출처: O'Sullivan, D. & Unwin, D.(2010), *Geographic Information Analysis*, pp. 135, 136..

그림 11-19 서로 다른 점 분포패턴으로 부터 추정된 K함수 비교

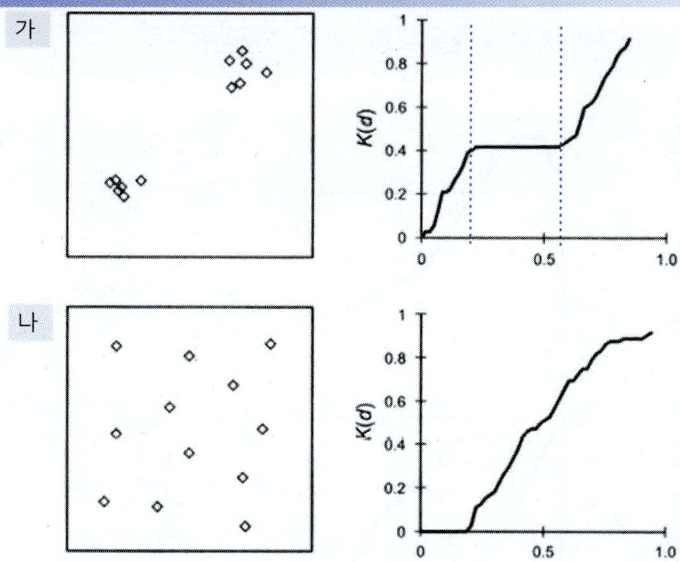

출처: O'Sullivan, D. & Unwin, D.(2010), *Geographic Information Analysis*, p. 136.

k(d)를 산출한다(그림 11-18 참조). 이렇게 K함수의 경우 점 개체간의 모든 거리가 측정되기 때문에 G함수나 F함수보다 전역적 차원에서의 분포패턴을 측정할 수 있다. 만일 군집되어있는 점 개체의 분포일 경우와 임의적 분포일 경우 K함수 유형은 크게 차이가 난다. 그림 11-19-가에서 볼 수 있는 바와 같이 K함수의 경우 거리 0.2 사이에서 군집 패턴이 나타나고 있으며, 또한 0.6 이상에서도 또 다른 군집패턴이 나타나고 있음을 보여주고 있어 군집된 패턴이 분리되어 있음을 말해준다. 반면에 점 개체가 분산된 패턴을 보이

고 있는 경우 K함수는 완만하게 증가하는 형태를 보이게 된다(그림 11-19-나 참조).

K함수는 동질적인 포아송 분포패턴에 대한 실제 관찰된 분포패턴 과정을 비교하여 통계적 유의성을 검정하게 된=다. 만일 공간적 상호작용이 존재하지 않는 임의적 패턴에서 k(d)는 πd^2이 된다[$E(K(d)) = \frac{\lambda\pi d^2}{\lambda} = \pi d^2$]. 그러나 군집된 분포일 경우 k(d)> πd^2으로 나타난다. 이러한 이론적 근거를 바탕으로 πd^2과 표본자료에서 구한 k(d)를 비교함으로서 점 개체의 분포패턴을 판정할 수 있다.

한편 점 개체의 분포패턴을 분석하는 또 다른 L함수는 K함수와 거의 유사하며 K함수를 토대로 구축된다. 만일 L함수의 값이 0보다 클 경우 군집된 패턴이며 0보다 작을 경우 규칙적 형태를 나타내는 패턴이다. L함수를 거리에 따라 그래프로 표현할 경우 원점에서부터 기울기가 1인 직선이 무작위 패턴을 나타낸다. 점의 분포가 군집된 경우 L함수는 직선의 상단에 위치하며 규칙적인 경우에는 하단에 위치하게 된다(그림 11-20 참조).

그림 11-20 점 분포패턴으로 부터 L함수를 추정하는 과정과 L(d) 산출식

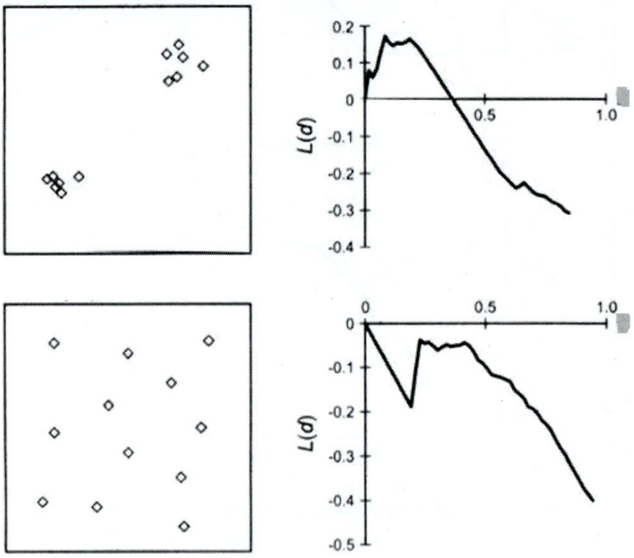

$$E(K(d)) = \frac{\lambda\pi d^2}{\lambda} = \pi d^2$$

$$L(d) = \sqrt{\frac{K(d)}{\pi}} - d$$

출처: O'Sullivan, D. & Unwin, D.(2010), *Geographic Information Analysis*, p. 136.

그러나 점 개체의 분포패턴 분석을 위한 방법들은 점 개체의 분포에만 초점을 두고 있을 뿐, 점이 가지는 속성을 고려하지 못하고 있다. 점 개체의 분포가 상호독립적이 아니라 한 점의 입지가 다른 점의 입지에 영향을 미치게 된다면 포아송 분포에 대한 기본 가정은 완화되어야 하며, 이런 경우 최근린지수나 방안분석 등의 방법을 사용하기 어렵

그림 11-21 점 개체의 분포패턴의 공간분석에 대한 개념적 틀

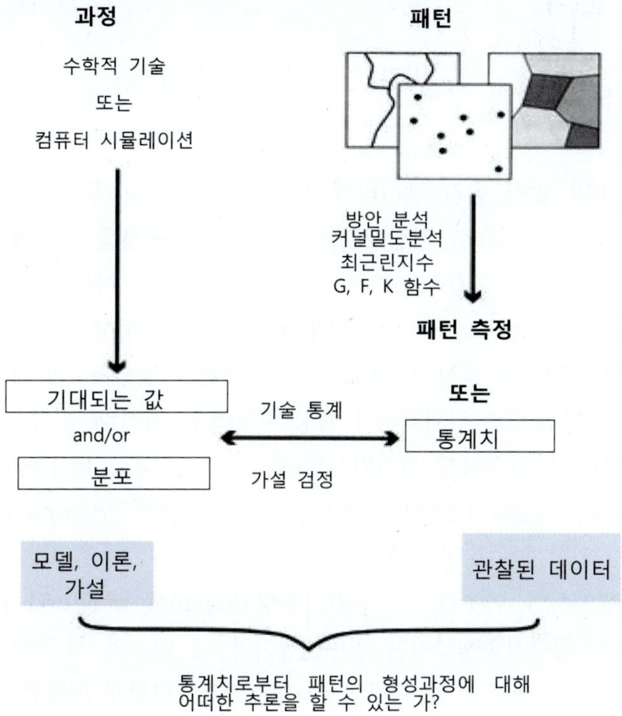

출처: O'Sullivan, D. & Unwin, D.(2010), *Geographic Information Analysis*, p. 141.

다. 그러므로 점 개체들 간의 입지가 상호 연관되어 있는 경우에는 공간적 자기상관성을 고려해야 한다. 더 나아가 주어진 점 개체의 분포패턴에 대한 통계치로부터 그러한 분포패턴이 형성되는 과정을 설명하기 위한 추론적 모델이나 이론 및 가설을 내세우고 이를 검정하여야 할 것이다(그림 11-21 참조).

제 3 절

공간적 자기상관성 분석

[1] 공간가중행렬의 개념과 구축

앞에서 살펴 본 바와 같이 공간 데이터가 가지고 있는 가장 두드러진 특징은 공간적 자기상관성이다. 즉, 공간적으로 인접해있을수록 유사한 특성을 지니게 되고 상관성이 높아진다는 것이다. 이러한 공간적 자기상관성을 측정하고자 하는 경우 중요한 문제는 공간적 인접성(spatial neighborhood)을 어떻게 정의하고 측정하는 가이다.

일반적으로 공간적 인접성은 특정 지점(point)으로 부터의 일정거리(임계치 거리) 내에 위치한 모든 지역(또는 지점)으로 정의되거나 특정 지역(또는 지점)에 가장 가까이 위치한 n개의 지역(또는 지점)으로 단순하게 정의되기도 한다. 또는 다소 복잡하게 지역들(또는 지점들) 간에 거리조락 함수를 이용하여 측정되기도 한다. 또는 면(polygons) 데이터의 경우 지역들의 물리적 인접성을 토대로 측정될 수도 있다.

일반적으로 공간상에서의 이웃관계는 공간가중행렬(spatial weighted matrix)을 이용하여 나타내게 된다. 공간가중행렬이란 연구대상지역 내 다수의 지점들(또는 하위 지역들)이 서로 공간적으로 인접하고 있는 가의 여부를 일목요연하게 파악할 수 있도록 행렬로 나타낸 것이다. 공간적으로 인접도나 인접거리로 나타내는 공간 가중치 행렬 W(n×n)은 점 또는 지역들 간의 잠재적 상호작용의 강도를 말해준다. 즉, 점이나 면으로 나타난 지역들의 공간 배열 자체를 나타낸 공간가중행렬이 공간적 자기상관성이나 공간적 상관관계를 알려주는 중요한 요인으로 고려되고 있다.

공간적 자기상관성이 존재하는 경우 공간가중행렬을 이용해 공간효과를 통제하여야 한다. 공간가중행렬을 구축하는 경우 공간 인접성(spatial contiguity)을 기준으로 행렬을 구축하는 방법과 공간 거리(spatial distance)를 기준으로 하는 방법이 있다. 먼저 공간 인접성을 기준으로 공간가중행렬을 구축하는 경우에도 공간 인접성을 어떻게 정의하여 측정하느냐에 따라서 공간가중행렬도 달라진다. 인접행렬을 산출하는 방법으로 Rook, Bishop, Queen 방식이 이용된다. Rook의 경우 두 지역의 경계선(변)이 공유되는 경우이며, Bishop은 두 지역이 모서리를 공유하는 경우, 그리고 Queen은 두 지역이 변 또는 모서리를 공유하는 경우이다. 일례로 Rook방식으로 공간가중행렬을 구축하는 방법을 보면 표 11-2와 같다. Rook 방식은 공통으로 인접하는 변이 있는 경우를 말하며, 일례로 5번 셀과 변을 공통으로 인접하고 있는 셀은 2, 4. 6. 8번 셀이다. 만일 모서리가 공통으로 인접하는 Bishop 방식으로 공간가중행렬을 구축하는 경우 5번 셀과 인접하는 셀은 1,3,7,9번 셀이다. 한편 모서리나 변 모두 공통으로 인접하는 경우인 Queen 방식에 따를 경우 5번 셀과 인접하는 셀은 1. 2. 3. 4. 6. 7. 8. 9번 셀로 가장 많다. 그림 11-22의 공간 인접성을 Rook방식으로 공간가중행렬을 구축한 결과를 나타내고 있다. 공간가중행렬에서 가중치는 '0' 또는 '1'로 나타나며, 이는 각 지역마다 공간적으로 이웃하는 지역(spatial neighbor)의 유무를 보여준다. 그러나 공간가중치가 반드시 0과 1의 값만을 갖는 것은 아니다. 경우에 따라서 공간가중행렬에서 각 행의 합이 1이 되도록 가중치가 조정하는 행 표준화(row-standardization) 방법도 도입하기도 한다.

그림 11-22 Rook 방식에 따라 공간가중행렬을 구하는 방법의 예시

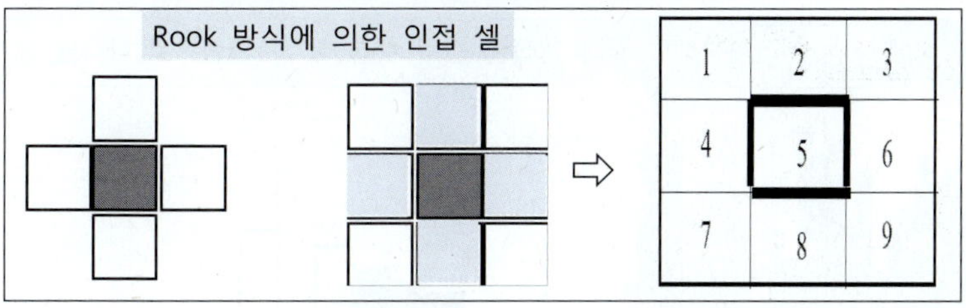

공간가중행렬 메트릭스 구축

$$\mathbf{W} = \begin{bmatrix} w_{11} & w_{12} & \cdots & w_{1n} \\ w_{21} & w_{22} & \cdots & w_{2n} \\ \vdots & \vdots & \ddots & \vdots \\ w_{n1} & w_{n2} & \cdots & w_{nn} \end{bmatrix} \quad \mathbf{W} = \begin{bmatrix} 0 & 1 & 0 & 1 & 0 & 0 & 0 & 0 & 0 \\ 1 & 0 & 1 & 0 & 1 & 0 & 0 & 0 & 0 \\ 0 & 1 & 0 & 0 & 0 & 1 & 0 & 0 & 0 \\ 1 & 0 & 0 & 0 & 1 & 0 & 1 & 0 & 0 \\ 0 & 1 & 0 & 1 & 0 & 1 & 0 & 1 & 0 \\ 0 & 0 & 1 & 0 & 1 & 0 & 0 & 0 & 1 \\ 0 & 0 & 0 & 1 & 0 & 0 & 0 & 1 & 0 \\ 0 & 0 & 0 & 0 & 1 & 0 & 1 & 0 & 1 \\ 0 & 0 & 0 & 0 & 0 & 1 & 0 & 1 & 0 \end{bmatrix}$$

그러나 연구대상지역의 형상과 크기가 매우 불규칙적인 경우 인접성을 정의하고 측정하는 것이 다소 어렵다(그림 11-23-가 참조). 이렇게 연구대상지역 내에 하위 지역들의 형상과 크기가 매우 불규칙하고 그 경계를 구분하는 것이 애매모호한 경우 어떠한 방식으로 인접행렬을 구축하였는 가에 따라 공간가중행렬도 상당히 달라질 수 있다.

한편 점 개체로 분포되어 있는 경우의 인접성은 티센 폴리곤을 구축한 후에 인접행렬을 만들 수 있다(그림 11-23-나 참조). 즉, 점과 점을 연결하는 선을 이등분하여 티센 폴리곤을 구축한 후에 이를 바탕으로 하여 인접행렬을 구축한다. 일례로 Rook방식으로 공간가중행렬을 구축하는 경우 점 A와 인접하는 점은 점 B와 점 D라고 나타낼 수 있다.

그림 11-23 공간가중행렬 구축을 위해 인접행렬을 구축하는 또 다른 방법의 예시

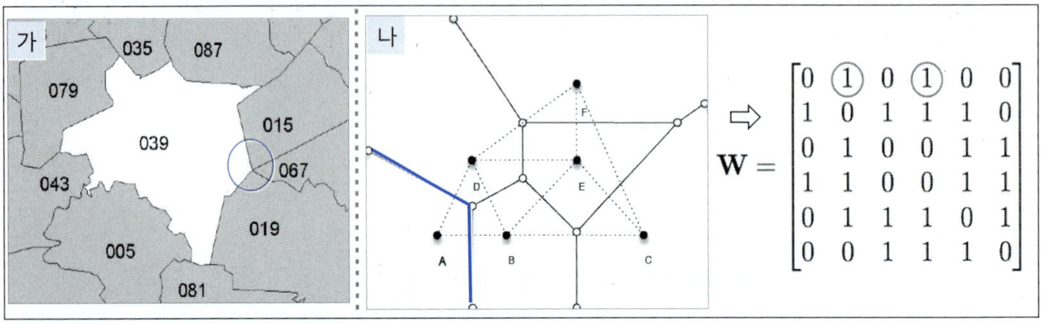

그림 11-24 Rook 방식에 따른 공간가중행렬 결과 인접한 변의 수를 히스토그램으로 나타낸 예시

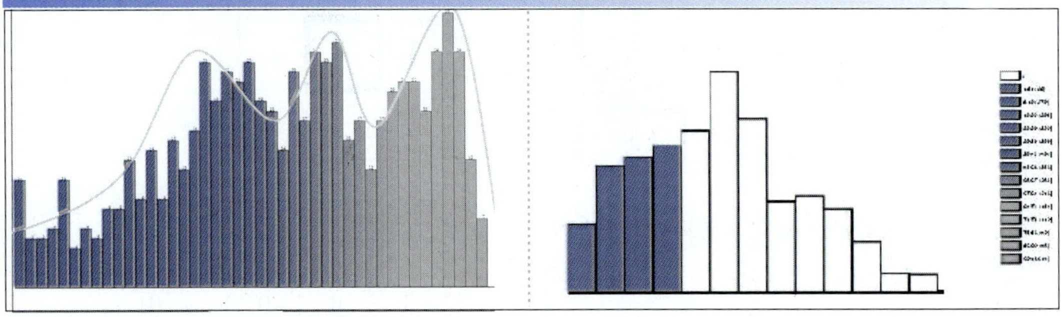

공간가중행렬이 구축되고 나면 각 셀(폴리곤)들이 인접하는 셀의 수를 집계하여 히스토그램을 구축하고, 분포유형이 정규분포형에 가까운가 또는 매우 비정규분포 패턴을 보이는 가를 조사할 수 있다(그림 11-24 참조). 인접행렬을 히스토그램으로 나타내면 인접 결과를 잘 볼 수 있다. 특히 인접행렬 전체적으로 볼 때 '0'이 아닌 비율이 어느 정도인가, 또는 전혀 연결되지 않은 섬들로 나타난 지역이 있는 가를 알 수 있다. 인접행렬에 대한 히스토그램은 정규분포 패턴을 보이는 것이 바람직하며, 만일 공간가중행렬에 대한 분포패턴이 너무 불규칙한 패턴을 보이거나 중간에 틈이 생기는 것(인접하고 있는 셀의 수가 중간에 없는 경우)은 바람직하지 못하다.

한편 인접하는 셀이 기준이 아니라 인접하는 거리를 기준으로 하는 경우 거리 반경 설정에 따라 인접성이 달라진다. 예를 들면 그림 11-25에서 볼 수 있는 바와 같이 임계치 거리를 11.2km로 설정하는 경우 점 C는 고립된 섬처럼 어떤 지점하고도 인접하지 않는다. 그러나 임계치 거리를 14.2km로 늘리는 경우 점 C는 점 E와 인접하는 것으로 나타난다.

또한 인접행렬을 구하는 또 다른 방식인 K-neighborhood 방식을 적용할 수 있다. 이 경우에는 가장 인접하는 지점의 수를 정해주어야 한다. 그림 11-25에서 볼 수 있는

바와 같이 k=3을 지정하는 경우 점 A와 인접하는 3개의 점은 점 B, 점 D, 점 E로 인식된다. 이와 같이 공간가중행렬을 구축하는 경우 인접성을 어떻게 정의하고 측정하는 가에 따라서 공간가중행렬 산출결과는 상당히 달라질 수 있다.그러나 어느 방법이 가장 적합한가에 대한 정확한 통계적 검정방법은 없기 때문에 산출된 공간가중행렬을 투입하였을 때 추정된 결과치를 해석하면서 문제가 발생한다고 인식되면 또 다른 인접행렬 방식을 적용하여 공간가중행렬을 다시 구축하여 투입하는 실험적 절차를 밟는 것이 바람직할 것이다.

그림 11-25 임계치 거리를 인접성 기준으로 하는 경우와 이웃하는 점의 개수를 기준으로 하는 경우

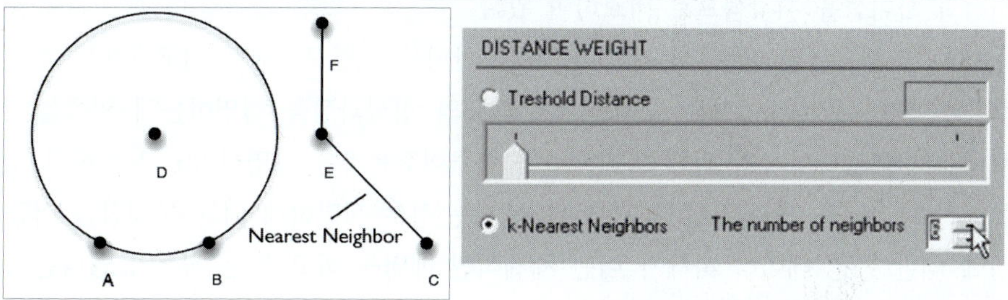

	B	C	D	E	F
A	10.0	30.0	11.2	22.4	28.3
B		20.0	11.2	14.1	22.4
C			26.9	14.1	22.4
D				15.0	18.0
E					10.0

$$W = \begin{bmatrix} 0 & 1 & 0 & 1 & 0 & 0 \\ 1 & 0 & 0 & 1 & 0 & 0 \\ 0 & 0 & 0 & 0 & 0 & 0 \\ 1 & 1 & 0 & 0 & 0 & 0 \\ 0 & 0 & 0 & 0 & 0 & 1 \\ 0 & 0 & 0 & 0 & 1 & 0 \end{bmatrix}$$

임계치 거리가 11.2km로 주어진 경우

	B	C	D	E	F
A	10.0	30.0	11.2	22.4	28.3
B		20.0	11.2	14.1	22.4
C			26.9	14.1	22.4
D				15.0	18.0
E					10.0

$$W = \begin{bmatrix} 0 & 1 & 0 & 1 & 0 & 0 \\ 1 & 0 & 0 & 1 & 1 & 0 \\ 0 & 0 & 0 & 0 & 1 & 0 \\ 1 & 1 & 0 & 0 & 0 & 0 \\ 0 & 1 & 1 & 0 & 0 & 1 \\ 0 & 0 & 0 & 0 & 1 & 0 \end{bmatrix}$$

임계치 거리가 14.2km로 주어진 경우

	B	C	D	E	F
A	10.0	30.0	11.2	22.4	28.3
B		20.0	11.2	14.1	22.4
C			26.9	14.1	22.4
D				15.0	18.0
E					10.0

$$W = \begin{bmatrix} 0 & 1 & 0 & 1 & 1 & 0 \\ 1 & 0 & 0 & 1 & 1 & 0 \\ 0 & 1 & 0 & 0 & 1 & 1 \\ 1 & 1 & 0 & 0 & 1 & 0 \\ 0 & 1 & 1 & 0 & 0 & 1 \\ 0 & 1 & 1 & 0 & 1 & 0 \end{bmatrix}$$

최근린 이웃의 수= 3 일 경우

[2] 공간적 자기상관성 개념과 측정

(1) 공간적 자기상관성 개념

전통적으로 지리학이나 도시 및 지역계획을 전공하는 많은 학자들의 일차적인 관심사는 관심대상이 되는 현상의 공간분포와 그러한 분포패턴에 영향을 미친 요인들을 규명하는 것이었다. 이를 위해 관심대상에 대한 공간 데이터를 수집하여 공간분포도를 작성하였다. 이렇게 구축된 공간분포도를 통해 공간패턴을 파악할 수 있으며, 더 나아가 지역 간의 유사성과 차이점을 시각적으로 비교하여 왔다.

오늘날도 공간패턴은 많은 사람들의 중요한 관심사와 연구주제가 되고 있다. 특히 공간패턴의 차이가 나타나는 경우 그러한 공간패턴의 형성과정을 설명하는데 역점을 두고 있으며, 특히 어떠한 질서에 의해 공간패턴이 이루어졌는가를 규명하려고 노력하고 있다. 그러나 공간 데이터를 가지고 공간패턴을 분석하는 경우 직면하게 되는 문제점은 어떤 특정 현상에 대한 공간 데이터 자체가 어떤 체계적인 배열을 하고 있는 경우가 많다는 점이다. 예를 들면 실업률의 공간분포와 인구이동의 공간패턴을 분석해보면 높은 관측치를 나타내고 있는 지역들이 서로 밀집해 있음을 쉽게 알 수 있다. 이러한 현상들이 흔하게 관찰되면서 공간적 자기상관성을 측정하려는 연구들도 활발하게 이루어지고 있다.

공간적 자기상관 관계는 정적(positive)인 관계를 나타내는 경우와 부적(negative)인 관계를 나타내는 경우가 있는데 근본적으로 지리학자들이 관심을 두고 있는 것은 정적인 공간적 자기상관이 나타나는 경우이다. 정적인 공간적 자기상관이 나타날 경우 어떤 지역은 멀리 떨어져 있는 지역들에 비해 그 이웃하는 지역들과 더 유사한 특성을 갖게 된다. 반면에 부적인 공간적 자기상관을 갖게 되면 어떤 지역이 이웃하는 지역과는 매우 다른 특성을 보이는 데 비해 오히려 멀리 떨어져 있는 지역과는 유사한 특성을 갖는 것이다.

공간적 자기상관성에 관한 분석은 주로 선거지리학, 지형학이나 식물지리학 및 공간쇄신의 확산연구에서 많이 사용된다. 특히 어떤 혁신이나 유모어 또는 질병이 확산되어 가는 공간패턴이라든가, 시간의 흐름에 따라 구조적 변화를 일으키는 사회·경제적 상황의 공간패턴을 분석하는데 많이 활용되고 있다. 자기상관은 과거로부터 미래에 걸친 시간적 흐름에 따라서 나타나는 경우와, 지리적인 인접성으로 인해 공간적 차원에서 나타나는 경우가 있는데 여기서는 주로 공간적인 차원에서 야기되는 자기상관만을 중점적으로 살펴보고자 한다.

(2) 공간적 자기상관성 측정

인접행렬을 통해 각 지역마다 인접하는 지역이 정의되고 이를 토대로 하여 공간가중행렬이 구축되고 나면, 공간상에서 나타나고 있는 특정한 현상이 공간적 자기상관성을 갖고 있는 가에 대해 가설을 수립하고 통계적 검정을 수행할 수 있다. 공간적 자기상관성 측정은 주어진 데이터가 측정된 척도에 따라 달라진다.

① 명목자료의 경우

공간적 자기상관성을 측정하기 위해서는 Y변수가 주어진 공간 단위별로 수집되어야 하는데, 경우에 따라서는 관심대상이 되는 Y변수가 명목척도로 측정된다. 예를 들면 선거지리학에서 집권당과 그 외의 당으로 분류된다든가. 또는 병리지리학에서 질병으로 인한 사망률의 공간패턴에서 평균 사망률을 기준으로 평균 이상과 평균 미만으로 이원화되는 경우이다. 이와 같은 데이터를 수집하여 각 구역별로 관측된 명목자료를 흑과 백으로 공간상에 배열시켰을 때 나타날 수 있는 인접성의 접합 조합은 BB, BW, WW의 세가지 유형으로 나타낼 수 있으며, 이들의 관측치는 다음과 같은 공식에 의해 산출된다.

$$BB = \frac{1}{2}\sum_{i=1}^{n}\sum_{j=1}^{n} w_{ij} y_i y_j \; (i \neq j)$$

$$BW = \frac{1}{2}\sum_{i=1}^{n}\sum_{j=1}^{n} w_{ij} (y_i - y_j)^2$$

$$WW = \frac{1}{2}\sum_{i=1}^{n}\sum_{j=1}^{n} w_{ij} (1-y_i)(1-y_j) \text{ 또는 } J-(BB+WW)$$

여기서 W_{ij}는 두 구역 i와 j가 공통변을 가질 경우에는 1이 되며, 인접하지 않을 경우에는 0이 된다. 각각의 접합의 수를 2로 나누어주는 이유는 두 구역이 인접할 경우 두 번씩이 중복하여 그 접합수가 세어지게 되기 때문이다. n은 단위구역수이며, L_i는 구역 i와 j가 인접하는 관측치라고 할 때 총 관측치 J는 다음과 같이 나타낼 수 있다.

$$J = \frac{1}{2}\sum_{i=1}^{n} L_i$$

그림 11-26에서 볼 수 있는 바와 같이 흑과 백의 공간배열이 매우 다양하게 나타날 수 있으며, 그 결과 산출되는 공간적 자기상관성도 강한 (+)의 군집 패턴에서부터 공간적으로 완전히 독립된 패턴과 오히려 매우 강한 (-)의 가지상관을 보이는 패턴에 이르기까지 매우 다양한 분포패턴을 볼 수 있다. 공간적 자기상관도 값은 -1에서 부터 +1까지의

값을 가질 수 있다. +1에 가까울수록 정적인 강한 공간적 자기상관성이 있음을 말해주며, 반대로 -1에 가까울수록 부적인 강한 공간적 자기상관성이 존재하고 있다고 풀이할 수 있다. 또한 공간적 자기상관성 값이 0에 가까울수록 공간적 자기상관성이 거의 나타나지 않음을 말해준다.

그림 11-26 명목척도로 측정된 공간 데이터에서 나타나는 다양한 공간적 자기상관 패턴들

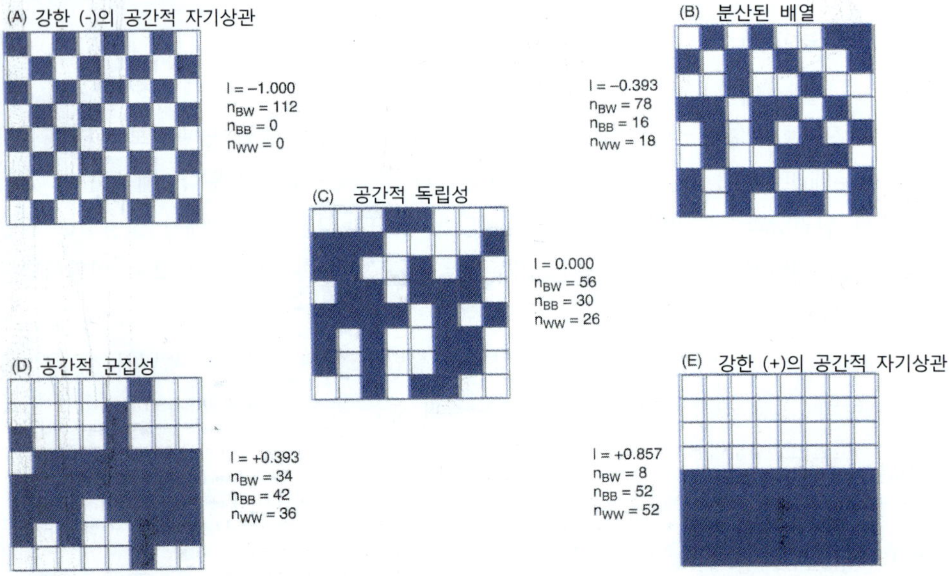

② 서열자료와 등간자료의 경우

수집된 자료를 이원화하여 축소시켜 공간패턴을 분석할 경우 간편하지만 많은 정보를 잃게 되는 경우도 발생한다. 따라서 Y의 변량을 명목척도화하지 않고 변량의 크기에 따라 순위화하거나 그 변량의 크기를 그대로 이용하여 공간적 자기상관성을 측정하는 것이 보다 더 정확할 것이다. 서열척도나 등간척도로 측정된 자료를 이용하여 공간적 자기상관성을 측정하는 방법에는 여러 가지가 있으며, Moran(1950)에 의해 제안된 I지수와 Geary(1954)에 의해 제시된 C지수가 보편적으로 이용된다.

Moran(1950)의 I 통계량은 공간 데이터의 자기상관성을 측정하기 위하여 고안된 공간통계량이며 전역적(global) 통계량과 국지적(local) 통계량으로 나누어진다. 전역적 통계량은 연구대상지역 내에서 유사한 값들의 전반적인 군집경향을 하나의 지표로 요약하여

나타내는 지표이며, 국지적 통계량은 특정지역을 중심으로 주변에 유사한 값들을 보이는 공간적 군집현황을 세부적으로 나타낸다.

먼저 전역적 모란 I 값은 다음과 같은 식을 통해 산출된다. 그림 11-27을 통해 알 수 있는 바와 같이 전역적 모란지수는 지역 간의 인접성을 나타내는 공간가중행렬과 인접하는 지역들 간의 속성 데이터의 유사성(similarity)를 측정하는 것이다. 이렇게 산출된 모란 I 값은 Z 검정을 통해 통계적 유의성을 판정하게 되는데, E(I)는 기대 평균치이다.

$$I=\frac{N\sum_{i=1}^{n}\sum_{j=1}^{n}w_{ij}(Y_i-\overline{Y})(Y_j-\overline{Y})}{(\sum_{i=1}^{n}\sum_{j=1}^{n}w_{ij})\sum_{i=1}^{n}(Y_i-\overline{Y})^2}$$

여기서 N: 지역단위 수, Y_i : i 지역의 속성, Y_j : j 지역의 속성, $\overline{Y}$: 평균값, w_{ij}: 가중치

$$Z=\frac{I-E(I)}{S_e(I)},\ 여기서\ E(I)=-1/(n-1)$$

그림 11-27 전역적 모란지수의 개념화

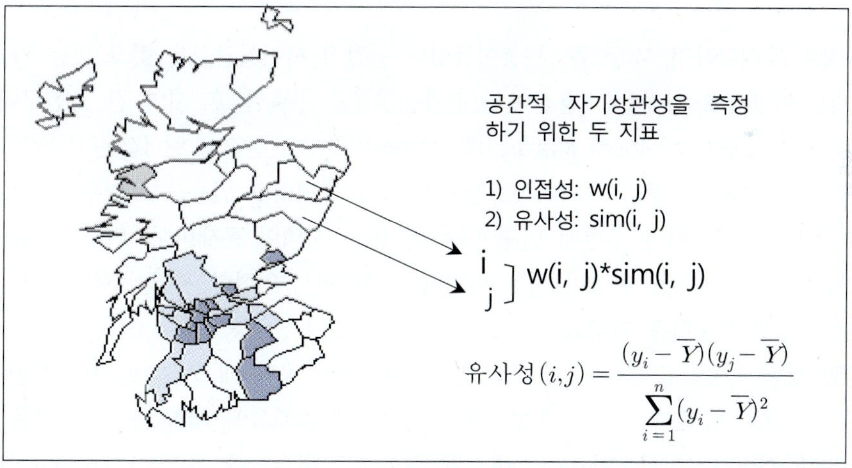

전역적 모란 I지수는 -1과 1사이의 값을 가지게 되며, 1의 경우 완전한 양의 자기상관, -1의 경우 완전한 음의 자기상관관계가 있음을 의미한다. 높은 유사한 값들을 갖고 있는 지역들이 공간적으로 인접해 있는 경향이 강할수록 (+)1에 가까운 값을 갖게 된다. 반면에 (-)1에 가까울수록 높은 값과 작은 값을 가지는 지역들이 규칙적으로 섞여 분포하는 공간패턴을 의미한다.

모란 I 지수는 유사한 값들의 공간적 자기상관도를 측정하는 지수이기 때문에 큰 값들이 군집되어 있는 경우(예: hot spot)나 작은 값들이 군집되어 있는 경우(cold spot)을 구분하지 못한다. 따라서 모란 I 지수의 경우는 인구규모가 큰 지역들의 군집과 인구가 작

은 지역들이 공간적으로 밀집해 있을 경우 모두 동일하게 자기상관도가 크게 산출된다. 그러나 G 통계량(G-statistics)은 큰 값들의 공간적 군집도와 작은 값들의 공간적 군집도를 구별할 수 있다. G 통계량의 경우 큰 값들이 공간적으로 밀집해 있는 경우 G값이 크게 산출되지만, 낮은 값들이 군집되어 있는 경우에는 G값이 낮게 산출된다. 이와 같이 모란 *I* 지수는 큰 값의 군집패턴이나 작은 값의 군집패턴을 구별할 수 없지만, G 지수는 큰 값의 군집패턴과 작은 값의 군집패턴을 구별할 수 있다. 따라서 모란 *I* 지수와 G 통계량은 유용한 공간패턴 정보를 생성하기 위하여 상호 보완적으로 활용되는 것이 바림직하다(Getis & Ord, 1992). G 지수도 전역적 통계량과 국지적 통계량으로 구분되어 있으며, 전역적 통계량을 산출하는 식은 다음과 같다. G 통계량의 경우도 정규분포를 가정하며, 기댓값 E(G)와 분산이 정의되어 있다. 이를 바탕으로 표준정규분포로 변환하여 산출된 전역적 G 통계량의 통계적 유의성을 검정하고 있다.

$$G(d) = \frac{\sum\sum w_{ij}(d)y_iy_j}{\sum\sum y_iy_j}, \quad E(G) = \frac{W}{n(n-1)}, \text{ 여기서 } W = \sum_{i=1}^{n}\sum_{j=1}^{n} w_{ij}(d)$$

일례로 우리나라의 시·군·구 간 총이동량이 공간적 자기상관성을 갖고 있는 가를 조사하기 위하여 Rook 방식을 이용하여 공간가중행렬을 구축한 후 지역 간 총인구이동량에 대한 전역적 모란지수(Global Moran'I)를 산출하였다. 그 결과 모란 I값은 0.4579로 매우 유의적으로 나타나서 공간적 자기상관성이 상당히 존재하고 있음을 보여주고 있다. 이는 인구이동량이 많은 지역 주변에 인구이동량이 많은 지역이 존재하며, 인구이동량이 적은 지역 주변에 역시 인구이동량이 적은 지역이 존재하면서 인접한 지역이 서로 유사한 값을 보이면서 공간적 군집을 이루고 있다고 풀이할 수 있다.

한편 모란 산포도를 통해 Y변수와 그 변수에 대한 공간 래그변수(spatial lag)와의 산포도를 파악할 수 있다. 그림 11-28-가는 범죄율과 범죄율에 대한 공간래그값을 산포도로 나타낸 것이다. 4 사분면으로 Y변수와 공간래그 변수와의 공간적 연관성이 유형화되어 나타나고 있다. 1사분면에 있는 지역의 경우 해당지역의 Y값도 높지만 공간래그 변수값도 상당히 높게 나타나고 있다. 반면에 3사분면에 있는 지역의 경우 Y값도 낮지만 주변의 인접한 지역의 값들을 참조한 공간래그 값도 상대적으로 낮은 지역들이다. 공간 래그변수는 이웃하는 주변지역들에 대한 Y변수의 평균치를 산출한 것으로. 이 값은 다음 절에서 살펴보게 될 공간회귀모델에서 매우 중요한 변수가 된다. 관심대상지역의 공간래그 값을 산출하는 단순한 예는 그림 11-28-나와 같다.

그림 11-28 Y변수와 이웃하는 주변지역들의 값을 참조해서 추정된 공간래그값 간의 산포도

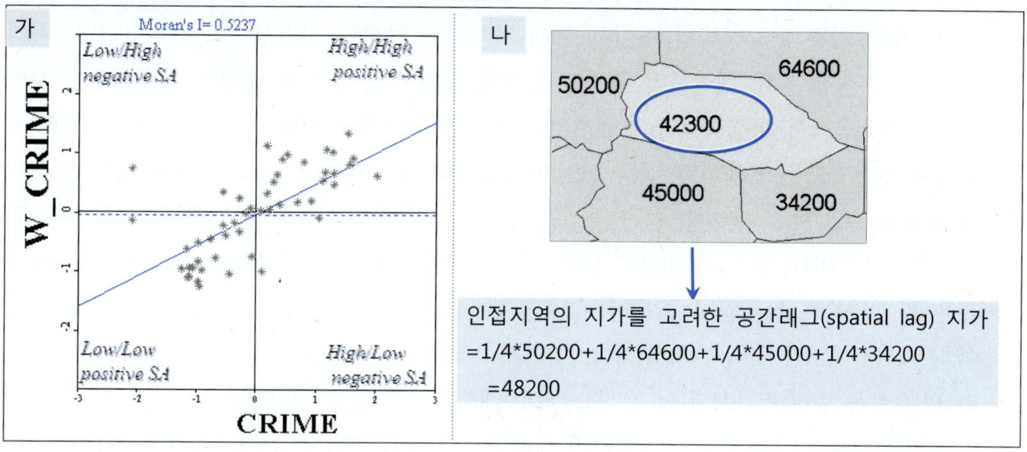

이상에서 살펴본 전역적 모란 I 지수는 연구대상지역 전체의 공간적 자기상관성을 하나의 값으로 측정하여 나타내기 때문에 해당지역 내에서의 공간적 연관성에 대한 국지적 구조를 파악할 수 없다. 즉, 어떤 특정 지역들이 전체 지역의 공간적 자기상관성에 얼마나 영향을 미치고 있는지를 파악할 수 없다. 이에 따라 Anselin(1995)은 국지적 차원에서 공간적 연관성을 측정하기 위해 LISA(Local Indicator of Spatial Association) 지표를 개발하였다. 국지적 모란지수의 산출식과 개념은 그림 11-29와 같다.

$$I_i = \left[\frac{n^2}{\sum_{i=1}^{n}\sum_{j=1}^{n} w_{ij}}\right] \frac{(y_i - \overline{Y})\sum_{j=1}^{n} w_{ij}(y_j - \overline{Y})}{\sum_{i=1}^{n} (y_i - \overline{Y})^2}$$

그림 11-29 국지적인 차원에서 공간적 자기상관성을 측정하는 LISA에 대한 개념

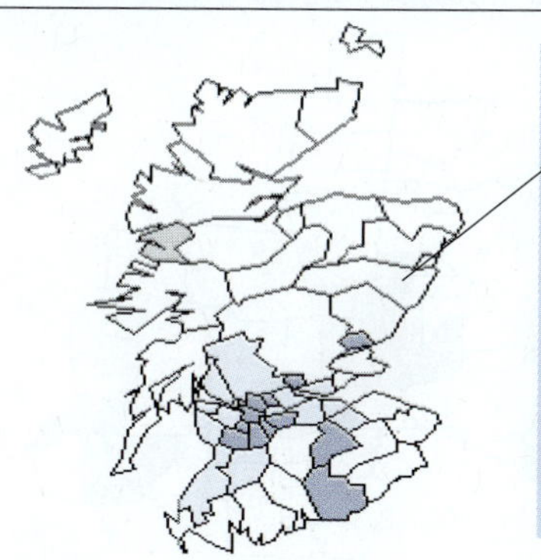

Local Index of Moran:

$$I_i = \sum_{j}^{N} w_{i,j}(y_i - Y)(y_j - Y)$$

$$I_i = (y_i - Y)\sum_{j}^{N} w_{i,j}(y_j - Y)$$

$$I_i, std = \frac{I}{var(y_i)}$$

$$I_i, std = \frac{N(y_i - Y)\sum_{j}^{N} w_{i,j}(y_j - Y)}{(y_i - Y)^2}$$

국지적 모란지수의 경우 특정 지역의 값과 인접한 주변 지역들이 갖는 값의 가중 평균값이 서로 유사하게 나타나면 정적인 자기상관으로, 반대로 특정 지역의 값과 인접한 주변지역들의 가중 평균값과의 차이가 크게 나타나면 부적인 자기상관으로 나타난다. 따라서 LISA 분석를 통해 해당지역 주변에 유사한 값을 갖는 공간적 군집의 유의성을 판정할 수 있으며, 국지적 군집지역과 이례지역을 추출할 수 있다. 뿐만 아니라 국지적 차원에서 공간적 연관정도를 측정하는 경우 모란 산포도(Moran scatter plot)을 통해 공간적 연관성 유형을 네가지로 구분할 수 있다. 즉, 원점을 기준으로 하여 높은 값 주변에 높은 값이 존재하는 HH유형(high-high), 낮은 값 주변에 낮은 값이 존재하는 LL유형(low-low), 높은 값 주변에 낮은 값이 존재하는 HL유형(high-low), 그리고 낮은 값 주변에 높은 값이 존재하는 LH유형(low-high)이다. 따라서 국지적인 차원에서 공간적 군집은 주로 HH와 LL유형을 말하며, LH과 HL은 공간적 이례지역이라고 볼 수 있다.

일반적으로 통계적으로 유의미하게 나타나는 지역들만을 대상으로 공간적 연관성의 네 유형을 지도화하여 공간적 클러스터 패턴이 어떻게 나타나는 가를 분석한다. 국지적 모란지수는 전역적 지수와는 달리 값의 상한값과 하한값이 없으며, 값이 클수록 양의 상관관

그림 11-30 전역적 모란 I 지수의 차이와 LISA 지표를 통해 나타난 4가지 유형의 공간적 연관성 분포

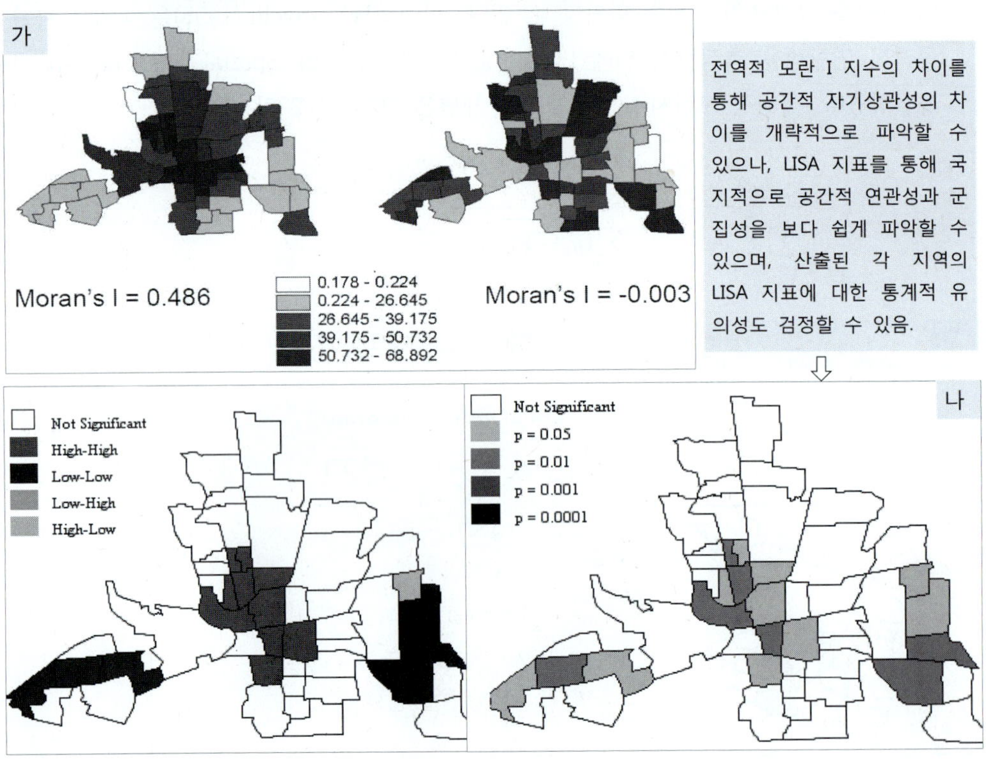

계가 산출되며, 작을수록 음의 상관관계를 보인다. 산출된 통계량들은 통계적 유의성을 검정하기 위해 표준정규분포로 변환하여 사용한다. 각 통계량들은 정규분포를 이룬다는 가정 하에서 하여, 각각의 기대값과 분산이 정의되어 있으며, Z검정을 통해 통계적 유의성을 판정한다. 그림 11-30-가는 전역적 모란지수의 차이가 국지적으로 공간적 연관성에 어떻게 반영되어 나타나고 있는 가를 보여주며, 그림 11-30-나는 산출된 LASA 지표를 통해 국지적으로 공간적 연관성을 4가지 유형으로 분류하고 또 산출된 국지적 모란지수에 대한 통계적인 유의성을 검정한 결과를 보여주는 사례이다.

앞에서 살펴 본 바와 같이 우리나라의 인구이동 패턴은 전역적 모란 I 지수를 산출해 본 결과 공간적 자기상관성이 상당히 높게 나타났고 있다. 여기서는 LISA 지표를 통해 국지적으로 공간적 연관성을 분석하였다. 그 결과 인구이동량이 많은 지역들이 이웃하고 있는 클러스터(High-High)와 인구이동량이 적은 지역들이 이웃하고 있는 클러스터(Low-Low)가 매우 대조를 이루고 있다(그림 11-31 참조). 인구이동량이 많은 HH 클러스

그림 11-31 우리나라의 시군구별 인구이동량 분포와 LISA 지표에 따른 클러스터링 패턴

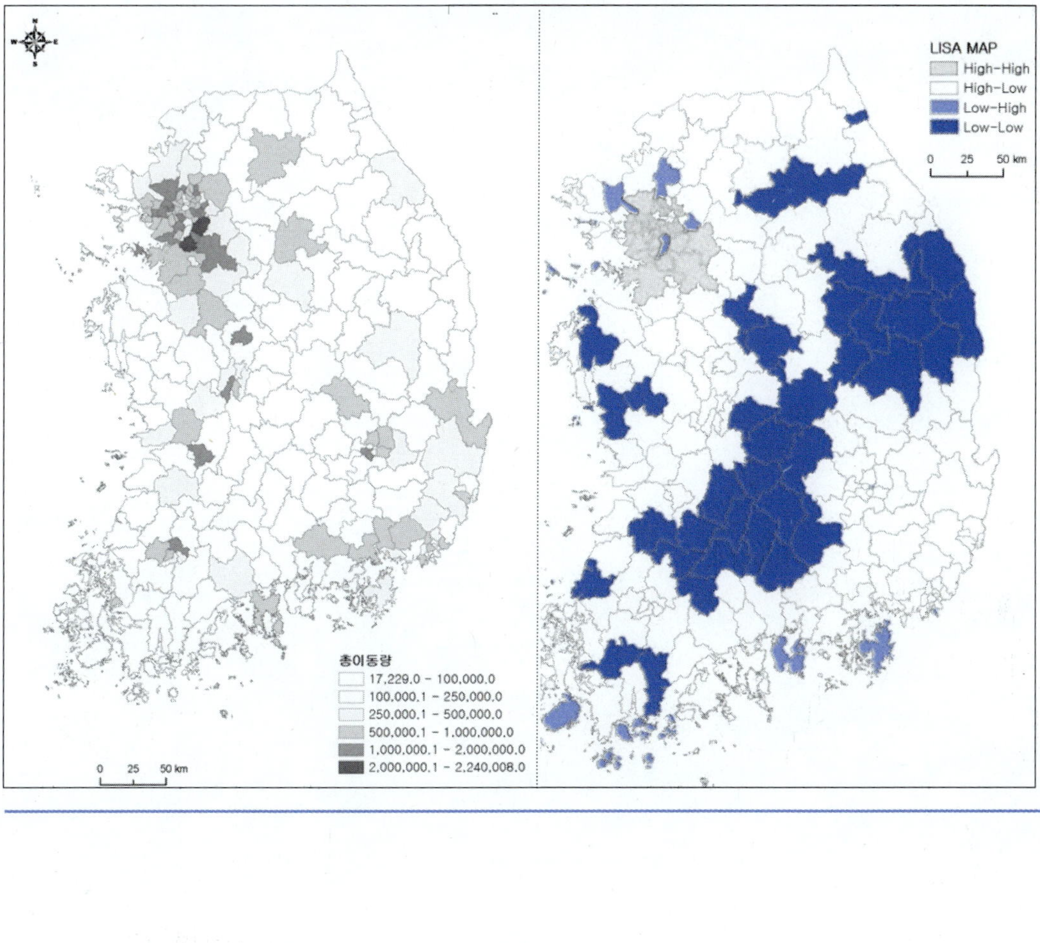

터는 서울 주변의 경기도의 도시들, 특히 경기 남부지역으로 확산되고 있다. 따라서 지난 5년 동안 인구이동은 수도권 내에서 강한 정적인 공간적 연관성을 보이면서 클러스터를 형성하여 왔음을 엿볼 수 있다. 한편 강원도에서 충북 일부와 경북 산간지방과 전남 일부의 산간 지역은 인구이동량이 적은 지역들의 클러스터인 LL형의 정적인 연관성을 보이면서 군집된 패턴을 보이고 있다.

제 12 장
공간계량모델

제 1 절

공간계량모델의 개념과 특성

[1] 일반회귀모델의 개념과 특성

회귀분석이란 독립변수(X_i)가 종속변수(Y)에 어떠한 영향을 미치고 있는가를 분석하는 통계적 방법으로, 회귀분석을 수행하는 목적은 종속변수와 독립변수들 사이의 관계를 회귀식으로 도출한 후, 회귀식으로부터 X_i 값의 변화에 따라 상응하는 Y_i 값을 예측하는 데 궁극적인 목적을 두고 있다. 선형 회귀모델은 독립변수와 종속변수 간의 관계가 직선적으로 나타날 것을 전제로 하고 있다. 따라서 우선적으로 두 변수 간의 관계가 직선적인가를 알기 위해 산포도(scatterplot)를 구축하여 살펴보아야만 한다.

산포도란 두 변수의 쌍을 좌표측상에 표시한 것으로 독립변수는 x축상에, 종속변수는 y축상에 하나의 좌표로 나타낸 분포도이다. 이렇게 주어진 자료를 시각적으로 보기 쉽게 그래프화하면 두 변수 간의 관계를 잘 알 수 있게 된다. 독립변수와 종속변수가 직선적인 관계를 보일 때 선형회귀모델은 $Y_i = \alpha + \beta X_i + \epsilon_i$ 로 나타낼 수 있다. 회귀모델에서 a는 절편(상수항)으로 $x=0$ 일 때의 Y 값을 나타낸다. 또한 b는 기울기로, X의 한 단위가 변화할 때 Y값의 변화를 나타낸다. a와 b를 회귀계수(regression coefficient)라고 한다. 선형회귀모델의 통계적 분석이란 표본자료로부터 회귀계수를 산출하여 알려져 있지 않은 모집단간의 관계를 추론하는 것이다.

사회과학 분야의 연구에서는 모집단 전체를 대상으로 조사하는 것은 실제로 불가능하기 때문에 대부분이 표본으로부터 구한 자료를 통해 모집단에 대한 회귀계수를 추정하고 있다. 따라서 회귀계수 a와 b 값을 산출한 후 주어진 X_i 값에 대한 Y_i 값을 추정하게 된다. 즉, 산출된 회귀식을 토대로 하여 Y_i 값이 추정되므로 예측치 Y 값은 $\widehat{Y}$으로 나타낸다.

회귀분석을 한 마디로 정의한다면 종속변수와 독립변수들 간의 관계를 결정짓는 가장 적합한 회귀식을 찾아내는 것이라고 말할 수 있다. 이들 변수 간의 관계를 나타내는 데 적합하다고 생각되는 회귀선은 여러 개 있을 수 있으므로, 여러 회귀선들 가운데서 종속변수와 독립변수 간의 관계를 가장 잘 설명해줄 수 있는 적합한 회귀선을 구해야 한다. 회귀분석이란 바로 최적선(best-fitting line)을 산출하기 위해 통계적인 방법을 이용하는 것이다. 가장 좋은 회귀선이란 어떤 회귀선이 주어졌을 때 회귀식으로부터 측정된 예측치 $\widehat{Y}_i$와 실측치인 Y_i 와의 차이인 잔차 ($e_i = Y_i - \widehat{Y}_i$)를 가장 작게 해주는 회귀선을 구하는 것이다. 잔차란 회귀선상의 예측치와 실측치 간의 수직거리로써 예측치 $\widehat{Y_i}$가 실측치 Y_i보다 클 때는 잔차는 (-)가 되며, 반대로 예측치 $\widehat{Y_i}$가 실측치 Y_i보다 작을 때는 잔차는 (+)가 된다. 이와 같이 가장 적합한 회귀선이란 잔차의 합을 가장 작게 해주는 직선이라고 할 수 있다. 그러나 (+)잔차와 (-)잔차가 서로 상반되어 나타나는 경우 잔차의 합을 최소화하는 직선을 구하는 것은 매우 어렵다. 따라서 잔차의 제곱의 합을 최소로 하는 식을 구하는 것이 일반적이다. 일반회귀분석을 최소자승법(OLS: ordinary least square method)이라고 부르는 이유는 바로 최적선을 구하는 기준이 잔차의 제곱의 합을 최소화하는 직선을 구하기 때문이다. 이를 식으로 나타내면 다음과 같다.

$$\min\sum e_i^2 = \min\sum(Y_i - \widehat{Y_i})^2$$

그러나 모집단 X와 모집단 Y와의 관계를 추정하기 위해 표본집단으로부터 도출한회귀계수 a, b가 모집단의 모수인 α, β를 정확하게 추론할 수 있기 위해서는 도출된 회귀식이 회귀분석에서 전제가 되는 기본가정들을 충족시키고 있는가를 반드시 조사해야만 한다. 만일 회귀식에 대한 적합도만을 검정한 후 기본가정을 만족하고 있는지의 여부를 조하사지 않은 채 그 회귀식이 가장 적합한 회귀모델로 판단하여 예측할 경우 오류를 범할 가능성도 크다. 따라서, 회귀분석기법을 적용할 경우 선정된 회귀식이 기본 가정을 잘 준수하고 있는지를 먼저 판별한 후에 가장 적합한 회귀모델을 선택하여야 한다.

회귀모델이 지니고 있는 기본 가정 가운데 반드시 준수되어야 하는 가정들은 오차의 정규성, 독립성, 등분산성, 공간적 자기상관의 배제, 공선성 배제이다. 이러한 가정들에 대해 간략히 살펴보자.

■ 정규성(normality)

회귀모델 $Y_i = \alpha + \beta_i X_i + \epsilon_i$에서 오차 ϵ_i는 독립변수 X_i가 설명해주지 못한 Y_i의 오차부분이다. 회귀분석에서는 이 오차 (ϵ_i)의 평균값은 '0'이며 분산(σ^2)은 정규분포를 이룬다는 것을 전제로 하고 있다. 따라서 $\epsilon_i \sim N(0,\ \sigma^2)$는 가정을 준수하여야 한다.

■ 독립성(independence)

서로 다른 X_i값에서 나타나는 오차들은 서로 상호 간에 관계가 없이 독립적이어야 한다는 가정이다. 만일 오차들 간의 상관관계가 존재한다면 이는 종속변수들 간에 체계적인 상호관계가 존재한다는 것을 의미하는 것이다. 이런 경우 특정한 X_i값에 대응하는 Y_i의 값을 측정할 때 발생하는 오차가 그 추정점에 대응하여 독립적으로 발생한 것이라고 주장하기 어렵다.

■ 등분산성(homoscedasticity)

특정한 값 X_1에서 Y_1값에 대한 오차의 분산과 X_2에서의 Y_2값에 대한 오차의 분산은 동일하여야 한다는 가정이다. 즉, X_i값에 따라 Y_i가 가질 수 있는 평균값은 다를 수 있으나 각 Y_i의 평균치를 중심으로 한 오차의 분산은 동일해야 한다는 것이다.

■ 공간적 자기상관성의 배제(no spatial autocorrelation)

주어진 X_i 값에서 회귀식에 의해 설명되지 않고 남은 각각의 오차(ϵ_i)는 공간상에서 서로 상관되어 있지 않아야 한다는 가정이다. 즉 $E(\epsilon_i, \epsilon_j) = 0$ 이라고 전제한다.

■ 공선성의 배제(no multicollinearity)

이 가정은 다중회귀분석에서 특히 중요하다. 일반적으로 독립변수들 간의 상관관계가 높으면 도출된 회귀식이 유의적이라고 하더라도 각 독립변수들의 회귀계수가 통계적으로 유의하지 못하게 된다. 그 이유는 독립변수들 간의 상관관계가 높은 경우 다른 독립변수의 효과를 통제하면 특정한 독립변수가 종속변수에 미치는 효과는 매우 작아지게 되어 그 특정변수의 회귀계수는 유의성을 상실하게 되기 때문이다. 이와 같이 독립변수들 간의 상관관계가 높게 나타날 경우 공선성이 높다고 하며, 공선성이 높게 나타나면 개개의 독립변수들과 종속변수 간의 관계를 규명하는 것은 매우 어렵게 된다.

[2] 공간계량모델의 개념과 특성

앞에서 살펴 본 바와 같이 공간 데이터가 갖고 있는 특성으로 인해 나타나는 공간효과는 크게 공간적 의존성(spatial dependence)과 공간적 이질성(spatial heterogeneity)으로 구분할 수 있다. 공간 데이터가 가지고 있는 이러한 본질적 특성으로 인해 일반 회귀모델(OLS)을 사용하는 경우 상당히 심각한 문제를 가져올 수도 있다.

앞에서 살펴본 바와 같이 OLS 회귀모델에서는 종속변수의 관측치가 서로 독립되어 있다고 가정하며, 오차값도 서로 독립되어 있다고 가정한다. 또한 서로 다른 X_i에서 나타나는 오차들은 서로 상관성이 없이 독립적이라고 가정하며, X_i값에 따라 Y_i가 가질 수 있는 평균값은 다를 수 있으나 각 Y_i의 평균치를 중심으로 한 오차의 분산은 동일하다고 가정한다. 뿐만 아니라 회귀식에 의해 설명되지 않고 남은 잔차는 공간상에서 서로 상관되어 있지 않다는 가정이다.

그러나 만일 공간상에서 나타나고 있는 특정한 Y현상이 공간 데이터가 갖고 있는 본질적인 공간적 의존성(spatial dependence)으로 인해 공간적 자기상관성이 통계적으로 유의하게 나타난다면 회귀모델의 가정에 위배된다. 이런 경우 OLS 회귀모델을 그대로 사용한다면 추정된 회귀계수가 편기되는 결과를 가져오게 된다. 또한 공간 데이터가 가지고 있는 또 다른 특성인 공간적 이질성(spatial heterogeneity)으로 인해 서로 다른 입지적 특성을 지닌 지역들 간에 공간패턴의 차이를 보이는 경우도 발생한다. 이렇게 공간적 이질성 문제가 심각하게 나타나는 경우에도 전통적인 OLS 회귀모델을 사용하기 어려우며, 각 지역별 특성을 통제할 수 있는 매개변수나 구조적 변화 등을 고려한 회귀모델을 구축하여야 할 것이다.

이러한 공간 데이터가 갖고 있는 공간적 종속성과 공간적 이질성 문제를 해결하기 위해 사용되고 있는 모델들을 일컬어 공간계량경제모델(spatial econometrics models)이라고 한다. 공간계량경제모델은 어떤 특정한 현상의 공간분포와 그러한 공간분포 패턴에 영향을 미치는 요인들을 분석하는데 있어서 공간 데이터가 갖는 공간 효과를 통제함으로서, 모델의 추정 결과에 대한 신뢰도를 높이고자 하는 모델이라고 볼 수 있다.

따라서 공간계량모델도 기본적으로는 선형회귀모델의 형태를 취하고 있다. 즉, 매우 차별적인 공간패턴을 보이고 있는 종속변수의 변량에 영향을 미치는 설명력이 높은 독립변수들을 추출하는 것이다. 그러나 OLS 회귀모델과는 달리 공간계량모델은 공간 데이터가 갖고 있는 공간 효과를 통제하면서 회귀모델을 추정한다. 공간 효과를 통제하기 위해 사용되고 있는 공간계량경제모델들은 다음과 같이 유형화할 수 있다.

첫째, 공간적 자기상관을 통제하는 공간회귀모델(spatial regression models)들이다. 공간회귀모델에도 여러 유형이 있는데, 크게 공간가중행렬에 기반을 둔 설명변수(spatially lagged explanatory variable)를 투입하는 모델(cross-regressive model), 공간자기회귀 종속변수(spatially auto-regressive dependent variable)를 활용하는 공간래그모델(spatial lag model), 공간자기회귀오차(spatially auto-regressive error)를 사용하는 공간오차모델(spatial error model) 등을 들 수 있다. 특히, 공간래그모델과 공간오차모델을 공간자기회귀모델(spatial auto-regressive model)이라고 통칭한다.

둘째, 공간적 이질성 문제를 다루는 모델로, 설명변수가 종속변수에 미치는 영향이 공간상에서 일정하지 않다는 점을 반영하고자 하는 공간확장모델(spatial expansion model), 공간체제모델(spatial regimes model), 지리가중회귀모델(Geographically Weighted Regression model) 등이 있다.

제 2 절

공간회귀모델의 특성과 활용

[1] 공간회귀모델의 개념과 특성

11장에서 살펴본 특정 현상에 대한 공간패턴이 공간적 자기상관성을 가지고 있는 가의 유·무를 통계적으로 검정하는 모란 I 지수는 탐색적(exploratory) 통계분석 방법이라고 볼 수 있다. 만일 특정한 Y현상의 분포가 통계적으로 유의미하게 공간적으로 자기상관성을 보이고 있다면 변량의 크기가 유사한 지역끼리 서로 이웃하고 있다고 풀이할 수 있다. 따라서 지역 간에 분포패턴의 차이를 보이고 있는 Y현상이 각 지역 내의 다른 요인들에 영향을 받을 뿐만 아니라 이웃하고 있는 다른 지역의 영향을 받고 있음을 시사해준다. 때로는 오히려 해당지역에서 나타나고 있는 Y현상 자체가 이웃하는 다른 지역의 Y현상과 상당히 연관되어 있는 경우도 있다.

따라서 공간적 자기상관성이 존재하는 특정 현상을 OLS 회귀모델을 이용하여 모델을 추정하는 경우 OLS 회귀모델이 준수하여야 하는 가정에 위배되며, 오차의 공간적 자기상관성이 심각하게 나타나게 된다. 특히, 종속변수에 공간적 자기상관이 실재하고 있다면 OLS 회귀모델의 모수 추정량(parameter estimator)이 편기되는(biased) 오류가 나타난다. 또한 오차항에서 공간적 자기상관이 발생하게 되면, 모수 추정량은 편기되지 않지만 그 분산에서 편기가 일어나며, 모델이 비효율적이 된다. 이와 같이 공간적 자기상관성을 갖고 있는 공간 데이터로 인해 야기되는 문제들을 해결하여 모델의 추정 결과에 대한 신뢰도를 높이려고 하는 모델을 공간회귀모델이라고 할 수 있다.

통계적으로 공간적 자기상관이 있는 경우 어떤 한 지점(a)의 변수 Ya 관측치가 인근 지점 b, c, d의 Yi 관측치와 관련성이 높을 수 있으며, 그에 따라 b, c, d 지점의 Yb, Yc, Yd 관측치로부터 a지점의 Ya 관측치를 모르더라도 그 값을 예측할 수 있다. 이렇게 종속변수가 공간적 자기상관을 갖고 있어 어떤 한 지역의 Y 관측치가 인접 지역들의 Yi 관측치와 상관이 있는 경우 공간패턴이 형성되는 공간구조나 공간과정을 분석하기 위해서는 통계모델에 공간적 의존성을 변수로 투입시켜야 한다. 즉, 공간적 래그(spatial lag) 변수를 하나의 설명변수(독립변수)로 회귀모델에 삽입한다(Anselin, 1998). 한편 오차에서 공간적 자기상관성을 갖고 있는 경우는 주로 설명변수를 고려하지 못하여 공간적 자기상관성을 갖고 있는 변수로 인해 나타나는 파급효과라고 볼 수 있다. 이런 경우에는 공간적 오차(spatial error)모델을 사용한다. 여기서는 이 두 모델에 대한 개념과 특징에 대해 간략히 살펴보고자 한다.

[2] 공간래그모델의 개념과 특성

공간래그모델(spatial lag model)은 종속변수가 공간적 자기상관성을 갖고 있는 경우에 OLS 회귀모델의 대안적 모델로서 사용된다. 일반적으로 종속변수에서 공간적 종속성이 실재하는 경우 공간래그모델을 이용하는 것이 바람직한 것으로 알려져 있다(Anselin 1988). 행태적 관점에서 보면 공간래그모델은 특정한 현상과 관련해서 일어날 수 있는 지역 간의 상호작용(예: 통근, 지식, 정보의 전파, 상품 교역 등)으로 인해 타나나는 것이라고 볼 수 있다.

공간래그모델의 기본 개념은 인접한 지역의 관측치에 대한 영향력을 통제하기 위해서 주변지역들이 종속변수에 미치는 영향력을 변수화하여 새로운 설명변수로 회귀모델에 추가적으로 투입하는 것이다. 즉, 인접 관측치와의 관계를 모델에 추가하여 주변에 이웃하는 지역들에 대한 평균치를 공간가중행렬로 구축하는 것이다. 종속변수가 공간적 종속성을 갖고 있는 경우 해당지역의 종속변수는 주변지역으로부터 파급효과(spillover effects)를 받게 되는데, 이를 공간래그 변수(Wy)를 통해 반영하는 것이다.

공간래그모델의 기본식은 식(1)과 같으며, 우항의 변수 (ρWY)를 좌항으로 이항한 후 식을 정리하면 식(2)과 같다. 이 식에서 $(I-\rho W)^{-1}$은 공간승수효과(spatial multiplier) 또는 공간파급효과를 나타내는 것으로, $W_{ij} < 1$ 이고 $|\rho < 1|$일 때 식(3)과 같이 레온티에프 확장(Leontief expansion)으로 나타낼 수 있다. 이러한 공간승수는 공간적 상호작용에 대한 간접효과 또는 전체 외부효과를 의미하며 하나의 시스템에서 모든 지점이 서로 연관되어있다는 것을 의미한다(Ansellin, 2003). 그러므로 공간래그모델에서 회귀계수는 β가 아니라 $\beta\cdot(I-\rho W)^{-1}$이 되며, 따라서 특정한 현상은 그 지역이 지닌 특성에 의해서 나타나는 것만 아니라 주변의 인접한 다른 지역들의 특성에 따른 영향도 받고 있음을 말해준다.

$$Y=\rho W_1 Y+X\beta+\mu \qquad (\ \mu=\lambda W_2\mu+\epsilon\ ,\quad \epsilon \sim MNV(0, \sigma^2 I_n) \ \text{----}\ (1)$$

$$Y=\rho WY+X\beta+\epsilon, \quad \epsilon \sim MNV(0, \sigma^2 I_n)$$

$$Y=(I-\rho W)^{-1}X\beta+(I-\rho W)^{-1}\epsilon \quad \text{------------------------}\ (2)$$

$$(I-\rho W)^{-1}=I+\rho W+\rho^2 W^2+ \cdots\cdots \approx \frac{1}{1-\rho} \quad \text{-----------------}\ (3)$$

이와 같이 공간래그모델의 경우 종속변수의 공간적 자기상관성을 모델에 직접 반영하고 있다. 따라서 해당지역에서 나타나고 있는 특정한 현상은 그 지역 내에의 다른 요인들에 의해 영향을 받거나 또는 이웃하는 주변지역으로부터 영향을 받아 변화될 수 있음을 내포한다. 예를 들어 지자체 A에서 일자리가 증가한다면 해당지역에서 인구 증가가 나타날뿐만 아니라 통근권에 위치하는 인접한 지자체 B에서도 인구가 증가할 수 있다. 마찬가지로 지자체 B지역의 일자리 증가도 유사한 효과를 보일 수 있다. 이상과 같이 공간래그모델은 지역 간의 상호작용을 고려할 수 있다는 장점이 있다.

[3] 공간오차모델의 개념과 특성

만일 오차에서 공간적 자기상관성이 존재하는 경우 OLS 회귀모델의 대안으로 공간오차모델(spatial error model)이 활용된다. 오차의 공간적 자기상관은 공간 데이터를 구축하는 경우에 빈번하게 부딪히는 문제이다. 오차에서 공간적 자기상관성이 발생하는 이유는 여러 가지로 고려해 볼 수 있다. 특정한 현상이 공간상에서 전개되는 범위와 그러한 현상을 데이터로 집계하는 공간 단위의 불일치로 인해서 발생하는 경우가 있다. 즉, 데이터 집계가 이루어지는 주어진 공간 단위(예: 행정구역)와 특정한 현상이 공간상에서 실제로 나타나고 있는 범위 간의 불일치로 인해 발생한다. 또 다른 이유로는 공간적 자기상관이 발생하는 변수를 관측할 수 없어 회귀모델에 투입하지 못함으로 인해 발생할 수 있다. 이렇게 모델에 고려되지 못한 변수의 파급효과로 인해 발생하는 것이지만 이런 경우 잔차 분석을 통해 변수를 파악할 수 있는 경우도 있지만 대부분의 경우 변수를 알수 없는 경우가 많다. 일반적으로 오차에서 공간적 자기상관성이 발견되었다면 관측되지 못한 설명변수가 오차에 포함되어있다는 해석을 내리게 된다. 공간적 자기상관이 일어나는 변수를 관측할 수 없음으로 인해 발생될 수 있거나 공간 데이터가 집계되는 관측 상의 문제에서 발생하는 오차의 공간적 자기상관성을 통제할 수 있다는 점에서 공간오차모델은 장점을 갖는다.

OLS 회귀모델에 대한 가정을 검정한 결과 오차에서 공간적 종속성이 존재하는 것으로 나타난 경우 OLS 회귀모델에 따라 추정된 결과를 활용하는 경우 예측오차의 공분산이 독립적이지 않기 때문에 공분산이 커지며 모델이 비효율적이 되지만 추정된 모수가 편기되지는 않는다. 공간오차모델의 개념은 오차들 사이에 존재하는 공간 종속성을 통제하기 위해 각각의 오차 공분산을 만들어서 회귀모델 내에서 공간적 상호작용의 영향을 고려하는 것이다. 이를 위해 오차에 공간가중행렬을 적용하게 된다. 이렇게 공간오차모델은 공간과정에서 내재되어있는 오차의 공분산구조를 이용하기 때문에 OLS 모델에 비해 보다 효율적이다. 공간오차모델의 기본 식은 식(4)와 같으며, 이 식을 변형하면 식(5)으로 표현할 수 있다. 공간래그모델에서 공간승수효과가 전체 변수에 영향을 미치는 것과는 달리, 공간오차모델에서는 오차항에만 영향을 미치고 있다. $(I-\lambda W)^{-1}$은 공간승수효과(spatial multiplier) 또는 공간파급효과를 나타내는 것으로, 공간승수효과는 공간래그모델에서와 마찬가지로 $W_{ij} < 1$ 이고 $|\lambda < 1|$ 일 경우에 식(6)과 같이 나타낼 수 있다.

$$Y = X\beta + \mu \quad (\mu = \lambda W\mu + \epsilon\,, \quad \epsilon \sim MNV(0, \sigma^2 I_n) \quad \text{------------} \quad (4)$$

$$Y = X\beta + (I - \lambda W)^{-1}\epsilon \quad \text{--------------------------------}(5)$$

$$(I - \lambda W)^{-1} = I + \lambda W + \lambda^2 W^2 + \ldots\ldots\ldots \approx \frac{1}{1-\lambda} \quad \text{----------------} \quad (6)$$

공간회귀모델에서의 종속변수 및 오차의 공간적 자기상관성에 관한 가설을 검정하기 위해서 라그랑지 승수검정(LM: Lagrange Multiplier Test)이 사용된다. 라그랑지승수검정은 OLS 회귀모델의 종속변수 또는 오차에서 공간적 자기상관이 실재하지 않는다는 귀무가설에 대해 검정하는 것이다. 즉, LM검정은 OLS 회귀모델에서 나타난 공간 종속성의 검정이나 공간 오차를 검정하는데 사용된다. LM(Lagrange Multiplier) 검정은 최대우도추정(Maximum Likelihood Estimator)를 통해 추정된 오차의 추정치에 대한 검증으로 다음의 식을 통해 산출된다.

$$LM_{error} = \frac{1}{T}\left[\frac{e' We}{\sigma^2}\right] \sim \chi^2(1) \quad \text{여기서} \quad T = tr(W + W')W$$

$$LM_{lag} = \frac{e' W_2 e}{\sigma^2}\left[T_{22} - (T_{21})^2 var(\rho)\right]^{-1} \sim \chi^2(1)$$

$$\text{여기서} \quad T_{21} = tr(W_2 W_1 (I_n - \rho W_1)^{-1} + W'_2 W_1 (I_n - \rho W_1)^{-1})$$

$$T_{22} = tr(W_2 + W_2{}')W_2$$

OLS 회귀모델에 비해 공간래그모델이나 공간오차모델을 사용하는 것이 보다 바람직하다는 판정을 내리기 위해서, 또한 공간래그모델과 공간오차모델 가운데 어느 모델을 선택하는 것이 더 효과적이고 신뢰도가 높은 것인가를 판정하기 위해서는 그림 12-1과 같은 흐름도를 거치면서 검정단계를 거쳐야 한다.

가장 먼저 OLS 회귀모델을 사용하여 모델을 추정한 후 산출된 결과들을 토대로 OLS 회귀모델의 적합도를 검정하여야 한다. 특히 OLS 회귀모델의 추정 결과 산출된 회귀모델이 오차의 정규성, 등분산성, 공간적 독립성의 가정을 준수하고 있는가를 판정하여야 한다. 즉, 추정된 OLS 모델 결과에서 오차의 비정규성, 이분산성, 공간적 종속성이 존재하고 있는 가를 검정하여야 한다. 일반적으로 오차항의 비정규성은 Jarque-Bera 통계량을, 오차항의 이분산성은 Breusch-Pagan 통계량을 통해 판정할 수 있다.

그림 12-1 가장 적합한 회귀모델을 선정하는 과정에 대한 흐름도

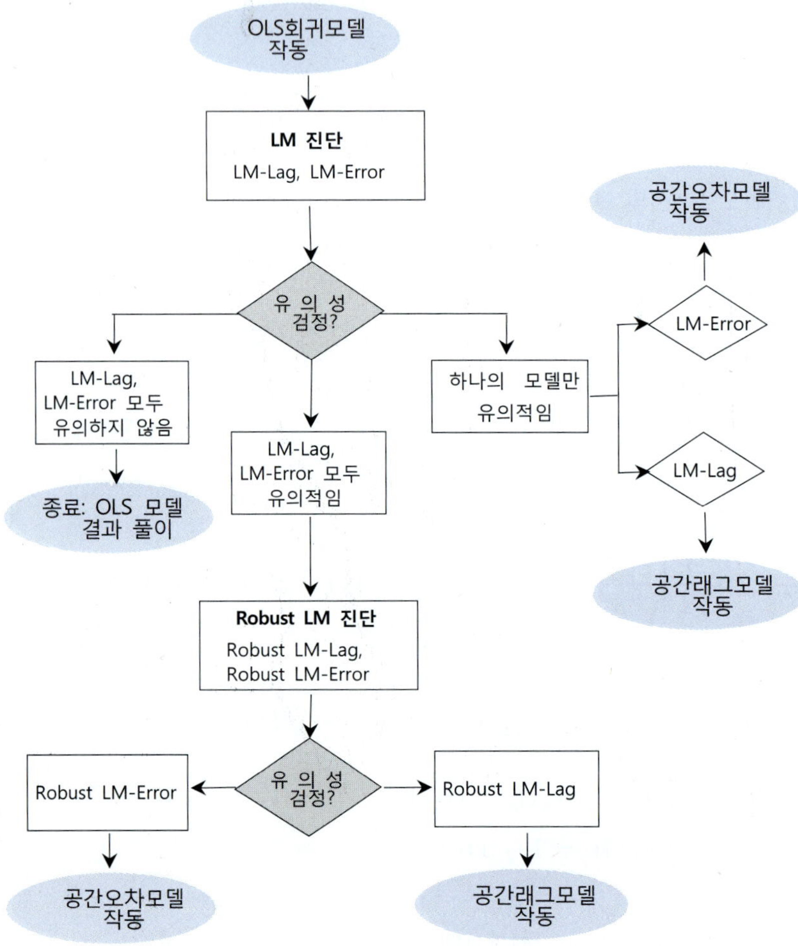

그러나 가장 중요한 종속변수와 오차항의 공간적 종속성의 존재 여부는 LM-Lag, LM-Error의 통계치를 통해 판정한다. 만일 LM-Lag값과 LM-Error 값이 $\alpha = 0.05$ 수준에서 유의하게 나타난다면 종속변수와 오차항에서의 공간적 독립성에 관한 귀무가설은 기각된다. 만일 여기서 귀무가설을 기각하지 않는다면 OLS 회귀모델 추정결과를 신뢰할 수 있으며, OLS 회귀모델을 사용할 수 있다.

만일 LM-Lag와 LM-Error 가운데 어느 하나의 값만이 통계적으로 유의하게 나타났다면 유의적으로 나타난 공간회귀모델을 선택하면 된다. 즉 LM-Lag값이 유의적인 경우 공간래그모델을 적용하며, LM-Error값이 유의적인 경우 공간오차모델을 사용하면 된다. 이와 같이 공간래그모델과 공간오차모델 가운데 어느 모델이 보다 더 적합한 가를 판정하

는 기준은 LM-Lag, LM-Error 값의 검정결과를 통해 가능하다. 그러나 LM-Lag 값과 LM-Error 값이 모두 통계적으로 유의하게 나타났다면 다시 Robust LM-Error 값과 Robust LM-Lag 값에 대한 통계적 유의성을 더 검정하여 그 결과에 따라 최종적인 공간회귀모델을 선정하여야 한다.

일반적으로 공간적 종속성에 대한 귀무가설을 기각하는 경우 공간래그모델과 공간오차모델을 각각 추정하고 그 결과를 비교하여 선정하기도 한다. 공간회귀모델의 적합도는 R^2, 로그우도, AIC, SC 등으로 검정한다. 공간회귀모델을 사용하는 경우 OLS 회귀모델보다 로그우도는 증가하고 AIC와 SC는 감소하게 되면서 모델의 적합도가 향상된다. 따라서 OLS 회귀모델의 로그우도값과 공간래그모델과 공간오차모델에서의 로그우도값을 비교하여 더 많은 로그우도값이 줄어든 모델이 보다 더 적합하다고 볼 수 있다. 마찬가지로 AIC와 SC 값도 같은 방법으로 비교하면서 OLS 회귀모델에 비해 보다 더 적합성이 높아진 공간회귀모델을 선정한다.

[4] 공간회귀모델의 활용

공간회귀모델의 활용 사례의 하나로 우리나라 시·군·구별 지식창출에 영향을 미치는 요인을 추출하기 위하여 회귀분석을 수행하였다. 여기서는 설명변수 선정에 대한 이론적 배경이나 변수 측정에 대한 상세한 설명보다는 공간회귀모델의 활용에 초점을 두고 간략하게 기술하고자 한다. 본 연구에서는 인구 만명당 특허출원건수를 지식창출량을 나타내는 대리변수로 삼고 우리나라 시·군·구별 지식창출량의 공간분포를 지도화하였다. 그 결과 그림 12-2-가에서 볼 수 있는 바와 같이 공간적으로 상당히 군집된 패턴이 나타나고 있다. 특히 수도권으로의 집중된 패턴이 두드러지는 가운데 충청권 및 일부 대도시들에서도 지식창출량이 많음을 엿볼 수 있다. 이러한 공간패턴에 대한 공간적 자기상관성을 측정하기 위해 전역적 모란 I 지수를 산출한 결과 0.4827로 매우 높게 나타났으며, 이는 통계적으로도 유의한 것으로 판정되었다. 또한 특허출원건수(y)와 공간래그변수(Wy)와의 산포도를 보면 매우 상관성이 높게 나타나고 있다(그림 12-2-나 참조).

이와 같이 종속변수에서 공간적 자기상관성이 실재하고 있는 것으로 판정되었기 때문에 OLS 회귀모델이 적합하지 않음을 1차적으로 판정할 수 있다. 실제로 OLS 회귀모델추정을 통해 회귀모델이 정규성, 등분산성, 공간적 독립성의 가정을 준수하고 있는 가의 여부를 조사하였다. OLS 회귀모델의 설명력을 말해주는 결정계수(R^2) 값이 0.81로 상당히 높게 나타나고 있어 공간적 자기상관성이 없다면 상당히 만족스러운 모델의 추정 결과라고 볼 수도 있다. 그러나 OLS 모델의 추정 결과 오차의 비정규성, 이분산성, 공간적 종속성이 존재하고 있는 것으로 나타났다. 오차항의 비정규성을 진단하는 Jarque-Bera 통계

그림 12-2 시군구별 지식창출량의 분포와 이에 대한 전역적 모란 I 지수 및 공간래그변수와의 산포도

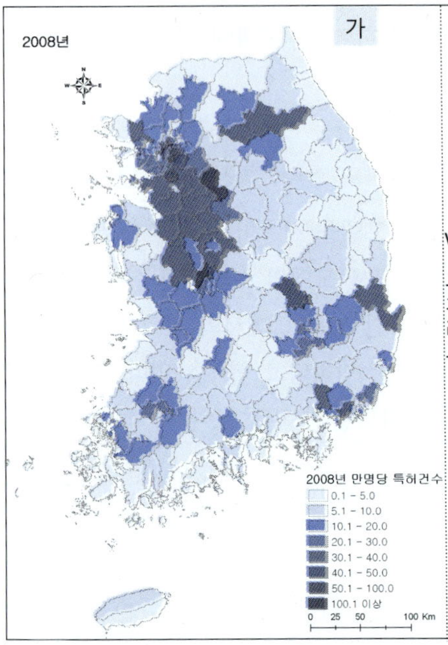

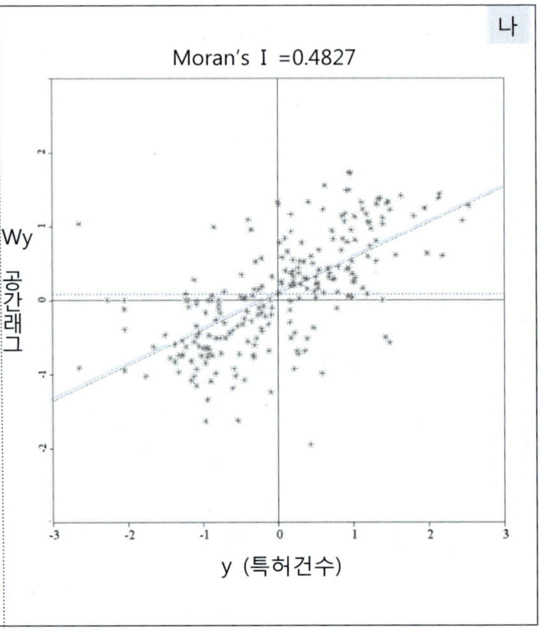

출처: 이희연(2010), 지식창출활동의 공간적 집적과 지역간 격차요인 분석, pp. 127, 131.

량은 2073.1(p=0.000)으로 유의하게 나타나 강한 비정규성을 보여주고 있으며, 이분산성을 검증하는 Breusch-Pagan 통계량은 9.97(p=0.10)으로 유의하게 나타나 이분산성이 존재함을 말해준다. 또한 종속변수와 오차항의 공간적 종속성 여부를 판정하는 LM-Lag, LM-Error의 통계치를 보면 LM-Lag는 5% 유의수준에서, LM-Error는 10% 유의수준에서 종속변수와 오차항의 공간적 독립성에 관한 귀무가설이 기각되었다(표 12-1 참조).

공간적 종속성에 대한 귀무가설을 모두 기각하였기 때문에 공간회귀모델을 사용하여야 한다는 결론을 도출할 수 있다. 이에 따라 공간래그모델과 공간오차모델을 각각 추정하였다. 공간회귀모델의 적합도를 판정하는 R^2, 로그우도, AIC, SC 등을 조사하였다. OLS 회귀모델에서 -278.333이던 로그우도값은 공간래그모델에서는 -275.549로 줄어들었고, 공간오차모델에서는 -275.548로 줄어들었다. AIC는 OLS 회귀모델에서 568.666이던 것이 공간래그모델에서는 565.098, 공간오차모델에서는 563.096으로 나타나고 있어 약간씩 줄어들었음을 알 수 있다. 또한 SC도 OLS 회귀모델에서 589.398이던 것이 공간래그모델에서 589.285, 공간오차모델에서 583.828로 나타나고 있어 전반적으로 볼 때 공간회귀모델이 OLS 모델에 비해 적합도가 향상되었다고 풀이할 수 있다. 또한 공간회귀모델의 회귀계수에 대한 유의성을 검정하는 우도비도 매우 적합하게 나타났다.

표 12-1 OLS 회귀모델과 공간회귀모델 간의 추정 결과 비교

모 델			일반회귀모델 (OLS)	공간래그모델 (Spatial Lag)	공간오차모델 (Spatial Error)
공간효과		ρ (Rho)		0.110 **	
		λ (Lambda)			0.396 ***
		상수항	-0.982 ***	-1.111 ***	-0.992 ***
투입 요인	연구인력 (인적자본)	Ln 평균 교육연수			
		Ln 대학원 재학생수	0.935 ***	0.870 ***	0.927 ***
규모 경제	대기업	Ln 총사업체 가운데 대기업의 비율	0.356 ***	0.348 ***	0.377 ***
국지화 경제	특화성	Ln 주력기간 제조업의 입지계수	0.106 ***	0.107 ***	0.130 ***
		Ln 지식기반제조업의 입지계수	0.169 ***	0.148 ***	0.110 ***
		Ln 지식기반서비스업의 입지계수			
도시화 경제	다양성	Ln 주력기간제조업의 다양성지수			
		Ln 지식기반제조업의 다양성지수	0.303 **	0.271 **	0.318 ***
		Ln 지식기반서비스업의 다양성지수			
모델의 설명력		R^2	0.806	0.811	0.812
모델의 적합성		AIC	568.666	565.098	563.096
		SC	589.398	589.285	583.828
		Log Likelihood	-278.333	-275.549	-275.548
정규성		Jarque-Bera	2073.1 ***		
등분산성		Breusch-Pagan	9.97 *	10.52 *	8.22
		Kosenker-Bassett	1.235		
공간적 종속성		Likelihood Ratio		5.56 **	5.56 **
LM - Lag			5.658 **		
Robust LM - Lag			3.044 *		
LM - Error			3.315 *		
Robust LM - Error			0.701		

주) 종속변수는 Ln 특허건수(2008), *** 1% ** 5% * 10% 유의수준임.

출처: 이희연(2010), 지식창출활동의 공간적 집적과 지역간 격차요인 분석, p. 140.

이렇게 OLS 회귀모델에 비해 공간회귀모델이 보다 적합한 것으로 판정되었기 때문에 그 다음 단계로 공간래그모델과 공간오차모델 가운데 어느 모델이 보다 더 적합한 가를 판정하여야 한다. 두 모델 간에 어느 모델이 보다 적합한 가에 대한 기준은 LM-Lag, LM-Error 값에 대한 검정결과를 통해 가능하다. 표 11-2에서 볼 수 있는 바와 같이 LM-Lag, Robust LM-Lag 통계값에 대한 유의수준이 LM-Error보다 더 높게 나타났기 때문에 최종적으로 공간래그모델을 선택하는 것이 보다 더 적합하다고 판정할 수 있다. 그러나 공간래그모델을 수행하여도 여전히 오차의 이분산성의 문제는 안고 있는 것으로

나타났다. 이는 공간적 종속성뿐만 아니라 공간적 이질성 문제도 안고 있음을 말해주며, 따라서 수도권과 비수도권 또는 시부와 군부 등으로 나누어서 이분산성을 제어하여야 함을 시사해준다.

이와 같은 단계를 거쳐서 최종적으로 선정된 공간래그모델을 이용하여 시·군·구별 지식창출활동에 영향을 주는 요인을 보면 연구개발 활동을 주도해나가는 연구인력의 대리변수인 대학원 재학생수와 평균교육연수가 모두 유의적으로 나타나고 있으나, 이 두 변수 간에 공선성(상관계수가 0.9임)이 매우 높아서 직접적으로 연구활동에 전념하는 인력으로 보이는 대학원 재학생수 변수만을 선정하였는데, 통계적으로 매우 유의하게 나타났다(표 12-1 참조). 이는 대학의 연구인력인 대학원 재학생수가 많으면 지식창출이 많다는 것을 보여주는 것으로, 이를 더 확대해서 해석하면 대학이 지식창출활동을 펼쳐나가는데 상당히 중요한 역할을 하고 있음을 시사해준다. 실제로 대전 유성구와 포항시의 경우 대학원 재학생수가 다른 지역에 비해 월등히 많아 지식창출도 많은 지역들이다.

한편 외부경제효과를 나타내는 국지화경제의 대리변수로 투입한 주력기간 제조업과 지식기반제조업의 특화도는 통계적으로 유의하게 나타났다. 또한 도시화경제의 대리변수로 투입한 지식기반제조업 다양성 지수도 10% 유의수준에서 유의하게 나타났다. 이는 주력기간제조업과 지식기반제조업이 특정지역에 집중하여 전문화되어 있는 지역이 지식창출에 상대적으로 유리함을 말해준다. 또한 지식기반제조업의 경우 특화도뿐만 아니라 지식기반제조업 내의 다양한 업종으로 구성되어 있는 지역일수록 지식창출에 긍정적 효과를 주는 것으로 나타났다. 이는 지식창출의 기술이 점차 복합화·융합화되어가는 경향에 비추어볼 때는 다양성 지수가 매우 중요함을 말해준다. 규모경제를 나타내는 300명 이상의 종사자를 가진 대기업의 비율도 유의하게 나타났는데, 이는 대기업이 많은 지역의 경우 지식창출량이 많음을 말해주는 것으로, 본사와 연구소, 생산공장 간에 지식파급 및 학습효과가 크기 때문에 상대적으로 지식창출이 많아진다고 풀이된다.

마지막으로 지식창출활동에 영향을 미치는 공간적 파급효과를 나타내는 ρ값을 보면 0.11로 통계적으로 유의하게 나타나고 있다. 이는 지식창출활동은 주변지역의 평균 지식창출활동의 약 11% 정도 영향을 받는다는 것을 의미한다. 즉, 지식을 창출하는데 있어 지식을 많이 창출하는 인접지역에 가까이 있을수록 해당 지역도 그 영향력을 받아 지식창출이 많아진다는 지식활동의 스필오버(spill over)를 말한다. 미국의 경우 특허자료를 이용한 공간적 근접성의 효과는 19-23%로 분석되었다(Lim, 2004). 이 연구는 미국의 대도시가 분석 단위여서 공간적 근접효과가 국내보다 높게 나타나는 것으로 판단된다.

제 3 절

지리가중회귀모델의 특성과 활용

[1] 지리가중회귀모델의 개념과 특성

OLS 회귀모델은 종속변수와 독립변수 간의 관계를 전역적 차원(global)에서 추정하고 있다. 그러나 변수들 간의 관계나 공간적 연관성이 모든 지역에 동일하게 적용되지는 않는 경우가 많다. 특히 공간 단위 자체가 상당히 서로 다른 이질성을 갖고 있는 경우에는 전역적 차원에서의 관계가 특정 지역에서는 잘 나타나지 않을 수 있다. 전통적으로 지리학자들은 이러한 문제점을 파악하기 위해 잔차도를 구축하여 잔차 분석을 통해 잔차의 공간구조를 파악하였다.

잔차의 공간패턴 분석을 통해 회귀모델에 의해 추정된 예측치보다 관측치가 더 커서 ($\widehat{Y_i} < Y_i$) 잔차가 과소추정된 지역들은 어디이며, 반면에 예측치보다 관측치가 더 작아서 ($\widehat{Y_i} > Y_i$) 잔차가 과대추정된 지역들이 어디에 분포하는가를 살핌으로써 아직 설명되지 않은 Y_i의 분산을 더 설명해줄 수 있는 새로운 독립변수를 찾거나, 또는 잔차의 분포도를 통해 Y_i의 공간적 자기상관이 존재하는가의 여부를 시각적으로 검정할 수 있다. 이와 같이 회귀모델로부터 생성된 잔차도는 다음과 같은 세 가지 면에서 유용하다.

첫째, 잔차도의 패턴을 통해 새로운 가설을 세울 수 있으며, 조사해 볼 필요가 있는 새로운 변수를 찾아낼 수 있다. 즉, 잔차의 공간패턴을 통해 유사한 패턴을 나타내는 지역을 구분하고 그런 지역들에서 나타나는 공통적 현상을 밝힘으로써 종속변수의 분산을 추가로 더 설명해 줄 수 있는 새로운 독립변수를 추가할 수 있다.

둘째, 잔차도의 공간패턴을 통해 지역별 경계를 설정하거나 경계선을 수정할 수 있다. 일반적으로 지역을 구분할 때 동질성(homogenity) 지표를 기초로 하여 지역을 분류하게 되는데, 잔차도는 주어진 지역을 동질적 지구로 구분하는데 도움이 된다. 왜냐하면 잔차도를 보면 (+)잔차와 (-)의 잔차가 크게 나타나는 지역들이 상대적으로 어디에 집적되어 있는가를 쉽게 알 수 있기 때문에 공간적인 이질성을 쉽게 파악할 수 있으며, 따라서 지역 경계를 새롭게 설정하는데 도움이 될 수 있다.

그러나 이러한 잔차분석만으로는 공간적 이질성 문제를 해결할 수는 없다. OLS 회귀모델 자체로는 오차의 등분산성(homoscedasticity)을 가정하기 때문에 공간적 이질성으로 인해 나타나는 공간적 변이를 고려하지 못한다. 즉, 공간적으로 근접한 위치에서 집계된 사례일수록 유사한 값을 가지는 경향이 있기 때문에 현실적으로 이러한 가정이 충족되기는 어렵다. 이러한 공간적 이질성을 고려하는 다양한 공간통계 분석기법이 발전되어 왔으며, 공간적 이질성 문제를 해결하는 방법에도 여러 가지가 있다. 특히 공간적 이질성이 단절적인 것인지 또는 연속적인 것인가에 따라 적용하는 방법이 달라질 수 있다. 단절적으로 공간적 이질성이 나타나는 경우 공간적 변동의 평균값에 초점을 두는 Spatial ANOVA나 모델의 계수에 초점을 두는 Spatial regimes을 적용할 수 있다. 그러나 대부분 공간적 이질성이 연속적으로 나타나기 때문에 공간확장모델((spatial expansion model)이나 지리가중회귀모델(GWR: geographically weighted regression model)이 사용되고 있다. 여기서는 이러한 모델 가운데 가장 많이 활용되고 있는 지리가중회귀모델에 대해 간략하게 살펴보고자 한다.

지리가중회귀모델은 국지적 차원에서 회귀계수를 추정하는 것이라고 볼 수 있다. 즉, 변수들 간의 관계를 추정하는 회귀계수가 지역 간에 서로 다르다는 것을 전제하여 지역별로 국지적 회귀모델(locally regressed models)을 추정하는 것이다. 이 경우 지역별로 어떻게 회귀모델을 추정하여야 하는 가에 대한 단서는 잔차의 공간적 자기상관이나 잔차의 공간구조를 통해 가능하다. 지리가중회귀모델은 다수준 모델(multi-level model)로도 불리우는 것은 공간적으로 이질적인 지역을 구분하여 모델을 추정하기 때문이다.

공간적 이질성을 분석하기 위해서는 전역적 모델(global model)과 국지적 모델(local model)을 이해하여야 한다. 전역적 모델의 경우 공간적 위치에 따른 차이가 없다는 가정하에서 분석하는 것이며, 국지적 모델은 전역적 모델을 분해하여 공간적 위치에 따른 차이를 고려하는 모델이다. 전역적 모델의 경우 고정된 하나의 회귀계수가 적용되지만, 국지적 모델의 경우 지역마다 서로 다른 회귀계수를 적용하는 것이다(그림 12-3 참조).

만일 그림 12-4에서 볼 수 있는 바와 같이 주거밀도와 주택가격 간의 관계를 회귀식을 전역적 모델로 추정하는 경우 하나의 회귀식으로 나타나게 되지만 실제 공간상에서 서

그림 12-3 전역적 모델과 국지적 모델의 개념 비교

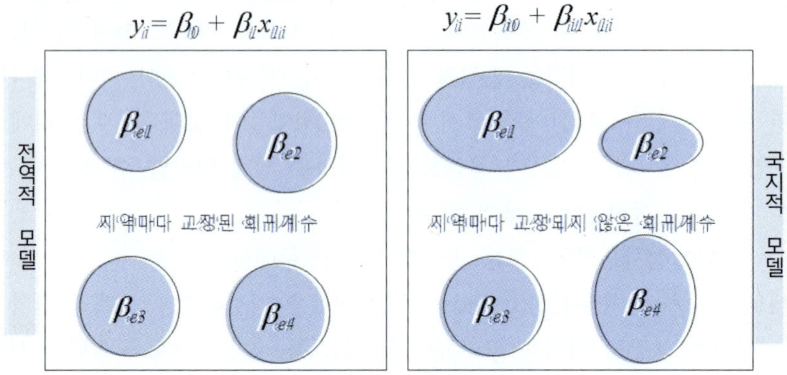

그림 12-4 공간적 이질성이 있는 경우에 전역적 모델과 국지적 모델의 추정결과 비교

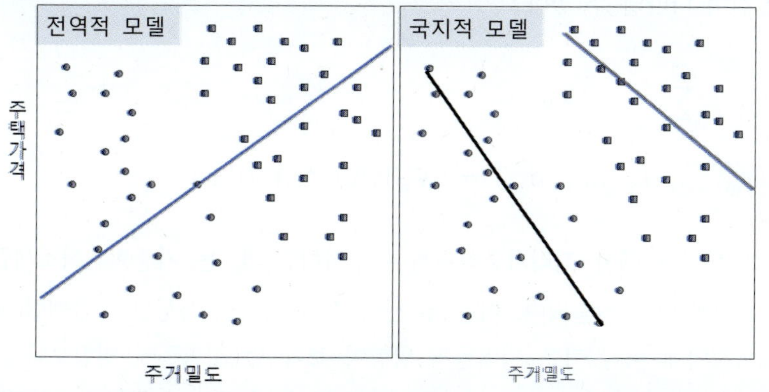

표 12-2 OLS 회귀모델과 지리가중회귀모델의 비교

OLS 회귀모델	지리가중회귀모델(GWR)
전체 지역에 대한 개요	전역적 통계치에 대한 국지적인 상세화
단일한 하나의 계수값 산출	다양한 계수값을 산출
지도화할 수 없음	지도화하기 용이함
GIS와 결합하기 어려움	GIS와 강한 결합
비공간적 또는 공간적 접근의 제약이 많음	공간적 접근에 기반을 둠
공간적 동질성 또는 유사성을 강조	공간적 이질성을 강조
규칙성 또는 법칙을 발견	예외성 또는 국지적인 클러스터(hot spot) 발견

출처: Fotheringham, A. et al.,(2002), *Geographically Weighted Regression: the Analysis of Spatially Varying Relationships,* p. 6.

로 다른 지역들 간에 나타나고 있는 주거밀도와 주택가격 간의 관계를 정확하게 반영해주지 못한다. 그러나 국지적 모델로 추정하는 경우 두 변수 간의 관계가 서로 다르게 나타나는 지역을 구분하여 두 개의 회귀식으로 추정된다. 전역적 모델은 특정 변수의 효과가 모든 곳에서 일정하다고 전제하는 OLS 회귀모델이며, 국지적 모델의 대표적인 모델은 지리가중회귀모델이다. 전역적 모델과 국지적 모델 간의 차이점을 보면 표 12-2과 같다.

공간적 이질성이 존재하는 경우 종속변수와 독립변수 간의 관계가 모든 위치에서 동일한 것이 아니기 때문에 독립변수가 동일한 정도로 변화하더라도 그것에 영향을 받는 종속변수의 크기는 공간적 위치에 따라 달라진다. 이와 같은 공간적 이질성으로 인해 발생하는 이분산성을 해결하기 위해 지리가중회귀모델에서는 가중치를 사용한다. 따라서 지리가중회귀모델의 핵심적 개념은 국지적 선형 회귀계수를 추정하기 위하여 이웃하고 있는 관측값들을 거리조락에 따른 가중치를 산출하여 모델을 추정하는 것이다. 바꾸어말하면 지리가중회귀모델은 지역간 거리가중행렬을 이용하여 지리적 위치 i에 따른 변수 k에 대

한 각 지역별로 개별적인 회귀계수($\widehat{\beta_{ki}}$)를 추정하는 것이다. 지리가중회귀모델의 기본 식은 다음과 같이 나타낼 수 있다.

$$Y_i = \beta_{0i} + \sum_{k=1}^{m} \beta_{ki} X_{ki} + \epsilon_i$$

$$\widehat{\beta_i} = (\widehat{\beta_{i0}}, \widehat{\beta_{i1}}, \widehat{\beta_{i2}}, \ldots\ldots, \widehat{\beta_{im}})' = (X' W_i X)^{-1} (X' W_i Y)$$

여기서 i지역에 대한 지리가중회귀계수 추정치인 $\widehat{\beta_i}$ 는 가중회귀최소제곱(weighted least square)에 의해 산출되며, 이는 두 지역 간의 거리로 측정된 공간행렬(W)과 결합되기 때문에 i지역에 더 가까운 지역들의 영향이 보다 먼 지역들에 영향보다 크게 고려된다. W_i는 i번째 관측값과 다른 모든 관측값들 간의 거리를 반영하는 공간행렬로, i번째 관측값의 거리에 기초한 가중치 d_i백터를 포함하는 n x n 대각행렬이다.

$$\mathbf{W}_i = \begin{matrix} w_{i1} & 0 & 0 & \ldots & 0 \\ 0 & w_{i2} & 0 & \ldots & 0 \\ 0 & 0 & w_{i3} & \ldots & 0 \\ . & . & . & \ldots & . \\ 0 & 0 & 0 & \ldots & w_{in} \end{matrix}$$

공간행렬을 구축하는 경우 두 지역 간의 거리조락함수로 지리적 가중함수를 어떻게 정의하고 측정하는 가는 매우 중요하다. 보편적으로 사용되는 함수는 지수식 가중치이다.

$$W_i = \sqrt{\exp(-d/\theta)}$$

여기서 d는 i지역에서 다른 지역까지의 거리이며, θ는 대역폭(bandwidth)라고 불리우는 모수이다. 따라서 그림 12-5에서 볼 수 있는 바와 같이 대역폭의 설정에 따라 가중치는 상당히 달라지게 된다. θ가 커질수록 동일한 거리에 대한 가중치는 커지게 되며, 반면에 θ가 작아질수록 동일한 거리에 대한 가중치 값은 0에 근접하게 된다. 대역폭이 커져서 가중치가 1에 근사하게 되면 지리가중회귀모델은 공간적 이질성을 거의 고려하지 않게 된다. 이런 경우 지리가중회귀모델은 OLS 회귀모델과 유사하게 된다.

가중치를 부여하는 또 다른 방법으로 정규분포를 이용하는 가우시안 함수(Gaussian function) 방법이 있다. 표준정규분포 함수를 이용한 가우시안 가중치 식은 다음과 같다.

$$W_{ij} = \exp[-(d^2_{/ij}/\theta^2)/2]$$

그림 12-5 지리가중회귀모델에서 공간 커널의 개념

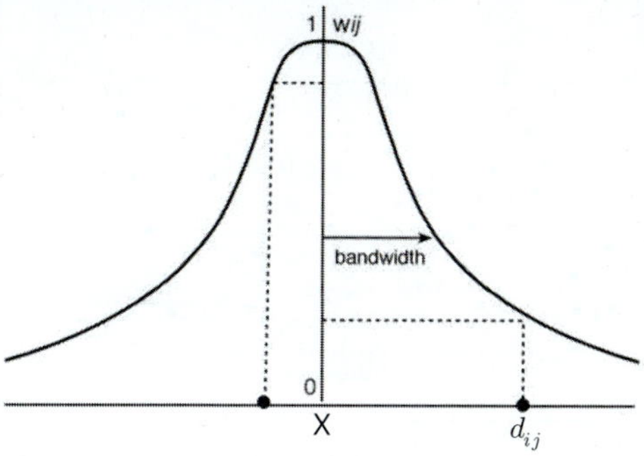

출처: Fotheringham, A. et al.,(2002), *Geographically Weighted Regression: the Analysis of Spatially Varying Relationships*, p. 44.

또한 커널 함수의 bisquare 함수를 이용하는 경우 가중치는 다음과 같은 식에 따라 산출된다.

$$W_{ij} = [1-(d_{ij}^2/\theta^2)]^2 \quad (d_{ij} < \theta \text{일 경우})$$
$$= 0 \text{ (그렇지 않을 경우)}$$

이렇게 다양한 방법들 가운데서 가중치 함수를 선택하는 것도 중요하지만 보다 더 중요한 것은 가중치를 만드는 대역폭을 고정할 것인가 또는 가변적으로 설정할 것인가를 결정하여야 한다. 이는 데이터가 수집된 위치인 표본점과 모수의 추정이 이루어지는 위치인 회귀점(regression points) 간에 잔차를 통해 모델의 적합도를 평가하게 된다.

지리가중회귀모델에서 모수(θ)를 추정하는 경우 OLS 모델의 원리에 따라서 추정한다(자승의 합이 최소화되는 값을 산출함: $\min \sum_{i=1}^{n} [y_i - \hat{y}(\theta)]^2$). 따라서 회귀계수에 대한 가중이 이루어진다는 점에서 지리가중회귀는 가중최소자승법(Weighted Least Squares)의 일종이며, 다만 가중치가 연구대상지역 내의 위치에 따라 달라진다는 차이가 있다.

이와 같이 지리가중회귀모델의 적합도는 대역폭의 영향을 많이 받게 되며, 연구대상지역에서 표본점들이 규칙적으로 분포하는 경우에는 고정된 커널(fixed kernel: 그림 12-6-가 참조)을 사용해도 되지만 불규칙하게 흩어져있는 경우에 고정된 대역폭으로 추정을 하게 되면 모델의 적합도가 떨어지게 된다. 또한 고정된 대역폭은 표본점이 조밀하게 분포하는 곳에서는 미묘한 공간적 차이를 포착하지 못할 수 있고 산발적으로 분포하는 곳에서는 추정치의 분산을 증가시킬 위험이 있다. 따라서 표본점들이 불규칙하게 분포하는 경우에는 적응적 커널(adaptive kernel: 그림 12-6-나 참조) 방식을 통해 가변적으로 커널을 설정하는 것이 모델의 적합도를 증가시킬 수 있다. 즉, 조밀한 지역에서는 대역폭이 작

그림 12-6 지리가중회귀모델에서 분포패턴에 따른 대역폭의 설정 방법 비교

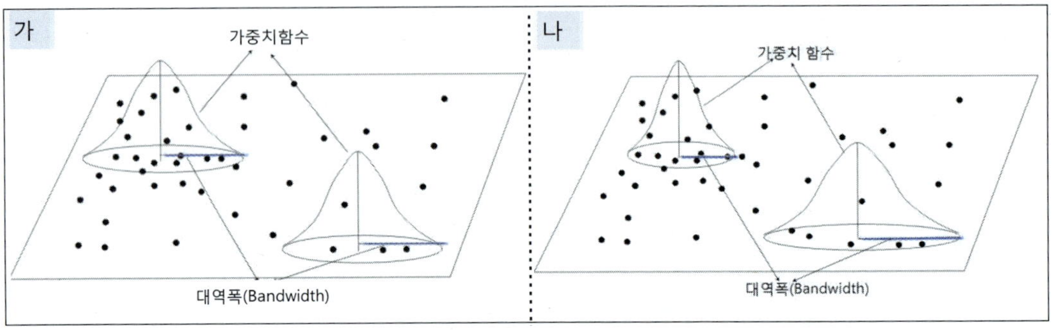

출처: Fotheringham, A. et al.,(2002), *Geographically Weighted Regression: the Analysis of Spatially Varying Relationships,* pp. 45-47.

게하고 조밀하지 않은 지역에서는 대역폭을 넓게 한다. 지리가중회귀모델의 경우 가중치를 산출하는 커널함수의 형태보다는 대역폭 설정에 따른 영향력이 더 큰 것으로 알려져있다. 적정한 대역폭의 설정에 관한 검정은 관찰값과 추정값 간의 차이인 교차검증(CV: cross validation) 값을 최소화하는 방법을 선정할 수 있으며, CV 산출식은 다음과 같다.

$$CV = \sum [Y_i - \hat{Y}_i(\theta)]^2$$

그러나 관찰값과 추정값의 차이만이 아니라 모델의 적합성을 판정하는데도 사용되는 AIC가 가장 많이 이용된다. 대역폭의 설정은 자동적으로 계산되게 하거나 직접 입력하는 방법이 있는데 사전적으로 대역폭을 지정할만한 충분한 근거가 없는 경우에는 자동적으로 계산되도록 하는 것이 관행이다(Fotheringham, et al., 2008). 대역폭을 자동으로 설정하는 경우 관찰값과 추정값의 차이뿐만 아니라 모델의 적합성을 판단할 수 있다. AIC 값을 최소화시키는 대역폭을 선택하는 것이 바람직하다.

AIC(Akaike Information Criterion)는 설정되는 회귀점으로부터 어느 정도 대역폭에 있는 표본점들을 선택할 것인가를 판정하고, OLS 모델에 비해 지리가중회귀모델이 보다 더 적합한 가를 판정해주는 지표가 된다. AIC는 다음과 같은 식에 따라 계산된다.

$$AIC = 2n\mathrm{Ln}(\hat{\sigma}) + n\mathrm{Ln}(2\pi) + n[n + Tr(s)]/[n - 2 - Tr(s)]$$

여기서 *Tr(s)*는 지리가중회구모델의 hat 메트릭스를 추적한 기록이다. AIC는 동일한 종속변수에 대해 상이한 독립변수로 구성된 모델을 비교하는 데도 유용하며 전역적 모델과 국지적 모델을 비교하는 데에도 사용된다. 일반적으로 비교되는 두 모델에서 AIC 값의 차이가 4보다 작은 경우 두 모델은 사실상 차이가 없는 것으로 판정한다.

OLS 회귀모델에 비해 지리가중회귀모델이 보다 더 적합한 것으로 판정되는 경우 두

모델을 추정한 결과 산출된 잔차 분포를 통해서도 판정가능하다. 일반적으로 OLS 회귀모델 분석 결과 산출된 잔차의 크기나 분포에 비해 지리가중회귀모델의 분석 결과 산출된 잔차는 훨씬 작고 공간적 종속성도 크게 낮아지는 것으로 나타난다.

그림 12-7은 두 모델의 분석 결과 산출된 잔차의 공간패턴과 잔차의 크기를 나타낸 지도이다. OLS 회귀모델에 비해 지리가중회귀모델의 추정 결과 산출된 공간적 자기상관도가 훨씬 낮으며, 전차의 크기도 훨씬 더 작게 나타나고 있음을 엿볼 수 있다.

그림 12-7 지리가중회귀모델과 OLS 회귀모델에서 산출된 잔차 분포도 비교

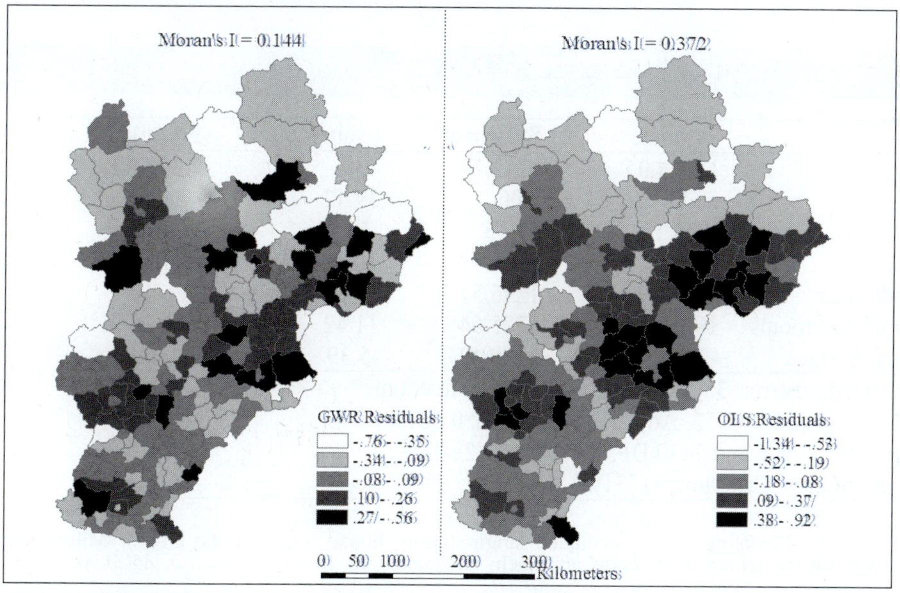

[2] 지리가중회귀모델의 활용

지리가중회귀모델의 활용 사례로 Yu(2007)의 연구를 소개하고자 한다. 이 연구는 지리가중회귀모델의 전반적인 분석과정을 쉽게 파악할 수 있게 되어 있다. 그의 관심사는 주택가격에 영향을 주는 요인들이 지역 간에 차별적으로 나타날 것이라는 가설 하에서 지리가중회귀모델을 활용하였다. 그는 미시간 호수 서편에 위치한 밀워키시를 대상으로 하여 2003년에 조사된 밀워키시의 160,000에 달하는 주택조사 자료를 이용하였다. 이 조사자료에는 80여개 이상의 속성 데이터(예를 들면 주택의 위치, 주택 가격, 주택의 구조적 특징 등)가 구축되어 있다. 그는 이 자료에서 자가 소유의 총 68,906 단독주택을 먼저 추출하였다. 그러나 너무 많은 점 개체들을 지오코딩해야 하기 때문에 다시 무작위 표본 추

출방법을 이용하여 3,437 단독주택을 최종적으로 추출하였다.

그는 주택가격을 종속변수로 하고 밀워키시 내의 주택가격의 차이에 영향을 주는 설명변수들로 연면적 크기, 주택건축연도, 벽난로 유무, 중앙냉방시설 유무, 욕실의 수, 저하된 주변환경(토양, 식생 비율 및 불침투 표면 상태)을 변수로 선정하였다. 그는 먼저 OLS 회귀모델로 추정하였다. 그 결과 모든 설명변수들이 유의적으로 나타났으며, R^2=0.62로 나타나 주택가격(Y) 총 분산의 약 62%를 설명하였다. 예상한 바와 같이 주택가격에 영향을 주는 변수들 가운데 주택건축연도와 저하된 주변환경 변수만 (-)를 보였고 나머지 변수들은 (+)를 보이고 있다(표 12-3 참조).

표 12-3 주택가격(Y)에 대한 OLS 회귀모델 추정 결과

	Estimate	Std. Error	t value	Pr(>|t|)
(Intercept)	18944.05	4112.79	4.61	4.25e-06
Floor Size	78.88	2.00	39.42	<2e-16
House Age	-508.56	33.45	-15.20	<2e-16
Fireplace	14688.13	1609.53	9.13	<2e-16
Air Conditioner	13412.99	1296.51	10.35	<2e-16
Number of Bathrooms	19697.65	1725.64	11.42	<2e-16
Soil&Imp. Surface	-27926.77	5179.42	-5.39	7.44e-08

Residual standard error: 35230 on 3430 degrees of freedom
Multiple R-Squared: 0.6252, Adjusted R-squared: 0.6246
F-statistic: 953.7 on 6 and 3430 DF, p-value: < 2.2e-16
Akaike Information Criterion: 81731.63

출처: Yu, D. (2007), Modeling owner-occupied single-family house value in the city of Milwaukee; a geograpjically weighted regression approach, *GIScience & Remote Sensing*, 44(3), p. 270.

표 12-4 주택가격(Y)에 대한 OLS 회귀모델과 GWR 모델의 추정 결과 비교

ANOVA Test				
Source	SS	DF	MS	F
OLS Residuals	4257667878068.3	7.00		
GWR Improvement	3544862425088.0	327.83	10813043388.63	
GWR Residuals	712805558309.1	3102.17	229776586.89	47.06

GWR Akaike Information Criterion: 76317.39 (OLS: 81731.63)

이렇게 산출된 OLS 회귀모델에 비해 지리가중회귀모델이 보다 더 적합한 가를 판정하기 위해 지리가중회귀모델을 다시 추정한 후, 두 모델을 비교하기 위해 ANOVA 분석도 시행하였다(표 12-4 참조). OLS 모델의 추정 결과 AIC는 81731.63이었으나 GWR 추정 결과 76317.39로 감소하였다. 따라서 지리가중회귀모델이 더 적합하다고 판정할 수 있다. 또한 지리가중회귀모델에서 산출된 잔차는 OLS 회귀모델에서 산출된 잔차에 비해 크게

줄어들어 F 검정결과도 통계적으로 매우 유의적으로 나타났다.

지리가중회귀모델을 돌리기 위해 가중치를 부여하기 위한 방법으로 Adaptive kernel 방법을 사용하였으며, 회귀점을 추정하는데 참조된 표본점의 수는 176개였다. 설명변수들에 대한 회귀계수들의 분산에 대한 검정 결과 모든 변수들이 공간적 이질성을 갖고 있는 것으로 나타났다. 따라서 지리가중회귀모델을 사용하는 것이 보다 효율적임을 말해주었다. 지리가중회귀모델의 추정 결과 산출된 각 지역별 회귀계수들을 보면 주택의 연면적 변수를 제외한 나머지 변수들이 주택가격에 미치는 영향력은 밀워키 도시 내에서 상당히 지역 간에 차이가 나고 있었으며 모든 지역에서 통계적으로 유의하지는 않았다.

전반적으로 볼 때 미시간 호수 인근에 위치한 주택들이 보다 더 멀리 떨어진 지역의 주택에 비해 설명변수들의 변화함에 따라 주택가격의 변화가 더 크게 나타났다. 가장 특이하게 나타난 점은 도시 북서쪽과 중심지 동편에 위치한 주택의 경우 주택연도와 주택가격 간의 관계는 전역적 모델과는 정 반대로 나타났다. 즉, 일반적으로 주택연도가 오래될

그림 12-8 지리가중회귀모델에서 추정된 각 설명변수들의 회귀계수에 대한 분포도

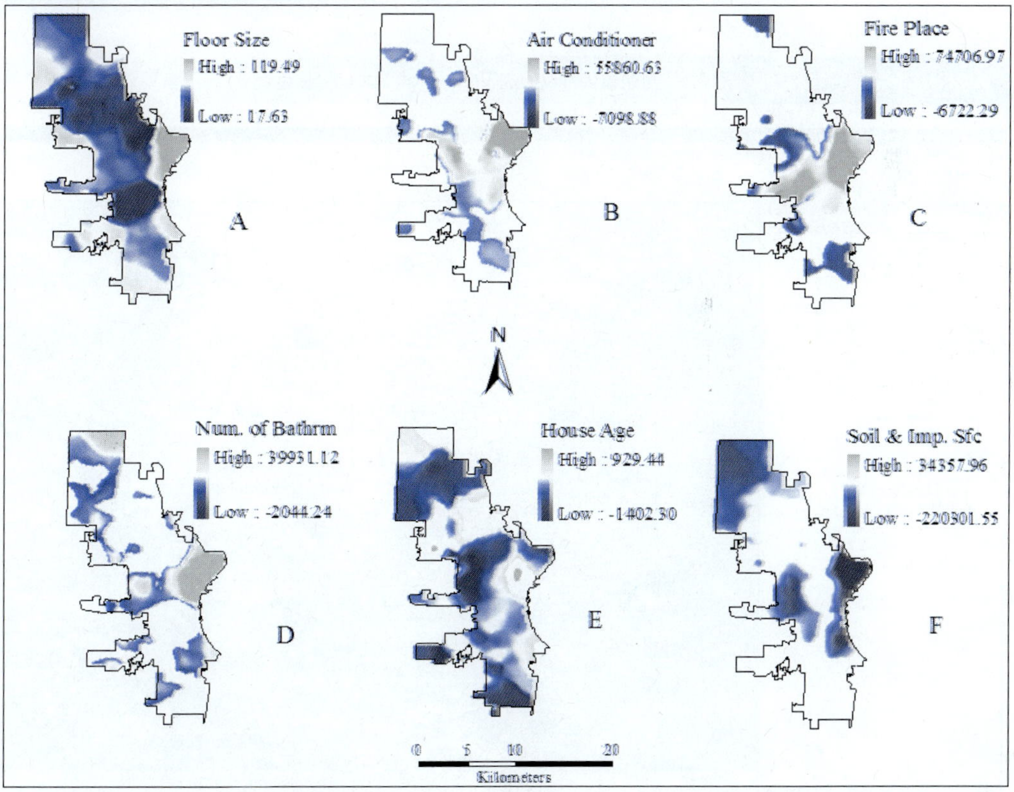

출처: Yu, D. (2007), Modeling owner-occupied single-family house value in the city of Milwaukee; a geograpjically weighted regression approach. *GIScience & Remote Sensing*, 44(3), 279.

수록 주택가격에 (-)영향을 미치고 있지만, 이들 지역의 경우 미국으로 처음 들어온 이민자들에 의해 건축된 주택들로 역사적인 보전 가치가 크기 때문에 비록 주택연도가 오래되었어도 (+) 계수로 나타났다(그림 12-8 참조). 이와 같은 결과는 주택시장의 동태성을 이해하기 위해서는 주택의 구조적 특성뿐만 아니라 공간적 속성이나 특정한 입지적 특성을 함께 결합시켜야 함을 시사해준다.

또 다른 사례로 ESRI사에서 지리가중회귀모델을 활용하는 사례로 예시하고 있는 911 위급전화(emergency call)건수의 공간패턴을 분석한 것이다. 911 위급전화건수의 공간패턴에 관심을 갖게 된 것은 너무 911 위급전화건수가 폭주하여서 공공자원의 너무 많은 부분을 배분하고 있는 카운티들이 상당히 많았기 때문이었다. 문제는 앞으로 10년 후에는 인구가 거의 두 배로 증가될 것으로 전망되고 있어 911 위급전화건수는 한층 더 증가할 것으로 예상되기 때문이었다. 이에 따라 911 위급전화의 공간패턴을 파악하고, 위급전화건수가 과도하게 많은 지역과 상대적으로 적은 지역들을 조사하며, 궁극적으로는 911 위급전화건수에 영향을 미치는 요인들을 추출하고 각 요인들의 영향력을 파악하여서 향후 911 위급전화건수를 줄일 수 있는 전략을 수립하는데 필요한 정보를 추출하는 것이었다.

그림 12-9 911위급전화가 걸려온 지점들에 대한 분포와 Hot Spot분석 결과

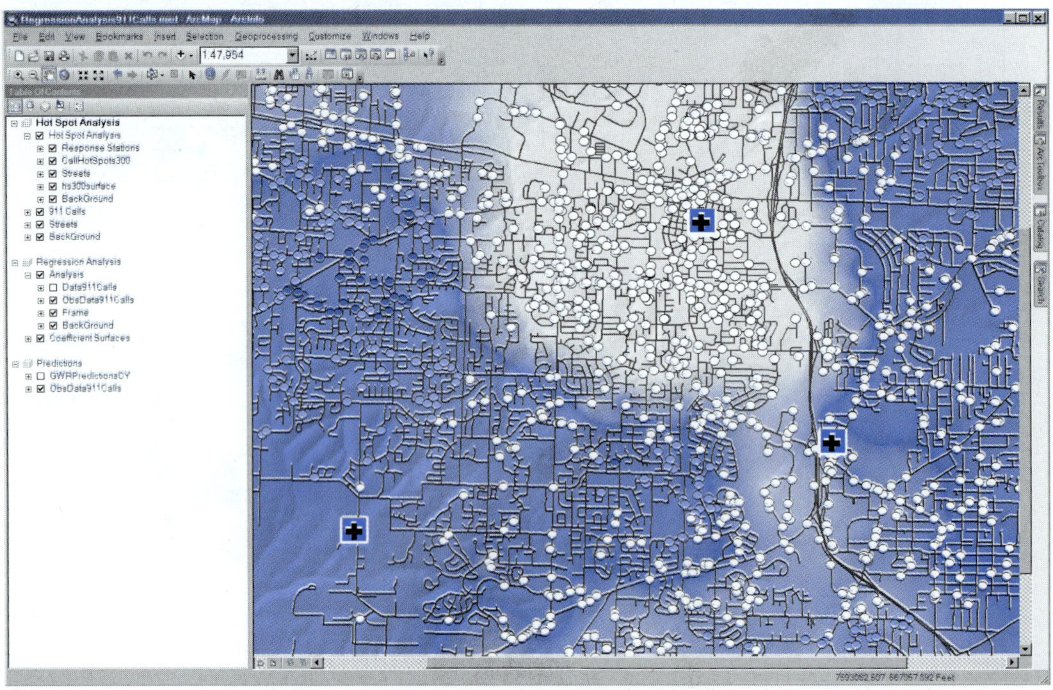

출처:http://resources.arcgis.com/gallery/file/geoprocessing/details?entryID=8901F5BD-1422-2418-88FE-592BA3458CAF

표 12-5 OLS 회귀모델의 추정 결과에 대한 진단

OLS Diagnostics			
Number of Observations:	87	Number of Variables:	5
Degrees of Freedom:	82	Akaike's Information Criterion (AIC) [2]:	680.420629
Multiple R-Squared [2]:	0.838936	Adjusted R-Squared [2]:	0.831080
Joint F-Statistic [3]:	106.778882	Prob(>F), (4,82) degrees of freedom:	0.000000*
Joint Wald Statistic [4]:	224.669428	Prob(>chi-squared), (4) degrees of freedom:	0.000000*
Koenker (BP) Statistic [5]:	15.873747	Prob(>chi-squared), (4) degrees of freedom:	0.003193*
Jarque-Bera Statistic [6]:	0.342521	Prob(>chi-squared), (2) degrees of freedom:	0.842602

출처: http://resources.arcgis.com/gallery/file/geoprocessing/details?entryID=8901F5BD-1422-2418-88FE-592BA3458CAF

사례지역은 미국의 포틀란드시이며, 자료는 911 위급전화건수로, 워낙 전화건수가 많았기 때문에 2,000건수 이상의 전화가 걸려왔던 2,152 지점들을 대상으로 하였다(그림 12-9 참조). 전화가 걸려왔던 2,152 지점들을 지오코딩한 후, 이들을 센서스 트랙별로 집계하여 전체 87개 센서스 트랙을 대상으로 하여 분석하였다. 911 위급전화건수에 영향을 미치는 설명변수들을 선정하기 위하여 상당히 많은 다양한 변수들을 투입하였으나, 여기서는 예시적으로 인구수(pop), 일자리수(jobs), 저학력자수(LowEdu), 도심으로부터의 거리(Dst2UrbCen)를 독립변수로 선정하여 살펴보고자 한다.

먼저 OLS 회귀모델을 적용시킨 결과 R^2=0.83으로 나타나서 4개의 독립변수가 Y변수의 총분산을 83% 설명하고 있을 정도로 상당히 설명력이 높은 모델로 추정되었다(표 12-5 참조). 그러나 아무리 좋은 모델이라고 하더라도 OLS 모델이 가정을 준수하고 있는가에 대한 검정이 이루어진 후에 모델에서 추정된 결과를 풀이하여야 한다. OLS 모델이 가정을 준수하는 가를 진단하기 위해 오차의 정규성, 등분산성, 공간적 자기상관성을 조사하였다. 먼저 Jarque-Bera 통계량에 대한 검정 결과를 보면 p=0.842로 유의하지 않아 오차의 정규성 가정을 준수하고 있다고 판정할 수 있다. 또한 Koenker 통계량에 대한 검정 결과를 보면 p=0.003193으로 통계적으로 매우 유의하게 나타나고 있다. 이렇게 Koenker 검정 결과가 유의적일 경우 종속변수와 설명변수들 간의 관계들이 비고정성(non-stationary)이 있음을 말해준다. 즉, 종속변수와 설명변수 간의 관계가 고정된 것이 아니며, 지역에 따라 관계가 달라지는 공간적 이질성을 갖고 있음을 시사해주는 것이며, 따라서 지리가중회귀모델을 적용하여야함을 말해준다.

한편 OLS 모델의 추정 결과 산출된 잔차의 공간분포도를 보면 잔차의 공간적 자기상관성이 두드러지게 나타나고 있지 않다(그림 12-10-가 참조). 그러나 이러한 시각적 판단보다는 정확한 통계적 검정을 위해 잔차의 공간적 자기상관성을 검정하는 전역적 모란 I 지수를 산출하였다. 그 결과 Moran'I 값은 0.053으로 나타났으며, 통계적으로도 유의하지

그림 12-10 OLS 모델의 추정 결과 산출된 잔차의 분포도와 이에 대한 공간적 자기상관성 검정 결과

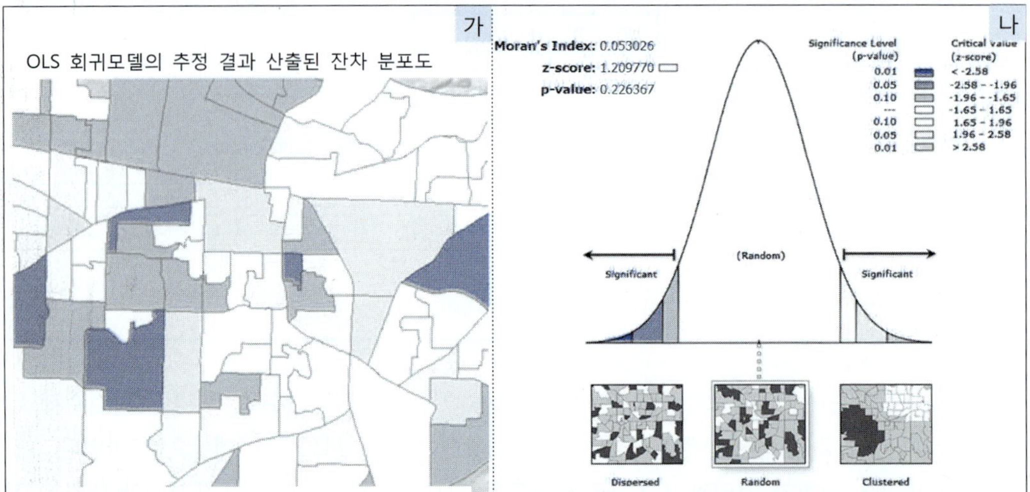

잔차의 공간패턴을 시각적으로 판단해 볼 때 잔차의 군집화된 패턴이 두드러지게 나타나지는 않음

공간적 자기상관성을 측정하는 전역적 모란지수에 대한 검정 결과 z값이 1.21로 나타나고 있어, 잔차의 공간패턴은 임의적이라고 판정할 수 있음

않아 잔차의 공간적 자기상관성은 없는 것으로 판정할 수 있다(그림 12-10-나 참조).

이와 같은 OLS 모델의 진단 절차를 통해 지리가중회귀모델을 적용하였다. 가중치를 부여하기 위한 방법으로 Adaptive kernel방법을 사용하였으며, 50개 지역에 대한 회귀점을 추정하는데 참조된 표본점의 수는 19.9개였다. GWR을 이용한 분석 결과 OLS 분석에 비해 결정계수와 AIC 모두 개선된 것으로 나타났다. OLS 모델의 경우 결정계수가 0.83이었으나, 지리가중회귀모델의 경우 결정계수는 0.866으로 높아졌다. AIC 값의 경우 OLS 모델에서 680이던 것이 지리가중회귀모델에서는 674로 줄어들어 약 3% 모델이 개선되었음을 보여준다.

그러나 50개 지역별 결정계수는 최대 0.94에서 최소 0.35으로 매우 편차가 크게 나타나고 있어 지역에 따라 설명변수들의 영향력이 상당히 다르게 작용하고 있음을 시사해준다. 전반적으로 볼 때 각 지역별로 추정된 4개 독립변수들의 회귀계수들의 부호가 서로 반대로 나타난 경우는 없으나, 추정된 회귀계수들 가운데 저학력자 변수에 대한 각 지역별 회귀계수의 편차가 가장 크게 나타나고 있다. 이는 저학력자와 911 위급전화이용 간의 관계는 각 지역마다 상당히 차이가 나는 공간적 이질성을 가장 두드러지게 보이는 변수라고 볼 수 있다. OLS 모델과 지리가중회귀모델의 추정 결과를 요약하면 표 12-6과 같다.

그림 12-11은 각 지역별로 추정된 결정계수와 각각의 독립변수에 대한 회귀계수를 단계구분도로 나타낸 것이다. 전반적으로 볼 때 포틀랜드시의 북동쪽에 위치한 지역들에서 모델의 설명력이 상당히 높게 나타나고 있는 반면에 남서쪽에 위치한 지역들에서 상대적

표 12-6 911 위급전화건수(Y)에 대한 OLS 회귀모델과 GWR 모델의 추정 결과 비교

	OLS	GWR			
		평균	최대	최소	표준편차
Intercept	15.769***	15.223	24.475	3.805	4.979
Pop	0.005***	0.007	0.0167	0.0007	0.0042
Jobs	0.004***	0.006	0.0340	0.0024	0.0044
LowEduc	0.104***	0.089	0.1216	0.0327	0.0204
Dst2Urbcen	-0.002***	-0.0018	-0.0013	-0.0033	0.0005
Local R-squared		0.82	0.94	0.35	0.1147
R-squared	0.84	0.90			
Adjusted R-Squared	0.83	0.87			
AIC	680.4	674.65			
표준화된 잔차의 Moran'I 지수	0.053	-0.022			
Koenker statistics	15.87***	Neighbors		50	
Jarque-Bera statistic	0.34	Bandwidth methods		AICc	
		Kernel type		Adaptive	

출처: http://resources.arcgis.com/gallery/file/geoprocessing/details?entryID=8901F5BD-1422-2418-88FE-592BA3458CAF

으로 모델의 설명력이 상당히 낮게 나타나고 있으며, 결정계수의 차이는 거의 2.7배나 차이가 나고 있다. 따라서 종속변수와 독립변수 간의 관계가 공간적 이질성으로 인하여 상당히 차이가 나고 있음을 여실히 보여주고 있다.

이러한 결과는 4개의 설명변수들을 개별적으로 분석해보면 보다 더 이해될 수 있다. 지역 간에 추정된 회귀계수의 차이가 가장 크게 나타나고 있는 저학력자 변수의 경우 전역적 모델(OLS 모델)에서 추정된 회귀계수는 0.104를 보이고 있다. 그러나 국지적 모델(GWR 모델)에서 추정된 회귀계수는 포틀랜드시 북서부 지역의 경우 0.12를 나타내는데 비해 남서부 지역의 경우 0.03으로 상당히 낮게 나타나고 있다. 이는 남서부 지역의 경우 같은 저학력자라도 911 위급전화를 상대적으로 적게 걸고 있음을 말해준다.

한편 인구수가 911 위급전화 건수에 미치는 영향력을 보기 위하여 OLS 모델을 통해 추정한 후 그에 대한 잔차도를 구축하였다. 이 잔차도와 지리가중회귀모델에서 추정된 각 지역별 회귀계수를 단계구분도로 나타낸 지도와 비교해보면 어느 정도 유사한 패턴을 엿볼 수 있다. 즉, 잔차가 (+)로 나타난 지역의 경우 지리가중회귀모델에서 추정된 회귀계수가 크게 나타난 반면에 잔차가 (-)로 나타난 지역의 경우 지리가중회귀모델에서 추정된 회귀계수가 작게 나타나고 있다.

그림 12-11 지리가중회귀모델에서 추정된 각 설명변수들의 회귀계수에 대한 분포도

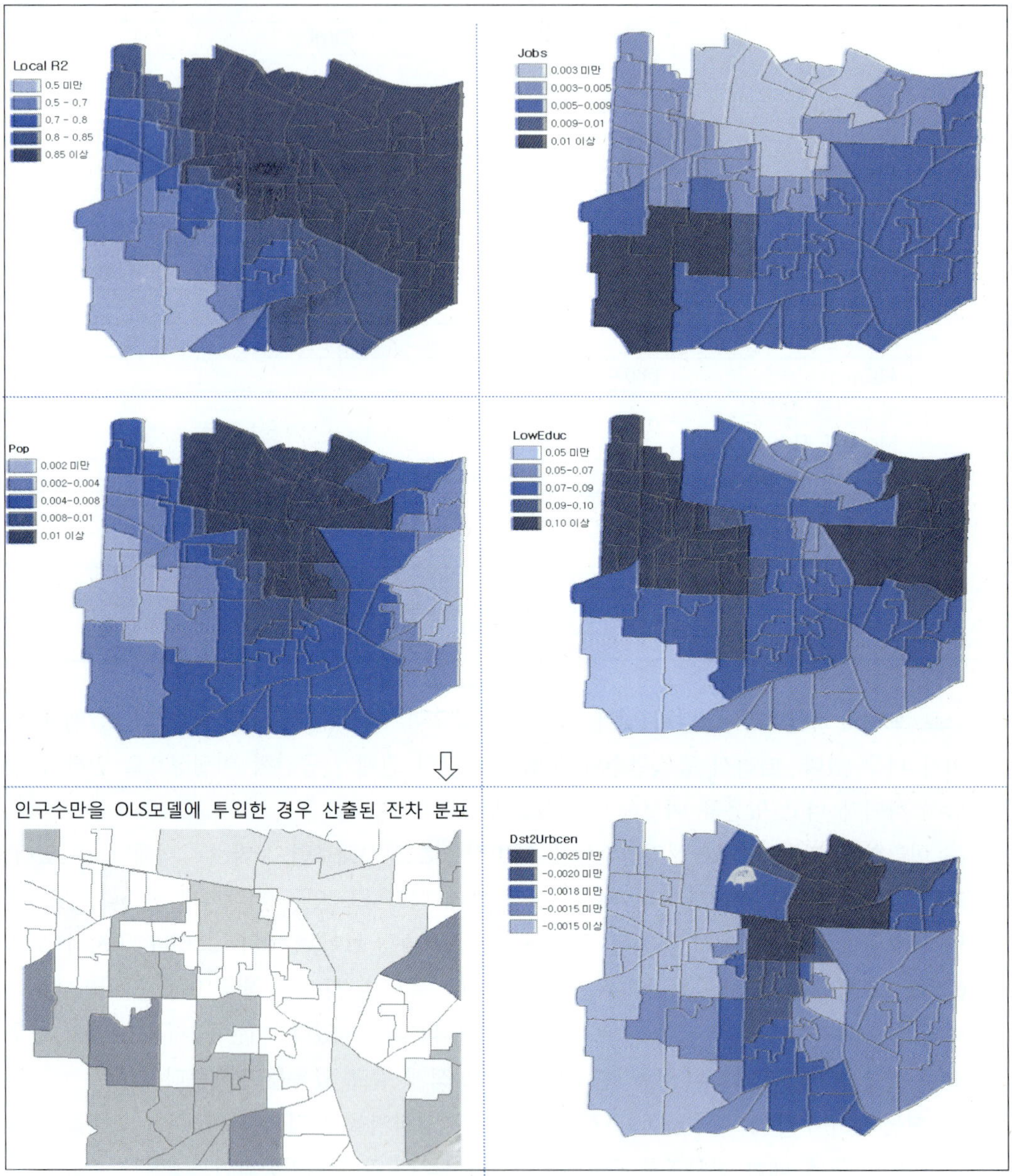

제 5 편

GIS 모델링과 의사결정지원시스템

GIS
Geographic Information Systems

제 13 장
GIS 모델링

제 1 절

GIS 모델링 개념과 모델의 유형

[1] GIS 모델링의 개념

공간에서 나타나는 현상들을 분석하는데 모델을 본격적으로 사용하기 시작한 것은 1950년대 후반 이후 계량혁명이 일어나면서부터라고 볼 수 있다. 가장 대표적으로 알려진 모델의 예를 보면 농업입지를 설명하는데 사용되어온 튄넨의 고립국 모델(isolated state model), 공업입지를 설명하기 위해 베버가 제시한 개념을 발달시킨 입지-배분 모델(location-allocation model), 뉴턴의 만유인력의 법칙을 토대로 하여 지역 간에 나타나는 상호작용을 측정하기 위해 도입된 중력모델(gravity model), 그리고 특정한 지점으로부터 시.공간상으로 확산되어나가는 현상들을 설명하는데 사용되는 확산모델(diffusion model) 등이 있다.

공간상에서 일어나는 현상들을 분석하는데 있어서 모델을 사용하는 이유는 모델을 사용함으로서 복잡한 실세계를 단순화시키고 일반화시킬 수 있기 때문이다. 이와 같이 모델이란 실세계의 복잡성과 혼란성을 감소시키면서 실세계를 유사하게 표현한 것이라고 볼 수 있다.

GIS 모델링 개념은 Tomlin과 Berry(1979)가 처음 사용하기 시작한 지도학적 모델링(cartographic modeling) 개념에서 출발한 것이라고 볼 수 있다. 지도학적 모델링이란 공간현상에 관한 문제에 대한 해답을 찾기 위해 원시 데이터 뿐만 아니라 중간과정 단계에서 생성되는 커버리지들에 순차적으로 다양한 지도연산 기능들을 적용하는 일련의 집합이라고 정의하였다(Tomlin, 1990). 지도학적 모델링의 개념을 포함하고 있는 GIS 모델링이란 공간상에서 일어나고 있는 문제들을 해결하기 위해 논리적이고 순차적으로 공간분석 기능들을 연계시키는 과정이라고 볼 수 있다. GIS 모델링 과정은 입력과 저장, 검색, 분석 등이 일직선으로 이루어지는 것이 아니라 순환적으로 이루어진다(그림 13-1 참조). GIS 모델링은 입력 커버리지로부터 검색과 분석 과정을 거쳐서 저장된 산출 커버리지 자체가 첫번째 중간 생성 커버리지가 되며, 이 커버리지로부터 검색된 결과는 다음 단계인 두번째 중간 커버리지를 생성하기 위해 수행되어야 할 분석기능을 결정하는 기초가 되는 입력 커버리지로 사용되는 순환적 특성을 지니고 있다. 이러한 지도학적 모델링의 순환적 특성으로 인해 최종 공간정보 결과를 도출하는데 있어서 하위 시스템들간의 연계가 매우 유연적으로 이루어진다.

그림 13-1 순환적인 지도학적 모델링 과정

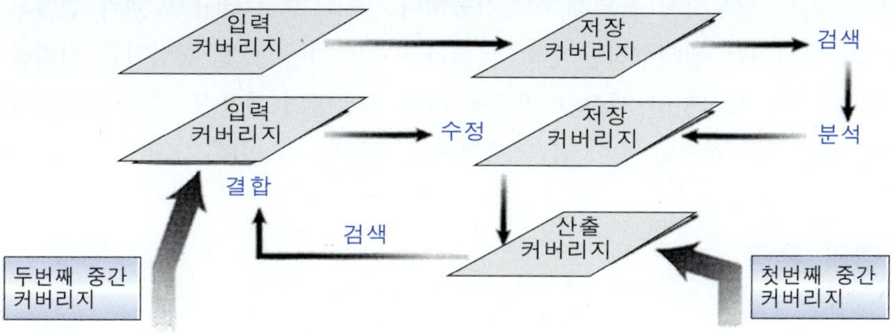

출처: DeMers, M. N. (1997), *Fundamentals of GIS*, p. 355.

GIS 모델링은 일반적으로 두 가지 목적을 위해 사용된다. 첫번째 목적은 공간 현상들을 일반화하여 이해하기 쉽도록 하는 것이며, 두번째 목적은 '만일 xx 현상이 일어난다면'이라는 시나리오를 통해 앞으로 일어날 일들을 예측하기 위해 사용된다. GIS 모델링을 통한 예측 기능은 끊임없이 변화하는 실세계의 다양한 현상들을 이해하고 파악하는데 매우 유용하다. 이와 같이 GIS 모델링을 활용함으로써 앞으로 어떠한 일이 일어날 것이며, 어떻게 실제적으로 그러한 과정이 진행될 것인가를 미리 예측하고 대처방안을 모색할 수 있다. 특히 자연적, 사회적 현상과 과정에 대한 새로운 정보를 제공하거나 예측 또는 모의실험(simulation)을 수행하려는 경우 실세계를 유사하게 단순화시켜 나타낸 모델의 활용은 매우 유용하다.

GIS 모델링은 만약 조건이 비슷하다면 한 장소에서 일어나는 일은 다른 장소에서도 일어날 수 있으며, 과거에 발생하였고 현재 일어나고 있는 현상이 미래에도 일어날 수 있다는 전제하에서 다양한 분야에 적용될 수 있다. 특히 경향분석(trend analysis)을 위한 모델링은 과거와 현재까지의 경향을 분석하고, 미래에 일어날 수 있는 경향을 예측하는데 유용하다.

더 나아가 GIS 모델링은 현실에서 관련 정보를 얻기가 불가능하거나 모의실험이 요구되는 경우 모델이 나타내고자 하는 현상을 실제 세계에서 구현하는 것보다는 비용이 훨씬 적게 들며 매우 효과적이다. 또한, GIS 모델링은 가상 시나리오를 실험하기 위하여 반복적으로 사용되기도 한다. 이러한 사례로는 불시에 긴급사태가 발생하였을 때 가장 효율적인 응급 대피계획 을 수립하는 경우에 매우 유용하다. 뿐만 아니라 댐을 구축하는 경우 역사적 지점들을 보호하기 위해 적정한 수위(water level)와 저수지 규모를 결정하여야 하는 경우 모의실험을 통하여 여러 가지 대안들 가운데 최적의 해법을 찾아내거나, 유역으로부터 삼림이 제거된 이후의 하천의 변화를 예측하는 경우 등등 다양한 분야에서 유용하게 활용될 수 있다.

GIS 모델링이 적용될 수 있는 지역의 범위는 상당히 넓은 지역에서부터 매우 좁은 지역을 분석 대상으로 하는 경우까지 폭넓게 적용가능하다. 예를 들면 대규모 댐의 건설로 인한 향후 지역적인 환경이나 생태학적인 변화의 결과를 예측하는 것은 광범위한 지역을 대상으로 할 수도 있으며, 도심지의 시간의 변화에 따른 교통량의 흐름을 예측하고 혼잡 교통량의 영향력을 진단하는 경우와 같이 좁은 지역에도 적용될 수 있다.

[2] GIS 모델의 유형

GIS 모델의 유형들은 매우 다양하나, 일반적으로 어떠한 목적으로 GIS 모델을 사용하느냐에 따라서 모델을 분류하고 유형화한다. 그러나 때로는 사용 목적뿐만 아니라 방법론과 논리적 흐름에 따라서 유형화하기도 한다. 따라서 학자들에 따라 GIS 모델에 대한 분류는 다소 차이가 나고 있다. 여기서는 GIS 모델을 목적과 방법론, 논리적 흐름의 관점에서 유형화하여 간략히 살펴보고자 한다.

(1) 사용 목적에 따른 모델의 유형화

GIS 모델링은 사용 목적과 문제 의식이 무엇인가에 따라서 기술적 모델(descriptive model), 처방적 모델(prescriptive model), 예측적 모델(predictive model)로 분류할 수 있다.

기술적 모델(descriptive model)이란 보다 수동적인 특성을 지니고 있으며, 주어진 관심 대상지역의 전부 또는 일부를 묘사하듯이 기술하는 것이다. 즉, 현재 있는 그대로의 상황에 대해 기술하는 것으로, 주로 '무엇인가(What is--?)' 라는 질문에 대답하는 경우이다. 일례로 선택적인 토지용도에 적합한 상황을 기술한다든가 주어진 분포 패턴에 대해 기술하는 것이다. 여러 가지 공간문제를 탐구하고 해결하기 위해서는 기술적 모델링을 통해서 각종 공간정보를 얻을 수 있다. 기술적 모델링에는 공간정보의 연산, 재부호화, 분류, 중첩, 근접분석 등과 같은 GIS기반의 기초적 공간분석기법들이 주로 사용된다. 기술적 모델은 공간분석 기능을 수행한 결과 산출된 커버리지에서 나타나는 기하학적 특징이나 패턴을 기술하거나 측정한다. 이렇게 측정하여 계량화하는 경우 눈에 띠지 않았던 패턴이나 형상들 간의 관계를 발견할 수도 있으며, 분포 패턴이 집중 또는 분산적 패턴인가를 분별할 수도 있다. 더 나아가 서로 다른 커버리지들을 종합적으로 기술하면서 새로운 정보를 얻어낼 수도 있다. 이렇게 발견된 패턴을 토대로 하여 그러한 패턴이 형성된 과정에 대한 가설을 수립하고 더 나아가 이론을 정립하는 기초로도 활용될 수 있다.

한편 처방적 모델(prescriptive model)은 보다 능동적인 특성을 지니고 있으며, 주로 현재의 조건이 불충분하거나 부족한 문제들에 대해 도움을 주는 최선의 해결책을 제공하기 위해 고안되는 모델이라고 볼 수 있다. 의사가 환자를 보고 병의 징조나 상황을 기술하고 이를 바탕으로 병명을 명시하고, 병을 치료하기 위해 약을 처방하거나 치료방법을 제시해주는 것과 마찬가지로, 처방적 모델은 공간상에서 일어나고 있는 문제들에 대한 최선의 해결책을 처방하려는 것이다. 처방적 모델은 '어떻게 되어야만 하는가(What should be--)' 라는 질문에 해답을 주려는 모델이라고 볼 수 있다. 처방적 모델의 가장 두드러진 특징은 최선의 해결책을 도출하기 위해 가용한 모든 데이터와 고려되어야 할 요소들을 다양한 분석기능을 통해 조작하는 일련의 과정들을 포함하고 있다. 합리적인 의사결정을 위해서는 문제해결을 위한 다양한 분석기법들을 활용하게 되며, 여러 대안들을 도출하고 주어진 대안들을 평가할 수 있는 전문적인 지식이 요구되는 처방적 모델링이 적용될 수 있다. 처방적 모델링의 과정은 문제를 진술하는 단계, 문제에 대한 해답을 추출하는 단계, 그 결과를 평가하는 단계로 이루어지며, GIS의 기초적 공간분석기법에서부터 고차적 공간분석기법 및 통계적 방법이 모두 활용된다.

예측적 모델(predictive model)은 주로 통계적 방법을 이용하여 앞으로 일어날 수 있는 문제(What if)에 대한 가능한 결과에 대한 답을 모색하는 것이다. 주로 통계적 확률이론이 적용되며 공간적 회귀분석, 로지스틱 모델이 사용된다. 예측적 모델링은 종합화된 정보를 토대로 앞으로 일어날 수 있는 문제나 상황에 대한 가능한 결과를 예측하고 시뮬레이션 할 때 적용된다. 예측적 모델링을 수행할 때에는 과거에서부터 현재까지의 관련 자료의 수집과 시계열적 진행과정의 분석결과를 이용하여 앞으로 나타날 변화를 통계적 차원에서 도출하는 것이 기본이 된다.

기술적 모델과 처방적 모델의 차이를 간단한 예를 들어 살펴보자. 그림 13-2-가에서 볼 수 있는 바와 같이 개구리의 서식지 분포를 기술하기 위해 서식 환경을 나타내주는 기온, 강수량, 토양, 개구리를 먹이로 하는 육식동물, 수원지 등의 데이터를 사용하여 개구리의 분포지를 기술하는 것이 기술적 모델이다. 반면에 처방적 모델의 경우 그림 13-2-나에서 볼 수 있는 바와 같이 토지이용상의 변화가 일어나는 경우 토양침식의 위험을 예측하거나 토양침식으로 인한 피해에 대처하기 위한 경우에 사용되는 모델이다.

기술적 모델링→예방적 모델링→처방적 모델링이 연속적 선상에 위치한다고 볼 수 있으며, 주어진 상황과 특성에 따라 사용되는 모델링이 다르며, 때로는 이들 모델이 혼재되어 사용되는 경우도 많다. 단편적인 공간현상에 대한 탐구나 이해를 위한 문제에서는 비교적 단순한 기술적 모델링이 사용되지만, 때로는 여러 개의 모델링이 복합적으로 연계되어 구성되는 경우도 있다. 일련의 모델이 투입과 산출모형과 같이 연차적으로 이루어지면서 매우 복잡한 형태의 연계모형이 이루어 질 수 있다. 기술적 모델링, 예측적 모델링, 처방적 모델링의 경우도 복잡한 공간문제 해결을 위해 필요에 따라 투입변수를 산출하는 모델링이 되기도 하고, 여러 개의 모델로부터 구해진 공간정보가 최종적 대안을 도출하기 위한 모델링의 전처리 단계의 역할을 수행할 수 있다(그림 13-3 참조)

그림 13-2 기술적 모델과 처방적 모델의 차이

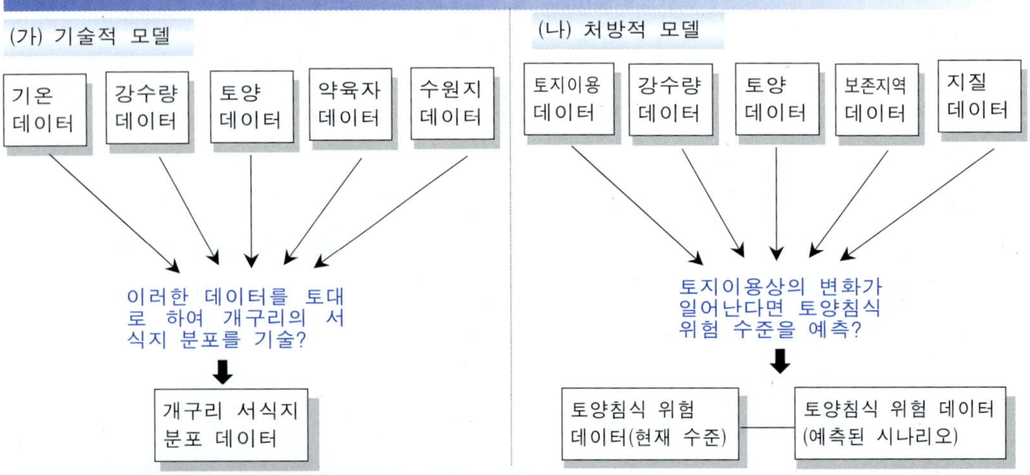

그림 13-3 종합적 GIS 모델링의 개념

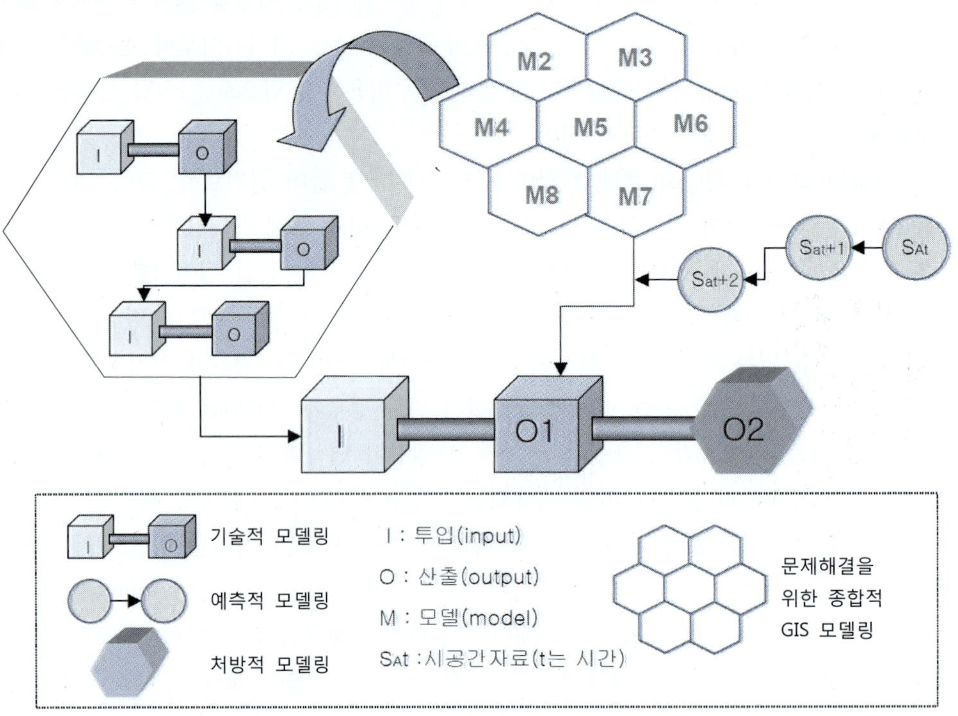

출처: 김영표·임은선(2004), GIS 기반 공간분석방법론 적용연구, p. 62.

(2) 방법론의 관점에서 본 모델의 유형화

방법론의 관점에서 GIS 모델을 유형화하면 확률적 모델과 결정론적 모델로 분류할 수 있다. 확률적 모델은 GIS 모델이 아닌 주로 통계적 기준이나 이론들을 GIS 환경과 연계시켜 수행되고 있다. 예를 들어 중심 경향을 측정하는 기술적 모델은 중심극한이론으로부터, 예측적 모델은 회귀분석 모델을 연계시키고 있는데, 이들 통계이론은 모두 확률에 기반을 두고 있다. GIS 모델에서 많이 사용되는 확률적 모델의 대표적인 예로는 공간적 회귀분석 모델이나 로지스틱 모델을 들 수 있다.

확률적 모델이 확률적으로 일어날 수 있는 가능성에 기반을 두고 있는데 비해 결정론적 모델은 명확한 기능적 연계성을 전제로 하여 모델을 구축한다. 대표적인 결정론적 모델의 예로는 수문학적 모델이나 지형학적 모델이다. 예를 들면 하천 흐름 모델이나 토양침식 모델들은 이미 인과관계가 밝혀진 요인들 간의 결정론적 수식을 토대로 하고 있다.

(3) 논리적 방법에 따른 모델의 유형화

GIS 모델을 구축하는데 있어서 사용 목적과 방법론에 따라서 유형화하기도 하지만, 경우에 따라서는 모델을 개념화하고 구축하는데 적용되는 논리적 방법에 따라서도 유형화될 수 있다. 기술적 모델이나 처방적 모델, 양 극 사이에 놓여있는 어느 모델이든지간에 모델을 구축하는 논리적 방법은 귀납적 방법과 연역적 방법에 따라 이루어진다.

GIS 모델링에서 귀납적-연역적 방법들은 과학적 연구에서 사용되는 것과 동일한 논리적 절차를 밟게 된다. 귀납적(inductive) 방법에 따른 모델링은 먼저 관심대상의 지역에 대한 많은 양의 공간자료를 수집하는 것으로부터 시작한다. 예를 들어 개개의 사슴의 서식지에 대한 데이터를 수집하여 구축한 공간 데이터로부터 사슴이 주로 많이 살고 있는 서식지의 위치를 요약하고 다른 커버리지들과의 중첩을 통해 사슴의 서식지에 대한 환경적 조건을 도출하는 것이다.

이와 같이 귀납적 모델은 특정한 요소나 사례들로부터 일반화를 도출하는 절차를 거치는 모델이며, 귀납적 접근방법에서 일반화는 상당한 시행착오를 통해서 도출된다. 최근 귀납적 접근방법의 하나로 데이터 마이닝(data mining) 방법이 도입되고 있다. 데이터 마이닝 방법은 방대한 데이터베이스로부터 흥미로운 패턴을 찾아내는 분석방법으로 연관성 발견, 군집화 패턴 발견, 연속적 패턴 발견, 경향 발견, 추세변화 발견 등 대량의 데이터로부터 고부가가치의 정보를 추출한다. 데이터 마이닝을 통한 분석방법은 범죄에 관한 포인트 패턴 분석이나 질병 원인 분석에서 이례적인 패턴을 찾아내거나 악성 독감의 발병

그림 13-4 데이터마이닝의 접근방법

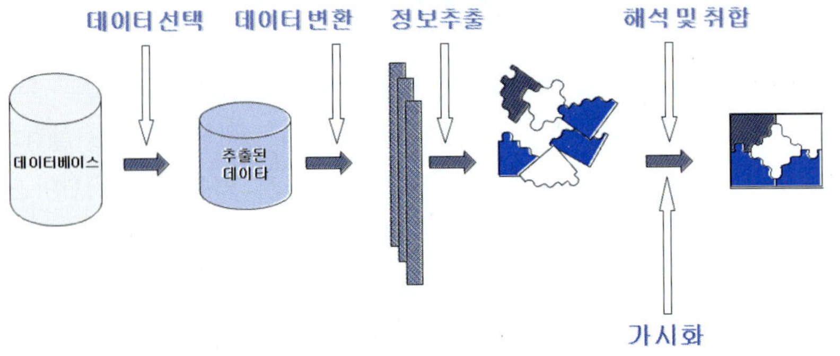

패턴을 분석하는데 주로 사용되어왔다. 최근에는 방대한 자료의 수집이 가능해지고 다양한 공간분석 기법이 발달하면서 데이터 마이닝 방법의 적용 분야도 넓어지고 있으며, 실제 문제 해결을 위한 현실적인 방법으로 그 활용도가 높아지고 있다.

데이터 마이닝 방법은 일반적 조건이나 법칙을 알지 못하는 경우 많은 데이터를 공간상에 표현하고 공간상에 나타난 형상들의 패턴이나 서로 다른 커버리지들과의 공간분석을 통해 의미있는 공간패턴이나 공간관계가 나타나고 있는가를 탐색하는 것이다. 데이터 마이닝 방법을 통하여 표출된 결과로부터 유의미한 공간 패턴이나 공간 관계를 파악하는데 소중한 정보를 추출할 수도 있다(그림 13-4 참조).

한편 연역적(deductive) 방법에 토대를 둔 모델은 귀납적 모델과는 반대로 일반화된 상황이나 조건하에서 특수한 사례로 접근한다. 이미 사전에 상당한 지식을 가지고서 어떤 요인들이 중요하며, 어떻게 상호작용하는 가에 대한 정보를 바탕으로 하여 모델을 개념화하고 구체적으로 설계한다. 연역적 모델은 이미 어느 정도 공식화된 기준 요인과 평가요인, 제한 요인과 각 요인들에 대한 가중치를 가지고 문제를 해결하는데 적용한다. 연역적 모델의 가장 대표적인 모델의 예로는 토지평가와 입지평가(LESA: Land Evaluation and Site Assessment)모델이나 토양침식 모델, 삼림 벌채 모델 등등이 있다. 연역적 접근 모델의 경우 통계적 모델이나 수학적 모델을 많이 사용하게 되며, 다양한 연산 알고리즘이 사용되므로 일반적으로 지도대수 기능이 용이한 래스터 데이터를 기반으로 하고 있다.

제 2 절

모델링 과정과 흐름도

[1] 모델링 과정

GIS 모델이 기술적 모델이든 또는 처방적 모델이든지 간에 효과적으로 모델을 구축하기 위해서는 모델을 개념화하여야 한다. 모델의 개념화는 실제로 모델을 형식화하는 과정이라고 볼 수 있다. 모델의 개념화가 이루어지고 나면 모델을 형식화하고 모델에 대한 흐름도를 구축하게 된다. 이렇게 모델에 대한 흐름도가 완성되면 GIS 환경 하에서 공간적 해법을 도출하기 위해 논리적, 순차적인 작동 순서에 따라서 분석 기능들을 수행하게 된다. 이러한 GIS 모델링 과정을 간략하게 나타내면 그림 13-5와 같다.

GIS 모델링 단계에 대해 자세히 살펴보자. 모델링의 첫 단계는 먼저 해결하고자 하는 문제를 명시하고 목적을 정의하는 것이다. GIS 모델링에서 주어진 문제를 진술하고 그 문제를 해결하기 위한 목표를 정의하는 것은 궁극적으로는 도출하고자 하는 공간정보를 명시하는 것이라고 볼 수 있다. 예를 들어 공해를 유발하는 공장의 최적 입지를 선정하거나 쓰레기 매립장의 최적 입지를 결정하는 것이 목적일 경우 문제를 해결하기 위해 필요한 기준들을 고려해서 입지를 선정하게 되며, 입지요인들 간에 서로 상충성을 띄는 경우 대안적인 여러 후보지점들 가운데 입지를 최종적으로 선정한다는 목표를 명시하여야 할 것이다.

GIS 모델의 목표를 정의하는 경우 두 가지 접근방법이 가능하다. 첫번째 방법은 명시된 목표와 관련되어 있는 요소들과 개념들을 먼저 열거한 후에 이들을 토대로 하여 목표로 하는 공간 정보를 도출하기 위해 구획화(compartmentalizing)하는 것이다. 여기서 구획화란 전체 모델을 서로 연관된 하위 모델로 세분하기 위해 수행과업을 분할하는 것이다. 또 다른 방법은 먼저 구획화(하위 모델)를 하고 각각의 구획화된 영역내에 필요한 요소나 개념들을 채워놓는 것으로, 이 방법은 설정한 목표를 달성하는데 관련된 요소나 개념들을 잘 알고 있지 못하는 경우에 주로 활용한다.

이와 같이 목표를 정의하고 관련된 요소들을 구획화한 후에 이들을 조직화.체계화하고 나면 각 하위모델에 필요한 요소들과 개념들을 공간적 차원으로 변환하는 방법을 모색하여야 한다. GIS 모델링 과정에서 어려운 문제 중의 하나는 공간적 차원으로 변환할 수 있는 적절한 요소(변수)를 선정하는 것이다. 어떤 요인들은 명확한 자료출처로부터 공간 데이터로 바로 사용될 할 수 있지만, 어떤 요인들은 불명확하고 비공간적이고 비지도학적인 경우도 있다. 또한 어떤 요소들은 쉽게 지도화시켜 표현될 수 있지만, 어떤 요인들은 공간적 차원으로 변환하기 매우 어려운 경우도 있다. 목표를 정의하는데 매우 중요한 요소이지만 비공간성을 띠고 있으며 공간적 차원으로의 변환이 매우 어려울 경우에는 이를 공간적 변수로 대체화할 수 있는 방법도 고려하여야 한다.

그림 13-5 GIS 모델링 과정을 보여주는 흐름도

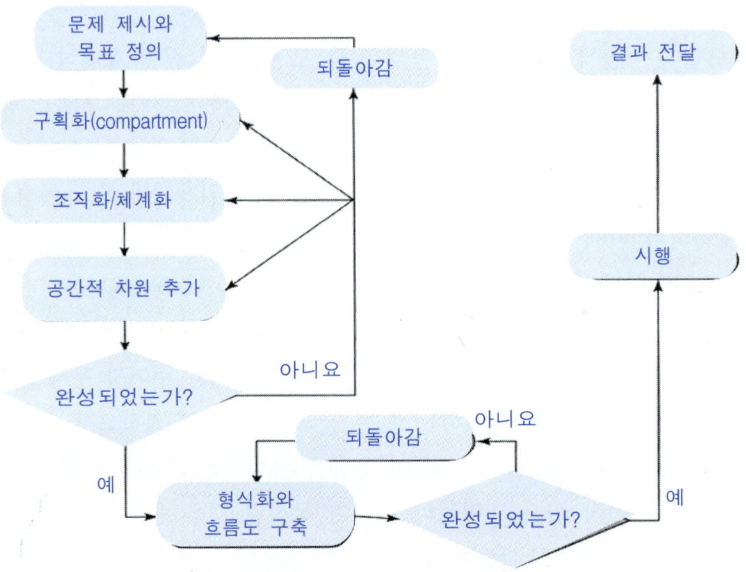

출처: DeMers, M. N. (2002), *GIS Modeling in Raster*, p. 123.

그림 13-6 나무에 유추하여 나타낸 Tomlin의 계층적 모델의 개념

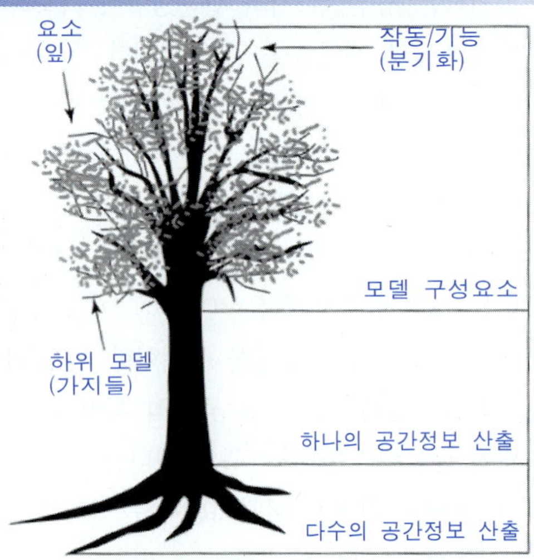

출처: DeMers, M. N. (2002), *GIS Modeling in Raster*, p. 136.

GIS 모델링 과정에서 주어진 문제를 진술하고 도출하기 원하는 공간 정보를 목표로 정의하고 그에 따른 구획화를 통해 하위 모델을 구축하여 필요한 공간적 요소들을 명시하고 수집가능한 공간 데이터를 검색하는 일련의 과정을 거치고 나면 모델을 형식화하고 작업을 수행하기 위한 흐름도를 구축하게 된다. 모델에 대한 흐름도가 구축되고 나면 실제로 흐름도에 따라서 작동하게 될 GIS 프로그램을 선정하고 GIS 환경에서 모델에서 요구하는 작업들을 시행하는 단계를 거쳐 최종적으로 원하는 공간 정보를 도출하게 된다.

이와 같은 GIS 모델링 과정은 나무의 구조에 비유될 수 있다(그림 13-6 참조). 산출하고자 하는 공간 정보는 나무의 뿌리에 비유될 수 있으며, 최종 모델은 나무 본체 줄기라고 볼 수 있다. 모델에 대한 구획화(하위 모델)는 줄기에서 갈라져 나가는 가지와 같으며, 가지 끝에 매달려있는 나뭇잎은 하위 모델을 구성하는 요소들로 공간적 차원으로 표현되는 데이터들이라고 볼 수 있다.

[2] 흐름도의 구축

연역적 접근방법을 사용하거나 또는 귀납적 접근방법을 사용하든지간에 모델을 형식화하고 필요한 커버리지와 적용되어야 할 분석 기법들을 명시하는데 매우 유용한 방법은 흐름도(flowchart)를 구축하는 것이다. 흐름도는 마치 복잡한 방정식의 해를 도출해내는 풀이과정을 보여주는 것과 같이 공간적 해법을 도출하기 위해 지도학적 모델링의 복잡한 절차에 대한 작동의 흐름을 논리적.순차적으로 나타낸 것이다. 즉, 흐름도란 관련된 입력 커버리지를 토대로 하여 첫 단계에서 두번째 단계로 넘어가기 위한 새로운 커버리지를 생성하고, 그 다음 단계에서는 또 다음 단계에 필요한 결과물을 도출해 내는 과정을 순차적으로 나타낸 것으로, 마치 준비된 음식재료들을 가지고 요리하는 방법을 알려주는 '요리책(cookbook)' 이라고도 볼 수 있다. 따라서 흐름도를 통하여 사용자는 개별적 작동 기능이 어떻게 서로 연결되어있으며, 원하는 결과가 어떻게 도출되는가를 명확하게 이해할 수 있다.

흐름도는 시스템과는 독립적이며 지도학적 모델링 과업을 수행하는데 핵심적인 역할을 한다. 필요한 데이터와 분석 기능과 절차의 흐름을 순차적으로 잘 구축하였을 경우 곧바로 흐름도에 따라서 특정한 GIS 소프트웨어에서 구체적인 공간분석 기능을 수행하게 된다. 흐름도를 구축하면서 목표로 하는 해답을 도출하기 위해 필요한 커버리지와 요소들이 무엇인가를 주의깊게 생각하게 되며, 어떤 커버리지가 빠졌으며, 또 많이 사용하는 커버리지는 무엇이며, 중복되는 커버리지는 없는 가를 점검하게 된다. 특히 명확하게 정의되지 않은 목적에 대한 해답을 찾아내야 하는 경우 흐름도를 구축해나가는 과정에서 목표를 재고해볼 수도 있다. 따라서 모델에 대한 흐름도의 구축은 매우 중요하며, 흐름도 작성을 통해 각 하위 모델(구획)과의 연계성도 평가하게 한다. 이와 같이 구체화된 흐름도가 구축되면 비로소 모델이 정교화되고 형식화된다.

일례로 유치원의 입지를 선정하는 모델에 대한 흐름도를 구축하여보자(그림 13-7 참조). 먼저 유치원이 입지하기 위한 조건들을 명시하여야 한다. 예를 들어 유치원의 입지로는 유치원 학령 아동수가 충분히 많고, 기존 유치원의 서비스 권역 외부에 위치하여야 하며, 유치원 설립에 부합되는 용도지역에 위치하여야 한다고 명시할 수 있다. 이렇게 명시된 조건들을 나타낼 수 있는 커버리지를 구축하고 입지기준에 적합한 산출물을 도출하기 위해 필요한 분석기능들을 명시한다.

유치원 학령 아동수가 충분히 많은 지역을 추출하기 위해 센서스 데이터로부터 6세 이하의 아동수가 전체 인구의 10%가 되는 구역을 추출하고 재부호화하여 새로운 커버리지를 생성한다. 그리고 기존의 유치원 커버리지로부터 반경 5km의 버퍼링을 생성한 다음 버퍼의 외부 지역을 재부호화하여 새로운 커버리지를 구축한다. 또한 용도구역 커버리지로부터 상업지구 또는 일반 주거지구를 추출하여 재부호화한 새로운 커버리지를 생성한

그림 13-7 유치원의 적정 입지를 선정하기 위한 모델의 흐름도 구축

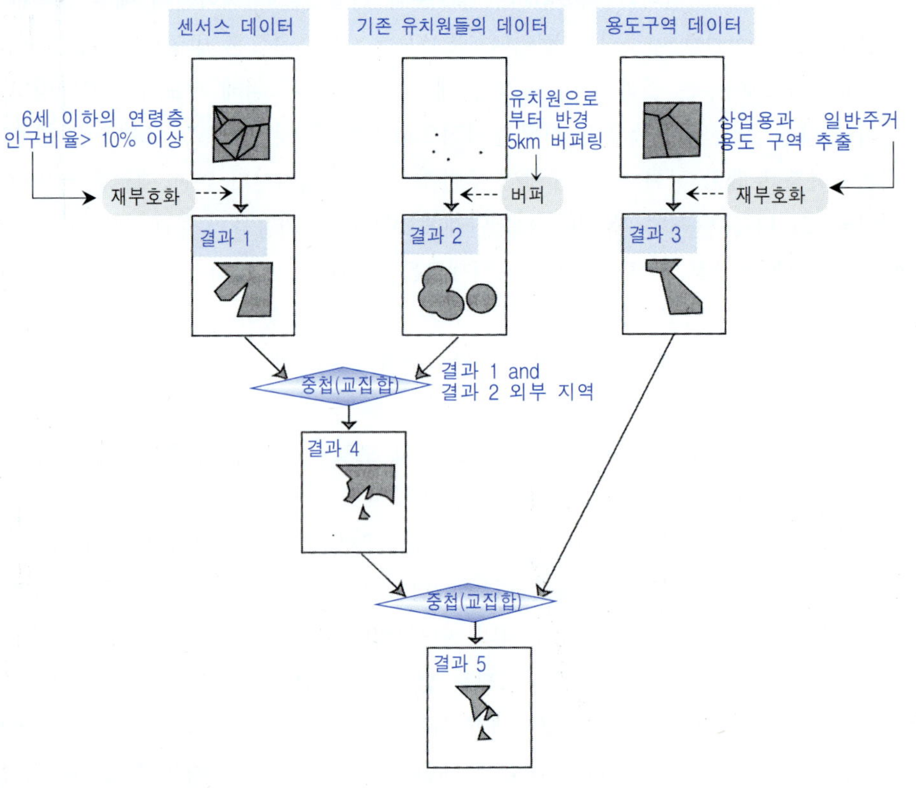

다. 이렇게 생성한 새로운 세 개의 커버리지를 교집합하는 중첩 기능을 통하여 유치원 입지에 적합한 구역에 대한 공간 정보를 도출하게 된다.

입지 적합성을 분석하기 위한 모델 흐름도의 또 다른 예를 살펴보자. 어느 도시에서 필요한 주택 수요를 충족시키기 위해 시 행정구역내에서 새로운 택지를 개발하고자 하는 택지 모델에 대한 흐름도를 구축하여 보자. 택지 개발을 위한 입지조건으로 크게 교통망으로부터의 접근성이 높고 택지 개발에 적합한 용도지구이어야 하며, 경사가 완만하여야 한다는 조건을 충족시켜야 한다고 정의해보자. 즉, 새로운 택지는 간선도로로부터 2km 이내에 위치하면 매우 적합하며, 4km이내에는 위치하여야 하고, 또한 철도 노선으로부터는 30km 이내 지역이어야 한다. 용도는 일반 주거지구이어야 하며, 경사는 5도 이하이어야 한다는 입지 기준을 고려하여 택지개발을 위한 최적 입지를 도출해내는 흐름도를 구축하면 그림 13-8과 같다.

그림 13-8 택지 개발을 위한 입지 적합도 모델 흐름도 구축

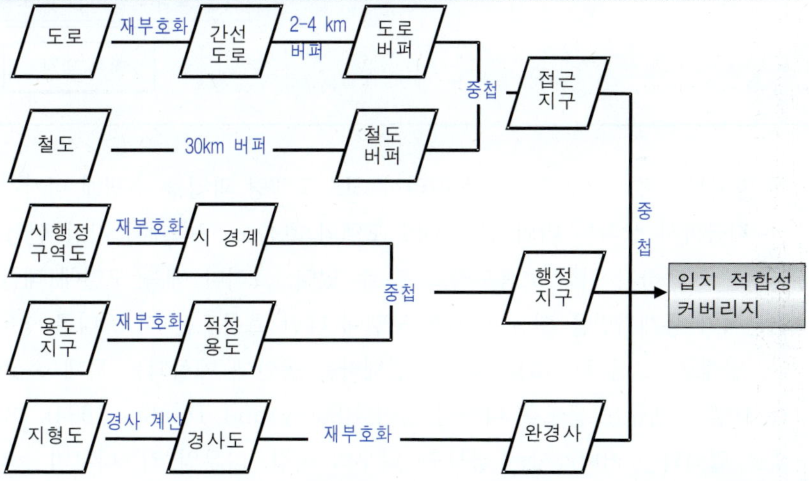

입지 적합성 모델에 대한 흐름도를 구축하는 경우 가장 중요한 것은 입지하고자 하는 특정 시설물에 대한 입지기준을 구체적으로 정의하고 가능하다면 계량화하여 수치로 명시하는 것이다. 특히 입지하고자 하는 시설물이 님비현상이 강한 기피 시설물이거나 위험한 시설물일 경우 입지 적합성 기준을 마련하는 것이 무엇보다도 중요하다. 일례로 그림 13-9에서 볼 수 있는 바와 같이 핵폐기물 저장소에 대한 적정 입지를 선정하려는 경우 고려되어야 할 입지요인들과 각 요인들 간의 연계성은 흐름도에 잘 나타나 있고 순차적으로 수행하여야 할 분석 기법들이 명시되어 있다. 그러나 구체적인 입지기준을 명시해주지 않은 채 적합한 지질, 낮은 인구밀도, 도로와의 근접성 등과 같이 입지기준을 애매모호하

그림 13-9 핵폐기물 저장소 입지 적합도 모델에 대한 흐름도

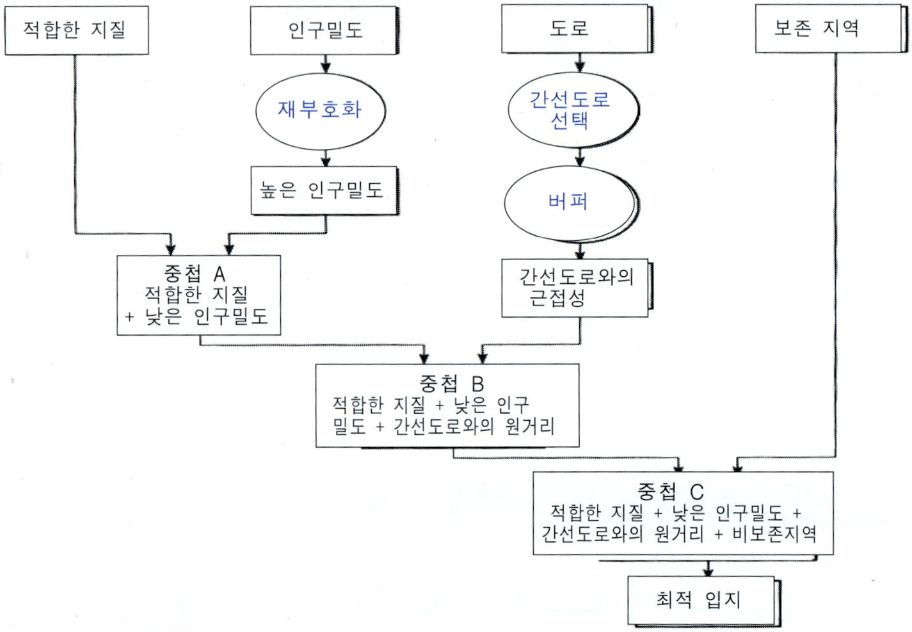

게 명시하는 경우 이 흐름도를 따라서 GIS 모델링 과업을 수행해 나가기 매우 어렵다.

지금까지 살펴본 바와 같이 GIS 모델의 흐름도 구축에서 가장 전형적인 사례는 최적 입지를 선정하기 위한 흐름도라고 볼 수 있다. 그러나 예측 모델에 대한 흐름도, 특히 회귀분석의 통계기법을 활용한 예측 모델에 대한 흐름도는 다소 다른 형태로 구축될 수 있다. 일례로, 그림 13-10은 목재를 벌채하는 동안에 예상되는 목재 손실량을 추정하는 예측 모델에 대한 흐름도를 나타낸 것이다(Berry and Tomlin, 1984). 이 모델에서 독립변수로 입력되는 커버리지는 경사도, 나무의 직경, 나무의 키, 나무의 둘레, 나무의 흠집비율 등이다. 각 변수들에 대한 회귀계수는 종속변수인 목재 손실량을 예측하는데 미치는 각 변수들의 영향력을 나타내는 것으로 각 변수들에 대한 가중치라고 볼 수 있다. 각각의 커버리지에 가중치를 곱하여 생성된 새로운 커버리지들을 중첩시키면 나무를 벌채하는 기간 동안에 예측되는 목재 손실량을 추정할 수 있다. 이와 같은 통계 기법을 활용한 예측 모델의 경우 반드시 통계적으로 유의성 검증을 거쳐 최종적으로 산출된 결과를 활용하여야 한다.

그림 13-10 회귀식을 이용하여 목재의 파손량을 예측하는 모델의 흐름도

$$Y = -2.490 + 1.670 \cdot X1 + 0.424 \cdot X2 - 0.007 \cdot X3 - 1.120 \cdot X4 - 5.090 \cdot X5$$

출처: DeMers, M. N. (1997), *Fundamentals of GIS*, p. 375

GIS 모델링 과정에서 흐름도의 구축은 매우 중요하며 흐름도가 완성되면 흐름도를 따라서 순차적으로 모델을 시행하게 된다. 그러나 실제로 GIS 환경 하에서 모델을 수행하였을 경우 실패하거나 오류가 나타났다면, 이를 수정하는 데는 상당히 많은 시간을 보내야만 한다. 따라서 전체 지역을 대상으로 하여 모델을 적용하기 전에 소지역을 선택하여 모델을 예비로 시범해보는 것이 바람직하다. 소규모 연구지역을 대상으로 모델의 흐름도에 따라서 모델을 시행해봄으로서 전체 지역을 대상으로 거대한 데이터베이스를 조작하는 것보다 각 수행 단계에서 일어날 수 있는 일을 쉽게 평가할 수 있으며, 적용된 분석 기능들의 타당성도 점검할 수 있다. 이와 같이 소규모 샘플 지역을 통해 구축한 모델과 흐름도의 타당성을 쉽게 검증할 수 있다.

소지역에 대한 시범적 수행이 필요한 또 다른 이유로는 모델의 수행과정에서 생성되는 많은 중간 커버리지들이 모델링을 계속하는데 필요한지 그리고 나중에 모델 검증에 사용될 것인지를 결정하여야 하는 경우이다. 만약 디스크 공간이 충분하다면 중간 과정에서 생성된 커버리지들을 저장하는 것이 합리적일 것이다. 그러나 만약 연구지역이 매우 크거나 세부적인 데이터의 양이 많거나, 커버리지가 많은 경우, 중간 커버리지의 저장용량은 상당히 문제가 될 수 있다. 이러한 경우 각 중간 커버리지의 데이터의 양을 평가하고 앞

으로 더 이상 사용되지 않을 커버리지가 있는지, 또는 중간 커버리지를 제거할 것인지, 아니면 보다 대용량 저장장치를 준비해야 하는가를 결정할 수 있다.

GIS 모델링의 마지막 단계는 모델에 대한 검증이다. 검증을 통해서 비로소 모델의 정확성과 유용성을 평가받게 된다. 만약 분석결과가 올바르지만, 그 결과가 유용하지 않다면 결국 그 모델은 실패한 것이다. GIS 모델의 검증은 다음과 같은 세 가지 관점에서 조사된다.

- 모델에서 사용된 데이터가 실제로 모델에 시도하고자 했던 조건을 잘 나타내고 있는가?
- 각 요소간의 상호작용 관계를 적절하게 나타내기 위해 모델 요소를 올바르게 결합하였고 그에 따라 정확한 의사결정과정을 바르게 설명하거나 처방하였는가?
- 최종적으로 도출된 해법이 사용자에게 만족스럽게 받아들여지거나 또는 의사결정을 위한 유용한 정보로 활용되었는가?

이상에서 살펴 본 바와 같이 GIS 모델링에서 흐름도를 구축하는 것은 매우 중요하다. 최근에는 GIS 모델링 과정을 개념적으로 흐름도로 나타내는 것뿐만 아니라 이러한 흐름도에서 명시된 다양한 분석기능을 한꺼번에 실행시킬 수 있는 모델 빌더가 활용되고 있다. 모델 빌더는 ESRI사에서 개발하여 ArcGIS 9.0부터 소개하여 사용되었으며 지금은 많은 응용 프로젝트에서 모델 빌더를 이용하고 있다. 모델빌더에서 각 과정(process)에 대한 흐름도는 투입되는 데이터(input data sets)와 이들을 조작하고 분석하는 지오프로세

그림 13-11 GIS 모델링의 흐름도를 모델 빌더에서 모델 다이아그램으로 표현한 일례

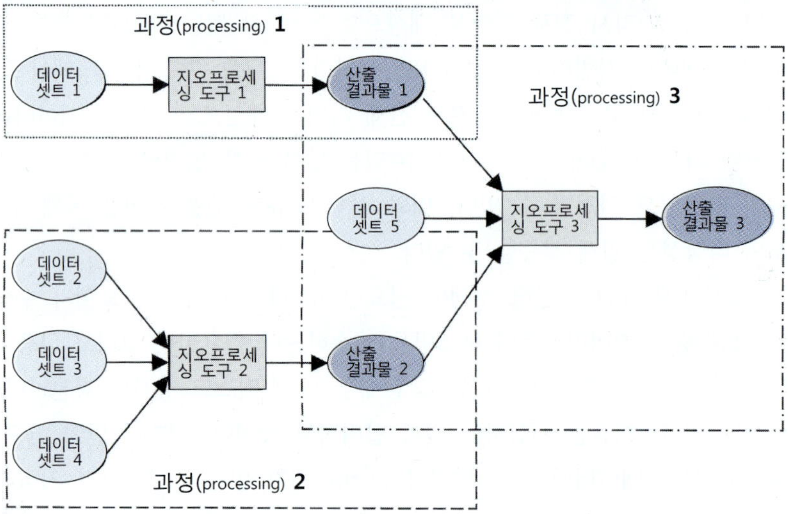

싱 기능을 갖고 있는 다양한 도구(geoprocesing tools), 그리고 결과물을 산출하여 저장하게 되는 산출 데이터(output data sets)이 화살표로 연계되어 있다(그림 13-11 참조). GIS 모델링을 위한 각 과정들을 모델 다이아그램으로 구축한 후 모델빌더를 실행시키면 자동적으로 각 프로세스에서 나타난 흐름도를 추적하면서 분석기능이 수행되고 연산과정을 거쳐서 결과물을 산출하게 된다. 따라서 사용자는 모델빌더에서 모델 다이아그램을 프로젝트의 흐름도에 따라 잘 구축해놓으면 나머지 모든 과정은 자동 실행되어 최종 산출물을 얻을 수 있게 된다.

제 3 절

기술적 모델과 처방적 모델

Tomlin(1990)은 지도학적 모델링을 기술적 모델(description model)과 처방적 모델(prescriptive model)로 구분하였다. 그러나 기술적 모델과 처방적 모델 간의 명확한 구별은 없으며, 이 두 모델은 지도학적 모델링 유형의 양 끝에 위치하며, 기술적 모델에서 점차로 처방적 모델로 옮겨갈수록 복잡성이 더해진다. 지도학적 분석기법이 발달하면서 기술적 모델보다는 처방적 모델을 적용하는 경우가 점차 많아지고 있다. 여기서는 기술적 모델과 처방적 모델의 특징을 구체적인 예를 들어서 살펴보고자 한다.

[1] 기술적 모델

지도학적 모델링 기법을 사용하는 가장 기본적인 목적은 기술하기 위한 것이다. 기술적 모델 기법은 공간 데이터를 이해하고 의미를 쉽게 파악하기 위해 데이터를 분해하는 분석 기법과 데이터를 특정한 상황을 위해 재구성하고 재조립하여 종합하는 종합적 기법으로 세분화될 수 있다. 기하학적 형상으로 표출되는 지도학적 데이터를 분석하고 종합하는 기술적 모델 기법은 통계방법과 상당히 많은 공통점을 갖고 있다. 그러나 기술적 통계방법에 비해 기술적 지도학적 기법의 가장 큰 특징은 공간적으로 상호연관된 현상들을 다룰 수 있다는 점이다.

기술적 지도학적 모델의 일례로 '삶의 질' 모델링을 살펴보자. 특정 대도시를 연구대상으로 하여 각 구별로 삶의 질(quality of life)을 비교.평가하고 지도화하는 것이 '삶의 질' 모델링의 목적이라고 하자. '삶의 질'을 평가하기 위해 인구, 경제, 교육, 주거, 환경 요인들을 고려하여야 한다는 목적을 정의한다. 그리고 각 요인별로 구획화하여 하위 모델을 구축하고 '삶의 질' 모델링 작업을 수행하기 위한 흐름도를 보면 그림 13-12와 같다.

그림 13-12 '삶의 질'모델링에 대한 흐름도

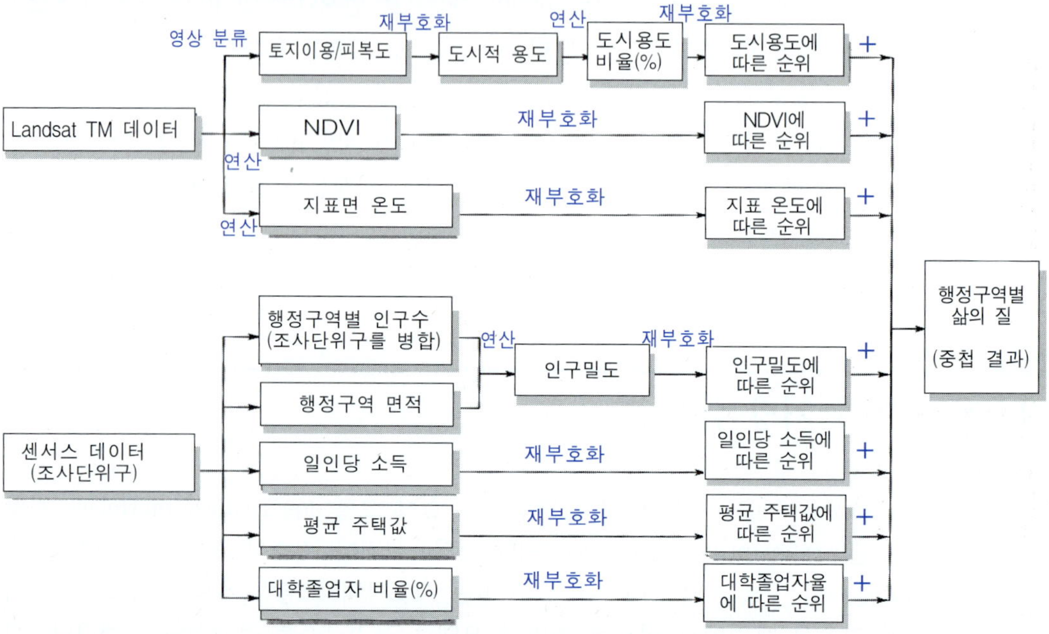

출처: Lo, C.P. and Yeung, A.K.W. (2007), *Concepts and Techniques of GIS*(2nd ed.), p. 185.

먼저 환경 요인을 고려하기 위해 Landsat TM 영상 데이터로부터 토지이용/피복도를 토지이용 범주와 토지 피복 범주별로 분류화한 커버리지를 생성한다. 이 작업을 수행하기 위해 이미지 처리 소프트웨어를 사용하여 감독분류 방법(supervised classification)을 적용한다. 이렇게 분류된 토지이용도로부터 도시적 용도(공업용, 상업용, 공공 용지)로 분류된 지구들만을 추출한 후에 재부호화하여 새로운 커버리지를 생성한다. 또한 TM 영상 데이터의 밴드 3과 밴드 4로부터 정규식생지수(NDVI: Normalized difference vegetation index)를 각 셀 별로 계산하여 새로운 커버리지를 구축하고, 또한 밴드 6(열적외선)으로부터 각 셀에 대한 지표면 온도를 계산하여 새로운 커버리지로 만든다. 이와 같이 생성된 각 커버리지들은 UTM 좌표체계에 맞추어 보정시키고 센서스 조사단위구역 커버리지에 포함되는 연구대상지역 크기와 일치시킨다.

그 다음 단계로, 센서스 데이터로부터 인구밀도, 일인당 소득, 평균 주택가격, 대학 졸업자 비율에 대한 데이터를 추출한다. 센서스 데이터는 기초조사단위구가 하나의 폴리곤으로 구축된 벡터 데이터이므로, 이들을 래스터 데이터로 변환하여 TM 영상 데이터의 좌표체계와 일치시킨다.

이와 같이 구축된 7개의 커버리지들에 대한 개개의 속성 테이블로부터 해당되는 속성들을 추출한 후에 순위화하여 최대값과 최소값을 기준으로 하여 10단계로 서열화된 데이터로 정리한다. 서열화된 데이터에서 수치가 높을수록 삶의 질이 높은 구역임을 말해준다. 이렇게 생성된 커버리지들을 중첩시켜서 각 셀마다 누적된 값을 산출한 후에 가장 높은 값을 나타내는 구역을 삶의 질이 가장 높은 구역으로 명시한다.

이와 같이 기술적 지도학적 모델링은 원하는 공간 정보를 추출하기 위해 정의된 공간 데이터들을 요약하거나 종합화하는 것으로, 목적에 따라 다양한 공간분석 기능을 순차적, 논리적으로 적용하여 그 결과를 기술한다. 이러한 일련의 모델링 과정은 흐름도를 통하여 명확하게 나타내어진다.

[2] 처방적 모델

지도학적 데이터를 분석하고 종합하는 기술적 모델링을 통해 도출된 정보를 토대로 하여 지리적 현상들을 시뮬레이션하거나 예측하고 의사결정에 필요한 정보를 도출하는데 사용되는 모델이 처방적 모델이다. 처방적 모델은 수동적인 질문에 대한 해답보다는 보다 능동적이고 의도된 질문에 대한 해답을 찾으려는 경우에 적용된다. 일반적으로 기술적 모델의 목표는 질문에 대답하는 것이라면 처방적 모델의 목적은 문제에 대한 해결책을 도출하는 것이라고 볼 수 있다.

처방적 모델이 주로 관심을 갖는 문제들은 진술된 목적을 충족시키기 위해 입지를 선택하는 과정에서 야기되는 지도학적 배분(allocation) 문제이다. 지도학적 배분 문제는 쉽게 해답을 찾기 어려운 복잡한 과정과 절차들이 요구되며, 이러한 문제를 해결하기 위해 다양한 분석 기법들을 활용하게 된다. 또한 문제를 해결하기 위해 여러 대안들을 도출하고 주어진 대안들을 평가하는데 전문적인 지식을 필요로 하는 경우도 많다.

배분 모델의 목적은 궁극적으로는 처방을 하기 위한 것이지만 모델 자체는 기술적 부분과 처방적 부분을 모두 포함하게 된다. 처방적 모델링 과정은 전형적으로 세 단계를 포함한다. 즉, 문제를 진술하는 단계에서 이 문제의 해답을 추출해내는 단계를 거쳐서 그 결과를 평가하는 단계를 거치게 된다.

지도학적 모델링에서 배분 문제에 대한 간단한 예를 들어보자. 만약 토양 침식을 최소화하는 방안을 도출하고자 하는 목적이라면 먼저 인과적 관점에서 침식 과정을 기술하여야 할 것이다. 따라서, 먼저 주어진 기간 동안 토양침식에 의한 손실량은 강수량, 토양 유형, 지형과 토지이용 현황에 의해 영향을 받음을 나타내주는 기술적 모델을 구축하여야 한다. 즉, 토양 침식수준(E)은 강수량(R), 토양 유형(S), 지형(T), 토지이용(L)과의 함수관계로 표현될 수 있다(E=R•S•T•L).

이와 같은 기술적 모델을 토대로 하여 토지이용에 따라 토양 침식수준이 달라질 것이라는 가설하에서 토양침식수준(E)에 영향을 미치는 토지이용 요소(L) 와의 관계를 나타내는 처방적 모델로 전환시킬 수 있다. 즉, L= E/(R•S•T)로 표현될 수 있다. 이 처방적 모델을 통해 수용할만한 토양 침식수준을 유지하기 위해서 토지이용 요소가 어떻게 배분되어야 하는가를 분석할 수 있다. 토양침식을 제한시키기 위한 문제에 대한 해답은 주어진 각 지구별로 가장 바람직한 토지이용의 패턴을 가시화하여 나타낼 수 있다.

만일 특정한 토지이용 현황(예: 방목의 경우)에서 방목으로 사용되는 모든 구역에서 예측되는 토양 침식량을 보여주는 새로운 커버리지를 생성할 수 있다. 즉, 방목으로 인해 예측되는 토양 침식률을 새로운 커버리지로 구축한다. 처방적 모델링의 경우 일반적으로 문제를 진술하는데 명확하게 요구되는 질적 수준을 명시한다. 예를 들면 방목으로 인해 야기되는 토양침식의 경우 '1년 동안 1에이커 면적당 최대 침식량은 1톤을 넘어서는 안된다'라든가 또는 '침식수준을 최소화한다' 등의 달성하고자 하는 목표수준을 명시한다.

배분 문제를 해결하는데 기준이 되는 요소가 하나 이상인 다기준 평가의 경우 여러 기준에 부합되는 결과를 개개의 지구에 모두 적용하여 산출값을 도출하게 된다. 여러 지구에 여러 기준을 적용하여 문제에 대한 해답을 찾아야 하는 배분문제를 개념적으로 나타내면 그림 13-13과 같다. 이 그림에서 볼 수 있는 바와 같이 여러 기준들이 각각의 토지용도별 지구에 적용되어 중첩 연산을 통해 산출되는 결과는 두 가지 유형으로 나타날 수 있다. 토지이용 용도에 따른 토양의 침식수준, 건축비용, 야생 서식지 등등의 여러 기준들을 충족시키는 새로운 커버리지가 생성될 수 있다. 또한 개개의 토지이용 용도를 토대로 하여 여러 가지 기준들을 적용한 결과는 또 다른 산출 커버리지로 생성된다.

그림 13-13 처방적 모델에서 배분 문제에 대한 개념

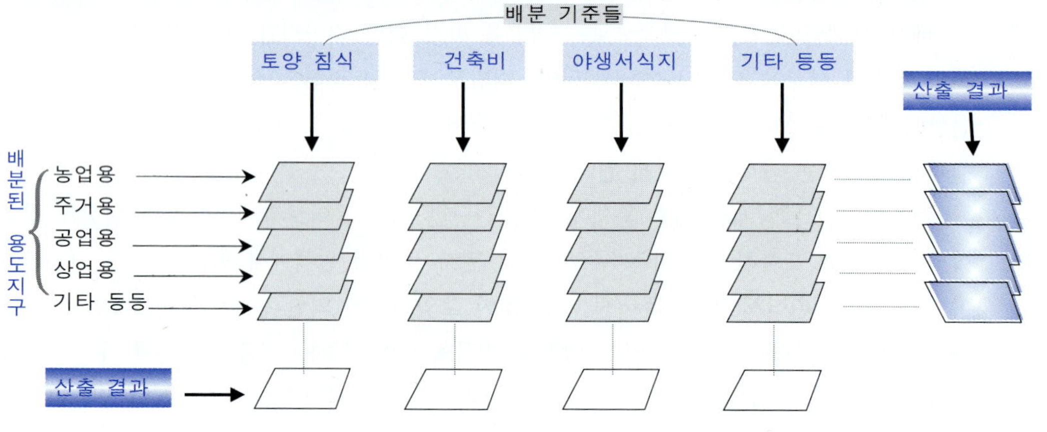

출처: Tomlin, C.D. (1990), *GIS and Cartographic Modeling*, p. 202.

일단 만족할만한 해결 방안이 도출되고 나면 그 결과가 과연 문제를 해결하는데 적합한가에 대한 평가 단계를 거치게 된다. 평가는 해결책에 기반을 둔 예측 결과와 실제 결과와를 비교함으로써 이루어진다. 토양침식 모델에 대한 평가는 토양침식을 제한시키기 위해 제시된 토지이용상황을 고려하였을 경우와 침식수준과 고려하지 않았을 경우의 침식수준을 서로 비교하여 과연 제시된 토지이용의 상황이 타당한가를 검증한다.

처방적 지도학적 모델링의 일례로 미국의 센트럴 버지니아의 넬슨 카운티 산지 지형을 대상으로 하여 산사태 확률을 예측하기 위한 모델링을 적용하기 위한 사례연구를 살펴보자(Gao and Lo, 1995). 먼저 1:24,000 항공사진으로부터 28.5 km^2내의 면적에서 87개 산사태 흔적을 찾아내었고 실제로 야외조사를 통해 산사태 지점들을 확인하였다. 이 산사태 흔적은 1969년 8월 19~20일동안 Camille 허리케인에 따른 폭우로 인해 일어난 것이다. 항공사진 판독시에 오류를 수정하고 최종적인 산사태 흔적구역을 지도화하였다. 한편 1:24,000 지형도로부터 등고선을 디지타이징하고 이 데이터로부터 보간법을 이용하여 24m 해상도를 가진 DEM 데이터를 생성한다. 이 DEM 데이터는 산사태가 일어나기 이전의 지형상태에 대한 정보를 제공해준다.

그림 13-14 산사태 민감도 모델과 흐름도

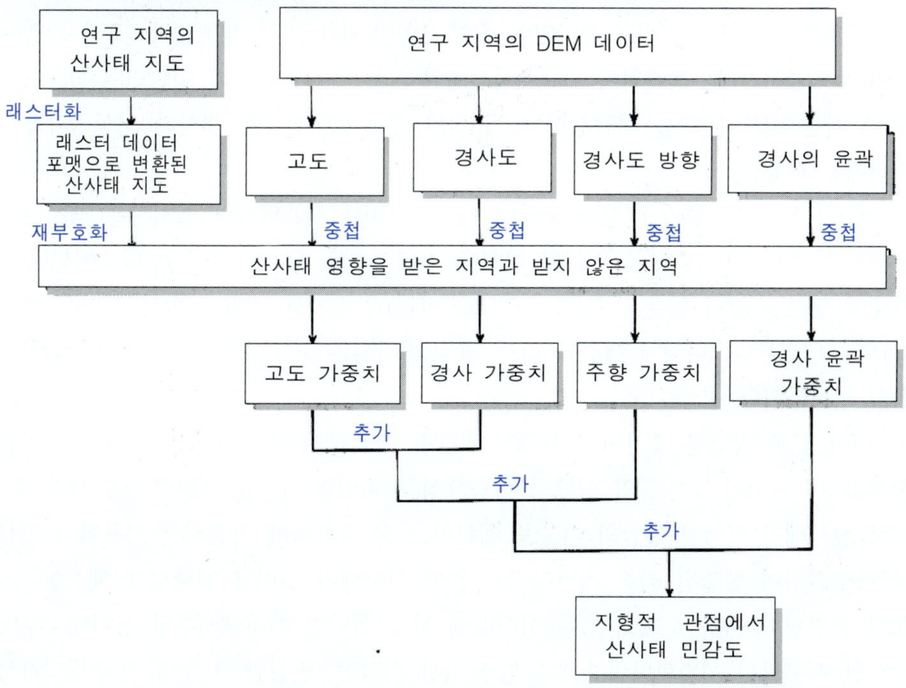

출처: Lo, C.P. and Yeung, A.K.W. (2007), *Concepts and Techniques of GIS*(2nd ed.), p. 187.

일반적으로 산사태를 가져오는데 영향을 미치는 요인은 크게 세 가지 그룹으로 나누어볼 수 있다. 첫째, 지형과 환경적인 요인들로서, 예를 들면 경사면의 특성, 토양의 습윤함유도, 토지피복 등이다. 둘째, 지구 구성물질의 내부적 속성 요인들로, 기반암의 지질과 구조를 들 수 있다. 셋째, 독립적인 외적 요인들로서, 예를 들면, 강우의 강도, 지진 및 인간에 의해 이루어진 영향력이다.

먼저 미시적인 차원에서 기반암의 변이, 기반암의 구조, 강우의 강도 등이 공간적으로 동질하다는 전제하에서 지형적 조건들이 산사태에 미치는 영향력을 예측하기 위한 산사태 모델을 구축한다. 즉, 산사태를 가져오는 지형적 요인들의 잠재적 영향력을 조사한다. 지형의 고도(Fh)와 경사도(Fg), 경사의 형상(Fc)과 경사면의 방향(Fa)이 산사태를 가져오는데 상당히 영향을 미칠 것이라는 가설 하에서 산사태 예측 모델을 다음과 같은 다항 방정식으로 나타낸다.

$$P(x,y) = Wh \cdot Fh + Wg \cdot Fg + Wc \cdot Fc + Wa \cdot Fa$$

여기서 Wh, Wg, Wc, Wa는 고도, 경사도, 경사의 형상, 경사의 방향 요인에 대한 가중치이다. 즉, 개개의 요인들이 산사태에 미치는 영향력이 다르기 때문에 각 요인들의 영향력을 가중치로 반영시키는 것이다.

산사태 모델에 대한 흐름도를 구축해보면 그림 12-14와 같다. 연구대상지역의 DEM 데이터로부터 고도, 경사도, 경사면의 주향 커버리지를 각각 생성한다. 그리고 경사의 형상이 오목한지 또는 볼록한지, 또는 직선형인가를 조사하기 위해 횡단면(X축)과 종단면(Y축)에 따른 고도 변화를 결합시켜 서 분석한 후에 그 결과를 경사의 형상이라는 새로운 커버리로 저장한다.

항공사진 판독 결과 생성된 산사태 지도는 DEM 좌표체계와 일치하는 래스터 데이터 포맷으로 전환한다. 이렇게 변환된 산사태 커버리지는 두가지 범주로 나누어진다. 즉, 산사태의 영향을 받지 않은 지형('0'으로 코드화함)과 산사태 영향을 받은 지역('1'로 코드화함)으로 입력된다. 이렇게 생성된 산사 태 커버리지는 고도, 경사도, 경사의 형상, 경사의 방향 커버리지와 중첩시킨다.

이와 같은 방법을 통하여 산사태가 발생한 지점과 경로, 그리고 네 가지 요인들 간의 관계와 더 나아가 요인들의 상대적인 중요성을 파악할 수 있게 된다. 네 가지 요인들에 의해 산사태가 일어난 셀들의 비율을 계산하고 각 요인들에 가중치를 적용하여 연산된 값을 종합화하여 산출된 최종 커버리지를 통해 산사태가 일어날 잠재성을 예측할 수 있다. 또한 산출된 수치를 토대로 하여 산사태에 가장 취약한 지구에서부터 산사태로부터 가장 안전한 지구까지 서열화하여 5개의 범주(가장 민감함, 민감함, 보통임, 안전함, 가장 안전함)로 분류할 수 있다.

이렇게 5개의 범주로 분류하여 표현된 최종 지도는 산사태의 잠재적 가능성을 예측해 주는 지도라고 볼 수 있다. 이 지도를 통하여 어느 구역이 산사태에 대해 가장 민감한 가를 파악할 수 있으며, 이런 정보를 토대로 하여 산사태 재해에 대한 대책을 수립할 수도 있다.

제 4 절

GIS 모델링의 활용 사례

[1] 최적 입지 선정과 입지 적합성 모델링의 사례

GIS 모델링의 가장 전형적인 사례는 시설물이나 점포의 최적 입지 또는 특정 시설물에 대한 입지 적합성(site suitability)을 분석하는 경우이다. 또한새로운 공공 시설물이나 입지조건이 매우 까다로운 시설물의 입지를 찾는 경우에 먼저 입지해서는 안되는 지점이나 입지하기에 비적합한 지점들을 먼저 찾아내고 나머지 지역들 가운데 적합한 입지를 찾아내는 경우도 있다.

구체적으로 프랜차이즈 점포를 개점하고자 하는 경우 최적 입지를 선정하기 위한 모델링과 흐름도를 구축하여보자. 먼저 점포 개점을 위한 최적 입지지점을 선정한다는 목표를 수립하고 그 목표를 달성하기 위해 보다 구체적으로 요구되는 최적 입지에 대해 진술하여야 한다. 점포 개점을 위한 최적 입지를 선정하기 위해 세 가지 범주로 입지요인들을 명시할 수 있다. 즉, 입지후보지는 고객 유치를 위해 기존 점포와 경쟁하지 않는 지점이어야 하고, 상권 내에는 비교적 소득이 높은 계층의 사람들이 거주하여야 하며, 인구밀도가 비교적 높은 지점이어야 한다는 기준을 수립한다.

이와 같은 세 가지 입지요소들을 고려하여 최적 입지를 도출하는 모델링 과정을 순차적으로 구축해보자. 먼저 기존 점포들과 고객 유치를 위한 경쟁을 피하기 위해 주어진 연구대상지역에 분포하고 있는 기존 점포들의 위치를 파악하여야 한다. 그리고 고객들을 대상으로 하여 설문조사를 실시하여 주어진 점포에 대한 상권의 범위가 어느 정도인가를 분석하여야 한다. 바꾸어말하면 고객들이 점포를 방문하기 위해 기꺼이 통행하는 거리가 어느 정도인가를 분석하여야 한다. 여기서 산출된 거리는 점포와 고객들과의 공간적 상호작용의 결과를 나타내는 것이라고 볼 수 있다. 설문을 분석한 결과 상권의 범위가 3km로 나타났다면 새로운 점포의 위치는 각 점포의 상권(3km)의 외부 지역에 입지하여야 할 것이다.

또한 잠재적 고객들의 소비성향을 파악하기 위해 먼저 점포를 방문할 잠재 고객들의 경제, 사회적 특성에 대한 데이터를 수집하여 구매 성향을 분석하여야 할 것이다. 점포에서 제공하는 재화나 서비스 유형에 따라 고객의 소득수준과 연령이 차별화될 것이다. 잠재 고객들에 대한 연령과 인구수와 소득 데이터는 센서스 자료와 기타 관련 데이터로부터 수집하여 분석한다. 예를 들어 패스트후드 체인점의 경우 주요 고객층의 연령은 15-30세이며, 소득 수준도 중소득층의 소득수준을 기준으로 하여 잠재 고객수를 분석한다.

마지막으로 각 점포의 상권 내에 고객들을 파악하기 위해 인구밀도 데이터를 사용한다. 새로운 점포가 수익성을 올리며 성공하기 위해서는 적어도 반경 3 km이내에 거주하는 인구밀도가 최소한 1,000명이어야 하는 경우 3km 상권당 인구밀도 지도를 구축한다.

이상에서 살펴본 바와 같이 3개의 새로운 커버리지가 생성되면 입지 적합성 분석을 위해 공간분석 기능을 활용한다. 기존 점포의 상권인 3 km이내 지역은 가장 입지조건이 나쁜 지점이며, 점차 외부로 멀어질수록 그만큼 기존 점포와 경쟁력이 약화되므로 입지에 유리한 지점이라고 평가할 수 있다. 따라서 거리에 따른 입지 적합도 점수를 다음과 같이 부여한다. 즉, 1-3km 이내는 '1', 3-4km는 '3', 4-5km는 '5', 5-6km는 '7', 그리고 6km이상은 '10'을 할당한다. 이와 같이 기존 점포의 상권 범위를 멀리 벗어날수록 높은 점수를 부여하여 입지 적합도 점수를 산출한다(그림 13-15 참조).

그림 13-15 새로운 점포의 최적 입지를 선정하기 위한 모델에 대한 흐름도

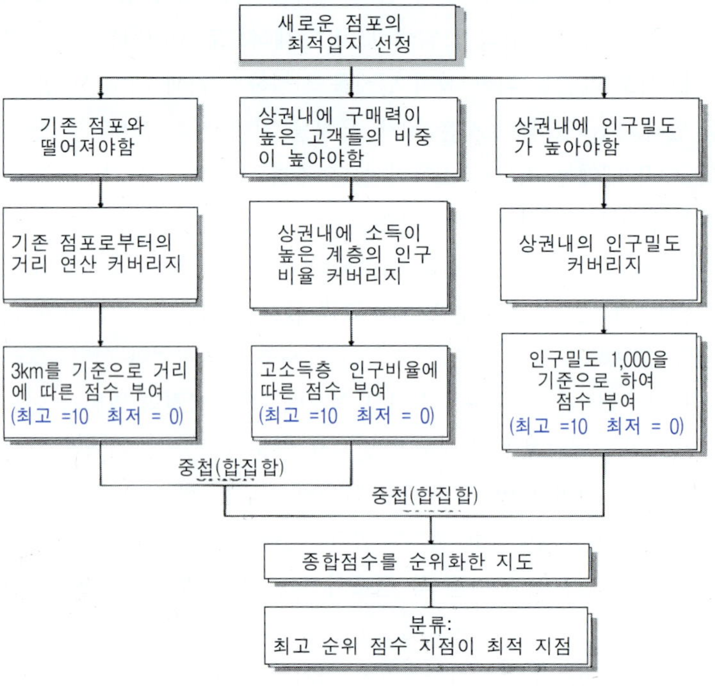

또한 주어진 상권 내에서 고소득층의 비율이 높으면 보다 입지에 유리하므로, 고소득층의 비율에 따라 순위화하여 입지 적합도 점수를 부여한다. 마지막으로 상권내의 인구밀도가 최소한 1000이상이어야 점포의 수익성이 가능하다고 본다면 인구밀도에 따라 다음과 같이 범주화하여 입지 적합도 점수를 부여한다. 1-1000은 '1', 1000-1500은 '5', 1500-2000은 '7', 그리고 2000 이상은 '10'을 부여하여 인구밀도가 높을수록 입지 적합도 점수를 높게 부여한다.

이와 같이 점포의 최적 입지를 위한 세 가지 기준에 따라 생성된 새로운 커버리지를 중첩하여 합집합 연산을 통해 산출된 최종 커버리지는 입지 적합도 점수의 분포를 보여주게 될 것이다. 이 지도에서 가장 높은 점수를 보이는 지점이 가장 적합한 입지임을 말해주며, 따라서 최적 입지가 될 것이다. 최적 입지선정을 위한 모델에 대한 흐름도를 보면 그림 13-15와 같다.

실제로 강남구를 사례로 하여 프랜차이즈 패스트푸드 점포의 개설을 위한 후보 입지 선정 모델에 대한 흐름도를 보면 그림 13-16과 같다. 패스트푸드 체인점이 입지하기에 유리한 후보입지를 선정하기 위해서는 먼저 수요적인 측면에서 입지요인들을 고려하여야 한다. 수요적 측면에서 패스트푸드 체인점의 입지가능지구를 추출하기 위해 수요유발지점으로부터 버펴죤 내에 있어야 한다고 보고 세 가지 범주의 수요유발요인을 고려하였다.

첫째, 인구유인 시설물로부터 버펴죤 내에 위치한 지구이다. 패스트푸드점의 운영에 필요한 최소요구치를 충족시키기에 충분한 인구를 유인할 수 있는 시설물로 백화점, 대형서점(연면적 100평 이상), 영화관(개봉관), 대학입시학원을 선정하고, 각 시설물로 부터 도보로 패스트푸드점을 이용할 수 있는 거리를 감안하여 50m, 100m 버퍼죤을 생성하였다. 시설물로 부터 50m이내의 버퍼죤이 보다 패스트푸드점 입지에 유리하다고 보고 가중치를 '2'로 부여하였고, 시설물로부터 100m이내에 있는 버퍼죤에는 가중치 '1'을 부여한다.

둘째, 통행인구가 충분히 최소요구치를 충족시킬 수 있는 지점으로부터의 버퍼죤에 위치한 지구이다. 패스트푸드점을 이용하는 소비자들의 행태조사 결과 그냥 지나가다 방문하는 이용객도 상당한 비중을 차지하고 있는 것으로 나타났다. 따라서 유동인구가 충분히 많은 지점들(지하철역, 버스정류장, 버스 터미날 등등) 부근은 입지조건이 유리한 지점이라고 볼 수 있다. 따라서 사례지역인 강남구에 위치한 지하철역으로부터 100m, 200m 버퍼죤을 생성하고 각각의 버퍼죤에 가중치를 부여한다. 도보통행량 자료가 미비한 관계로 강남구를 통과하는 좌석, 일반, 새마을버스의 정류장들을 모두 도로망에 표시한 후, 10개 이상의 노선버스가 경유하는 정류장 부근에는 충분한 수요유발지점으로 간주하고 선정된 정류장으로 부터 각각 50m, 100m 버퍼죤을 생성하여 마찬가지로 가중치를 부여하였다.

셋째, 배후의 상주인구 규모가 매우 커서 충분히 최소요구치를 충족시킬 수 있는 대단위 아파트 단지 주변지구이다. 소비자들의 행태 조사결과 핵가족 추세와 더불어 최근에는

그림 13-16 패스트푸드 체인 점포의 후보 입지 선정 모델에 대한 흐름도

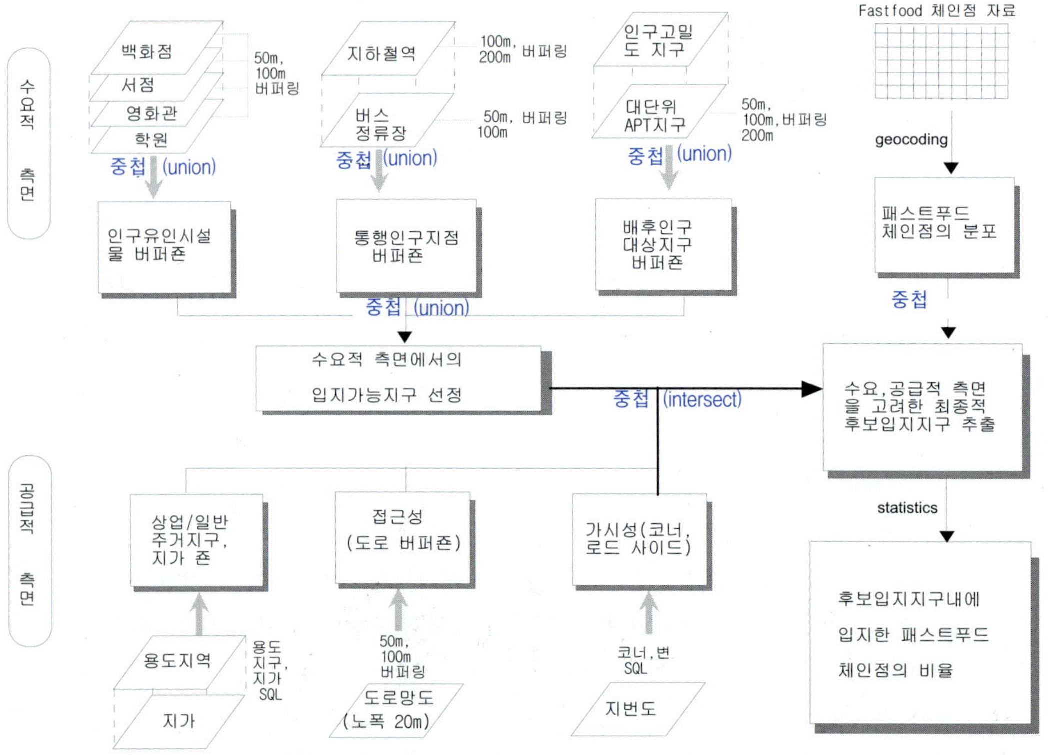

주말에 주로 가족단위로 외식하는 빈도가 높아지고 있으며, 따라서 배후의 상주인구를 대상으로 하는 매장들이 늘어나고 있다. 인구밀도가 30,000인/km^2이상이면서 아파트 세대수가 2000세대 이상인 대단위 아파트 단지로부터 도보로 5분정도 걸리는 거리까지를 고려하여 50m, 100m, 200m 버퍼존을 생성한 후에 각각 가중치를 부여하였다.

이와 같은 수요적 측면에서 고려된 세 가지 입지조건을 충족시키는 지구들의 커버리지를 합집합하는 중첩 기능을 수행하여 최종 수요 커버리지를 생성하였다. 그리고 합산된 가중치의 점수를 기준으로 하여 수요적 측면에서 볼 때 패스트푸드점의 입지로 가장 양호한 지구, 양호한 지구, 약간 양호한 지구로 구분하였다.

그러나 수요적인 측면에서 볼 때 아무리 좋은 조건을 지닌 지구라고 하더라도 공급적인 측면에서 제한을 받을 수 있다. 수요적인 측면에서 입지가능지구로 추출되었다고 할지라도 최종적인 후보입지지점은 지가나 임대료 및 접근도 등과 같은 공급적인 측면을 고려하여 최종적으로 결정된다. 공급적인 측면에서의 입지요인들을 일반화하기에는 상당히 많은 세부적인 자료들이 필요하다.

일단 수요적 측면에서 추출된 입지가능지구들 가운데 일반적으로 공급적인 측면에서 고려될 수 있는 다음과 같은 조건들을 충족시키는 지구들만을 추출하여 패스트푸드점이 입지할 수 있는 후보지구로 추출하였다.

첫째, 용도지역이 상업적 용도이거나 또는 일반주거지역이어야 한다. 패스트푸드점과 같은 서비스업종의 경우 용도지역이 상업지구에 속하는 경우가 보다 유리하므로 선정된 입지가능지구가 상업지구에 해당하는 경우 가중치를 '2'를 부여하였고, 준주거지구나 또는 일반주거지구에 속하면 가중치 '1'을 부여하였다. 만일 수요적 측면에서 추출된 입지가능지구 가운데 전용주거지구거나 공공시설지구(학교, 정부 관공서, 대형 공공시설물)나 그밖에 정책적으로 제한되는 지구에 속하는 경우 그 지구를 제외시켰다.

둘째, 소비자들이 편리하게 패스트푸드점을 이용하기 위해서는 도로와의 접근성이 양호한 지점에 입지해야 한다. 이에 따라 노폭이 20m 이상되는 도로들로부터 50m이내의 버퍼죤에 입지해 있는 지구의 경우에는 가중치를 '2'를 부여하였고 도로로부터 50-100m 이내의 버퍼죤에 입지해있는 지구에는 가중치 '1'을 부여하였다.

셋째, 고객들의 눈에 잘 띄일 수 있도록 가시성이 양호해야 한다. 여기서 가시성이란 점포의 건물이나 점포의 선전간판이 어디에서라도 잘 보이는 정도를 말하며, 다른 조건들이 동일한 경우 가시성이 좋은 지점이 실제로 점포를 방문하는 고객수가 많을 것이다. 가시성의 관점에서 두개 이상의 도로가 만나는 길 모퉁이인 코너지점과 도로의 변에 위치하는 변지점을 선정하였다.

이상과 같은 각각의 조건을 충족시키는 지구들을 추출한 후, 수요적 측면에서의 추출된 입지가능지구 커버리지와 교집합하는 중첩 기능을 통하여 최종적으로 패스트푸드점의 후보입지지구를 선정하였다. 이렇게 선정된 후보입지지구들도 합계된 가중치의 점수를 기준으로 하여 세 단계로 가장 양호한 지구, 매우 양호한 지구, 양호한 지구로 구분하였다.

이렇게 가설적으로 추출된 후보입지지구와 실제 패스트푸드 체인점의 분포를 비교해 봄으로써 선정한 입지요인들에 대한 적합성 또는 유용성을 검증할 수 있을 것이다. 강남구내에 입지한 프랜차이즈 방식의 외국 브랜드 패스트푸드 체인점의 위치를 지오코딩하여 지번도에 나타낸 후 가설적으로 선정된 후보입지지구에 중첩시켰다. 그 결과 강남구 전체 패스트푸드점의 80% 정도에 달하는 점포가 선정된 후보입지지구 내에 입지하고 있었다.

보다 복잡한 요인들과 분석 기법들을 적용하여 입지 적합지를 추출하는 모델에 대한 또 다른 사례를 살펴보자. 먼저 산장(mount cabin)의 입지를 선정하기 위한 목표를 정의하고 입지 선정을 위해 고려되어야 하는 요인들의 특성에 따라 네 가지 범주로 구획화(하부 모델)한다. 먼저 산장의 입지 선정을 위해 하부기반시설(infrastructure) 범주에서 고려되어야 하는 요인들로는 상수도, 전기, 조리와 난방을 위한 가스, 그리고 도로와의 접근성이다. 두번째 행정/제도적 범주에서 고려되어야 할 요인들은 토지 소유주가 토지를 팔려고 하는 필지에 대한 정보, 산장 건축에 합당한 용도지구, 지진이나 기타의 재해 발생 지역이 아닌 지구 등등이다. 세번째 심미적(aesthetic)인 범주에서 고려되는 요인들은 일상생활로부터 벗어난 휴식처로서 산장을 이용하고자 하므로 도시의 시야에서 벗어나는 지점이면서 산의 전망이 보이고, 저녁노을을 볼 수 있는 방향 등이다. 네번째 자연적(physical) 범주에서 고려되어야 하는 요인들로는 경사가 가파르지 않고 나무가 밀집되어 있지 않은 지역을 선택해야 비용을 줄일 수 있고, 점토가 많은 토양은 부적합하기 때문에 토양 특성도 고려되어야 한다. 이러한 요인들을 고려하여 최적의 산장 입지를 선정하는 귀납적 모델에 대한 흐름도를 구축하면 그림 13-17과 같다.

네 가지 하위모델에 포함되는 개개의 입지요인들을 공간적 차원으로 표현하고 각각의 커버리지가 잘 구축되어야 최종 목표인 산장의 최적 입지를 선정할 수 있다. 이를 위해 각각의 커버리지를 구축하는 방법에 대해 살펴보자. 먼저 하부기반시설에 있어서, 상수도관이 어디에 위치하며 어떻게 지나가고 있는지를 알기 위해 상수도 시설물 커버리지를 준비한다. 마찬가지로, 전력, 가스, 도로에 대해서도 각각의 커버리지를 준비한다.

그 다음, 행정/제도적 범주에서 고려되는 요인들에 대한 커버리지를 구축하기 위해 먼저, 지적 등기부로부터 토지소유주가 확실한 필지들을 추출하고, 또한 토지를 매매할 의사가 있는 소유주에 대한 정보도 추출하여 각각의 커버리지를 구축한다. 또한 용도지구도에서 단독 주거지구만 선정하여 새로운 커버리지를 생성한다. 지진이나 산불 등의 재해로부터 벗어난 지점이어야 하므로 지질도로부터 지진 위험 지구 커버리지와 산불 위험 커버리지를 구축한 후에 두 커버리지를 중첩시켜서 재해 취약도를 구축한다.

한편 심미적 범주에 대한 요인들을 표현하기 위해 도시들의 분포를 나타낸 지도와 시야를 방해하는 높은 지형지물이 있는가를 분석하기 위한 지형도를 준비한다. 또한 시야에 방해가 되는 수목들이 있는가를 분석하기 위해 가까운 산림관리소로부터 수목의 높이에 관한 정보를 수집하거나 항공사진을 이용하거나 현지조사를 통해 수목의 높이를 나타내는 커버리지를 구축한다.

마지막 자연적 범주에서 고려되는 요인으로 경사는 지형도로부터 계산될 수 있다. 또한 삼림도로부터 삼림이 매우 적거나 삼림을 벌채하기 용이한 지구에 대한 정보를 추출하여 새로운 커버리지로 구축한다. 산장을 건축하는데 토양이 어느 정도 견고하며, 또한 토양의 침투도에 대한 정보도 추출하여 새로운 커버리지로 만든다.

이와 같이 산장의 최적 입지를 선정하기 위해 필요한 커버리지에 대한 검색과 구축과정에 대한 계획이 수립되고 나면 각각의 하위모델 내에서 원시 데이터로부터 중간 커버리지를 생성하고 또 이들 중간 커버리지들을 토대로 하여 최종 커버리지를 생성하는데 필요한 분석기능들이 무엇이며, 이들 커버리지를 연계시키는 과정에서 필요한 기능이 무엇인가를 명시해야 한다. 이 과정은 상당히 전문적인 지식과 기술을 요한다. 즉, 흐름도를 완

그림 13-17 산장 건설의 최적 입지 선정 모델에 대한 흐름도

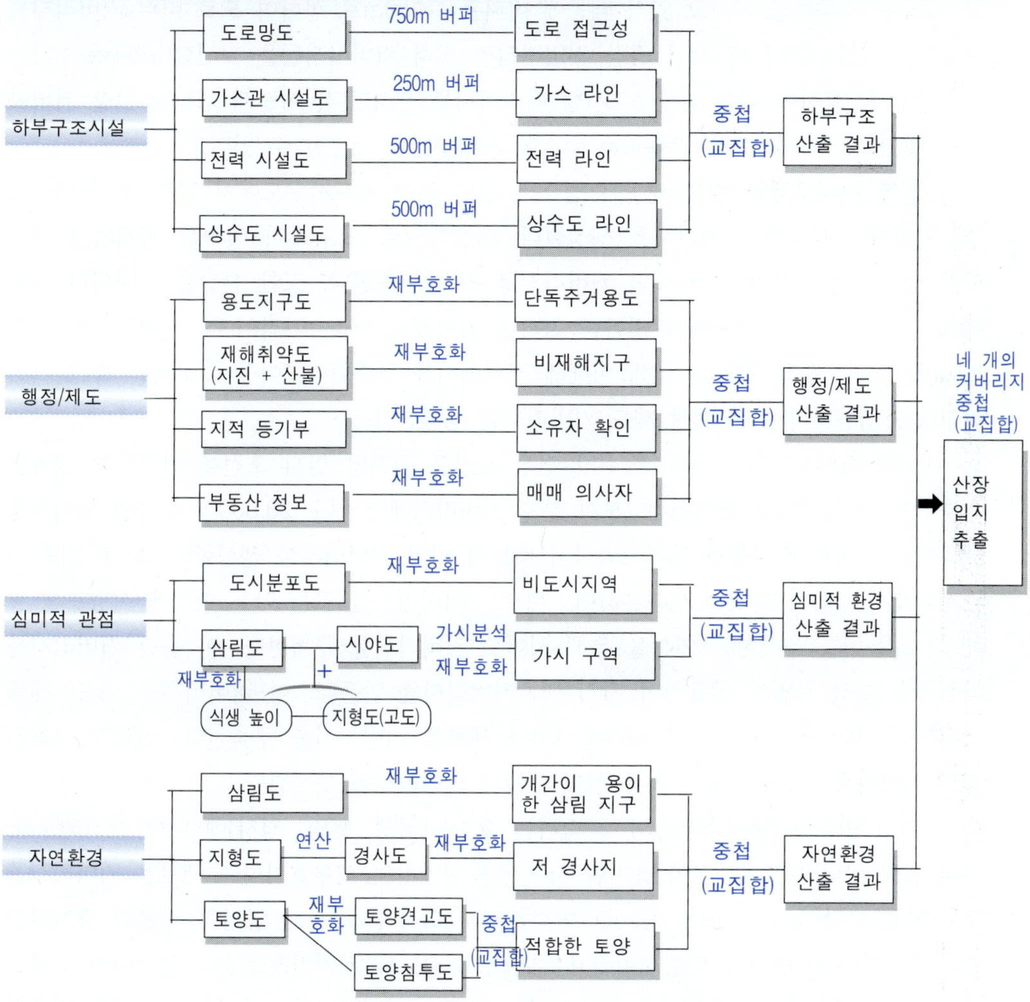

출처: DeMers, M. N. (1997), *Fundamentals of GIS,* p. 367를 재편집함.

성하기 위해서는 가장 끝에 작은 가지로부터 점차로 굵은 가지로 합쳐지는데 필요한 GIS의 분석 기능이 무엇인지를 명시하여야 한다. 이 단계는 GIS 모델링에서 매우 중요하며, 분석 기능이 작동될 수 있도록 하는 조작어(명령어)는 GIS 소프트웨어마다 약간씩 차이를 보일 수 있다.

먼저 하부구조시설 범주에 속한 커버리지들을 조작하는 분석기능들을 살펴보자. 전기나 가스, 상수도, 도로들 가운데 어떤 것도 직접적으로 산장이 입지할 지점까지는 연결되어있지는 않을 가능성이 높다. 따라서 이들 시설물을 연장시키는데 큰 어려움이 없는 가까운 거리이내에 입지하여야 한다. 이를 위해 전력시설 커버리지에서 전선으로부터 500m

의 버퍼 커버리지를 생성한다. 마찬가지 방법으로 가스관으로부터 250m의 버퍼를 만들고, 도로는 자동차를 가지고 있기 때문에 버펴쥰을 750m로 정하여 도로 버퍼 커버리지를 구축한다. 이와 같이 네 개의 중간 커버리지인 버퍼 커버리지들을 교집합(intersect)하는 중첩 기능을 통하여 최종 하부구조시설 커버리지를 생성한다. 이렇게 생성된 산출 커버리지는 네 가지 기준을 모두 만족하는 최소한의 지구임을 예상할 수 있다.

두번째 하위모델인 행정/제도적 범주의 경우 먼저 용도지구도에서 단독 주택지를 재부호화하여 단독주거 커버리지를 생성한다. 마찬가지로, 소유주가 알려진 필지와 매매의사가 있는 소유주의 토지에 대한 커버리지를 각각 구축한다. 또한 산장은 지진이나 산불재해 가능성이 있는 지구에서 벗어난 위치에 입지해야 한다. 따라서 두 커버리지를 합집합(union)하는 중첩 기능을 통해 비재해 커버리지를 구축한다. 이렇게 구축된 중간 커버리지를 교집합하여 최종 행정/제도 커버리지를 생성한다.

세번째 하위모델인 심미적 범주의 경우 요인은 적지만 입지 조건을 만족하는 결과를 추출하는 과정은 다소 복잡하다. 도시 분포 커버리지에서 인구 20,000명 이상인 도시들을 제외하고 나머지 촌락들을 재부호화하여 비도시 지역 커버리지를 생성한다. 또한 삼림 커버리지에서 수목의 높이를 재분류하여 새로운 커버리지를 만든 다음 여기에 지형도를 통해 고도 높이를 추가하는 연산을 통해 시야도 커버리지를 구축한다. 이 중간 커버리지를 다시 가시분석 기법을 적용하여 가시구역 커버리지를 만든다. 이 커버리지는 계곡아래를 내다볼 수 있도록 가시구역을 재부호화하여 새로운 커버리지를 구축한다. 이렇게 구축된 중간 커버리지를 교집합하여 최종 심미적 환경 커버리지를 생성한다.

마지막 범주인 자연환경 범주에 속하는 요인들(식생, 토양, 경사)에 대해 생각해보자. 먼저 삼림 커버리지를 개간이 용이한 지구만을 선택하여 재부호화하여 새로운 커버리지를 구축한다. 산장 입지에 매우 중요한 변수는 경사도이다. 경사가 급하면 비용이 증가하므로, 15도 정도의 경사를 이상적이라고 간주하고 지형도 커버리지로부터 연산하여 경사도 커버리지를 구축한다. 이 경사도 커버리지에서 15도 이하 경사를 가지는 지역만을 재분류하여 저경사지 커버리지를 생성한다. 또한 토양 공학적인 특성을 고려하여 토양도로부터 재분류하여 토양 견고도와 토양침투력을 고려한 커버리지를 구축하여 두 커버리지를 교집합하여 적합한 토양 커버리지를 생성한다. 이렇게 생성된 중간 커버리지들을 교집합하여 최종 자연환경 커버리지를 생성한다.

마지막 단계로, 네 개의 하위 모델에서 생성된 최종 네 개의 커버리지를 다시 교집합하여 산장의 입지에 적합한 최종 지점을 도출하게 된다. 즉, 네개의 최종 커버리지를 중첩시켜 산출된 최종 커버리지는 산장이 어디에 입지하여야 하는가에 대한 중요한 정보를 제공한다.

[2] 최적 경로 선정 모델링의 사례

토지이용 계획 분야에서 GIS 모델링은 매우 유용하게 활용된다. 토지이용 계획을 수립하는 경우 서로 상충되는 여러 요인들이 포함되기 때문에 주어진 목표를 달성하기 위해서는 여러 대안들 가운데 최적의 해법을 결정하여야 하는 사례가 상당히 많다.

그림 13-18은 국립공원 내에 도로의 입지와 경로를 결정하기 위한 모델에 대한 흐름도를 나타낸 것이다. 최종 산출물 도출로부터 역 방향으로 모델링 절차의 흐름을 살펴보자. 마지막 6단계에서는 최종적으로 결정된 경로의 입지를 지도화하여 표현되었다. 이는 이전 단계에서 선정된 경로들을 가시적으로 표현한 것이다.

제 5단계에서는 여러 가지 제시된 대안들로부터 최적의 경로를 선정하는 작업이 수행된다. 경로의 선정은 대안 경로들에 대한 비용-편익 분석을 통한 양적 평가뿐만 아니라 미적 상황이나 대중적 감정이나 정서들과 같은 질적인 요인들을 고려하여 평가된다. 양적 평가로는 경관이 좋은 풍치 지점으로 도로가 보이는 것을 최소화하되 도로 건설비를 최소화하며, 도로로 이용되는 토지이용상의 변화로 인해 야생 서식지에 미치는 영향을 최소화하는 경로를 선정하여야 한다. 질적 평가와 양적 평가 사이에는 상충성을 띄게 되는 경우도 있다. 풍치 지점의 가시성을 높이기 위해 도로가 보여지는 부분을 가능한 적게 하기

그림 13-18 최적 경로 선정 모델에 대한 흐름도

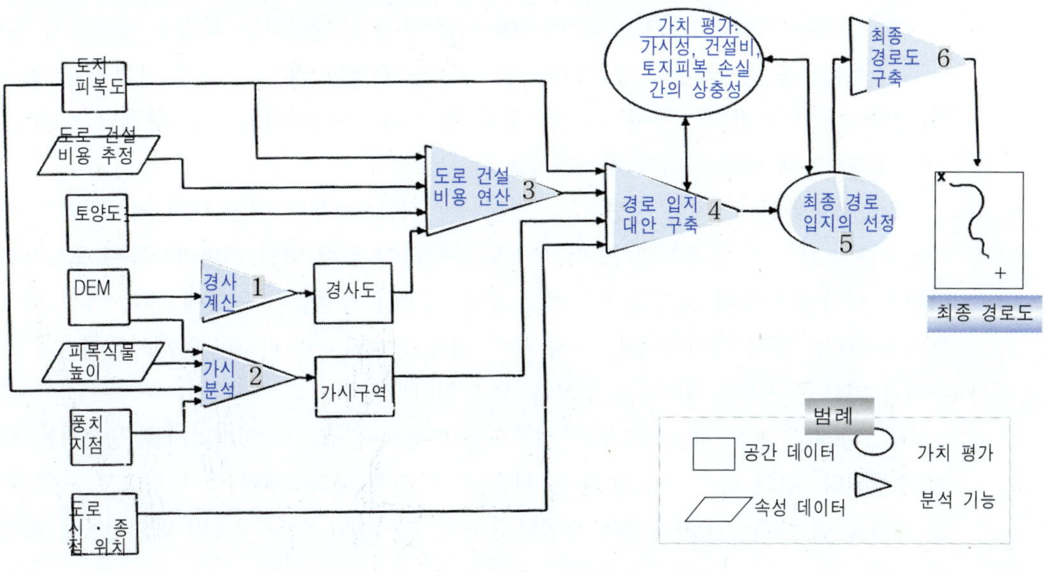

출처: Aronoff, S. (1989), *GIS: A Management Perspective*, p. 253.

위해 우회하는 경로를 선정하는 경우 도로 건설비용이 추가로 들게 되며, 야생 서식지를 보존하기 위해 추가의 비용이 드는 상황도 발생된다. 모델링 절차과정에서 이러한 상충적인 논제들을 분명하게 밝히게 된다. 여러 요인들 간의 상충성을 갖게 되는 경우 자동적으로 의사결정이 내려지는 것이 아니며, 다소 주관적인 가치 판단에 의해 최종적인 의사결정이 이루어지게 된다.

제 4단계에서는 대안적인 경로들을 추출하는 작업이 수행된다. 대안적 경로를 추출하기 위해 입력되는 커버리지들은 주어진 대상지역에서 도로 건설비용을 나타낸 지도, 풍치지점으로부터의 가시구역을 나타낸 지도, 토지피복도, 도로의 시작점과 끝점을 나타낸 지도, 원하는 목적을 반영하는 가치 평가 등등이다. 가장 이상적인 경로의 선정은 풍치지점으로부터의 가시구역을 벗어나고 야생 서식지를 교란시키지 않으면서 도로 건설비용을 최소화하는 경로이다.

일반적으로 이와 같은 이상적인 해결방안에 도달하는 것은 거의 불가능한데, 이는 목적들이 서로 상충되기 때문이다. 따라서 서로 상충되는 목적들을 서로 다른 정도로 충족시키는 다양한 경로의 입지 선정을 위해 반복적인 작업을 수행하여야 한다. 상충되는 목적들 간의 상대적 중요성은 미리 정의된 가치 평가에 따라 반영되는데, 일반적으로 가치 평가는 계획 과정에 참여하는 전문가, 실무자, 일반 대중 등등의 의견들을 종합화하여 반영한다. 이렇게 다양한 사람들의 의견을 수렴한 가치 평가는 대안적 경로들 가운데 최적 경로를 선정하는데 매우 중요한 기준이 된다. 이와 같이 많은 대안들에 대한 다양한 비교.평가를 통하여 다음 단계에서 최적의 경로를 선정하게 되는 것이다.

제 3단계는 각 지점에서 도로 건설에 따른 비용을 연산하는 작업을 수행하게 된다. 도로 건설비용을 계산하는데 고려되는 요인으로는 지형의 경사도, 토양 구성물질, 토지피복 상황이다. 이러한 요인들을 고려한 도로 건설비용 커버리지는 다음 단계인 경로의 대안을 추출하는데 필요한 입력 커버리지로 사용된다.

제 2단계에서는 경치를 관망할 수 있는 풍치지점으로부터 공원 내의 가시구역을 명시하는 기시분석 작업이 수행된다. 이 작업을 수행하기 위해 입력 커버리지들은 풍치지점의 위치를 나타낸 지도와 토지를 피복하고 있는 다양한 수목들의 높이에 대한 속성 정보와 토지피복도와 DEM 데이터이다. 가시 분석 결과 산출된 커버리지는 풍치지점에서의 가시구역과 비가시 구역을 보여주는 정보를 갖고 있다.

제 1단계는 DEM 데이터로부터 경사도를 연산하여 경사도 커버리지를 생성하는 작업이 수행된다. 이와 같이 목표로 하는 최종 공간 정보 결과로부터 역 방향으로 모델의 흐름 절차를 점검하는 과정 속에서 수집되지 못한 데이터나 잘못 구축된 데이터들을 확인할 수 있다.

최적 경로선정을 위한 모델링은 토지계획 분야뿐만 아니라 교통망 분석 등 다양한 범위에 활용될 수 있다. 최적 경로를 선정하는 또 다른 GIS 모델링의 사례를 살펴보자. 일반적으로 네트워크 분석은 출발지점과 도착지점사이의 최적 경로를 찾아내는데 적용된다. 최적 경로란 통행 목적에 따라서 최단 거리, 가장 안전한 거리, 또는 가장 경치가 좋은 거리 등등으로 다른 의미를 가질 수 있다. 만일 유해물질을 운반하는 차량의 경우 출발지점에서 도착지점까지의 최적 경로란 가장 안전하고 비용이 적게 드는 경로라고 할 수 있다. 즉, 유해물질을 수송하는 경우 최적 경로는 가장 효율적이면서도 안전하여야 한다. 효율성이란 수송비용이나 수송 시간을 최소화하는 것을 의미하며, 최적의 안전성이란 선정된 경로를 따라서 수송하는 동안 사고율을 최소화하며 위험 부담을 최소화하는 것을 의미한다. 그러나 불행하게도 효율성과 안전성의 두 목적은 서로 상충성을 갖는다. 효율적인

그림 13-19 비용-안전의 상충적 목표를 조화시켜 최적 경로를 찾는 알고리즘

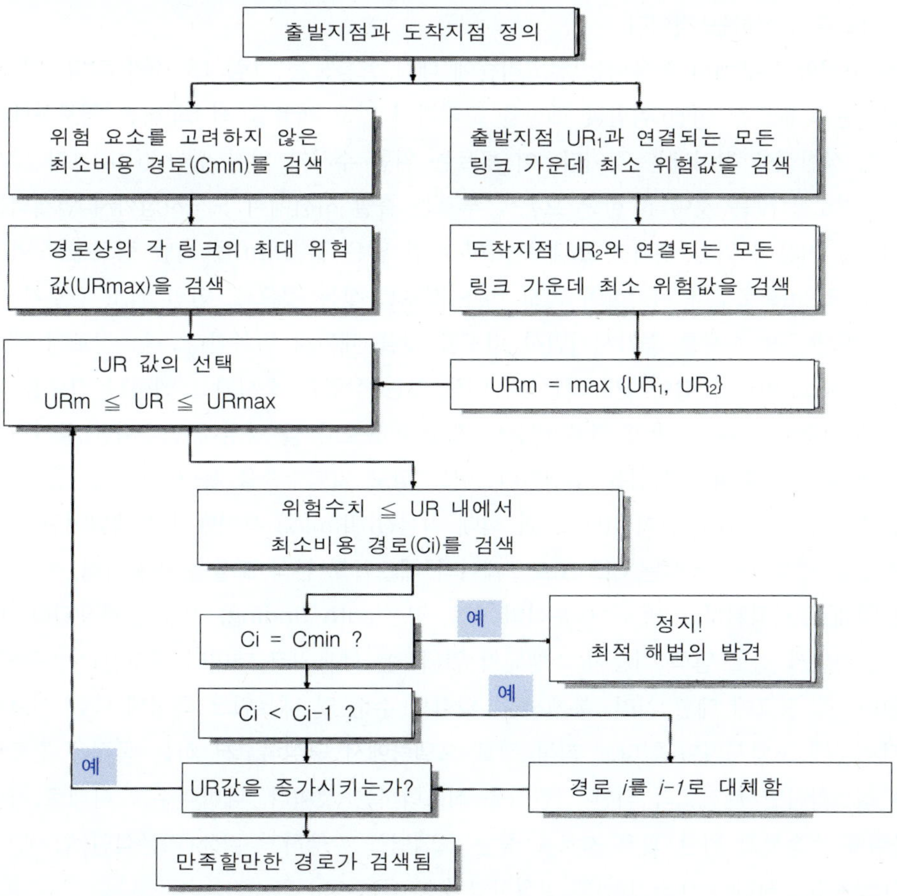

출처: Yang, X and Sathisan, S. K. (1994), *Development of a GIS-based Routing Model,* p. 1083.

경로란 일반적으로 최단거리로 안전성이 떨어지며, 안전한 경로는 효율성이 떨어지며 수송비용이 더 들게 된다. 따라서 이러한 경우 '위험'과 '비용' 간의 조화를 이루는 경로를 찾는 것이 최적 경로가 된다고 볼 수 있다.

이와 같은 경로 선정의 문제는 네트워크 분석에 적용하여 풀이하면 최단거리란 출발지점에서 도착지점까지 최소한의 거리로 가장 최소의 누적적 임피던스(impedance)를 가진 경로를 찾아내는 것이다. 한편 위험 요소가 고려된 안전 경로란 도로 선분들이 매우 작은 변이를 가지며 가장 위험 수치가 작은 경로를 찾아내는 것이다.

미국의 네바다주를 대상으로 하여 유해물질의 수송을 위한 최적 경로를 추출하기 위한 GIS 모델링 과정을 살펴보자(Yang and Sathisan, 1994). 이 모델에서는 최소한의 비용(C)과 최소한의 위험 변이(RR)를 가진 경로를 찾는 것을 목적으로 하고 있다. 대부분의 경우 최소 위험 변이의 하한값은 '0'이므로 RR = UR(상한값)이다. 따라서 최적 경로의 목적은 상한 위험값(UR)을 최소화하는 것이다. 최적의 해법은 RR 값을 적정한 값까지 감소시키는 경로를 선정하는 것이다.

경로 최적화 모델에서 사용되는 알고리즘에 대한 흐름도는 그림 13-19와 같다. 이 흐름도에서 왼쪽 루트는 어떤 위험의 제한을 고려하지 않고 비용을 최소화하는 경로상에서 최대 위험 상한값을 찾아내는 것이다. 이 루트는 위험 수치가 위험 상한값(UR)보다 낮은 최소비용 경로를 찾는 것이다. 한편 오른쪽 루트는 출발 지점에서 도착지점까지 연결되는 모든 링크들 가운데 위험 수치를 토대로 하여 가장 낮은 값(URm)을 지닌 링크를 찾아내는 것이다. URm으로부터 시작하여 최소 비용 경로를 찾는 것으로, 만일 최소 경로가 나타나지 않으면 UR 수치를 증가시키면서 경로를 찾을 때까지 반복한다. 즉, 경로에 대한 비용(Ci)이 최소 비용과 같아지게 되면 더 이상 찾는 작업은 중지되고 선정된 경로를 최적 경로로 선정하게 된다. 만일 경로 비용이 최소 비용보다 클 경우 위험수치를 증가시키는 대신에 비용을 줄이는 작업을 수행한다. 어느 정도 위험수준을 높이면서 비용을 줄이느냐에 대한 결정은 최소 위험값(URm)과 최대 위험값(URmax) 사이에서 선택되어진다.

UR 값을 결정하는 논리는 GIS 소프트웨어의 네트워크 분석 모듈을 이용하여 경로 시스템의 형태로 시행된다. 네트워크 분석의 경로 검색(path finding) 기능이 사용된다. 네트워크 분석에서 경로 탐색 기능이 수행되기 위해서는 네트워크 데이터 구조가 잘 구축되어야 한다. 각 링크에 대한 거리, 통행시간, 위험도 수준 및 네트워크 특성에 대한 정보를 속성 테이블에 포함시켜야 한다. 최적 경로 모델링에서 달성하고자 하는 목적은 경로의 비용을 최소화하면서 경로의 위한 상한값을 최소화하는 것이다. 네바다주를 사례로 하여 유해물질을 수송하기 위한 최적 경로를 찾는 모델링을 수행하기 위해 기본적인 임피던스(임피던스 = 0.7•시간 + 0.3•거리)를 설정하였다.

최적 경로를 검색하는데 있어서 위험수치의 제한을 고려하지 않을 경우 출발 지점으로부터 도착 지점까지 선정된 경로 A의 경우 최대 위험 상한값(URmax)은 44.08, 경로 임피던스는 127.14로 나타났다. 여러 차례 반복적인 시행을 통하여 최소 위험 상한값(URm)이 5.5를 갖는 경로를 추출하였다(경로 B). 따라서 선호되는 UR값은 5.5와 44 사이에서 선정될 것임을 알 수 있다. 최종적으로 UR = 9.0, URmax = 8.11인 경로 C가 선정되었으며, 이 경로의 임피던스는 143.94로 나타났다. 그림 13-20에서 볼 수 있는 바와 같이 경로 B와 경로 C는 적절한 경로라고 평가된다.

이상에서 살펴본 바와 같이 최적 경로 모델링은 서로 다른 제한을 고려하여 서로 다른 시나리오를 만들어서 나타나는 결과들을 통해 문제에 대한 최적의 해를 도출하는데 도움을 줄 수 있다. 특히 사례에서 살펴본 바와 같이 유해물질의 수송경로 문제와 같이 비용과 위험 요소를 동시에 고려하여 경로를 선정하는 경우라든가 상충되는 복잡한 요인들을 고려하여 경로를 선정하는데 매우 유용하게 활용될 수 있다.

그림 13-20 최적 경로 모델에 따라 도출된 대안적 경로들

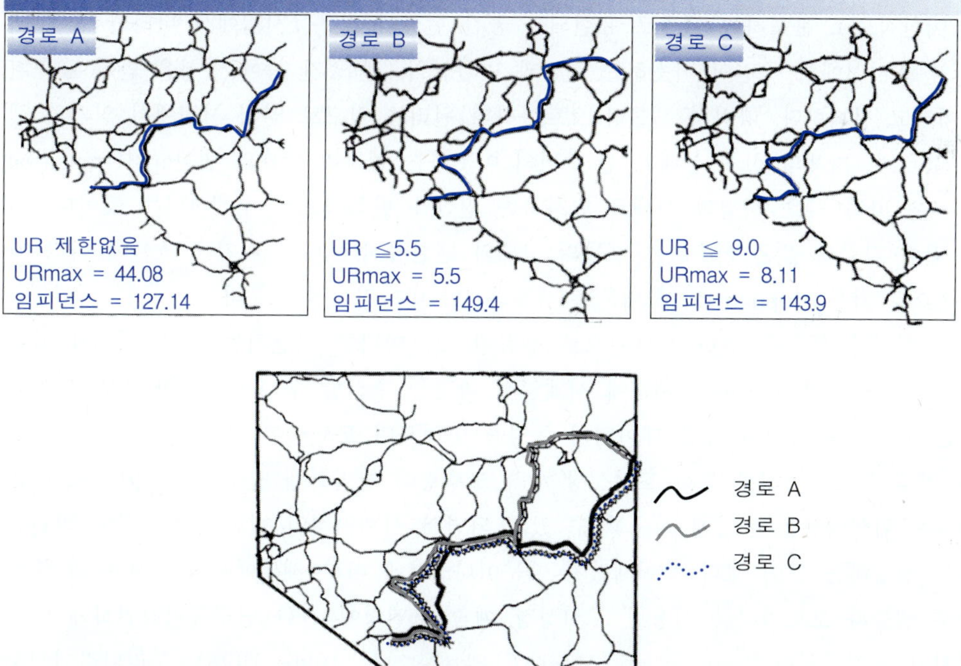

출처: Yang, X and Sathisan, S. K. (1994), *Development of a GIS-based Routing Model*, p. 1089.

[3] 도시성장 예측을 위한 모델링의 사례

도시는 산업화되어가는 과정 속에서 인구 집중으로 인해 인구밀도가 증가하고, 제 2차 산업과 제 3차 산업이 발달하면서 도시는 급속도로 성장하게 된다. 이렇게 도시가 성장하게 되면 토지이용이 도시적 성격으로 변화되며, 물리적으로는 시가화 면적의 확대를 가져오게 된다. 그러나 이러한 도시의 급성장 과정은 주변 환경에 상당히 부정적인 영향을 미치는 것으로 파악되고 있다. 따라서 지속가능한 도시성장을 위해 도시가 그동안 어떻게 성장해왔는가를 분석하고, 더 나아가 앞으로 도시가 어떻게 성장해 나갈 것인가를 예측하여 이를 바탕으로 적절한 도시성장관리 정책을 위한 대안을 모색하는 것은 매우 중요하다.

1990년대 이후 도시성장 예측을 위해 셀룰라 오토마타(CA: cellular automata)를 이용한 모델링이 이루어지고 있다. 셀룰라 오토마타는 1930년대 Turning의 계산기 개발이 모태가 되었으며, 계산가능성 이론(computability theory)과 복잡한 자연계 현상을 모델링하기 위한 수학적 방법론이 결합된 것이다. 셀룰라 오토마타는 규칙적인 격자 형태의 이산적으로 분포하는 셀들로 표현되는 공간 현상이 경우 t시점에서 나타난 셀 상태는 $t-1$시점에서 주변의 이웃하는 셀들과 변환규칙, 셀 공간 등에 영향을 받아 표출된 것이라고 전제한다. 따라서 셀룰라 오토마타의 원리는 앞으로 임의 시점에서 임의의 셀의 값은 셀 자체의 현재 상태와 셀 주변의 이웃하는 셀들의 상태와 변환규칙(transition rule)에 따라 다음 시점의 상태로 변화하는 연산을 반복적으로 수행한다는 것이다. 이와 같이 각각의 셀은 이웃하는 셀들의 상태와 변환규칙에 따라 시간에 흐름에 따라 자동적으로 최신화(update)되기 때문에 셀룰라 오토마타라고 불리운다.

도시성장 예측을 위한 모델링으로 셀룰라 오토마타를 사용하는 경우 시간에 따른 반복적인 연산이 가능하기 때문에 시계열적 과정을 추적할 수 있다. 또한 주변의 이웃하는 공간의 특성이나 공간 데이터의 특징을 고려하며 모델링이 가능하다는 장점도 있다. 셀룰라 오토마타를 통한 도시성장 예측 모델링이 활발하게 연구될 수 있던 또 다른 이유는 위성영상을 손쉽게 이용할 수 있게 되면서 시계열적인 변화를 분석하여 변환규칙을 생성하는 것이 보다 용이해졌기 때문이다. 그에 따라 해외에서는 1990년대 중반 이후 셀룰라 오토마타를 이용한 도시성장 예측 모델링에 관한 연구들이활발하게 이루어지기 시작하였다(Batty et al., 1999; Clarke et al., 1996, 1998). 우리나라에서도 2000년에 들어서면서 셀룰라 오토마타를 이용하여 수도권을 대상으로 도시성장을 예측한 연구들이 이루어졌다(강영옥·박수홍, 2000; 박수홍, 2001; 정재준 외, 2001, 2002). 국내에서는 정재준 외(2002)가 수행한 “도시성장 분석 및 예측을 위한 셀룰라 오토마타 모델 개발” 연구에서는 셀룰라 오토마타의 기존 모델링의 한계점을 극복하고, 국내

그림 13-21 도시성장 예측을 위한 모델링

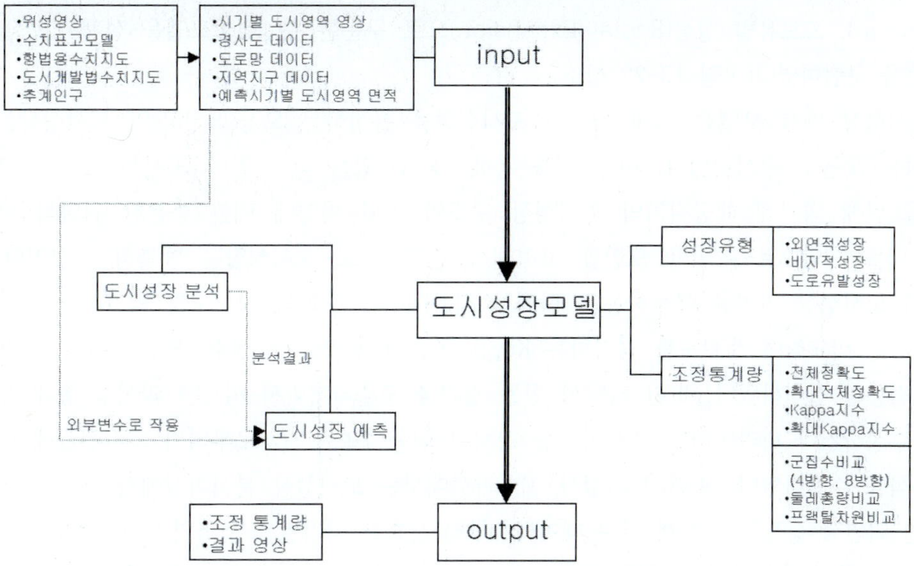

출처: 정재준 외 (2002), 도시성장분석 및 예측을 위한 셀룰라 오토마타 모델 개발, p. 29.

그림 13-22 도시 성장에 대한 유형화

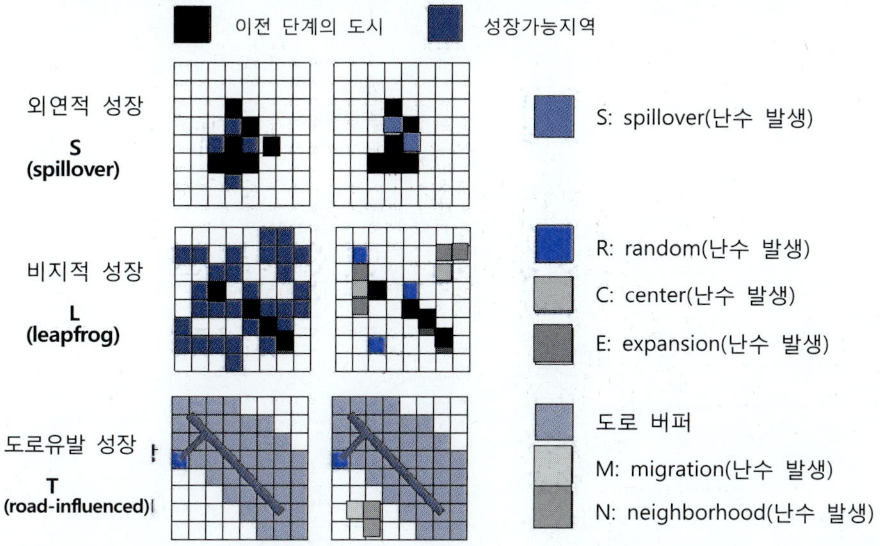

의 도시여건에 맞도록 모델을 개발하였다(그림 13-21 참조). 이 연구에서 사용된 공간 데이터는 시기별 위성영상, 경사도, 도로망, 지역지구 데이터 등이다. 이러한 공간 데이터

와 추계된 인구로부터 산출된 시기별 도시영역에 해당하는 셀 수를 입력 데이터로 사용하고, 도시의 성장유형을 외연적 성장(Spillover Expansion), 비지적 성장(Leapfroging Expansion), 도로유발 성장(Radial Expansion)으로 구분한 뒤, 성장모델을 설계하고 알고리즘을 구현하였다(그림 13-22 참조).

도시성장 예측 모델은 크게 기존의 도시성장을 분석하는 모듈과 미래의 도시성장을 예측하는 모듈로 구성되었다. 이 모델을 통해 볼 수 있는 바와 같이 도시성장 예측 모델링을 위해 과거에 해당지역의 도시성장 구조와 변화 방향에 대한 충분한 귀납적 연구와 더불어 앞으로의 변화 요인을 고려해서 연역적으로 도시성장을 예측하는 것이다. 과거의 도시성장 과정을 분석하는 과정에서 시뮬레이션 결과의 정확도를 평가하기 위해 셀과 셀을 비교하여 정확도를 평가하는 Kappa계수, Lee-Sallee 계수, 모양 일치도 등에 관한 검증을 실시하였다. 또한 타당성 있는 결과를 도출하기까지 피드백 과정을 통해 모형을 수정하거나 파라미터의 정산과정을 거쳐서 최종적으로 과거로부터의 도시성장에 대한 분석을 수행하였다. 또한 도시성장 예측과정에서는 도시성장 분석과정에서 도출된 최적적인 외연적 성장률과 추계 인구 데이터로부터 산출한 시기별 도시영역의 셀 수를 이용하였으며, 반복 계산과정에 의해 도시로 성장할 가능성이 높은 지역을 선택하여 확률적으로 의미있는 도시성장 예측영상을 제작하였다.

제 14 장
공간적 의사결정지원시스템과 공공 참여적 GIS

제 1 절 공간적 의사결정지원시스템의 개념과 시스템의 구성
제 2 절 공간적 다기준 의사결정방법론
제 3 절 공공 참여적 GIS와 협력적 GIS

제 1 절

공간적 의사결정지원시스템의 개념과 시스템의 구성

[1] 공간적 의사결정지원시스템의 개념

급속한 성장과 함께 다양한 분야에서 활용되고 있는 GIS는 공간 데이터의 수집, 저장, 관리뿐만 아니라 특정한 목적에 부합하는 분석도구로서의 기능이 점차 확대되고 있다. GIS의 공간분석 기능을 통해 인간생활을 둘러싼 복잡한 공간문제를 해결하는데 필요한 정보를 도출할 수 있게 되면서 GIS의 활용분야는 더욱 확대되고 있다. 특히 자연환경과 인문환경에서 나타나는 복잡한 공간문제들에 대한 대안들을 제공하여 의사결정자들로 하여금 최적의 해법을 선택하도록 하는 의사결정지원시스템에 GIS를 통합시키려는 노력이 1990년대에 들어와 활발하게 이루어지고 있다. 즉, GIS를 활용한 공간적 의사결정지원시스템(SDSS: Spatial Decision Support Systems)의 구축을 통하여 실세계의 복잡하고 다양한 조건들을 만족시키는 대안들을 도출하고 이들을 보다 객관적이고 과학적으로 평가하는 연구들이 수행되고 있다.

공간적 의사결정지원시스템은 전통적인 의사결정지원시스템에 기반을 둔 것으로, Densham(1991)이 연구기틀을 마련한 이후 공간상에서 갈등을 야기시키고 있는 복잡한 문제들을 효과적으로 해결하고 보다 바람직한 의사결정을 내리기 위해 활용되고 있다. 의사결정지원시스템은 1960년대 후반과 1970년대 초기에 걸쳐 관리정보체계(management information system)분야에서부터 발달하였다. 하지만 관리정보체계는 분석 능력이 부족하고, 문제 해결과정에서 의사결정자와의 상호작용이 잘 이루어지지 않는다는 단점을 지니고 있었다. 이러한 단점을 개선한 통합된 데이터베이스 관리시스템으로서 의사결정지원시스템이 등장하게 되었으며, 이 시스템은 분석적 모델, 그래프 등을 지원함으로 의사결정과정을 향상시키는 결과를 가져왔다. 하지만 이러한 의사결정지원시스템은 비공간상에서 나타나는 문제를 해결하는데 도움을 주었지만 공간상에서 나타나는 문제들을 해결하는데 도움을 줄 수 없었다.

한편 GIS 기술이 발달하면서 다양한 공간분석 기법이 등장하게 되면서 공간 데이터와 속성 데이터를 이용하여 현실세계에서 발생하는 각종 문제를 해결하는 데 도움을 줄 수 있는 고부가가치의 정보를 추출할 수 있게 되었다. 이러한 GIS의 다양한 공간분석 기능과 GIS 모델링 방법을 의사결정지원시스템과 통합시킨 것이 공간적 의사결정지원시스템이라고 볼 수 있다. 따라서 공간적 의사결정지원시스템이란 복잡한 공간문제에 대해 특정한 의사결정 행위를 지원하기 위해 설계된 시스템으로, 공간상에서 나타나는 문제를 해결하는데 필요한 정보를 도출하여 의사결정을 내리는데 도움이 되도록 컴퓨터를 기반으로 하

그림 14-1 공간적 의사결정지원시스템의 발달 배경

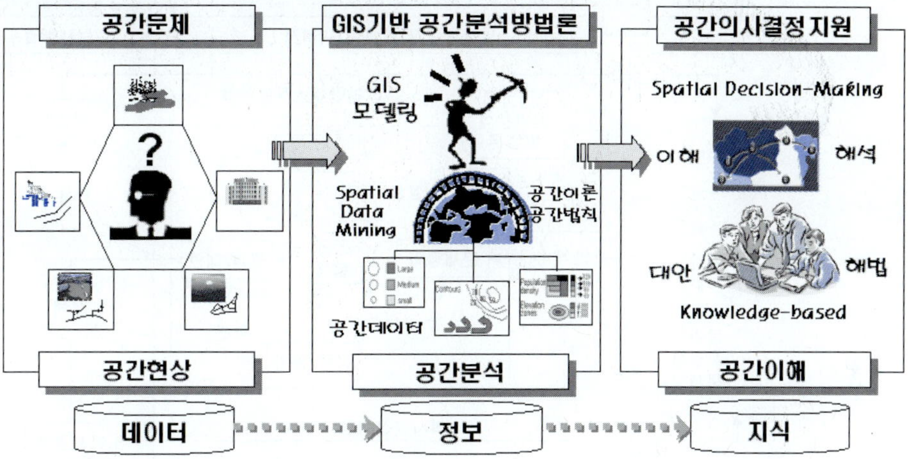

출처: 김영표·임은선(2004), GIS 기반 공간분석방법론 적용 연구, p. 43.

는 정보체계를 말한다고 볼 수 있다(그림 14-1 참조).

공간상에서 나타나는 문제들에 대한 의사결정을 내리기 위해서는 보다 정확하고 객관적인 과정과 절차를 거쳐서 정보를 추출하여야 한다. GIS의 공간분석 기법과 GIS 모델링을 활용함으로서 공간 현상에 대한 과학적인 이해와 해석 및 시뮬레이션을 통한 고부가가치의 정보를 추출할 수 있다. 공간상에 표출되는 지리적 현상이나 공간적 의사결정문제는 의사결정자, 계획가, 과학자 및 주민들에 의해 인식된다. 공간상에서 야기된 문제들은 그 문제에 대한 정확한 이해와 정의를 내린 후, 문제해결을 위한 가설 및 목표를 설정하고 결과 및 대안을 얻기 위해 다양한 공간분석 기능을 수행한다. 그 결과 산출된 결과 및 대안들은 검정 및 평가과정을 거쳐 새로운 지식으로 일반화되거나 의사결정에 필요한 정보로 제공되어 실행된다. 이러한 일련의 과정들을 뒷받침하는 각종 분석기법과 수행과정이 GIS 환경 하에서 이루어지게 된다(그림 14-2 참조).

공간적 의사결정지원시스템의 활용은 공공 부문의 시설물 입지를 선정하는 경우 특히 유용성이 높은 것으로 평가되고 있다. 소매업이나 물류창고와 같은 민간 시설물의 입지선정 문제는 기대되는 이윤을 극대화시킨다는 최적화 모델링을 통해서 의사결정이 이루어진다. 그러나 공공 시설물의 입지를 선정하는 경우 매우 복잡하고 상충적인 상황 하에서 최선의 대안을 선택해야 하는 경우가 많다. 특히 유해 시설물이나 기피 시설물의 경우 관심그룹이 다양하고 대안적 입지들을 평가하는 경우에도 불확실성이 내재되어 있기 때문이다. 또한 기피 시설물의 입지를 선정하는 경우 주민들이 납득할 수 있도록 입지결정과정에서 고려하여야 할 입지준거를 합리적으로 도출시키고 객관적이고 과학적인 접근방법을

그림 14-2 공간적 의사결정지원시스템의 개념적 틀

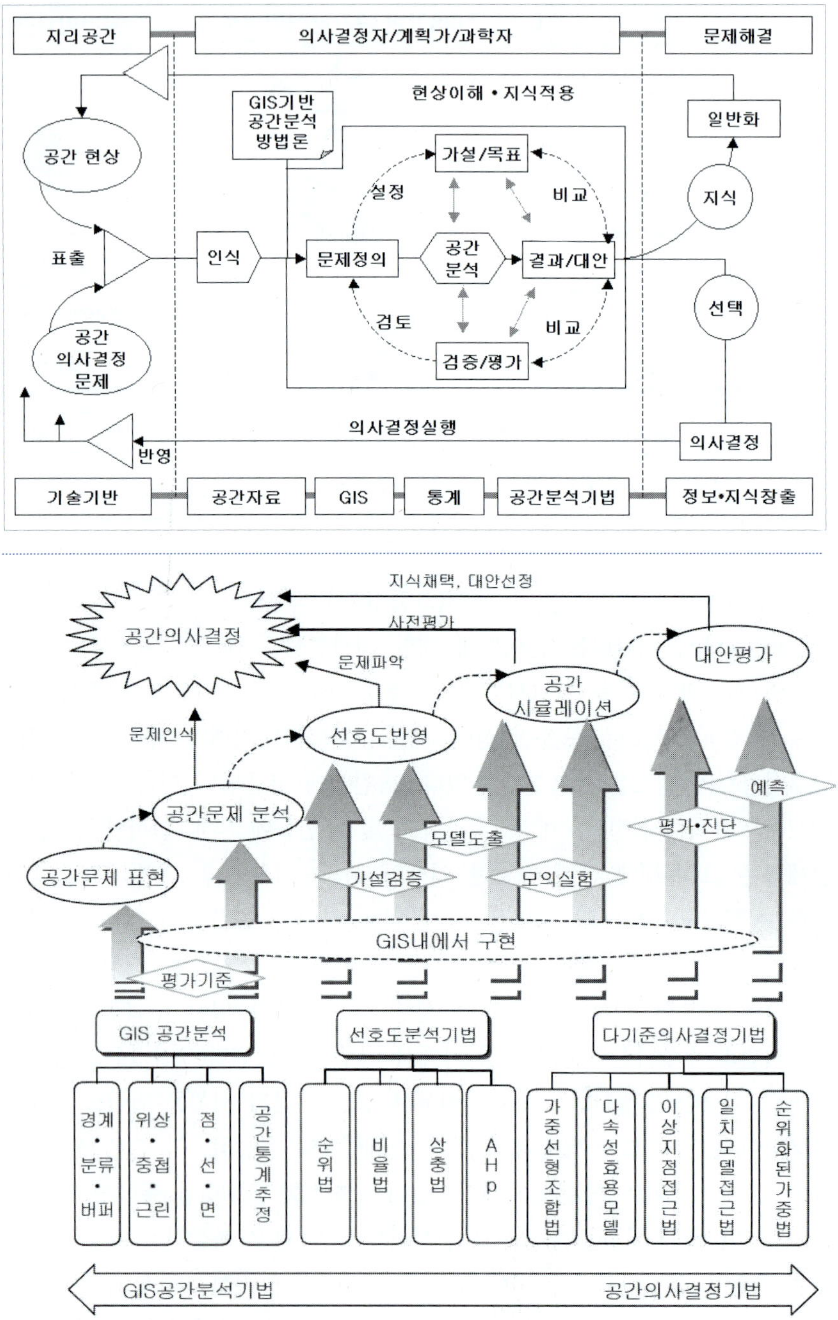

출처: 김영표·임은선(2004), GIS 기반 공간분석방법론 적용 연구, p. 45.

통해 입지가 선정되어야 한다. 기피 시설물이 입지하였을 때 예상되는 악영향에 대해 주민들이 매우 민감하므로 입지결정에 앞서 충분한 의견수렴과 의사결정과정에 대한 절차가 투명성있게 객관화되어야 한다.

이와 같은 기피 시설물이나 유해 시설물의 입지를 선정하는데 있어서 기존의 고전적 입지이론이나 수학적인 입지모형 및 계량적인 분석방법의 적용은 한계성을 갖게 된다. 근본적으로 기피 시설물의 입지선정은 공간상에서 다양한 입지기준을 만족시키는 지점을 찾는 것과 동시에 그 시설물의 입지와 관련된 기관 및 단체들의 상충되는 목적들을 고려하면서 대안들 가운데 가장 바람직한 대안을 도출시키는 방법이 도입되어야만 한다.

주민들이 기피하는 시설물의 입지를 결정해야하는 경우 관련 단체들 간에 서로 다른 가치와 선호도를 갖고 있으며, 시설물 입지로 인한 '손익'을 받는 사람들이 다르게 나타나게 된다. 뿐만 아니라 특정 토지이용의 보존과 개발이라는 피할 수 없는 상충 문제와 토지를 소유하고 있는 다양한 그룹에 대한 영향력이 달라진다. 이러한 문제의 경우 합의점을 최대화하거나 갈등을 최소화시키는 대안을 결정하여야만 한다. 기피 시설물 입지와 같은 의사결정의 경우 '부분적으로 유사하고, 부분적으로 상이한 관점'을 갖는 사람들이 참여하게 되는데, 이들 집단들은 대안들과 평가기준에 있어서는 동의할 수 있지만, 평가기준의 상대적 중요성에 관하여는 동의하지 않을 수도 있다. 따라서 선호도가 다양함으로 인해 대안의 순위가 변화될 수 있다. 이와 같이 공간상에서 나타나는 복잡한 문제들을 해결하는데 공간적 의사결정지원시스템이 활용될 수 있다. 뿐만 아니라 다양한 국토정책현안의 경우 사전에 충분히 검토되어야 하며, 특히 이해관계자간의 적절한 합의가 이루어져야 문제해결에 도달할 수 있다. 아무리 과학적인 해법을 가지고 문제해결을 시도해도 결국에 가서는 이해관계자들 간의 갈등을 해소하지 못하면 사업시행의 중단 및 반대에 부딪치고 만다. 이를 위해 각종 합리적 공간의사결정을 지원하기 위해서는 다기준의사결정기법이 도입되고 있다.

[2] 의사결정과정의 단계

공간적 의사결정지원시스템을 이해하기 위해서는 먼저 의사결정과정의 개념을 고찰하는 것이 필요하다. 의사결정과정은 일반적으로 세 단계로 구조화할 수 있다(Simon, 1960). 즉, 의사결정과정은 문제의 인식(intelligence), 설계(design), 선택(choice)의 단계를 거치게 되며, 각 단계간의 피드백 과정을 통해 최종 대안을 선택하게 된다(그림 14-3 참조). 각각의 의사결정 단계들은 서로 다른 유형의 정보들을 요구하게 된다. 각 단계별 특성을 간략히 살펴보면 다음과 같다.

그림 14-3 의사결정과정의 단계

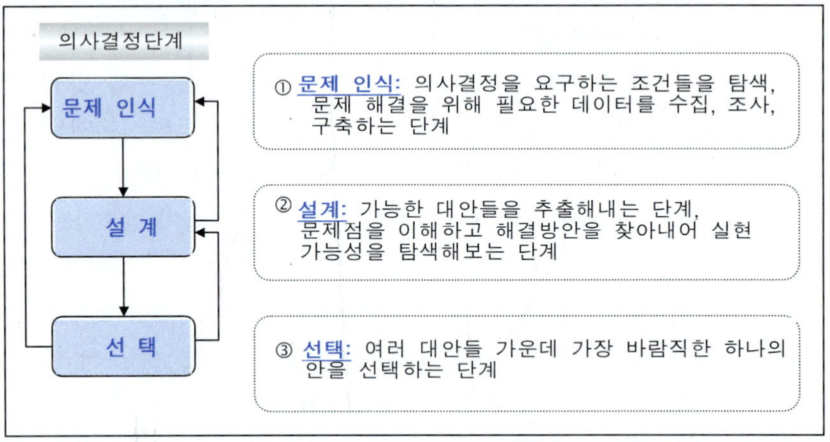

(1) 문제의 인식 단계

의사결정과정은 해결해야 하는 당면 문제를 인식하는 것부터 시작된다. 의사결정의 문제는 실세계의 현재 상태(existing state)와 기대되는 상태(desired state)사이의 차이점을 발견하는데서 부터 시작한다고 할 수 있다. 이러한 문제에 대한 해결책을 모색하기 위해 의사결정자는 문제의 인지 단계에서 의사결정을 내려야 할 조건과 환경을 탐색하게 된다.

문제를 인지하고 파악하는 단계는 의사결정을 위해 필요한 자료를 데이터베이스로 전환하는 단계로, 공간적 의사결정 문제와 관련된 자료들이 수집되고, 분류, 편집된다. 이때 공간 데이터의 유용성, 정확성, 실제성, 유연성, 그리고 자료수집의 공간적 최소 단위도 고려되어야 한다. 공간 데이터는 의사결정 문제를 다룰 수 있는 수준에서 정보가 처리되고 분석되어야 한다. 또한 문제 인식 단계에서는 다양한 GIS의 분석 기능들과 함께 탐색적 데이터 분석기능들에 대해서도 고찰한다.

현재 GIS가 갖고 있는 기능들은 문제 인식 단계에서 필요한 기능들을 충분히 지원할 수 있다. 많은 양의 공간 데이터와 다양한 정보를 저장하고 유지 및 관리하는 것이 중요한 이 단계에서 GIS를 활용하면 다양한 자료 출처원으로 부터 데이터들을 통합하여 데이터베이스를 구축할 수 있으므로 문제의 상황을 분석하는데 도움을 줄 수 있다. 예를 들면 서로 다른 출처로부터 수집한 데이터들을 결합할 수 있으며, 해당 구획이나 지구, 지역이나 국가 등의 폭넓은 공간적 차원에서 다양한 정보를 구축할 수 있다. GIS는 공공 및 민간기관이 당면한 공간적 의사결정의 문제와 관련된 방대한 양의 자료를 효율적으로 처리할 수 있으며, 의사결정자에게 의사결정시에 필요한 수준높은 정보를 제공할 수 있는 잠재력을 가지고 있다.

(2) 설계 단계

설계 단계에서는 문제 인식 단계에서 파악된 문제에 대한 가능한 해법들의 발견과 의사결정 지원을 위한 모델의 개발과 분석이 이루어진다. 의사결정자가 일련의 대안들 가운데 의사결정을 내리기 위해서는 실세계를 간단하게 또는 추상적으로 표현하는 모델의 구축을 필요로 하게 된다. 실세계의 복잡성을 간단하게 표현하면서 특정 문제에서 요구되는 현실적 복잡성을 정확하게 표현하는 모델링은 설계 단계에서 매우 중요하다.

의사결정을 지원하기 위해 대안들을 추출하고 평가하는 공간적 의사결정지원시스템에서 GIS의 역할이 강조되고는 있으나, 실제 의사결정과정에서 필요로 하는 공간분석과 모델링 기법을 제대로 갖춘 GIS 상용 프로그램은 부족한 실정이다. 여러 대안들을 도출하고 평가하는데 사용될 수 있는 GIS 기능들의 대부분은 연결성, 근접성과 같은 공간적 관계 분석기능과 중첩, 버퍼링 기능들이다. 예를 들어, 신도시의 개발이나, 산업시설, 폐기물 처리시설, 학교, 병원 등과 같은 시설물의 입지를 선정하기 위해 입지요인을 동시에 만족시키는 지역을 추출하기 위해 수치지도들을 중첩시키고 있다. 그러나 입지요인들에 대한 중요도를 평가하고 입지요인에 대한 선호도들이 서로 갈등적인 상황을 포함하게 되는 경우 단순한 중첩기능만으로는 의사결정을 지원하기 위해 필요한 정보를 추출하기 어렵다.

따라서 여러 가지 필요한 분석적 모델들을 GIS 소프트웨어에 직접적으로 결합하거나 이미 개발된 의사결정시스템 내에 사용자가 쉽게 접근할 수 있는 환경을 구축하여 GIS의 기능과 분석적 기법들을 통합시켜야 한다. 최근 GIS는 공간적 자기상관성, 공간적 상호작용, 입지-배분모델, 시뮬레이션과 같은 분석모델들이 GIS 환경에서 수행될 수 있도록 개발되면서 공간적 의사결정지원시스템으로서의 GIS 활용성은 더욱 향상되고 있다. 예를 들어 TransCAD와 같이 교통계획이나 문제의 해결을 위해 설계된 프로그램의 경우, 고차원적인 교통계획 모델링과 교통문제 해결을 위한 기능들이 내재되어 있어 교통부분의 공간적 의사결정을 위한 대안들을 도출하는데 이용되고 있다.

(3) 선택 단계

설계 단계에서 문제해결을 위한 여러 대안들을 도출하고 나면 선택 단계에서는 특정한 의사결정 규칙에 따라 대안들을 평가하는 과정이 이루어진다. 선택 단계에서는 의사결정자의 선호도를 반영하여 대안들을 평가하고 선택하는데 필요한 분석 기능들이 요구된다. 그러나 현재로서는 대부분의 GIS 프로그램들은 갈등적인 상황을 갖는 요인들이나 목적을 평가할 수 있는 기능을 제공하지 않는다. 또한 의사결정자가 평가기준의 중요성을 바꿀 수 있는 유연성을 지원하지 않으며, 경직된 형태의 모델링 환경 때문에 의사결정을 지원하는데 제한적인 요소를 갖고 있다.

공간적인 문제의 대안들을 평가하고 선택하는 과정은 여러 참여자들에 의해서 협력적으로 이루어지는 경향이 많다. 따라서 공간적 문제에 내재되어 있는 갈등적인 요소들을 최소화시키도록 방대한 자료와 정보를 다루며 의사결정지원을 보조할 수 있는 기능들이 요구된다. 이를 위해 GIS에 기반한 다기준 의사결정분석(MCDA: multi-criteria decision analysis) 기법을 결합하려는 시도들이 이루어지고 있다(Eastman, 1997). 앞으로 성공적인 GIS의 활용은 공간적 의사결정지원시스템에 어떻게 GIS의 다양한 분석기능과 모델링을 잘 결합시킬 수 있는가에 달려있다고 볼 수 있다.

의사결정과정의 세 단계 모델을 Mintzberg(1976) 등은 명시-발전-선택 과정으로 재정의하면서 이 과정을 7개의 중심 경로로 나타내었다(그림 14-4 참조). 첫번째 명시단계는 문제들과 위기상황들을 인식하여 명시하는 문제 명시 경로(1)와 의사결정 상황을 위해 인과관계를 이해하는 진단 경로(2)로 구성된다. 두번째 발전단계는 기존에 이미 만들어진 해법을 찾는 일상적 경로(3)와 기존에 만들어진 해법을 수정하거나 맞춤식의 해법을 개발하는 경로인 디자인 경로(4)를 포함한다. 세번째 선택단계는 탐색과정에서 더 많은 해법들을 생성하도록 기대하는 스크린 경로(5), 평가-선택 경로(6), 공식적으로 이를 인정하는 공식화 경로(7)가 포함된다. 여기서 평가-선택 경로는 세가지 하위모델로 구성된다. 즉, 개개인이 선택하는 과정인 판정(6a), 서로 다른 목표를 가진 그룹의 의사결정자들에 의해 이루어진 선택을 교섭하는 경로(6b), 그리고 판정과 교섭으로부터 한계적 선택에 이어서 분석가로부터 수행되는 사실적 평가(6c)로 나뉘어진다.

그림 14-4 의사결정과정의 일반적 모델

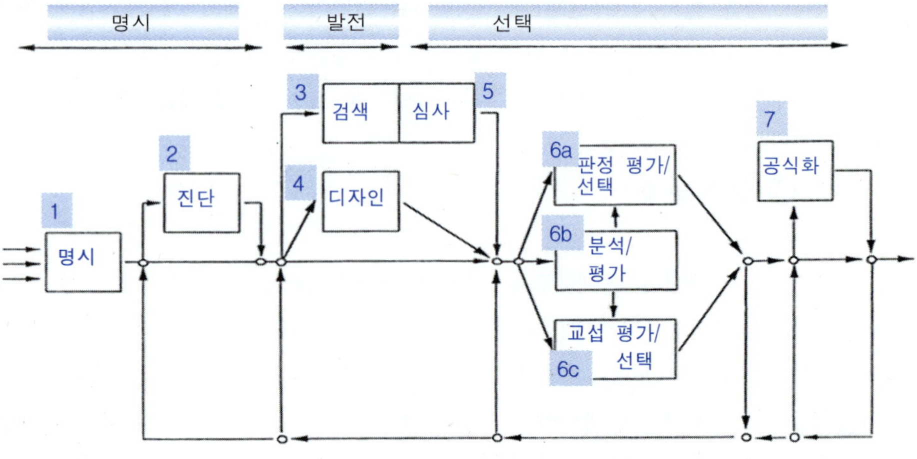

출처: Mintzberg et al. (1976), The structure of "unstructured"decision processes, p. 9.

[3] 공간적 의사결정지원시스템의 구조와 구성요소

(1) 공간적 의사결정지원시스템의 구조

공간적 의사결정지원시스템은 의사결정자들로 하여금 여러 대안들로부터 최종적인 의사결정을 하도록 돕는 역할을 제공하는 시스템이라고 할 수 있다. 공간적 의사결정지원시스템의 구조는 의사결정지원시스템의 구조에 기반을 두고 있다. 그림 14-5-가에서 볼 수 있는 바와 같이 의사결정지원시스템은 데이터 구성요소와 소프트웨어 구성요소로 구축된다. 데이터 구성요소는 데이터, 모델, 해법 데이터베이스를 포함한다. 데이터 구성요소는 인터페이스를 구성하는데 사용되는 다이알로그 원어를 필요로 한다.

한편 소프트웨어 구성요소는 데이터베이스를 처리할 수 있는 데이터베이스관리시스템, 모델을 기반으로 하는 시스템과 해법(시나리오) 관리 시스템을 다루는 모델기반 관리시스템으로 구성된다. 해법관리 구성요소는 여러 대안과 시나리오를 생성하고 평가할 수 있는 다양한 기능들을 필요로 한다. 다이알로그 시스템은 정보를 표현하고 사용자와 시스템과의 상호작용을 통제한다.

공간적 의사결정지원시스템의 구조도 공간적 문제해결을 위한 데이터의 저장 및 관리를 위한 데이터베이스관리시스템과 분석을 위한 모델 알고리즘을 제공하는 모델기반 관리시스템이 주요 구성요소이며, 이들을 토대로 대안을 생성하고 평가하게 된다(그림 14-5-나 참조). 또한 시스템을 통하여 사용자가 접하는 모든 정보는 그래픽과 레포트 형태로 제공되는데, 이렇게 생성된 대안을 의사결정자가 평가한 후 최종적으로 목표에 적합한

그림 14-5 의사결정지원시스템의 구조와 이를 토대로 한 공간적 의사결정지원시스템의 구조

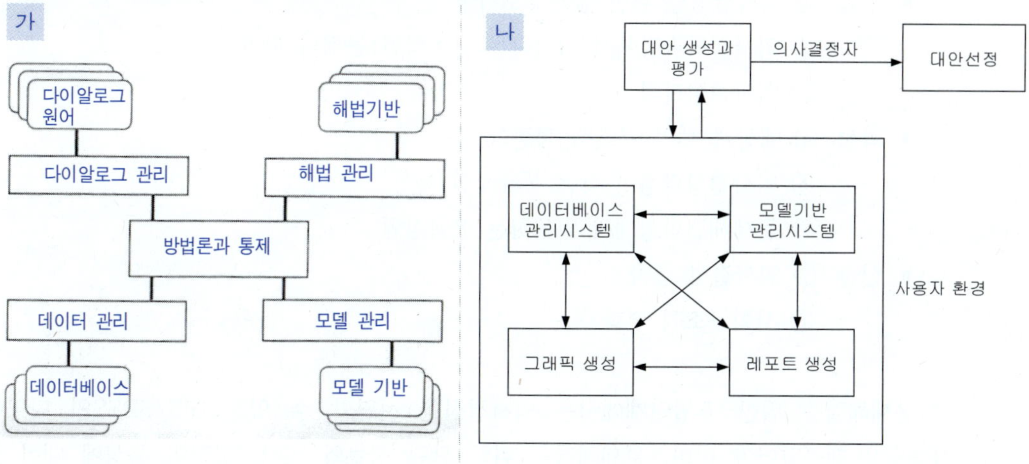

그림 13-6 강화된 적응적 구조화 이론에 기틀을 둔 공간적 의사결정지원시스템의 구조

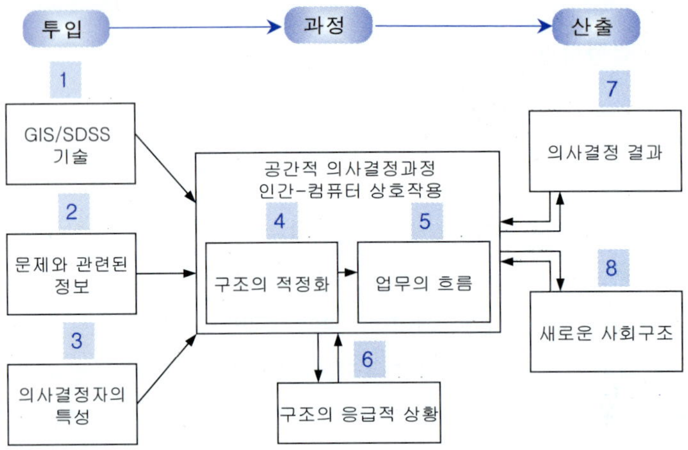

출처: Nyerges, T. (1999), Progress in Spatial Decision Making Using GIS, p. 131.

대안을 선정하게 된다.

공간적 의사결정지원시스템은 강화된 적응적 구조화이론(EAST: Enhanced Adaptive Structuration Theory)을 토대로 하여 투입-과정-산출의 3개 영역으로 구조화할 수 있다(Nyerges & Jankowski, 1997). 그림 14-6에서 볼 수 있는 바와 같이 공간적 의사결정지원시스템은 의사결정과정에서 각 영역 간에서 반복적으로 상호작용이 이루어지는 시스템이라고 볼 수 있다. 공간적 의사결정시스템의 구조는 다음과 같은 8개의 구성요소로 이루어져 있다.

- 투입: ① 의사결정을 위한 공간정보기술
  ② 의사결정과정에서 나타나는 구조적인 문제의 파악
  ③ 의사결정자의 특성
- 과정: ④ 대상 문제의 구조적 적정화
  ⑤ 의사결정과정이 갖는 동태적인 특성
  ⑥ 문제해결과정에서 발생하는 응급상황
- 산출: ⑦ 의사결정 결과
  ⑧ 사회구조적 변화

문제해결을 위한 투입단계에서는 의사결정을 지원할 수 있는 GIS/SDSS의 다양한 기술들이 제공되어야 하며, 문제해결을 위한 관련 정보와 의사결정자의 특성에 대한 정

보가 수집되어야 한다. 이러한 투입요소들은 모두 컴퓨터 환경에서 데이터 교환과 처리가 이루어질 수 있도록 데이터베이스화되어 투입된다. 이와 같이 투입된 요소들을 기반으로 하여 의사결정자인 인간과 컴퓨터 간의 상호작용을 통해 문제에 대한 해결책을 찾아가는 과정이 전개된다. 이 단계에서는 당면한 공간적 문제가 갖는 구조적 측면을 적정화할 수 있도록 대안들을 추출해내는 작업이 수행되며, 공간적 의사결정 상황에 대해 응급적으로 발생할 수 있는 여건들을 고려하여 대안을 평가하고 재조정하는 피드백 작용도 이루어진다. 이렇게 인간과 컴퓨터와의 상호작용을 통해 도출된 대안들을 비교. 평가하여 최종 대안이 선정되며, 선정된 대안은 사회구조 변화에 영향을 미치게 된다.

공간적 의사결정지원시스템을 통해 궁극적으로 원하는 해법을 도출하기 위해서는 무엇보다도 문제해결을 위해 투입되는 투입요소들이 매우 중요하다. 의사결정자의 목표를 명확히 파악하여 신속하고 정확한 정보가 제공되어야 하며, 최종 도출되는 결과가 실제 문제해결에 적합할 수 있도록 과학적이고 적절한 분석방법들이 도입되어야 한다.

최근에는 GIS에 기반한 협력적 의사결정지원과정의 구성요소를 EAST2(Enhanced Adaptive Structuration Theory 2)를 이론적 토대로 하여 3개 영역-8개 구성요소-25개 관점으로 보다 세밀하게 나타내고 있다(그림 14-7 참조). EAST2 이론은 실제로 사람들이 복잡한 의사결정을 위해 GIS를 활용하게 되는 가를 설명하려고 만든 이론이라고 볼 수 있다. EAST2 이론의 핵심은 소집-과정-산출의 영역이며, 각 영역은 세부 구성요소로 되어 있다. 먼저 소집 영역은 사회-제도적 요구들에 대한 동기, 의사결정 문제에 대한 사람들의 참여, 문제를 해결하는데 필요한 GIS 기술로 구성된다. 또한 과정 영역도 소집 영역에 대한 평가와 이해, 그룹 과정에서 분석과 세밀한 숙고와 협의 및 요구, 지식, 기술 등에서 예상치 않은 위급 상황의 3개 구성요소로 되어 있다. 마지막으로 산출 영역은 의사결정 결과와 사회적 산출로 구성된다. 실제로 이 틀에서 강조하고 있는 것은 각 지자체에서 해결하고자 하는 문제의 투입과 그 문제 해결을 위한 과정과 그 결과를 도출하기 위한 25개의 세부 관점이다.

GIS에 기반한 협력적 의사결정지원 이론의 25개 관점을 보면 먼저 협력적 상황을 소집하는 영역(convening component)에 속하는 3개 구성요소인 사회, 제도적 영향(5개 관점), 그룹 참여 영향(4개 관점), 참여적 GIS 영향(2개 관점)에 11개가 포함되며, 사회적 상호과정으로서 참여적 과정(process component)에 속하는 평가(3개 관점), 그룹 과정(3개 관점), 위급적 영향(3개 관점)에 9개가 포함되고, 마지막으로 산출(outcome component)에 속하는 과업 산출(2개 관점), 사회적 산출(3개 관점)에 5개가 포함된다(Nyerges & Jankowski, 2010).

실제로 미국의 워싱턴 주의 Green County에서는 GIS에 기반한 참여적 의사결정지원과정의 25개 관점을 통해 폐수처리장 입지를 선정하였다.

그림 14-7 GIS-협력적 의사결정지원시스템의 구조 (3개 영역-8개 구성요소-25개 관점)

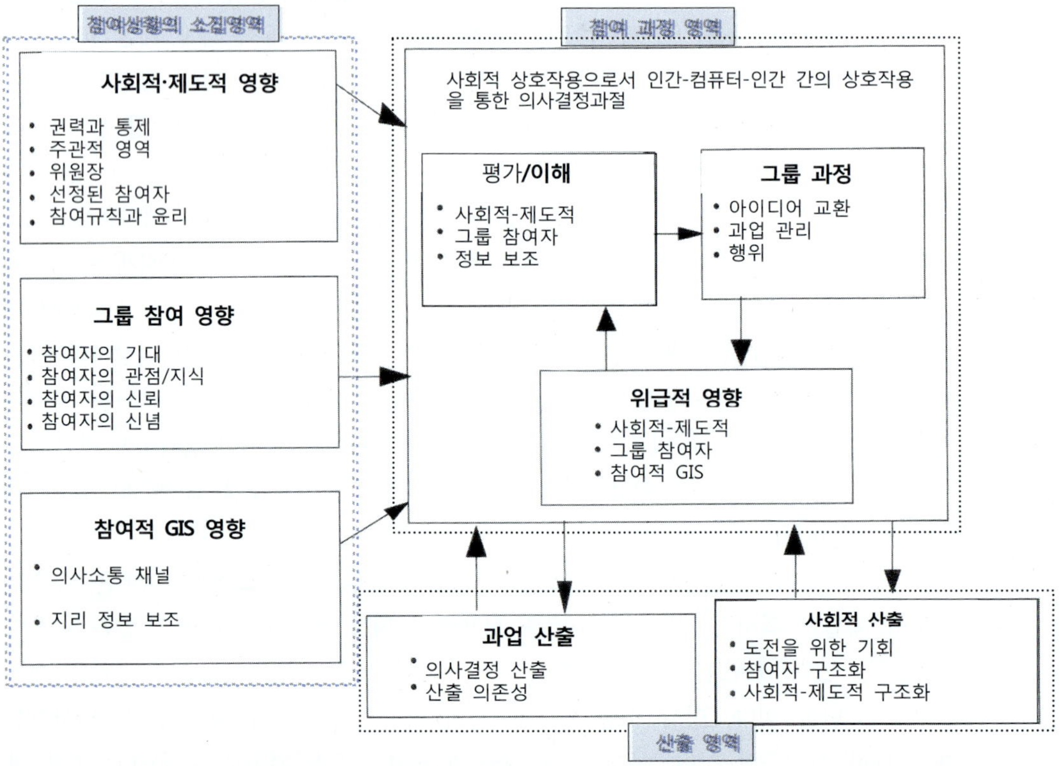

출처: Nyerges, T. & Jankowski, P.(2010), *Regional and Urban GIS: A Decision Support Approach*, p. 83.

(2) 공간적 다기준 의사결정분석의 단계

다기준 의사결정문제는 의사결정자가 도달하고자 하는 목표에서부터 시작하여 6단계를 거쳐서 결과를 산출하게 된다. 다기준 의사결정문제를 구성하고 있는 요소들과 분석단계는 의사결정행렬로 나타낼 수 있는데, 여기서 각 셀은 대안들과 평가기준에 대한 의사결정 결과를 보여준다(그림 14-8 참조). 행렬 매트릭스는 의사결정자, 그들의 선호도, 평가기준이 계층적 구조로 조직되어 있다. 가장 상위의 수준이 목표이며, 의사결정 활동이 추구하는 것이 최종 결과이다. 예를 들면, 토지이용 계획과 관련하여 볼 때, 공간적 문제해결의 목표는 특정지역에서의 '삶의 질 향상'이 된다. 일반적으로 복잡한 의사결정의 문제들은 관심을 가지고 있는 여러 의사결정자들이 참여하게 된다. 의사결정자들은 한 개인일 수도 있고 정부나 기업과 같은 단체일 수도 있다. 의사결정은 영향을 받는 개인의 가치를 반영해야 하므로 대안들을 평가하는데 있어서 기준들의 상대적 중요성에 개한 의

그림 14-8 다기준 의사결정 분석 틀과 분석 단계

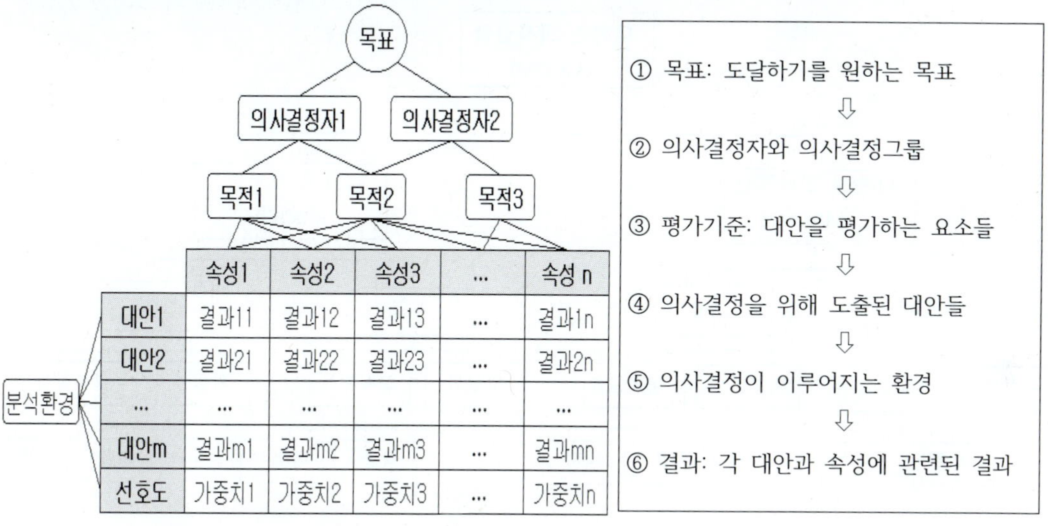

출처: Malczewski. J.(1999), *GIS and Multicriteria Decision Analysis*, p.82

사결정자의 선호도를 가중치로 적용한다.

기준(criterion)은 판단의 근거이거나 대안을 결정하는데 있어서 바람직한 정도를 평가하는 규칙이다. 기준이라는 용어는 목적(objective)과 속성(attribute)을 포함하고 있는 포괄적인 특성을 가진다. 다기준 의사결정의 문제는 목적이나 속성을 포함하고 있으며, 상황에 따라 두 가지 모두를 포함할 수도 있다. 실제 의사결정의 문제에 목적과 속성들이 모두 포함되어 있는 경우라 하더라도, 이 두 개념간의 차이점은 다기준 의사결정방법의 특성과 본질을 이해하는데 중요하다.

목표(goal)는 공간적 시스템의 바라는 상태에 대한 진술이다. 목표는 하나 또는 그 이상의 하위 목적과 속성을 갖는다. 의사결정행렬에서 각 셀은 의사결정 대안들을 나타낸다. 모든 의사결정은 분석환경(state of environment)과 관련되어 이루어지는데, 의사결정자가 직접 조정할 수 없는 많은 요소들이 포함된다. 일반적으로 의사결정환경들은 예측할 수 없는 특성을 포함하고 있는 경우가 많다. 예를 들면, 경제의 침체, 인플레이션, 강수, 가뭄, 추위와 같은 기후적 상태일 수도 있다. 따라서 의사결정과정은 어느 정도의 불확실성을 포함하고 있다.

의사결정 결과는 대안을 평가하기 위한 속성에 따라 달라진다. 결과적으로 의사결정행렬의 각 행과 열이 교차하는 셀이 특정한 대안과 속성이 결부된 의사결정의 결과가 되며, 각 결과들은 해당하는 속성의 수준을 나타내고 대안의 성취나 수행의 정도에 대한 정보를 나타낸다. 최종의사결정은 결과들을 순위화하여 최선의 대안이 무엇인지를 밝히는

그림 14-9 다기준 의사결정문제의 유형화

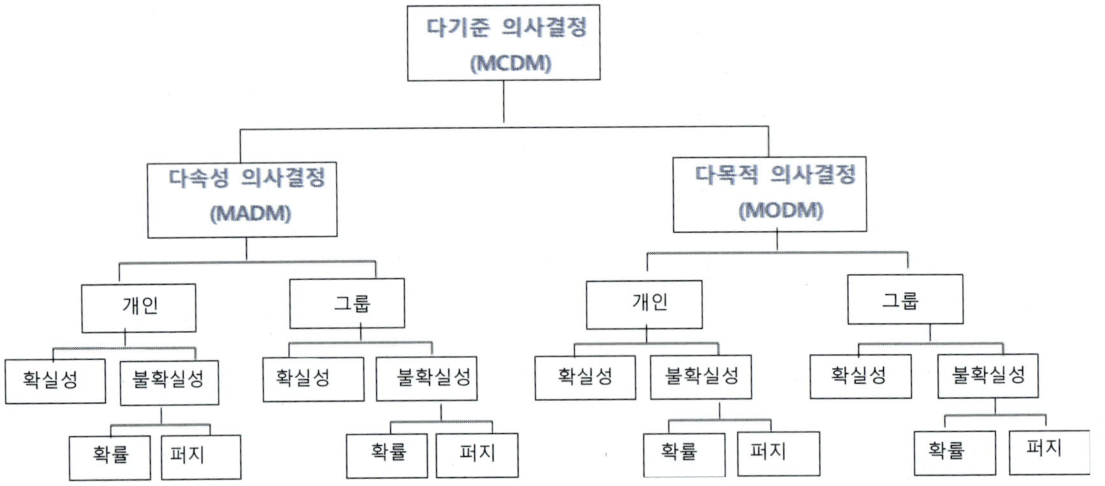

출처: Malczewski. J.(1999), *GIS and Multicriteria Decision Analysis*, p.84

것이다.

한편 다기준 의사결정문제는 기준의 특성에 따라 다속성 의사결정문제와 다목적 의사결정문제로 구분할 수 있으며, 의사결정에 참여하는 주체가 개인인지 또는 단체인지에 따라서 범주화할 수 있다. 또한 의사결정문제에 포함되어 있는 불확실성의 정도에 따라 결정론적, 확률론적, 퍼지 의사결정문제로 세분화될 수 있다(그림 14-9 참조).

다기준 의사결정은 크게 평가기준에 따라서 다속성 의사결정(multiattribute)과 다목적 의사결정(multiobjective)으로 구분된다. 다속성 의사결정은 여러 가지 속성에 대해 의사결정을 내리는 것으로 함수나 가중치의 형태로 선호도들을 분석하는 문제이다. 다목적 의사결정은 여러 목적에 대한 선호도와 이와 관련된 속성함수에 의해 분석된다. 여기서 속성(attribute)은 실제세계의 지리적 시스템을 구성하는 요소들의 특성을 말하며, 지리적 개체나 개체간의 관계에 대한 정성적 또는 정량적 특성을 측정한 것이다. 따라서 속성은 의사결정자가 그 목적을 형성하고 성취하기 위한 수단 또는 정보원으로도 생각될 수 있다. 목적(objective)은 고려하고 있는 시스템의 바람직한 상태에 대한 진술이다. 목적은 속성에 의해 그 성취도를 평가한다. 예를 들면, '대기오염에 노출되는 인구를 최소화한다'는 것은 문제해결의 목적이고, 이를 위해 측정되는 '특정기준 이상의 황산화물에 노출된 인구의 수'와 '특정기준 이상의 일산화탄소에 노출된 인구수'는 속성에 해당한다.

이와 같은 다속성과 다목적 의사결정의 접근방법은 의사결정자의 목표와 선호도(goal-preference)에 따라 다시 구분될 수 있다. 만일 단일 목표-선호도를 가진다면, 실제 의사결정자의 수와 상관없이 문제는 개인적 의사결정문제가 되고, 관심분야의 개체들이 서로 다른 목표-선호도를 가진다면, 그룹별 의사결정문제가 된다. 일반적으로 공간적 의사결정문제는 개별적인 의사결정자보다는 이해관계를 가지고 있는 여러 그룹에 의해서 이루어진다. 그룹 의사결정문제들은 주로 공공부문에서 나타나고 있는데, 공공의 선호도가 높은 병원, 학교, 공원의 입지를 결정하는 것과 공공의 기피성이 큰 유해 폐기물 소각시설이나 폐기물 매립시설의 입지를 선정하는 경우들이다. 또한 특정 토지이용에 대한 보존과 개발이라는 피할 수 없는 상충 문제와 특정부문의 활동이 다른 소유주의 토지수용력을 저하시키는 환경적인 문제는 합의점을 최대화하거나 갈등을 최소화시키는 토지이용패턴을 결정하기 위한 대안을 마련하는 경우도 그룹 의사결정문제의 한 예이다.

한편 의사결정의 문제는 대안이나 그 결과가 확실성을 갖는 경우와 결과에 대한 예측이 불확실한 경우로 범주화할 수 있다. 결과에 대한 확실성-불확실성의 문제는 의사결정자와 분석가가 의사결정시 사용할 수 있는 정보의 양과 관련된다. 만약 의사결정자가 문제에 대해 완벽한 지식을 가진다면, 의사결정은 확실성의 조건하에서 이루어진다. 그러나 실제 세계에서 이루어지는 의사결정은 모든 지식을 알거나 예측하기 어렵다. 이러한 경우는 불확실한 의사결정이 이루어지게 된다. 예를 들면, 농부가 공간적 의사결정을 내리는 경우, 어떤 종류의 농산물을 어디에서 생산할 것인가에 대한 문제는 불확실성을 내재하고 있다. 왜냐하면 작물의 수확은 기후조건에 의해 영향을 받으며, 기후조건을 정확하게 예측하기 어렵기 때문에 농부는 불확실성이 존재하는 상황에서 의사결정을 하게 된다. 이와 유사하게 소매시설의 입지와 재입지를 결정하는 공간의사결정의 문제도 경쟁자들이 어디에 입지를 결정할 것인지에 대한 예측이 어렵기 때문에 불확실성이 존재한다.

불확실성이 내재되어 있는 의사결정상황에도 두 가지 유형의 불확실성이 나타날 수 있다. 의사결정상황에 대한 제한적인 정보와 관련된 불확실성과 사건, 현상, 진술의 의미론적 특성을 기술하는 부정확성과 관련된 불확실성으로 구분된다. 제한적인 정보와 관련된 불확실성은 확률에 의해 다룰 수 있지만 사건 자체가 모호하여 참과 거짓이 아닌 다른 값을 가질 수는 경우, 문제에 내재된 모호성을 '좀 더 속한 또는 좀 덜 속한' 정도로서 가능성의 개념으로 구조화될 수 있다. 이러한 유형은 퍼지집합이론(fuzzy set theory)에 의해 분석하게 된다.

제 2 절

공간적 다기준 의사결정 방법론

[1] 공간적 다기준 의사결정 방법론의 개념

인간생활과 관련된 자연 및 인문환경에서 나타나는 공간적 의사결정문제들은 여러 요인과 상황들을 고려해서 문제의 해결책을 찾아가야 하는 경우가 대부분이다. 합리적인 공간적 의사결정이 이루어지기 위해서는 다양한 요인들을 분석하고 평가하는데 있어서 GIS에 기반을 둔 다기준 의사결정 방법론이 활용되고 있다.

다기준 의사결정 방법론은 갈등적이며 여러 가지 상반된 기준(criteria)들을 근거로 하여 여러 대안들을 평가하여 최선의 대안을 선택하는 방법이라고 정의할 수 있다. 갈등을 야기하는 문제들의 경우 고려되는 기준들도 매우 다양하며, 이들은 다양한 척도로 측정되는 경우가 많다. 이렇게 다양한 기준들을 고려하여 문제의 해결책을 모색하는 다기준 의사결정(MCDM: Multicriteria Decision Making) 방법은 평가되는 대안들에 포함된 기준들이 표준화되어 있지 않을 뿐만 아니라 평가기준들 간에 갈등적인 요소들이 존재하는 특성도 지니고 있다. 이 방법론은 1970년대 고전 환경경제학 분야에서 활용되어온 것으로, 상충적인 평가기준들로 이루어진 대안들 가운데서 합리적이고 효율적인 의사결정과정을 통하여 보다 바람직한 대안을 찾아내는 접근방법이라고 볼 수 있다.

그러나 전통적인 다기준 의사결정 방법론은 비공간적 차원에서 적용되어 왔으며, 평가기준이 되는 결정변수는 공간상에서 동질성을 갖는 것을 전제로 하였다. 따라서 이 방법론 자체는 공공 시설물의 입지를 선정하는데 상당한 한계성을 갖는다. 왜냐하면 대안을 평가하고 순위화하는데 토대가 되는 평가기준들 자체가 공간상에서 변이를 갖고 있으며, 공간상에 불균등하게 분포되어있기 때문이다.

이에 따라 최근에 들어와 GIS를 기반으로 하는 다기준 의사결정 방법론을 통합화한 공간적 다기준 의사결정 방법론에 관한 연구가 활발하게 이루어지고 있다(Carver, 1991; Church, et al., 1992; Heywood et al., 1995; Jankowski, 1995; Janssen & Rietveld, 1990; Keller, 1996; Keller & Strapp, 1996; Malczewski, 1996; Pereira & Duckstein, 1993; Tkach & Simonovic, 1998). 특히 Carver(1991)는 GIS와 다기준 평가기법을 통합하여 영국의 방사성 폐기물의 처리장 입지시설을 선정하였으며, Pereira와 Duckstein (1993)는 토지의 적합성을 평가하는데 이 방법론을 적용하였다. 특히 공간적 다기준 의사결정 방법론이 의사결정자들에게 복잡하고 갈등적인 상황 하에서 의사결정을 내리는데 필요한 정보를 도출해줄 수 있다는 점이 크게 부각되면서 환경자원이나 천연자원에 대한 배분이나 입지 선정 등에 실증적으로 활용하려는 연구들도 활발하게 수행되고 있다.

공간적 다기준 의사결정 방법은 주어진 여러 평가기준을 통해 분석된 결과를 토대로 하여 공간적 배열에 따라 순위화된 하나 또는 그 이상의 대안을 선택하는데 활용되는 방법론이다. 공간적 다기준 의사결정 방법에서 가장 중요한 점은 평가기준들에 대한 의사결정자들의 선호도에 따라서 시설물 입지에 대한 평가가 달라진다는 점이다. 즉, 분석결과는 평가기준들의 지리적 분포와 공간적 변이에 따라서 영향받을 뿐만 아니라 의사결정과정에 포함된 가치 판단이나 선호도에 의해서 대안들의 순위가 달라진다는 점이다.

공간상에서 야기되고 있는 문제에 대한 의사결정을 내려야 하는 경우 가장 어려운 점은 불확실성하에서 결정을 내려야 되는 상황들이 많다는 점이다. 불확실성이 내재되는 근본적인 원인은 정보에 대한 타당성 내지 신뢰성 때문으로, 의사결정자들은 공간 정보에 오차가 없는지 또한 의사결정의 결과를 예측하는데 적당한지를 확신하지 못하는 경우가 많다. 불확실성이 내재되는 또 다른 원인은 미래에 일어날 불확실한 사건으로 인해 선택한 대안에 또 다른 영향을 미칠 수 있기 때문이다. 예를 들면 소매시설의 입지와 재입지를 고려하여 의사결정을 내려야 하는 경우 향후 경쟁자들의 입지 결정에 대해 예측하기 어렵기 때문에 불확실성을 갖게 된다. 이밖에도 평가에 대한 자료가 불충분하거나 시간과 비용이 너무 많이 소요되는 경우 불확실성이 내재됨에도 불구하고 무시되고 의사결정을 내리게 된다.

한편 공간상에서의 갈등적이고 상충적인 의사결정의 상황은 의사결정 상황에 대한 제한적인 정보와 관련된 불확실성 문제뿐만 아니라 주로 의사결정에 포함되는 정보의 불명확성 내지 부정확성 문제도 발생된다. 즉, 의사결정을 내려야 하는 평가기준 자체가 모호한 경우 모호성 문제로 인해 부정확성이 개입될 수 있다. 따라서 실제 세계에서 공간적 다기준 의사결정과정을 통해 최선의 대안을 선택하는 경우 불확실성과 부정확성이 내재된 가운데서 의사결정이 이루어지는 것임을 인식하여야 한다. 또한 산출된 결과에 대해서도 이러한 불확실성과 부정확성에 의해 유래된 오차 문제를 해결하려는 노력도 병행되어야 한다.

[2] 공간적 다기준 의사결정과정의 분석 틀과 단계

다기준 의사결정이란 하나의 과정이므로, 의사결정 문제를 인식하는 것을 시작으로 하여 최종 목적인 대안을 선택하기까지의 과정을 단계적으로 구조화하려는 연구들이 이루어져왔다. 일례로 다속성 의사결정(MADM)의 문제에 대한 분석 틀을 살펴보자. 먼저 각 대안들의 집합 X는 의사결정에 영향을 주는 변수들을 통해 다음과 같이 정의될 수 있다.

$$X = \{x_{i*} | i = 1, 2, \ldots, m\}$$

여기서 각 대안들은 래스터 GIS에서는 셀이나 픽셀들의 집합으로, 벡터 GIS에서는 점, 선, 면적 객체들의 집합으로 표현될 수 있다. 따라서 지표 i는 i번째 대안의 위치를 가리키며, 각 대안들은 각 대안의 위치값과 속성값으로 나타난다. 속성들이 의사결정에 중요한 변수 역할을 하기 때문에, i번째 대안에 대한 j번째 속성을 나타내는 x_{ij}로 척도에 대한 기준치(criterion value)가 된다. 따라서 다속성 의사결정은 의사결정 또는 평가 행렬로 불리우는 대안-속성간의 관계로 표 14-1과 같이 나타나게 된다.

각 행렬의 셀들은 각 대안에 대한 평가된 속성 값들을 갖고 있다. 입력 데이터가 주어졌을 때 다속성 의사결정문제는 의사결정규칙에 따라 지도 레이어의 공간분석 기능을 통해 최적 대안을 찾게 되며, 각 대안의 평가 값은 각 속성의 점수만이 아니라 의사결정자의 주관적 선호에 의해서도 영향을 받게 된다. 즉, 의사결정 결과는 척도평가의 값과 각 척도에 대한 의사결정자의 선호가 결합한 것이며, 최적의 대안은 적합한 대안들 X의 의사결정규칙을 적용하여 결정된다.

$$\text{최적의 대안} = f(\text{속성}, \text{선호도})$$
$$[x_{i1}, x_{i2}, \ldots, x_{in} | x_{i*} \in X, i = 1, 2, \ldots, m]$$

표 14-1 다속성 의사결정 문제를 위한 대안-속성 관계 행렬

	속성 1	속성 2	…	속성 m
대안 1	x_{11}	x_{12}	…	x_{1n}
대안 2	x_{21}	x_{22}	…	x_{2n}
…	…	…	…	…
대안 m	x_{m1}	x_{m2}	…	x_{mn}

출처: Malczewski. J.(1999), *GIS and Multicriteria Decision Analysis*, p.92.

일반적으로 의사결정은 문제의 인식으로 시작되어 마지막 결정이 이루어질 때까지의 일련의 행동들이 일어나는 과정이다. Keeney(1992)에 따르면 의사결정 문제도 크게 두 가지 유형으로 구분된다. 즉, 의사결정의 대안을 생성하는데 초점을 두는 접근방법(alternative-focus approach)과 의사결정 분석의 필수요소인 가치평가에 초점을 두는 접근방법(value-focus approach)으로 구분될 수 있다. 두 가지 접근 모두 6단계를 거쳐 최종 결과를 산출하게 되지만 각 접근방법에 따라 의사결정이 이루어지는 단계마다 수행하는 활동이 달라지게 된다(표 14-2 참조).

표 14-2 가치-초점과 대안-초점 접근방법에서 단계별 활동 비교

단계	가치-초점 접근	대안-초점 접근
1	의사결정 문제 인식	의사결정 문제 인식
2	가치 명시화	대안들을 생성
3	대안들을 생성	가치 명시화
4	대안들에 대한 평가	대안들에 대한 평가
5	대안 선정	대안 선정
6	추천	추천

출처: Keeney, R.(1992), Value-focused Thinking; A Path to creative Decisionmaking, p. 49.

Malczewski(1999)는 이러한 다기준 의사결정 분석방법을 토대로 GIS를 기반으로 하는 공간적 다기준 의사결정을 분석기틀을 그림 14-10과 같이 제시하였다. 이 그림에서 볼 수 있는 바와 같이 공간적 다기준 의사결정과정의 첫 단계는 지능적 단계로, 문제의 인식 및 정의로부터 시작한다. 문제의 정의는 의사결정자의 지적인 사고의 일부분으로, 바람직한 상태에 대한 환경을 모색하는 것이다. 다기준 의사결정에서 대안을 결정하는데 있어서 바람직한 정도를 평가하는 가장 기본적인 단서가 되는 것은 평가기준과 제한요인이며, 이들을 토대로 하여 대안들을 추출해내게 된다. 이 단계에서 원시자료를 수집, 처리하고 문제를 확인할 수 있는 단서를 검색하게 된다.

공간적 다기준 의사결정과정의 다음 단계는 디자인 단계로, 대안을 선택하는데 있어서 가장 중요한 단계라고 볼 수 있다. 공간적 다기준 의사결정 방법에서 대안의 도출은 평가기준 변수들에 의해 이루어진다. 각 대안들은 위치속성(좌표값)과 평가기준치로 나타나며, 대안의 선택은 의사결정자들의 선호도를 반영한 평가기준에 대한 상대적 중요도를 토대로 하여 결정된다. 대부분의 공간적 의사결정 문제는 개인 의사결정자 보다는 관련된 여러 단체에 의해서 이루어지게 되며, 특히 서로 다른 선호도와 관심을 갖고 있는 관련 단체들이 개입되므로, 이들 집단 간에 합의점을 도출하는 것이 의사결정과정에서 매우 중요하다. 대안 선택을 위한 의사결정은 평가기준치와 각 평가기준에 대한 선호도나 중요도를 결합하여 의사결정 규칙(decision rule)에 따라 각 평가기준들을 통합하여 최선의 대안을 선택하는 것으로, 다기준 의사결정 문제는 다음과 같이 정의될 수 있다.

의사결정규칙: $[Xi_1 , Xi_2 , ---, Xin \mid Xi* \in X, i=1, 2,..., n]$

이 식은 여러 가능성 있는 대안들(Xi*) 가운데 n개의 평가기준값에 따라 최선의 것을 선택하기 위해 의사결정 규칙을 적용하라는 것이다.

그림 14-10 공간적 다기준 의사결정과정의 분석 틀

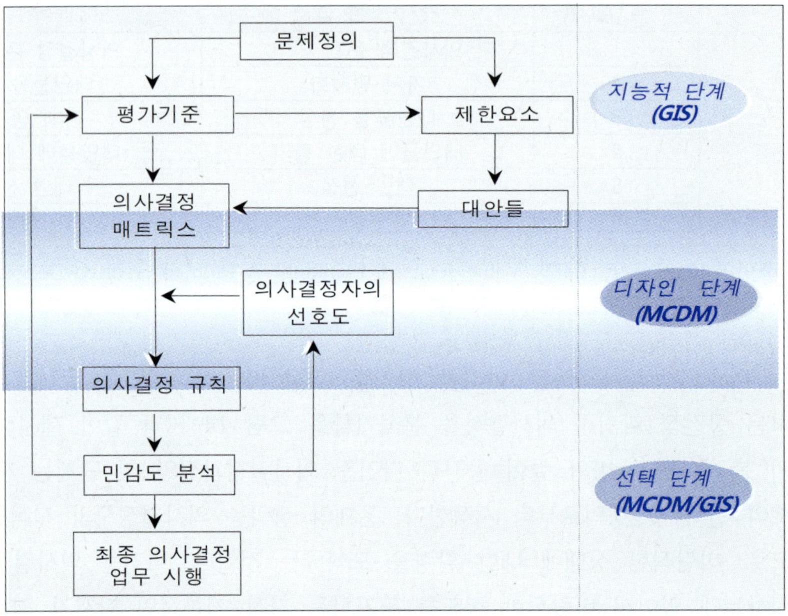

출처: Malczewski, J. (1999), *GIS and Multicriteria Decision Analysis*, p. 96.

의사결정 규칙에 따라서 최선의 대안을 선택하는 마지막 단계 전에 민감도 분석을 실시한 후에 최종적인 대안을 추출한다. 민감도 분석은 평가기준에 대한 점수와 가중치 부여 시에 내재하는 오차가 최종 결과산출에 미치는 영향력을 측정하는 것이다. 특히 가중치의 상대적인 중요성에 대한 불확실성을 다루기 위해 평가기준의 가중치 할당에 대한 민감도를 분석하는 것이다.

[3] 평가기준의 표준화와 평가기준의 가중치 산출 방법

다양한 기준들을 고려하여 대안들을 평가하는 다기준 의사결정 분석에서 평가기준들을 표준화하고 각 평가기준에 대한 개인 또는 그룹 의사결정자의 선호도를 반영하는 것은 중요한 부분이다.

여기서 평가기준의 표준화방법에 관하여 살펴본 후, 의사결정자의 선호도를 반영하기 위한 평가기준에 대한 가중치를 부여하는 방법에 관하여 살펴보고자 한다.

(1) 평가기준의 표준화

다기준 평가에서 각 평가기준은 GIS 데이터베이스 구축 시에 속성값을 가진 개개의 커버리지로 구축되는데, 이를 평가기준도(criterion map)라고 부른다. 평가기준도는 의사결정의 목적에 대한 적합도 정보를 측정하는 기준도(factor map)와 의사결정 과정에서 제외되어야 하는 제한요소들로 구성된 제한도(constraint map)로 구분될 수 있다.

평가기준은 그 속성의 특성에 따라서 정성적으로 측정될 수도 있고, 정량적으로 측정될 수도 있다. 예를 들어 토양의 종류나 식생의 유형, 정주패턴과 같은 기준들은 정성적으로 측정이 되며, 거리나 접근성을 측정한 것, 가구소득의 분포와 같은 기준들은 정량적으로 측정된다. 평가기준도들은 평가기준의 특성에 따라 측정 척도가 달라진다. 일반적으로 측정값에 대해 사고적인 판단이 필요없고 일반적으로 해석이 가능한 객관적 현상은 자연적 척도(natural-scale)로 측정된다. 하지만 의사결정자의 주관적인 판단에 의해 측정 단위가 정의되는 경우는 구조화된 척도(constructed-scale)에 의해 측정된다. 또한 측정되는 척도가 목적을 직접적으로 측정할 수 있는 경우도 있지만, 속성이 목적의 성취정도를 분명히 표명하지 않을 경우는 간접적으로 측정하여 평가기준도를 구축할 수도 있다.

이와 같이 다양한 측정 척도에 의해서 구축된 개개의 평가기준도들은 직접적으로 서로 비교할 수도 없으며 연산할 수도 없다. 따라서 서로 다른 측정단위로 구축된 평가기준도들을 결합하기 위해서는 동일한 척도 단위로 변환되어야 한다. 일반적으로 다양한 측정 단위를 갖는 평가기준도의 정보 유형이 확실성을 갖는 속성인지 불확실성을 포함한 속성

그림 14-11 평가기준도의 유형화

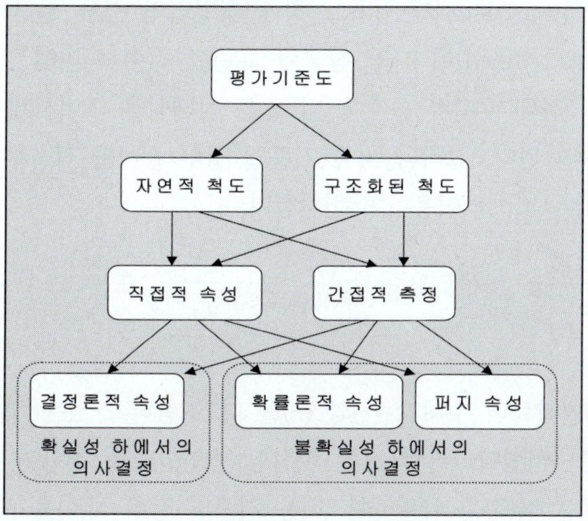

출처: Malczewski, J. (1999), *GIS and Multicriteria Decision Analysis,* p. 114.

인지에 따라 분류할 수 있다. 확실성을 갖는 경우에 적용할 수 있는 결정론적인 방법과 불확실성을 포함한 경우에 적용할 수 있는 확률에 근거한 방법과 퍼지 소속도 함수를 적용한 방법으로 범주화 할 수 있다. 이와 같이 평가기준도를 구축하는데 가용한 정보의 유형에 따라서 결정론적, 확률론적, 퍼지적 기준도로 유형화할 수 있다(그림 14-11 참조).

결정론적인 기준도는 기준도의 각 개체마다 하나의 값이 할당되기 때문에 대안과 그 결과 간에 결정론적인 관계가 존재한다. 결정론적 기준도를 표준화시키는 경우 선형 변형 방법이 가장 많이 이용된다. 가치/효용함수도 일반적으로 이용되고 있으나 가치함수는 결정론적인 상황에서만 쓰이며 효용함수는 불확실성을 포함하고 있는 상황에 적당한 방법이다. 여기서는 일반적으로 이용되는 평가기준도를 표준화시키는 방법에 관하여 간단히 살펴보고자 한다.

일반적으로 다양한 측정단위로 측정된 평가기준도들을 표준화시키는 방법에는 표준화 점수로 전환시키는 방법과, 각 평가기준도의 특성을 고려한 효용함수를 적용하여 특정한 값이나 효용지수로 전환시키는 방법이 있다. 각 평가기준도들을 표준화시키는 최적의 방법은 없으며, 변수의 특성과 문제에 따라서 적절한 방법을 적용하고 있다. 측정단위를 표준화시키는데 활용되는 방법들은 다음과 같다.

① 선형 변형(linear scale transformation) 방법

이 방법은 원자료를 표준화하는데 가장 많이 이용되는 방법으로, 최대점수화와 점수범위화 방법이 있다. 최대점수화 방법은 원자료를 최대값으로 나누는 비율적 변환방법으로 표준화 점수를 계산하는 방법이다. 점수범위화 방법은 원자료와 최소값 간의 차이를 주어진 기준의 범위(최대-최소)로 나누어줌으로 표준화 점수 산출하는 것으로, 최대치와 최소치가 1과 0의 값으로 나타난다. 선형 변형방법의 경우 편익 기준(benefit criteria)과 비용 기준(cost criteria)에 따라 산출된 표준화 값이 의미하는 바가 달라질 수 있다. 만일 편익 기준일 경우 수치가 클수록 더 좋은 상태임을 의미하게 되며, 따라서 식 (1)을 이용하여 변환하면 된다. 그러나 비용 기준일 경우 수치가 작을수록 더 좋은 상태임을 의미하게 되는 경우 식(2)를 이용하여 변환한다.

$$x_{ij}' = \frac{x_{ij}}{x_j^{\max}} \quad (\text{식 } 1), \qquad x_{ij}' = 1 - \frac{x_{ij}}{x_j^{\max}} \ \text{또는}\ x_{ij}' = \frac{x_j^{\min}}{x_{ij}} \quad (\text{식 } 2)$$

그러나 원자료의 수치가 (+)와 (-)를 다 포함하고 있는 경우 이와 같은 선형 변환으로 표준화하기는 어렵다. 이런 경우 비선형 변형방법을 통하여 표준화할 수 있다. 즉, 편익 기준일 경우는 식(3)을 이용하며, 비용 기준일 경우 식(4)를 이용하여 표준화시킬 수 있다.

$$x_{ij}' = \frac{x_{ij} - x_j^{mim}}{x_j^{\max} - x_j^{\min}} \quad (\text{식 } 3), \qquad x_{ij}' = \frac{x_{ij}^{\max} - x_{ij}}{x_j^{\max} - x_j^{\min}} \quad (\text{식 } 4)$$

② 가치/효용도 함수(value/utility function) 접근법

평가기준도를 공통적인 척도로 전환하는 방법으로, 0에서 1사이의 값을 갖는 효용이나 가치로 전환시키는 방법이다. 이 방법은 의사결정자의 상대적인 선호도를 반영할 수 있다. 가치함수는 결정론적 또는 확실성 하에서 의사결정 상황이 이루어지는 경우에 적용되며, 반면에 효용함수는 확률론적 또는 불확실성하에서의 의사결정 상황이 이루어지는 경우에 적용된다.

③ 확률이론에 근거한 변환방법

관측된 결과를 근거로 확률을 도출하는 방법으로 확률이론을 이용하는 방법이다. 여러 차례 반복에 의한 관측 결과는 통계적인 정규성을 보여주게 됨으로 확률을 얻게 될 수 있다. 발생가능성의 상대적인 빈도값은 0과 1사이의 숫자를 가지게 된다. 의사결정자들이 사건의 발생가능성을 평가할 수 있는 방법에는 여러 가지가 있는데, 이것은 발생확률이 평가 수행자와 독립적으로 이루어지는 객관적 확률과, 사건발생 가능성에 대한 주관적인 인식이 개재되어 개인의 경험과 판단, 직관이 불확실성의 정도에 영향을 미치는 주관적 확률로 구분할 수 있다.

그밖에도 확률론을 수정하여 발전시킨 베이지안 확률론은 확률의 상황을 유사한 상황 하에서 초기에 경험한 것에 따라 확률을 할당하는 분석방법이다. 이 방법은 선험적 확률을 근거로 조건부 확률에 의하여 사후적 확률을 찾는 방법이다.

④ 퍼지함수(fuzzy members) 접근법

평가기준을 표준화하는 방법으로 퍼지함수의 개념이 이용될 수 있다. 퍼지함수는 각 평가기준의 임계치 경계가 명확하지 않은 애매모호한 분류를 표현할 때 소속도 함수로 정의되므로, 불확실성 또는 부정확성을 다룰 수 있다. 퍼지이론은 1960년대 이후 여러 학문 분야에서 꾸준하게 발전되어온 것으로 평가기준들을 표준화하는 경우 퍼지함수를 적용하면 정보의 손실을 적게 하고 공간정보들의 불명확성, 모호성을 수용할 수 있는 장점을 갖고 있다.

각 평가기준에 소속도 함수를 적용하여 표준화시키는 경우, 공간정보의 정도 차이를 반영할 수 있는 함수에 근거하여 속성정보를 '0'과 '1'사이의 값으로 대체시키게 된다. 그러나 퍼지함수를 적용하는 경우 소속도 함수의 유형을 결정하고 각 함수의 임계치 경계의 설정이 매우 중요하다. 즉, 퍼지함수를 이용하여 자료를 0~1까지의 연속된 척

그림 14-12 퍼지 함수를 적용한 평가기준도의 표준화

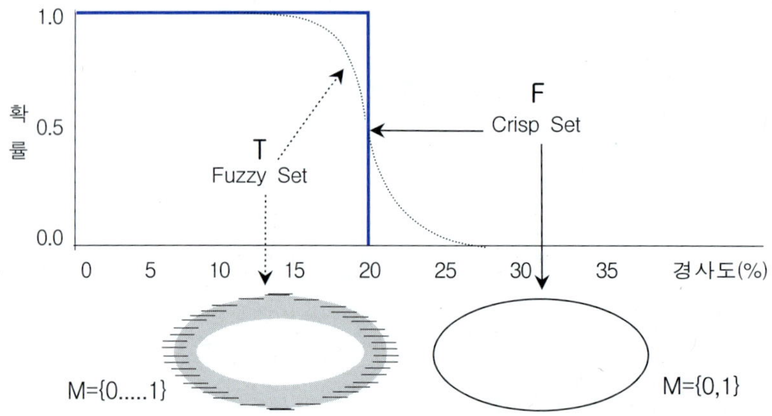

도로 표준화시키는 경우, 기준요인의 특성을 가장 적합하게 표현할 수 있는 함수의 형태를 결정하고 또한 함수의 변곡점을 결정하는 것이 중요하다.

그림 14-12는 평가기준도의 표준화 과정에서 퍼지함수를 적용한 예이다. 만일 산장 건축에 적합한 지형의 경사도를 분석하는 경우, 20% 이상의 지역은 입지에 적합하지 않고 20% 미만의 지역은 적합하다는 경직된 기준(crisp set)에 따를 경우 다른 평가기준들에 비추어 매우 적합한 지역일지라도 경사도가 20%를 넘는 지역의 경우 입지 적합성 후보 지역에서 제외된다. 이러한 정보의 손실을 줄이기 위하여 퍼지함수를 적용하여 표준화하는 경우에는 20% 미만의 지역이라는 정량적인 기준을 피하고, '경사가 완만하다', '보통이다', '경사가 급하다'와 같이 정성적인 정보를 제공한다. 이렇게 퍼지함수는 '예 또는 아니오'의 결정론적인 개념을 확장시켜 '더 또는 조금'과 같은 언어적인 표현 또는 정도의 차이가 있는 모호함을 다룰 수 있도록 한다.

퍼지이론에서 소속도 함수는 가능성(확률)이라고 볼 수 있으며, 공간정보의 정도차이를 반영할 수 있는 함수를 이용하여 정보를 0과 1사이의 값(fuzzy set)으로 대체시킨다. 각 지표의 분포특성에 부합되는 표준화 함수와 표준화값을 산출하기 위해 IDRISI를 사용하면 쉽게 변환할 수 있으며, 소속도 함수의 유형은 S형, J형, 선형 등이 있으며(그림 14-13 참조), 함수 모양을 결정하는 변곡점의 위치에 따라 다양하게 표현된다. 퍼지함수를 사용하기 위해서는 각 함수 특성에 필요한 임계치 설정이 필요하며, 이를 위해 기초 통계분석(히스토그램, 평균, 분산, 왜곡도)을 통해 나타난 분포상황을 참조하여 함수를 정하고 임계치를 설정할 수 있다. 따라서 퍼지함수를 이용하여 표준화시키기 위해서는 표준화 함수 선정을 위해 필요한 기술통계값과 각 지표별 히스토그램과 누적분포도를 참조하여 결정할 수 있다(그림 14-13 참조).

그림 14-13 표준화를 위한 다양한 퍼지함수 유형과 함수의 임계치 설정 방법

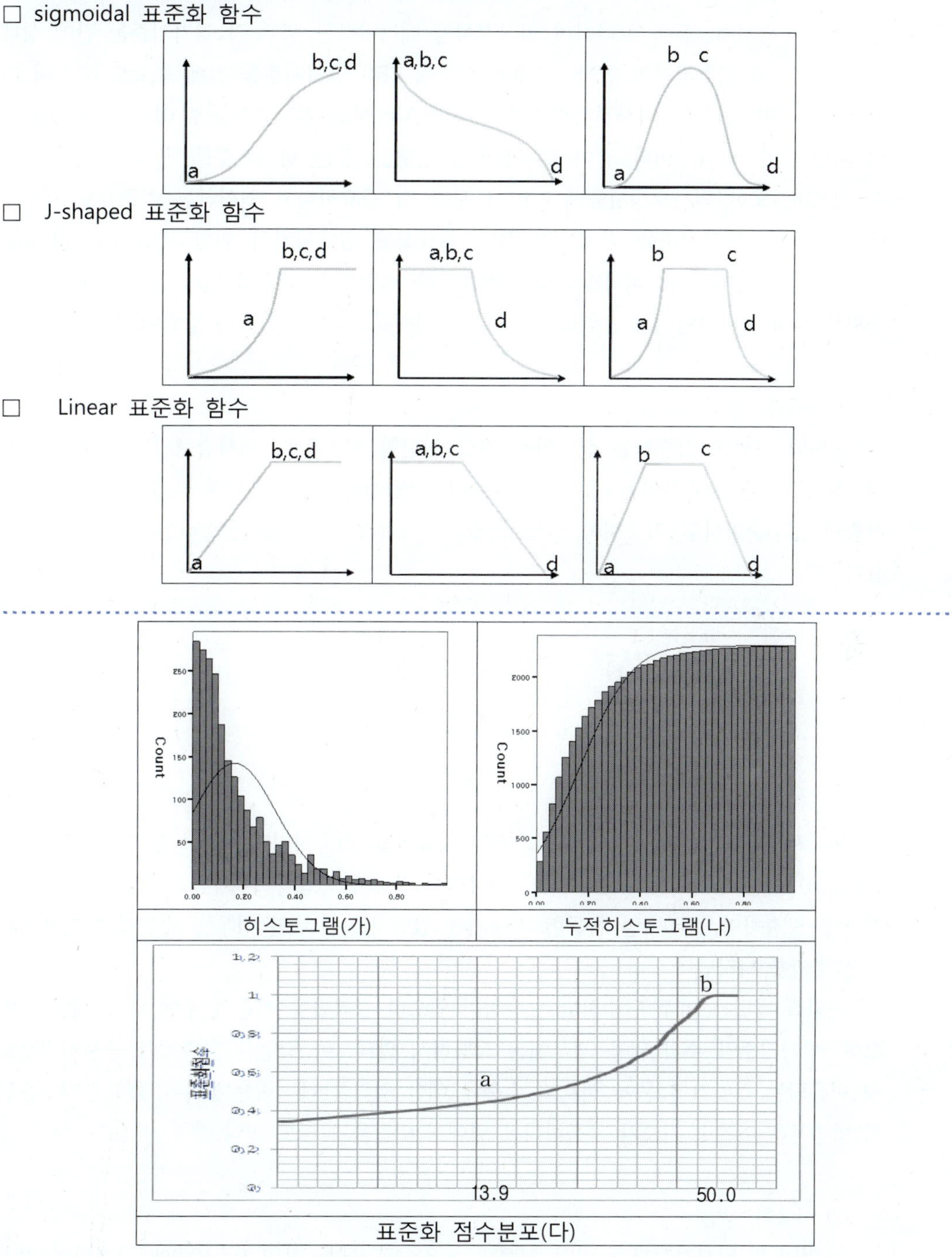

(2) 평가기준에 대한 가중치 부여방법

다양한 평가기준들을 고려하여 의사결정을 내려야하는 경우 각 평가기준들 간에 상대적인 중요도를 결정하여야 한다. 문제의 성격에 따라 평가기준들 간에 중요도 수준이 다를 수 있으며, 관련된 의사결정자들의 입장에 따라서도 평가기준들에 대한 선호도에 차이가 있을 수 있다. 이와 같이 입지선정에 영향을 주는 평가기준들 간의 비중이 다를 수 있으며, 또한 의사결정자들에 따라서 보다 더 중요하다고 인식하는 기준들도 차이가 난다. 따라서 평가기준들 간에 상대적인 중요성을 반영시키기 위한 가중치(weighting)의 적용이 필수적이다. 의사결정자의 선호도를 반영하여 평가기준들 간에 상대적인 가중치를 부여하는 방법에는 순위화, 비율화, 쌍별비교, 상충분석 등의 방법이 있다.

① 순위화 방법

순위화 방법은 가중치를 산정하는 가장 간단한 방법으로, 의사결정자의 선호도에 따라 평가기준을 순위화하는 것이다. 순위화 방법에는 (가)순위합계 가중치, (나)역순위 가중치, (다)순위지수 가중치화 방법이 있다. 각각의 가중치를 산출하는 공식은 다음과 같다.

(가) $W_j = \dfrac{n - r_j + 1}{\sum (n - r_k + 1)}$　　(나) $W_j = \dfrac{1/r_j}{\sum (1/r_k)}$

(다) $W_j = \dfrac{(n - r_j + 1)^p}{\sum (n - r_k + 1)^p}$

여기서 wj는 j번째 평가기준에 대한 정규화된 가중치이며, n은 평가기준의 수(k= 1,2....,.n), rj는 평가기준의 순위이다. 순위지수 가중치 방법의 경우 반복적인 절차에 의해서 P를 도출하며, P=0이면 동등한 가중치를 할당하고. P=1인 경우는 순위합계 가중치와 같은 결과를 나타낸다.

순위화 방법은 아주 단순하다는 장점이 있으나 순위화될 기준의 수에 의해 제한을 받으며, 평가기준의 수가 많을 경우에는 적당하지 않다. 이 방법은 가중치의 근사치법으로서 이용되는 것이기 때문에 선호도 수준에 대한 결과를 해석하는데 주의해야 한다. 순위화 방법론은 이론적 기초가 부족하다는 면에서 비판을 받기도 한다.

② 비율화 방법

이 방법은 의사결정자가 이미 결정해 놓은 척도(예를 들면 0~100)에 근거하여 가중치를 부여하는 방법으로, 가장 단순한 비율화 방법의 하나는 점수할당 방법이다. 이것은 의사결정자가 각 평가기준에 0에서 100까지 범위의 점수를 할당하는 것으로, 점수가 많아지면 상대적인 중요성이 더 큰 것을 의미한다.

점수할당 방법을 수정한 것으로 비율추정과정 방법이 있는데, 이는 우선 가장 중요한 기준에 임의적으로 가중치(100)를 할당한 다음 비율적으로 그 다음 순위의 평가기준에 적은 가중치들을 할당하는 것이다. 그리고 가장 낮게 할당된 가중치를 기준으로 하여 비율값이 계산되며, 이 값들의 합계를 이용하여 가중치를 표준화한다. 이 방법은 각 평가기준에 가중치를 적합하게 할당하는 방법이 어렵고 이론적 배경이 부족하다는 면에서 비판을 받고 있다.

③ 쌍별 비교 방법

이 방법은 Satty(1980)의 분석적 계층과정(AHP: analytic hierarchy process)에 의해서 고안된 방법이다. AHP 이론은 불분명한 선택의 문제에 있어서 문제를 계층적으로 분석하여 평가하고, 정성적인 특성들을 정량적인 판단기준에 따라 평가하는 객관적이고 일관성있는 가중치를 산출하는 방법이다. 특히 공간적 다기준 의사결정의 문제에 AHP를 도입함으로써 공간문제가 갖는 비구조적인 성격을 어느 정도 구조화할 수 있다. 쌍별 비교 논리는 계층구조의 개념과 퍼지집합 개념에서 출발한 것이다.

AHP 이론에서는 사물이나 현상에 대한 인간의 평가적인 사고를 9단계의 척도로 나누

표 14-3 쌍별 비교를 위한 AHP 척도

중요도	정의	설명
1	동등하게 중요	비교되는 두 가지의 요소가 상위단계의 목표에 동등하게 중요한 역할을 한다.
3	약간 중요	경험이나 판단으로 볼 때 한가지의 요소가 다른 요소에 비해 약간 더 중요하게 상위의 목표에 영향을 미친다.
5	필수적이며 매우 중요	경험이나 판단으로 볼 때 한가지의 요소가 다른 요소에 비해 매우 필수적이거나 상대적으로 훨씬 중요하다.
7	실증된 중요	경험이나 판단에 의해서가 아니라 실증적으로 다른 요소에 대한 상대적 중요성이 입증된 경우.
9	극히 중요	실증적으로 하나의 요소가 다른 요소에 비해 가장 강한 결정적 요소임을 확언할 수 있음이 증명된 경우
2,4,6,8	위의 척도들의 중간 값	위 척도들의 중간정도의 중요도
위 숫자들의 역수	1,1/2, 1/3,.......1/8, 1/9	요소 α가 요소 β에 대해 위의 척도 중 하나인 n값을 가질 때 요소 β는 요소α에 대해 1/n의 중요도를 갖는다.

고 있다. 각 요소들 간의 중요도의 평가는 두 개의 요소들을 상호 비교하는 쌍별비교의 9단계 척도를 통해서 얻을 수 있다(표 14-3 참조). 이 척도를 기준으로 쌍별비교를 하여 상대적 중요도를 행렬 형태로 나타내어 비율행렬(ratio matrix)을 구축하고 상대적인 가중치를 산출하게 된다. 즉, 쌍별 비교는 어떤 계층에 있는 기준들의 상대적 중요도를 평가하고, 그 결과를 행렬로 나타낸다. 예를 들어, 어떤 계층의 평가기준을 C_1 , C_2 , …, C_n이라고 하고, C_j에 비해 C_i의 중요도를 a_{ij}로 표시할 때, 이들 n개 기준들간 쌍별 비교의 결과는 n x n 행렬로 나타낼 수 있다. 가중치는 비율행렬의 최대고유치와 관련된 고유벡터를 표준화하여 산출한다. 쌍별비교 방법의 장점은 가중치가 산출되고 나면 비교행렬의 일관성을 검증하는 일관성 비율(CR: Consistency Ratio)를 계산하여 쌍별비교의 일관성 정도가 타당함을 변별할 수 있다는 점이다.

일관성 비율 검정을 위해서는 먼저 일관성 지수(Consistency Index)를 산출하여야 한다. 일관성 지수란 가중치의 크기와 순서에 대한 일관성 정보를 제공하는 것으로, 만일 a_{ij}가 행렬 A 의 한 요소를 나타낼 때 모든 요소에 대해서 $a_{ik} = a_{ij} \cdot a_{jk}$이면 일관성이 완벽하다고 할 수 있다. Saaty는 λmax 의 값이 n에 근접할수록 쌍별 비교의 행렬 A 가 일관성을 갖는 것으로 해석할 수 있다는 특성과 λmax의 값은 항상 n보다 크거나 같다는 특성을 이용하여 다음과 같은 일관성 비율 측정법을 개발하였다.

일관성 비율(CR: Consistency Ratio) = CI/RI

여기서 CI=(λmax - n)/(n - 1)에 의해 계산되고, RI(Random Index)는 평가기준의 개수 n의 크기에 따라 표 13-4와 같은 값으로 나타난다. RI 값들은 1부터 9까지의 숫자를 임의로 뽑아 수백 개의 행렬을 만들고 이로부터 CI 값들을 계산하여 평균한 것이다.

표 14-4 n의 크기에 따른 RI의 값

n	3	4	5	6	7	8	9	10
RI	0.58	0.9	1.12	1.24	1.32	1.41	1.45	1.49

일관성이 완벽한 경우 λmax = n이 되므로 CI 값은 0이 될 것이고 따라서 CR 값도 0이 된다. 반대로 판단의 일관성이 불량해 질수록 λmax > n이 되고 CI나 CR 값은 0보다 커지게 된다. 복잡하고 까다로운 의사결정에서 인간의 판단력에는 한계가 있기 때문에 대체로 CR>0이 된다. 계층화의사결정법에서는 이러한 점을 고려하여 완벽한 판단의 일관성을 요구하지는 않고 있다. 그러나 CR 값이 너무 크면 판단의 일관성이 불량하다고 간주되며, 그러한 판단으로부터 도출된 가중치는 의사결정에 이용하기 곤란하다. Saaty는

CR<0.1인 경우에만 판단의 일관성이 있다고 판단되며, CR>0.1이면 쌍별 비교를 다시 하거나 설문지를 수정해야 한다고 제안하고 있다.

쌍별비교 방법을 간단한 예시를 통해 살펴보자. 일례로 교통개선 프로젝트를 수행하기 위해 세 지표를 선정하고 각 지표별 가중치를 산출해보자. C_1(일자리로의 접근성), C_2(대기오염 방출), C_3(연간 통행자 통행거리)의 세 지표 가운데 교통 프로젝트를 수행하는데 보다 중요한 지표가 어떤 지표인가에 대한 설문조사 결과 가장 중요시되는 지표는 C_3로 나타났고, 그 다음이 C_2이며 C_1은 상대적으로 덜 중요한 것으로 나타났다. 이에 따라 C_3에는 가중치 4, C_2에는 2, C_1에는 1이 부여되었다. 이와 같은 상대적 중요도가 평가된 이후 AHP 방법을 통해 각 지표의 가중치를 산정하는 과정은 표 14-5와 같다. 먼저 각 행의 합계를 내어 각 셀에 대한 비중을 산출한 후, 각 열의 평균값을 산출한다. 이렇게 산출된 값은 각 지표의 상대적 중요도를 나타내는 고유치(eigenvector)가 된다. 각 지표에 대한 가중치를 보면 C_1(0.14), C_2(0.29), C_3(0.57)으로 나타나고 있다. 이렇게 산출된 가중치는 일관성 지수를 산출하여 일관성 검증 단계를 거쳐야 한다. 표 14-5에서 볼 수 있는 바와 같이 일관성 비율(CR) 값이 0.009로 매우 유의적으로 나타났기 때문에 산출된 가중치는 적합하다고 판정할 수 있다.

표 14-5 쌍별 비교에서 AHP 방법을 통한 가중치 산출과 일관성 비율 검정방법

	C_1	C_2	C_3
C_1	1	1/2	1/4
C_2	2	1	1/2
C_3	4	2	1

⇨

	C_1	C_2	C_3
C_1	1	1/2	1/4
C_2	2	1	1/2
C_3	4	2	1
	7	3.5	1.75

⇨

	C_1	C_2	C_3	
C_1	1/7	1/7	1/7	$\frac{1/7+1/7+1/7}{3}=0.14$
C_2	2/7	2/7	2/7	$\frac{2/7+2/7+2/7}{3}=0.29$
C_3	4/7	4/7	4/7	$\frac{4/7+4/7+4/7}{3}=0.57$

$$\begin{bmatrix} 1 & 1/2 & 1/4 \\ 2 & 1 & 1/2 \\ 4 & 2 & 1 \end{bmatrix} \text{ X } [0.14 \quad 0.29 \quad 0.57] = \begin{bmatrix} 0.428 \\ 0.86 \\ 1.71 \end{bmatrix}$$

$$\begin{bmatrix} 0.428 \\ 0.86 \\ 1.71 \end{bmatrix} \div \begin{bmatrix} 0.14 \\ 0.29 \\ 0.57 \end{bmatrix} = \begin{bmatrix} 3.06 \\ 2.97 \\ 3 \end{bmatrix} \div 3 = \frac{3.06+2.97+3}{3}=3.01$$

$$CI=\frac{\lambda-n}{n-1}=\frac{3.01-3}{3-1}=0.005$$

$$CR=\frac{CI}{RI}=\frac{0.005}{0.58}=0.009$$

그러나 이 방법도 평가기준의 상대적인 중요성을 적용할 때, 각 기준들의 측정단위를 고려하지 않는다는 부분에서 비판을 받는다. 이러한 부분이 갖는 모호성으로 인해 평가기준들에 대한 해석이 달라질 수 있고, 의사결정자들에 의해서 오류가 발생할 가능성이 있다는 단점이 있다. 또한 한번에 두 가지 평가기준만을 고려할 수 있기 때문에 평가기준이 n개 있으면, n(n-1)/2 만큼 비교해야 하므로 많은 시간이 소요된다. 쌍별 비교 방법은 EXPERT CHOICE, IDRISI 프로그램을 이용하여 계산할 수 있다.

④ 상충분석 방법

이 방법은 의사결정자가 대안들 각 쌍의 상충(trade-off)을 직접적으로 평가하는데 이용하는 방법이다. 상충분석은 대안들에 같은 가중치가 부여되는 것으로, 전체적으로 같은 값/효용을 갖는 상충에서 대안들이 동등하게 선호되는 것을 허용한다. 이 접근방법은 두 개의 대안 A와 B 대안 중에 어느 대안이 더 선호되는가를 결정하는 것이다. 이 방법은 두개의 평가기준간의 상충은 다른 평가기준 수준에는 영향받지 않는다는 것을 전제로 하고 있다.

이 방법은 의사결정자가 한 속성값이 최저수준에서 최고에 이르기까지의 변화를 다른 속성과 비교하면서 가중치를 만드는 것이다. 상충분석 방법의 절차는 객관적으로 정량화된 평가기준의 경우에 사용될 수 있으나, 평가기준이 주관적인 비율인 경우에는 사용하기 어렵다. 또한 의사결정자가 주어진 공리를 따르고 무차별적인 판단을 할 수 있어야 한다는 단점을 갖는다. LOGICLA DECISION과 MAT라는 프로그램에서 상충분석 방법을 지원하고 있다.

이상에서 살펴 본 바와 같이 가중치를 산정하는 네 가지 방법들은 정확성, 이용의 용이성, 의사결정자들의 이해성, 이론적 기반에 있어서 차이점을 가지고 있으며, 또한 가중치 산정 방법을 위한 소프트웨어 유용성, GIS 환경에서의 이용 가능성에 차이점을 갖고 있으므로 적절한 방법론을 활용하여야 한다(표 14-6 참조). 일반적으로 공간적 다기준 의사결정과정에서 가중치를 부여하는 가장 효율적인 방법으로 쌍별비교 방법을 추천하고 있다. 경험적 연구에 의하면 효율성 측면에서는 쌍별비교 방법과 상충분석 방법이 크게 다르지 않지만, 시간적인 측면에서는 쌍별비교 방법이 더 효과적인 것으로 평가되고 있다.

한편 의사결정문제는 개인보다는 오히려 많은 단체 또는 의사결정자 그룹들이 관심을 가지고 있다. 따라서 의사결정 그룹들의 선호도가 다양할 경우 동질적인 그룹별로 가중치를 산정한 후, 전체 가중치로 종합해서 산출해야 한다. 특히 순위화나 비율화 방법을 그룹의사결정문제에 사용할 경우, 각 기준에 대한 평균 비율이 가중치로 할당될 수 있다. 또한 각 평가기준에 대한 평균 순위를 계산하여 적용할 수 있다.

표 14-6 평가기준도의 가중치 부여 방법 비교

특징	방법			
	순위화	비율화	쌍별비교	상충분석
평가기준 수	n	n	n(n-1)/2	< n
측정 척도	서열척도	등간척도	비율	등간척도
계층성	가능함	가능함	계층적임	계층적임
이론적 배경	없음	없음	통계적/heuristic	공리적/연역적
이용성	매우 용이함	매우 용이함	용이함	어려움
신뢰성	낮음	높음	높음	중간적임
정확성	정확함	정확치못함	매우 정확함	매우 정확함
소프트웨어 가용성	스프레드 쉬트	스프레드쉬트	EXPERT CHOICE	LOGICAL DECISION(LD)
GIS 환경에서의 활용성	스프레드쉬트로 부터 계산된 가중치 도입	스프레드쉬트로 부터 계산된 가중치 도입	IDRISI 소프트웨어에 내장되어있음	LD로부터 계산된 가중치를 도입

[4] 다기준 의사결정 분석에서 활용되는 의사결정 규칙

다기준 의사결정과정에서 가장 중요한 것은 어떠한 의사결정 규칙을 이용하여 대안들의 순위를 결정하는가의 문제이다. 여기서 의사결정 규칙(decision rule)이란 평가기준에 대한 가중치를 부여한 후에 이를 근거로 하여 대안의 순위를 결정하는 일련의 규칙들을 말한다. 즉, 평가기준과 대안들의 정보, 의사결정자의 선호도를 통합하여 대안들을 전체적으로 평가한 후 대안들을 순위화하여 최선의 대안을 추출하는데 사용되는 것이 의사결정 규칙이다. 의사결정 규칙은 넓은 의미의 의사결정 전략(decision strategy)이라고 볼 수 있는데, 이는 문제의 해결점을 찾기 위한 전체 절차이며, 의사결정 규칙은 그 전략의 일부라고 할 수 있다. 다기준 의사결정 분석기법의 구성요소는 의사결정 규칙, 대안들의 집합, 규칙의 집합으로 구성되며, 다기준 의사결정 분석기법은 적용되는 의사결정 규칙, 대안들의 특징, 속성을 의미있는 값으로 만드는 규칙에 따라 달라질 수 있다. 여기서는 의사결정 규칙 가운데 GIS에 기반을 둔 다기준 의사결정 문제를 해결하는데 폭 넓게 이용되는 의사결정 규칙들에 대해 살펴보고자 한자.

(1) 가중선형조합법(WLC: weighted linear combination)

이 방법은 흔히 단순가중치 첨가법(SAW:simple additive weighting) 또는 점수화방법(scoring method)이라고도 한다. 이 방법은 의사결정규칙 방법 중 가장 간단하여 자주 사용되는 방법으로, 가중평균의 개념에 근거한 방법이다. 의사결정자는 각 평가기준의 '상대적인 중요성'에 따라 가중치를 할당한다. 그리고 각 평가기준에 가중치를 곱하고 모든 평가기준들을 합계하여 전체 점수를 산출하는 방법이다. 모든 대안들(i)에 대한 전체 평가기준(j)이 계산될 때, 전체 점수가 가장 높은 대안이 최선의 대안으로 선택되어지는 것이다. 이를 식으로 표현하면 아래와 같다.

$$A_j = \sum_{j=1}^{J} W_j X_{ij} \quad (i = 1,2,3,--- I,\ j = 1,2,3,--- J)$$

여기서 X_{ij}는 j번째 평가기준에 대한 i번째 대안의 점수이며, W_j는 표준화된 가중치로 그 합계는 1이 된다. 이와 같이 각 대안들에 대한 점수(A_j)가 산출된 후 점수에 따라 대안들을 순위화하여 가장 높은 순위의 대안을 최선의 대안으로 선정하는 것이다.

그러나 GIS에 기반을 둔 가중선형조합법에서는 각 평가기준에 대한 가중치가 0-1, 또는 0-100사이의 값으로 직접 할당되므로, 측정단위를 무시하고 있다는 점과 이론적 기반이 약하다는 점에서 비판을 받고 있다. 그러나 이용하기 쉽다는 장점 때문에 실제로는 가장 폭넓게 활용되고 있는 방법론이다.

(2) 다속성 효용 모델(MUM: multiattribute utility model)

다속성 효용모델도 많이 이용되는 의사결정 규칙의 하나로, 가중선형조합법과 매우 유사하다. 가중조합방법이 선형 함수를 이용하여 모든 기준들에 대한 점수들을 표준화하는 고정된 특성을 갖는 것과 대조적으로, 효용분석에서는 각 평가기준 특성에 의해 차별화된 함수에 의해서 평가된다는 점이 다르다. 효용분석에서 중요한 점은 점수들을 전환하기 위하여 값이나 효용함수를 이용하는 것이다. 따라서 이 방법을 적용하는 경우 효용함수 분석이 가장 중요하다. 효용함수는 평가기준에 대한 불확실성하에서 이루어지는 의사결정 상황에 활용하는 방법으로, 효용점수는 속성의 수준과 속성 변화에 따른 선호도의 변화에 대해 의사결정자가 어떻게 반응하는가에 따라서 영향을 받는다. 효용모델을 분석하는 경우 비선형, 다선형 또는 배가적 효용함수가 사용된다. 이 함수들은 일반적으로 의사결정자들의 효용을 기술하기 위한 이론적 기반을 제공한다.

이 모델을 적용하기 위해서는 각 평가기준에 대한 점수와 우위도에 있어 정량적인 정보가 필요하며, 각 평가기준에 대한 효용함수가 지정되어야 한다. 효용함수를 이용함으로써 점수들에 명확하게 값을 부여할 수 있으며, 대안들간의 순위와 상대적인 차이에 대한 정보를 제공한다. 이 방법을 식으로 표현하면 아래와 같다.

$$U_i = \sum_{j=1}^{J} W_j \cdot u_{ij}$$

여기서 U_i는 i번째 대안에 대한 전체 효용수준이다. u_{ij}는 효용함수에 의해 측정된 j번째 평가기준에 대한 i번째 대안의 점수이며, W_j는 표준화된 가중치로 그 합계는 1이 된다. U가 높은 값을 갖는 대안일수록 최선의 대안으로 선정하게 된다.

이 방법은 효용함수를 도출하는데 있어 의사결정자의 선호도를 수학적으로 정확하게 나타내는 것이 매우 어려우며 때로는 불가능할 수도 있다. 특히 평가기준의 수와 효용함수를 도출하는데 상당한 시간이 걸린다는 문제점을 갖고 있다.

(3) 이상적 지점 접근법(IPA: ideal point approach)

이 방법은 먼저 각 대안들이 갖고 있는 가중치가 부여된 각 평가기준의 점수 중에서 최대값을 취하여 각 평가기준의 최대값으로 조합된 가장 이상적인 지점을 가설적으로 설정한다. 그리고 각 대안들이 설정된 이상지점으로 부터 어느 정도 거리가 떨어져 있느냐에 따라서 대안들을 순위화하는 방법이다. 즉 이상적 지점과 가장 근접해있는 대안을 최선의 대안으로 선택하는 것이다. 이 방법은 일반적으로 거리를 산출하는 공식을 활용하며 이상적 지점 의사결정 규칙은 다음과 같다.

$$S_{i+} = [\sum_{j=1}^{J} W_j^p (V_{ij} - V_{+j})^p]^{1/p}$$

여기서 S_{i+}는 i번째 대안이 이상적 지점으로부터의 거리를 말하며, W_j는 j번째 평가기준에 대한 가중치이며, V_{ij}는 i번째 대안의 표준화된 평가기준치이다. V_{+j}는 j번째 평가기준에 대한 이상적 기준치며, p는 지수함수로 1에서 무한대까지 주어진다. 이 p값은 이상적 지점과 각 대안들간의 거리를 측정하는데 다양하게 적용될 수 있다.

한편 부정적 지점(S_i-)도 같은 방법에 의해 설정되는데, 이는 각 대안들을 통해 가장 나쁜 평가기준들로 조합된 지점이다. 따라서 부정적 지점으로부터 가장 최대로 멀리 떨어져 있는 대안일수록 최선의 대안이 되며, 이 지점으로부터 각 대안들까지의 거리도 다음과 같은 식을 통해 산출된다.

$$S_{i-} = [\sum_{j=1}^{J} W_j^p (V_{ij} - V_{-j})^p]^{1/p}$$

이와 같이 이상적 지점과 부정적 지점과의 거리가 산출되고 나면 이상적 지점(C_i+)으로부터의 상대적 인접성은 다음과 같은 식에 의해 산출되며, 1에 가까운 가장 높은 C_i+값을 가진 대안이 최선의 대안으로 선택된다.

$$C_{i+} = \frac{S_{i-}}{S_{i+} S_{i-}}$$

(4) 일치모델 접근법(CMA: concordance model approach)

이 방법은 순위 우위성 개념을 바탕으로 한 것으로, 두 대안의 쌍대 우위관계를 분석하여 대안들의 서열 순위를 정하는 것이다. 이 방법을 적용하는 경우 두 대안을 비교하여 A대안이 B대안보다 더 양호하다는 정보는 제공하지만, 얼마나 더 좋은가에 대한 정보는 제공해주지 못한다. 이러한 쌍대 순위 우위도를 분석하기 위해 ELECTRE (elimination et choice translation reality) 프로그램을 활용한다. 이 프로그램은 쌍대비교를 위해 평가기준 점수와 이와 관련된 가중치가 두 대안들 사이에 쌍대 순위 우위성과 일치되는가 또는 불일치되는가의 수준을 판정하는 지표를 산출할 수 있다. 즉, 이 방법은 쌍대 우위관계와 부합되는 상대적 가중치 수준과, 부합되지 않는 평가수준의 가중치 수준을 모두 조사한다.

각 대안의 쌍대 우위(outranking) 관계는 일치도 지수와 불일치도 지수를 바탕으로 평가된다. 일치도 지수는 대안 *i*가 대안 *i'*보다 더 좋은 정도를 나타낸다. 이 지수는 일치도 그룹 *Cii*에 포함된 평가기준의 가중치의 합으로 정의된다. 불일치도 지수는 대안 i가 대안 i'보다 더 나쁜 정도를 나타낸다. 일치도 지수(*Ci*)를 산출하는 공식은 다음과 같다.

$$C_i = \sum_i c_{ii}'$$

여기서 $c_{ii}' = (\sum_j W_{jii}' / \sum W_j)$이며, $\sum_j W_{jii}'$는 대안 i가 비교대안인 i'보다 양호하게 나타난 판단기준들에 대한 가중치의 합계이다. 그리고 W_j는 전체 가중치의 합계이다. 불일치도 지수의 산출방법은 일치도 지수와 같은 논리에 따라 계산된다. 의사결정자는 일치도 매트릭스와 불일치도 매트릭스를 조합하여 만든 최소요구치를 기준으로 각 대안들 간의 순위의 우위관계를 평가하게 된다.

이 방법의 장점은 의사결정자로부터 최소한의 정보만을 요구하면서, 객관적, 주관적 평가기준들을 모두 고려할 수 있다는 점이다. 그러나 이 방법의 단점은 대안들에 대한 완전한 순위를 제공하지 않으며, 대안들간의 차이에 대한 정보도 제공하지 못한다. 또한 이 방법은 쌍대비교를 원칙으로 하고 있기 때문에 방대한 공간자료를 지닌 평가기준들을 통한 대안을 선택하는 경우 상당한 제한점을 갖게 된다.

(5) 순위화된 가중평균법(OWA: ordered weighted average)

의사결정분야에서 퍼지이론의 응용은 Bellman과 Zadeh(1970)에 의해 고안되었다. 이들은 평가기준과 제한요인과의 연산을 통한 다기준 의사결정방법을 포함하여 퍼지환경 하에서의 최선의 대안을 선택하는 의사결정에 대한 방법을 제시하였다. 따라서 퍼지 평가기준들을 총합하는데 이용할 수 있는 연산 방법이 바로 의사결정 규칙이 된다.

순위화된 가중평균방법은 가중치가 부여된 평가기준들을 총합화하는 규칙으로 가중선형조합법과 유사하다. 두 방법 모두 가중평균(weighted average)를 이용하는 것이지만, 두 방법간의 차이점은 퍼지 데이터와 퍼지함수에 따른 가중치를 바탕으로 한다는 점이다. 퍼지 산술연산은 GIS 환경에서 수행될 수 있다. 퍼지함수에 따른 의사결정 규칙을 수행하는 경우 선형적으로 순위화되지 않기 때문에 퍼지함수를 순위화하기 위하여 순위화 방법이 필요하다.

순위화된 가중 평균 방법(OWA)은 평가기준들의 가중치와 순위 가중치가 사용되는 가중 합계(weighted sum)라고 볼 수 있다. 순위 가중치는 평가기준 사이에 존재하는 상충수준을 직접적으로 조절할 수 있다. 전체 상충수준의 정도는 평가기준/상충적 가중치에 따라 결정된다. 따라서 퍼지총합 연산에서 총합규칙은 재순위화된 기준점수를 바탕으로 하게 되며, 가중 계수(weighting coefficients)가 주어진 대안에 대한 평가기준 값의 순위에 할당된다. 즉 높은 값을 갖는 평가기준에 가장 높은 순위 가중치가 부여되는 것이다. 순위가중치 w=(w_1, w_2, ...w_n)에서 w_1이 가장 높은 평가기준 값에, w_2는 그 다음 순위의 평가기준 값에, 그리고 w_n은 가장 낮은 평가기준 값에 할당된다.

OWA 연산은 퍼지 최소화(MIN)와 퍼지 최대화(MAX)사이에서 연산이 가능하다. MIN 연산은 순위가중치 w*=[1, 0,....0] 이 적용되며, 퍼지교차(AND) 연산에 의해 산출된 값 중 최대값을 취한다. MAX 연산에서 순위가중치 w*=[0, 0,.....1]이 적용되며, 퍼지합산(OR) 연산에 의해 산출된 값 중 가장 작은 값을 취한다. 그리고 평균 연산에서의 순위가중치는 w=[1/n, 1/n,.....1/n]로, n개의 평가기준에 1/n의 가중치가 할당된다. 따라서 OWA의 연산에서는 MIN 과 MAX 사이에 다양한 순위가중치가 적용 가능하므로, 순위가중치를 모든 위치에 전체적으로 분포시킴으로써 전체적인 상충수준을 조절할 수 있다.

의사결정과정에서 상충관계는 평가기준 간에 존재하는 갈등적 특성을 나타낸다. 따라서 OWA는 평가기준에 대한 모호한 선호도와 가중치가 적용된 평가기준들의 상충정도를 조절하는데 이용될 수 있다. 바꾸어 말하면 순위가중치의 적용에 따라 최선의 대안으로 선정되는 결과가 다르게 나타날 수 있다.

OWA 연산에서 순위가중치의 ANDness, Orness, TRADE-OFF는 다음과 같은 식에 의해 측정된다.

$$\text{ANDness(w)} = \frac{1}{n-1}\sum_r (n-r)\,W_r$$

$$\text{ORness(w)} = 1 - \text{ANDness}$$

$$\text{TRADE-OFF(w)} = 1-\left[\frac{n\sum_r (W_r - 1/n)^2}{n-1}\right]^{0.5}$$

여기서 n은 평가기준의 수이며, r은 평가기준의 순위, 그리고 Wr은 r번째 순위의 평가기준에 대한 가중치를 말한다. 이와 같이 OWA는 다기준 평가기준을 총합화하는 기법의 하나로, 크리스프의 다기준 의사결정기법과 퍼지집합 논리를 연결한 것으로, 평가기준사이에 존재하는 상충정도를 조절하면서 의사결정에 존재하는 모호성 내지 위험도를 조정할 수 있다는 장점을 가지고 있다.

지금까지 살펴본 다기준 의사결정 규칙들의 특성을 요약해보면 표 14-7과 같다. 공간적 다기준 의사결정 규칙이란 상충적이고 다양한 척도로 측정된 평가기준들을 통하여 많은 대안들 가운데서 의미있는 대안들을 선택하는데 필요한 정보를 제공해주는 것으로, 의사결정과정에서 객관적이고 주관적인 정보를 같이 고려하면서 의사결정자들의 선호도를 통합할 수 있는 방법이라고 평가할 수 있다. 또한 의사결정 규칙을 통하여 산출된 결과는 수용할만한 해결책, 타협적인 해결책 또는 높은 신뢰성을 주는 해결책을 제시해준다는 면에서 많이 활용되고 있다.

의사결정과정에서 사용된 의사결정 규칙을 적용한 결과는 대안들 가운데 최선의 선택을 하는데 중요한 정보를 제공하게 때문에 주어진 의사결정 상황 하에서 가장 적합한 의사결정 규칙 방법론을 선택하는 것은 매우 중요하다. 가장 적합한 의사결정 규칙 방법을 선택하는데 있어서 고려되어야 할 요인은 의사결정문제의 특성과 고려된 평가기준 요인과 제한요인, 대안들과 의사결정자의 선호도에 관한 정보와 불확실성 정도 및 문제를 해결하는데 용이하게 활용될 수 있는 소프트웨어의 유무와 해결책을 유도하는데 걸리는 시간 등을 고려하여 선택하여야 한다.

표 14-7 다기준 의사결정과정에서 활용되는 의사결정 규칙들의 특성

의사결정 규칙 유형	가중선형 조합법	다속성 효용 모델 접근법	이상적 지점 접근법	일치모델 접근법	순위화된 가중평균 방법
투입요소	평가기준들에 대한 점수, 가중치	효용함수, 가중치	평가기준들에 대한 점수, 가중치, 이상지점	평가기준들에 대한 점수, 가중치	평가기준의 퍼지화된 점수, 가중치, 순위가중치
산출결과	서열적 순위	기수적 순위	기수적 순위	부분적 또는 서열적 순위	서열적, 또는 기수적 순위
의사결정 유형	개인적 의사결정, 결정론적	개인적,그룹적 의사결정, 확률론적	개인적, 그룹적 의사결정, 결정론적, 확률론적, 퍼지	개인적, 그룹적 의사결정, 결정론적, 확률론적, 퍼지	개인적, 그룹적 의사결정, 퍼지이론
의사결정자와의 상호작용	적절함	매우 높음	적절함	적절함	적절함
다기준의사결정분석을 위한 소프트웨어	스프레드쉬트	LOGICAL DECISIONS, HIPRE3+	AIM, 스프레드쉬트	ELECTRE III, IV	스프레드쉬트
GIS 기반을 둔 시행 모듈	IDRISI, SPANS	GIS와 MCDM의 통합가능	IDRISI, GeoChoice	GIS와 MCDM의 통합가능, GeoChoice	IDRISI

제 3 절

공공 참여형 GIS와 협력적 GIS

[1] 공공 참여형 GIS의 개념과 활용

(1) 공공 참여형 GIS의 개념과 사례

최근에 들어와 GIS 기술은 경제, 사회, 환경 관련 부문에서 비정부조직 단체와 일반 대중의 참여를 확대하는 방향으로 발전하고 있다. 과거 10여년 동안 다양한 환경과 관련된 문제들이 야기될 때마다 GIS 기술은 비정부조직(NGOs), 민간부문조직(GROs) 및 기타 시민단체들에게 파급되어 사용되어 왔으며, 국경을 넘어서는 문제에서도 GIS가 활용되어 왔다. 예를 들면, 미국과 멕시코 국경 지대에 서식하는 동물의 이동, 수질오염 및 보건 등과 관련된 유역관리, 야생 서식지 관리 등에서도 GIS가 널리 활용되고 있다. 특히 관심이 주목되고 있는 접경지대의 환경 문제의 경우 다차원적인 문제를 내포하고 있으며 시뮬레이션을 통한 문제 해결을 위해 GIS가 적극적으로 활용되고 있는데, 이러한 사례는 보호 GIS학회(SCGIS), 야생지 프로젝트(TWP) 등에서 쉽게 찾아볼 수 있다(Sieber, 2003).

1960-70년대에는 다양한 문제해결을 위한 공공 참여 방법론에 관한 연구가 활발하게 이루어졌다(Arnstein, 1969; Burke, 1979; Burns, 1979; Hurwitz, 1975; Sanoff, 1978). 그 가운데 시민들의 참여를 통해 이루어진 공공참여 방법들을 보면 비공식적인 접촉, 대중매체를 이용한 캠페인, 조사와 설문, 안내문, 워크숍과 회담, 공식적 단체구성, 각종 시뮬레이션 방법 등이 사용되어왔다(표 14-8 참조).

일반적으로 공공 참여형 GIS(PPGIS: Public Participation GIS)는 공식적인 의사결정을 수립하는 과정에서 GIS와 기타 공간의사결정 관련 도구들이 이용되고 쉽게 접근될 수 있도록 하는 다양한 접근방법이라고 정의내릴 수 있다(Schroeder, 1996). 여기서 다양한 접근방법이란 지역의 지도 정보로부터 UML까지 다양한 사항들이 포함된다. 이런 포괄적인 정의는 GIS 기술을 NGOs, GROs와 같은 비전문 또는 비주류 GIS 이용자들에게 폭 넓게 확장시키려는 의도가 포함되어 있으며, 일반 시민들이 GIS를 이용할 수 있도록 지원하는데 필요한 자원 및 자료의 요건 등을 포함한다(Sieber, 2003). 공공 참여형 GIS와 유사한 개념으로 Community Mapping, Participatory GIS(P-GIS), Community Integrated GIS(CiGIS), Mobile Interactive GIS(MiGIS) 등도 사용되고 있다. 공공 참여형 GIS는 기존에 핵심적인 역량을 발휘하지 못했던 주변 집단과 시민 단체들이 다양한 사회적 문제해결 과정에 참여하게 되고 GIS의 활용능력과 가치를 인정받으면서 등장하게 되었다. 특히

표 14-8 문제해결을 위한 시민(공공 참여) 방법의 유형

참여방법	내용
비공식적인 접촉	사적인 장소에서 토론
대중 매체를 이용한 캠페인	계획의 내용에 대하여 시민들을 교육·홍보하는데 활용하여 참여유도
조사와 설문 방법	시민의 정보를 얻는데 활용
안내문 제공	지역의 현재 상태와 잠재적인 가능성들에 대한 내용을 안내
워크숍과 회담 개최	지역의 다양한 주체들 중에서 대표자들이 수용할 수 있는 해결책을 구하는데 활용
일종의 신문고, 모임, 공식적인 지역 단체 구성	직접적인 의사소통 채널로 활용
비젼제시	지역의 장래에 대한 공공의 비젼 제시에 민관을 결부시키는데 활용
선호도조사	시민의 선호도 표현을 통하여 대안을 수립하고 평가에 활용
테스크 포스 구성	집중적인 상호 협조 노력을 요하는 분야에 활용
컴퓨터 시뮬레이션	컴퓨터 모델링과 이미지 처리 기법 등을 활용하여 계획, 개발, 설계 프로젝트의 잠재적인 결과를 평가하는데 활용
게임과 시뮬레이션 활용	'what if' 시나리오에 시민을 참여시키는데 활용

출처: Ball, J. (2002), Towards a methodology for mapping 'regions for sustanability' using PPGIS, p. 116을 토대로 재구성함.

상호협조적인 도시계획과정에서 관계자의 다양성을 최대한 반영하기 위해서 관계자의 의견을 반영하는 과정에 인터넷 지도 서버 및 기타 미디어 등 GIS를 기반으로 한 의사소통 방법이 매우 효과적인 것으로 알려지게 되었다(Shiffer, 1995). 이와 같이 공공 참여형 GIS는 비전문가 그룹의 참여를 유도한 커뮤니케이션이 필요한 분야에서 많이 도입할 수 있는 방법론이라고 볼 수 있다. 공공 참여형 GIS가 도입되면서 기존의 시설물 관리, 입지분석, 상권분석 등에서 GIS가 활용되던 것에 비해 상대적으로 새로운 분야의 다양한 집단들의 의사결정과정에서 중요한 역할을 하게 되었으며, 공공 참여형 GIS는 정보 제공뿐만 아니라 피드백까지도 고려하는 쌍방향 의사결정을 지원하는 수준으로까지 발달하고 있다.

지금까지 공공 참여형 GIS는 주로 미국과 캐나다에서 상당한 발전되어 왔다. 미국의 경우 40여개의 도시에서 67개의 조직들이 공공 참여형 GIS를 구축하여 사용하고 있는 것으로 알려져 있다. 공공 참여형 GIS에 참여한 조직을 보면 크게 4개 유형으로 비영리조직(31), 대학(18), 정부조직(16), 개인회사(2)에서 활용되고 있다(Weiner et al, 2002). 최근에는 영국과 일본, 그 외 신흥공업국가에서도 공공의 참여가 이루어지고 있으며, 이들 가운데 공공 참여형 GIS를 활용한 성공적인 사례를 보면 표 14-9과 같다. 주로 GIS의 발전수준이 높은 선진국의 사례가 많았으며 공공조직과 개인이 프로젝트에 참여하였다. 참여형태는 주로 지도화 작업과 공공의사결정, 지도 분석과정에 참여하고 있다. 특히 커뮤니티 수준에서 나타나는 문제를 해결하기 위해 GIS를 활용하여 정보를 생성하고 또한 그 정보를 바탕으로 의사결정에 필요한 행동을 취하고 있다.

표 14-9 공공 참여형 GIS의 활용 사례

	South African Mapping	Upper Raritan Watershed Association	Verona Planning Exercises	Old Growth Forests	Aboriginal Mapping Network
지 역	South Africa (농촌)	New Jersey	Verona Township, WI	Northwest US	Global
위치	Harris & Weiner	Tulloch	Ventura	Norheim	wired magazine
설 명	개인이 보유한 정보를 지역공통체 GIS와 결합	정교한 유역경계 분석을 실시간 제공하여 계획가들이 개발 계획 변경에 즉각적으로 반영하도록 함	참여적 GIS 활동을 통해 농부와 농촌 거주자들은 농지 보존 전략과 도시 주변 개발된 토지에 대한 의견 제시	야생협회에서 올빼미 서식지 보호를 위해 미국 삼림청의 의사결정에 필요한 기존 산림도 작성	지방정부나 민간 기업에 의해 파괴되는 것을 막기 위해 GPS를 이용한 원주민의 거주 지역 경계도 작성
참여형태	지도화	공공의사결정	공공의사결정	지도화	지도화
참여대상	개인	단체	단체	단체	단체
성공여부	불확실	성공적	성공적	성공적	불확실
자료원	연구자	공공 조직	공공 조직	참여자	원주민

	MNIS-Longfellow Community Council	MNIS-St. Anthony West Neighboorhood Association	MNIS-Elliot Park Neighboorhood Inc.	MNIS-Harrison Neighboorhood Association	MNIS-Powerhorn Park Neighboorhood Association
지 역	Minneapolis	Minneapolis	Minneapolis	Minneapolis	Minneapolis
위치	Wilson & Matson	Bonneville & McCartney	Lynch	Mclotosh & Axel	Gaarder & Matson
설 명	지방의회는 납의 노출 위험이 높은 지역 분석을 위해 다양한 지표를 사용하여 적합성을 분석	센서스 데이터로부터 노인 가구주가 집중되어 있는 지구를 분석하여 거주민들에게 필요한 자원을 배분하도록 함	젊은이와 가족 프로그램을 위해 공원 내 어메니티가 좋은 입지를 지도화하고 이를 보조하는 기금 조성	경찰청으로부터 범죄 데이터를 받아 범죄 패턴을 분석하고 범죄위험이 높은 지역에 안전 프로그램 구축	PPNA는 4가지 지표를 이용하여 쇠퇴 또는 황폐의 위험이 높은 주택들을 순위화하여 이런 지구에 보조와 자원 우선 순위화
참여형태	분석	지도화	지도학적 분석	지도화	지도학적 분석
참여대상	단체	단체	단체	단체	단체
성공여부	성공	성공적	성공적	성공적	성공적
자료원	공공 조직	공공 조직	공공 조직	공공 조직	공공 조직

출처 : http://www.crssa.rutgers.edu/ppgis/

또 다른 일례로 미국의 New Jersey에서 비영리 GIS 커뮤니티(NJ NGC: The New Jersey Non-Profit GIS Community)의 활동은 대표적인공공 참여형 GIS의 사례이다. 이들 단체는 뉴저지주에서 시행되고 있는 토지이용과 환경 분야의 문제에 시민들이 적극적으로 참여하도록 GIS에 접근하여 필요한 정보들을 제공하는 역할을 수행하고 있다. 이들은 1998년 이전까지 토지이용 결정과정에서 시민들보다는 소수의 NGO들이 개입해오던 접근방법에서 시민들이 보다 적극적으로 참여하도록 권장하기 위하여 NGO가 GIS에 기반

그림 14-14 뉴저지주에서의 비영리GIS 커뮤니티 조직의 PPGIS 역할 변화

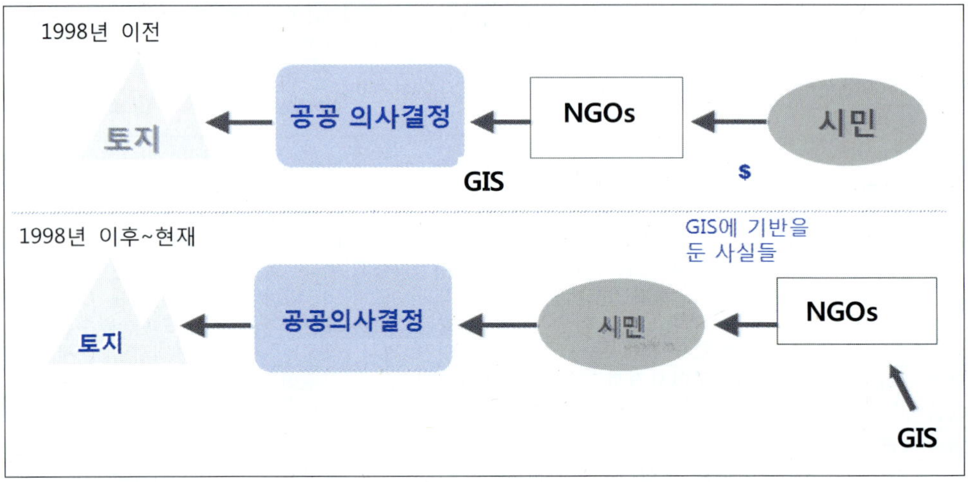

출처: Tulloch, D.(2002), Environmental NGOs: Community Access to Technology as a Force for Change, in Craig, W., Harris, T. and Weiner, D. (Eds.), *Community Empowerment, Public Participation and Geographic Information Science.*

을 둔 다양한 분석을 통한 고부가가치의 정보를 시민들에게 제공하여 시민들이 보다 많은 지식을 갖고 참여하도록 하는 접근방법으로 변화시켰다(그림 14-14 참조). 이들은 공공 데이터를 사용하고 국지적인 차원의 공간 데이터에 공공이 접근가능하도록 도와주거나 이러한 수요를 창출하였다. 또한 공공 참여형 GIS를 촉진시키기 위하여 기초 데이터와 소프트웨어를 배포하였고 하드웨어와 기술훈련을 GIS 당국에도 요구하였다. 또한 이 단체에서는 시민들에게 기술적 지원뿐만 아니라 하드웨어와 소프트웨어의 접근을 용이하게 하도록 도와주었고 사용자 그룹에게 다양한 편의를 제공하였다. 더 나아가 이들 단체는 행정구역 내 토지이용 결정, 주 차원의 규제적인 환경정책 수립 및 주정부 기관의 토지취득 결정 등에도 적극적으로 참여하였다.

또 다른 공공 참여형 GIS의 사례로 그린맵 시스템(GMS: GreenMap System)을 들 수 있다. 그린맵은 공공 참여형 GIS를 위한 교육 및 탐구를 위해 구축된 지도로, 각각의 커뮤니티 지도는 지속가능한 삶을 위한 커뮤니티의 상황과 그린 스페이스 패턴을 보여주고 있으며, 개개의 커뮤니티 지도는 참여자들과 장소 특성에 따라 고유한 특성을 지니고 있다. 특히 그린맵은 각 커뮤니티의 다양한 생태자원의 분포를 매우 상세하게 보여주고 있는데, 이는 각 커뮤니티 지도 구축에 참여한 사람들이 미시적 차원에서의 환경에 대한 정보를 자세하게 제공하고 수록하였기 때문이다.

그린맵은 지난 10여년 동안 풀뿌리 단위(가장 작은 마을 단위)의 커뮤니티 운동을 하

는데 있어서 매우 중요한 역할을 수행해왔다. 그린맵의 시작은 1992년 뉴욕에서 Green Apple Map으로 시작되었다. 그 이후 Rutger 대학의 학생들이 커뮤니티의 환경 평가를 위한 인벤토리, 분석, 의사소통 기법들을 수업시간을 통해 지속적으로 개발해오면서 더욱 확장되기 시작하였다. 현재 55개국의 약 750개 커뮤니티에 대한 그린맵이 구축되어 있다. 그린 맵 가운데 우간다의 작은 마을에 대한 지도의 경우 GIS의 도움이 없이 그래픽으로 구축되어 있는 경우도 있으나, 대부분이 GIS의 기능을 통해 쉽게, 정교하게, 그리고 업데이트가 가능하다. 어린이들을 위해 이해하기 쉽게 아이콘을 사용하여 주로 심볼로 지도화하기도 한다. 그린맵의 홈페이지에 접속하면 누구나가 원하는 커뮤니티의 지도를 볼 수 있으며, 직접 참여하여 새로운 정보를 추가할 수도 있다(그림 14-15 참조).

그림 14-15 Green Map 홈페이지

출처: Tulloch, D.(2004). The GreenMap System as a Means for PPGIS Education and Exploration, 3rd Annual Public Participation GIS Conference, Madison, WI (http://crssa.rutgers.edu/ppgis/PPGIS2004.pdf).

일본의 경우도 2003년부터 국토교통성에서 GIS 이용 정착화사업을 실시하고 있다. 주로 시민의 생활과 관련된 분야에서 GIS를 쉽게 이해하고 활용할 수 있는 사업을 개발하여 GIS 이용을 유도하고 있다. 시민 모니터를 모집하여 시민의 직접 참가를 유도함으로 전문가위주의 GIS를 생활 속의 GIS로 이용범위를 확대하고 있다. 일본에서 공공 참여형 GIS를 적용한 사례로는 한신 아와지 대지진 기념협회와 방재센터가 추진한 사업으로 시민들이 체험한 지진관련 경험에 대한 정보들을 지도상에 기록하여 방제센터에서 자료로 활용하였다. 또한 후지사와시의 경우는 쇼핑 상가지도와 이벤트 지도, 장애인을 위한 지도를 구축하는데 시민들이 GIS 포털사이트를 이용하여 참여할 수 있도록 하고 있다.

우리나라도 최근 행정업무와 민원처리에 주민참여가 가능한 사업들이 이루어지고 있다. 서울지방경찰청에서 구축한 교통안전시설 고장처리시스템은 공공 참여형 GIS의 방법론이 도입된 사례이다. 이 시스템은 시민이 직접 인터넷 전자지도상에서 서울시 교통안전시설물에 대한 민원제기와 고장신고접수를 할 수 있게 한다. 신고내용은 담당부서 컴퓨터의 긴급 경보창에 자동 표출되고, 다시 무선망을 통해 시설물 유지보수팀에 긴급출동 조치 지시가 내려지도록 되어 있다. 고장조치가 완료된 후에는 그 결과가 신고자에게 이메일로 통보된다. 홈페이지를 이용하는 경우 시민들의 참여가 보장됨으로써 소비주체가 장소마케팅에 직접 참여할 수 있는 쌍방형의 의사소통이 가능하다. 홈페이지를 통한 민원서비스의 제공과 도시정부와 홈페이지 내용에 대한 의견 제출 등이 사례가 될 수 있다.

(2) 공공 참여형 GIS의 구조와 장소마켓텡을 위한 공공 참여형 GIS 도입

특정한 문제의 해결이나 의사결정을 위해서 지역 공통체나 시민단체와 같은 비정부조직을 참여시키기 위해 공공 참여형 GIS를 구현하는 데는 몇가지 구성요소들이 필요하다. 앞에서 살펴본 사례에서 나타난 바와 같이 미국의 미네소타주에서는 공공 참여형 GIS가 매우 활발하게 이루어지고 있는데, 미네소타주의 미네아폴리스와 세인트폴시의 공공 참여형 GIS의 사례연구를 수행했던 Leitner 등의 연구자들은 공공 참여형 GIS가 수행되기 위해 필요한 6가지 요소를 들고 있다. ① 지역기반의 GIS(또는 가정에서 사용가능한 GIS), ② 대학과 지역공동체간의 파트너쉽, ③ 대학이나 도서관에서 GIS에 접근할 수 있는 환경, ④ 지도, ⑤ 인터넷 맵서버, ⑥ GIS 지역센터를 제시하였다(Weiner et al, 2002). 공공 참여형 GIS가 구현되기 위한 구성요소들은 공공 참여형 GIS를 적용하는 사회문화적 환경과 현실적인 수요패턴과 정보통신 인프라 환경을 감안하여 필요한 요소들을 구성해야 할 것이다.

공공의 참여를 유도하기 위해서는 거리의 제약을 최소화하면서 정보 전달이 효율적으로 이루어질 수 있는 방법이 요구된다. 이를 위해서는 시각화, 멀티미디어 그리고

그림 14-16 공공 참여형 GIS를 구현하기 위한 개념적 구조

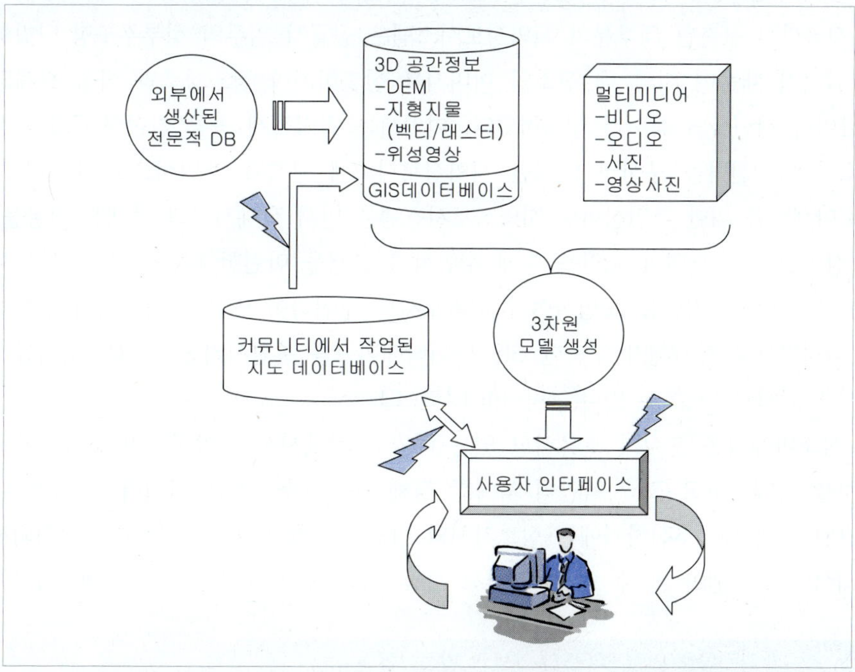

출처: Ball, J.(2002), Towards a methodology for mapping 'regions for sustanability' using PPGIS, p.130.

GIS가 중요한 방법론으로 활용될 수 있다. 이 방법론들은 공공참여자들에게 모의실험, 풍부한 내용전달, 종합적인 심상 형성, 동기유발 등의 효과를 제공할 수 있다(Bill er al, 1999). 최근에는 정보전달의 현실성을 극대화하기 위해서 가상현실을 표현하는 VR GIS(Virtual Reality GIS), Multimedia GIS등의 기술이 발전하고 있으며, 3차원의 시각화 정보를 웹으로 제공할 수 있는 3D GIS와 이를 지원하는 VRML(Virtual Reality Modelling Language)도 활용되고 있다.

이러한 방법론을 도입하여 공공 참여형 GIS를 구성하고자 하는 경우 데이터베이스와 사용자간의 인터페이스를 구성해야 한다. GIS 데이터베이스에는 외부에서 수치표고자료, 지형지물 데이터, 위성영상 등에 대한 3차원의 공간정보와 커뮤니티를 통해 참여한 개인이 제공하는 정보가 저장되며, 여기에 다양한 멀티미디어 정보가 결합되어 가상현실을 표현하는 3차원 모델이 생성되고 GUI(graphical user interface)를 통해 공공의 참여방법으로 활용된다. 공공 참여형 GIS를 구현하기 위한 구조를 개념적으로 나타내면 그림 14-16과 같다.

실제로 공공 참여형 GIS를 활용하여 지역발전을 위한 장소마케팅 전략을 수립하고 있

는 해외 사례들도 있다. 특히 인터넷이 확산되면서 장소마켓팅 채널로서 인터넷을 통해 장소마켓팅을 성공적으로 거둔 자치단체들도 많이 나타나고 있다. 그러나 우리나라의 경우 지금까지 구축된 대부분의 지역정보시스템은 공급자 위주의 정부주도형 단방향 시스템이 많았기 때문에 지역 내 장소의 이미지를 창출하거나 장소상품과 직접 관계되어 있는 민간이나 시민들의 참여가 부족하였다. 여기서는 간략하게 공공 참여형 GIS에 기반을 둔 장소마케팅 전략을 구사하기 위한 지역정보시스템 구축을 개념적으로 소개하고자 한다. 장소마켓팅을 위한 주민참여형 지역정보시스템은 먼저 잠재자산과 정체성 발굴을 위한 공공 참여형 GIS 모델의 도입을 통해 주민참여 환경을 마련한 다음 가상현실을 체험할 수 있는 웹기반 VR기술을 도입하여 사이버도시를 구현하여 많은 사람들에게 경험하도록 하고 마지막으로 지자체가 구축한 GIS 데이터베이스를 통합시키면 시너지 효과를 이끌어내면서 발전시켜 나갈 수 있다(그림 14-17 참조).

장소마케팅은 도시가 보유하고 있는 다양한 잠재자산을 발굴하여 상품화함으로 장소가치를 극대화하고 그 지역만의 독특한 정체성을 창출해가는 것이다. 지방정부차원에서 일관된 정책으로 추진하기에는 장소가치의 다양성과 창의성 등이 충분히 발휘되지 못하는 정태적인 시스템이 될 수 있다. 따라서 지방정부와 공공기관 및 시민단체, 개인이 공동으

그림 14-17 장소마켓팅을 위한 PPGIS의 개념과 발전방향

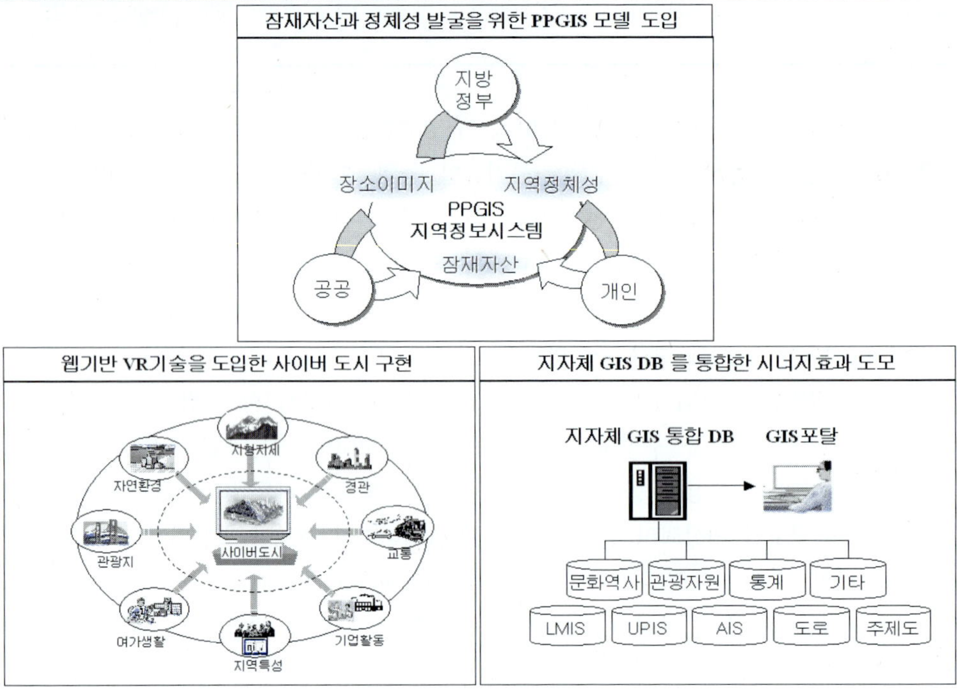

출처: 임은선·이희연(2005), 장소마켓팅을 위한 주민참여형 지역정보시스템 구축 방안, p. 82.

로 지역정보시스템의 공급자이자 수요자로서 커뮤니케이션할 수 있는 쌍방향의 시스템을 구축하는 것이다. 지역정보시스템을 구축하는데 공공 참여형 GIS를 도입함으로 장소마케팅을 위해필요한 지역의 고유자산 발굴과 장소 이미지를 지역주민이 보유하고 있는 경험을 중심으로 만들어나가는 것이다.

주민의 참여 형태는 인터넷을 통해 웹 지도 위에 정보를 수록하는 것으로, 경험에 기반한 관광코스 추천, 이벤트 지도, 장애인을 위한 동선도 및 시설 위치도, 쇼핑안내 지도 등이 있으며, 개인의 경험을 짧은 글, 사진, 동영상의 형태로 지도와 함께 제공할 수 있는 시스템을 구축할 수 있다. 지역주민은 개인의 경험이나 체험정보를 정보시스템의 GUI에서 지도 위에 입력을 한다. 입력된 자료는 GIS 데이터베이스에 저장되고, 웹기반 맵서버를 통해 새로운 장소자산정보로 이용자에게 제공된다. 지역주민이 개인의 경험이나 추천하는 정보를 입력하는 경우, 지도창 위에 심볼을 직접 입력하고 참조되는 내용을 기록할 수도 있고, 사진이나 동영상 등을 링크 수 있는 기능을 제공한다. 또한 타 지역의 이용자가 게시판 등을 통해 필요한 자료나 정보를 요청할 수 있으며, 기관이나 단체, 주민들이 이에 대한 정보를 제공할 수 있다(그림 14-18 참조).

그림 14-18 **장소마케팅을 위한 공공 참여형 GIS에서 주민참여에 의한 정보 제공 흐름도**

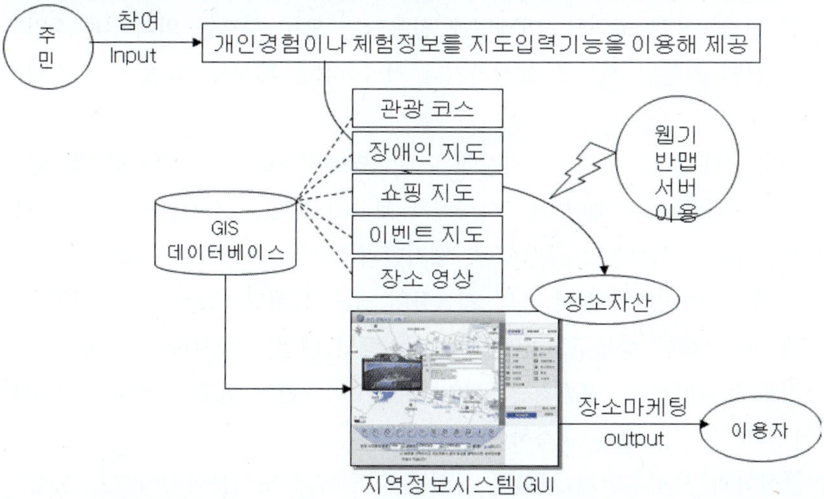

출처: 임은선·이희연(2005), 장소마케팅을 위한 주민참여형 지역정보시스템 구축 방안, p. 82.

더 나아가 현실감 또는 현장감있는 정보의 제공을 위해 웹을 기반으로 하는 VR GIS(Virtual Reality GIS)를 도입할 수도 있다. 또한 장소마케팅 효과를 극대화하기 위해서 사용자가 해당지역을 가상체험할 수 있도록 현실공간의 자연환경과 인문환경을 디지털화하여 3차원의 형태로 사이버도시를 구축한다면 인터넷을 통해 새로운 형태의 커뮤니케이션 비즈니스·교육·거래·오락 등이 이루어질 수 있다. VR GIS 기술은 현실세계와 유사한 디지털세계를 컴퓨터상에 구현하는 기술로 인간은 자신이 바로 그곳에 존재하는 것처럼 느끼고 행동할 수 있으며, 목표물을 자유롭게 조정.처리할 수 있다. 또한 3차원 사이버도시에서 여러 사용자가 동시에 양방향으로 의사를 전달하는 도시공동사용자(Multi-User Dimension, MUD)기술도 활용할 수 있다.

뿐만 아니라 사이버도시를 통해 오늘날의 도시의 모습에서부터 역사적 자료를 이용해 복원된 과거의 도시모습을 멀티미디어 환경으로 구축하여 시민들에게 문화적 체험을 할 수 있도록 제공할 수 있다. 2차원의 평면요소에 공간과 시간요소가 추가된 4차원 도시의 구현, VRML(Virtual Reality Modeling Language)을 활용한 3차원 도시공간에 음향, 동영상, 이미지, 통역(해설) 프로그램을 연동시켜 사이버도시를 장소마케팅의 도구로 구현한다. 휴대폰이니 스마트폰 등을 사용하여 인터넷에 접속하여 사이버도시의 각종 콘텐츠를 이용할 수 있도록 구축한다.

장소마케팅을 위한 공공 참여형 GIS는 활동주체(actors), 컨텐츠(contents), 방법 및 기술(methods), 자료(database) 4가지 요소로 구성될 수 있다(그림 14-19 참조). 활동주체는 시스템에 정보를 제공자와 정보 이용자이다. 지방정부는 지역정보시스템이라는 활동의 장을 마련하고 민간기업과 시민단체 및 지역주민은 경험이나 사례를 중심으로 정보를 제공하며 참여하게 된다. 콘텐츠는 장소마케팅에 활용되는 모든 정보를 의미하며 주민의 참여에 의해 장소자산에 관련된 지도를 생성하거나 가상현실을 체험할 수 있는 사이버도시가 포함된다.

또한 활동주체와 콘텐츠가 구성되는 기반에는 데이터베이스와 이를 운용할 수 있는 방법 및 기술이 필요하다. 데이터베이스는 지자체가 보유하고 있는 정보, 주민이나 전문가의 참여에 의해 공급되는 정보들로 구성되며, 웹기반의 맵서버, 사이버도시를 구현기술, 장소이미지를 담을 수 있는 멀티미디어 등의 기술들이 공공 참여형 GIS에 의해 지역정보시스템을 구성하게 된다. 또한 정부주도의 단방향 시스템의 단점을 보완하기 위해서 지역정보시스템을 중심으로 지방정부, 공공기관, 시민단체, 지역주민이 상호 교류하며 양방향의 정보전달이 이루어지는 시스템을 구축하여야 한다.

지역경제의 활성화와 지역주민의 사회적 통합을 이루려는 도시문화전략으로 등장한 장소마케팅 전략에서 지역의 정체성과 장소자산을 효과적으로 홍보하기 위해서는 다양한 미디어를 활용할 수 있으며 특히 사이버공간에서 만들어지는 장소의 이미지와 가상현실 등은 먼거리에 있는 잠재적 수요자들에게 효과적인 마케팅 수단이 될 수 있다. 인터넷을 통해 지역에 대한 고유한 특성과 이미지를 제공하고 장소마켓팅을 활성화시키는데 있어서 지역주민의 적극적인 참여를 통해 지역의 특성과 역동적으로 변모해가는 특정한 현상들에

그림 14-19 장소마케팅을 위한 공공 참여형 GIS의 구성요소

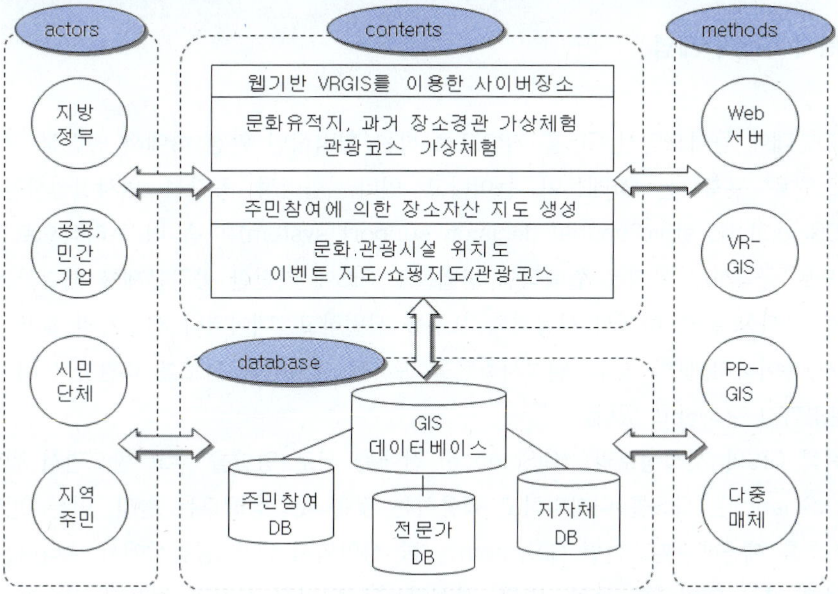

출처: 임은선·이희연(2005), 장소마케팅을 위한 주민참여형 지역정보시스템 구축 방안, p. 84.

대한 정보를 갱신하고 추가하고 특성있는 경관과 현장감있는 주민들과의 인터뷰 내용, 가보고 싶은 축제 현장과 인상깊은 경관의 현장 모습들을 동영상으로 제공된다면 수요자들의 욕구를 높이는데 도움을 줄 수 있을 것이다.

지속적인 주민참여에 의한 지역정보시스템을 유지하기 위해서는 다양한 주민 참여동기를 만들고 유인책을 개발하는 등 제도적으로 이를 뒷받침할 수 있는 방안들이 발굴되어야 한다. 이를 위해 정부조직과 비정부조직, 전문가와 비전문가가 함께 파트너쉽을 가지고 협력할 수 있는 환경을 조성해야 한다. 또한 인터넷을 기반으로 하는 주민참여형 시스템에 유익하고 가치있는 장소자산들이 쌓일 수 있도록 지역주민과 단체의 자발적인 참여를 이끄는 동시에 스팸성 정보의 차단을 위한 기술적 장치도 개발되어야 한다.

특히 다양한 지역정보 웹 사이트 구축에 따른 공공정보의 중복개발 및 상호연동, 기존의 행정조직내의 네트워크와 구축된 네트워크 간에 접속(Internetworking)및 상호 운용성(Interoperability)을 통한 공공정보를 활용방안에 관하여 구체적이고, 세부적인 계획이 수반되어야만 한다. 더불어 지 역정보 웹 사이트에 대한 기술적인 지원문제, 구축기준문제, 지역주민들의 참여문제, 지역 내의 인적자원 활용 및 정보시스템의 연계 등에 관한 전반적인 계획이 마련되어야 할 것이다.

[2] 협력적 GIS의 개념과 발달과정

(1) 협력적 GIS의 개념

2000년대에 들어오면서 GIS를 기반으로 하는 협력적인 환경 하에서 공간적 의사결정지원시스템을 구축하는 사례들이 늘어나고 있다. 협력적 공간적 의사결정지원시스템(C-SDSS: collaborative spatial decision support system)은 좀 더 논리적으로 향상된 시스템으로 궁극적인 목적은 협력적인 방법으로 GIS에 기반한 공간문제를 해결하는 것이다. 특히 국지적 환경 하에서 사용자의 요구를 지원하고, 데이터나 전문가의 활용이 해당 지역에서 용이하지 못할 경우, 원격시스템을 통하여 데이터와 정보를 교환하고 처리할 수 있는 환경까지 구축하고 있다.

협력적 GIS와 지리정보과학(GIScience) 간에는 서로 영향을 주고 받으면서 발달하고 있다. GIScience는 GIS를 디자인하고 적용하는 것을 뒷받침해주는 원리, 이론, 방법론에 대한 기초를 제공해준다. 한편 GISystem는 잘 정의되지 않은 공간상에서 나타나는 문제들에 대해 공간 데이터를 관리, 변형, 분석하는데 있어서 사람과 컴퓨터 기술이 통합된 물리적인 디자인과 과정이라고 볼 수 있다. 협력적 GIS는 GIS와 GIScience로부터 영향을 받았으며 따라서 s의 의미는 system, science를 다 포함하고 있다.

협력적 GIS는 그룹-공간의사결정과정에서 인간 참여를 구조화하는데 초점을 둔 이론, 도구, 기술의 절충적 통합이라고 볼 수 있다. 특히 참여자-기술-데이터를 연계시키고, 합의되어진 과정의 결과에 대한 기술, 모델링 및 영향을 시뮬레이션하는데 목적을 두고 있다. 참여자는 기술 분야 전문가와 일반 대중으로 구성되며, 컴퓨터를 이용한 기술적 도구는 네트워크로 분산화된 환경에서 공간 데이터와 속성 데이터가 제공된다. 잘 정의되지 못한 문제에 대한 결과는 과업지향적 접근을 통한 시행으로 나타나는 것이 아니라 계획, 문제 해결, 의사결정에 편익이 되도록 주어진 문제에 대한 공동의 구조화된 탐색을 통해 도출하게 된다. 특히 협력적 GIS에서 구조화(structuring)란 과정 디자인(process design)을 생성하는 것으로, 참여자-기술-데이터 통합과 디자인의 각 구성요소들 간의 관계를 다루는 것이다. 협력적 GIS는 EAST2 이론에 토대를 두고 있으며, 그룹 과정에서 공통된 의미와 성취를 가져오도록 하는데 강조점을 두고 있다 따라서 최종 목표는 집합적 과정(collective process)을 가져오도록 하는 지렛대 역할을 하는 것이다. 따라서 협력적 GIS에서 중점을 두고 있는 질문은 어떠한 협력적 공간의사결정지원 구조가 의미있는 결과를 생성할 수 있는 가? 또한 참여자들의 태도와 욕구를 어떻게 그룹과정에 통합시켜야 하는가? 공간 데이터와 인지된 과업들이 참여의 질에 어떠한 영향을 미치는가? 어떻게 사전의 해답이 협력적 공간의사결정시스템의 디자인에 통합될 수 있는가? 과정에 대한 결과와 질을 어떻게 평가하는 가 등이다.

(2) 협력적 GIS의 발달과정

협력적 GIS의 기원은 상당히 다양하기 때문에 협력적 GIS의 범위를 정의하는 것이 바람직하다. 협력적 GIS의 발달을 가져온 영역은 크게 환경과 관련된 의사결정이 이루어지는 계획과 정책 분석영역과 집합적 의사결정지원시스템, GIS, GIScience로 대비하여 볼 수 있다. 협력적 GIS의 발달과정을 역사적인 관점에서 보면 네가지 누적적이고 중첩적인 시기들을 거쳐서 발달되어 왔다. 즉, 논증증거기→이성/추론기→표출/표현기→ 종합기로 나타낼 수 있으며 이는 데이터→정보→지식→지혜와 일맥상통하고 있다. 논증증거기는 1950-60년대이며, 추론기와 표현기는 1960-70년대를 거쳐 1980년대에 걸쳐서 이루어졌다. 1990년대에는 종합기로 접어들었으며, 1990년대 말부터 2000년대 접어들면서 협력적 GIS는 분배적 전환기로 접어들었다고 볼 수 있다(그림 14-20 참조). 또한 각 시기별로 협력적 GIS의 발달에 영향을 준 사건이나 개념들을 정리해보면 표 14-10과 같다.

그림 14-20 협력적 GIS의 발달과정에 영향을 미친 핵심 개념의 등장시기

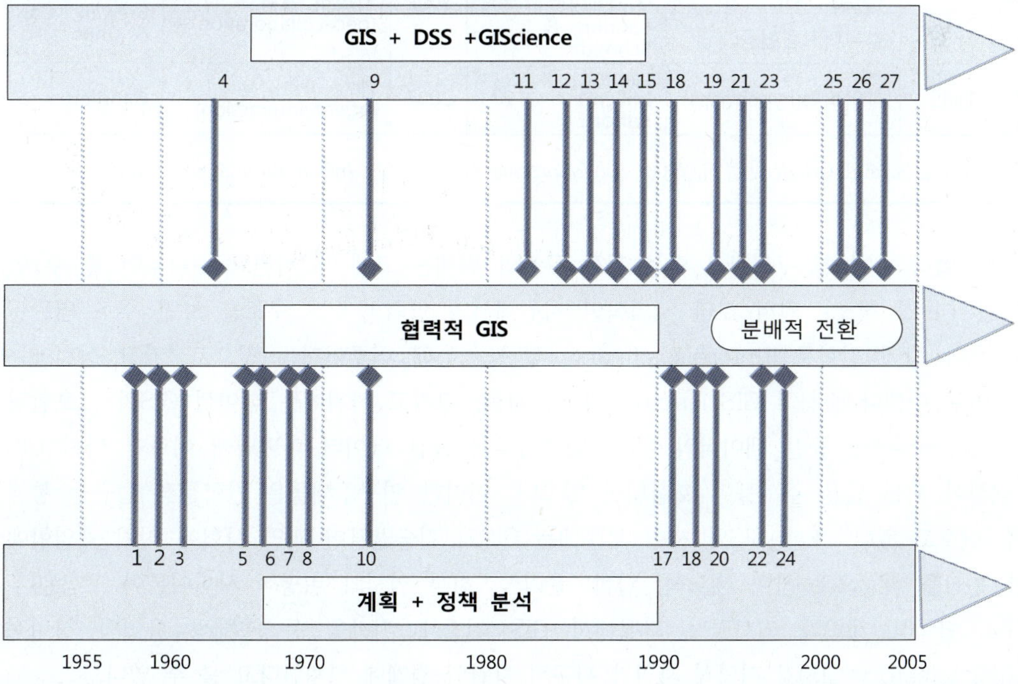

출처: Balram, S. and Dragicevic, S.(2006), *Collaborative Geographic Information System*, p. 6.

표 14-10 협력적 GIS의 발달에 영향을 준 핵심개념과 공헌한 사람들

번호	연도	영향을 준 개념	저자	번호	연도	영향을 준 개념	저자
1	1958	논증근거(argumentation)	Toulmin	15	1989	다기준 공간분석	Jankowski
2	1960	스케치 계획과 모델링	Harris	16	1992	지리정보과학(GIScience)	Goodchild
3	1960-75	델파이 과정	Linston & Turoff	17	1992	계획분야에서 논증근거로의 전환	Fisher & Forester
4	1963	지리정보체계	Tomlinson	18	1992	계획분야에서 의사소통적 전환	Healey
5	1966	인지도(mantal map)	Gould	19	1993	가상현실적 GIS (Virtual reality GIS)	Faust
6	1968	의사소통적 합리성	Habermas	20	1993	생태지역적 지도화	Aberley
7	1969	자연의 디자인	McHarg	21	1993	Web-GIS	Palo Alto research Center
8	1969	시민참여의 사다리	Amstein	22	1996	계획에서 심사숙고적 토의로의 전환	Forester
9	1971	의사결정행렬 분석틀	Gorry & S. Morton	23	1996	협력적 공간의사결정	Nyerges & Jankowski
10	1971	사악한 문제	Rittel & Webber	24	1997	권한의 위계(사다리)	Rocha
11	1982	인간-컴퓨터상호작용	Badre & Shneiderman	25	2001	지리적 시각화(geo-visualization)	MacEachren & Kraak
12	1985	그룹의사결정지원시스템(GDSS)	DeSanctis & Gallupe	26	2002	지리적 협력(geo-collaboration)	MacEachren, Brewer, Cai & Chen
13	1985	컴퓨터지원협동과업	Bannon & Schmidt				
14	1985	하이퍼맵(hypermaps)	Laurini & Milleret-Raffort	27	2002	개체 상호작용(agent interaction)	Gimblett

출처: Balram, S. and Dragicevic, S.(2006), *Collaborative Geographic Information System*, pp.8-10.

한편 협력적 GIS를 구성하고 있는 지적 구조와 위계는 크게 두 차원으로 나누어 볼 수 있다(그림 14-21 참조). 먼저 보다 지역적인 차원에서의 협력적 GIS 구조를 보면 주로 연관된 학문 분야 간에 간학문적(interdisciplinary) 접근을 통해 이루어지는 것으로, 가장 상위에는 주로 연구 아젠다 중심의 GIScience와 GIS와 사회, 그리고 하위에는 참여적 GIS까지 포함된다. GIScience에는 공간 데이터의 획득방법에서부터 공간 데이터 마이닝에 이르기 까지 GIS의 핵심이 되는 많은 주제들이 포함되어 있으며, 이러한 연구주제들은 간학문적 접근을 통해 수행되어오고 있다. 또한 GIS와 사회 부문에는 GIS의 기술발달이 과연 사회에 미치는 영향에 대한 논의를 바탕으로 하여 제도적, 법적, 윤리적, 지적 역사와 비평적 사회이론이 포함된다. 그리고 협력적 계획과 의사결정 과정에서 GIS 기술에 기반을 둔 총체적 용어인 참여적 GIS(participatory GIS)가 지역적 차원과 지구적 차원의 경계에 위치한다고 볼 수 있다.

또 다른 범지구적 차원에서의 협력적 GIS 구조는 학문 간의 영역을 초월(transdisciplinary)

그림 14-21 협력적 GIS가 포함하고 있는 지적 구조와 위계

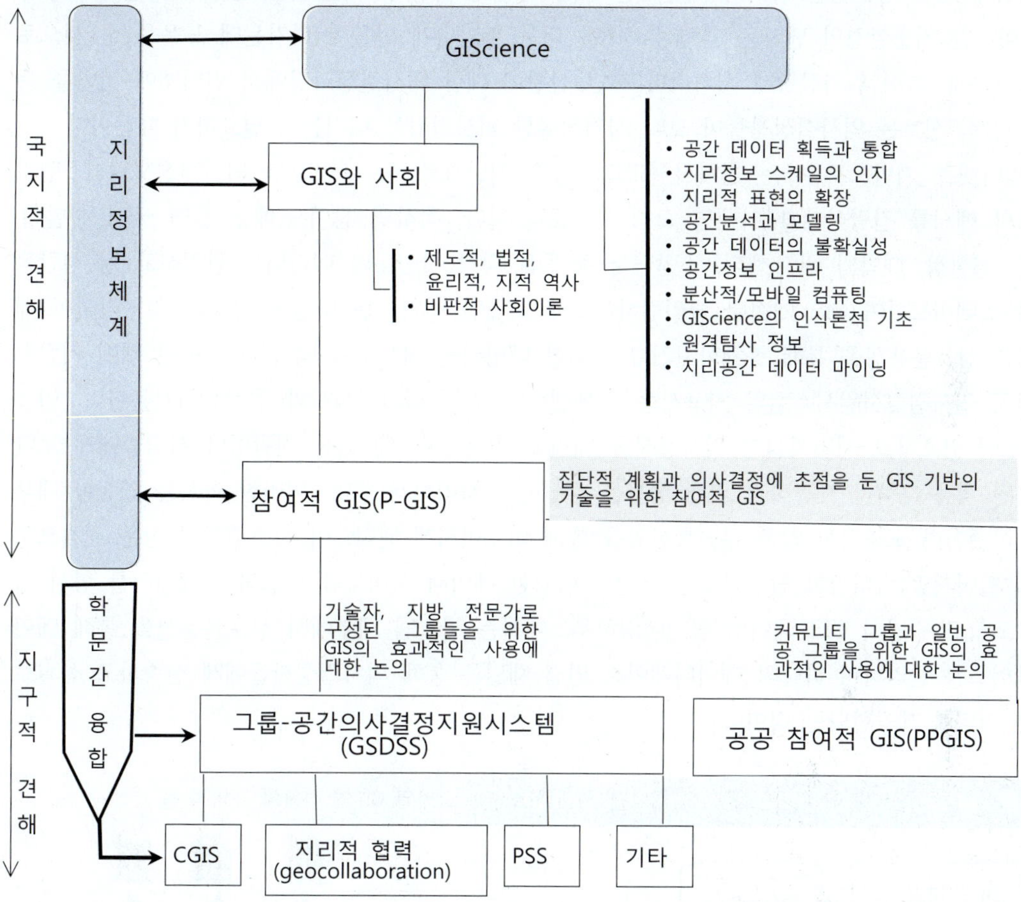

출처: Balram, S. and Dragicevic, S.(2006), *Collaborative Geographic Information System*, p. 14.

하여 융합적 접근을 통해 이루어진다. 다양한 학문분야로부터 계획, 문제 해결, 의사결정 과정에서 새로운 아이디어를 채택하는 것이다. 여기에는 보다 작은 그룹이 참여하는 그룹-공간적 의사결정지원시스템(GSDSS: Group Spatial Decision Support Systems)과 보다 많은 사람들이 참여하는 공공 참여적 GIS(PPGIS: Public Participation GIS)가 포함된다.

최근 인터넷이나 무선정보통신 및 스마트폰이 급속도로 확산되면서 협력적 GIS는 시·공간상에서 개인에서부터 전문가와 일반인들 간에 의사소통과 참여를 더욱 활성화시키고 있다. 따라서 공간상에서 나타나는 문제를 해결하는 의사결정과정은 더욱 더 분배적 전환(distributive turn)으로 발달될 것으로 전망된다. 특히 향후 무선 모바일 GIS 도입으로 인해 현장에서의 실시간적 데이터와 개인 참여를 바탕으로 하면서도 인터넷을 기반으로 하는 의사결정지원시스템이 이루어질 것으로 예상된다. 인터넷 GIS는 데이터, 정보, 지식을 공유하는 의사소통적 환경을 제공하며,

모바일 GIS는 실시간적인 공간 데이터의 취득이 가능해지면서 멀리 떨어진 지역에 대한 공간 데이터에 대한 접근뿐만 아니라 개인적인 참여도 쉽게 이루어질 수 있는 환경으로 변화되어 간다. 이러한 기술환경의 변화는 협력적 GIS를 더욱 활발하게 만들어 나가는데 도움을 줄 것으로 예상되는데, 특히 위기상황에 처하거나 재난 상황에 대한 의사결정과정에서 인터넷에 기반을 둔 실 시간적 정보는 의사결정자들이 보다 시기적절한 의사결정을 내리는데 필요하기 때문이다.

인터넷을 기반으로 하는 협력적 GIS와 이를 기반으로 하는 공간적 의사결정지원시스템의 구조의 예시를 간략하게 나타내면 그림 14-22와 같다. 각각의 참여자(예를 들면 국경 순찰대, 시청, 경찰청, 대학의 GIS 센터, 소방당국 등)들은 각각 자신들의 데이터를 관리하고 실 시간적으로 업데이트하여 GIS 데이터 클리링하우스에 보내면 여기서는 다양한 유형의 멀티미디어 데이터를 상호운용성을 통해 총체화시키고 이러한 데이터는 저장소에 백업된다. 한편 웹에 기반한 공간적 의사결정지원시스템의 사용자는 통제센터에 있는 의사결정자와 공간분석가들이며, 이들은 보다 양호하고 시기적절한 의사결정을 내리고, 또한 현장에 있는 기관이나 사람들에게 보다 개선된 적응 대책을 제공하기 위해 정보를 수집하고 처리하게 된다. 이러한 과정은 안전한 내부 인트라넷이나 노출되지 않은 무선통신망을 통해 이루어지게 된다. 이 시스템의 특징은 원격으로 멀리 떨어져있는 다양한 참여자들의 분산된 다양한 데이터 서버들을 연결하여 데이터를 항시 업데이트하고 중앙의 GIS 데이터 클리어링하우스에서는 시스템 내부에서 상호운용성을 통해 데이터베이스를 관리하여 하나의 데이터베이스 연결 채널을 통해 의사결정자들에게 신속하고 신뢰로운 데이터를 제공한다는 것이다.

그림 14-22 인터넷에 기반한 공간적 의사결정지원시스템과 모바일 GIS의 적용의 개념적 틀

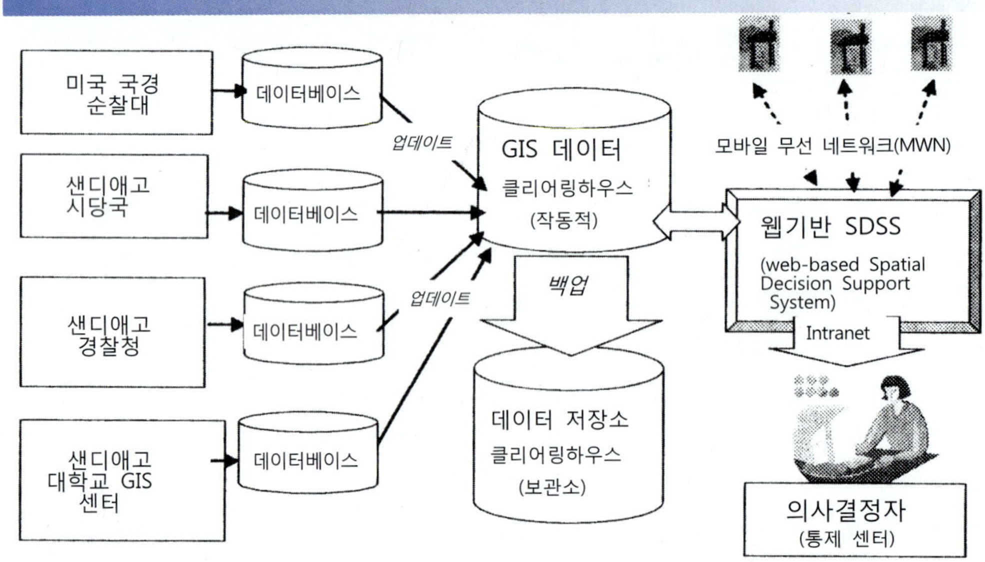

출처: Tsou, M.(2006), Bridging the Gap: Connecting Internet-based Spatial Support System to the Field-based Personnel with real time Wireless Mobile GIS Application, p. 318.

한편 협력적 GIS 구조에서 모바일 GIS는 점차 더 중요해지고 있다. 모바일 GIS는 유선 또는 무선망을 통해 공간 데이터와 서비스에 접근 가능하도록 하는 하드웨어와 소프트웨어를 통합한 것이라고 볼 수 있다. 모바일 GIS는 현장에 기반한 GIS와 위치기반서비스(LBS: Location-based Services)의 두 적용분야가 있다. 현장에 기반한 GIS는 현장에서 데이터를 수집, 검증, 업데이트하는 것으로, 예를 들면 GIS 데이터에서 지도 형상을 첨가/수정하거나 속성 자료를 바꾸는 것 등이다. 한편 위치기반서비스는 항해, 도로 경로, 특정 지점 찾기, 차량의 이동경로 추적 등과 같이 사업지향적인 위치관리 기능에 초점을 두고 있다. 이 두 영역 간에 차이는 데이터 수정 가능성이다. 현장기반 GIS는 주로 데이터를 갱신하는데 초점을 두는 반면에 LBS는 데이터 수정은 매우 드물고 주로 만들어진 데이터를 항법이나 경로 추적 등을 위해 백그라운드지도나 참조지도로 활용하고 있다. 모바일 GIS는 크게 고객 측면에서의 모바일 GIS 구성요소와 서비스 제공자 측면에서의 구성요소로 구분된다. 고객 측면의 모바일 GIS 구성요소는 주로 지도를 보여주거나 GIS 기능을 통해 산출된 결과를 제공하는 하드웨어 기기가 중요하다. 반면에 서비스 관점에서의 모바일 GIS 구성요소는 고객 측면으로 부터의 요구에 기반한 GIS 기능을 작동시킬 수 있는 기능과 매우 포괄적인 공간 데이터이다. 고객-서버의 관계는 다양한 네트워크(유선 또는 무선 통신망)로 연결되어 공간 데이터와 서비스 교환을 촉진시킨다. 따라서 모바일 GIS의 구성요소는 GPS, 모바일 GIS 수신기, 모바일 GIS 소프트웨어, 데이터 동시화와 무선통신 구성요

그림 14-23 모바일 GIS의 개념적 구조

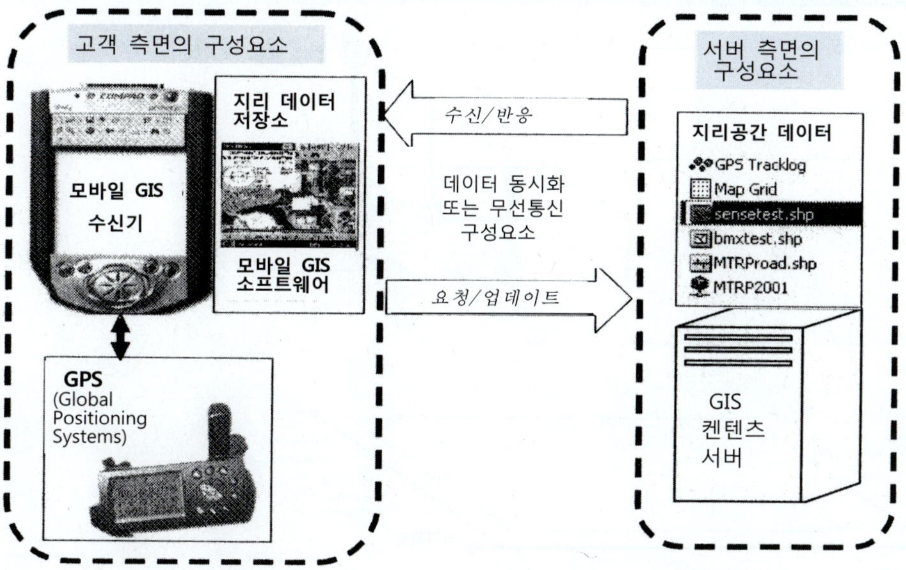

출처: Tsou, M.(2006), Bridging the Gap: Connecting Internet-based Spatial Support System to the Field-based Personnel with real time Wireless Mobile GIS Application, p. 321.

소, 공간 데이터, GIS 컨텐츠 서버의 6개가 기본이 될 수 있다(그림 14-23 참조).

한편 복잡한 환경 문제와 해결을 위한 다양한 이해관계자의 수요는 더 많은 사람들의 참여를 의사결정과정에 통합시키려고 한다. 이는 민주주의적 의사결정 과정을 수행하기 위해 개인적인 참여자들이 의사결정과정에 가능한 투입되도록 분배적 전환으로의 확대되고 있다. 이러한 분배적 전환이 가능하게 만드는 것은 웹-GIS이다. 계획이나 의사결정 과정의 발달과정을 보면 초기에 논증근거로의 전환(argumentative turn)에서 협력적 전환(collaborative turn)으로 이행하다가 점차 분배적 전환(distributive turn)으로 가고 있으며, 궁극적인 목표는 집합적인 전환(collective turn or emergence)으로 지향해 나가려고 한다. 이러한 각각의 전환과정에서 참여수준(y축)과 지도 사용(x축)과 기술 변화(Z축)가 어떻게 이루어지고 있는 가를 3차원의 튜브로 나타내면 그림 14-24와 같다. 여기서 협력적 GIS는 수직적 평면으로 나타낼 수 있다. 논증근거 전환의 경우 초점은 추론을 지식으로 만들어나가는데 있으나 참여자 수준은 매우 작고 아날로그 지도와 인지도 등 그래픽이 주로 사용되고 있다. 그러나 협력적 전환에서는 기술진보의 발전으로 컴퓨터와 LAN 구축으로 인해 많은 사람들이 디지털화된 지도와 데이터를 공유하며 집합적 과정에서 지도를 사용하며, 공간 데이터 분석 및 시나리오 구축 까지도 이루어진다. 하지만 분배적 전환으로 진화되어 가면 웹-GIS를 통해 보다 많은 사람들이 더 폭넓은 참여를 통한 의사결정이 이루어지게 된다. 마지막 궁극적인 집합적 전환이 이루어지는 경우 수많은 그룹의 참여자들이 마치 하나의 의사결정 체계처럼 융합되어 나타나게 된다.

그림 14-24 협력적 GIS의 전환을 가져오는 요소들의 상호작용을 나타낸 입방체

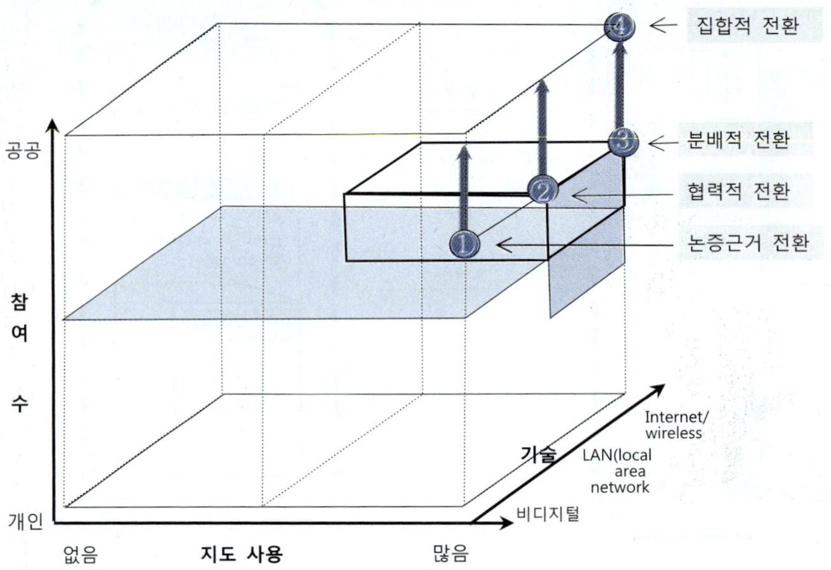

출처: Balram, S. and Dragicevic, S. (2006), *Collaborative Geographic Information System*, p. 344.

제 15 장

계획지원시스템의 특성과 활용

제 1 절

계획지원시스템의 개념과 발달과정

[1] 계획지원시스템의 등장 배경과 개념

(1) 계획지원시스템의 등장 배경

우리나라는 1960년대 이후 급속한 경제성장과 함께 도시화가 진전되면서 국토개발을 추진해 왔다. 그 결과 괄목할만한 경제성장을 이룩하였으나 환경의 질적 저하와 함께 국토 난개발, 지역 불균형, 자연환경 파괴 등 많은 문제점도 야기되었다. 뿐만 아니라 도시가 성장해나감에 따라 대두되고 있는 스프롤 현상, 과도한 밀집 현상, 주택 가격의 차별적 성장 등과 같은 문제들도 나타나고 있다. 이에 따라 최근에 들어와 '지속가능한 개발(sustainable development)'에 대한 관심이 높아지는 가운데 국토의 난개발을 방지하고 환경친화적 국토이용 및 관리, 에너지 절약형 국토공간구조 구축과 국토관리체제 수립을 위해 다각적인 노력이 이루어지고 있다. 그러나 지속가능한 도시개발을 추진해나가는데 있어 경제적 효율성, 사회적 형평성, 환경보전이 서로 상충성을 지니고 있기 때문에 상당한 어려움을 겪고 있다. 또한 거대한 개발계획 수립이나 님비 현상이 강한 공공 시설물의 입지선정 등과 같은 문제들의 경우 이해집단 간에 갈등이 크기 때문에 적절한 해결책이나 대응방안을 수립하는 것은 점점 더 어려워지고 있다. 실험실에서 실험을 통해 연구를 수행하는 자연과학 분야와는 달리 도시 및 지역개발의 경우 실제로 개발이 진행되고 상당한 시간과 많은 경비가 소모된 이후에야 그 결과를 평가하게 되므로 때때로 개발에 따른 많은 위험을 수반하기도 한다.

한편 사회가 급변하고 이해 관계자의 참여와 영향력이 증대되어감에 따라 계획가들은 전문적인 업무를 수행해나가는데 필요한 다양한 영역의 기술 및 기능을 지원해줄 수 있는 접근방법에 대한 욕구가 커지게 되었다. 특히 지속가능한 도시개발을 지향하여 도시성장관리 정책을 수립해나가는데 있어서 부딪치게 되는 문제들을 보다 객관적, 과학적으로 해결하면서 계획의 전체적 과정을 지원해주는 방법론에 대한 필요성은 한층 더 높아지고 있다. 계획 수립이 합리적이고 시민들에게 지지받을 수 있으려면 계획 입안과정의 과학화, 계획 결정의 민주화, 계획 실현의 공평성이 전제되어야만 한다. 특히 이해관계의 상충성이 내재된 도시계획을 수립하는 경우 시민참여를 통한 민주적이고 합리적인 결정절차가 제도적으로 보장되어야 한다. 그렇지 않으면, 그동안 도시계획사업 추진이나 공공시설물 입지과정에서 수없이 발생했던 주민반대와 극한대립 그리고 점거시위 등으로 인해 국가사업이나 도시계획이 무산되거나 지연되는 상황을 되풀이할 수 밖에 없다. 이는 물적·인적·

사회적으로 정부나 시민들에게 큰 손실이 아닐 수 없다. 이에 따라 도시정책 현안을 추진하는데 있어서 복잡한 현실세계의 데이터를 전산환경에서 분석하고, 여러 시나리오를 통해 나타난 결과를 비교·평가하여 최적의 대안을 선택하는 일련의 의사결정과정을 지원해 줄 수 있는 시스템을 구축하고 이를 활용하는 사례가 늘어나고 있다.

이미 일부 선진국에서는 도시개발, 도시환경관리 및 보전, 토지이용계획, 교통계획 등 도시계획 분야에서 컴퓨터를 기반으로 발달한 지리정보체계 위에 다양한 계획방법론과 관련 모델, 의사결정지원시스템을 결합한 계획지원시스템(PSS: Planning Support System)이 개발되어 계획업무에 활용되고 있다. 도시계획 분야에서 계획지원시스템이라는 용어가 처음 사용되기 시작한 것은 1985년이었으나, 계획지원시스템에 관한 연구가 활발하게 이루어진 것은 1990년대 중반 이후이며, 현재 계획지원시스템은 장기적이고 전략적인 계획과 참여적인 계획과정을 지원하기 위한 목적으로까지 발전하여 많은 학자들에 의해 연구되고 있다(Adrian, 1997; Brail & Klosterman, 2001; Geertman & Stillwell. 2003, 2009; Hopkins, 1999).

계획지원시스템이 도시·지역계획 분야에서 활용되게 된 배경은 '계획' 자체가 본질적으로 최적화되기 어렵다는 점 때문이며, 계획지원시스템의 활용은 계획가의 제한된 경험을 바탕으로 계획을 수립함으로써 나타날 수 있는 오류를 줄이려는 시도라고 볼 수 있다. 계획지원시스템은 여러 시나리오를 통해 산출된 대안들을 비용과 편익에 비추어 최적의 대안을 선택할 가능성을 높이려는 객관적, 과학적 접근방법으로, 도시·지역계획을 수립하는데 있어서 매우 활용성이 높은 방법론으로 인식되고 있다. 특히 목표들 간에 상충성이 높고 이해관계 당사자들 간에 합의를 도출하기 어려운 계획들을 수립하는 경우 다양한 시나리오에 따른 시뮬레이션 과정을 통해 과학적 분석과 예측 관련 정보를 제공해주는 계획지원시스템의 활용성은 더 큰 것으로 평가되고 있다. 더 나아가 계획지원시스템은 도시계획과정에서 계획주체인 시민·정부·계획가 사이의 상호작용 증진과 정보교류의 증대 그리고 공공복리의 달성이라는 공동의 관심사와 목적에 대한 논의를 활성화시킬 수 있는 목적으로도 활용되고 있다.

이와 같은 기능을 가진 계획지원시스템의 등장이 가능하게 된 것은 하드웨어의 발달과 도시 및 지역과 같은 복잡한 시스템을 시뮬레이션 할 수 있는 컴퓨터 프로그램이 구축되어 테스트하는 것이 가능해졌기 때문이다. 그러나 계획지원시스템이 개발, 활용되게 된 직접적인 계기는 GIS의 급속한 기술 발전에 기인한다고 볼 수 있다. 특히 1990년대 들어와 공간 데이터가 확충되고 GIS의 다양한 기술들이 상당히 개발되었다. 하지만 계획지원시스템이 개발되는데 촉매역할을 한 것은 GIS에 기반을 둔 공간의사결정지원시스템(SDSS: Spatial Decision Support System)이라고 볼 수 있다. 14장에서 살펴 본 바와 같이 공간의사결정지원시스템은 의사결정자가 공간상에서 전개되는 상충성을 지닌 문제를 해결하는데 필요한 다양한 분석모형을 선택적으로 조합하여 문제해결을 위한 대안들을 구축하여 보다 합리적인 의사결정을 내리는데 필요한 정보를 추출하기 위한 시스템이다. 그 밖에도 인터넷의 발달로 인해 다양한 그룹들 간의 상호작용이 매우 활발하게 이루어지면서 이해관계를 가진 집단들이 인터넷을 통해서 정보나 의견을 제시하는 것이 용이해졌다. 이와 같이 하드웨어, 소프트웨어, 데이터, GIS, 인터넷의 발달은 계획지원시스템이 등장하는데 촉매제의 역할을 하였다고 볼 수 있다.

(2) 계획지원시스템의 개념

일반적으로 정책 개발이나 계획 수립과정을 보면, 주어진 문제를 해결하거나 예상되는 문제를 처방하기 위해 문제의 특성을 기술하고 문제를 정확하게 정의한 후에 그에 따른 비젼과 정책 목적을 설정하고 구체적인 목표를 수립한다. 이렇게 목표가 수립되고 나면 그에 따라 정책이 결정되고 이를 수행하기 위한 시나리오들을 구축한 후, 시나리오 작동을 위한 모델링 과정을 통해 그 결과를 도출한다. 그리고 시나리오들을 평가하기 위한 지표를 개발하여, 시나리오 결과들을 비교하여 정책의 목적과 목표를 가장 잘 달성할 수 있는 최종 대안을 선정하게 된다(그림 15-1 참조). 이와 같은 계획과정은 순환적으로 이루어지게 되는데, 컴퓨터 환경에서 이러한 과정이 수행될 수 있도록 작동 시스템을 구축한 것이 계획지원시스템이라고 볼 수 있다.

그림 15-1 정책 개발/계획 과정을 지원하는 계획지원시스템의 개념

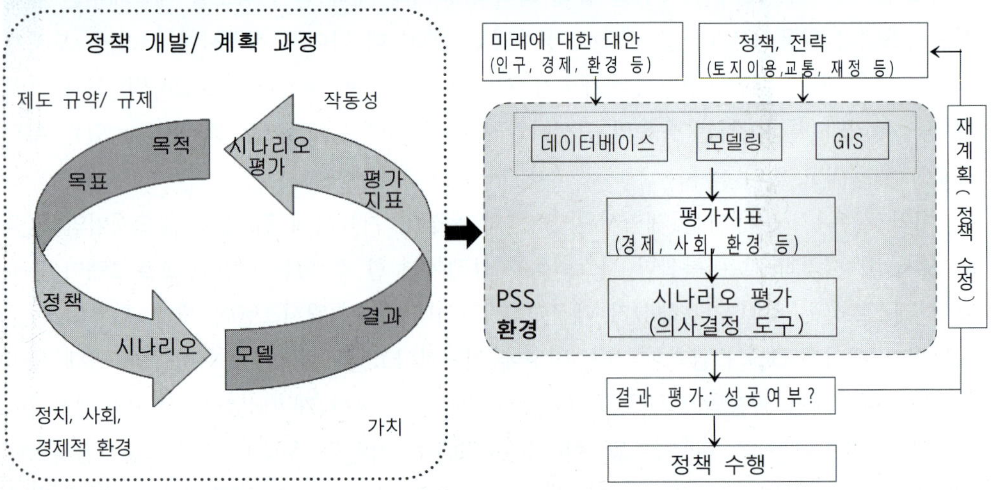

이렇게 계획지원시스템은 문제 진단, 데이터 수집, 데이터 마이닝, 데이터 추출, 시·공간적 분석, 데이터 모델링, 시각화와 디스플레이, 시나리오 구축과 예측, 계획 결정과 평가 등을 포함한 계획 과정에서의 다양한 측면들을 지원하기 위해서 개발된 시스템이라고 볼 수 있다. 하지만 아직까지 계획지원시스템에 대한 합의적인 정의는 정확하게 이루어지지 못한 편이다.

계획지원시스템은 전문적이고 특정한 계획 과업을 수행하는데 도움을 주는 기술들을 통합한 시스템이라 할 수 있으며, 계획의 과업이 공간 데이터를 기반으로 하는 경우 GIS는 필수적으로 포함된다. GIS가 점차 발달하면서 공간 관련 데이터를 다루는 여러 분야에서 폭넓게 적용되면서 GIS가 지니고 있는 공간 데이터의 저장, 관리, 분석, 표현, 모델링 등의 기능이 계획지원시스템의 기초가 되고 있다.

처음으로 계획지원시스템에 대한 정의를 내린 Harris 와 Batty(1993)에 따르면 특정한 계획 기능을 지원하기 위해 컴퓨터에 기반한 방법과 모델들이 통합된 시스템으로, 3개의 요소가 통합되어 있다. 즉, ① 계획 과업과 문제의 명시화 및 데이터의 조합, ② 분석, 예측, 처방을 통해서 계획과정에 대한 정보를 제공해주는 시스템 모델과 방법들, ③ 주기적으로 모델링과 디자인 과정에 원동력을 제공하는 기초 데이터를 정보로 변환하는 기능이다. Brail & Klosterman(2001)도 유사하게 계획지원시스템을 전문적인 계획을 수행하기 위해 계획가들이 사용하는 정보기술이라고 정의하였다.

Sharifi(2003)는 계획 과정은 지능 단계→디자인 단계→의사결정/선택의 단계 과정을 거치게 된다고 보았다. 지능 단계에서는 문제를 정의/기술하고 시스템의 행태를 이해하고 현재 상황에 대한 평가를 토대로 하여 목표를 수립한다. 디자인 단계에서는 문제를 해결하는데 적합한 모델을 구축하고 이를 작동시켜 대안들을 생성하게 된다. 마지막 단계인 의사결정/선택에서는 대안들에 대한 영향력을 평가하고 시각화하면서 의사결정을 내리고 이를 설명하고 문서화하는 의사전달하는 과정을 거치게 된다(그림 15-2 참조). 이런 관점에서 볼 때 계획지원시스템(PSS)은 전통적인 결정지원시스템(DSS: Decision Support System)의 3가지 요소(정보, 모델, 시각화)를 통합한 공간적 의사결정지원시스템(SDSS)이 계획분야에 적용된 것이 계획지원시스템이라고 볼 수 있다. 공간적 의사결정지원시스템은 복잡한 공간문제에 대한 의사결정과정을 지원하기 위해서 특별하게 디자인된 시스템으로, 데이터 운영 시스템을 통해서 분석모델, 그래픽 디스플레이, 테이블 리포팅 능력과 전문가가 결정을 내리는데 필요한 지식을 통합하고 있다는 점에서 공간적 의사결정지원시스템과 계획지원시스템과는 많은 부분에서 공통점을 가지고 있다. 그러나 공간적 의사결정지원시스템이 계획지원시스템과의 가장 큰 차이점은 계획지원시스템은 일반적으로 장기간에 걸쳐서 야기되고 있는 문제와 전략적 논제들에 더 주안점을 두고 있으며, 이해그룹들 간의 상호작용과 논의를 용이하게 하도록 하기 위해 개발된 시스템이라고 볼 수 있다.

그림 15-2 계획과 의사결정 과정의 흐름도

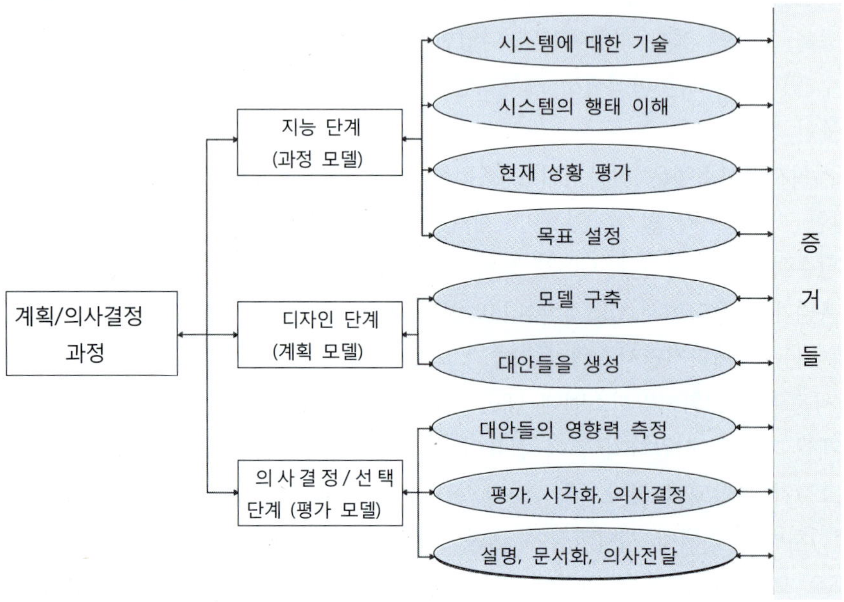

출처: Greertman, S. & Stillwell, J.(eds.)(2009), *Planning Support Systems Best practice and New Methods*, p. 180.

반면에 공간적 의사결정지원시스템은 일반적으로 단기적인 정책적 문제를 지원하기 위해 만들어졌으며, 이는 개인이나 기업, 기관들에 의해서 주로 활용되며 전문적인 계획 활동 보다는 관리적 관점에서 필요한 의사결정을 지원하는 것이라 할 수 있다.

계획지원시스템은 계획을 수립하는데 필요한 정보를 추출하여 계획과정에 도움을 준다는 면에서 system의 's' 보다는 supporting의 's' 를 더 강조하고 있다. 따라서 계획지원시스템이란 GIS를 포함해서 컴퓨터와 관련있는 정보기술들을 이용하지만, 도시 및 지역계획 수립에 필요한 다양한 경제모델, 인구모델, 교통모델, 환경모델, 그리고 공간적 상호작용 모델 등에 기반하여 장기적이고 전략적인 계획 수립과 참여적인 계획과정을 지원하기 위한 목적으로 구축되었다고 볼 수 있다. 좀더 부연한다면 계획지원시스템이란 컴퓨터를 기반으로 다양한 계획방법론, 관련 모델, GIS, 시각화 기술, 그리고 공간의사결정지원시스템을 통합시켜 계획과정을 지원하기 위해서 개발된 것이라고 볼 수 있다.

Harris & Batty(1993)는 계획을 수립하는데 있어서 원칙적으로 필요한 두 가지 요구사항이 계획지원시스템을 통해 지원가능하다고 보았다. 첫째, 계획이란 최적화가 불가능하므로, 보다 좋은 계획을 수립하기 위해서는 시행착오라는 과정을 거쳐야 하는데 바로 이 계획지원시스템을 통해서 대안들을 만들어내고 테스트하면서 시행착오 과정을 거칠 수

그림 15-3 계획지원시스템의 구성요소와 구성요소들의 진행 단계

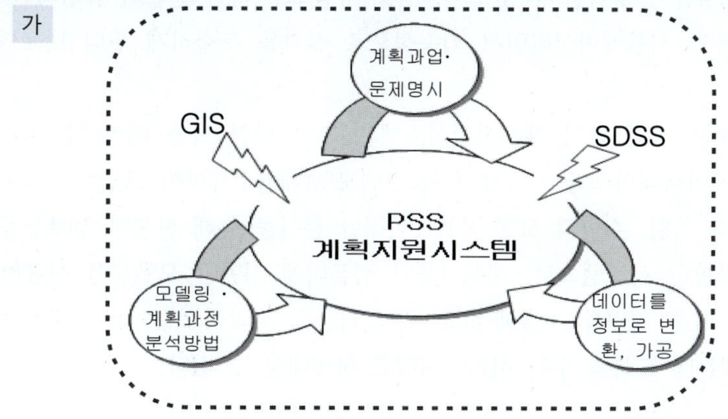

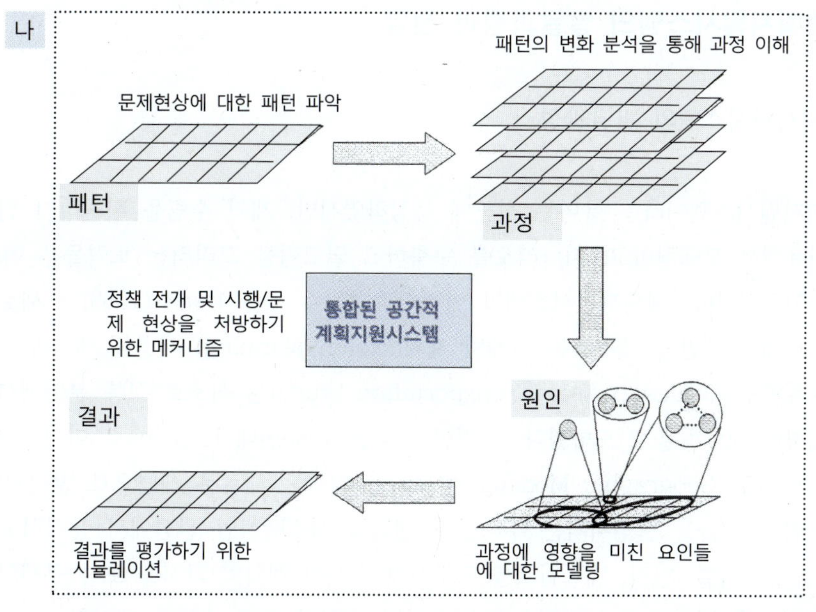

출처: 이희연(2005), 도시·지역계획 수립시에 계획지원시스템의 활용 가능성 탐색, p. 222 ; Greertman, S. & Stillwell, J.(eds.)(2009), *Planning Support Systems Best practice and New Methods*, p. 181.

있다는 것이다. 둘째, 계획과 정책은 대안들을 비교, 분석하고 산출된 결과를 표현하여야 하는데, 계획지원시스템을 통해 비용과 편익 또는 효과에 기초해서 대안들을 비교하고 또 대안들을 개선하거나 대체할 수단을 강구할 수 있다는 점이다.

일반적으로 계획지원시스템은 계획의 과업(해결하고자 하는 문제의 명시), 문제를 해결하는데 필요한 다양한 모델링과 분석방법론, 그리고 데이터를 정보로 변환, 가공하는 모듈로 이루어질 수 있다(그림 15-3-가 참조). Sharifi(2003)는 계획지원시스템은 패턴,

과정, 원인, 결과의 순으로 진전되어 나간다고 보고, 특히 과정 모델에서는 문제 해결에 필요한 다양한 모델들이 투입될 수 있으며, 이를 바탕으로 하여 원인이 규명되면 각 요인들 간의 상호작용을 시뮬레이션하면서 최종적으로 결과를 도출하게 된다고 보았다(그림 15-3-나 참조).

이상에서 살펴본 바와 같이 계획지원시스템은 도시 관련 각종 데이터를 수집, 관리, 갱신, 저장하는 데이터베이스와 다양한 도시 관련모델(계량경제학적 모델, 토지이용 모델, 교통 모델, 통계적 기법, 수학적 모델 등)과 이러한 분석을 통해 산출된 정보들을 시각화하는 기능들이 통합된 시스템으로, 계획가들이 컴퓨터에 기반한 모델들을 사용하여 여러 가지 시나리오에 따른 결과를 추출해내고, 그 결과들을 효과적으로 비교, 평가하여 최적의 대안을 찾아내는데 도움을 주는 시스템이라고 정의내릴 수 있다.

[2] 계획지원시스템의 발달과정과 전망

(1) 계획지원시스템의 발달과정

계획지원시스템이라는 용어는 최근에 등장하였지만, 계획 수립을 지원하기 위해 컴퓨터를 이용해서 모델링하고, 시나리오를 구축하고 밑그림을 그리려는 노력들은 이미 1950년대에 이루어졌다. 계획지원시스템의 아버지라 할 수 있는 Harris(1959)는 새로운 아이디어를 토대로 대안을 제시하는 스케치 계획(sketch planning) 개념을 제시하였으며, 시카고 교통연구팀(Chicago Area Transportation Study)은 최초로 교통 분야에서 컴퓨터를 도입하여 모델링을 시도하였다. 이러한 노력은 1960년대 Hopkins로 이어져 지리모델링시스템(GMS: Geographic Modelling System)이라는 새로운 개념으로 발전되었다. 그는 다양한 활동들을 발생시키는 주체들의 행위를 시스템적인 관점에서 분석하고 모델링 과정에 인구, 시설, 입지, 네트워크를 포함시켜 스케치 계획의 과정을 보다 구체화시켰다.

계획분야에 컴퓨터가 본격적으로 사용되기 시작한 것은 1960년대이며, 이 시기에는 과학기술이 급속도로 발전하였으며, 도시경제, 지역과학과 같은 학문 분야가 새로이 등장하였다. 컴퓨터 사용이 본격화되고 사회과학 분야에서도 분석적 모델들이 사용되기 시작하면서 계획의 개념이 '디자인으로서의 계획'에서 '응용과학(applied science)으로서의 계획'으로 변화되었다. 즉, 시스템적인 관점에서 계획을 보는 시각이 확산되면서 계획을 디자인으로 보는 관점이 점차 사라지고 응용과학으로서의 계획을 보는 관점으로 바뀌게 되었다. 실제로 이러한 경향은 대도시 토지이용모델과 교통모델들을 개발하기 위한 노력으로 나타났다(Batty, 1976; Harris & Wilson, 1978; Hemmens 1971; Lowry, 1964; Putman 1979; Wilson, 1970).

이와 같이 1960년대에는 계획을 보는 관점이 응용과학에 강조점을 두었으나, 1970년대 접어들면서 이해 관계자들 간에 갈등 양상이 심화되면서 계획은 정책적(politics) 관점으로 발전하였다. 그러나 1980년대에는 계획 과정에서 다양한 이해관계자들 간에 의사소통(communication)에 중점을 두게 되었으며, 1990년대 이후에는 보다 합의적이고 참여적인 논의를 바탕으로 하는 협력적 계획에 초점이 맞추어지고 있다(Klosterman, 2001). 이렇게 계획을 보는 관점의 변화에 발맞추어 정보기술도 상당히 많은 발전을 거듭해오고 있다. 각 시기별로 정보기술의 발전과정을 간략히 살펴보면 1960년대에는 전자 형태의 데이터 구축과 저장을 위한 데이터 처리 기술에 초점이 맞추어졌으며, 1970년대에서는 데이터로부터 의미있고 부가가치가 높은 정보를 생성하는 기술로 발전되었다. 1980년대의 정보기술은 이러한 정보들을 총체화하여 지식을 창출하고 의사결정지원시스템을 개발하는 단계로 발전하였으며, 1990년대 이후로는 추론과 사고력을 지닌 인공지능으로 발전해나가면서 계획지원시스템을 등장시켰다(그림 15-4 참조).

특히 1980년대 이후에 이루어진 정보기술은 통신기술의 발전과 더불어 시스템들간의 연계가 용이해지고, 사용자들이 이용하기 매우 편리한 환경을 만들어내었다. 즉, 정보통신기술의 발전과 디지털 문명은 계획이론의 사상적 틀을 '0'과 '1'의 디지털의 세계로 담아내기 시작했으며, 컴퓨터 기술에 구현된 계획이론의 방법 중에 하나가 계획지원시스템의 등장이라고 볼 수 있다. 이에 따라 계획 수립과정에서 인터넷과 웹의 활용을 통해 다양한

그림 15-4 계획에 대한 관점 변화와 정보기술의 변화 및 특징

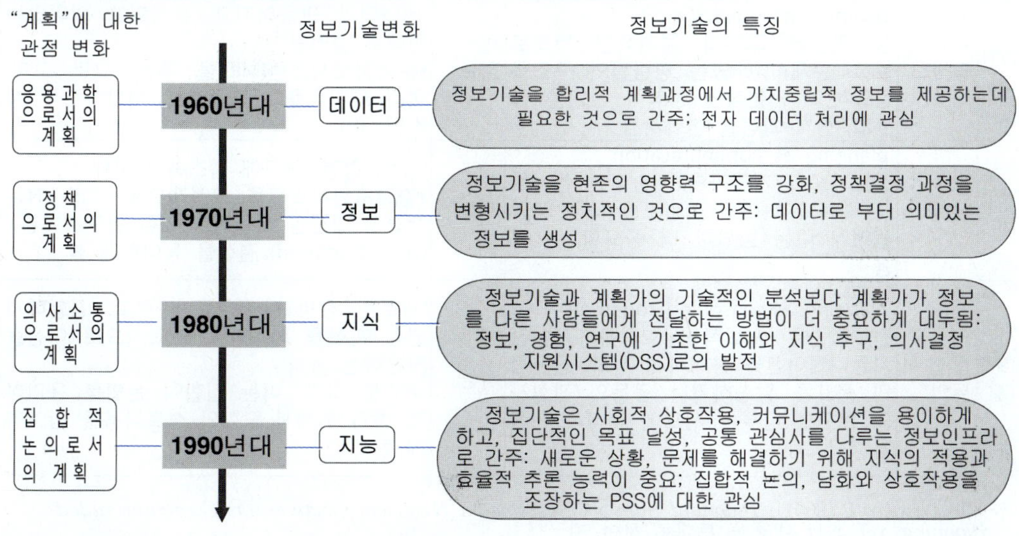

출처: Klosterman, R.(2001), *Planning Support Systems: a New Perspectives on Computer-aided Planning*, p.7, 11 내용을 토대로 하여 재구성함.

이해집단들의 참여와 의견수렴 등이 가능해지면서 계획지원시스템의 활용은 더욱 박차를 가하게 되었다. 특히 인터넷의 발달과 인터넷을 통해 제공되는 데이터와 정보의 양이 급속도로 늘어나면서 계획 과정(데이터 수집, 데이터 마이닝, 데이터 추출, 시·공간 분석, 데이터 모델링, 시각화와 디스플레이)을 지원해줄 수 있는 환경이 마련되었다. 이렇게 다양한 정보기술의 발달은 계획 과정을 근본적으로 변화시켜 나가고 있다(표 15-1 참조).

그러나 본격적으로 계획지원시스템에 대한 연구가 활발해지고 실제로 활용화될 수 있게 된 시점은 1990년대 말부터이다. GIS의 분석 능력과 3D 시각화 표현 기술 개발이 지속적으로 이루어져지는 가운데 다양한 유형의 공간 데이터가 구축되고 속성 데이터도 신속하게 갱신할 수 있게 되었기 때문에 계획지원시스템의 발달은 더욱 박차를 가하게 되었다. 특히 1990년 미국 통계국에서 TIGER(Topographically Integrated Geographic Encoding and Referencing System) 파일이 구축되어 지리정보의 활용성을 한층 더 넓히는 계기가 되었고, 각 국가마다 지리정보체계가 도입되면서 공간 데이터들이 구축되고 위성영상 취득도 놀랄만한 발전을 이루게 되면서 계획지원시스템의 활용이 본격화되었다.

표 15-1 계획과 정보기술에 대한 관점의 변화

	계획과 정보기술을 보는 관점		정보제공이 중시한 요소	
1960년대	시스템 최적화	'planning as applied science' 정보기술을 가치와 정치적 "이성적"계획과정에서 필요한 정보를 제공하는 것으로 봄	데이터	'관찰한 것을 정리하고 코드화하고, 기계가 읽을 수 있는 형태' •전자데이터 프로세싱(EDP)이 가장 우선적으로 고려. 이것은 오퍼레이션을 향상시키기 위해서 효과적인 처리를 함
1970년대	정책	'planning as politics' 정보기술을 고유의 정치적인 것으로 보고, 존재하고 있는 영향력의 구조를 강화하고, 근본적인 정책적 선택을 감추고, 정치 과정을 변화시킴	정보	'데이터가 만들어지고, 분석되고 의미있는 형태로 정리됨' •운영정보시스템(MIS)을 우선적으로 고려. 여러 데이터를 운영하는데 적합하도록 시스템 구축
1980년대	담화	'planning as communication' 정보기술과 계획가의 기술적인 분석보다 계획가가 이러한 정보를 다른 사람들에게 주는 방법이 더 중요할 수 있음	지식	'정보, 경험, 연구에 기초해서 이해' •결정지원시스템을 우선적으로 고려. 이는 행정적 결정을 지원하기 위한 반구조화된(semistructured) 결정을 용이하게 함
1990년대	집합적 논의	'planning as reasoning together' 정보기술은 사회적 상호작용, 개인간 커뮤니케이션을 용이하게 하고, 집단적인 목표를 달성하거나 공동의 관심사와 요구를 다루는 시도에 대해서 논쟁을 하게 됨	지능	'새로운 상황과 문제를 다루고, 경험에서 얻은 지식을 적용하고, 효과적으로 이성을 사용하는 능력' •PSS를 고려. 이는 집합적 논의를 용이하게 하기 위해서 담화와 상호작용을 강조하게 됨

출처: Klosterman, R.(2001), *Planning Support Systems: a New Perspectives on Computer-aided Planning*, p.7, p.11 내용을 토대로 하여 재구성함.

그림 15-5 계획지원시스템의 발달 과정

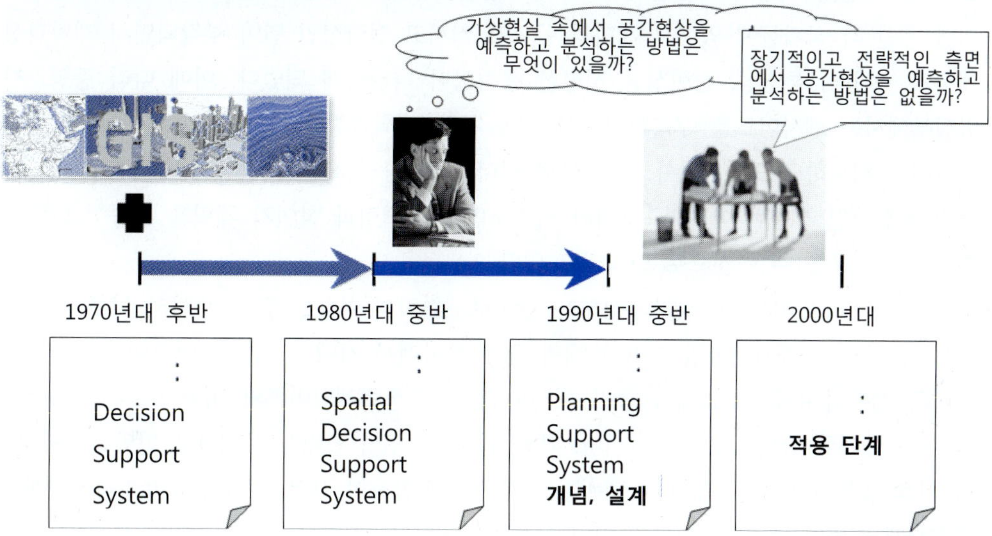

이상에서 살펴본 바와 같이 계획지원시스템은 GIS 발달과 함께 의사결정지원시스템과 이를 토대로 공간적 의사결정지원시스템의 등장 이후 공공영역 특히 도시계획이나 지역계획 분야에서 활용되면서 점차적으로 발달해오고 있다(그림 15-5 참조). 대부분의 계획지원시스템 모델들은 2000년대에 들어오면서 본격적으로 개발되기 시작하였으며. 일부는 여전히 실험적인 개발단계에 있다. 개발된 모델들도 상용화된 시스템이라기보다는 여러 국가, 또는 기관들이 컨소시엄을 이루어 대규모의 프로젝트로 진행하거나 공공의 주도하에서 개발된 것이 많다. 또한 일부 계획지원시스템은 교육용과 전문 계획가들의 훈련용으로 사용되고 있으며, 따라서 실제 계획을 수행하고 정책을 개발하는데 있어서 계획지원시스템의 활용은 제한적이며, 아직은 계획지원시스템 활용의 초기단계라고 볼 수 있다. 그러나 전 세계적으로 볼 때 계획지원시스템은 네덜란드, 영국, 미국, 이태리, 콜롬비아, 오스트레일리아, 뉴질랜드, 러시아, 남아프리카, 말레이시아, 스웨덴, 핀란드, 체코, 홍콩 등 선진국뿐만 아니라 개발도상국가에서도 토지이용과 기반시설 계획 및 환경관리 분야에서 계획지원시스템을 활용하고 있으며, 점차 그 적용범위를 넓혀가고 있다(Geertman & Stillwell, 2009).

(2) 계획지원시스템의 발달 전망

지금까지 개발 또는 활용되어온 대부분의 계획지원시스템들이 주로 도시 및 지역계획 수립에 필요한 다양한 경제, 인구모델, 교통모델, 환경모델, 그리고 공간적 상호작용 모델 등 복잡한 이론적 모델을 과학적으로 연산하는데 초점을 두어왔다. 그러나 지난 10여년 동안 각 국가들에 있어서 계획의 규모가 커지고 전략적인 면이 부각되면서 계획과정에서의 개방성, 투명성, 참여성을 지향한 움직임이 나타나게 되었다. 이에 따라 중앙, 지방정부에서는 웹사이트를 구축하여 인터넷을 통해 계획과정에 다양한 이해집단들을 참여시키려고 시도하고 있다. 계획 수립 자체가 더 이상 공공 혹은 지방당국이나 전문 계획가들의 독점적인 부분이 아니며, 오히려 지역주민들의 협력과 참여가 계획을 성공적으로 수행하는데 도움을 주는 것으로 인식되고 있다.

최근 '계획'이라는 단어를 수식하는 어구로 "협력적"이라는 말이 빠지지 않을 정도로 '협력적 계획'은 계획이론의 분야와 계획 적용 분야에서 거대한 흐름을 만들어 내고 있다. 협력적 계획의 등장은 20세기 중반 이전의 합리적 종합계획이론의 비판으로부터 파생되어온 여러 계획이론들 중에 하나이다. 계획이론의 도구적 합리성이 비판을 받았던 1980년대 이후 등장한 협력적 계획은 정보통신 기술과 접합하여 새로운 형태의 계획지원체계를 구축하게 되었다. 협력적 계획에 있어 계획가의 역할은 개발을 촉진시키거나 많은 사람이 계획과정에 참여하도록 유도하는 것이다. 따라서 사람들을 동원하는 것을 돕거나, 참여자에게 심의과정을 조직하는 방법을 제공하고 그들이 구상하고 있는 사업이 공간적으로 어떤 결과를 초래할지에 대한 정보를 제공하여 이미 진행 중인 심의 과정을 돕는 것이 계획가의 역할인 것이다.

이렇게 다양한 이해집단들이 참여하는 계획과정을 통해 현안 문제들을 인식하고 문제에 대한 해결책을 모색하고자 하는 노력들이 나타나면서, 이를 지원하는 협력적 계획지원시스템을 구축하려는 시도들도 이루어지고 있다. 즉, 주민들과 관련 이해집단들을 참여시켜 이해 대립을 해소하고 설득시킴으로서 계획가들에 의한 일방적인 의사결정과정의 문제점을 완화하고 보다 효율적으로 계획과정을 추진해나가는데 도움을 주기 위한 목적으로 하는 협력적 계획지원시스템이 개발 중이다. 지역주민들과의 토론과 참여를 통해 민주적인 계획과정을 지원해주는 협력적 계획지원시스템의 경우 계획정보와 도시모델들을 조작하기 쉽고 이해하기 쉽도록 개발되고 있는데, 그 대표적인 예로 GIS기반 협력적 의사결정도구, 협력적 공간계획 수립을 위한 웹기반 시스템을 들 수 있다.

앞으로 계획지원시스템의 발전방향은 참여적, 협력적 계획수립과정을 지원하는데 도움을 줄 수 있는 시스템 구축에 역점을 둘 전망이다. 이는 웹을 기반으로 하는 협력적 계획지원시스템은 유비쿼터스 시대에 부응하여 어느 곳, 어느 때에서도 접근이 용이하며, 비용 면에서 효율적이고 의견이 자유롭게 표현될 수 있으며, 의사결정 문제에 대한 다양한 정보들이 도출될 수 있기 때문이다. 특히 협력적 계획지원시스템의 활용은 계획의 목표와 가치에 대한 동의를 쉽게 이끌어내기 어려운 비구조적인 문제들을 해결하는데 효과적일 것으로 간주되고 있다. 즉, 도시계획 분야에서 상당히 민감한 의사결정과정에 협력적 계획지원시스템의 활용은 비전문가뿐만 아니라 기존에 핵심적인 역량을 발휘하지 못했던 주변 집단과 시민 단체들을 문제의 해결과정에 참여시킴으로서 능동적으로 각각의 대안들에 대한 찬성과 반대에 대한 논의를 펼치고, 상호간의 협상에 의한 계획을 수립하는데 상당히 도움을 줄 수 있을 것으로 인식되고 있다. 더 나아가 협력적 계획지원시스템에서는 정보 제공뿐만 아니라 피드백까지도 고려하는 쌍방향 및 다양한 집단들의 참여를 바탕으로 한 의사결정을 지원할 수 있는 방향으로 구축하려는 노력도 시도되고 있다.

이와 같이 향후 협력적 계획지원시스템은 지역주민들과의 토론과 참여를 통해 민주적, 합리적인 계획을 수립하는 과정에서 이해 관계자의 다양성을 최대한 반영할 수 있도록 구축될 전망이다. 참여계획과정에는 다양한 이해집단(예를 들면, 공공기관, 정치가, 공무원, 민간회사, 압력단체, 시민 등)들이 참여하게 되기 때문에, 협력적 계획지원시스템은 계획과정(스케칭, 모델링, 영향평가)을 지원하면서도 참여자들의 다양성을 고려하여 계획과정을 이해하기 쉽도록 구축하여 시스템의 이용성 및 접근성이 용이하도록 구축될 것이다. 즉, 계획지원시스템은 전문적인 기술을 포함하고 있으면서도 참여자의 지식과 기술수준을 고려하여 관련 계획정보에 관한 의사소통이 원활하게 이루어지도록 시스템 개발시에 수요자들의 다양성을 반영할 수 있는 방향으로 시스템이 설계될 것이다.

제 2 절

계획지원시스템의 특징과 기능

[1] 계획지원시스템의 특징과 시스템 비교

(1) 계획지원시스템의 특징

현재까지 개발되어 활용되고 있는 계획지원시스템들은 시스템의 구축 목적, 기능, 내용, 구조, 기술 등의 측면에서 볼 때 상당히 다양성을 지니고 있다. 이를 구체적으로 살펴보면 다음과 같다. 먼저 계획지원시스템의 구축 목적을 보면 1) 계획과정에서 공공 혹은 일반 투자자의 참여를 독려시키기 위한 목적, 2) 일반인들에게 지역 혹은 국가의 정책을 알리기 위한 목적, 3) 전문가들에게 계획과정을 구체적으로 지원하기 위한 목적 등 다양하다. 일례를 들면, 발틱해 지역의 지속가능한 개발을 위해 전문 계획가들의 업무를 지원하기 위한 목적으로 구축된 PSSD(Planning System for Sustainable Development)는 특정 지역(발틱해 지역)을 대상으로 한 맞춤형 시스템이라고 볼 수 있다. 핀란드, 덴마크, 독일이 컨소시엄을 통해 개발된 PSSD는 웹 환경에서 운영되며, 지속가능한 지표들, 관련

이론들, 지원툴, 메타정보, 공간데이터 및 정교한 방법들로 구성되어있다. 구체적인 계획을 수립하려는 경우 이와 관련된 이론들과 연결하고, 제공된 정보에 따라서 구체적인 업무를 다루기 위한 방법과 데이터를 선택하도록 되어 있다(Hansen, 2001).

반면에 SPARTACUS(System for Planning and Research in Towns and Cities for Urban Sustainability)는 특정 과업을 수행하기 위한 범용적 목적으로 개발되었다. SPARTACUS는 핀란드, 영국, 스페인, 독일이 컨소시엄을 이루어 개발한 것으로 여러 도시들에서 사용가능하며, 지속가능한 정책을 지원하기 위해 토지이용과 교통, 환경부문을 연계하여 시뮬레이션하도록 모델화되어 있으며, 정책의 사회·경제·환경적 효과를 평가할 수 있는 기능을 갖고 있다.

둘째, 계획지원시스템은 시스템에 따라 수행할 수 있는 기능과 내용들이 다소 다르다. 어떤 시스템은 미래의 인구배분 문제, 혹은 토지이용의 변화를 예측하기 위한 모델링 기능을 지원하는 반면에 어떤 시스템은 사용자들이 계획하는 공간구조를 표현할 수 있는 기능을 지원해주고 있다. 일례를 들면, GAMe(New Jersey Growth Allocation Model)은 계획가들의 가치와 목표에 비추어서 토지이용정책을 선택하고 이러한 정책에 따라 지역의 성장을 예측하며, 다양한 토지이용패턴과 그에 따른 기반시설 비용 등을 산출함으로서 토지이용 정책들을 비교할 수 있는 기능을 갖고 있다(Reilly, 2003). 또한 영국에서 개발된 MIGMOD은 국가 전체적인 차원에서 인구이동 변화를 예측하기 위한 모델로써 전략계획을 지원하며 인구이동의 규모와 행태 및 인구이동 변화의 영향을 예측하며, 남아연방에서 개발된 BIPC 모델(Bulk Infrastructure Potential Cost model)도 다기준 입지적합성 평가를 위해 상·하수, 전기 등의 기반시설의 잠재적 비용 모델이 내재되어 있는 계획지원시스템이다. 반면에 K2vI(Key to Virtual Insight)는 가상현실공간에서 사용자들이 자신이 계획하는 도시나 지역을 2차원과 3차원으로 입체감있게 표출하고 조작하고 분석할 수 있는 기능을 지닌 계획지원시스템도 있다(Geertman & Stillwell, 2003).

세째, 계획지원시스템은 시스템 구조에 있어서 모든 구성요소들이 완전하게 통합되어 있는 경우도 있는 반면에 서로 다른 시스템들이 약하게 통합되어 있는 경우도 있다. 또한 계획지원시스템의 개발 환경도 하나의 독립된 프로그램으로 작동되도록 개발된 경우도 있는 반면에 인터넷이나 인트라넷을 통하여 원거리의 사용자가 계획지원시스템을 사용하도록 구축된 경우도 있다. 일례를 들면, 네덜란드에서 자연보전지역의 관리를 위한 목적으로 개발한 WadBos 계획지원시스템은 구성요소들이 완전하게 통합된 모델이다(Engelen, 2000). 반면에 계획에 참여하는 사람들이 자신이 원하는 미래의 토지이용을 디자인할 수 있게 하는 도구박스(toolbox)를 제공하고 있는 SketchGIS의 경우 각 구성요소들이 매우 약하게 통합되어 있다.

완전히 독립된 프로그램으로 개발된 계획지원시스템들 가운데 하나는 "What if"이다.

그림 15-6 계획지원시스템의 하나인 What-If의 완전 독립된 시스템 구조의 일례

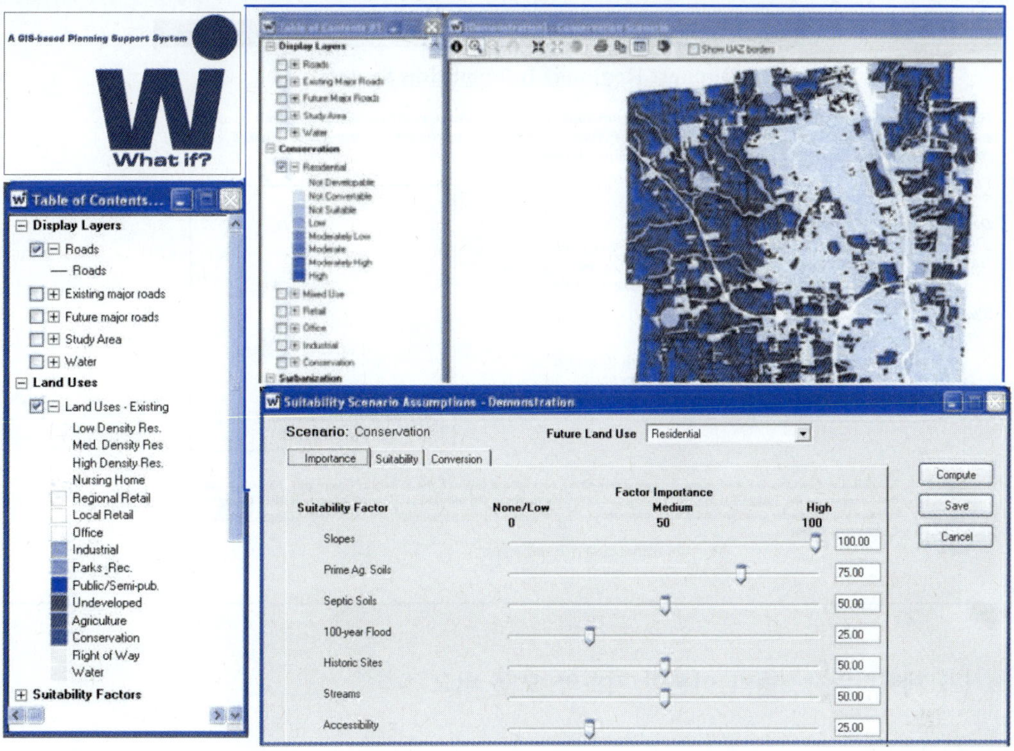

이 시스템은 입지의 적합성을 입지기준에 따라 결정하고, 토지수요를 예측하고, 예측된 수요를 가장 적합성이 높은 입지에 할당함으로써 토지에 대한 수요와 공급의 균형을 맞추는 원리 하에서 시뮬레이션이 작동되며, 모형의 간단하고 직관적으로 이해 가능한 모델링 구조를 갖고 있다. 특히 계획 정책이 미래에 어떻게 나타날 것인가에 대한 정보를 추출하기 위해 시나리오를 작성하고 그 결과가 토지이용 패턴에 어떠한 변화를 가져오는가를 분석하기 위해 사용자들은 단지 윈도우상에 아이콘과 체크 박스만 클릭하면서 프로그램을 따라가면 될 정도로 완전하게 패키지화되어있다(그림 15-6 참조).

반면에 오스트레일리아의 퀸랜드에서 개발된 인터넷을 기반으로 한 WBBRIS(Wide Bay-Burnett Regional Information System)은 공간적으로 떨어져 있는 사용자들이 웹을 통해 시스템에 접속하여 다양한 공간단위에서의 계획 과정을 지원해준다. 의사결정을 지원해주는 기능들은 각각 분리되어 있어 사용자들이 필요에 따라 데이터를 검색하고 결과를 도출하도록 설계되어있다. 특히 사용자들은 'what-if 계획 시나리오' 메뉴에서 경제, 사회, 환경 부문에 대한 다양한 도시 성장 시나리오를 선택할 수 있다(그림 15-7 참조).

그림 15-7 WBBRIS(Wide Bay-Burnett Regional Information System) 홈페이지

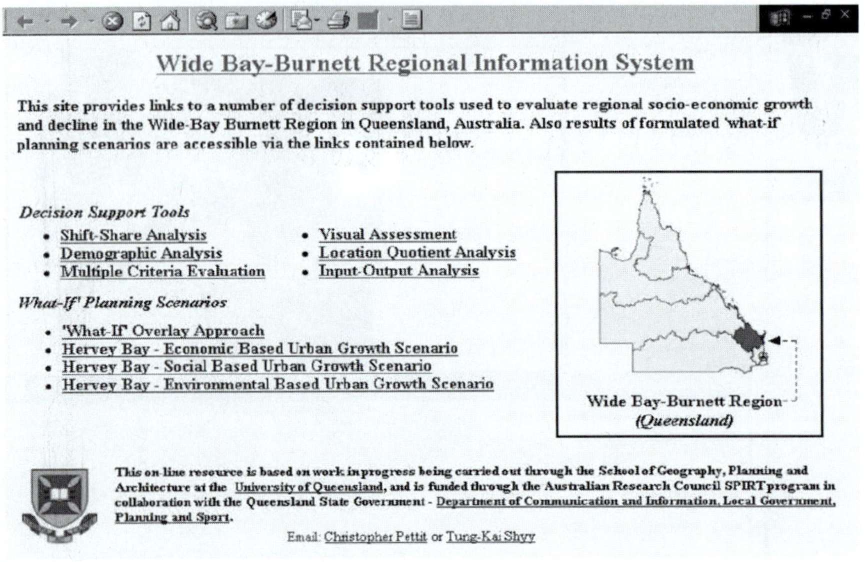

(2) 계획지원시스템의 이론적 기초와 모델 비교

지금까지 개발되거나 활용되고 있는 계획지원시스템에 내재되어 있는 모델들의 일부는 GIS가 발달하기 이전부터 도시동태모델(urban simulation model)로 개발되어왔다. 1960년대 거대도시 모델(model of metropolis)이 개발된 이후 도시의 효율적인 토지이용과 교통환경의 개선을 위한 토지이용-교통 통합모델이 제안되었다. 토지이용-교통 통합모델은 도시체계의 미래 패턴을 예측하거나, 토지이용 정책이나 교통정책 또는 계획의 영향력을 평가하기 위한 모의실험(simulation) 모델이라고 볼 수 있다(Harris, 1985).

토지이용-교통 통합모델의 이론적 토대는 1960년대 들어오면서 본격적으로 이루어졌다고 볼 수 있다. Lowry의 공간적 상호작용 모델을 비롯하여 Leontief의 투입-산출모델, 미시 도시경제의 토대가 되는 토지이용에서의 지불용의지대론 등을 통해 인간의 경제활동이 공간상에 입지할 때 여러 요인들을 검토하여 그 입지를 확률적으로 배분하고, 그에 따라 발생되는 통행수요와 통행발생 및 통행배정까지 시뮬레이션할 수 있는 모델을 구축할 수 있는 토대가 이루어졌다. 특히 1970년대 후반 이후 토지이용 모델과 교통 모델을 통합화하여 도시의 동태적 특성을 예측하는데 활용할 수 있는 모델을 개발하기 위한 노력이 활발하게 이루어지면서 1980년대 초에 주거-고용 예측 모델인 ITLUP (Integrated Transportation and Land Use Package)이 개발되었다. Putman(1983)이 개발한 이

그림 15-8 계획지원시스템의 이론적 기초와 계획지원시스템의 비교

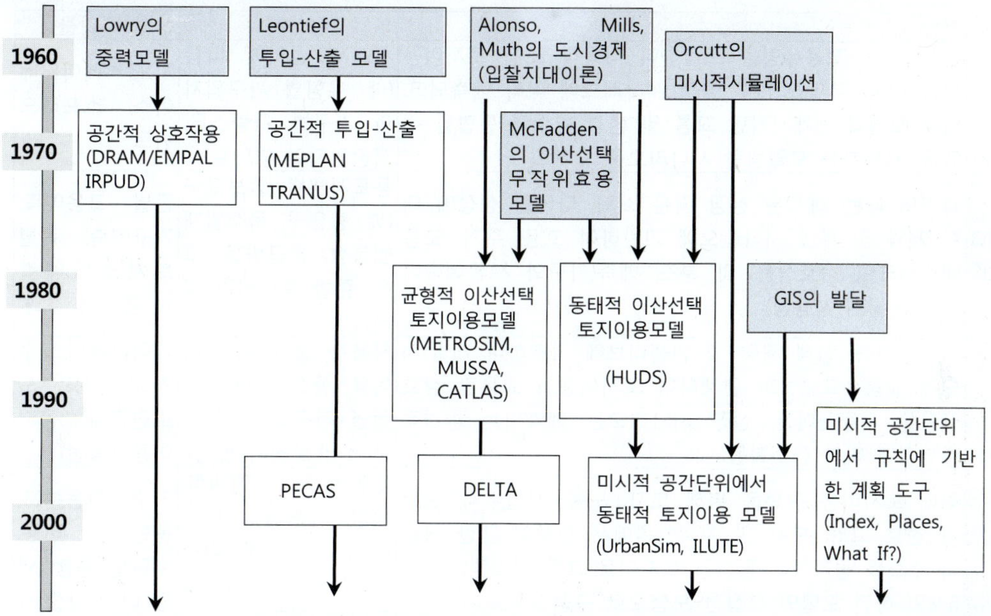

모델은 DRAM(Disaggregated Residential Allocation Model)과 EMPAL (Employment Allocation Model)이라는 두개의 하위모델로 구성되어있다. 하지만 이 모델은 GIS에 기반을 둔 모델은 아니었으며, 후에 이 모델을 GIS와 연계시켜 계획지원시스템으로 개발된 것이 METROPOLIUS이다.

그 이후 계획지원시스템들이 개발되면서 각 시스템마다 기초하고 있는 이론과 모델들은 다소 차이가 나고 있는데, 크게 네 가지 유형으로 나누어 볼 수 있다(그림 15-8 참조). 첫째, 중력모델과 엔트로피 극대화 원리에 기초를 둔 공간적 상호작용모델에 기초한 계획지원시스템으로는 ITLUP, METROPOLIS, LILT, LUTRIM, IRPUD를 들 수 있다. 둘째, 공간적 투입-산출 모델에 기반한 계획지원시스템으로는 MEPLAN, TRANUS, PECAS를 들 수 있다. 셋째, 이산선택무작위효용모델과 미시적 시뮬레이션 모델에 기초하고 있으며, 비교적 최근에 개발되고 있는 계획지원시스템들로 HUDS, MASTER, UrbanSim, ILUTE를 들 수 있다. 이 모델의 경우 개개인의 행태를 시뮬레이션하고, 이를 전체 시스템의 총체적 행태로 누적적 영향력을 분석하여 전체 집단의 집산화된 행태를 추출하고 있다. 넷째, GIS 기능을 활용하면서 규칙에 기반을 둔(rule-based)시스템으로 Index, What if? 등이 있다. 이와 같은 계획지원시스템의 특징과 기능을 간략히 비교하면 표 15-2와 같다.

표 15-2 계획지원시스템의 기능과 특징 비교

모델	기능	투입 데이터	산출 결과물
DELTA	특정 가구, 고용유형을 포함하여 다목적 도시 토지이용 변화 예측; 경제와 인구 정책 시나리오에 따라 예측되고, 외부 모델과 연계시키면 교통 및 환경 변수와 통합될 수 있음; 사용자는 모델링할 시나리오를 구체화	사용자 정의에 따름 (예: 유형별 가구입지와 가구별 차량소유, 직장입지와 임대료)	지도, 데이터베이스, 스프레드 쉬트
METRO POLIUS	과거의 패턴, 예측된 성장 혹은 쇠퇴, 다양한 성장에 대한 제약 및 유인 시나리오에 기반하여 고용, 주거, 교통 네트워크의 상호작용 및 분포 예측(가구와 고용예측에 가장 폭넓게 사용됨)	용도지역별 정보요구 (예: 총인구, 목적별개별통행, 통근비율, 고용, 존별 통행시간 및 비용)	존별 고용예측, 가구예측, 존별 토지소비예측 및 통계적 결과
INDEX	인구 예측, 정책 제약 및 인센티브에 기초하여 개발; 4단계 교통수요모델과 연계하여 토지이용과 교통간 상호작용을 시뮬레이션; 성장 시나리오는 예측되는 환경적 수행력에 따라 점수화됨.	사용자 정의(예 :토지이용, 용도지역제, 유형별 가구,고용 단위, 물 소비,쓰레기 발생)	데이터베이스(주거,고용밀도, 도로연결성, 공지이용가능성)
IRPUD	미래 토지이용 예측을 위해 토지, 노동, 산업수익, 근로자 선호 고려; 도시 및 지역차원에서 정책에 대한 공급과 수요를 평가하는 통합된 토지이용/교통 시스템; 6개의 하위 모델의 복잡한 모형으로 구성	모형의 모수, 지역적, 존별, 네트워크 데이터(예 : 고용 및 이주 예측, 인구, 고용, 토지이용, 임대료)	가구, 고용분포, 통행시간 비용, 수단별 통행,1인당 CO_2 방출
MEP LAN	사람들이 어디서 거주하고 직장을 가질 가를 선택하고 그에 따라 교통수요와 통행에 어떻게 영향을 미치는가를 예측하기 위하여 토지이용과 교통의 수요와 공급을 고려하는 통합된 토지이용/교통의 모형패키지; 사용자가 모수를 결정, 유연성이 높지만, 모델링 전문성을 요구	토지이용, 연면적 부동산가격, 교통망, 가구차량소유, 통행유형	고용예측, 소득별 인구, 활동별 토지면적, 과 가격 예측
TRA NUS	전문 계획가를 위해 고안된 통합된 토지이용/교통 시스템; 광범위한 정책에 대응하는 인간 행동을 시뮬레이션하고, 그에 따라 개개의 입지에서 발생하는 변화와 교통 및 토지이용간의 상호작용을 예측함	도로망, 존별 활동 및 세부적인 토지이용	범주별 활동 입지와 토지소비, 통행경로, 교통수요,통행시간, 등 다양한 교통 변수 예측
UrbanSim	대안적 시나리오가 토지이용 변화에 미치는 효과를 예측하기 위하여 토지이용, 교통, 공공정책간 상호작용을 시뮬레이션; 예측은 부동산의 수요와 공급의 분석을 통해 발생; 모형 계산은 계량경제 소프트웨어 사용	필지, 교통존, 정책 경계선, 비즈니스 정보, 센서스 가구데이터, 교통 관련 자료	필지, 그리드셀, 존별로 토지이용 면적과 가격, 부문별 고용, 가구특성
WHAT IF?	사용자가 정의한 공간 데이터, 성장 규칙, 모수를 토대로 토지이용 할당 대안을 지도로 표출; 사용자는 체크 박스. 텍스트 박스, 표준 윈도우버튼을 통해 시스템을 작동	현재 토지이용, 기반 시설계획, 환경적 특징, 인구 및 고용예측, 사용자 정의 대안적 개발 시나리오	개발 적합성 및 할당 지도, 분석 결과

출처; Hunt,J. J.(2005), Current Operational Urban Land-use-Transport Modelling Frameworks: A Review; Brail. R. & Klosterman, R.(2001), *Planning Support System*의 내용을 재구성함.

최근 지속가능한 도시개발과 저탄소 녹색도시 구현을 위해 계획지원시스템은 토지이용과 교통부문뿐만 아니라 환경부문을 연계하여 시뮬레이션이 가능하도록 확장되어가고 있으며, 정책의 사회, 경제, 환경적 효과를 평가할 수 있는 기능도 갖고 있는 모델도 등장하고 있다. 그러나 아직도 도시동태모델 가운데는 GIS 기능과 통합되지 않은 모델들도 있으며, 현재 모델을 개발하고 있는 연구단계에 있어 시범적으로 특정 도시에만 국한하여 적용되고 있는 모델들도 있다. 따라서 다수의 도시들에 적용할 수 있도록 완전히 패키지로 개발되어 있으며 누구나가 자유롭게 사용할 수 있는 계획지원시스템은 그다지 많지 않으며, 상업적으로 개발된 계획지원시스템들의 가격은 매우 비싼 편이다.

[2] 계획지원시스템의 작동 메카니즘

자지속가능한 도시개발과 저탄소 녹색도시를 만들어 가는데 있어서 가장 큰 영향을 미치는 부문은 토지이용 부문과 교통 부문이라고 볼 수 있다. 특히 에너지 소비가 급증하고 환경오염 수준이 심각해지면서 교통에너지를 근본적으로 감소시키는 토지개발 형태 및 통행행태에 대한 연구가 절실히 요구되고 있으며, 더 나아가 토지이용계획과 교통계획의 통합적인 정책 및 제도 방안 마련도 시급히 요청되고 있다. 이는 토지이용과 교통체계가 긴밀한 상호의존적 연계성을 맺고 있어 토지이용의 변화에 따라 통행수요가 유발되며, 이렇게 유발된 통행수요는 교통체계에 영향을 주며, 이는 다시 토지이용 패턴에 영향을 미치기 때문이다.

인간의 다양한 활동에 따른 입지선택과 그 결과 용도별 토지이용이 배분되면 존 간의 통행이 이루어지게 되고, 목적지 선택에 따른 통행수단 결정과 전형적인 교통 모델의 4단계 흐름에 따라 해당 노선에 교통량이 배정되고 이를 통해 총 통행시간과 비용이 결정된다. 통행시간과 비용은 곧바로 접근도에 영향을 주게 되고, 접근도에 따라 해당지역의 매력도의 차이를 가져오게 된다. 특정 지역의 매력도는 궁극적으로 부동산 개발자나 실제 수요자인 가구주나 기업가의 입지선택에 영향을 미치게 된다. 이러한 입지결정에 따라 토지이용도 변화하게 되는 순환적 메커니즘을 갖고 있다(그림 15-9 참조).

그럼에도 불구하고 토지이용에 관한 연구에서는 교통은 외생변수로 다루었으며, 교통모델에서도 다양한 활동에 의해 발생되는 교통 수요를 수동적으로 외부변수로 받아들였다. 이에 따라 중장기 교통수요를 예측하여 그 수요에 대응하는 교통공급체계를 수립하는데 많은 어려움을 겪어왔으며, 교통시설을 포함한 교통체계의 투자에 따라서 토지이용패턴이 어떠한 영향을 받는가에 대한 분석도 미미하게 이루어졌다. 이는 실제로 토지이용과 교통체계를 통합되어 있지 못하였기 때문이었다. 이렇게 토지이용과 교통의 통합모형이 개발되기 이전까지는 토지이용 부문과 교통 부문은 각각 연구되어왔다. 이러한 문제점을

그림 15-9 토지이용과 교통의 상호연관성과 순환적 흐름

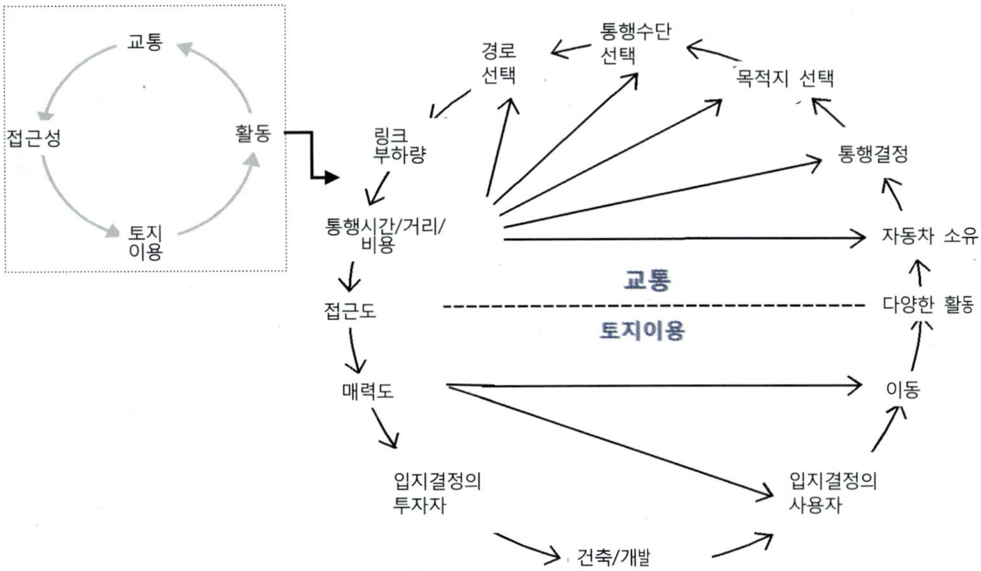

출처: PROPOLIS Final Report (2004), p. 54.

해결하고 토지이용과 교통을 통합하여 시뮬레이션을 통한 계획에 대한 대안을 평가하는데 활용될 수 있는 것이 바로 계획지원시스템이며, 따라서 계획지원시스템의 핵심은 바로 토지이용 모델과 교통모델을 통합한 것이라고 볼 수 있다.

여기서는 토지이용-교통 통합모델들 가운데 가장 먼저 개발되어 활용되어온 시스템의 하나인 TRANUS를 중심으로 하여 토지이용과 교통이 통합된 작동 메카니즘에 대해 간략히 살펴보고자 한다. TRANUS는 de la Barra과 B. Perez가 1982년부터 개발하기 시작하였으며, 현재 de la Barra가 운영하는 Modelistica사에서 소프트웨어를 제공하고 있다. 2005년부터 인터넷을 통해 무료로 프로그램을 다운받을 수 있으며, 미국과 유럽뿐만 아니라 남미와 일본 등의 여러 지역에서 사용되고 있다.

Tranus는 크게 세가지 이론적 기틀에 토대를 두고 있다. 첫째, Von Thűnen(1826)의 입찰지대론에서 시작하여 Wingo(1961)와 Alonso(1964)의 지불용의지대론과 최근 Mills(1969)와 Anas(1982)의 효용 극대화를 토대로 한 다항로짓 모형으로까지 이어지는 공간미시경제학 이론에 의한 입지지대 모델이다. 둘째, Hansen(1959)과 Lowry(1964), 그리고 Wilson(1970)에 걸쳐서 발달되어온 중력모델과 엔트로피 이론이다. 특히 Lowry와 Wilson이 주장한 토지이용과 교통모델을 통합화한 원리는 Tranus의 가장 중요한 핵심적 구성요소이다. 세째, Leontief(1936)가 최초로 제시하였던 투입-산출모델과 McFadden (1975)에 의해 제시된 이산선택모형(Discrete choice model) 및 임의효용이론(random

그림 15-10 TRANUS의 이론적 토대

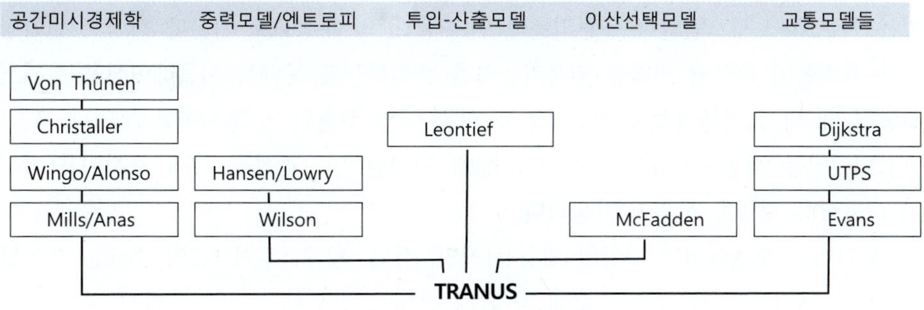

출처: TRANUS Manual, p.4.(http://www.tranus.com).

utility), 그리고 Dijkstra(1959)의 최단경로 알고리즘을 비롯한 여러 교통 모델들에 토대를 두고 있다(그림 15-10 참조). TRANUS에서는 인구 및 비기반부문의 고용을 예측하기 위하여 수출기반이론을 사용하고 있고, 재화의 교차적 흐름을 결정하기 위하여 투입-산출모델의 승수함수를 사용하며, 그 공간적 분포를 분석하기 위하여 확률효용이론이나 중력모형 . 엔트로피 모형을 사용한다.

TRANUS는 토지이용 및 교통정책을 시행함으로서 예상되는 다양한 효과와 영향력을 분석하기 위해서 토지이용과 교통체계와의 환류를 통한 동태적 시뮬레이션을 수행할 수 있는 모델이다. TRANUS에 새롭게 도입된 이론적 토대는 공간미시경제모델의 약점과 공간적 상호작용모델의 문제점을 보완한 공간선택모델이다. 개별적 개체 단위로 분석하는 공간미시경제모델의 경우 수만에서 수백만에 이르는 도시 거주자와 기업, 토지 소유주들의 효용함수와 그에 따른 수요곡선을 총량화하는 것이 현실적으로 거의 불가능하다는 약점을 갖고 있다. 반면에 공간적 상호작용모델의 경우 많은 활동들과 공간을 그룹으로 집단화하고, 공간은 물론 다른 변수들도 이산적으로 취급하여 경험적 검증이 훨씬 더 수월하다는 장점을 갖고 있다. 그러나 이 모델은 설명적(explanatory) 모델이 아닌 기술적(descriptive) 모델로서, 미시경제모델에 비해 이론적 기반이 약하며 인과관계나 시장 메커니즘의 작동과정을 설명할 수 없다는 문제점을 지니고 있다. 이러한 두 모델의 절충적 관점에서 Domencich & McFadden(1975)은 이산선택모델(discrete choice model)과 무작위적 효용이론(random utility theory)을 제시하였는데, 특히 이산선택모델은 미시경제모델과 엔트로피 극대화 모델을 연결시켜, 운용성이 강하면서도 경제적 설명력을 결합한 모델이라고 볼 수 있다. TRANUS에서는 교통수단 선택의 문제에서부터 통행발생, 활동입지, 부동산 개발업자의 행태에 이르기까지 모든 대안선택을 결정하는 경우 공간선택모델을 활용하고 있다(de la Barra, 1989; 2001).

TRANUS의 핵심 구성요소는 토지이용과 교통모델, 그리고 이 두 모델을 연결시키는 인터페이스 모듈로서, 토지이용 모델과 교통모델은 환류하면서 시계열에 따른 분석과 예측이 가능하도록 작동되는 동태적 시스템이다. 토지이용과 교통체계가 탄탄하게 통합되어 있는 TRANUS 시스템의 운용원리를 보면, 시스템의 구성요소 가운데 하나가 변화될 경우 다른 요소들이 어떠한 변화를 일으키는가를 분석하는데 동태적 시뮬레이션을 통해 균형에 도달할 때 까지 반복연산을 거듭하면서 최종 해를 산출한다. 토지이용 모델과 교통모델이 통합되어있는 작동구조와 정산화된 모델에 기반한 연산과정을 통해 토지이용↔교통체계 간 상호작용 결과물 산출이 가능하다.

토지이용 모델에서의 다양한 활동들(공업, 상업, 업무, 주거 등)의 수요는 부동산 시장의 토지, 연면적 등의 공급 수준에 따라 각 존별로 입지하게 되면 출발지-목적지 간의 흐름행렬을 유발하게 된다. 이 흐름행렬은 교통모델에서 통행행렬로 환산되어 통행수요를 결정하며, 이는 교통수단과 교통시설의 공급 용량과 연결된다. 주어진 교통수요와 교통공급 체계 간에서 비용과 접근성이 결정되면, 이는 다시 피드백하여 토지이용 모델에 영향을 주어 다음 시점에서 활동입지와 토지이용에 변화를 주게 된다. 이와 같은 토지이용-교통체계간의 이러한 피드백 과정은 같은 시점에서는 일어나지 않고 시차를 두고 다음 시점에 영향을 주게 된다. 즉, t_1시점에서의 교통 접근성은 다음 시점인 t_2에서 흐름의 분포에 영향을 준다, 그러나 한 시점에서 다음 시점 간에 토지이용의 변화는 초기 관성요소도 있기 때문에 교통모델에서의 변화는 여러 시기에 걸쳐 영향을 미칠 수도 있다. 특히 새로운 도로 건설, 대중교통체계 등등 교통체계에서의 변화는 교통수요에 즉각적인 영향을 줄 뿐만 아니라 다음 시점에서의 활동 입지, 토지이용, 부동산 시장에도 영향을 준다. 반면에 특정 경제부문의 성장, 새로운 토지공급 및 건축물 투자 등의 토지이용의 변화는 같은 시점에서의 교통수요에 영향을 준다. 그림 15-11은 이러한 일련의 과정을 나타낸 것으로, 토지이용 모델과 교통모델을 연결시켜주는 인터페이스 모듈이 두 모델을 통합시키는 중요한 역할을 하고 있다.

그림 15-11 TRANUS의 토지이용과 교통체계의 동태적 구조

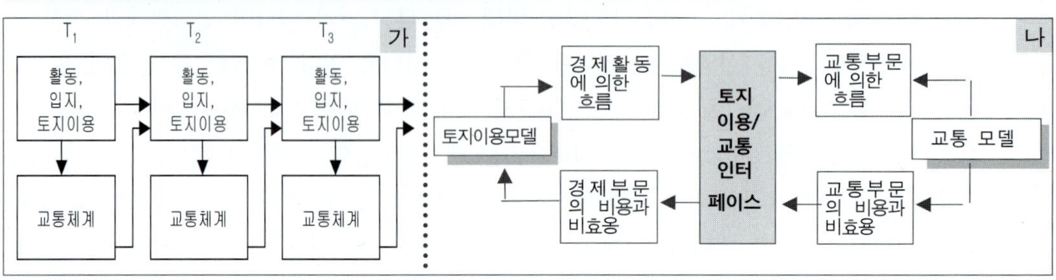

출처: TRANUS Manual을 토대로 하여 작성

토지이용-교통 통합모델에서는 입지를 선택하는 활동이나 교통수단과 노선을 선택하는 통행 결정에 효용함수가 이용된다. 일단 효용함수가 정의되고 나면, 의사결정자들이 주어진 대안들 가운데 특정한 대안을 선택하는 확률을 추정하기 위해 다항로짓모형을 이용한다. 토지이용과 교통체계에서 제한된 토지공급량이나 교통망에서의 공급능력의 한계와 같은 제약조건이 존재하므로, 수요탄력성과 균형가격 개념이 도입된다. 즉, 특정재화에 대한 수요가 공급량을 초과하면 반복적 알고리즘 과정에서 재화의 균형가격이 올라가게 된다. 반대로 공급이 수요를 초과하면 가격은 떨어지게 된다. 이러한 가격 변화는 대안선택 확률에 영향을 미치게 되고 탄력계수에 따라 소비량이 변화된다. 예를 들어 토지소비의 경우 많은 활동들이 특정 존에서 토지를 소비하려고 선택하는 경우 토지가격이 상승하게 되며, 이는 결과적으로 반복회(回)를 거듭하면서 보다 토지가 풍부한 지역으로 입지를 바꾸거나 토지 소비량을 줄이려는 반복 조정과정을 거쳐 수요-공급이 균형을 이룰 때 지속된다. Tranus에서 토지와 연면적은 다른 생산부문과 같이 취급된다. 기업이나 가구는 토지를 필요로 하므로, 토지비용을 지불해야 한다. 이들이 지불하는 토지비용은 생산비용의 일부를 형성한다, 토지 소비함수는 탄력적이며, 특정 활동은 입지뿐만 아니라 특정한 토지유형을 선택하게 되는데, 이러한 선택결정은 효용함수와 결합된 수요탄력계수로 다항로짓모형에서 추정된다. 가구 또는 기업의 특성에 따른 차별적인 탄력계수에 따라서 가격이 변화하는 경우 토지에 대한 수요량의 변화가 달라지게 된다.

교통모델의 궁극적인 목적은 다양한 활동부문의 흐름행렬로부터 파생되는 통행수요로부터 통행발생량을 추정하고 이를 공급수준에 맞추어 균형에 도달하도록 하면서 통행배정과 수단별 분담 및 노선을 배정하는 것이다. 교통모델의 경우 전형적인 통행수요모형의 통행발생→통행배분→수단분담→노선배정의 4단계의 순차적 과정을 따르고 있다. 교통모델에서도 통행발생 수요도 공급수준과 균형을 이루게 되는데, 물리적 시설용량 뿐만 아니라 교통 서비스와 같은 운영 측면의 용량과도 조정을 통해 비용이 결정된다. 일례로 승객이 혼잡한 도로로 인해 지체되거나 버스 정류장이나 터미널에서 대기하는 시간 등이 수요탄력함수에 반영되어 시간과 비용을 합한 통합비용을 산출하여 접근성 또는 교통의 비효용성으로 산출된다. 이렇게 교통모델의 작동 결과 산출된 교통비용과 비효용(접근성) 정보는 다음 시점에서의 활동입지-토지이용 모델에 영향을 미치게 된다.

TRANUS는 라우리 모델에 기반을 두고 있어 기반산업의 규모와 분포로부터 시작된다. 기반산업부문에서의 고용증가는 비기반산업의 성장을 유도하고, 이는 전체적으로 공업, 상업, 주거용 토지에 대한 새로운 수요를 증가시킨다. 인구 및 비기반 부문의 고용을 예측하기 위하여 수출기반이론을 사용하며, 재화의 흐름을 분석, 예측하기 위하여 투입-산출모델을 사용하고 있다. 행위자들의 행태 분석과 공간상에서의 상호작용을 분석하기 위하여 이산선택모형과 무작의적 효용이론을 사용한다. TRANUS에서는 이러한 토지의 수요와 가용한 토지 공급량과 교통체계를 통한 상대적 접근성을 고려하면서 새로운 활동들이 어디에 입지할 수 있는 가를 예측한다. 주거, 공업, 상업용 토지의 상대적 입지에 따라서로 다른 목적의 통행(통근, 쇼핑, 여가 등등)발생을 추정하게 되고, 이 통행발생은 통행시간과 비용에 따라서 교통수단(자가용, 버스, 지하철, 자전거, 도보 등등)에 할당된다. 이 경우 통행량은 노선망을 통한 거리와 노선의 용량을 고려하여 노선에 배분된다. 통행량의 배분으로 통행시간이나 혼잡도에 영향을 미치게 되면 다시 경로를 탐색하게 된다. 이렇게 서로 다른 활동(공업, 상업, 주거)간에 상대적 입지는 통행에 대한 수요를 유발하게 되고 이는 교통체계에 배분하게 된다. 이렇게 새롭게 추가된 교통수요가 배분되면 혼잡도와 효용성에 영향을 미치게 되며, 이는 다시 상대적 접근성을 변화시키게 되므로, 순차적 반복과정에서 토지에 대한 수요에 영향을 미치게 되는 토지이용과 교통체계와의 통합모델이다. 이러한 작동구조를 도식화하면 그림 15-12와 같다.

토지이용과 교통의 통합화모델 작동의 첫 단계는 토지이용 모델부터 시작된다. 토지이용 모델이 작동되기 위해서는 이전 시기의 활동입지와 현재 토지이용 정책, 이전 시기의 교통 비용과 비효용(접근성) 및 필요한 파라미터들이 투입되어야 한다. 토지이용 모델의 순차적 연산과정을 거쳐서 작동이 끝나고 나면 그 결과물로 현재 시점의 활동입지와 소요연면적 및 토지가격, 입지 효용성 등이 산출되며, 경제부문의 흐름 행렬(flow matrix) 파일이 생성된다.

두 번째 단계에서는 토지이용모델과 교통모델의 인터페이스 모듈이 작동한다. 토지이용 모델에서 산출된 흐름행렬과 파라미터를 토대로 교통범주에 필요한 행렬로 변환하여 새로운 파일을 생성한다. 물론 이러한 기능을 수행하기 위해 추가적인 행렬 연산과정을 필요로 한다. 예를 들면 통행목적별(직장-주거, 주거-쇼핑 등등), 일일 통행수요 또는 첨두시간대별 통행수요 등으로 변환시킨다.

이렇게 추정된 통행 수요는 다음 단계인 수단별 경로탐색 모듈로 연계되어 출발지와 목적지를 연결하는 각 경로별, 교통수단별 탐색이 진행한다. 각 수단별로 출발지와 목적지간의 경로수를 탐색하고 각 경로에 관한 비용 및 비효용 정보를 산출한다. 그 다음 단계에서는 교통모델이 작동되는데, 이전 단계에서 산출된 통행수요 정보와 경로정보를 받아들여서 통행수요모형의 전형적인 4단계의 연산과정을 순차적으로 거치게 된다. 즉, 통행 발생, 통행배분, 수단 분담, 통행(노선)배정을 거치고 나서, 최종적으로 제약용량을 점검하면서 반복회를 거듭하게 된다. 교통 수요-공급의 균형을 이룰 때까지 반복적인 시뮬레이션이 계속되며, 수렴하게 되면 비용과 통행행렬에 대한 결과물을 산출한다. 이렇게 산출된 교통 관련 결과물은 다음 단계인 교통-토지이용 인터페이스 모듈로 이어지게 된다. 이 모듈은 앞에서 언급된 토지이용-교통 인터페이스 모듈과 정반대의 기능을 수행하며. 토지이용모델과 교통모델을 통합하는데 매우 중요한 역할을 한다. 이와 같은 작동 메카니즘을 통하여 토지이용 모델과 교통모델이 통합화되고 시차를 두고 상호작용을 하게 된다. 마지막 단계에서는 각 시나리오별로 시뮬레이션을 통해 산출된 결과물을 비교하거나 시계열적으로 산출된 결과들을 비교하여 효과적인 토지이용 및 교통정책을 수립하는데 필요한 정보로 활용된다.

그림 15-12 TRANUS의 토지이용과 교통의 통합 구조의 작동 메카니즘

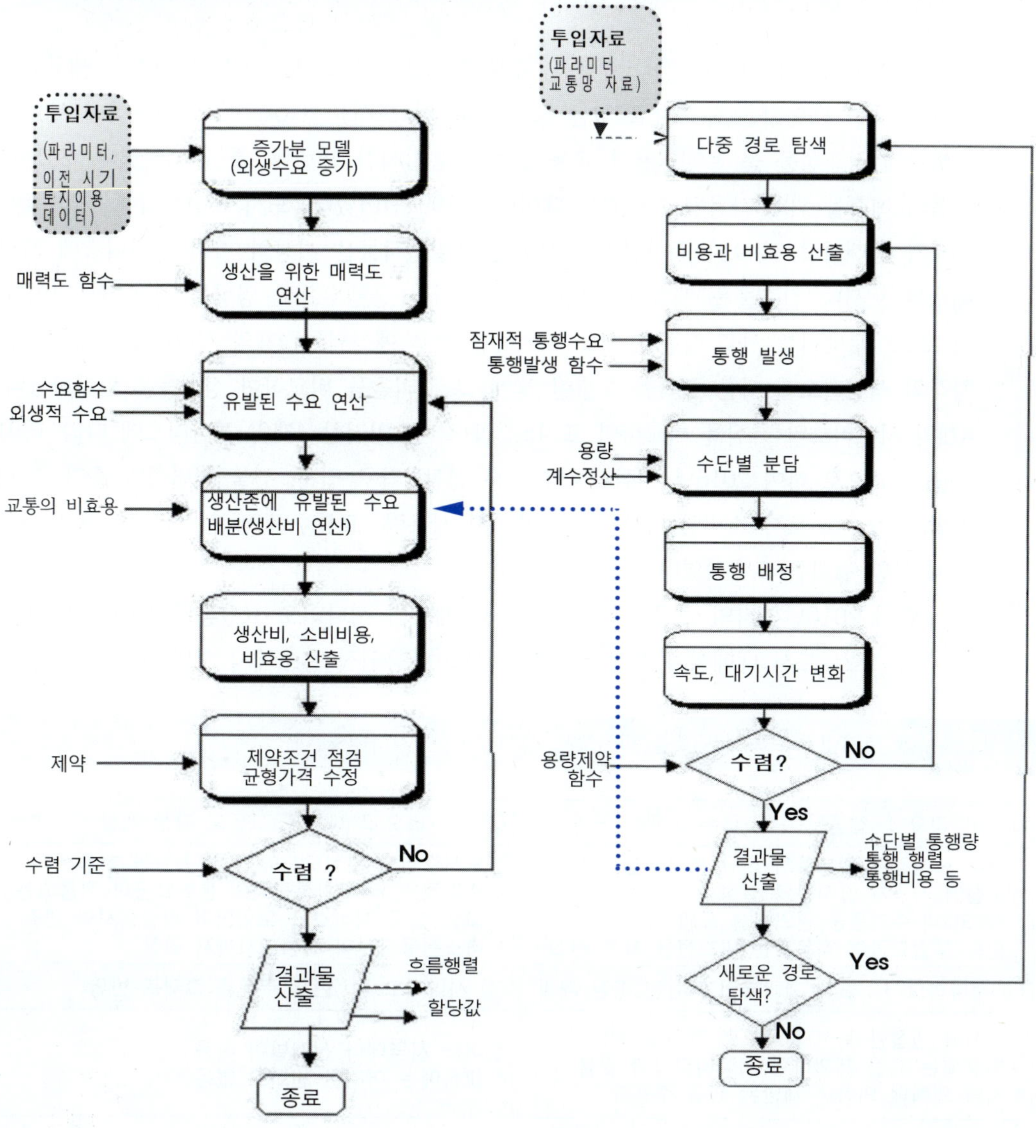

제 3 절

계획지원시스템의 활용사례

[1] TRANUS를 활용한 사례

(1) 영국의 스윈던시의 도시성장관리를 위한 계획지원시스템의 활용

스윈던(Swindon)시는 영국 런던 서쪽에 위치한 도시로 토지이용과 건축물 재고량에 대한 상세한 데이터를 구축하고 있는 도시였다. 이 도시는 TRANUS를 활용하여 에너지 소비량에 강조점을 둔 토지이용과 교통 모델을 통합시킨 프로젝트를 수행하였다. 2016년 시점의 예측을 위해 사용된 기준연도 데이터는 1991년이었다. 도시가 성장함에 따라 토지 수요가 증대하고, 수요가 증가할수록 부동산 개발업자들은 시장의 가격 메카니즘에 따라 새로운 토지나 건축물을 개발하게 되며, 이에 따라 통행수요도 영향을 받게 될 것이다. 이 프로젝트에서는 서로 다른 정책을 시행하는 경우 예상되는 4개의 시나리오를 구상하여 각각의 시나리오에 따른 결과를 도출한 후에 그 결과들을 비교하여 정책들을 평가하였다. 4개의 시나리오의 특징을 비교하면 표 15-3과 같다. 이러한 4개의 시나리오에 따라 1991년을 기준으로 하여 2016년 시점에서의 고용 성장, 가구 입지, 건물 연면적의 증가, 토지 개발 증가, 총 토지 소비량, 건물의 총 에너지 사용량, 교통수단 배분, 자동차 연료 사용 등에 관한 결과를 도출하였다.

먼저 2016년까지의 고용성장 패턴을 비교해보면 시나리오 1(집중된 도시내부 개발)의 경우 주로 도시 내에서의 성장이 두드러졌으며, 공업적 용도에서 상업, 서비스업적 용

표 15-3 토지이용-교통에 변화를 가져오는 정책에 대한 시나리오 대안들

(1) 시나리오 1 :집중된 도시 내부 고밀도 개발	(2) 시나리오 2 :배후지 고밀도 확산 개발
* 현재 도시경계 외부로의 신규 토지개발 불허 * 도심에 자동차 금지구역 설정 * 8개의 역-주차통근 편의시설 도입 * 환승 통합요금이 적용되는 버스전용 차선 신설	* 도시주변의 위성도시에 고밀 개발을 허용 * 추가적인 역-주차통근과의 통합요금이 적용되는 교외 철도 서비스가 도입되어 위성도시와 연결 * 버스전용차선이 위성도시까지 확장
(3) 시나리오 3 : 도시 외곽부의 제한된 확장 개발	**(4) 시나리오 4 : 현재 추세를 그대로 반영**
* 도시와 인접한 북서 지역으로 제한된 확장이 허용되는 점을 제외하면 시나리오 1과 같음 * 지방 의회에 의하여 제안된 안을 수용함	* 어느 지역에나 신개발이 허용 * 교통에는 어떠한 변화도 없음

출처: de la Barra, T. (2001), Integrated Land Use and Transport Modeling: the TRANUS Experience, p. 150.

도로의 전환이 일어났다. 반면에 시나리오 2(배후지 개발)의 경우 위성도시로의 고용 확산이 두드러지게 나타났다. 시나리오 3의 경우는 시나리오 1의 경우와 유사한 패턴을 보이는 가운데 신규 개발된 북서 지구로의 고용 증가가 뚜렷하게 나타났다. 현재 추세를 그대로 반영한 시나리오 4의 경우는 시나리오 2와 유사한 패턴을 보이고 있지만, 개발업자들이 공업용 토지를 업무용으로 개발하거나 외곽으로의 확장이 다소 제한적으로 나타났다. 한편 가구입지 패턴을 비교해보면 고용성장 패턴과는 다소 차이가 나고 있다. 시나리오 1의 집중된 도시 내부 개발의 경우 중심부의 지대가 높기 때문에 중심부의 주거 밀도가 가장 낮게 나타난 것이 두드러진 특징이다. 이는 지대가 높은 중심부일수록 주거용도에 비해 업무, 상업용도가 토지입찰 경쟁에서 비교우위성이 더 크기 때문으로 풀이된다. 또한 건물 연면적의 증가 패턴을 비교해보면, 직장과 가구의 수가 같아도 시나리오별로 건물 연면적의 양이 다르게 도출되었다. 이는 건물 연면적 소비의 탄력성 때문에 집중된 개발 패턴으로 인한 제약이 클수록 공간의 소비가 적어지고, 따라서 작은 면적이 개발되기 때문으로 풀이할 수 있다(de la Barra, 2001).

한편 토지개발 증가 추세를 보면, 건물 연면적보다 더 직접적으로 정책 규제의 영향을 받는 것으로 나타났다. 현재 추세를 그대로 반영하는 시나리오 4의 경우가 다른 시나리오에 따른 토지 소비량이 훨씬 많았으며, 특히 시나리오 1에 비해 약 600ha(전체 토지 면적의 10%에 해당함)가 더 소비될 것으로 예측되었다(그림 15-13-가 참조). 또한 건물의 총 에너지 사용량 예측 결과를 보면 시나리오 1의 집중개발에 따른 압축형 건물이 나머지 형태의 건물에 비해 에너지를 덜 사용하는 것으로 나타났으며, 현재 추세를 그대로 반영시킨 시나리오에 비해 약 8% 에너지가 절약되는 것으로 분석되었다. 교통수단 배분

그림 15-13 각 시나리오에 따른 토지소비량과 1일 연료 소비량

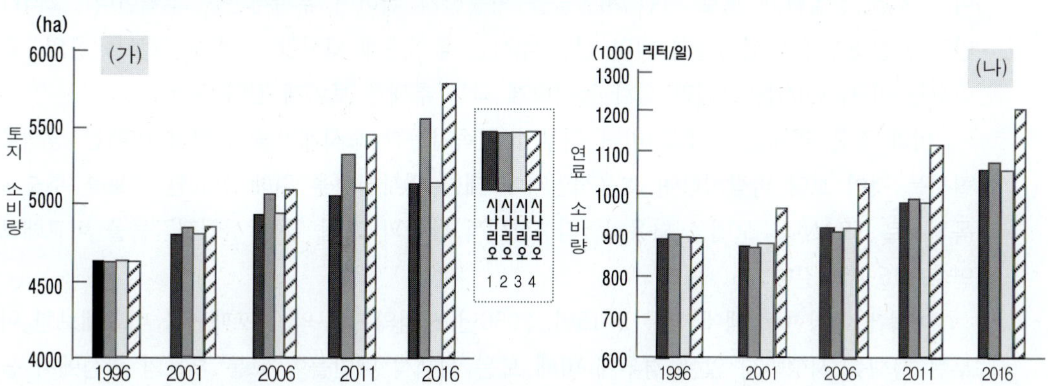

출처: de la Barra, T. (2001), Integrated Land Use and Transport Modeling: the TRANUS Experience, p. 153, 155.

예측 결과, 시나리오 4를 제외한 모든 시나리오에서 자동차 사용자를 포함한 모든 통행자에게 유익을 주며, 자동차 연료사용의 경우 시나리오 4에 비하여 나머지 시나리오들의 경우 하루 평균 160,000 리터의 연료가 절약되는 것으로 나타났다(그림 15-13-나 참조).

(2) 일본의 삿포로시의 지속가능한 도시개발을 위한 계획지원시스템의 활용

두번째 활용사례는 일본의 삿포로시의 지속가능한 개발을 위해 다양한 정책을 수립하고 각 대안에 대한 미래 예측 결과를 비교함으로서 바람직한 정책 방향을 설정하기 위한 목적으로 수행된 프로젝트이다. 먼저 1980년을 기준 시점으로 하여 1980-85년 동안의 각 변수들의 변화를 통해 필요한 모델의 계수들을 산정하고, 이를 실제 데이터와 비교하여 보정하였다. 이렇게 추정된 계수들을 토대로 하여 2000-2015년, 2015-2030년의 각 15년을 주기로 하여 인구, 토지이용, 교통, 에너지, 대기가스 변화 등을 시뮬레이션하여 결과를 비교하였다.

먼저 2000년에서 2030년 동안의 인구, 도시형태, 교통혼잡도, 배출가스, 재정의 5가지 변수들의 변화를 예측하였다(그림 15-14 참조). 그 결과 인구는 처음 시점에는 성장하는 추세를 보이다가 점차 인구가 감소하게 될 것으로 예측되었다. 이에 따라 토지이용에 변화를 가져오게 되는데, 초기에는 도심부가 성장하다가 점차 인구가 증가되면서 교외화 현상이 진전되는 도시공간구조를 보이게 된다. 그러나 인구가 감소추세로 변화되기 시작하여도 시가지의 외연적 확장은 여전히 지속된다. 교통혼잡은 인구성장 추세에 따라 초기에는 혼잡도가 증가하게 되지만, 점차 인구가 감소되고 장거리 통행이 줄어들게 됨에 따라 교통혼잡 수준은 다소 좋아지게 된다. 교통혼잡과 배출가스 방출 추세 패턴은 거의 같은 경향을 나타내게 되며, 정부 당국은 인구 증가에 따른 교통 혼잡을 줄이기 위해 새로이 도로를 신설하고 도로 관련 시설들을 확충하기 위하여 투자자본을 투입한다. 그러나 인구가 감소추세로 접어들게 되면 신규 투자는 줄어들게 되지만, 노후된 도로를 운영, 관리하는 비용(O&M)은 오히려 점차 늘어나게 되는 추세를 보이게 된다.

이와 같은 추세를 토대로 하여 정부가 지속가능한 도시개발을 위하여 어떠한 정책을 펼치는 것이 보다 바람직하며 효율적인가에 대한 의사결정을 위해 필요한 정보를 추출할 목적으로 TRANUS 모델을 활용하였다. 정책적 대안과 그에 따른 시행전략들을 비교해보면 표 15-4와 같다.

이렇게 다양한 정책에 따른 2015년, 2030년 시점의 가구의 분포패턴을 비교해보면 아무런 정책을 시행하지 않은 경우에 비해 모든 정책적 대안들이 교통 부문의 관점에서 볼 때 더 효과적인 것으로 나타났다. 특히 대중교통수단의 분담률이 증가되고, 통행거리와 통행 비용이 줄어들고 배출가스량과 에너지 소비량도 낮아지는 것으로 나타났다.

그림 15-14 삿포로시의 2030년 시점까지의 성장 예측 시나리오

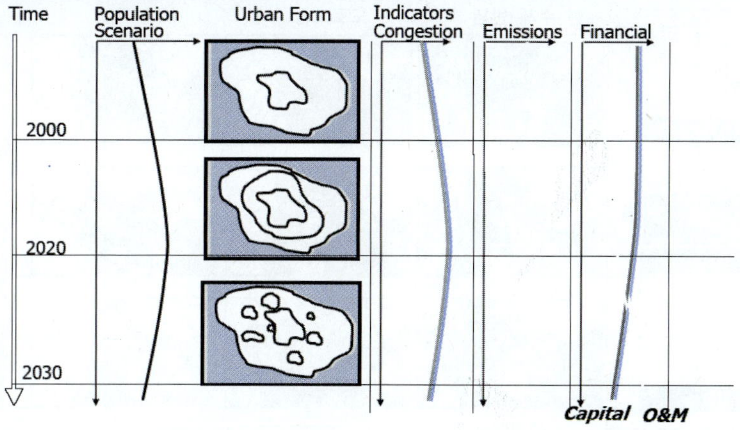

출처: Vichiensan, V. et al., (2005), Evaluation system of policy measure alternatives for a metropolis based on TRANUS from the view point of sustainability, p. 3812.

표 15-4 정책 목표와 그에 따른 시행전략 비교

정책	목적/ 시행 전략
현 추세 반영 (DN: do nothing)	현재의 추세를 그대로 반영하며, 아무런 정책을 시행하지 않음
도로세 부담 (RP: road pricing)	자동차 의존도를 줄이고 통행거리 감소 및 교통여건 개선 목적/ 통행거리(km) 당 도로세 부과
대중교통 지향 개발 (TOD: transit oriented development)	비자동차화된 교통수단과 철도 통행의 접근성을 최대화하기 위해 도심지 역을 따라 주거, 상업지구 증가 목적/ 철도역 주변의 개발 촉진
대중교통 우선화 (PTP: public transport priority)	대중교통을 이용하도록 주민들을 지원해줌으로써 자동차 의존도를 줄이는 것이 목적/대중교통 서비스를 개선
도시 경계화 (UB:urban boundary)	교외지로의 성장을 제한하도 도시 중심부의 개발을 더 촉진시키기 위한 목적/ 도시경계선 설정
차단선 통과세 (CL:cordon line pricing)	특정지구에 자동차 의존도와 통행거리를 줄이고, 통행 여건을 개선시키기 위한 목적/차단선(cordon line)을 통과할 때 자동차세 부과

출처:Vichiensan, V. et al., (2005), Evaluation system of policy measure alternatives for a metropolis based on TRANUS from the view point of sustainability, pp. 3812-13.

따라서 삿포로시의 경우 지속가능한 도시개발을 위해 교통 관련 정책을 시행하는 것이 효과적임을 시사해준다. 그러나 다양한 정책들을 서로 병행하여 시행하는 것이 정책 간에 보완성으로 인해 더 효과적인 것으로 평가되었다. 일례로, 배출정책이라고 볼 수 있는 차단선통과세 정책(CL)과 흡인정책이라고 볼 수 있는 대중교통우선(PTP)정책을 병행하여 시행하는 경우 전체 통행수를 줄이면서도 통행거리를 줄이는 상승적 효과를 가져오는 것으로 나타났다(그림 15-16 참조). 이 연구에서는 서로 보완적인 정책들을 병행하여 추진하는 것이 정책의 시너지 효과를 높일 수 있음을 실증적으로 보여주었다.

그림 15-15 각 정책에 따른 시나리오를 통해 예측된 가구의 분포, 2000-2030년

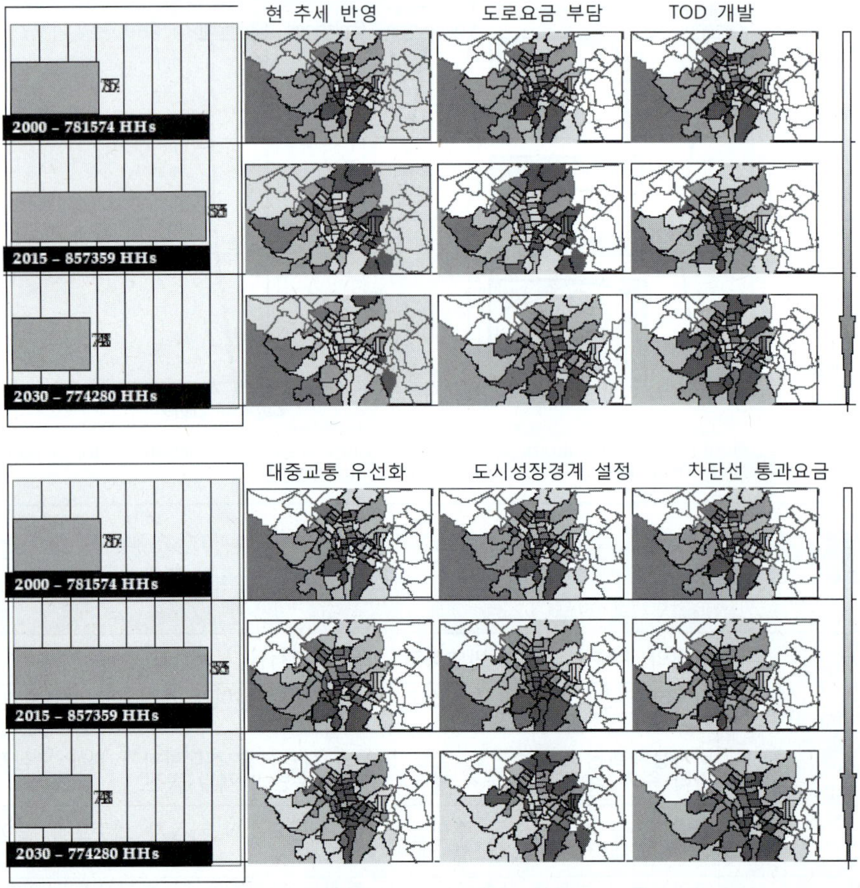

출처: Vichiensan, V. et al., (2005), Evaluation system of policy measure alternatives for a metropolis based on TRANUS from the view point of sustainability, p. 3814..

TRANUS의 작동 결과 토지소비면적과 각 활동부문별 흐름행렬과 교통부문 분석에 필요한 매우 세부적인 정보들이 산출된다. 특히 토지이용의 변화에 따른 통행수요 발생과 이를 토대로 한 통행발생 및 교통수단의 분담과 통행범주별 비효용 및 각 경로별 비용과 비효용을 연산해준다. 줌으로서 토지이용 변화가 교통체계에 미치는 영향력뿐만 아니라 특히 토지이용 규제나 신도시 개발 계획들이 활동입지가 교통체계에 어떠한 영향을 미치는지, 또는 고속도로의 용량 증가나 경전철 신설과 같은 교통체계의 변화 및 교통개선이나 통행비용의 변화가 토지이용에 미치는 영향력을 시계열적 차원에서 분석할 수 있다. 다양한 대안들에 따른 미래 예측 결과를 시뮬레이션을 통해 산출된 결과를 비교하여 최선의 대안을 선택하는데 TRANUS의 유용성은 매우 크다고 볼 수 있다.

그림 15-16 보완적 성격을 지닌 정책들을 병행하여 시행하는 경우의 긍정적 효과

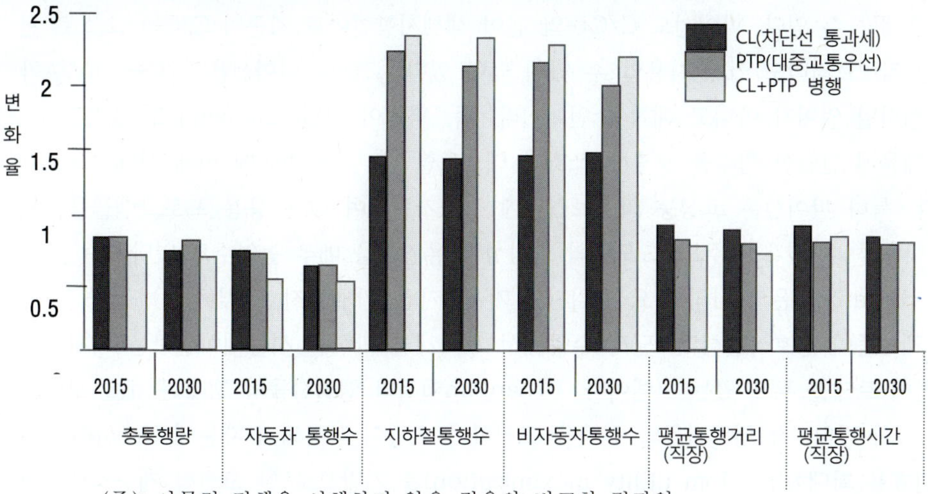

(주): 아무런 정책을 시행하지 않은 경우와 비교한 결과임.

출처: Vichiensan, V. et al., (2005), Evaluation system of policy measure alternatives for a metropolis based on TRANUS from the view point of sustainability, p. 3815.

[2] UrbanSim의 특징과 활용 사례

(1) Urbansim의 특징과 작동 메카니즘

UrbanSim은 1996년 하와이의 호롤룰루에서 열린 회의에서 토지이용과 교통모델의 통합화의 필요성에 따라서 연구가 이루어지기 시작하였다. 1998년에는 오래곤주의 교통당국이 기존의 교통모델과 연결되는 대도시권 토지이용 모델로서의 UrbanSim 모델을 처음으로 프로토타입으로 구축하여 실제 Eugene-Springfield시를 대상으로 적용하면서 급속히 발전하였다. UrbanSim은 4년 동안 연구개발 단계를 거친 후에 2000년 이후부터는 활용화 단계로 접어들게 되었다. 2000년초 부터 미국의 솔트레이크시티, 휴스턴, 피닉스, 시애틀에서 적용되기 시작하면서 점차 유럽의 암스테르담, 파리, 취리히 등에서도 활용되고 있다. UrbanSim은 워싱톤 주립대학에서 지속적으로 연구, 개발되고 있으며, 웹을 통해 사용자 누구나가 프로그램을 다운받을 수 있을 뿐만 아니라 소스 파일을 개방함으로서 모델을 지속적으로 발전시켜 나가고 있다. 특히 2005년부터 개방형 플랫트홈 OPUS(Open Platform for Urban Simulation)로 발전시켜 나가고 있는데, 이는 Urbansim모델의 소스파일을 공개하는 플랫트홈으로 구축하고 모듈화함으로서 사용자가 프로젝트별로 모델을 확장하거나 발전시켜 나갈 수 있도록 유연성을 높이는 방향으로 개

발되고 있다. OPUS 구축의 기반이 되는 언어는 파이선(Python)이다. 파이선은 간결하고 명료한 구문을 가지고 있으며 JAVA와 비교하면 1/5 정도 분량의 코딩으로 동일한 능력을 수행할 수 있다. 파이선도 C/C++와 같이 객체지향언어로 기존의 C/C++ 소스로 된 공개형 라이브러리도 쉽게 사용할 수 있게 되어 있다. 그러나 파이선은 C/C++, JAVA와 같이 컴파일 언어가 아니고 해석형 언어이다. 즉, 명령어 라인(command line)으로 코딩되기 때문에 간단한 함수를 호출해 쓰거나 테스트할 때 다른 언어에 비해 상대적으로 편리하다. 특히 파이선은 고성능 라이브러리에 접근가능하여 다른 응용 프로그램들을 자유롭게 사용할 수 있게 해주므로, 모델의 확장성과 유연성을 매우 높여주고 있다.

UrbanSim은 도시의 주요 행위자인 가구, 기업, 개발업자, 정부(정책), 건물, 토지 등의 개체들이 상호작용하며, 필지 수준에서 토지개발 과정을 시뮬레이션하는 미시적 접근방법에 토대를 두고 있는 모델이다. UrbanSim에서의 행위자들의 행태 관계를 보면 그림 15-17과 같다. 각 행위자들의 선택을 고려하여 모델이 작동되기 때문에 UrbanSim은 무작위효용 최대화(random utility maximization)를 기반으로 한 고전적 계량경제학 모델과 이산적 선택이론에 기초하고 있으며, 소비자 잉여 이론에 토대를 둔 입지선택 모델, 지불용의에 따른 최고 입찰지대 이론에 따른 토지가격 모델에 기반을 두고 있다. 특히 시·공간 동태적인 시뮬레이션을 위해 공간적 상호작용, 공간적 투입-산출 모델, 선형 프로그래밍 모델, 규칙기반 및 셀룰라 오토마타 모델, 미시적 시뮬레이션, 다중 행위자 시뮬레이션 모델 등 광범위한 이론 및 모델을 사용하고 있다. 특히 미시적 수준에서 개개 행위자(가구, 고용)의 선택효용을 기반으로 하고, 가구의 거주지 입지, 개인의 직장 선택, 기업의 입지 선택, 부동산 개발 등의 확률을 이산선택모델에 기반하여 추정하고 있다. Urbansim

그림 15-17 UrbanSim의 행위자들의 행태과정의 흐름

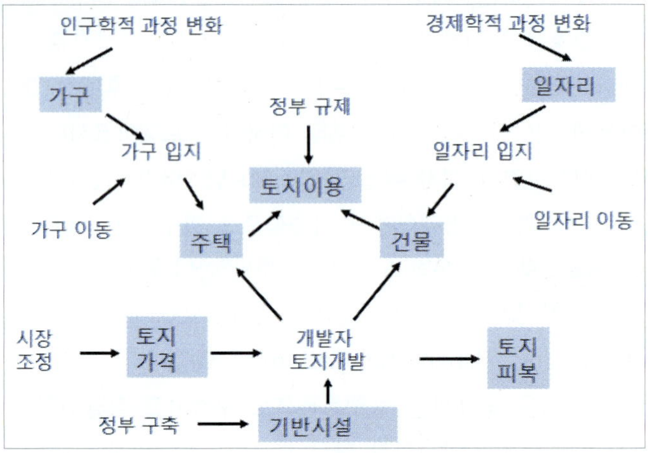

의 가장 큰 특징은 다른 계획지원시스템들이 균형상태를 가정하는데 비해 UrbanSim은 실세계의 가격 메커니즘과 수요와 공급 간의 불일치를 가정하는 불균형(disequilibrium)을 가정하고 있다는 점이다.

UrbanSim 모델의 작동 메카니즘을 간략히 보면 그림 15-18과 같다. Urbansim 모델을 작동시키기 위해서는 외부 모델을 사용하여 외생적으로 변수 값을 입력하여야 한다. 먼저 거시경제모델(macro-economic model)을 사용하여 인구와 산업 부문별 고용자 수를 예측하며, 이는 통제 데이터 모듈로 투입되어 인구와 고용자수 전체를 통제하게 된다. 또한 교통수요 모델(travel demand model)을 이용하여 각 존별로 혼잡시간이나 복합 효용도 등을 포함하는 통행 데이터도 SQL 데이터베이스로 통합된다. 또한 토지이용 계획이나 환경적 제약 등을 고려하여 수립한 정책에 따른 시나리오 가정 및 사용자가 입력하는 데이터로는 부동산 개발을 규제 등을 포함하는 각종 토지이용 정책이나. 시뮬레이션을 위해 초기화 연도 이후에 일어나게 될 각종 사건들(events)도 SQL 데이터베이스에 통합된

그림 15-18 UrbanSim의 모델 구조

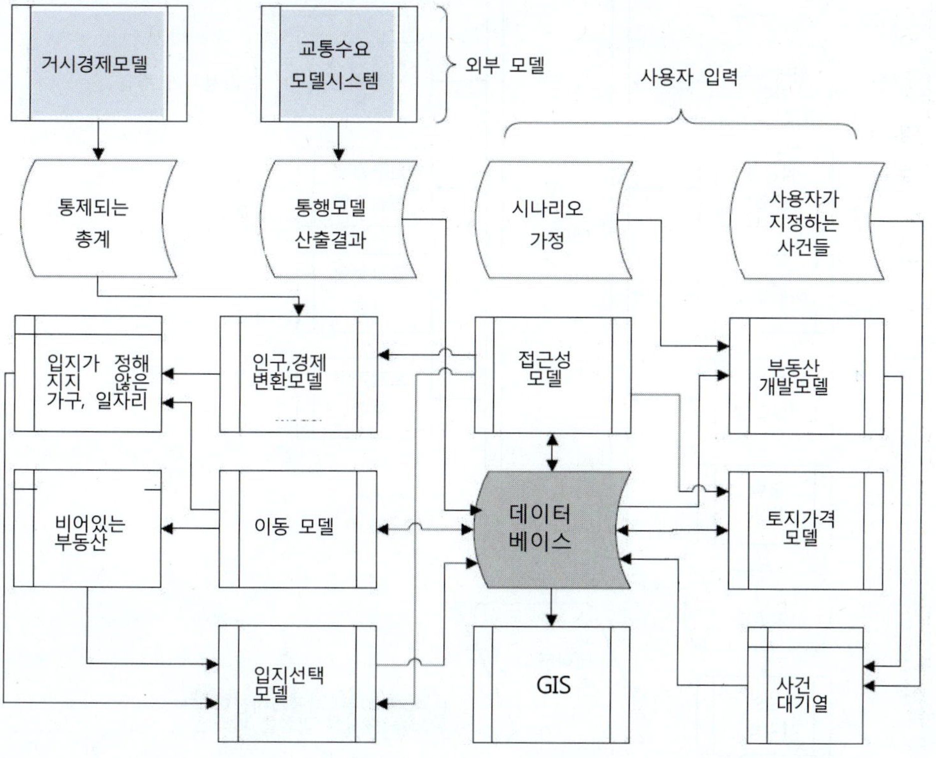

출처: Waddle, P. (2002), UrbanSim: modeling urban development for land use, transportation and environment planning, p. 306.

다. 이렇게 외생적으로 데이터들이 입력되고 나면 Urbansim이 작동되게 된다. 방대한 SQL 데이터베이스 모듈은 6개의 하위 모델들을 조정하고 관리하는 역할을 수행하는 UranSim 모델 코디네이터 모듈과 상호작용한다. UrbanSim의 구조에서 가장 핵심을 이루는 것은 UrbanSim의 6개 하위 모델들이다. 이 모델들은 외부모델들(교통수요 모델과 거시경제모델)과 통합되며, 데이터 투입과 산출된 결과물의 시각화를 위해 GIS 기능과도 연계될 수 있다.

UrbanSim의 가장 핵심적인 6개 하위모델은 고용변천과 가구변천 모델, 가구와 고용의 이동모델, 접근성 모델, 가구와 고용 입지선택모델, 부동산 개발모델, 토지가격 모델이

그림 15-19 UrbanSim의 핵심을 이루고 있는 6개 하위모델들과 이들의 순차적 작동과정

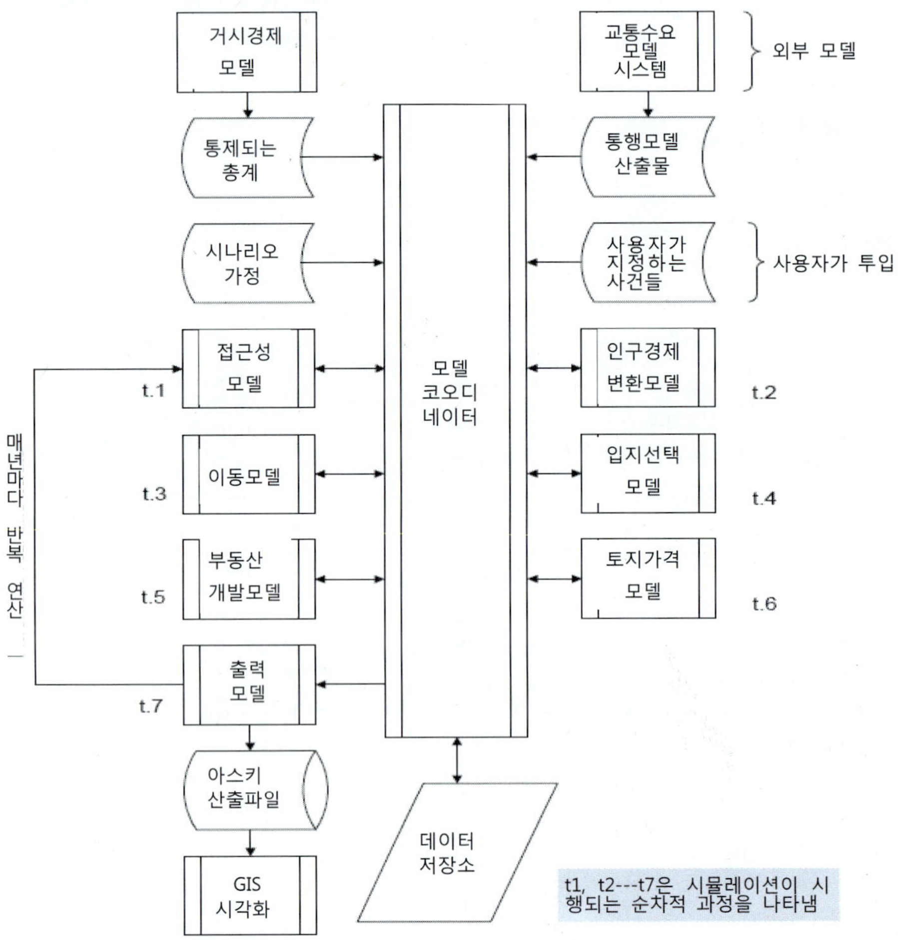

출처: Waddle, P. et al., (2003), UrbanSim: development, application, and integration with the Wasatch Front regional travel model, p. 11.

며 각 모델들은 초기화 연도의 데이터가 주어지면 t1, t2---t7의 시간적 흐름에 따라 순차적으로 작동하게 된다. 그림 15-19에서 볼 수 있는 바와 같이 각 모델들의 순차적인 작동과정을 거쳐서 결과물이 산출되는데 주로 아스키 파일로 산출되기 때문에, 이를 지도화하기 위해 GIS 기능을 활용하게 된다. 또한 각 개체들에 대한 특성을 저장하고 있는 데이터베이스 저장소가 있다. Urbansim의 핵심을 이루는 6개 모델들은 서로 직접적으로 연결되어 상호작용하는 것이 아니라 데이터베이스 저장소에 있는 데이터들을 통해서 상호작용한다. 이렇게 Urbansim은 마치 플로그 모델(pluggable model)같이 각 모델들은 그리드 셀 및 기타 속성 데이터는 공유하지만, 각 모델 간에 직접적으로 연결되어 있지는 않다. 이러한 작동 메카니즘은 향후에는 각 모듈 간에 plug & play 모델의 컴포넌트 시스템으로 구축해나가고자 하는 전략을 수립하고 있다. 여기서는 UrbanSim의 6개 핵심모델에 대하여 간략하게 살펴보고자한다.

① 경제 및 인구변천 모델(Economic and Demographic Transition Models)

외생적으로 주어진 인구와 산업부문별 고용의 총 예측치가 투입되면, 이 모델에서는 이전 연도의 부문별 성장과 쇠퇴 경향을 추정하여 이 예측치 데이터와 통합하게 된다. 이 모델은 가구와 일자리가 새로 추가될 것인지 또는 없어질 것인가를 연산하는 기능을 수행하게 된다. 즉, 쇠퇴하고 있는 산업부문의 경우 고용이 감소하여 없어지는 일자리는 원래 차지하고 있던 공간에서 삭제되고, 이 공간은 입지선택모델에서 다른 일자리들이 차지할 수 있는 빈 공간의 풀(pool)이 된다. 성장하고 있는 부문의 경우 새로 생기는 일자리는 데이터베이스에 추가되며, 고용입지선택모델에 의해 고용선택입지가 정해질 때까지 위치가 정해지지 않은 위치(null location)에 배정된다.

② 접근성 모델(Accessibility Model)

Urbansim에서 접근성은 가구주나 기업들에게 긍정적인 경제적 가치로 고려된다. 따라서 가구주들은 한 주택이 다른 주택보다 직장 또는 쇼핑기회가 많은 곳으로의 접근성이 좋다면 그 주택을 선호할 것으로 전제한다. 하지만, 모든 가구가 접근성에 대해서 동일한 선호도로 반응하지 않는다. 접근성 모델에서는 초기화 연도에 토지이용분포와 통행모델로부터 통합비용(logsum)을 산출하게 되며, 이는 가구와 기업의 입지선택모델에서 접근성 지수를 산출하는데 활용된다.

③ 이동 모델(Mobility Models)

이동 모델은 가구와 기업이 이동할 것인지 또는 현재 위치에 그대로 남아있을 것인가를 결정하는 확률을 연산하는 기능을 수행한다. 이동하게 될 가구나 고용은 위치가 정해지지 않은 풀(pool)에 임시로 있게 되고(따라서 현재 차지하고 있던 공간의 일자리 수에서는 그만큼을 빼주고 그 일자리가 차지하고 있던 공간은 비워짐), 남아있는 가구나 기업은 현재 위치를 유지한다. 고용 이동모델은 각 종류의 직업이 현재 위치한 지역에서 이동할 것인지 또는 그대로 남아 있을 것인지에 대한 확률을 예측하며, 고용과 해고 그리고 기업의 재입지, 폐업으로 인한 고용 이동을 반영하는 변화를 고려한다. 기업의 현재 입지 위치가 직업의 이동에 영향을 줄 때 다른 지역의 상업면적에 대해 상대적인 매력도가 존재하기 때문에 이동모델에서는 입지에 대한 조건부 선택을 허용하는 포섭 로짓(nested logit) 모델의 한계선택을 적용한다. 그러나 이 방법은 데이터를 구축하는 과정이 어렵기 때문에 주어진 기간 동안 각 산업에서 직접적으로 관찰된 연간 이동비율을 이용하여 확률을 추정한다. 이 모델은 일자리가 이동할 것인지에 대해 예측할 때, 현재 위치에서의 효용과 비교한 대안들의 상대적 효용에 대한 정보를 이용한다. 새로운 일자리와 이동할 일자리가 함께 고용입지선택모델에 의해 입지가 결정될 때가지 풀(pool)에 저장된다. 가구이동모델도 고용이동모델과 마찬가지 논리로 작동되며. 다만 가구 유형에 적합한 비율과 계수를 추정하여 모델이 작동된다.

④ 입지선택 모델(Location Choice Models)

이 모델에서는 이동모델로부터 산출된 결과를 토대로 하여 여러 위치를 대안으로 놓고, 가구나 기업이 입지를 선택할 확률을 추정하는 기능을 수행한다. 먼저 고용입지모델의 경우를 간략히 살펴보면 다음과 같다. 고용입지 선택모델은 경제변천모델에서 새로 생겼거나 고용이동모델에서 이동할 것으로 추정되는 고용이 특정한 지역에 입지할 확률과 하나의 그리드 셀내의 특정한 구역을 선택할 확률을 예측한다. 높은 소득을 가진 인구와의 접근성이 높을 지역일수록 소매업과 서비스업이 입지하려는 경쟁이 높아지며, 국지화경제와 집적경제가 존재하는 경우 입지선택에 긍정적인 영향을 미치는 것으로 전제한다. 고용 입지들의 집합은 비거주지역의 바닥면적과 사용밀도에 따라 결정된다. 각 업종별로 지오코딩된 고용들은 입지선택모델의 계수를 추정하기 위해 사용되며, 그리드 셀 내의 고용을 수용할 수 있는 가용공간에 비례하여 대안들이 샘플링된다. 로짓모델은 현재의 고용이 다른 지역으로 이동할 확률을 구하는데 사용되고 Monte Carlo 시뮬레이션은 특정한 구역으로의 입지결정을 위해 사용된다.

한편 가구입지 선택모델도 인구변천모델에서 새로 생겼거나 가구이동모델에서 이동할 것으로 추정되는 가구가 특정한 지역에 입지할 확률과 그리드 셀 내의 한 특정한 구역을 선택할 확률을 예측한다. 공가를 가진 입지가 무작위로 추출되고 다항로짓모델을 이용하여 추출된 표본의 효용도를 추정하고 이를 바탕으로 가구는 이용가능한 입지들 중 가장 원하는 위치에 입지하게 된다. 따라서 기존의 일반균형 해를 통해서 가구와 기업을 가능한 위치에 할당하는 시장배분 메커니즘과는 달리 정보가 불확실하고 거래비용과 조사비용이 제로가 아니며, 이주자도 표본추출된 비어있는 부동산 재고량(공가)으로부터 가장 만족스러운 위치를 얻으려고 한다는 메카니즘을 갖고 있다.

⑤ 부동산 개발 모델(Real Estate Development Model)

부동산 개발 모델에서는 매해 연도마다 각가의 그리드 셀의 개발사건이 일어날 확률을 다항로짓모델이 이용하여 예측하고, 만약 개발이 이루어진다면 어떤 유형으로 일어날 가능성을 Monte Carlo 표본과정을 통해 시뮬레이션하게 된다. 이 모델에서는 개발 확률을 통해 실제 개발 프로젝트가 이루어질 가능성이 높은 지구들을 추출하기 위해 개발 템플릿을 이용한다. 여기서 개발 템플릿(development template)이란 주택단위 수, 상업용 면적, 공업용 면적, 공공용지, 지가의 상승, 그리고 건설계획을 포함한 개발변화의 분포확률로 정의된다. 이러한 개발변화확률을 기반으로 개발사건의 대기행렬을 구축하여 시뮬레이션이 시행된다. Urbansim에서 부동산 개발은 1년 단위로 시뮬레이션이 이루어지며, 개발제약은 개발대안의 수를 줄이게 된다. 만약 이러한 개발제한의 영향을 분석하려면 개발제한들을 완화시켰을 경우와 제한적인 정책을 시행했을 경우를 비교하면 된다.

⑥ 토지가격 모델(Land Price Model)

토지가격 모델은 서로 다른 입지와 개발유형 특성을 토대로 시장에서의 수요와 공급에 비추어 가격을 결정하는 기능을 수행한다. 가구와 기업 그리고 개발자들은 모두 수요자이며, 토지가격의 변화는 개발유형과 밀도 및 개발자의 선호에 영향을 미치게 된다. 토지와 환경이 가진 특성에 대한 토지가격은 헤도닉 회귀식(hedonic regression)을 통해 추정된다. 즉, 토지가격은 토지의 특성(토지의 혼합이용, 개발밀도, 고속도로와 기반시설과의 접근성, 토지이용계획 등)과 토지의 주변환경을 포함하는 헤도닉 회귀분석 통해 산출된다. 가격은 모든 건설과 시장 활동이 끝난 이후에, 매년 업데이트 되고, 연말의 가격은 그 다음 해에 사용된다. 시장에서의 각 부동산 유형의 가격은 시간이 지남에 따라 수요와 공급의 변화에 의해 영향을 받으며, 이러한 가격 변화는 현재 시장의 공가율과 장기적인 구조적 공가율의 관계에 의해서도 영향을 받게 된다.

(2) Urbansim의 활용 사례

UrbanSim을 연구하고 개발하는 단계였던 1996-1998년 초기에는 주 정부 차원에서 대도시성장관리를 위한 목적으로 하와이, 오래곤, 워싱톤주에 시범적으로 적용되었다. 그 이후 미국의 여러 지역에서 주로 모델을 적용하기 시작하였으며, 최근에는 유럽의 암스테르담, 파리, 취리히 등에서도 적용되고 있다.

특히 오래곤주의 경우 도시성장관리에 역점을 두고 있었으나 체계적인 모니터링과 평가 도구의 부재로 인해 성장 관리 정책에 대한 객관적이고 합리적인 평가가 어려웠다. 이에 따라 오레곤주는 대도시의 토지이용 및 교통계획을 지원하기 위해 다양한 정책들이 어떠한 결과를 가져오는가를 예측하기 위해 UrbanSim 모델을 활용하였다. 특히 오레곤주의 유진-스프링필를 사례로 한 프로젝트의 핵심은 다양한 성장관리 정책이 토지이용과 교통 부문에 어떠한 영향을 미치는가에 초점을 두었다. 예를 들어, 과도하게 제한된 도시성장경계(urban boundary) 설정이 오히려 주간 고속도로를 통과하는 장거리 통근을 촉진시킴으로써 성장 관리의 원래 목표를 심각하게 훼손시키고 있는가, 또는 도시 성장경계 설정이 주거밀도와 주택가격에 미치는 영향은 어떠한가를 분석하는데 UrbanSim 모델을 활용하였다. 그림 15-20은 유진-스프링필드를 대상으로 하여 UrbanSim의 6개 모델이 순차적으로 작동하면서 시뮬레이션 결과를 산출하고 있는 예시이다.

그림 15-20 유진-스프링필드를 사례로 UrbanSim의 6개 모델의 순차적 작동과정의 예시

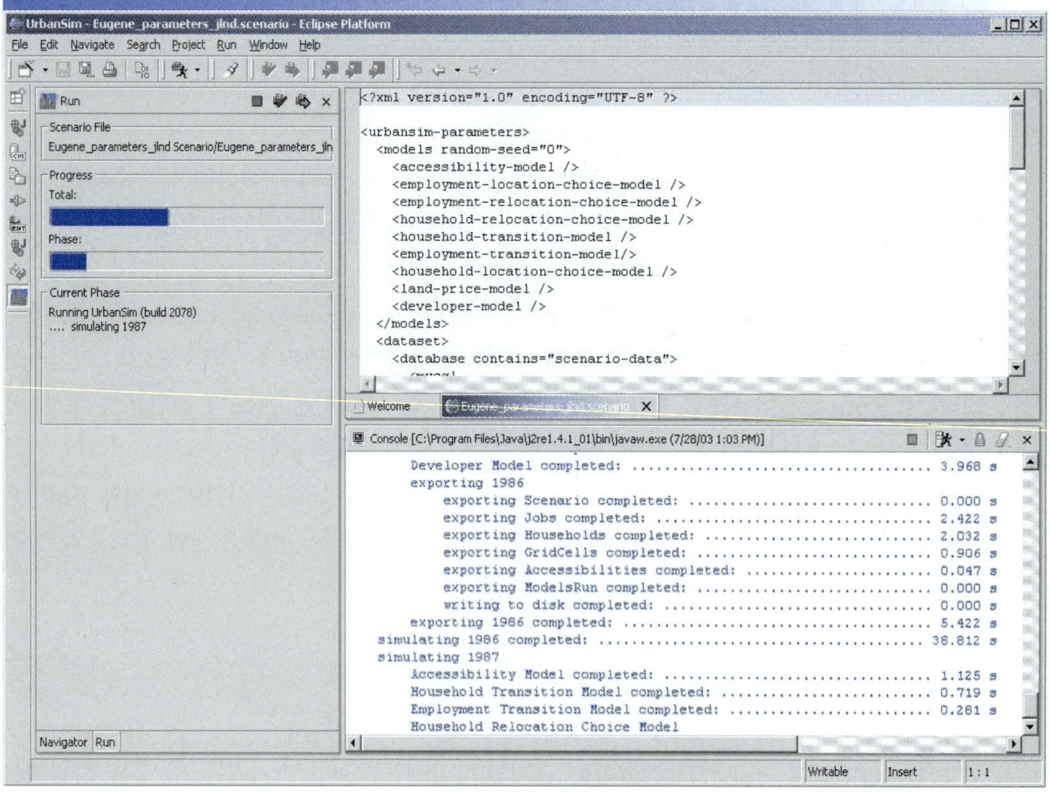

출처: Waddle, P. & Borning, A. (2004), Case Study in Digital Government: Developing and Applying UrbanSim, a System for Simulating Urban Land Use, Transportation, and Environmental Impacts, p. 46.

또 다른 사례로 유타주의 Wasatch Front 지역에 적용한 사례이다. 이 지역은 유타주의 인구 80%가 거주하며 솔트레이트시의 중심에 있는 지역이다. 2개 노선의 경전철이 있을 뿐 자동차가 전체 교통 분담율의 90%를 차지할 정도로 자동차 중심도시이다. 또한 전반적으로 주거밀도가 매우 낮은 지역이다. 2000년 인구는 전체 160만명 정도이나, 2030년에는 약 300만명으로 증가할 것으로 전망하고 있다. 증가하는 인구추세를 감안하여 이 지역에 장기교통계획(LRP: Long Range Plan)을 수립하여 도로 용량을 높이기 위한 도로 확충 개선 정책을 수행하려고 하였다. 이를 위해 다양한 시나리오들을 수립한 후, 이를 시뮬레이션하여 그 결과들을 비교하였다. 다양한 시나리오 가운데 2가지 결과만을 비교해 보면 다음과 같다. 장기교통계획에 따라 도로 용량을 확충시킬 경우(시나리오 2) 예상되는 각 부문별(인구 및 고용 변화, 토지가격 변화, 주거밀도 등) 변화를 시뮬레이션하여, 현재 도로여건을 그대로 유지하며 어떠한 도로도 신설하지 않는 경우(시나리오 1) 예측되는 결과들과 비교하였다. 그 결과 인구가 약 2배로 증가함에도 불구하고 장기교통계획의 수립 없이 1997년에 도로 상태가 2030년까지 그대로 변화하지 않고 유지되는 시나리오 1에 에 따를 경우 교통혼잡과 통행지체는 상당히 심각한 것으로 나타났다. 특히 남서부 지구의 경우 시나리오 2에서는 장기교통계획에 의해 고속도로가 추가로 건설되어 접근성이 매우 높아지는 것으로 예측되는데 비해, 현재 교통상황이 그대로 유지되는 시나리오 1에서는 접근성이 매우 악화되며, 그에 따라 지가도 떨어지고 인구, 고용증가도 줄어들어 주택밀도가 상당히 낮아지는 것으로 예측되었다. 장기교통계획을 시행하지 않았을 경우와 계획을 시행하였을 경우 예상되는 주거밀도(1에이커당 주택수) 분포는 상당히 다르게 나타나고 있으며, 특히 남서부 지구의 경우 주거밀도는 절대적인 차이 뿐만 아니라 상대적인 차이도 매우 두드러지게 나타나는 결과를 보여주었다. UrbanSim은 산출된 결과물을 바로 웹상에서 제공해주는 기능도 추가하면서 사람들에게 계획에 대한 판단의 근거를 위한 정보를 제공해주고 있다. 실제로 미국의 솔트레이크시의 외곽 순환도로 건설에 따른 지역내 주민들 간의 갈등을 UrbanSim을 활용하여 산출된 결과물이 주민들 간의 의견을 조절하는데 기여하였다.

Urbansim의 작동시키는데 가장 큰 선결 과제는 데이터베이스 구축이다. Urbansim에서 분석단위는 그리드(cell)이다(최근 필지를 기반으로 하는 모델도 개발되고 있음). 기본 분석단위는 일반적으로 150m x 150m 그리드이다. UrbanSim 모델이 작동되기 위해 요구되는 데이터는 센서스로 부터 가져오는 가구 데이터 파일과 고용 데이터 파일, 각 필지의 면적, 토지이용, 건축연도, 토지가격, 개발 가치 등의 속성자료들과 연계되어 있는 필지 데이터 파일, 환경 관련 변수들의 속성을 포함한 수치 지도, 행정구역 경계, 교통존 자료 등의 GIS 공간 데이터들이다. 환경 관련 레이어에는 물, 습지, 범람원, 공원, 자연녹지 및 경사도 및 고도 자료 등이 포함된다. 가구 자료는 소득, 가구원, 근로자수, 자녀의 유무 등에 따라 다양한 계층으로 분류 가능하기 때문에 매우 세부적인 데이터들이 수집되고 입력되어야 한다. 이렇게 미시적 차원의 데이터가 입력되기 때문에 인구, 고용의 예측, 토지이용 정책 가정, 교통 기반시설 가정 등을 포함한 시나리오를 통해 산출되는 결과들도 소득, 가구주의 연령, 가구 크기, 자녀의 유무, 가구 유형 등을 포함한 가구 정보 및 인구의 미래 분포. 주택수, 유형별(산업, 종사자수)에 따른 사업, 유형별 건축면적, 토지이용 상태와 이에 따른 개발밀도, 토지가격 등과 같은 세부적인 정보가 산출된다.

이러한 센서스 트랙이나 존 단위로 투입된 많은 데이터들은 그리드 셀 자료로 변환되어야 한다(그림 15-21 참조). 각 그리드 내에는 가구와 일자리(고용)에 대한 세부적인 정보와 그리드의 다양한 환경 정도가 투입된다. 이렇게 투입된 자료들은 시뮬레이션 과정을 통해 연산되고, 최종적으로 예측된 결과는 필지, 그리드 셀, 지구별 단위로 산출 가능하며, 유형별 토지이용 면적과 가격, 부문별 기업 및 고용, 가구유형 및 특성별 가구 단위와 면적 등이 테이블 형태로 산출된다. 이상에서 살펴 본 바와 같이 Urbansim을 작동시키기 위해서는 엄청난 세부적인 데이터가 요구될 뿐만 아니라 각 모델이 작동되기 위해 필요한 계수들이 정산되어야 한다. 이러한 계수의 정산은 Urbansim 내에서가 아니라 R과 같은 통계패키지를 이용하여도 가능하다. 문제는 하위모델들을 작동시키는데 요구되는 각 회귀식의 계수들을 정확하게 추정하여 입력하여야만 Urbansim의 하위모델들이 순차적으로 작동된다는 점이다.

그림 15-21 UrbanSim을 작동시키기 위한 기본단위인 그리드셀의 속성자료의 일례

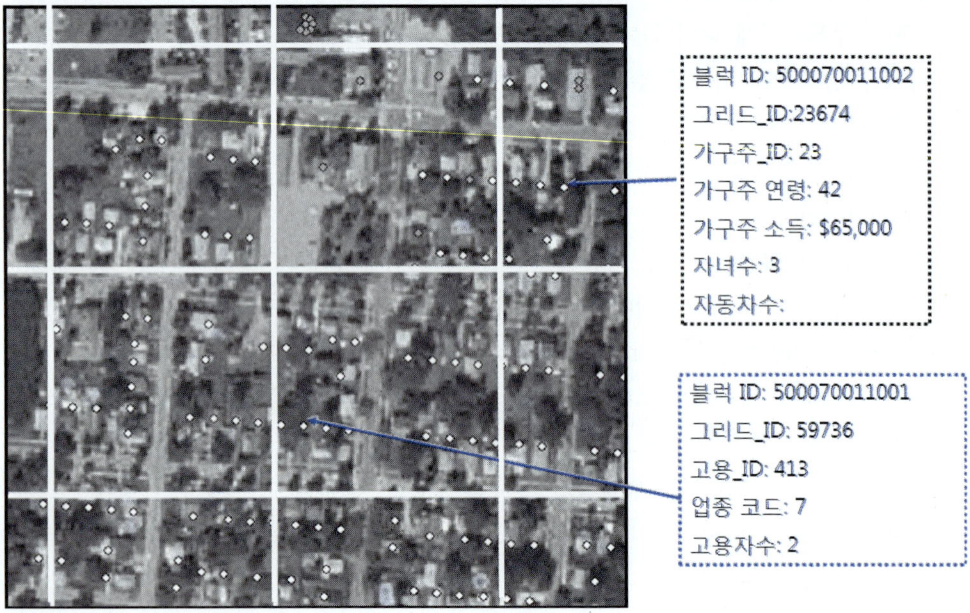

[3] PROPOLIS의 특징과 활용 사례

(1) PROPOLIS의 특징과 작동 메카니즘

PROPOLIS(Planning and Research of Policies for Land Use and Transport for Increasing Urban Sustainability)는 지속가능한 도시개발을 위해 효과적인 정책을 탐색하기 위한 목적으로 개발된 계획지원시스템이다. 이 시스템을 개발하게 된 배경은 장기적인 시점에서 유럽 도시들의 지속가능성을 위해 요구되는 다양한 전략들을 구상하고 이러한 전략들이 어떠한 영향을 미치게 되는 가를 시뮬레이션을 통해 예측하고 그 결과를 평가함으로서 지속가능한 도시개발을 위해 바람직한 정책을 결정하기 위한 것이었다.

기존의 계획지원시스템이 주로 토지이용 부문과 교통 부문을 통합하는데 초점을 둔데 비해 PROPOLIS는 토지이용과 교통을 통합하여 작동한 결과들이 환경에 미치는 영향력과 또한 환경이 이들에게 주는 영향을 피드백할 수 있는 구조를 갖고 있다. 특히 현재의 정책을 시행하는 경우와 아무런 정책을 시행하지 않는 경우를 시뮬레이션하여 그 결과를 비교함으로서 지속가능한 개발을 위한 목표를 수립하고 그 정책에 대한 효과를 평가하도록 시스템을 구축하였다(그림 15-22-가 참조).

또한 PROPOLIS는 기존의 집합적 공간 단위(주로 존이나 동 단위)로 시스템을 작동시킬 때 나타나는 문제점을 해결하면서도 미시적 수준의 공간 단위로 데이터베이스를 구축하는 경우에 겪게 되는 어려움을 동시에 해결하기 위하여 절충적인 접근방법을 도입하였다. 즉 데이터 수집이 용이한 존(zone) 단위에서의 토지이용과 교통의 통합모델을 작동시키지만 산출된 결과는 미시적인 공간 단위로 변환시켜서 환경에 미치는 영향력은 주로 래스터 단위의 미시적 수준에서 산출될 수 있도록 시스템을 구축하였다(그림 15-22-나 참조). 즉, 존 데이터를 100m x 100m 래스터 데이터로 변환하여 같은 존 내에서도 사회·경제적 계층에 따른 환경적 영향력을 세밀하게 분석할 수 있다. 이렇게 PROPOLIS는 토지이용과 교통 모델을 작동시킬 때는 객체 기반의 미시적 단위에서의 데이터를 사용하지 않지만 산출된 결과들을 미시적 단위로 변환시켜 환경적 영향력을 래스터 단위에서 분석하도록 설계하였다. 이러한 방법을 통해 PROPOLIS는 토지이용-교통 모델이 환경에 미치는 영향력이나 환경과의 피드백을 분석하는데 있어서 존 단위처럼 집합적인 공간 단위를 사용하는 경우에 발생하는 문제점을 해결하였다.

일례로 토지이용과 교통 모델을 작동시켜 산출된 해당 존의 가구 데이터를 래스터 데이터로 변환시키기 위하여 단위면적당 연면적을 산출하여 이를 가중치로 삼아서 존의 전체 가구수를 각 그리드에 부여하였다. 이렇게 각 셀에 할당된 가구수를 도형구분도로 표현한 결과는 그림 15-23-가와 같다. 또한 벡터 데이터로 구축된 선형의 도로망에 자동차

그림 15-22 PROPOLIS시스템의 구축 목표와 이 시스템에서 작동되는 공간 단위의 특징

가

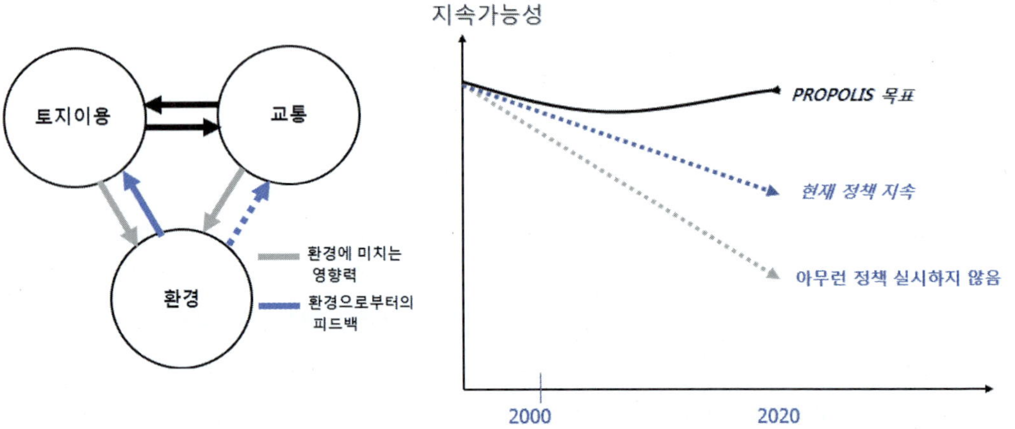

나

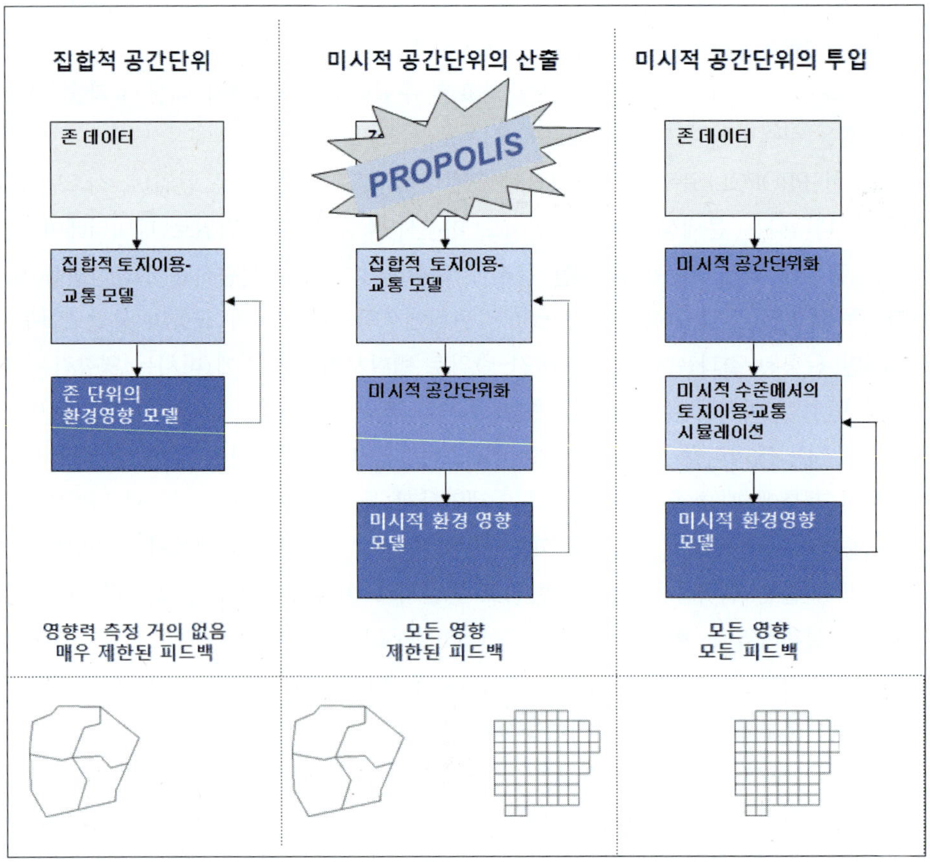

출처: PROPOLIS Final Report (2004), pp. 44, 66.
http://www.cipra.org/alpknowhow/publications/propolis/propolis

그림 15-23 PROPOLIS시스템의 구축 목표와 이 시스템에서 작동되는 공간단위의 특징

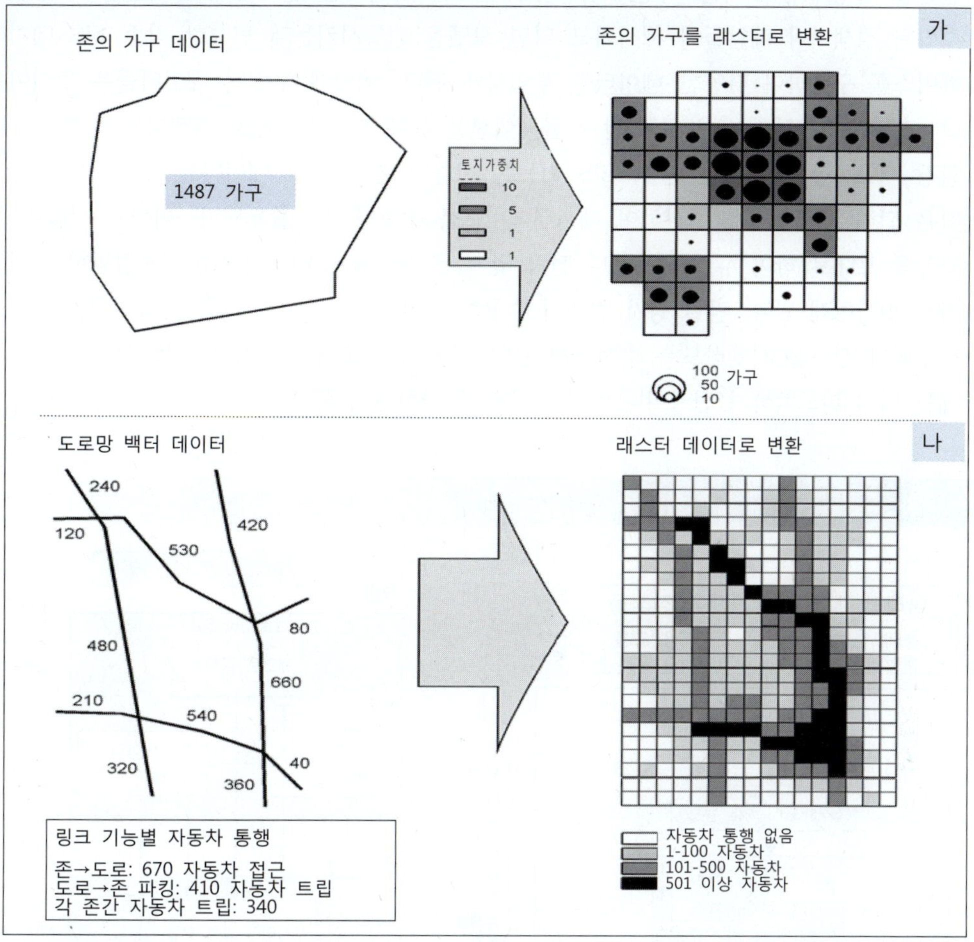

통행량과 자동차 주자창 자료를 기초로 하여 도로망을 속성을 함께 나타내는 래스터 데이터로 변환시키는 방법을 사용하고 있다(그림 15-23-나 참조).

한편 PROPOLIS는 토지이용과 교통을 통합하는 모델로 별도로 개발하지 않았으며, 이미 기존에 개발된 계획지원시스템을 활용하였다. 7개 사례도시마다 활용한 토지이용-교통을 통합한 프로그램들은 다소 다르지만, 주로 MEPLAN, TRANUS, IRPUD 등을 이용하였다. 그러나 PROPOLIS는 다른 계획지원시스템에서 시도하지 않은 접근방법을 도입하였다. 즉, 토지이용-교통 통합모델을 작동시켜 산출된 존별로 집계된 결과물들을 토대로 이들이 환경에 미치는 영향력 지표들(예: 대기오염, 소음, 환경의 질 등)은 100m x 100m의 래스터 데이터로 산출할 수 있도록 시스템을 구축하였다.

PROPOLIS의 접근방식 및 순차적 과정과 시스템의 구조를 보면 그림 15-24와 같다.

먼저 지속가능한 도시개발을 위한 경제, 인구, 생활양식의 변화 등을 고려하여 미래의 대안들을 설정하거나 이를 시행해나가는데 필요한 구체적인 전략이나 정책들을 수립한다. 수립된 정책이나 대안들이 제시되고 나면 모델을 작동시키는데 필요한 각종 GIS 데이터베이스를 구축하여 다양한 데이터를 투입하게 된다. 이렇게 투입된 데이터들은 토지이용과 교통 통합모델을 기반으로 한 시뮬레이션을 통해 지속가능성을 측정하는 경제, 사회, 환경 지표들을 산출하게 된다. GIS 기능은 산출된 존 단위의 데이터를 보다 공간적으로 작은 단위의 래스터로 변환하여 데이터베이스를 구축하는데 활용된다. 이렇게 산출된 결과들을 토대로 하여 수립한 목표나 전략 및 다른 도시들과 비교하면서 만족할만한 결과인가를 평가하게 된다. 만일 평가 결과가 수용할 수 있는 수준으로 만족한 경우에는 설정한 대안이나 전략을 시행하도록 추천하게 된다. 그러나 산출된 결과가 만족스럽지 못할 경우에는 다시 피드백하여 전략이나 정책에 수정을 가하게 된다.

그림 15-24 PROPOLIS의 순차적 과정과 시스템의 구조

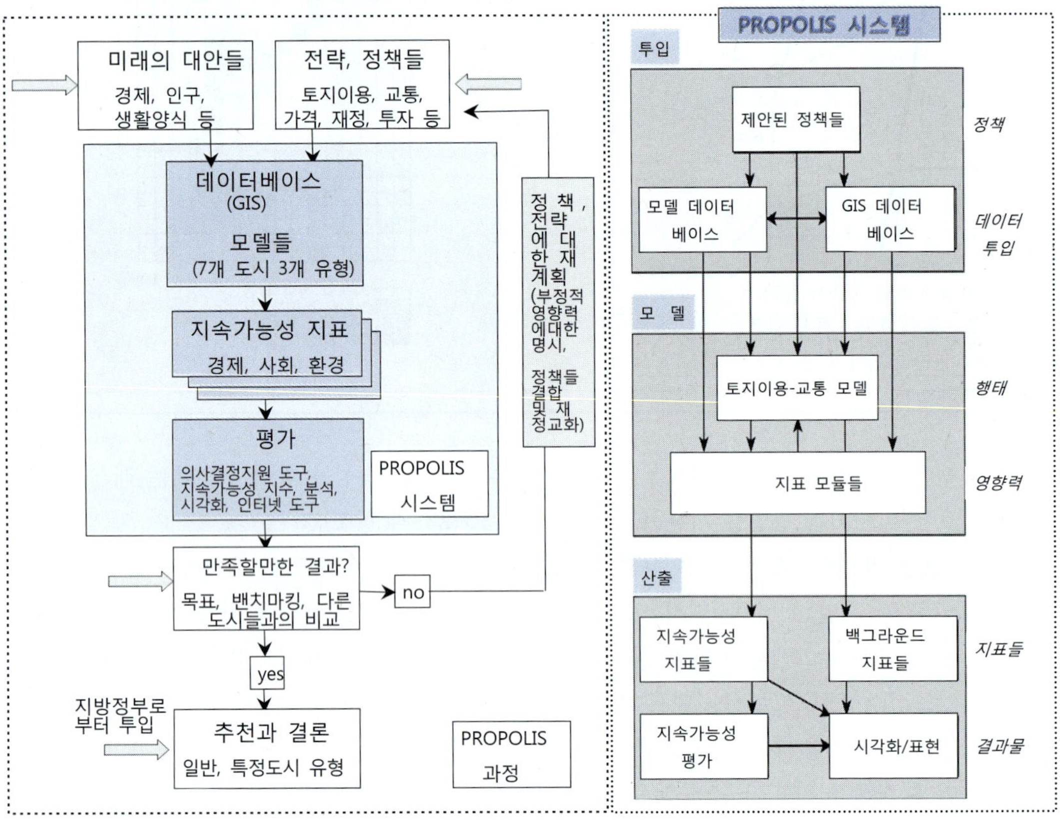

출처: PROPOLIS Final Report (2004), pp. 50, 73.
http://www.cipra.org/alpknowhow/publications/propolis/propolis

이 시스템은 토지이용-교통모델뿐만 아니라 래스터 모듈을 사용함으로서 환경 평가를 단기와 장기적인 시점에서 위한 오픈 스페이스, 소음, 대기오염 등을 측정, 평가할 수 있는 기능을 갖추고 있다. 또한 정책 및 의사결정자와 시스템 사용자 간의 밀접한 접촉이 가능하며 산출물을 효과적으로 일반 시민에게 알리는 시각화 기능도 모듈화하였다.

PROPOLIS는 투입-모델-산출 영역으로 구조화되어 있다. 여기서 가장 핵심이 되는 영역은 모델 모듈이라고 볼 수 있다. 모델 구조를 간략하게 살펴보면 그림 15-25와 같다. 먼저 토지이용과 교통의 통합모델을 사용하여 모델을 작동시킨 결과가 산출되면 모델 산출물 변화기에 의해서 다양한 데이터베이스가 구축된다. 이렇게 산출된 데이터들은 지속가능성을 측정, 평가하는 모듈인 경제적 지표 모듈, 사회적 지표 모듈, 래스터 모듈로 각각 투입된다. 이렇게 각 모듈에 투입된 다양한 많은 산출된 데이터들은 고부가가치의 지속가능성을 측정하는 지표들을 산출하게 된다.

PROPOLIS에서 래스터 모듈은 GIS의 중요한 기능을 담당한다. 토지이용-교통 모델의 작동 결과 산출된 존별 인구수와 고용자수, 연면적, 도로망의 각 노선에 부하된 통행량과 통행속도 및 GIS의 행정구역도, 토지이용도, 교통망도 등이 투입되면 이 모듈에서는 존 단위로 집합적 데이터를 100m x100m의 래스터 데이터로 변환시켜 공간적으로 미시

그림 15-25 PROPOLIS의 핵심에 해당되는 모델 영역의 구조

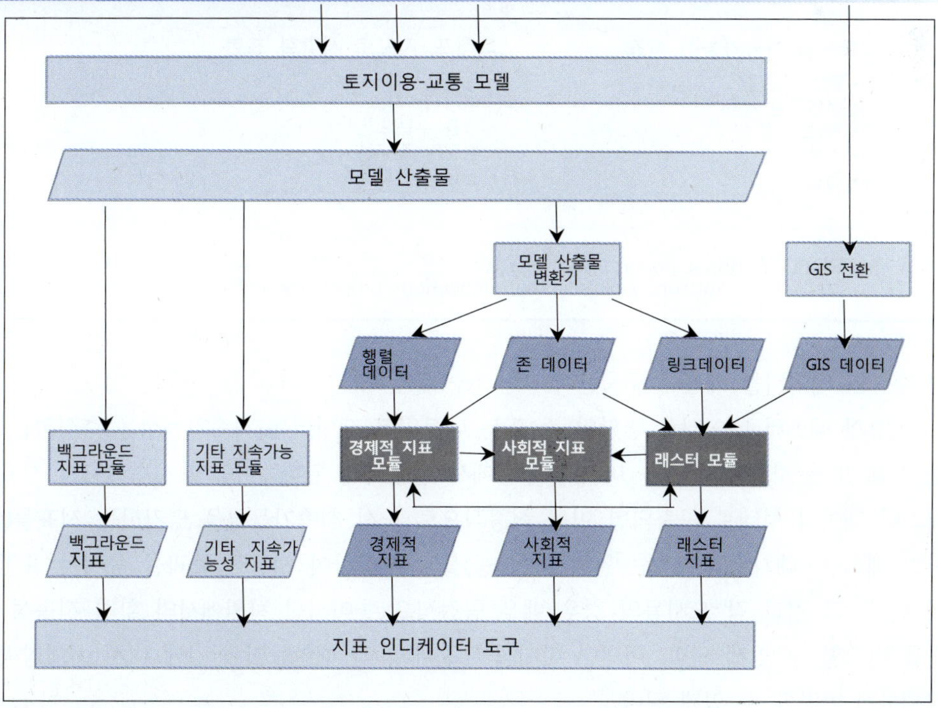

출처: PROPOLIS Final Report (2004), p. 75.

그림 15-26 래스터 모듈의 기능과 구조

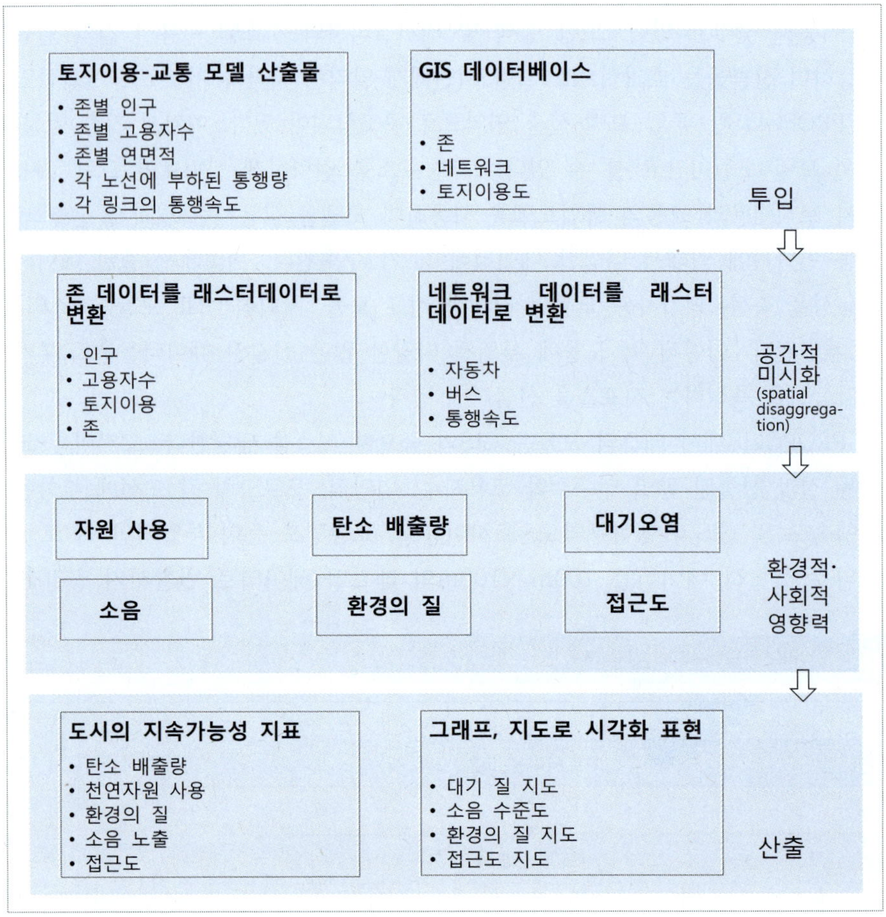

출처: PROPOLIS Final Report (2004), p. 93.
http://www.cipra.org/alpknowhow/publications/propolis/propolis

적 수준의 데이터를 새롭게 구축한다(그림 15-26 참조).

이렇게 래스터 데이터로 변환된 존 또는 네트워크 데이터는 지속가능성을 측정하는 환경 지표 또는 사회 지표들을 미시적 수준에서 산출하게 된다. 이렇게 지속가능성 지표가 래스터 데이터 형태로 구축되면 이는 최종적으로 도시 지속가능성을 평가하는 지표들(예: 탄소 배출량, 대기오염, 소음, 환경의 질 등)을 지도화하여 시각적 효과를 높여서 표현하게 된다. 그 결과 각 도시들의 경우 매우 공간적으로 미시적 차원에서의 환경 지속성 수준을 비교할 수 있게 되며, 이러한 미시적 수준에서 각 대안들이 환경에 미치는 영향력을 상세하게 파악할 수 있게 된다.

(2) PROPOLIS의 활용 사례

PROPOLIS는 지속가능한 도시개발을 위한 다양한 정책의 효과를 일반화하기 위하여 유럽의 7개 사례도시를 선정하여 검증하였다(그림 15-27 참조). 7개 도시는 인구수나 도시 면적 및 인구밀도 등에서 상당한 차이를 보이고 있다. 인구가 가장 작은 인버네스(약 13만명)의 인구밀도는 32인/km^{2}인데 비해 인구가 가장 많은 나폴리(약 3백만)의 인구밀도는 2,570인/km^{2}로 두 도시의 인구밀도는 무려 80배나 차이가 나고 있다(표 15-5 참조). 따라서 PROPOLIS는 다양한 규모와 특징을 지닌 도시들을 사례로 하였을 경우 지속가능한 도시개발을 위해 추진하는 전략들의 영향력이 어떻게 달라지는지, 또는 유사한 경향을 나타내는 가를 검증하고자 하였음을 엿볼 수 있다.

그림 15-27 PROPOLIS를 활용하여 지속가능한 도시개발 프로젝트를 추진한 7개 사례도시들

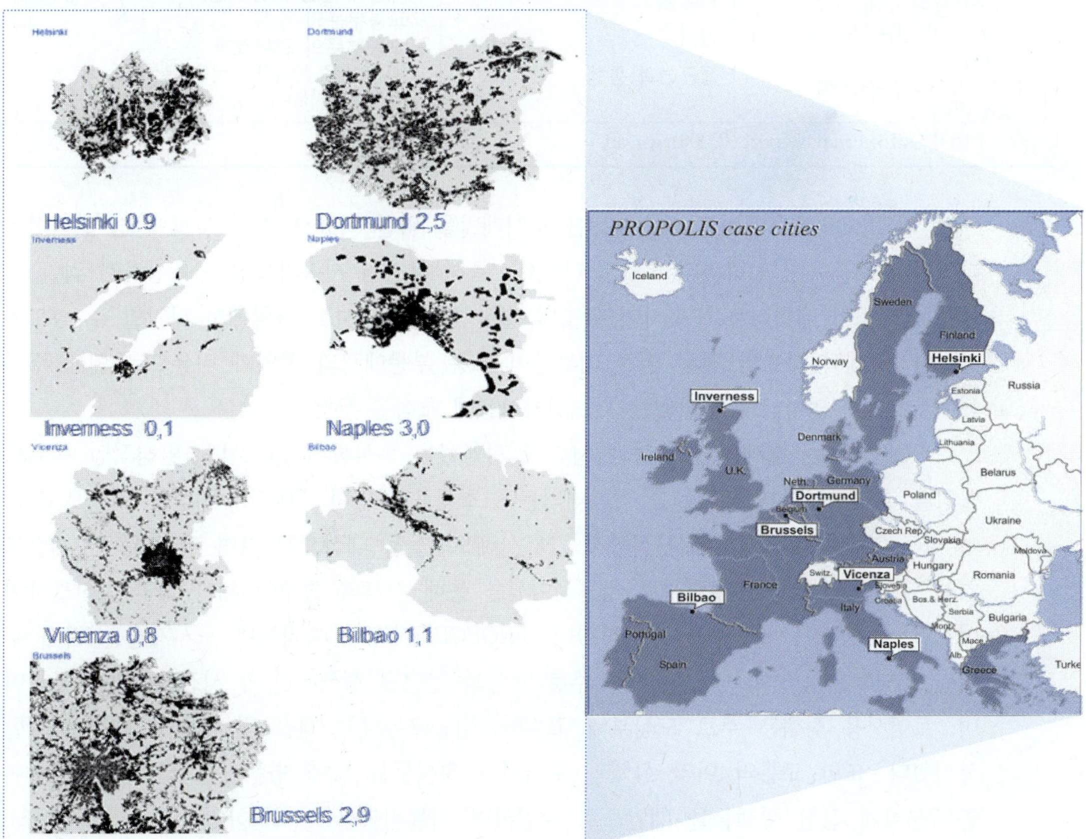

표 15-5 PROPOLIS 프로젝트에 참가한 사례도시들의 인구와 면적 비교

항목	헬싱키	도르트문트	인버네스	나폴리	비첸차	빌바오	부뤼셀
면적(km^2)	743	5014	4152	1171	2722	2217	4332
인구(천명)	946	2,516	132	3,010	788	1,140	2,945
중심도시 인구	546	585	42	1,005	107	359	964
인구밀도(인/km^2)	1273	1249	32	2570	290	514	680
토지용도 존당 인구수(인/존 면적)	17,849	10,186	861	79,471	29,161	9,580	19,373

출처: PROPOLIS Final Report (2004), p. 114.

표 15-6 PROPOLIS에서 평가하고자 하는 지속가능성의 각 영역별 지표

환경적 지표	사회적 지표	경제적 지표
• 지구 전체의 기후 변화 (교통부문에서의 온실가스 배출) • 대기 오염 • 천연자원의 소비 (광물, 토지, 신규 건축 등) •환경의 질 (오픈스페이스의 파편화와 질적 저하)	건강 형평성 기회 접근성과 통행	• 주민 1인당 총 저축량 -교통으로부터의 순 편익(net benefit) (사용자, 운행자, 정부 등) - 교통부문의 투지 - 교통부문의 외부효과 (사고비용, 배출가스 비용, 온실가스 배출량, 소음 비용 등)

출처: PROPOLIS Final Report (2004), p. 46.

한편 PROPOLIS에서는 지속가능한 도시개발을 위한 지표로 경제-사회-환경 영역별로 다양한 지표들을 선정하였다(표 15-6 참조). 특히 환경의 지속가능성을 측정하기 위한 지표들은 래스터 데이터로 구축하여 환경의 질적 차이를 미시적 차원에서 파악할 수 있도록 하였다. 경제적 지표의 경우 주로 대부분이 교통 부문에서의 편익과 비용으로 인해 주민 1인당 저축이 얼마나 증가하였는가를 평가하는데 초점을 두었다.

PROPOLIS는 경제적 효율성과 사회적 형평성을 손상하지 않고서도 환경적인 목표를 달성할 수 있는 정책 대안들을 밝혀내려는데 초점을 두었다. 2001년 시점을 기준으로 하여 향후 20년 후인 2021년 시점까지 7개 사례도시들을 대상으로 하여 지속가능한 개발을 위해 다양한 정책들을 수립하고 시뮬레이션을 통해 각각의 정책에 대한 효과를 산출하여 비교할 수 있도록 시스템을 구축하였다. PROPOLIS에서 지속가능한 도시개발을 위해 투입된 정책들은 상당히 다양하지만, 주로 교통과 관련된 정책(비용과 시간 등)이 대부분이며, 토이지용 정책은 주로 도심부의 고밀화, 대중교통지향 개발 및 주변부의 개발 제한 등이었다. 또한 교통의 여러 정책과 토지이용 정책들을 함께 병행하는 정책도 고려하여 총 7분야에 걸친 정책들을 대안으로 수립하여 시뮬레이션을 시행하였다(표 15-7 참조). 이와 같은 정책들 가운데 가장 정책 효과가 우수한 정책들을 선정하려고 노력하였으며, 각 도시들마다 다양한 정책효과들이 어떻게 나타나고 있는 가도 비교하였다.

표 15-7 PROPOLIS에서 지속가능한 개발을 위해 수립한 다양한 정책들

	시나리오 유형	2001	2006	2011	2016	2021
0	기본 시나리오(현 상태 추세 유지)					
1	**투자정책**	해당도시 별로 시행				
2	**가격 정책**					
211	자동차 유지비용 25% 상승		25%	25%	25%	25%
212	자동차 유지비용 50% 상승		25%	50%	50%	50%
213	자동차 유지비용 75% 상승		50%	75%	75%	75%
221	주차료 인상 10분당 +20		x			
222	주차료 인상 30분당 +60		x			
3	**규제 정책**					
311	최대 속도 10% 감소		x			
321	최대 속도 20% 감소(자동차 전용도로 제외)		x			
4	**대중교통 정책**					
411	대중교통 이용 통행시간 10% 단축		-5%	-10%	-10%	-10%
412	대중교통 이용 통행시간 5% 단축, 서비스 향상		-2.5%	-5%	-5%	-5%
421	대중교통 요금 50% 인하		-50%	-50%	-50%	-5-%
5	**토지이용 정책**					
511	도심부 주거밀도 증가		x			
512	TOD 개발		x			
7	**혼합 정책**					
711	자동차 유지비용 75%상승+대중교통 요금 50% 인하		50/-50%	75/-50%	75/-50%	75/-50%
712	자동차 유지비용 75%상승+대중교통 요금 50% 인하 +대중교통 이용 통행시간 5% 단축		50/-50%	75/-50%	75/-50%	75/-50%
713	자동차 유지비용 75%상승+대중교통 요금 50% 인하 +대중교통 통행시간 5% 단축+주변부 토지개발 제한		50/-50%	75/-50%	75/-50%	75/-50%

출처: PROPOLIS Final Report (2004), p. 166.

PROPOLIS는 7개 사례도시들을 대상으로 하여 다양한 정책들을 투입하였을 경우 목표연도인 2021년에 지속가능성 지표들이 어떻게 변화되어 나타나는가를 쉽게 비교하여 볼 수 있도록 시각화하는 모듈도 추가하였다. 특히 각 지표들에 대한 가중치를 달리 부여하는 경우 그 결과들이 어떻게 달라지는 가를 사용자들이 쉽게 접근하여 비교할 수 있도록 GUI 환경을 잘 구축함으로서 계획지원시스템의 활용성을 보다 확대시키고자 하였다. 일례로 그림 15-28은 헬싱키시를 사례로 한 PROPOLIS 시스템의 과정과 산출된 지속가능성 지표 및 사용자들이 지표의 가중치를 달리하는 경우 각 대안들의 결과가 미래 시점에서 어떻게 변화되는 가를 잘 예시해주고 있다.

그러나 사례도시로 선정된 7개 도시들 간에 인구수, 토지이용, 교통체계 등이 서로 차이가 있기 때문에 같은 정책을 시행하였을 경우라도 시뮬레이션 결과는 다를 수 있다. PROPOLIS 시스템에서는 7가지 유형의 정책을 모든 도시에 적용하였을 경우 2021년 시점에서 어떠한 영향력을 가져오는 가를 시뮬레이션을 통해 결과들을 산출하고 7개 도시들에서의 각각의 영향력을 비교하였다(그림 15-29 참조). 그 결과 전체적으로 볼 때 교통정책과 토지이용 정책을 동시에 병행하여 시행하는 것이 가장 좋은 결과를 가져오는 것으

그림 15-28 헬싱키시를 대상으로 PROPOLIS를 활용하여 산출된 결과물과 작동 과정의 예시

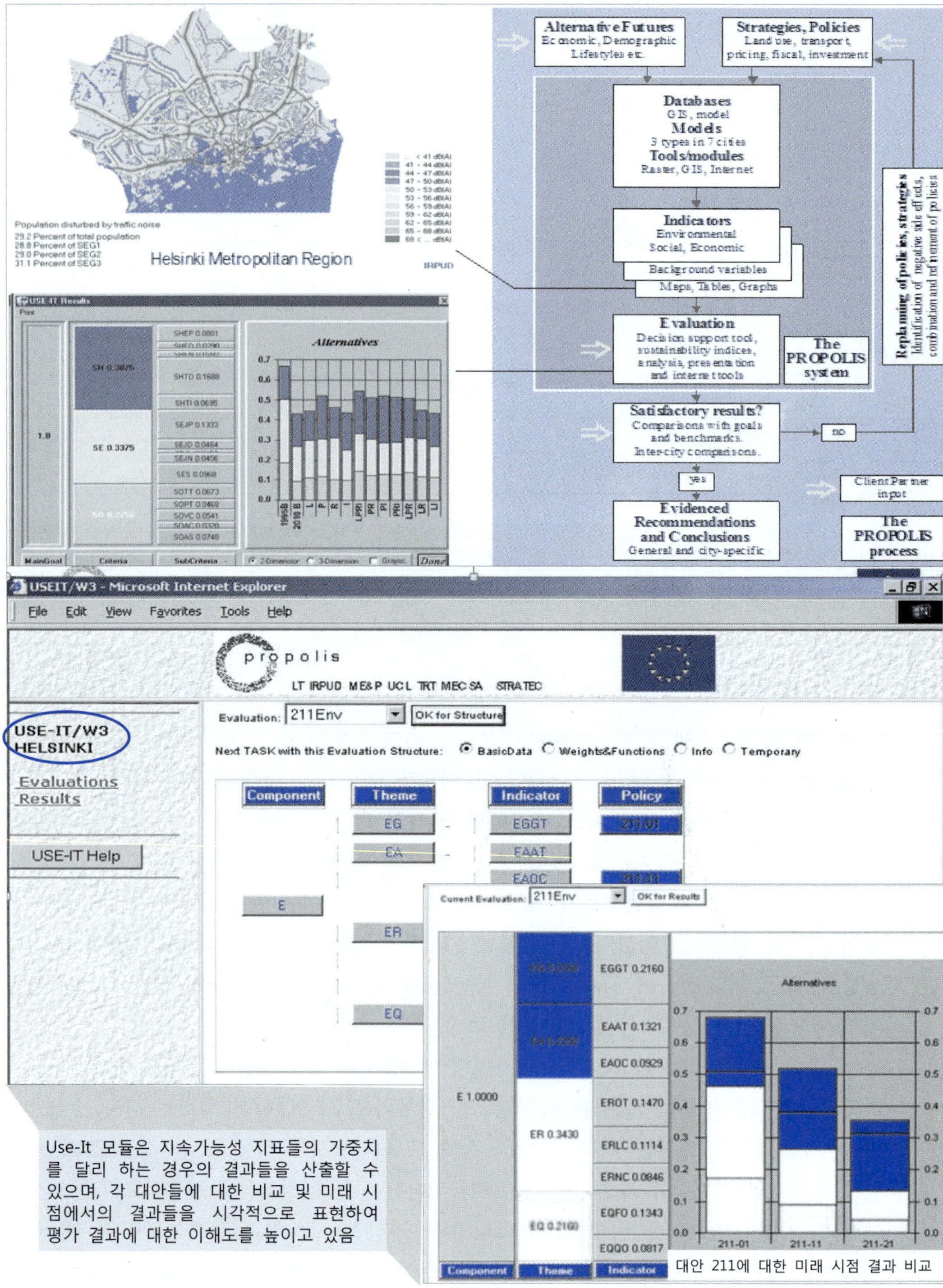

로 나타났다. 즉, 자동차 유지비용 인상과 대중교통 요금 인하 및 통행시간을 줄이는 정책을 병행하는 것이 가장 긍정적인 효과를 가져왔다. 특히 이들의 정책 효과는 시간이 지나면서 점점 누적적으로 긍정적인 효과를 보였다. 종합적으로 볼 때 7개 사례도시들의 경우 2021년 시점에서 CO_2 배출량은 15-20% 감축될 수 있으며, 8-17% 교통사고를 줄이고, 교통혼잡과 통행으로 인한 소음과 대기오염도 줄어드는 결과들을 보여주었다. 또한 도심으로의 접근성이 개선되었다. 뿐만 아니라 무엇보다도 주민 1인당 사회·경제적 편익이 1,000-3,000 유로(현재 시점의 순 화폐가치)가 되는 것으로 추정되었다. 이와 같은 결과들은 각 도시마다의 특성에 맞는 토지이용 정책과 가격 인상수준을 달리하는 경우 그 효과는 더욱 개선될 것으로 전망되었다.

그림 15-29 지속가능한 개발을 위해 투입된 정책들의 시뮬레이션 결과에 대한 도시별 비교

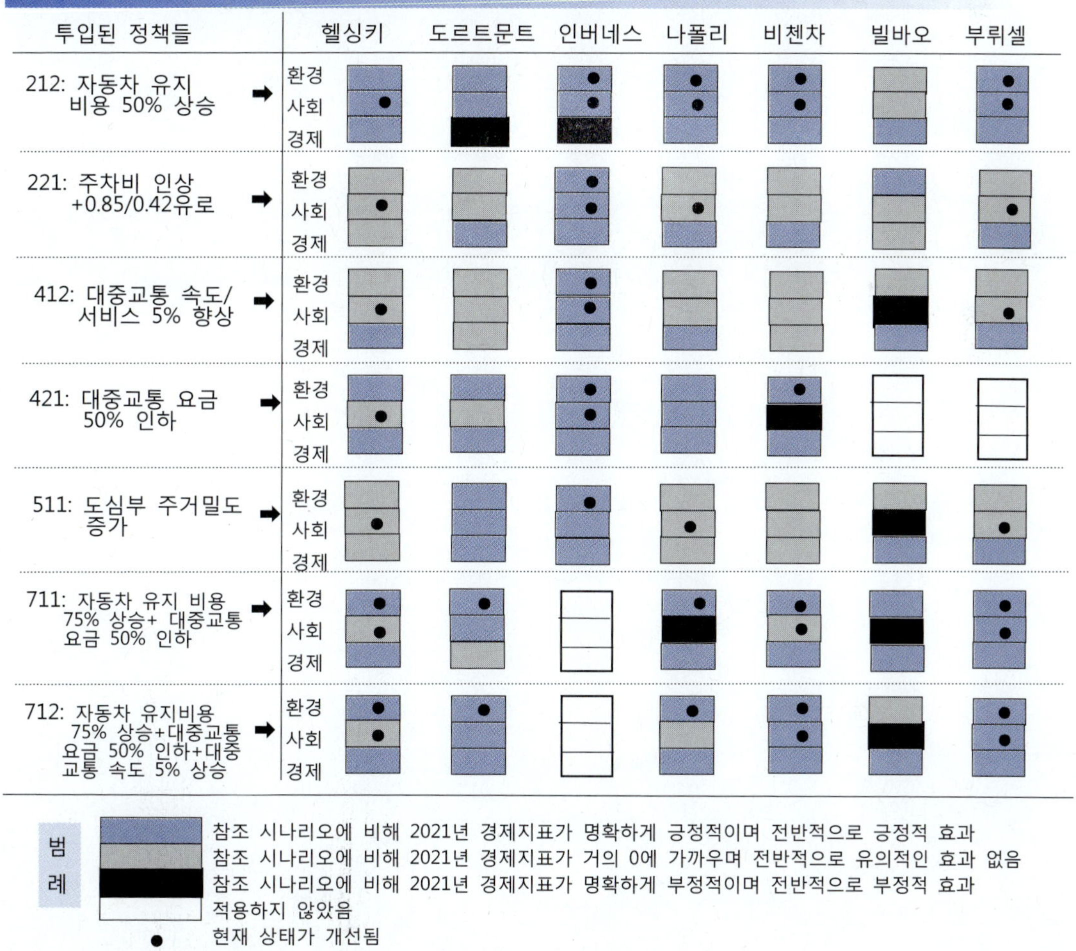

출처: PROPOLIS Final Report (2004), p. 266.
http://www.cipra.org/alpknowhow/publications/propolis/propolis

Geographic Information Systems

ArcGIS 10.0을 이용한 GIS 실습

실습 1 ArcGIS의 소개와 사용법

1. ArcGIS의 소개

ArcGIS 소프트웨어는 미국의 ESRI(Environmental Systems Research Institute) 사에서 개발한 GIS 소프트웨어로, 우리나라에서 가장 널리 활용되고 있는 데스크톱 소프트웨어이다. ArcView 프로그램으로부터 발전하여 현재는 ArcGIS 10.0 버전이 상용화되고 있다. ArcGIS Desktop은 ArcInfo, ArcEditor, ArcView, ArcGIS Extensions, ArcGIS Engine, ArcGIS Explorer, ArcReader라는 프로그램 군으로 이루어졌다. 여기서 다루게 될 프로그램은 ArcGIS Desktop 프로그램 군의 ArcInfo이다. ArcInfo는 고급 공간분석 기능, 대용량 데이터 관리, 지도제작 도구들이 제공된다.

ArcView , ArcEditor, ArcInfo는 ArcGIS의 성능상의 차이를 보여주는 것으로 ArcInfo가 가장 다양한 분석과 표현기능을 포함하고 있다. 이외에도 확장 프로그램으로 3차원 분석을 수행하는 3D Analyst , 래스터 기반의 공간 분석을 수행하는 Spatial Analyst, 네트워크 분석의 Network Analyst 등 십여 종의 확장프로그램이 있다.

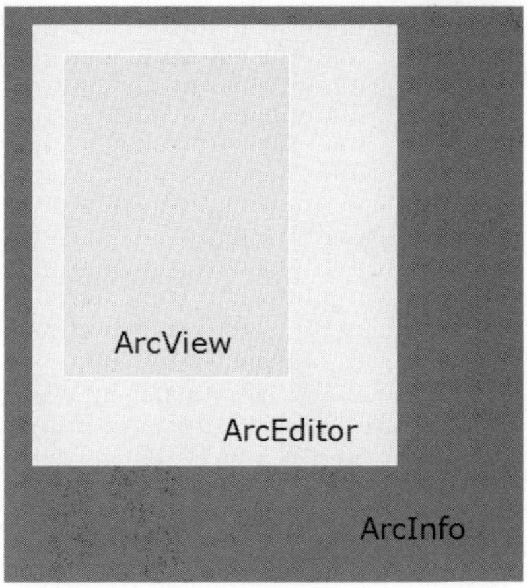

출처:Ormsby et. al, 2001

ArcInfo는 ArcMap, ArcCatalog, ArcGlobe, ArcScene의 상호 유기적인 프로그램으로 구성되어 있다.

[1] 지도첩(map document) 불러오기 및 저장

ArcMap은 지도를 생성하고 조작하는 기초 프로그램이다. 이를 통해 공간 데이터를 볼 수 있고 기호화 하고, 편집 및 분석을 하게 된다. 여기서는 ArcMap의 구동 및 사용법에 대하여 간략하게 살펴보자.

(1) ArcMap의 시작

❑ Windows의 작업 바에서 시작버튼을 누르고, ArcGIS, ArcMap 10을 클릭하여 ArcMap 프로그램을 구동한다.

❑ ArcMap 프로그램이 구동되면 아래와 같이 Getting Started window가 나타난다. 이때 기존 지도의 탐색기(browse)를 클릭한다.

(2) 기존의 지도첩 부르기

❑ 실습파일이 설치된 폴더 중 Chapter1 폴더로 이동한다.

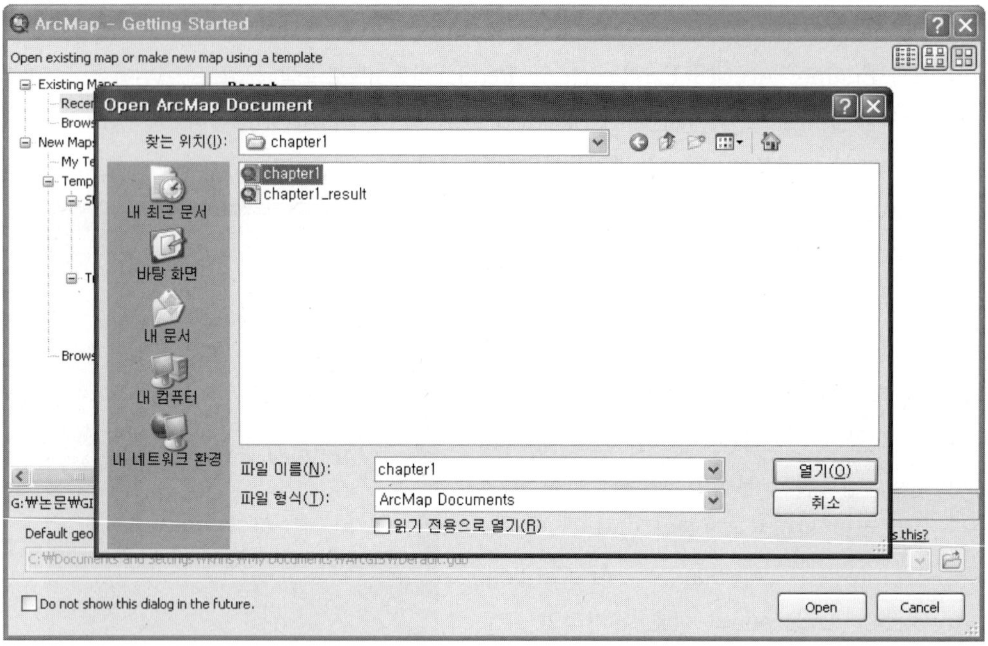

❑ chapter1.mxd를 클릭하고 Open 버튼을 클릭한다.

ArcMap에서 열리는 Chapter1.mxd 지도첩은 서울특별시의 시경계선, 서울시의 각 자치구, 한강, 서울의 동에 대한 공간 데이터를 갖고 있는 지도첩이다. 이중 서울시의 동 정보는 활성화되어 있지 않다. 여기서 말하는 *.mxd 파일이란 ArcMap document file로 지도 정보 및 표현 방식 등을 함께 저장하여 사용할 수 있는 일종의 지도첩이라고 할 수 있다. 즉, ArcGIS에서 사용하는 shp파일이나 gdb파일처럼 공간 데이터과 속성 데이터와 같이 직접적인 데이터를 갖는 것이 아니라 이를 조작하여 표현한 상태를 저장하는 파일이다. 다음 그림은 ArcMap의 구동 화면으로 앞으로 실습 과정에서 가장 많이 보게 될 화면이다. ArcMap은 지도표현 영역, 컨텐츠 목록(TOC), 메뉴 및 툴바, 카탈로그 및 검색창으로 구성된다.

- 지도표현 영역(Display): 공간 데이터를 표현해주는 창으로 이 창을 통해 주제도 작성, 편집, 공간 데이터 구축 등의 작업이 수행된다. ArcMap에서는 실세계의 형상들의 특성에 따라서 점·선·면으로 표현하며, 이들을 심벌을 사용하여 나타낸다.
- 컨텐츠 목록(TOC: table of contents): 지도표현 영역에 나타날 수 있는 GIS 데이터의 목록을 보여준다. TOC를 통해 속성 테이블 보기, 지도 작성, 레이블 작성 등의 작업을 수행한다. 공간 데이터들은 실세계의 형상들의 특징에 따라 점·선·면의 각각의 레이어(Layer)로 표현된다. 따라서 주어진 대상지역에서 나타나는 다양한 형상들은 여러 개의 레이어로 구축되며, 이 레이어들은 하나의 Map View로 표현된다. TOC창은 Map View에서 표현될 수 있는 레이어의 목록을 보여준다.
- 메뉴 및 툴바: ArcMap의 메뉴, 툴바로 구성된 GUI(graphic user interface)로, 자주 사용하는 기능들은 툴바를 추가하여 빠르게 사용할 수 있다.
- 카탈로그창(Catalog) 및 검색: ArcGIS Desktop 10.0 버전에서는 기존의 ArcCatalog 프로그램이 ArcMap 안에서 구동할 수 있게 구현되었다. Catalog 창을 통해 데이터의 생성, 편집, 복사, 메타데이터 관리 등의 GIS 파일 전반에 걸친 작업을 수행한다.

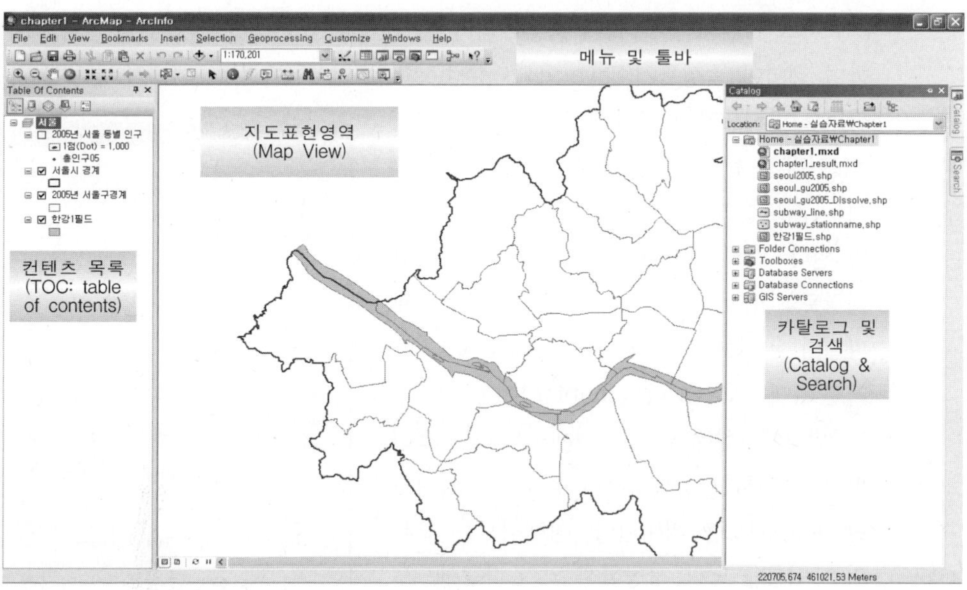

(3) 지도첩 저장

사용자가 생성한 지도첩이나 수정한 지도첩을 저장할 수 있다. 불러온 실습지도인 chapter1.mxd를 새로운 연습폴더(e.g. MyExercises)를 만든 뒤 저장한다.

- ❑ 메뉴에서 Save As 클릭
- ❑ 연습폴더로 이동한 뒤 chapter1-1.mxd 이름 변경
- ❑ '저장(S)' 클릭

(4) 상대경로로 지도첩 저장

지도첩으로 레이어를 추가할 때, ArcMap에서는 지도가 저장되는 경로를 지정한다. 따라서 지도첩을 열 때마다 ArcMap은 지도첩에 저장된 공간 데이터나 속성 데이터의 경로를 참조한다. 따라서 만약 사용자가 경로를 다르게 설정하거나 지정된 경로에 불러올 파일이 없다면 ArcMap은 지도를 표현하지 못한다. 이런 경우 레이어의 체크 박스 옆에 (!) 마크가 나타난다. 이때에는 에러가 발생한 레이어를 선택한 뒤 오른쪽 마우스를 클릭하여 레이어 속성보기(Layers Properties) 창 안에 Source 탭에서 경로를 수정해야 정상적으로 지도가 표현된다.

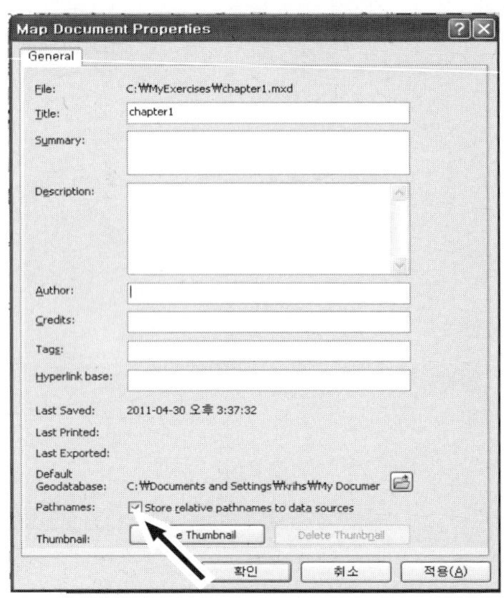

이러한 문제점을 미연에 방지하고자 할 때는 지도첩의 속성에서 옵션을 설정해 주면 된다. 컴퓨터 상에서 의미하는 경로는 절대경로와 상대경로가 있다. 절대경로란 실제 파일이 위치하는 곳의 모든 경로위치를 나타낸다(예:c:\실습파일\chapter1).

반면에 상대경로는 현재 지도첩(.mxd 파일)이 위치한 곳으로부터 상대적으로 위치한 파일 경로를 의미한다. 상대경로는 드라이브 이름을 담아 저장하지 않기 때문에, 지도가 위치한 곳의 드라이브나 폴더를 기준

으로 상대적인 위치를 찾아 파일을 불러온다. 만약 상대경로로 저장된 프로젝트가 새로운 드라이브나 저장장치로 이동되었다면 ArcMap은 상대경로를 통해 새로운 위치를 찾아 데이터를 불러올 것이다.

- ❑ 메뉴 File 중 Map Document Properties를 클릭
- ❑ Pathname의 Store relative pathnames to data sources의 체크박스 체크
- ❑ '확인' 버튼 누르기
- ❑ 지도첩 저장하기

[2] ArcGIS의 도구 메뉴를 이용한 지도 탐색

불러온 지도첩에서 도면 전체를 볼 수 있을 때의 상태를 전체 보기(full extent) 상태라고 한다. 이와 같은 상태에서 도구(tools)의 기능을 사용하여 줌인(zoom-in)하거나 줌아웃(zoom-out)하여 원하는 지역을 확대 또는 축소하여 볼 수 있다. 이 외에도 ArcMap의 도구 바(tool bar)에는 전체보기, 패닝(panning), 고정상태로 줌인 혹은 줌아웃, 이전 단계로 보기, 선택하기, 선택 취소하기, 정보확인하기, Html popup, 거리 및 면적 측정, 찾기, 경로찾기, xy좌표로 이동, 시간 슬라이드 창 열기, 새로운 뷰어 창 열기 등의 버튼이 있다.

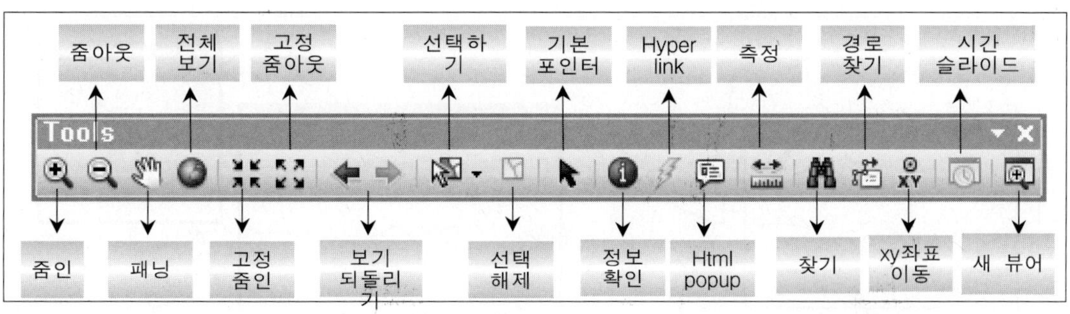

(1) 지도 확대 및 축소

- ❑ 도구 바의 줌인 버튼을 클릭한다.
- ❑ 확대하고자 하는 지역으로 커서를 이동하여 클릭한 뒤 클릭한 상태로 drag하여 박스를 만들어 원하는 확대 영역을 결정한다.
- ❑ 확대된 지도 상태에서 줌 아웃 버튼을 클릭한뒤 2)와 같은 방법으로 축소 영역을 결정한다.

- 고정 줌인 과 줌아웃 버튼 을 클릭한 뒤 화면 중심을 기준으로 지도가 확대되고 축소되는 것을 확인한다.
- 지도 영역을 확대나 축소 없이 이동 하고자 할 때는 패닝 버튼 을 사용하여 클릭 상태로 drag하여 지도를 이동시킨다.
- 지도를 원래의 최대 상태로 돌리기 위해서는 전체보기 버튼 을 클릭하면 된다. 또한 줌인, 줌아웃, 패닝 등 작업 이후 이전 상태로 돌아가려거나 이후 상태로 돌아가려면 이전, 이후 확장 보기 버튼 을 사용한다.

(2) 확대경(magnifier) 창 및 전체보기(overview) 창

확대경 창은 화면에 표현된 지도를 크게 하여 보여주는 기능을 수행하며 전체보기 창은 확대되어 표현된 지도의 전체 지도를 보여주어 현재 어느 위치를 탐색하고 있는지를 확인할 수 있는 기능을 제공한다.

- 메뉴의 windows 중 Magnifier를 클릭한다.
- 확대경 창을 마우스로 drag하여 확대하여 보고자 하는 위치로 이동한다.
- 확대경 창의 drop 메뉴의 배율을 사용하여 원하는 크기로 확대하여 사용한다.
- 메뉴의 Overview를 클릭하여 현재 지도의 원본 모양을 확인할 수 있다.

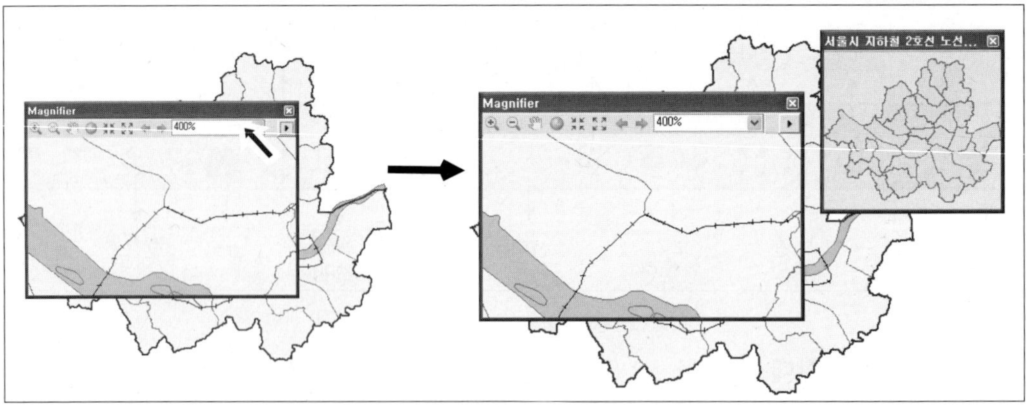

(3) 거리 및 면적 측정

지도는 좌표계를 갖고 있기 때문에 마우스 커서를 사용하여 거리나 면적을 측정할 수 있다. 거리를 측정하여 보자.

- ❑ 이전의 확대경 및 전체보기 창을 닫은 뒤 전체보기 버튼을 클릭한다.
- ❑ 도구 바에서 거리 측정 버튼을 클릭한다.
  (거리 측정 버튼을 선택하면 측정 창이 활성화된다. 측정단위는 지도첩에서 설정된 단위로 설정되나 옵션 변경을 통해 원하는 단위로 변경할 수 있다.)

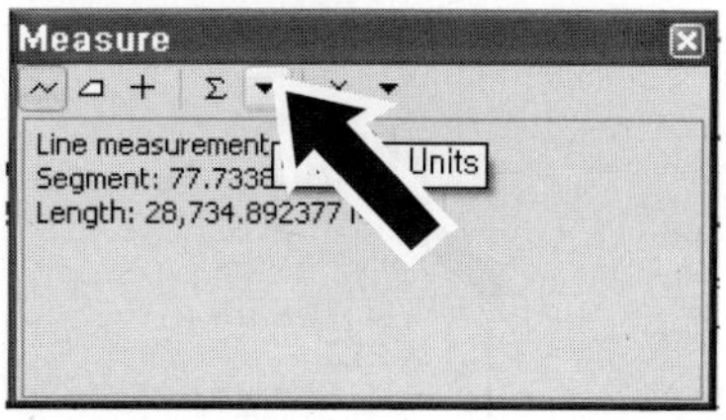

- ❑ 측정 창에서 역삼각형 모형의 단위 선택버튼 ▼을 클릭한 뒤 distance에서 kilometer로 변경한다.
- ❑ 거리 측정 커서를 사용하여 원하는 지점간의 거리를 산출해 본다.
- ❑ 도구 바의 면적 측정 버튼 을 선택한 뒤 마우스를 사용하여 원하는 지역의 도형을 만든 뒤 산출된 면적을 확인해 본다.
- ❑ 피쳐 측정(measure a feature) 버튼 +은 선택된 피쳐(공간 도형)의 측정 정보를 나타낸다. 버튼을 선택한 뒤 지하철 노선을 선택하면 지하철 노선 전체에 대한 정보가 나타난다.
- ❑ 총합 보기(show total on/off) 버튼 Σ은 측정 도구를 사용하여 측정한 거리나 면적의 누적 총합을 보여주는 기능을 수행한다.
- ❑ Measure 창을 닫고 도구 바의 Select Element 버튼을 눌러 측정 기능을 종료한다.

2. ArcGIS의 기초적 사용법

[1] 공간 데이터 부르기 및 활성화

레이어는 공간 데이터를 표현한 것으로 기본적으로 벡터 데이터와 래스터 데이터로 구분되어 표현된다. 따라서 지도 레이어는 점·선·면의 쉐이프(shape) 파일, 지오데이터베이스(geodatabase), 레스터 데이터 등으로 구축된다.

ArcMap은 chapter1.mxd 같은 지도첩(map document)으로부터 지도 레이어를 보여준다. 하지만 지도첩은 지도 레이어의 복사본을 담고 있지는 못한다. 지도첩은 레이어의 저장된 경로 및 디스플레이 등록정보를 저장한다. 지도 레이어 파일은 지도첩의 외부, 즉, 컴퓨터 저장 매체(Hard, USB, DVD 등)의 어느 곳에든 저장될 수 있다.

(1) 레이어 활성화/비활성화(켜고 끄기)

□ 컨텐츠 목록(TOC)에서 '2005년 서울 동별 인구'라는 레이어의 작은 체크박스 클릭하여 레이어를 활성화시키고, 다시 클릭하여 레이어를 비활성화시킨다.

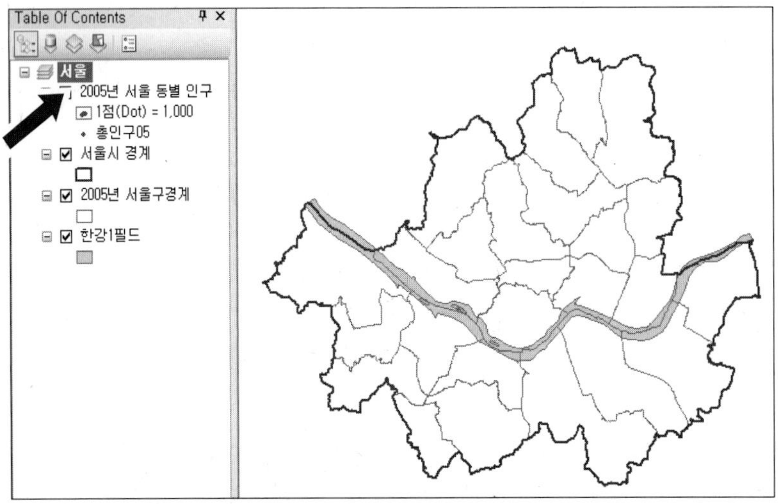

(2) 지도 레이어 추가하기 및 제거하기

컨텐츠 목록에 지도 레이어를 추가하거나 현재 있는 지도 레이어를 제거시킬 수 있다. 이때 제거된 레이어는 컨텐츠 목록(TOC)에서만 지워진 것으로 물리적 저장소에 있는 파일은 전혀 영향을 받지 않는다.

□ 툴바의 GUI 중 Add Data 버튼 을 클릭한다.

□ Add Data 탐색기가 활성화되면 폴더 연결하기 버튼( )을 클릭한다.

□ 실습파일이 저장된 폴더 경로로 이동하고 확인버튼을 누른다.

(이 작업 후에는 지도 레이어나 데이터 테이블을 검색, 저장할 때 연결한 폴더로 곧바로 이동 할 수 있게 된다).

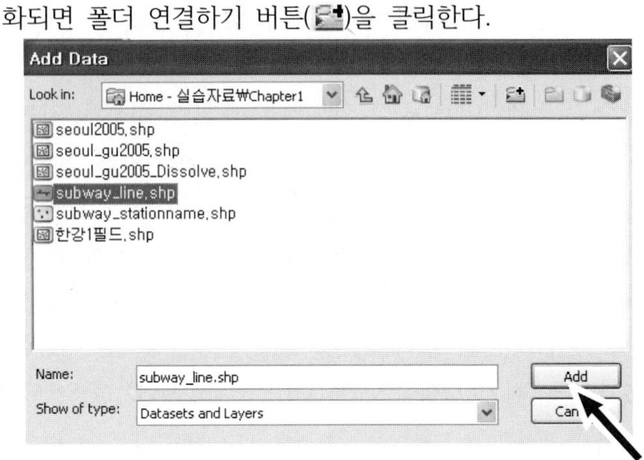

❑Add Data 창에서 subway_ line.shp을 선택한 뒤 add 버튼을 누른다.
(ArcMap은 임의로 색을 선택하여 서울시 2호선 지하철 경로를 보여준다).

(3) 카탈로그(catalog)를 이용한 레이어 추가 및 제거

카탈로그 창에서는 다양한 ArcCatalog의 기능을 사용하여 GIS 데이터를 관리, 탐색할 수 있다. 카탈로그 창에서는 데이터를 drag & drop 기능을 사용하여 데이터를 ArcMap의 컨텐츠 목록 안으로 추가할 수 있다.

❑ ArcMap 프로그램의 우측 Catalog 탭을 클릭한다.
❑ 카탈로그 창을 통해 subway_line.shp을 선택한 뒤 TOC(Table of Contents)나 Display영역으로 Drag & Drop한다.
❑ 만약 카탈로그 창을 고정시키고 싶다면 Auto Hide button 을 클릭한다. 반대로 자동 숨김 기능을 활성화 시키고자 한다면 Auto Hide button을 다시 클릭하여 상태로 만든다.

(Auto Hide button은 TOC에서도 동일한 기능으로 작동하는 것으로 TOC창도 자동 숨김 기능을 활성화하거나 끌 수 있다.)

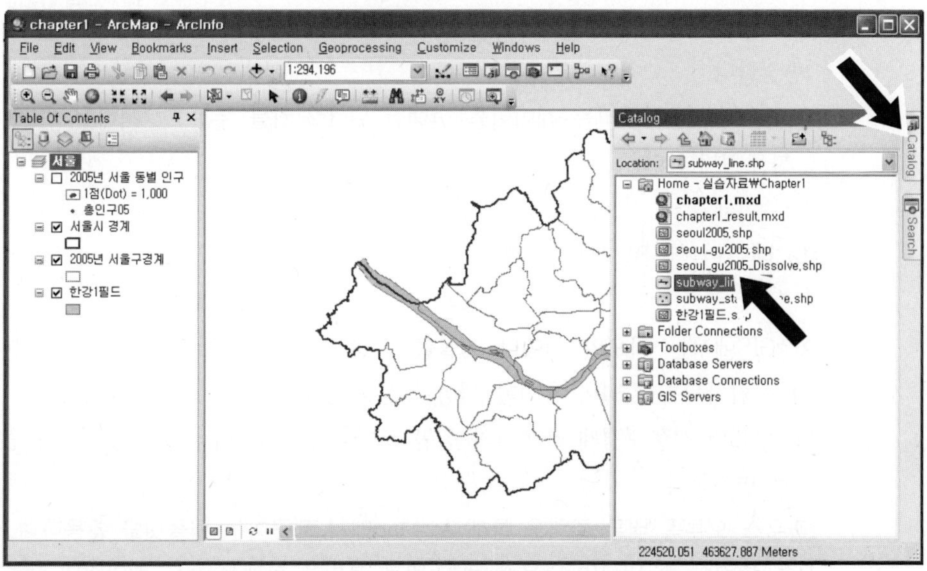

(4) 데이터 프레임 이름 및 레이어 이름 변경

데이터 프레임은 레이어의 컨테이너 역할을 한다고 볼 수 있다. 새로운 맵을 생성할 경우, TOC 상단에 기본적으로 설정된 '레이어'라고 지명된 데이터 프레임이 자동적으로 추가된다. 그리고 데이터 프레임의 내용을 나중에 변경할 수 있다. 옆의 그림처럼 '서울' 혹은 사용자가 원하는 명칭으로 변경이 가능하다. 레이어의 경우와 마찬가지고 일반 사용자는 데이터 프레임의 특성을 유지, 관리하는 것이 가능하다. 맵은 데이터 프레임, 레이어 및 그 외의 각종 맵 요소(그래픽 및 텍스트)를 저장하는 문서이며, 여러 데이터 프레임을 포함 할 수 있다. 예를 들어 전체지역을 나타내는 레이어와 특정지역을 나타내는 레이어를 각기 다른 데이터 프레임으로 사용하여 표현하는 것이 가능하다.

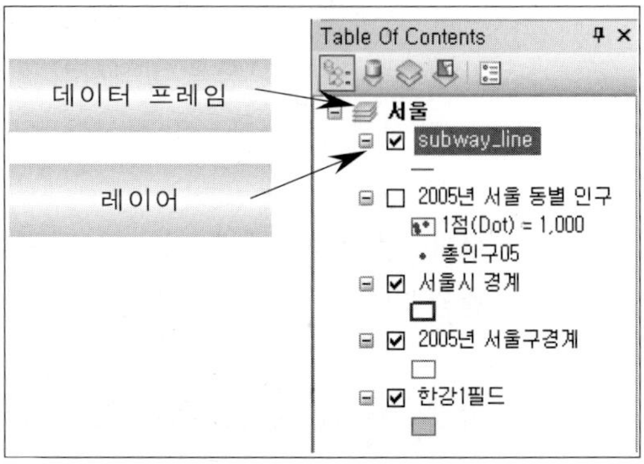

- ❑ 데이터 프레임 명을 클릭한 뒤 F2키를 누르면 변경이 가능하도록 활성화 된다. 혹은 프레임 명을 클릭한 뒤 다시 한번 클릭하면 명칭이 변경 가능하도록 활성화 시킨다.
- ❑ 데이터 프레임 이름을 "서울"에서 "서울시 지하철 2호선 노선도"라고 변경한다.
- ❑ subway_line이라는 레이어를 선택한 뒤 F2 키를 누르고 "지하철 2호선"이라고 명칭을 변경한다.

(5) 레이어 색 및 심볼 변경

ArcGIS에서는 지도의 색이나 심볼을 손쉽게 변경할 수 있다. 따라서 사용자의 표현 목적에 적합하도록 식별이 용이한 색상과 심볼을 선택하는 것이 중요하다.

- ❑ 2005년 서울구경계 레이어의 심볼 모양을 오른쪽 마우스를 클릭하여 원하는 색으로 변경한다.

(마우스 오른쪽 버튼 클릭을 통해 ArcMap에서 제공하는 템플릿을 활용하여 심볼이나 색을 변경할 수 있으며 마우스 왼쪽 버튼 클릭을 통해서 지도 레이어의 색을 변경할 수 있다.)

- ❑ 지하철 2호선 레이어의 라인 심볼을 왼쪽 마우스를 클릭하여 ArcMap에서 제공되

는 심벌 템블릿 중 'railroad'를 선택한 후 '확인'버튼을 누른다.

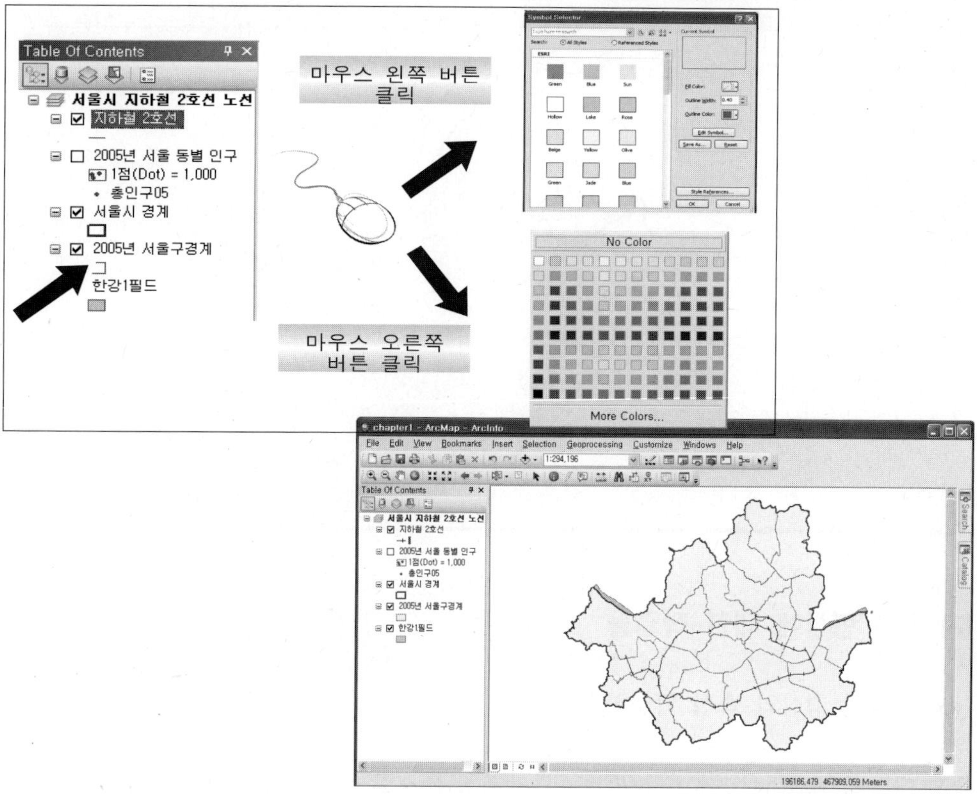

(6) 레이어의 디스플레이 순서 변경

TOC 창의 List By Drawing Order 버튼을 통해 디스플레이 영역에 표현되는 레이어의 순서를 변경할 수 있다. 그러나 List By Source, List By Visibility, List By Selection이 활성화 된 상태에서는 레이어의 순서를 변경할 수 없다.

❑ TOC 창에서 List By Drawing Order 버튼이 선택되었는지를 확인한다.

❑ 한강1필드 레이어를 선택한 뒤 마우스로 Drag해서 2005년 서울구경계 보다 상위로 갈 수 있도록 Drop한다.

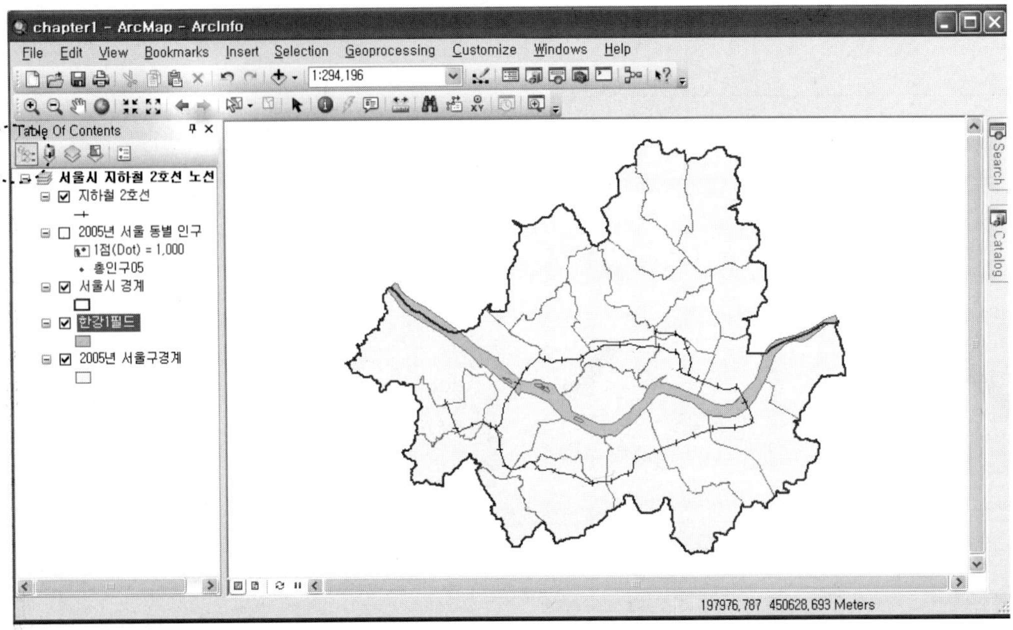

[2] 공간 형상에 대한 작업들

(1) 공간 형상의 속성 확인하기

GIS에서 사용하는 커버리지로 표현된 형상은 속성 데이터와 연결되어 있다. 따라서 공간을 탐색하고자 할 때 속성 정보 검색을 통해서 작업을 효과적으로 수행할 수 있다.

- ❑ TOC에서 '2005년 서울 동별 인구' 레이어의 체크박스를 활성화 시킨다.
- ❑ 도구 바에서 정보확인(Identify) 버튼 을 선택한 뒤 커서가 바뀌면 원하는 지역을 클릭한다.
- ❑ 클릭하고 나면 정보확인 창이 활성화 된다. 정보확인 창 중 Identify from: 이라는 drop-down 메뉴에서 2005년 서울 동별 인구를 선택한다.
- ❑ 다시 지도 창에서 자신이 원하는 지역을 정보확인 커서로 클릭한다. 녹색으로 선택된 '동'이 선택되며 정보확인 창에 선택된 '동'의 정보가 나타났는지를 확인한다.

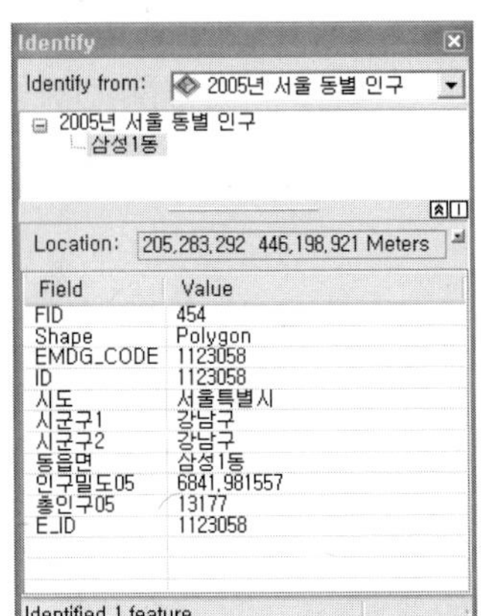

- ❑ 만약 여러개의 피쳐에 대한 정보를 확인 하고 싶

다면 shift 키를 누른 상태에서 정보확인 커서를 사용하여 클릭하면 된다.

(2) 공간 형상(feature)을 속성으로 찾기

찾기 도구를 사용하여 레이어 안의 피쳐의 위치나 피쳐의 속성값을 확인할 수 있다. 찾기 도구 결과에서는 선택, 깜박거리기, 확대하기, 북마크 등록, 정보 확인하기, 선택 해제 등의 작업을 수행할 수 있다.

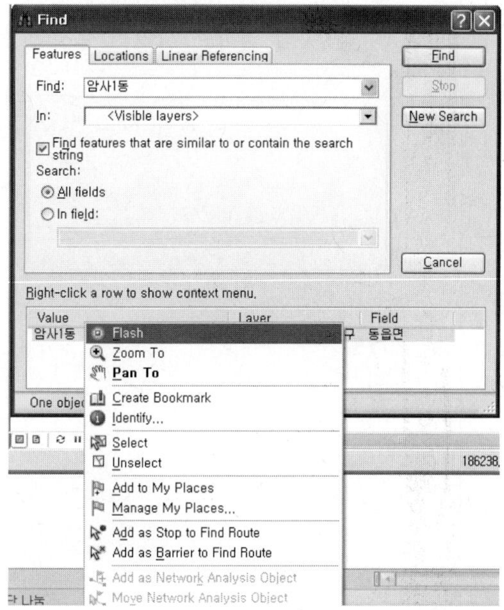

- ❑ 도구 바에서 찾기 버튼 을 클릭한다.
- ❑ 피쳐 탭(features tab)을 선택하고 Find:에서 '암사1동'을 입력한 뒤 Find 버튼을 누른다.
- ❑ 결과창이 나타나면 마우스 오른쪽 버튼 클릭을 통해 context menu를 활성화하고 나타나는 기능을 확인한다.

(3) 피쳐 선택 및 선택 활성화 색 변경

지도 레이어 중에서 자신이 원하는 지역(피쳐)을 골라내어 정보를 확인하거나 새로운 레이어로 저장할 필요가 있는 경우 여러 방법들 가운데 직접 선택을 통해 원하는 지역의 정보를 확인하거나 색을 바꾸어 보도록 해보자.

- ❑ 도구 바에서 전체보기 버튼 을 클릭하여 최대 확장상태로 지도 창을 만든다.
- ❑ '2005년 서울구경계' 레이어만 활성화시키고 나머지 레이어들은 체크 박스를 해제하여 지도창에서 표현되지 않도록 한다.

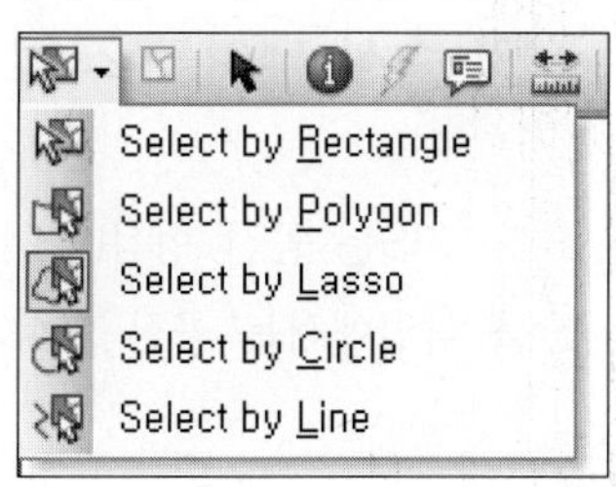

- ❑ 도구 바 중에서 선택하기 버튼 을 클릭한다. (선택하기 버튼 옆에 역삼각형 버튼을 누르면 여

러 가지 옵션이 나타난다. 여기서는 가장 기본이 되는 Select by Rectangle 메뉴를 클릭한다.)

- ❑ '강남구' 피쳐의 안쪽을 선택 커서로 클릭한다.

(이와 같은 작업을 수행하면 선택한 피쳐의 외각부분이 밝은 푸른색으로 표시된다.)

- ❑ 만약 여러 지역을 동시에 선택하고 싶다면 shift나 ctrl 키를 누른 채로 선택 커서를 통해 원하는 지역을 동시에 선택한다.

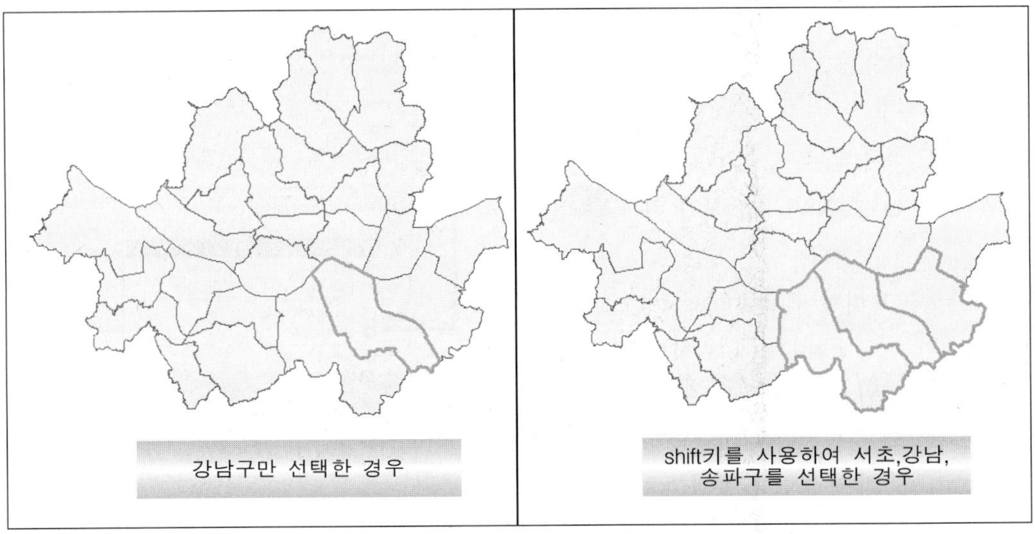

- ❑ 선택시 활성화되는 색을 변경하고 싶다면 메뉴의 Selection 중 Selection Option 메뉴를 클릭한 뒤 Selection Tools Settings에서 색을 변경한다.

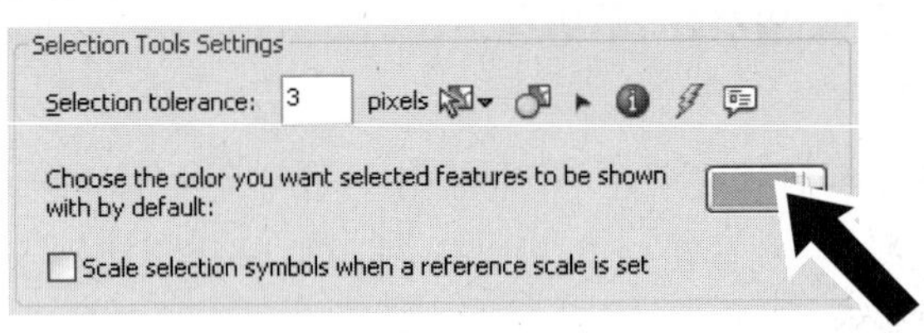

- ❑ 선택을 해제하고 싶다면 도구 바에서 선택 해제 버튼 을 누른다.

[3] 속성 테이블 작업

GIS는 공간 형상(피쳐)의 특징을 나타내주는 속성 데이터로 이루어져 있다. 속성 테이블 작업에서는 공간 형상과 연관된 속성 데이터를 확인하고 간단한 통계작업을 수행한다.

(1) 속성 테이블 열기 및 레코드 선택

속성 테이블을 열어 레이어의 속성을 살펴보고 레코드를 선택하여 공간과 속성이 어떻게 연결되어 있는지를 확인한다.

- ❑ TOC를 List By Drawing Order 상태로 하고 '2005년 서울 동별 인구' 레이어를 마우스 오른쪽 버튼으로 클릭한다.
- ❑ context 메뉴 중 Open Attribute Table 메뉴를 선택하여 누른다.

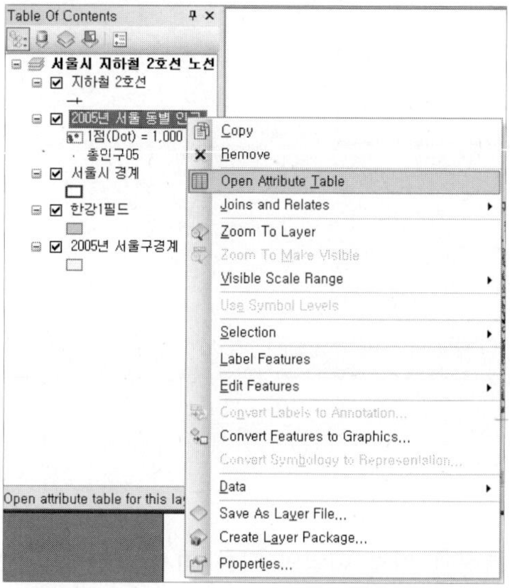

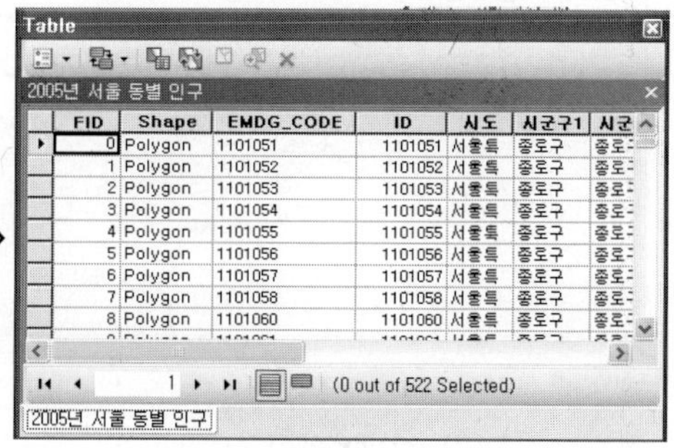

- ❑ Table 보기 창이 활성화되면 스크롤을 이용하여 어떠한 정보들이 담겨 있는지를 확인해 본다.
- ❑ 속성 테이블의 정보를 살펴보고 FID '0'번 청운동의 가장 왼쪽에 있는 회색 열을 클릭한다.

(선택된 청운동 레코드가 지도상에서 동시에 선택된 것을 확인할 수 있다. 또한 1개의 레코드가 선택되었으므로 전체 522개 동 가운데 1개가 선택되었다고 표시(1 out of 522 Selected)되는 것을 확인할 수 있다).

- ❑ 속성 테이블 정보의 하단에 있는 선택된 레코드만 보기(show selected records) 버튼 을 눌러 선택된 레코드만 보여지는가를 확인한다.
- ❑ 여러 레코드를 선택하고 싶다면 마우스로 제일 왼쪽 회색 열을 drag하거나 shift 키를 누른 채로 부분적으로 클릭하여 레코드를 선택할 수 있다.
- ❑ 선택된 레코드의 가장 왼쪽 회색 열에서 마우스 오른쪽 버튼을 클릭하면 선택된 피쳐 깜박거리기, 선택된 피쳐로 줌인하기, 이동하기, 정보확인 등의 기능을 수행

할 수 있다.

❑ 선택을 해제하기 위해 도구 바에서 선택 해제 버튼 을 누른다.

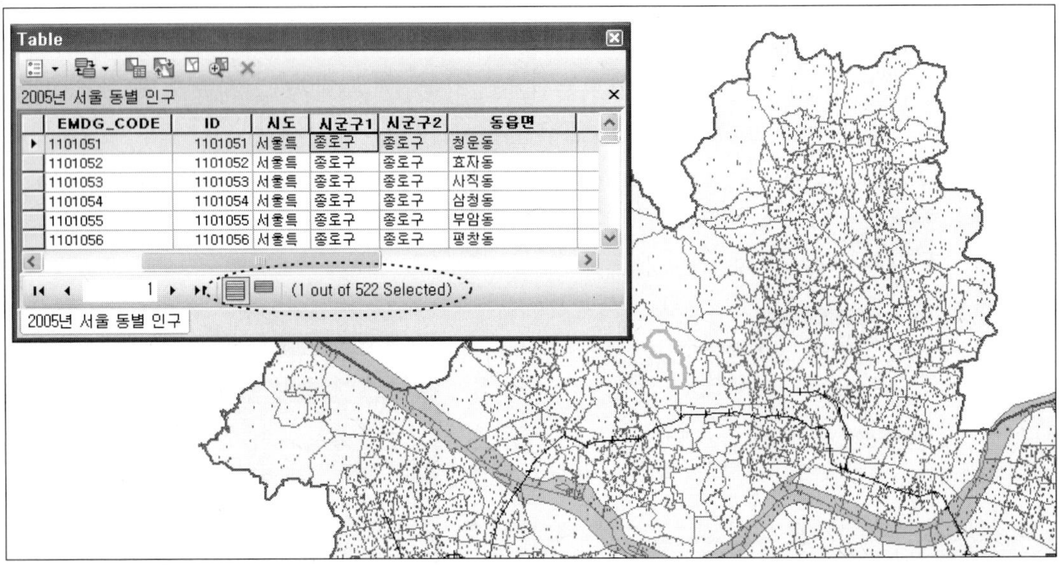

(2) 선택 전환 기능

선택 전환은 하나의 레이어에서 특정한 피쳐 이외의 다른 피쳐를 선택할 경우 유용하게 사용할 수 있는 기능이다. 예를 들어 강남 3구(강남, 서초, 송파) 이외의 자치구를 선택하려면 다음과 같은 절차를 수행한다.

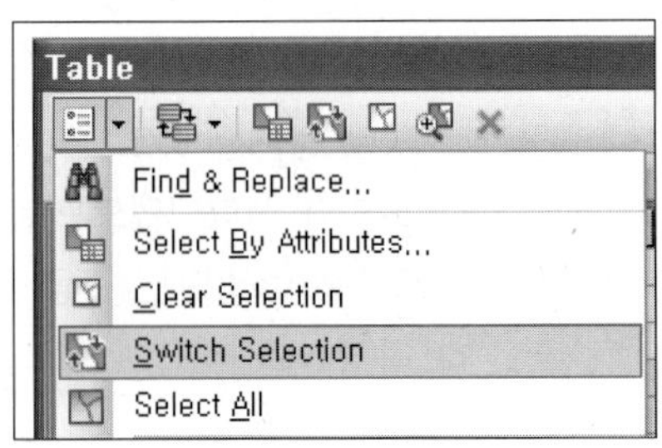

❑ TOC에서 '2005년 서울 구경계' 레이어에서 마우스 오른쪽 버튼을 클릭하여 속성 테이블 보기 창을 활성화 시킨다.

❑ 강남구, 서초구, 송파구를 마우스를 사용하여 선택한 후 속성 테이블 창의 테이블 옵션 버튼 을 클릭한 뒤 Switch Selection 메뉴를 선택한다.

❑ 선택 지역이 변환된 것을 확인 한 뒤 도구 바에서 선택 해제 버튼 을 누르거나 테이블 옵션의 Clear Selection 메뉴를 선택한다.

(3) 속성 테이블의 필드 이동 및 정렬

속성 테이블의 각 필드는 원하는 위치로 이동이 가능하며 기록된 데이터에 따라 오름차순 정렬, 내림차순 정렬 등의 기능을 수행할 수 있다.

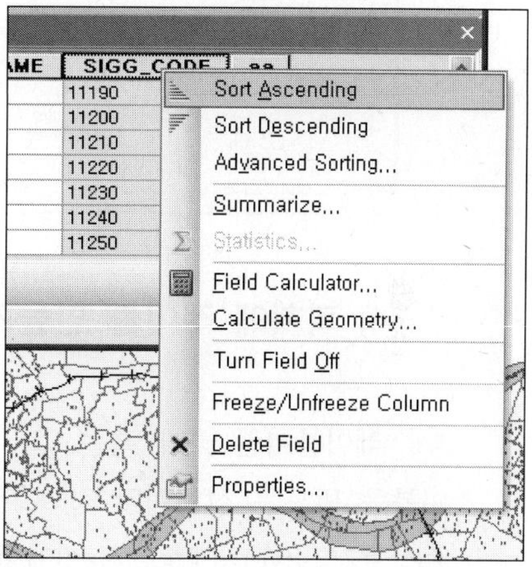

- ❏ '2005년 서울 구경계' 속성 테이블 보기 상태에서 'SIGG_NAME'라는 필드를 선택한 뒤 'SIGG_CODE' 필드 앞으로 drag & drop하여 이동한다.
- ❏ 'SIGG_CODE' 필드에서 마우스 오른쪽 버튼으로 클릭하여 나타나는 context 메뉴에서 오름차순 정렬(Sort Ascending) 혹은 내림차순 정렬(Sort Descending) 메뉴를 선택하여 정렬해본다.

(Advanced Sorting 기능은 여러 조건을 동시에 사용하여 정렬할 수 있는 기능을 제공한다.)

(4) 필드값을 이용한 통계정보 얻기

속성 테이블의 정보를 사용하여 간단한 빈도, 최대, 최소, 총합, 평균, 표준편차, 빈도분포 그래프 같은 정보를 산출할 수 있다.

- ❏ '2005년 구 경계' 테이블을 닫고 '2005년 서울 동별 인구' 레이어의 속성 테이블 보기를 수행한다.
- ❏ 스크롤 바를 이용하여 총인구05 필드로 이동한 뒤 필드명에서 마우스 오른쪽 버튼으로 클릭하여 Statistics 메뉴를 선택한다.

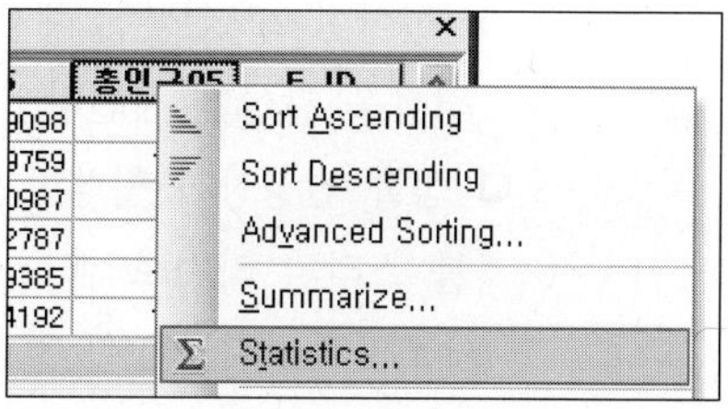

- ❏ 그림과 같이 총인구05 필드의 기초 통계량이 제공되는 것을 확인한다.
- ❏ Field의 drop-down 메뉴에서 필드를 변경하면 변경된 필드의 기초통계값이 산출된다.
- ❏ 모든 작업이 끝났으면 속성 테이블 보기 창 및 통계정보 창을 닫는다.

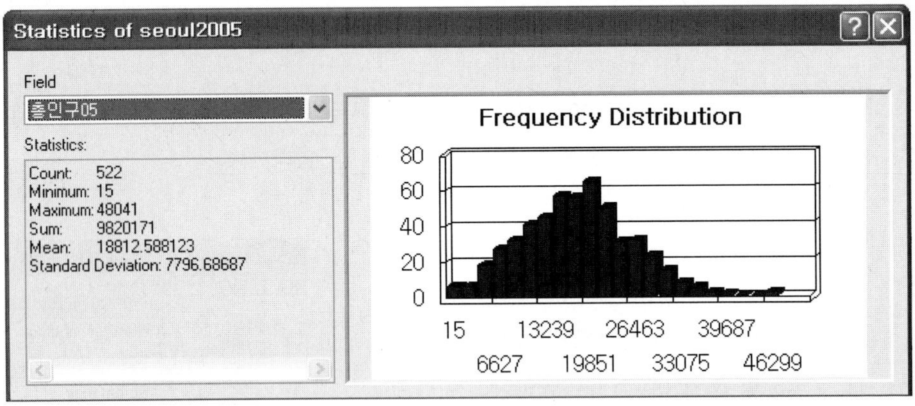

[4] 피쳐에 레이블 만들기

레이블이란 하나 혹은 그 이상의 피쳐 속성값을 이용하여 피쳐를 동적인 형태로 레이블을 만드는 작업이다. TOC에서 레이어를 마우스 오른쪽 버튼으로 클릭한 후 레이어 속성보기(Layer Properties)에서 레이블의 포맷 및 위치를 조절하는 것이 가능하다. 이렇게 만들어진 레이블은 Annotation으로 변환이 가능하다. Annotation이란 새로운 피쳐 클래스로 생성되는 것으로 생성된 Annotation을 따로 저장하여 현재 위치에 고정시켜 다양한 형식으로 표시할 수 있다.

(1) 포인트 피쳐의 레이블 만들기

- ❑ Add Data 버튼 을 클릭하여 포인트 만들어진 subway_stationname.shp 추가한다(혹은 카탈로그 창을 이용하여 drag & drop).
- ❑ 추가된 subway_stationname 레이어의 명칭을 TOC에서 선택한 뒤 F2 키를 눌러 명칭을 '지하철 2호선 역'으로 변경한다.
- ❑ '지하철 2호선 역' 레이어의 포인트 심볼을 마우스 왼쪽 버튼을 클릭하여 심볼 변경창을 활성화 시킨다.
- ❑ 심볼 변경창이 활성화 되면 Style References 버튼을 클릭한 뒤 Civic이라는 심볼 스타일 라이브러리를 선택한 뒤 OK버튼을 누른다.

  (ArcGIS에서는 다양한 2D, 3D 템플릿 심볼을 제공한다. 사용자의 목적에 맞는 기호나 심볼을 사용할 수 있고 외부에서 만든 심볼이나 ArcGIS에서 조합한 심볼을 추가하여 사용할 수도 있다).
- ❑ Civic 스타일이 추가되었으면 Train Station이라는 아이콘을 찾아 선택한 뒤 Size

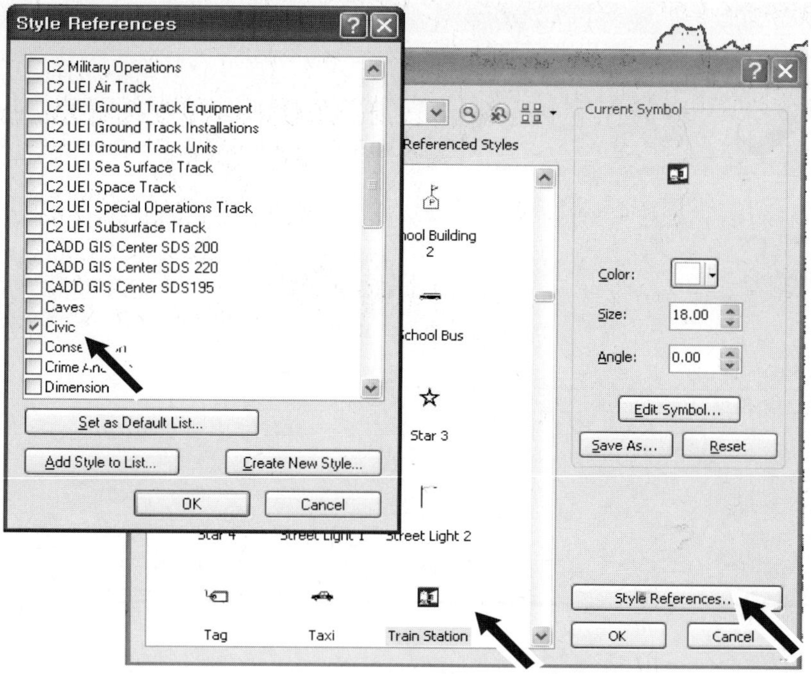

를 10으로 변경하고 OK버튼을 누른다.

- ❑ '지하철 2호선 역' 레이어의 심볼이 Train Station 심볼로 변경되어 나타났음을 확인한다. 이제 TOC에서 '지하철 2호선 역' 레이어를 마우스 오른쪽 버튼으로 클릭한 후 나타나는 context 메뉴 중  Properties 메뉴를 클릭한다.
- ❑ 여러 개의 Tab 중에 Label이라고된 Tab을 선택한다. Text String의 Label Field는 Name을 선택하고 Label features in this layer 체크 박스를 설정한 뒤 확인 버튼을 누른다.

Text String은 표시될 레이블의 명칭을 속성 필드로부터 가져오는 것을 말한다. Label Field는 지도상에 레이블로 나타날 레이어의 속성 데이터 필드명으로 NAME이라는 필드에는 지하철 역명이 담겨 있다. Text Symbol을 통해 문자 형식을 변경하는 것이 가능하며 Other Option을 통해 레이블의 위치 및 위계를 설정할 수 있다. 또한 레이블 스타일 통해 미리 정의되어 제공되는 형식을 사용할 수도 있다.

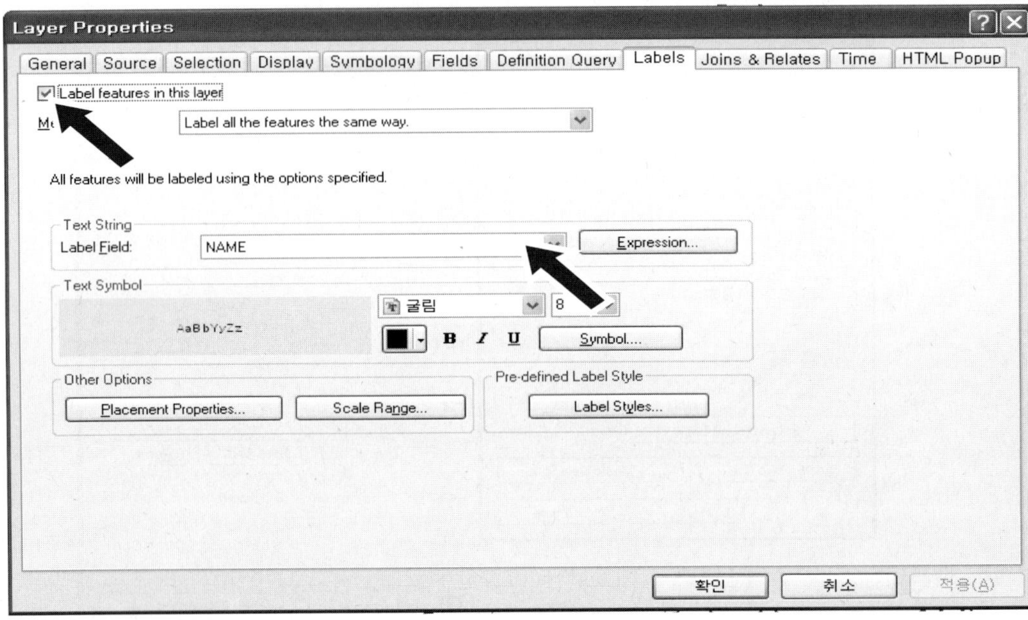

(2) 라인 피쳐의 레이블 만들기

포인트 피쳐와 같이 불연속적인 공간에 레이블을 만드는 것 외에도 라인이나 폴리곤에도 레이블을 만들 수 있다. 여기서는 라인 자료에 레이블을 만들어보자.

- ❑ 지하철 2호선 Line 레이어에서 마우스 오른쪽 버튼을 클릭하여 나타나는 메뉴 속성 정보창(Layer Properties)을 활성화 시키고 Label Tab으로 이동한다.
- ❑ Text String의 Label Field는 Name을 선택하고 Label features in this layer 체크 박스를 설정한다.
- ❑ Text Symbol에서 Symbol 버튼을 클릭한다. Symbol Selector 창이 활성화되면 Color와 글자 크기를 변경한 뒤 오른쪽 중간 부분의 Edit Symbol 버튼을 클릭한다. Eidtor 창이 활성화 되면 Mask 탭으로 이동하여 Halo 라디오 버튼을 선택한 뒤 OK 버튼을 눌러 Layer Properties 창으로 돌아온다.

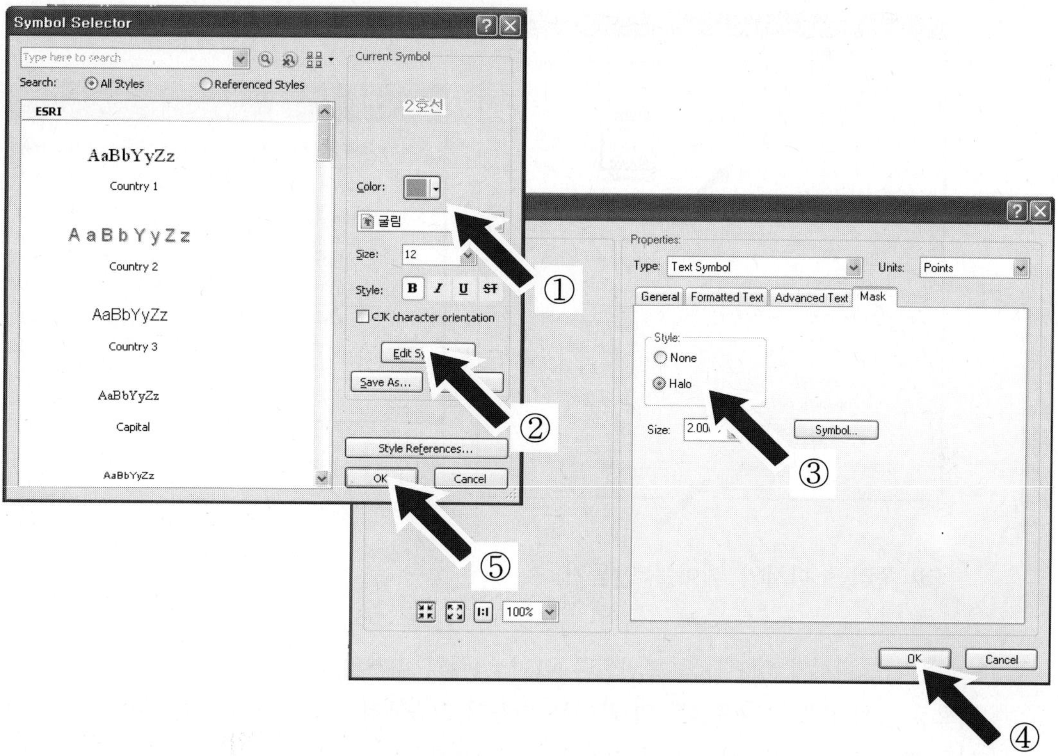

❑Other Option에서 Placement Properties 버튼을 누른다. Placement Properties 창이 활성화되면 Position에서 'On the line' 체크 박스를 체크하고 확인 버튼을 누른다.

(Placement Properties는 레이블의 위치 및 중복성 배제, 레이블 중첩으로 인한 충돌시의 우선 순위 설정 등을 선택할 수 있는 기능을 수행한다).

❑ Other Option에서 Scale Range 버튼을 누르고 다음과 같이 설정한 뒤 확인 버튼을 누른다.

(Out beyond 옵션은 축척이 1:24,000보다 크지 않을 경우 현재 설정한 레이블을 보이지 않도록 하는 옵션이다. In beyond는 반대의 경우를 의미한다. 만약 이와 같은 기능을 사용하고 싶지 않다면 기본값으로 주어지는 Use the same scale range as feature layer라는 옵션을 사용하면 된다.)

❑ 도구 바의 전체 보기 버튼을 눌러서 현재 설정한 지하철 2호선 라인 레이어의 레이블이 보이는지, 보이지 않는지를 확인한다.

❑ 도구 바의 확대 보기 버튼을 통해 축척이 1:24,000 보다 클 경우 지하철 2호선 라인의 레이블이 보이는지를 확인한다.

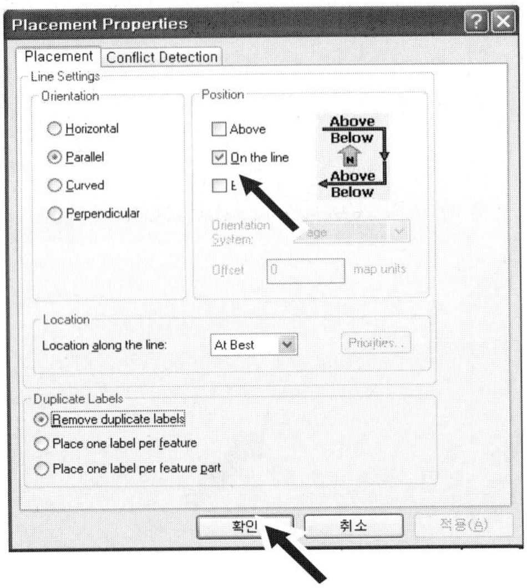

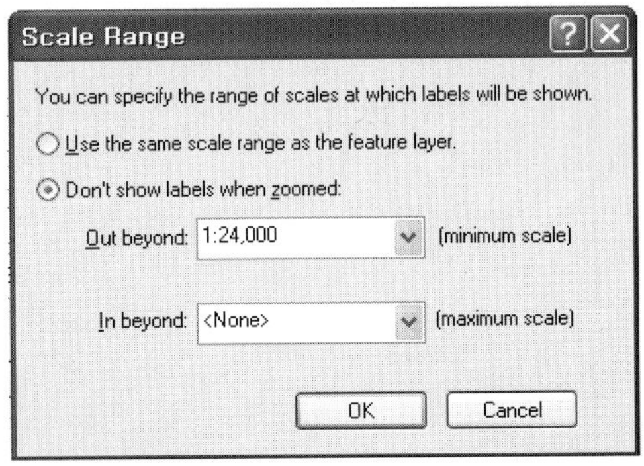

(3) 폴리곤 피쳐의 레이블 만들기

폴리곤 피쳐의 레이블도 포인트나 라인 형태의 피쳐의 레이블을 생성하는 것과 기본적으로 동일하다. 폴리곤 피쳐의 레이블 만들기 실습에서는 좀 더 다양한 레이블 표현 방식을 제공할 수 있는 고급 표현 기능을 수행해보자.

- ❑ '2005년 서울구경계' 레이어에서 마우스 오른쪽 버튼을 클릭하여 나타나는 메뉴 속성 정보창을 활성화시키고 Label Tab으로 이동한다.
- ❑ Text String에서 Expression 버튼을 클릭하면 Label Expression 창이 활성화 된다.
- ❑ Expression 창에서 Fields란의 SIGG_NAME를 클릭하고 & vbnewline & date라고 작성하고 확인 버튼을 누른다.

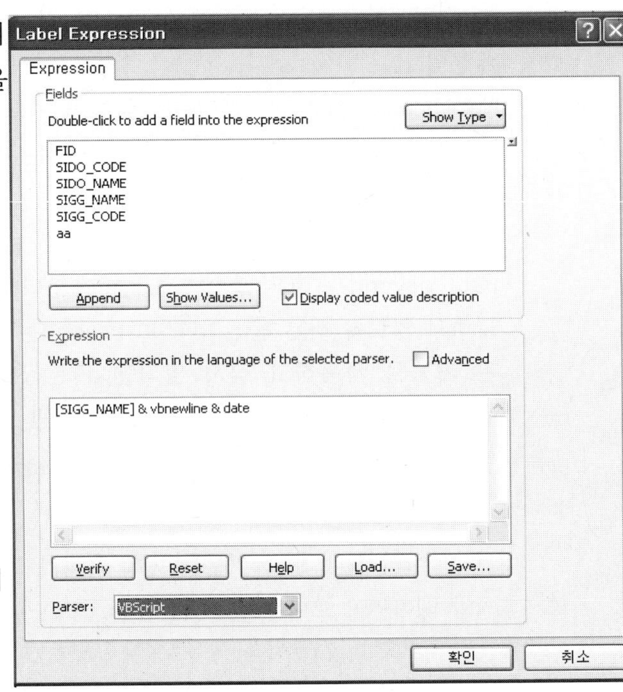

vbnewline(줄바꾸기)이나 date(날짜함수)는 VBScrpit(Visual Basic Script)이다. 다양한 VBScrpit는 Label Expression창의 Help 버튼을 통해서 예제를 볼 수 있다.

- ❑ Label Tab에서 'Label features in this layer' 체크박스를 설정하고 확인 버튼을 누른다.

(4) Annotation 만들기 및 수정

만들어진 레이블을 그래픽 문자인 annotation으로 변경하여 개별적으로 수정 및 편집 가능하다. 모든 레이블을 변경하거나 현재 확대된 상태에서 보이는 레이블만 annotation으로 변경하거나, 선택된 피쳐의 레이블만 annotation으로 변경하는 것이 가능하다.

- ❑ 도구 바에서 전체보기 버튼 을 클릭하여 최대 확장상태로 지도 창을 만든다.
- ❑ '2005년 서울구경계' 레이어에서 마우스 오른쪽 버튼을 클릭하여 나타나는 메뉴 중 'Convert Label to Annotation' 메뉴를 클릭해서 아래와 같은 창을 활성시킨다.
- ❑ Store Annotation에서 In the map으로 변경하고 Convert 버튼을 누르면 레이블이 그래픽 형태를 지닌 annotation으로 변경된다.
- ❑ 도구 바에서 Select Element 버튼 을 클릭하고 원하는 지명 annotation을 선택한 뒤 drag & drop하여 이동시킨다.

(레이블이 그래픽 annotation으로 변경되면 크기를 변경하거나 이동, 수정하는 것이 가능하다).

- ❑ 내용을 변경 시키고 싶다면 annotation을 더블 클릭하여 활성된 창을 이용한다.

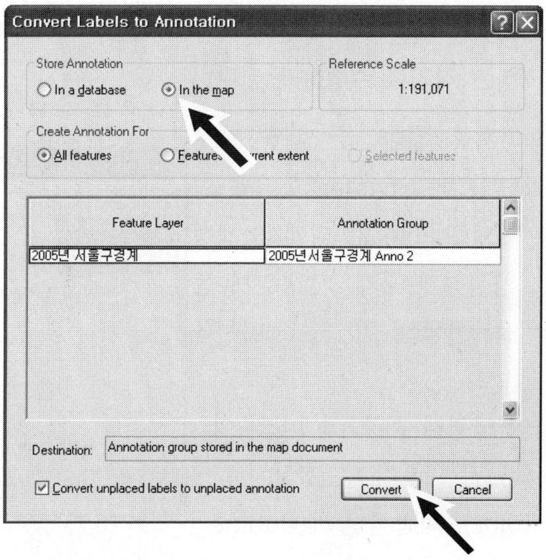

실습 2 주제도 제작과 지도 레이아웃

1. 주제도 제작

[1] 단계구분도 제작

서열척도나 등간척도 또는 비율척도로 측정된 데이터들을 주제도로 표현하는 경우 주어진 정보를 표현하는 방법은 속성값의 크기에 따라 색상이나 크기를 달리하여 나타내는 것이다. 이중 단계구분도는 폴리곤으로 나타나는 지역에 대한 속성값을 색이나 음영을 통해 표현하는 지도이다. 여기서는 인구주택총조사 자료와 서울시 공간 데이터를 이용하여 단계구분도를 제작해보자.

(1) 데이터 불러오기

- ❑ 먼저 ArcGIS 프로그램을 클릭하여 ArcMap 프로그램을 구동한다.
- ❑ ArcMap 프로그램이 구동되어 Getting Started window가 나타나면 기존 지도의 탐색(Exisiting Maps and browse)를 클릭하여, chpater2 폴더에서 chatper2.mxd 파일을 선택한다.

(chapter2.mxd파일은 실습을 위해 만들어진 비어있는 mxd 파일로 실습과정에서 레이어를 추가하는 작업을 수행하게 된다).

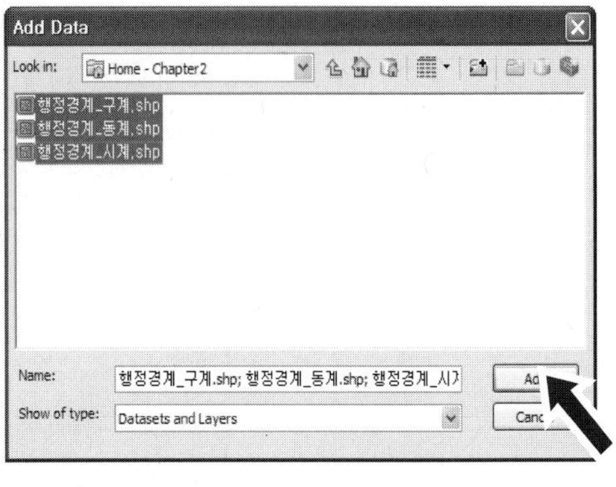

- ❑ Add Layar 버튼 을 클릭하고 폴더 연결 버튼을 이용해 Chpater2폴더를 연결하고 난 뒤, Chapter2폴더에서 행정경계_시계, 행정경계_구계, 행정경계_동계 shp파일을 선택한 뒤 Add버튼을 클릭한다.
- ❑ TOC창에서 행정경계_시계 레이어의 아이콘을 클릭한 뒤 채우기 없음(Fill Color:No Color), 외곽선 두께(Outline Width:1.2), 외곽선 색(Outline Color: Black)으로 변경하고 OK버튼을 누른다.

❑ 동일한 방법으로 행정경계_구계 레이어를 변경하며 외곽선 두께만 0.4로, 외곽선 색은 회색으로 변경한다.

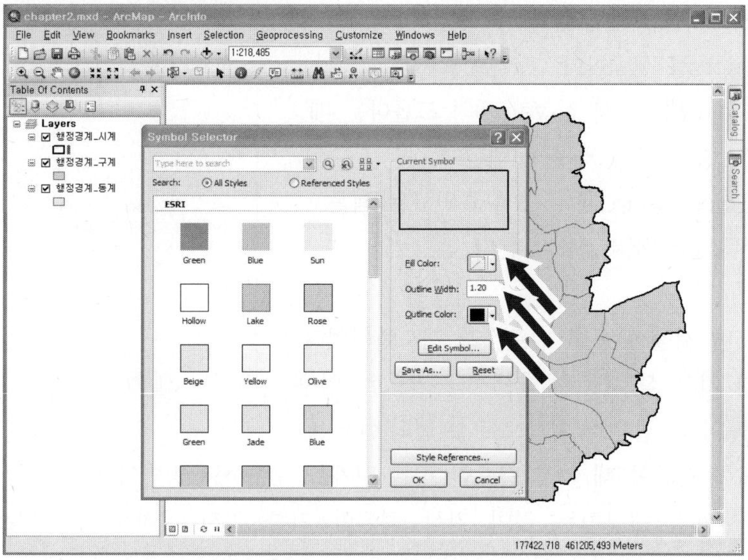

❑ TOC창의 레이어 이름을 선택한 뒤 F2 키를 누른 뒤 다음과 같은 이름으로 레이어 명칭을 변경 할 수도 있다.

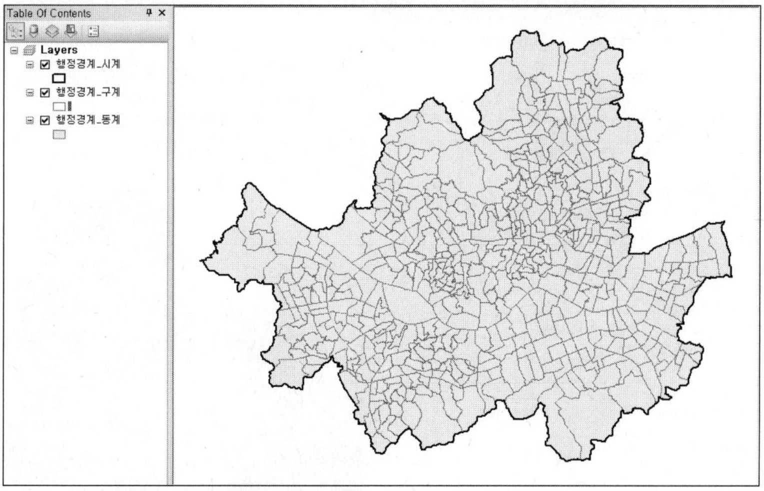

(2) 단계구분도(choropleth map) 구축

❑ TOC의 행정경계_동계만 두고 나머지 레이어의 활성화를 체크박스를 해제한다.

❑ TOC의 행정경계_동계 레이어에서 마우스 오른쪽 버튼을 사용하여 속성(Properties)을 클릭한다.

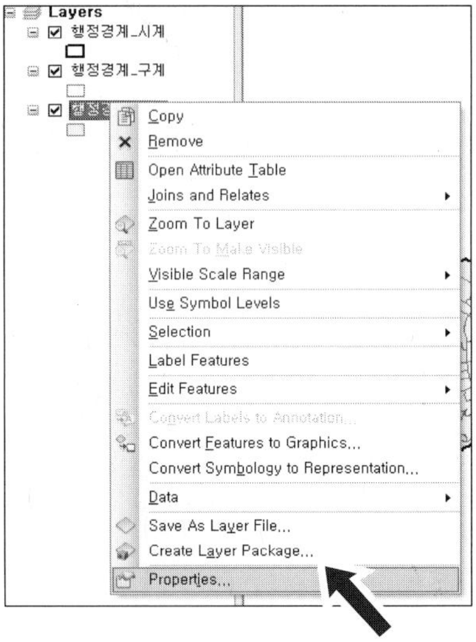

- ❑ 속성창이 활성화되면 심볼 탭(Symbology Tab)을 선택한다.
- ❑ Show 박스에서 Quantities의 Graduated Colors를 선택한다.
- ❑ Field 박스에서 값(Value)의 드롭다운 메뉴 중 '총인구05'를 선택한다.
- ❑ Color Ramp 메뉴 중에서 원하는 색을 선택하고 OK버튼을 누른다.

2005년 서울시 동별 인구수가 지도화되었다. 인구수가 가장 적은 동은 연한 하늘색으로, 인구수가 많을수록 짙은 푸른색으로 표현되었다. 단계구분도를 제작할 때 가장 중요한 것은 단계를 구분하는 방법이다. 일반적으로 사용자가 어떻게 단계를 구분하는 것이 가장 적절한 가를 알지 못하는 경우 Jenks가 제시한 Natural Breaks 방법을 선택하는 것이 좋다(ArcMap에서 디폴트 옵션임).

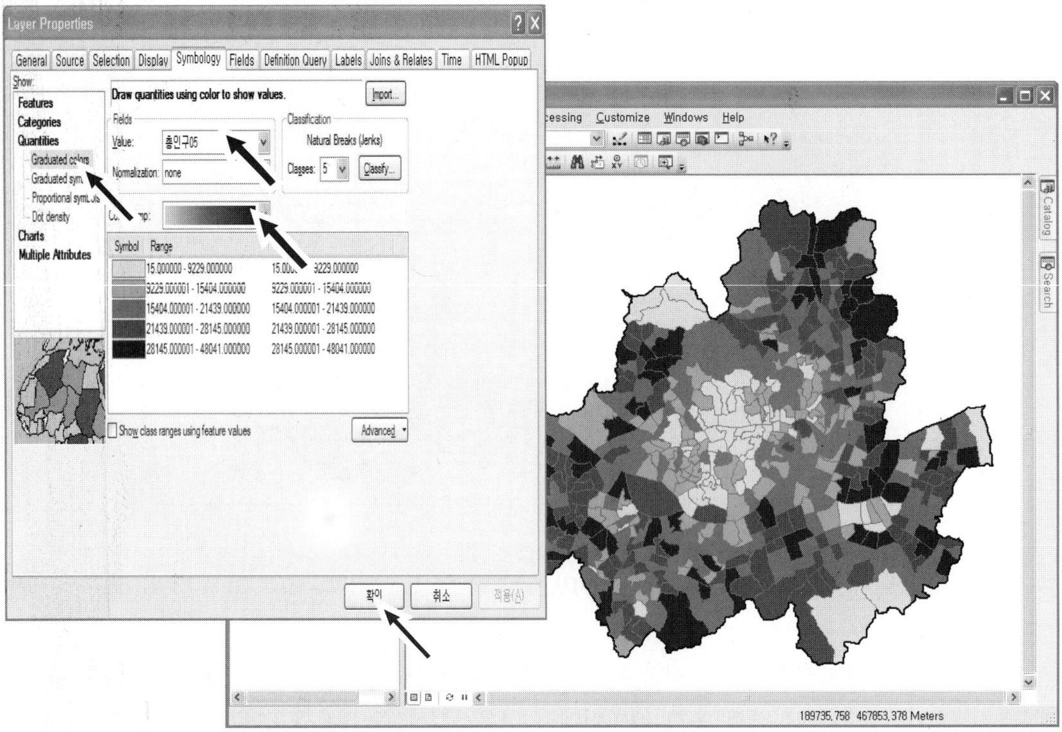

단계구분도에서 계급구간 분류 방법
Manual: 계급구간을 수동으로 설정하는 방법으로, 사용자가 강조하고 싶은 구간을 나타내는데 적합함 Equal Interval: 속성값의 최대값과 최소값의 범위를 등간격으로 나누어 계급을 분류하는 방법임. 이 방법은 속성값이 백분율, 기온과 같은 자료를 분류하는데 적합하나 인구수나 소득분포와 같이 지역간에 차이가 많이 나타나는 자료를 분류하는 데는 적합하지 않음. Defined Interval: Equal Interval 방식과 유사한 방식이나 급간의 크기를 사용자가 정의할 수 있음. Quantile: 최소치에서부터 최대치까지의 값을 순위화하여 일정한 순위로 계급을 나누는 방법임. Standard Deviation: 정규분포하고 있는 자료를 표현하는데 적합한 방법으로 평균값을 기준으로 좌우 대칭적으로 표준편차 간격으로 계급을 분류하는 방식임. Natural Breaks: Jenks(1967)가 고안한 최적화 분류방법을 토대로한 자연적 분류(natural breaks) 방법으로, 실세계에서 분포하는 현상을 분류하는데 보다 적합한 방법으로 알려져있음. 자연적 분류방법의 기본 원리는 그룹 내에서는 동질성을, 그룹 간에서는 이질성을 최대화하여 그룹화하는 것임. Geometrical Interval: 이 방법은 승수에 기반을 둔 등비수열(geometric sequence)을 가지는 급간으로 분류하는 방법으로, 이 알고리즘은 연속적인 자료에 적용하는데 적합한 방법임.

(3) 단계구분도에서 계급 구간 변경하기

이전 단계는 ArcMap에서 디폴트 옵션으로 제공하는 Natural Break 방법에 의해 5개 그룹의 단계구분도를 작성이었다. 여기서는 계급구간을 변경하여 원하는 급간으로 지도를 작성하는 실습을 해보자.

- TOC의 서울시 동경계 레이어에서 마우스 오른쪽 버튼을 클릭하여 속성창의 심볼 텝으로 이동한다.
- Classification의 Classify 버튼을 클릭하여 Classification 창을 활성화 시킨다.

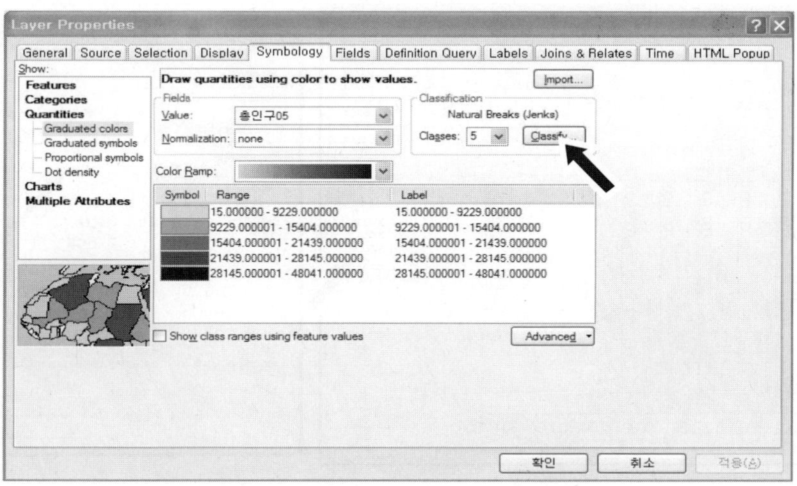

❑ 창이 활성화되면 Method 드롭다운 메뉴에서 Manual을 선택하고 히스토그램 창의 빈 곳에서 마우스 오른쪽 버튼을 클릭하여 새로운 급간을 추가(Insert Break)한다.

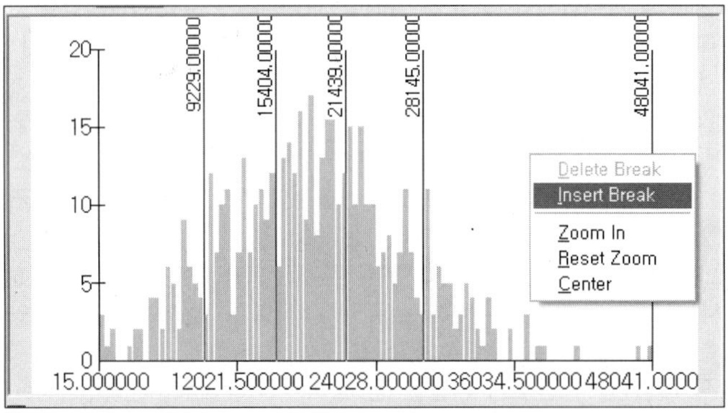

인구수를 표현하는 급간이 6개로 늘어났다. 만약 다시 줄이고 싶다면 급간선을 선택한 뒤 마우스 오른쪽 버튼을 클릭하여 Delete Break를 통해 삭제할 수 있다. 일반적으로 Natural Break 방식은 전체 변량들의 분포에서 변곡점을 탐색해주는 방식이기 때문에 Natural Break 메뉴에서 급간 수를 결정하고 난 후, 산출된 계급값을 정수로 수동으로 조정해 주는 것이 좋다.

❑ 6개로 구분된 급간의 수치들이 1자리수의 값이나 때로는 소수점 이하의 값들까지 너무 세밀하게 나타나기 때문에 보다 일반화한 값으로 조정하는 작업을 수행한다. 이를 위해 Break Value 박스에서 값을 선택한 후 근접한 10 또는 100단위로 변경해준다. 값을 변경한 후에 OK 버튼을 누른다.

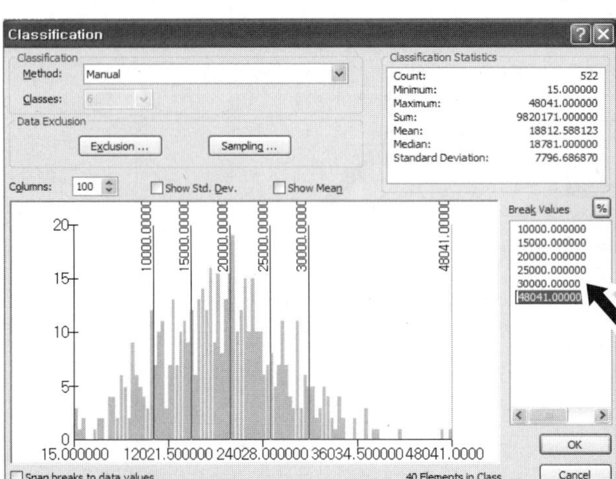

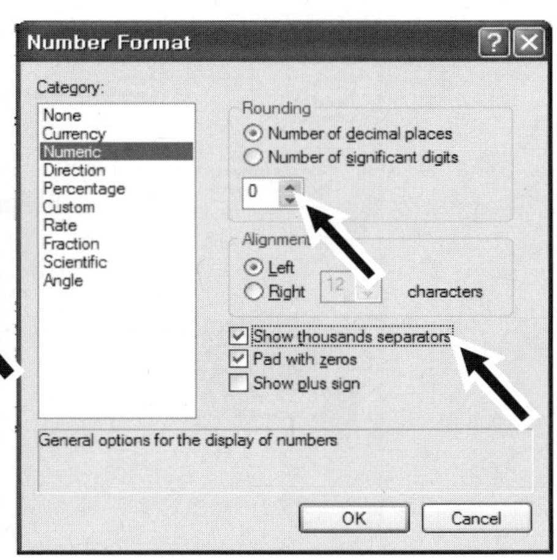

각 구간의 값들이 가독성이 편리한 단위로 변경되었음을 확인할 수 있다. 하지만 표현되는 레이블의 값은 아직도 소수점을 가진 값으로 나타나고 있다. 이 문제는 Label 옵션에서 처리할 수 있다.

❑ 심볼 탭에 나타나는 계급구간 박스의 회색의 Label 컬럼을 클릭하고 Format Labels 메뉴를 선택한다.

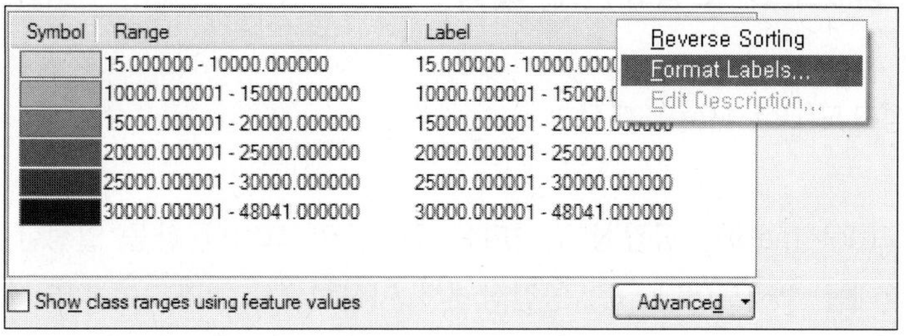

❑ Number Format창이 활성화되면 반올림 자리수(Rounding)는 0으로 변경하고 천의 자리수 구분(Show thousands seperators)를 체크하고 OK 버튼을 누른다.
그러면 계급값의 소수점이 사라지고 정수 단위로 반올림되었다. 마지막으로 계급값을 정리하기 위한 작업을 수행한다.

❑ 심볼 탭의 계급구간에서 Label 컬럼 값을 클릭하여 내용을 수정할 수 있다.
15-10,000 사이의 값을 10,000 이하로 변경하고 확인 버튼을 누른다.

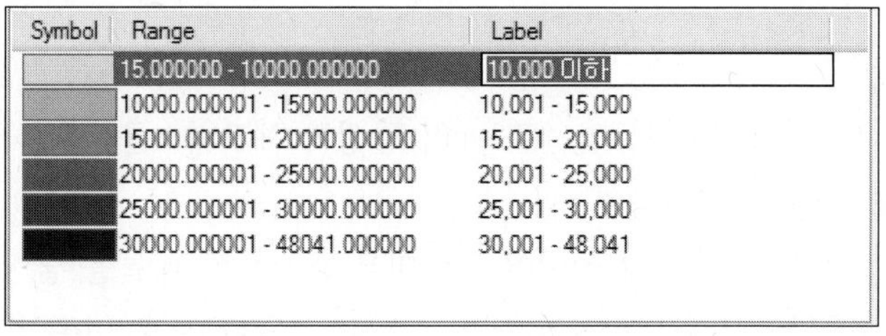

이렇게 작성된 지도는 레이어 파일(.lyr) 형태로 저장할 수 있다. 레이어 파일이란 사용자의 목적에 맞게 표현된 지도를 저장하여 차후에 다른 지도첩(.mxd)에서 활용할 수 있도록 하는 것을 말한다.

❑ TOC창에서 인구분포도를 제작한 행정경계_동계 레이어를 선택한 뒤 마우스 오른쪽 버튼을 클릭하여 나타난 메뉴 중 Save As Layer Files을 선택한다.

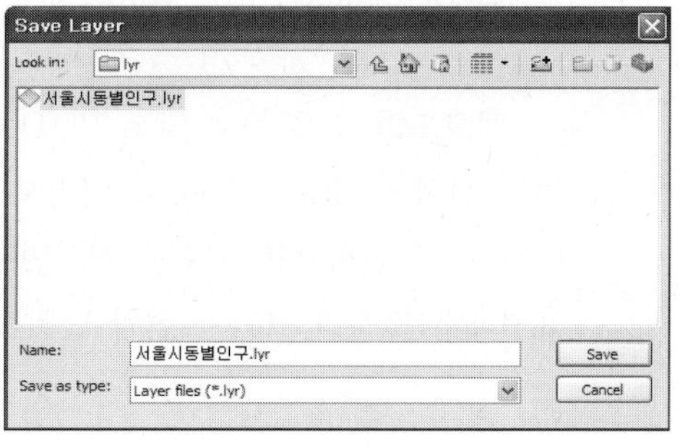

- ❑ Save Layer라는 창이 나타나면 새로운 폴더 만들기 버튼을 눌러 Chapter2 폴더 아래에 lyr라는 폴더를 만들고 서울시동별인구.lyr라는 파일로 저장한다.
- ❑ Add Layar 버튼 을 눌러 저장한 서울시동별인구.lyr를 추가한다.

[2] 점묘도와 도형표현도 제작

(1) 점묘도(Dot Map) 제작

점묘도(dot map)는 공간상에 나타는 현상들의 크기나 양을 일정한 크기를 가진 점의 수로 나타내는 주제도이다. 즉, 공간상에서 이산적으로 분포되어 나타나는 현상을 점(dot)를 통해서 분포 패턴을 파악하는 것이다. 주어진 행정구역이나 공간 단위별로 단위점의 크기에 따라 표현되는 점의 개수가 결정되므로, 주어진 공간상에서의 점의 밀도를 시각적으로 쉽게 파악할 수 있다.

점묘도를 제작하는 경우 가장 중요한 것은 단위점의 크기를 어떻게 설정하는가이다. 단위점의 크기에 따라서 지도상에 나타나는 점의 개수가 달라져 시각적으로 큰 차이를 주게 되므로 단위점의 측정치와 단위점의 직경(크기)을 지도 제작자는 신중하게 결정하여야 한다.

- ❑ 앞에서 작업한 서울시동별인구.lyr의 활성화 체크박스를 해제하고 행정경계_동계 레이어를 활성화 시킨다.
- ❑ TOC의 행정경계 _동계 레이어에서 마우스 오른쪽 버튼을 클릭하여 속성 메뉴(Properties)를 선택하고 심볼 탭(Symbology Tab)으로 이동한다.
- ❑ Show 박스에서 Quantities의 dot density를 선택한다.
- ❑ 총인구05필드를 선택한 뒤 > 버튼을 눌러 Field로 이동한다. 그 다음 Symbol의 아이콘을 클릭하여 원하는 색으로 변경한다.
- ❑ Densities의 Dot Value 값을 1,000으로 변경한 뒤 확인 버튼을 누른다.

점묘도의 경우 Dot Size 및 Dot Value 값은 지도에서 자료의 분포가 잘 표현될 수 있는 최적의 값을 사용한다. 여기서 말하는 최적의 값이란 정해져 있는 어떤 수치값이 아니라 여러 번의 시행착오를 거치면서 주어진 점 개체 현상의 분포를 가장 가시적으로 잘 표현해주는 점의 크기와 점의 단위값을 설정하는 것이다.

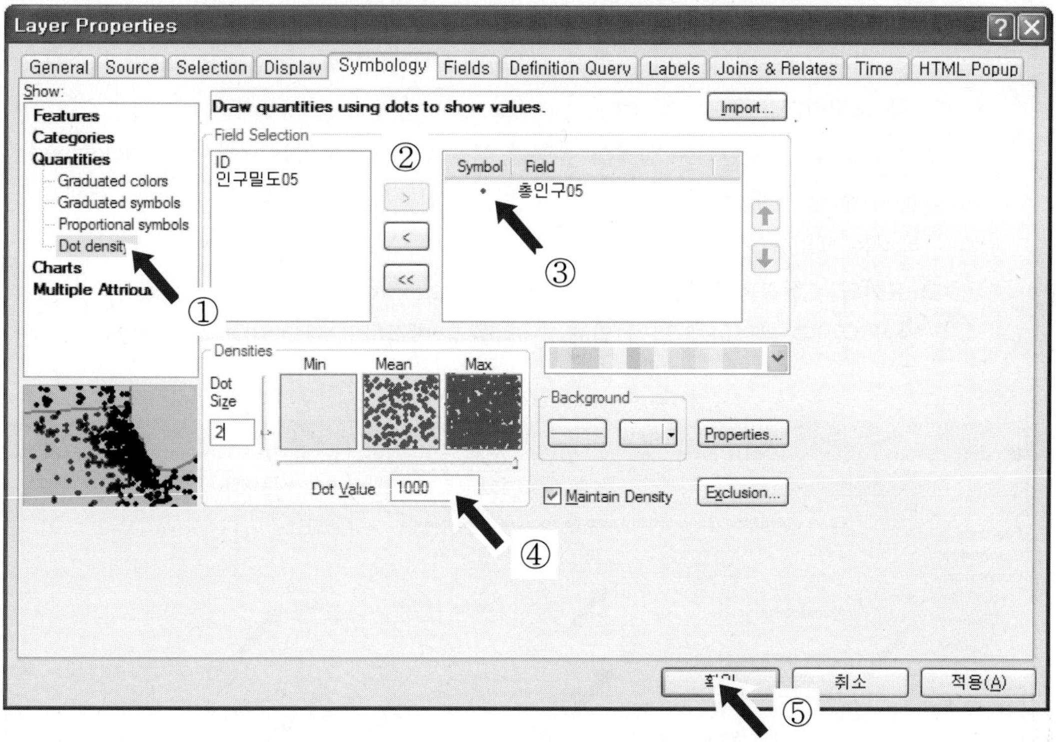

(2) 도형표현도(Graduated Symbols Map)

도형표현도는 공간상에서 나타나는 현상들의 크기나 양을 표현하기 위해 도형의 크기를 점진적으로 달리하여 나타내는 통계지도를 말한다. 도형표현도는 폴리곤이나 포인트, 폴리라인으로 된 공간 데이터를 모두 사용할 수 있다.

❑ TOC의 행정경계_동계 레이어에서 마우스 오른쪽 버튼으로 Copy 메뉴를 클릭한 후 Layer라고 쓰여진 데이터 프레임에서 마우스 오른쪽 버튼으로 Paste Layer(s)를 클릭하여 붙여넣는다.

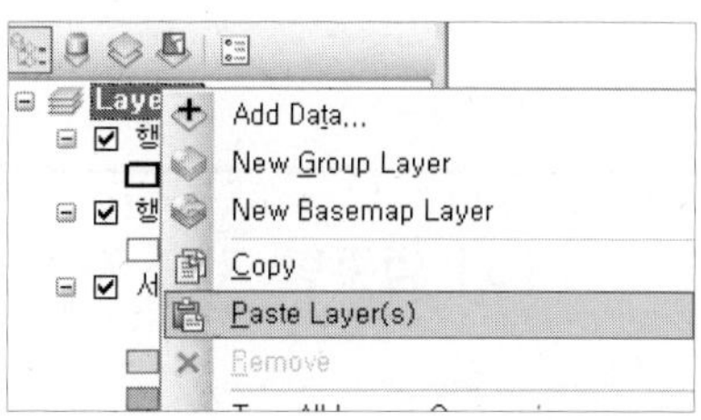

❑ 복사된 행정경계_동계 레이어를 드레그하여 가장 밑층의 레이어로 옮기고 이전에 작업한 점묘도 레이어의 활성화 체크박스를 해제한다.

❑ TOC의 복사된 행정경계_동계 레이어에서 마우스 오른쪽 버튼으로 속성(Properties)을 클릭하고 심볼 탭(Symbology Tab)으로 이동하여 Show 박스에서 Quantities의 Graduated Symbols를 선택한다.

❑ Fields의 Value 값을 총인구05 필드로 설정하고 계급 구간은 Classify 버튼을 눌러 단계구분도에서 작업한 것과 동일하게 6개 급간으로 변경하고 Label의 수치값을 조정한다.

❑ Template는 표현되는 심볼의 유형과 색을 변경할 수 있는 옵션이며 Backgroud는 심볼 맵의 배경색을 지정하는 옵션이다. 심볼은 테두리가 있는 원형을 선택하고 배경은 색없음을 선택한다.

❑ 표현되는 심볼의 크기는 Symbol Size from ~ to ~에서 결정할 수 있다. 각 계급간의 차이를 분명하게 하기 위해 4 to 32로 변경하고 확인 버튼을 누른다.

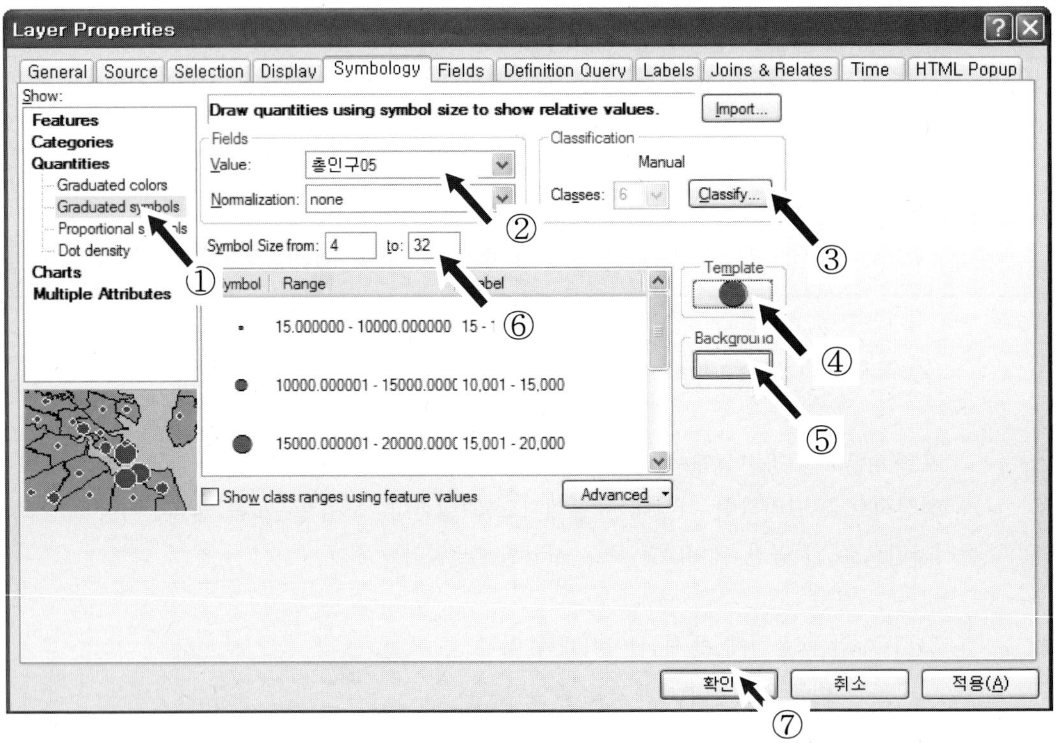

[3] 범주형 지도 제작(categories map)

(1) 고유값(Unique Value)을 사용한 범주형 지도

범주형 지도는 자료의 값이 명목척도로 측정되어 개개의 항목이 고유한 경우 각 항목별로 구분하여 주어진 현상을 표현하는 지도이다. 예를 들어 토지이용 구분이나 지형·지물의 이름, 연구자에 의하여 구분된 집합체 등을 표현하고자 할 때 사용할 수 있는 지도이다. 여기서는 서울시의 25개 구를 범주형 지도로 구축해보자.

❑ TOC의 행정경계_시계, 행정경계_구계 만 활성화 시키고 나머지 레이어들의 활성화 체크박스를 해제한다.

❑ TOC의 행정경계_구계 레이어에서 마우스 오른쪽 버튼으로 속성(Properties)를 클릭하고 심볼 탭(Symbology Tab)으로 이동하여 Show 박스에서 Categories의 Unique Value를 선택한다.

❑ Value Field에서 SIGG_NAME(시군구 이름)을 선택하고 Add All Values 버튼을 클릭한다. <all other values> 옵션을 해제한 뒤 확인 버튼을 누른다.

이때, Add Values 버튼을 사용하면 원하는 지역만 표현할 수 있으며 각 카테고리는 선택 후 마우스 오른쪽 버튼을 클릭하여 제거할 수도 있다.

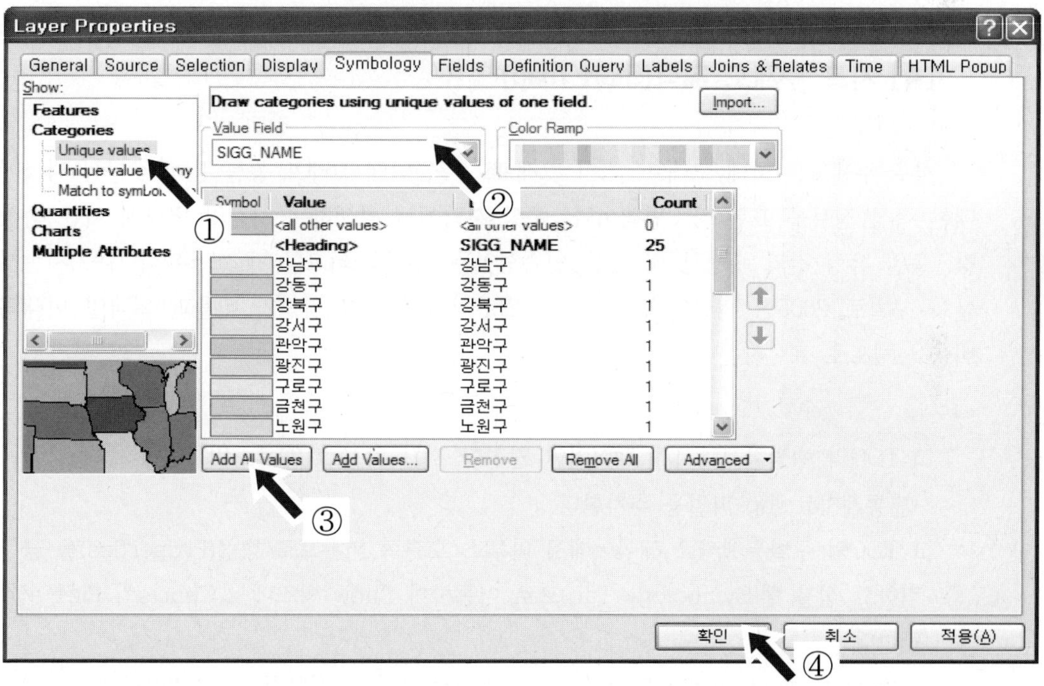

(2) Map Tip 생성하기

지도에서 마우스를 옮길 때 마우스 포인터가 위치한 곳의 속성값을 나타내주는 기능을 Map Tip이라고 한다. 이러한 기능은 지역의 위치를 잘 알지 못하거나 필요한 데이터를 쉽게 확인하는데 편의성을 제공한다.

❑ TOC의 행정경계_구계 레이어에서 마우스 오른쪽 버튼으로 속성(Properties)를 클릭하여 Display 탭으로 이동한다.

❑ Display Expression에서 Field를 SIGG_NAME으로 변경하고 Show Map Tips using the display expression의 체크박스를 설정하고 확인버튼을 누른다.

❑ 도구바 메뉴(toolbar)에서 Select Elements 포인터를 이용하여 지도 위를 탐색한다.

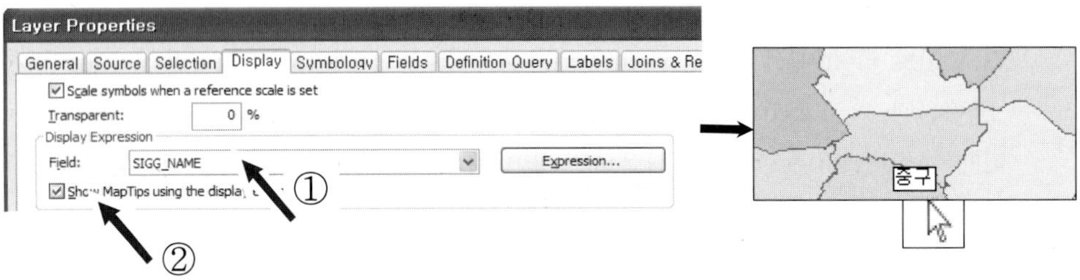

[4] 챠트 주제도 제작(chart map)

챠트 주제도는 막대 그래프, 파이 그래프, 누적 막대 그래프 등을 통해 주어진 지역에 대한 속성 정보를 표현하는 방식이다. 특정 지역에서 발생하는 시간의 변화에 따른 속성값, 동일 유형 간의 속성값 비교 등 연속성있는 자료를 비교할 때 사용된다. 여기서는서울시 구별로 2005년 외국인 혼인자료를 활용하여 외국인 남편의 비율과 외국인 아내의 비율을 챠트로 표현하는 작업을 실습해보자.

❑ TOC의 행정경계 _시계 레이어만 활성화 시킨 뒤 Add Data 버튼 을 눌러 구별통계자료.shp 파일을 추가한다.

❑ TOC의 구별통계자료 레이어에서 마우스 오른쪽 버튼으로 속성(Properties)을 클릭하고 심볼 탭(Symbology Tab)으로 이동하여 Show 박스에서 Charts의 Pie를 선택한다.

❑ Field Seclection에서 '외국인처비', '외국인부비'를 선택한 뒤 > 버튼을 눌러 오른쪽 창으로 이동시킨다.

❑ 배경(Background)색은 투명하게 변경하고, 원하는 색으로 변경한 뒤 확인 버튼을 누른다.

❑ Size 옵션에서는 Pie의 크기를 변경할 수 있는 옵션을 제공하며 Properties 옵션에서는 외곽선이나 2차원 Pie 맵으로의 변경 옵션을 제공한다.

❑ 이렇게 구축된 챠트 지도도 지도배치 작업을 통해 최종 지도작업을 마친다.

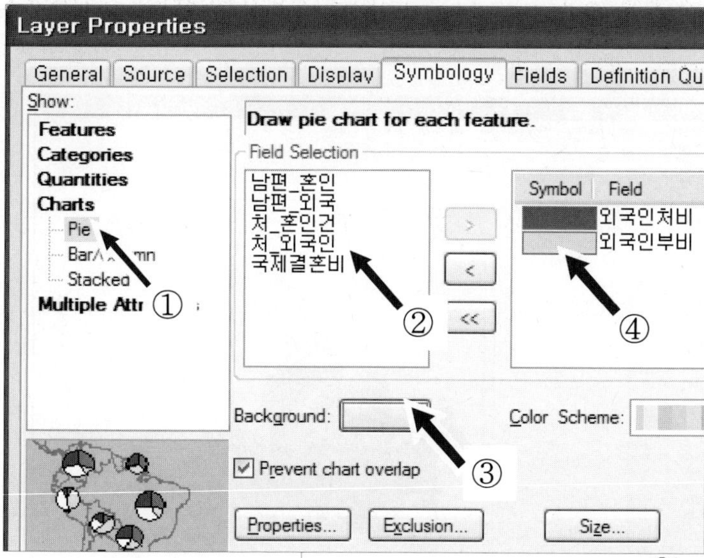

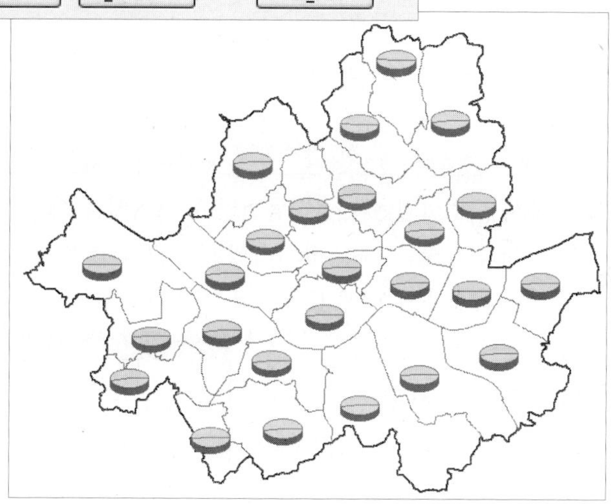

2. 지도 레이아웃

주제도가 완성되고 나면 그 결과물을 지도학적인 요소들을 삽입하고 구성요소들의 배치도 미적인 감각을 살려서 디자인하여 주제도 전체가 조화를 이루도록 햐야 한다. 흔히 주제도만 제작하고 나면 지도 작업이 끝난 것으로 인식하고 있으나, 지도 제작을 완성하기 위해서는 지도 레이아웃이 매우 중요하다.

❑ View 메뉴의 Layout View 메뉴를 클릭하거나 아래 그림과 같이 디스플레이 창 하단의 Layout View 아이콘을 클릭한다.

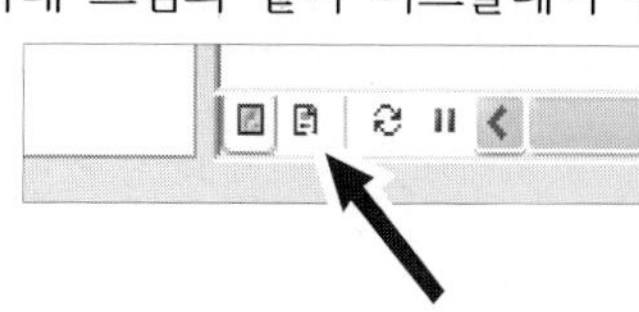

Layout View 모드에서 방위, 축적, 범례 등을 입력하여 디자인하는 작업을 수행할 수 있다.

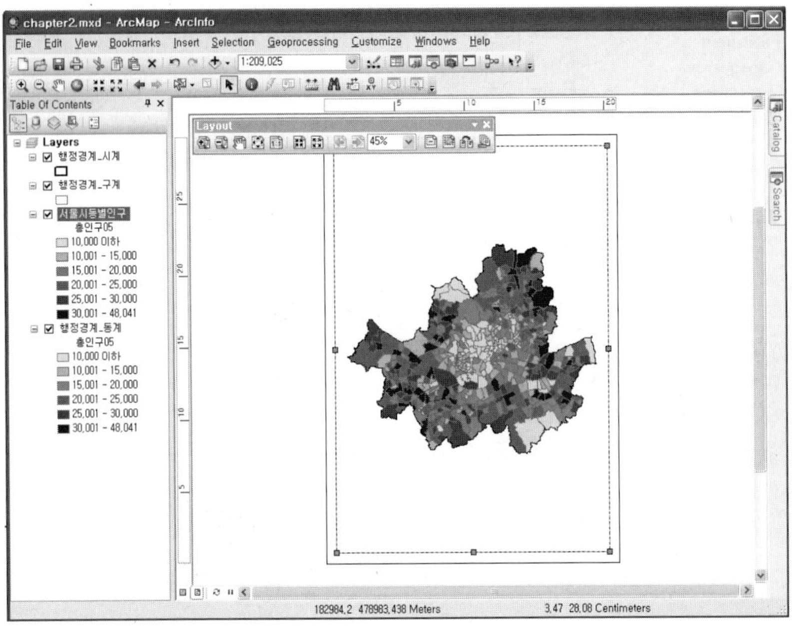

❑ 앞에서 작업하였던 서울시동별인구.lyr파일을 행정경계_구계 밑으로 drag & drop 하여 내리고 모든 레이어의 활성화 체크 박스를 활성화한다.

❑ Insert 메뉴에서 범례 (Legend)를 선택한다.

❑범례마법사(Legend Wizard) 창이 활성화되면 왼쪽 박스에서 서울시동별인구만 제외하고 행정경계_시계, 행정경계_구계를 선택하고 < 버튼을 눌러 오른쪽으로 이동한다. 이동 후 다음(N) 버튼을 누른다.

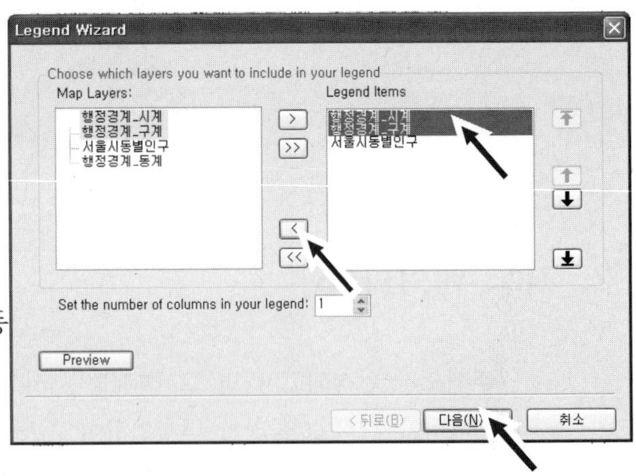

❑ 그 다음 나타나는 창은 범례 제목(Lagend Title)을 설정하는 부분이다. 만약 범례 제목을 넣고 싶지 않다면 내용을 삭제한 뒤 다음(N)버튼을 누르면 된다.

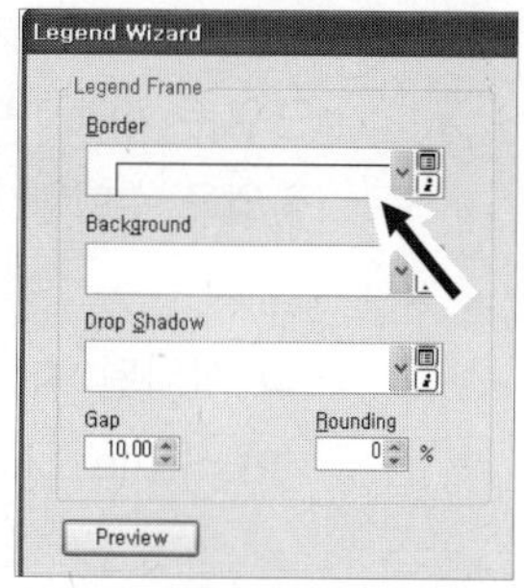

❑ 다음은 범례 틀(Legend Frame)을 설정하는 것이다. 여기서는 범례 박스의 배경색이나 외곽선에 대한 옵션을 설정할 수 있다. 외곽선(Border)과 0.5 point를 선택하고 다음(N)버튼을 누른다.

❑ 다음에 나타나는 창들은 범례에서 사용하는 심볼의 유형 및 줄 간격을 결정하는 옵션이다. 마침 버튼이 나올 때가지 다음(N)을 누르고 범례 입력을 마친다.

❑ 레이아웃 창에 범례가 입력되면 Select Elements 포인터로 범례를 선택한 뒤 원하는 위치로 이동한다.

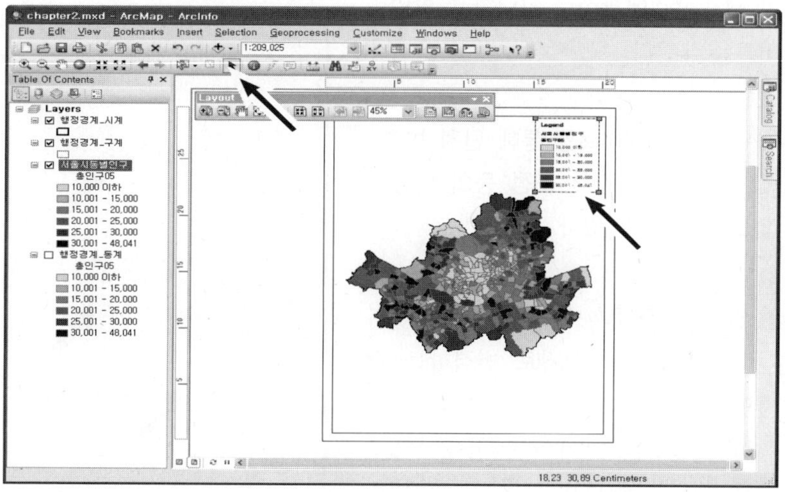

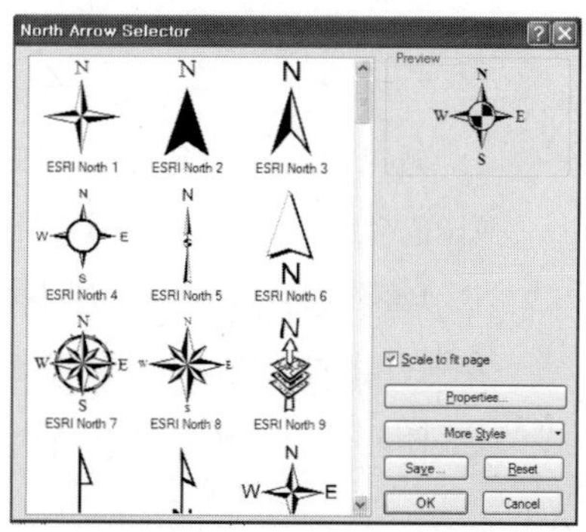

❑ 지도 방위 표시는 Insert 메뉴에서 방위(North Arrow) 메뉴를 통해 삽입할 수 있다. North Arrow Selector 창이 활성화되면 원하는 방위 심볼을 누르고 OK 버튼을 누른다. Select Elements 포인터를 통해 원하는 위치에 방위를 배치한다.

❑ 마지막으로 지도의 축척을 표시하기 위해 Insert 메뉴에서 Scale Bar 메뉴를 선택한다. Scale Bar Selector창이 활성화되면 원하는 심볼을 선택한 뒤 OK 버튼을 누르고 Select Elements 포인터를 통해 위치를변경한다.

ArcMap에서 기본적으로 제공하는 축척 단위는 mile이므로 m나 km로 변경하는 작업을 수행할 필요가 있다.

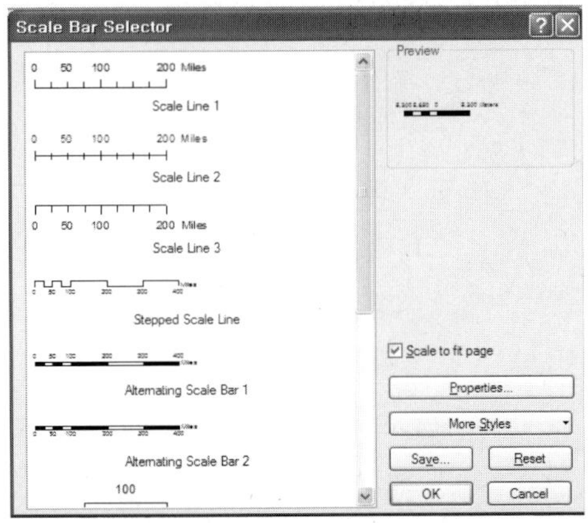

❑ 삽입된 축적을 마우스로 더블 클릭하여 Scale Line Properties창을 활성화 시킨다. Scale의 Number of divisions은 2로, Number of subdivisions 1로, Units 단위를 Kilometers로 변경한 뒤 Label에 km로 입력하고 확인 버튼을 누른다.

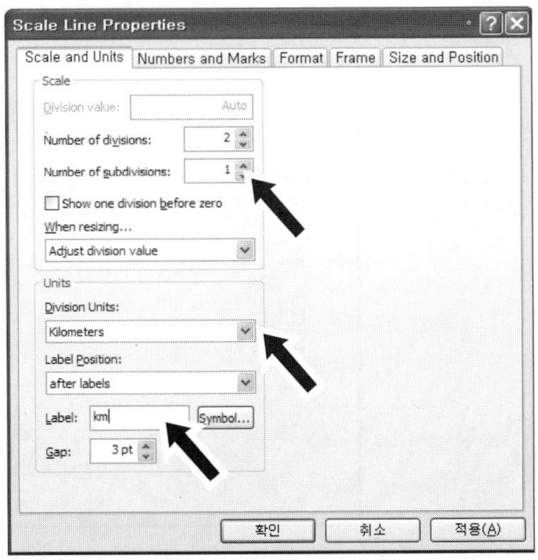

Scale Line Properties를 통해 단위 변경, 축척 유형 변경, 간격 조정 등의 다양한 작업을 수행할 수 있다.

❑ 변경된 축척을 마우스를 이용하여 적당한 단위의 크기로 변경하는 작업을 수행한다. 예를 들어 한 눈금이 나타나는 크기를 5km나 10km 등으로 변경하여 축척의 가독성을 높이도록 한다.

마지막으로 사용되는 지도의 형태에 따라 지도를 가로로 배치할지 또는 세로로 배치 할 것인가를 결정하는 작업을 수행한다(이 작업은 가장 먼저 진행해도 좋다).

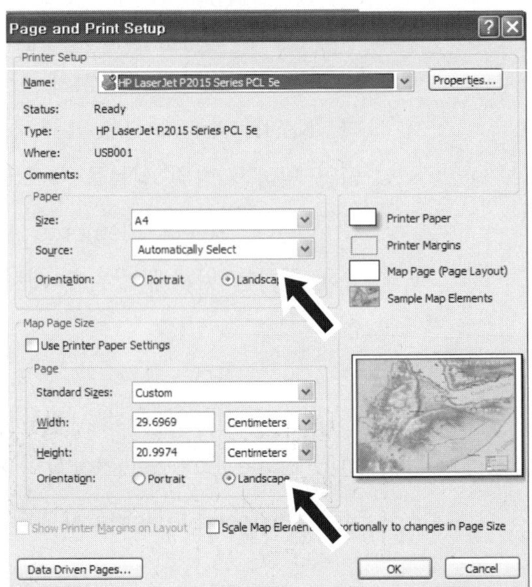

❑ File 메뉴의 Page & Print Setup 메뉴를 선택하고 Paper에서 가로보기(Landscape)으로 변경한 뒤 OK 버튼을 누른다.

❑ 변경된 페이지 설정에 따라 지도의 구성요소들을 알맞은 자리로 배치하는 작업을 수행한다.

이와 같은 지도배치 작업은 ArcMap에서 제공하는 탬플릿 샘플을 사용하여 한 번에 할 수도 있다.

❑ Layout 도구 메뉴 중에서 Change Layout 버튼 을 누르면 탬플릿 창이 활성화 된다. 여기서 원하는 탬플릿을 골라 선택하면 지도가 손쉽게 배치된다. 여기서도 일부 지도요소들을 조정하기 원하는 경우 각 지도 요소들을 더블클릭하여 옵션을 바꿔 조정한다.

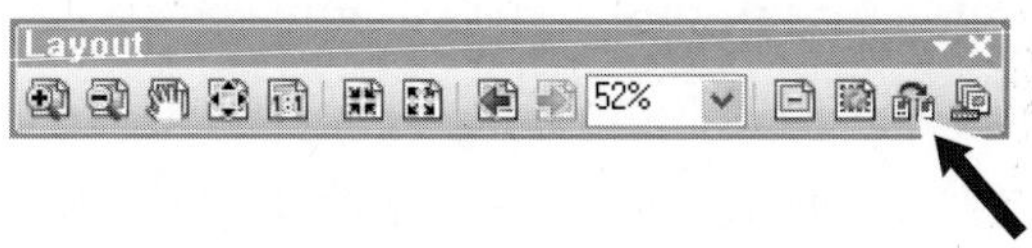

지도배치 작업이 끝나면 문서나 도면에서 지도를 인식하게 하기 위해 지도를 그림 형태로 저장하여야 한다. ArcMap에서는 지도배치 작업이 끝나면 원하는 그림 파일 형태(JPEG, GIF, AI, EMF, PDF 등)로 저장할 수 있다.

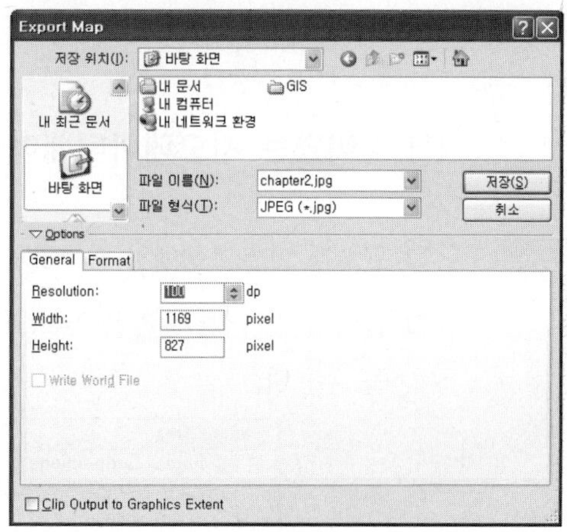

❑ File 메뉴의 Export Map 메뉴를 선택한다.

❑ Export Map 창이 활성화되면 원하는 그림 포맷을 선택하고 이름을 입력 후 저장한다. 예를 들어 jpeg 형태로 저장하는 일례를 보면 옆의 그림과 같다.

실습 3 지오데이터베이스 파일의 구축과 조작

1. 지오데이터베이스 파일의 생성

GIS에서 사용하는 데이터는 크게 공간 데이터와 속성 데이터로 구분할 수 있으며, 공간 데이터는 벡터 데이터와 래스터 데이터로 구분된다. 공간 데이터는 다양한 파일 형태로 저장될 수 있는데 가장 많이 사용되는 파일 형태는 *.shp, *.mdb 이지만 최근에는 파일 폴더를 사용하는 지오데이터베이스 파일 형태(*.gdb)가 사용되고 있다.

지오데이터베이스 파일은 파일 폴더 안에서 파일들을 관리할 수 있는 단순하면서도 유연한 구조를 갖고 있다. ArcGIS에서 사용되는 모든 형태의 공간 데이터와 속성 데이터는 ArcCatalog라는 유틸리티 프로그램에서 관리될 수 있다. ArcGIS 10.x 버전에서는 이러한 카탈로그 기능이 ArcMap안에 Catalog 창으로 포함되어 더욱 편리하게 사용될 수 있는 환경을 제공한다.

[1] 비어있는 지오데이터베이스 파일 생성

- 윈도우 프로그램에서 ArcGIS > ArcCatalog 10을 클릭하여 프로그램을 구동한다.
- 폴더 연결 버튼 을 누르고 실습자료 폴더의 chapter3를 선택한 뒤 OK 버튼을 누른다.

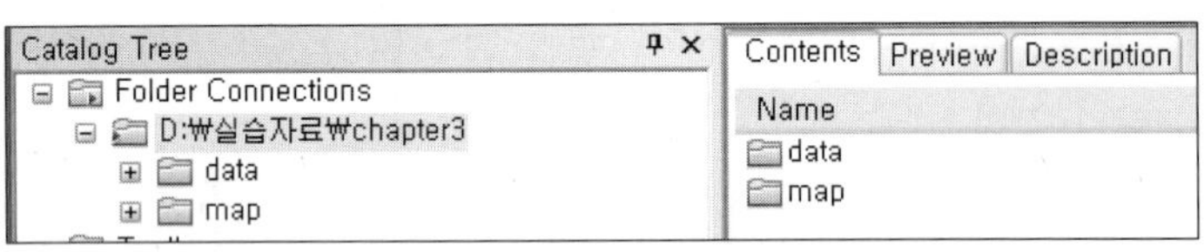

ArcInfo 초기에 만들어져서 일반적으로 가장 많이 사용되고 있는 파일은 shapefile이다. 그러나 보다 다양한 데이터 관리기능을 가질 수 있는 지오데이터베이스 파일이 ArcGIS에서 보다 많이 활용되고 있다. 윈도우 탐색기 등을 통해서는 지오데이터베이스 파일을 완전하게 구축할 수 없으며, ArcCatalog 프로그램이나 ArcMap안의 Catalog 창에서 만들 수 있다.

❑ Catalog 트리 구조에서 마우스 오른쪽 버튼을 사용하여 New→ Folder를 클릭한 뒤 'MyExercise'라는 폴더를 추가로 생성한다.

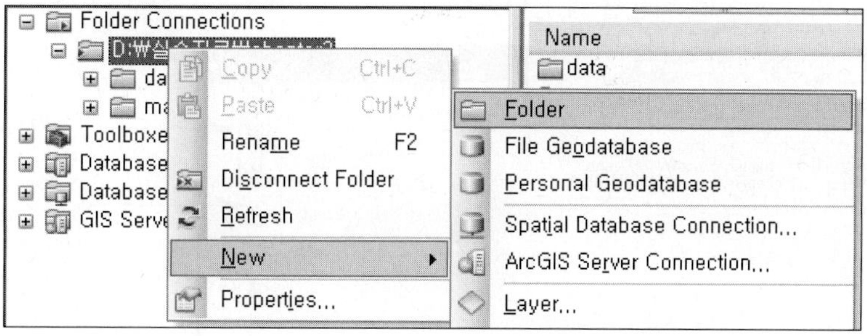

❑ 생성된 MyExercise 폴더를 마우스 오른쪽 버튼으로 클릭하거나 폴더를 선택한 뒤 오른쪽 빈 패널에서 마우스 오른쪽 버튼을 사용하여 New→ File Geodatabase를 선택하고 새로운 지오데이터베이스 파일 이름을 'CensusMap'이라고 수정한다.

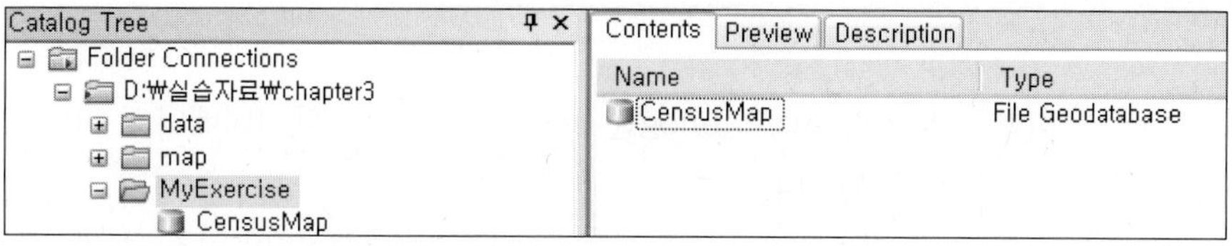

ArcCatalog는 지오데이터베이스 파일 안에서 저장되는 지도를 일컫는 피처 클래스(feature class)와 단독 테이블 등을 담을 수 있는 지오데이터베이스 파일을 생성한다. 이렇게 생성된 비어있는 지오데이터베이스 파일로 shapefile과 속성 테이블을 가져오는 작업을 수행해보자.

[2] 지오데이터베이스 파일로 shapefile과 속성 데이터 가져오기

❑ Catalog의 우측 패널에서 지오데이터베이스 파일을 마우스 오른쪽 버튼으로 클릭한 후 Import, Feature Class(multiple)을 클릭한다. (multiple 옵션은 지오데이터베이스 파일 안으로 여러 개의 피처 클래스를 동시에 가져올 수 있는 기능을 수행하며, single은 하나의 피처 클래스를 가져올 수 있는 옵션이다).

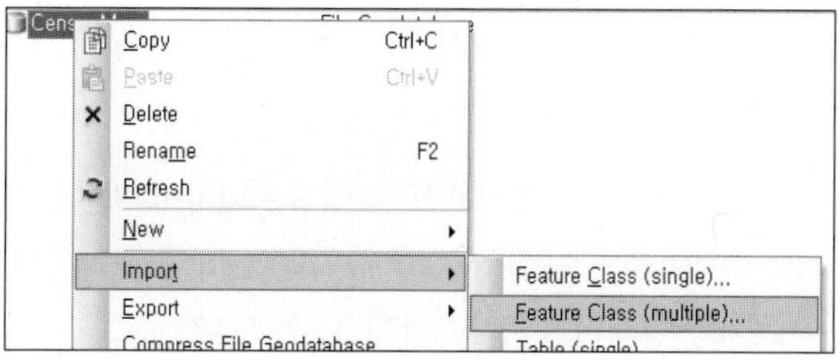

❑ 가져오기 창이 활성화되면 폴더 열기 버튼을 클릭한 뒤 chapter3\map\ 폴더에서 시군구.shp와 전국백지도.shp 파일을 Ctrl 키를 누른 상태에서 클릭하여 선택하고 add 버튼을 누른다.

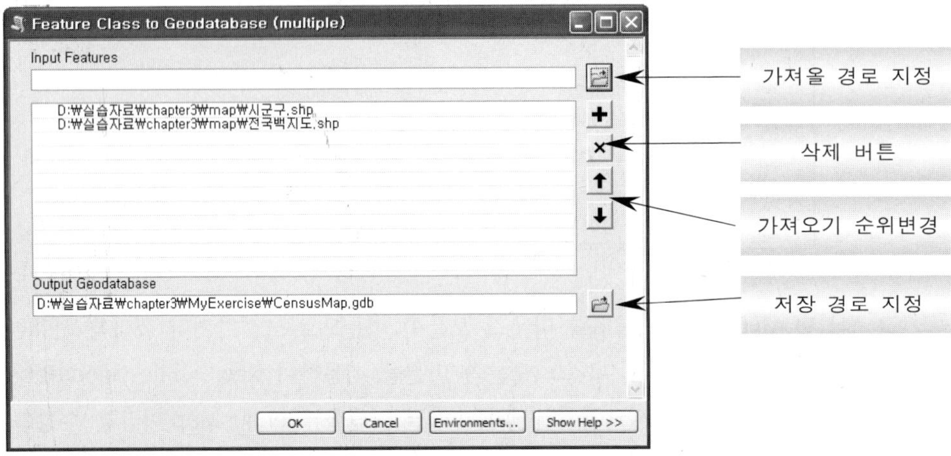

❑ OK 버튼을 누르면 ArcCatalog는 shapefile을 지오데이터베이스 파일 안으로 가져오는 작업을 실행한다.

❑ 속성 데이터를 가져오기 위해 CensusMap 지오데이터베이스 파일을 마우스 오른쪽 버튼으로 Import→ Table(single)을 클릭하여 선택한다.

❑ 테이블 가져오기 창이 활성화되면 \chapter3\data\census.xlsx 파일을 더블 클릭하여 sheet1을 선택하고 add 버튼을 누른다.

❑Output Table을 "Census2005"로 입력하고 OK 버튼을 눌러 속성 테이블 가져오기를 종료한다.

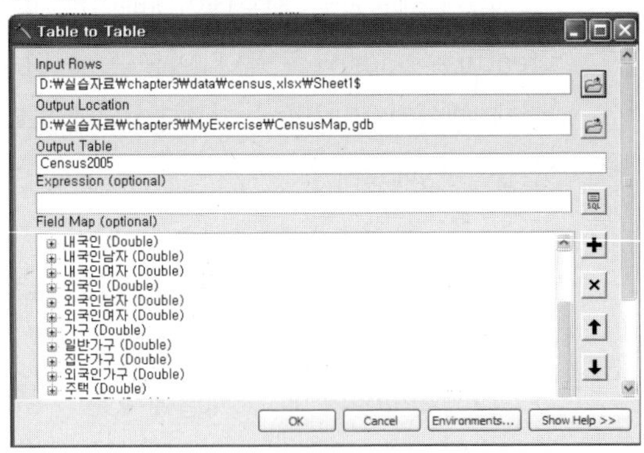

테이블 가져오기 창에서 Output Table은 지오데이터베이스 파일 안에 저장되는 속성 테이블 이름을 지칭한다. ArcGIS에서는 엑셀파일, txt파일, dbf파일, access파일 등 다양한 형태의 파일을 가져올 수 있다.

지오데이터베이스 파일로 가져온 피쳐 클래스와 속성 테이블은 ArcCatalog에서 미리보기 기능을 통해 정보를 확인할 수 있다.

❑ CensusMap.gdb를 클릭한 뒤 오른쪽 패널에서 Contents 탭을 선택한다.

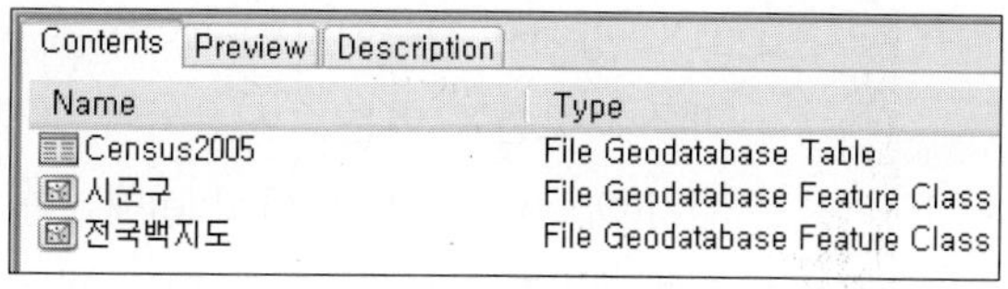

❑ 오른쪽 패널에서 '시군구'를 선택한 뒤, Preview 탭을 클릭한다.

❑ Description 탭을 클릭한다.

Description 탭은 선택된 레이어의 메터데이터에 관한 정보를 보여준다.

미리보기(Preview) 탭은 시군구 레이어에 대한 공간 정보를 보여준다. 미리보기 탭의 아래쪽에 Preview 드롭다운 메뉴를 Table로 변경하면 선택된 시군구 레이어의 속성 정보를 확인할 수 있다.

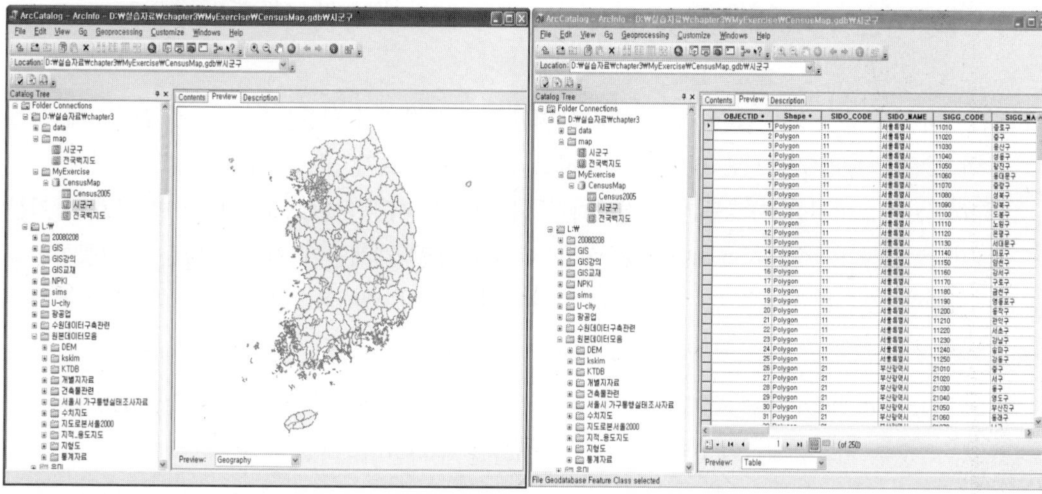

2. 속성 데이터의 조작 및 관리

[1] 속성 테이블의 컬럼 삭제 및 생성

속성 테이블을 조작하고 관리하는 기능은 GIS 분석에서 매우 중요하다. 속성 테이블을 조작하고 관리하는 과정은 ArcMap과 ArcCatalog에서 모두 할 수 있다.

❑ ArcMap 프로그램을 구동하고 빈 지도첩을 생성한 뒤 Add Data 버튼 을 클릭한다.

❑ chapter3\MyExercise\CensusMap.gdb로 이동한 뒤 지오데이터베이스 파일을 더블 클릭한다. 전국백지도 피쳐 클래스를 선택한 뒤 add 버튼을 누른다.

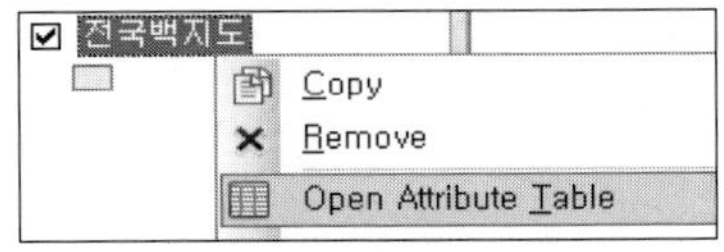

❑ TOC 창에서 전국백지도 레이어를 선택한 뒤 마우스 오른쪽 버튼을 사용하여 속성 테이블 열기(Open Attribute Table)메뉴를 클릭한다.

(속성 테이블에는 기본키가 되는 ObjectID, Shape, DO, HDCD, EDO, Shape_length, Shape_Area라는 컬럼들이 있다. 이 칼럼들 가운데 불필요한 컬럼을 삭제한다).

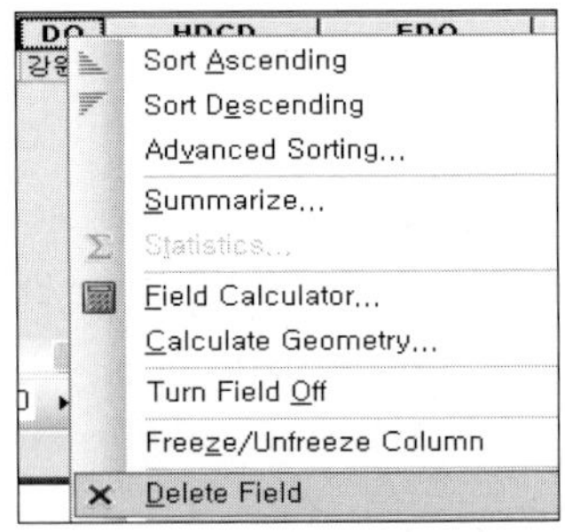

❑ 속성 테이블에서 'DO' 라는 컬럼을 마우스 오른쪽 버튼을 클릭하여 나타나는 메뉴 중에서 필드 삭제하기(Delete Field)를 클릭하고 Yes 버튼을 누른다.

❑ 유사한 방법으로 HDCD, EDO 컬럼을 삭제한다.

❑ 전국백지도 속성 테이블을 닫는다.

[2] 기본키(primary key) 생성

하나의 속성 테이블은 다른 속성 테이블들과 연결해서 사용하는 경우가 많다. 예를 들어 시군구 행정구역별로 취합된 인구자료와 사업체자료가 별도의 파일로 되어 있다고 가정해 보자. 이러한 자료들은 연결시키기 위해는 각 시군구별로 고유한 식별 부호인 기본키(primary key)를 사용해야한다. 고유 식별 부호란 개개인이 가지고 있는 주민등록번호와 같은 것으로 이 부호를 통해 각 피쳐를 개별적인 객체로 인식한다. 이러한 기본키를 바탕으로 서로 다른 속성 테이블을 연결시키는 것이 가능하다.

❑ Add Data 버튼 을 클릭한 뒤 chapter3\MyExercise\CensusMap.gdb에서 시군구 피쳐클래스와 census2005 테이블을 추가한다.

❑ TOC의 시군구 레이어에서 마우스 오른쪽 버튼으로 속성 테이블 열기 메뉴를 클릭한다. 시군구 레이어의 필드 중 시군구를 식별할 수 있는 기호는 'SIGG_CODE' 필드임을 확인 할 수 있다.

❑ TOC의 상태를 List By Source 로 변경하면 census2005 속성 테이블이 나타난다. 테이블을 선택한 뒤 마우스 오른쪽 버튼을 클릭하여 테이블을 연다(Open).

census2005 테이블의 명칭 컬럼을 보면 '11010 종로구'부터 '39320 남제주군' 까지 고유번호가 기록되어있다. 이 가운데 각 레코드의 앞의 5자리는 시군구 레이어의 식별 기호인 'SIGG_CODE'와 일치함을 알 수 있다. 따라서 명칭 컬럼에서 앞의 5자리 숫자를 분리하여 census2005 테이블의 기본키로 만들어주는 작업이 필요하다.

❑ 테이블 창의 상단부의 Table Option 버튼 을 클릭한 뒤 Add Field 메뉴를 선택한다.

(이때 현재 사용하고 있는 데이터가 다른 응용프로그램에서 사용되고 있다면 아래와 같은 에러 메시지가 나타난다. ArcCatalog나 기타 현재 데이터를 사용하고 있는 프로그램을 종료하면 해결된다).

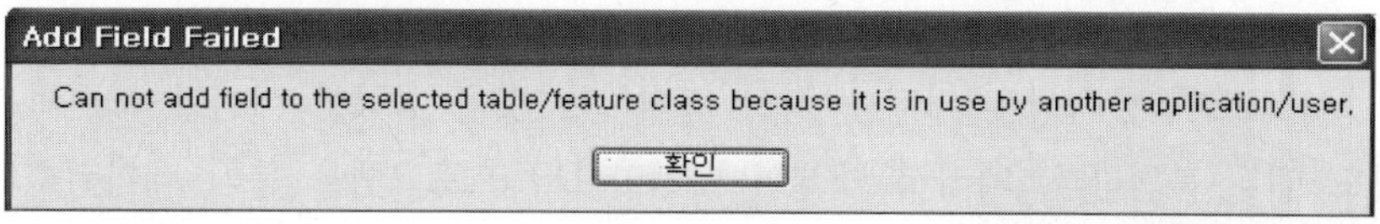

❑ Add Field 창이 활성화되면 Name은 'SIGG_CODE', Type은 Text, Length는 5로 변경한다.

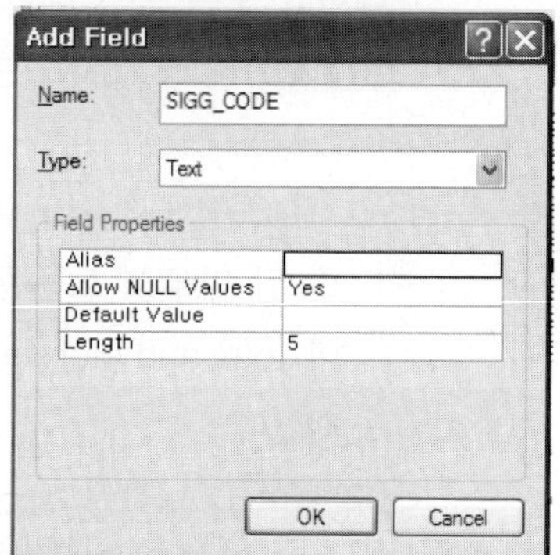

Type는 데이터 형식으로 ArcGIS에서는 정수형(short integer, long interger), 소수형(float), 실수형(double), 문자형(text), 날짜형(date) 등을 지원한다. 다양한 데이터 형식이 있는 이유는 데이터가 저장될 때 사용되는 메모리의 양을 조정하기 위해서이다.

❑ 추가된 SIGG_CODE 컬럼의 이름 부분을 마우스 오른쪽 버튼을 사용하여 Field Calculator 메뉴를 선택한다.

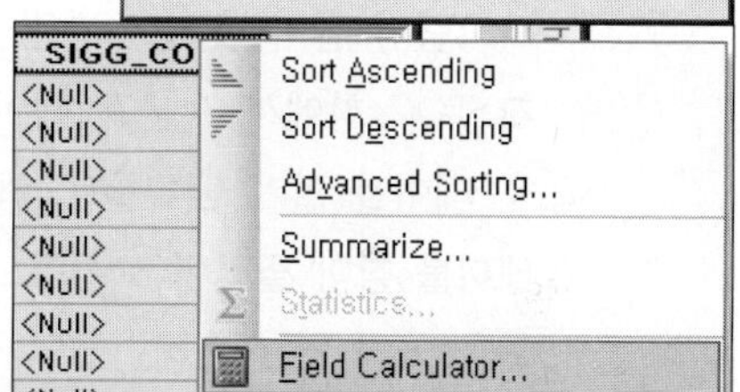

필드 계산기(Field Calculator)는 다양한 연산기능과 함수, Visual Basic Script 및 Python 언어 해석기를 제공한다. 레코드 앞의 5자리의 숫자를 가져오기 위해 Left()라는 함수를 사용한다.

❑ 필드 계산기 창이 활성화되면 Type은 String을 선택하고 나타난 함수 중 Left()를 찾아 클릭하면 하단 텍스트 상자에 Left() 라고 자동적으로 생성된다. ()안으로 커서를 놓고 Field의 [명칭]을 찾아 선택하고, ','를 붙인 후 숫자 5를 입력하고**(Left([명칭], 5)**, OK 버튼을 누른다.

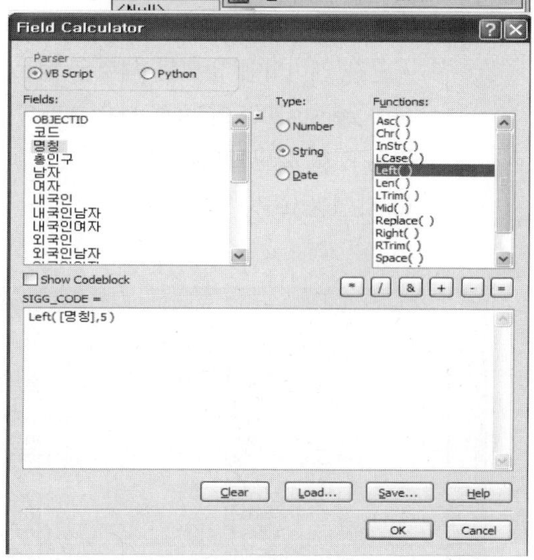

(Left함수는 컬럼의 왼쪽으로부터 지정한 숫자만큼의 값을 불러오는 기능을 하는 함수이다. 다른 자세한 함수들은 Help 버튼을 눌러 참조하도록 한다.)

❑ Left 함수에 의해 계산된 SIGG_CODE 컬럼을 확인한 뒤 테이블 창을 닫는다.

[3] 테이블의 조인(join)과 릴레이트(relate)

(1) 테이블의 조인

ArcGIS에서 속성 데이터를 직접 입력하는 것은 상당한 시간과 노력이 들며 작업 방식도 매우 불편하다. 따라서 엑셀이나 기타 DB 프로그램을 통해 데이터를 입력한 뒤 공간 데이터 또는 속성 데이터들을 연결한다. 이와 같은 연결 방법은 조인(join)기능과 릴레이트(relate) 기능으로 구분할 수 있는데 실습을 통해 차이점을 알아보자.

- ❑ TOC 창에서 시군구 레이어를 선택한 뒤 마우스 오른쪽 버튼을 클릭하여 Join and Relate, Join 메뉴를 선택한다.
- ❑ Join Data창이 활성화되면 이전의 그림과 같이 옵션을 변경한다.
- ❑ TOC 창에서 시군구 레이어의 속성 테이블 열기 메뉴를 클릭한다.

테이블 창이 열리면 오른쪽으로 스크롤을 옮겨 연결된 테이블의 정보들을 확인한다. 아래 그림을 보면 이전에 시군구 레이어에 없었던 새로운 정보들이 census2005의 속성 테이블과 연결된 것을 확인할 수 있다.

- ❑ 테이블 보기 창을 닫는다.

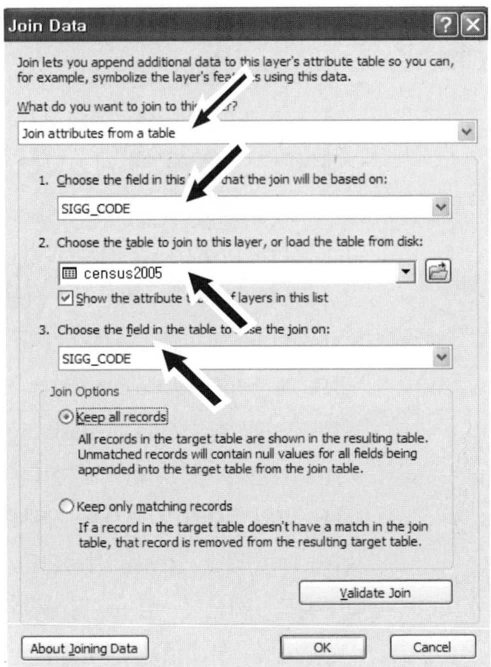

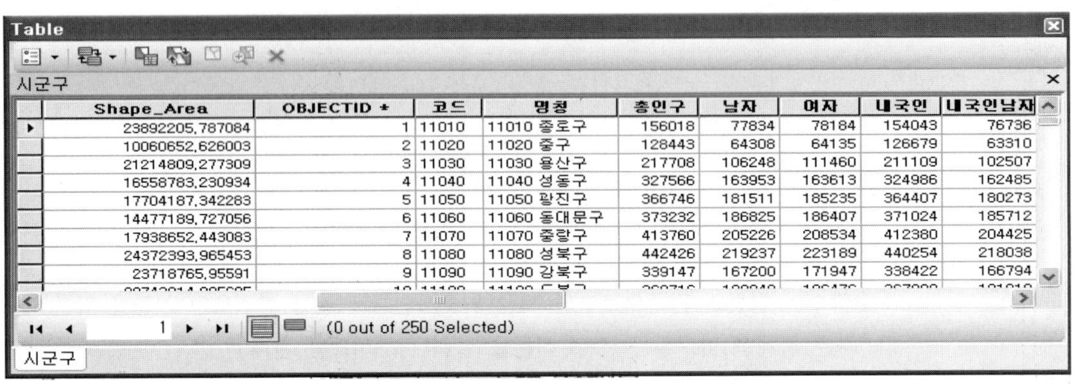

Table

시군구

Shape_Area	OBJECTID *	코드	명칭	총인구	남자	여자	내국인	내국인남자
23892205,787084	1	11010	11010 종로구	156018	77834	78184	154043	76736
10060652,626003	2	11020	11020 중구	128443	64308	64135	126679	63310
21214809,277309	3	11030	11030 용산구	217708	106248	111460	211109	102507
16558783,230934	4	11040	11040 성동구	327566	163953	163613	324986	162485
17704187,342283	5	11050	11050 광진구	366746	181511	185235	364407	180273
14477189,727056	6	11060	11060 동대문구	373232	186825	186407	371024	185712
17938652,443083	7	11070	11070 중랑구	413760	205226	208534	412380	204425
24372393,965453	8	11080	11080 성북구	442426	219237	223189	440254	218038
23718765,95591	9	11090	11090 강북구	339147	167200	171947	338422	166794

(0 out of 250 Selected)

시군구

(2) 테이블의 릴레이트

테이블을 조인하는 경우 공간 데이터와 속성 데이터, 또는 속성데이터와 속성데이터를 1대 1 대응으로 연결된다. 그러나 경우에 따라서는 레코드 수가 서로 다른 테이블을 결합해야하는 경우가 있다. 이렇게 레코드의 수가 서로 다른 경우에는 릴레이트 기능을 사용한다. 즉, 데이터가 일대 다 대응 구조를 가지고나 다대 다 대응 구조를 가진 경우 데이터 탐색을 위해서는 릴레이트를 사용한다. 따라서 테이블을 릴레이트하게 되면 속성 데이터가 테이블에 연결되어 추가되지는 않으나 사용자의 검색작업을 용이하게 하도록 도와준다.

❑ TOC 창에서 시군구 레이어를 선택한 뒤 마우스 오른쪽 버튼으로 Join and Relate, Remove Join에서 Remove all join 메뉴를 선택한다.
(조인에 대한 정보를 삭제하면 이전에 기본키로 연결된 정보가 사라져 시군구 레이어에서 센서스 관련 자료가 사라진다).

❑ ArcMap의 Catalog창에서 CensusMap.gdb를 마우스 오른쪽 버튼을 클릭하여 Import, Table(single)을 선택한다.

❑ 테이블 가져오기 창이 활성화되면 \chapter3\data\census.xlsx 파일을 더블 클릭하여 sheet2을 선택하고 add하고 속성 테이블 이름은 'relate_census'로 한다.

❑ Add Data 버튼 을 클릭한 뒤 지오데이터베이스 파일로 가져온 relate_census 테이블을 추가한다(이 테이블은 하나의 코드로 값이 정리되어 있는 것이 아니라 세로열로 값이 기록되어 있다. 즉, 한 지역의 총인구, 남자, 여자의 3개 필드가 짝을 이루고 있다).

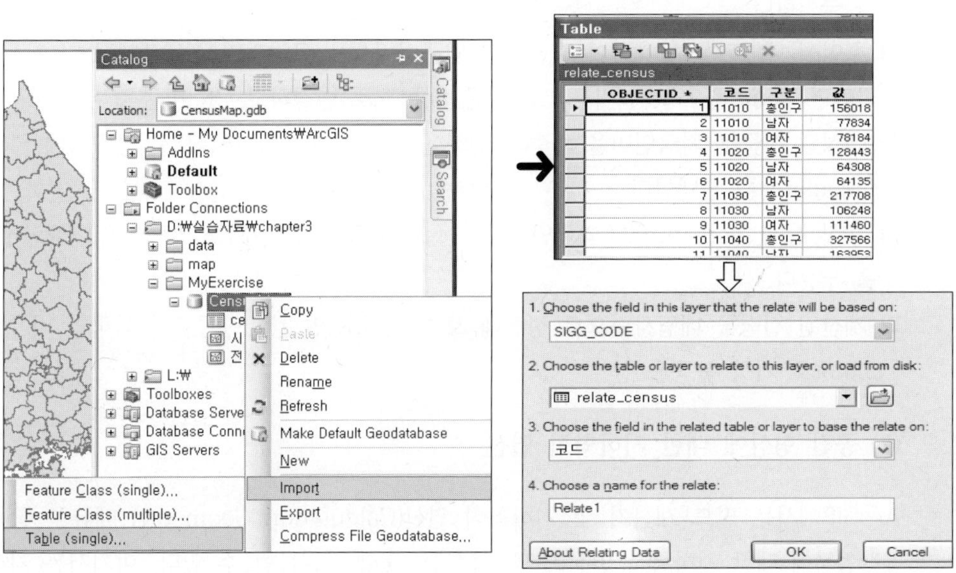

❑ TOC 창에서 시군구 레이어를 선택한 뒤 마우스 오른쪽 버튼을 클릭하여 Join and Relate, Relate 메뉴를 누른다. 창이 활성화 되면 위의 그림과 같이 옵션을 변경한다. (시군구 레이어의 속성 테이블 열기를 수행하여 보면, 시군구 레이어의 속성 테이블에는 변화가 없는 것으로 나타난다).

❑ 도구바에서 정보확인 버튼을 클릭한 뒤 원하는 지역 피쳐를 클릭한다. (정보창에 피쳐의 본래 정보와 더불어 하위 트리구조에 릴레이트된 엑셀 데이터가 함께 나오는 것을 확인할 수 있다).

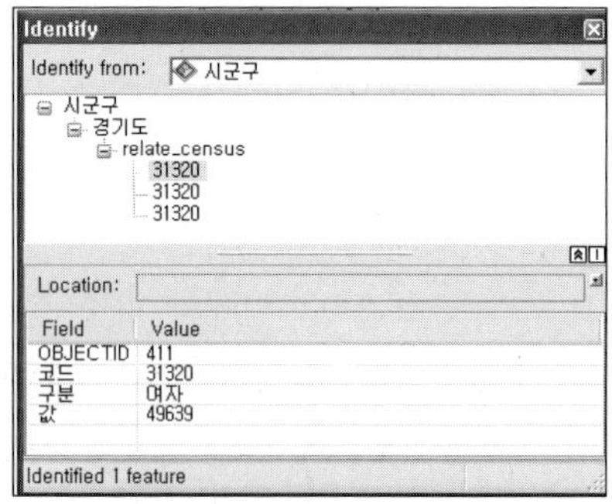

❑ 테이블 창을 닫고 시군구의 릴레이트 정보를 삭제한 뒤 다시 census2005 데이터로 조인시킨다.

[4] 필드 계산기 사용 및 기하학적 형상의 연산

여기서는 속성 데이터를 ArcGIS에서 직접 연산하여 원하는 정보를 생성하고 분석하는 방법을 실습해보자.

(1) 레코드 값을 사용하여 속성값 생성하기

❑ 시군구 레이어의 테이블을 열고 옵션 버튼을 클릭한 뒤 필드추가(Add Field) 메뉴를 클릭한다.

❑ 주어진 데이터를 활용하여 시군구별 외국인비율을 구하려면 Add Field 창이 활성화되면 Name은 '외국인비율', Type은 float으로 변경하고 OK 버튼을 누른다.

❑ 생성된 시군구 외국인비율 컬럼의 명칭을 마우스 오른쪽 버튼으로 클릭하여 Field Calculator를 선택한다.

❑ 수식 창에 [census2005.외국인]*100/[census2005.총인구]를 입력한 뒤 OK 버튼을 누른다.

❑ 계산된 컬럼을 내림차순으로 정렬해 보면 경기도 안산시 단원구의 외국인 비율이 3.03%로 가장 높음을 알 수 있다.

(2) 공간 형상에 대한 기하학적 연산

ArcGIS에서는 필드 계산기 및 기하학적 연산(Calculation Geometry) 메뉴를 활용하여 공간형상에 대한 기하학적 연산(면적, 중심점, 둘레 등)을 할 수 있다. 여기서는 기하

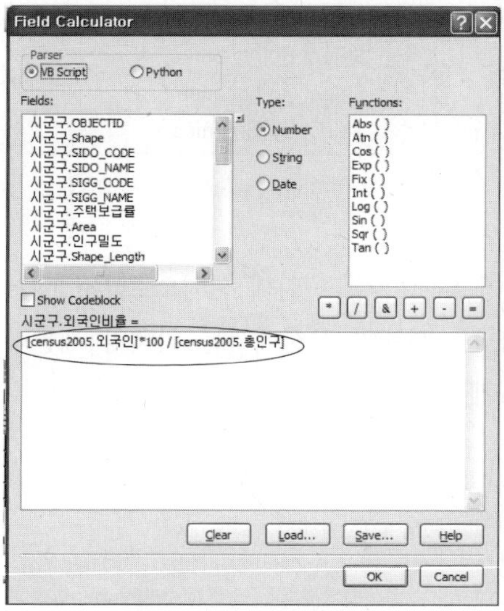

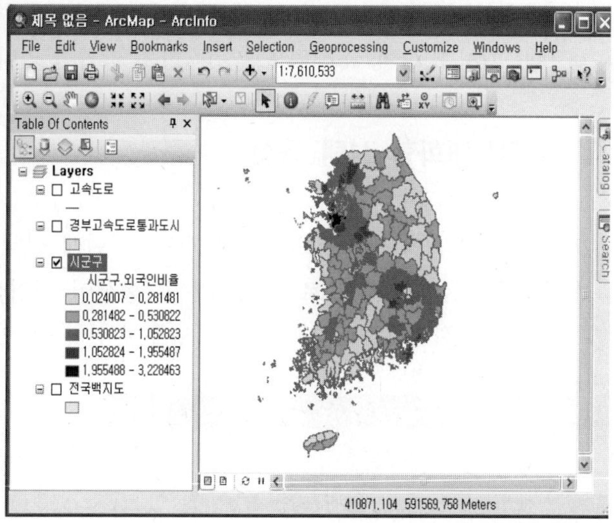

학적 연산 메뉴를 사용하여 피쳐의 면적을 계산하고 각 시군구의 인구 밀도를 계산하는 작업을 실습해보자.

❑ 시군구 레이어의 테이블을 열고 옵션 버튼을 클릭한 뒤 필드 추가(Add Field) 메뉴를 클릭한다.

❑ 컬럼명은 "Area" 유형은 "Double" 형을 입력한다. 다시 필드 추가 버튼을 누르고 "인구밀도"라는 컬럼을 Double형으로 추가 한다.

❑ 생성한 Area 컬럼에서 마우스 우 클릭한 뒤 Calculation Geometry를 선택하고 속성(property)는 Area로 한 뒤 OK 버튼을 눌러 피쳐의 면적을 계산한다.

❑ 이제 "인구밀도" 컬럼에서 필드 계산기를 실행한 뒤 수식창에 "총인구 /(Area/1000000)"를 입력하고 OK버튼을 누른다.

(면적이 계산된 단위는 ㎡이므로 밀도계산시 ㎢ 변환하기 위해 1,000,000으로 면적을 나누어준 것이다).

3. 데이터의 선택 및 쿼리

GIS 기능 가운데 매우 중요한 기능은 공간 데이터와 속성 데이터로부터 필요한 요소들만을 추출해내어 부가가치가 높은 정보를 생성하는 것이다. 공간 데이터의 선택 작업은 분석을 위하여 피쳐(Feature)를 선택하는 것이라고 할 수 있다. 즉, 피쳐 집합으로부터 원하는 정보만 추출하여 새로운 레이어를 생성하여 저장하기도 하며, 선택된 피쳐들에 대한 통계를 산출할 수도 있다. 선택 방법에는 속성으로 선택, 위치로 선택, 그래픽으로 선택하는 방법이 있다.

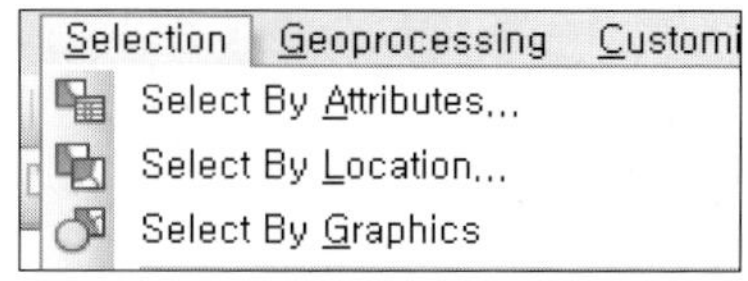

[1] 대화형 선택 옵션

선택의 방식은 "새롭게 선택하기", "현재 선택에 추가하기", "현재 선택으로부터 제거하기", "현재 선택으로 선택하기"의 옵션이 주어진다. 선택의 옵션에서는 선택의 세분화된 옵션을 제공하여 사용자의 의도를 반영할 수 있게 한다.

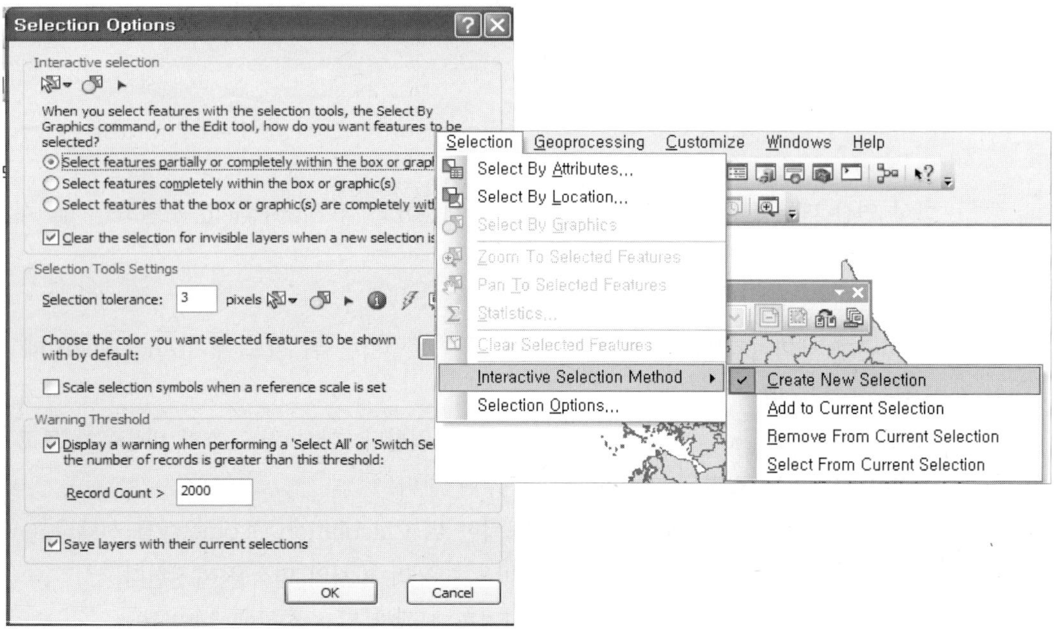

[2] 그래픽으로 선택하기

그리기 도구를 사용하여 피쳐를 선택하는 경우 선택하고자 하는 범위를 그린 뒤 select by graphics 메뉴(그래픽 객체가 있을 때만 활성화됨)를 사용하여 선택한다.

- ❑ 메뉴의 Customize, Toolbars에서 Draw를 선택한다.
- ❑ Draw 메뉴 바에서 사각형(Rectangle)을 선택하고 선택하고자 하는 범위의 크기의 사각형을 생성한다.

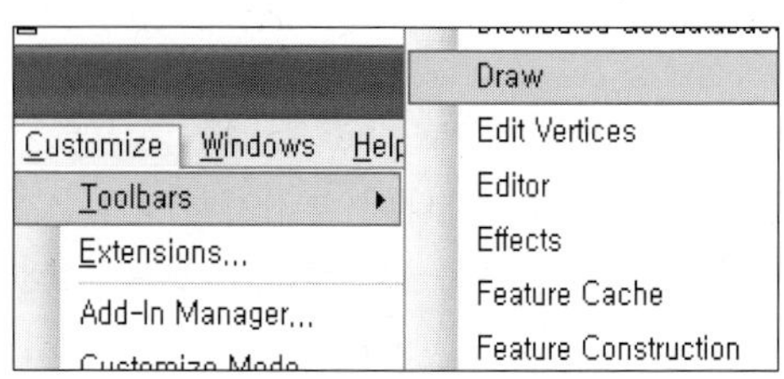

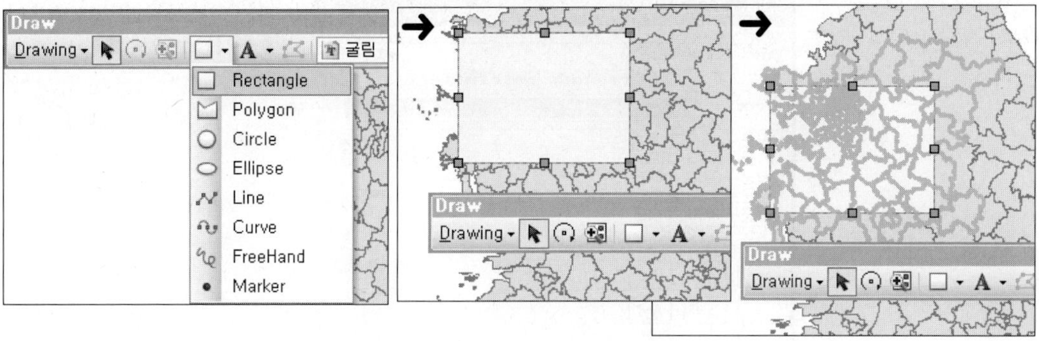

❑ 메뉴의 Selection, select by graphics 메뉴를 클릭하면 생성한 사각형에 접하는 피쳐 클래스들이 선택되는 것을 확인할 수 있다.

❑ 선택된 피쳐들을 해제하기 위해서 메뉴의 Selection, Clear Selected Features를 선택하거나 도구바의 선택 해제 버튼 을 클릭한다.

❑ 도구 바의 Select Element 버튼 을 사용하여 생성한 사각형을 선택한 뒤 Delete 키를 눌러 삭제한다.

[3] 속성으로 선택하기

속성으로 선택하는 방법은 질의문(query)을 이용하여 선택조건에 따라 속성 테이블을 검색하여 선택하는 것이다. ArcGIS에서 사용하는 질의문은 SQL 질의문과 같다. 속성으로 선택하기 위한 실습에서는 앞에서 조인한 시군구 레이어와 census_2005 테이블 사용한다.

❑ 메뉴의 Selection, select by attributes를 선택하여 속성으로 선택하기 창을 활성화시킨다.

❑ Layer는 시군구, Method는 Create a new selection으로 하고 '시군구.주택보급률'를 클릭한 뒤 > 을 누르고 아래 SQL 질의어 창에서 100을 입력하고 OK 버튼을 누른다.

(이때 SQL질의어 창에서 SELECT * FROM 시군구_census2005 WHERE 라고 쓰인 부분은 "분석용 테이블로부터 where 조건절 아래있는 조건에 의해 모든 레코드 정보를 선택하라"는 의미이다. 일례로 "시군구.주택보급률 > 100"은 전국 시군구 중에서 주택보급률이 100%를 넘는 지역을 선택하라는 것이다).

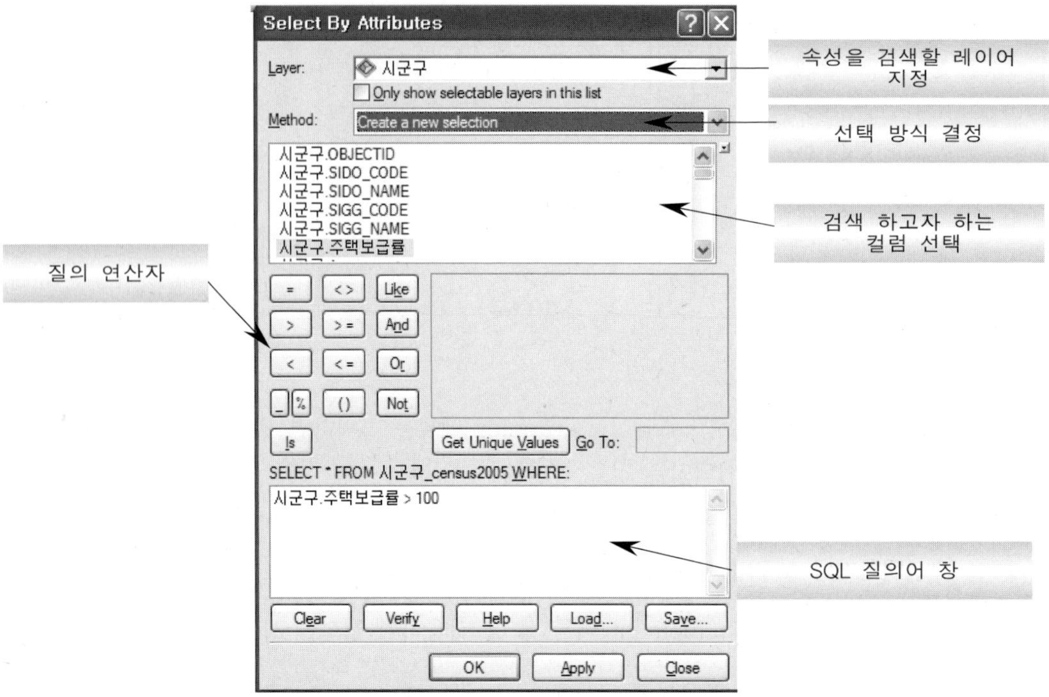

선택 방법(method)는 4가지가 있다. 첫째, 새로운 선택 결과물을 생성하는 Create a new selection, 둘째, 선택된 결과에서 추가적인 선택을 수행하는 Add to current selection, 셋째,는 선택된 결과물에서 일부 지역을 취소하고자 할 때 사용하는 Remove from current selection, 넷째, 선택된 결과 중에서 다시 선택하고자 할 때 사용하는 Select from current selection이 있다.

검색하고자하는 컬럼을 선택하는 창을 보면 '시군구.XX', 'census2005.XX'라는 형식으로 되어있다. 이는 시군구 레이어와 census2005 속성 테이블이 조인되어 있기 때문에 실제 해당컬럼이 어디에 기록되어 있는지를 알려주는 것이다. 질의 연산자 중 논리 연산을 담당하는 And, Or, Like, Is, Not에 대한 사항은 다음과 같다.

논리 연산자

AND: 교집합의 의미(사과이면서 배인 것을 고르시오: 사과 and 배)
OR: 합집합의 의미(사과와 배를 고르시오: 사과 or 배)
LIKE: 유사한 데이터를 검색("사"로 시작되는 과일을 고르시오: LIKE "사%"
IS: 참거짓(Null 값을 고르시오: IS NULL)
NOT: 부정(Null 값이 아닌 것을 고르시오: IS NOT NULL)

❑ TOC의 시군구 레이어를 마우스 오른쪽 버튼으로 클릭하여 속성 테이블 열고 선택된 레코드만 보기(show selected features) 버튼을 클릭하고 주택보급률 컬럼을 확인한다.

❑ 작업이 다 끝났으면 clear selected features 버튼을 눌러 선택 된 피쳐들을 해제한다.

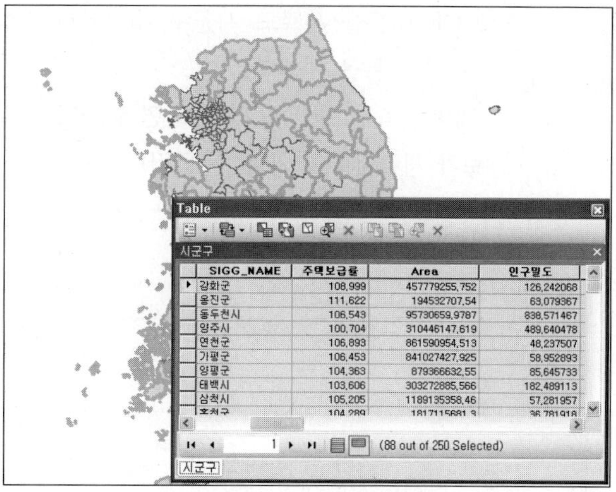

[4] 위치 정보로 선택하기

이 방법은 한 레이어가 가지는 위치 정보로 다른 레이어의 피쳐를 선택할 때 사용되는 방법으로, 지도상의 중첩 기능(overlay)을 사용하여 피쳐를 선택하는 것이다.

❑ Add Data 버튼 을 클릭하고 chapter3\map\폴더에서 고속도로.shp를 추가한다.

❑ 메뉴의 Selection, select by attributes를 선택하여 속성으로 선택하기 창을 활성화시킨다.

❑ 경부고속국도만을 선택하기 위해 "NAME" = ‘경부고속국도’의 질의문이 되도록 작성한 뒤 OK버튼을 누른다.

(이때, 컬럼을 선택하면 Get Unique Values 버튼이 활성화 되는데 이 버튼을 누르면 선택한 컬럼의 중복되지 않는 값들을 보여준다. 따라서 NAME 컬럼을 누르고, "=" 버튼을 누른 다음, Get Unique Values 버튼을 눌러 ‘경부고속국도’를 찾아서 클릭하면 질의문 작성이 편리하다).

❑ 메뉴의 Selection, select by Location을 선택하여 위치로 선택하기 창을 활성화시킨다.

❑ 선택될 레이어 Target layer를 ‘시군구’로 설정 한다.

(Use selected features 체크 박스는 이전 단계에서 속성으로 선택한 경부고속국도 피쳐의 위치만을 통해 시군구를 선택할 것인지를 결정하는 것임으로 체크박스를 활성화시켜둔다).

❑ OK 버튼을 누르고 시군구 레이어의 속성 테이블을 열고 선택된 레코드만의 정보 보기 버튼을 누른다.

(테이블 속성 창이 활성화 되면 총 250개 시군구 중 30개 지역의 시군구에 경부고속도로가 지나감을 확인할 수 있다).

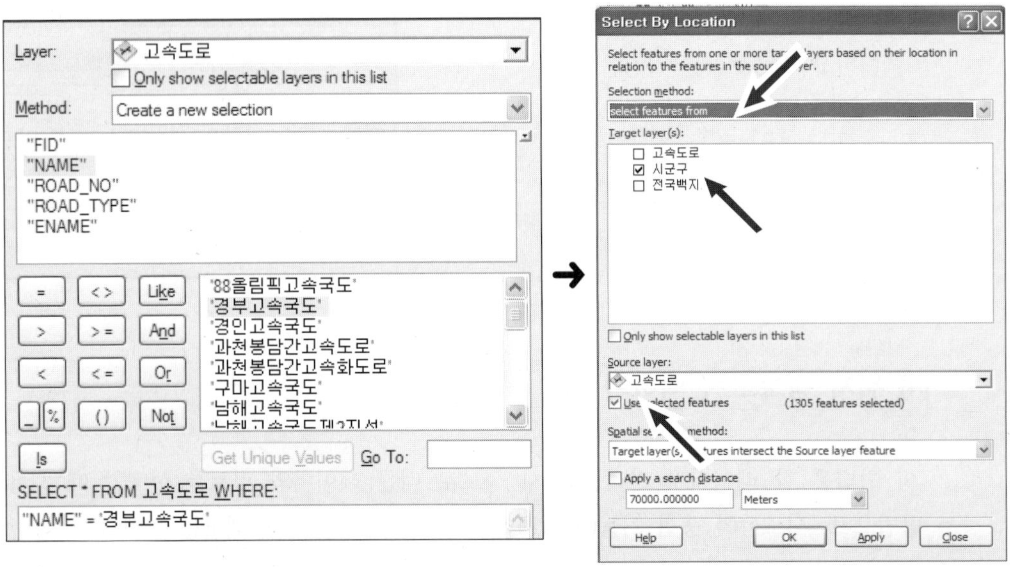

❑ 테이블 속성 중 총인구 컬럼의 명칭을 마우스 오른쪽 버튼을 사용하여 Statistics 메뉴를 선택한다.

(테이블 속성창의 통계정보보기 메뉴를 통해 30개의 시군구를 경부고속국도가 지나고 있으며 이들 지역의 인구는 약 761만명임을 파악할 수 있다).

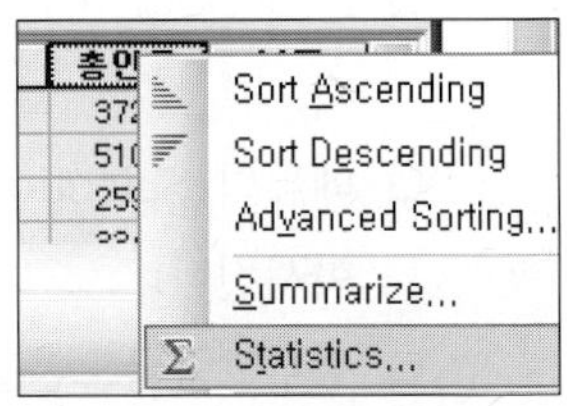

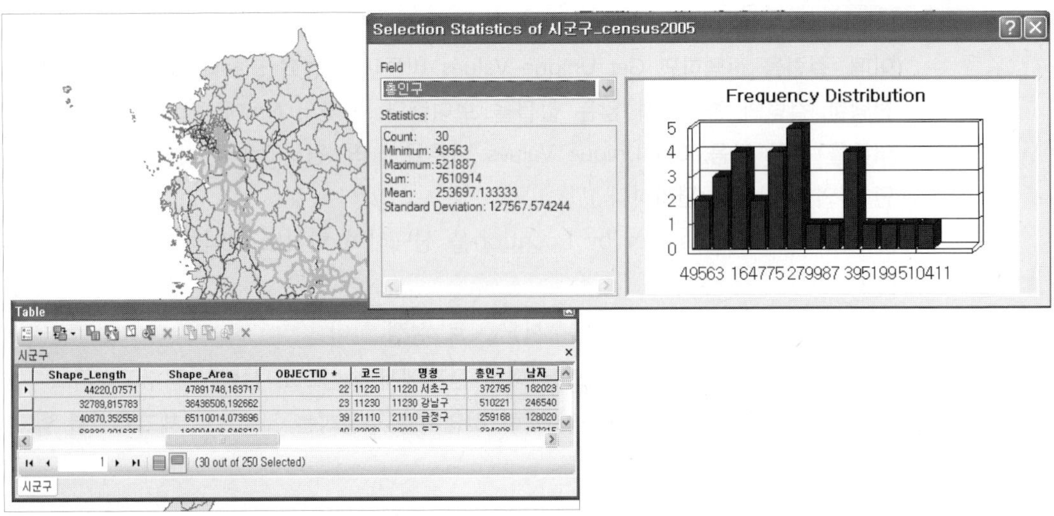

선택 기능을 이용하여 작업한 결과물들을 새로운 레이어로 저장하여 차후에 다시 활용할 수 있다. 만약 조인 된 테이블이라고 한다면 조인했던 정보들이 하나의 테이블로 합쳐져서 영구적으로 저장된다.

❑ 시군구 레이어를 마우스 오른쪽 버튼을 사용하여 Data, Export Data를 클릭한다.

❑ Export에 선택한 피쳐(Selected Features)가 선택되었는지 확인한 뒤 저장 경로 및 이름을 \chapter3\MyExercise\CensusMap.gdb\에"경부고속도로통과도시"로 입력후 확인 버튼을 누른다.

❑ 맵상에 새로운 레이어로 추가할 것인가라는 메시지가 나오면 "예"를 클릭한다.

❑ 선택된 피쳐들을 해제한 뒤 저장된 결과물을 확인한다.

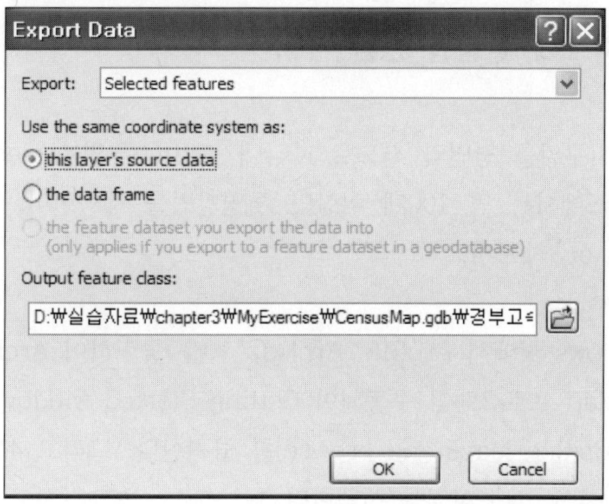

실습 4

공간 데이터의 구축 및 편집

1. 투영법과 좌표체계

3차원의 지구를 2차원의 평면인 지도로 전개하는 투영법은 매우 다양하며 투영방법에 따라서 좌표체계도 달라진다. 좌표체계는 3차원의 지구위에서 경도와 위도로 나타내는 지리좌표계와 이를 2차원의 평면으로 변환시켜 사용하는 투영된 좌표계로 구분할 수 있다.

[1] 세계지도의 투영법 변환

구형인 지구위를 평면의 지도로 나타내기 위한 투영(projection) 방법은 상당히 다양하며, ArcGIS에서는 약 100개 이상의 투영방법을 제공한다. 여기서는 다양한 투영법의 변환에 관해 실습해보자.

❑ Windows 창에서 ArcGIS, ArcMap 10을 클릭하여 ArcMap 프로그램을 구동한다.

❑ ArcMap 프로그램이 구동되어 Getting Started window가 나타나면 기존 지도의 탐색(Exisiting Maps and browse)를 클릭한다. 그리고 4장 실습을 위해 폴더에서 chapter4_1.mxd 파일을 선택한다.

(실습 파일을 열면 세계지도를 확인할 수 있다. ArcGIS 프로그램에서는 다양한 투영법을 자유롭게 변경할 수 있으며 자신이 표현하는 공간 형상에 적합한 투영법을 선택할 수 있다).

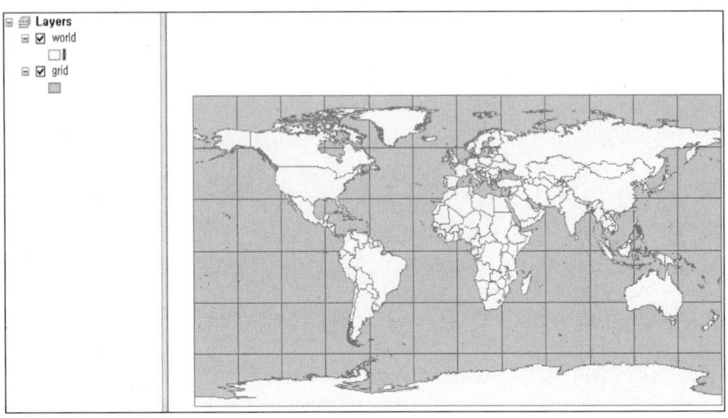

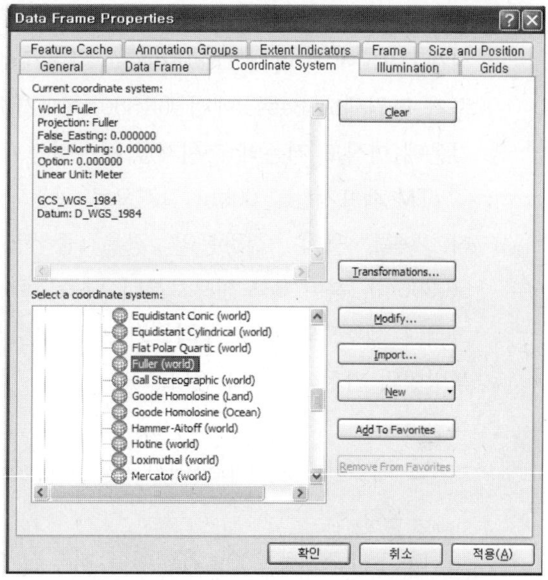

- ❑ Layers 데이터 프레임에서 마우스 오른쪽 버튼을 사용하여 속성(properties)을 선택, 좌표계 탭으로 이동한다.
- ❑ 좌표계 선택(select a coordinate system) 패널에서 Predefined folder, Projected Coordinate System folder, World folder에서 Fuller(world)를 선택한 뒤 확인버튼을 누른다.

풀러 투영법은 fuller(1946)가 제안한 투영법으로 특정한 위, 아래가 없는 지도로 표현된 투영법이다. 이와 같은 도법을 통해 세계 여러 지역 간에 이루어지는 공간적 상호작용의 흐름(사람이나 상품의 이동 등)을 단절감없이 표현할 수 있다).

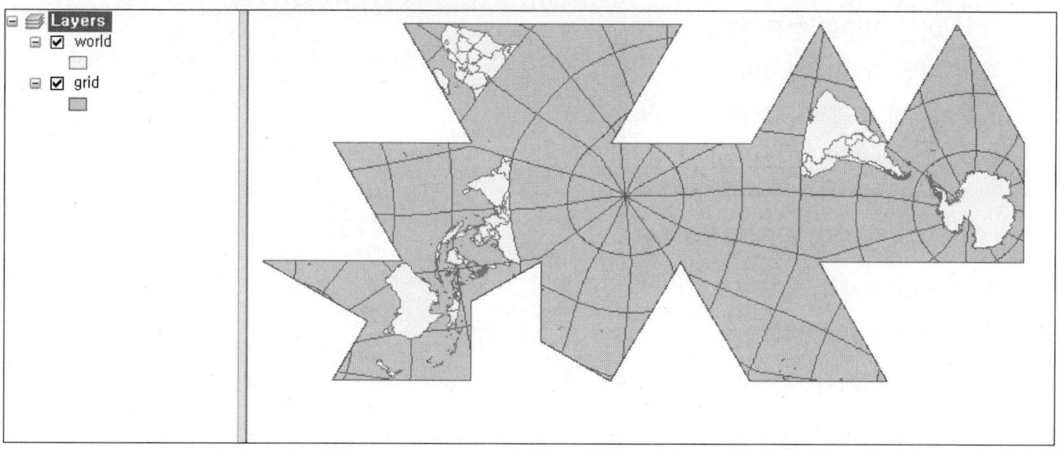

[2] 우리나라의 TM좌표계 설정

우리나라는 평면직각 좌표계인 TM(Transverse Meractor) 좌표계를 기준으로 하고 있으며, 군사지도의 경우 UTM(Universal Transverse Mercator) 좌표계를 사용한다. 국가 기본도의 경우 2007년 전까지 Bessel 1841 타원체를 준거타원체로 사용하고 있고, 125도, 127도, 129도, 131도 경도선을 기준으로 서부, 중부, 동부, 동해원점을 사용하고 있다.

2003년 이후로 제작된 국내 지도는 세계측지계 사용을 시작하였으며 2007년에는 이를 의무화하였다. 이를 위해 2002년부터 기준 경위도 원점을 Tokyo 데이텀에서 세계측지계(ITRF)에 따라 KTRF(Korean Terrestrial Reference Frame)으로 변경했다. 또한 준거 타원체도 Bessel에서 GRS80 측지기준계로 변경했다. 하지만 사용되고 있는 지도들 가운데 아직도 기존의 측지계를 사용하는 경우가 많다.

TM 좌표계는 1,000m 간격으로 구축되며 좌표계에서 표현하는 숫자의 단위는 1m 이다. 예를 들어, 천왕봉의 경우 중부원점으로부터 동쪽으로 (266,396m-200,000m= 66,396m), 북위 38도선으로부터 남쪽으로 (500,000-204,410 = 295,590m) 떨어져 있다. 그러나 제주도의 경우 Y좌표의 한계치인 500,000m를 넘기 때문에 예외로 550,000m를 Y방향의 가상좌표로 정한다.

- ❑ 메뉴의 File, Open에서 4장 예제 실습폴더에서 chapter4_2.mxd 파일을 불러온다.
- ❑ 구시군경계_2005 레이어를 마우스 오른쪽 버튼으로 클릭하고 속성보기 창에서 Source탭을 클릭하면 현재 레이어의 투영정보를 확인 할 수 있다.

(구시군경계_2005레이어는 기존의 한국측지계를 갖고 있다. 따라서 이 파일을 세계측지계로의 투영법으로 변환할 필요성이 있다).

그러나 새로 적용되는 우리나라의 측지계는 ArcGIS에서 제공하지 않기 때문에 다음과 같은 과정을 수행하여야한다.

- ❑ ArcGIS 관련 프로그램을 모두 종료한다.
- ❑ chapter4 폴더 안에 있는 GEOGTRAN.zip 파일의 압축을 C:\temp 폴더에 해제한다(이때 나타나는 geogtran 파일의 명칭을 변경해서는 안 된다).
- ❑ 내 컴퓨터 아이콘에서 마우스 오른쪽 버튼을 사용하여 속성 메뉴를 클릭하고 고급 탭으로 이동한다.
- ❑ 환경변수 버튼을 누르고 아래 쪽 새로 만들기 버튼을 누른 뒤 나타나는 새 시스템 변수에 다음과 같이 입력한 뒤 확인 버튼을 누른다.

변수이름: PEOBJEDITHOME
변수 값: C:\temp

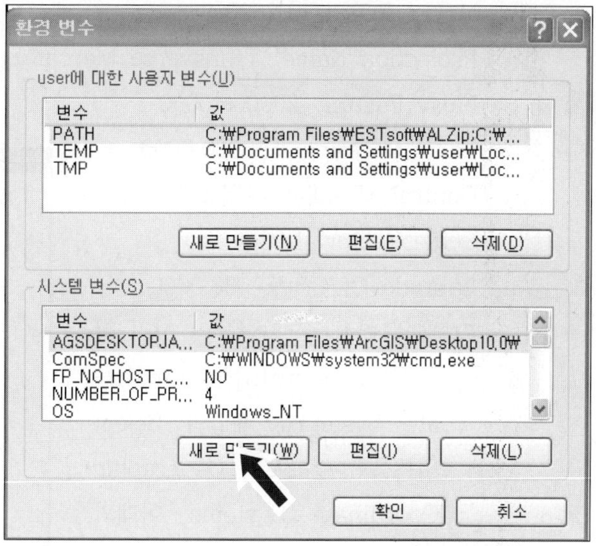

- ❑ ArcMap 프로그램을 구동시키고 chatper4_2.mxd을 불러온다.
- ❑ 메뉴의 Geoprocessing, ArcToolbox를 선택한다. 활성화된 ArcToolbox에서 Data Management Tools→Projections& Transformations→Feature → Project를 선택한다.
- ❑ Project 창이 활성화되면 Input Dataset or Feature Class에 구시군경계_2005 레이어를 선택하고 Output Dataset or Feature Class에 chapter4\map\ 폴더 안에 구시군경계_new.shp로 저장한 뒤 Output Coordinate System의 버튼을 누른다.

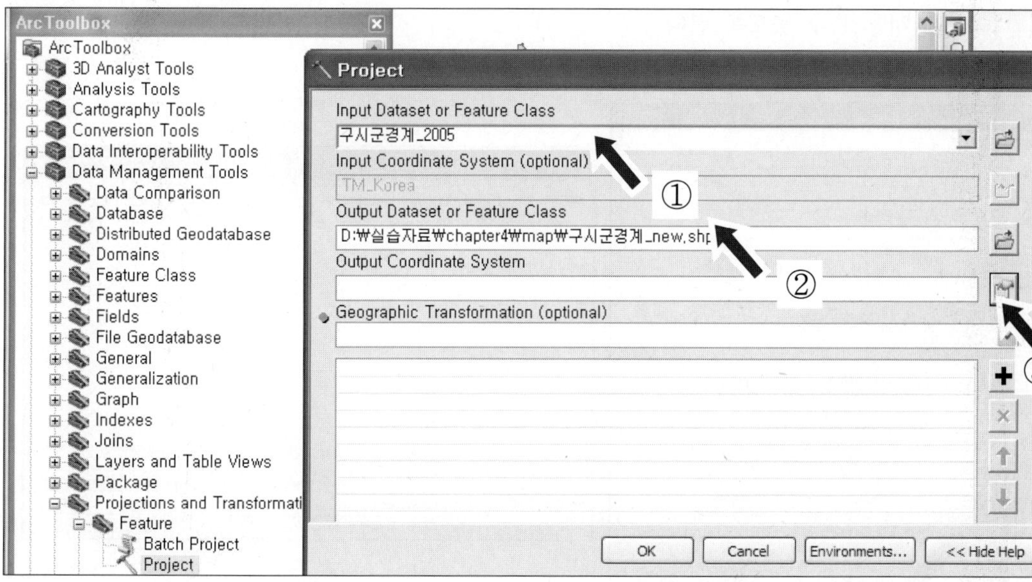

- ❑ 공간 기준체계 등록정보(Spatial References Properties) 창이 활성화 되면 New 버튼을 누르고 Projected 메뉴를 클릭한다.
- ❑ 새로운 투영 좌표계 창이 활성화 되면 아래와 같이 내용을 변경한다.

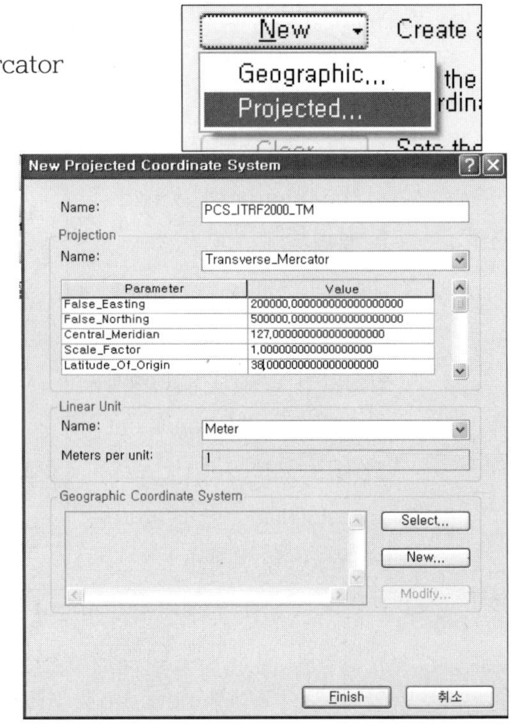

Name: PCS_ITRF2000_TM

Projection Name: Transverse_Mercator

False_Easting: 200000.0000

False_Northing: 500000.0000

Central_Meridian: 127.0000

Scale_Factor: 1.000

Latitude_Of_Origin: 38.0000

- ❑ 내용 변경 후 하단부의 지리 좌표계(Geographic Coordinate Systems) 패널의 Select 버튼을 누르고 Geographic Coordinate Systems 아래의 World 폴더의 ITRF_2000.prj를 선택하고 추가 버튼을 누른다.
- ❑ 공간 기준체계 등록정보(Spatial References Properties) 창을 닫기 전에 다른 이름으로 저장 버튼을 눌러 좌표체계를 파일로 저장하여 이후 재사용할 수 있도록 한다.

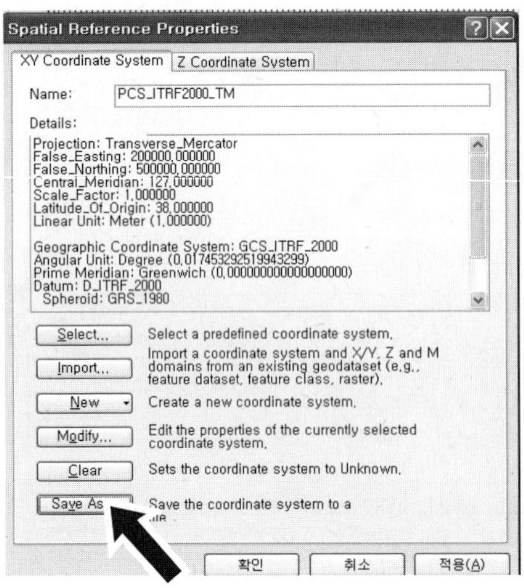

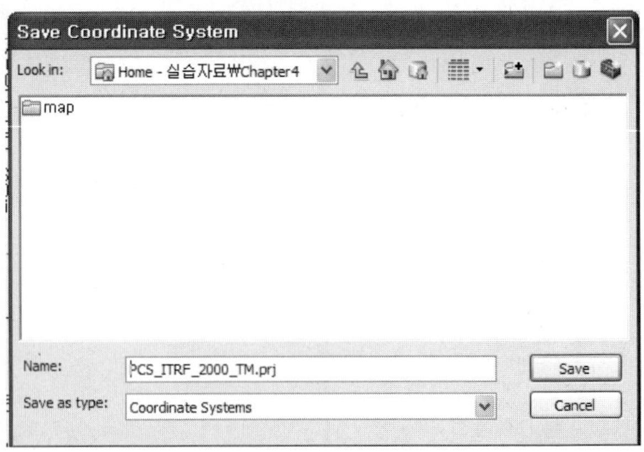

- ❑ 한국측지계를 세계측지계로 바꾸기 위해 Geographic Transformation(optional)에서 Korean1985_To_ITRF2000을 선택한 뒤 OK 버튼을 눌러 투영변환을 마친다. 이와 같은 메소드는 이전에 설정한 Geogtran파일에서 정의된 것이다.

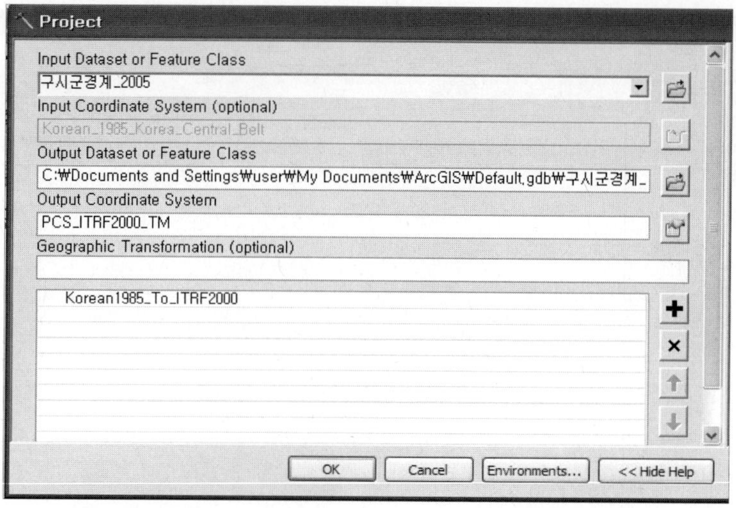

2. 디지타이징을 통한 공간 데이터의 편집과 수정

공간 데이터를 새로이 구축하거나 이미 구축된 공간 데이터를 수정하고자 하는 경우 디지타이징 기능을 활용하여야 한다. ArcGIS에서는 shapefile 및 지오데이터베이스의 피쳐 클래스를 구축하거나 편집할 수 있다. 이러한 작업은 편집기(editor) 메뉴를 이용하여 수행된다.

[1] Editor 툴바 사용하기

공간 데이터를 새로이 구축하는 경우는 매우 많은 시간과 비용이 소요된다. 우리나라의 경우 1995년부터 이루어진 NGIS 사업의 결과 상당히 많은 수치지도들이 구축되어 있다. 따라서 여기서는 실습을 통해 새로운 공간 데이터 구축방법 보다는 기존에 사용되고 있는 다양한 공간 데이터를 편집, 수정하는 과정을 살펴보자.

- ❏ ArcMap 프로그램을 시작한 뒤 '비어있는 새 맵(A new empty map)'을 선택한다.
- ❏ Add Layar 버튼  을 클릭하고 Chapter4\edit_map\data.mdb라는 지오데이터베이스파일로 이동하여 "지적"레이어를 클릭하여 추가한다.
- ❏ TOC의 지적 레이어에서 마우스 오른쪽 버튼을 클릭 후 Edit Features.., Start Editing을 선택하거나 메뉴의 Customize, Toolbars, Edit를 선택하여 편집기 메뉴바를 활성화 시킨 후 편집기 메뉴 중 Start Editing을 클릭한다.

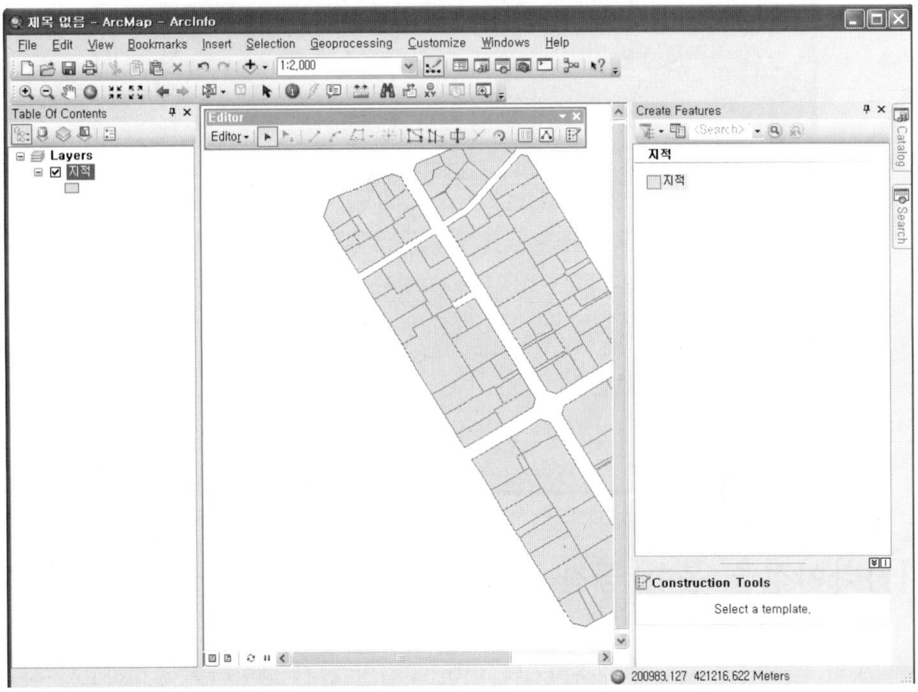

편집기(Editor) 툴바가 start editing 모드로 되면 메뉴들이 활성화된다. 주로 Editor 툴바에 있는 기능들과 아이콘들이 공간 데이터를 편집, 수정하는데 사용된다.

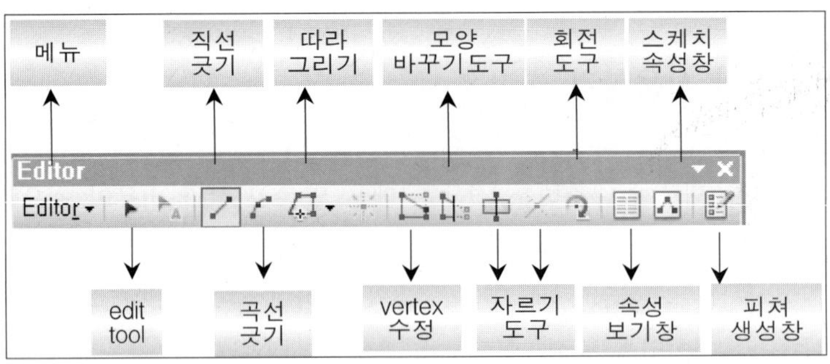

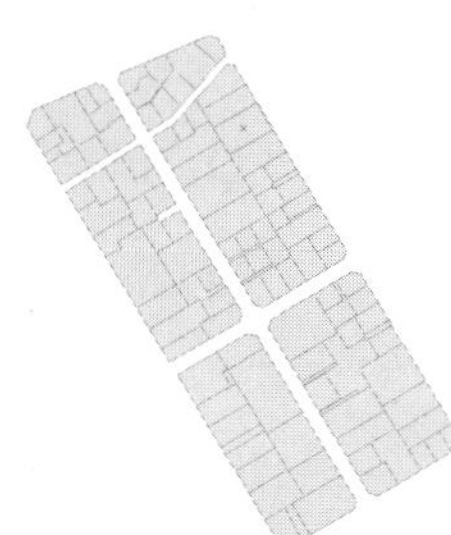

❑ 피쳐의 선택 및 이동하기 위해서는 "편집도구(Edit Tool) ▶ " 버튼을 클릭한 뒤 한 필지를 택하여 활성화시킨 뒤 drag하여 원하는 위치에 옮긴다.

❑ 원하는 곳으로 이동한 뒤 실행취소 버튼↶이나 Ctrl+Z 버튼을 눌러 원상태로 복귀시킨다.

❑ 피쳐의 회전은 회전도구(Rotate) 버튼을 통해 이루어진다. 선택된 피처를 회전시키거나 고정점을 변화시켜 회전하는 작업을 수행하고 다시 실행취소버튼을 눌러

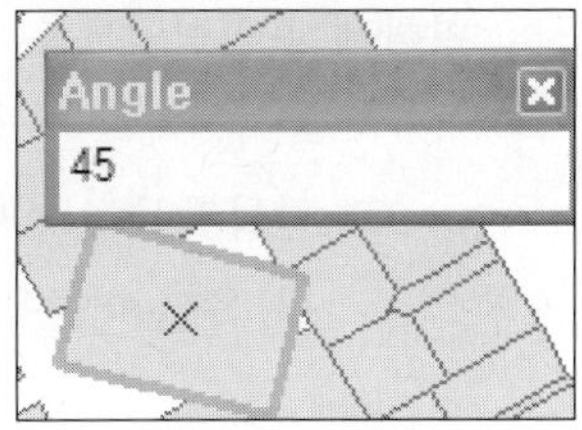

원상태로 복귀시킨다.

❑ 회전도구 버튼 상태에서 키보드의 A키를 누르면 사용자의 입력에 의한 회전각을 설정할 수 있다.

❑ 편집도구(Edit Tool) ▶ 버튼을 클릭하고 선택된 필지를 더블클릭한다.

(피쳐가 편집상태로 활성화되면 아래 그림과 같이 이전 작업에서 수행된 vertex들의 위치에 관련한 정보들이 나타난다. 자세한 공간 좌표는 스케치 속성창(sketch properties)에서 확인 할 수 있다. 또한 새로운 Edit Vertices메뉴 바가 생성된다).

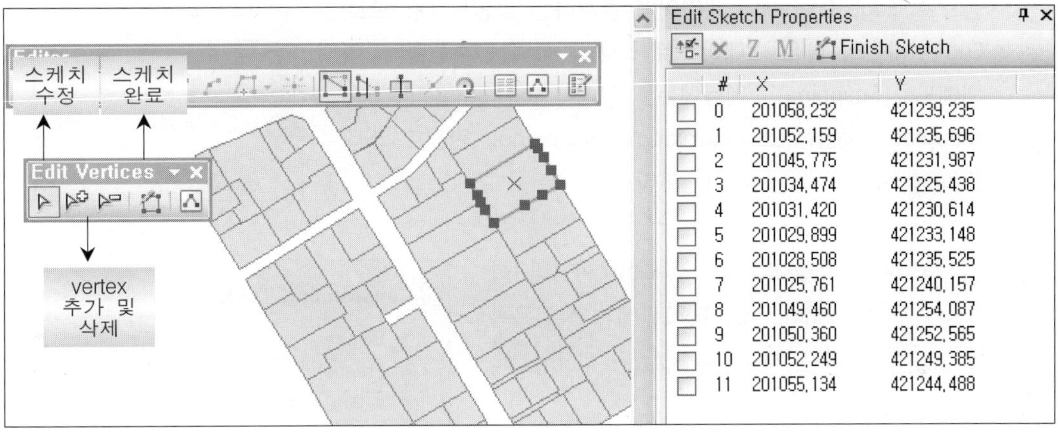

❑ 스케치 수정상태에서 마우스 포인터를 vertex 위에 올려놓고 drag하여 위치를 변경해보고 삭제 버튼을 눌러 vertex을 삭제해보거나 선택된 피쳐의 라인 위에서 마우스 오른쪽 버튼을 클릭하여 새로운 vertex을 추가해본다.

❑ 작업이 끝난 후에는 마우스 오른쪽 버튼을 클릭하여 스케치 마침을 클릭하거나 F2 버튼을 눌러 스케치 상태를 완료해야 원하는 작업을 마무리 할 수 있다.

❑ 변형 작업 후에는 실행취소 버튼으로 원상태로 복귀한다.

❑ 키보드 Del 키를 눌러 선택된 필지를 삭제한 뒤 편집기 메뉴의 편집저장(Save Edit)를 눌러 현 상태를 저장한다.

[2] 폴리곤 공간 데이터 생성

스케치 도구를 사용하여 새로운 피쳐를 생성하는 작업을 수행하기 위해서 먼저 스내핑(snapping) 등록정보를 설정하는 것이 편리하다. 스내핑 기능을 사용하면 설정된 옵션에 따라 point, vertex, edge, end 부분에서 마우스 포인터가 달라붙는듯한 느낌으로 정확하게 포인팅되도록 도와주는 기능을 수행한다.

❑ 편집기(Editor)에서 스내핑(Snapping), Snapping toolbar을 클릭하여 4가지 스내핑 옵션 버튼을 활성화 시킨다.

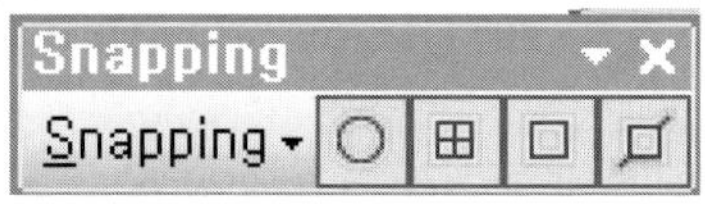

스내핑 옵션에는 Point, Vertex, Edge, End이 있다. Point Snapping은 포인트 피처를 대상으로, Vertex Snapping은 피쳐의 vertex를 대상으로, Edge Snapping 레이어에 존재하는 라인을 대상으로, End는 라인의 끝점을 대상으로 스내핑 작업을 수행한다. 이외에도 Snapping 메뉴에는 교차 스내핑(intersection snapping), 중간점 스내핑(midpoint snapping), 탄젠트 스내핑(tangent snapping)을 지원한다.

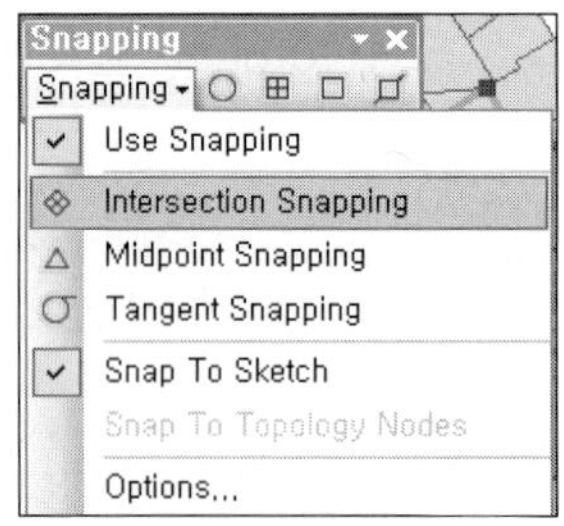

❑ 피쳐 만들기(create features)창의 하단 Construction Tools 메뉴 작업목록 중 폴리곤 자동 완성(Auto Complete Polygon)을 클릭한다.

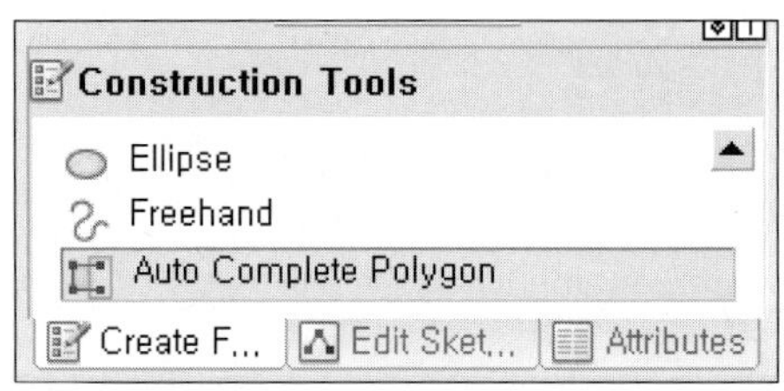

폴리곤 자동 완성은 폴리곤을 추가할 때 인접해 있는 다른 폴리곤과 중복되는 경계선이 스케치되지 않게 작업하는 것을 말한다.

❑ 이전에 삭제했던 피쳐의 왼쪽 상단부분에 스케치 도구를 올려놓으면 주변 다른 피쳐의 버텍스와 반응하여 포인터가 붙는다는 느낌으로 움직인다.

❑ 우측 상단의 vertex로 이동하여 맞닿는 라인을 설정해주고 다른 라인과 평행하게 긋기 위해 좌측의 세로 라인으로 포인터를 이동한 뒤 마우스 오른쪽 버튼으로 평행선 (p)을 선택한 뒤 우측 하부 vertex 위치까지 평행하게 이동한다.

❑ 마지막 vertex를 선택한 뒤 더블 클릭 혹은 F2(스케치 완료) 버튼으로 피쳐를 구축한다.

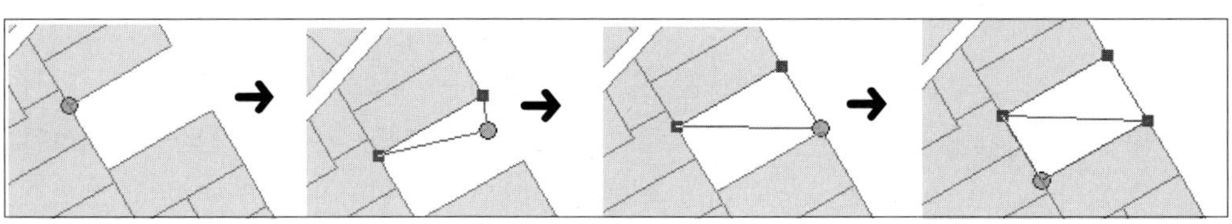

[3] 폴리라인 공간 데이터 편집

❑ Add Layar 버튼 을 클릭하고 Chapter4\edit_map\data.mdb 라는 지오데이터베이스 파일로 이동하여 'road'를 클릭하여 추가한다.

(추가된 road 피쳐는 피쳐 생성창(create features)에 등록되지 않았다. 피쳐 생성창에 등록이 되어야 대상 레이어는 새로운 피쳐 생성 작업을 할 수 있다).

❑ 피쳐 생성창에서 Organize Templates 버튼을 클릭한다.

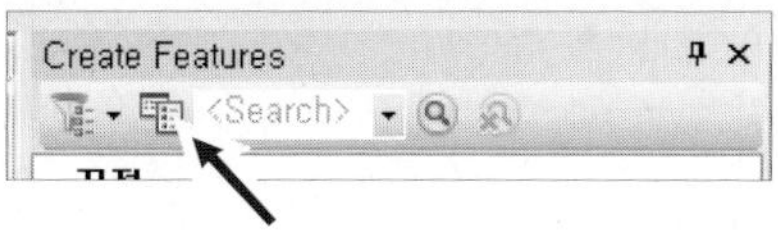

❑ Organize Feature Templates 창이 활성화되면 New template 클릭한다. 새로운 탬플릿 만들기 마법사가 활성화되면 지적레이어의 체크 박스를 해제하고 road를 체크한 뒤 finish 버튼을 클릭한다.

(등록이 끝나면 피쳐 생성창에 road가 등록되어 있음을 확인할 수 있다).

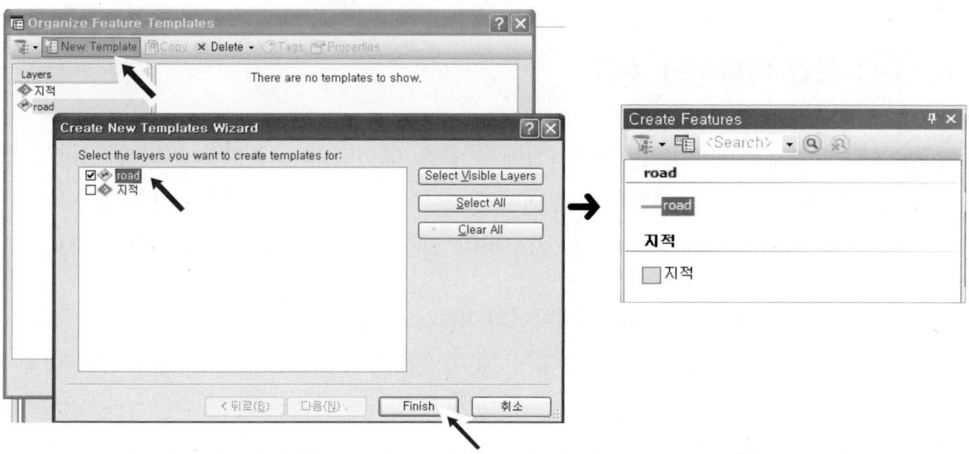

❑ 피쳐 생성창에서 road를 클릭하고 Construction Tools 메뉴의 작업목록 중 라인(Line)을 클릭한다.

❑ 스내핑 환경에서 vertex와 end를 체크한다.

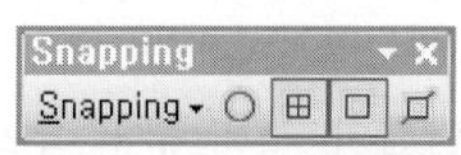

여기서는 하단의 교차로 부분에 새로운 도로선을 신설하려고 한다. 기존의 도로는 3개의 라인 피쳐로 되어있다. 이중 하단 부분의 2개 라인 피쳐 사이를 통과하는 도로를 신설할 것이다. end 스내핑이 되어있으므로 도로 라인의 끝부분에서 스내핑이 이루어진다.

❑ 교차로 지점 end에서 스내핑이 이루어지면 마우스 왼쪽 버튼으로 클릭하여 vertex를 생성한다.

❑ 기존의 도로와 수직으로 도로가 신설되므로 이전의 세로 도로선 상 어느 곳에든지 마우스 오른편 버튼을 사용하여 수직(Perpendicular)를 선택한다.

❑ 마우스 오른편 버튼을 클릭하여 Length를 메뉴를 선택하거나 Ctrl+L 키를 눌러 오른쪽으로 60m 도로를 신설하고 F2키를 눌러 스케치 완료를 한다.

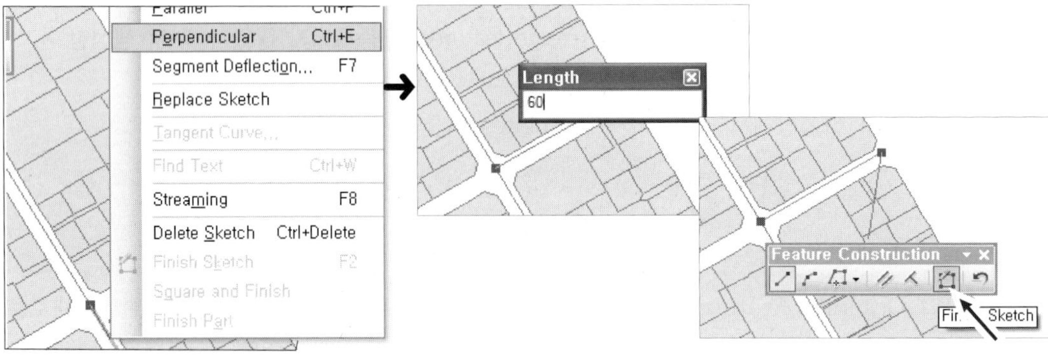

❑ 유사한 방식으로 반대편(좌측)으로도 55m도로를 신설하도록 한다.

❑ 편집기(Editor)에서 편집 저장(save edit) 메뉴를 선택하여 저장한다.

[4] 공간 데이터의 수정

GIS 프로젝트를 수행하는 과정에서 공간 데이터의 구축뿐만 아니라 모양을 변경하고 자르고 합치는 수정 과정이 이루어지게 된다. 여기서는 지적 사항의 변동으로 인하여 필지가 분필되고 합필되는 과정을 가정하여 필지를 편집하는 과정을 실습해보자.

❑ 스내핑 옵션에서 지적 레이어의 버텍스를 체크한다.
실습에서는 지번이 "274-1대"인 곳이 필지 북동쪽에서 20m 필지 서쪽 아래 부분으로 "274-2대"를 분할하려고 한다.

❑ 편집도구 ▸ 를 사용하여 "274-1대"를 찾아 선택하거나 "속성으로 선택"해서 "274-1대"를 선택한다. 또는 툴바의 find 버튼을 사용하여 지번을 검색한 후 선택하기 메뉴를 누른다.

❑ 편집기 툴바에서 폴리곤 피처 자르기 버튼 을 선택한 뒤 필지 북서쪽 상단에 스케치 포인터를 위치시킨다.

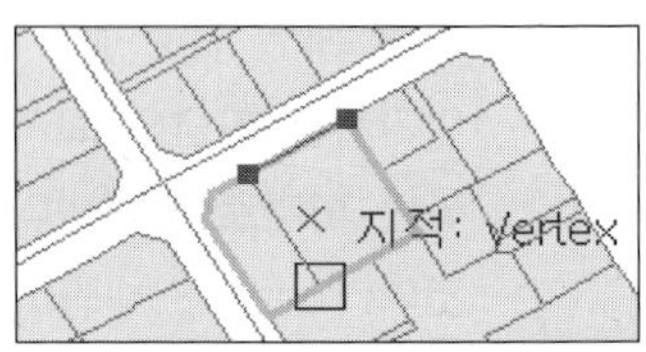

❑ 필지에 평행하도록 한 뒤 Ctrl+L 키를 눌러 20m를 입력하여 가로변에 vertex를 생성한다.

❑ 북쪽 필지에 수직이 되도록 한 뒤 스케치 도구를 아래쪽 필지 라인 밖으로 이동하여 더블클릭한다.

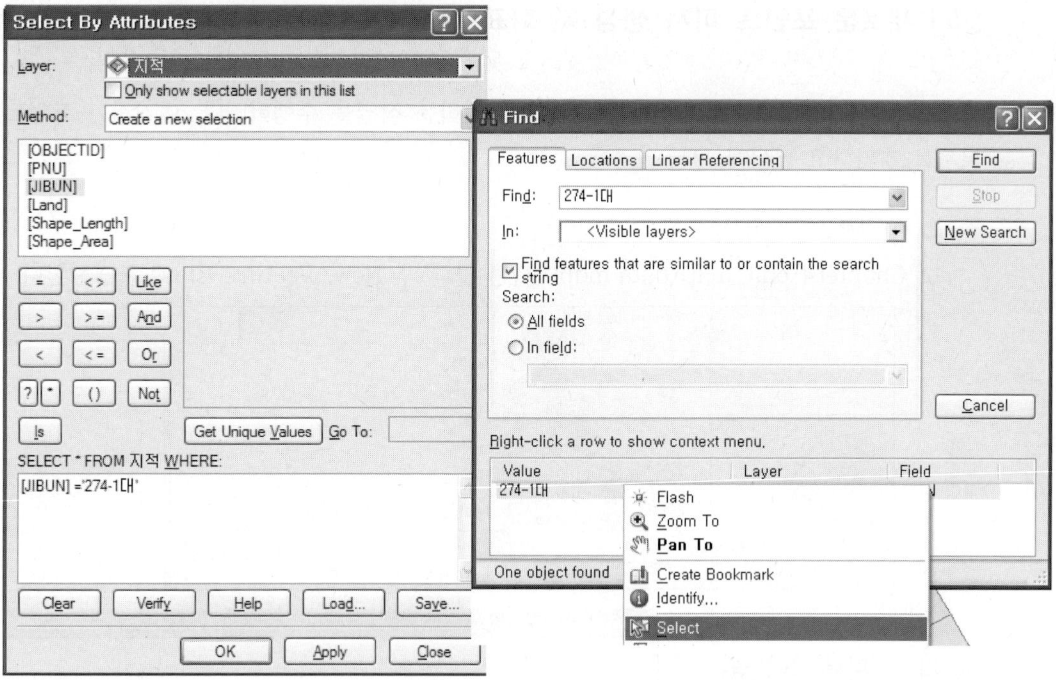

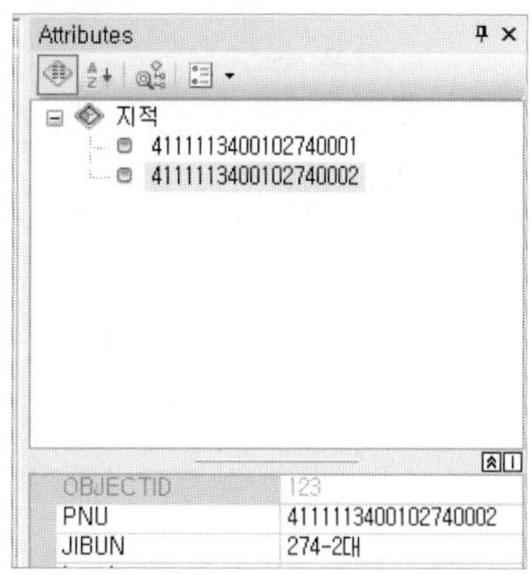

❑ 필지가 분할되면 속성보기 창을 클릭하여 새로 분할되어 생긴 작은 쪽 피쳐의 속성을 아래와 같이 변경한다.

PNU: 41111340010274002

JIBUN: 274-2대

❑ 선택도구를 사용하거나 속성으로 선택하기를 통해 '273-13대'와 '273-14대' 필지를 선택한다.

여기서는 2개의 필지를 하나의 필지로 합필해보자. 속성으로 선택하기를 사용했다면 [JIBUN] ='273-13대' Or [JIBUN] ='273-14대' 라는 질의문을 작성한다.

❑ 선택이 이루어진 다음 편집기(Editor)의 메뉴의 병합(merge) 메뉴를 누른다. 여러 피쳐가 병합될 때 기준이 되는 피쳐를 선택하는 창이 나타나면 빠른 대지 번호인 "273-13대"를 선택한 뒤 확인버튼을 누른다.

❑ 편집기(Editor)에서 편집 종료버튼을 누르고 저장한 뒤 편집 상태를 종료한다.

[5] 새로운 포인트 피쳐 생성 및 좌표로 포인트 생성

지금까지 폴리곤과 라인 피쳐를 편집, 추가하는 작업을 수행하였다. 여기서는 포인트 피쳐를 추가하고 편집해보자.

- ❑ ArcMap의 Catalog 창을 클릭한다.
- ❑ Chapter4\edit_map\data.mdb에서 우클릭 후 New, Feature Class를 클릭한다.

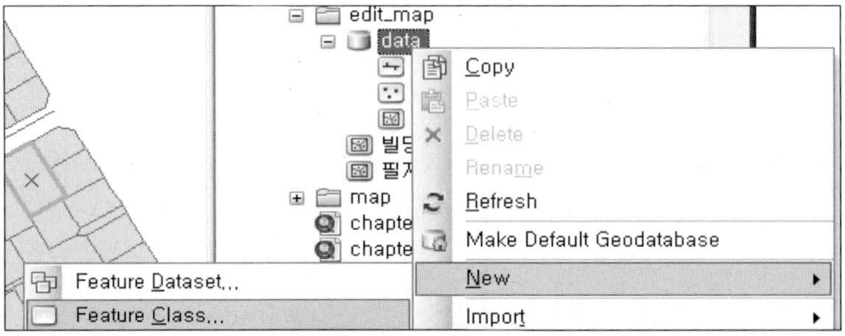

- ❑ 새 피쳐 클래스의 이름은 'Tree'로 입력하고 유형은 '포인트 피쳐'를 선택하고 다음(Next) 버튼을 누른다.

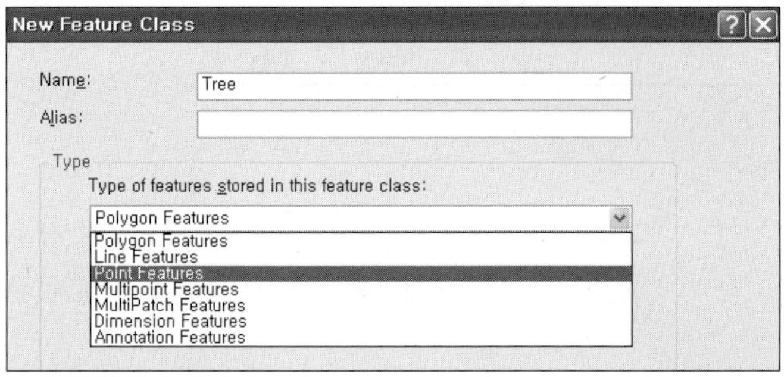

- ❑ 사용될 좌표체계는 이전의 파일로부터 좌표계를 복사해오거나 원하는 좌표체계로 구축할 수 있다. 현재 파일은 이전의 지적파일과 같은 좌표를 사용하므로 'import..' 버튼을 누르고 '지적' 레이어를 클릭한다. TM_Korea라는 좌표계가 입력되는 것을 확인하고 다음(Next) 버튼을 누른다.

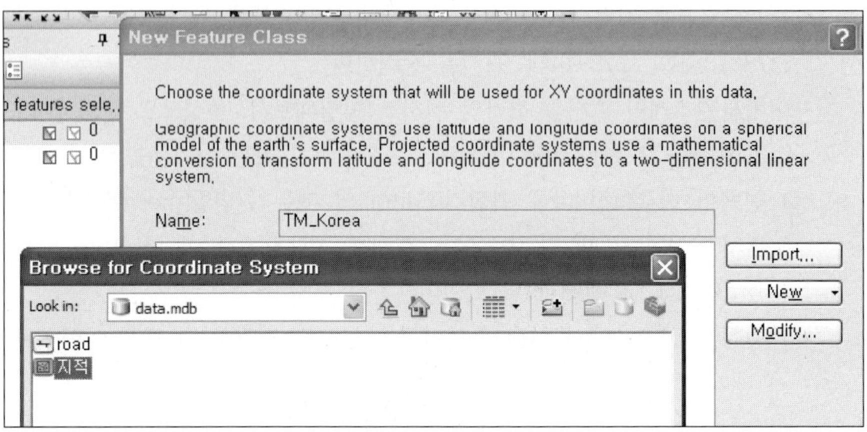

❑ XY 허용치(Tolerance)는 기본설정을 사용하고 다음(Next)을 누른다.

❑ 필드를 원하는 형식으로 만들 수 있는 창이 활성화되지만 필드 추가는 이후에 하여도 되므로 마침(Finish)을 클릭한다.

❑ 카탈로그 창에 지오데이터베이스 파일에 Tree라는 포인트 피쳐가 생성된 것을 확인한다.

❑ Tree 포인트 피쳐를 TOC로 drag & drop하여 ArcMap에서 Tree 레이어를 추가한다.

❑ 편집기(D)에서 편집 시작(Start Editing) 버튼을 클릭하고 이전과 같은 방식으로 Organize Feature Templates에 Tree 레이어를 추가한다. 피쳐 생성창에서 Tree를 클릭하고 Construction Tools 메뉴의 작업 목록 중 포인트(Point)을 클릭한다.

❑ Map Display 창에서 마우스 오른쪽 버튼을 클릭하여 절대값 X, Y(Absolute X,Y) 메뉴를 선택한다.

❑ 아래의 정보를 X, Y에 맞춰서 입력한다.

X	Y
200971.1336	421259.2864
200980.2394	421253.5953
200982.1364	421240.3161

❑ 생성된 포인트 피처와 더불어 스케치 도구로 임의의 포인트들을 도로를 따라 생성하는 작업을 수행한다.

3. 공간 형상물의 형상 조정

ArcMap의 공간조정 도구(spatial adjustment tools)는 shapefile이나 지오데이터베이스 파일의 피쳐 클래스를 다른 대상물과 비교하여 공간 형상물의 형상을 조장하고 변형시키는 작업을 수행한다. 여기서는 항공사진을 사용하여 피쳐 클래스의 형상을 조정하는 작업을 실습해보자.

[1] 항공사진의 조작

❑ ArcMap 프로그램을 시작하여 '비어있는 새 맵(A new empty map)'을 선택한다.

❑ Add Layar 버튼 을 클릭하고 \chapter4\aerial_photos에 seoul_univ.tif 파일을 추가한다.

❑ TOC에서 seoul_univ.tif를 마우스 오른쪽 버튼을 클릭하여 속성(Properties)창을 열어놓는다.

❑ Display 탭으로 이동하여 Transparency field의 값을 20으로 설정한다.

[2] 빌딩 피쳐의 추가 및 이동

❑ Add Layar 버튼 을 클릭하고 \chapter4\map\library_building.shp파일을 추가한다.
(추가된 도서관 빌딩은 위치와 방향이 실제 항공사진에서 나타나는 도서관과 다르게 나타나고 있음을 확인할 수 있다).

❑ library_building 레이어의 채우기 색을 없애고 붉은 외곽선(폭 1.2)으로 변경한다.

❑Editor 툴바에서 Editor 메뉴를 클릭하고 Start Editing을 누른다.

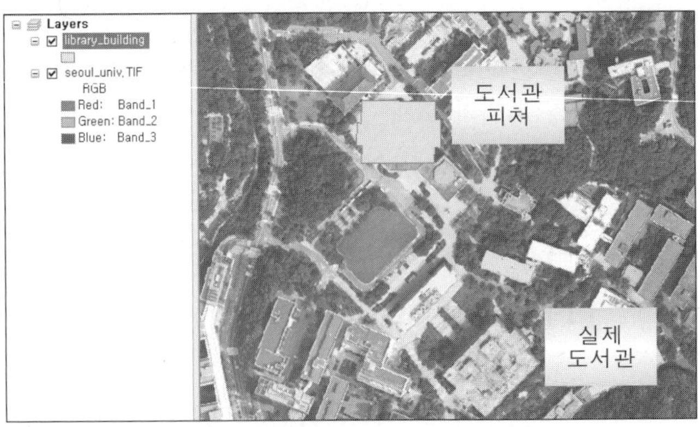

❑ "편집도구(Edit Tool) " 버튼을 클릭한 뒤 도서관 피쳐를 선택한다.

❑ 마우스로 드래그하여 아래 실제 도서관 위치까지 이동시킨다.

[3] 이동 연결선(displacement links)을 사용한 공간형상물의 일치화

지도상에 나타난 공간형상물을 항공사진에 맞추기 위해 변형 도구를 사용한다.

- ❑ Editor 툴바에서 Editor 메뉴를 클릭하고 More Editing Tools, Spatial Adjustment을 누른다.
- ❑ Spatial Adjustment 메뉴에서 Adjustment Methods를 Transformation-Similarity로 변경한다.
- ❑ 새로운 이동 연결선 도구 버튼을 클릭한다.
- ❑ 연결선 도구를 이용하여 아래 그림과 같이 피쳐의 외곽선이 항공사진의 건물 모양과 일치하도록 연결시킨다.
- ❑ Spatial Adjustment 메뉴에서 Adjust메뉴를 클릭하면 아래 그림과 같이 피쳐의 모양이 항공사진처럼 변형된다.
- ❑ Editor에서 Stop editing을 누르고 저장한다.

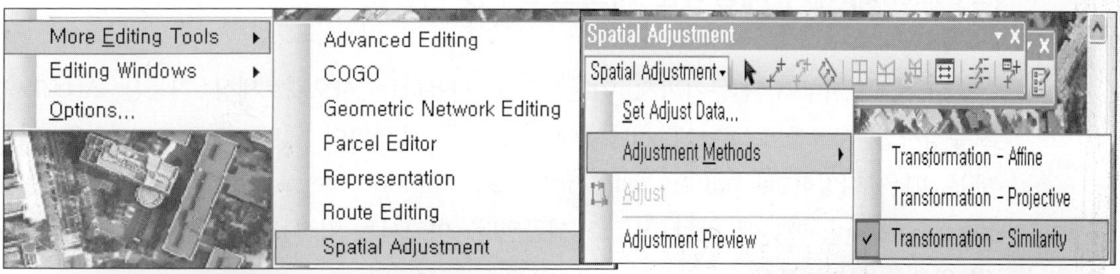

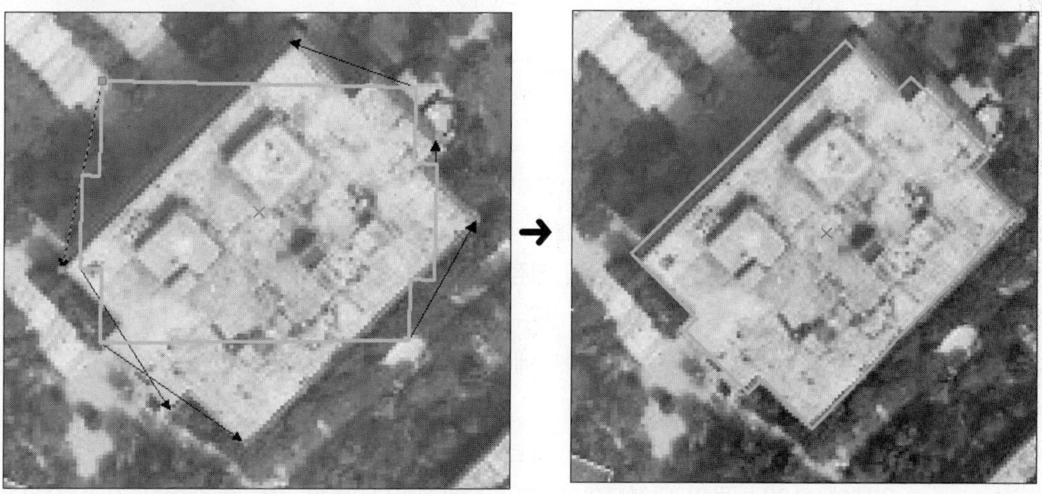

실습 5 지오프로세싱을 통한 분석

1. 지오프로세싱의 기능

GIS는 관심 대상지역만을 추출하거나 혹은 다른 지역과 접합, 또는 하나의 레이어에 두개 이상의 레이어를 첨부하는 기능 등을 제공함으로 통해 새로운 공간 데이터를 생성하거나 필요한 정보를 분석한다. 이러한 일련의 과정을 '지오프로세싱(geoprocessing)' 이라고 부른다. 즉, 지오프로세싱을 통해 다양한 분석기능을 수행함으로서 고부가가치의 정보를 추출할 수 있다. 지오프로세싱의 기본적인 목적은 공간분석이나 모델링을 자동화하는 것이다.

[1] ArcMap에서 제공하는 지오프로세싱 기능들

GIS 초보자부터 전문가까지 기본적으로 사용하는 지오프로세싱 기능은 ArcGIS의 도구상자인 아크툴박스(ArcToolbox)에 기능별로 내장되어 있다. 지오프로세싱의 기능에는 매우 다양하며, buffer, clip, intersect, union, merge, dissolve 등의 기능은 geoprocessing 메뉴에 하위 메뉴로 제공된다. 여기서는 가장 많이 사용되고 있는 기능의 일부를 실습해보자.

(1) Buffer 기능

❑ ArcMap 프로그램을 실행하여 chapter5 폴더의 chapter5.mxd를 불러온다.
(실습에서 사용되는 자료는 서울시 2010 도시생태현황도의 일부 자료로[1]), 서울시의 토지이용도와 양서·파충류의 지점별 출현 종을 기록한 데이터이다).

❑ geoporcessing에서 buffer 메뉴를 선택한 뒤 input에는 '양서파충류_지점별', output은 chapter5\result 폴더에 'buffer2km.shp', Distance는 '2km'로 입력한 후 OK 버튼을 누른다.
(양서류의 행동반경은 종마다 다르게 나타나서 보호범위는 다르지만 약 반경 2km 이내에 산이나 물이 연결되어야 한다고 가정한다. 버퍼 기능을 수행한 결과 각 지점마

---

1) http://urban.seoul.go.kr/4DUPIS/sub7/sub7_7_4.jsp

다 반경 2km의 버퍼존이 생성고 이를 통해 각 지점으로부터 2km 이내 지역에 대한 구분을 확인할 수 있다).

❑ buffer를 다시 실행시키고 buffer 옵션 중 Dissolve type을 'ALL'로 변경하여 다시 실행한다.

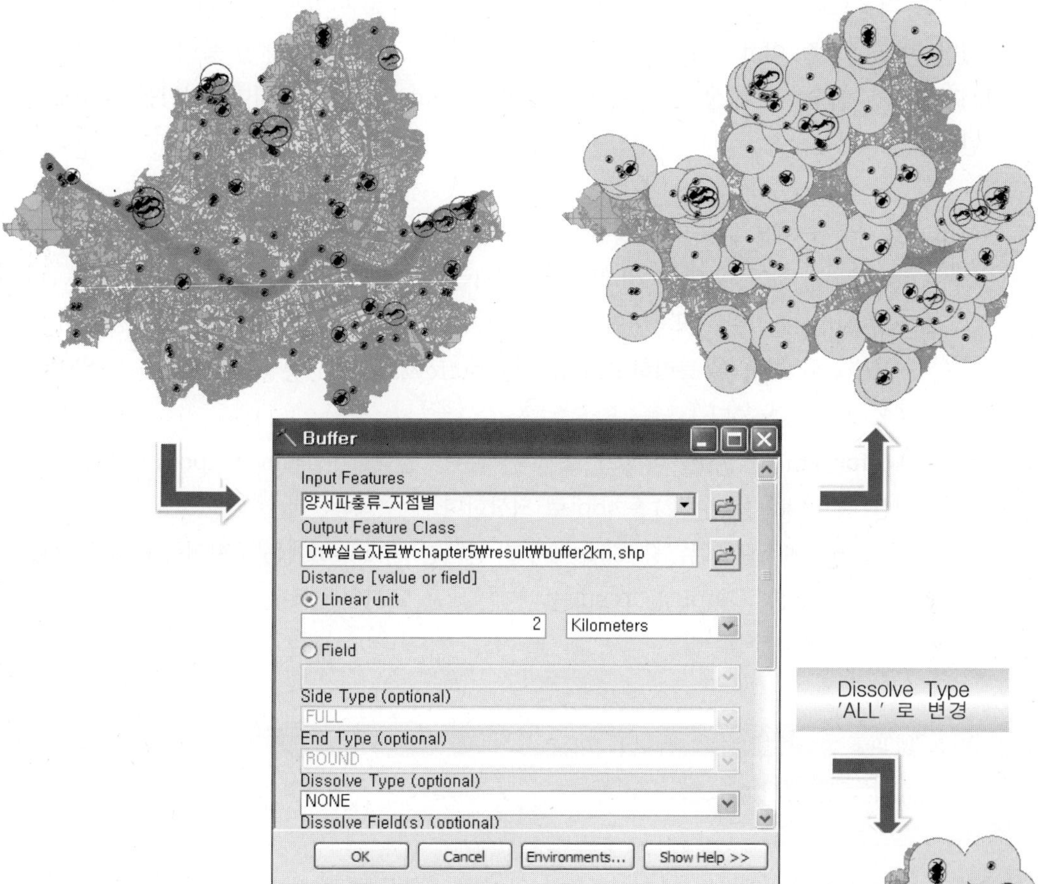

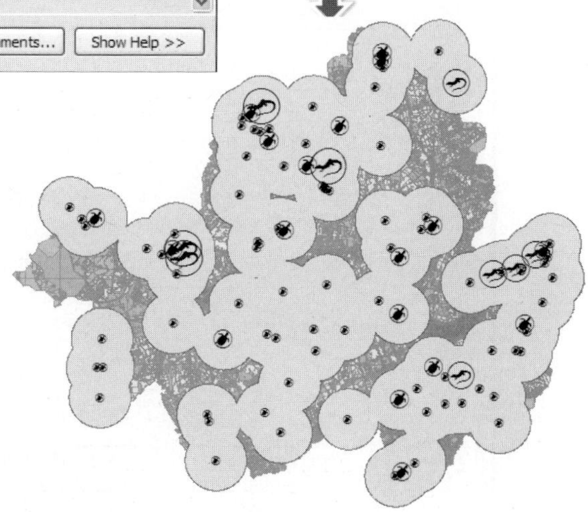

Dissolve Type을 ALL로 변경하는 것은 버퍼를 단일한 버퍼로 만들어주는 것이다. 양서·파충류의 생활반경을 2km로 본다면 강남구, 서초구, 강동구의 양서·파충류들은 다른 지역과 연계가 어려울 것으로 판단된다.

(2) Clip 기능

속성 테이블 중 전체 종수 컬럼을 내림차순으로 정렬하면 성북구의 북한산~정릉계곡 구간이 총 21종의 양서파충류가 발견되어 가장 높은 다양성을 지니는 것으로 나타난다. 그 다음으로 은평구 진관내동, 마포구 난지천, 마포구 월드컵 공원 순으로 나타나고 있다. 반면에 1종 이하가 발견된 곳은 도봉구 무수골, 강북구 북한산 등이다. 여기서는 양서파충류가 가장 많이 살고 있는 지역의 반경 2km 이내의 토지이용현황을 살펴보고자 한다.

- ❑ TOC에서 처음에 버퍼 기능을 수행하여 산출된 버퍼 레이어(Dissolve type: none인 경우)인 buffer2km의 속성 테이블 보기를 한다.
- ❑ 21종이 출현한 버퍼지역을 검색하기 위해, Selection 메뉴의 Select by Attribute 메뉴를 클릭하고 Layer는 buffer2km로, "총종수=21"이라고 입력하고 OK 버튼을 누른다.
- ❑ buffer2km 레이어를 마우스 오른쪽 버튼을 클릭하여 Data→Export Data를 클릭한 뒤 result폴더에'21종.shp'로 저장한다.
- ❑ Geoprocessing 메뉴 중 Clip 메뉴를 선택한 뒤 input에는'토지이용도'를, Clip에는'21종, Output은 result폴더에 '21종_토지이용.shp'로 입력한 뒤 OK 버튼을 눌러 실행한다.

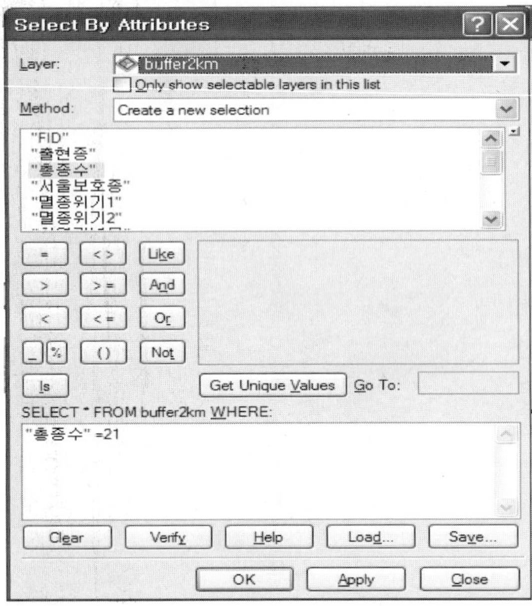

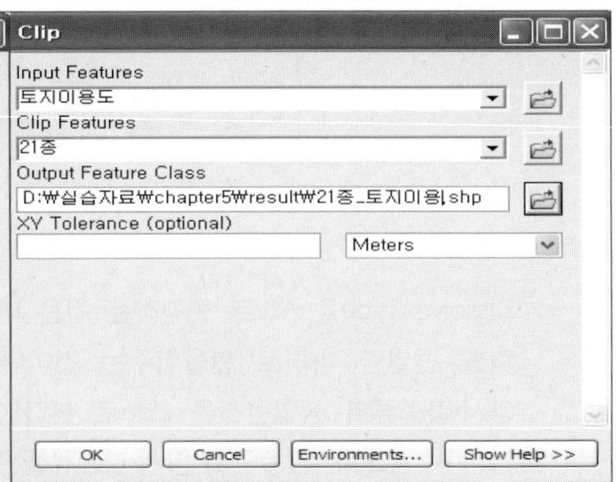

- ❑ clip 메뉴에서 클립된'21종_토지이용' 레이어만 활성화시키고, 이 레이어를 마우스 오른쪽 버튼을 사용하여 zoom to layer 메뉴를 선택하여 확대해본다.

(3) Dissolve 기능

클립 기능을 통해 오려낸 피쳐를 보면 동일한 용도로 이용되고 있는 토지들이 격자 모양으로 나뉘어져 있는 것으로 나타난다. 이것은 clip으로 인한 것이 아니라 원본 지도를 구축할 때 각 도엽으로 분할되어 있는 지도를 접합시겨서 지도를 구축하였기 때문이다. 따라서 동일한 속성을 갖고 있는 토지들을 dissolve 기능을 사용하여 경계선을 없애고 합쳐주어야 한다.

❑ Geoprocessing에서 Dissolve 메뉴를 선택하여 input에는 '21종_토지이용' output에는 reulst폴더에 '21종_토지이용_dissolve.shp', Dissolve Fields는 '토지이용과 '이용범례'에 체크 박스를 활성화한 뒤 OK 버튼을 누른다.

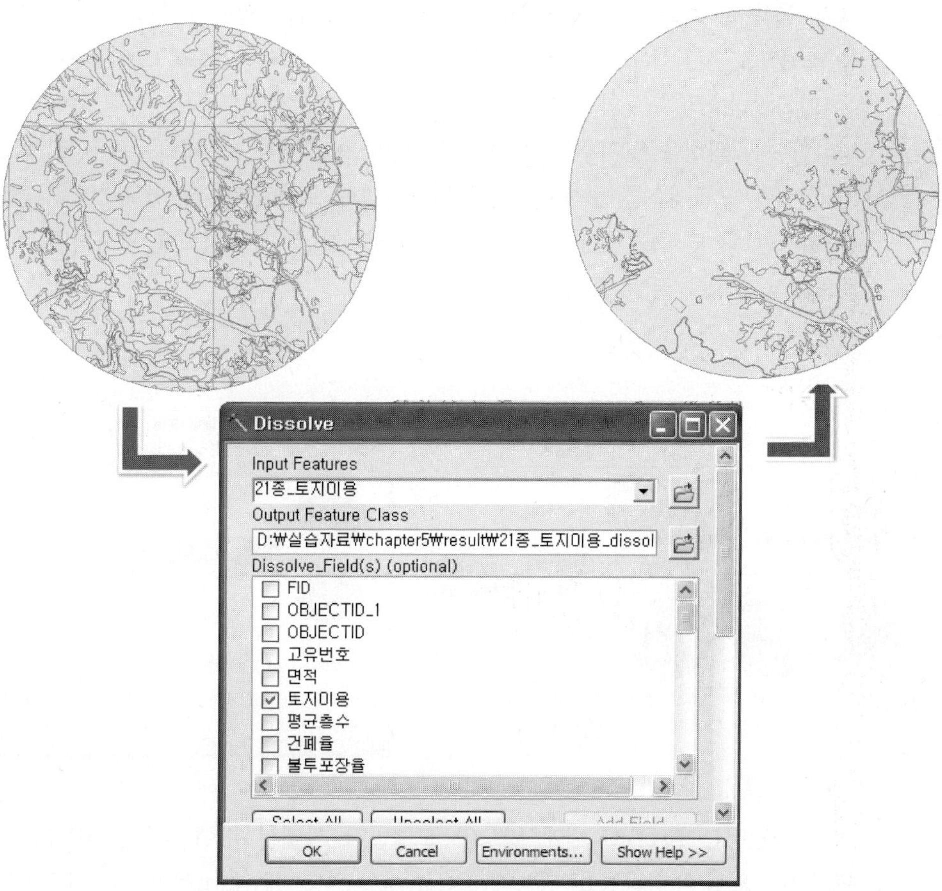

dissolve 기능을 통해 동일한 토지이용 범주를 갖는 피쳐끼리 합쳐졌음을 산출된 지도를 통해 파악할 수 있다. 이들의 면적 비율을 계산하기 위해서는 면적 계산기를 사용한 뒤 비율 필드를 추가하고 계산기를 이용하여 비율을 구하여야한다. 다음에 진행되는 실습에서는 일련의 면적 계산과정을 자동화하여 작동할 수 있는 모델 빌더(model builder)의 사용법에 대해 살펴보고자 한다.

2. 모델 빌더의 사용

[1] 모델 빌더의 기능 및 분석 도구 추가

모델빌더(Model Builder)는 모델을 만들고 이를 수정하고 관리할 수 있는 ArcGIS 내의 응용 프로그램이라고 볼 수 있다. 모델 빌더는 앞에서 실습한 지오프로세싱 과정을 흐름도로 시각적으로 이해하기 쉽게 프로그래밍할 수 있도록 도와주는 기능이다..

아크툴박스의 도구와 변수들로 구성된 모델 프로세스는 서로 연결되어 있다. 연결선은 이러한 처리과정을 알려주는 역할을 수행한다. 다수의 프로세스들은 서로 연결되어 하나의 거대한 프로세스를 구축하기도 한다. 일례로 토양도로부터 연구지역을 클립하여 필드를 추가한 뒤 면적을 계산하는 과정을 모델빌더를 통해 흐름도를 구축하면 한꺼번에 지오프로세싱 과정을 끝낼 수 있다.

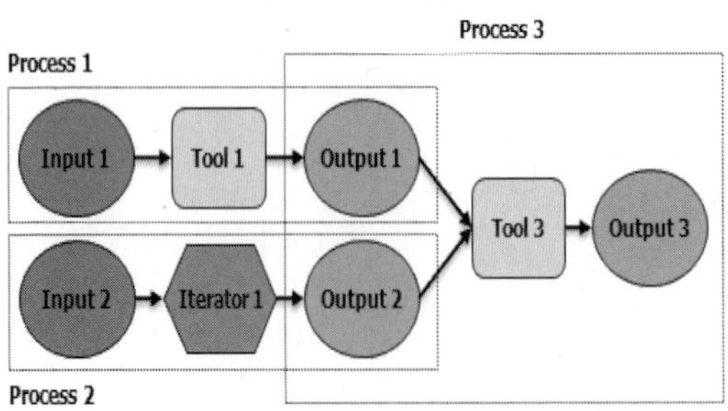

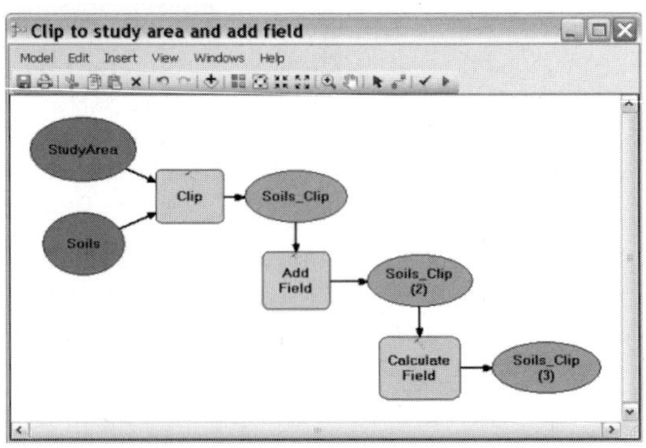

모델빌더는 ArcGIS 내에 별도의 모델빌더 창에서 수행되며, 주메뉴와 모델빌더 전용 툴바, 모델 처리과정을 생성하는 Canvas, 단축 메뉴(shortcut)로 이루어진다. 이러한 모델빌더의 인터페이스에 대한 설명은 아래와 같다.

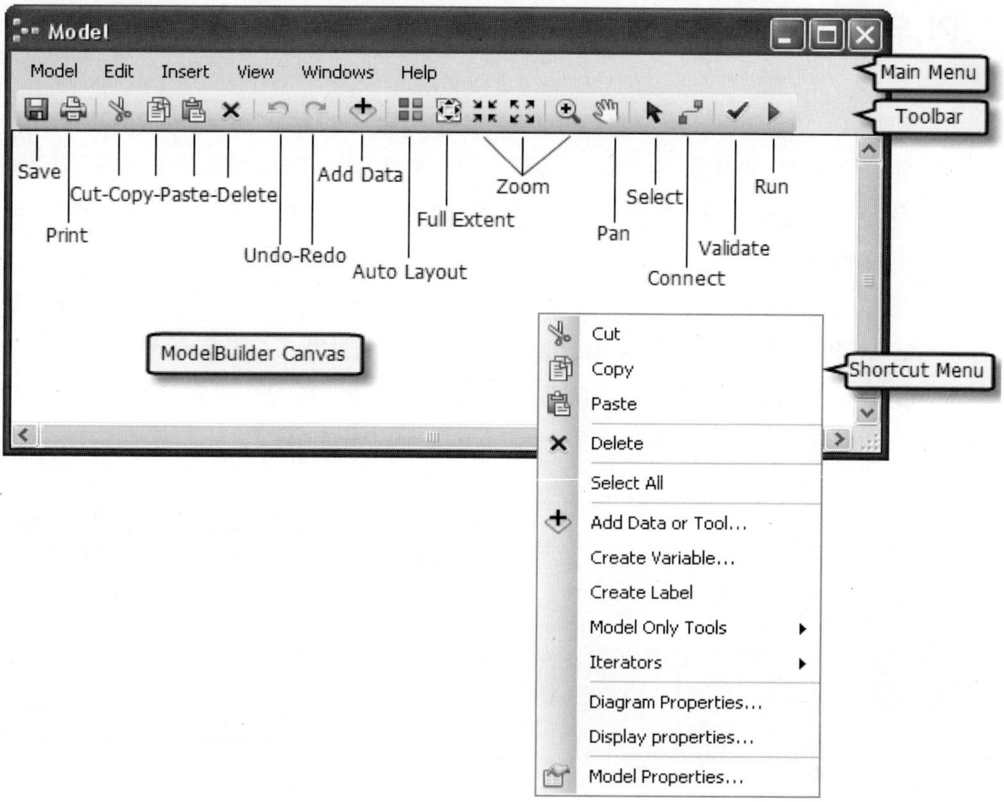

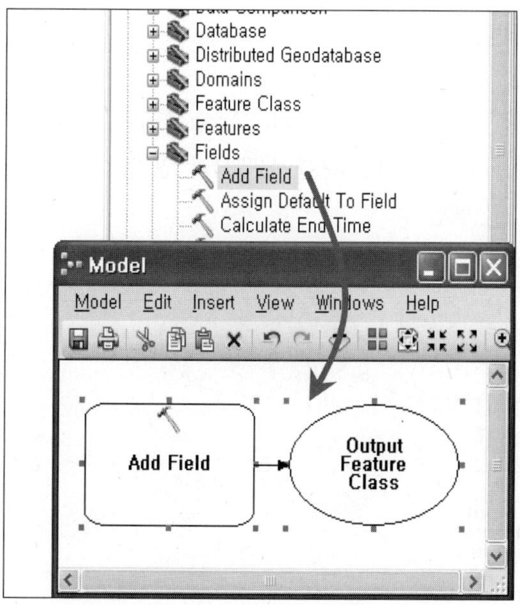

그럼 먼저 모델빌더에 분석도구를 추가해보자.

❑ 툴바에서 ArcToolBox 도구버튼 을 클릭하여 툴박스 창을 활성화시킨다.

❑ 툴바에서 Model Builder 도구 버튼 을 클릭한다.

❑ 빈 Model창이 활성화되면 ArcToolbox에서 DataManagement Tool, Fields에 Add Field를 선택하여 Model창으로 드래그한다.

❑ 동일한 방법으로 DataManagement Tool → Fields→ Calculate Field 도구와 Spatial Statistics Tool→ Utilities→ Calculate Area 도구를 Model창으로 드래그한다.

❑ 자동배치 버튼과 전체 확대하기 버튼 을 클릭하여 보기 좋도록 정렬한다.

[2] 도구 파라미터 채우기

모델빌더 안의 도구들은 아직 파라미터값이 입력되지 않아 흰색으로 나타난다. 따라서 지오프로세싱 과정을 수행하기 위해 입력 피쳐값과 각종 파라미터 등을 입력하는 작업을 수행하여야 한다. 여기서는 앞에서 실습한 21종_토지이용_dissolve 레이어를 바탕으로 실습해보자.

- ❑ 모델빌더에서 Calculate Area 도구를 더블 클릭하여 도구창을 활성화한다.
- ❑ Input Features Class는 '21종_토지이용_dissolve'를 입력하고 Output Feature Class는 result 폴더에 '21종_dissolve_area.shp'로 저장한다.

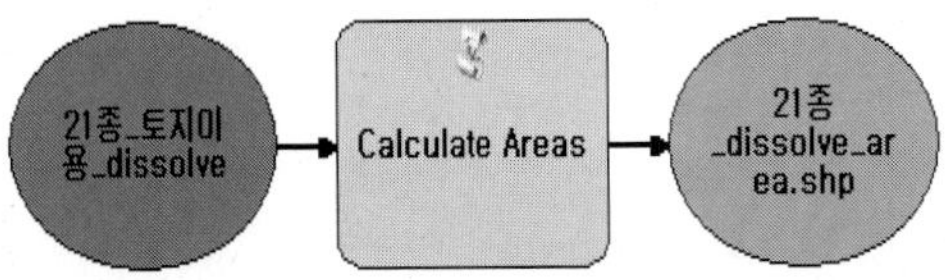

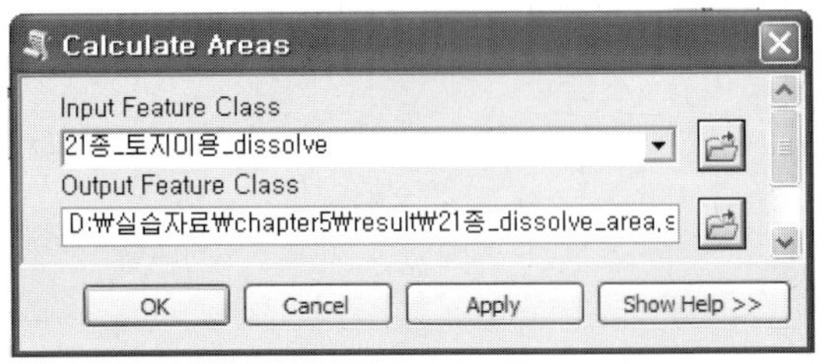

(input feature의 경우 TOC창에서 모델빌더 창으로 드래그 한 뒤 연결선 버튼 을 사용하여 분석도구로 입력시킬 수도 있다).

- ❑ 모델빌더 툴바에서 연결선 버튼 을 선택한 뒤 Calculate Area 도구의 결과물 '21종_dissolve_area.shp'을 선택한 뒤 Add Field 도구를 선택하여 연결시키고 나면 활성화되는 메뉴에서 input table을 선택한다.

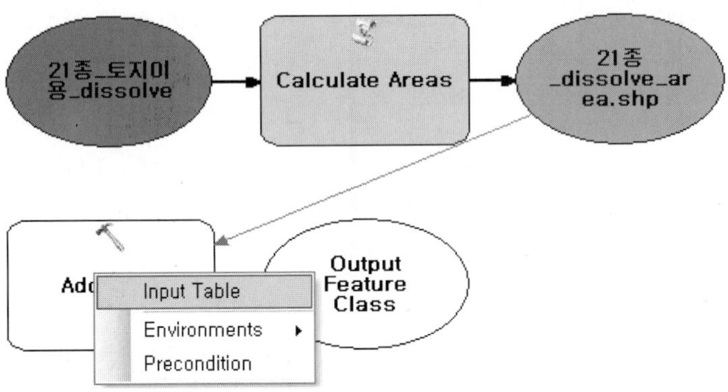

❑ 모델 빌더에서 Add Field 도구를 더블 클릭하여 도구창을 활성화 한다.

❑ Input Features parameter는 '21종_토지이용_dissolve', Field Name은 'Rate', Field Type는 'Float'로 설정한 뒤 OK 버튼을 누른다.

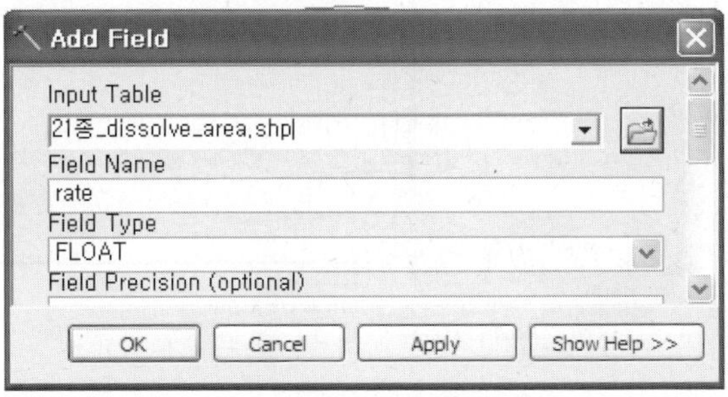

❑ 이번에는 Add Field의 결과물을 Calculate Field의 입력 테이블로 설정한 뒤 Calculate Field 도구를 더블 클릭한다. 창이 활성화되면 Field Name: rate로 하고 계산기 버튼을 누르고 다음과 같이 입력한다.

[F_AREA]*100/(3.14*2000*2000)

이 식은 계산된 피쳐의 토지이용별 면적(F_AREA)이 반경 2km(2,000m) 내의 면적에서 차지하는 비율을 나타낸 식이다.

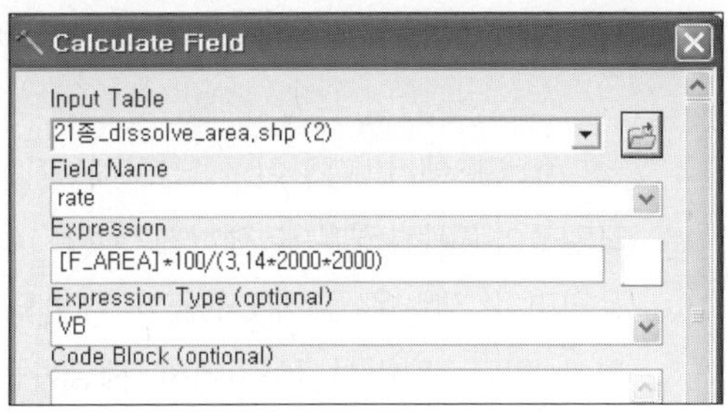

❑ 마지막으로 분석된 결과를 TOC 창에서 보기 위하여 마지막 결과물에서 마우스 오른쪽 버튼을 클릭하여 Add to Display 메뉴를 선택한다.

❑ 모델 빌더 툴바의 실행 버튼을 눌러 생성한 모형을 실행한다.

❑ TOC에서 최종 결과물을 선택하고 속성 보기를 통해 산출된 비율값을 확인한다.

❑ 모델빌더의 save 버튼을 누른다. 새로운 툴박스 만들기 버튼을 누르고 새로운 툴박스 안에 생성한 모델을 저장한 뒤, 모델 빌더를 종료한다.

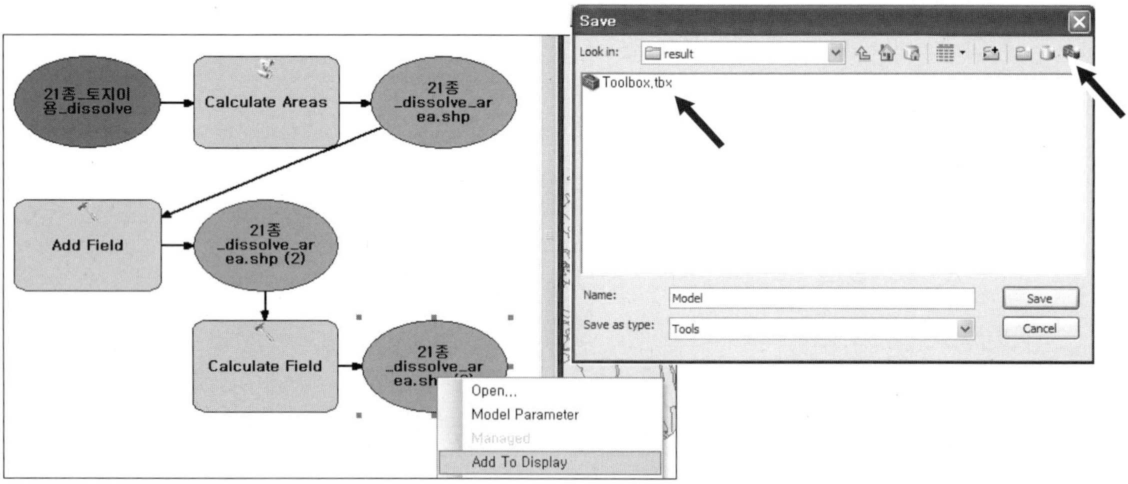

3. 외부 지오프로세싱 모델 활용 및 Arctools에 모델 추가

[1] 외부 지오프로세싱 모델의 활용

ArcGIS에서 다양한 공간분석 기능들을 제공하지만 때로는 필요로 하는 기능이나 모델들이 없는 경우에 접하게 된다. ArcGIS는 전 세계적으로 많은 전문가들에 의해 사용되면서 새로운 분석도구들이 개발되고 있으며, 이는 웹을 통해서 사용자들에게 제공되고 있다. 따라서 ESRI에서 제공하는 기능이나 모델 이외에도 추가적으로 외부 프로그램을 사용할 필요가 있는 경우 이러한 외부 프로그램을 ArcGIS로 불러들여 사용할 수 있다. 외부 모델들은 ArcGIS에서 제공하는 프로그램 엔진인 ArcGIS Engine을 사용하여 ESRI의 홈페이지에서 제공하는 ArcScript와 ESRI에의 개발업체에서 제공하는 Extension 프로그램 등이다. 여기서는 이 가운데 외부 개발업체에서 제공하는 프로그램으로 매우 요긴하게 쓰일 수 있는 Xtools pro를 소개하고 실습하고자 한다.

(1) Xtools pro 8.0 설치

Xtools Pro[2]라는 프로그램은 벡터를 기반으로 하는 공간분석 기능, shape 파일로 변환, 테이블 관리 등을 포함한 약 60여개 이상의 모델을 포함하고 있는 프로그램이다. 일반적으로 외부 개발업체의 프로그램들은 유료로 판매되지만 일정기간 동안 사용할

2) http://www.xtoolspro.com/default.asp

수 있는 평가판을 무료로 제공한다. Xtools pro 도 홈페이지에 접속하여 프로그램을 다운로드 한 뒤 설치과정을 거쳐 사용법을 습득할 수 있다. 다음의 표는 Xtools pro의 대표적인 기능을 요약 정리한 것이다.

대표 기능	설명
Multiple Map Layouts	다중의 레이아웃을 하나의 MXD 문서로 표현할 수 있는 기능을 제공
Copy Layer Properties	동일한 지오메트리형태의 레이어 사이에 레이어 속성을 새로운 피쳐로 복사하는 기능을 제공
Batch Metadata Editing	ArcGIS의 여러 메터데이터를 편집하는 기능을 제공
Smart Add Data	보이지 않는 상태로 레이어를 추가하는 기능 제공
MXD Info	인쇄나 다른 그림 형태로 저장하지 않아도 레스터화 지도로 레이어를 보는 것이 가능
Export Data to MS Excel	테이블을 Microsoft Excel 2007의 *.xlsx 파일 형태로 내보내기 기능
Export Data to KML, Import Data from KML	Google Earth 프로그램과 ArcGIS 파일을 호환하는 기능 제공

❑ Xtools pro 홈페이지에 접속하여 Download 메뉴를 선택하여 프로그램을 다운로드한 뒤 압축을 해제한다.

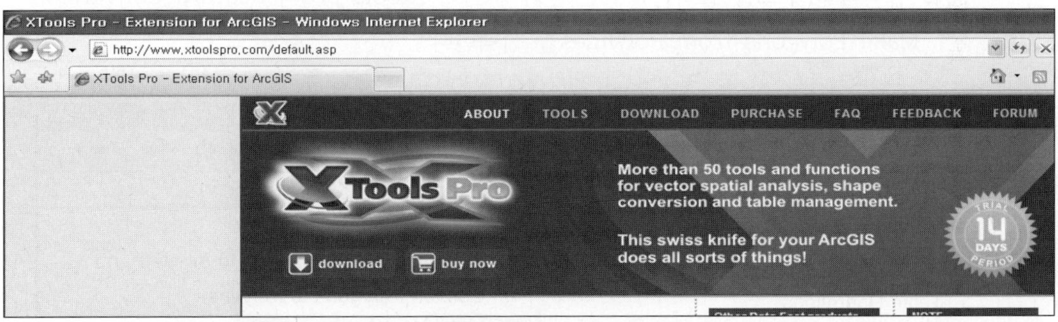

❑ 압축이 해제되면 설치 파일을 더블 클릭하여 설치하는 과정을 거친다. 프로그램이 원활하게 설치되도록 ArcGIS 관련 프로그램을 모두 종료시킨다.

❑ 프로그램 설치가 완료되면 ArcMap 프로그램을 다시 구동시킨다.

(정상적으로 설치되면 Xtools Pro 툴바가 새로 활성화되어 있음을 확인할 수 있다).

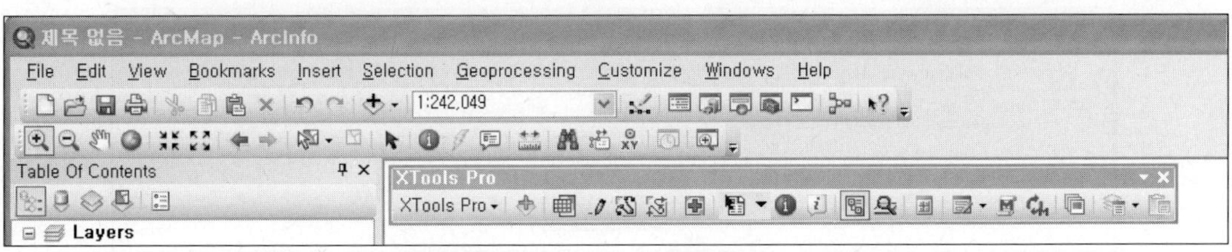

(2) Xtools pro를 활용한 연구지역의 격자망 생성

Xtools pro의 유용한 기능 가운데 Create Fishnet 이라는 메뉴가 있다. 이것은 대상지역을 원하는 크기로 격자망을 자동적으로 생성해주는 기능이다. 여기서는 서울시의 순환선인 지하철 2호선 내부지역을 대상으로 하여 500m×500m의 격자를 설정하는 작업을 수행해보자. 각 격자에 중심점을 생성하여 중심점에는 동 이름이 라벨링될 수 있도록 한다.

❑ ArcMap 프로그램을 실행한 뒤 chapter5 폴더의 chapter5_1.mxd를 연다.

지도는 서울시 동별 경계(dong_outline), 지하철 2호선 노선망(subway_line), 지하철역(subway_stationname), 한강(river) 정보가 포함되어 있다. 실습을 하기 위해 먼저 2호선 내부지역을 선택하는 작업이 수행되어야한다. 하지만 지하철 2호선 노손망은 폴리라인이며 동별 경계는 폴리곤이기 때문에 지오프로세싱 기능의 하나인 클립 기능을 바로 수행할 수 없다. 따라서 지하철 2호선 노선망을 폴리라인 구조에서 폴리곤 구조로 변경되어야한다.

❑ 폴리라인 구조를 폴리곤으로 변환하기 위해 Xtools pro의 Feature Conversion→ Make Polygons from Polylines를 선택한다.

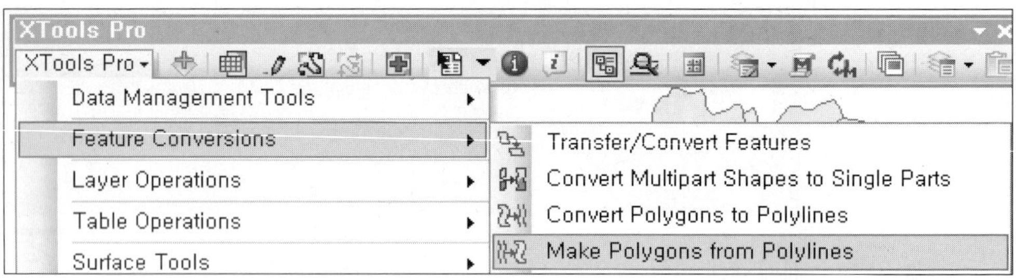

❑ Input feature layer에는 subway_line을 Output Storage는 result 폴더에 area_subway2.shp로 입력한뒤 OK버튼을 누른다.

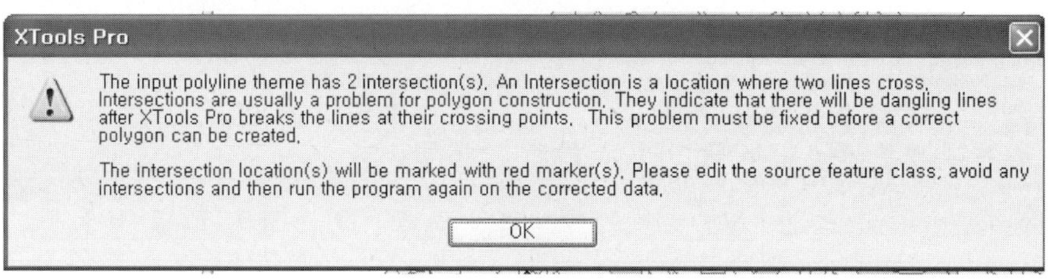

그러나 실행을 시키면 위와 같은 경고 메시지가 나타나면서 실행이 되지 않는다. 그 이유는 2호선의 지선들(신도림에서 까치산역 방향, 성수역에서 신설동행 방향)이 있어 폐곡선이 이루어지지 않았기 때문이다. 따라서 지선들을 제외하고 폴리라인을 폴리곤으로 변환하는 작업을 수행하여야한다.

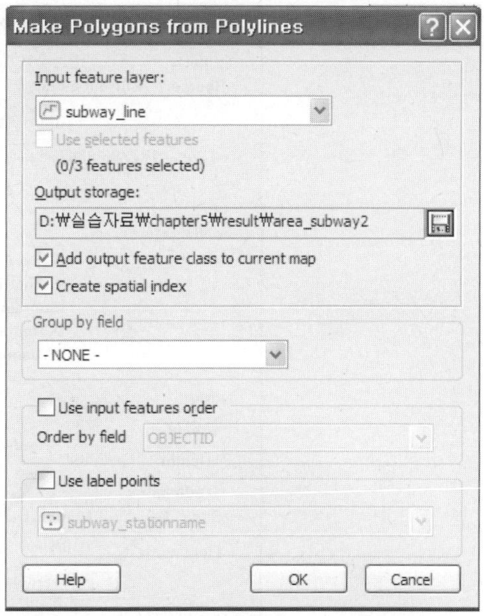

❑ subway_line 레이어의 속성 테이블을 보면 3번 objectid의 피쳐가 순환망임을 알 수 있다. 따라서 그림과 같이 마우스로 3번 레코드를 선택 한다.

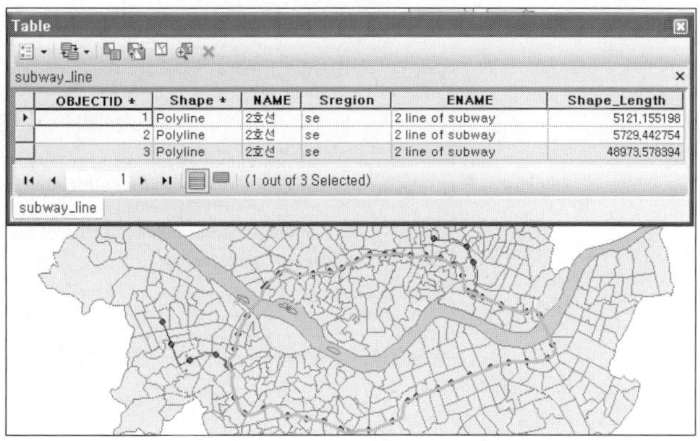

❑ 테이블을 닫고 다시 Make Polygons from Polylines를 실행한다. 실행옵션은 이전과 동일하도록 한 뒤 OK 버튼을 누른다.
창이 활성화 되면 Use Selected Features도 활성화되어 있음을 확인할 수 있다. 이는 지금 선택된 피쳐만을 가지고 폴리곤으로 변경하는 작업을 수행한다는 것을 의미한다.

❑ 작업 결과 2호선 내부 순환망을 따라 폴리곤이 생성되었다. 이 폴리곤을 격자로 만들기 위해 Xtools pro 메뉴 중 Create Fishnet을 선택하고 아래와 같이 옵션을 설정한 뒤 OK 버튼을 누른다.

Extent는 Fishnet이 만들어질 전체 크기를 결정하는 것으로 Current extent는 현재 보이는 확장 크기로 만드는 것을 말한다. Row와 Columns는 500m 격자로 만드는 것이므로 높이와 넓이를 500으로 입력한다. 지하철 2호선 내부지역만을 격자로 만들기 위해 Clip output cells의 옵션을 활성화시키고 이전에 생성한 area subway2를 입력한 뒤 최종 저장경로를 설정하도록 한다.

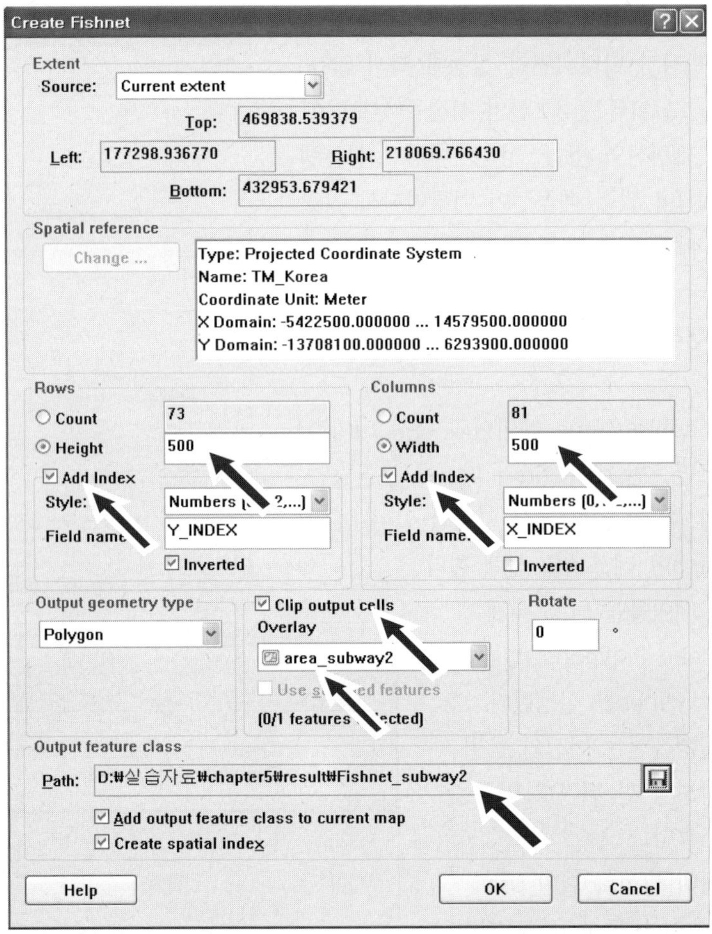

❑ 작업 결과 지하철 2호선 내부지역에 격자망이 생성되었음을 확인할 수 있다.

(3) 격자망의 중심점 생성 및 중첩을 통한 공간 정보 입력

구축된 격자망의 중심점에 지역 이름을 라벨링하기 위하여 Xtools pro 도구를 이용하여 중심점을 생성하고 중심점에 동 명칭을 입력해보자.

- ❑ 중심점(centroid)를 생성하기 위해 Xtools pro의 Feature Conversion→ shape to centroids를 선택한다.
- ❑ input feature layer에는 Fishnet_subway2을 Output Storage는 result 폴더에 Fishnet_centroids.shp로 입력한 뒤 OK 버튼을 누른다.

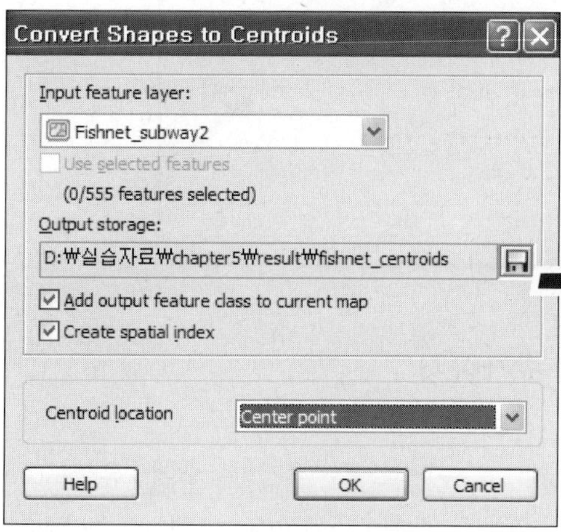

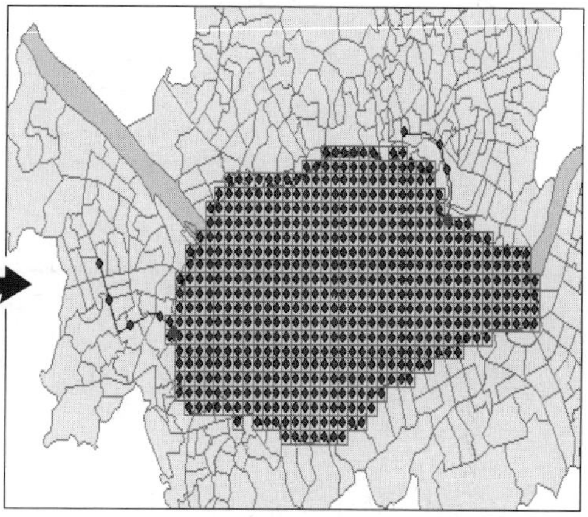

- ❑ 생성된 Fishnet_centroids.shp의 속성 테이블을 확인해보면 아직 동별 식별자가 입력되지 않았다. 동별 식별자(코드 및 동이름)를 GIS의 중첩기능을 통해 입력하기 위해서 Xtools pro의 Layer Operation→ Identity를 선택한다.
- ❑ Identity 창이 활성화되면 Source dataset에는 정보가 입력될 레이어로는 'fishnet_centoids'를 선택하고 Overlaydataset에는 정보를 가져올 'dong_outline' 을 입력하고 select ~ source fields ~ 는 마우스를 이용해 모두 선택한다. overlay쪽의 ID정보는 필요 없으므로 체크 박스를 해제하고 result 폴더에는 저장할 파일 이름으로 centroid_name.shp로 저장한 뒤 OK 버튼을 누른다.
- ❑ 산출된 centroid_name 레이어에서 속성 테이블 보기를 통해 입력된 정보를 확인한다.

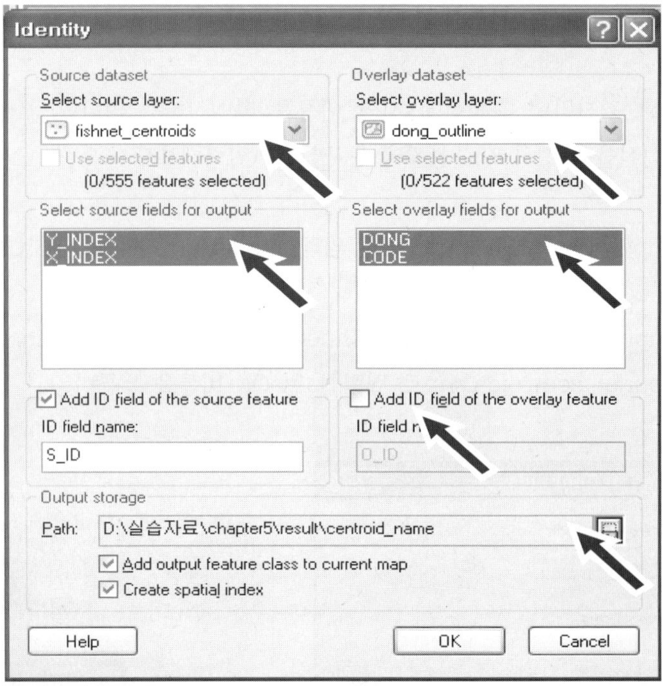

[2] ArcToolbox에 지오프로세싱 모델 추가하기

여기서는 ESRI의 ArcScript를 이용하여 도구 박스를 추가한 후에 유선도(Flow map)를 제작하는 방법을 실습한다. 실습 2에서 주제도 제작에 대해 실습하였지만, ArcGIS 자체에서는 유선도를 제작할 수 없다. 하지만 ArcScript를 이용하면 유선도 제작이 가능하다. 유선도는 출발지와 목적지 간에 다양한 흐름을 나타낼 수 있는 지도로 인구이동, 통근, 통학, 물자이동 등 지역간 이동량을 표현하는데 매우 적합한 지도이다.

(1) ArcScript 검색 및 다운로드

❑ chapter5 폴더의 chapter5_2.mxd를 불러온다.

❑ www.esri.com 홈페이지에 접속하여 support, arcscript 메뉴에서 'spider'를 검색한 뒤 Tony Palmer가 2007년에 개발한 Spider Diagram Tools를 다운로드한다.

❑ 다운로드가 완료 되면 압축을 해제하고 3개의 파일을 확인한다.

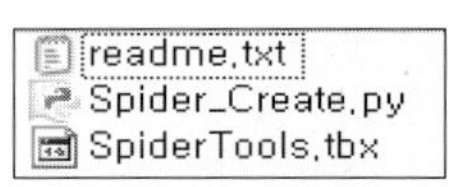

❑ Spider Tools.tbx를 ArcGIS 인스톨 경로에서 ArcToolbox의 Toolboxes 폴더로 복사한다(ex. C:\Program Files\ArcGIS\Desktop10.0\ArcToolbox\Toolboxes).

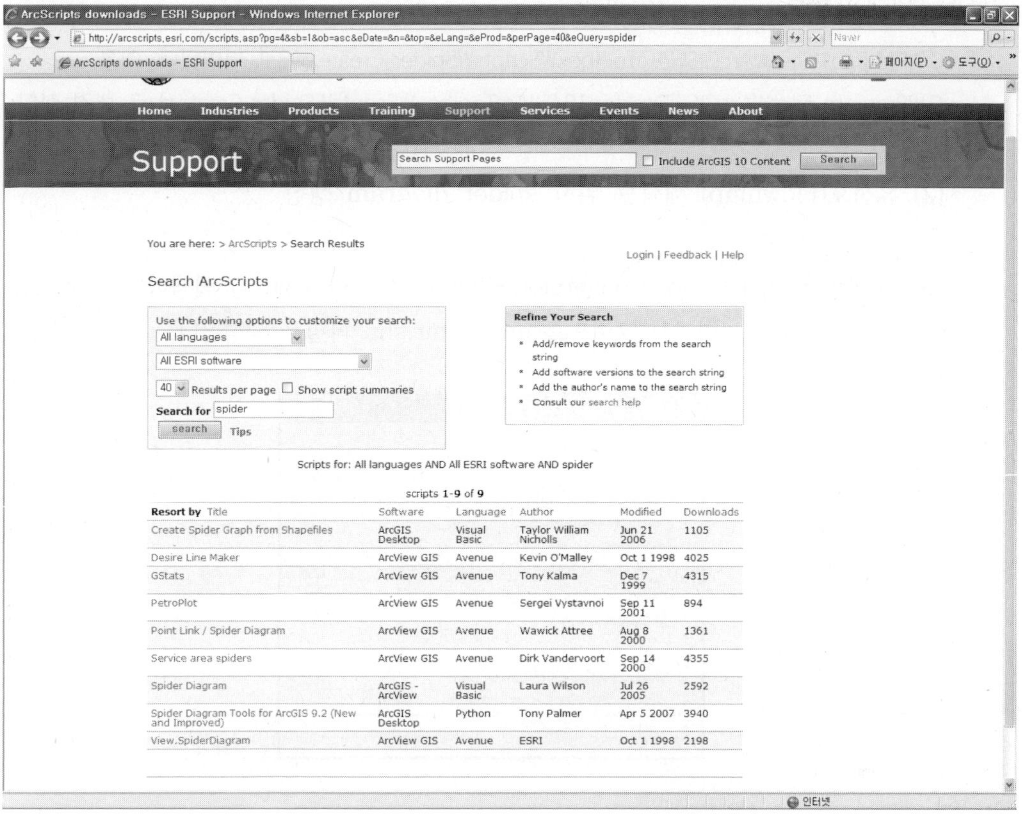

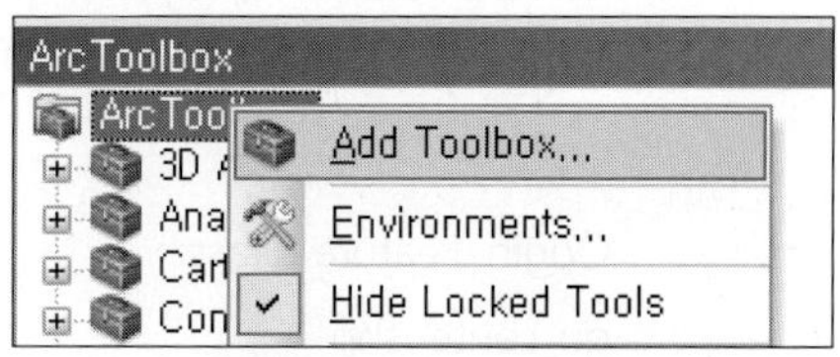

❑ Spider_Create.py파일은 ArcToolbox의 Scripts 폴더로 복사한다.
(ex: C:\ Program Files \ ArcGIS \ Desktop10.0 \ ArcToolbox\Scripts)

❑ ArcToolbox에서 마우스 오른쪽 버튼을 사용하여 Add Toolbox를 선택하고, Toolboxes → System Toolboxes→ SpiderTools.tbx를 선택하고 open버튼을 누른다.

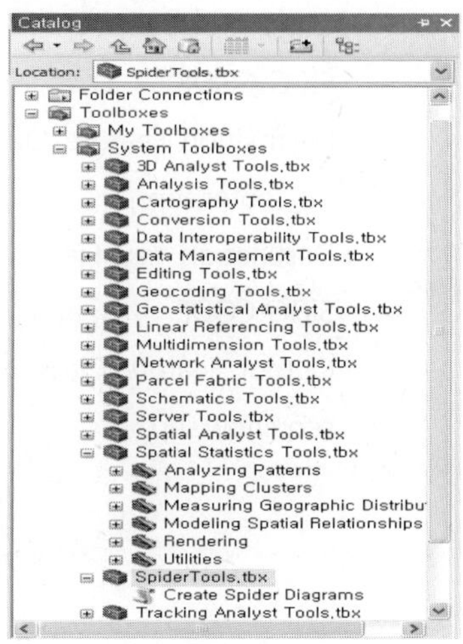

❑ ArcMap의 Catalog 창에서 Toolboxes → System Toolboxes → SpiderTools.tbx를 확인하고 Create Spider Diagram 스크립크를 마우스 오른쪽 버튼으로 클릭하고 속성보기 창을 활성화시킨다(만약 SpiderTools가 보이지 않는다면 F5키를 눌러 새로고침한다).

Source 탭에서 스크립트의 경로 변경를 보면
C:₩Program Files₩ArcGIS₩ArcToolbox₩Scripts₩Spider_Create.py 로 되어있다. 이를
C:₩Program Files₩ArcGIS₩Desktop10.0₩ArcToolbox₩Scripts₩Spider_Create.py로 변경 한다.

(2) 유선도(Flowmap) 제작을 위한 spider diagram 생성

❑ Xtools pro의 Feature Conversion→ shape to centroids를 선택하여 seoul_gu 레이어의 각 피쳐별 센트로이드를 gu_center.shp 파일로 생성한다.

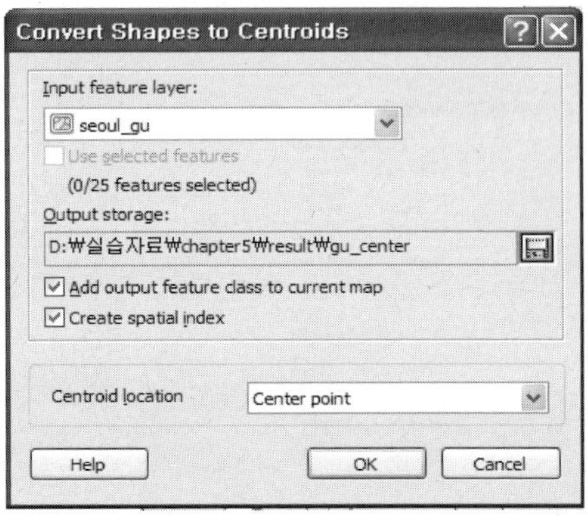

❑ ArcToolbox에 Spider Tools의 Create Spider Diagram을 더블 클릭하여 실행 시킨 후 아래와 같이 입력한 뒤, OK 버튼을 누른다.

Origin Feature Class:
gu_center.shp
Origin Key Field:
SIGG_CODE
Destination Feature Class:
gu_center.shp
Destination Key Field:
SIGG_CODE
Output Feature Class:
seoulflow.shp

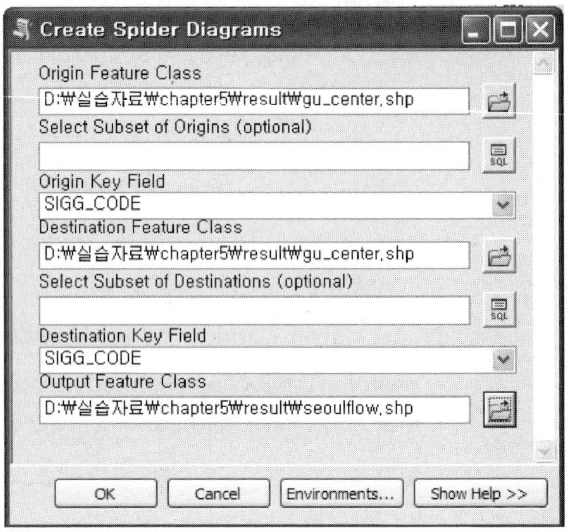

생성된 결과는 아래 그림에서 볼 수 있듯이 25개 구의 중심점을 기준으로 25×25 개의 링크로 생성되었다.

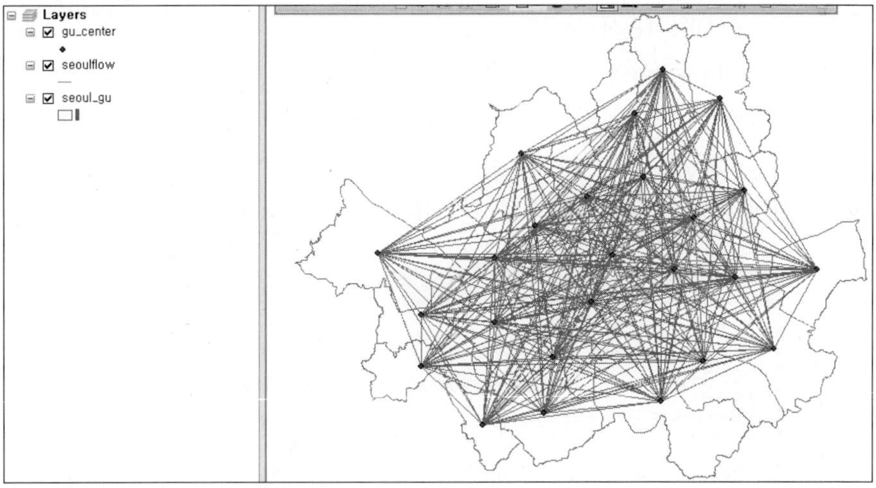

❑ 툴바의 Add Data 버튼을 누르고 chapter5\data 폴더의 migration.xlxs에서 flow 시트를 가져온다.

(migration 파일은 서울시 2005년 구별 인구이동 자료로 2차원 배열의 OD데이터를 1차원 배열로 변경시킨 것이다. 자세한 사항은 엑셀의 함수를 참조한다).

❑ seoulflow 레이어의 속성 테이블에서 OD_CODE라는 Text 형의 컬럼을 하나 추가한다.

(생성된 seoulflow 레이어와 flow 엑셀 시트를 조인하기 위해 seoulflow 레이어에 새로운 OD_CODE 식별부호를 생성하는 것이다).

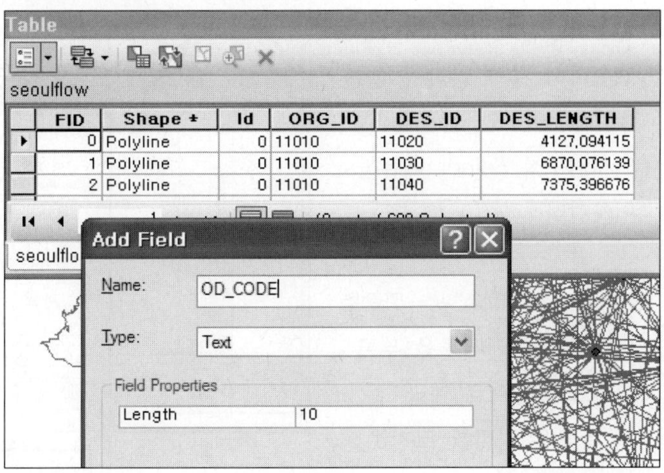

❑ 생성된 컬럼에서 필드 계산기를 선택한 뒤 계산식 [ORG_ID] & [DES_ID]를 입력하고 OK 버튼을 누른다.

❑ seoulflow레이어에서 마우스 오른쪽 버튼을 클릭하여 join을 선택하고 seoulflow 레이어의 OD_CODE와 flow 시트의 CODE를 일치시키는 조인 작업을 수행한다.

❑ seoulflow 레이어에서 마우스 오른쪽 버튼을 클릭하여 속성(Properties) 메뉴를 선택하고 symbology탭으로 이동하여 Quantities, Graudated Symbols를 선택한다.

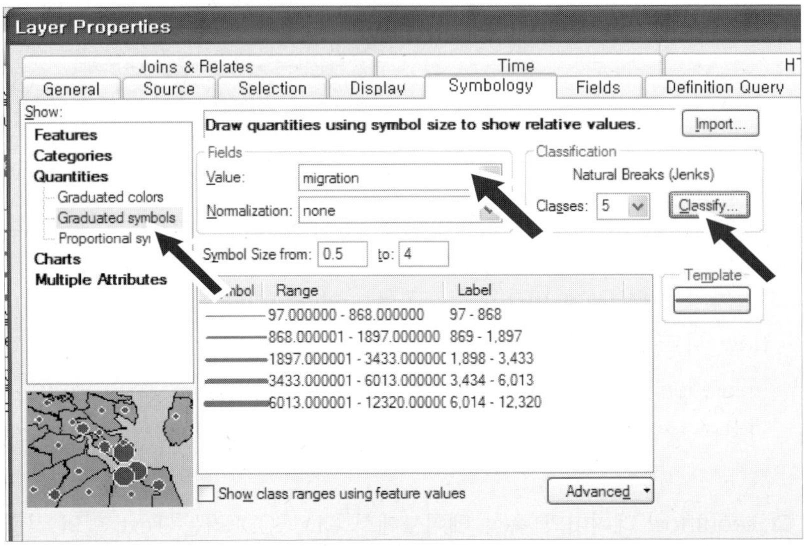

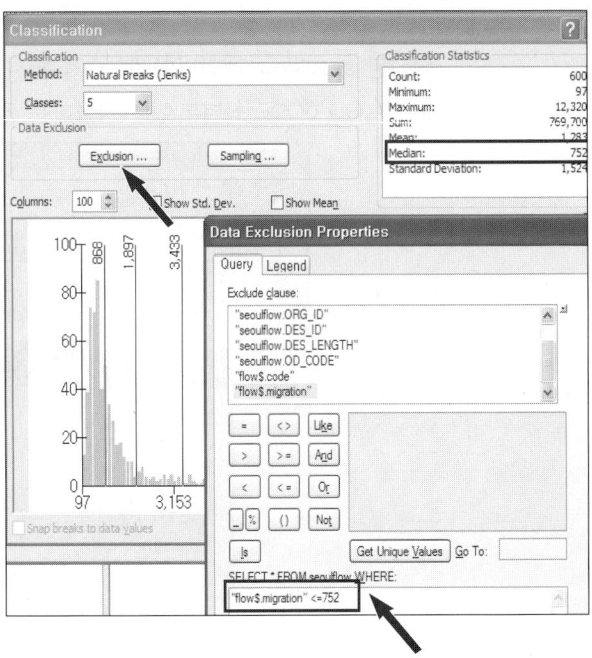

❑ Classify 버튼을 누른 후 Exclusion을 선택한다. 인구이동량이 적은 지역들을 표현하지 않기 위하여 중위수(752) 이하인 선들을 제외시키도록 Select 메뉴를 이용한다.

"flow.migration" <= 752를 입력하고 확인버튼을 누른다. 그 다음으로 계급 구간의 등급은 적절한 크기로 조절한다.

❑ Template 버튼을 누르고 Arrow at End 심볼를 찾아서 적용한다.

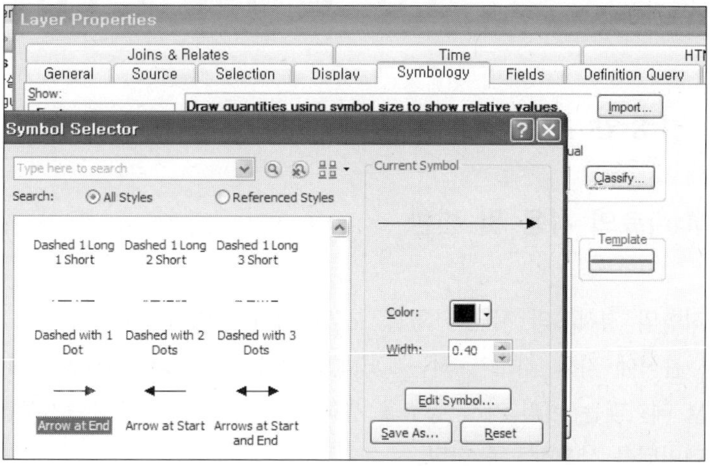

❑ 완성된 그림은 아래와 같다. 이전의 Symbol Selector의 Edit Symbol 버튼을 눌러서 원하는 화살표의 머리 크기, 위치 등을 수정할 수 있다.

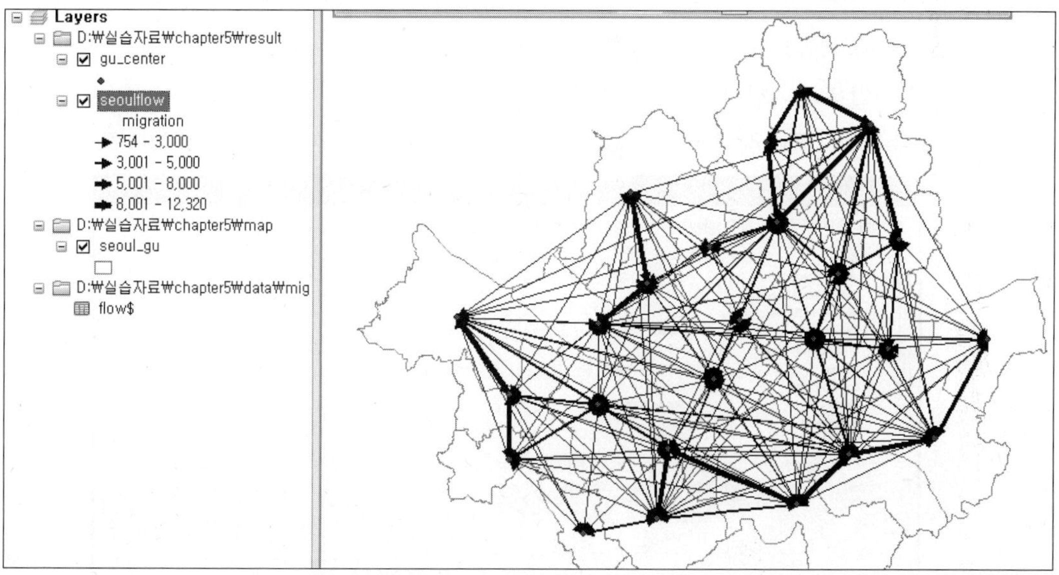

실습 6 지형 분석과 3차원 표현법

1. DEM을 이용한 지형 분석

[1] DEM 자료의 사용 및 변환

산지 지형의 경사도와 사면의 향을 분석하거나 음영기복을 표현하는 작업을 하기 위해서 지형 분석에 가장 기초가 되는 DEM(Digital Elevation Model) 데이터를 사용하게 된다. DEM 데이터는 여러 가지 방법을 통해 구축이 가능하지만 여기서는 기존에 만들어진 DEM 데이터를 사용하도록 한다.

(1) DEM 데이터 열기 및 Spatial Analyst 모듈 설정

- ArcMap 프로그램을 구동시켜 '비어있는 새 맵(A new empty map)'을 선택한다.
- 툴바의 add layer 버튼 을 눌러 chatper6\map\ 폴더에 'DEM.img'라는 래스터 파일을 추가한다.
- 추가된 DEM 레이어 등록정보에서 source 탭을 클릭하여 정보를 확인한다.

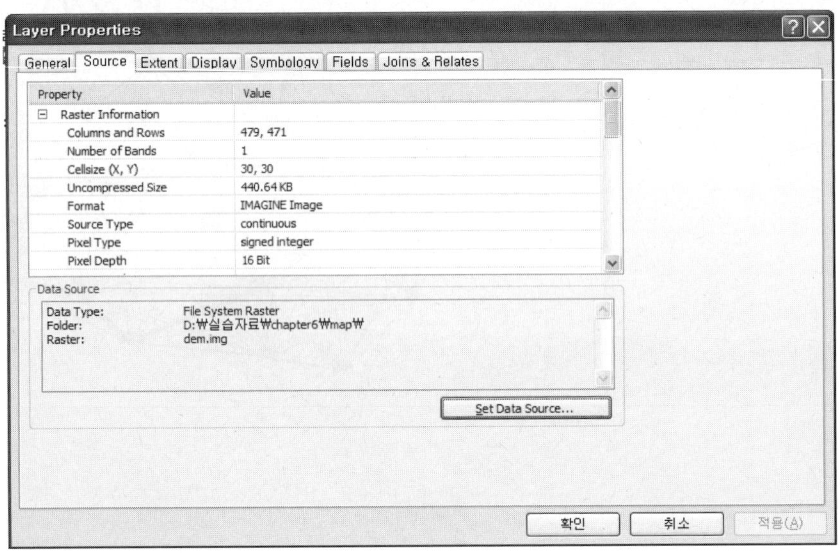

DEM 레이어는 479×471개의 셀을 가진 데이터로 한 셀의 크기는 30m×30m 임을 보여준다. 각 수치는 고도를 나타내는 단일 밴드로써 밴드 수는 한 개이며 벡터데이터와 마찬가지로 TIC 좌표와 좌표체계를 가지고 있음을 확인할 수 있다.

❑ 확인 버튼을 눌러 속성 창을 닫는다.

래스터 데이터를 기반으로 하는 공간분석 및 3차원 자료를 분석하기 위해서는 ArcGIS의 확장기능을 이용하여야한다. 이러한 확장 기능은 ArcGIS의 Spatial Analysis 및 3D Analysis 라이센스가 있어야만 사용이 가능하다. 이 분석모듈을 불러 들이는 방법을 실습해보자.

❑ 메뉴의 Customize→ Extensions 메뉴를 클릭한다.

❑ Extensions 창이 활성화되면 3D Analyst와 Spatial Analyst 체크박스를 활성화 한다.

래스터 데이터의 공간분석에서 Extension 기능을 체크하지 않으면 분석도구가 작동하지 않기 때문에 반드시 이 모듈을 설치하여야 한다.

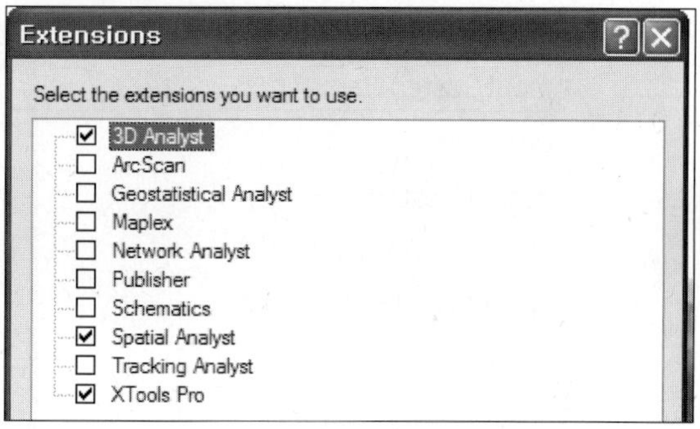

(2) DEM 데이터로부터 등고선 추출

지형의 기복을 나타내는 DEM 데이터는 자료의 특성상 일정한 경향을 갖고 있지 않으며, 일부 지역에서는 이례적인 값들을 가지고 있다. 즉, 매우 작은 협곡, 웅덩이, 암벽 등 지형적 특이성이 나타나는 지점들이다. 따라서 등고선을 구축하는 경우 주변지역을 참조하여 평균 고도를 산출하게 될 때 이례적인 지점들의 문제는 다소 전반적인 경향을 표현하는데 문제가 될 수 있다. 이러한 문제는 셀 혹은 그리드 데이터를 일반화시켜 매끄럽게 해줌으로 해결할 수 있다.

❑ ArcToolbox의 Spatial Analyst toolbox→ Neighborhood tools→ Focal Statistics 메뉴를 활성화시킨다.

Focal Statistics 도구는 각 입력 셀 위치의 값을 정의된 주변 값으로 변경하는 것이다. 예를 들어 Focal Statistics의 sum기능을 사용하면 아래 그림에서 볼 수 있듯 InRas1의 각 셀값은 주변 값들의 합으로 계산된다.

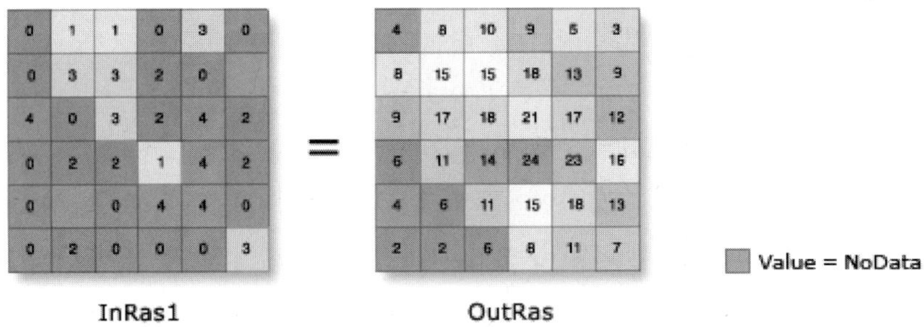

❑ Focal Statistics 창의 설정은 아래 그림처럼 입력한 뒤 OK 버튼을 누른다.

input raster:
dem.img
output raster:
result₩Dem_facal
Neighborhood: Circle
Radius: 3
Statistic type: MEAN

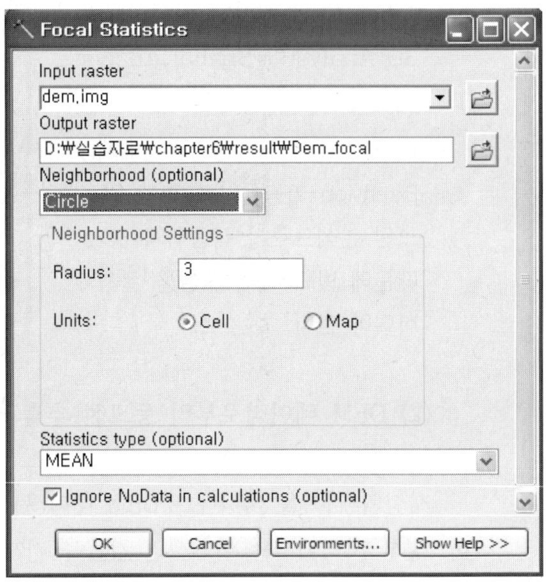

이와 같은 옵션은 반지름 3셀을 가진 원을 이동창으로 하여 그 범위 안에 있는 셀들의 평균값을 산출하여 추정하고자 하는 셀의 값으로 입력하라는 것이다.

Focal Statistics에 따라서 아래 그림과 같이 DEM 레이어가 부드럽게 변화된다.

<Focal mean 전>

<Focal mean 후>

❑ Customize 메뉴의 toolbar에서 Spatial Analyst를 선택한다.

❑ Spatial Analyst 툴바가 활성화되면 Layer 옵션을 Dem_focal로 변경하고 등고선 툴 버튼 을 눌러 화면상의 Dem_focal 데이터를 클릭한다.

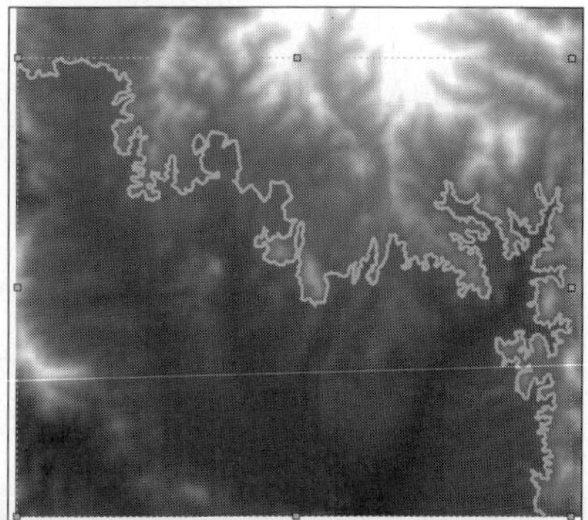

마우스로 한 지역을 선택하면 같은 고도를 갖는 값들을 연결시키는 등고선이 생성되는 것을 확인할 수 있다.

❑ 키보드의 Del 키를 눌러 선택된 등고선 라인을 제거한다.

❑ ArcToolbox에서 spatial analyst → Surface toolset→ Contours 클릭하여 실행하고 아래와 같이 입력한다.

input raster: dem_focal.img,
output polyline features: result₩contour_25.shp,
contour interval: 24
Z factor: 1

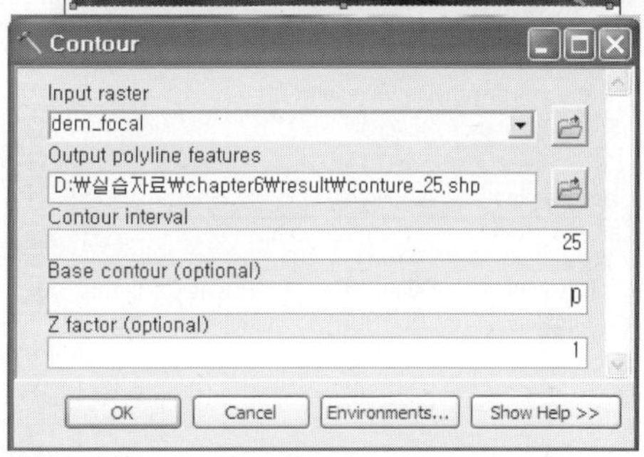

실행이 되고 나면 최고-최저 등고선 값이 산출되고 등고선 값의 수가 산출된다.

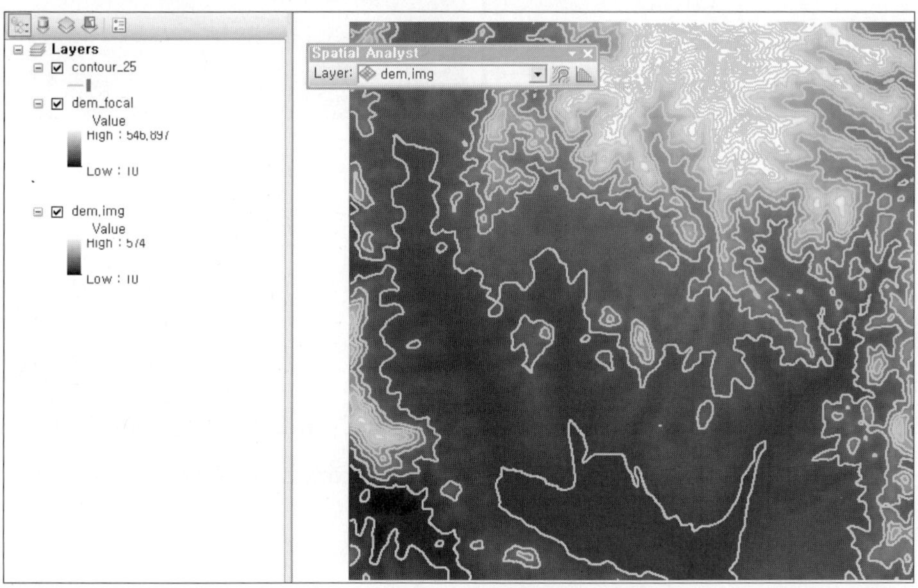

(3) 등고선으로부터 TIN 파일 생성

일반적으로 GIS 사용자들이 쉽게 얻을 수 있는 고도 데이터는 수치지형도이며, 이를 통해 등고선을 추출할 수 있다. 이러한 등고선 자료로부터 지형 분석에 도움을 주는 새로운 데이터 모델구조인 불규칙한 삼각격자망(TIN)을 생성할 수 있다.

- ❑ ArcToolbox의 3D Analyst toolbox→ TIN management→ Create TIN을 클릭하여 실행한다.
- ❑ Output TIN은 result 폴더에 TIN으로, Input Feature Class는 이전에 생성한 contour를 추가하고 OK 버튼 클릭한다.
- ❑ TOC에서 TIN 레이만 활성화시키고 나머지 레이어의 체크 박스를 해제한다.
- ❑ 툴바 메뉴의 [확대 도구] 를 통해 지도를 확대한다.

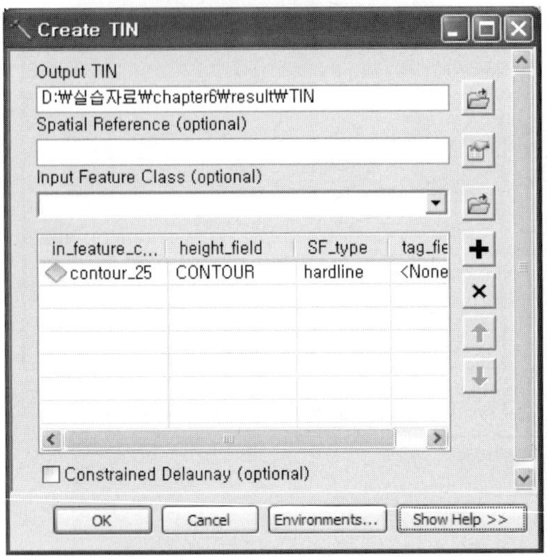

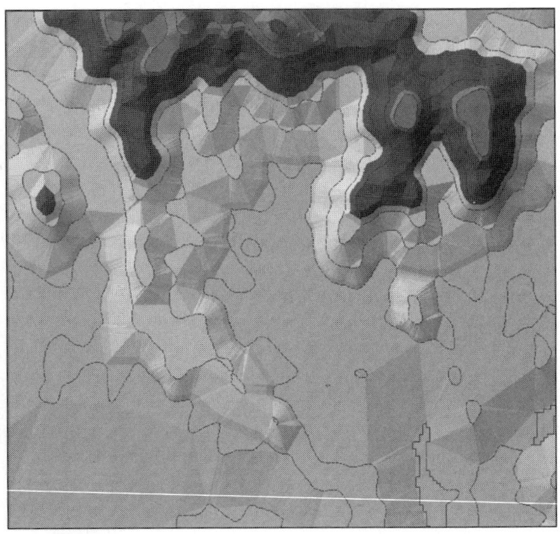

(4) TIN으로부터 DEM 생성

여기서는 반대로 등고선과 TIN으로부터 래스터 데이터인 수치고도모델로 변환하는 방법에 대하여 실습해보자.

- ❑ ArcToolbox의 3D Analyst toolbox→ Conversion→ From TIN→ TIN to Raster를 클릭하여 실행한 뒤 아래와 같이 옵션을 입력하고 OK 버튼을 누른다.

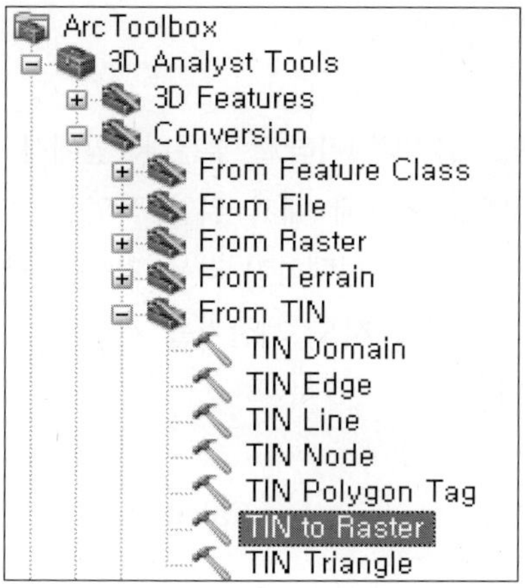

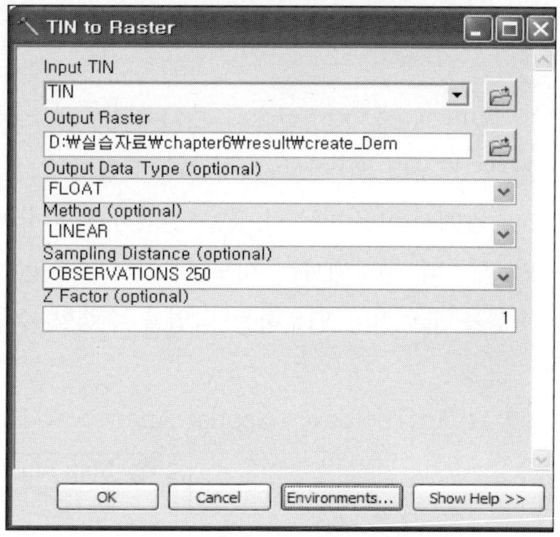

[2] 산지지형 분석

(1) DEM 데이터를 이용한 경사도 분석

DEM 데이터를 이용하면 지형의 경사, 사면의 방향, 가시권역 등을 분석해 낼 수 있다. 이러한 분석기능은 Spatial Analyst와 3D Analyst에서 제공하며 거의 모듈화되어 있어서 사용하기 매우 용이하다.

❑ TOC에서 DEM 레이만 활성화시키고 나머지 레이어의 체크 박스를 해제한다.

❑ ArcToolbox에서 Spatial analyst→ Surface toolset→ Slope를 더블 클릭하여 실행시키고 다음과 같이 입력한 뒤 OK 버튼을 누른다.

Input raster: dem.img, Output raster: result₩slope, Output measurement: DEGREE

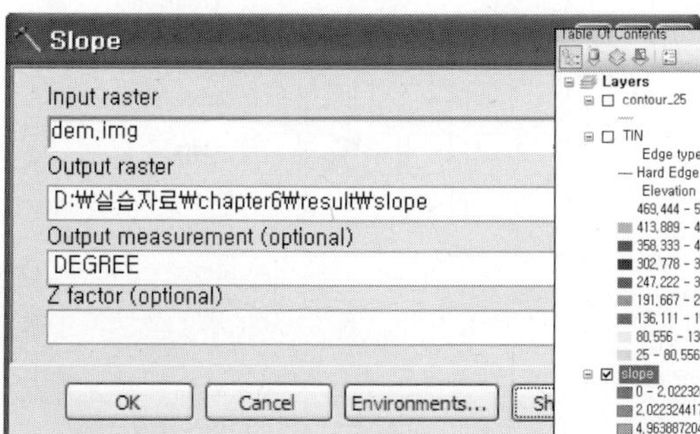

산출되는 경사도는 기울기 각도(degree)와 경사 변화률(percent_rise) 중에서 선택할 수 있다.

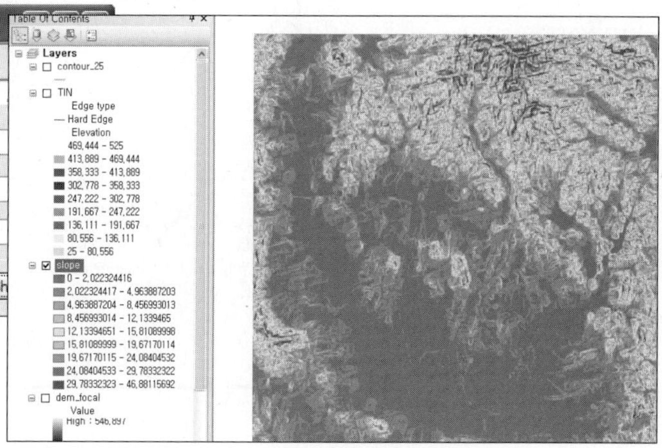

(2) 지도 계산기(Map Calculator)를 사용한 분석

일반적으로 지형학에서 경사가 30˚이상인 곳을 절벽(崖)이라고 부른다. 앞에서 산출된 경사도로부터 30˚이상인 지역과 그렇지 않은 지역을 구분해 내기 위한 작업을 수행해보자. 앞에서는 원하는 속성을 선택하기 위하여 "속성으로 선택하기"라는 기능을 사용했지만 래스터 분석에서는 지도 대수(Map Algebra) 기법의 지도 계산기를 사용하여 원하는 속성을 고르거나 연산하는 작업을 수행할 수 있다.

❑ ArcToolbox→ Spatial Analyst→ Map Algebra→ Raster Calculator를 실행한다.

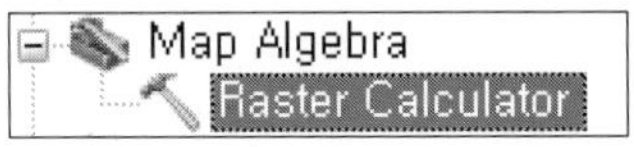

❑ Raster Calculator 창이 활성화 되면 식에 "slope" > 30 이라고 입력하고 result 폴더에 cliff 라고 저장한다.

(그 결과 경사도 30° 이상인 지역은 '1'로 그렇지 않은 지역은 '0'으로 구분된 래스터 지도가 생성되었다).

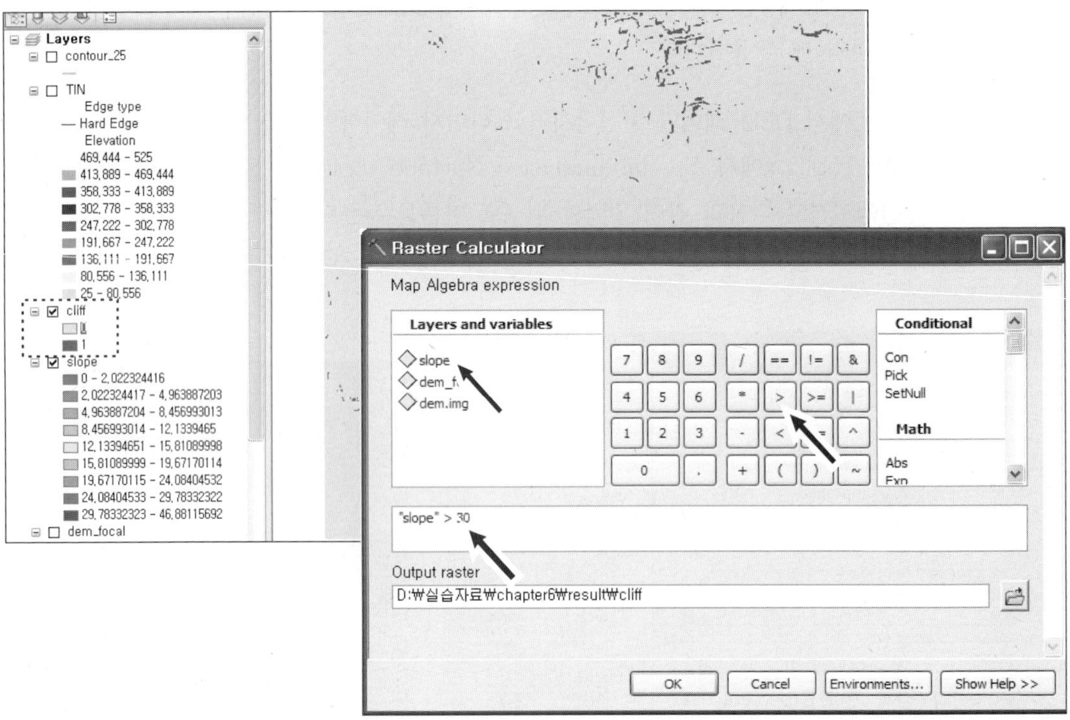

(3) 주향(aspect) 분석

지형의 기복으로 인해 지형면은 특정한 향을 바라보는 구조를 지니게 된다. DEM 데이터로부터 지형의 경사면이 어느 방향을 바라보고 있는 지를 분석할 수 있다.

❑ ArcToolbox→ Spatial Analyst→ Surface toolset→ Aspect를 실행한다.
input raster는 dem.img, Output raster는 result폴더에 aspect로 입력하고 OK 버튼을 누른다.

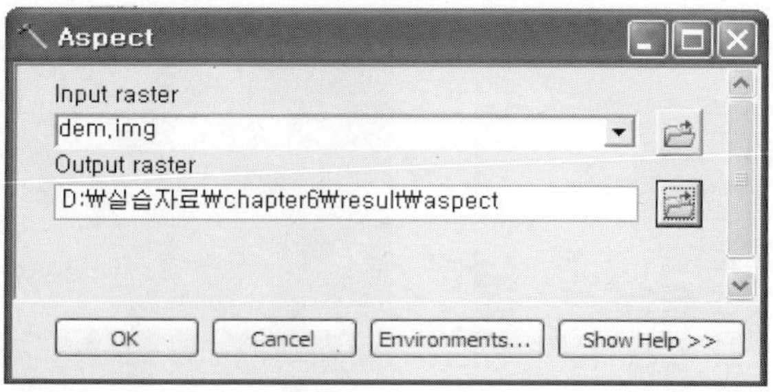

주향 분석에서는 지형면이 바라보는 향을 계산하고 평탄한 곳은 평탄면이라고 나타나도록 정보를 제공해 준다. 주향분석을 통해 아래 그림과 같이 각 경사면이 가지는 향을 파악해 볼 수 있다. 여기서 시계방향으로 북쪽은 0도, 동쪽은 90도, 남쪽은 180도, 서쪽은 270도를 가리킨다.

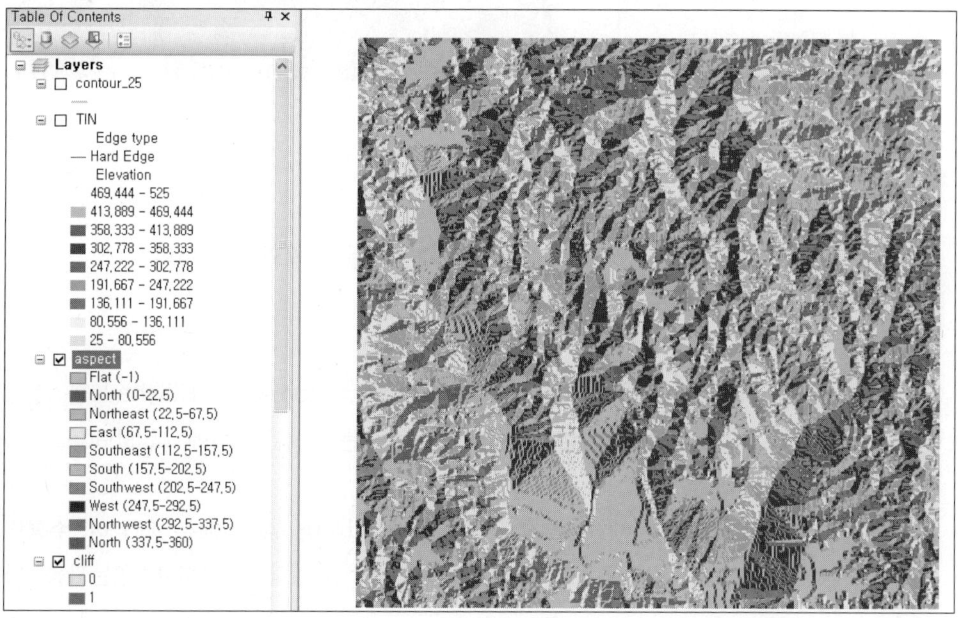

주향분석도 지도 계산기(Map Calculator)를 통해서도 할 수 있다. ArcToolbox → Spatial Analys t→ Map Algebra → Raster Calculator를 실행한 뒤 Aspect("dem.img")라고 입력하고 저장경로를 설정한 뒤 OK 버튼을 누른다.

이렇게 지도 계산기를 통해 분석이 가능한 것은 지도 계산기가 래스터 관련 함수를 불러와 사용할 수 있기 때문이다. 지도 계산기를 이용한 분석결과도 사면의 향 방향이 360° 이내의 값으로 산출된다. 만일 사용자가 원하는 방향으로 계급이나 색상을 구분하여 표현하고자 한다면 아래 그림과 같이 산출된 레이어의 속성 창에서 심볼 색을 변경해 주면 된다.

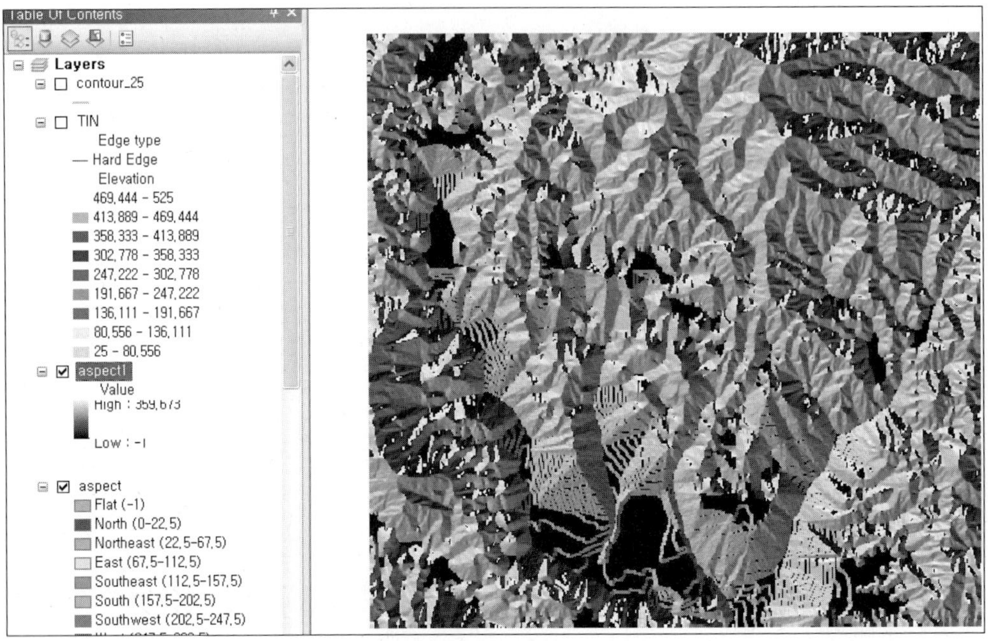

(4) 음영기복(Hillshade) 분석

음영기복도는 지형을 보다 입체적으로 표현하는 방법으로 지형의 특색을 효과적으로 나타낼 수 있는 방법의 하나다.

- ArcToolbox→ Spatial Analyst→ Surface toolset→ Hillshade를 실행한 뒤 input raster는 dem.img, Output raster는 result폴더에 hillshade로 입력하고 OK 버튼을 누른다.

(여기서 Azimuth는 태양으로부터 방위각을 말하며, Altitude는 태양이 수평면상으로부터 내리쬐는 각도를 말한다. 태양이 어느 각도에서 비취고 있는가를 나타내는

Azimuth는 북쪽이 0도, 동쪽은 90도, 남쪽은 180도, 서쪽은 270도이며, 특정한 방위각이 주어지지 않으면 디폴트 값으로 315도가 지정된다. Altitude는 태양이 수평면상에서 내리쬐이는 각도이므로 10도에서 90도까지 나타날 수 있는데, 특정한 각도가 지정되지 않으면 디폴트로 45도 각도가 지정된다).

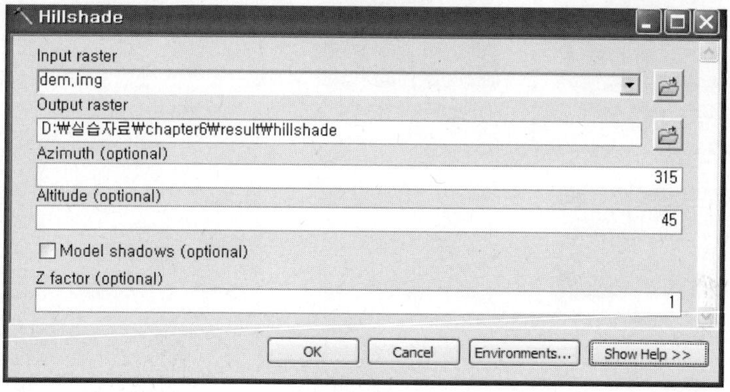

생성된 음영기복도는 평면상의 지도를 입체감있는 지도로 표현하는데 유용하게 사용될 수 있다. ArcGIS 10.0에서 새롭게 추가된 기능인 Add Basemap을 사용하여 위성사진을 음영기복도를 사용하면 더욱 입체감 있게 볼 수 있다. 간단하게 실습해보자.

❑ Add Data 메뉴의 삼각형 버튼을 눌러 Add Basemap 메뉴를 클릭한다.

❑ Add Basemap에서 Bing에서 제공하는 항공사진을 선택한 뒤 Add버튼을 누른다.

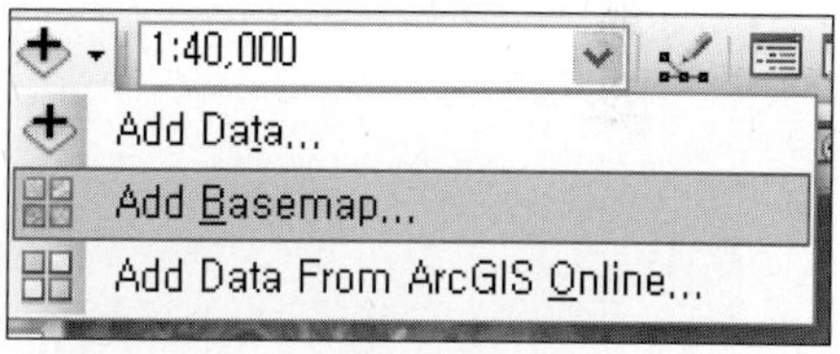

(Add basemap은 인터넷으로 제공되는 다양한 지도를 ArcGIS에서 사용할 수 있도록 하는 기능을 제공한다).

❑ 항공사진 지도의 로딩이 끝나면 Basemap의 레이어 위치를 hillshade 보다 상위에 가도록 변경한다.

❑ Basemap 레이어를 마우스 오른쪽 버튼을 사용하여 속성 정보(Properties)를 클릭한 뒤 Display 탭에서 Transparency를 30%로 설정하고 확인버튼을 누른다.

❑ 산간지역을 크게 확대하여 hillshade가 활성화되었을 때와 그렇지 않을 때를 비교한다.

❑ TOC에서 Basemap 그룹 레이어를 제거하고 dem 레이어만 남기고 활성화 체크박스를 해제한다.

Add basemap은 인터넷으로 제공되는 다양한 지도를 ArcGIS에서 사용가능하도록 한다.

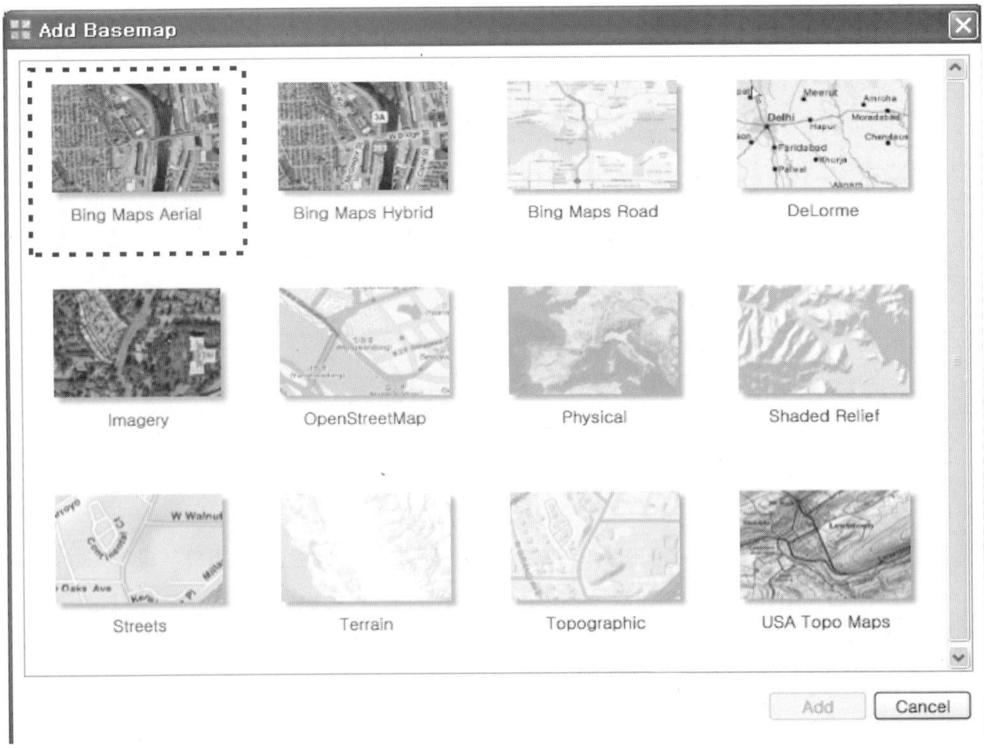

< 배경에 hillshade를 적용하기 전>

<배경에 hillshade를 적용한 후>

(5) DEM 데이터를 이용한 급경사 경로, 가시권, 종단면 분석

지형분석에서 때로는 특정 지점에서 가장 가파른 경로를 찾는 경우나 산불을 감시하게 위해 가시권을 분석하는 경우 또는 지형의 종단면을 분석하는 경우 3D Analyst 기능을 이용하면 손쉽게 분석할 수 있다.

❑ Customize 메뉴의 toolbar에서 3D Analyst를 찾아 선택한다.

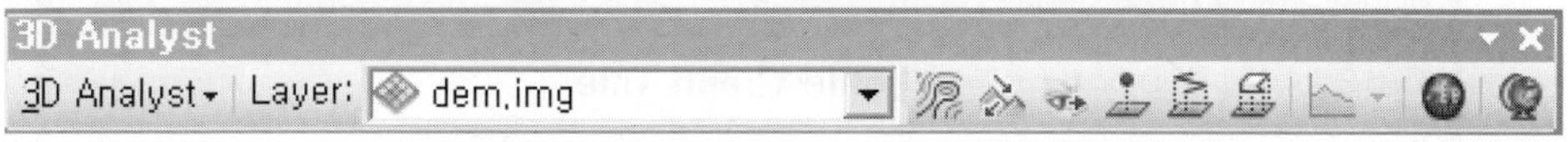

3D Analyst 도구바는 Spatial Analyst와는 달리 좀 더 다양한 도구를 더 가지고 있다. 이러한 기능을 이용하여 가시권 분석과 종단면 분석을 수행할 수 있다.

❑ 사용할 레이어를 dem.img로 설정해 놓고 급경사 경로 생성(Steepest Path) 버튼을 누른 뒤 DEM 표면의 원하는 곳을 클릭한다.

❑ 가시선(Line of Sight) 버튼을 클릭한 뒤 DEM 표면에서 원하는 방향으로 가시선을 생성한다.

현재 위치에서 보이는 곳은 녹색으로 나타나며, 보이지 않는 곳은 붉은 색으로 표시된다. 관찰지점 옵셋(observer offset)을 변경함으로 관찰자의 높이를 결정하여 가시선을 파악할 수 있다.

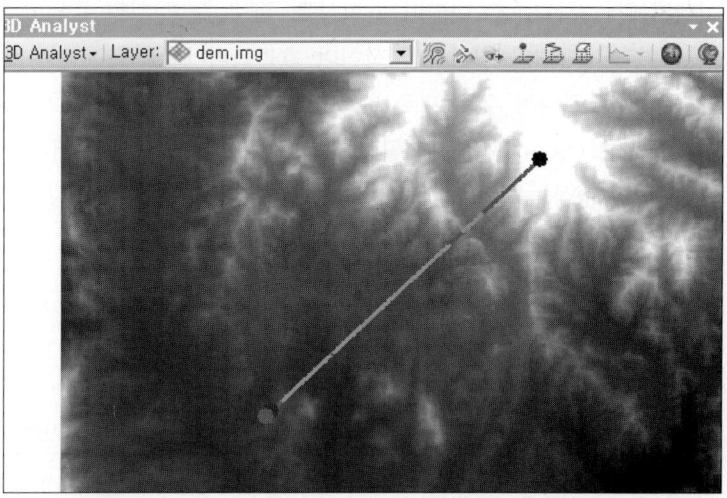

❑ 지형의 종단면 형태를 보기 위해 라인 내삽(interpolate line) 버튼을 클릭하여 원하는 종단면을 선택한다. 이때 활성화 되는 프로파일 그래프 버튼을 클릭하면 종단면 그래프를 생성할 수 있다.

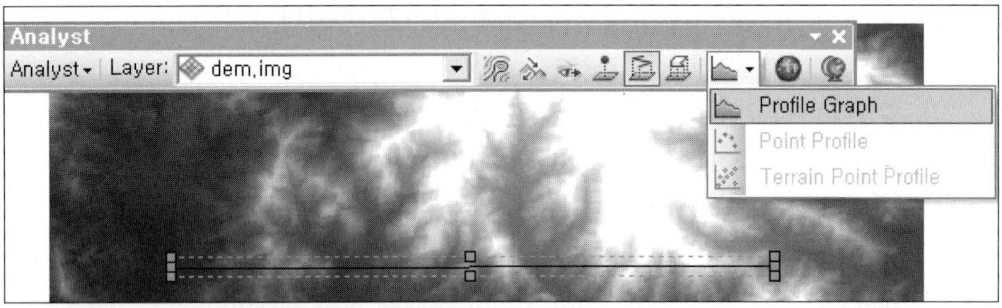

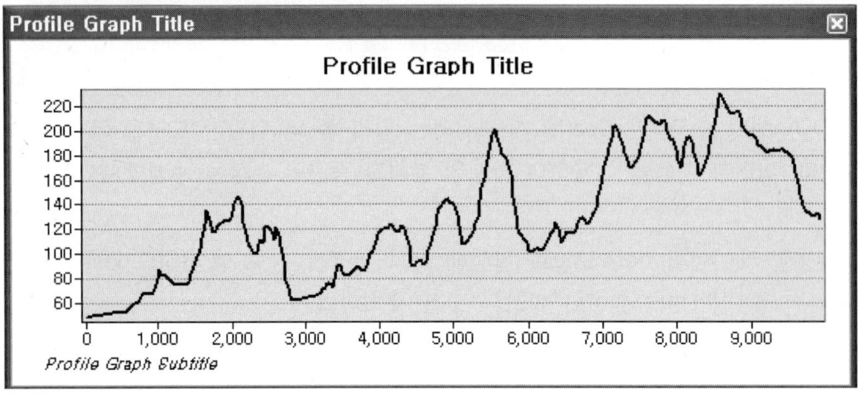

2. ArcScene으로 3차원 표현하기

실세계에서 3차원으로 나타나는 형상들, 예를 들면 지형이나 고층건물 등을 입체감있게 3차원으로 나타내면 훨씬 가시적이며 효과적이다. ArcScene은 2차원의 데이터 파일을 3차원적으로 구현해 주는 프로그램이다.

여기서는 ArcScene 기능을 활용하여 실습 4에서 작업한 커버리지 상에 나타난 2차원으로 표현된 형상들을 3차원으로 표현하는 실습을 해보자.

[1] 프로그램 실행 및 데이터 입력

❑ Windows의 작업 바에서 시작버튼을 누르고, 프로그램, ArcGIS, ArcScene 10을 클릭하여 프로그램을 구동하고 비어있는 새 맵(blank scene)을 선택한다.

❑ Add data 버튼 을 클릭하여 \chapter6\map\data.mdb에서 지적, 도로, 가로수, 빌딩 피처 클래스를 추가한다.

(데이터가 추가 되면 아래 그림과 같이 사선 방향에서 바라보는 형상으로 나타난다).

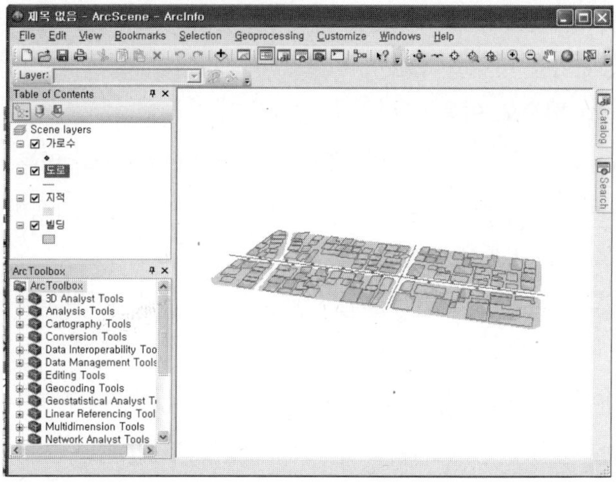

[2] 2차원의 형상을 3차원의 형상으로 표현

❑ TOC 창에서 가로수 레이어를 마우스 오른쪽 버튼을 사용하여 Properties→ Simbology 탭→ Symbol→ Style References→ 3D Tree를 체크한다. 또한 원하는 나무 형태를 선택하고 크기를 입력한 뒤 OK 버튼을 누른다.

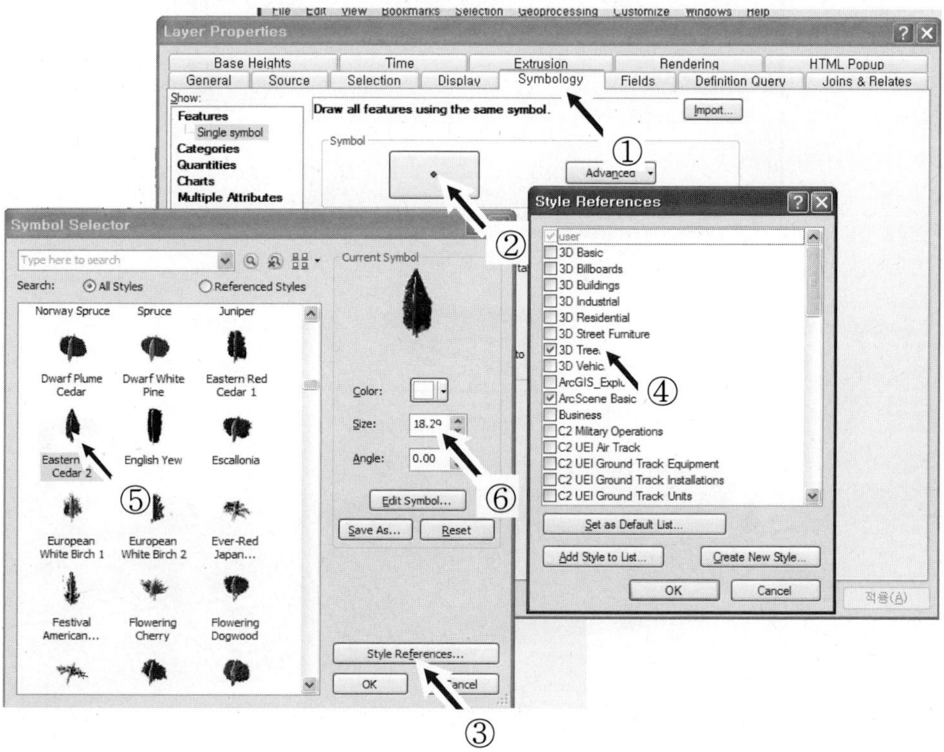

- ❑ 도로 및 지적 레이어도 가로수 레이어와 마찬가지로 원하는 심볼로 변경한다.
- ❑ 빌딩 레이어를 마우스 오른쪽 버튼을 사용하여 Properties 메뉴를 클릭한 뒤 Extrusion 탭으로 이동한다.
- ❑ Extrude feature in layer의 체크 박스를 설정하고 버튼을 누른다.
- ❑ Expression Builder 창이 활성화되면 1층을 약 3m로 가정하여 [층수]*3이 되도록 입력한 후 OK 버튼을 누른다.
- ❑ 마지막으로 확인 버튼을 누르면 아래 그림과 같이 3차원으로 건물이 표현되는 것을 확인할 수 있다.
- ❑ 내비게이트 버튼 을 사용함으로 위치를 다르게 살펴볼 수 있으며, 탐색 버튼 을 이용하여 공간의 위치를 다르게 탐색할 수 있다.

(마우스 왼쪽 버튼을 클릭을 할수록 빠르게 전진하며, 마우스 오른쪽 버튼을 클릭할수록 빠르게 후퇴한다).

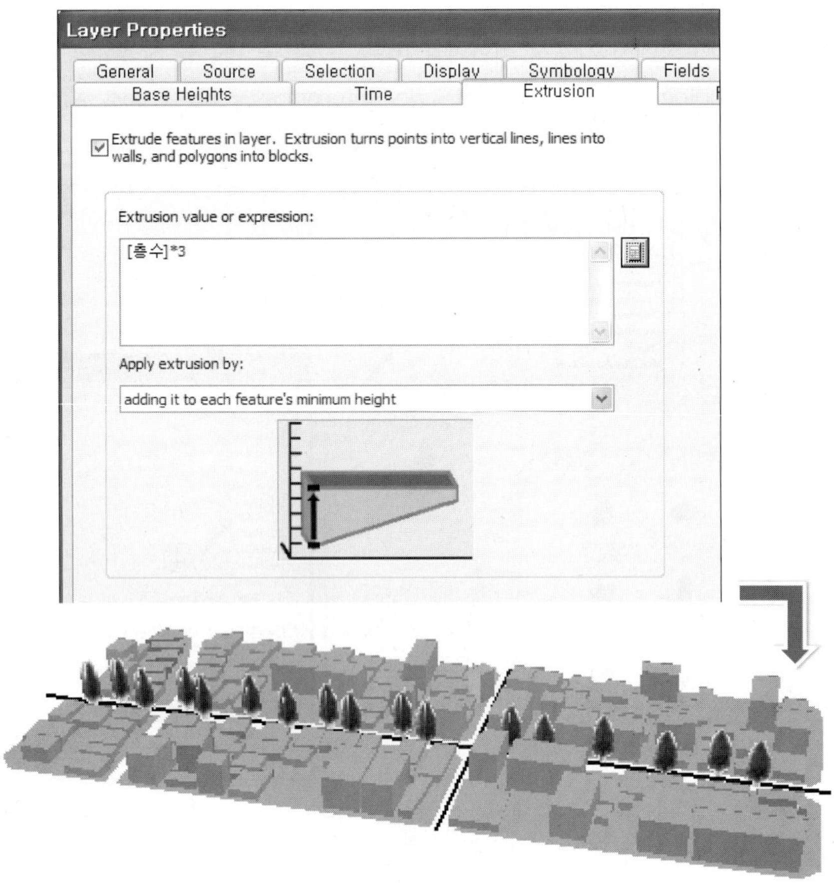

[3] DEM 데이터의 3차원 표현

❑ Add data 버튼 을 눌러 chapter6\map폴더의 dem.img 파일을 추가한다.

❑ dem 레이어를 마우스 오른쪽 버튼을 사용하여 Properties 메뉴를 선택하고 Base Heights 탭으로 이동한다.

❑ Floating on a Custom surface로 옵션을 변경한 뒤 확인 버튼을 누른다.

(이 옵션은 현재 표면이 가지는 고도값을 이용하여 공간을 굴곡있게 만들어주는 기능을 수행한다. 이 옵션의 적용 결과 이전에 만든 3차원 건물들이 DEM 아래로 배치되어있는 것을 확인할 수 있다. 이는 다른 피쳐 클래스들의 고도값이 적용되지 않았기 때문이다).

따라서 다른 피쳐 클래스도 속성 창에서 dem을 참조하도록 설정하여야 한다.

❑ 가로수, 도로, 지적, 건물 레이어의 속성 창에서 Base Heights를 dem을 참조하도록 설정한다.

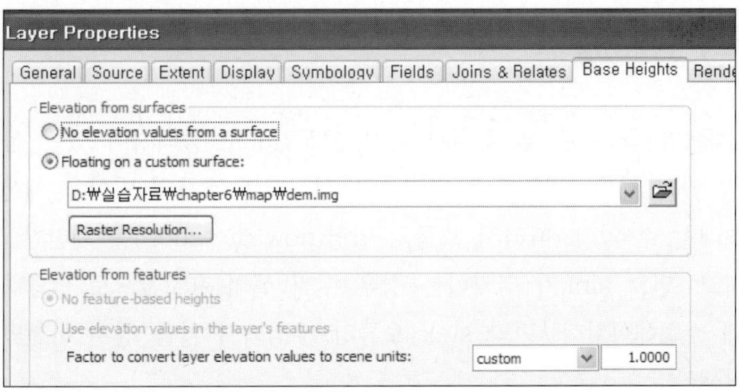

기준 높이(base heights)가 적용된 후 아래 그림과 같이 건물들 뒤로 멀리 산이 보이는 것으로 나타나고 있다.

실습 7 하계망과 분수령 분석

1. 하계망 추출

하계망은 하천의 차수를 가진 네트워크로 구축되며, 하천 분기점과 유역 경계에 의해 하천의 차수를 구분하게 된다. 유역분지는 물들이 집중되는 형태의 배수구로 모이는 곳이며, 두 유역분지 간의 경계를 분수령(watershed)이라고 한다. 하계망을 추출하기 위해서도 DEM 데이터가 필수적이다. DEM 데이터로부터 분수령과 하계망을 추출할 수 있기 때문이다. 여기서는 하계망 추출 방법에 대해 실습해보자.

[1] 함몰 지형 채우기

하계망을 분석하는 경우 주위가 높은 고도값으로 둘러싸여 있는 움푹 들어가 함몰된 곳(sink)이 있는 경우 내부 배수 영역으로 인식되어 흐름의 방향을 계산하는 경우 잘못된 결과를 초래할 수 있다. 따라서 흐름의 방향(flow direction)을 계산한 후에 sink의 유·무를 확인하고, 만약 sink가 나타나는 경우 주위 셀의 표고값으로 할당하는 채우기(fill) 방법을 통해 수정해야한다. 만약 sink 오류가 수정되지 않을 경우 하천의 수로는 단절되는 경우가 발생한다.

- ❑ ArcMap 프로그램을 실행 한 뒤 chapter7 폴더에서 chapter7.mxd 파일을 불러온다.
- ❑ 메뉴의 Customize→Extensions 메뉴를 클릭하고 3D Analyst와 Spatial Analyst 체크박스를 활성화 한다.
- ❑ Geoprocessing 메뉴에서 Environment Setting을 정하여야 하는데 workspace는 chapter7/result 폴더로 변경하고, Raster Analysis에서 DEM의 셀 크기와 동일한 결과를 갖도록 옵션을 조절한다.
- ❑ ArcToolbox의 Spatial Analyst toolbox→Hydrology→Flow Direction를 더블 클릭한 뒤 아래와 같은 정보를 입력하고 OK 버튼을 누른다.

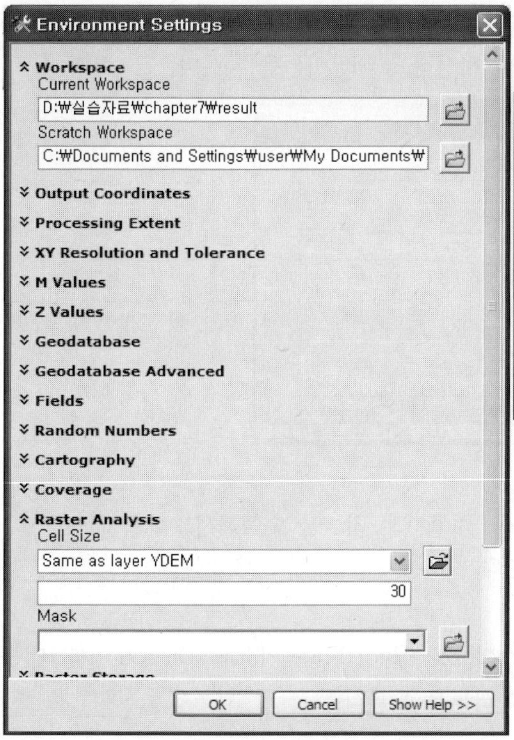

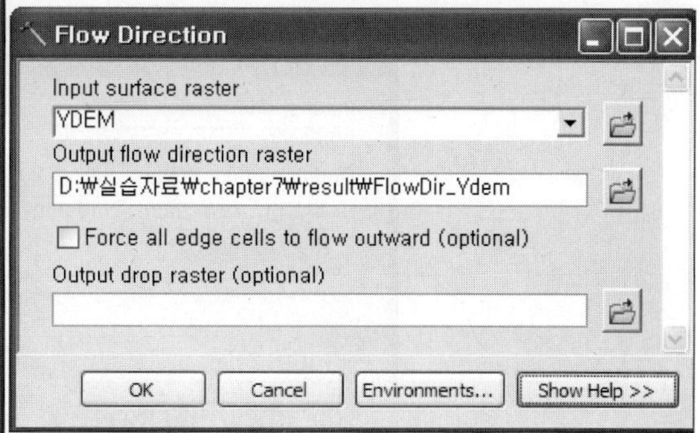

Input surface raster: YDEM
Output flow direction raster:
FlowDir_YDEM

❑ ArcToolbox의 Spatial Analyst toolbox→Hydrology→Sink를 더블 클릭한 뒤 아래 정보를 입력하고 OK 버튼을 누른다.

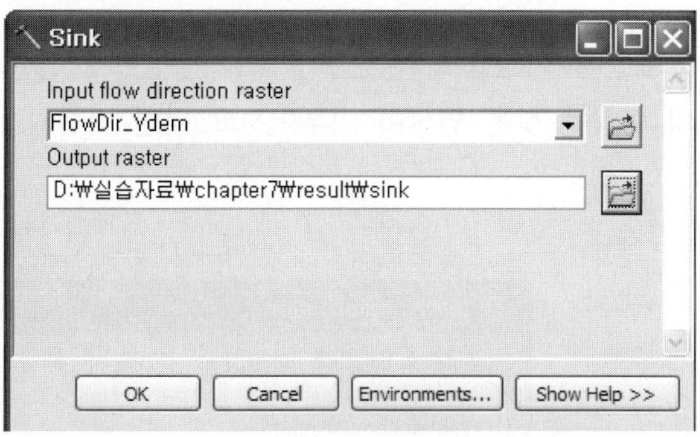

Input flow direction raster:
FlowDir_Ydem
Output raster: result₩sink

sink의 유무를 분석한 결과를 TOC에서 속성 테이블 보기를 통해 확인해보면 해당 지역에 10개의 sink가 있는 것으로 판명되었다. 따라서 YDEM자료를 주변 값으로 sink를 채우는 fill 작업을 수행해야한다.

❑ ArcToolbox의 Spatial Analyst toolbox→Hydrology→Fill을 선택하고 Ydem을 입력한 뒤 Fill_Ydem으로 저장 경로를 지정하고 OK 버튼을 누른다.

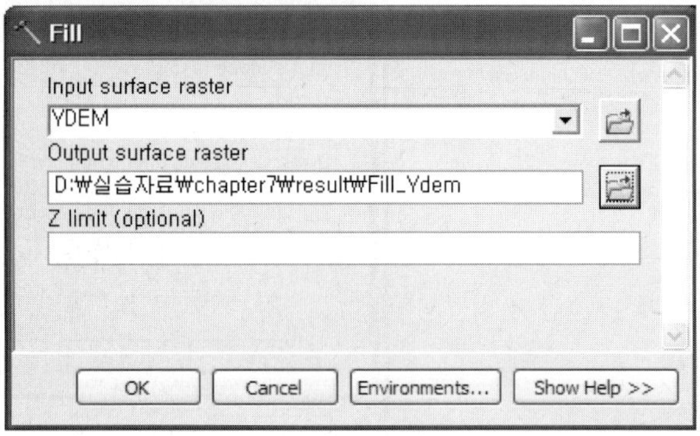

sink가 Fill 기능에 의해 채워지면 다시 flow direction 기능을 수행해서 sink가 없는 상태에서의 흐름의 방향을 계산하여야 한다.

❑ ArcToolbox의 Spatial Analyst toolbox→Hydrology→Flow Direction를 더블 클릭한 뒤 아래 정보를 입력하고 OK 버튼을 누른다.

Input surface raster: Fill_YDEM

Output flow direction raster: FlowDir_FYDEM

[2] 누적 흐름도 생성하기

sink가 채워진 상태에서 흐름도를 바탕으로 누적 흐름도를 생성하게 된다. 이렇게 누적 흐름도 분석을 통해 흐름의 방향을 찾는 연산이 이루어지고 나면 하천의 수로의 윤곽이 나타나게 된다.

❑ArcToolbox의 Spatial Analyst toolbox → Hydrology → Flow Accumulation을 실행한 후 input에 FlowDir_FYDEM를, output은 result 폴더에 ACC_FYdem 으로 저장하고 OK 버튼을 누른다.

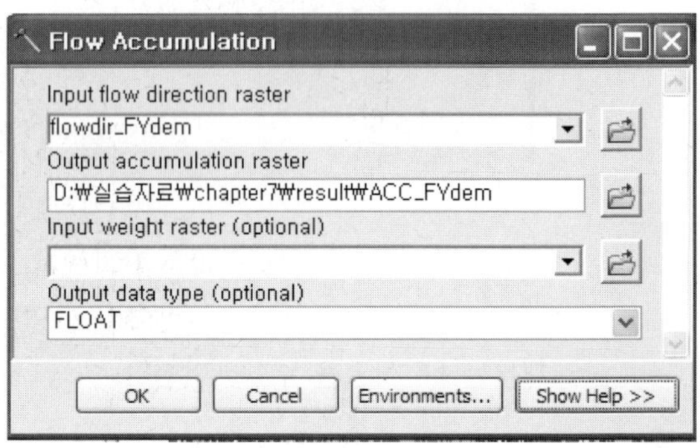

이렇게 산출된 누적 흐름도를 바탕으로하여 하계망을 추출할 수 있다. 즉, Flow Accumulation의 셀의 값을 그대로 나타나게 되면 저차위 하도들의 수로까지 다 나타나게 된다. 따라서 "Stream Channel"을 생성하는 경우 사용자는 Flow Accumlation의 값들을 참조하여 임계치를 결정해서 입력하여야 한다. 임계치 값이 정해지면 그 값에 따라 추출되는 하계망이 달라지게 된다. 만일 임계치 값이 크게 주어지면 하계망이 적게 추출되며, 임계치 값이 작게 주어지면 세부적인 하계망이 구축된다. 따라서 해당 지역의 누적 흐름도의 데이터 분포를 참조하여 임계치를 결정하는 것이 좋다.

- ArcToolbox, Spatial Analyst→Map Algebra→Raster Calculator를 실행한다. Con("ACC_FYdem" >= 3000, 1)로 입력하고 stream으로 저장한다.

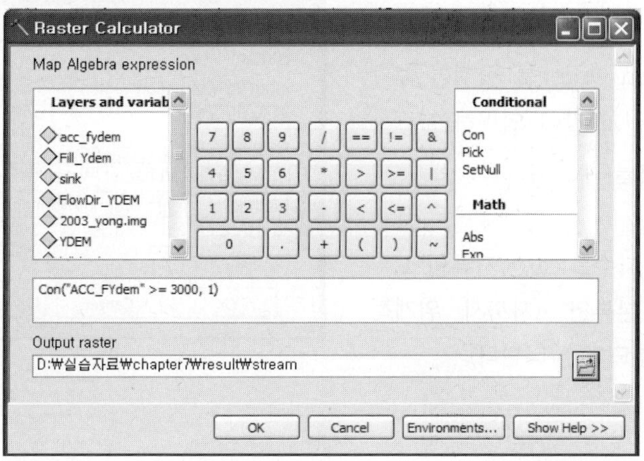

조건부 함수인 Con을 사용한 결과 누적 흐름량이 3,000이상인 지역들은 '1'의 값을 갖는 래스터 데이터로 변환되었다. 그러나 하계망이 차수별로 나타난 것이 아니므로 다시 하계망을 차수별로 계산하여야 한다.

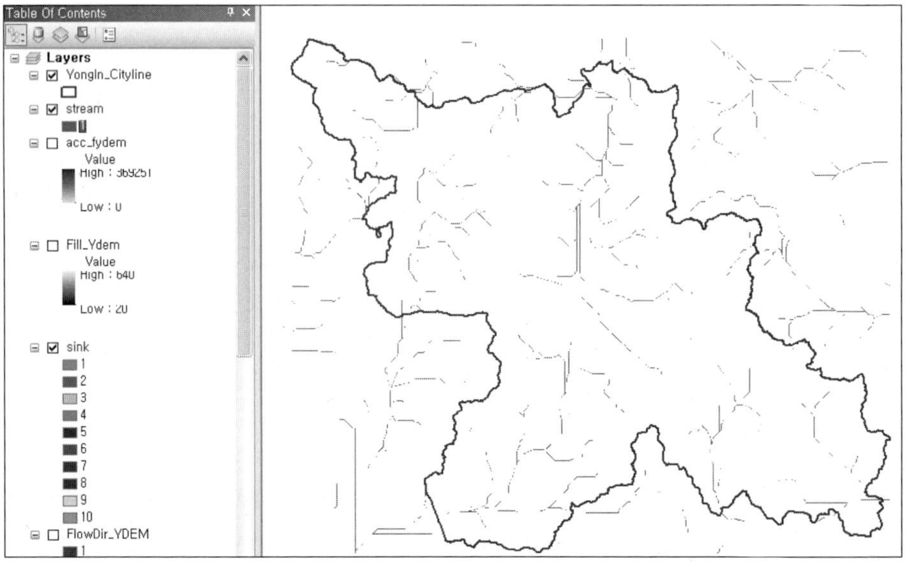

[3] 하계망의 차수 계산

하계망의 차수를 계산하기 위한 도구는 Stream Order로 이전의 누적 흐름도로부터 분류해낸 하계망과 누적 흐름도를 사용하여 하천의 차수를 계산할 수 있다.

❑ ArcToolbox의 Spatial Analyst toolbox→Hydrology →Stream Order를 실행한 후 옆의 그림과 같이 입력하고 OK 버튼을 누른다.

(계산된 차수를 보면 지류인 1차부터 본류인 4차까지 위계적으로 구분되어 나타난다).

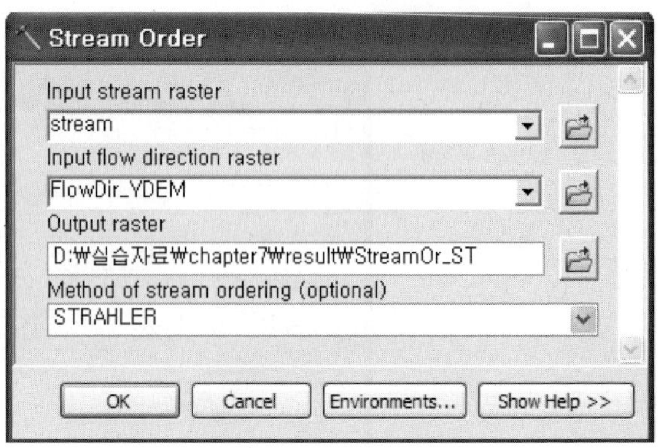

그러나 이렇게 추출된 하계망은 래스터 데이터로 되어 있으므로 벡터 데이터로 변환하는 작업을 수행하도록 한다. 벡터 데이터로의 변환은 ArcGIS의 Conversion 도구를 사용하면 된다.

❑ ArcToolbox의 Conversion Tools→From Raster →Raster to Polyline 도구를 선택한다.

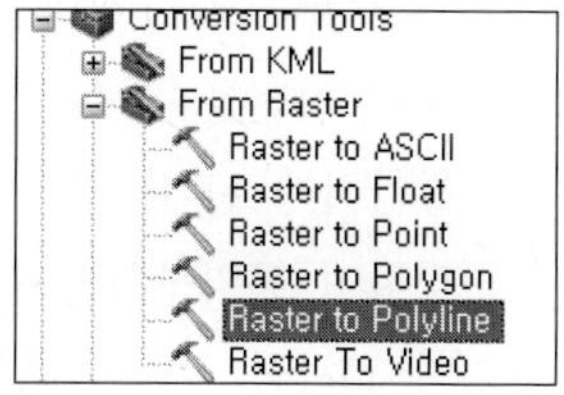

❑ Input raster에 SteamOr_ST를 입력하고 result 폴더에 stream.shp로 저장한 뒤 OK버튼을 누른다.

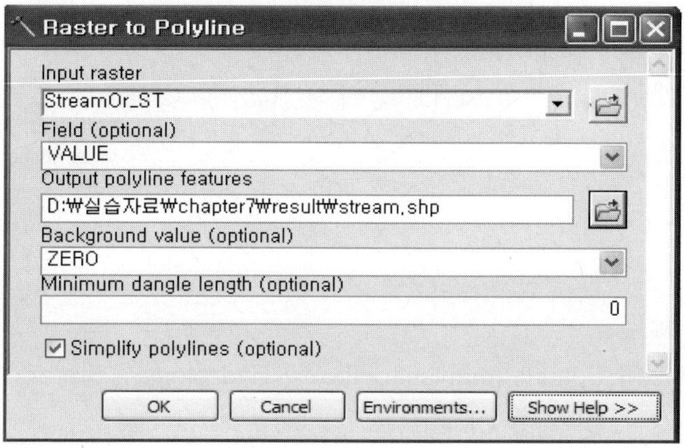

❑ 벡터 데이터로 변환된 stream 레이어에서 도형표현도(Graduated symbols)를 선택한 뒤 Grid_Code 정보로 지도를 그리면 아래와 같이 하천을 차수에 따라 위계적으로 표현할 수 있다.

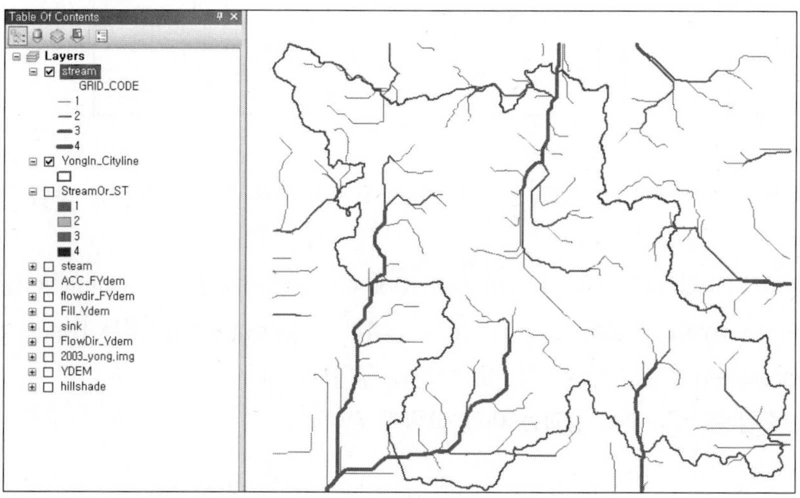

2. 유역분지와 분수령 분석

지표에 내린 강수가 한 하천과 다른 하천으로 갈라져서 흘러들어가는 지리적 경계를 분수령(watershed)이라고 한다. 즉, 분수령은 유역을 나누는 경계가 되며, 이러한 분수령 내의 하천을 유역분지라고 한다. 유역분지의 경우 하천의 차수가 높아질수록 유역면적은 증가하게 된다. 따라서 분수령을 분석하기 위해서는 하계망의 차수들이 만나는 지점을 인식하여 유역분지를 분석해야한다. 즉, 하천 교차점 사이에서 래스터로 된 선형 네트워크의 교차점 식별 부호를 생성하는 작업을 수행해야한다.

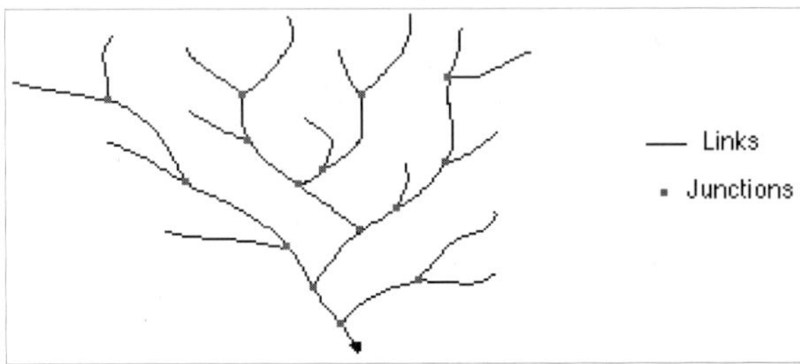

❑ ArcToolbox의 Spatial Analyst toolbox→ Hydrology→ Stream Link를 실행한 후 다음과 같이 입력하고 OK 버튼을 누른다.

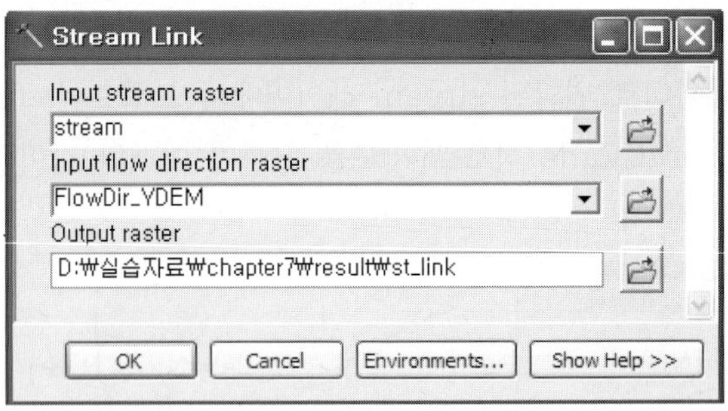

Stream Link 분석이 완료되면 watershed 도구를 통해 분수령 분석을 수행한다.

❑ ArcToolbox의 Spatial Analyst toolbox→ Hydrology→ Watershed를 실행한 뒤 Input raster에 flowdir_FYdem을 입력하고 output raster에는 result 폴더에 watershed로 로 저장한 뒤 OK 버튼을 누른다.
(산출된 분수령 분석 결과는 아래 그림과 같다).

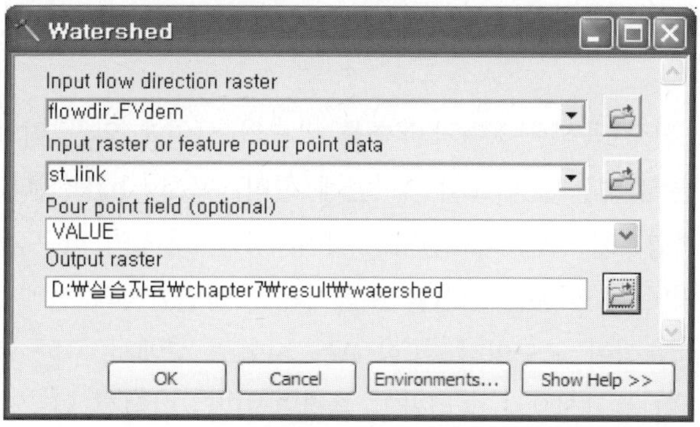

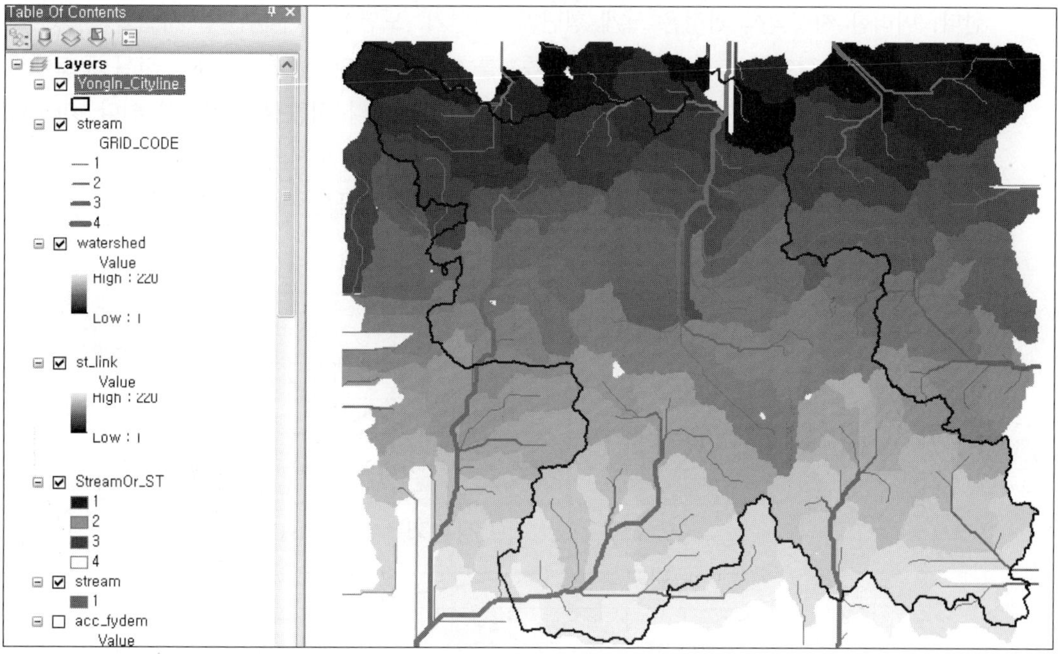

3. 지형 특성 분석을 위한 고도-면적 곡선

하천유역의 지질구조와 지질 발달과정을 이해하는 것은 하천에 의한 피해 대책을 수립하는데 중요하다. 일반적으로 지형학에서 산지와 하천의 발달 단계 및 특성을 분석하기 위해서 표고별 유역면적 곡선(혹은 고도-면적 곡선)을 분석한다. 하천 고도-면적 곡선(hypsometric curve)을 분석하면 유역의 지질학적 발달 단계 수준을 판단할 수 있어 지형에 대한 홍수 효과나 지형지질을 연구하는데 유용한 자료이다. 여기서는 GIS 기능을 이용하여 고도-면적 곡선을 생성하는 방법에 대하여 실습해보자.

[1] 고도-면적 곡선의 정의

고도-면적 곡선은 X축과 Y축을 고도의 차이에 의한 비와 면적비로 무차원화함으로써 서로 다른 유역들을 비교할 수 있게 한다. 즉, y=h/H(상대고도), x=a/A(상대면적) 으로 하는 연속함수를 통해 비교한다. 여기서 H는 유역의 하구점을 포함하는 기저 수평면으로부터 유역의 최고 높은 정점을 포함하는 수평면까지의 전체 고도차이고, h는 기저 수평면으로부터 측정한 고도이다. 또한 A는 지형도 상에서 구한 대상유역의 전체면적이며, a는 고도가 h인 등고선으로 둘러싸인 유역면적이다(박성천 외, 2010).

이러한 고도-면적 곡선의 형태는 수계 전체의 지질학적 과정을 나타내 줄 수 있다고 한다. 이러한 지질학적 과정은 크게 청년기, 장년기, 노년기로 구분된다. 지질학적 특성에 따라 청년기 지질에서의 유수는 급류나 폭포를 만들기 쉽다. 반면, 장년기 지질 구조에서는 하천의 유속이 청년기보다 느리기 때문에 사행하천이나 범람원이 생기기 쉽다. 마지막으로 노년기의 지질에서는 준평원 상태에 도달하기 때문에 하천의 연안에 많은 토사가 퇴적된다. 일반적으로 청년기, 장년기, 노년기의 고도-면적 곡선은 아래 그림과 같다.

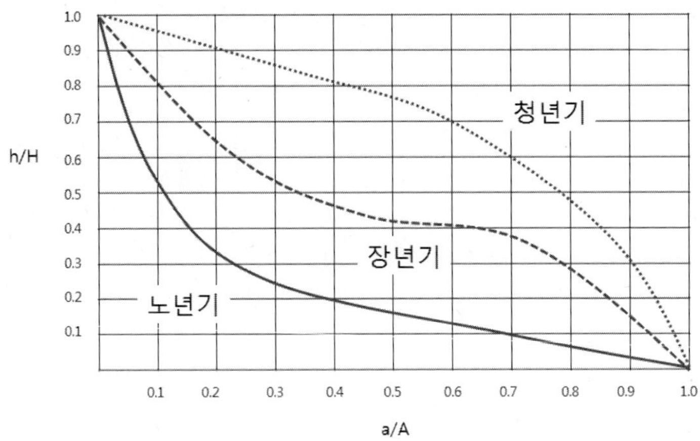

[2] Hypsometric Tools을 이용한 고도-면적 곡선 산출

고도-면적 곡선을 계산하기 위해서는 고도값을 등간격으로 구분하여 면적을 산출하고 유역별 면적비율을 계산하는 과정을 거쳐야 한다. 그러나 이와 같은 복잡한 방법을 한번에 수행할 수 있는 Hypsometer 모델을 ESRI 홈페이지에서 제공한다. 이 모형을 사용하여 고도-면적 곡선을 산출하는 방법을 실습해보자.

❑ ArcMap에서 새로운 빈 지도를 생성한다.

❑ www.esri.com 홈페이지에서 support→ arcscript 메뉴에서 Hypsometry를 검색한 뒤 Jerry Davis가 2010년에 개발한 Hypsometric Tools를 다운로드 한다.

❑ 다운로드가 완료되면 압축을 해제하고 Hypsometry.tbx를 ArcGIS 인스톨 경로에서 ArcToolbox의 Toolboxes 폴더로 복사한다.

(ex. C:₩Program Files₩ArcGIS₩Desktop10.0₩ArcToolbox₩Toolboxes).

❑ Scripts 폴더에 있는 모든 파일을 ArcToolbox의 Scripts 폴더로 복사한다.

(ex: C:₩Program Files₩ArcGIS₩Desktop10.0₩ArcToolbox₩Scripts)

❑ ArcMap의 Catalog 창에서 Toolboxes→ System Toolboxes→_Hypsometry.tbx를 확인한다.

만약 도구가 보이지 않는다면 키보드의 F5 키를 눌러 새로 고침한다.

Hypsometry 툴은 유역분지의 DEM 데이터를 가지고 고도-면적 곡선을 산출하기 위한 Hypsometric 도구와 유역분지의 면적·하천 경사도 분석을 위한 Area Gradient 도구, 가장 큰 유역분지에서 면적·하천 경사도 분석을 수행하는 Max Watershed 도구의 세가지 기능을 제공한다. 여기서는 Hypsometric 툴을 사용하여 유역분지 내의 고도-면적 곡선을 산출한다.

❑ add data 버튼을 누르고 chapter7 폴더에서 ydem_clip.img 파일을 추가한다.

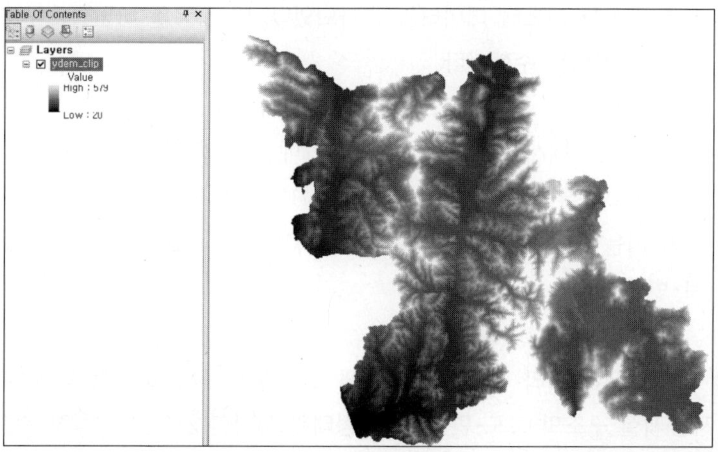

Hypsometric 도구는 자동적으로 이전의 하계망 분석에서 진행한 과정 등을 모두 실행한 다음 고도-면적 곡선 산출을 위한 결과값을 제공한다. 그러나 sink를 검사하고 fill하는 과정이 누락되어 있다. 따라서 dem 데이터에서 sink를 Fill하는 과정을 수행해야 한다(sink 도구를 이용하여 ydem_clip.img으로부터 filldem을 생성한다) .

❑ ArcMap의 Catalog 창에서 Toolboxes→ System Toolboxes→ Hypsometry.tbx 를 확인하고 Hypsometric 스크립트를 마우스 오른쪽 버튼을 클릭하여 속성보기 창을 활성화시킨다. 이후 Source 탭에서 스크립트의 경로를 아래와 같이 변경한다.

C:₩Program Files₩ArcGIS₩Desktop10.0₩ArcToolbox₩Scripts₩hypsometric.py

❑ Hypsometric 스크립트를 실행하여 watershed raster에는 filldem을 입력하고 result 폴더에 hypsometric이라고 저장한다.

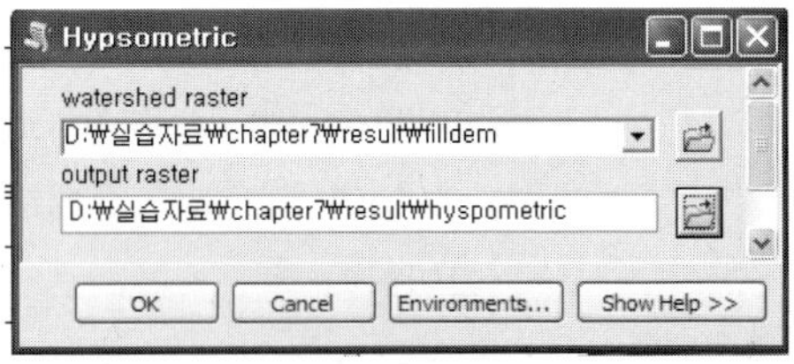

이때 중요한 점은 input이나 output 모두 절대 경로로 지정되어야한다. 만약 그렇지 않을 경우 Hypsometric 도구는 default gdb에서 파일을 찾기 때문에 에러 메시지를 발생한다. 즉, watershed raster를 입력할 때 불러오기 버튼 을 눌러 자료를 입력한다.

❑ TOC에서 생성된 결과물 hypsometric을 마우스 오른쪽 버튼을 클릭하여 속성 테이블을 확인한다.

이와 같은 과정을 통해 연구지역의 고도값을 1~100까지 나누어 분류한 뒤 h/H와 a/A를 계산한 래스터 데이터가 추가되었다. 이 자료를 바탕으로 고도-면적 곡선을 생성하는 작업을 수행한다.

❑ View 메뉴에서 Graphs > Create 메뉴를 선택한다.

❑ 그래프 종류는 산포도(Scatter Plot)으로 설정하고 Y field는 PROELEV(고도비율), X field는 PROAREA(면적비율)로 설정한다. brush 심볼 크기 및 색상을 원하는데로 변경한다.

이 명령어에 따라 산출된 결과물인 고도-면적 곡선의 형태를 보면 용인시는 노년기 지형·지질 구조의 고도-면적 곡선 형태와 유사한 것으로 해석할 수 있다.

❑ Next 버튼을 눌러 차트 이름을 등을 결정하고 Finish 버튼을 누른다.

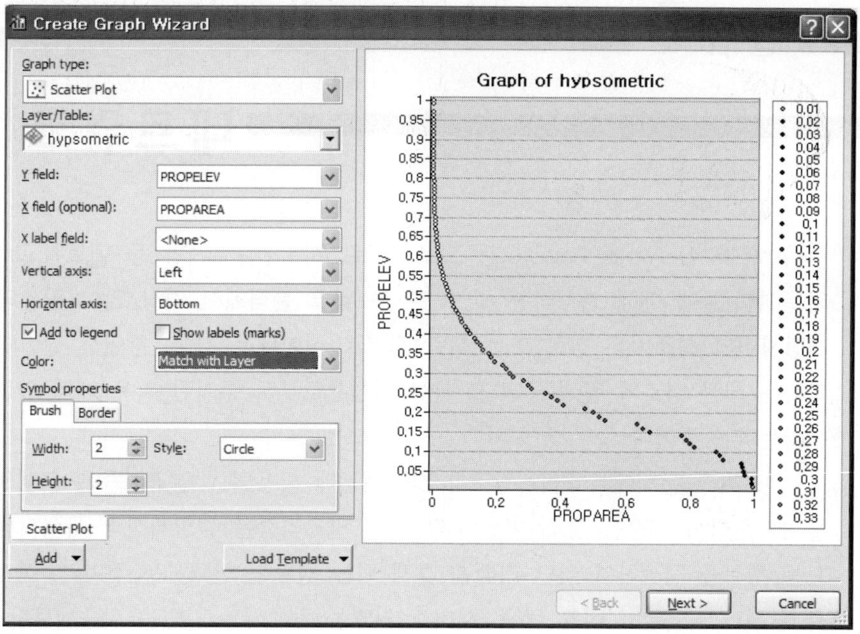

[3] 최대 유역분지의 추출

Hypsometry의 Get Max Watershed 도구는 연구지역 내에서 최대 유역분지를 산출하여 벡터화시킨 결과를 보여준다.

❑ get max watershed 도구를 실행하여 아래와 같이 입력하고 OK 버튼을 눌러 실행한다.

get max watershed 도구의 속성보기 창에서 스크립트 경로를 재설정해야 정상적으로 작동한다.

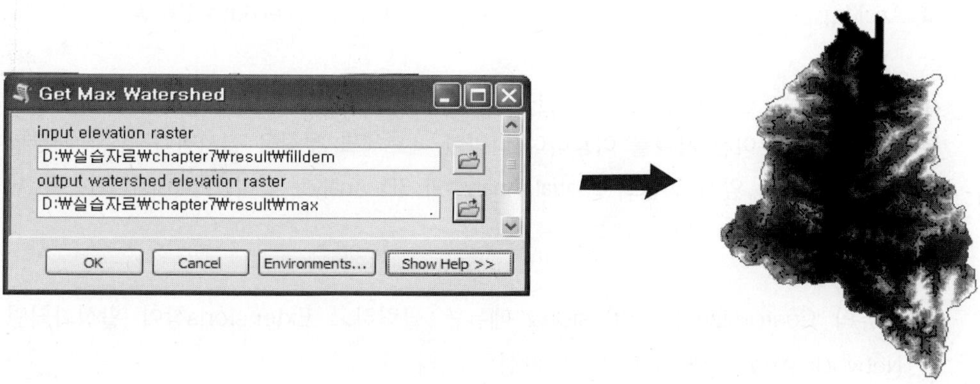

실습 8 네트워크 분석

ArcGIS Network Analyst는 도로, 철로, 지하철, 수계망 등 네트워크로 형상이 표현되는 현상들에 대해 분석하는 것이다. 네트워크 분석에서 가장 많이 활용되는 기능은 두 지점사이의 최소비용 경로 또는 최단 경로를 찾아내는 경우, 주어진 일련의 지점들을 통과하는 최적 경로의 탐색, 그리고 특정 지점으로부터 주어진 비용 내에 있는 지점들을 탐색하는 기능들이다.

네트워크 분석에서 최단 경로를 찾아내는데 사용되는 알고리즘은 그래프 이론에 토대를 둔 수학적 연산을 통해 이루어진다. 이 알고리즘은 출발지점과 목적지점 간에 가능한 모든 경로를 검색하여 최단 거리를 갖게 되는 경로를 선택하는 것이다. 여기서는 최적 경로 탐색과 최근접 시설물 탐색, 서비스 권역을 탐색하는 방법을 실습해보자.

1. 네트워크 분석을 위한 데이터 구축

[1] Network Dataset 구축을 위한 데이터 준비

네트워크 데이터셋(Network Dataset)이란 도로, 하천, 상하수관, 가스 시설 등의 네트워크 망의 구축 정보를 담아 놓은 데이터라고 할 수 있다. 따라서 각종 제약정보들(일방통행, 좌회전 금지, 우회전 금지, 이동속도 제약 등)에 대한 정보를 네트워크 데이터셋으로 함께 구축하여야 한다. 실습을 통해 네트워크 데이터셋을 구축해보자.

❑ ArcMap 프로그램을 실행 한 뒤 chapter8 폴더의 chapter8.mxd를 불러온다.

제공되는 지도는 공주시의 교통개발연구원의 자료를 수정한 도로와 시설물의 위치이다. 본 실습에서는 주어진 자료를 이용하여 다양한 네트워크 분석을 실시한다. 우선 네트워크 분석을 하기에 앞서 이전의 Spatial Analyst와 3D Analyst 같이 Extension 기능을 체크하여 활성화시킨다.

❑ 메뉴의 Customize→ Extensions 메뉴를 클릭하고 Extensions창이 활성화되면 Network Analyst의 체크박스를 활성화 한다.

❑ TOC의 road 레이어에서 마우스 오른쪽 버튼을 사용하여 속성 테이블 창을 연다. 속성 테이블에는 도로에 관련한 정보들이 담겨 있다. 네트워크 데이터 셋을 구축할 때 필요한 컬럼은 우선 각 노드간의 거리 정보(LENGTH), 일방통행정보(ONEWAY), 도로의 최고속력정보(UP_MAXSPEE, DOWN_MAXSP) 등이다.

❑ 최소비용(시간) 분석을 위해 최고 속력으로 달릴 때 각 노드와 노드 구간을 지나가는 시간(분)을 계산한다. 이를 위해 속성 테이블에서 컬럼명을 MINUTES, Type를 Double로 설정하여 Add Field를 한다.

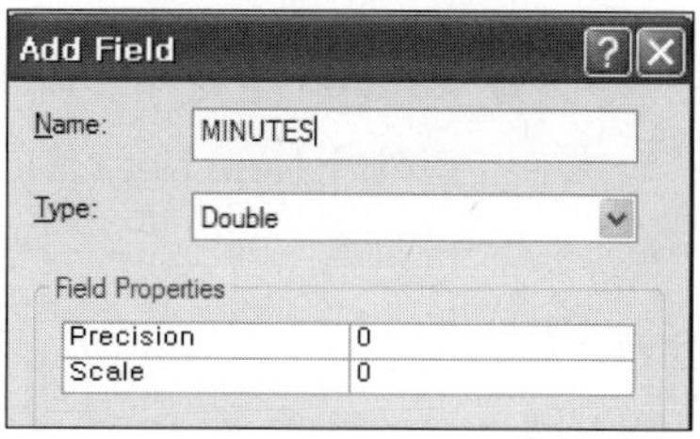

❑ MINUTES 컬럼에서 필드 계산기를 선택하여 이동시간 공식 (거리/1,000)*(60/속력) 식을 활용하여 이동 시간(분)을 계산한다.

속성 테이블에서 볼 수 있듯이 일방통행인 곳은 하나의 속도 컬럼에만 정보가 있으므로 UP_MAXSPEE, DOWN_MAXSP 컬럼을 비교하여 그 값이 '0'이상인 곳에 식이 적용될 수 있도록 계산하는 식을 넣어야한다. 즉, 이 경우 조건문으로 계산식을 적용하여야한다. ArcGIS에서는 VB Script와 python언어를 사용하여 함수를 짜는 것이 가능하다. 여기서는 VB Script를 사용하여 다음과 같이 IF문을 생성해보자.

```
Dim result
If [UP_MAXSPEE] > 0 Then
result = ([LENGTH]/1000)*(60/ [UP_MAXSPEE])
else
result = ([LENGTH]/1000)*(60/ [DOWN_MAXSP])
end if
```

위 식은 UP_MAXSPEE 컬럼의 값이 0 이상이면 UP_MAXSPEE 컬럼 값을 사용하여 이동시간을 계산하고, 그렇지 않은 경우 DOWN_MAXSP 값을 사용하여 이동시간을 계산하라는 의미이다.

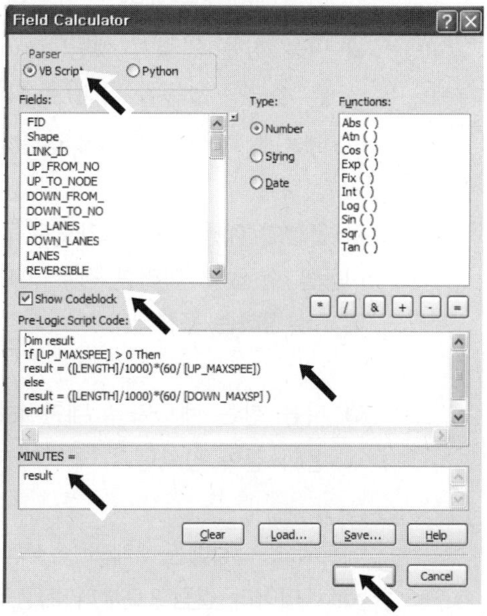

❑ 하단 부 MINUTES= 아래에 result라고 입력하고 OK 버튼을 누른다.

[2] Network Dataset 구축

이동거리 및 이동시간에 대한 입력이 작업이 끝나면 네트워크 데이터셋을 구축하는 작업을 수행해보자.

❑ Catalog 창에서 chapter8의 map 폴더의 road.shp를 마우스 오른쪽 버튼으로 클릭하여 New Network Dataset 메뉴를 선택한다.

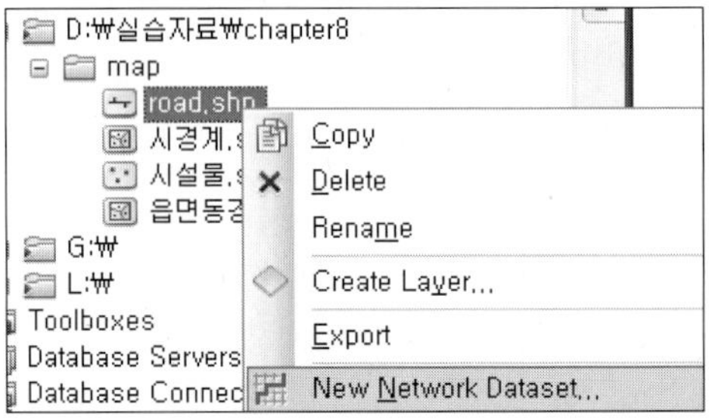

❑ 네트워크 데이터셋을 생성하는 마법사 창이 열리면 첫 번째로 네트워크 데이터셋 명칭을 입력하도록 되어있다. 일반적으로 현재 사용하는 레이어 명칭 뒤에 "_ND"로 붙여 사용하는 것이 편리하므로 바로 다음(N) 버튼을 누른다.

❑ 다음 창은 회전 제약 요건을 입력하는 창이다. 특별히 수정할 사항이 없다면 회전이 가능하도록 Yes 옵션으로 선택한 뒤 다음(N) 버튼을 누른다.

❑ 다음 창은 연결성 셋팅(connectivity setting) 창으로 디폴트(모든 네트워크는 같은 연결성 그룹을 가짐)로 하기 위해 바로 다음(N) 버튼을 누른다.

❑ 다음에 나오는 창은 고도 필드를 입력하는 창이다. 다음(N) 버튼을 누른다.

이 옵션의 예를 들면 고가도로 같은 도로들은 고가 아래의 도로와 만나지 않기 때문에 이동할 수 없다. 이러한 경우 고도 값을 통해 이와 같은 문제를 해결할 수 있는데 이 창에서 설정하는 옵션이다.

❑ 다음 창은 네트워크 데이터셋의 속성을 입력하는 창이다. Add 버튼을 누르고 다음과 같이 입력한다. 총 3가지 속성이 입력되면 다음(N)버튼을 누른다.

네트워크 속성에는 2개의 속성이 자동적으로 입력되어 있다. Minutes, Oneway 속성은 road 데이터 컬럼으로부터 자동적으로 생성한 것이다. 여기에 Length라는 속성을 추가한 것이다.

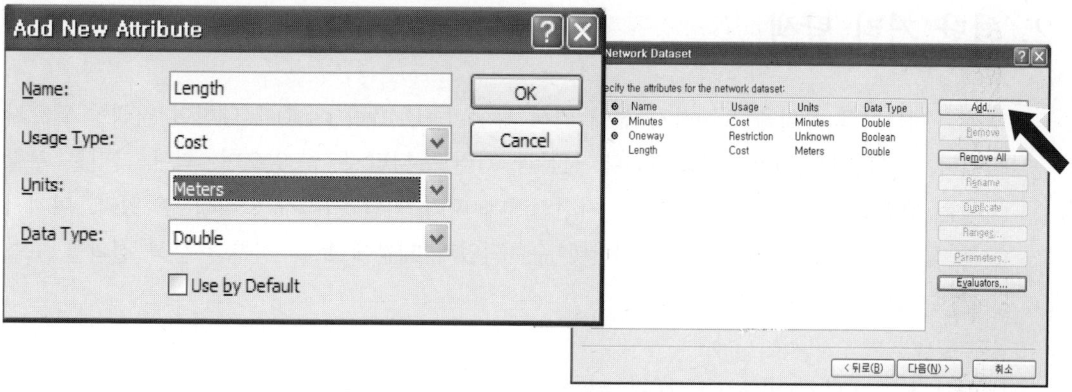

❑ 네트워크 방향 설정(Network Directions Properties 창에서는 Yes를 선택한 뒤 Direction 버튼을 눌러 Street Name Fields의 Name에 Road_Name을 입력한 뒤 확인 버튼을 누르고 다음(N)버튼을 누른다.

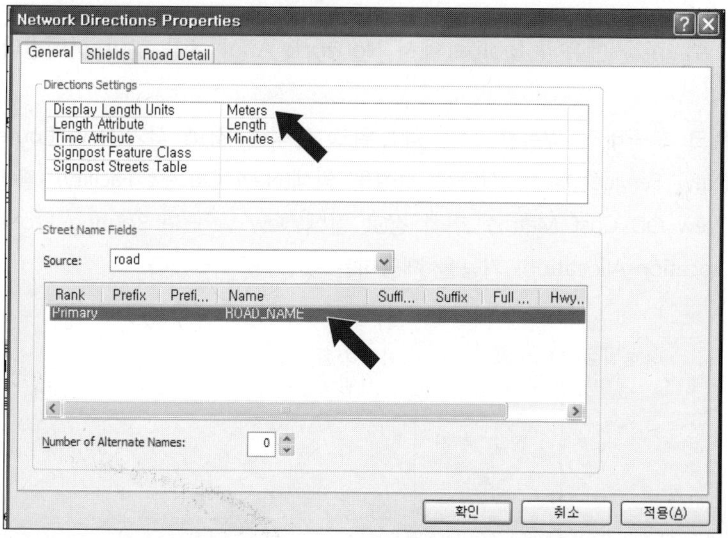

❑ 마지막으로 네트워크 데이터셋 보고성 창에서 Finish 버튼을 눌러 네트워크 데이터 셋을 생성한다. 이때 네트워크를 생성할 것인지를 물으면 예(Y)를 누르고 생성되면 TOC에 추가할 것인지를 물으면 역시 예(Y) 버튼을 누른다.

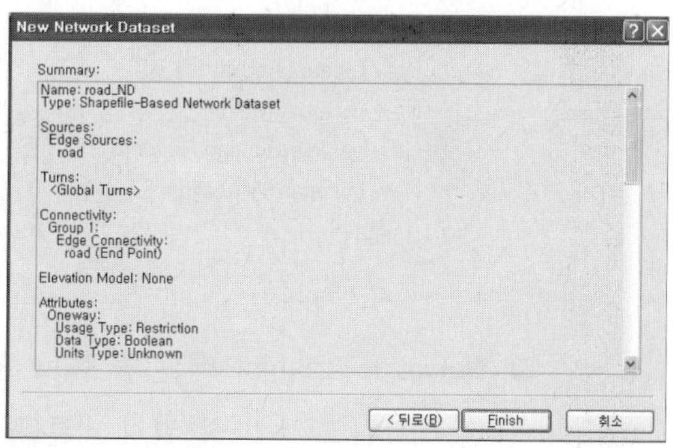

2. 최단 거리 탐색

네트워크 분석을 실시하기 전에 먼저 통행비용(travel cost)에 대하여 이해할 필요가 있다. 흔히 거리-비용이라고 할 때 시간과 거리로 나타낼 수 있으며, 최단 거리를 구할 때는 고속도로인가 국도인가 편도 차선인가에 따라 최단 거리가 달라질 수 있다. 여기서는 각 도로 속성에 맞도록 통행시간이 구축되었기 때문에 보다 정확한 분석 결과를 도출할 수 있을 것이다.

[1] 두 지점간의 최단 거리 탐색

출발지와 목적지 사이의 거리 비용을 고려하여 최단 경로를 탐색하고, 또한 시간 비용을 기준으로 하여 최단 경로도 찾아본다.

❑ Customize 메뉴의 toolbar에서 Network Analyst를 찾아 선택한다.

네트워크 도구바의 메뉴를 보면 네트워크 분석은 경로 찾기(New Route), 서비스 지역 탐색(New Service Area), 최근접 시설물 탐색(New Closest Facility), 출발도착 메트릭스 탐색(New OD Cost Matrix), 최적 경로 탐색(New Vehicle Routing Problem), 입지 배분 분석(Location-Allocation) 기능을 제공하는 것을 알 수 있다.

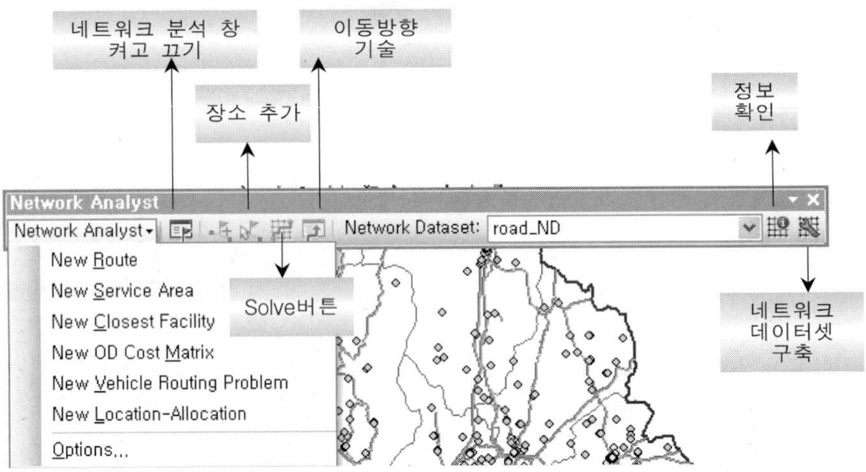

❑ Network Analyst 메뉴 중 New Route를 선택한다. TOC에 Route 그룹이 생성되면 네트워크 분석 창 켜기 버튼을 누른다.

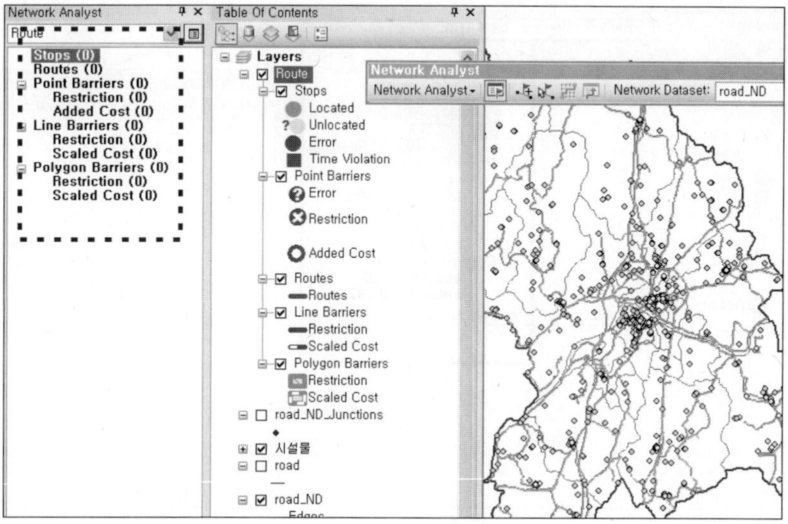

네트워크 분석 창의 기능적인 설명은 아래와 같다.

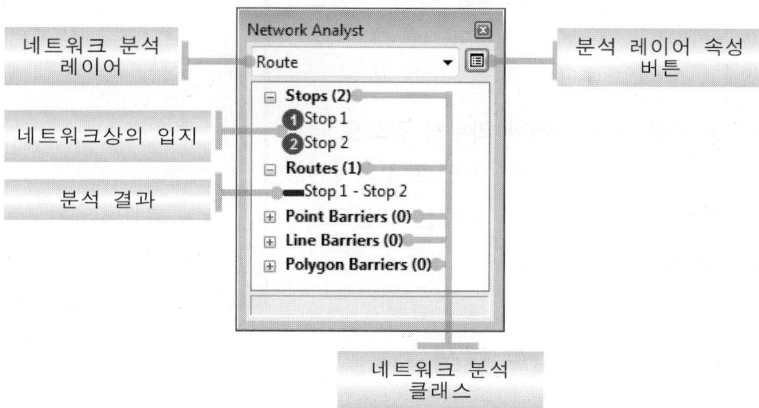

❑ Network Analyst 툴바에서 장소 생성 버튼 을 선택한 뒤 원하는 도로 위의 아무 지역 두 곳을 선택 한 뒤 Solve 버튼 을 클릭한다.

만약 생성된 Stop의 그래픽피쳐를 지우고 싶다면 Select/Move Network Locations Tool 버튼 을 사용하여 이동 및 삭제(Del키를 누르면 된다)를 하거나 네트워크 분석 창의 Stops 리스트에서 선택하여 키보드의 Del를 이용해 삭제하면 된다.

네트워크 분석 도구의 Route 기능을 사용하여 출발지와 목적지 사이의 최단 경로를 계산한 결과 아래 그림과 같이 1번 지역(출발지)과 2번 지역(목적지)로 이동하는 길이 탐색되어 표현되었음을 볼 수 있다.

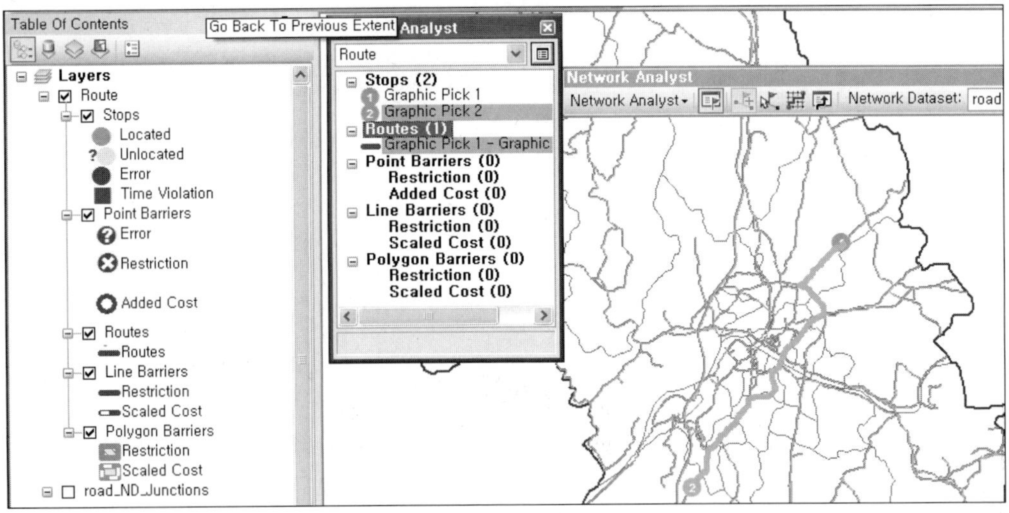

❑ 자세한 이동 경로 사항을 파악하고 싶다면 이동방향 기술 버튼을 눌러 경로를 확인한다.

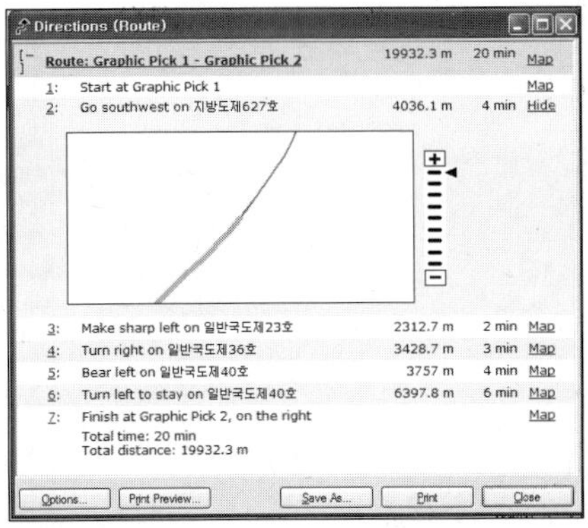

Direction 창을 통해 자세한 라우팅 경로를 방향과 함께 알 수 있다. 1번 지역으로부터 2번 지역으로 이동하는데 걸리는 시간은 20분으로 19.9km으로 계산되었다.

[2] 효율적인 최적 경로 탐색

여기서는 연구지역 내의 급성 전염병을 막기 위해 필요한 의약품을 지역 보건소 에 긴급히 배송해야하는 경우를 고려해본다. 하지만 다른 지역도 긴박하기 때문에 한 대의 배송 차량으로 각 보건소에 의약품을 전달해야한다. 이러한 상황에서 가장 효율적으로 배송하는 경로를 탐색하는 방법에 대하여 실습해보자.

(1) 새로운 모델 생성

❑ Caltalog 창에서 Toolboxes를 확장하고 마우스 오른쪽 버튼을 눌러 New → Toolbox를 누른다.

❑ 새로 생성한 toolbox의 이름을 NetworkModel이라고 변경한다.

❑ NetworkModel toolbox를 마우스 오른쪽 버튼을 클릭하여 New→ Model을 선택한다.

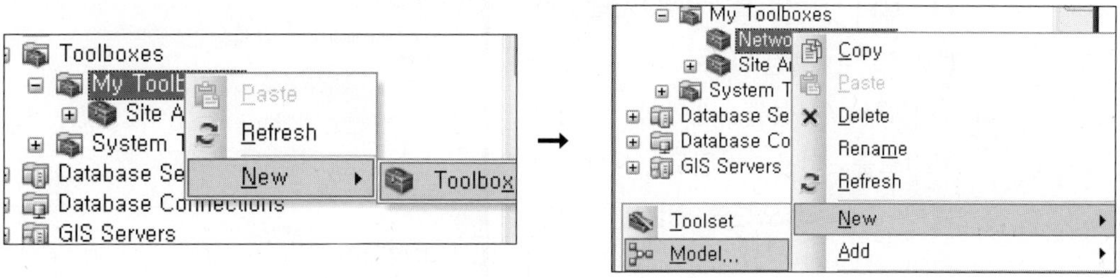

(2) 모델빌더를 통한 분석 모델 생성

❑ 새로운 모델이 실행되면 자동적으로 모델빌더 창이 활성화 된다. 비어있는 모델빌더 창안에 ArcToolbox→ Network Analyst Tools→ Analysis→ Make Route Layer도구를 추가한다.

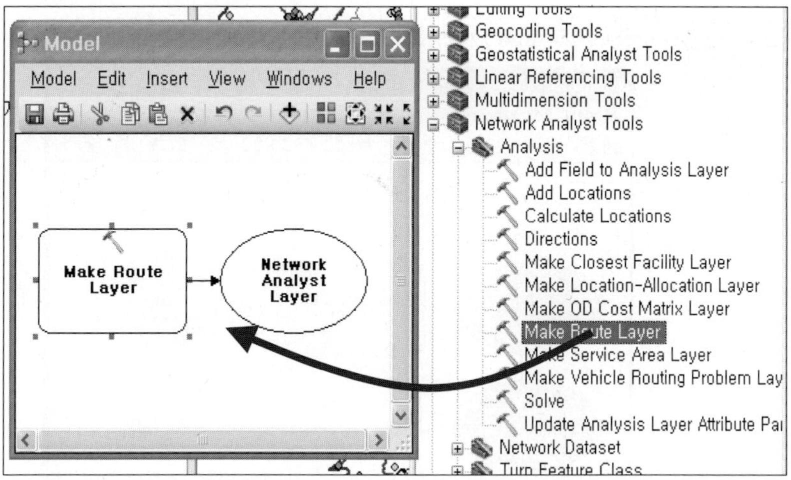

❑ Make Route Layer 도구를 더블 클릭하여 옵션 입력 속성창을 활성화시키고 다음과 같이 설정한 뒤 OK 버튼을 누른다.

Input analysis network: road_ND

Impedance attribute: Minutes

Reorder stops to find optimal route 체크박스 설정

Preserve ordering of stops: PRESERVE_BOTH

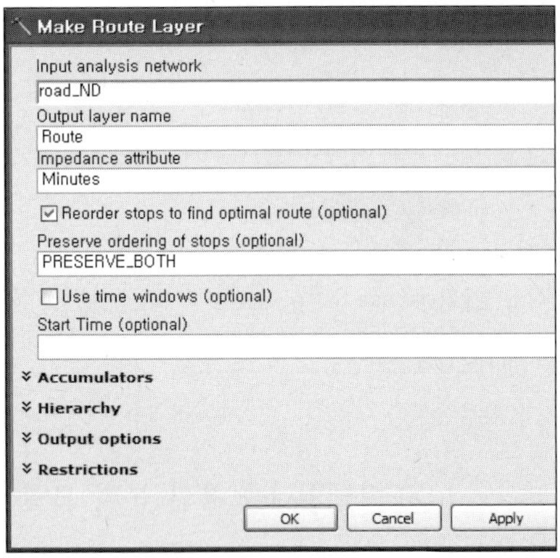

❑ Selection 메뉴의 Select by Attribute를 실행해서 시설물 레이어로부터 보건소를 검색 선택한다 ("SEC3" = '보건소').

❑ TOC에서 시설물 레이어 선택된 보건소를 다른 파일로 저장하기 위해 마우스 오른쪽 버튼을 이용하여 Data→ Export Data에서 location.shp으로 저장한다.

❑ 도구바의 Clear Selected Features 버튼을 눌러 선택을 해제한다.

❑ 추가한 location 레이어를 모델 빌더 창으로 드래그하여 추가한다.

❑ ArcToolbox→ Network Analyst Tools→ Analysis→ Add Location 도구를 추가한다.

❑ location과 Add Location 도구를 연결선을 이용해 input location으로 입력한다.

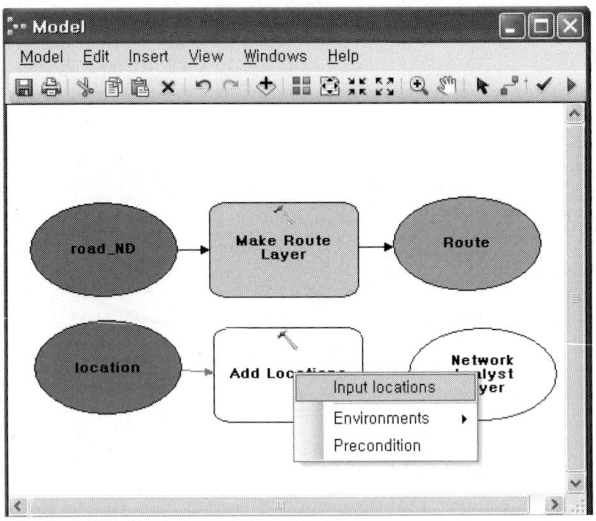

❑ 연결선 버튼을 누르고 Make Route Layer의 결과 파일인 Route와 Add Location 도구를 연결한다(input network analysis layer).

❑ 정렬 버튼 과 전체보기 버튼 을 차례로 눌러 전체 모델을 확인한다.

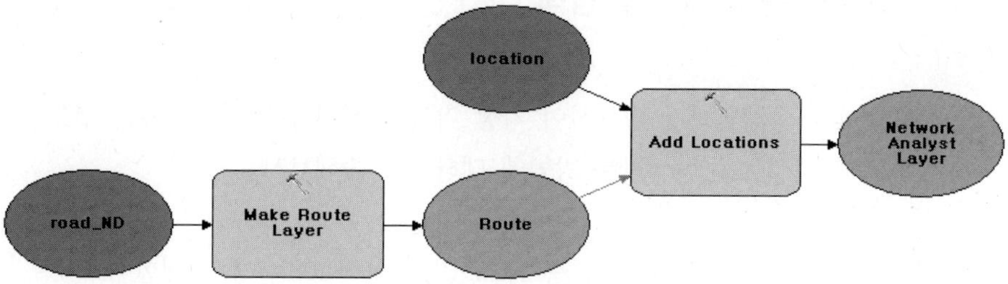

❑ 모델 창안으로 ArcToolbox → Network Analyst Tools → Analysis → Solve 도구를 추가하고 연결선을 이용하여 Network Analyst Layer를 Solve도구와 연결한다.

❑ Solve의 결과물인 Network Analyst Layer(2)를 마우스 오른쪽 버튼으로 클릭하고 Add To Display 메뉴를 선택한다

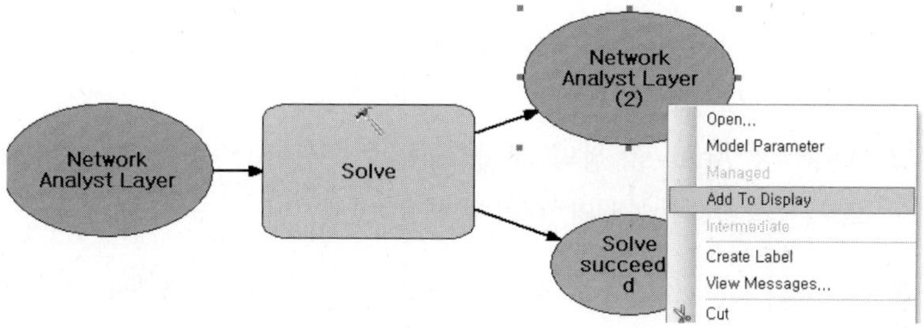

❑ 최종 모델을 모델 툴바에서 저장하기 버튼을 통해 저장한다.

❑ 이제 생성한 모델의 실행을 통해 결과를 살펴보자. 모델창의 실행 버튼 을 클릭한다.

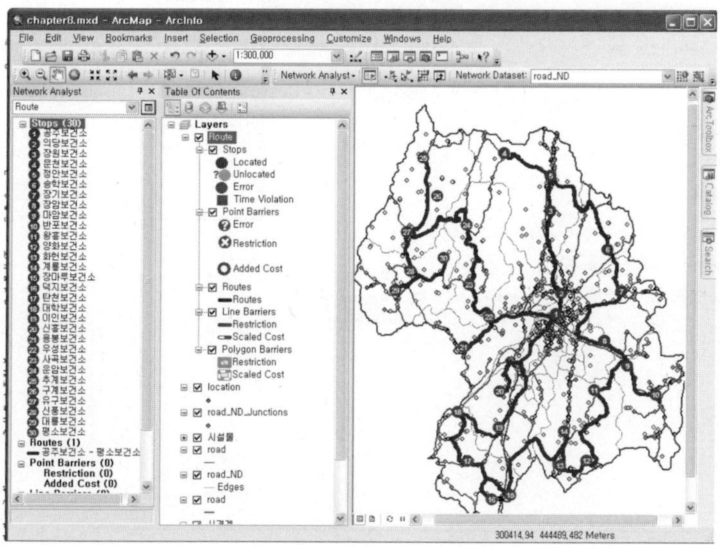

[3] 최근접 시설물 탐색

이번에는 응급환자가 발생하여 가장 가까운 병원을 탐색하여야할 경우를 가정하여 최근접 시설물을 탐색하는 방법에 대하여 실습해보자.

- ❑ Network Analyst 메뉴 중 New Closest Facility를 선택한다.
- ❑ 연구지역 내에서 의료시설을 찾기 위해 시설물 레이어에서 속성으로 검색하기 (select by attribute) 메뉴를 이용한다.

  쿼리 식은 "SEC2" = '병의원' 으로 입력한다.
- ❑ 병원의 위치가 선택되었으면 Network Analyst 창에서 Facilities에서 마우스 오른쪽 버튼으로 클릭한 뒤 Load Location 메뉴를 선택한다.
- ❑ Sort Field를 FID로 하고 검색 허용치(Search Tolerance)는 1,000m로 한다.
- ❑ Network Analyst 창에서 incidents를 선택하고 장소 생성 버튼 을 사용하여 가상의 사고 발생지점의 위치를 입력한다.
- ❑ Network Analyst 창의 분석 레이어 속성 버튼을 누르고 Analysis Settings 탭으로 이동한 뒤 아래와 같이 옵션을 변경한다.

응급환자를 30분 이내에 이송할 병원을 찾기 위해 cutoff value는 '30', 찾을 시설 개수는 3개, 환자가 시설로 이동(incident to facility) 옵션을 선택한 뒤 확인 버튼을 누른다.

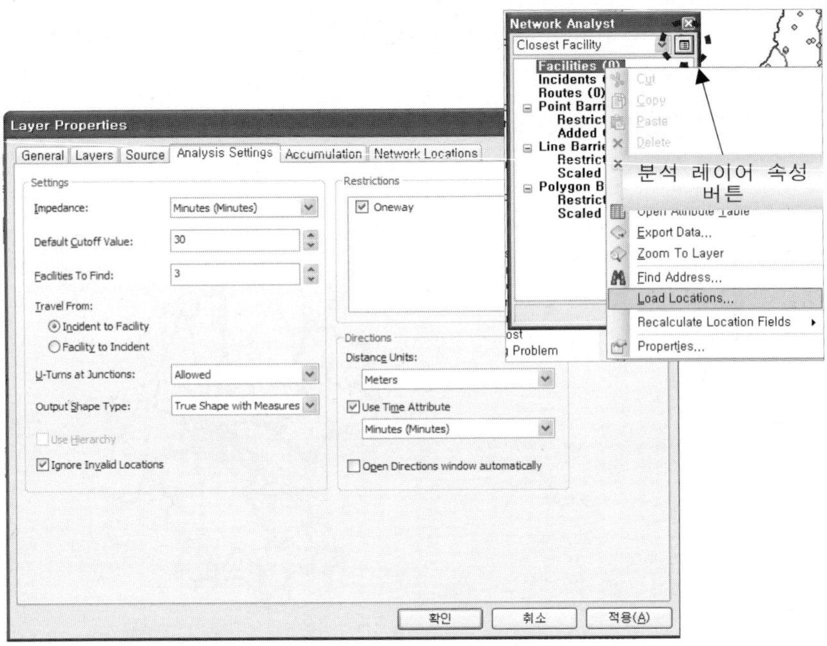

❑ Network Analyst 툴바에서 Solve 버튼 을 클릭한다.

분석결과 사고 발생지점으로부터 10분 거리에 3개 병의원이 검색되었음을 확인할 수 있다.

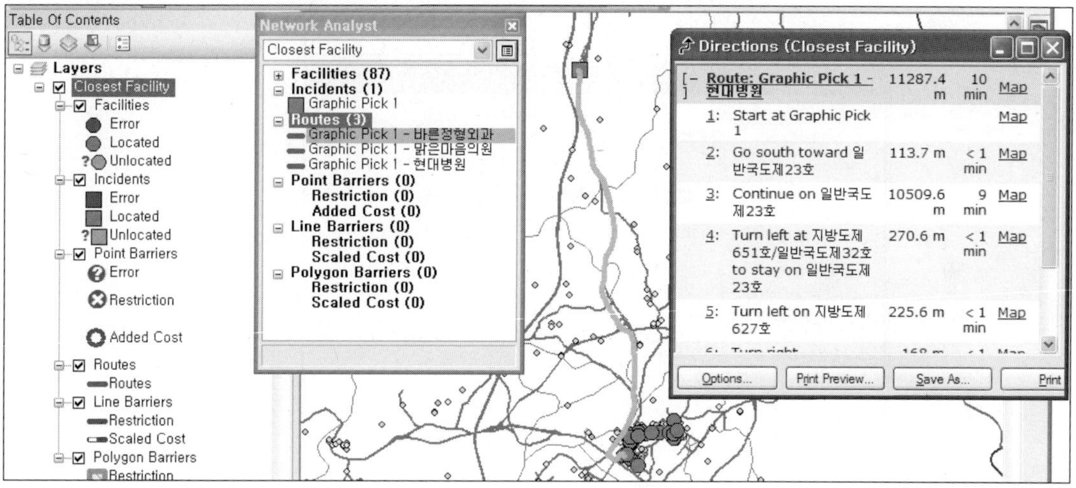

3. 서비스 권역 탐색

화재가 발생 후 5분이 경과되면 화재의 연소 확산속도 및 피해면적이 급격히 증가하고 인명구조를 위한 구조대원의 옥내진입이 곤란해진다. 따라서 화재 초기 5분 이내 대응이 가장 효과적이라고 한다. 따라서 소방서로부터 5분 이내에 속한 서비스 권역이 어느 정도 거리가 되는 가를 파악하는 것도 중요하다. 여기서는 서비스 권역을 탐색하는 실습을 해보자.

[1] 서비스 권역과 서비스 네트워크 탐색

❑ Network Analyst 메뉴 중 New Service Area를 선택한다.

❑ 연구지역 내에서 소방서를 찾기 위해 시설물 레이어에서 속성으로 검색하기 (select by attribute) 메뉴를 이용한다.

쿼리 식은 "SEC3" = '소방파출소/119안전센터" 으로 입력한다.

❑ 소방파출소의 위치가 선택이 되었으면 Network Analyst 창의 Facilities에서 마우스 오른쪽 버튼을 클릭한 뒤 Load Location 메뉴를 선택한다.

- ❑ Load From은 시설물, Sort Field를 FID로 하고 검색 허용치(Search Tolerance)는 1,000m로 한 뒤 OK 버튼을 누른다.
- ❑ Network Analyst 창의 분석 레이어 속성 버튼을 누르고 Analysis Settings 탭으로 이동한 뒤 Impedance는 Minutes, Default Breaks는 5로 입력한다.

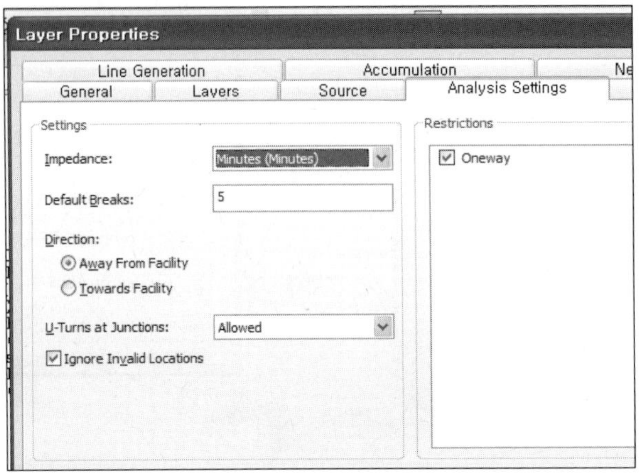

- ❑ Polygon Generation 탭에서 아래 그림과 같이 옵션을 변경한 뒤 확인 버튼을 누른다.

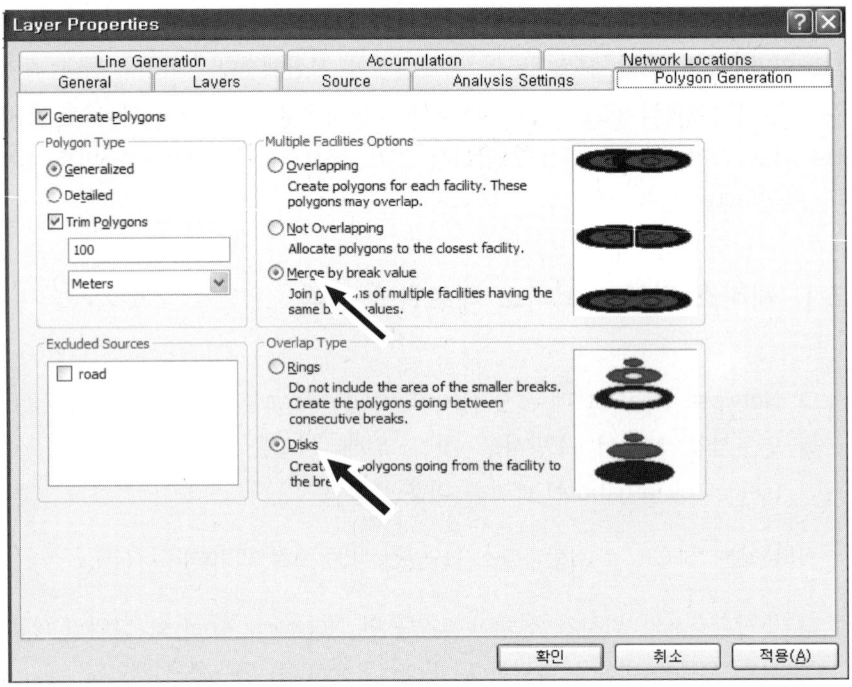

❑ Network Analyst 툴바에서 Solve 버튼 을 클릭한다.

소방서로부터 5분 이내에 도달가능한 서비스 권역이 추출되었음을 확인할 수 있다.

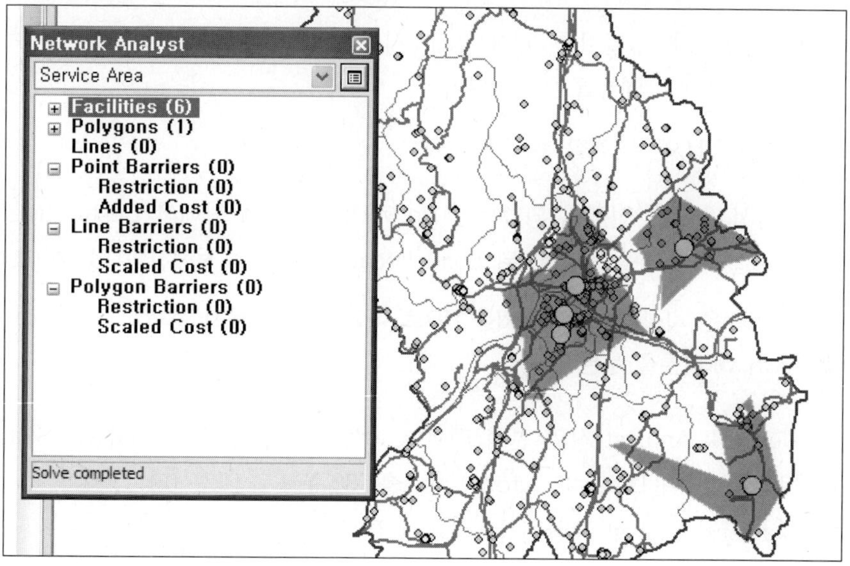

[2] O-D 비용 행렬 분석

O-D 비용 행렬 분석은 다수의 출발지로부터 다수의 목적지까지 네트워크 상에서의 최소 비용 경로를 추정하고 찾아내는 것이다. O-D 비용 행렬 분석을 할 때, 최대 검색 반경과 목적지를 입력하는 것이 필요하다. O-D 비용 행렬을 사용할 수 있는 사례로는 학생들을 최소 이동비용이 발생하는 학교로 배정하거나, 소방관이 응급상황시 출동하는 소방서를 지정하는 것 등 다수의 출발지와 다수의 목적지 사이에서 가장 가까운 두 O-D를 연결시켜주는 기능을 수행한다. 여기서는 학교 폭력이나 학교 주변에서 범죄 사건이 발생했을 때 어디에 위치한 경찰서가 담당해야하는가에 대한 정보를 생성할 수 있는 최소 비용 행렬을 실습해보자.

❑ Network Analyst 메뉴 중 New OD Cost Matrix를 선택한다.

❑ 연구지역 내 초·중·고등학교를 찾기 위해 시설물 레이어에서 속성으로 검색하기 (select by attribute) 메뉴를 이용한다.

쿼리 식은 "SEC2" = '초/중/고등학교'로 입력한다.

❑ 학교 위치가 선택이 되었으면 Network Analyst 창의 Origins에서 마우스 오른쪽 버튼을 클릭한 뒤 Load Location 메뉴를 선택하여 이전과 동일하게 입력한다.

Load From은 시설물, Sort Field를 FID로 하고 검색 허용치(Search Tolerance)는 1000m 로 한 뒤 OK 버튼을 누른다.

- ❑ 연구지역 내 경찰서를 찾기 위해 시설물 레이어에서 속성으로 검색하기(select by attribute) 메뉴를 이용한다.

쿼리 식은 "SEC2" = '경찰' 로 입력한다.

- ❑ 경찰서 위치가 선택이 되었으면 Network Analyst 창에서 Destination에서 마우스 오른쪽 버튼을 클릭한 뒤 Load Location 메뉴를 선택하여 입력한다.

Load From은 시설물, Sort Field를 FID로 하고 검색 허용치(Search Tolerance)는 1000m 로 한 뒤 OK버튼을 누른다.

- ❑ Network Analyst 창의 분석 레이어 속성 버튼을 누르고 Analysis Settings 탭으로 이동한 뒤 Default Cutoff Value를 '30'분으로 입력한다.
- ❑ Network Analyst 툴바에서 Solve 버튼 을 클릭한다.

분석된 Line 레이어 속성정보를 보면 출발지와 목적지가 구분되어 있음을 볼 수 있다. 또한 총이동거리, 총이동시간, 목적지 순위 등의 정보가 기술되어 있다.

- ❑ TOC의 OD Cost Matrix 레이어 그룹의 Line 레이어를 마우스 오른쪽 버튼으로 클릭하여 Properties의 Symbolgy탭으로 이동한다. 이후 Categories에서 Unique Values를 선택하고 DestinationRank가 1인 라인만 지도화 한다.

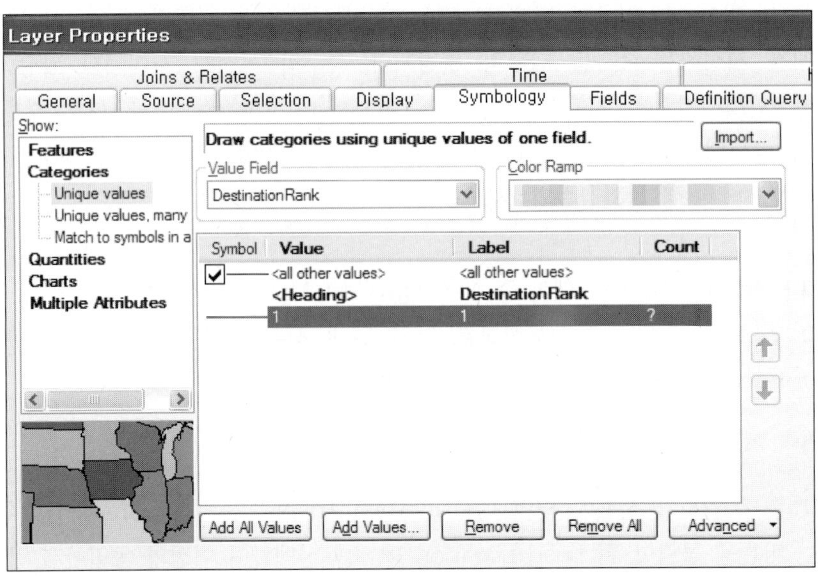

그림을 확대해 보면 각 학교는 가장 이동 시간이 최소화 되는 경찰서로 배분되어 있음을 확인 할 수 있다. 즉, 학교에서 발생한 범죄 신고가 접수 되었을 때 가장 빠르게 대처 할 수 있는 경찰서를 파악할 수 있다.

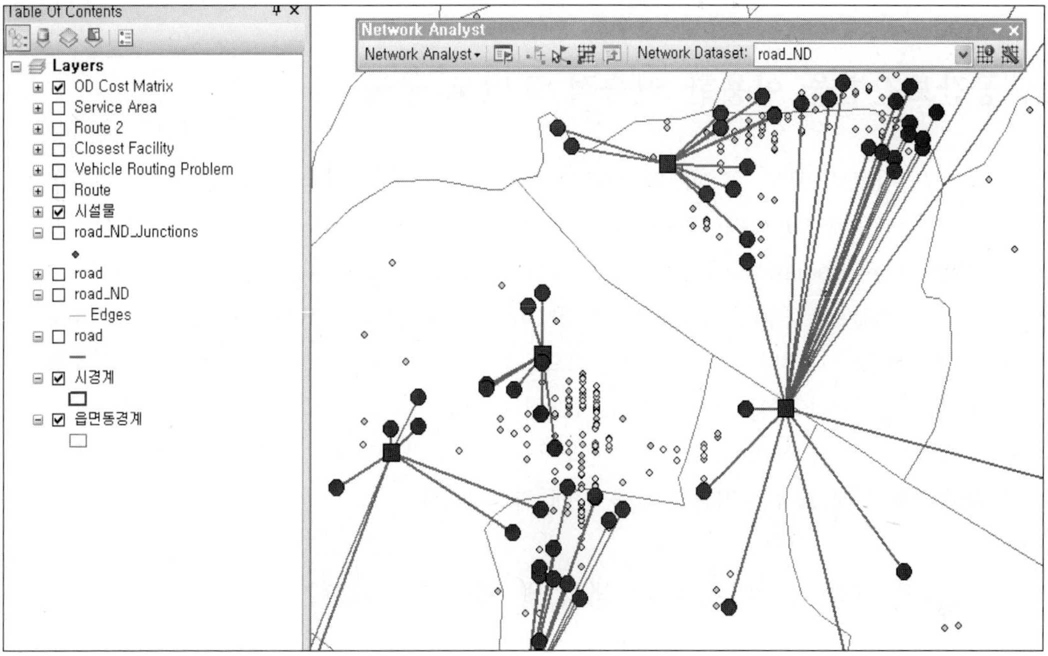

실습 9 지리통계를 활용한 표면도 구축

1. 공간보간법을 이용한 연속적 표면도 구축

일반적으로 고도, 수심, 대기오염도, 기온 등과 같이 연속적인 표면으로 나타나고 있는 현상들에 대한 데이터는 표본지점을 통해 데이터가 수집되고 있다. 공간 보간법(spatial interpolation)이란 구하고자 하는 지점의 높이값을 관측을 통해 얻어진 주변지점의 관측값으로 부터 보간함수를 이용하여 추정하는 것이다. 지리통계(geostatistics)는 점 개체로 나타나고 있는 표본지점으로부터 보간법을 이용하여 연속적인 표면도를 구축하는 방법이라고 볼 수 있다. ArcGIS의 geostatistics 분석은 포인트 데이터로부터 연속적인 표면도를 생성하는 종합적인 도구를 제공한다. 여서는 기상청의 자동기상관측장비(AWS)를 통해 조사된 기온 자료를 통해 실습해보자.

[1] 점 개체 데이터의 위치 생성 및 기상 자료 결합

기상청에서 AWS 위치는 TM 좌표나 경위도 좌표로 제공된다. 서울시에 위치한 27개 AWS의 TM 좌표는 아래와 같다. 따라서 AWS 위치를 주어진 좌표계를 사용하여 공간데이터로 포인트 피쳐 클래스 레이어를 생성하는 작업을 해야 한다.

지점 번호	지점명	북위	동경	지점 번호	지점명	북위	동경
400	강남	445691.984481	204352.684385	413	광진	448818.202268	207301.546554
401	서초	442968.618793	201565.552203	414	성북	456601.017773	200139.345104
402	강동	450374.699707	212998.686318	415	용산	446466.541813	198067.558305
403	송파	445479.002191	208738.133934	416	은평	456471.650529	194349.174289
404	강서	449755.296049	186273.587285	417	금천	440376.922376	191351.996146
405	양천	447493.716434	189420.133821	418	한강	446960.426588	194802.343464
406	도봉	462636.083857	202785.166020	419	중구	450010.442812	199070.785345
407	노원	457634.840519	208732.975570	420	북한산	458224.979387	196661.962797
408	동대문	453017.617290	204318.867014	421	성동	449542.755768	203591.595128
409	중랑	453693.619648	207850.004383	423	구로	443541.565155	185283.349690
410	동작	443817.815719	192962.669448	424	강북	459706.438650	202458.291554
411	마포	449944.698554	191593.726270	509	관악	438966.779889	195779.729074
412	서대문	452023.584698	194954.526390	510	영등포	447187.785785	192023.122851

❑ 빈 지도첩 옵션으로 ArcMap을 구동한다.

❑ Add data 버튼 ✚을 눌러 chapter9\data 폴더의 AWS_TM좌표.xls의 AWS 시트를 불러온다.

❑ File 메뉴의 Add data → add XY data 메뉴를 선택한다.

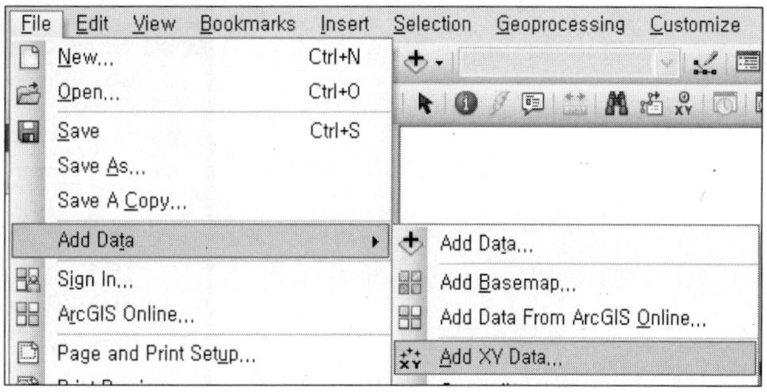

add XY data 기능은 주어진 좌표를 점 피쳐로 위치화시키는 기능을 수행한다.

❑ Add XY Data 창이 활성화 되면 coordinate system of input coordinates의 Edit 버튼을 누른다. 이후 Spatial Reference 창이 활성화되면 Import 버튼을 눌러 chapter9\map 폴더에 있는 서울동.shp파일을 선택해 투영법을 재사용한다. 확인 버튼을 눌러 속성창을 닫고 OK 버튼을 눌러 AWS 포인트 이벤트를 생성한다.

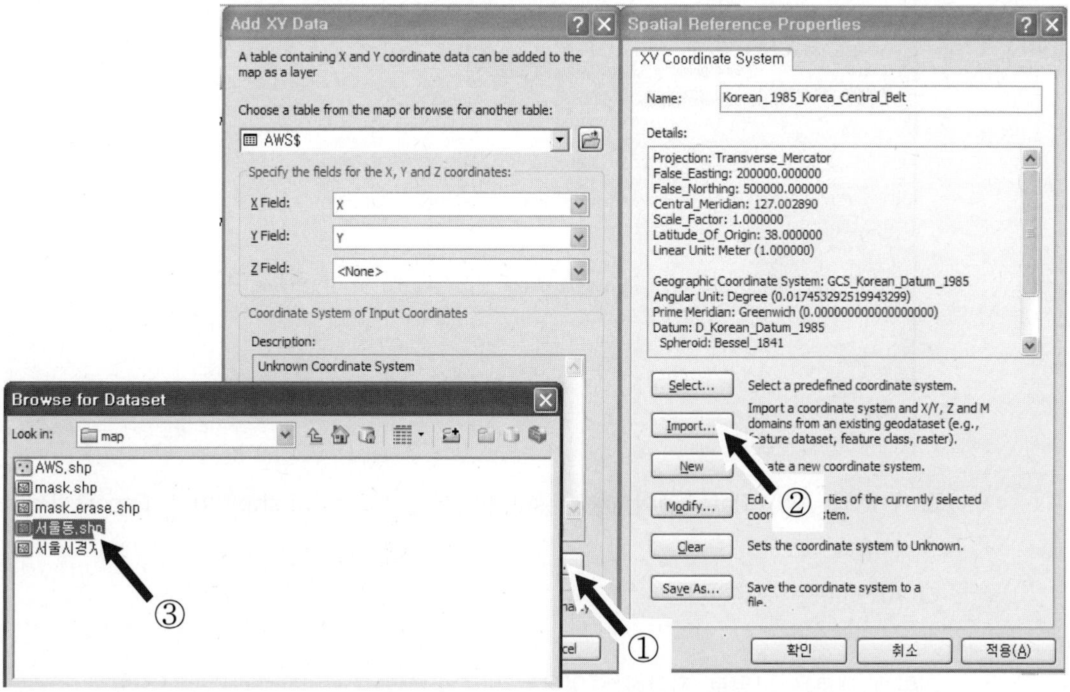

- TOC에서 생성된 AWS$Event를 마우스 오른쪽 버튼을 눌러 Data→Export Data 메뉴를 사용하여 result폴더에 AWS_data.shp로 저장한다.
- Add data 버튼 을 눌러 chapter9\data 폴더의 AWS_data.xlxs의 data 시트를 불러온다.
- AWS_point레이어의 '코드' 컬럼과 data 시트의 AWS 컬럼을 조인한다.

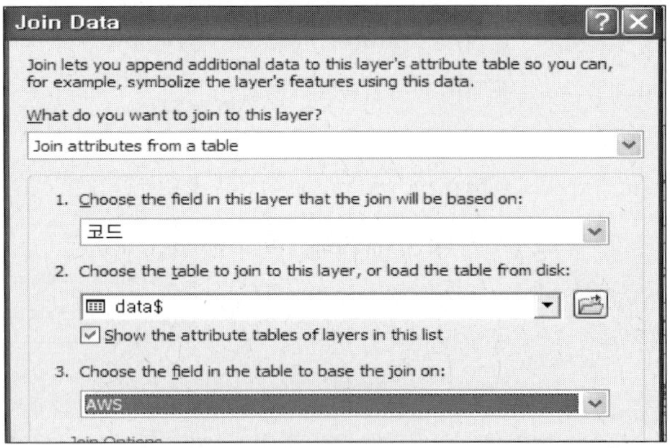

- TOC의 AWS_data 레이어를 더블클릭하여 속성 창의 Simbology 탭으로 이동한다. 최대기온(Max_T) 컬럼을 가지고 단계구분도를 제작한다.

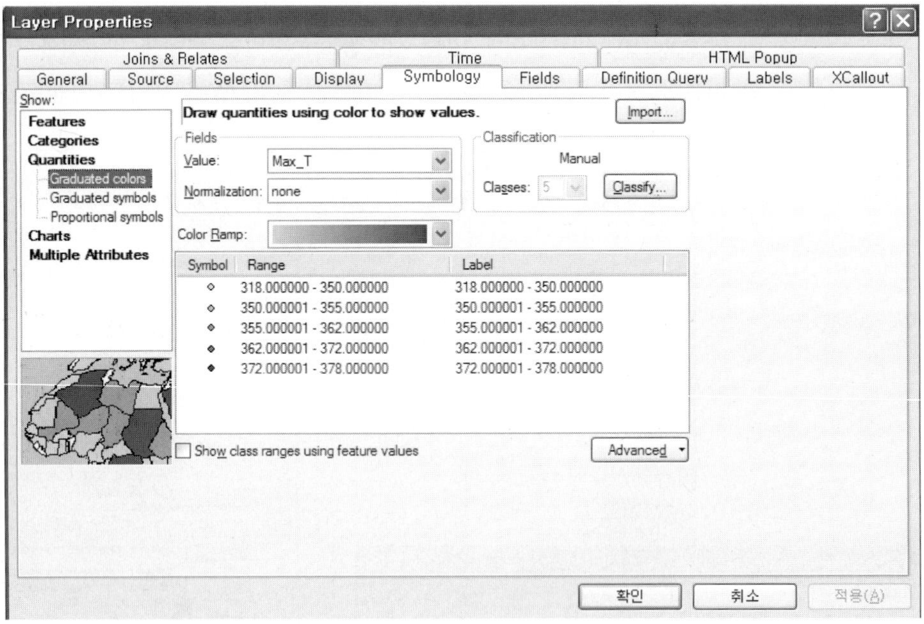

- TOC의 AWS_data 레이어를 result폴더에 AWS_point.shp파일로 Export Data 한다.
- ArcMap을 종료한다.

이렇게 새로운 파일로 저장하는 이유는 이후 진행될 Geostatistical Analyst에서 조인된 상태로 분석할 때 발생할 수 있는 ArcGIS의 프로그램 오류를 미연에 방지하기 위함이다.

[3] 점 데이터로부터 표면도 구축

앞에서 자동기상관측장비가 있는 위치를 점으로 나타내었다. 따라서 여기서는 점 데이터로부터 보간법을 이용하여 기온 표면도를 구축해보자.

- ❑ Windows의 작업 바에서 시작버튼을 누르고, 프로그램→ ArcGIS→ ArcMap을 클릭하여 프로그램을 구동한다.
- ❑ 기존의 지도첩 열기에서 chapter9 폴더의 chapter9.mxd 파일을 연다.
- ❑ Add Data버튼을 눌러 AWS_point.shp 파일을 추가한다.
- ❑ 메뉴의 Customize → Extensions를 선택하여 Geostatitical Analyst를 체크하고 창을 닫는다.
- ❑ 메뉴의 Customize→ Toolbars에서 Geostatitical Analyst를 선택하여 Geostatitical Analyst 도구바를 활성화 시킨다.
- ❑ Geostatistical Analyst의 메뉴 중 Geostatistical Wizard를 선택한다.

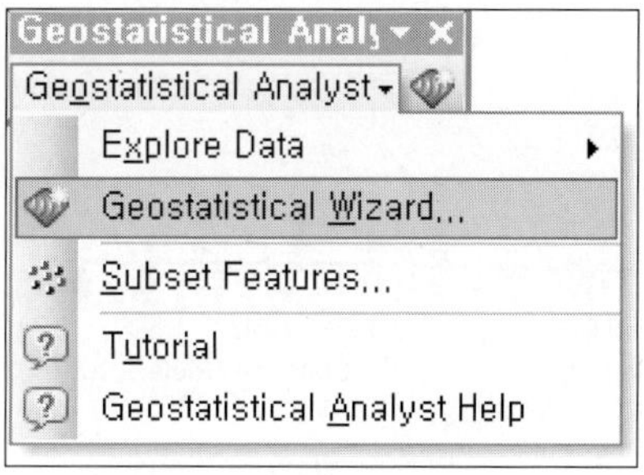

- ❑ Geostatistical Wizard 창이 활성화 되면 Methods에서 Kring/CoKriging을 선택한다.
- ❑ Dataset은 AWS_point→Data Field는 Max_T로 설정하고 Next 버튼을 누른다.

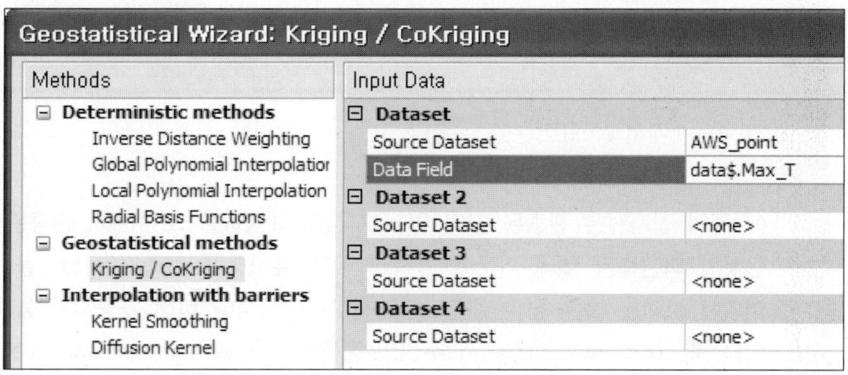

❑ 2단계에서는 기본 옵션으로 Ordinary(kriging)과 Prediction(map) 선택하고 Next 버튼을 누른다.

여기서 finish 버튼을 누르고 실행시키면 가장 기본적인 옵션을 사용한 크리깅 보간법을 이용하여 추정된 연속적 표면도가 생성된다.

❑ 3단계에서는 semivariogram/covariance model을 확인하고 Next 버튼을 누른다.

이 모델은 측정된 관측지점 사이의 공간적 관계를 탐색하게 해준다. semivariogram을 볼 때 한 지점의 최대 기온은 다른 지점과 유사한 관계를 갖는다는 것을 알 수 있다.

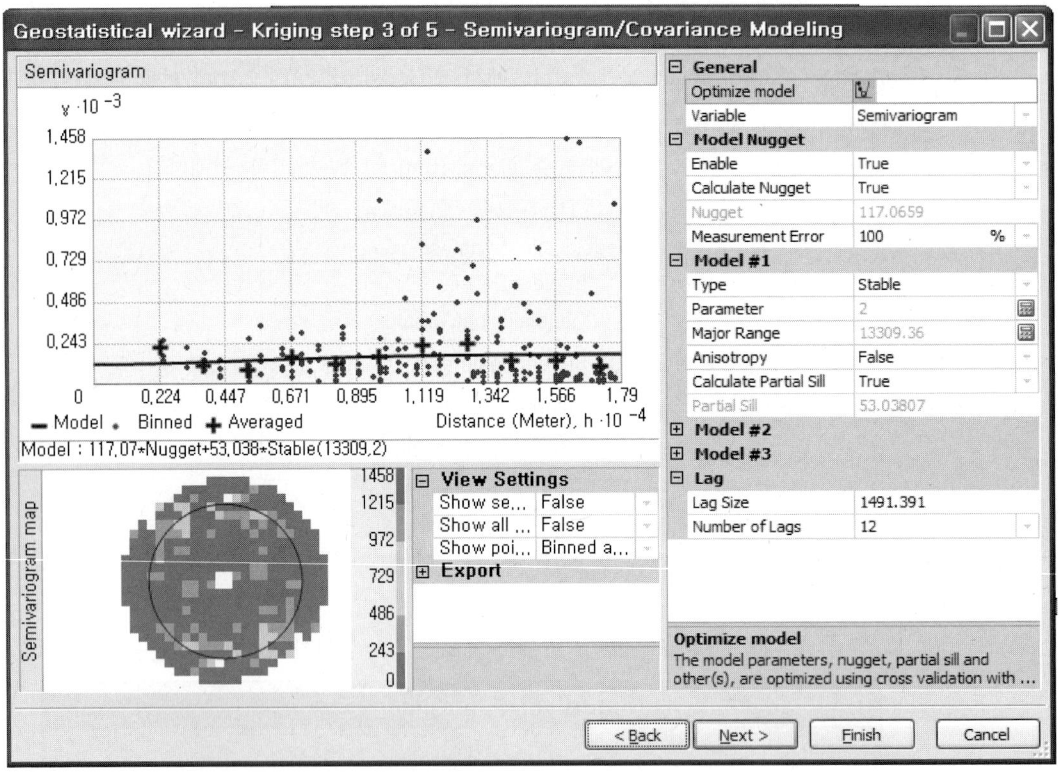

❑ 4단계에서 Next버튼을 누른다.

4단계의 십자선은 관측된 값이 없는 지점의 예측값을 보여준다. 관측된 값이 있는 지점 근처의 미관측된 최대 기온은 관측된 값에 유사하게 예측되어 있음을 확인할 수 있다. 여기서 보이는 붉은 점은 예측과정에서 녹색 지점에 비해 가중치가 높게 적용되는 지점이다. 즉, 이후 예측 과정에서 주변의 점들과 semivariogram/covariance model을 사용하여 미관측된 지점들의 값을 예측하는 과정을 거치게 된다.

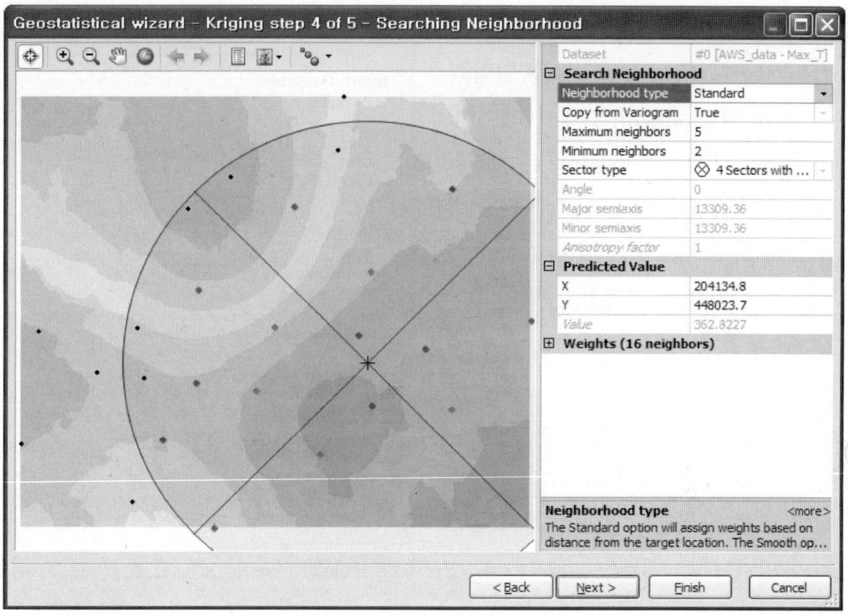

❑ 5단계에서 finish 버튼을 누른다.

5단계의 교차 검증 다이어그램은 미관측된 지점에서의 값을 얼마나 잘 예측했는지를 보여주는 것이다.

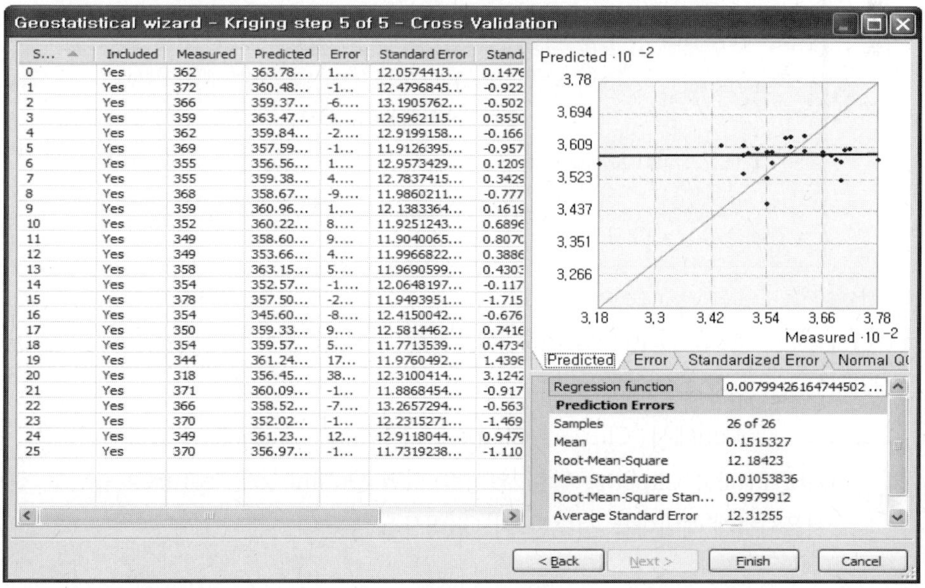

finish 버튼을 누르면 사용된 파라메터를 정리하여 메소드 보고서를 보여준다.

❑ 생성된 kriging레이어를 더블 클릭하여 Properties창을 활성화 시킨 뒤 General 탭에서 레이어의 명칭을 'default kriging'로 변경한다.

❑ Properties창의 Extent 탭으로 이동하여 set the extent to:를 서울시경계로 변경하고 확인 버튼을 누른다.

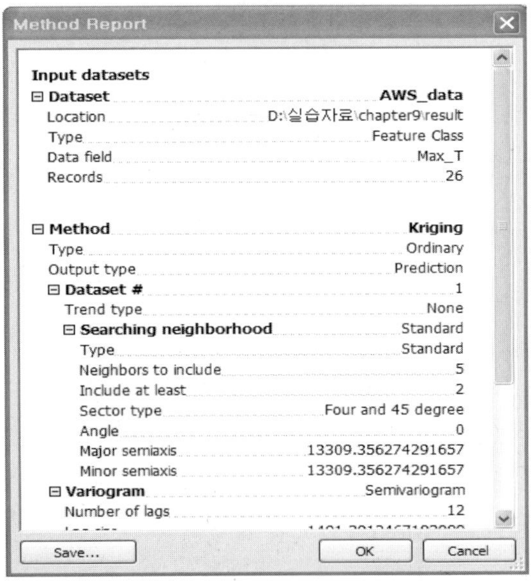

extent 설정이 변경되면 이전 단계까지 최고기온이 보간되지 않아서 값이 없던 지역들도 기온값이 추정되어 나타난다.

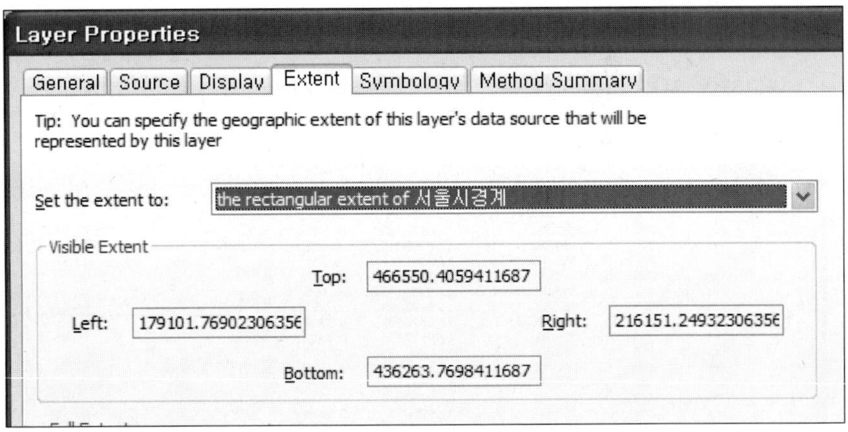

❑ Layer 데이터 프레임을 마우스 오른쪽 버튼을 눌러 Properties창을 열고, Data Frame 탭으로 이동한다.

❑ Clip Option에서 Clip to shape를 선택하고 Exclude Layer 버튼을 누른다. Data Frame Clipping 창이 활성화 되면 Outline of Features 옵션을 선택하고 '서울시경계'레이어를 선택한 뒤 OK버튼을 누른다.

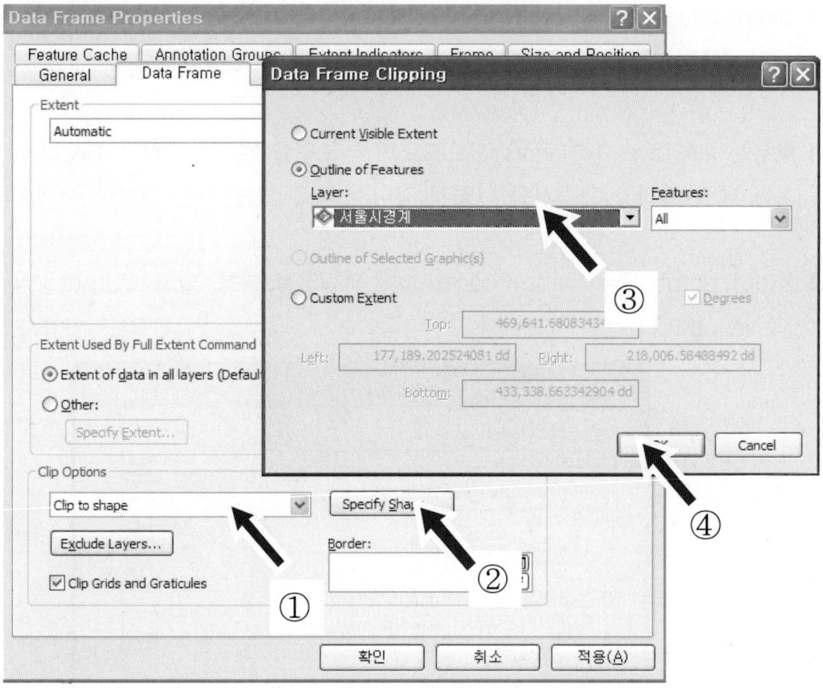

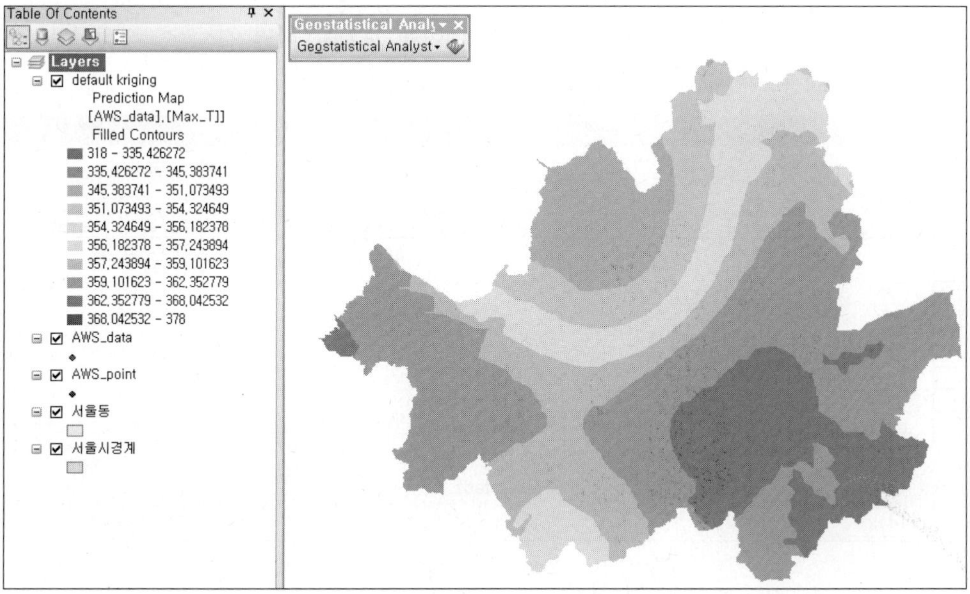

❑ AWS_data 레이어를 TOC의 맨 위로 드래그하여 kriging된 값과 관측값과의 비교를 수행한다.

❑ default kriging 레이어를 마우스 오른쪽 버튼을 눌러 Validation/Prediction 메뉴를 선택한다.

이 메뉴는 GA Layer To Points 지오프로세싱 도구를 활성화시킨다. GA Layer To Points를 통해 예측 결과가 관측치와 어떻게 차이가 나고 있는 가를 비교할 수 있다.

❑ input point observation location에 AWS_data를 넣고 Output은 result 폴더의 seoulMaxT.shp 저장한다.

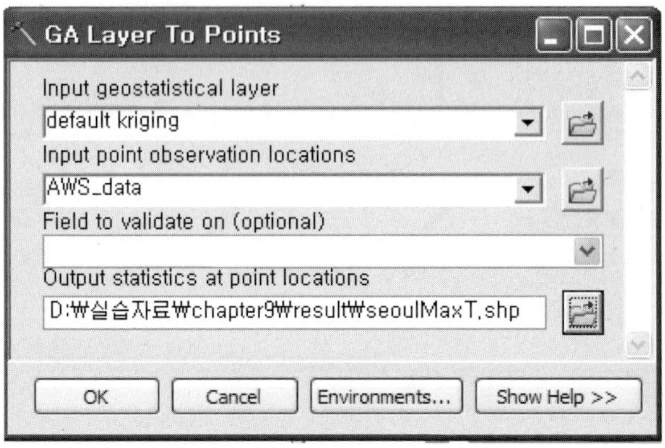

❑ TOC의 seoulmaxT 레이어의 속성 테이블 보기를 하면 각 관측 지점별로 예측치와 표준오차 값을 확인할 수 있다.

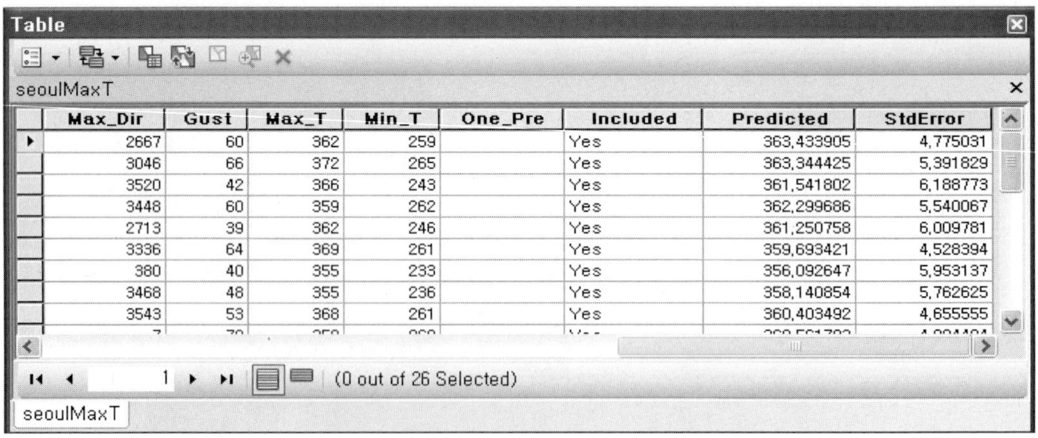

Max_Dir	Gust	Max_T	Min_T	One_Pre	Included	Predicted	StdError
2667	60	362	259		Yes	363.433905	4.775031
3046	66	372	265		Yes	363.344425	5.391829
3520	42	366	243		Yes	361.541802	6.188773
3448	60	359	262		Yes	362.299686	5.540067
2713	39	362	246		Yes	361.250758	6.009781
3336	64	369	261		Yes	359.693421	4.528394
380	40	355	233		Yes	356.092647	5.953137
3468	48	355	236		Yes	358.140854	5.762625
3543	53	368	261		Yes	360.403492	4.655555

❑ 테이블 보기 창을 닫고 seoulmaxT 레이어를 TOC에서 제거한다.

2. 데이터 탐색 기능을 이용한 데이터의 분포 패턴 분석

여기서는 Geostatistical Analyst를 통해 ESDA(exploratory spatial data analysis) 방법을 이용하여 데이터의 분포 특성을 기술해보는 실습을 해보자.

[1] 히스토그램을 통한 데이터의 분포 특성

보간법은 정규분포하고 있는 현상에 대해 잘 부합되는 표면도를 구축하게 된다. 반면에 관심대상이 되는 현상의 데이터의 분포가 왜곡되어 나타난다면 왜곡을 보정하여 정규분포하는 데이터로 변환하는 작업이 필요하다. 따라서 데이터의 분포 패턴에 대한 기술적 통계를 먼저 실행하여야 한다. 히스토그램 도구는 데이터셋의 속성의 빈도 분포표를 구축해주기 때문에 데이터의 분포 특성을 확인할 수 있다.

❑ Geostatistical Analyst의 메뉴 중 Explore Data→ Histogram을 선택한다.

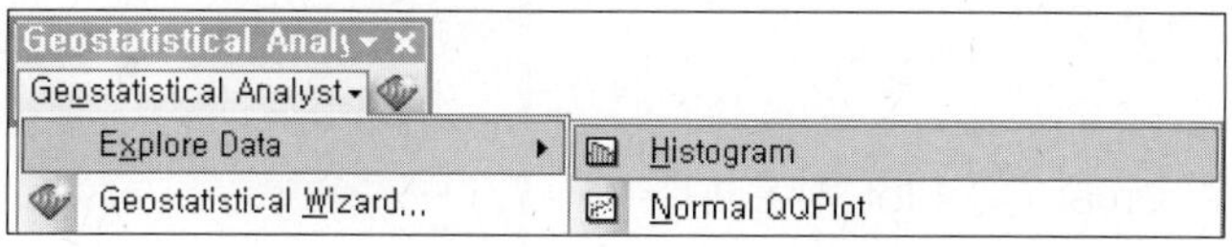

❑ Histogram 창이 활성화 되면 속성 값에 Max_T를 선택한다.

10개의 급간을 가지는 히스토그램이 작성되었다. 이중 가장 낮은 수치의 bar를 마우스로 선택해서 어느 지점이 가장 낮은 값을 갖는지를 확인한다.

❑ Histogram 창을 닫는다.

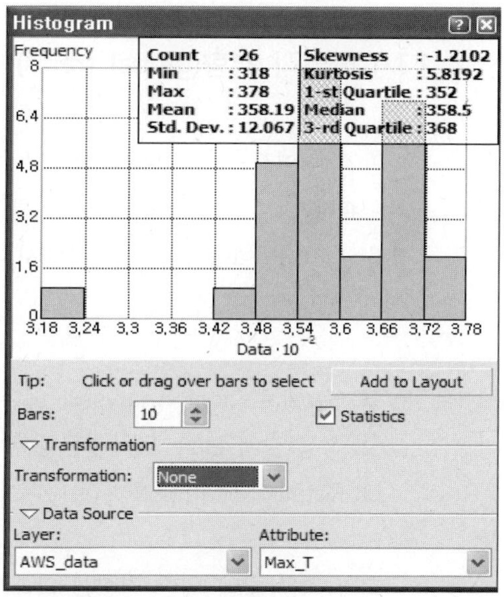

[2] normal QQ plot을 통한 정규분포 분석

quantile-quantile (QQ) plot은 데이터의 분포가 표준 정규분포를 따르고 있는 가를 비교할 수 있게 한다. 그래프가 45도선에 가까울수록 정규분포에 가깝다고 풀이할 수 있다.

❑ Geostatistical Analyst의 메뉴 중 Explore Data→ Normal QQ Plot를 선택한다.

❑ Normal QQ Plot 창이 활성화 되면 속성값에 Max_T를 선택한다.

normal QQ plot 그림에서 볼 수 있듯이 최대기온값은 정규분포에 근접하고 있다.

❑ Normal QQ Plot 창을 닫는다.

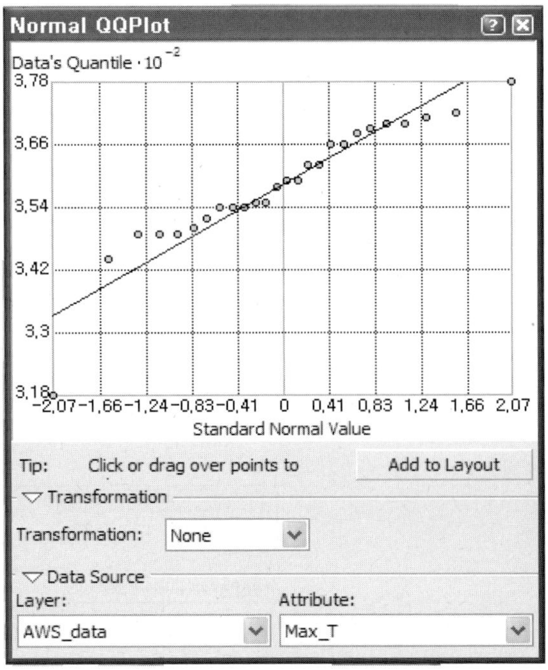

[3] 전역적 경향(global trend) 탐색

만일 주어진 데이터에서 연속적 표면의 경향성이 존재한다면 수학적 공식을 이용하여 표현할 수 있는 표면의 비확률적인 요소가 있음을 의미한다. 주어진 데이터의 경향성 탐색을 실행하여 그래프에서 U자 형태의 모양이 생성되면 전역적인 경향성이 존재한다고 풀이할 수 있다.

❑ Geostatistical Analyst의 메뉴 중 Explore Data → Trend Analysis를 선택한다.

❑ 속성 값에 Max_T를 선택한다.

❑ Rotate Location를 사용하여 Location Angles가 90도가 되도록 변경한다.

최대 기온 값에 대한 경향성 그래프에서 U자 형태의 경향성이 나타나는 것으로 확인되었다. 따라서 경향면을 수학적 공식을 이용하여 산출이 가능하다고 볼 수 있다.

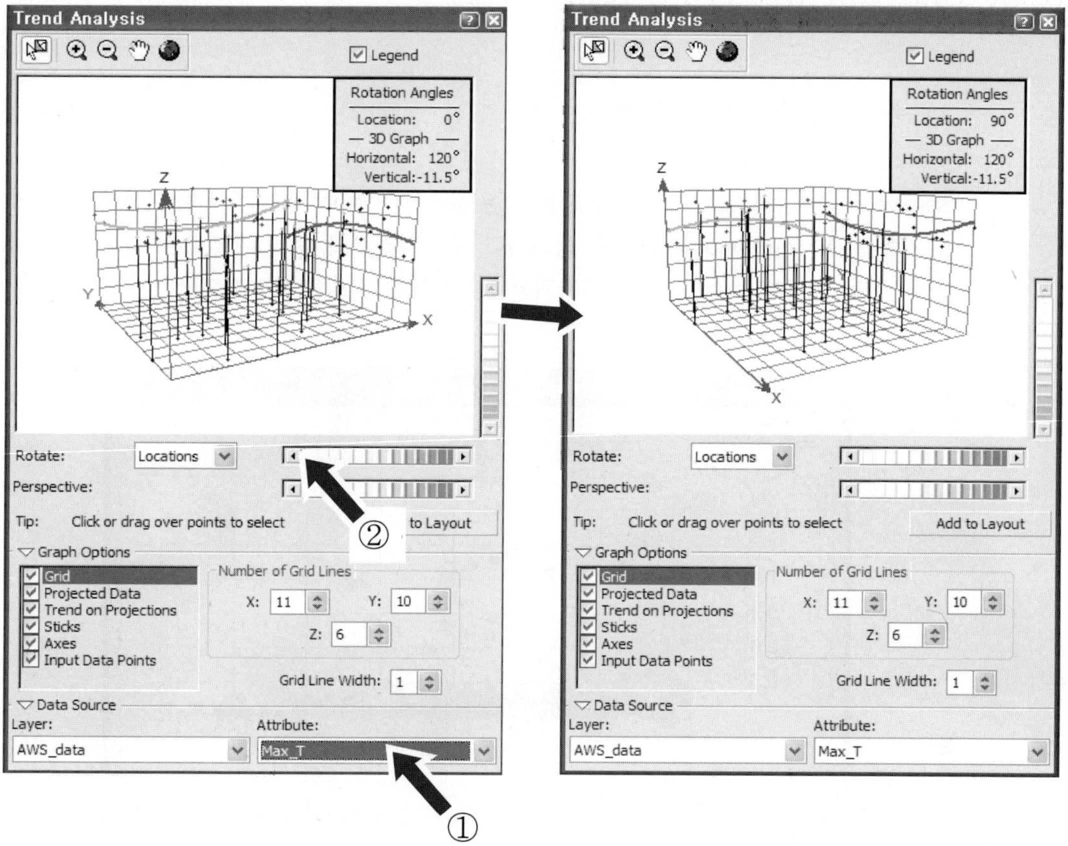

[4] 공간적 자기상관성 탐색

주어진 데이터가 공간적 자기상관성을 어느 정도 거리에 있는 지점까지 나타나고 있는 가를 탐색하기 위해 베리오그램을 통해 살펴볼 수 있다. 크리깅 보간법은 표본지점들 간의 Z_i값의 변이가 거리에 따라 어느 정도 방향성을 갖는다는 것으로 전제하고 있다. 즉, 표본지점들 간의 Z_i값의 변화와 이들 지점들의 거리는 공분산 관계를 보인다는 것이다. 이를 베리오그램으로 나타낼 수 있다. 세미 베리오그램에서 Sill은 거리가 증가되어도 더 이상 분산값이 증가하지 않고 점차 수평을 이루게되는 지점을 말한다. 따라서 Sill 지점 이후 거리가 증가하여도 세미 베리오그램이 거의 변화되지 않는 것은 Sill 지점을 넘어선 거리에서는 공간적 자기상관성이 나타나고 있지 않음을 말해준다. Range는 Sill 이 나타나는 점까지의 수평 거리로, 표본지점들 간의 공간적 의존성이 어느 정도 거리 범위 내에서 나타나는 가에 대한 정보를 제공한다.

❑ Geostatistical Analyst의 메뉴 중 Explore Data→Semivariogram/Covariance Cloud를 선택한다.

❑ 속성 값에 Max_T를 선택한다.

semivariogram plot에서 근접한 입지는 작은 semivariogram 값을 가지며, 위치의 거리가 증가할 수록 semivariogram 값은 증가한다. 즉, 그래프의 수직 계열로는 자기상관성이 높은 쌍을 의미하며 수평계열로는 자기상관성이 낮은 지역을 의미한다.

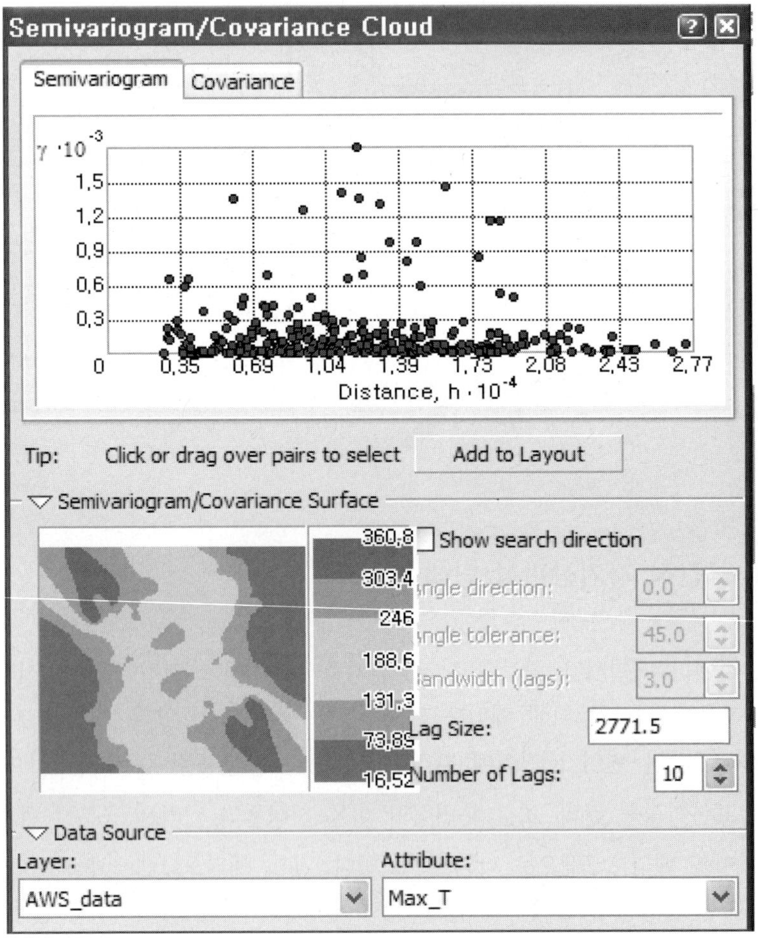

❑ semivariogram 값의 분포를 확인하기 위해 그래프 창에서 수직계열로 가장 거리가 짧은 점들을 선택한다.

선택 결과 지도상에 거리가 가까운 지역들간에 semivariogram 값들이 낮게 분포하고 있음을 알 수 있다.

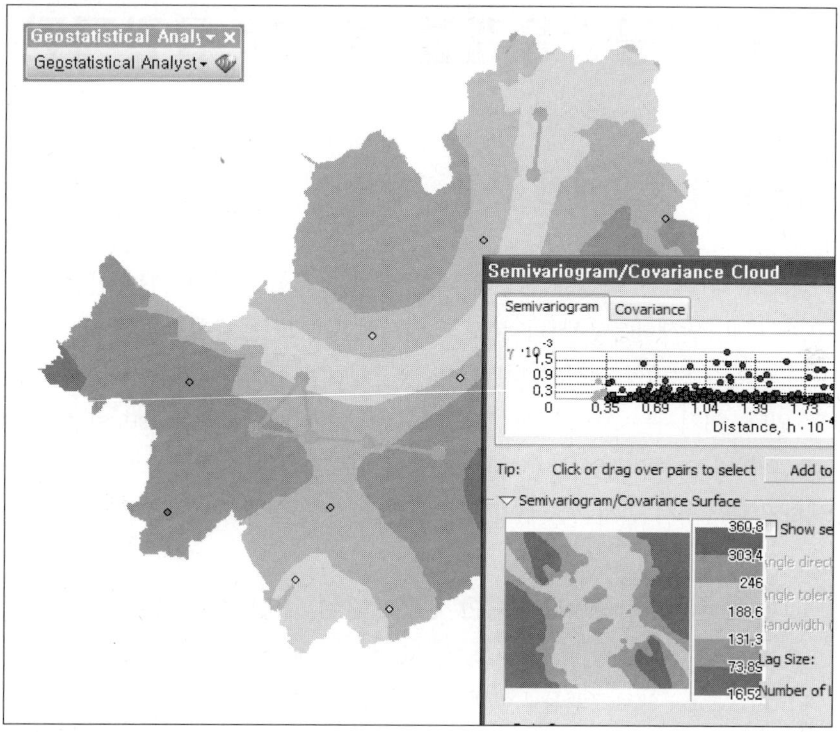

❑ 반면 수평계열로 semivariogram값이 높은 지역들을 선택하면 아래 그림과 같이 자기상관성이 낮은 먼지역들과의 관계를 보여준다.

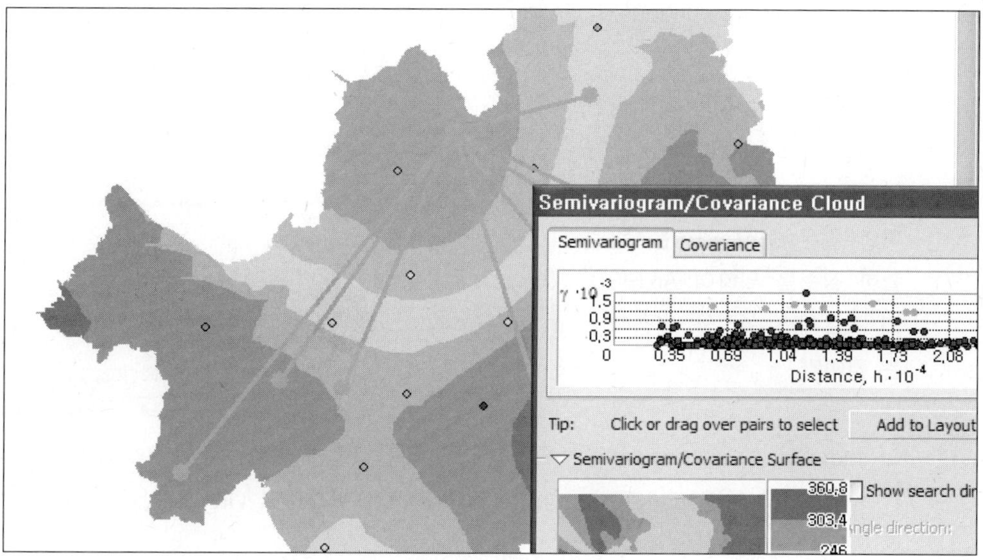

실습 10

공간통계를 활용한 공간패턴 분석

1. 점 데이터의 분포패턴 분석

점으로 나타나는 특정한 현상에 대한 분석은 관심 대상이 되는 현상이 어디에서 발생하고 있으며, 발생하는 지점의 분포가 임의적인지 또는 규칙성을 갖고 있는 가를 분석하고, 더 나아가 그러한 현상이 나타나는 공간패턴이 집적되어 있는 가를 밝히는 데 목적을 두고 있다. 여기서는 ArcGIS에 제공하는 공간통계(spatial statistics) 도구박스를 사용하여 점 데이터의 공간패턴을 분석해보자. 점으로 나타나는 현상에 대한 공간패턴의 특징을 탐색하기에 앞서서 먼저 점 데이터를 기술하는 기술통계를 살펴보자.

[1] 점 데이터 분석을 위한 환경 설정

❑ ArcMap 프로그램을 실행하여 기존의 지도첩 열기에서 chapter10 폴더의 chapter10.mxd 파일을 연다.

❑ 메뉴의 Geoprocessing → Geoprocessing Options 메뉴를 선택한 뒤 background geoproessing 의 체크박스 해제한다.

이와 같은 옵션 설정은 원활한 실습을 위하여 ArcGIS의 프로세스 설정을 변경하는 것이다.

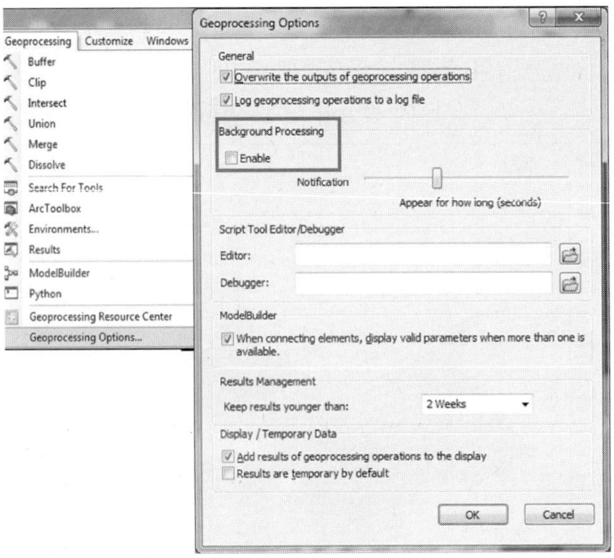

❑ menu의 Geoprocessing→ Environment를 선택한 뒤 Workspace를 확장하고 Current Workspace를 \chapter10\result로 변경하고 OK 버튼을 누른다.

환경변수 셋팅은 이후 진행될 여러 분석에서 데이터 관리를 편리하게 사용할 수 있는 옵션을 제공한다. 작업공간을 변경시킴으로 분석 결과는 자동적으로 result 폴더로 저장된다.

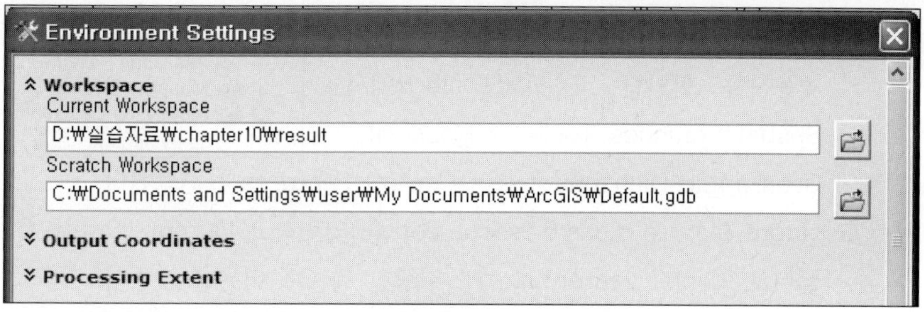

[2] 공간분포 측정도구(measuring geographic distribution toolset)

공간분포 측정도구(measuring geographic distribution toolset)는 공간분포의 특성을 요약할 수 있는 기능을 수행한다.

도구	설명	
Central feature	점, 선 면 피쳐 클래스에서 가장 중심에 위치한 피쳐 찾기	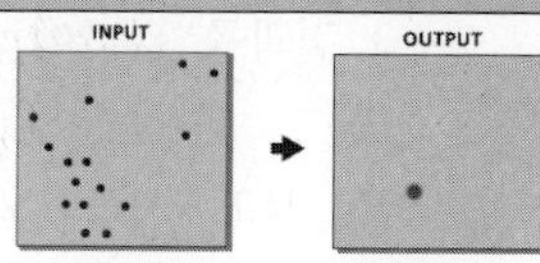
Directional distribution	주어진 점 개체들의 공간분포 특성을 설명하기위한 표준편차 타원체를 구축함 (중심점으로의 집중 경향, 확산, 방향의 경향성을 파악할 수 있음)	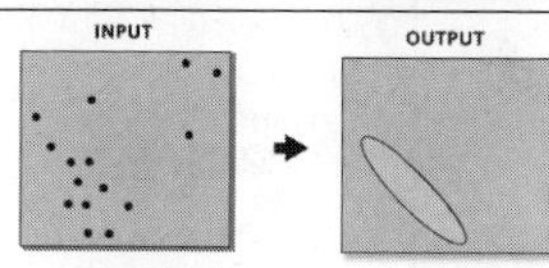
Linear Directional Mean	선으로 된 피쳐의 평균 방향성, 거리, 지리적 중심을 파악할 수 있음	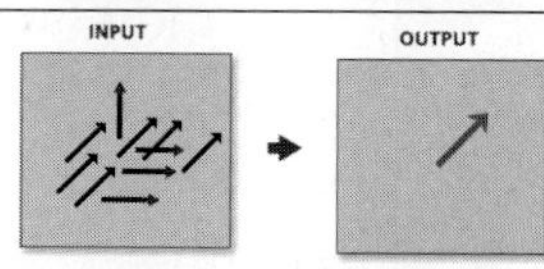
Mean Center	주어진 점 개체들의 중심점(평균)의 위치를 파악할 수 있음	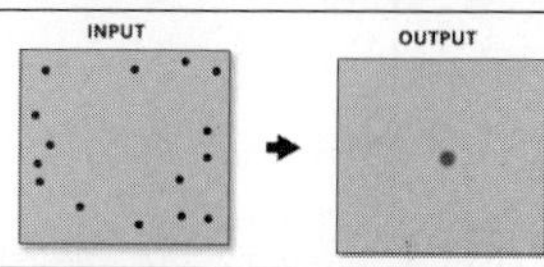
Gravity Center	주어진 점 개체들의 무게중심점을 산출함	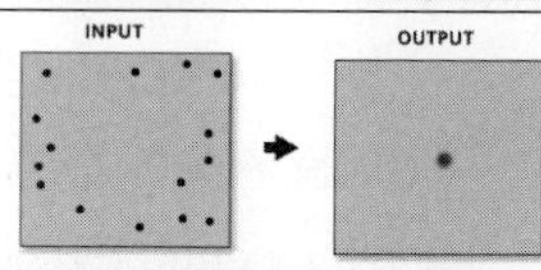
Standard Distance	중심점으로부터 점 개체들이 어떻게 분산되어 있는 가에 대한 표준편차를 나타냄	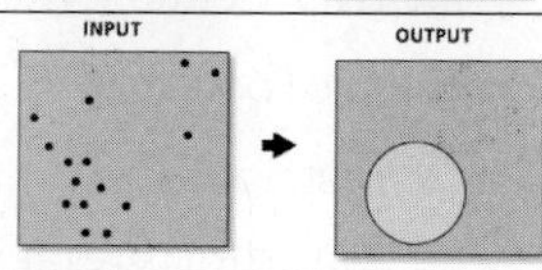

[3] 중심점의 위치

- ❏ TOC에서 '공간분포' 프레임이 활성화 되었는지를 확인한 후 ArcToolBox에서 Spatial Statistics Tools → Measuring Geographic Distributions → Central Features를 선택한다.
- ❏ input feature class에 'seoul_pop'을 입력하고 Output feature Class에 result 폴더로 'center_feature.shp'로 저장한 뒤 OK 버튼을 누른다.

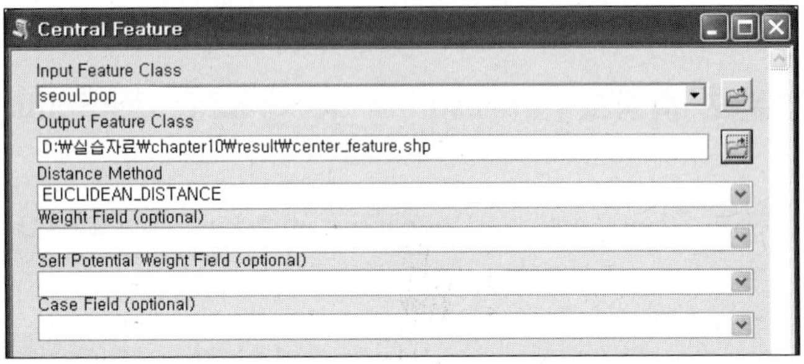

- ❏ 결과를 TOC에 추가하고, identify 도구버튼을 이용하여 내용을 살펴본다.

실행한 결과 서울의 522개 동(행정동)의 중심점은 '장충동' 임을 확인할 수 있다.

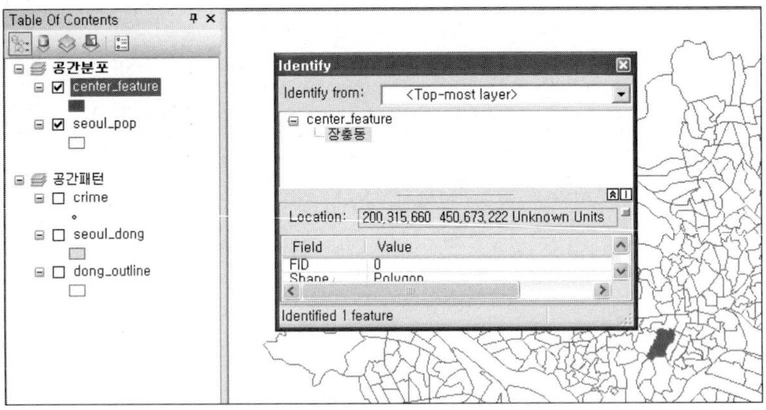

이번에는 서울시 동별 인구의 시계열적인 중심점 변화를 살펴보기 위해 무게중심점(gravity center)를 산출해보자.

- ❏ ArcToolBox에서 Spatial Statistics Tools → Measuring Geographic Distributions → Mean Center를 선택한다. mean center 창이 활성화 되면 다음과 같이 입력한 뒤 OK 버튼을 누른다.

input feature: seoul_pop

output feature: mean_center90.shp

weight field: 인구90

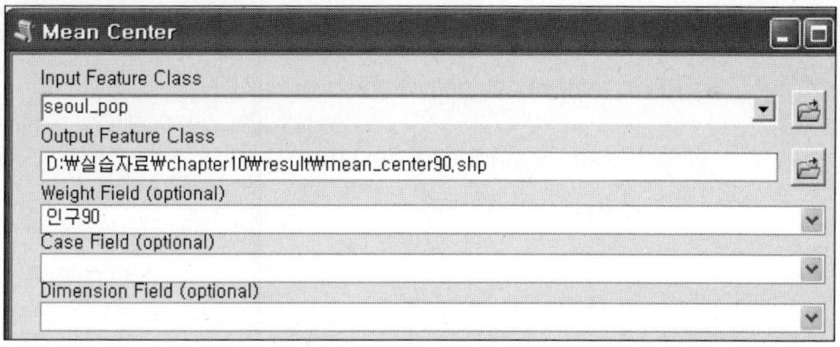

❑ 2000년의 인구 무게중심점을 구하기 위해 mean center 한번 더 실행한다. 이때, output feature는 mean_center00, weight field는 인구2000으로 변경한다.

❑ 산출된 무게중심점의 심볼을 변경한 뒤 살펴본다.

서울시의 동별 인구를 사용하여 1990년과 2000년의 인구 중심점을 보면 중심점이 동북쪽으로 약간 이동하였음을 파악할 수 있다.

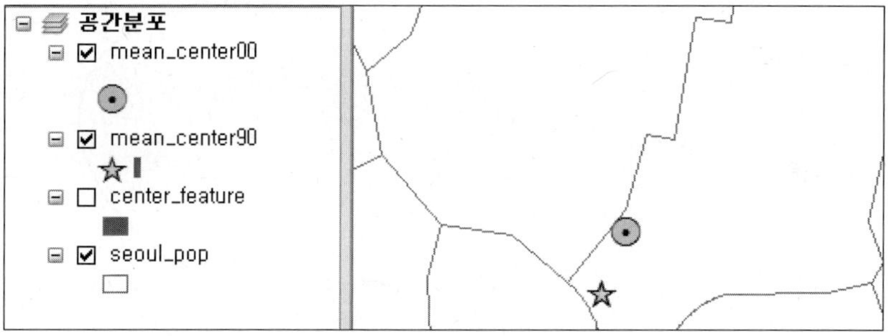

[4] 방향성 분석(가중 표준편차 타원체)

앞의 실습을 통해 시계열적으로 인구의 중심점이 변화된 것을 파악할 수 있었지만 실제 인구가 어떤 방향성을 갖고 분포하는지는 알 수 없었다. 따라서 이러한 분석을 하기 위해 인구수를 가중치로 한 표준편차 타원체를 산출해보자.

❑ ArcToolBox에서 Spatial Statistics Tools → Measuring Geographic Distributions → Directional Distribution (Standard Deviational Ellipse)를 선택한다.

❑ Directional Distribution 창이 활성화되면 다음과 같이 입력한 뒤 OK 버튼을 누른다.

input feature: seoul_pop

output feature: st_ellipse00.shp

ellipse size: 1_standard_deviation

weight field: 인구2000

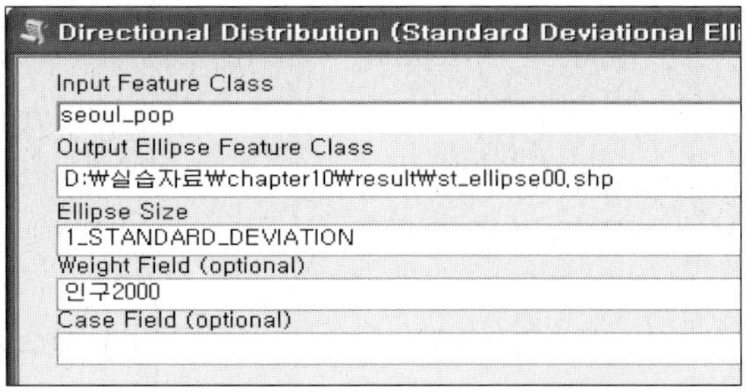

❑ Directional Distribution 한번 더 실행하여 1990년의 인구 표준편차 타원체를 생성한다. 이때, output feature는 st_ellipse90.shp, weight field는 '인구90'으로 변경한다.

❑ 산출된 가중 표준편차 타원체의 심볼을 변경하고 속성 테이블을 열어 비교한다.

실행 결과를 보면 1990년의 타원체가 2000년의 타원체보다 X축과 Y축이 더 짧은 것을 확인할 수 있다. 이는 1990년의 서울인구가 2000년보다 더 집중하여 분포하고 있었음을 시사해준다.

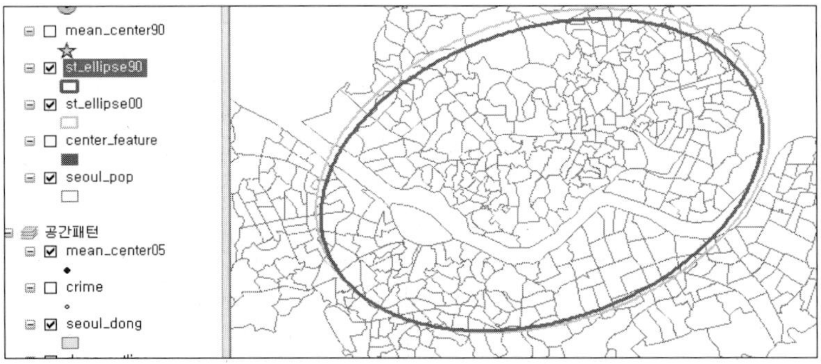

2. 점 데이터의 공간패턴 분석

[1] 점 데이터의 공간패턴 분석을 위한 환경 설정

점 개체로 공간상에서 나타나고 있는 대표적인 현상은 범죄사건이다. 여기서는 점 데이터의 공간패턴 분석을 위하여 강남구를 대상으로 하여 폭력범죄가 발생한 지점들을 가상적으로 구축한 데이터이다. 범죄 데이터는 자치구나 행정동과 같이 공간단위로 집계할 수도 있으나, 범죄가 발생하는 특정 지점들의 주변 환경을 파악하기 위해서는 점 데이터의 공간패턴 분석이 필요하다.

❑ TOC 창에서 '공간패턴' 프레임을 마우스 오른쪽 버튼으로 클릭 후 Active 메뉴를 선택한다.

아래의 점들은 폭력범죄가 발생한 가상의 지점이다. 점 데이터를 사용하여 폭력 범죄의 공간 패턴을 살펴보자.

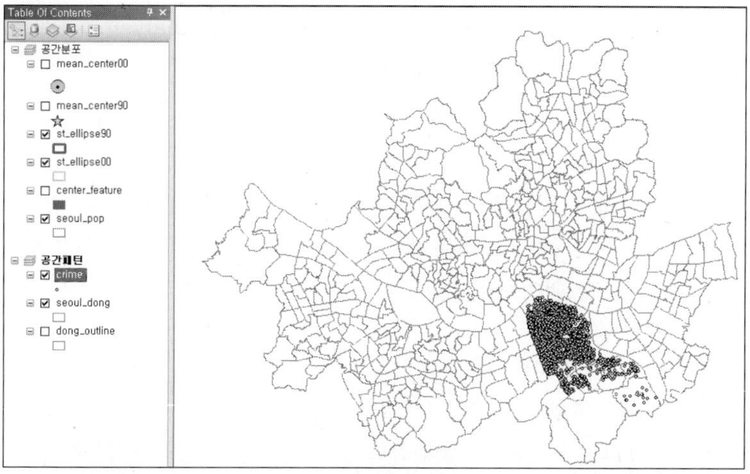

공간패턴 분석을 위해 ArcGIS의 Spatial Statistics에서 사용 가능한 분석방법들은 다음과 같다.

도구	설명	
Average Nearest Neighbor	각 점으로부터 가장 가까운 점까지의 평균거리를 연산하는 최근린지수	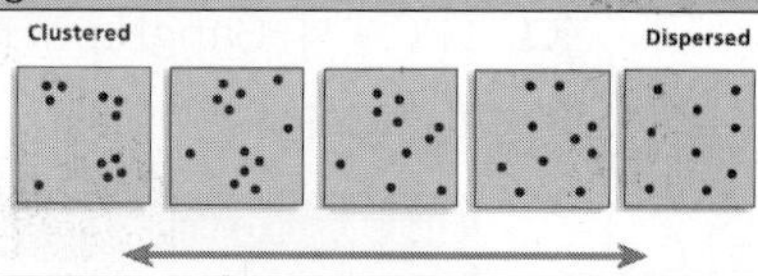
High/Low Clustering (Getis-Ord General G)	Getis-Ord G 통계치를 사용하여 군집정도를 측정	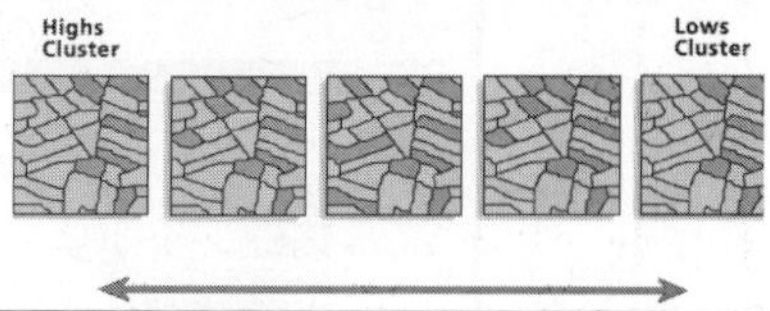
Multi-Distance Spatial Cluster Analysis (Ripleys K Function)	주어진 점으로부터 일정 거리 내에 위치한 점들 간의 거리를 누적화하여 점 패턴을 분석하며, 산출된 결과에 대한 통계적 유의성을 검정함	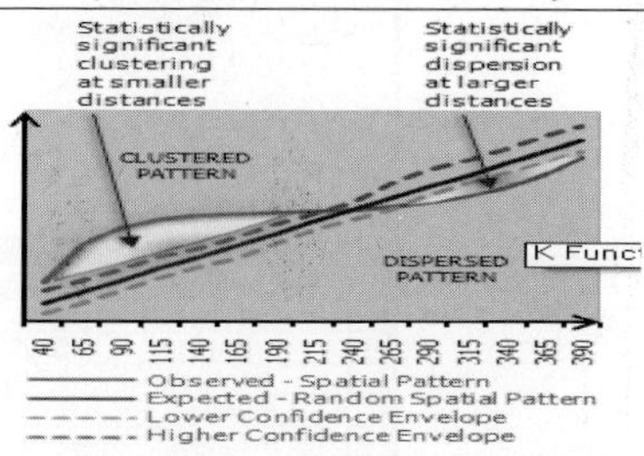
Spatial Autocorrelation (Morans I)	Global Moran's I 통계치를 사용하여 면적으로 나타나는 현상들에 대한 공간적 자기상관성을 측정	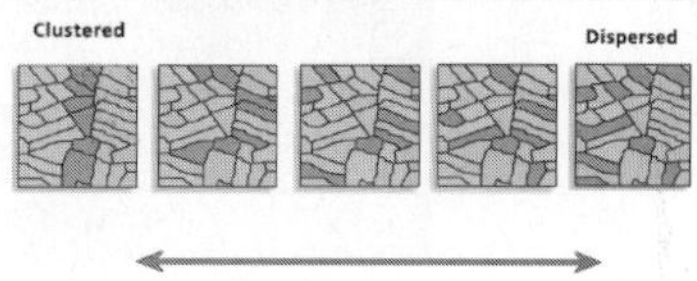

[2] 최근린지수 (Average Nearest Neighbor) 분석

❑ ArcToolbox에서 Spatial Statistics Toolbox→ Analyzing Patterns toolset→ Average Nearest Neighbor tool을 클릭한다.

최근린지수는 각 점마다 가장 가까이 이웃하는 점 간의 거리를 계산하는 것으로 모든 점들의 최근린거리의 평균을 산출한다. 최근린 분석 툴에서 Area 값은 옵션으로 사용될 수 있다. 이 면적 값의 의미는 동일한 면적 값을 가진 원안에서 점들이 무작위적으로 분포하고 있을 때 얻어지는 값과 계산된 평균거리를 비교할 때 사용된다.

❑ 강남구의 면적을 계산하기 위해 Spatial Statistics Toolbox→ Utilities Toolset → Calculate Area tool을 실행한다.

❑ TOC에서 GangNam 레이어의 속성 테이블 창을 열고 F_AREA 필드의 통계값을 확인한다.

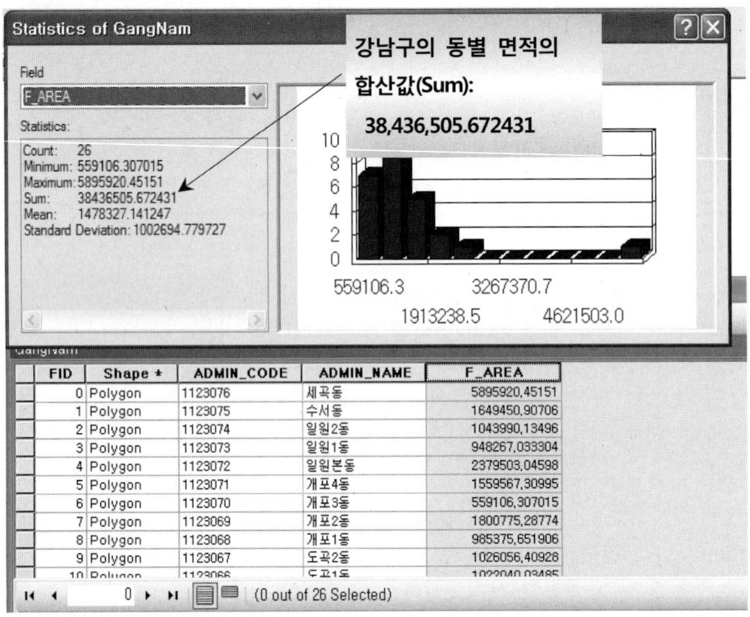

❑ 다시 Average Nearest Neighbor tool 창에서 아래와 같이 입력한 뒤 OK 버튼을 누른다.

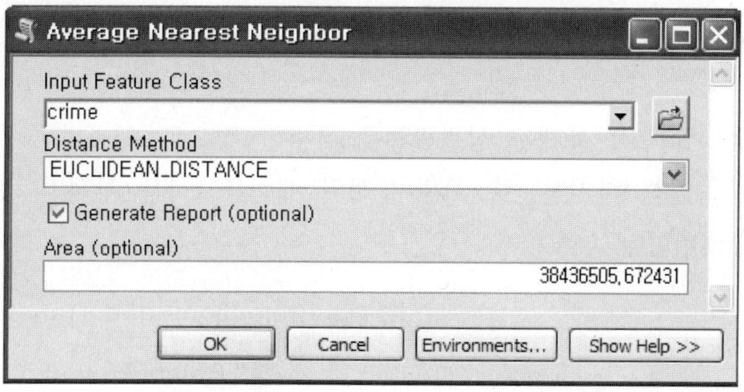

❑ the Geoprocessing Menu의 results를 클릭하여 Results 창을 활성화시킨다.

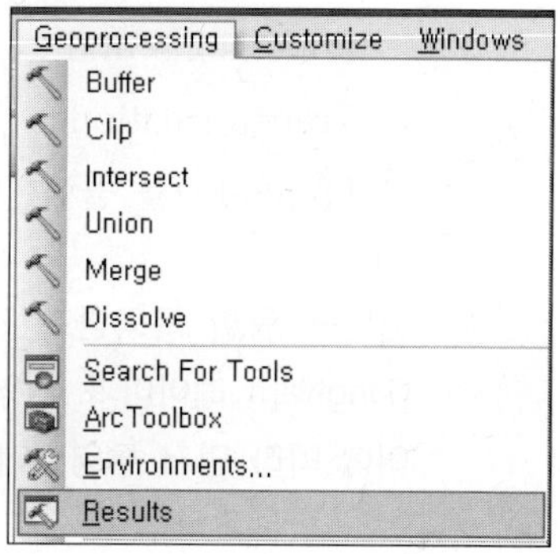

❑ Results 창에서 HTML report를 더블 클릭한다.

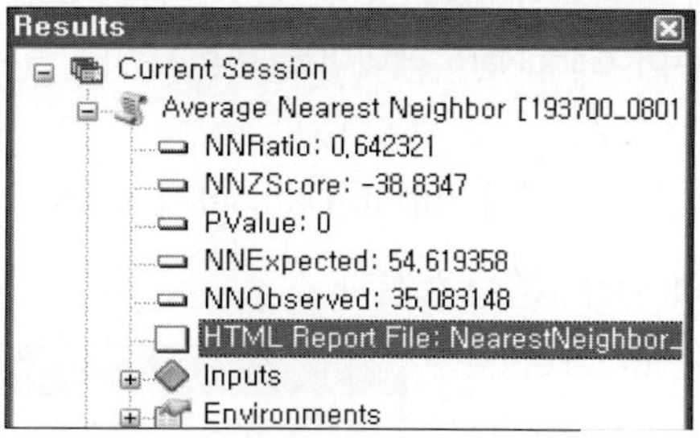

인터넷 익스플로러 창이 활성화되면서 최근린분석의 결과가 다음과 같이 나타난다.

Observed Mean Distance: 35.083148

Expected Mean Distance: 54.619358

Nearest Neighbor Ratio: 0.642321

z-score: -38.834700

p-value: 0.000000

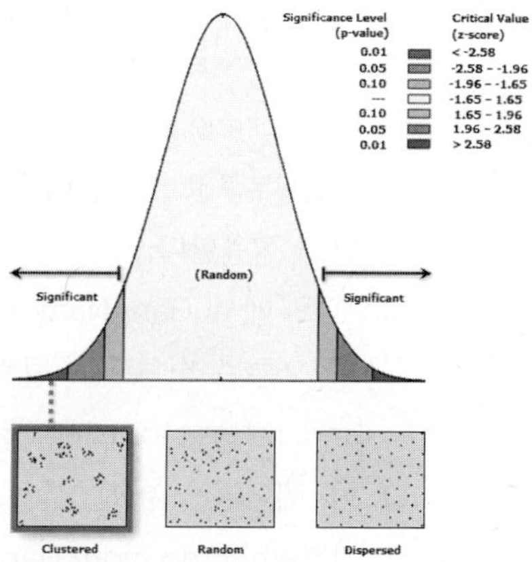

즉, 관측된 평균거리는 약 35m 이고 기대된 평균거리는 약 55m로 나타나며 최근린지수는 0.64이며, Z검정 결과 p값이 0.000으로 나타났다. 따라서 강남구의 폭력 범죄 발생건수는 상당히 군집화된 패턴임을 말해준다.

3. 공간적 자기상관성과 클러스터 분석

[1] 공간적 자기상관성 분석

전역적 Moran's I 통계는 상관관계를 유추한 것으로 +1~-1의 값을 가지며 양(+)의 값은 정적인 공간적 자기상관을, 0은 무작위 패턴을, -1은 부적인 공간적 자기상관성을 갖고 있음을 의미한다.

❑ ArcToolbox 에서 Data Management Tools→ Projections and Transformations→ Define Projection을 클릭한다.

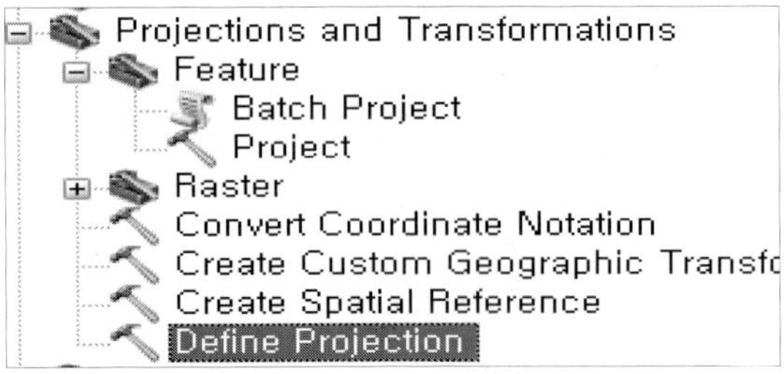

강남구 동별 폭력범죄 건수를 집계하기 위하여 공간 조인을 사용하려고 한다. 그러나 GangNam 레이어가 투영법이 적용되어 있지 않기 때문에 공간 조인을 실행할 수 없다. 이에 따라 먼저 투영법에 맞추어 GangNam 레이어를 변환시킨다.

❑ Define Projection 창이 활성화되면 Input Dataset에 GangNam 레이어를 입력한 뒤 아래의 좌표계 선택 버튼 을 누른다.

❑ 공간참조속성(Spatial Reference Properties) 창이 활성화되면 import 버튼을 누르고 chapter10\map\ 폴더의 crime.shp를 선택하여 add 버튼을 누르고 확인 버튼을 눌러 투영법을 적용한다.

❑ TOC 에서 GangNam 레이어를 마우스 오른쪽 버튼으로 클릭한 뒤 join and relate, join 메뉴를 클릭한다.

❑ 이 레이어에 어떤 것을 조인할 것인가?(What do you want to join to this layer?)의 옵션을 공간위치에 기반하여 다른 레이어를 조인(join data

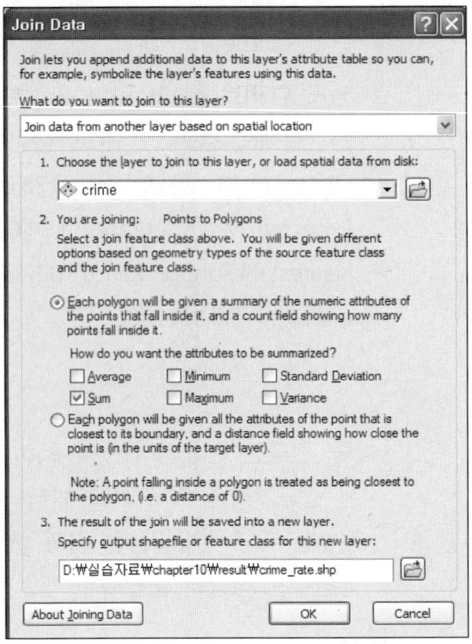

from another layer based on spatial location) 옵션으로 변경한다. 이후 입력 내용은 위의 그림과 같이 설정한 뒤 OK 버튼을 누른다.

- ❑ TOC 에서 막 실행되어 생성된 crime_rate 레이어를 마우스 오른쪽 버튼을 이용하여 클릭한 후, join and relate, join 메뉴를 클릭한다.

이 작업은 인구대비 폭력범죄 발생률의 공간적 자기상관 지수를 구하기 위해 인구수와 조인 기능을 통해 연결하려는 것이다.

- ❑ Join Data 창이 활성화 되면 다음과 같이 입력한 뒤 OK 버튼을 누른다.

1. Choose ~based on: ADMIN_CODE
2. Choose ~ table from disk: seoul_dong
3. Choose~ join on: EMDG_CODE

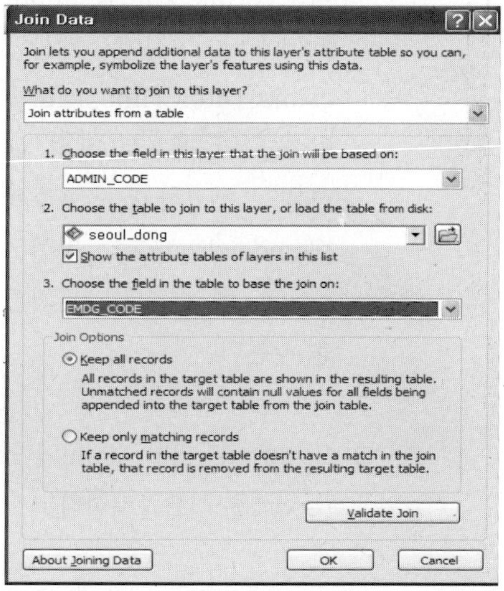

- ❑ crime_rate 레이어의 속성 테이블을 열고 Add Field 메뉴를 눌러, float형의 'crime_rate' 컬럼을 생성한다.
- ❑ 'crime_rate' 컬럼에서 필드 계산기(Field Calculator)를 선택하여 아래와 같이 인구 천명당 폭력범죄 발생률 식을 입력한 뒤 확인 버튼을 눌러 동별 범죄율을 계산한다.

[crime_rate.Sum_Value]*1000/ [seoul_dong.총인구05]

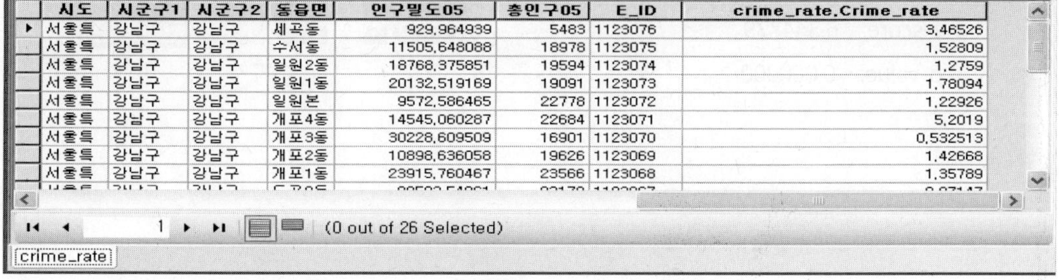
Table

crime_rate

시도	시군구1	시군구2	동읍면	인구밀도05	총인구05	E_ID	crime_rate.Crime_rate
서울특	강남구	강남구	세곡동	929,964939	5483	1123076	3,46526
서울특	강남구	강남구	수서동	11505,648088	18978	1123075	1,52809
서울특	강남구	강남구	일원2동	18768,375851	19594	1123074	1,2759
서울특	강남구	강남구	일원1동	20132,519169	19091	1123073	1,78094
서울특	강남구	강남구	일원본	9572,586465	22778	1123072	1,22926
서울특	강남구	강남구	개포4동	14545,060287	22684	1123071	5,2019
서울특	강남구	강남구	개포3동	30228,609509	16901	1123070	0,532513
서울특	강남구	강남구	개포2동	10898,636058	19626	1123069	1,42668
서울특	강남구	강남구	개포1동	23915,760467	23566	1123068	1,35789

(0 out of 26 Selected)

crime_rate

❑ ArcToolbox에서 Spatial Statistics Toolbox→ Analyzing Patterns toolset → Spatial Autocorrelation(Morans I)를 실행한다.

❑ 분석 창이 실행되면 Input에는 crime_rate를 input field에는 이전에 계산한 crime_rate.Crime_rate를 입력한 뒤 레포트 생성 옵션을 체크하고 표준화(Standardization) 방식은 Row로 변경한 뒤 OK버튼을 누른다.

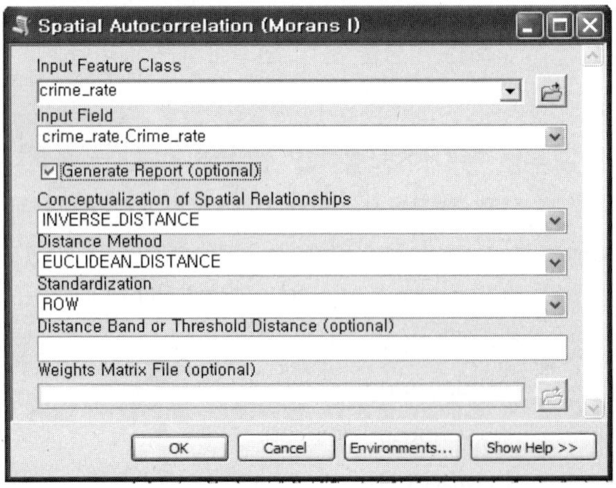

❑ Geoprocessing Menu의 results를 클릭하여 Results 창을 활성화시킨 뒤 HTML report를 더블클릭한다.

실행 결과 강남구의 인구 1000명당 폭력 범죄율에 대한 Moran'I 값은 0.727로 통계적으로도 매우 유의적으로 나타나서 공간적 자기상관성이 매우 높음을 말해준다.

Moran's Index: 0.726731

Expected Index: -0.040000

Variance: 0.014603

z-score: 6.344779

p-value: 0.000000

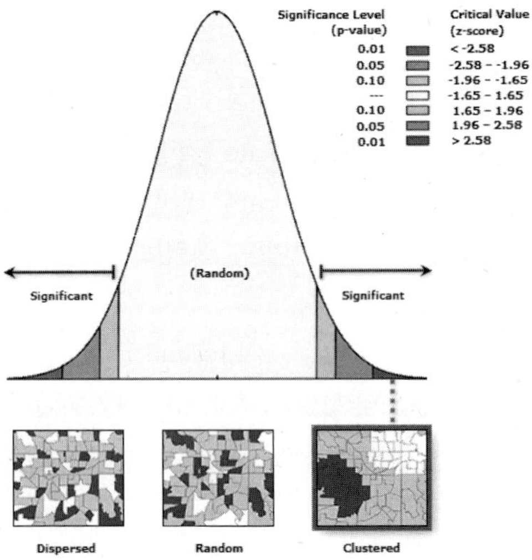

[2] 클러스터 분석

전역적 차원에서 공간적 자기상관성 분석을 통해 전체적인 공간패턴에 대한 이해는 가능하지만, 실제로 클러스터가 어디에서 나타나고 있는 가는 알 수 없다. 여기서는 주로 클러스터가 나타나는 국지적인 지역을을 추출하여 지도화하는 방법에 대해 실습해보자.

(1) 클러스터 지도화 도구(mapping cluster toolset)

클러스터 지도화 도구는 어디에서 클러스터화된 패턴이 나타나고 있는 가를 분석하는 기능들이다. ArcGIS에서는 Anselin's local Moran's I를 사용한 Cluster and outlier analysis, Getis-ord G_i^*를 이용한 Hot spot analysis를 제공하고 있다.

<table>
<tr><th>도구</th><th>설명</th></tr>
<tr><td rowspan="2">Cluster and Outlier Analysis (Anselin Local Morans I)</td><td>Anselin Local Moran's I 통계를 사용하여 통계적으로 유의미한 핫 스팟, 콜드 스팟 그리고 공간적 이례점을 확인할 수 있음</td></tr>
<tr><td>
</td></tr>
<tr><td rowspan="2">Hot Spot Analysis (Getis-Ord Gi*)</td><td>Getis-ord G_i^* 통계를 사용하여 큰 값들의 공간적 군집도와 작은 값들의 공간적 군집도를 구별할 수 있음</td></tr>
<tr><td>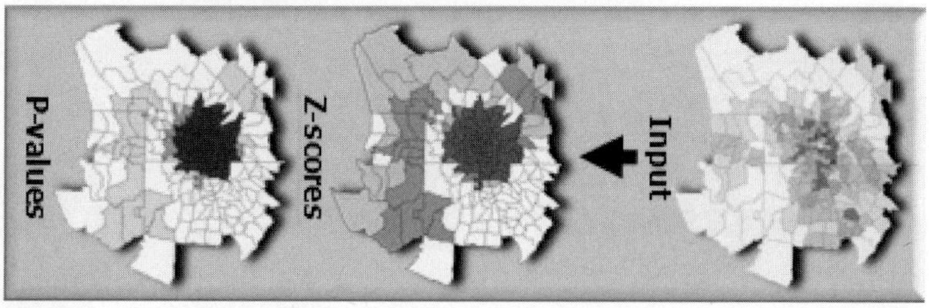
</td></tr>
</table>

(2) LISA 분석

Anselin Local Moran's I 통계(LISA)를 사용하면 공간적 자기상관성이 높게 나타나는 핫 스팟(hot spot)과 그 반대의 경우인 콜드 스팟(cold spot)을 찾을 수 있다.

❑ seoul_dong 레이어만 활성화 시킨다.

- ArcToolbox에서 Spatial Statistics Toolbox → Mapping Cluster toolset→ Cluster and Outlier analysis를 실행한다.

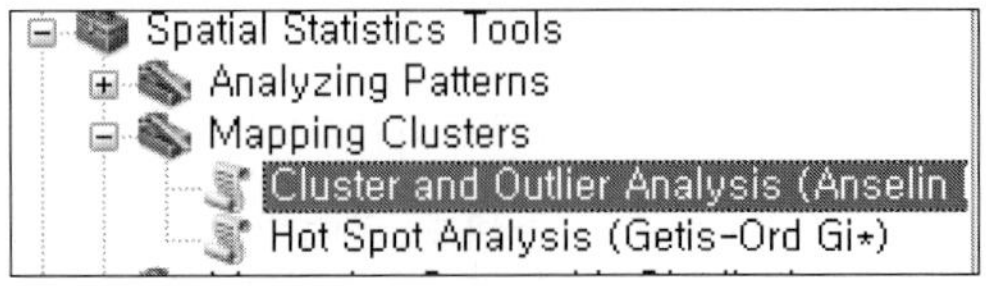

- Cluster and Outlier 분석창이 활성화되면 아래와 같이 입력한 뒤 OK 버튼을 누른다.

  Input Feature Class
  → seoul_dong
  Input Field
  → 총인구05
  Output Feature Class
  LISA_05pop.shp
  ......
  Standarization
  → ROW

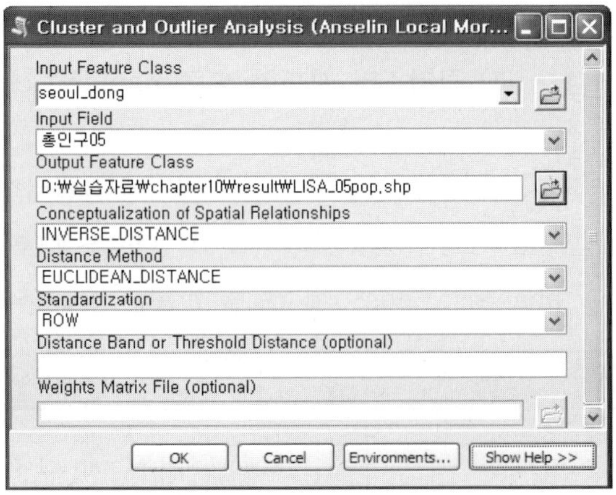

- 실행이 되고 나면 다음과 같은 지도가 생성된다.

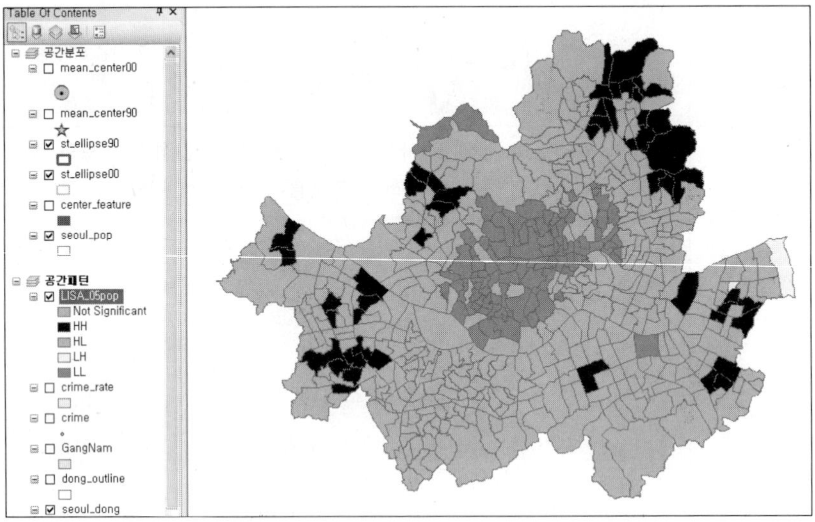

표시된 HH(High-High)는 한 지역의 인구수가 많고 주변지역도 인구수가 많음을 의미하고 HL(High-Low)는 한 지역의 인구수는 많으나 주변 지역의 인구수는 적음을 의미한다. 이와 반대로 LH(Low-High)는 한 지역의 인구수는 주변지역에 비해 적음을 의미하며 LL(Low-Low)는 한 지역과 주변지역 모두 인구수가 적음을 의미한다. 따라서 그림을 볼 때 통계적으로 유의미하게 서울 중심부의 인구수는 적고, 노원, 강서, 강동, 양천구 일부 지역에서 인구가 클러스터 되어 있음을 파악할 수 있다.

(3) Hot Spot 분석

Hot Spot은 연구지역 내의 각 점 개체들의 Getis-ord G_i^*를 계산하여 클러스터를 이루고 있는 지역들 가운데 높은 값을 보이는 클러스터와 낮은 값을 보이는 클러스터를 구분할 수 있다. 또한 Hot Spot 분석에서는 분석된 핫스팟이 통계적으로 유의미한 가의 여부를 z 검정을 통해 판정하여야 한다.

❑ ArcToolbox에서 Spatial Statistics Toolbox→Mapping Cluster toolset →Hot Spot analysis를 실행한다.

❑ Hot Spot 분석창이 활성화 되면 아래와 같이 입력한 뒤 OK 버튼을 누른다.

Input Feature Class
➜ seoul_dong
Input Field
➜ 총인구05
Output Feature Class
hot_pop.shp
......

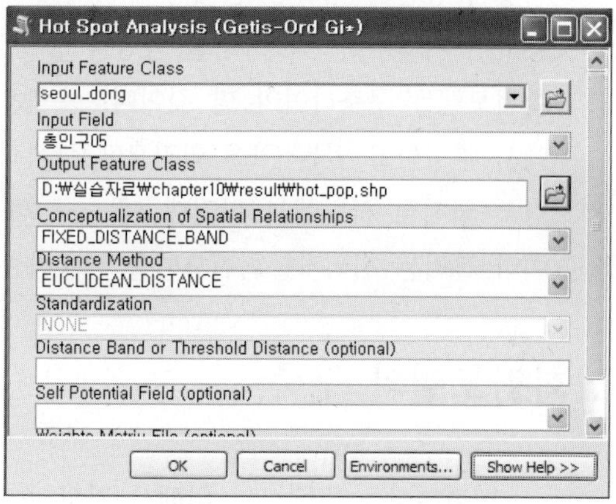

❑ 실행되면 HotSpot 지도가 구축된다. Getis-ord G_i^*의 Z-Score분포 패턴을 보면 LISA의 그림과 비교하면 통계적으로 유의미한 핫스팟 콜드스팟 지역은 유사한 것으로 나타나고 있다.

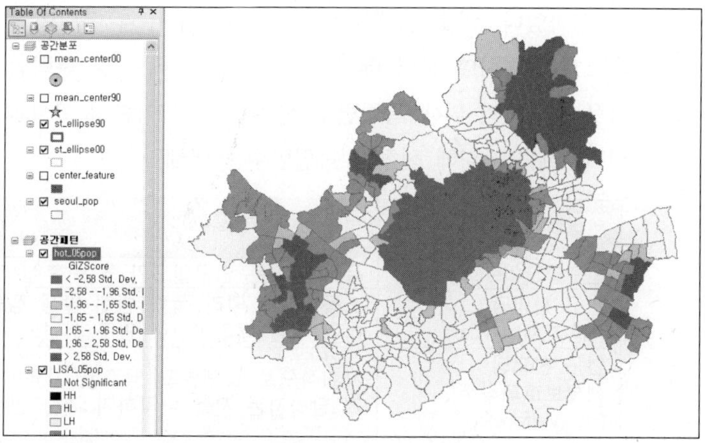

실습 11
지리가중회귀모델의 활용

회귀분석이란 독립변수(X_i)가 종속변수(Y)에 어떠한 영향을 미치고 있는가를 분석하는 통계적 방법으로, 회귀분석을 수행하는 목적은 종속변수와 독립변수들 사이의 관계를 회귀식으로 도출한 후, 회귀식으로부터 X_i 값의 변화에 따라 상응하는 Y_i 값을 예측하는 데 궁극적인 목적을 두고 있다. 그러나 공간적 이질성(spatial heterogeneity)으로 인해 서로 다른 입지적 특성을 지닌 지역들 간에 공간패턴의 차이를 보이는 경우도 발생한다. 이렇게 공간적 이질성 문제가 심각하게 나타나는 경우에도 전통적인 OLS 회귀모델을 사용하기 어려우며, 각 지역별 특성을 통제할 수 있는 매개변수나 구조적 변화 등을 고려한 회귀모델을 구축하여야 할 것이다. 종속변수와 독립변수 간의 관계를 전역적 차원(global)에서 추정하고 있는 OLS 회귀모델 분석과 공간 단위 자체가 상당히 이질성을 갖고 있는 경우 국지적 차원에서 회귀계수를 추정하는 국지적 회귀모델(locally regressed models)이라 불리는 지리가중회귀모델을 활용하는 사례를 실습을 통해 살펴보자.

1. 회귀모델의 구축

회귀분석을 수행하기 위해서 가장 중요한 것은 종속변수에 영향을 미치는 독립변수의 선정이다. 여기서는 실습을 위한 목적으로 종속변수는 서울시 행정동별 폭력범죄 발생률로 정하였다. 이를 위해 2000년 서울시의 구별 폭력범죄 데이터를 동별 서비스업체수 비중으로 배분하여 동별 데이터를 구축하였다. 동별 폭력범죄 발생률에 영향을 미치는 요인들을 추출하기 위해 독립변수 선정에 관한 이론적 고찰과 선행연구들에 대한 내용은 생략한다. 실습을 위해 선정한 독립변수는 아래와 같다.

변수명	변수 선정 이유
인구밀도(density)	폭력 범죄는 인구밀도가 높은 혼잡 지역에서 발생할 확률이 높음
인구 천명당 승용차수(perCar)	소득수준에 따라 폭력 범죄 발생 정도에 차이를 보이는지를 설명하기 위한 대리변수로 인구 천명당 승용차수를 사용
인구 천명당 생활보호대상수 (perWelfare)	사회적으로 소외받고 낙후된 지역에서 폭력 범죄 발생률이 어떻게 달라지는 지를 파악하기 위한 변수
인구 천명당 음식숙박업수 (perService)	일반적으로 폭력 범죄는 유흥가 주변에서 많이 발생하기 때문에 인구 천명당 음식숙박업수변수를 사용

❑ ArcMap을 클릭 하여 프로그램을 실행하고 기존의 지도첩 열기에서 chapter11폴더의 chapter11.mxd 파일을 불러온다.

❑ Hot Spot 데이터 프레임이 활성화 되어 있는지를 확인한다.

각 변량을 지도화하여 각 변수들에서 공간적 변이를 탐색할 수 있다. 예를 들어 종속변수가 되는 인구 천명당 폭력범죄 발생률의 Hot Spot 분포 패턴을 보면 강남, 서초, 강동, 영등포 일대에서 폭력범죄 발생률의 Hot Spot이 보이며 광진, 동대문, 강북, 성북구 일대에서 Cold Spot이 나타난다.

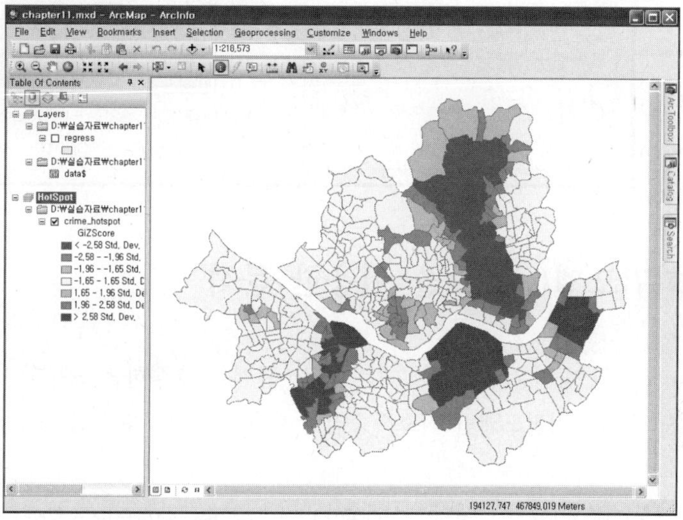

이와 같은 폭력 범죄 발생건수의 지역 간 차이를 설명하기 위해 투입되는 독립변수들의 기술통계와 상관관계를 분석해보자. 또한 개개의 독립변수와 종속변수와의 관계를 산포도로 나타내면 인구 천명당 폭력범죄 발생률에 영향을 미치는 설명변수를 유추해 볼 수 있다.

❑ TOC의 OLS 데이터 프레임을 활성화 시킨다.

❑ regress 레이어를 마우스 오른쪽 버튼으로 클릭하여 속성 테이블 보기창을 활성화 시킨다.

❑ 필드 통계(Statistics) 기능을 사용하여 각 변수의 통계치를 살펴본 뒤 속성 테이블 창을 닫는다.

각 변수의 기술 통계량의 일례로 인구밀도를 보면 아래와 같다.

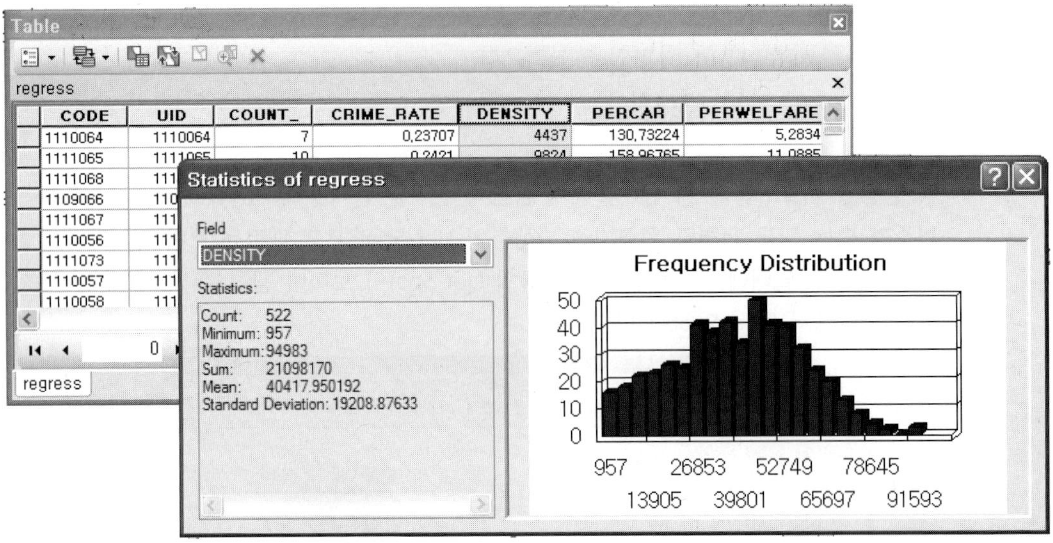

2. 일반회귀모델(OLS)을 이용한 분석

ArcGIS의 공간통계의 메뉴에는 공간 관계를 추정하는 모델들이 내재되어 있다. 여기서는 먼저 일반회귀모델인 최소자승법을 이용하는 회귀분석을 실습해보자

- ArcToolbox 에서 Spatial Statistics Toolbox → Modeling Spatial Relations → Ordinary Least Square를 실행한다.

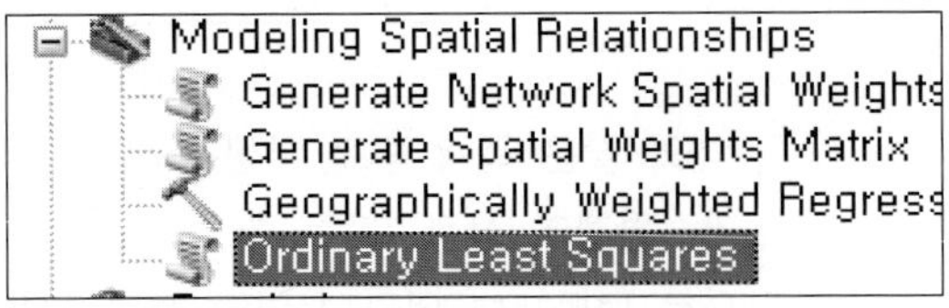

- Ordinary Least Square 창이 활성화되면 Environments 버튼을 클릭하고 Workspace를 \chapter11\result로 바꾸고 Output Coordinates에서 Same as Layer "regress"로 변경한 뒤 OK 버튼을 누른다.

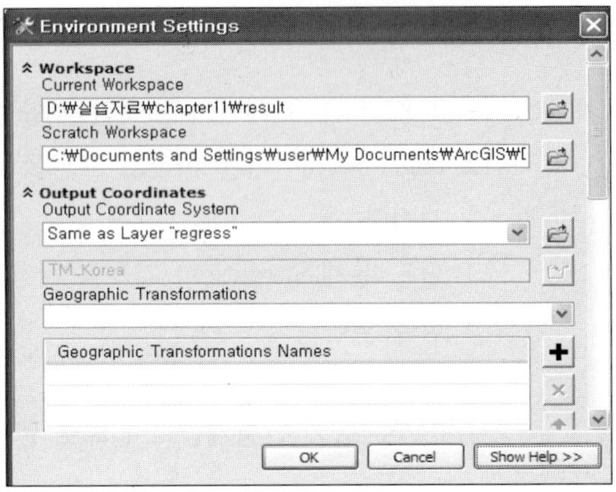

종속변수와 독립변수들 간의 상관관계를 산포도를 통해 시각적으로 파악하고 다른 독립변수들 간의 상관관계도 분석한다.

❑ View 메뉴의 Graphs→ Create Scatterplot Matrix 메뉴를 클릭한다.

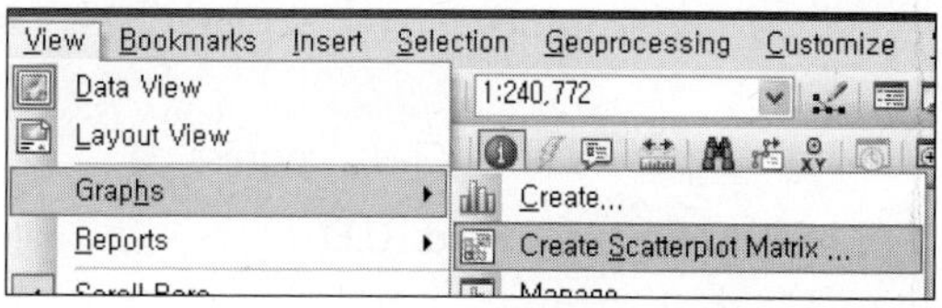

❑ Scatterplot Matrix 창이 활성화되면 Layer에 regress를 입력하고 종속변수 및 독립변수들을 입력한 뒤, 색 변경을 하고 Next 버튼을 누른다.

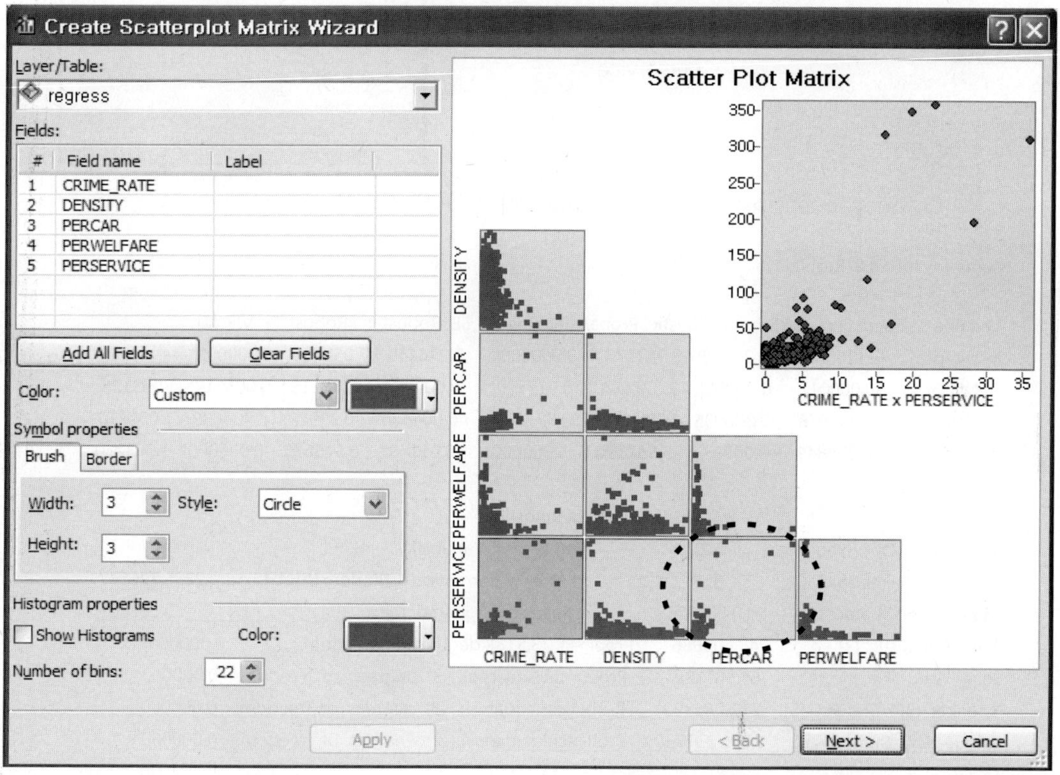

실행한 결과 산출된 각 변수들 간의 산포도가 한꺼번에 나타나고 있으며, 선정한 변수에 대한 산포도는 더 크게 나타나고 있다. 폭력범죄 건수에 영향을 미치는 중요한 변수로는 인구 천명당 음식숙박업소로 나타나고 있다. 이중 인구 천명당 승용차대수(percar)와 인구 천명당 음식숙박업소의 관계는 매우 높은 정의 상관관계를 보이고 있어 공선성의 문제를 안고 있다. 따라서 두 변수 중 인구 천명당 승용차 대수 변수를 제외시킨 후 회귀분석을 실행하였다.

- ArcToolbox에서 Spatial Statistics Toolbox→ Modeling Spatial Relations → Ordinary Least Square를 실행한다.
- Ordinary Least Square 창의 속성값을 아래와 같이 입력하고 OK 버튼을 누른다.

Input Feature Class: regress
Unique ID Field: UID
Output Feature Class:
₩chapter11₩result₩OLS.shp
Dependent Variable: crime_rate
Explanatory Variables: density
perwelfare
perservice

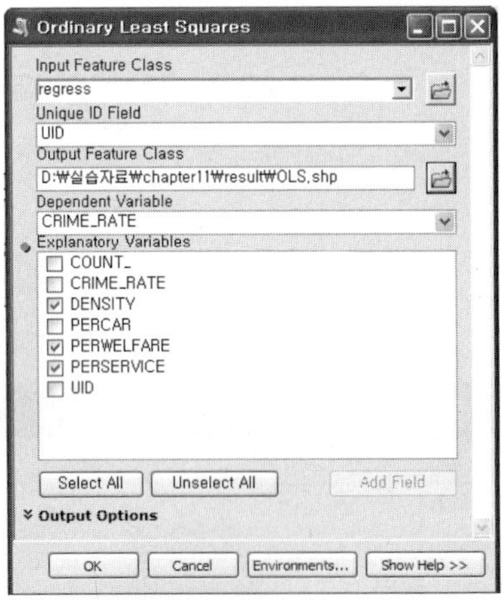

- Geoprocessing Menu의 results창에서 OLS 결과를 확인한다.

Summary of OLS Results

Variable	Coefficient	StdError	t-Statistic	Probability	Robust_SE	Robust_t	Robust_Pr	VIF [1]
Intercept	2.115508	0.235389	8.987278	0.000000*	0.276449	7.652435	0.000000*	--------
DENSITY	-0.000011	0.000005	-2.377684	0.017770*	0.000004	-2.781184	0.005614*	1.063126
PERWELFARE	-0.001678	0.006035	-0.278083	0.781066	0.004424	-0.379294	0.704639	1.001210
PERSERVICE	0.074849	0.002932	25.532190	0.000000*	0.011488	6.515635	0.000000*	1.063280

OLS Diagnostics

Number of Observations:	522	Number of Variables:	4
Degrees of Freedom:	518	Akaike's Information Criterion (AIC) [2]:	2235.726577
Multiple R-Squared [2]:	0.585211	Adjusted R-Squared [2]:	0.582809
Joint F-Statistic [3]:	243.609686	Prob(>F), (3,518) degrees of freedom:	0.000000*
Joint Wald Statistic [4]:	64.367120	Prob(>chi-squared), (3) degrees of freedom:	0.000000*
Koenker (BP) Statistic [5]:	211.086390	Prob(>chi-squared), (3) degrees of freedom:	0.000000*
Jarque-Bera Statistic [6]:	1295.237739	Prob(>chi-squared), (2) degrees of freedom:	0.000000*

회귀모델의 추정결과 인구밀도가 높으면 폭력범죄 발생률이 감소 하는것으로 나타났으며, 반면 인구천 명당 음식숙박업등의 유흥업소가 많으면 폭력범죄 발생건수가 증가하는 것으로 분석되었다. 인구 천명당 생활보호대상자수는 폭력범죄에 통계적으로 유의미하게 영향을 미치지 않는 것으로 나타났다. 이 모형의 수정된 R^2는 0.583으로 나타나 Y의 총분산을 58.3% 설명해주고 있다. 그러나 이러한 분석은 회귀모델이 가정을 준수하는 가를 검정한 후에 풀이하여야 한다. 공간적 자기상관성이 있는가를 검정하기 위하여 모란지수를 산출해보자.

❑ ArcToolbox에서 Spatial Statistics Toolbox→ Analyzing Patterns toolset → Spatial Autocorrelation(Morans I)를 실행하여 아래와 같이 입력한다.

Input Feature Class → OLS
Input Field → StdResid
Generate Report → checked ON
Conceptualization of Spatial Relationships → Inverse Distance
Distance Method → Euclidean Distance
Standardization → ROW

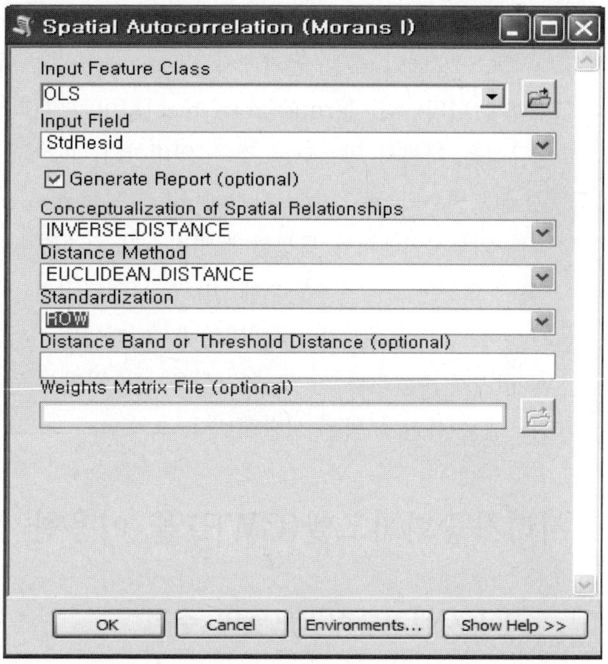

❑ Result 창에서 Moran's I의 결과를 HTML report 보기를 더블 클릭하여 살펴보자.

잔차의 Moran's I 값을 보면 0.422로 산출되었으며, 통계적으로도 유의미하게 나타났다. 따라서 폭력범죄발생은 정적인 높은 공간적 자기상관성를 갖고 있다고 풀이할 수 있다. 실제로 잔차의 공간적 자기상관성을 지도화하면 잔차가 클러스터되어 있는 것으로 나타난다.

Moran's Index: 0.371231
Expected Index: -0.001919
Variance: 0.000297
z-score: 21.651482
p-value: 0.000000

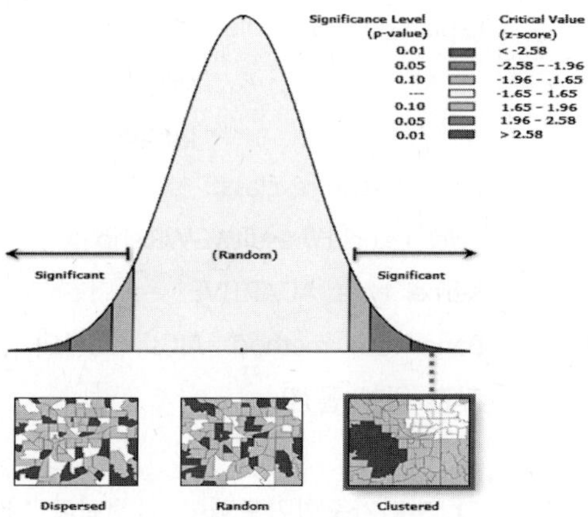

❑ OLS 결과에서 Koenker (BP) 통계량과 Jarque-Bera 통계량을 확인한다.

OLS 모델의 추정 결과에서 Koenker(BP)와 Jarque-Bera 통계값은 통계적으로 유의미하게 나타났다. Jarque-Bera test 값이 통계적으로 유의미하다는 것은 잔차의 분포가 정규성을 가지지 않는다는 것을 의미한다. 또한 Koenker(BP) 통계값이 유의미하다는 것은 설명변수와 종속변수 사이에 비-고정성(non-stationary)의 관계가 있음을 말해준다. 이는 일부지역에서는 특정한 설명변수가 종속변수에 중요한 영향을 미치지만 어떤 지역에서는 그 변수가 종속변수에 미치는 영향력이 매우 약하다는 것을 의미한다. 이렇게 Koenker(BP) 통계가 유의미하게 나타나면 지리가중회귀모델(GWR: Geographically weighted regression) 모델을 적용하는 것이 바람직하다. 따라서, 다음에서는 지리가중회귀모델을 통한 분석을 실습해보자.

3. 지리가중회귀모델(GWR)을 이용한 분석

[1] 지리가중회귀모델의 추정

❑ ArcToolbox에서 Spatial Statistics Toolbox→ Modeling Spatial Relations→ Geographically Weighted Regression tool을 실행하고 아래와 같이 입력한 뒤 OK 버튼을 누른다.

Input feature class: regress
Dependent variable: crime_rate
Explanatory Variables: density
perWelfare
perService
Output feature class:
₩chapter11₩result₩GWR.shp
Kernal type: ADAPTIVE
Bandwidth method: AICs (최적의 근린 개수를 찾기 위한 옵션)

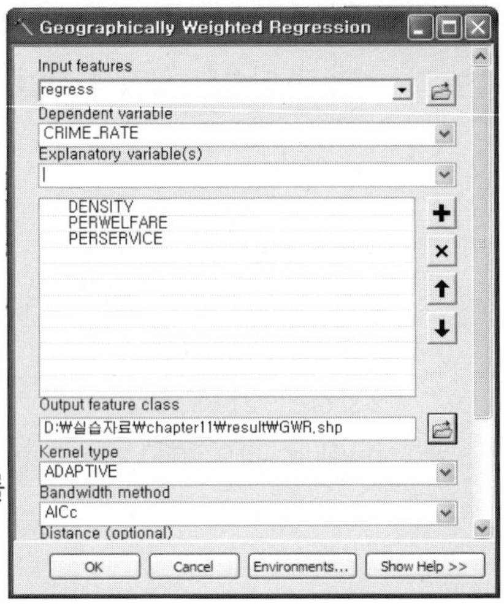

❑ 지리가중회귀모델이 실행되고 나면 결과물이 나타나는 창에서 아래와 같은 정보를 확인한다.

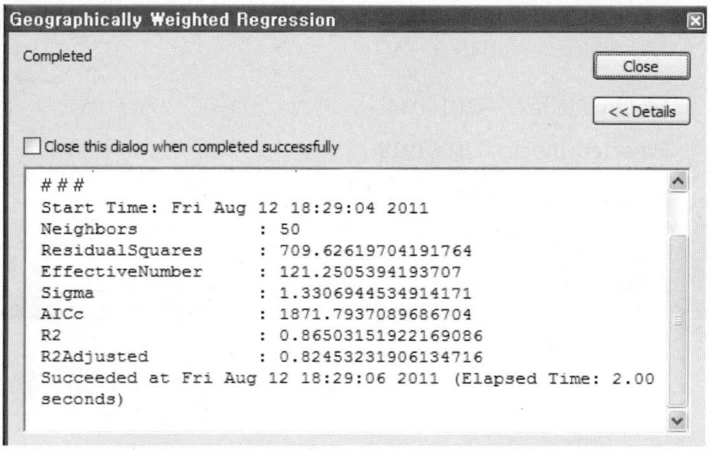

GWR은 최적의 결과(bias가 가장 적고 모델의 적합도가 가장 높도록)를 산출하기 위해 각각의 국지적 회귀식을 산출하는데 표본점으로 50개 근린점을 사용하였고 AICc 방식을 적용하였다. 수정된 R^2값는 0.824으로 OLS 모델에서 추정된 0.583에 비하면 상당히 높아졌음을 알 수 있다. 또한 AICc 값도 줄어들었다(OLS 모델의 경우 2235.73였으나, GWR 모델에서는 1871.79로 나타났다)

- ❑ GWR에서도 공간적 자기상관 도구를 사용하여 잔차가 공간적인 자기상관성을 갖고 있는가를 조사한다. ArcToolbox에서 Spatial Statistics Toolbox → Analyzing Patterns toolset→ Spatial Autocorrelation(Morans I)를 실행하여 아래와 같이 입력한 뒤 실행시킨다.

Input Feature Class → GWR
Input Field → StdResid
Generate Report → checked ON
Conceptualization of
Spatial Relationships → Inverse Distance
Distance Method → Euclidean Distance
Standardization → ROW

❑ Geoprocessing Menu의 results창에서 Moran's I 결과를 확인한다.

Moran's Index: -0.014034

Expected Index: -0.001919

Variance: 0.000284

z-score: -0.718656

p-value: 0.472353

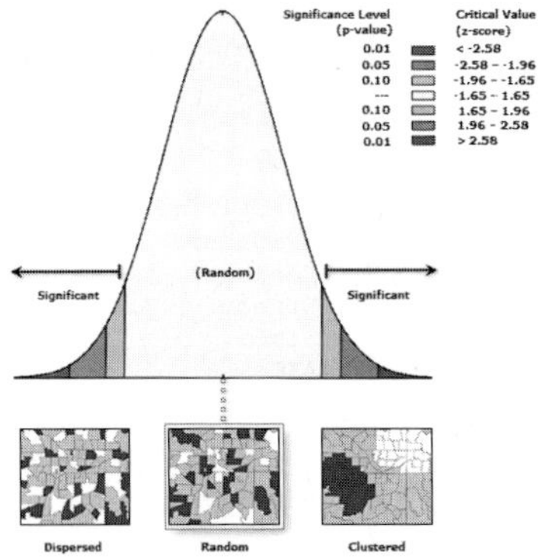

GWR 잔차의 Moran's I 값은 통계적으로 유의하지 않게 나타났다. 이것은 잔차의 공간적 자기상관성이 임의적인 패턴을 보인다는 것을 의미한다. 따라서 GWR 분석을 통해 폭력범죄 발생건수의 지역간 차이를 보이는데 영향을 미친 요인을 추출하는 회귀모델의 이 가정을 준수하며 모델의 설명력도 높이고 있다. 이렇게 공간적 이질성 문제를 해결하는 경우 모델은 훨씬 더 효율적이 된다.

[2] 국지적 회귀모델의 추정 결과 산출된 R^2과 회귀계수의 지도화

(1) 국지적 회귀모델에서의 R^2 값의 비교

❑ TOC에서 GWR 레이어의 속성 테이블을 열어 정보를 확인한다. 여기서 Local R2은 각 지역들의 회귀모델에서 지역별로 추정된 R^2으로 각 지역에 적용된 회귀 모형의 설명력을 나타내며, "C"로 시작하는 컬럼은 각 설명변수의 회귀계수 값이다.

각 지역별로 추정된 회귀모델의 결정계수 R^2과 회귀계수값을 지도화하면 연구지역 전반에 걸친 개개의 설명변수들과 종속변수의 관계가 어떻게 차이가 나고 있는 가를 파악할 수 있다.

❑ Insert 메뉴에서 Data Frame을 눌러 새로운 데이터 프레임을 생성한 뒤 GWR이라고 명명한다.

❑ OLS 데이터 프레임에서 GWR 레이어를 복사한 뒤 "GWR 데이터 프레임"에 붙여넣기를 한 뒤 레이어 명칭을 'LocalR2'으로 변경한다.

❑ LocalR2 레이어를 마우스 오른쪽 버튼을 사용하여 속성(properties) 메뉴를 클릭

하고 심볼탭으로 이동한다.

❑ Show에서 Graudated Colors를 선택하고 Value는 LocalR2로 입력한 뒤 계급구간을 다음과 같이 설정하여 단계구분도를 그리면 아래와 같다.

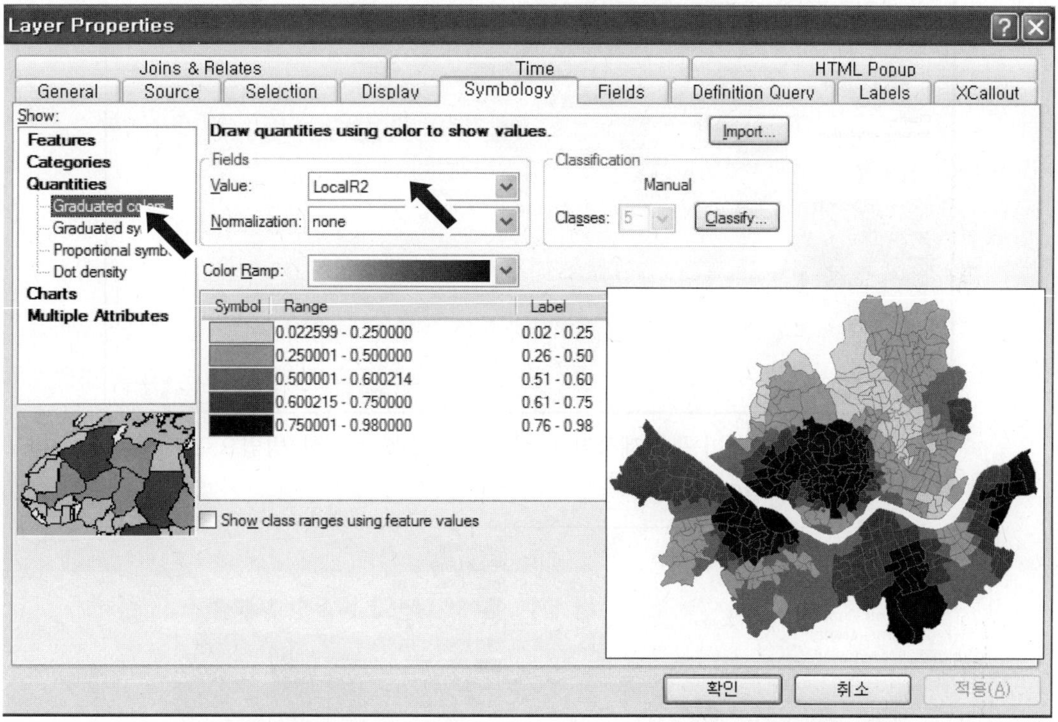

각 지역별 R^2 값을 비교해보면 서울 중심부 및 영등포, 강서, 강남, 강동 일대에서 국지적 설명력이 높은 것으로 분석되었고, 강북구에서 국지적 모델의 설명력이 가장 낮은 것으로 나타났다.

(2) 국지적 모델에서 추정된 회귀계수 값의 비교

❑ OLS 데이터 프레임에서 GWR 레이어를 복사한 뒤 "GWR 데이터 프레임"에 붙여넣기를 한 뒤 레이어 명칭을 'coefficient'로 변경한다.

❑ coefficient 레이어를 마우스 오른쪽 버튼을 사용하여 속성(properties) 메뉴를 클릭하고 심볼탭으로 이동한다.

❑ 각 회귀계수값 컬럼을 사용하여 a cold to hot rendering scheme를 적용하여 지도로 표현한다.

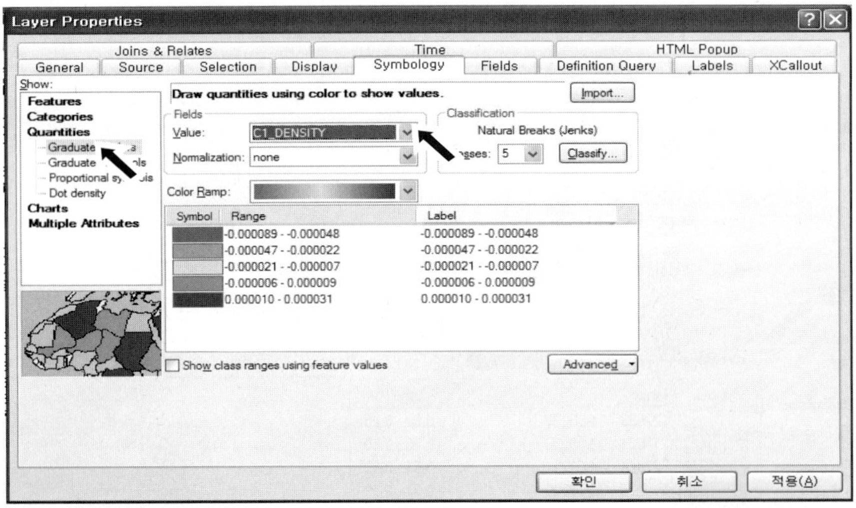

❑ coefficient 레이어를 복제하여 나머지 계수들을 동일한 방법으로 지도화하여 비교하면 아래와 같다.

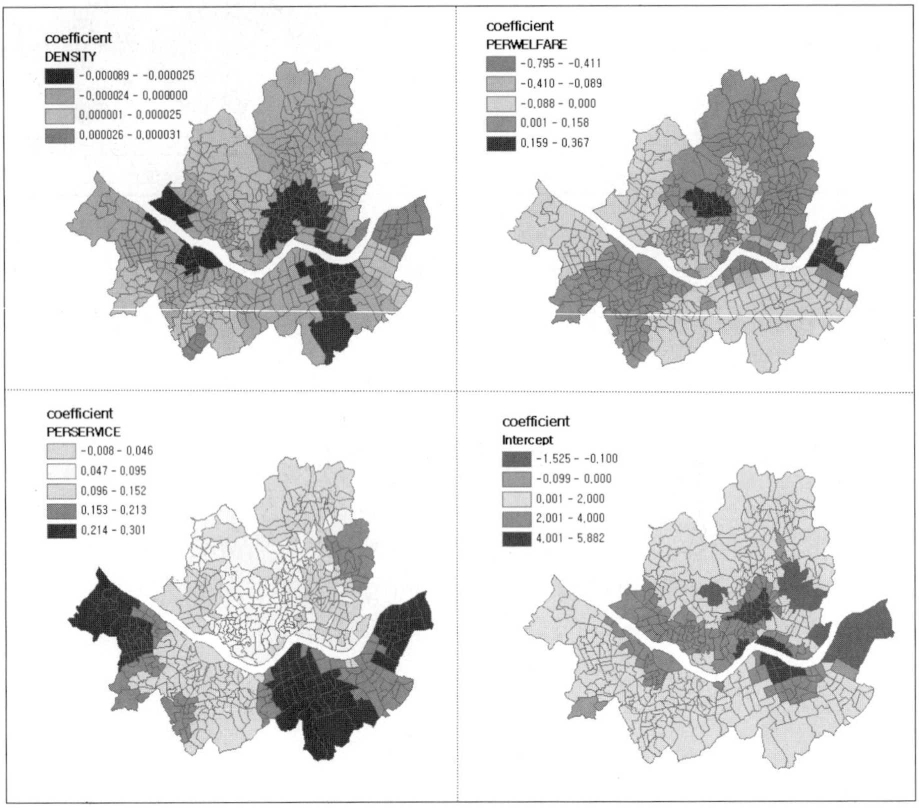

❑ GWR의 속성 테이블을 통해 coefficient 값의 통계치를 OLS와 비교해보자.

	OLS	GWR			
		평균	최대	최소	표준편차
Intercept	-0.000011**	1.4575	5.8816	-1.5252	1.3907
density	-0.0017***	-0.000009	0.00003	-0.00009	0.00002
perwelfare	0.104	-0.0024	0.3668	-0.7947	0.1185
perservice	0.0748***	0.1209	0.3005	-0.0077	0.0724
Local R-squared		0.5567	0.9780	0.0225	0.2251
R-squared	0.59	0.87			
Adjusted R-Squared	0.58	0.82			
AIC	2235.73	1871.79			
표준화된 잔차의 Moran'I 지수	0.371***	-0.014			
Koenker statistics	211.09***	Neighbors		50	
Jarque-Bera statistic	1295.24	Bandwidth methods		AICc	
		Kernel type		Adaptive	

GWR 분석을 통해 각 지역의 회귀계수 값과 회귀모델의 설명력을 비교해 볼 수 있었다. 강남이나 중구, 영등포 일대에서는 인구밀도가 높을수록 범죄율이 감소하는 것으로 나타났으나 강동, 금천, 은평구 일대에서는 인구밀도가 낮을수록 폭력 범죄률이 높아지는 것으로 분석되었다. 이는 도심부나 주요 중심업무기능이 많은 지역의 경우 사람들의 이목이 집중되기 때문에 다소 폭력 범죄률이 감소하고 있다는 것을 시사한다. 또한 OLS에서 통계적으로 유의미한 계수인 인구 천명당 음식숙박업소수가 폭력범죄에 미치는 영향은 강남, 강동, 강서 지역 등 주로, 한강 이남지역에서 양의 방향성을 갖는 것으로 분석되었다. 또한 대부분의 지역에서 이 변수는 (+)의 효과를 갖는 것으로 나타나 모든 지역에서 폭력범죄률에 미치는 중요한 요인으로 파악할 수 있다.

실습 12

입지 적합성 분석

GIS 모델링에서 전형적인 사례는 시설물이나 점포의 최적 입지 또는 특정 시설물에 대한 입지 적합성을 분석하는 것이다. 또한 새로운 공공 시설물이나 입지조건이 매우 까다로운 시설물의 입지를 선정하는 경우에 입지불가능한 지점이나 입지하기에 비적합한 지점들을 먼저 찾아내고 나머지 지역들 가운데서 보다 적합한 입지를 찾아내는 경우도 있다. 입지 적합성 분석을 수행하기 위해서는 먼저 입지하고자 하는 시설물에 대한 입지요인을 선정하고 흐름도를 구축하여야 한다. 일단 흐름도가 구축되면 입지 적합성 분석을 수행하는데 필요한 공간 데이터와 속성 데이터를 구축한다. 이렇게 구축된 데이터를 기초로 흐름도에 따라 단계적으로 원하는 시설물이 입지하는데 적합한 곳을 선정하는 것이다. 여기서는 산림 개발업자가 벌목을 하기 위한 적합지를 선정하는 과정을 사례로 하여 실습해보자.

1. 입지요인 선정과 흐름도 구축

[1] 입지요인의 선정

본 실습 프로젝트는 산림 개발업자가 벌목을 위해 Oakwood 지역에서 벌채하기 좋은 최적 입지를 찾는 것이다. 벌채의 입지 적합성 분석을 위해서 가장 중요한 것은 벌목 적합지를 찾기 위한 제약조건을 고려하는 것이다. 벌목을 하기 위한 이상적인 입지는 다음의 조건을 만족해야한다.

<벌목에 관련한 정부의 규제 조건 및 기업의 제약 조건>
<정부의 벌목 규제조건> ① 유적지 반경 10km이내에 벌목 금지 ② 토사유출 방지를 위해 바다, 호수, 강 등과 같은 수면으로부터 1km이내의 벌목 금지 ③ 벌목을 위해 새로운 도로를 신설 할 수 없다는 정부의 제약에 따라 벌목 장비가 쉽게 이동하기 위해 기존 도로로부터 5km이내 지역만 벌채 가능 **<기업의 제약 조건>** ① 해발 고도 1000m 이하의 지역에만 중장비가 진입 가능함 ② 중장비는 경사도 5도 미만의 지역에만 진입 가능

벌목업체는 수익성을 추구하기 때문에 최소 비용으로 최대 수익을 얻는 지역을 찾아야한다는 것이다. 즉, 가능하다면 가장 이익이 많이 발생하는 지역을 먼저 벌목하려고 할 것이다. 따라서 입지에 적합한 지역들 가운데서도 수익성 분석을 수행하여 가장 먼저 벌목할 지역을 추출한다. 이와 같은 조건들을 바탕으로 벌목의 최적지를 추출하기 위해 필요한 데이터와 흐름도를 구축하여야 한다. 먼저 입지 적합성 분석을 위해서 필요한 데이터는 다음과 같다.

◎ 공간 데이터
규제조건 1: 유적지의 위치 공간 데이터 → shrinepoint.shp
규제조건 2: 수계망 데이터 → waterpoly.shp, riverline.shp,
규제조건 3: 도로망 데이터 → roadline.shp
제약조건 1: 고도값 데이터 → contpoly.shp
제약조건 2: 경사도 데이터 → contpoly.shp를 활용하여 구축

[2] 흐름도의 구축과 각 단계별 분석 기법

(1) 입지 선정을 위한 분석 과정

- 1단계(A): 기존 도로망에 대한 5km 이내 지역을 버퍼죤 설정
- 2단계(B): 하천 지도를 사용하여 1km 이내 버퍼죤 설정
- 3단계(C): 기존 도로망의 5km버퍼죤 내에서 하천 1km 이내는 벌목이 금지되었으므로 (A)의 분석결과에서 (B)의 분석결과를 중첩하여 삭제
- 4단계(D): 토지이용 상태가 수계인 지역(code=10)을 선정하여 lkm 버퍼죤 설정
- 5단계(E): 수계로부터 1km 이내 지역은 모두 제외되어야하므로 (C)의 분석결과에서 (D) 분석결과를 중첩하여 삭제
- 6단계(F): 유적지로부터 10km 이내 지역은 벌목이 금지되었으므로 유적지 10km 버퍼죤을 설정하고 (E)의 결과에서 삭제
- 7단계(G): 해발고도 1,000m 이상인 지역은 장비가 들어갈 수 없으므로 고도 1,000m(Elev=1,000) 이상 지역을 선택한 후 (F) 결과물에서 삭제
- 8단계(H): 등고선 자료를 활용하여 수치고도 모델을 구축하고 경사도 분석을 수행하고 경사도 5도 미만인 지역을 선정하는 작업을 수행하여 벡터 지도로 변환
- 9단계(I) : 경사도 5도 이내의 지역만 벌목이 가능하므로 (G) 결과물과 (H)결과물의 교차분석 수행
- 10단계(J): 산림지역을 선택하기 위해 래스터 구조의 산림도를 벡터라이징하여 (I)

의 결과물과 교차분석 수행

- 11단계(K): 최종 결과물인 (J)의 면적 정보를 사용하여 수익성 분석 수행

(2) 작업 흐름도(flow Chart)

벌목을 위한 최적 입지를 선정하는 작업의 순서는 아래의 그림과 같이 진행된다.

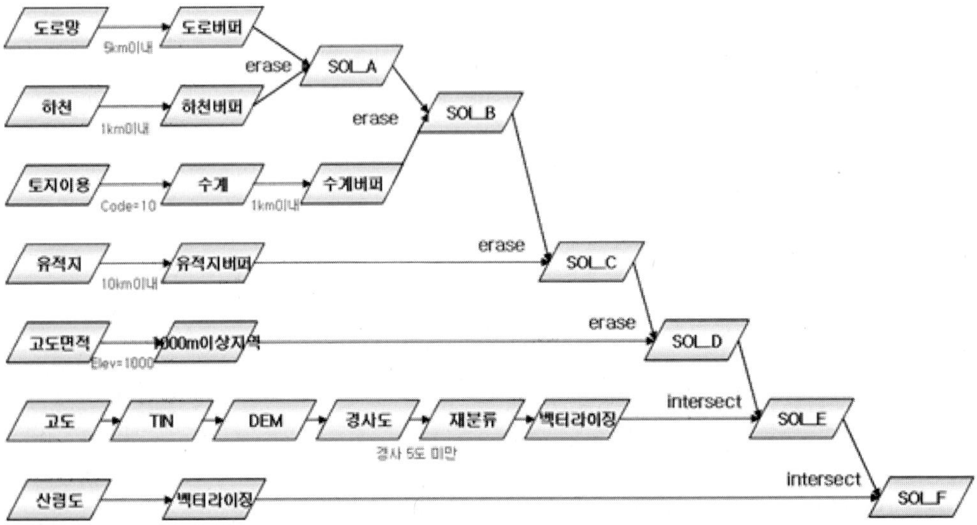

2. 흐름도 순서에 따른 분석과정

✪ 1단계: 도로망 버퍼존 설정

- ❑ Windows의 작업 바에서 시작버튼을 누르고, ArcGIS, ArcMap 10을 클릭하여 ArcMap 프로그램을 구동하여 빈 지도를 생성한다.
- ❑ 툴바의 Add Data 버튼을 눌러 chapter12\map\폴더의 roadline.shp, riverline.shp, waterpoly.shp, contline.shp, contpoly.shp, shrinepoint.shp, forestgird.dat 7개 파일을 불러온다.
- ❑ TOC의 데이터 프레임을 마우스 오른쪽 버튼을 사용하여 Properties 메뉴를 클릭한다. 이후 General 탭으로 이동하여 Map과 Display Units를 meter로 변경한다.

주어진 데이터는 가상의 공간으로 투영법이 적용되어 있지 않다. 따라서 지도를 불러올 때 spatial referecne 오류가 발생할 수 있으며 또한 공간단위의 기본 수치를 확인할 수 없다. 실습자료의 공간 수치단위가 1m임을 가정하고 지도에 반영할 수 있는 작업을 수행한다.

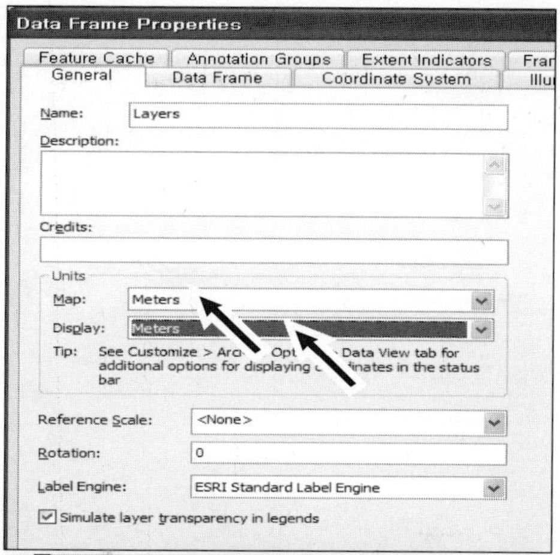

- ❑ 메뉴의 geoprocessing의 buffer 메뉴를 선택한 후 아래와 같이 입력한 후 Ok 버튼을 누른다.

input : 'roadline'

output : chapter12₩result₩'road_buffer5km.shp',

Distance: '5000m'(단위를 meter로 변경)

Dissolve Type: all

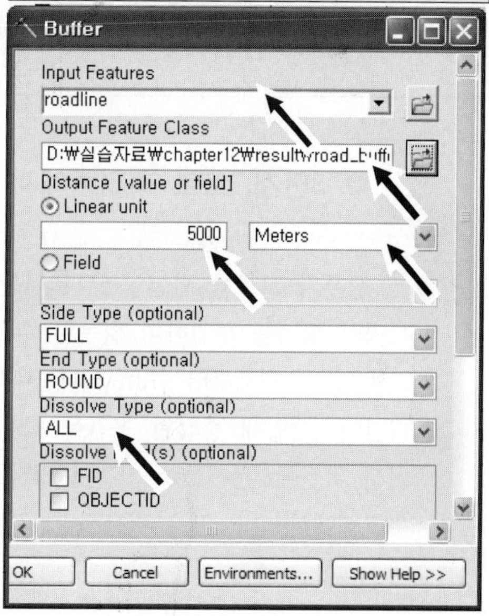

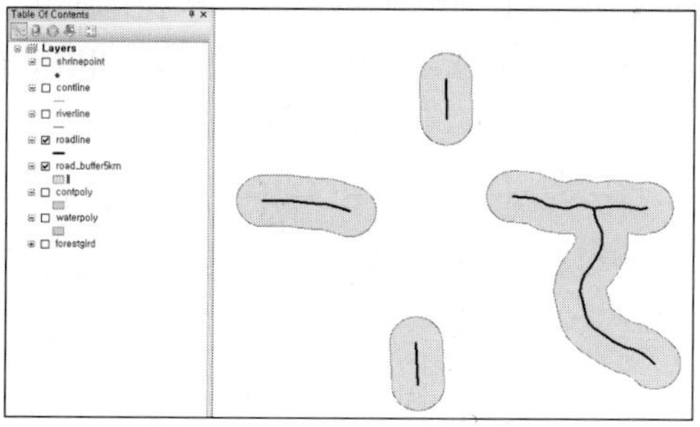

✪ 2단계: 하천 버퍼존 설정

정부의 규제 조건에 따르면 토사유출 방지를 위해 수계로부터 1km이내 지역은 벌채지역에서 제외시켜야한다. 따라서 riverline 레이어로부터 1km 버퍼죤을 만들어야 한다.

- ❑ geoporcessing 의 buffer 메뉴를 선택한다.
- ❑ input Feature에는 reiverline 입력하고 output feature는 result 폴더에 river_buffer1km.shp으로 지정한다.
- ❑ 거리는 1,000m(1km)로, Dissolve Type은 ALL로 설정한 뒤 OK 버튼을 누른다.

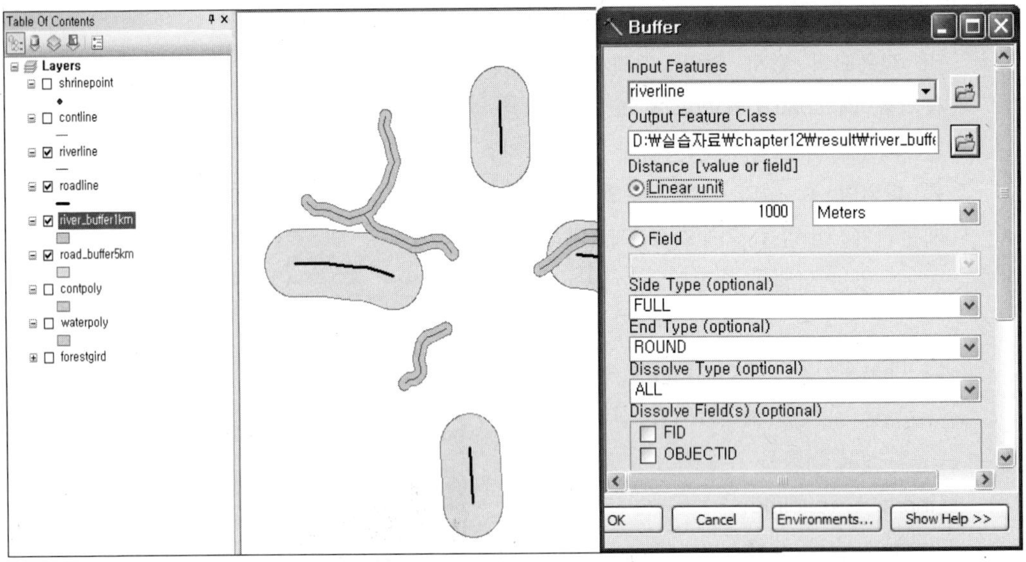

✪ 3단계: 도로 버퍼존에서 하천 버퍼존 삭제

정부가 도로를 신설할 수 없다는 규제를 하였기 때문에 기존 도로로부터 5km 이내의 지역만 장비를 투입하여 벌목할 수 있다. 그러나 이 도로 버퍼존은 강이나 바다, 호수 등과 같은 수계로부터 1km 이내 지역은 벌목이 금지되었기 때문에 일부 지역을 제외시켜야한다. 이렇게 중첩된 공간을 삭제시킬 때는 Erase 도구를 사용하면 된다(ArcGIS 9.3 이전 버전에서는 Erase기능이 없다. 하지만 이전에 사용하였던 xtools pro 같은 외부 프로그램에서 이와 같은 기능을 제공한다).

❑ ArcToolbox의 Analysis Tools→ Overlay→ Erase를 실행시킨다.

❑ Erase 도구가 실행되면 아래와 같이 입력한다.

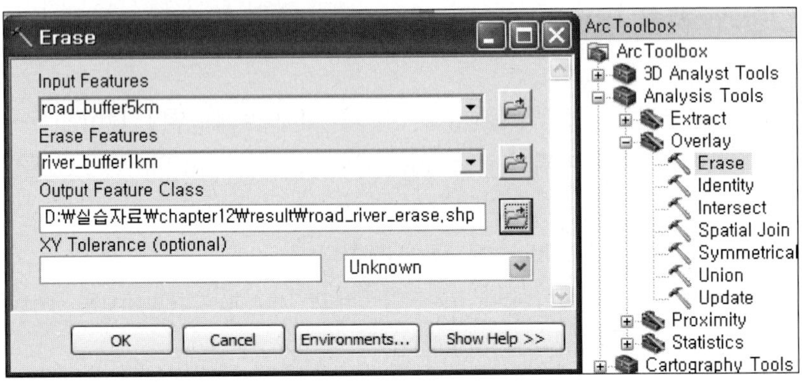

input features는 지워질 피쳐 클래스이고 erase features는 중첩해서 지울 피쳐 클래스(지우개라고 생각하면 됨)이다. 따라서 input에는 도로 버퍼존(road_buffer5km), erase는 (river_buffer1km), 저장할 output에는 road_river_erase.shp로 설정한다.

❑ road_river_erase 레이어만 활성화 시키고 나머지 레이어들의 활성화 체크박스를 해제한다.

실행된 결과를 보면 도로 버퍼존에 중첩되었던 하천 버퍼존은 삭제된 것으로 나타나고 있다.

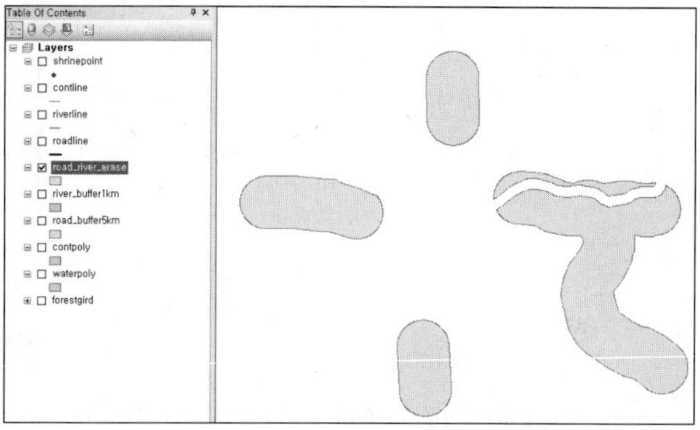

✪ 4단계, 5단계: 수계 지역 선정 및 적합 후보지에서 삭제

제약조건에 따르면 하천뿐만 아니라 수계인 지역의 1km 버퍼죤도 벌목 적합 후보지에서 제외되어야한다. 따라서 waterpoly라는 피쳐 클래스로부터 수계를 분류하는 작업을 수행하고 1km 버퍼죤을 생성한 뒤 산출된 결과물에서 제거시키는 작업을 해야 한다.

❑ Selection 메뉴의 Select by Attribute 메뉴를 선택하고 Waterpoly 레이어의 ISWATER 값이 1인 것을 골라내는 작업을 수행한다.

선택이 끝나면 TOC에서 waterpoly 레이어를 마우스 오른쪽 버튼을 클릭하여 Data, Export Data 메뉴를 이용하여 새로운 피쳐로 생성할 수 있다. 본 실습에서는 버퍼분석을 위한 중간과정이므로 바로 버퍼분석을 실행한다(Arctoolbox는 현재 선택된 피쳐를 대상으로 분석한다).

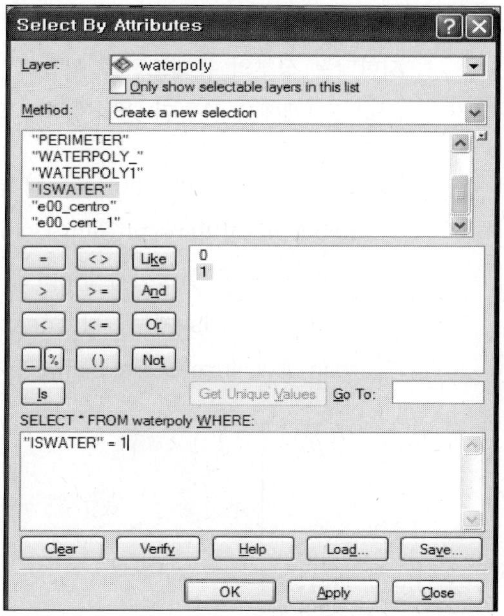

❑ geoporcessing 의 buffer 메뉴를 선택하고 input에 waterpoly, Linear unit는 1,000m, Dissolve Type는 ALL로 지정하여 result폴더에 water_buffer1km.shp로 저장한다.

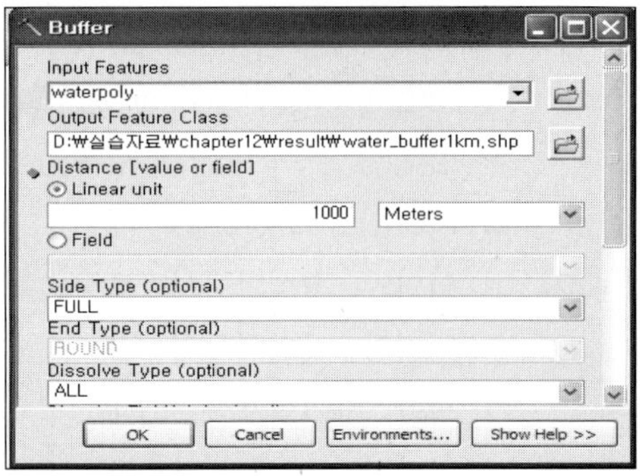

❑ ArcToolbox의 Erase를 실행시켜 input에는 road_river_erase.shp를 입력하고 erase에는 water_buffer1km.shp로 설정한 뒤 result 폴더에 road_Allwater_erase.shp로 결과물을 저장한다.

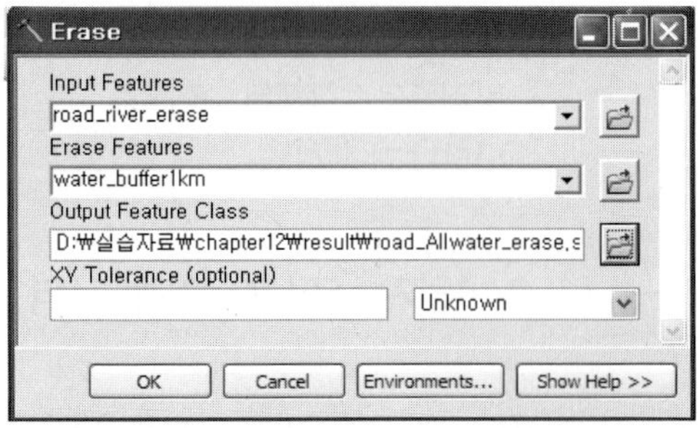

✪ 6단계: 유적지로부터 10km 이내 지역 벌목금지 제약조건 실행

유적지의 문화적 가치와 경관 보호를 위해 유적지로부터 10km이내 지역은 벌목을 금지한다는 정부의 규제조건을 적용하기 위해 유적지로 부터 반경 10km 버퍼죤을 설정하고 5단계에서 산출된 결과물에서 유적지 버퍼를 제외시키는 실습을 해보자.

❑ geoporcessing의 buffer 메뉴에서 input에 shrinepoint, Linear unit는 10,000m로하여 result폴더에 shrine_buffer10km.shp로 저장한다.

❑ Erase 도구를 실행시켜 input에는 5단계의 결과물 road_ Allwater_ erase.shp를 입력하고 erase에는 shrine_buffer10km.shp로 설정한 뒤 result 폴더에 road_AW_shrine_erase.shp로 저장한다.

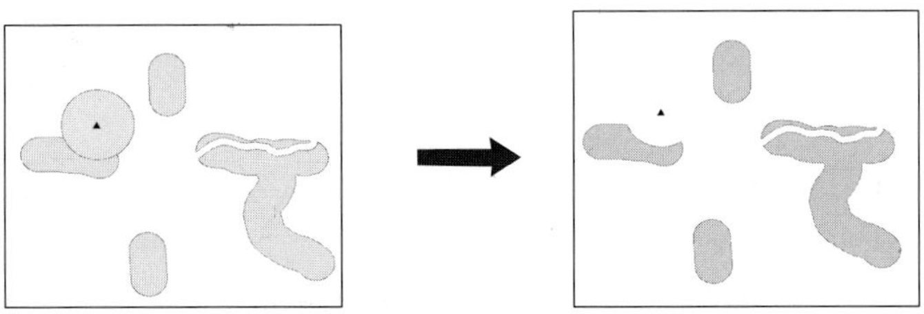

✪ 7단계: 입지 후보지 중 장비 진입이 불가능한 지역 제거

고도가 높은 곳은 눈이 많이 오는 까닭에 중장비의 진입이 힘들어 벌목 후보지에서 제거시켜야한다. 업체가 가지고 있는 장비 성능은 해발 고도 1,000m 이상에서는 눈으로 인해 원활한 기능을 수행할 수 없다고 한다. 따라서 고도 자료를 이용하여 1,000m 이상 지역을 6단계까지의 결과물에서 제거시켜보자.

- ❑ TOC에서 contpoly 레이어의 체크박스를 활성화 시킨다.
- ❑ Selection 메뉴의 Select by Attribute 메뉴를 선택하고 고도면을 나타내는 폴리곤인 contpoly.shp의 스노우 라인 지역인 고도 1,000m이상인 지역을 쿼리 빌더를 통해(SPOT >= 1000) 선택한다.
- ❑ Erase 도구를 실행시켜 input에는 6단계의 결과물 road_AW_shrine_erase.shp를 입력하고 erase에는 contpoly로 설정한 뒤 result 폴더에 road_AW_shrine_Con_erase.shp로 저장한다.

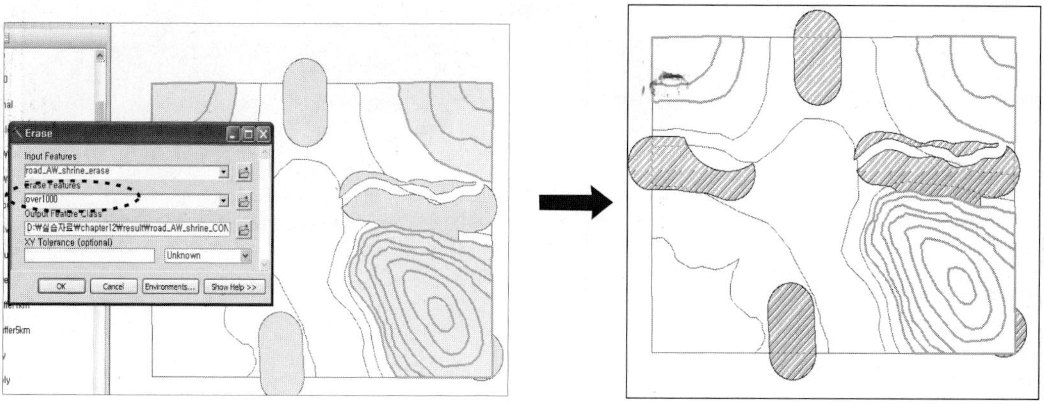

분석결과 기존의 도로 5km 버퍼에서 수계, 유적지 버퍼를 제외한 입지 후보지에서 고도 1,000m 이상 지역이 제외된 것으로 나타났다. 즉, 위의 오른쪽 그림에서 보이는 사선으로 빗금친 지역들이 제외되었다.

✪ 8단계, 9단계: 입지 후보지 중 장비 진입이 가능한 지역과의 교차분석

경사도가 5도 이상인 지역은 장비 진입이 불가능하므로 경사도 5도 미만인 지역을 선정하는 작업을 하여야 한다. 경사도는 이전에 학습한 spatial analyst, 3D analyst등을 사용하여 계산할 수 있다. 이렇게 계산된 지도는 래스터 형태이기 때문에 이전까지 결과인 벡터 데이터와 중첩기능을 하기 위해서는 벡터 데이터로 변환되어야 한다. 먼저, 경사도 분석을 위해서는 수치지형도의 등고선으로부터 DEM 데이터를 구축하는 작업을 실습해보자.

- ❑ TOC에서 모든 레이어의 체크박스를 해제하고, contline 레이어의 체크박스를 활성화한다.
- ❑ 등고선 데이터인 contline.shp 파일로부터 TIN을 3D Analysis의 Create TIN을 사용해 TIN 모형을 구축한다.
  (ArcToolbox→ 3D analyst→ TIN management → create TIN).

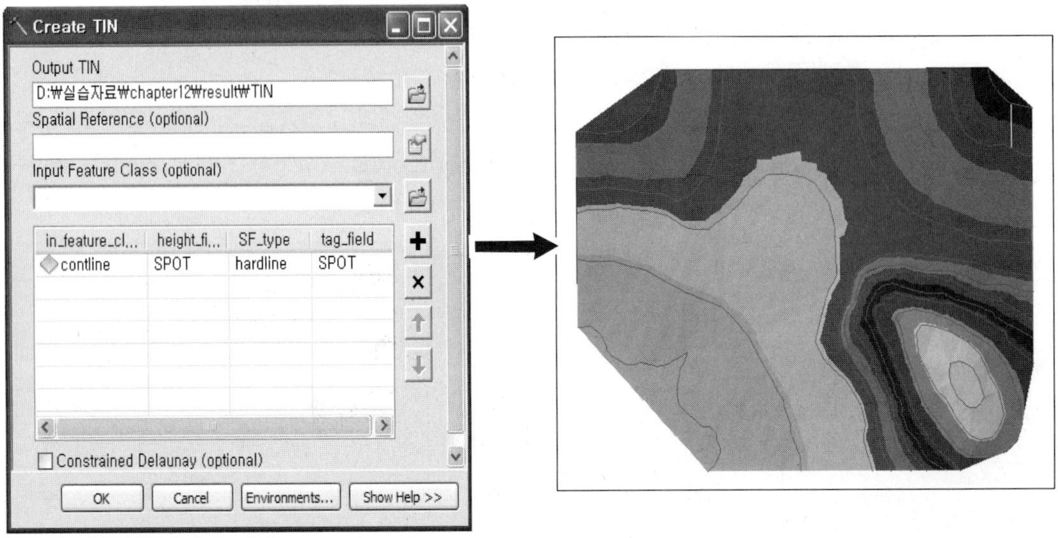

- ❑ TIN을 사용하여 고도값을 가진 래스터 데이터인 DEM을 만들기 위해 3D Analyst Tools→ Conversion→ From TIN→ TIN to Raster를 실행하여 아래와 같이 입력한다.

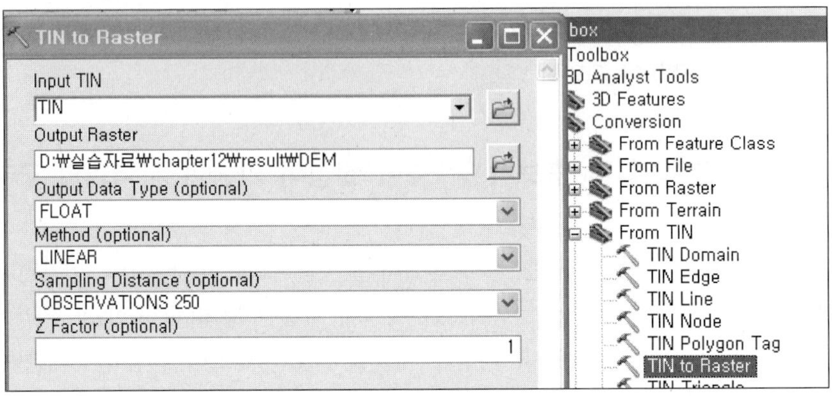

❑ DEM 데이터가 구축되면, ArcToolbox에서 spatial analyst→ Surface toolset→ Slope를 더블 클릭하여 실행시키고 다음과 같이 입력한 뒤 OK 버튼을 누른다.

Input raster: dem.img, Output raster: result 폴더에 slope, Output measurement: DEGREE

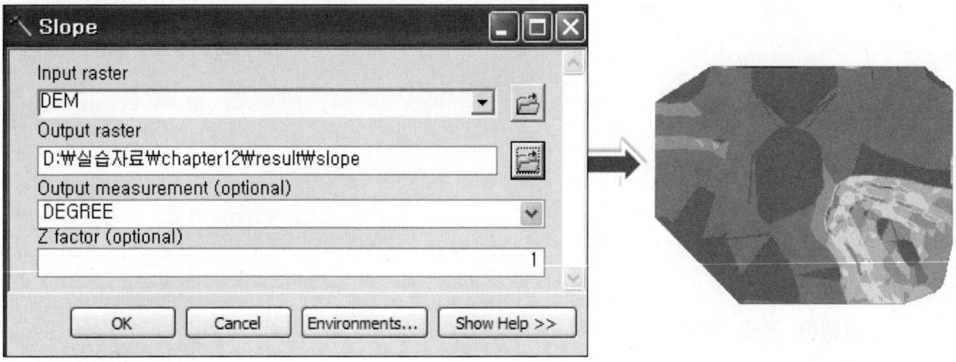

❑ 경사표면도가 생성되었으므로 경사도 5도 미만인 지역을 선정한 후, 그 결과를 벡터라이징하는 작업을 수행한다. 이를 위해 ArcToolbox → spatial analyst→ Conditional→ Con 도구를 실행한다.

조건이 실행될 input conditional raster에는 slope를 입력하고, Expression식에 value<5 라고 입력한다. 그리고 input constant value값에 1을 넣는다. 이는 slope 레이어로부터 경사도 값(value) 5도 미만의 지역일 경우 '1'이라는 값으로 입력하고 나머지 값들은 Null 값으로 입력하라는 것이다.

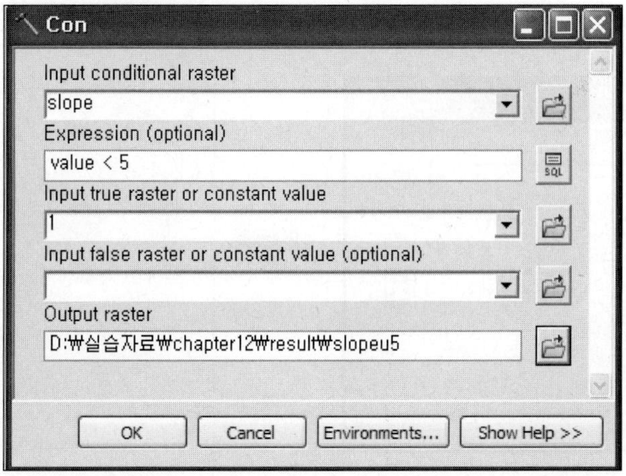

❑ 계산된 slopeU5 레이만 활성화시키고 다른 레이어의 체크박스를 모두 해제한다.

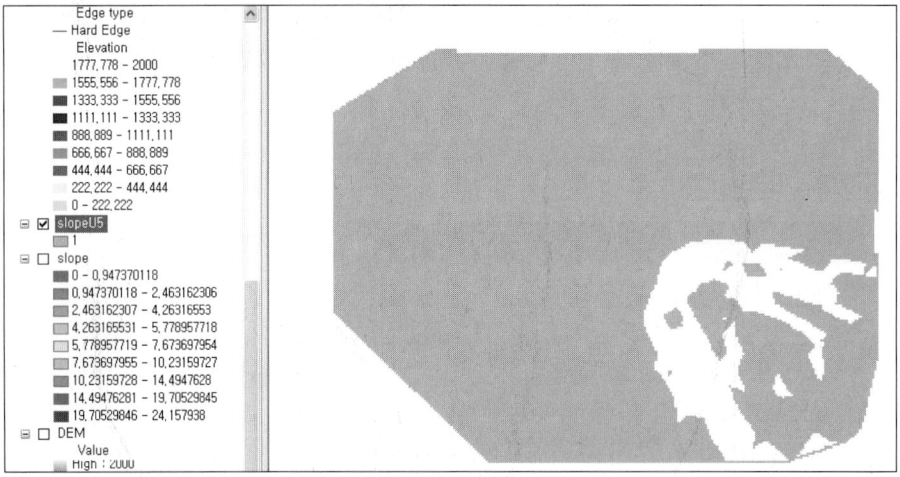

실행한 결과 위의 그림에서 볼 있듯이 경사도 5도 미만 지역만 1의 값을 갖고 나머지 지역들은 Null값을 갖는다. 이렇게 slopeU5 레이어는 래스터 데이터 구조를 갖고 있다. 따라서 이전 단계까지 산출된 후보 적합지의 결과들이 벡터 데이터이기 때문에, 향후 분석을 위해서는 래스터 데이터를 벡터 데이터로 변환시켜야 한다.

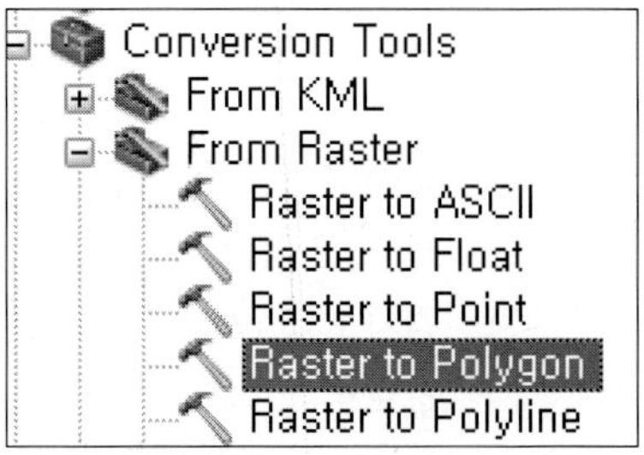

❑ slopeU5 레이어를 벡터 데이터로 변환하기 위해 ArcToolbox의 Converstion Tools의 From Raster 툴셋에서 Raster to Polygon을 실행하여 field는 Vaule로, output는 under5slope.shp 저장한 뒤 OK 버튼을 누른다.

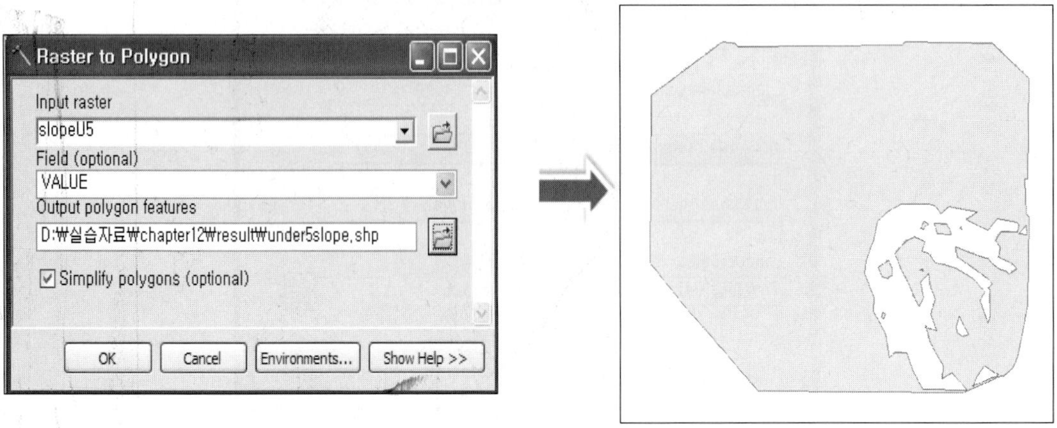

❑ 경사도 5도 미만인 under5slope 레이어와 7단계에사 산출된 입지 후보지를 중첩시켜 교차분석을 수행한다.
(ArcToolbox → Analysis Tools → Overlay → Intersect).

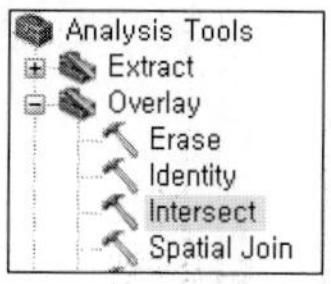

지금까지 산출된 분석결과와 경사도 5도 미만의 지역을 교집합하여 저장하는 것이다.

Input Features:
road_AW_shrine_Con_erase
under5slope
Output Features Class:
result 폴더에 semi_final.shp

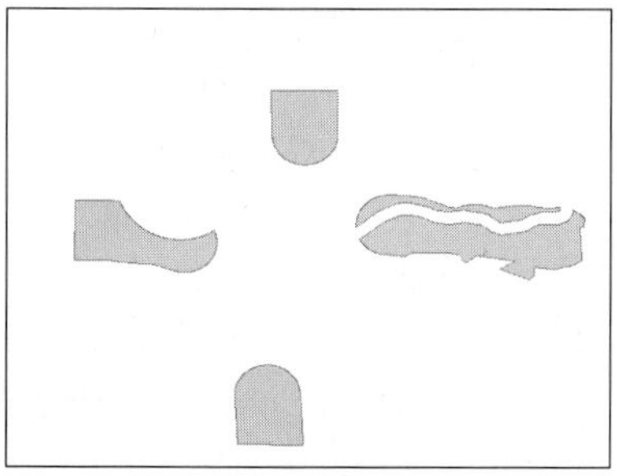

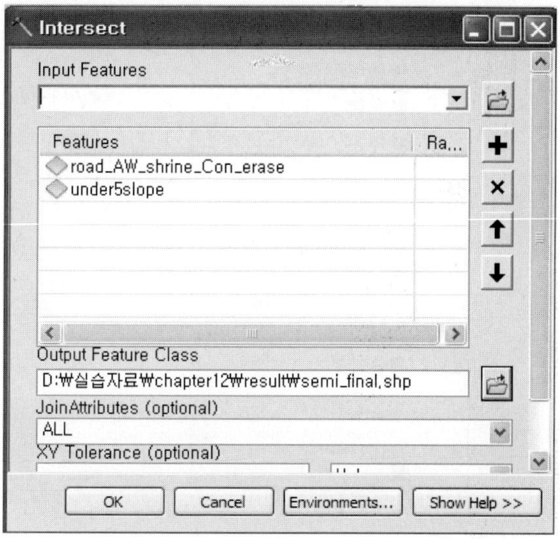

✪ 10단계: 산림지역과의 교차 분석을 통해 산림 정보 입력

현재 파악된 입지 후보지인 semi_final 지역은 실제 산림 지역인지, 산림이라면 어떠한 수종인지를 알 수 없다. 따라서 임상지도(forestgrid)를 활용하여 산림 지역인지를 파악하고, 산림의 정보를 입지 후보지에 입력하는 작업을 하여야 한다. 임상도는 래스터 데이터로 구축되어 있으므로 앞에서 실행한 것과 같이 벡터화하는 과정을 거친다.

❑ forestgird 레이어를 벡터로 변환하기 위해 ArcToolbox의 Converstion Tools의 From Raster 툴셋에서 Raster to Polygon을 실행하여 forest.shp로 저장한다.

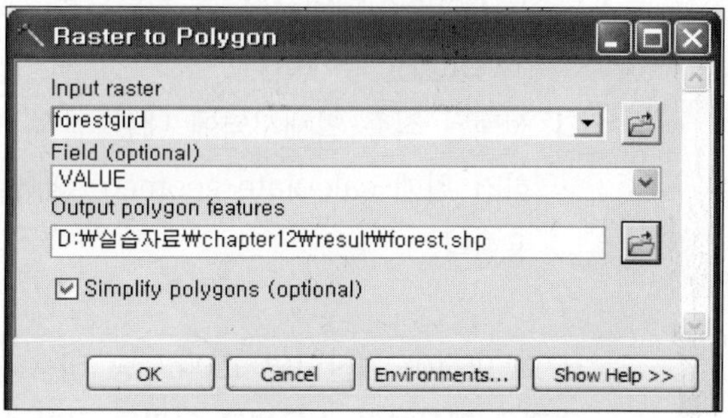

- 산림지역만을 선택하기 위해 forest 레이어와 semi_final 레이어를 교차분석(intersect)하여 결과를 Final.shp로 저장한다. 아래 그림은 최종적으로 벌목이 가능한 지역(final.shp)을 나타낸다.

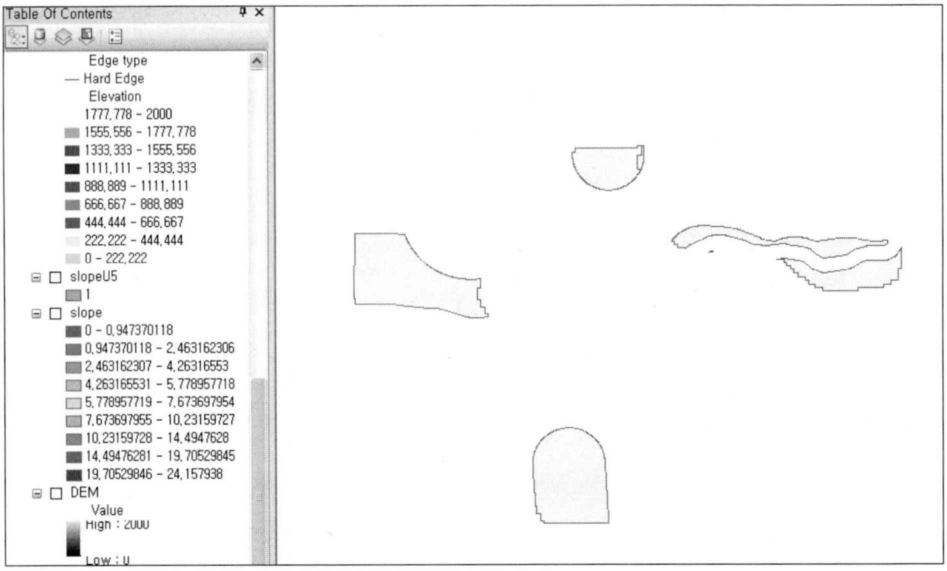

✪ 11단계: 산림 벌목에 따른 수익성 분석

10단계의 다양한 공간분석 기능을 통해 최종적으로 벌목이 가능한 지역들을 선정하였다. 마지막 단계로 각 지역들을 전부 벌목하였을 때의 수익을 계산하여 가장 수익성이 좋은 지역을 우선 벌목 대상지로 결정하는 과정을 실습해보자.

- final 레이어에서 속성 테이블 보기를 한 후 Double 형의 새로운 컬럼으로 Area, revenue를 추가한다.
- 선택된 최종 벌채지역에 대한 면적을 계산하기 위해 calculate geometry 메뉴를 사용한다.

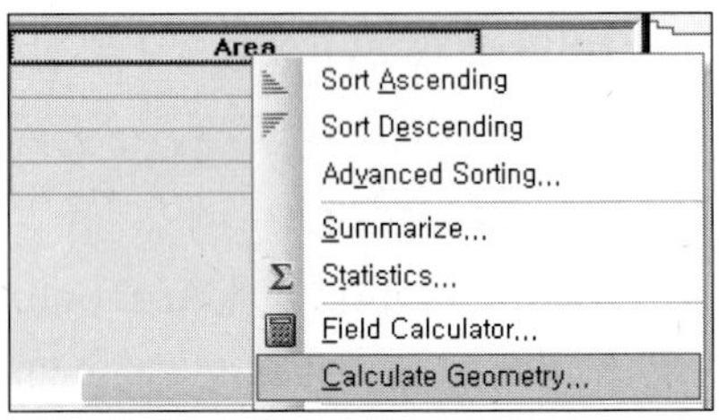

m^2의 면적이 계산되면 $100m^2$ 당 비용을 계산하기 위해 열을 추가하고 $100m^2$ 단위의 면적을 계산하여 수목별로 단가를 곱하여 최종 비용을 계산한다.

수종별로 1m²당 수익성에 관한 표는 chapter12의 data폴더에 엑셀 파일 내의 data쉬트에서 제공된다. final 레이어의 girdcode 컬럼은 수종의 식별부호를 나타내는 것으로 엑셀 데이터와 동일한 코드를 가지므로 final 레이어와 엑셀 데이터는 조인이 가능하다.

❑ final 레이어와 엑셀 데이터를 조인한 후에 revenue 필드에서 필드 계산기를 선택하고 다음과 같이 입력한다.

[final.Area]/100* [data$.cost]

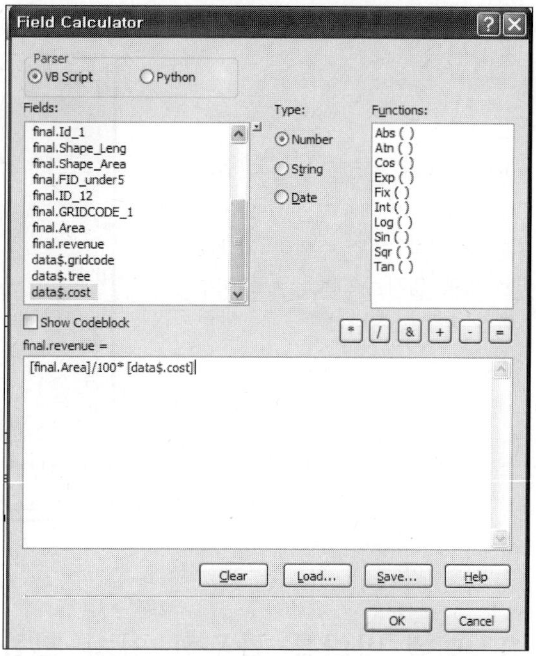

계산된 결과 4개의 폴리곤 피쳐의 수익은 다음의 표와 같다. 분석결과의 9시 방향에 있는 오크 숲에서 수익이 $2,681,184로 가장 많은 것으로 분석되었다. 즉, 장비의 이동범위를 줄여 비용-효율적으로 가장 많은 수익을 낼 수 있는 지역임을 의미한다.

GRIDCODE	tree	Area	Acres	Hectares	sqmeter	Cost
10	PINE	45612228.02	11271.027	4561.22	4561.22	$456,122.28
5	OAK	91790161.79	22681.843	9179.02	9179.02	$1,835,803.24
5	OAK	134059223.23	33126.755	13405.92	13405.92	$2,681,184.46
10	PINE	121188484.40	29946.327	12118.85	12118.85	$1,211,884.84

✪ 최종 결과 레이아웃

보기 좋은 음식이 맛도 있다는 속담이 있다. 아무리 분석을 잘해도 결과를 잘 표현 하지 못한다면 열심히 분석한 노력의 댓가가 떨어질 것이다. 주제도 제작은 디자인이 포함되는 것이며, 지도는 예술적인 감각도 필요하다. 지도의 범례와 색상을 조화롭게 수정하여 최종적으로 선정된 벌목 입지를 지도로 잘 표현해보자.

벌목의 최적 입지로 선정된 지역 들 가운데서도 수익성을 고려해 볼 때 가장 높은 수익이 기대되는 벌목 입지는 Oak나무로 이루어진 숲으로 나타남

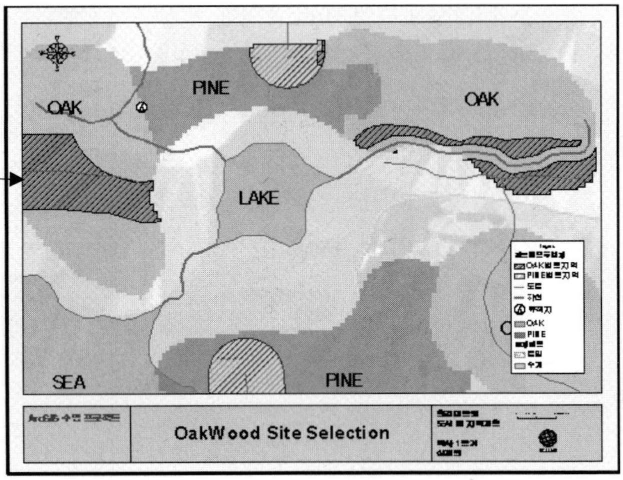

3. 모델 빌더를 활용한 입지 적합성 분석

지금까지 수행한 11단계에 걸친 모든 과정을 모델 빌더를 사용하면 일괄적으로 한거번에 작업을 수행할 수 있다. 이미 실습 5에서 학습하였던 실력을 살려서 여기서는 모델 빌더를 사용하여 동일한 작업 과정을 실습해보자.

[1] 모델 빌더 사용하기

- ❑ 툴바에서 Model Builder 도구 버튼 을 클릭한다.
- ❑ 1단계 도로망 버퍼죤 작업을 모델 빌더 동일하게 수행하기 위해 roadline 데이터와 buffer analysis 툴을 모델 빌더에 추가한 뒤 연결선 버튼 으로 연결한다.

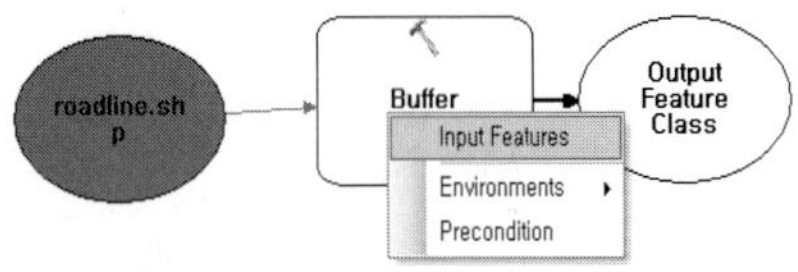

- ❑ buffer 툴을 더블 클릭하여 거리 옵션(5,000m)과 Dissolve옵션(ALL)을 설정한다.
- ❑ 2단계 작업인 하천도 버퍼 분석도거리는 lkm, Dissolve ALL로 설정하여 버퍼죤을 생성한다.
- ❑ Arctoolbox에서 erase 도구를 모델빌더에 추가하고 roadline_buffer는 erase도구의 input으로 riverline_buffer는 erase의 erase 피쳐로 입력하여 3단계 내용을 모델빌더에 기술한다.

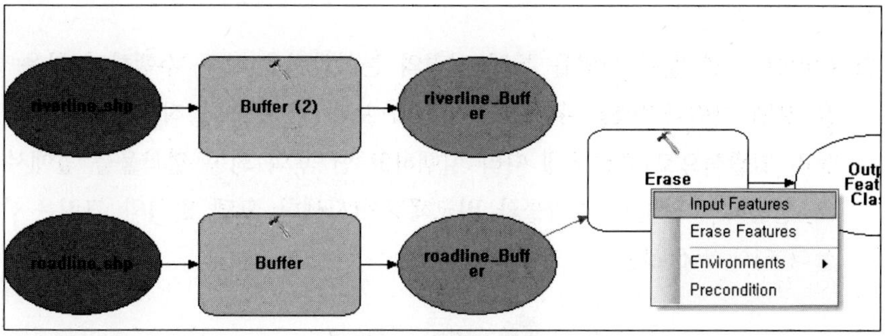

❏ 4단계 분석과정을 수행하기 위해 waterpoly 레이어와 select(analysis) 도구를 모델 빌더로 추가한다. 만약 도구들이 찾기 힘들다면 검색창을 이용하면 편리하다.

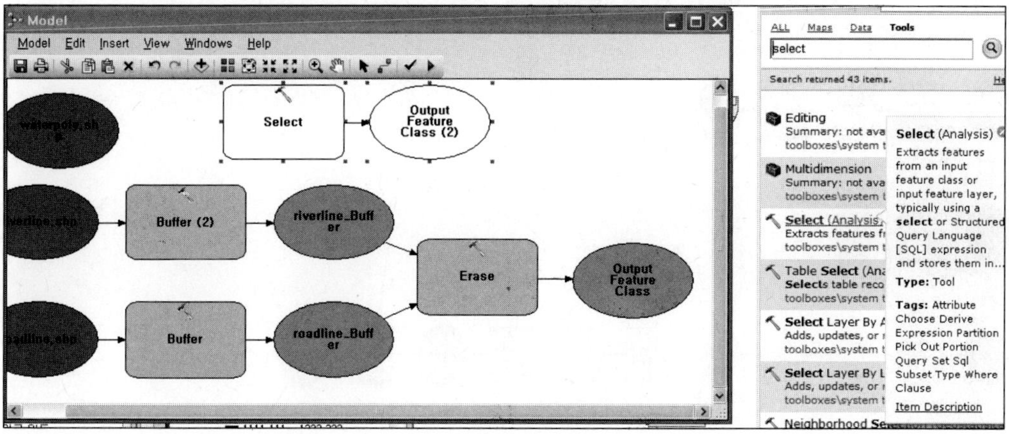

❏ 연결선도구로 waterpoly와 select 도구를 연결한 뒤 select 도구 상자를 더블 클릭하여 수계를 선택하기 위한 쿼리 식("ISWATER"= 1)을 입력하고 OK버튼을 누른다.

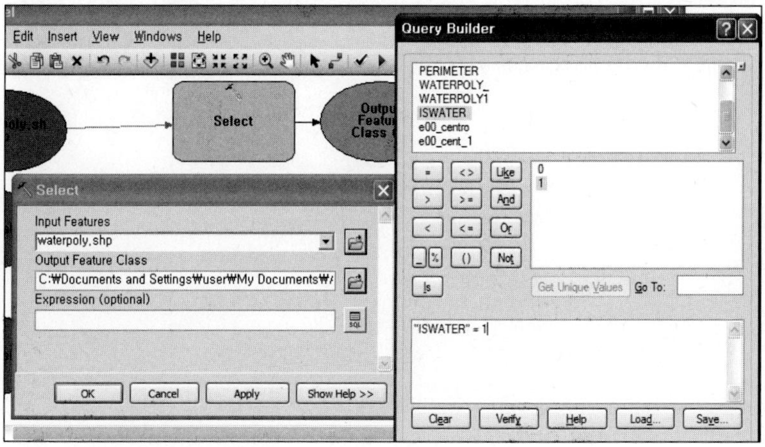

❑ 이러한 모델 빌더 작업을 통해 일련의 분석과정을 모두 수행하면 다음 그림과 같은 모델 다이아그램을 구축할 수 있다. 모델 빌더를 다 작성한 후 실행 버튼 ▶ 을 눌러 일괄적으로 흐름도에 따라 실행하고 난 후의 최종 결과물을 앞에서 순차적으로 실행하여 산출된 결과물과 비교해보자(자세한 모델 빌더의 그림은 Chapter12 폴더 안에 model.jpg를 참고한다).

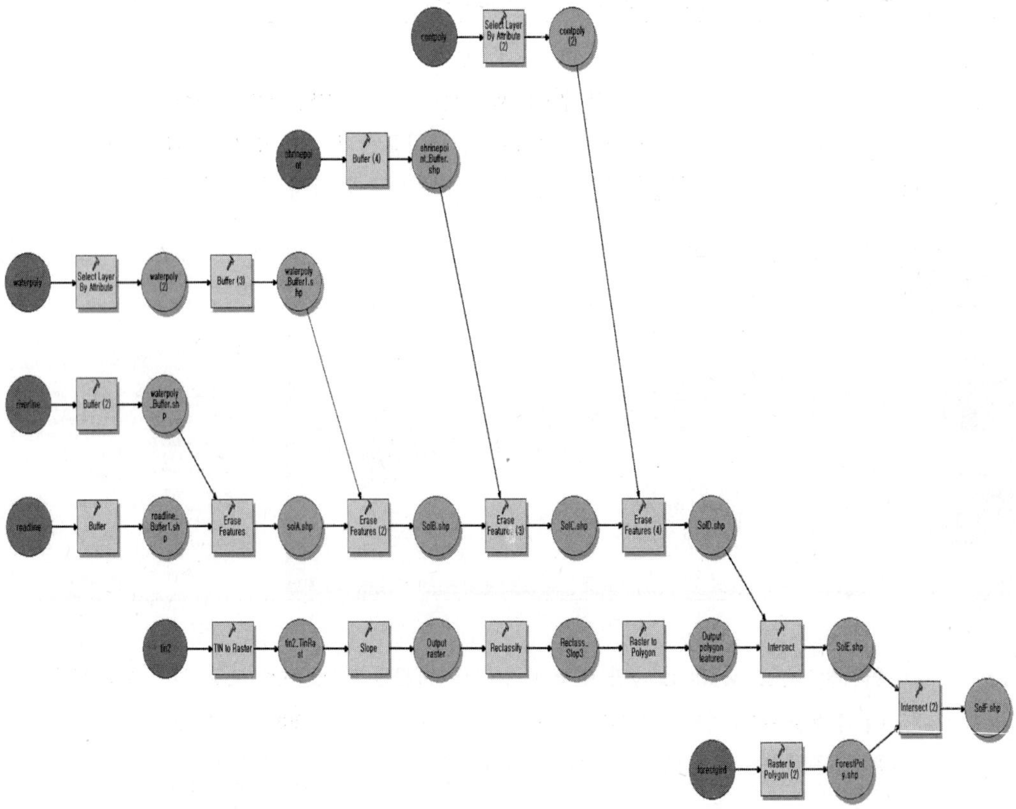

실습 13
다기준 평가기법을 활용한 입지 분석

인간생활과 관련된 자연 및 인문환경에서 나타나는 의사결정문제들은 여러 요인과 상황들을 고려해서 문제의 해결책을 찾아가야 하는 경우가 많다. 특히 갈등을 야기하는 문제들의 경우 합리적인 의사결정이 이루어지기 위해서는 다양한 요인들을 분석하고 평가하는데 있어서 GIS에 기반을 둔 다기준 평가기법(MCE: Multi-Criteria Evaluation)이 활용되고 있다. 다기준 평가기법은 여러 가지 평가기준(criteria)들을 투입하여 여러 대안들을 추출한 후, 최선의 대안을 선택하는 방법이라고 할 수 있다. 다기준 평가기법에서 가장 중요한 점은 평가기준들에 대한 이해 관계자나 의사결정자들의 선호도에 따라서 시설물 입지에 대한 평가가 달라진다는 점이다. 특히 대안들의 순위가 평가기준들의 공간적 변이에 영향받을 뿐만 아니라 의사결정과정에 포함된 가치 판단이나 선호도에 따라서도 달라지기 때문에 다기준 평가기법은 공간적 의사결정지원시스템의 핵심을 이루고 있다.

1. 입지요인 선정과 흐름도 구축

도시민들의 생활의 편리성·쾌적성·안전성을 도모하기 위해서는 도시 내 오픈스페이스는 매우 필요하며, 오픈스페이스의 대표적인 시설이 도시 공원이라고 할 수 있다. 도시공원을 새로이 입지시키기 위해서는 도시 공원의 적정성, 효용성, 접근성, 이용 성향 등과 같은 질적 기준과 인구 1인당 공원면적 기준과 같은 양적 기준이 적용된다. 여기서는 다기준 평가기법을 이용하여 도시 공원을 어디에 입지시키는 것이 바람직한 대안이 되는 가에 대해 실습해보자.

[1] 입지요인의 선정

입지 적합성 분석을 위해서 가장 중요한 것은 대상물이 입지하는데 필요한 입지요인을 선정하는 것이다. 여기서는 수원시를 대상으로 하여 근린 생활권 안에 10,000m^2 이상의 면적을 가진 공원을 설치하기 적합한 곳을 추출하여고 한다. 공원 입지를 위한 평가기준은 기준 요인(criteria factor)과 제한 요인(constraint factor)로 구분될 수 있다. 본 실습에서는 공원 입지를 위한 평가기준 선정에 초점을 두기 보다는 이러한 평가기준들을 토대로 하여 어떻게 공원 입지에 대한 대안들을 추출하고 최적 입지를 선정하는 가에 대한 방법론을 실습하는데 목적을 두기로 한다. 공원 입지 선정을 위한 기준요인과 제한 요인을 보면 다음과 같다.

목적	평가기준	변수	의사결정을 위한 속성 평가
공원 이용을 극대화	기준요인	인구밀도	인구밀도가 높을수록 유리함
		접근성	도로에 접근할수록 유리함
공원 조성비용 최소화	기준요인	지가	지가가 낮을수록 유리함
자원 손실을 최소화	기준요인	토지이용도	기존 자원의 손실을 최소화하고 자원 활용을 위해 나지, 초지, 삼림 용도 지역에 가까울수록 유리함
공원 이용의 합리화	제한요인	경사	공원 이용을 위해 경사도가 5도 미만인 지역으로 한정함
		기존 공원과의 거리	공원의 서비스 권역의 중복성을 피하기 위해 기존 공원으로부터 100m 이내는 제외함
		토지이용 현황	주거지역과 공업지역은 제한시키며, 수계지역은 환경보전을 위해 배제함
문화재 보존의 최대화	제한요인	문화재로부터의 거리	문화재 보호를 위해 현상변경검토 구역 500m 이내 지역은 공원 입지 후보지에서 제외

[2] 작업 흐름도 구축

실습을 진행하기에 앞서 주어진 평가기준들을 토대로 하여 공원의 입지를 선정하는다기준 평가기법을 실행하기 위한 작업 흐름도(workflow chart)를 구축하여야 한다. 이렇게 작업 흐름도를 구축하게 되면 분석 과정을 일목요연하게 설계할 수 있으며 분석 과정의 시행착오를 줄일 수 있다.

아래 그림은 공원 입지 선정을 위한 전체적인 흐름도를 보여준다. 왼편의 인구밀도, 지가분포, 토지이용도, 도로망은 공원의 입지 후보지를 선정하기 위한 기준 요인이며 오른편의 DEM, 유적지, 토지이용도, 기존의 공원 위치는 공원을 입지에서 제외되는 제한 요인들이다.

각 요인들은 다양한 척도로 측정되었기 때문에 동일한 척도로 표준화되어야만 평가기준들을 연산할 수 있다. 평가기준도를 공통된 단위로 표준화하는 방법은 여러 가지가 있으나, 여기서는 최소 0점에서 최대 1점을 갖도록 표준화하며, 인구밀도와 지가 요인은 선형 변환 방식으로, 녹지와의 거리 요인, 도로 접근성 요인은 퍼지함수를 이용한 표준화 방식을 적용하였다. 제한 요인들은 제약이 되는 조건 여부에 따라 부울 방식에 따라 재부호화하였다.

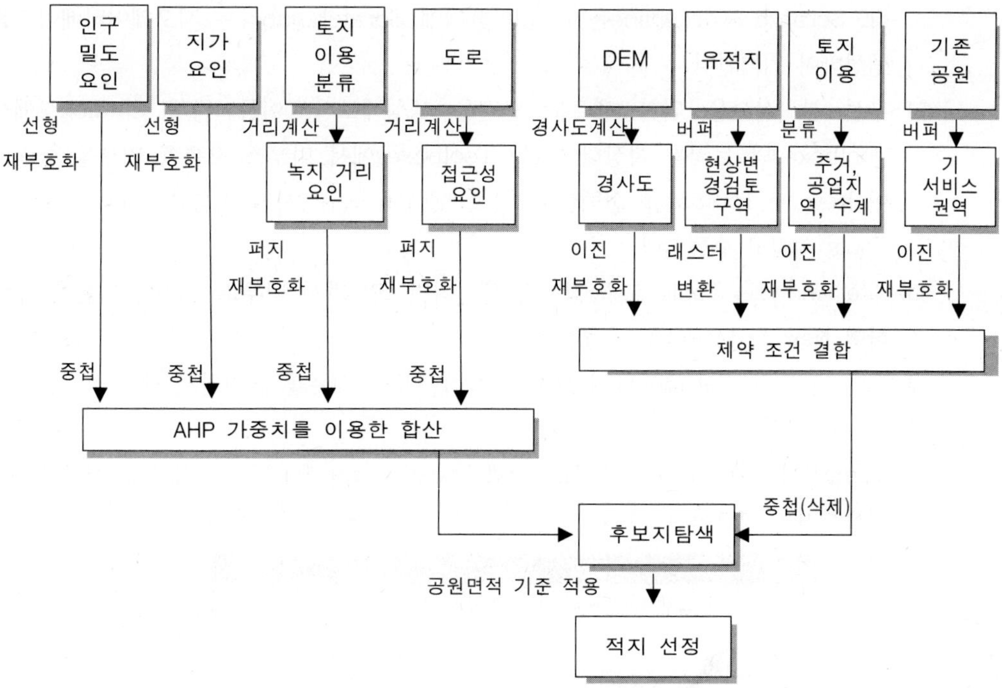

각 기준 요인들에 대한 표준화가 이루어지면 각 요인들이 공원 입지에 미치는 영향력은 다를 것이라는 가정 하에서 기준 요인들에 대한 가중치를 고려하여야 한다. 가중치를 부여하는 일반적인 방법으로 AHP 방식의 설문자료를 가상으로 작성하여 나타난 결과를 적용한다. 마지막으로 선정된 공원 후보지 중에서 면적이 10,000m^2 이상의 지역을 탐색하여 최종적으로 대안적인 공원 입지로 추출한다.

2. 제한요인에 따른 배제지역 지도 구축

[1] 데이터 불러오기 및 옵션 셋팅

- ArcMap 프로그램을 구동한 뒤 기존의 지도첩 열기에서 chapter13 폴더의 chapter13.mxd 파일을 연다.
- 분석과정에 필요한 ArcGIS Extension 인 Spatial Analyst를 활성화시키기 위해 Customize → Extension에서 Spatial Analyst를 체크한다.
- 메뉴의 Geoprocessing → Environment를 선택하여 분석된 결과를 저장하는 경로를 설정하는 작업을 수행한다.
- Workspace를 확장하여 Current Workspace를 chapter13\result 폴더로 변경한

다. Scratch Workspace는 result 폴더에 Scratch.gdb라는 지오데이터베이스를 생성하여 입력한다.

- ❑ 우선 본 실습을 위한 새로운 모델을 생성해보자. 이를 위해 Catalog창에서 Toolboxes의 트리를 확장하여 My Toolboxes에서 마우스 오른쪽 버튼을 클릭하여 New → Toolbox를 선택한다. 새로 생성된 도구상자의 이름을 "Site Analysis Tools"이라고 수정한다.
- ❑ Site Analysis Tools 도구 상자가 생성되었으면 다시 마우스 오른쪽 버튼을 클릭하여 New → Model를 선택한다.
- ❑ 모델 창의 model 메뉴에서 Model Properties 메뉴를 클릭하고 General Tab으로 이동한다.
- ❑ Name을 FindPark로, Label을 Find Location for Park로 수정하고, 상대경로로 저장하기를 체크한다.

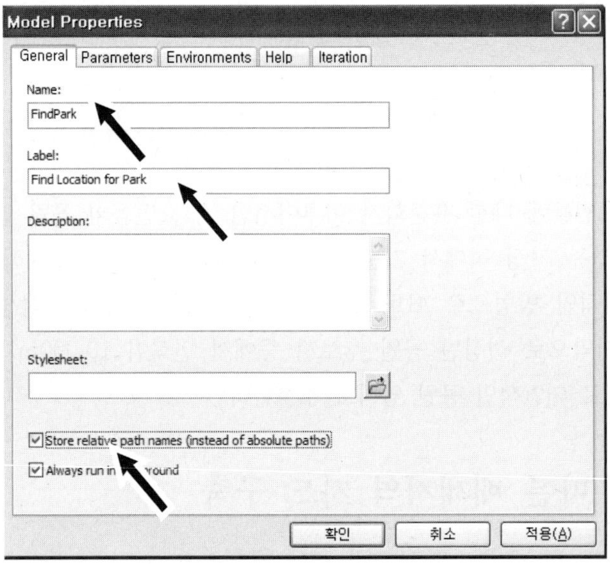

- ❑ 환경변수를 설정하는 작업을 하기 위해 Environment 탭으로 이동한다.
- ❑ Processing Extent에서 Extent를 체크하고 Raster Analysis에서 Cell Size를 체크한 뒤 Values 버튼을 누른다.
- ❑ Processing Extent에서 확장 범위와 셀 크기가 dem 레이와 같도록 'Same as layer dem.img'를 선택하고 OK 버튼을 누르고 Model Properties 창의 확인 버튼을 클릭하여 속성 창을 닫는다.
- ❑ 툴바에서 저장하기 버튼을 누른다.

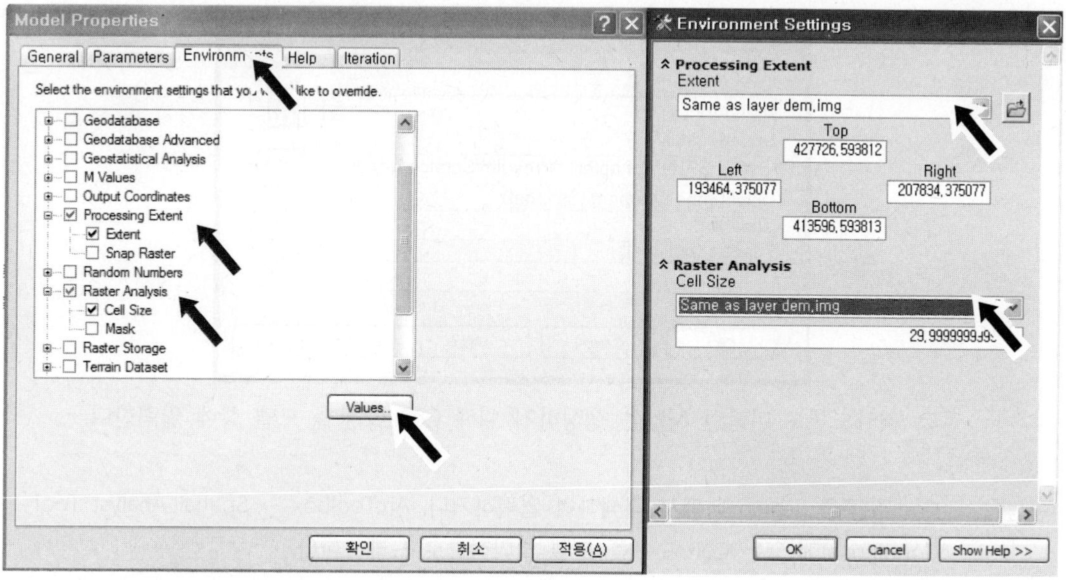

[2] 제한요인들의 지도 구축

(1) '경사' 제한요인의 지도 구축

- ❑ Find Location for Park 모델 빌더 창으로 TOC에서 dem.img레이어를 마우스를 이용하여 Drag한다.
- ❑ Search 창에서 slope (spatial analyst)를 검색하여 찾은 뒤 마우스를 이용해 Drag하여 모델창으로 이동한다.

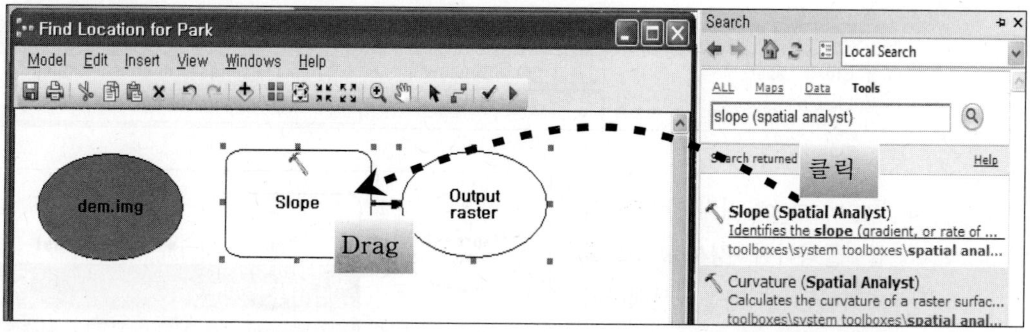

- ❑ 연결선 버튼 을 이용하여 dem.img를 Slope의 입력 레이어로 설정한다. slope 도구를 더블 클릭하여 Output measurement가 Degree로 되어있는지 확인한다.

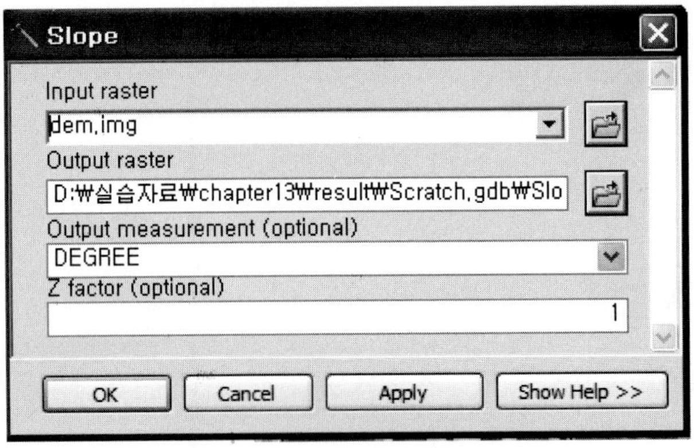

❑ 경사도 5도 미만인 지역을 생성하기 위해 Con 도구를 모델 창에 입력한다.

Con 도구를 Search 창에서 검색하여 입력하거나, ArcToolbox → Spatial Analyst Tool → Conditional에 있는 Con 도구를 모델 빌더창으로 드래그한다.

❑ 이전 경사도 레이어를 Con 도구와 연결선 을 이용해 input conditional raster 옵션으로 연결한다.

❑ Con 도구를 마우스 오른쪽 버튼으로 클릭하여 Make Variable → From Parameter → Input true raster or constant value를 선택하여 모델 파라메터를 생성한다. 또한 동일한 방식으로 Expression 파라미터를 생성한다.

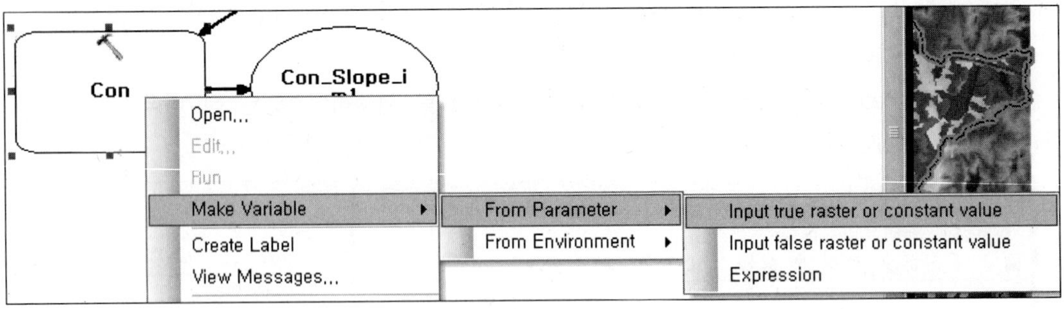

❑ Expression 파라메터를 더블 클릭하여 경사도 5도를 초과하는 지역을 선택하기 위해 "value" > 5 라고 입력한다.

❑ Input true raster or constant value 파라미터

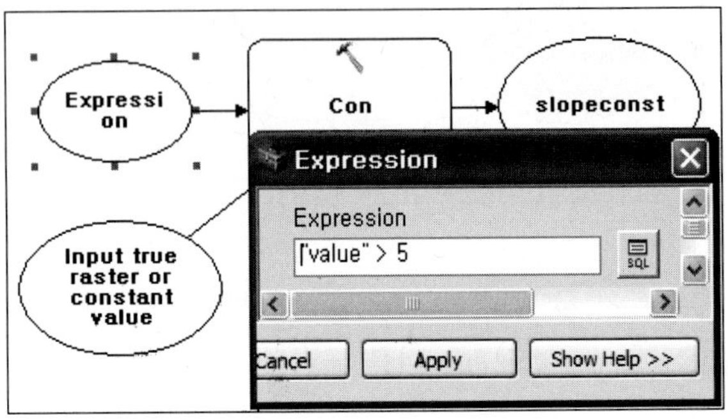

를 더블 클릭하여 값을 1로 설정한다.

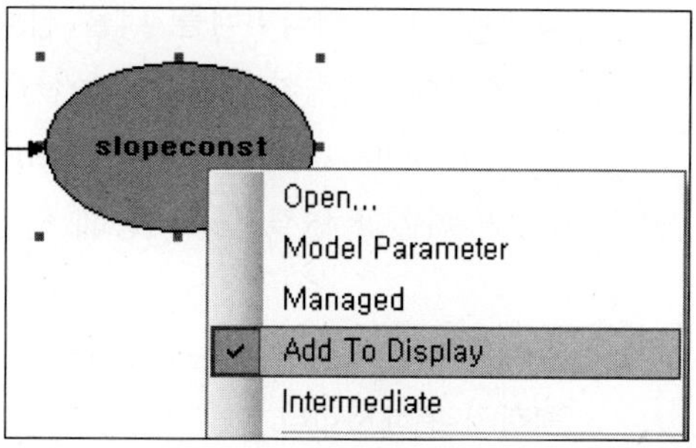

- ❑ 경사 제약조건 지도의 마지막 결과물을 더블 클릭하여 result폴더의 Scratch.gdb 안에 slopeconst로 저장한다.
- ❑ 최종 산출 결과인 slopeconst을 마우스 오른쪽 버튼으로 클릭하여 Add To Display를 선택한다.
- ❑ 모델창의 실행 버튼 ▶을 클릭하여 경사 제한요인 지도를 구축한다.
- ❑ 분석이 종료되면 TOC창에 모든 레이어의 활성화 체크박스를 해제하고 add data 버튼 을 눌러 slopeconst를 Scratch.gdb에 추가하고 확인한다.
- ❑ 모델 툴바에서 저장하기 버튼 을 누른다.

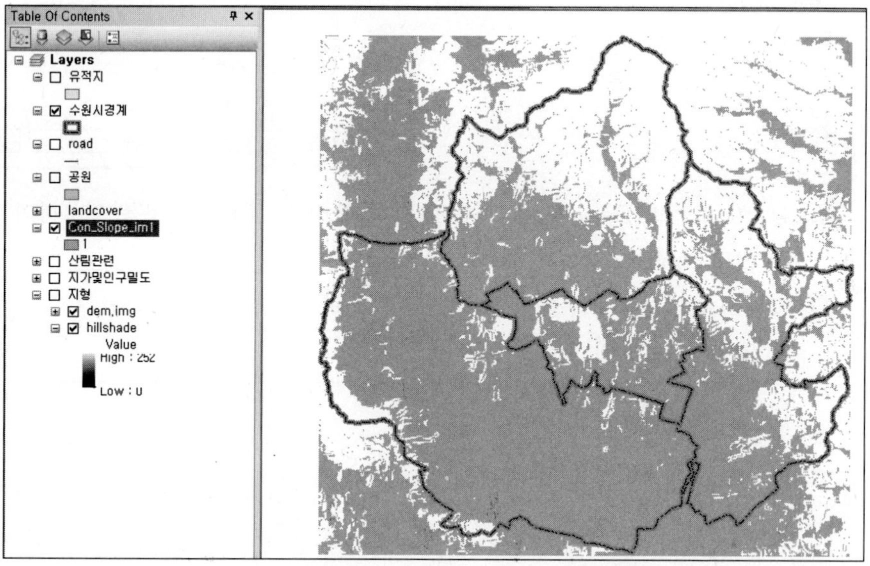

(2) '문화재 현상변경검토구역' 제한요인 지도 구축

- ❑ TOC의 유적지 레이어를 모델 빌더창으로 드래그하여 입력한다.
- ❑ Buffer 도구를 찾아 모델 빌더창으로 입력하고 연결선을 이용하여 유적지 레이어를 Buffer도구의 input feature로 사용한다.
- ❑ Buffer 도구를 마우스 오른쪽 버튼으로 클릭하여 Make Variable → From Parameter → Distance 와 Dissolve Type를 모델 빌더 창에 생성한다.

- ❑ Dissolve 파라미터를 더블 클릭하여 옵션을 ALL로 변경하고 Distance 파라미터를 더블 클릭하여 500m 옵션으로 설정한다.
- ❑ Arctoolbox의 Data Management의 Add Field 도구를 추가하고 이전의 버퍼 결과 파일과 연결선을 이용해 연결한다.

field를 추가하는 이유는 boolean 방식으로 래스터 데이터로 변환할 때 필요한 값을 입력하기 위해서이다.

- ❑ Add Field 도구를 더블 클릭하고 옆의 그림과 같이 옵션을 설정한다.

Field Name은 boolean, Field Type는 SHORT로 설정한 뒤 OK 버튼을 누른다.

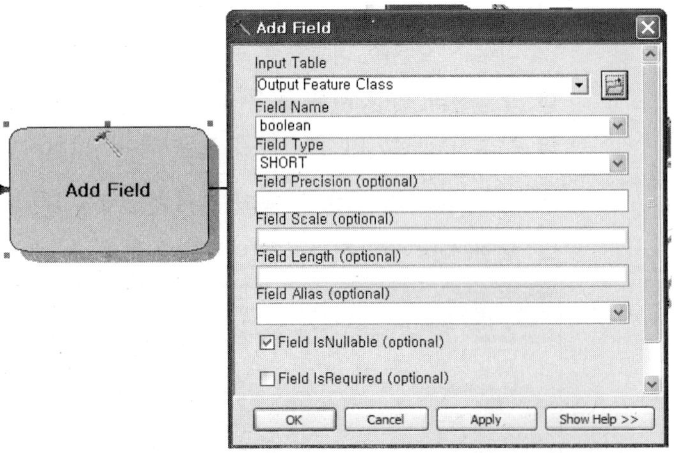

- ❑ Arctoolbox의 Data Management의 Calculate Field 도구를 이용하여 새로 추가된 필드(boolean)에 값 '1'의 정보를 입력한다.
- ❑ Calculate Field 도구를 더블 클릭하고 Field Name은 boolean, Expression은 '1'로 입력한 뒤 확인 버튼을 누른다.

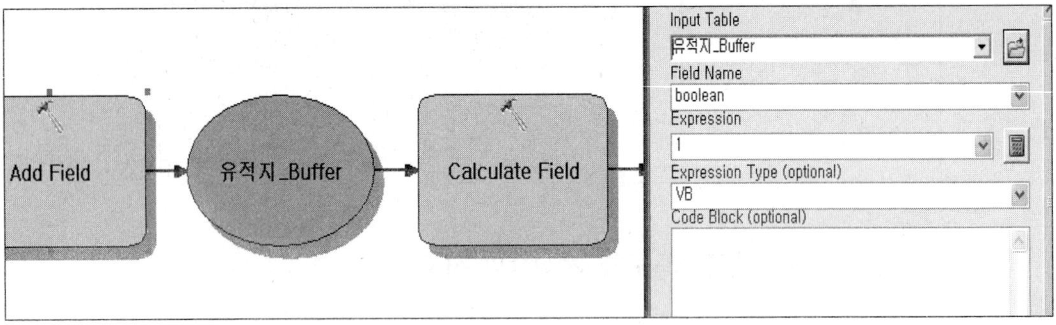

- ❑ Feature to Raster 도구를 검색하여 모델 빌더 창에 추가한 뒤 필드 계산한 결과와 연결선 버튼을 이용해 연결한다.
- ❑ Feature to Raster 도구를 마우스 오른쪽 버튼으로 클릭하여 Make Variable → From Parameter에서 Field와 Output Cell Size 파라미터를 모두 생성한다.
- ❑ Field 파라메터는 boolean으로 설정하고 Output Cell Size 파라미터는 30으로 설정한다.

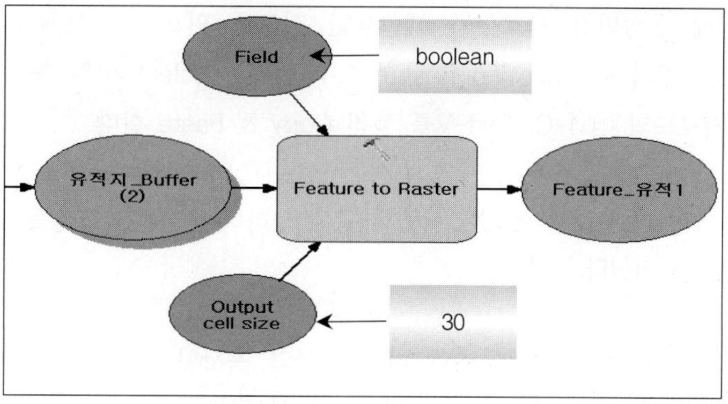

❑ 현상변경검토구역 제한요인 지도의 마지막 결과물을 더블 클릭하여 result폴더의 Scratch.gdb안에 shrineconst로 저장한다

❑ 모델 툴바에서 저장하기 버튼을 누른다.

(3) 토지이용 제한요인 지도 구축

❑ TOC의 landcover 레이어를 모델 빌더 창으로 드래그하여 입력한다.

❑ Arctoolbox의 Analysis 도구 중 Select 도구를 모델 빌더 창으로 입력한 뒤 연결선을 이용하여 landcover를 input feature로 입력한다.

❑ Select 도구를 마우스 오른쪽 버튼으로 클릭하여 Make Variable → From Parameter → Expression 파라미터를 생성한다.

❑ Expression 파라미터를 더블 클릭하여 다음과 같은 질의문을 작성한다.

"Sheet1$.categoryB" = '공업지역' OR "Sheet1$.categoryB" = '주거지역' OR "Sheet1$.categoryA" = '수역'

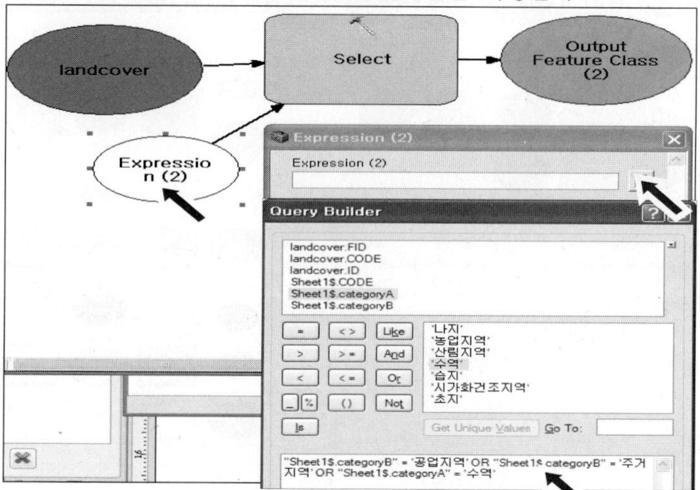

❑ 문화재 현상변경 검토구역 제한요인 지도를 만드는 과정에서 사용하였던 Add Field로부터 Feature To Raster 도구 까지를 select 버튼 을 사용하여 선택한 뒤 키보드의 Ctrl-C, Ctrl-V를 눌러 Copy & Paste 한다.

모델 빌더는 이와 같은 동일한 작업 내용에 대하여 중복적인 과정을 쉽게 처리할 수 있다는 장점을 지닌다.

❑ 문화재 현상변경 검토구역의 버퍼 결과와 복사한 Add Field와의 연결선을 선택한 뒤 키보드의 Del키를 눌러 연결선을 삭제한다.
❑ 연결선을 이용하여 토지이용 선택 결과와 복사한 Add Field를 연결한다.
❑ 토지이용 제약요인 지도의 마지막 결과물을 더블 클릭하여 result폴더의 Scratch.gdb안에 landuseconst로 저장한다(만약 실행 중 Feature To Raster 도구 에러가 발생하면 Feature To Raster 도구의 Field 옵션을 지웠다가 다시 설정한다).
❑ 모델 툴바에서 저장하기 버튼을 누른다.

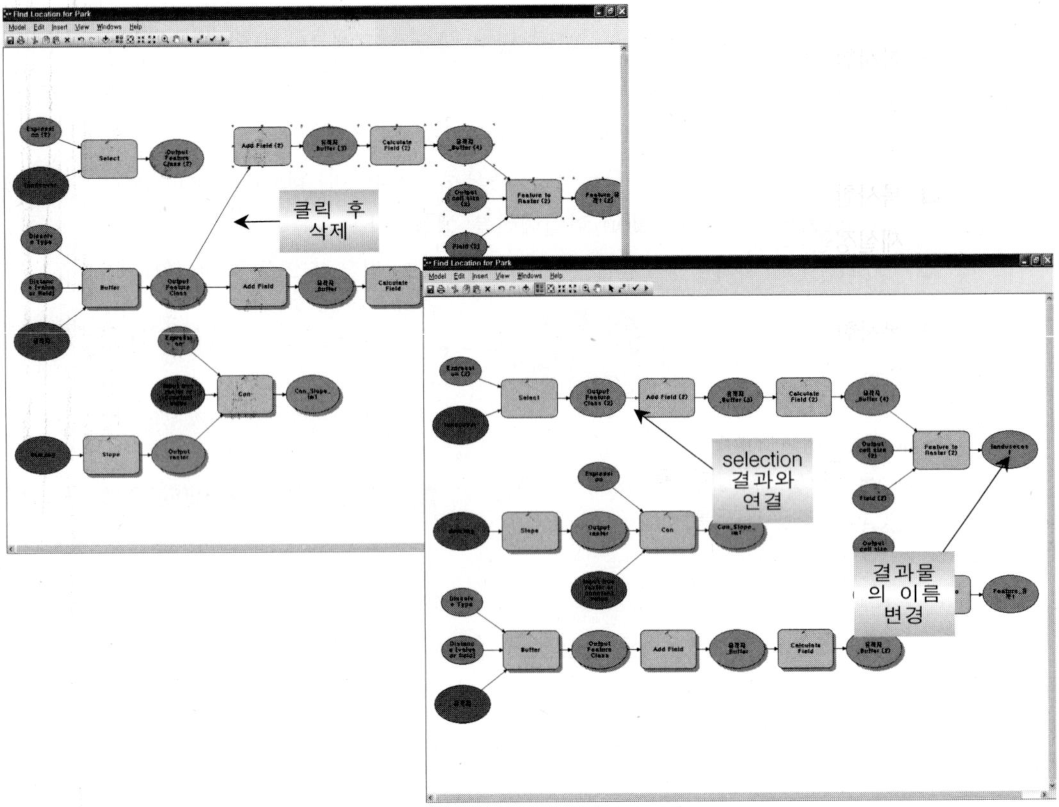

(4) 기존 공원과의 서비스 권역 제약요인 지도 구축

❑ TOC의 공원 레이어를 모델 빌더 창으로 드래그하여 입력한다.

❑ 이번에는 문화재 현상변경검토구역 제약 조건 지도를 만드는 과정의 중 Buffer 도구부터 Feature To Raster 도구 까지를 선택한 뒤 키보드의 Ctrl-C, Ctrl-V를 눌러 Copy & Paste 한다.

선택하기가 어려울 때는 Ctrl 키를 누른 상태에서 모델을 선택하면 하나씩 선택 혹은 선택 해제를 할 수 있다.

❑ 유적지 레이어와 복사한 Buffer 도구와의 연결선을 선택한 뒤 키보드의 Del키를 눌러 연결선을 삭제한다.

❑ 연결선을 이용하여 공원 레이어를 복사한 Buffer도구의 input feature로 사용한다.

❑ 복사한 Buffer 도구의 Distance 파라미터를 더블 클릭하여 창을 연 뒤 100m로 변경하고 output을 Scratch.gdb안에 공원_buffer로 저장한다.

❑ 복사한 Feature to Raster 도구의 Field 파라미터를 더블 클릭하여 boolean으로 재설정한다.

❑ 복사한 Feature to Raster 도구의 최종 결과물을 더블 클릭하여 result폴더의 Scratch.gdb안에 parkconst로 이름을 변경한다.

❑ 모델 정렬하기 버튼 을 누른 뒤 전체 화면 보기 버튼 을 누르면 아래와 같이 제한요인 지도를 구축하기 위한 모델 전체의 흐름도를 확인할 수 있다.

❑ 모델 툴바에서 저장하기 버튼을 누른다.

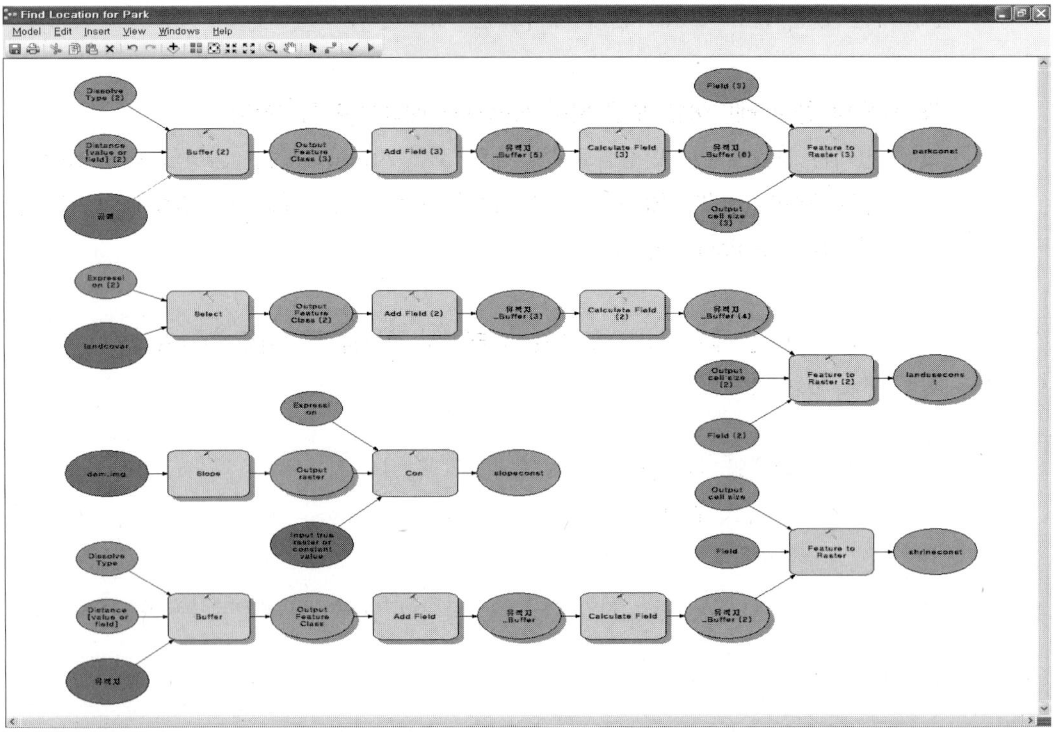

[3] 제약요인들의 지도 결합

앞에서 구축한 4가지 제한요인에 하나라도 위배된다면 공원 입지에서 제외되어야한다. 따라서 4가지 제한요인들은 합집합으로 결합시킨 결과를 토대로 하여 다음에 구축되는 기준요인 지도에서 추출된 후보입지들을 배제시켜야 한다.

- ❑ 4가지 제한요인들을 합집합의 데이터셋으로 생성하기 위해 모델 빌더 창으로 Spatial Analyst → Map Algebra → Raster Calculator 도구를 추가한다.
- ❑ Raster Calculator 도구를 더블 클릭하고 수식 창에 아래와 같이 입력하고 scratch.gdb에 constraintmap으로 저장한 뒤 OK 버튼을 누른다.

```
Con(IsNull("%slopeconst%"), 0, "%slopeconst%") | Con(IsNull("%shrineconst%"), 0,"%shrineconst%" ) | Con(IsNull("%landuseconst%"), 0,"%landuseconst%" ) | Con(IsNull("%parkconst%"), 0,"%parkconst%" )
```

여기서 Con 함수는 조건부 함수이며 IsNull함수는 래스터 데이터 값이 Null이면 참값을

도출하는 함수이다. 즉, Con(IsNull("%slopeconst%"), 0, "%slopeconst%")의 의미는 slopeconst 레이어의 null 값을 갖는 셀에 0을 할당하고 그렇지 않은 셀은 slopeconst 원래 값을 갖도록 한다는 의미이다. 이후 | 기호는 논리합(logical OR)를 의미한다. 따라서 위의 식은 4가지 제한요인의 null값 셀을 0으로 합치고 1인 지역들을 논리합으로 합집합한다는 의미이다.

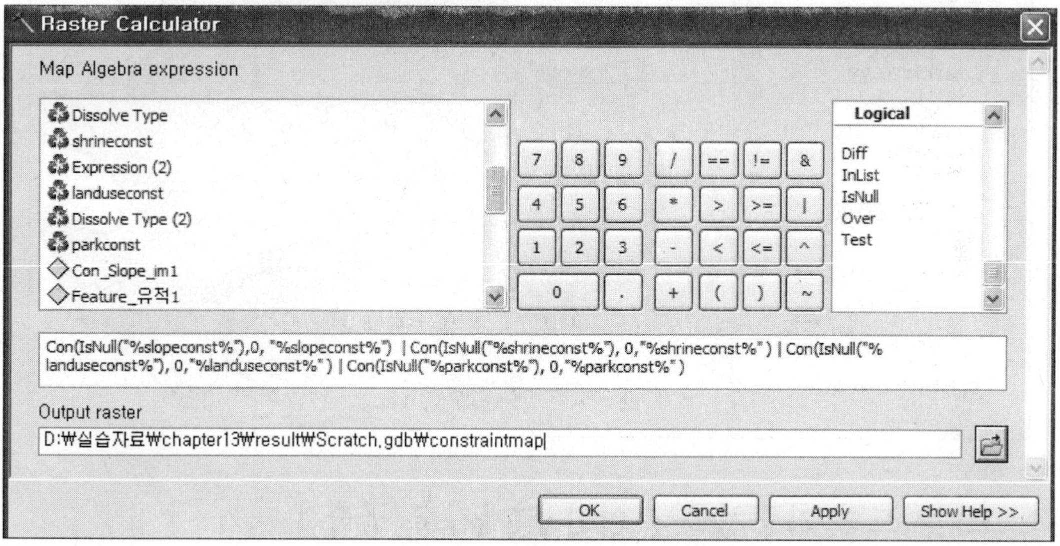

- ❑ 합집합으로 나타난 제한요인 지도가 수원시 경계를 벗어나기 때문에 수원시 내부지역만 표현되도록 Clip(ArcToolbox → Data Management → Raster → Raster Processing)도구를 모델 빌더 창으로 끌어들인다(벡터 데이터 분석에서 사용되는 Clip(analysis)과 혼동하지 말 것).
- ❑ TOC의 수원시 경계 레이어를 모델 빌더 창으로 추가한다.
- ❑ Clip도구를 더블 클릭하여 옆의 그림과 같이 옵션을 설정한다.
- ❑ 모델 툴바에서 저장하기 버튼 을 누른다.
- ❑ 모델창의 실행 버튼 ▶을 클릭하여 최종 제한요인 지도를 구축하고 add data 버튼을 눌러 Scratch.gdb에서 추가하고 확인한다.

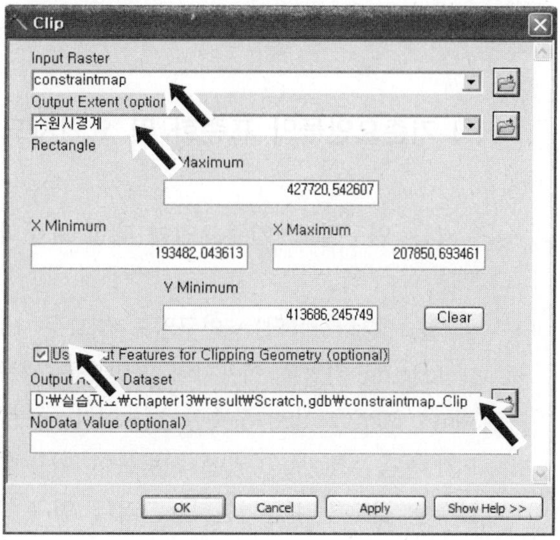

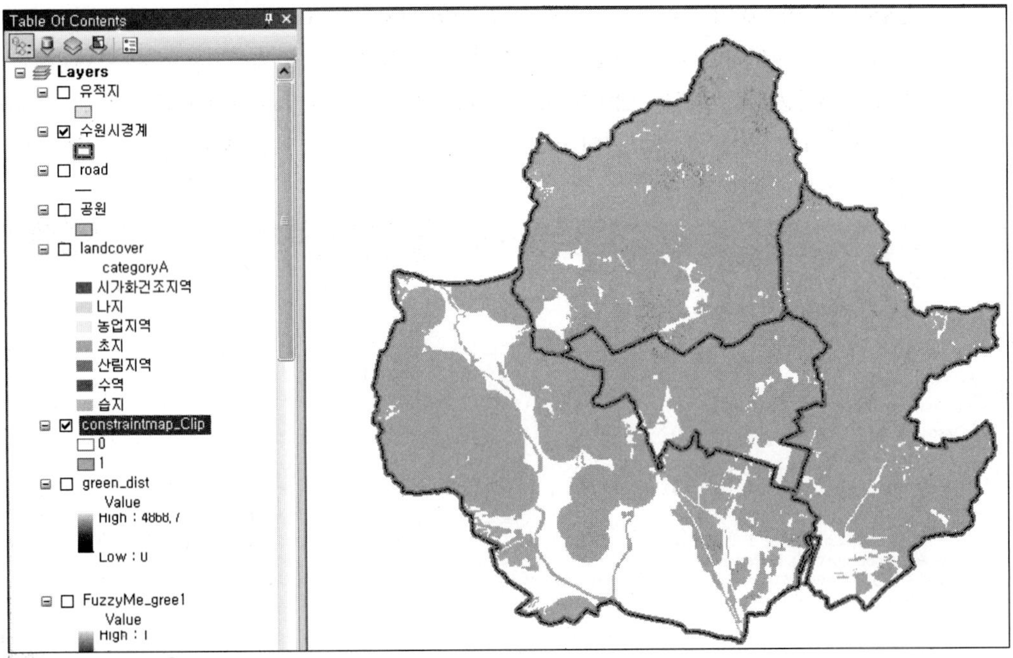

3. 요인지도와 가중치를 부여한 평가지도 구축

공원 입지에 영향을 미치는 기준 요인들은 서로 다른 척도로 측정되었기 때문에 기준이 되는 변수들이 여러 개일 경우 이들 기준요인들을 연산하기 위해서는 각 기준요인들에 대한 표준화가 이루어져야 한다. 또한 기준요인들의 상대적인 중요도가 다르기 때문에 가중치도 부여하여야 한다. 여기서는 이러한 다지기준 평가기법의 핵심 부분에 대해 실습해보자.

[1] 기준요인들의 표준화 및 요인지도 구축

(1) '인구밀도' 기준요인에 대한 표준화 및 요인지도 구축

실습에서 사용되는 인구밀도 지도는 150m×150m 격자 안에 거주하고 있는 인구수를 kriging 기법을 이용하여 표면도를 생성하고 다른 지도들과 동일한 해상도를 갖도록 30m× 30m 크기로 구축한 지도이다. 공원 입지에 영향을 미치는 기준요인으로 인구밀도가 높을수록 보다 많은 사람들이 이용하게 되므로 인구밀도가 높은 지역일수록 높은 점수를 갖도록 표준화한다. 그러나 인구 희박지역과 인구 밀집지역 간의 차이가 매우 크게 나타나므로 일정 수준 이하로 인구가 거주하는 지역은 가장 낮은 점수를 부여하고 일정 수준 이상으로 인구가 거주하는 지역은 가장 높은 점수를 배분하는 방식을 사용해보자.

❑ TOC에서 pop_density 레이어를 더블 클릭하여 속성정보 중 symbology 탭으로 이동한다.
❑ show의 Classified 누르고 Classify 버튼을 누른 뒤 method를 표준편차 (Standard Deviation)으로 변경한 뒤 interval size는 1 std. dev로 한다.

이때 산출된 가장 낮은 계급구간 약 38명까지는 0점을 갖도록, 차상위 계급구간인 880 부터는 1의 값을 갖도록 선형 표준화 방식을 취한다.

Fuzzy함수를 이용하여 표준화하는 방법의 일례는 옆의 그림과 같다. 이 그림에서 오른쪽 상단으로 증가하는 선을 보면 30점까지는 0점, 80점 이상은 1점, 30~80점 사이는 0 ~1점 값을 갖도록 한다.

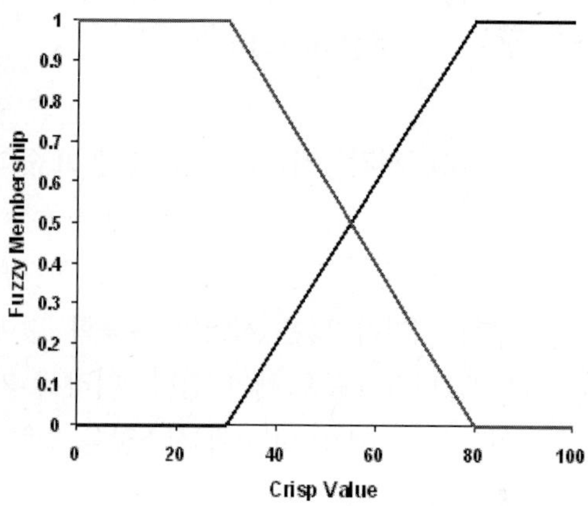

❑ pop_density 속성 정보 창을 닫는다.
❑ TOC의 pop_density 레이어를 모델 빌더 창으로 드래그하여 입력한다.

❑ ArcToolbox의 Spatial Analyst의 Overlay 도구 중 Fuzzy Membership 도구를 모델 빌더 창에 드래그하여 추가하고 연결선을 이용하여 pop_density를 input raster로 연결한다.

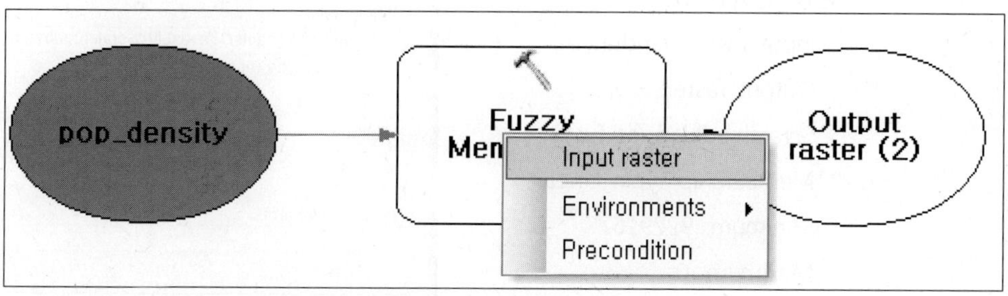

❑ Fuzzy Membership 도구를 더블 클릭하여 다음과 같이 옵션을 변경한다.

input raster: pop_density
Output raster: Scracth.gdb₩pop_fuzzy
Membership type: Linear
Minimum: 38
Maximum: 880

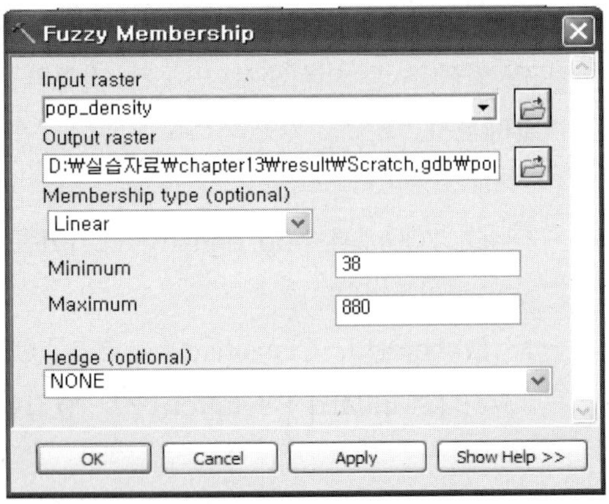

❑ 모델 툴바에서 저장하기 버튼을 누른다.

(2) '지가' 기준요인에 대한 표준화 및 요인지도 구축

지가의 경우는 가격이 낮을수록 공원 시설을 입지하는데 드는 비용이 적게 된다. 따라서 지가가 낮은 지역의 표준화 값이 높고, 오히려 지자가 높은 지역의 표준화 값이 낮게 나타나도록 해야 한다. 따라서 가장 지가가 낮은 Minimum에 최대값을, 가지가가 가잔 높은 Maximum에 최소값을 입력한다.

❑ TOC에서 landprice 레이어를 모델 빌더 창으로 드래그하여 입력한다.
❑ ArcToolbox의 Spatial Analyst의 Overlay 도구 중 Fuzzy Membership 도구를 모델 빌더 창에 드래그하여 추가하고 연결선을 이용하여 landprice를 input raster로 연결한다.
❑ Fuzzy Membership 도구를 더블 클릭하여 다음과 같이 옵션을 변경한다.

input raster: landprice
Output raster:
Scracth.gdb₩price_fuzzy
Membership type: Linear
Minimum: 9279167
Maximum: 0

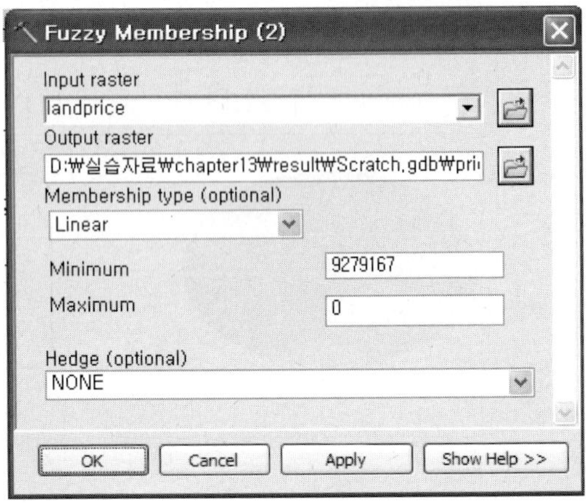

❑ 모델 툴바에서 저장하기 버튼을 누른다.

(3) '녹지지역' 기준요인에 대한 표준화 및 요인지도 구축

기존 녹지 체계와의 정합성을 높이고 쾌적한 공원 조성 환경을 마련하기 위해 토지 피복이 녹지로 구분되는 나지, 초지, 산림지역으로부터 거리가 가까울수록 높은 점수를 가지도록 표준화한다. 즉, 거리가 가까운 지역이 상대적으로 더 높은 점수를, 거리가 먼 지역일수록 상더 낮은 점수가 할당되도록 표준화한다.

여기서는 Small 유형의 Fuzzy 함수를 이용하여 표준화하는 실습을 해보자. Small 함수의 경우 0.5점을 기준으로 급격하게 값이 낮아진다. 0.5점에 해당하는 midpoint를 1,000m로 설정해보자.

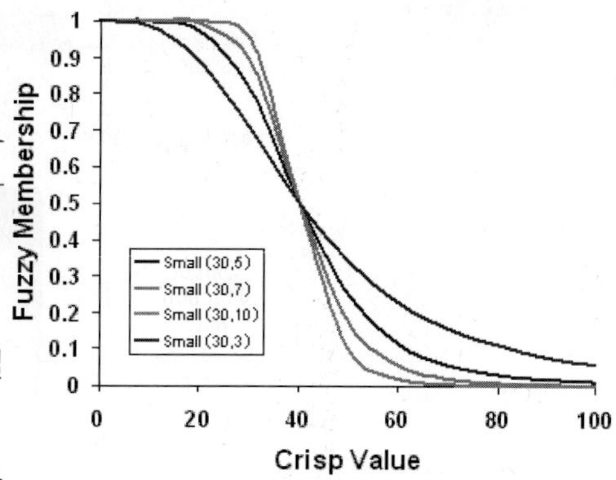

- ❑ TOC에서 landcover 레이어를 모델 빌더 창으로 드래그하여 입력한다.
- ❑ Arctoolbox의 Analysis 도구 중 Select 도구를 모델 빌더 창으로 입력한 뒤 연결선을 이용하여 landcover를 input feature로 입력한다.
- ❑ Select 도구를 마우스 오른쪽 버튼으로 클릭하여 Make Variable → From Parameter → Expression 파라미터를 생성하고 더블 클릭한 뒤 다음과 같이 질의문을 작성한다.

```
"Sheet1$.categoryA" = '나지' OR "Sheet1$.categoryA" = '초지' OR "Sheet1$.categoryA"
= '산림지역'
```

- ❑ Select 도구를 이용하여 산출된 결과물도 Scracth.gdb안에 select_green으로 저장한다.
- ❑ ArcToolbox의 Spatial Analyst의 Distance 도구 중 Euclidean Distance 도구를 모델 빌더 창에 드래그하여 추가하고 연결선을 이용하여 Select 실행결과 산출된 결과물과 input feature와 연결하고 결과물을 result폴더의 Scratch.gdb안에 green_dist로 저장한다.
- ❑ Fuzzy Membership 도구를 모델 빌더 창에 드래그하여 추가하고 연결선을 이용하여 green_dist를 input raster로 연결한다.
- ❑ Fuzzy Membership 도구를 더블 클릭하여 다음과 같이 옵션을 변경한다.

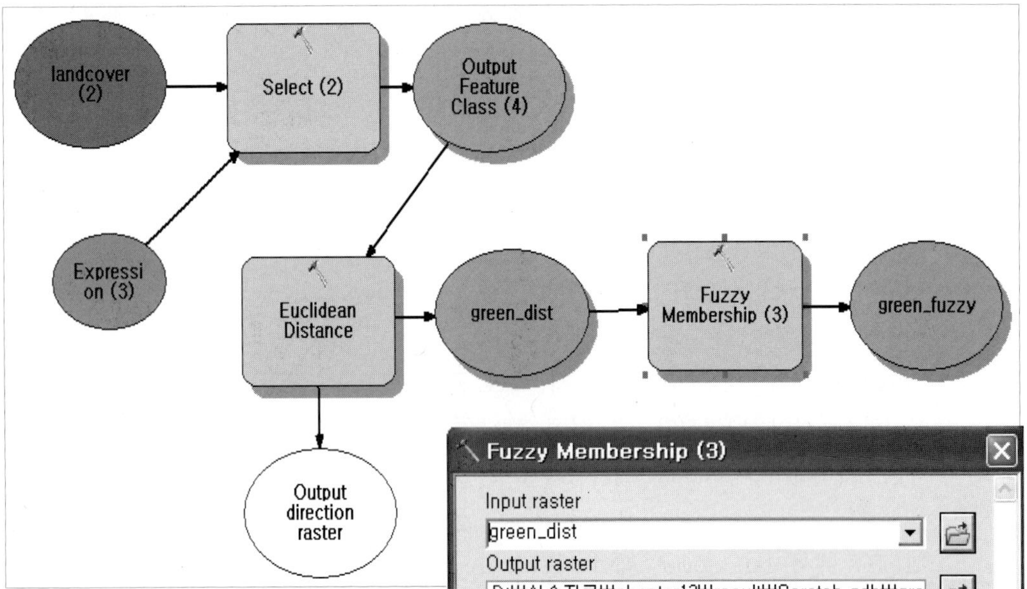

- ❑ output raster를 클릭하여 result폴더의 Scratch.gdb안에 green_fuzzy로 저장한다.
- ❑ 모델 툴바에서 저장하기 버튼 을 누른다.

(4) '도로 접근성' 기준요인에 대한 표준화 및 요인지도 구축

공원 입지를 위한 또 다른 기준요인으로 도로와의 접근성을 고려해보자. 수원시를 지나는 도로는 고속도로부터 일반 도로까지 있다. 일반적으로 공원을 이용하기 위해 고속도로와 국도를 이용하지 않기 때문에 간선도로와 일반도로에서의 접근성을 고려하도록 한다. 이때 도로와의 접근성의 표준화를 위한 Fuzzy 함수도 small 유형을 설정하며 midpoint를 500m로 설정해보자.

- ❑ TOC에서 road 레이어를 모델 빌더 창으로 드래그하여 입력한다.
- ❑ 녹지 지역과의 접근성 요인 지도를 만드는 과정에서 사용하였던 Select 도구부터 Fuzzy Membership 도구 까지를 select 버튼 을 사용하여 선택한 뒤 키보

드의 Ctrl-C, Ctrl-V를 눌러 Copy & Paste 한다.

- ❑ landcover 및 landcover의 Expression 파라미터와 복사한 selection 도구와의 연결선을 선택한 뒤 키보드의 Del키를 눌러 연결선을 삭제한다.
- ❑ 연결선을 이용하여 road 레이어와 selection 도구를 연결해 input feature로 사용한다.
- ❑ 연결한 selection 도구에서 마우스 오른쪽 버튼을 클릭하여 Make Variable → From Parameter → Expression 파라미터를 생성하고 더블 클릭한 뒤 다음과 같이 질의문을 작성한다.

    "ROAD_TYPE" <= 1

- ❑ Euclidean Distance 도구를 이용한 결과물을 result폴더의 Scratch.gdb안에 road_dist로 변경한다.
- ❑ Fuzzy Membership 도구를 더블 클릭하여 다음과 같이 옵션을 변경한다.

input raster: road_dist
Output raster: Scracth.gdb₩road_fuzzy
Membership type: Small
Midpoint: 500
Spread: 5

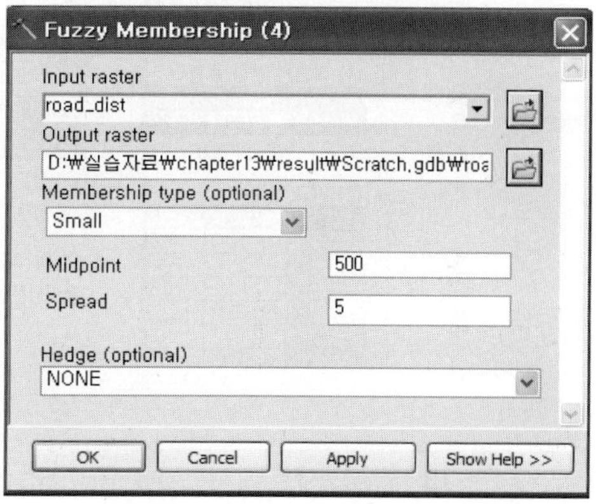

- ❑ 모델 툴바에서 저장하기 버튼을 누른다.

[2] AHP를 이용한 가중치 부여

공원 입지를 평가하기 위해 기준요인으로 고려되고 있는 4가지 요인들의 상대적인 중요도는 다를 수 있다. 또한 공원시설을 공급해야 하는 지자체나 시설업체들과 공원을 이용하는 주민들 간의 기준요인에 대한 중요도도 다르게 인지할 수 있다. 이렇게 다기준요인들을 토대로 입지 분석을 하는 경우 기준요인들에 대한 가중치를 산출하여야 한다. 가장 일반적으로 가중치를 산정하는데 사용되는 방법이 AHP이다. 가중치를 산출하기 위해서 쌍별비교를 도입하고 있는 이 방법을 적용하기 위해서는 다양한 이해 관계자들과 전문가 집단들에게 설문조사를 실시하여야 한다. 여기서는 설문조사가 실시되었다는 가정 하에서 가중치를 산출하는 방법에 대해 살습해보자. 본 실습에서 사용하는 AHP

엑셀 프로그램은 한 블로거가 포스팅한 파일을 활용하여 AHP 분석을 통해 가중치를 산출하고자 한다.

- ❑ 엑셀을 실행시키고 chapter13\data 폴더에서 AHP_Calculator_with_CI.xls 파일을 불러온다.
- ❑ 엑셀 매크로를 사용하기 위해서 파일 불러오기 실행 후 "옵션" 버튼을 눌러 보안 옵션에서 이 콘텐츠 사용(E)로 옵션을 변경하고 확인 버튼을 누른다.

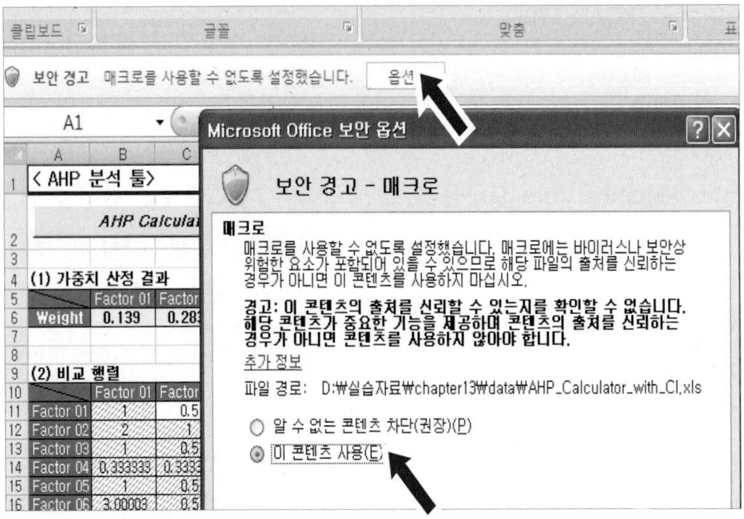

- ❑ 엑셀 시트에서 AHP를 고려한 설문지 시트로 이동하여 설문 응답 내용을 확인하고 AHP 분석 툴 시트로 이동하여 비교행렬 칸에 설문의 응답 점수를 입력한다.

- ❑ 입력이 완료되면 AHP Calculating Start 버튼을 눌러 가중치를 산출하고 일관성 지수(consistency index)를 확인한다.

계산 결과 일관성 지수의 값이 0.0153으로 나타났다. 전문가 집단에 의해 조사된 결과가 약 0.1이하로 나타나면 일관성을 신뢰할 수 있다는 것을 의미한다. 따라서 조사된 설문에 의해 산출된 가중치는 신뢰성이 있다고 볼 수 있다. 즉, 인구밀도 요인(factor01)의 가중치는 0.450, 지가요인의 가중치는 0.288, 녹지와의 접근성 가중치는 0.137, 도로와의 접근성 가중치는 0.125를 적용할 수 있다.

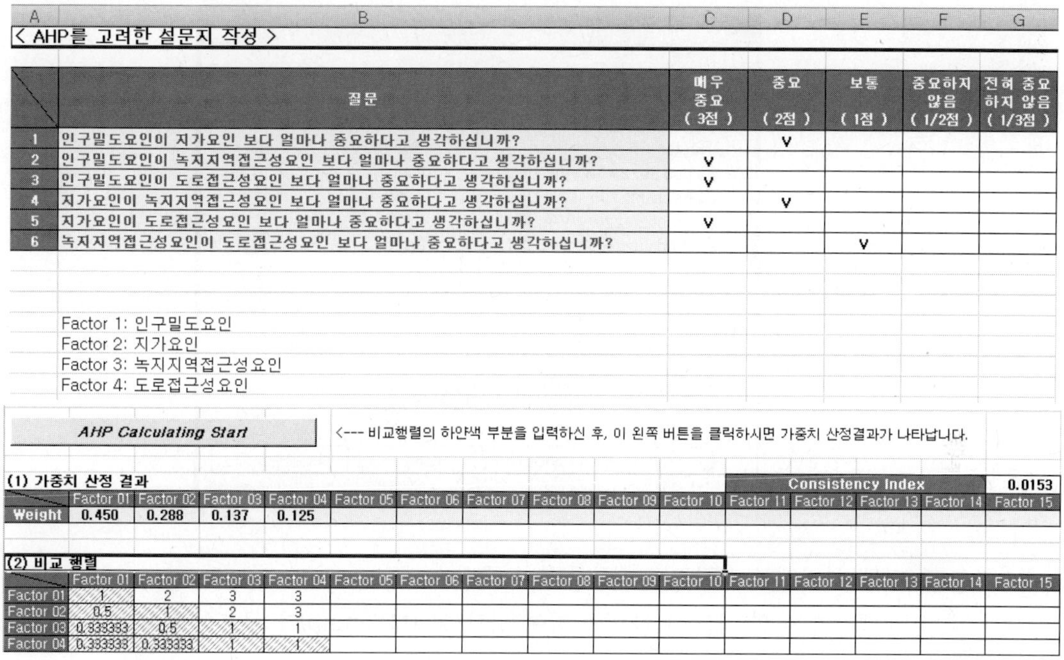

< AHP를 고려한 설문지 작성 >

	질문	매우 중요 (3점)	중요 (2점)	보통 (1점)	중요하지 않음 (1/2점)	전혀 중요하지 않음 (1/3점)
1	인구밀도요인이 지가요인 보다 얼마나 중요하다고 생각하십니까?		V			
2	인구밀도요인이 녹지지역접근성요인 보다 얼마나 중요하다고 생각하십니까?	V				
3	인구밀도요인이 도로접근성요인 보다 얼마나 중요하다고 생각하십니까?	V				
4	지가요인이 녹지지역접근성요인 보다 얼마나 중요하다고 생각하십니까?		V			
5	지가요인이 도로접근성요인 보다 얼마나 중요하다고 생각하십니까?	V				
6	녹지지역접근성요인이 도로접근성요인 보다 얼마나 중요하다고 생각하십니까?			V		

Factor 1: 인구밀도요인
Factor 2: 지가요인
Factor 3: 녹지지역접근성요인
Factor 4: 도로접근성요인

AHP Calculating Start <--- 비교행렬의 하얀색 부분을 입력하신 후, 이 왼쪽 버튼을 클릭하시면 가중치 산정결과가 나타납니다.

(1) 가중치 산정 결과 — Consistency Index 0.0153

	Factor 01	Factor 02	Factor 03	Factor 04	Factor 05	Factor 06	Factor 07	Factor 08	Factor 09	Factor 10	Factor 11	Factor 12	Factor 13	Factor 14	Factor 15
Weight	0.450	0.288	0.137	0.125											

(2) 비교 행렬

	Factor 01	Factor 02	Factor 03	Factor 04	Factor 05	Factor 06	Factor 07	Factor 08	Factor 09	Factor 10	Factor 11	Factor 12	Factor 13	Factor 14	Factor 15
Factor 01	1	2	3	3											
Factor 02	0.5	1	2	3											
Factor 03	0.333333	0.5	1	1											
Factor 04	0.333333	0.333333	1	1											

[3] 가중치를 고려한 평가지도 구축

평가기준에 대한 가중치를 부여한 후에 이를 근거로 하여 대안의 순위를 결정하기 위해 일련의 규칙들을 사용된다. 이러한 규칙들 가운데 가장 일반적으로 많이 사용되고 있는 방법이 가중선형조합법(WLC: weighted linear combination)이다. 이 방법은 흔히 단순가중치 첨가법(SAW:simple additive weighting) 또는 점수화방법(scoring method)이라고도 한다. 이 방법은 각 평가기준에 가중치를 곱하고 모든 평가기준들을 합계하여 전체 점수를 산출하는 방법이다. 모든 대안들(i)에 대한 전체 평가기준(j)이 계산될 때, 전체 점수가 가장 높은 대안이 최선의 대안으로 선택되어지는 것이다.

- ❑ 모델 빌더 창으로 ArcToolbox의 Spatial Analyst의 Overlay 도구 중 Weighted Sum 도구를 모델 빌더 창에 드래그하여 추가한다.
- ❑ 4가지 요인 지도(pop_fuzzy, price_fuzzy, green_fuzzy, road_fuzzy)를 연결선을 이용하여 연결한다.
- ❑ Weighted Sum 도구를 더블 클릭하여 Weight 칸에 AHP를 통해 산출한 가중치를 입력하고 Scratch.gdb에 MCEmap으로 저장한다.

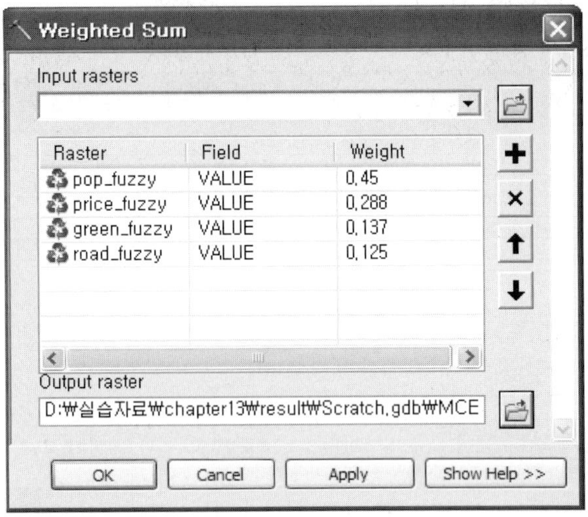

❑ 모델 툴바에서 저장하기 버튼을 누른다.

❑ 모델창의 실행 버튼 을 클릭하여 평가지도(MCEmap)를 구축하고 add data 버튼을 눌러 Scratch.gdb에서 추가하여 확인한다.

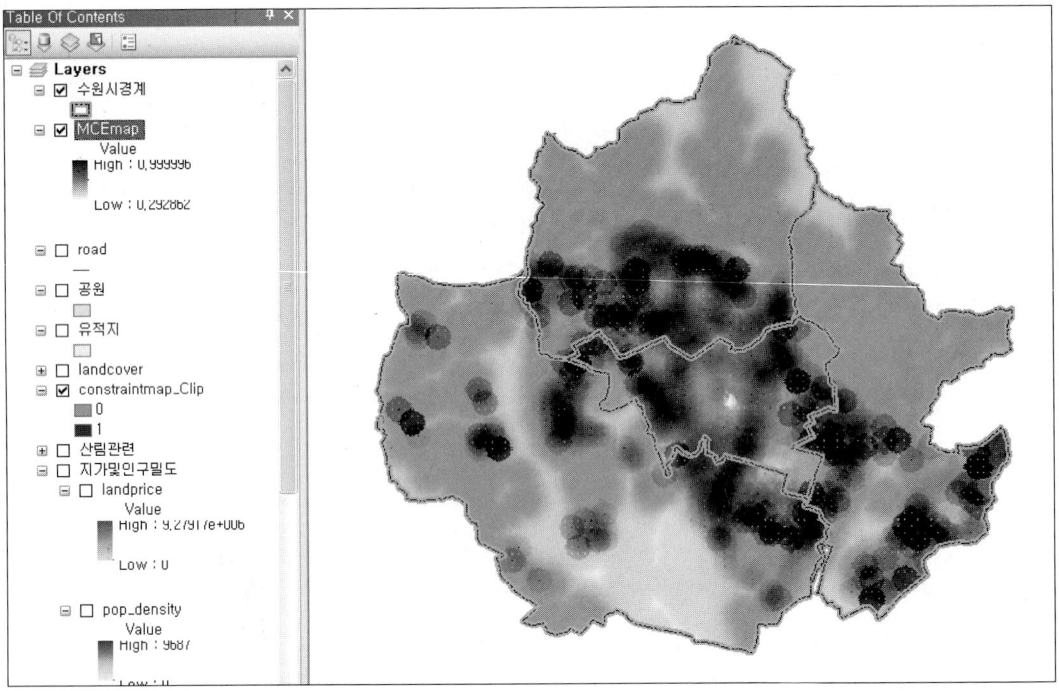

4. 최종 입지 후보지 대안 추출

[1] 평가지도에서 배제지역 제거

앞에서 4가지 기준요인의 상대적 중요도를 고려하여 가중치를 부여한 평가지도를 구축하였다. 따라서 4가지 기준요인들의 점수를 합산하였을 때 가장 높은 점수를 받은 지역들이 공원을 입지하는데 가장 좋은 입지라고 할 수 있다. 그러나 점수가 아무리 높은 지역이라도 제한요인에 의해 배제되어야 할 지역이라면 공원의 후보 입지가 될 수 없다. 따라서 최종 입지 후보지를 선정하기 위해서는 평가지도에서 입지 후보지로 선정된 지역들 가운데서 배제지역을 제외하여야 한다.

- ❑ 모델 빌더 창으로 ArcToolbox의 Spatial Analyst의 Conditional 도구 중 Con 도구를 모델 빌더 창에 드래그하여 추가한다.

- ❑ 연결선을 이용하여 배제지지도(constraint_clip)를 Con 도구의 Input Conditional Raster로 입력하고 평가지도(MCEmap)을 InputTrue Raster로 입력한다.

- ❑ 추가된 Con 도구를 더블 클릭하여 Expression식을 “Value"=0 으로 입력한다. 이는 배제지역이 아닌 지역(Value 값이 0인 지역)인 경우, 평가지도의 점수를 나타내라는 의미이다.

- ❑ Output Raster는 Final_Park라고 저장한다.

- ❑ 모델 빌더 창의 실행 버튼 ▶을 클릭하여 최종적 공원 입지 후보지도(final_park)를 구축하고 add data 버튼을 눌러서 Scratch.gdb에서 TOC 창에 추가하여 확인한다.

- ❑ 이와 같은 최종 모델의 흐름도를 모델 빌더 툴바에서 저장하기 버튼을 통해 저장한다.

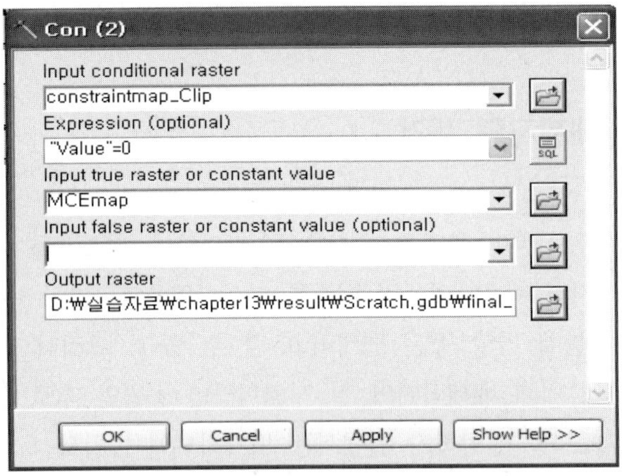
Con (2)
Input conditional raster
constraintmap_Clip
Expression (optional)
"Value"=0
Input true raster or constant value
MCEmap
Input false raster or constant value (optional)
Output raster
D:₩실습자료₩chapter13₩result₩Scratch.gdb₩final_
OK
Cancel
Apply
Show Help >>

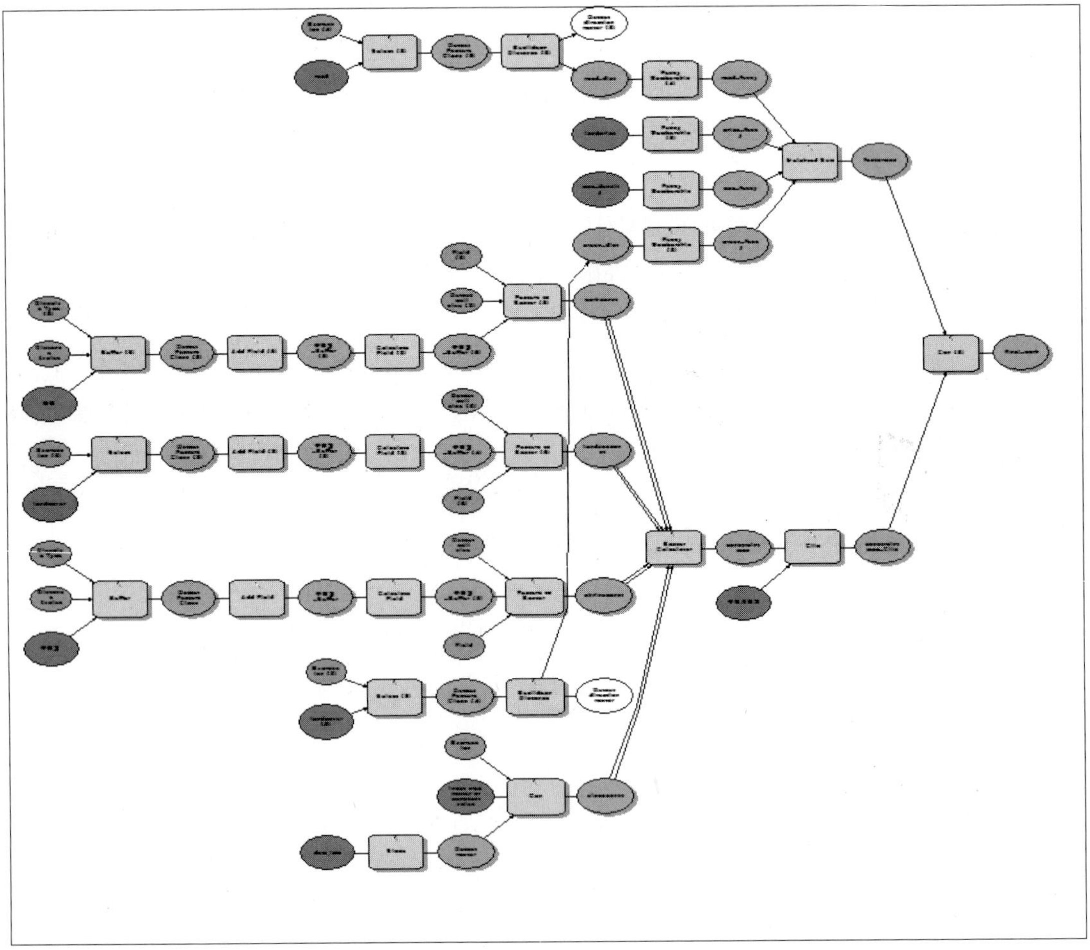

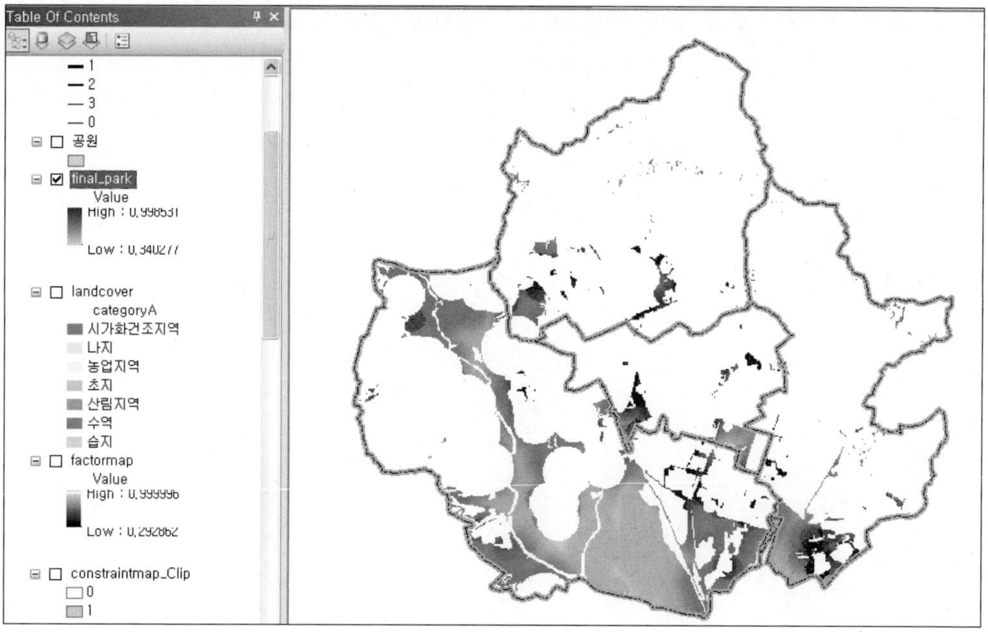

[2] 공원 입지 후보지 탐색 및 보완 작업

이렇게 추출된 공원 입지 후보지들의 특성을 살펴보면 대부분 토지피복이 공공시설지역, 교통시설지역, 골프장, 논, 밭들로 이루어져 있다. 그러나 이와 같은 지역들에도 이미 공원 시설이 있기 때문에 제외되어야한다. 만약 모델 빌더를 사용하지 않고 이렇게 분석 결과 추가되는 사항을 다시 분석하려면 매우 초기 단계에서부터 다시 작업해야하는 어려움이 발생한다. 그러나 모델 빌더를 사용하는 경우 이러한 상황을 반영하여 특정 모델의 파라미터만 변경하고 재실행하면 쉽게 원하는 결과를 얻을 수 있다.

- ❑ 토지이용 제한지도를 재구축하기 위해 "토지이용 제한요인 지도 구축"과정의 모델로 이동한다(landcover 레스터 데이터가 위치한 곳으로 이동).
- ❑ landcover에서 제약이 되는 지역을 선정하기 위한 SQL 질의문을 다음과 같이 변경한다.

"Sheet1$.categoryB" = '공업지역' OR "Sheet1$.categoryB" = '주거지역' OR "Sheet1$.categoryA" = '수역' OR "Sheet1$.categoryB" = '공공시설지역' OR "Sheet1$.categoryB" = '교통지역' OR "Sheet1$.categoryB" = '상업지역' OR "Sheet1$.categoryB" = '골프장' OR "Sheet1$.categoryB" = '논' OR "Sheet1$.categoryB" = '밭' OR "Sheet1$.categoryB" = '과수원'.

- 모델 빌더 창의 실행 버튼 ▶을 클릭하여 공원 입지 후보지 분석을 다시 수행한 뒤 final_park 레이어를 추가한다.

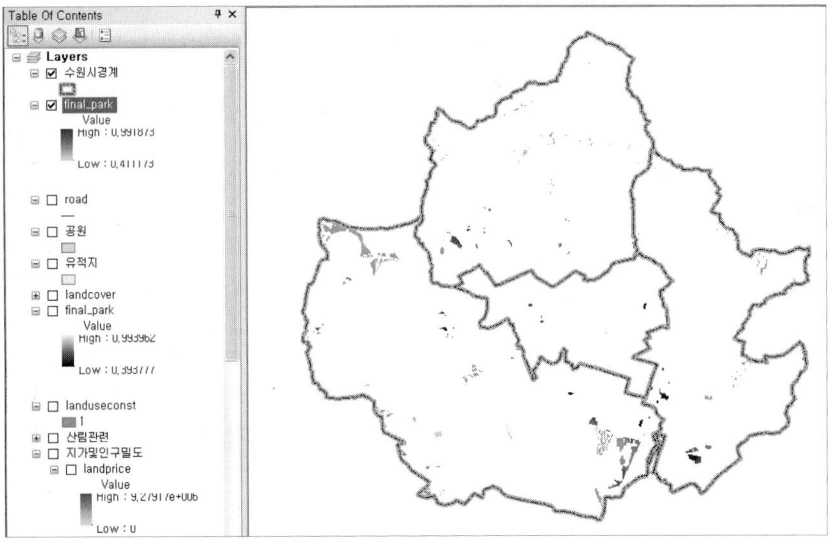

다시 최종적으로 분석한 결과 공원 입지 후보지의 면적이 이전보다 많이 줄어들었음을 확인할 수 있다. 이제 마지막으로 입지 후보지의 면적 조건을 고려하여야 한다. 추출된 입지 후보지들의 경우 다수의 셀들에 여러 요인점수를 가지고 있다. 이에 따라 일정한 면적을 계산할 수 있도록 연속하는 셀들의 값을 주변의 주요 셀 값으로 할당하는 작업을 수행해보자.

- ArcToolbox의 Spatial Analyst Tools → Map Algebra → Raster Calculator 도구를 실행한다.
- 앞으로 사용되는 Majority Filter 도구가 정수형 데이터를 사용하기 때문에 fianl_park 데이터의 수치를 두자리 정수로 변환한다.

수식창에 Int("final_park"*100)를 입력한 다음 output raster는 int_final로 설정한다.

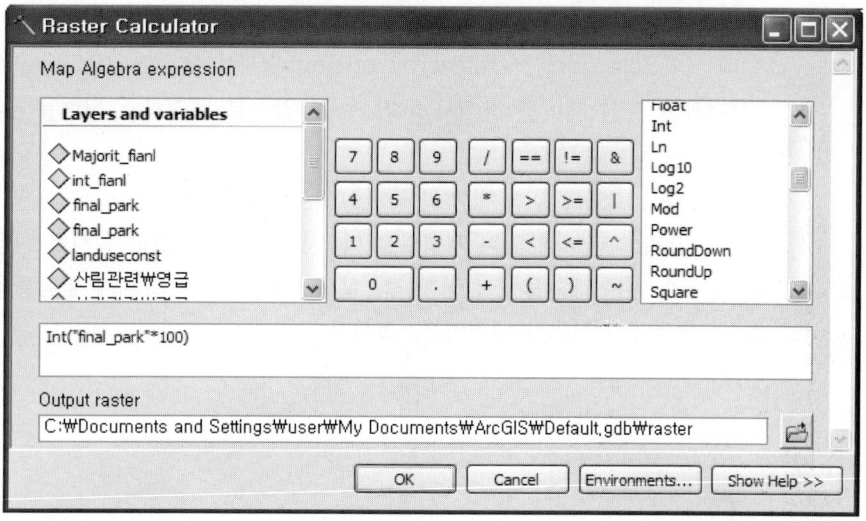

❏ ArcToolbox의 Spatial Analyst Tools → Generalization → Majority Filter를 실행하여 아래와 같이 입력한다.

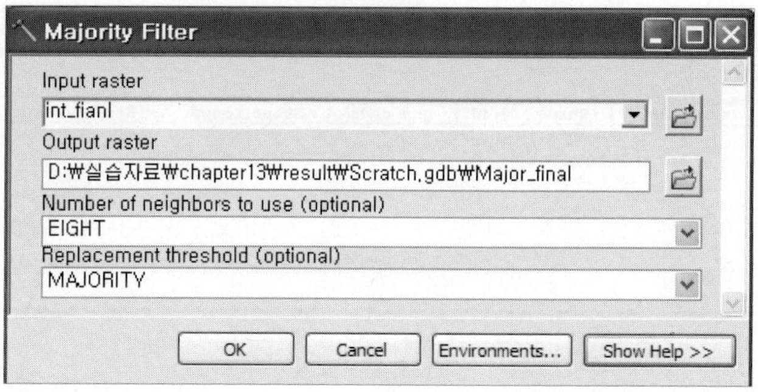

❏ ArcToolbox의 Conversion Tools → From Raster → Raster to Polygon을 실행하여 Major_final 레이스터를 입력하고 final 폴리곤 피처 클래스로 저장한다.

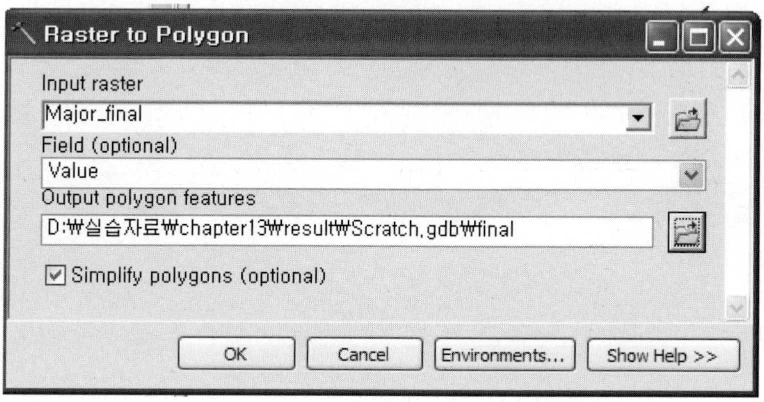

❑ 메뉴의 Selection → select by attributes에서 면적이 10,000㎡ 이상인 지역을 선택하여 속성 테이블 창에서 grid_code 값으로 내림차순 정렬을 수행한다.

실행 결과 10,000㎡ 이상인 지역에서 91점으로 가장 점수를 받은 공원 입지 후보지는 수원시 우측 하단부에 있는 지역으로 나타났다. 그러나 최종 입지를 선정하기 위해서는 점수가 높은 대안들을 선정한 후, 실제 답사를 통해 실세계 상황들을 더 고려하여 최종적으로 의사결정을 내려야 할 것이다.

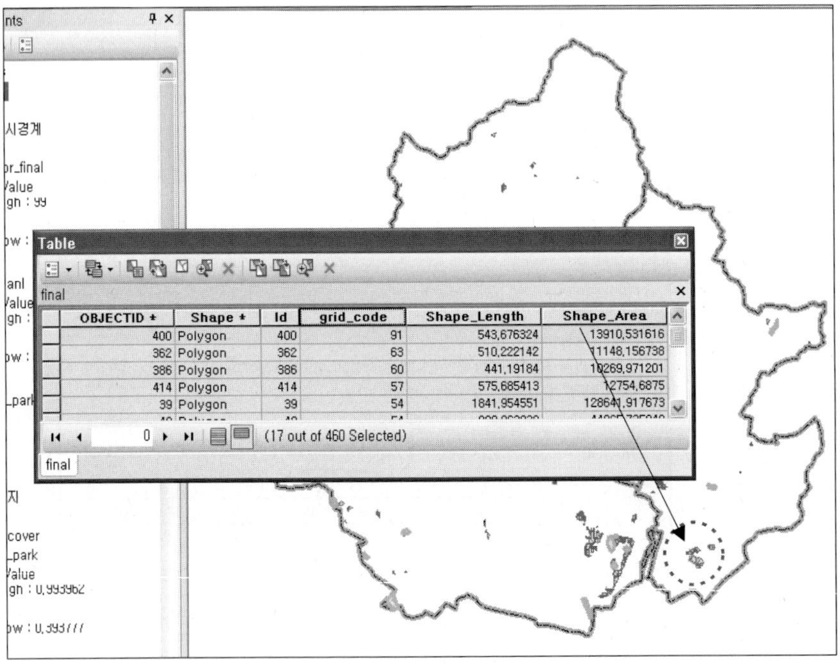

OBJECTID *	Shape *	Id	grid_code	Shape_Length	Shape_Area
400	Polygon	400	91	543,676324	13910,531616
362	Polygon	362	63	510,222142	11148,156738
386	Polygon	386	60	441,19184	10269,971201
414	Polygon	414	57	575,685413	12754,6875
39	Polygon	39	54	1841,954551	128641,917673

참고문헌

강영옥·박수홍 (2000), "서울대도시지역 도시성장 예측에 관한 연구", 대한지리학회지, 35(4), 621-639.

권일·김정욱·최봉문 (2004), "계획지원시스템을 이용한 수도권 시가지 성장예측 시뮬레이션", 국토계획, 39(7), 69-84.

국립지리원 (2002), 수치지도 좌표계 변환 - 21세기를 위한 Korean Map Grid.

국토연구원 (1996), 지리정보시스템 구축을 위한 데이터베이스 시스템 비교 연구.

국토연구원 (1996), 교통부문 지리정보체계(GIS-T) 구축 기본계획.

국토연구원 (2002), GIS 기술의 현재와 미래에 관한 국제 세미나.

김계현 (2000), GIS 개론(2판), 대영사.

김남신 (2003), GIS 실습, 한울 아카데미.

김선기 (2003), "장소판촉용 지역정보시스템의 평가와 정책제언". 지방행정연구, 17(3), 303-330.

김영표·임은선(2004), GIS 기반 공간분석방법론 적용연구, 국토연구원.

박수홍 (2001), "CA-GIS 통합 시스템의 설계와 구현", 한국GIS학회지, 9(2), 185-206.

박순호 (1997), "농촌지역 쓰레기 매립장 입지선정에 관한 연구: 경상북도 영양군을 사례로", 한국지역지리 학회지, 3(1), 63-80.

손연기, (2000), "지역발전을 위한 지역정보시스템의 구축 방안에 관한 연구", 도시행정학보 13(1), 139-157.

오규식·정연우 (1998), "도시 주거환경 평가를 위한 GIS-Expert System(GIES)의 개발". 한양대 산업과학논문집 45, 73-85.

이인성 (1998), "수치변환척도 및 단순화 방식 적용에 따른 계층적 분석과정(AHP)의 일관도 및 정확도의 분석", 국토계획, 33(3), 347-362.

이희연 (1995), 지도학, 법문사.

______ (2000), "공공시설물 입지선정에 있어서 다기준 평가기법의 활용에 관한 연구", 대한지리학회지, 35(3), 437-454.

______(2005), "인터넷산업의 입지적 특성과 공간적 집적화", 국토계획, 40(2), 33-51.

______(2005), "도시·지역계획 수립시에 계획지원시스템의 활용 가능성 탐색", 환경논총, 43, 217-252.

______(2010), "지식창출활동의 공간적 집적과 지역간 격차요인 분석", 지식재산연구, 5(1), 113-149.

이희연·이정미 (1996), "GIS 기법을 활용한 패스트푸드점의 입지분석에 관한 연구: 서울시 강남구를 중심으로", 한국GIS학회지, 4(2), 131-146.

이희연·김은미 (1997), "GIS 기법을 활용한 은행입지 분석에 관한 연구: 서울시 강남구를 사례로 하여", 한국GIS학회지, 5(1), 11-26.

임은선 (2001), 생활폐기물 관리를 위한 공간적 의사결정지원시스템 구축에 관한 연구, 건국대학교 박사학위 논문.

임은선·이희연(2005), "장소마케팅을 위한 주민참여형 지역정보시스템 구축 방안", 한국도시지리학회지, 8(2), 73-89.

정재준·이창무·김용일 (2002), "도시성장분석 및 예측을 위한 셀룰라 오토마타 모델 개발", 국토계획,

37(1), 27-42.

정재준·한동엽·김용일·이재원 (2001), "셀룰라 오토마타를 이용한 수도권의 도시성장 예측", 한국GIS학회지, 9(3), 397-412.

조규현·이인성 (2001), "도시공원 입지선정을 위한 GIS기반의 의사결정 지원시스템의 개발", 한국GIS학회지, 9(1), 91-106.

지봉구 (2003), "GIS기반의 관광지리정보시스템 구축방법에 관한 연구", 관광정책학연구, 9(2), 253-270.

한국전산원 (1996), GIS 기술동향 및 표준화 발전 방향에 관한 연구.

한국전자통신연구원 (1999), '99 개방형 GIS 컴포넌트 S/W 개발 워크샵.

Adrian, C. (1997), *Design of a Prototype Decision Support System for Urban Redevelopment Planning,* Department of City Planning, University of Manitoba Winnipeg, Manitoba.

Alberti, M. and Waddell, P. (2000), An integrated urban development and ecological simulation model, *Integrated Assessment*, 1(3), 215-227.

Alonso, W. (1964), *Location and Land Use*, Cambridge, M.A., Harvard University Press.

Altman, D. (1994), Fuzzy set theoretic approaches for handling imprecision in spatial analysis, *International Journal of Geographical Information Systems,* 8, 271-290.

Amrhein, C.G. (1985), An interactive multi-criteria decision model for spatial problem, *EastLakes Geographers,* 20(1), 20-28.

Anas, A. (1982), *Residential Location Markets and Urban Transportation: Economic Theory, Econometrics, and Policy Analysis with Discrete Choice Models*. New York, Academic Press.

Anselin, L. (1988), *Spatial Econometrics: Methods and Models*, Dordrecht, Kluwer Academic.

_______(1990), Spatial dependence and spatial structural instability in applied regression analysis, *Journal of Regional Science*, 30, 185 - 207.

_______(1995), Local indicators of spatial association—LISA, *Geographical Analysis*, 27, 93 - 115.

_______(1998), Exploratory spatial data analysis in a geocomputational environment, in Longley, P., Brooks, S., McDonnell, R. and Macmillan, B. (eds.), *Geocomputation, A Primer*, New York: John Wiley & Sons.

_______(1999), Interactive techniques and exploratory spatial data analysis, in Longley, P. A., Goodchild, M. F., Maguire, D. J. and Rhind, D. W.(eds.), *Geographical Information Systems: Principles and Technical Issues*, New York, Toronto: John Wiley & Sons, 253-266.

Anselin, L. and Bera, A. (1998), Spatial dependence in linear regression models with an introduction to spatial econometrics, in Ullah, A. and Giles, D. (eds.), *Handbook of Applied Economic Statistics*, New York, Marcel Dekker.

Anselin, L. and Getis, A. (1992), Spatial statistical analysis and geographic information systems. *Annals of Regional Science,* 26. 19 - 33.

Antenucci, J.C., Brown, P.L., Croswell, M.J., Kevany, M.J. and Archer, H.(1991), *Geographic Information Systems: A Guide to the Technology,* New York, Van Nostrand Reinhold.

Arctur, D. and Woodsford, P. (1996), *Introduction to Object-Oriented GIS Technology Workshop*

Outline, Cambridge, Laser-Scan.

Armstrong, M.P. (1994), Requirements for the development of GIS-based group decision support systems, *Journal of the American Society for Information Science,* 45(9), 669-677.

Arnstein, S. (1969), A ladder of citizen participation, *Journal of the American Institute of Planners,* 35, 216-224.

Aronoff, S. (1989), *Geographic Information Systems: A Management Perspective,* Ottawa, WDL Publications.

Arthur, J. L. and Nalle, D. J. (1997), Clarification on the use of linear programming and GIS for land-use modelling, *International Journal of Geographical Information Systems,*11(4), 397-402.

Aspinall, R.J. (1994), Exploratory spatial analysis in GIS: generating geographical hypotheses from spatial data, *Innovations in GIS,* 1, 139-147.

Bailey, T.C. and Gatrell, A.C. (1995), *Interactive Spatial Data Analysis,* Harlow, Longman Scientific and Technical.

Ball, J. (2002), Towards a methodology for mapping 'regions for sustanability' using PPGIS, *Progress in Planning*, 58, 81-140.

Banai, R. (1993), Fuzziness in geographical information systems: contributions from the AHP, *International Journal of Geographical Information Systems,* 7(4), 315-329.

Band, L.E. (1993), Extraction of channel networks and topographic parameters from digital elevation data, in Bevin, K. (ed.), *Channel Network Hydrology,* New York, Wiley, 13-42.

Balram, S. and Dragicevic, S.(2006), *Collaborative Geographic Information System*, Hershey, IDEA Group Publishing.

Barnard, M.E. (1992), The Global Positioning System, *IEE Review* (March), 99-102.

de la Barra, T. (1989), *Integrated Land Use and Transport Modelling*, Cambridge, Cambridge University Press.

de la Barra, T. (2001), Integrated Land Use and Transport Modelling: The TRANUS experience, in Brail, R. and Klosterman, R, (eds.), *Planning Support Systems: Integrating Geographic Information Systems, Models, and Visualization Tools*, Redlands, ESRI Prsss, 129-156.

Batty, M.(1976), *Urban Modelling: Algorithms, Calibrations, Predictions*, London, Cambridge University Press.

_______(1995), Planning support systems and the new logic of computation, *Regional Development Dialogue*, 16(1), 1-17.

Batty, M. and Xie, Y. (1994), Modelling inside GIS: Part 1, Model structures, exploratory spatial data analysis and aggregation, *International Journal of Geographic Information Systems,* 8(4), 291-307.

Batty, M., Xie, Y. and Sun, Z, (1999), Modeling urban dynamics through GIS-based cellular automata, Computers, *Environments and Urban Systems*, 23, 205-233.

Birkin, M., Clarke, G., Clarke, M. and Wilson, A. (1996), *Intelligent GIS: Location Decisions and Strategic Planning,* Cambridge, UK, GeoInformation International.

Bernhardsen, T. (1999), *Geographic Information Systems: An Introduction*(2nd ed.), New York, John

Wiley & Sons.

______(2002), *Geographic Information Systems: An Introduction*(3rd ed.), New York, John Wiley & Sons.

Berry, J.K. (1993), *Beyond Mapping: Concepts, Algorithms and Issues in GIS,* Fort Collins, CO., GIS World Books.

______(1995), *Spatial Reasoning for Effective GIS,* New York, Wiley.

Berry, J.K, and Tomlin, C.D. (1984), *Geographic Information Analysis Workshop,* New Haven, CT., Yale School of Forestry.

Bill, R., Dransch, D. and Voight, C. (1999), Multimedia GIS: concept, cognitive aspects and applications in an urban environment, in Camara, A. S. and Raper, J.(eds). *Spatial Multimedia and Virtual Reality,* London, Taylor and Francis, 21-34.

Birkin, M., Clarke, G., Clarke, M. and Wilson, A. (1996), *Intelligent GIS: Location Decisions and Strategic Planning,* Cambridge, UK, GeoInformation International.

Bishop, I. (1998). Planning support: hardware and software in search of a system. Computers, *Environment and Urban Systems*, 22(3), 189-202.

Boar, B. (1997), *Understanding Data Warehousing Strategically,* Lincroft, NJ., NCR Corporation.

Bolstad, P.V., Gessler, P. and Lillesand, T.M. (1990), Positional uncertainty in manually digitized map data, *International Journal of Geographic Information Systems,* 4, 399-411.

Bolstad, P.V. and Stowe, T. (1994), An evaluation of DEM accuracy: elevation, slope, and aspect, *Photogrammetric Engineering and Remote Sensing,* 60(11), 1327-1332.

Bonham-Carter, G.F. *(1995), Geographic Information Systems for Geoscientists: Modelling with GIS,* New York, Pergamon Press.

Brail, R., and Klosterman, R.(eds.) (2001), *Planning Support Systems: Integrating Geographic Information Systems Models, and Visualization Tools.* Redlands, ESRI Press.

Buckley, J. J. (1984), The multiple judge, multiple criteria ranking problem: a fuzzy set approach, *Fuzzy Set and Systems,* 13, 25-37.

Buehler, K. and McKee, L. (eds.)(1996), *The Open GIS Guide: Introduction to Interoperable Geoprocessing,* Wayland, MA., Open GIS Consortium.

Burke, E. (1979), *A Participatory Approach to Urban Planning,* New York, Human Science Press.

Burns. J. (1979). Citizens Take Part in the Process of Urban Design, *Nations Citizen's Weekly*, 2, 43.

Burrough, P.A. (1986), *Principles of Geographical Information Systems for Land Resources Assessment*, Oxford, Clarendon Press.

______(1992), Development of intelligent geographic information systems, *International Journal of Geographic Information Systems,* 6(1), 1-11.

______(1998), Review of exploring geographic information systems, *International Journal of Geographic Information Science,* 12, 191-192.

Burrough, P. A. and McDonnell, R. A. (1998), *Principles of Geographic Information Systems*(2nd ed.), Oxford, Oxford University Press.

Campbell, H.J. and Masser, I. (1995), *GIS and Organizations: How Effective are GIS in Practice?,* London, Taylor and Francis.

Cambell, J. (1991), *Introductory Cartography*(2nd ed.), Dubuque, IA., Wm. C. Brown.

Can, A. (1993), Residential quality assessment alternative approaches using GIS, in Fischer, M.M. and Nijkamp, P. (eds.), *Geographic Information Systems, Spatial Modelling and Policy Evaluation,* Berlin, Springer-Verlag, 199-212.

Carrara, A., Bitelli, G. and Carla, R. (1997), Comparison of techniques for generating digital terrain models from contour lines, *International Journal of Geographic Information Systems,* 11, 451-474.

Carter, J.R. (1989), On defining the geographic information system, in Ripple, W. J. (ed.), *Fundamentals of Geographic Information Systems: A Compendium,* ASPRS/ACSM, Falls Church Virginia, 3-7.

Carver, S. J. (1991), Integrating multi-criteria evaluation with geographic information systems, *International Journal of Geographic Information Systems,* 5(3), 321-339.

Carver, S. and Brunsdon, C. (1994), Vector to raster conversion error and feature complexity; an empirical study using simulated data, *International Journal of Geographic Information Systems,* 8(3), 261-272.

Chankong, V. and Haimes, Y. (1983), *Multiobjective Decision Making: Theory and Methodology,* New York: North-Holland.

Chen, P. (1976), The entity-relationship model: towards a unified view of data, *Association of Computing Machinery Transactions on Database Systems,* 1(1), 9-36.

Chen, Z. and Guevara, J. A. (1987), Systematic selection of very important points(VIP) from digital terrain models for construction of triangular networks, in *Proceedings of AutoCarto,* 8, ASPRS/ACSM, Falls Church, Virginia, 50-56.

Chrisman, N.R. (1984), The role of quality information in the long-term functioning of a geographic information system, *Cartographica,* 21, 79-87.

______(1991), The error component in spatial data, in Maguire, D. J., Goodchild, M. F. and Rhind, D. W. (eds.), *Geographic Information Systems: Principles and Applications,* London, Longman, Vol. 1, 165-174.

______(1999), What does GIS mean?, *Transactions in GIS,* 3, 175-186.

______(2002), *Exploring Geographic Information Systems,* New York, John Wiley and Sons.

Church, R. L., Lobin, S. R. and Lombard, K. (1992), An interface for exploring spatial alternatives for a corridor location problem, *Computers and Geosciences,* 8(10), 1095-1105.

Clarke, K. C. (1995), *Analytical and Computer Cartography*(2nd ed.), Upper Saddle River, NJ., Prentice-Hall.

______(2003), *Getting Started with Geographic Information Systems* (4th ed.), Upper Saddler River, NJ., Prentice-Hall.

______(2011), *Getting Started with Geographic Information Systems* (5th ed.), Upper Saddler River, NJ., Prentice-Hall.

Clarke, K .C. and Gaydos, L. J. (1998), Loose-coupling a cellular automaton model and GIS: long-term urban growth prediction for San Francisco and Washington/Baltimore, *International Journal of GIS,* 12(7), 69-714.

Clarke, K. C., Hoppen, S. and Gaydos, L.(1996), Methods and techniques for rigorous calibration of a cellular automaton model of urban growth, Third International Conference/Workshop on Integrating GIS and Environmental Modeling.

Clarke, K. C., Parks, B. O. and Crane, M. P. (2002), *Geographic Information Systems and Environmental Modeling,* Upper Saddle River, NJ., Prentice-Hall.

Codd, E. F. (1970), A relational model of data for large shared data banks, *Communications of the Association for Computing Machinery,* 13(6), 377-387.

Coppock, J. T. and Rhind, D. W. (1991), The history of GIS, in Maguire, D. J., Goodchild, M. F. and Rhind, D. W. (eds.), *Geographic Information System: Principles and Applications*, London, Longman, Vol. 1, 21-43.

Cowen, D. J. (1988), GIS versus CAD versus DBMS: What are the differences? *Photogrammetric Engineering and Remote Sensing,* 54, 1551-1554.

Craig, W., Harris, T. and Weiner, D.(eds.) (2002), *Community Participation and Geographic Information Systems,* London, Taylor & Francis.

Cressie, N. (1990), The origin of kriging, *Journal for the International Association for Mathematical Geology,* 22, 239-252.

Cressie, N. (1993), *Statistics for Spatial Data* (revised. ed.), New York, John Wiley.

Cresswell, P. (1995), Customized and proprietary GIS: past, present and future, in Longley, P. and Clarke, G.(eds.), *GIS for Business and Service Planning,* Cambridge, UK. Geoinformation International, 192-226.

Cromley, R. G. and Hanink, D. M. (1999), Coupling land use allocation models with raster GIS, *Journal of Geographic Systems,* 1(2), 137-153.

Curry, M. R. (1998), *Digital Places Living with Geographic Information Technologies,* London, Routledge.

Daniel, L., Paula, L. and Whitener, A. (1996), *Inside MapInfo Professional,* Onword Press.

Date, C. J. (1995), *Introduction to Database Systems*(6th ed.), Reading, Mass., Addison - Wesley.

Davidson, D. A., Theocharopoulo, S. P. and Bloksma, R. J. (1994), A land evaluation project in Greece using GIS and based Boolean and fuzzy set methodologies, *International Journal of Geographic Information Systems,* 8, 369-384.

Davis, B. E. (2001), *GIS: A Visual Approach* (2nd ed.), Santa Fe, New Mexico, OnWord Press.

DeMers, M. N. (1997), *Fundamentals of Geographic Information Systems,* New York, Wiley.

________(2002), *GIS Modeling in Raster,* New York, John Wiley and Sons.

Department of the Environment(DoE) (1987), *Handling Geographic Information,* London. HMSO.

Densham, P. J. (1991), Spatial decision support systems, in Maguire, D. J., Goodchild, M. F. *and* Rhind, D. W. (eds.), *Geographic Information Systems: Principles and Applications,* London, Longman, Vol. 1, 403-412.

Dijkstra, E. W. (1959), A note on two problems in connection with graphs, *Numerische Mathematik,*

1, 269-271.

Dobson, J. E. (1995), Defining the university consortium for geographic information science, *GIS World,* 8(3), 44-46.

Domencich, T. and Mcfadden, D. (1975), *Urban Travel Demand; A Behavioural Analysis,* Amsterdam, North-Holland.

Dubrule, O. (1984), Comparing splines and kriging, *Computers and Geosciences,* 10, 327-338.

Dueker, K. J. (1979), Land resources information systems: a review of fifteen years' experience, *Geo-Processing,* 1(2), 105-128.

Eastman, J. R., Kyem, P. A., Toledano, J. and Jin, W. (1993), *GIS and Decision Making, Geneva,* The United Nations Institute for Training and Research.

Eastman, J. R. and Jiang, H. (1996), Fuzzy Measures in Multi-Criteria Evaluation, Proceedings, Second International Symposium on Spatial Accuracy Assessment in Natural Resources and Environmental Studies, May 21-23, Fort Collins, Colorado, 527-534.

Echenique, M. H. et al., (1990), The MEPLAN Models of Bilbao, Leeds and Dortmund, *Transport Reviews,* 10, 309-322.

Egenhofer, M. J. (1992), Why not SQL!, *International Journal of Geographic Information Systems,* 6(2), 71-85.

Egenhofer, M. J. and Frank, A. U. (1989), Object-oriented modeling in GIS: Inheritance and propagation, *Proceedings of AutoCarto,* 9, 588-598, Baltimore.

Egenhofer, M. J. and Golledge, R. (eds.) (1998), *Spatial and Temporal Reasoning in GIS,* Oxford, Oxfrod University Press.

Elmasri, R. and Navathe, S. B. (1994), *Fundamentals of Database Systems*(2nd ed.), Reading, MA., Addison-Wesley.

Engelen, G. (2000), *The development of the WadBOS decision support system: A bridge between knowledge and policy in the Wadden Sea,* The Hague, National Institute for Coastal and Marine Management.

Fainstein. S. S. (1991), Promoting Economic Development: Urban Planning in the United States and GREAT Britain, *Journal of the American Planning Association,* 57, 22-23.

Fischer, M., Scholten, H. J. and Unwin, D. (eds.) (1996), *Spatial Analytical Perspectives on GIS,* London, Taylor and Francis.

Fischer, M. M. and Getis, A. (eds.) (1997), *Recent Developments in Spatial Analysis: Spatial Statistics, Behavioural Modelling and Computational Intelligence,* Berlin, Springer-Verlag.

Fisher, P. F. (1995), *Innovations in GIS 2,* London, Taylor and Francis.

______(1993), Algorithm and implementation uncertainty in the viewshed function, *International Journal of Geographic Information Systems,* 2(7), 331- 347.

______(1996), Reconsideration of viewshed function in terrain modelling, *Geographical Systems,* 3, 33-58.

Foote, K. E. and Huebner, D. J. (1995), *Error, Accuracy and Precision,* The Geographer's Craft Project, Department of Geography, University of Texas at Austin.

Foresman, T. W. (1998), *The History of Geographic Information Systems: Perspectives from Pioneers, Upper Saddle River,* NJ., Prentice-Hall.

Fotheringham A. S., Brunsdon, C. and Charlton, M. E.(1998), Geographically weighted regression: a natural evolution of the expansion method for spatial data analysis. *Environment and Planning A,* 30, 1905-1927.

_______(2002). *Geographically Weighted Regression: the Analysis of Spatially Varying Relationships.* West Sussex, John Wiley & Sons Ltd.

Fotheringham, A. S., Charlton, M. and Demsar, U. (2008), Looking for a relationship? Try GWR, in Miller, H. and Han, J. (eds.), *Geographic Data Mining and Knowledge Discovery*(2nd ed.), London, Taylor & Francis.

Fotheringham, A. S. and O'Kelley, M. E. (1989), *Spatial Interaction Models: Formulations and Applications,* Dordrecht, Kluwer.

Fotheringham, A. S. and Rogerson, P. (eds.), (1994), *Spatial Analysis and GIS,* London, Taylor and Francis.

Gatrell, A. C. (1991), Concepts of space and geographic data, in Maguire, D. J., Goodchild, M. F. and Rhind, D. W. (eds.), *Geographic Information Systems: Principles and Applications,* London, Longman, Vol. 1, 119-143.

Gao, P., Zhan, C. and Menon, S. (1996), An overview of cell-based modeling with GIS, in Goodchild, M. F., Steyaert, L. T., Parks, B. O., Johnson, C., Maidment, D., Crane, M. and Glendinning, S (eds.), *GIS and Environmental Modeling: Progress and Research Issues,* Fort Collins, CO., GIS World Books.

Geary, R. (1954). The Contiguity Ratio and Statistical Mapping, *The Incorporated Statistician,* 5 (3), 115 - 145.

Geertman, S. (2002). Participatory planning and GIS: a PSS to bridge the gap, *Environment and Planning B: Planning and Design,* 29, 21-35.

Geertman, S. and Ritsemen Van Eck, J.R. (1995), GIS and models of accessibility potential: an application in planning, *International Journal of Geographic Information Systems,* 9, 67-80.

Geertman, S. and Stillwell, J. (2003), *Planning Support Systems in Practice,* Heidelberg, Springer.

_______(eds.)(2009), Planning Support Systems Best Practice and New Methods, Heidelberg, Springer.

Getis, A. and Ord, J. (1992), The analysis of spatial association by use of distance statistics, *Geographical Analysis,* 2493), 189-206.

Goodchild, M. F. (1991a), Geographic information systems, *Progress in Human Geography,* 15(2), 194-200.

_______(1991b), The technological setting of GIS, in Maguire, D. J., Goodchild, M. F. and Rhind, D. W. (eds.), *Geographic Information Systems: Principles and Applications,* London, Longman, Vol. 1, 45-54.

_______(1992), Geographical Information Science, *International Journal of Geographic Information Systems,* 6(1), 31-45.

Goodchild, M .F., Parks, B. O. and Steyaert, L.T. (eds.) (1993), *Environmental Modelling with GIS,*

Oxford, Oxford University Press.

Goodchild, M. F. and Proctor, J. (1997), Scale in a digital geographic world, *Geographical and Environmental Modelling,* 1(1), 5-24.

Goodchild, M. F., Steyaert, L. T., Parks, B. O., Johnson, C., Maidment, D., Crane, M. and Glendinning, S (eds.), *GIS and Environmental Modeling: Progress and Research Issues,* Fort Collins, CO., GIS World Books.

Greene, R. W. (2000), *GIS in Public Policy,* Redlands, ESRI Press.

Grimshaw, D. J. *(1994), Bring Geographic Information Systems into Business,* Harlow, Essex, Longman.

Guptill, S. C. and Morrison, J. L. (1995), *Elements of Spatial Data Quality,* Oxford, Elsevier.

Hadzilacos, T. and Tryfona, N. (1996), Logical data modelling for geographical applications, *International Journal of Geographical Information System,* 10(6), 179-203.

Hansen, H. (2001), *PSSD: Planning System for Sustainable Development, The Methodological Report* (NERI technical report No. 351), Denmark, National Environmental Research Institute.

Hansen, W. G. (1959), How accessibility shapes land use, *Journal of the American Institute of Planners,* 25.

Harder, C. (1997), *Arcview GIS Means Business: Geographic Information Systems Solutions for Business,* California, ESRI.

Harder, C. (1998), *Serving Maps on the InternetGeographic Information on the World Wide Web,* Redlands, ESRI Press.

Harris, B. (1959), Plan or projection: an examination of the use of models in planning, *Journal of the American Institution of Planners*, 25, 265-272.

______(1985), Urban Simulation Models in Regional Science, *Journal of Regional Science*, 25(4), 545-567.

______(1999), Computing in planning: professional and institutional requirements, *Environment and Planning B: Planning and Design,* 26, 321-331.

Harris, B. and Batty, M. (1993), Locational models, geographic information and planning support systems. *Journal of Planning Education and Research*, 12, 184-198.

Harris, B. and Wilson, G. (1978), Equilibrium values and dynamics of attractiveness terms in production-constrained spatial interaction models, *Environment and Planning A*, 10, 371-388.

Healey, R. G. (1991), Database management systems, in Maguire, D.J., Goodchild, M.F. and Rhind, D.W. (eds.), *Geographic Information Systems: Principles and Applications,* London, Longman, Vol. 1, 251-267.

Hearnshaw, H. M. and Unwin, D. J. (1994), *Visualization in Geographic Information Systems,* New York, Wiley.

Hemmens, S., 1971, *Special Report 97: Urban Development Models*, Washington, D.C., Highway Research Board, National Research Council.

Heuvelink, G. *(1998), Error Propagation in Environmental Modelling with GIS,* London, Taylor and Francis.

Heuvelink, G. and Burrough, P. A. (1993), Error propagation in cartographic modelling using Boolean logic and continuous classification, *International Journal of Geographic Information Systems,* 7(3), 231-246.

Heywood, I., Oliver, J. and Tomlinson, S. (1995), Building an exploratory multi-criteria modeling environment for spatial decision support, in Fisher, P.(ed.), *Innovations in GIS,* London, Taylor & Francis, 127-136.

Heywood, I., Cornelius, S. and Carver, S. (1998), *An Introduction to Geographic Information Systems,* Upper Saddle River, Prentice-Hall.

Hobbs, B.F. (1986), What can we learn from experiments in multi-objective decision analysis? *IEEE Transactions on Systems, Man and Cybernetics,* 16(3), 3384-3394.

Hobbs, B.F., Chankong, V., Hamadeh, W. and Stakhiv, E. Z. (1992), Does choice of multicriteria method matter?, An experiment in water resources planning, *Water Resources Research,* 28, 1767-1779.

Hodgson, M. E. (1995), What cell size does the computed slope/aspect angle represent? *Photogrammetric Engineering and Remote Sensing,* 61, 513-517.

Holroyd, F. and Bell, S.B.M. (1992), Raster GIS: models of raster encoding, *Computers and GeoSciences,* 18, 419-426.

Hopkins, L. (1999), Structure of a planning support system for urban development, *Environment and Planning B: Planning and Design,* 26, 333-343.

Hunt, J., Kriger, D. and Miller, E. (2005), Current operational Urban Land-use-Transport Modelling Frameworks: A Review, *Transport Reviews,* 25(3), 329-376.

Hurwitz, J. (1975), Participatory Planning in a Urban Neighbourhood, *DMG-DRS Journal,* 9, 348-357.

Hutchinson, M. F. (1993), Development of a continent-wide DEM with applications to terrain and climate analysis, in Goodchild, M. F., Parks, B .O. and Steyaert, L.T. (eds.), *Environmental Modelling with GIS,* Oxford, Oxford University Press, 392-399.

Huxhold, W. E. (1991), *An Introduction to Urban Geographic Information Systems,* New York, Oxford University Press.

Huxhold, W. E. and Levinsohn, A. G. (1995), *Managing Geographic Information Systems Projects,* New York, Oxford University press.

Jankowski, P. (1995), Integrating geographical information systems and multiple criteria decision making methods, *International Journal of Geographical Information Systems*, 9(3), 251-273.

Jankowski, P. and Richard, L. (1994), Integration of GIS-based suitability analysis and multicriteria evaluation in a spatial decision support system or route selection, *Environment and Planning B: Planning and Design*, 21, 323-340.

Janssen, R. and Rietveld, P. (1990), Multicriteria analysis and geographical information systems: an application to agricultural land use in the Netherlands, in Scholten, H. J. and Stillwell, J. (eds.), *Geographic Information Systems for Urban and Regional Planning,* Dordrecht, Kluwer Academic, 129-139.

Jensen, J. R., and Christensen, E. J. (1986), Solid and hazardous waste disposal site selection: using digital geographical information system techniques, *The Science of Total Environment,* 56, 265-276.

Jones, C. (1997), *Geographic Information Systems and Computer Cartography,* Reading, Mass., Addison-Wesley.

Kammeier, H. (1999), New tools for spatial analysis and planning as components of an incremental planning-support system, *Environment and Planning B: Planning and Design,* 26, 365-380.

Kauffman, A. (1975), *Introduction to the Theory of Fuzzy Subsets,* New York, Academic Press.

Keller, C. P. (1996), *Decision Making Using Multiple Criteria,* NCGIA core curriculum, unit 57, Santa Barbara, CA, NCGIA.

Keller, C. P. and Strapp, J. D. (1996), Multicriteria decision support for land reform using GIS and API, in Geoodchild, M. F., Steyaert, L. T. and Parks, B. O.(eds.), *GIS and Environmental Modeling: Progress and Research Issues,* Fort Collins, CO, GIS World, Inc, 367-371.

Keeney, R. (1992), *Value-focused Thinking; A Path to Creative Decisionmaking,* Cambridge, MA., Harvard University Press.

Kennedy, M. (1996), *The Global Positioning Systems and GIS: An Introduction,* Ann Arbor, Ann Arbor Press.

Klosterman, R. (1994), International support for computers in planning, *Environment and Planning B: Planning and Design,* 2, 387-391.

______(1997), Planning support systems: a new perspective on computer-aided planning, *Journal of Planning Education and Research,* 17(1), 45-54.

______(1999), The What if? collaborative planning support system, *Environment and Planning B: Planning and Design,* 26, 393-408.

______(2001), Planning support systems: a new perspective on computer-aided planning, in Brail, R. & Klosterman, R.(eds.), *Planning Support Systems: Integrating Geographic Information Systems Models, and Visualization Tools,* Redlands, ESRI, 1-23.

Knowles, A. K.(ed.) (2002), *Past Time, Past Place' GIS for History,* Redlands, CA., ESRI Press.

Krige, D. G. (1951), A Statistical Approach to Some Mine Valuations and Allied Problems at the Witwatersrand, Master's Thesis, University of Witwatersrand, South Africa.

Lai, S. K. and Hopkins, L. D. (1995), Can decision makers express multiattribute preferences using AHP and MUT? An expressment, *Environment and Planning B,* 22(1), 21-34.

Landis, J. (1994), The California Urban Futures Model: a new generation of metropolitan simulation models, *Environment and Planning B,* 21, 399-420.

Laurini, R. and Thompson, D. (1992), *Fundamentals of Spatial Information Systems,* London, Academic Press.

Lautso, K. (2002), The SPARTACUS system for defining and analysing sustainable urban land use and transport policies. in Geertman, S. & Stillwell, J.(eds.), *Planning Support Systems in Practice,* Heidelberg: Springer.

Lee, J. (1991), Comparison of existing methods for building triangular irregular network models of terrain from grid digital elevation models, *International Journal of Geographic Information Systems*, 5(3), 267-285.

Leung, Y. and Leung, K. (1993), An intelligent expert systems shell for knowledge-based geographical information systems: I. The tools, *International Journal of Geographic Information Systems,* 7(3), 189-199.

Lillesand, T .M. and Kiefer, R. W. (2000), *Remote Sensing and Image Interpretation(4th* ed.), New York, Wiley.

Lim, Up (2004), Knowledge spillovers, agglomeration economics, and the geography of innovative activity: a spatial econometric analysis, *The Review of Regional Studies*, 34(1), 11-36.

Lo. C. P. and Fabler, B. J. (1997), Integration of Landsat Thematic mapper and census data for quality of life assessment, *Remote Sensing of Environment,* 62, 143-157.

Lo, C. P. and Yeung, A. K. (2002), *Concepts and Techniques in Geographic Information Systems,* Upper Saddler River, NJ., Prentice-Hall.

______(2007), *Concepts and Techniques in Geographic Information Systems* (2nd ed.*),* Upper Saddler River, NJ., Prentice-Hall.

Longley, P. A. and Batty, M. (eds.)(1996), *Spatial Analysis: Modelling in a GIS Environment,* Cambridge, UK, Geolnformation International.

Longley, P. A. and Clarke, G. (eds.)(1995), *GIS for Business and Service Planning,* Cambridge, UK. Geolnformation International.

Longley, P. A., Goodchild, M. F., Maguire, D.J. and Rhind, D.W. (1999), *Geographic Information Systems: Principles, Techniques, Management and Applications,* (2nd ed.), New York, Wiley.

Longley, P. A., Goodchild, M. F., Maguire, D.J. and Rhind, D.W. (2001), *Geographic Information Systems and Science,* New York, Wiley.

______(2005), *Geographic Information Systems and Science*(2nd ed.*),* New York, Wiley.

______(2011), *Geographic Information Systems and Science*(3rd ed.*),* New York, Wiley.

Longman, E. G.(2000), *The development of the WadBOS decision support system: a bridge between knowledge and policy in the Wadden Sea,* Hague, National Institute for Coastal and Marine Management.

Lowry, I. (1964), *A Model of Metropolis,* RM-4035-RC, Santa Monica, CA, The Rand Co.

MacLachlan, M., Havan-Ormieh, P. August, and Wright, W. (1991), *Minimizing the Impacts of a Landfill by Choosing the Best Site,* Proceedings of the Eleventh Annual ESRI User Conference, 1-11.

Maguire, D. J. (1995), Implementing spatial analysis and GIS applications for business and service planning, in Longley, P. and Clarke, G.(eds.), *GIS for Business and Service Planning,* Cambridge, UK. Geoinformation International, 171-270.

Maguire, D. J., Goodchild, M. F. and Rhind, D. W. (eds.) (1991), *Geographic Information Systems: Principles and Applications,* London, Longman.

Maidment, D. R. (1993), GIS and hydrologic modeling, in Goodchild, M. F., Parks, B. O. and Steyaert, L.T. (eds.), *Environmental Modelling with GIS,* Oxford, Oxford University Press,

147-167.

Makarovic, B. (1973), Progressive sampling for digital terrain models, *ITC Journal,* 1973-3, 397-416.

_______(1977), Composite sampling for DTMs, *ITC Journal,* 1977-3, 403-433.

Malczewski, J. (1996), A GIS-based approach to multiple criteria group decision making, *International Journal of Geographic Information Systems,* 10(8), 955-971.

_______(1999a), Spatial multicriteria decision analysis, in Thill, J. C.(ed.), *Multicriteria Decision-Making and Analysis: A Geographic Information Sciences Approach,* Brookfield, Ashgate Pub.

_______(1999b), *GIS and Multicriteria Decision Analysis,* New York, John Wiley and Sons.

Marble, D. F., Calkins, H. W. and Peuquet, D. J. (1984), *Basic Readings in Geographic Information Systems,* Williamsville, SPAD System.

Mark, D. M., Chrisman, N., Frank, A. U., Mchaffie, P. H. and Pickles, J. (1997), *The GIS History Project,* NIGIA.

Martin, D. (1996), *Geographic Information Systems and their Socio-economic Applications(2nd ed.),* London, Routledge.

Mather, P. M. (1993), *Geographical Information Handling-Research and Applications,* Chichester, Wiley.

McDonnell, R. A. and Kemp. K. K. (1995), *The International GIS Dictionary,* Cambridge, Geoinformation International.

McDonnell, R. A. (1996), Including the spatial dimension: a review of the use of GIS in hydrology, *Progress in Physical Geography,* 21, 159-177.

McHarg, I. L. (1969), *Design with Nature,* New York, Doubleday.

Medyckyi-Scott, D. J. and Hearnshaw, H. M. (1994), *Human Factors in Geographic Information Systems,* London, Belhaven.

Menon, S., Gao, P. and Zhan, C. (1991), Grid: a data model and functional map algebra for raster processing, *Proceedings,* 551-561, GIS/LIS'91, Atlanta, GA.

Miline, P., Milton, S. and Smith, J.L. (1993), Geographical object-oriented databases: a case study, *International Journal of Geographic Information Systems,* 7, 39-55.

Miller, E. J., Kriger, D. S. and Hunt, J. D. (1998), *Integrated Urban Models for Simulation of Transit and Land-Use Policies,* Transit Cooperative Research Project, National Academy of Sciences.

Mills, E. S. (1969), *Studies in the Structure of the Urban Economy,* Baltimore, Johns Hopkins Press.

Mintzberg, H., Raisingham, D. and Theoret, A. (1976), The structure of 'Unstructured' decision process, *Administrative Science Quarterly,* 21, 246-275.

Mitasova, H., Hofierka, J., Zlocha, M. and Iverson, L. R. (1996), Modelling topographic potential for erosion and deposition using GIS, *International Journal of Geographic Information Systems,* 10, 629-642.

Moellering, H. (1992), *Spatial Data Transfer Standards: Current International Status,* London, Elsevier Applied Science.

Mollaghasemi, M. and Pet-Edwards, J. (1997), *Making Multiple-Objective Decisions,* Los Alamitos, CA, IEEE Computer Society Press.

Moore, I. D., Grayson, R. B. and Ladson, A. (1991), Digital terrain modelling: a review of hydrological, geomorphological and biological application, *Hydrological Process,* 5, 3-30.

Morain, S. and Baros, S. L. (eds.)(1996), *Raster Imagery in Geographic Information Systems,* Santa Fe, NM. OnWord Press.

Moran, P. (1950), Notes on Continuous Stochastic Phenomena, Biometrika, 37, 17 - 23.

Nyerges, T. (1999), Progress in spatial decision making using geographic information systems, in Craglia, M. and Onsrud, H. (eds.), *Geographic Information Research: Trans-Atlantic Perspectives,* London, Taylor and Francis.

Nyerges, T. and Jankowski, P. (1997), Enhanced adaptive structuration theory: a theory of GIS-supported collaborative decision making, *Geographical Systems,* 4(3), 225-229.

______(2010), *Regional and Urban GIS: A Decision Support Approach,* New York, The Guilford Press.

Obermeyer, N. J. and Pinto, J. K. (1994), *Managing Geographic Information Systems,* New York, Guilford Press.

Oliver, M. A. and Webster, R. (1990), Kriging: a method of interpolation for geographic information systems, *International Journal of Geographic Information Systems,* 4(3), 313-332.

O'Looney, J.(2000), *Beyond Maps: GIS and Decision Making in Local Government,* Redlands: ESRI Press.

van Oosterom, P. (1993), *Reactive Data Structures for Geographic Information Systems,* Oxford, Oxford University Press.

Openshaw, S. (1983), *The Modified Areal Unit Problem, Concepts and Techniques in Modern Geography,* Norwich, Geo Books.

______(1990), Spatial analysis and geographical information systems: a review of progress and possibilities, in Scholten, H. J. and Stillwell, J.(eds.), *Geographic Information Systems for Urban and Regional Planning,* Dordrecht, Kluwer Academic Pub.

O'Sullivan, D. and Unwin, D. (2010), *Geographic Information Analysis* (2nd ed.), New York, John Wiley & Sons.

Parker, H. D. (1988), The unique qualities of a geographic information system: a commentary, *Photogrammetric Engineering and Remote Sensing,* 54(11), 1547-1549.

Peng, Z. R. (1997), An Assessment of the Development of Internet GIS, *Proceedings,* 1997 User conference, Paper 526, Redlands, ESRI.

Pereira, J. and Duckstein, L. (1993), A multiple criteria decision-making approach to GIS-based land suitability evaluation, *International Journal of Geographic Information Systems,* 7, 407-424.

Petts, J, and Eduljee, G. (1994), *Environmental Assessment for Waste Treatment and Disposal Facilities,* New York: John Wiley & Sons.

Peuquet, D. J. (1984), A conceptual framework and comparison of spatial data models, *Cartographica,* 21(4), 66-113.

Peuquet, D. J. and Marble, D. J. (1990), *Introductory Readings in Geographic Information Systems,*

London, Taylor and Francis.

Pickles, J. (1993), *Ground Truth: The Social Implications of Geographic Information Systems,* New York, Guilford Press.

Plewe, B. (1997), *GIS Online: Information Retrieval, Mapping, and the Internet,* Santa Fe, New Mexico, Onword Press.

Putman, S. H. (1979), *Urban Residential Location Models*, Boston, Martinus Nijhoff.

Putman, S. H. (1983), *Integrated Urban Models: Policy Analysis of Transport and Land Use*, London, Pion.

Raju, K. S. (1999), Multicriteria decision making in river basin planning and development, *European Journal of Operational Research*, 112, 249-257.

Raper, J. and Livingstone, D. (1995), Development of a geomorphological spatial model using object-oriented design, *International Journal of Geographic Information Systems,* 9, 359-384.

Reeve, D. E. and Petch, J. R. (1998), *GIS Organizations and People: A Sociotechnical Approach,* London, Taylor and Francis.

Reilly, J. (2002), The New Jersey (USA) Growth allocation model: development, evaluation and extension, in Geertman, S. and Stillwell, J.(eds.), *Planning Support Systems in Practice,* Heidelberg, Springer.

Robinson, A. H., Mossison, J. L., Muehrcke, P. C., Kimberling, A. J. and Guptill, S. C. (1995), *Elements of Cartography*(6th ed.), New York, Wiley.

Sanoff, H. (1978), *Designing with Community Participation*, New York, Van Nostrand Reinhold.

Satty, T. L. (1980), *The Analytic Hierarchy Process,* New York, McGraw-Hill.

Scholten, H. and Stillwell, J.(eds.)(1990), Geographical Information Systems for Urban and Regional Planning, Dordrecht, Kluwer.

Schroeder, P. (1996), "Criteira for the design of a GIS/2" Paper presented at specialists' meeting for NCGIA Initiative 19: GIS and Society, summer 1996, National Center for Geographic Information and analysis, University of Maine-Orono.

Sharifi, M. A. (2003), *Integrated Planning and Decision Support Systems for Sustainable Water Resources Management: Concepts, Potentials and Limitations*, Seminars on Water Resources management for Sustainable Agricultural Productivity, Asian Productivity Organization.

Shiffer, M. (1995), Towards a collaborative planning system, *Environment and Planning B: Planning and Design*, 22, 359-370.

Sieber, R. E. (2000), GIS implementation in the grassroots, *URISA Journal*, 1(1), 15-29.

______(2003), Public participation geographic information systems across borders, *Canadian Geographer*, 47(1), 50-61.

Simon, H. A. (1960), *The New Science of Management Decision,* New York, Harper and Row.

Smith, T. R., Menon, S., Starr, J. L. and Estes, J. E. (1987), Requirements and principles for the implementation and construction of large-scale geographic information systems, *International Journal of Geographic Information Systems,* 1, 13-31.

Star, J. and Estes, J. E. (1990), *Geographic Information Systems: An Introduction,* Upper Saddler River, NJ., Prentice-Hall.

Star, J., Estes, J. E. and McGwire, K. C. (eds.)(1997), *Integration of Geographic Information Systems and Remote Sensing,* Cambridge, Cambridge University Press.

Stonich, S. C. and Cisna, K. (1998), Information technologies, PPGIS, and advocacy: globalization of resistance to industrial shrimp farming, Paper presented at NCGIA Special Meeting: Empowerment, Marginalization and public Participation GIS, Santa Barbara, CA, November

Takeyama, T. and Couclelis, H. (1997), Map dynamics: integrating cellular automata and GIS through GEO-Algebra, *International Journal of Geographic Information Systems,* 11, 73-92.

Tang, H. J. and van Ranst, E. (1992), Testing of fuzzy set theory in land suitability assessment for rainfed grain maize production, *Pedologie,* 42(2), 129-147.

Taylor, D. (1991), *Geographic Information Systems: The Microcomputer and Modern Cartography,* Oxford, Pergamon Press.

Tecle, A. (1992), Selecting a multicriterion decision making technique for watershed resources management, *Water Resource Bulletin,* 28(1), 129-140.

Thill, J. C. (1999), *Spatial Multicriteria Decision Making and Analysis: A Geographic Information Science Approach,* Aldershot, Ashgate.

Tkach, R. J, and Simonovic, S. P. (1998), A new approach to multi-criteria decision making in water resources, *Journal of Geographic Information and Decision Analysis,* 1(1), 25-43.

Tobler, W. A. (1959), Automation and cartography, *Geographical Review,* 49, 526-534.

______(1970), A computer movie simulating urban growth in Detroit region, *Economic Geography,* 46, 234-240.

______(1976), Spatial interaction pattern, *Journal of Environmental Systems,* 6, 271-301.

Tomlin, C. D. (1983), An introduction to the map analysis package, *Proceedings, National Conference on Resource Management Application: Energy and Environment,* August, 22-26, San Francisco, 1-14.

______(1990), *Geographic Information Systems and Cartographic Modelling,* Englewood Cliff, NJ. Prentice-Hall.

Tomlin, C. D. and Berry, J. K. (1979), A mathematical structure for cartographic modelling in environmental analysis, *Proceedings of the 39th Symposium of the American Conference on Surveying and Mapping,* Washington, D.C., March, 269-284.

Tomlin, C. D. and Johnston, K. M. (1988), An experiment in land-use allocation with a geographic information system, *Technical Papers,* ACSM-ASPRS, St. Louis, MO, 23-34.

Tomlinson, R. (1984), Geographical information systems: the new frontier, *The Operational Geographer,* 5, 31-35.

______(1996), *Managing a GIS,* Redlands, CA., ESRI Press.

Tsou, M. (2006), Bridging the Gap: Connecting Internet-based Spatial Support System to the Field-based Personnel with real time Wireless Mobile GIS Application, in Balram, S. and Dragicevic, S. (eds.), *Collaborative Geographic Information System*, Hershey, IDEA Group Publishing, 361-339.

Tulloch, D. (2002), Environmental NGOs: Community Access to Technology as a Force for Change, in Craig, W., Harris, T. & Weiner, D. (eds.), *Community Empowerment, Public Participation and Geographic Information Science*, London, Taylor & Francis.

______(2004). The GreenMap System as a Means for PPGIS Education and Exploration, 3rd Annual Public Participation GIS Conference, Madison, WI. (http://crssa.rutgers.edu/ppgis/PPGIS2004.pdf).

Vichiensan, V., Miyamoto, K., Roychansyah, M. S. and Tokunaga, Y. (2005), Evaluation system of policy measure alternatives for a metropolis based on TRANUS from the view point of sustainability, *Journal of Eastern Asia Society for Transportation Studies,* 6, 3803-3818.

Waddell, P. (2000), A behavioral simulation model for metropolitan policy analysis and planning: residential location and housing market components of UrbanSim, *Environment and Planning B: Planning and Design*, 27(2), 247 - 263.

______(2002), UrbanSim: modeling urban development for land use, transportation and environmental planning, *The Journal of the American Planning Association*, 68(3), 297-314.

Waddle, P. and Borning, A. (2004), Case Study in Digital Government: Developing and Applying UrbanSim, a System for Simulating Urban Land Use, Transportation, and Environmental Impacts, *Social Science Computer Review*, 22(1), 23-51.

Waddle, P., Franklin, J. and Britting, J. (2003), *UrbanSim: Development, Application and Integration with the Wasatch Front Regional Travel Model*, Technical Report CUSPA_03-01, Center for Urban Simulation and Policy Analysis, University of Washington.

Weibel, R. and Heller, M. (1991), Digital terrain modelling, in Maguire, D. J., Goodchild, M. F. and Rhind, D. W. (eds.), *Geographic Information Systems: Principles and Applications,* London, Longman, 269-297.

Weiner, D., Harris, T. and Craig, W. (2002), *Community Participation and Geographic Information Systems*, London, John Wiley.

Williams, T. (1985), Implementing LESA on a geographic information system-a case study, *Photogrammetric Engineering and Remote Sensing,* 51(12), 1923-1932.

Wilson, A. G. (1970), *Entropy in Urban and Regional planning*, London, Pion Limited.

Wolf, P .R. and Dewitt, B. A. (2000), *Elements of Photogrammetry with Applications in GIS(*3rd ed.), New York, McGraw-Hill.

Worboys, M. F. (1994), Object oriented approaches to geo-referenced information, *International Journal of Geographic Information Systems,* 8, 385-399.

______(1995), *GIS: A Computing Perspective,* London, Taylor and Francis.

______(1999), Relational databases and beyond, in Longley, P. A., Goodchild, M. F., Maguire, D. J. and Rhind, D. W., *Geographic Information Systems: Principles, Techniques, Management and Applications*(2nd ed.), New York, Wiley, 373- 384.

Worboys, M. F., Hearnshaw, H. M. and Maguire, D. J. (1990), Object-oriented data modelling for spatial database, *International Journal of Geographic Information Systems,* 4(4), 369-383.

Worrall, L.(ed.) (1991), *Geographic Information Systems: Developments and Applications,* New York,

Routledge.

______(1994), The role of GIS-based spatial analysis in strategic management in local government. Computers, *Environment and Urban Systems*, 18(5), 323-332.

Xiang, W. N. (1993), GIS method for riparian water quality buffer generation, *International Journal of Geographic Information Systems,* 7(1), 57-70.

Yager, R. R. (1988), On ordered weighted averaging operations in multi-criteria decision making, *IEEE Transactions on Systems, Man and Cybernetics,* 18(1), 183-190.

Yang, X. and Sathisan, S. K. (1994), Development of a GIS-based routing model, *Proceedings* of the 1994 ESRI User Conference, 1076-1091, Redlands,CA., ESRI Press.

Yu, D. (2007), Modeling owner-occupied single-family house value in the city of Milwaukee; a geographically weighted regression approach, *GIScience & Remote Sensing*, 44(3), 267-282.

Zadeh, L. A. (1965), Fuzzy sets, *Information and Control,* 8(3), 338-353.

Zeiler, M. (1999), *Modeling Our World: The ESRI Guide to Geodatabase Design,* Redlands, CA., ESRI Press.

찾아보기

ㄱ

ㄴ

ㄷ

ㅍ

ㅎ

영문색인

이희연

<약력>
서울대학교 사범대학 지리교육과(B.A.)
미국 미네소타대학교 대학원 지리학과(M.A.)
미국 미네소타대학교 대학원 지리학과(Ph. D.)
현 서울대학교 환경대학원 환경계획학과 교수

<주요 저서 및 논문>
- 경제지리학
- 인구학
- 지도학
- 지리통계학
- GIS 공간분석을 활용한 서비스업의 입지분석
- 쓰레기 소각장 입지선정에 있어서 퍼지함수와 AHP 활용
- 도시성장관리를 위한 계획지원시스템의 활용방안 연구
- 네트워크 분석을 통한 수도권의 공간구조 변화
- 공공시설물 입지선정에 있어서 다기준 평가기법의 활용에 관한 연구
- 주거이동을 통한 주거 불안정성 변화에 관한 연구
- 위계선형모형을 이용한 인적자본의 외부효과 분석
- 사이버스페이스의 공간적 분석과 지도화

심재헌

<약력>
건국대학교 이과대학 지리학과(B.S.)
건국대학교 대학원 지리학과(M.S.)
서울대학교 환경대학원 환경계획학과(Ph. D.)
현 서울대학교 농업생명과학대학 농경제사회학부
지역정보 전공 BK 교수

<주요 논문>
- 주거지역 성장 예측 및 관리를 위한 계획지원시스템의 활용
- 도시성장에 따른 공간구조 변화 측정에 관한 연구
- 서울시 젠트리파이어의 주거이동 패턴과 이주 결정요인
- 도시 내부의 쇠퇴 실태와 공간 패턴
- 지역간 인구이동 분석을 위한 미시-거시 통합모형 개발과 적용에 관한 연구

GIS 지리정보학 [제 2 판]

2003년 7월 24일 초판발행
2011년 8월 25일 제2판 인쇄
2022년 7월 1일 제2판 7쇄 발행

저 자 이 희 연 · 심 재 헌
발행인 배 효 선
발행처 도서출판 法 文 社
주 소 10881 경기도 파주시 회동길 37-29
등 록 1957년 12월 12일/제2-76호(윤)
전 화 (031)955-6500~6 FAX (031)955-6525
E-mail (영업) bms@bobmunsa.co.kr
(편집) edit66@bobmunsa.co.kr
홈페이지 http://www.bobmunsa.co.kr
조 판 (주) 성 지 이 디 피

정가 39,000원 ISBN 978-89-18-25076-2